COLLECTION HENRI MITTERAND

XVIIIe SIÈCLE
NICOLE WARUSFEL-ONFROY
Maître de conférences
à l'Université de Lille

XIXe SIÈCLE
FERNAND ÉGÉA
Agrégé des Lettres
DOMINIQUE RINCÉ
Agrégé des Lettres

XXe SIÈCLE
OLIVIER GOT
Agrégé des Lettres
Docteur ès Lettres
BERNARD VALETTE
Agrégé de Lettres modernes

Avec la participation de
ALAIN-MARIE BASSY
Agrégé des Lettres

HISTOIRE DE LA LITTERATURE FRANÇAISE

XVIIIe
XIXe
XXe

Coordination : Dominique Rincé
Chronologies générales : Françoise Tiphine

NATHAN

LE XVIIIe SIÈCLE
1715-1800

Les lumières du cœur et de l'esprit

L. Aubert, *Leçon de lecture*, XVIIIe s.

Introduction

1. L'aube des temps modernes

1

L'âge des « Lumières »

Le XVIIIe siècle s'est lui-même intitulé l'âge des « Lumières », désignant par cette métaphore la victoire assurée de la Raison sur les Ténèbres. Cette dénomination, que l'usage a confirmée, signifie ***la prééminence de la pensée et de l'esprit critique :*** *l'époque est celle des Philosophes, c'est-à-dire des « intellectuels », de tous ceux qui participent à la progression du savoir et qui, sans être des spécialistes, ont des lueurs sur tout.*

L'image des « Lumières » est très ancienne et renvoie à toute une tradition religieuse, puisqu'on peut lire dans *La Genèse :* « Dieu sépara la lumière d'avec les ténèbres. » Employée au XVIIIe siècle dans un sens laïc (et parfois antireligieux), elle s'étend à de nombreux pays européens : « Enlightenment » en Angleterre, « Aufklärung » en Allemagne, « Illuminismo » en Italie... Ainsi partout s'énonce la négation du passé et la croyance en la supériorité des temps présents. Mais il ne s'agit pas d'une « renaissance » humaniste, comme au XVIe siècle. **Les Lumières désignent, au XVIIIe siècle, les domaines scientifiques et philosophiques** essentiellement, non celui des belles-lettres.

2

Les débuts de l'histoire moderne

La volonté de faire ainsi table rase du passé pour se lancer à la découverte du monde qui, grâce aux découvertes scientifiques, semble à la portée des hommes, est un signe des temps. La France, avec l'ensemble de l'Europe occidentale, a conscience de vivre véritablement aux débuts de l'histoire moderne.

Cela ne se produit pas tout à coup, ni simultanément dans tous les pays. L'Angleterre fait figure de pionnier, tant au point de vue politique que culturel : l'influence de Locke (1632-1704), de Hume (1711-1776) et surtout de Newton (1642-1727) se fera sentir tout au long du XVIIIe siècle. Mais depuis longtemps déjà, l'état de la société et de la pensée françaises avait changé. Ce que l'on a pu appeler « ***la crise de la conscience européenne*** *» (Paul Hazard) commence en 1680 et dure jusque vers 1715.*

Cela ne se termine pas non plus à un moment précis. Certes les grands philosophes sont tous morts avant la Révolution (Voltaire et Rousseau en 1778, Diderot en 1784), mais leur influence se perpétue. À l'époque moderne, comme au cours des siècles passés, l'histoire des mentalités n'est pas faite d'une succession de mouvements, fermés les uns aux autres. Ainsi, l'âge des Lumières peut ne désigner qu'un très court laps de temps, celui de la publication des œuvres maîtresses (c'est-à-dire une cinquantaine d'années), ou être, au contraire, étendu jusqu'à la fin de l'épopée napoléonienne...

3

Apparition d'une nouvelle génération de créateurs

Les grands événements politiques qui ont lieu, au cours du XVIIIe *siècle, peuvent cependant aider à* **délimiter la période.** *Encore convient-il de préciser qu'il n'y a pas nécessairement concordance entre ces événements et la production artistique : la Révolution marque la fin de l'Ancien Régime, mais le bouleversement socio-politique durable qu'elle a provoqué se fait au détriment de la création. Ce n'est qu'en 1800-1802 que paraissent des œuvres qui inaugurent un nouveau style, comme* De la littérature... *de Mme de Staël,* Atala *ou* Génie du christianisme *de Chateaubriand. En revanche, 1715 est, à la fois, la date de la mort d'un grand roi (*Le Siècle de Louis XIV, *paru en 1751, prouve que les contemporains de Voltaire en avaient conscience) et le moment où s'éteint toute une génération d'écrivains et de penseurs (Bossuet, Boileau, Fénelon, par exemple), où en naît une autre (celle de Voltaire, Rousseau, d'Alembert).*

2. De l'Ancien Régime à la période révolutionnaire

1

La défense des privilèges

Ces tendances nouvelles sont néanmoins contemporaines d'un régime qui se croit immuable et se contente, pendant une bonne partie du siècle, de perpétuer la situation héritée du passé. Par leur faiblesse, les trois souverains : Philippe d'Orléans (Régent de 1715 à 1723), Louis XV (qui règnera jusqu'en 1774), et Louis XVI laisseront se développer, pendant les dernières décennies précédant la Révolution, un état de crise latent qui entraînera la chute de la monarchie absolue.

Les causes de tension sont en effet nombreuses au sein de la société de l'Ancien Régime. *L'ordre le plus favorisé, la noblesse, défend avec acharnement ses privilèges et résiste aux efforts du monarque pour réduire l'inégalité. Ainsi certains ministres prennent des mesures : Maupeou lutte, de 1770 à 1774, contre l'autonomie du Parlement de Paris; sous Louis XVI, Turgot, puis Necker essaient, de 1776 à 1781, de mieux répartir les impôts et de réduire les corvées pesant sur les paysans. Leurs initiatives échouent rapidement. C'est également « la réaction nobiliaire » qui empêche la bourgeoisie d'accéder aux charges parlementaires ou aux grades supérieurs de l'armée. L'opposition à l'autorité royale se manifeste dans tous les domaines : l'enregistrement de la Bulle Unigenitus (qui condamnait les jansénistes) avait été* *obtenu par Louis XIV ; en 1764, au contraire, le Parlement parvient à imposer la suppression des Jésuites.*

2 La montée de la bourgeoisie

La lutte où s'engage de plus en plus la noblesse, pour la conservation de son pouvoir politique, s'explique également par ***le développement économique, qui permet à une partie de la bourgeoisie de s'enrichir*** *et même de parvenir à certaines hautes positions lucratives (comme celle de Fermier général par exemple). Le XVIIIe siècle peut, en effet, s'analyser aujourd'hui comme une période d'expansion, grâce à deux phénomènes simultanés : un accroissement démographique considérable (40 %), puisque la population française passe, de 1715 à la Révolution, de 19 à 26 millions d'habitants, et, par ailleurs, un mouvement régulier de hausse des prix, dans l'ensemble de l'Europe. La bourgeoisie ne peut que bénéficier de cette conjoncture, favorable au développement de la production, bien que la France soit considérablement en retard par rapport à l'Angleterre.*

3 L'expansion du commerce

L'industrie est, en effet, encore limitée, et les ateliers ruraux sont bien plus nombreux que les entreprises urbaines. Deux domaines sont surtout concernés : ***le textile*** *(mais on ne comptera que huit filatures en 1790) ;* ***la métallurgie,*** *à l'usine du Creusot et dans les mines d'Anzin, où pour la première fois sont utilisées des machines à vapeur.*

Le XVIIIe siècle est encore une époque préindustrielle. C'est plutôt dans la construction de petites machines artisanales ou d'outils, dans le perfectionnement d'instruments de précision (le microscope, le télescope, le chronomètre), qui permettront des progrès scientifiques ou faciliteront la navigation, que l'on peut voir ses réalisations essentielles. Les *Planches de l'Encyclopédie* ont permis leur divulgation. **L'horlogerie, et la mécanique** dans ses différentes applications, occupent une position centrale : ainsi **Vaucanson** (1709-1782) est à la fois le premier constructeur d'automates et l'inventeur d'un métier à tisser automatique, au milieu du siècle.

Le commerce développe et stimule la production industrielle. ***La construction de routes et le creusement de canaux*** *facilitent les transports intérieurs ;* ***l'accroissement des relations avec les « Îles »*** *(ces relations doublent de 1715 à 1750) fait la fortune des négociants de Nantes, de Bordeaux ou du Havre, leur permet d'égaler le luxe des bourgeois « de finance » établis à Lyon, Rennes ou Dijon, et provoque la concurrence avec les soieries ou les cotonnades importées.*

Les relations « triangulaires » permettent de faire la traite des Noirs d'Afrique et d'importer le sucre, le café et le cacao de Saint-Domingue (on sait que, parmi beaucoup d'autres, Voltaire s'est enrichi par ce négoce). D'autre part, Law a créé une compagnie commerciale, qui prend le nom de Compagnie des Indes en 1719 : son but est l'importation des cotonnades, des soieries, du thé et des épices.

Les relations avec l'Orient ne sont cependant pas uniquement commerciales : les Jésuites, installés en Chine depuis le début du XVIIe siècle, font connaître par leurs lettres la civilisation chinoise en Europe, et diffusent également, en Chine, la pensée européenne.

4 Le mécontentement des paysans

L'expansion de la bourgeoisie, sa richesse grandissante sont cependant freinées par l'état de la société française au XVIIIe siècle.

En effet, la grande majorité de la population est paysanne (80 %) et l'économie, essentiellement agricole. Ce ne devrait plus être la misère pour cette masse rurale : les conditions de vie se sont améliorées ; on compte désormais moins d'un million de serfs (le servage subsiste, en France, jusqu'en 1789). Les rendements sont plus importants et les famines moins nombreuses qu'auparavant. La pauvreté persiste cependant et augmente même, au cours de cette période. Car si la conjoncture est florissante pour les possédants, ***le contre-coup de l'accroissement démographique et du renchérissement des denrées est supporté par les plus humbles.*** *Un mécontentement chronique s'installe dans le peuple (chez les paysans comme chez les artisans des villes) qui est accablé par les impôts, prélevés par le roi, le clergé et la noblesse. Ce mécontentement dépend aussi des récoltes (ainsi l'hiver 1788, particulièrement rigoureux, rendit l'approvisionnement des villes insuffisant).*

5 Le problème des guerres « de succession »

La fin de l'Ancien Régime n'est donc qu'en apparence une époque stable. En fait, l'écart s'accroît entre pauvres et riches, et malgré la répartition hiérarchique en « ordres », certaines « classes » sociales (bourgeoise ou populaire) commencent à prendre de l'importance. Ces mouvements intérieurs à la France auront plus de conséquences que ***les conflits internationaux.*** *Le rapport des forces, dans une Europe monarchique, est maintenu par le système des alliances entre familles régnantes : les guerres « de succession », d'Espagne, jusqu'en 1713, puis d'Autriche, de 1740 à 1748, assurent cet équilibre pendant la première moitié du siècle. Cependant, la guerre de Sept Ans (1756-1763) bouleversera l'ordre européen et sera nuisible aux intérêts français : l'Angleterre développe alors son empire et Louis XV doit renoncer à ses ambitions coloniales en Inde et en Amérique.*

La lutte des Insurgents d'Amérique (1776-1783) permettra à la France d'intervenir à nouveau contre l'Angleterre, dans une guerre de prestige qui lui coûtera très cher. Cette guerre de libération développe **dans la littérature le thème du « Nouveau monde »** (l'exemple le plus illustre est *L'Amérique* de Chénier), qui permet d'associer la réflexion philosophique et le rêve exotique. Tout au long du siècle, des récits de voyageurs ou d'explorateurs scientifiques ont alimenté un **exotisme littéraire,** qui se poursuivra à l'époque romantique.

La Révolution va transformer la situation, en donnant une dimension idéologique aux guerres qui opposeront la France républicaine aux souverains européens, et surtout une dimension nationale, en créant la notion de patrie et de défense patriotique du territoire.

3. L'Europe des Lumières

L'Europe a été une réalité géographique (bien que sans frontières stables) **avant de représenter une unité culturelle ou politique.** Le terme lui-même n'est employé qu'à certains moments de l'histoire (luttes contre les Arabes, puis les Turcs, ou lors des grandes découvertes, au XVIe siècle) lorsque la chrétienté se mobilise contre les infidèles. À l'époque moderne, les grands États occidentaux, relevant d'une même culture, prennent conscience de la nécessité de maintenir entre eux un certain équilibre politique. C'est ce double lien, codifié par des ouvrages théoriques sur le droit naturel et le droit des gens (voir Montesquieu), qui unit les hommes par-delà leur nationalité et permet de parler d'une « Europe des Lumières ».

1

Extension de l'Europe, et du savoir...

Les frontières de l'Europe se déplacent vers l'est, englobant la Pologne, la Russie, les régions danubiennes (on passe en un siècle de sept à onze millions de km ^{2}, et de trente-huit à quatre-vingt-quinze millions d'habitants). En même temps, la prééminence échappe aux pays méditerranéens : le centre de ce vaste espace n'est plus celui de la civilisation latine, mais le Nord du monde occidental, ***l'Angleterre, l'Allemagne et la France, qui ont conquis une réelle avance économique et culturelle.***

Les liens n'en subsistent pas moins avec le Midi, avec l'Italie surtout. Les comédiens italiens reviennent à Paris pendant la Régence, en 1716 ; on joue alors des pièces de Goldoni et des opéras de Pergolèse. Venise et Rome attirent de nombreux voyageurs, artistes ou écrivains ; Tiepolo, Canaletto, Piranèse figurent parmi les premiers peintres européens (Fragonard est leur élève) ; les procédés des graveurs italiens se répandent. **Le prestige de l'Italie se développe dans tous les domaines artistiques,** et l'on sait qu'à la fin du siècle, la Révolution, puis Napoléon feront triompher le style néoclassique.

Le XVIIIe siècle est cosmopolite. *Les échanges se multiplient, et les influences s'exercent rapidement d'un pays à l'autre. Ainsi Shakespeare est redécouvert à la même époque, à Paris et à Londres (dès 1730, mais surtout dans la seconde moitié du siècle) ; Voltaire fait connaître en France le régime politique anglais et la pensée de Newton, dont la théorie de la gravitation a bouleversé la science européenne de son temps aussi profondément qu'au début du XXe siècle, celle de la relativité élaborée par Einstein.*

Les Académies, littéraires et scientifiques, créées dès le XVII*e siècle dans les grandes capitales (Londres, Paris et Berlin), puis dans de nombreuses villes, luttent contre le cloisonnement du savoir.* Le Journal des Savants, *les* Philosophical Transactions, *diffusent en traductions l'essentiel de leurs travaux. D'autres publications, comme les* Mémoires de Trévoux, *organe de la Compagnie de Jésus, prennent position et rendent compte de tous les ouvrages importants. Enfin, le succès de la* Correspondance littéraire *de Grimm prouve que* ***l'Europe intellectuelle est devenue une réalité.***

La presse prend beaucoup d'importance. Des gazettes, périodiques ou quotidiennes, paraissent dans les grands pays occidentaux : dès 1702 à Londres, puis à Bruxelles, à Paris, en Hollande... La divulgation de l'information scientifique, littéraire ou politique, crée une opinion publique, dont les gouvernements devront désormais tenir compte. D'autre part, les relations qui s'établissent à travers l'Europe permettent à la réflexion sur la création artistique, l'esthétique, qui naît à cette époque, de se développer concurremment en Angleterre, en Allemagne et en France (Burke, Lessing, Diderot).

2 Prestige de la France

Dans ce réseau d'influences, l'Angleterre et la France tiennent la première place. De même que la France donne le bon ton dans l'art de vivre, ***la langue française est la plus répandue des langues européennes dans les cours et les salons ; elle devient même une langue scientifique, commune aux savants,*** *et supplante définitivement le latin. Philosophes et écrivains des deux pays entretiennent des relations privilégiées et leurs capitales sont de grandes villes modernes, qui rivalisent entre elles par le nombre de leurs habitants (650 000 ; cinq fois plus que Rome ou Berlin), le luxe de l'architecture et les travaux d'urbanisme.* ***Paris reste cependant le modèle incontesté :*** *ainsi la Place Louis XV (l'actuelle place de la Concorde), bâtie d'après les dessins de Gabriel, sera imitée à Copenhague et à Lisbonne.*

4. Une classe intellectuelle : les gens de lettres

1 Un métier prestigieux

L'importance que prend la vie intellectuelle au XVIII*e siècle se mesure à la multiplication des cadres nouveaux où elle se développe. Écrivains et savants frayent avec les grands seigneurs dans les salons, celui de Mme de Lambert, puis de Mme de Tencin dans la première moitié du siècle ; ensuite, ceux de Mme du Deffand et de Mme de Geoffrin ; dans ces lieux brillants, les réputations se font et les connaissances se nouent. On se rencontre aussi dans les cafés* (Le Procope, La Régence) *ou*

dans les clubs (le plus célèbre est L'Entresol*). Ainsi se crée une classe qui, toutes différences sociales confondues, forge et imposera peu à peu* ***un nouveau type, celui de l'homme de lettres, défenseur d'un certain nombre de notions :*** *la raison, le sentiment, la nature, le progrès, le déisme (ou athéisme), le pacifisme enfin. Plus d'un* Projet de paix perpétuelle *sont, en effet, publiés au cours du siècle ; ainsi, en 1713, celui de l'abbé de Saint-Pierre, en 1795, celui de Kant.*

La plus grande variété règne cependant dans la production littéraire du XVIIIe siècle, destinée à des publics différents : **d'une part, des écrits clandestins** qui répandent dans des cercles étroits, souvent de la haute société, l'athéisme et le matérialisme ; **d'autre part, une culture populaire,** qui existe à l'écart des mouvements de la pensée du temps, et est alimentée par la littérature de colportage ; elle est réunie essentiellement dans la Bibliothèque bleue de Troyes. L'éventail est donc très large, et les progrès de l'alphabétisation difficiles à mesurer, car très variables selon les régions.

2 Un métier ingrat

Les intellectuels ne sont pas reconnus sans difficultés. *On brûle encore les livres « dangereux », et, malgré une certaine libéralisation de la censure et des « permissions tacites » accordées assez largement, bien des ouvrages doivent paraître à l'étranger, avant de pouvoir se répandre en France. Peu d'écrivains parviennent à vivre de leur plume : la réussite financière de Voltaire ou de Beaumarchais n'est pas uniquement due à leurs succès littéraires ; ils font figure d'exceptions, à côté de ceux qui achèvent leur vie dans une quasi-misère. Les éditeurs font en effet peser le pouvoir de l'argent sur la pensée.* ***Il faudra attendre la Révolution pour obtenir le droit à la propriété littéraire.***

A.G. Lemonnier, *Une soirée chez Madame Geoffrin*, XVIIIe s.

5. Les deux versants du siècle

De 1715 à 1802, de Louis XIV à Napoléon, ce que l'on appelle les Lumières se développent dans tous les domaines et créent de nouvelles valeurs (qui ont des aspects concrets) comme l'idée de progrès ou de bonheur. Mais cette transformation ne se fait pas sur un rythme continu. Plusieurs générations se succèdent, en effet, au cours de cette longue période (ainsi vingt ans séparent Voltaire de Diderot et de Rousseau), et à mesure que l'on avance dans le siècle, le nouvel esprit semble s'installer, la pensée s'enhardir et la création se diversifier.

1 Un siècle qui évolue

Les œuvres publiées pendant la première moitié du siècle, encore héritières du passé, établissent cependant les bases : avec De l'Esprit des lois *ou* Histoire de Charles XII, *Montesquieu et Voltaire sont les fondateurs* ***d'une science politique et historique.*** *Après le tournant marqué par les débuts de l'*Encyclopédie, *en 1750, l'évolution se précipite, de nouvelles formes naissent, qui s'adressent à un public élargi. A partir de 1757,* ***le drame met en scène des bourgeois,*** *montre leur genre de vie et leurs préoccupations quotidiennes, au moment où pénètrent également dans le roman les différentes classes sociales et* ***la peinture de la vie privée. L'intérêt pour la Nature,*** *que partagent les poètes (Jacques Delille) et les romanciers (l'art des jardins entre dans la littérature avec* La Nouvelle Héloïse *de Rousseau), se manifeste*

F. Boucher,
Le Déjeuner, XVIIIe s.

aussi par l'importance que prend le paysage dans la peinture, et par la création de sociétés d'agriculture. La génération de Rousseau et de Diderot n'est plus celle des hommes nés à la fin du XVIIe *siècle : Fontenelle croit au progrès, mais ce sont ses successeurs qui voudront le répandre.*

2

Des œuvres multiformes

Si le critique moderne perçoit une continuité et un approfondissement dans les thèmes et les genres comme dans les audaces de la pensée, il n'en a pas été de même pour les contemporains. Chaque œuvre suit son évolution propre et s'enrichit en proportion de sa variété. En effet, une des caractéristiques du siècle est que ***les frontières entre les différentes formes d'activité intellectuelle tendent à s'effacer :*** *si Montesquieu ou Diderot sont philosophes, le premier est également historien ou auteur d'ouvrages comme* Le Temple de Gnide *d'inspiration galante, et les* Lettres persanes *(qui ne sont pas seulement un roman); le second se veut aussi un esthéticien, un dramaturge et un romancier.*

De plus, la nouveauté n'est pas toujours perçue, particulièrement dans le genre romanesque : Rousseau n'est pas vu comme le continuateur de Marivaux, dont l'originalité n'a été reconnue que tardivement. De son côté, la réflexion philosophique est loin de se développer de manière uniforme, et les divergences sont plus nombreuses que les points d'accord, même sur des sujets aussi importants que celui de l'organisation de la société.

6. Un siècle de contradictions

Il est donc impossible de rendre compte de l'ensemble du XVIIIe *siècle en parlant d'une progression linéaire. Il serait tout aussi arbitraire de faire de 1750 une ligne de partage entre deux périodes opposées, le moment où la sensibilité prendrait le pas sur la pensée rationnelle.*

1

La dualité entre la raison et la sensibilité

*Certes de grands esprits assurent le développement de la philosophie jusqu'à l'*Encyclopédie, *qui entreprend de faire* ***la somme de tout un acquis*** *(nouvelles connaissances et nouvelles façons de les appréhender). Mais l'évolution continue : en 1769, vingt ans après la* Lettre sur les Aveugles, *Diderot prolonge la pensée matérialiste dans* Le Rêve de d'Alembert. *Et après lui, Helvétius et d'Holbach la mèneront encore plus loin. Parallèlement, du* Cleveland *(1732-1739) de Prévost à* La Nouvelle Héloïse *(1761) de Rousseau ou au drame bourgeois, l'homme du*

XVIIIe siècle se veut ***un homme sensible*** *(« Exister, c'est sentir », selon Rousseau) qui voit dans le cœur un moyen de connaissance aussi précieux que l'esprit.*

2

Un désir de tout embrasser par l'esprit

*Cette dualité mène à un certain nombre de contradictions, dont la plus évidente est l'alliance d'une des grandes caractéristiques de l'époque, l'exigence d'ordre et de classement, avec l'intérêt pour le singulier, voire l'anormal : ainsi Diderot est à la fois le responsable de l'*Encyclopédie *et l'auteur du* Neveu de Rameau. *Se manifestent ainsi* ***le refus de la simplification rationnelle*** *et la conviction que l'homme peut désormais comprendre l'ensemble de l'univers car son pouvoir est aussi illimité que celui de la force créatrice de la nature. C'est ce qui explique le succès constant de l'illuminisme dans un siècle considéré comme essentiellement rationaliste.*

3

Les deux voies de la sensibilité

*Ces deux oppositions fondamentales, qui résultent d'un projet aussi optimiste que démesuré, ne sont pas les seules. La sensibilité elle-même est double, partagée entre l'attirance pour la douceur idyllique et son contraire, les paysages troublés ou les ruines (encore celles-ci sont-elles aussi de calmes évocations de l'Antiquité). Deux voies incompatibles, suivies jusqu'à la veille de la Révolution, et qui mènent soit à un rêve de bonheur (*Paul et Virginie *de Bernardin de Saint-Pierre, 1788) soit à sa perversion, le libertinage (*Les Liaisons dangereuses *de Laclos, 1782).*

BIBLIOGRAPHIE

Études sur le contexte historique et socio-culturel

Pierre CHAUNU, *La Civilisation de l'Europe des Lumières.* Arthaud (coll. « Les Grandes Civilisations »), 1971. Rééd. Flammarion (coll. « Champs »), 1983.

Louis RÉAU, *L'Europe française au siècle des Lumières.* A. Michel (coll. « L'Évolution de l'humanité »), 1971.

René RÉMOND, *Introduction à l'histoire de notre temps,* I-*L'Ancien Régime et la Révolution (1750-1815).* Le Seuil (coll. « Points-Histoire »), 1974.

Études sur la pensée et la production artistique

Paul HAZARD, *La Pensée européenne au XVIIIe siècle, de Montesquieu à Lessing.* Rééd. Fayard, 1963.

Jean STAROBINSKI, *L'Invention de la liberté, 1700-1789.* Skira, 1964.

Michel LAUNAY et Georges MAILHOS, *Introduction à la vie littéraire du XVIIIe siècle.* Bordas/Mouton (coll. « Études supérieures »), 1969.

Norman HAMPSON, *Histoire de la pensée européenne,* 4-*Le Siècle des Lumières.* Le Seuil (coll. « Points-Histoire »), 1972.

Robert MANDROU, *De la culture populaire aux XVIIe et XVIIIe siècles. La Bibliothèque bleue de Troyes.* Stock, 1975.

René POMEAU, *L'Europe des Lumières.* Stock, 1965. Rééd. Slatkine, 1981.

Ire partie

LA LITTÉRATURE D'IDÉES

Le XVIII*e siècle n'est pas en rupture avec l'époque précédente. Il en reprend certaines grandes orientations : le rôle prééminent donné à la raison, puis à l'expérimentation scientifique, l'intérêt porté à la formation des idées à partir de l'expérience. En effet,* ***la reconnaissance du rationalisme cartésien*** *reste une étape importante dans le progrès des connaissances (il est significatif que Descartes assimile la raison à la « lumière naturelle »); la méthode et les découvertes de* **Newton** *influencent les savants et les penseurs ; la pensée de* **Locke,** *à l'origine du sensualisme, sera reprise par Condillac et commentée par Voltaire ou Diderot.*

*L'image des « Lumières » cependant, dans les pays européens, exprime bien une différence avec ce qui précède. Cet âge est « éclairé », car il n'est pas seulement animé par la volonté d'élargir le savoir. La croyance au progrès s'est concrétisée dans la lutte pour faire triompher, dans tous les domaines, l'esprit critique, l'absence d'a priori dans l'observation du monde et des hommes. La définition du Philosophe donnée par l'*Encyclopédie *(« un honnête homme qui agit en tout par raison » et est pourvu de « mœurs et de qualités sociales ») révèle* ***l'intention d'inclure dans la réflexion l'organisation de la société,*** *les règles politiques et les systèmes d'éducation. Le progrès intellectuel va désormais de pair avec l'amélioration de la vie.*

Ce programme permettra à Kant, en 1784, dans Was ist Aufklärung? (Qu'est-ce que l'âge des Lumières ?), *de donner une définition de la démarche et de son succès. L'âge des Lumières est, selon lui, l'époque de la maturité de la pensée, qui a couru le risque de s'affirmer : « Sapere aude! » (Ose savoir !). C'est la même croyance et le même enthousiasme qui animent Condorcet dans son* Esquisse d'un tableau historique des progrès de l'esprit humain *en 1795 : le XVIIIe siècle a réussi à être une étape décisive dans l'histoire de l'humanité.*

*Entreprise au milieu du siècle, l'*Encyclopédie *marque un moment important. Elle répond au* ***double désir de faire une large synthèse des connaissances et de les mettre à la portée de tous.*** *De près ou de loin, tous les grands esprits collaborent à l'ouvrage. La diversité des sujets et des points de vue signale l'effervescence des chercheurs, convaincus de participer à la recherche commune de la vérité. Tous éprouvent le sentiment que la pensée sort enfin des ténèbres et poursuit l'œuvre de la Renaissance, « ce premier siècle de lumière » selon d'Alembert.*

Les Lumières s'étendent en effet dans toutes les sciences. L'astronomie repousse les limites de l'univers, tandis que les voyages font découvrir l'étendue du monde. L'espace et le temps prennent des dimensions insoupçonnées. Mathématiques et physique, anthropologie, géologie, biologie mènent à remettre en question l'ordre divin et l'autorité biblique. D'autre part, ***les savants*** *ne constituent pas un monde clos : des relations s'installent entre les pays européens,* ***et la philosophie*** *devient inséparable de ces découvertes ; son rôle est de réfléchir sur l'ensemble des travaux des spécialistes (Ainsi l'*Encyclopédie *utilise les comptes rendus rassemblés par Fontenelle à l'Académie des Sciences).*

L'extension du savoir et les progrès de la critique historique conduisent les philosophes à s'opposer aux préjugés, qu'ils associent à la religion. L'audace va croissant à mesure que les générations se succèdent : même si les limites de notre intelligence nous interdisent de résoudre les problèmes métaphysiques, l'existence de Dieu, « l'éternel architecte », s'impose à notre raison. Ainsi Voltaire est-il ***déiste,*** *comme beaucoup de ses contemporains, dans cette « aube des Lumières ». Dans la seconde moitié du siècle par contre, les sciences de la nature l'emportent sur la physique et ouvrent des perspectives nouvelles ; l'évolutionnisme, l'hypothèse d'une matière vivante, mènent à l'****athéisme*** *et au* ***matérialisme.*** *Alors que* Le Rêve de d'Alembert, *œuvre de Diderot, est encore une vision poétique, il s'agit déjà pour Helvétius et d'Holbach d'aménager la vie dans la société à venir.*

Établir les fondements rationnels de la vie sociale a été aussi une des grandes préoccupations du XVIIIe siècle. ***Une science politique se constitue,*** *par analogie avec les autres sciences. Mais il ne s'agira pas tant pour les révolutionnaires de mettre en pratique les théories que de s'inspirer de certains concepts (comme celui de « vertu ») auréolés du prestige de Rousseau. Pendant la Révolution, l'éloquence parlementaire suscite des émotions collectives, prouve la transformation profonde de la sensibilité et, par là, annonce le romantisme.*

Saint-Simon.
École française,
fin XVIIIe s.

Claude Arnulphy,
Vauvenargues, XVIIIe s.

I DEUX TÉMOIGNAGES SUR L'HOMME : SAINT-SIMON ET VAUVENARGUES

Saint-Simon (1675-1755) s'est illustré dans un genre quelque peu oublié au XVIIIe siècle, si l'on excepte *Les Confessions* de Rousseau (voir p. 87), dont l'intention est autobiographique. Il en est de même pour **Vauvenargues** (1715-1747), un des rares moralistes de son temps, dont les *Réflexions et Maximes* paraissent en 1746. Curieusement, les deux hommes connaissent des destins comparables : déçus dans leurs ambitions, ils vivent à Paris, retirés du monde et à l'écart du mouvement philosophique. Les rapproche également le sens de l'observation (ils tracent l'un et l'autre des portraits) ; mais, alors que Saint-Simon nous donne une vision sombre, voire pessimiste de l'homme dans son tableau impitoyable de la Cour de Louis XIV vieillissant, Vauvenargues, lui, partage l'optimisme de son époque : il croit en la vertu et voit une promesse de bonheur dans l'action qui est « une loi de la nature ».

D'autre part, ce qui retient le plus le lecteur moderne dans le style de Saint-Simon, ce sont, entraînées par la verve, les trouvailles soudaines, les expressions heureuses, résumant un personnage : « Ce soleil levant dans son automne » (Mme de Maintenon) ; Ninon de Lenclos « fut un exemple nouveau du triomphe du vice conduit avec esprit, et réparé de quelque vertu ». L'art de la maxime, de la formule brève et souvent antithétique, tel que le pratique Vauvenargues, n'est pas éloigné des raccourcis incisifs du mémorialiste, et tous les deux ont su, en illustrant deux genres littéraires bien différents, manifester d'éminentes qualités d'écrivain.

1. Saint-Simon (1675-1755), le « voyeux »

Louis de Rouvroy est né à Paris en janvier 1675, d'un père âgé qui lui lèguera son titre de **duc de Saint-Simon.** Son enfance austère, passée en partie à La Ferté-Vidame, s'achève lorsqu'il a dix-sept ans, en 1692 : il devient mousquetaire du roi et part à la guerre (il participe au siège de Namur, à la bataille de Nerwinden):
En 1695, il épouse Mademoiselle de Lorge, dont il aura trois enfants. Dès cette époque, il prend des notes.
En 1702 il démissionne de l'armée. Il est destiné dès lors à n'être plus que « de rien » : **il n'a aucune charge et mène la vie de courtisan,** au milieu d'affaires de préséances.
En 1715, à la mort de Louis XIV, Saint-Simon est membre du Conseil de Régence.
1718 : le « lit de justice » enlève toute prérogative aux bâtards légitimés (le duc du Maine en particulier). Saint-Simon exulte.
1721-1722 : il part en ambassade en Espagne, en vue du mariage d'une fille du Régent avec le fils de Philippe V.
1723 : le duc de Bourbon succède à Philippe d'Orléans. **Sans espoir, désormais, de faire carrière,** Saint-Simon se retire de la Cour. Il vivra désormais à Paris essentiellement, et à La Ferté-Vidame. Il écrit...
1743 : mort de sa femme, suivie de celle de ses deux fils, en 1746 et 1754.
Il meurt à Paris en 1755.

1739-1749 : rédaction des *Mémoires* qui seront retrouvés à sa mort.

Génie indépendant qui rédige en plein XVIIIe siècle une œuvre puissamment originale mais qui est tournée vers le passé (il s'agit d'évoquer le règne finissant de Louis XIV), **Louis de Saint-Simon,** historien passionné et observateur pénétrant, a mis un style tout d'humeur et une langue impétueuse au service de son témoignage.

Dès l'âge de dix-neuf ans, en 1694, Saint-Simon projette d' « être de quelque chose » en rapportant « les affaires de son temps ». Il essaie d'abord d'y participer, de faire appliquer ses idées politiques lorsque son ami Philippe d'Orléans arrive au pouvoir. Mais il ne parviendra pas à s'élever au-dessus du poste de membre du Conseil de la Régence, et sa seule réalisation, dont il fera un triomphe, sera le lit de justice qui enlève au duc du Maine, bâtard légitimé, toute prétention au trône. Évincé par l'abbé Dubois, Saint-Simon abandonne la vie publique. Il n'existe plus que pour témoigner d'un présent auquel il aurait voulu redonner la grandeur du passé.

1 Les *Mémoires*, l'œuvre d'une vie

Les *Mémoires,* monument de plus de deux mille pages, écrits « à la diable pour l'immortalité », selon le mot célèbre de Chateaubriand, sont donc **le grand projet de sa vie.** Il les rédige en dix ans, de 1739 à 1749, aidé des notes prises régulièrement depuis sa jeunesse, à l'armée et à Versailles, puis du *Journal* tenu par Dangeau[1] jusqu'en 1720 (journal minutieux et fade que Saint-Simon commente et complète sans relâche, à partir du moment où il en prend connaissance en 1729). Les *Mémoires* concernent la fin du règne de Louis XIV et la Régence, de 1691 à 1723.

Le manuscrit sera découvert à la mort de l'auteur. Inventorié, puis mis au secret parce que « concernant les affaires du Roi », il ne sera lu que par quelques privilégiés. Les *Mémoires* ne seront connus que beaucoup plus tard, publiés en 1830 par le général de Saint-Simon, petit-cousin du duc, puis par Chéruel qui procure de 1856 à 1858 une édition « définitive ».

1. Dangeau (1638-1720) est un courtisan et un aide de camp de Louis XIV. Son Journal *sera publié en 1854.*

2 L'historien passionné

Le plaidoyer rédigé en avant-propos précise les intentions de l'auteur : écrire avec « l'exactitude la plus scrupuleuse sur la vérité de chaque chose », se faire l'interprète des actions de ses contemporains en mettant le lecteur « dans le secret de ce qui lui est représenté ». **Le projet de l'historien** est ainsi pleinement justifié puisqu'il est guidé par le désir de faire reculer l'ignorance.

Il est certain que l'enquête, et même l'espionnage, ont tenu une grande place dans la vie de Saint-Simon. Cette soif de savoir apparaît répondre moins à un souci d'objectivité qu'à un besoin de confirmer des antipathies (pour Mme de Maintenon, Vendôme, Louvois ou Mazarin), ou au désir de compenser une ambition déçue (la peinture du lit de justice du 26 août 1718 en est le meilleur exemple). C'est ainsi que **la passion** pénètre dans le livre et lui donne tout son intérêt. L'histoire ne consiste pas uniquement à expliquer et mettre en ordre « des faits inanimés », « secs et pesants à l'esprit » ; sur cet arrière-plan, ressortent les points forts du récit : les portraits, regroupements de traits antithétiques, synthèses fulgurantes où s'exprime le ressentiment ou l'admiration ; les événements importants, transformés en grandioses mises en scène (outre le lit de justice, la mort des grands : Louis XIV ou le Dauphin).

La Chambre du trépas de Louis XIV.
Gravure, XVIIIe s.

3 Saint-Simon face au pouvoir monarchique

Saint-Simon est **hostile à un régime qui a anéanti la noblesse** et le réduit lui-même aux intrigues, combinaisons ou « machines ». Défenseur acharné des droits de sa caste (le Régent dira qu'il est « d'une suite enragée »), il ne cherche pas à analyser la situation politique de son temps, ni à expliquer l'évolution de la monarchie depuis son origine, comme le fait Montesquieu (*De l'Esprit des lois* date de 1748). Cependant, s'il est isolé dans sa nostalgie du règne de Louis XIII, il ne l'est pas dans la critique de la monarchie despotique, car la bourgeoisie possédante reproche, de son côté, à cette dernière la ruine de l'économie de la nation.

Sa lucidité sur la décadence à laquelle il assiste, le sentiment de la fragilité du présent, alimentent son obsession de l'étiquette et des préséances. C'est cette « ducomanie » qui lui fait prendre position pour le rétablissement de l'ordre traditionnel (la place des pairs dans les Conseils du roi) et contre « le monstre » bourgeois (le contrôleur général et les secrétaires d'État). Vivre consiste cependant à s'adapter à son époque. Saint-Simon propose des réformes politiques (certaines aboutiront, comme les Conseils de Régence) ; il constate d'autre part les abus, dans le système des impôts par exemple, et dépeint la misère du peuple lors du terrible hiver de 1709.

4 « Se montrer à soi-même le néant du monde »

Saint-Simon se situe d'emblée sur le plan de l'éternité. C'est dans la solitude de sa retraite qu'il juge le monde et les hommes, après avoir soumis son projet à son père spirituel, l'abbé de Rancé. Les querelles religieuses ont alors aussi peu d'importance que les luttes politiques, et, s'il prend parti pour les jansénistes, c'est qu'ils sont les représentants du rigorisme moral. Car **la vérité et la vertu sont les deux grands principes** qui animent les *Mémoires*.

Saint-Simon étonne autant par les contrastes de sa nature que par sa situation, à l'écart de son temps. Différent des hommes de son milieu, il l'est encore plus des philosophes et des écrivains.

Il reste également **un écrivain unique** qui a su se forger un instrument totalement original pour faire « éclore et fourmiller tout un monde » (Sainte-Beuve).

Les *Mémoires* sont, en effet, une galerie de portraits d'un réalisme souvent impitoyable, réellement saisis sur le vif, les expressions les plus furtives étant notées, qui trahissent les mouvements profonds de l'âme. Sont tracés aussi des tableaux au relief puissant, agités des mille comportements des courtisans, dont les désirs et les rancœurs transparaissent derrière le masque des bienséances.

Saint-Simon avoue sa langue pleine de « négligence » et d' « obscurité » ; emportée, néanmoins, par une verve allègre, elle est riche d'expressions fulgurantes, impérieuses ou triviales, et fut appréciée par les romantiques qui la découvrirent en 1830.

BIBLIOGRAPHIE

Éditions

SAINT-SIMON, Mémoires, Éd. (en 7 vol.) de Gonzague TRUC. Gallimard (bibl. de la Pléiade), 1959. — Nouvelle édition en préparation de Yves COIRAULT. 4 vol. déjà parus, 1983-85.

Extraits dans les « Classiques Bordas, Larousse, Hachette ».

Études

François-Régis BASTIDE, *Saint-Simon par lui-même.* Le Seuil (coll. « Écrivains de toujours »), 1953.

Yves COIRAULT, *L'Optique de Saint-Simon.* A. Colin, 1965.

2. Vauvenargues (1715-1747) et la réhabilitation des passions

Luc de Clapiers, marquis de Vauvenargues, naît à Aix-en-Provence en 1715. Engagé tôt dans la carrière militaire, il est contraint, à 28 ans (en 1743) et à la suite d'une grave blessure qui l'a rendu infirme, de démissionner de l'armée. **Déçu dans son rêve de gloire militaire,** il s'adonne à l'étude. Fixé à Paris en 1745, il se lie avec Mirabeau, Marmontel, et avec Voltaire qui lui porte une réelle amitié. Regroupant les notes et les réflexions qu'il avait prises quotidiennement, il publie un seul ouvrage, l'*Introduction à la connaissance de l'esprit humain,* suivi des *Réflexions et Maximes* ainsi que des *Conseils à un jeune homme,* en **1746,** avant de mourir, à trente-deux ans (1747).
Après sa mort, de nombreuses éditions se succèdent qui regroupent divers manuscrits, dont celui des seconds *Caractères.*

1746 : *Réflexions et Maximes. Introduction à la connaissance de l'esprit humain* (avec les premiers *Caractères*).

Tel Clazomène (décrit dans les *Caractères*), « qui a eu l'expérience de toutes les misères de l'humanité », mais qui garde l'amour de la vertu et rêve secrètement de gloire, **Luc de Vauvenargues,** terrassé par la maladie et déçu dans ses ambitions, reste un modèle de noblesse morale et, sans aigreur, croit en la bonté de la nature humaine.

1 L'étude de l'homme

Observateur pénétrant, Vauvenargues a laissé, dans les *Caractères,* des portraits par lesquels il ambitionne d'imiter La Bruyère. S'il ne peut rivaliser avec son modèle par la vivacité du style, il sait cependant stigmatiser les ridicules ou les vices du temps *(Midas ou le Sot qui est glorieux ; Ernest ou l'Esprit présomptueux),* et tracer les portraits de caractères généreux, à l'image de leur auteur *(Clazomène ou la Vertu malheureuse ; Thieste ou la Simplicité).* Son **goût pour l'étude de l'âme humaine** s'exprime également dans l'*Introduction à la connaissance de l'esprit humain* (1746), riche en formules denses et pénétrantes.

2 Un jugement indépendant

L'originalité de Vauvenargues est davantage manifeste dans les jugements littéraires portés sur les écrivains du XVIIe siècle (notamment Bossuet, Fénelon, Pascal, La Fontaine,...), qui le révèlent ennemi de l'emphase et véritablement héritier du classicisme par la retenue et la clarté. Ses *Réflexions critiques sur quelques poètes, Les Orateurs* et bien des remarques figurant dans sa correspondance avec Voltaire démontrent l'**indépendance d'un jugement, qui repose sur le sentiment,** et son talent pour mettre en valeur une œuvre par l'analyse comparative *(Parallèle entre Corneille et Racine).*

3 La réhabilitation des passions nobles

Tout animées par la générosité morale de Vauvenargues, les *Réflexions et Maximes* manifestent son **admiration pour les passions nobles dans lesquelles il voit le moteur même de l'activité humaine.**

Écartant les spéculations métaphysiques, qu'il juge vaines (en cela, il est proche de Voltaire), repoussant aussi la pensée de la mort, qui nous empêche de vivre pleinement, Vauvenargues prône en effet le culte de l'action et de la volonté : « Plus nous agissons, plus nous produisons, plus nous vivons. » Cet idéal d'énergie (illustré, plus tard, par Stendhal) reste cependant au service de la société, selon une doctrine morale résolument optimiste qui obéit aux impulsions — bien dirigées — de l'instinct : « Les grandes pensées viennent du cœur. » [127]

N'accordant pas trop confiance à la raison seule, conseillère d'une prudence trop médiocre (« La raison nous trompe plus souvent que la nature » [123]), il recommande en effet de recourir, aussi, aux intuitions du sentiment et exalte l'élan des passions, notamment l'ambition ou l'amour-propre (contestant en cela les thèses pessimistes de Pascal ou de La Rochefoucauld).

A la recherche de la clarté, de la netteté, ce « vernis des maîtres », Vauvenargues s'est illustré dans la formule dense, souvent antithétique (« L'art de plaire est l'art de tromper »), que représente la maxime.

Rigoureuse et sincère, susceptible aussi d'accents enthousiastes lorsqu'il exprime sa confiance en la bonté de la nature — et annonce Rousseau —, son œuvre lui assure une place singulière parmi les moralistes du XVIIIe siècle.

BIBLIOGRAPHIE

Édition

VAUVENARGUES, *Œuvres.* Slatkine, 1970. — *Œuvres posthumes et œuvres inédites.* Slatkine, 1970.

Études

Gustave LANSON, *Le Marquis de Vauvenargues.* Hachette, 1930.

Fernand VIAL, *Une philosophie et une morale du sentiment, Vauvenargues.* Slatkine, 1938 ; rééd. 1970.

Montesquieu.
Buste par J.B. Lemoyne, 1761.

II LES DÉBUTS D'UNE SCIENCE POLITIQUE : MONTESQUIEU (1689-1755)

Dans leur désir d'élargir le champ de la connaissance, les Philosophes entreprennent d'étendre la méthode d'explication du monde naturel à tous les domaines, et, en premier lieu, au **domaine politique.** Examiner les sociétés, c'est pour eux chercher à en trouver les mécanismes.

L'exemple anglais, que tous découvrent au cours de leurs voyages, contribue à faire prendre conscience que **le bonheur des hommes dépend de leur gouvernement. La réflexion philosophique anglaise ouvre également la voie :** après **Newton,** les lois de l'univers semblent accessibles à la raison. **Locke** (1632-1704) élabore une philosophie politique, par exemple dans le traité *Du gouvernement civil,* justification de la Révolution de 1688 qui avait doté l'Angleterre du Bill of Rights (Déclaration des Droits) et d'un régime parlementaire. La séparation des pouvoirs (législatif et exécutif), la suppression du pouvoir monarchique de droit divin, remplacé par le principe de souveraineté du peuple, sont donc des sujets d'actualité.

Charles-Louis de Secondat, futur **baron** de La Brède et **de Montesquieu,** naît en 1689, dans la région de Bordeaux, au château de La Brède où il rédigera son œuvre. Il est envoyé au collège des Oratoriens de Juilly, puis fait des études de droit. En 1716, il hérite de son oncle la charge de **président à mortier au Parlement.** A la même date, il entre à l'Académie de Bordeaux pour laquelle il rédigera un certain nombre de mémoires scientifiques.
De 1721 à 1728, Montesquieu vit une partie de l'année à Paris, où il est accueilli dans les salons, fréquente le club de l'Entresol.
En 1728 il est élu à l'Académie française. Après avoir vendu, peu de temps auparavant, sa charge de président, il possède une fortune suffisante pour pouvoir se consacrer à ses études.
De 1728 à 1731, Montesquieu **voyage dans divers pays européens :** Allemagne, Hongrie, Italie, Hollande, et Angleterre notamment.
A son retour, **il vit à La Brède** tout en continuant à faire des séjours à Paris.
C'est là qu'il meurt en 1755.

1721 : *Lettres persanes.*

1725 : *Le Temple de Gnide.*

1734 : *Considérations sur les causes de la grandeur des Romains et de leur décadence.*

1748 : *De l'Esprit des lois.*

1750 : *Défense de l'Esprit des lois.*

Après avoir montré dans son roman, les *Lettres persanes*[1] (1721), la variété des mœurs et des régimes politiques et souligné avec ironie la stupéfaction qui saisit un observateur étranger, **Charles-Louis de Montesquieu** s'attache, à partir de 1731, à démonter les institutions humaines et à en expliquer l'évolution. A une vaste culture livresque il joint une grande curiosité pour la vie et les mouvements intellectuels de son temps.

La fréquentation des salons parisiens (chez Mme du Deffand, Mme Geoffrin, Mme de Lambert, puis chez Mme de Tencin) **et du club de l'Entresol** permet à Montesquieu de nouer de nombreuses amitiés avec le monde philosophique et politique de son temps. Au cours de ses voyages il entre **en relation avec les grands esprits européens.** Il participe, d'autre

1. *Sur les* Lettres persanes, *voir p. 76.*

part, aux travaux de plusieurs Académies (outre l'Académie de Bordeaux et l'Académie française, celle de Berlin et la Royal Society de Londres) en composant des discours sur des sujets variés : la transparence des corps, l'usage des glandes rénales, la botanique...

De plus, les notes rédigées **pendant ses voyages** montrent son intérêt pour la vie dans les grandes villes. Ainsi, même si Londres le déçoit, il admire la liberté politique et religieuse qui y règne : « L'Angleterre, écrit-il, est à présent le plus libre pays qui soit au monde, je n'en excepte aucune république. »

1. Les *Considérations* (1734)

Ce livre, paru la même année que les *Lettres philosophiques* de Voltaire, et servi par un ton plein de majesté, donne une première idée de la méthode de Montesquieu. Sa nouveauté ne réside pas en fait dans le sujet, largement étudié dans les collèges, traité par les historiens latins et devenu une référence constante (ainsi, Bossuet lui a consacré un chapitre dans le *Discours sur l'Histoire universelle* en 1681).

L'originalité de ce développement, isolé du grand ouvrage à venir, *De l'Esprit des lois,* **tient** tout d'abord **au groupement des faits en deux parties antithétiques** (de huit et quinze chapitres), de manière à faire ressortir « les causes générales » dans l'évolution de l'histoire romaine, « causes soit morales, soit physiques, qui agissent dans chaque monarchie, l'élèvent, la maintiennent ou la précipitent » (chapitre 18). Le rapprochement avec les sciences de la nature est ici évident : l'historien procède comme le physicien, il observe le réel pour en comprendre, **par déduction,** le fonctionnement. Les sociétés humaines peuvent ainsi être expliquées rationnellement, sans recourir à un principe caché, la Providence, comme le faisait Bossuet.

Cette méthode conduit Montesquieu à **une conception déterministe de l'histoire :** la décadence est inéluctable dès lors qu'un État ne révise pas ses institutions pour les adapter à son évolution. C'est ainsi qu'à Rome, « la grandeur de la ville perdit la république ». Face à l'optimisme des Encyclopédistes ou de Voltaire, qui, à la même époque, décrit la fonction bienfaisante des grands hommes (Charles XII, puis Louis XIV), Montesquieu étend à la vie des cités le temps cyclique de la nature ; il découvre dans le progrès la menace d'un déclin. L'exemple romain prolonge un épisode des *Lettres persanes* (l. 11 à 14) : les Troglodytes, aussi, dégénèrent, ils sentent « la vertu leur peser », et tombent sous le joug d'un roi.

2. *De l'Esprit des lois* (1748)

L'œuvre principale de Montesquieu fut publiée à Genève. Elle connut immédiatement un très grand succès européen, particulièrement en Angleterre où elle fut traduite dès 1749. Les lecteurs découvraient en effet un sujet nouveau, jusque-là réservé aux spécialistes et pourtant essentiel : l'organisation de la vie publique, exposée par un auteur qui n'est pas seulement juriste, mais également moraliste et philosophe.

De l'Esprit des lois **représente** « le travail de vingt années », **la somme de toute une existence ;** voyages, lectures, expériences y sont rassemblés. Cependant les nombreuses notes rédigées par Montesquieu n'ont pas toutes trouvé place dans son livre : un journal de voyage, des *Pensées,* un recueil intitulé *Spicilège* ont été publiés au XXe siècle. On y trouve de précieuses indications sur sa méthode de travail et sur sa personnalité. Cet ouvrage révèle également **un Montesquieu grand styliste,** capable d'alterner d'amples mouvements oratoires avec des phrases denses, et de recourir à une extrême variété de ton dans des chapitres, par ailleurs, strictement ordonnés.

Trois idées-forces sont à la base de *De l'Esprit des lois* :

a. La sociabilité : Montesquieu ne fait que reproduire une opinion courante à son époque en affirmant que « l'homme est fait pour vivre dans la société ». Il s'ensuit que les lois sont inhérentes à la nature humaine.

Les théories du *Droit naturel* (selon lesquelles la souveraineté n'est pas de droit divin, mais un établissement humain) se répandent en France pendant la première moitié du XVIIIe siècle. Les œuvres de deux juristes, *De jure belli ac pacis* (*Du droit de la guerre et de la paix;* 1625) du hollandais Grotius et *Du droit de la nature et des gens* (1672) de l'allemand Pufendorf, sont traduites en français par Barbeyrac en 1706 et 1724, et rééditées à plusieurs reprises, ce qui prouve le goût du public pour ces questions.

b. D'autre part, **les lois** ne sont pas le produit d'une « fatalité aveugle » mais **répondent logiquement à des besoins.** Elles sont « la raison humaine en tant qu'elle gouverne tous les peuples de la terre ».

c. Enfin, si les lois ne sont pas les mêmes partout, elles ne sont pas pour autant arbitraires, mais **« les rapports nécessaires qui dérivent de la nature des choses ».**

De cette définition découle **l'analyse des facteurs variés dont il faut tenir compte :**

a. Facteurs politiques et moraux (1.II-XIII) : les lois dépendent en effet d'abord des « trois espèces de gouvernement : le républicain, le monarchique, le despotique » dont les principes d'action sont « la vertu, l'honneur, la crainte ».

b. Facteurs physiques (1.XIV-XIX) : le climat, la nature du terrain, et leur influence sur les mœurs.

c. Facteurs socio-économiques, enfin (1.XX-XXVI) : le commerce, la monnaie, le nombre d'habitants, la religion, les règles du droit.

Les livres XXVI-XXXI sont consacrés à des « illustrations historiques ».

3. « Instruire les hommes »

Cette théorie est une grande innovation. Elle élargit le domaine scientifique en **ajoutant aux sciences de la nature les sciences de l'homme ;** et Montesquieu a conscience de bouleverser la politique et l'histoire lorsqu'il écrit dans sa Préface : « Quand j'ai découvert mes principes, tout ce que je cherchais est venu à moi. »

La politique devient la résultante d'un ensemble de forces, intervenant de façon complexe. Mais l'auteur n'ignore pas le caractère abstrait de la typologie des États qu'il a dressée et, bien que croyant au déterminisme, il s'efforce d'établir une hiérarchie entre les « raisons naturelles ». Ainsi, c'est au nom de la morale qu'il s'oppose à l'esclavage, même si celui-ci est une conséquence du climat. Cette méthode des « types idéaux » ainsi que la doctrine de l'interdépendance des forces (les facteurs énumérés plus haut ne s'ajoutent pas les uns aux autres, mais forment un tout qui s'effondre si un seul de ses éléments constitutifs est changé) font de **Montesquieu un précurseur de la sociologie.**

L'idée que Montesquieu se fait du bonheur individuel transparaît dans son choix d'un régime politique modéré. Il rejette en effet le despotisme, pour des raisons morales et économiques, ainsi que la démocratie, car les « petites âmes » des États modernes ne sont plus capables de vertu. **Le meilleur gouvernement lui semble donc être la monarchie :** « les puissances intermédiaires » (noblesse, Parlement) y assurent un juste équilibre entre le peuple et le roi ; les droits des sujets y sont garantis. « La liberté consiste à pouvoir faire ce que l'on doit vouloir, à n'être pas contraint de faire ce que l'on ne doit pas vouloir. »

Calme et mesure peuvent sembler aujourd'hui un idéal insuffisant ; *De l'Esprit des lois* peut être jugé simplificateur et exagérément optimiste. Il importe cependant de voir dans ce livre **le reflet d'une époque** (le milieu du XVIIIe siècle) qui découvre le pouvoir de la raison et le croit sans limite. Montesquieu comme les Encyclopédistes, qui lui emprunteront sa définition de la Loi, pensent rendre par leurs écrits les hommes clairvoyants et assurer ainsi la paix et la prospérité.

Montesquieu n'est pas le prophète de la Révolution. Il compare les gouvernements et construit une théorie politique. Nul programme d'action dans son œuvre, mais une mine d'observations (sur l'Antiquité républicaine par exemple, ou la Constitution anglaise) où ont puisé les révolutionnaires, américains et français, puis les hommes de la Restauration.

BIBLIOGRAPHIE

Éditions

MONTESQUIEU, *Œuvres complètes,* Éd. Roger CAILLOIS. Gallimard (bibl. de la Pléiade), 1951.

Œuvres complètes, Éd. Georges VEDEL et Daniel OSTER. Le Seuil (coll. « L'Intégrale »), 1964.

Considérations sur les causes de la grandeur des Romains et de leur décadence, Éd. Gonzague TRUC. Garnier, 1954.

Études

Jean STAROBINSKI, *Montesquieu par lui-même.* Le Seuil, 1961.

Louis ALTHUSSER, *Montesquieu, la politique et l'histoire.* P.U.F., 1964.

Jean EHRARD, *Politique de Montesquieu.* A. Colin, 1965.

III VOLTAIRE (1694-1778) OU LA FOI DANS LES PROGRÈS DE LA CIVILISATION

Voltaire.
Croquis de M. Quentin de La Tour, XVIIIe s.

Voltaire est associé aux débuts des Lumières. Sa pensée se façonne dans la première moitié du XVIIIe siècle, époque brillante de la Régence et du règne de Louis XV, qu'il sait goûter avec délice ; époque également ambiguë et intolérante, qui accepte une certaine liberté dans les mœurs et les croyances (le « libertinage »), mais refuse tout examen critique, que ce soit de la foi religieuse ou des régimes politiques. Hors des frontières françaises cependant, la pensée et la société sont en train de se transformer. **Un des premiers, Voltaire contribue** à élargir l'horizon, **à vouloir une « République des Lettres » européenne.** Comme les héros de ses *Contes,* c'est en voyageant qu'il va devenir « philosophe ».

Polémiste, auteur de libelles, de pamphlets, d'actes d'accusation contre le Pouvoir ou la Justice, **Voltaire** est un témoin qui ne porte jamais un regard indifférent sur son temps. Cette critique spontanée, journalistique, devient réflexion sur la culture du XVIIIe siècle ; l'enquêteur prend du recul, s'initie à la pensée scientifique, historique ou religieuse. Aussi les premiers écrits, rapidement publiés, font-ils place à des œuvres lentement élaborées, aux sujets plus vastes. Les titres changent également : Lettres ou Histoire deviennent Traités, Discours ou Essais.

C'est pendant la période de Cirey, ces dix années relativement silencieuses, que l'évolution a lieu. A partir de ce moment, Voltaire a conquis la parfaite maîtrise de sa « philosophie » tandis que, dans les *Contes,* la Raison peut se faire plaisante pour être mieux divulguée.

1. Avant la période de Cirey : les premières armes

1

Histoire de Charles XII (1731)

Le roi de Suède était mort en 1718. Le choix d'un épisode relativement secondaire de l'histoire contemporaine, par un écrivain qui n'est pas un historien professionnel, mérite d'être souligné. C'était en effet rompre avec la tradition qui faisait de l'Antiquité le sujet d'étude le plus fréquent.

Les historiens professionnels étaient à cette époque, d'une part les « Scriptores », Jésuites qui pour cette raison étaient déchargés de tout enseignement ; d'autre part les « Érudits », longtemps simples compilateurs, qui commencent à interroger « scientifiquement » les documents.

Jeunesse formatrice et frondeuse (1694-1726)
Élève du collège Louis-le-Grand, **François-Marie Arouet,** fils d'un notaire parisien, acquiert une bonne connaissance de l'Antiquité classique et suit un enseignement religieux que les Jésuites ont su adapter à « l'air du temps ». Il se fait vite une réputation d'homme d'esprit, d'amuseur des grands dans les salons aristocratiques et libertins : à l'Hôtel du Temple, puis dans des châteaux provinciaux. Il y connaîtra un exil doré après des pièces satiriques qui lui valent même d'être enfermé à la Bastille. Grâce à ces retraites forcées il devient un écrivain, connu désormais sous le pseudonyme de Voltaire. Sa fortune d'autre part commence à s'accroître, par des placements dans le commerce colonial. En 1726, à la suite d'un incident qui l'oppose au chevalier de Rohan, il doit s'exiler. Il va découvrir l'Angleterre (1726-1729).

Premier temps de réflexion : l'Angleterre (1726-1734)
Voltaire « apprend à penser » en lisant Bacon (1561-1626), Locke (1632-1704) et surtout Newton (1642-1727), qu'il continuera à étudier par la suite. A son retour, il est ce qu'il ne cessera plus d'être : historien et philosophe. La publication des *Lettres anglaises* en 1734 est « la première bombe lancée contre l'Ancien Régime » (Lanson).

Deuxième temps de réflexion : Les « années philosophiques » à Cirey (1734-1744)
Les *Lettres anglaises* brûlées par décision du Parlement, Voltaire se réfugie près de la frontière lorraine, chez Madame du Châtelet en qui il trouve une émule. Il approfondit auprès d'elle ses connaissances scientifiques, accumule les matériaux pour les grandes œuvres historiques en préparation, compose un premier conte : *Micromégas.* C'est l'époque de la maturité et de la réflexion, qui contient en germe toute l'œuvre à venir. Quelques publications cependant : *Le Mondain,* les *Discours sur l'Homme.*
Voltaire correspond dès ce moment avec « l'univers » — c'est-à-dire avec l'Europe intellectuelle —, fait des voyages, en particulier en Allemagne ou il rencontre le roi de Prusse Frédéric II.

Semi-échec dans les cours européennes (1744-1755)
Voltaire redevient en faveur à la cour : il est nommé historiographe du roi, est élu à l'Académie. Mais il inquiète, la faveur ne dure pas. Il doit se contenter d'être « baladin des rois » à Sceaux, à Lunéville, en Prusse enfin, sans parvenir à jouer le rôle politique qu'il escomptait. Il réussit cependant à publier à Berlin *Le Siècle de Louis XIV;* les *Contes* commencent à paraître.

Les Délices et Ferney (1755-1778)
L'errance s'achève. Voltaire découvre la formule de la liberté en devenant propriétaire terrien près de la frontière suisse. Face à la guerre et aux calamités naturelles, il témoigne de l'exercice dérisoire de la pensée *(Poème sur le désastre de Lisbonne);* mais une fois installé à Ferney, en 1760, il en fait un petit royaume exemplaire, y développe une agriculture moderne, y installe l'industrie, prospère grâce au commerce. L'énergie qu'il déploie, d'autre part, pour faire réhabiliter des victimes du fanatisme, parfait l'image rapidement légendaire du patriarche de Ferney, bienfaiteur de l'humanité *(Traité sur la Tolérance, Affaires* dont la plus célèbre est l'*Affaire Calas).*
Les grandes œuvres publiées au cours des vingt-cinq dernières années (L'*Essai sur les Mœurs,* le *Dictionnaire philosophique*) prolongent ces entreprises concrètes pour faire triompher la Raison. A travers la fantaisie des *Contes,* le lecteur peut aussi suivre l'évolution de la pensée voltairienne depuis l'époque de Cirey.
Lorsqu'il meurt à Paris, en 1778, après la représentation triomphale d'*Irène,* l'adulation populaire rejoint la consécration officielle.

1718 : *Œdipe* (tragédie).

1723 : *La Ligue* (poème épique).

1731 : *Histoire de Charles XII* (histoire).

1732 : *Zaïre* (tragédie).

1734 : *Lettres anglaises* (ou *Lettres philosophiques*).

1736 : *Le Mondain* (poème).

1738 : *Discours sur l'Homme* (poèmes philosophiques).

1748 : *Zadig* (conte).

1751 : *Le Siècle de Louis XIV* (histoire).

1752 : *Micromégas* (conte).

1756 : *Poème sur le désastre de Lisbonne. Essai sur les Mœurs et l'esprit des Nations* (œuvre philosophique).

1759 : *Candide* (conte).

1763 : *Traité sur la Tolérance* (œuvre philosophique).

1764 : *Dictionnaire philosophique.*

1767 : *L'Ingénu* (conte).

1778 : *Irène* (tragédie).

J.M. Nattier,
La Bataille de Poltava,
1709.

Voltaire a voulu être un peintre fidèle. Il s'est livré à un sérieux travail de documentation, a lu tous les mémoires, interrogé les témoins. Enfin, lors des différentes éditions, il a corrigé et remanié son texte. Cependant, Charles XII est un véritable héros de roman, « un des plus singuliers personnages depuis plus de vingt siècles ». C'est pourquoi les frontières tendent à s'estomper entre la reproduction de la réalité historique et l'organisation d'un récit.

Roi à quinze ans, Charles XII se lance à travers l'Europe, détrône le roi de Pologne, poursuit le tsar en Ukraine. Battu, il doit s'exiler en Turquie. Rentré enfin dans son pays, il repart à la conquête de la Norvège, où il est tué à trente-six ans. Le récit prend même une ampleur mythique lorsque « l'Alexandre du Nord » affronte son adversaire, le tsar Pierre.

Histoire de Charles XII est aussi une fresque de l'Est européen au début du XVIIIe siècle (construction de Pétersbourg, mœurs pittoresques des Turcs et des Moscovites). A cet égard, **cette œuvre témoigne de la vogue de l'exotisme** dans la littérature occidentale. Mais cette peinture d'un état de société est surtout **une première tentative de réflexion sur les mœurs.** Voltaire transpose, compare les usages ou les titres des dignitaires, et découvre l'universalité de la nature humaine. Les barbares ont aussi leurs fanatiques, « comme ces nations policées chez qui tout le monde est théologien ».

Le récit n'est en effet qu'un prétexte, le support d'une nouvelle conception de l'Histoire : les deux parties symétriques montrent le rôle joué par le hasard, qui fait vaincre le roi à Narva, puis perdre à Poltava (au livre IV), cette défaite marquant le début de revers continuels dans les quatre derniers livres. Ce n'est donc pas la Providence qui dirige les hommes, comme le prétendait Bossuet, mais seulement « la fortune », que les grands hommes peuvent néanmoins tenter d'orienter à l'avantage de l'humanité. A preuve le tsar qui, d'abord malheureux, sait élaborer des réformes et devenir « le créateur d'une nation nouvelle ». **Voltaire donne ainsi aux princes une leçon de sagesse politique ;** il veut les guérir de la « folie des conquêtes » et les pousser à agir pour améliorer la vie des peuples et réaliser une société heureuse.

2

Lettres anglaises (ou *Lettres philosophiques* ; 1734)

Écrites également dès le retour d'exil, ces *Lettres* sont une œuvre de combat. Voltaire semble se souvenir des *Provinciales* (1656-1657) de Pascal, dont on sait qu'il admirait la vigueur polémique. Il utilise le procédé du reportage journalistique, courant à l'époque, qui lui permet de feindre l'étonnement naïf du voyageur. En fait, l'expérience anglaise lui sert d'exemple pour illustrer une conception de la vie opposée à celle d'esprits religieux comme Pascal, qu'il réfute longuement dans la 25e *Lettre*. Il reprend ainsi à la fin du recueil le thème du début (celui des sept premières *Lettres*) qui commande la suite de l'analyse : l'absence de fanatisme garantit le bonheur d'une société et le libre progrès de la pensée. Mais cette analyse n'est pas un exposé méthodique : Voltaire cherche à convaincre, quitte à simplifier, en multipliant les exemples.

La liberté religieuse protège du fanatisme (Lettres *1 à 7*)

La liberté religieuse existe en Angleterre puisque « c'est ici le pays des sectes ». Les quatre premières *Lettres*, les plus importantes, sont consacrées aux Quakers. Malgré leurs ridicules, ces derniers sont décrits avec un certain respect car, sans clergé ni sacrements, cette secte égalitaire est parvenue à fonder, à la fin du XVIIe siècle, une société idéale, l'État utopique de Pennsylvania (du nom de son créateur, G. Penn). Ainsi « la religion naturelle » peut exister, et bien que soumise au pouvoir politique, permettre la prospérité matérielle et la liberté de conscience. Ces *Lettres* servent donc bien la polémique de Voltaire contre la puissance du clergé en France ; elles sont aussi un démenti opposé à Pascal : **l'homme est avant tout un être social.**

Le régime parlementaire assure la liberté et la prospérité (Lettres *8 à 11*)

Ce régime supprime en effet les distinctions existant entre les hommes au nom des privilèges et des préjugés ; de plus, il permet le développement économique de la nation : « le cadet d'un pair ne dédaigne pas le négoce ». D'autre part, un exemple pris dans l'actualité, l'inoculation de la petite vérole (*Lettre* II), est caractéristique de la démarche voltarienne : élargir le champ des conséquences pratiques, pour montrer l'importance d'un principe.

La petite vérole est un fléau au XVIIIe siècle. Voltaire a failli en mourir en 1723, année où 20 000 personnes en ont été victimes à Paris. L'**inoculation** semblait amener l'immunisation (« Aucun n'a la petite vérole une seconde fois, supposé que l'inoculation ait été parfaite » dit Voltaire), mais le débat continua longtemps à partager les esprits. Ce texte a fait date et est souvent cité au cours du siècle.

La libre diffusion des idées assure le progrès culturel (Lettres *12 à 24*)

Contre le cartésianisme, officiellement adopté en France, Voltaire défend différentes théories anglaises qui se veulent indépendantes de la foi religieuse. Il exprime un vif intérêt pour **la « philosophie expérimentale »** proposée en premier lieu par Bacon, car elle donne une vision cohérente du monde et repose sur des données scientifiques. A l'égard de Newton, il témoigne d'une profonde admiration. La *Lettre* 15 est consacrée à l'exposé de ses découvertes fondamentales, qui auront une influence décisive sur le développement des sciences au XVIIIe siècle. La probité intellectuelle et le sérieux de la méthode sont également une leçon : pour Newton, une idée n'est vraie que si elle est confirmée par l'observation et l'expérience ; d'autre part, le savant doit admettre les limites de l'entendement humain : « L'attraction est une chose réelle, puisqu'on en démontre les effets... La cause de cette cause est dans le sein de Dieu. »

On comprend l'enthousiasme de Voltaire pour un pays où règne la liberté, où les hommes sont détournés des spéculations métaphysiques qu'il juge inutiles, et incités à développer leurs capacités. « En Angleterre, communément on pense », et on tient en grande considération les gens de lettres. Dans l'ensemble des *Lettres anglaises,* la comparaison avec la situation de la France est évidente, même si elle reste implicite. L'auteur se contente de donner des éléments de réflexion ; au lecteur de savoir interpréter la pensée, sous l'ironie.

2. Après la période de Cirey : la maturité

1

L'œuvre historique : *Le Siècle de Louis XIV* (1751) et *Essai sur les Mœurs* (1756)

Le Siècle de Louis XIV

Comme dans son premier ouvrage, le **souci d'exactitude historique** ne quitte pas l'auteur, qui interroge, lit et confronte les témoignages, s'efforce d'enlever aux événements, aux exploits militaires en particulier, leur auréole déjà légendaire. Il met ainsi en évidence le mérite essentiel de ce grand roi devenu éponyme de son époque : **le développement du commerce, le changement des mœurs, les réalisations scientifiques et artistiques** (chapitres 29 à 34). Tels sont les domaines qui doivent, à ses yeux, retenir avant tout l'attention de l'historien. En politique en effet, comme l'*Histoire de Charles XII* l'a montré, ne semblent triompher que le hasard et l'esprit de conquête, tant à l'échelle nationale (chapitres 3 à 23) qu'à l'échelle européenne (chapitres 2 à 4).

Voltaire innove en présentant son étude comme celle du « siècle le plus éclairé qui fut jamais », le quatrième dans l'histoire du monde (qu'il limite encore au monde occidental), après ceux de Périclès, d'Auguste et des Médicis (chapitre 1). Cette vision optimiste de l'homme en marche vers les Lumières lui permet de dénigrer les périodes intermédiaires, et d'achever son livre, « ce monument à la vérité et à la patrie », par trois chapitres qui présentent le fanatisme religieux comme le dernier obstacle au triomphe de la raison.

Essai sur les Mœurs et l'esprit des Nations

De nombreuses éditions d'une *Histoire générale de l'univers* ont circulé, malgré les protestations de l'auteur, avant la première parution officielle de 1756, qui sera complétée encore largement par la suite. L'œuvre, gigantesque (197 chapitres), connue sous le titre abrégé de *Essai sur les Mœurs,* est précédée en 1765 d'une longue introduction intitulée « Philosophie de l'histoire », vaste présentation qui préfigure l'histoire comparée des religions et des mythes. **L'humanité est d'abord vue dans son ensemble,** soumise dès ses origines aux mêmes besoins et pourtant divisée par les différences de races, de rites ou de coutumes. L'envisageant ensuite dans son devenir, Voltaire peut montrer comment, selon l'usage qu'en ont fait les Indiens, les Persans, les Chinois ou les Grecs (le monde étant cette fois considéré dans sa totalité), les données naturelles sont devenues des forces hostiles ou propices au progrès. Mais **ce progrès est indéniable, toutes les sociétés échappent peu à peu à la barbarie et évoluent vers la « civilisation »** (notion confuse, mais idéal tenace au XVIIIe siècle ; le mot n'est attesté qu'à partir de 1766). Certaines époques bénéficient de l'aide providentielle de « grands hommes » et représentent les étapes essentielles.

L'histoire universelle est ainsi laïcisée. Alors que Bossuet en faisait une continuation du modèle biblique[1], Voltaire discute au contraire les Écritures, comme ses autres sources, au nom de la vraisemblance.

1. *Le* Discours sur l'Histoire universelle de *BOSSUET date de 1681 ; il ne dépasse pas l'époque de Charlemagne.*

> *L'Histoire universelle au XVIIIe siècle* a pour règle de suivre les indications chronologiques des Écritures, si complexes que *La Méthode pour étudier l'histoire* (1772 ; 15 volumes) énumère plus de 200 calculs. On comprend que le périodique jésuite, les *Mémoires de Trévoux,* garde le silence sur l'*Essai* de Voltaire.

2

L'œuvre philosophique : *Traité sur la Tolérance* (1763) et *Dictionnaire philosophique* (1764)

Pour mieux aborder tous les sujets qui résument sa « philosophie », Voltaire choisit la forme du dictionnaire, du recueil d'articles susceptibles d'aider les hommes à vivre en société et à penser librement. Il sait être attrayant, multiplier les genres et les tons, tirer de sa vaste culture historique des exemples concrets qui lui permettent de solliciter le lecteur : « Vous qui lisez et pensez, concluez ». Il esquisse ainsi déjà la silhouette de cet homme nouveau qui apparaît : **le Philosophe.** Non plus le créateur d'un système, mais **un observateur qui ne se soumet qu'à la raison, qui pose les problèmes et les laisse souvent « ouverts ».** Pour lui, l'écriture est avant tout combat, qu'il mène dans deux directions : celle de l'anticléricalisme, puis celle d'une réorganisation sociale nécessaire.

Voltaire dénonce de nouveau la religion comme superstition, condamnable parce qu'elle donne le pouvoir aux prêtres, soutiens de la monarchie absolue, et qu'elle mène au fanatisme. Aux croyances ainsi qu'**aux vaines disputes métaphysiques, il oppose l'adoration de l'Être suprême, du dieu géomètre,** « cause éternelle, nécessaire et productive », auquel il reste attaché. L'Affaire Calas et celles qui lui succèdent, après 1763 (le *Dictionnaire philosophique* de Voltaire sera brûlé sur le corps du chevalier de La Barre...), illustrent à point nommé la nécessité d'« écraser l'infâme », le fanatisme religieux, et de se tourner vers le « Dieu de tous les êtres » *(Traité sur la Tolérance).*

Science et philosophie au XVIIIe siècle

Le XVIIIe siècle hérite du siècle précédent une conception vite périmée de la science : pure contemplation intellectuelle, elle devient progressivement observation du réel et annexe la technique, jusque-là méprisée. Voltaire témoigne de cette évolution des esprits. Il a prouvé l'existence de Dieu grâce aux *Éléments de Newton* écrits à Cirey.

Manière de brûler ceux qui ont été condamnés par l'Inquisition. Gravure, XVIIIe s.

Si la lutte s'impose contre l'intolérance religieuse, parce qu'elle est une faute contre l'esprit, dans le domaine politique, les propositions de Voltaire sont moins nettes. Il s'élève contre l'absolutisme, les traditions et toutes les formes de privilèges (ceux des Parlements par exemple, au moment des Affaires judiciaires), considérant que devraient être pris **pour modèles le système anglais ou celui de la monarchie « éclairée ».** Cette forme de gouvernement est en effet conforme à sa conception de la société idéale : « L'égalité est la chose la plus naturelle et la plus chimérique ».

Le *Dictionnaire philosophique* (*portatif* dans la première édition, puis considérablement augmenté en 1772) développe tous les thèmes voltairiens dans des articles très variés de sujet comme de ton. Il alerte « les honnêtes gens qui pensent » et leur soumet le projet de construire un monde idéal, où seraient assurées la tolérance, la prospérité et la liberté.

« Voltaire suscita des esprits comme Diderot, d'Alembert, Beaumarchais et autres », dit Goethe à Eckermann. Ce rôle d'initiateur, de propagateur d'idées, de fondateur de l'esprit critique, ses descendants directs le lui ont bien reconnu, mais en lui reprochant, Diderot tout le premier, les limites de ses attaques et le conformisme de sa vie. De même, après la Révolution, sa pensée politique sagement réformiste et son déisme ont d'abord rassuré (on compte trente éditions complètes de ses œuvres de 1789 à 1830) ; mais s'il a servi de tremplin à Victor Hugo, il a été caricaturé par Flaubert dans *Madame Bovary.* Comme Valéry le souligne dans *Variété,* cette œuvre se réduit à deux aspects pour le lecteur du XXe siècle : l'anticléricalisme et la défense de la liberté. Simplifié, déformé, **Voltaire est « indéfiniment actuel »**, mobilisateur des énergies, contre l'injustice et pour le développement des capacités humaines dans la société. Voltaire est devenu un mythe.

L'idée de Dieu et de morale dans le siècle des Lumières

L'image d'un XVIIIe siècle qui serait antireligieux, image à laquelle a fortement contribué Voltaire, demande à être précisée. En effet, le refus des superstitions, des religions instituées, des dogmes et des sacrements, tel qu'il s'exprime dans le discours des Philosophes et se donne à lire dans leurs textes (significativement, l'Eldorado de *Candide* est délivré de toute théocratie et de toute théologie), laisse néanmoins la place à **une forme de religion raisonnable, le déisme.** L'idée que l'on se fait de Dieu subit en fait un déplacement. D'abord, à la figure anthropomorphique (celle d'un Dieu punisseur ou aimant) succède celle de **Dieu, âme du monde.** C'est dire qu'une infinie distance sépare Dieu des créatures. Second renversement : à la perspective verticale des religions révélées (la Bible descendue du Ciel), se substitue la perspective horizontale, autrement dit le rapport de l'homme à son prochain. En cela, et contrairement à l'athéisme qui ne propose pas de fins à l'homme, **le déisme entend fonder une morale de l'utile et de la solidarité ainsi qu'une politique, celle du « droit naturel » et du contrat social.** Pour l'une comme pour l'autre, cette notion de vertu est fondamentale, laquelle doit s'entendre comme **altruisme et sociabilité.** « Il n'y a donc de véritablement bon pour nous que ce qui fait le bien de la société. (...) Un solitaire peut être sobre, pieux, saint même, mais pas vertueux » (Voltaire ; article « Vertu » du *Dictionnaire philosophique*).

BIBLIOGRAPHIE

Éditions

VOLTAIRE, *Œuvres historiques,* Éd. René POMEAU. Gallimard (bibl. de la Pléiade), 1967.

Mélanges, Éd. Jacques VAN DEN HEUVEL. Gallimard (bibl. de la Pléiade), 1961.

Éditions courantes des œuvres historiques et philosophiques : Garnier-Flammarion.

Études

Raymond NAVES, *Le Goût de Voltaire.* Garnier, 1938.

René POMEAU, *Voltaire par lui-même.* Le Seuil, 1955. — *La Religion de Voltaire.* Nizet, 1956. — *Politique de Voltaire.* A. Colin, 1963.

Raymond NAVES, *Voltaire, l'homme et l'œuvre.* Hatier, 1969.

Jean ORIEUX, *Voltaire.* Flammarion, 1978.

IV L'*ENCYCLOPÉDIE* : LA TRIBUNE DES LUMIÈRES

L'*Encyclopédie* fut une entreprise collective de longue haleine : commencée en 1750, elle pouvait être considérée comme achevée en 1772, lorsque parurent les derniers volumes de planches. Ouverte aux savants, aux philosophes et aux artistes (c'est-à-dire aux « ouvriers qui excellent dans ceux d'entre les arts mécaniques qui supposent l'intelligence »), elle devait devenir un instrument de combat contre les forces en place. Elle se révéla surtout un instrument de recherche, car le combat engagé était essentiellement un combat d'idées. Son succès fut considérable (4 000 souscripteurs), compte tenu de son prix élevé (980 livres).

1. Le besoin d'un bilan

D'Alembert
et Diderot.
Gravure, XVIIIe s.

Au milieu du XVIIIe siècle, présenter un ouvrage de référence, un inventaire des connaissances et de leur état d'avancement, c'était répondre à **une demande du public cultivé.** Un libraire parisien entreprenant, Le Breton, aidé de trois associés, le comprit et obtint un premier privilège en 1745, pour la publication d'une traduction du dictionnaire anglais de Chambers, *La Cyclopoedia.* C'est après l'échec de ce projet que **Diderot** et **d'Alembert** furent chargés de la direction d'une *Encyclopédie,* traduite, mais « avec des augmentations ».

La traduction de Chambers offrait l'occasion d'entreprendre une œuvre qu'avaient préparée des auteurs, savants ou philosophes, de réputation internationale. Dès l'origine, on le voit, l'esprit encyclopédique est un fait européen et qui s'est concrétisé dans les ouvrages suivants :

Dictionnaires

Grand Dictionnaire historique de MORÉRI, 1674.
Dictionnaire de Trévoux, 1704.
Dictionnaires de DYCHE, HARRIS et CHAMBERS, 2e éd. 1737.

Dictionnaires critiques

Dictionnaire historique et critique de BAYLE, 1697.
Historia critica philosophiae de BRUCKER, 1742-1744.
Histoire critique de la philosophie de BOURREAU-DESLANDES, 1737.
Spectacle de la nature de l'abbé PLUCHE, 1746.

Projets qui ont inspiré l'*Encyclopédie* :

LOCKE (*Essai philosophique ;* 1690) propose un dictionnaire de physique.

LEIBNIZ propose une « encyclopédie » qui montrerait les liens entre les différentes sciences.

FONTENELLE : *Histoire et Mémoires de l'Académie des Sciences,* compte rendu annuel des travaux des membres de l'Académie. Source d'inspiration très importante.

BACON : arbre des connaissances humaines, placé en tête du premier volume de l'*Encyclopédie.*

2. Les difficultés de l'entreprise

Dès la publication du *Prospectus*, rédigé par Diderot en 1750, et jusqu'en 1778, l'*Encycopédie* a connu d'innombrables difficultés ; elle fut même interdite et, pendant huit ans (1757-1765), ne purent paraître que les volumes de planches.

L'ennemi acharné des Encyclopédistes était le parti dévot : les Jésuites (jusqu'à leur interdiction en 1762) et leur puissant organe, le *Journal de Trévoux ;* les jansénistes parlementaires ; la Faculté de théologie ; l'Archevêque de Paris enfin.

Mais ils eurent aussi de puissants alliés gouvernementaux, qui ne souhaitaient pas voir la continuation de la publication à l'étranger : le directeur de la Librairie, Malesherbes, remplacé en 1763 par Sartine ; le garde des Sceaux, le comte d'Argenson. Ils furent enfin aidés par le *Journal encyclopédique*, créé pour les défendre en 1756, et par la *Correspondance littéraire* de Grimm.

Publication

1750 : *Prospectus* de Diderot, 8 000 exemplaires
1751 : *Discours préliminaire* de d'Alembert. Premier volume.
1752-1757 : volumes II-VII.
1762 : premier volume de planches.
1762-1772 : onze volumes de planches.
1766 : volumes VIII-XVII.

« Affaires »

1751-1752 : affaire de l'abbé de Prades.
1752 : suppression des deux premiers volumes par arrêt du Conseil du roi.
1757 : *Le Fils naturel* de Diderot provoque l'affaire des « Cacouacs ».
1758 : condamnation d'Helvétius après la parution du *De l'Esprit.*
1759 : révocation du privilège de l'*Encyclopédie.*
Condamnation par un bref pontifical.
1760 : comédie de Palissot, *Les Philosophes.*
1759-1760 : accusation de plagiat concernant les planches.
1764 : lettre de Diderot à Le Breton, l'accusant de falsification.

3. Les Encyclopédistes

Les « affaires » qui ont jalonné l'histoire de l'*Encyclopédie* ont entraîné des changements importants dans l'équipe des collaborateurs. Parmi les défections, la plus grave fut celle de d'Alembert. Auteur du *Discours préliminaire* et de quelques articles d'intérêt général, parmi lesquels « Genève », il s'occupa essentiellement de « sa partie » : les mathématiques et la physique, et abandonna son poste de directeur auprès de Diderot dès 1758, par lassitude des polémiques.

1

D'Alembert (1717-1783)

Jean Le Rond d'Alembert choisit les mathématiques après de solides études de droit et de médecine. En 1741, il entre à l'Académie des Sciences, dont il devient Secrétaire perpétuel en 1754, année où l'Académie française l'accueille également. Il lui consacre une monumentale *Histoire* (1779-1787), qui occupe les dernières années de sa vie.

Son travail scientifique est achevé, pour l'essentiel, en 1754. En mécanique, il a clarifié les concepts fondamentaux et établi, en 1743, un principe fameux (sur l'égalité des forces d'inertie et des forces produisant l'accélération) ; en 1746, il a donné une démonstration presque entièrement correcte d'un célèbre théorème d'algèbre ; en 1747, il a étudié le problème des « cordes vibrantes » : **d'Alembert fut incontestablement le plus illustre mathématicien français du milieu du XVIIIe siècle.**

Il est surtout célèbre par le *Discours préliminaire* de l'*Encyclopédie* et par certains articles comme « Différentiel (calcul) » et « Limite », où il donne une définition presque moderne de cette notion, en écartant par des vues justes et rigoureuses les infiniment petits.

Son article *Genève* suscita également une polémique sur la question du théâtre avec Jean-Jacques Rousseau, qui lui répondit dans sa *Lettre à d'Alembert sur les spectacles* (1758).

L'influence de d'Alembert fut immense, dans les deux Académies comme à Berlin, malgré une œuvre assez peu volumineuse.

2

La crise de 1752 et ses conséquences

La crise de 1752 se solda par l'exil forcé des ecclésiastiques **(Yvon de Prades, Pestré),** et Diderot se chargea à leur place de l'histoire de la philosophie. En revanche, les deux physiocrates **Turgot** et **Quesnay** ne furent pas remplacés, si bien que cette science naissante ne fut pas représentée dans l'*Encyclopédie.*

Les **physiocrates** s'appuient sur **une théorie philosophique,** celle des « lois naturelles », d'un « ordre voulu par Dieu » selon lequel les hommes doivent s'efforcer de vivre. **Une science économique** en découle, basée sur le calcul du « produit net » et de la circulation des revenus (provenant essentiellement de la terre) dans les différentes classes sociales.

Le Tableau économique (1758), œuvre du fondateur de la physiocratie, **Quesnay** (1694-1774), jette les bases d'une science importante, appelée à se développer dans le monde moderne. Par la suite, **Turgot** (1727-1781) y apporte des améliorations considérables : il l'élargit à d'autres domaines que celui de l'agriculture (c'est-à-dire la propriété terrienne), introduit **la notion d'évolution historique** et surtout tient compte de la part du travail dans la production des richesses.

3

Des artisans bénévoles

Pendant toutes ces années, de nombreux nouveaux venus, moins compétents, mais dévoués et souvent bénévoles, apportèrent leur concours et permirent à Diderot, assisté, à partir du second volume, du **chevalier de Jaucourt,** de mener l'entreprise à bien. Enfin, même si la contribution des plus grands noms du siècle — **Buffon, Montes-**

quieu, Voltaire ou **Rousseau** — aurait pu être plus importante, ces noms figuraient dans l'*Encyclopédie* et lui apportaient ainsi un soutien non négligeable.

Atelier de luthier. Planche de l'*Encyclopédie,* XVIIIe s.

4. L'esprit encyclopédique

Le *Prospectus* (1750) précise l'originalité de la méthode encyclopédique : « Il y a sans doute un système de la connaissance humaine, qui est le plus clair, le mieux lié et le plus méthodique : l'avons-nous rencontré ? C'est ce que nous n'avons pas la présomption de croire [...]. Si l'on nous objecte que l'ordre alphabétique détruira la liaison de notre système de la connaissance humaine, nous répondrons que cette liaison consistant moins dans l'arrangement des matières que dans les rapports qu'elles ont entre elles, rien ne peut l'anéantir, et que nous aurons soin de la rendre sensible par la disposition des matières dans chaque article et par l'exactitude et la fréquence des renvois. »

En proposant deux sortes d'utilisation (la simple lecture d'un article ponctuel qui apporte des connaissances précises, ou au contraire le passage, par **le système des renvois,** à différentes rubriques qui permettent une recherche approfondie), les Encyclopédistes soulignent la nouveauté d'un ouvrage qui ne prend la forme d'un dictionnaire que pour la commodité. Le classement alphabétique offre en effet un instrument idéal : non compromettant puisqu'il est arbitraire, mais permettant un bilan précis et détaillé (qui peut encore ambitionner d'être complet au XVIIIe siècle) et surtout la dispersion de l'information dans différentes « entrées », anodines en apparence (n'alertant donc pas la censure). Le lecteur, renvoyé aux articles touchant à la même matière, a la **possibilité d'opérer des rapprochements et de faire un choix personnel entre les divers points de vue exprimés.** Il en est ainsi par exemple pour le groupe d'articles *Création, Genèse, Dieu, Ame, Athéisme* ou bien pour *Autorité, Corps social, Classes.*

D'Alembert se proposait, en 1751, deux objectifs : faire un « dictionnaire raisonné », c'est-à-dire un inventaire critique, « des sciences, des arts et des métiers », qui soit en même temps une histoire des connaissances humaines, des liens existant entre elles, et de leurs progrès. Les conditions et la longueur de la publication ont empêché l'ouvrage d'être systématique. Il reste cependant qu'un idéal commun anima les auteurs, né de leur appartenance à ce qu'on a appelé « **la bourgeoisie encyclopédique** » (Jacques Proust), frange dynamique et éclairée d'une classe sociale possédante (les paysans n'ont, pas plus que les ouvriers, participé à l'*Encyclopédie*), intéressée avant tout par l'utile.

Malgré cette attitude commune face au monde, que de divergences entre les articles, et parfois sur le même sujet ! Voltaire parla de « fatras », et Diderot reconnaissait l'imperfection de l'ensemble, en l'imputant à l'insuffisance de certains « travailleurs ». Mais cette diversité n'était pas seulement inévitable ; c'est elle encore qui donne à l'*Encyclopédie* son originalité : **œuvre collective, elle est ouverte à tous les courants de la pensée philosophique,** sans imposer l'athéisme plutôt que la religion naturelle (article « Ame »), ni la doctrine rousseauiste du *Contrat social* plutôt que le despotisme éclairé. Le système des renvois d'un article à l'autre ne faisait du reste que **souligner la confrontation des opinions** et permettait également de faire découvrir les multiples applications (dans les domaines artistiques ou commerciaux) de principes généraux.

Le travail de d'Alembert et de Diderot avait donné l'élan ; il fut très rapidement imité. Une réédition, augmentée d'un Supplément, parut à partir de 1776 ; en 1782, commençait la publication d'une refonte de l'original, une *Encyclopédie méthodique.* L'éditeur, Panckoucke, avait obtenu de nouvelles collaborations (celle de l'astronome **Lalande,** en particulier) et rendait compte de l'évolution des sciences (de la chimie par exemple, en pleine transformation grâce à **Lavoisier**).

On imagina également **(Félice, Pellet)** de réduire le format de l'*Encyclopédie,* ce qui la rendait beaucoup plus abordable et permettait sa diffusion jusque dans les villages. Ces rééditions ne négligeaient pas **l'innovation essentielle : les volumes de planches,** qui clarifiaient les exposés scientifiques et divulguaient les connaissances sur des techniques que détenaient jusque-là les spécialistes.

L'influence politique de tous ces ouvrages ne doit pas être surestimée. Les révolutionnaires, dans l'ensemble, ne se sont pas reconnus dans les Encyclopédistes qui, auteurs comme lecteurs, cherchaient un nouvel ordre du monde, mais ne prévoyaient pas son bouleversement.

BIBLIOGRAPHIE

Éditions

Textes choisis de l'Encyclopédie par Albert SOBOUL. Les Éditions sociales (« Classiques du peuple »), 2e éd. revue et augmentée, 1962.

Encyclopédie de Diderot et d'Alembert, éd. complète en micro-printing (5 vol.). New York et Londres, Pergamon Press, 1982.

Études

Jacques PROUST, *Diderot et l'Encyclopédie.* A. Colin, 1962. — *L'Encyclopédie.* A. Colin, 1965.

Robert DARNTON, *L'Aventure de l'Encyclopédie.* Perrin, 1982.

René TATON, *Histoire générale des sciences,* t. II *(La Science moderne).* P.U.F., 1969.

Jean-Paul COLLETTE, *Histoire des mathématiques.* Vuibert, 1979.

V L'ŒUVRE PHILOSOPHIQUE ET ESTHÉTIQUE DE DIDEROT (1713-1784)

Denis Diderot est né à Langres en 1713, dans la petite bourgeoisie (son père était coutelier). D'abord élève des Jésuites dans sa ville natale, il termine ses études à Paris, au collège d'Harcourt, semble-t-il. Dès 1728, il a renoncé à succéder à un oncle chanoine (il avait reçu la tonsure deux ans auparavant). Maître ès arts en 1732, il mène une **existence difficile** pendant une dizaine d'années. En 1743, il épouse une lingère, Antoinette Champion, dont il aura une fille.
Il rencontre Rousseau ; puis d'Alembert, avec lequel **il est chargé en 1746 de la direction de l'*Encyclopédie*.** Il est dès lors d'une activité sans bornes, à la fois organisateur de la grande entreprise commune et auteur d'ouvrages audacieux. Diderot inquiète, et à la suite de la publication de la *Lettre sur les Aveugles*, il est enfermé à Vincennes, pendant quelques mois, en 1749. Au cœur de la pensée de l'époque et de toutes les formes de la création artistique, il **s'intéresse au roman, au théâtre, à la peinture.**
En 1765, Catherine II lui achète sa bibliothèque et lui en laisse la jouissance. Il se rend à **Saint-Pétersbourg en 1773** et, pendant son séjour, propose à l'impératrice un ensemble de réformes. A son retour, il s'arrête à La Haye où il rédige sa *Réfutation [...] d'Helvétius*.
1774-1784 : les dernières années sont plus calmes. Diderot continue la rédaction des *Salons*, et participe à la *Correspondance littéraire* de Grimm.
Il meurt à Paris, après une attaque d'apoplexie, le 31 juillet 1784.

1745 : traduction de l'*Essai sur le mérite et la vertu*, de Shaftesbury.

1746 : *Pensées philosophiques.*

1749 : *Lettre sur les Aveugles...*

1759-1781 : les *Salons* (éd. XIXe s.).

1757 : *Le Fils naturel. Dorval et moi.*

1758 : *Le Père de famille.*

1760 : *La Religieuse.*

1762 : *Le Neveu de Rameau* (éd. 1805).

1765 : *Jacques le Fataliste* (éd. 1778-1780).

1769 : *Le Rêve de d'Alembert.*

1773 : *Paradoxe sur le comédien.*

1778 : *Essai sur les règnes de Claude et de Néron.*

1. La philosophie

L.M. Van Loo, *Diderot*, 1767.

Les contemporains de **Denis Diderot** n'ont connu que très partiellement son œuvre. Publiée pour l'essentiel au cours du XIXe siècle, elle n'a cessé d'étonner par son aspect provocant et paradoxal.

C'est seulement à la fin du XVIIIe siècle que l'on commence à lire et à commenter des textes de Diderot, restés inédits. En 1798, Naigeon fait paraître des *Œuvres* en quinze volumes ; à partir de 1795, La Harpe publie son *Lycée ou Cours de littérature ancienne et moderne*. Il faudra attendre ensuite l'époque romantique : éditions de Brière, en 1821-1823, et de Paulin, en 1830-1831 (contenant *Le Rêve de d'Alembert*), suivies d'articles de Nodier et de Sainte-Beuve dans la *Revue de Paris*. Quant aux philosophes, ils ne redécouvriront Diderot qu'à la fin du siècle, au moment du positivisme.

En Allemagne, on le découvre et on l'apprécie plus rapidement, grâce à Schiller et à Goethe (ce dernier traduit et commente l'*Essai sur la peinture* en 1798).

Littérature de combat à l'origine, en lutte ouverte contre l'idéologie dominante, elle a donné lieu de nos jours à des lectures variées, et est devenue l'objet d'un débat critique entre idéologies. Les interprétations sont d'autant plus variées que **l'œuvre est vaste et semble déroutante** si l'on ne tient pas compte de l'évolution de la pensée de l'auteur, telle qu'elle apparaît dans les textes philosophiques.

1 La philosophie : une interprétation de la nature

Diderot change le statut de la philosophie et le sens de sa démarche. Il s'agit pour lui d'expérimenter, de mettre à l'épreuve le réel, puis de progresser d'hypothèse en hypothèse.

Du déisme au scepticisme : la rationalité du monde (1745-1746)

Le point de départ est la traduction, en 1745, de *l'Essai sur le mérite et la vertu* de Shaftesbury. Ce système de pensée optimiste qui date du début du siècle satisfait la raison et permet le bonheur. Il suffit en effet à l'homme de suivre son sens moral pour vivre en harmonie avec l'univers, construit par un dieu bon et juste.

Dès l'année suivante, les *Pensées philosophiques* ne se contentent plus de donner un fondement naturel à la morale. Le lecteur est entraîné dans une double polémique. Contre la religion révélée, Diderot reprend l'apologie pascalienne pour la parodier ; contre l'athéisme, il s'appuie sur la science expérimentale qui apporte la preuve de « l'existence d'un Être suprêmement intelligent », créateur d'une belle machine.

Le déisme est donc présenté comme une nécessité rationnelle, découlant d'une réflexion sur les connaissances scientifiques. Position plus philosophique que religieuse, qui peut être remise en question, l'attitude du philosophe étant commandée par le doute : « Le scepticisme est le premier pas vers la vérité. Il doit être général, car il en est la pierre de touche. »

L'athéisme : le monde est le fait du hasard (1749)

La *Lettre sur les Aveugles,* en 1749, est l'aboutissement logique de l'ouvrage précédent. Prenant prétexte d'expériences récentes (des aveugles-nés avaient recouvré la vue après une opération, ce qui permettait d'étudier leurs réactions), Diderot semble prendre part à un débat avec les sensualistes.

Le continuateur en France du sensualisme de Locke est **Condillac** (1714-1780). Auteur de l'*Essai sur l'origine des connaissances humaines* (1746), il écrira en 1754 le *Traité des sensations,* qui modifie considérablement les théories du philosophe anglais. Après les expériences faites sur les aveugles-nés par Cheselden et Réaumur, Condillac se prononce pour l'absence de jugement au niveau de la perception.

En fait, c'est aux déistes qu'il s'oppose en rapportant les dernières paroles de l'aveugle Saunderson, évocation d'une vision cosmogonique, « conjecture » sur « le commencement où la matière en fermentation faisait éclore l'univers ». Plus de Dieu-géomètre dans cette vision, ni même de création divine. « Des mondes estropiés, manqués, se sont dissipés » et **c'est par pur hasard que l'homme et le monde sont parvenus à « un ordre momentané ».**

La *Lettre sur les Aveugles* a été très remarquee. Dans une lettre de juin 1749, **Voltaire marque son admiration, mais aussi son inquiétude** devant ce livre « ingénieux et profond » : « Je ne suis point du tout de l'avis de Saunderson, qui nie un Dieu parce qu'il est né aveugle... En apercevant par la pensée des rapports infinis dans toutes les choses, j'aurais soupçonné un ouvrier infiniment habile. »

Au cours des années suivantes, qui coïncident avec les débuts de l'*Encyclopédie,* Diderot augmentera considérablement ses connaissances scientifiques. En 1753, dans *Pensées sur l'interprétation de la nature,* il insiste sur **la nécessité de fonder une philosophie expérimentale** et de se détacher des mathématiques, « espèce de métaphysique générale » sans rapport avec la réalité.

Le matérialisme expérimental (1769)

Quinze ans plus tard, *Le Rêve de d'Alembert* (1769) est loin de manifester une rupture dans la pensée de Diderot. Le philosophe rejoint cette fois le rêveur, car c'est l'imagination (« seule faculté créatrice en l'homme ») qui permet à l'un et à l'autre d'exprimer des hypothèses qui peuvent sembler « de la plus haute extravagance » : si la matière est sensible, c'est-à-dire douée d'énergie, rien n'empêche de se représenter la chaîne des êtres de la nature, formée « d'une suite indéfinie d'animalcules ». « Tout est un flux perpétuel ; tout animal est plus ou moins homme. »

Diderot aboutit donc ici à une explication de l'univers, en inversant la perspective. En effet, alors qu'il s'interrogeait au départ sur les causes finales, comme un grand nombre de ses contemporains, il considère, dans *Le Rêve de d'Alembert,* **le problème de l'origine du monde.**

Pendant toutes ces années, la pensée de Diderot s'oriente vers la biologie et les sciences de la nature. On y sent **une influence, celle de Buffon** (1707-1788 ; voir aussi p. 47), dont les trois premiers volumes de l'*Histoire naturelle* paraissent en 1749. Cette œuvre gigantesque (36 volumes) commence par **une réflexion sur la méthode scientifique :** partir des faits pour en tirer des lois, considérer les mathématiques uniquement comme un langage. Diderot s'intéresse également aux **travaux de Needham, sur la doctrine des générations spontanées.**

Dans cette conception évolutionniste et déterministe, les hommes doivent-ils vivre selon le mouvement général de la nature, en laissant libre cours à leurs instincts ? Bien au contraire ; **Diderot s'efforcera** dans toutes les phases de son évolution d'**installer des lois morales.**

2 Philosophie et morale

Diderot partage avec Shaftesbury la croyance en une morale naturelle grâce à laquelle s'établit un accord entre l'individu d'une part, l'intérêt général et l'ordre du monde d'autre part. Ce n'est pas le déisme seul qui est à l'origine de cette croyance, mais un **enthousiasme pour la vertu** qui s'exprime à travers l'ensemble de l'œuvre. Quant à la société, elle a les moyens (par les lois et l'éducation) d'imposer la moralité publique.

Comment cependant concilier cette exigence de discipline avec le mouvement fondamental de la vie (« Il n'y a que les passions qui puissent élever l'âme aux grandes choses ») ? La contradiction semblera encore plus grande entre la théorie matérialiste, qui fait de l'homme la somme d'un certain nombre de tendances, et la morale, que rien ne justifie.

S'arrêter à cette contradiction reviendrait à ne pas tenir compte de l'importance de la sociabilité pour tous les écrivains du XVIIIe siècle ; **selon Diderot, « la bienfaisance » est un facteur de bonheur pour celui qui la pratique dans la société.** Ce serait d'autre part négliger la distinction qu'il a souvent faite entre le commun et le génie, ou l'homme d'exception (Jean-François Rameau, par exemple).

La formule du *Rêve de d'Alembert* (« Je suis tel, parce qu'il a fallu que je fusse tel ») prend ainsi une valeur tonifiante. **La morale devient la faculté de participer au développement général de la nature, par la réalisation consciente des tendances de chacun.**

2. L'esthétique

1 La critique d'art

La peinture, mais également la musique ou l'architecture, intéressent Diderot à divers titres. Pendant une trentaine d'années (1750-1781) se succèdent des exposés théoriques sur l'art ou la technique picturale, et des articles de critique.

Les expositions de peinture ne datent en France que de la fin du XVIIe siècle, lorsqu'un public élargi (les nobles et les bourgeois enrichis) crée un nouveau marché. D'abord rares, ces expositions, ou **Salons,** ont lieu dans les Galeries du Louvre, chaque année de 1737 à 1745, puis tous les deux ans. A partir de 1750, **Grimm** en fait le compte rendu dans la *Correspondance littéraire ;* il est ensuite remplacé par Diderot, à peu près régulièrement, de 1759 à 1781. D'autres commentaires paraissent à la même époque dans *Le Mercure de France* ou dans *L'Année littéraire.* Le premier à pratiquer le genre de la critique d'art est **Lafont de Saint-Yenne** qui, en 1746, ajoute à la description des œuvres exposées des *Réflexions sur quelques causes de l'état présent de la peinture en France.*

Vers une nouvelle science : l'esthétique

Diderot n'intervient pas le premier dans la réflexion esthétique de son temps. Bien que le mot ne soit pas employé avant 1750 (par un disciple de Leibniz, le philosophe allemand **Baumgarten** [1714-1762] dans son ouvrage *Aesthetica,* où il veut fonder « la science de la connaissance sensible »), de nombreux traités paraissent au cours de la première moitié du XVIIIe siècle : le *Traité du Beau* (1715) de **Crousaz,** les *Réflexions critiques sur la poésie et la peinture* (1719) de **Du Bos,** l'*Essai sur le Beau* (1741) du **Père André.**

Dans l'article « Beau », publié comme spécimen de l'*Encyclopédie,* (1750), Diderot reprend et critique ces différentes théories et leur oppose **une définition générale : est beau ce qui reproduit l'ordre naturel et « réveille dans l'entendement l'idée de rapports ».** Il lui faudra l'expérience de la création théâtrale et la connaissance des peintres de son époque pour abandonner cette sécheresse doctrinale. Ainsi, l'*Essai sur la peinture,* écrit en 1765 (et publiée posth. en 1796), s'appuie sur des exemples concrets, insiste sur la technique de l'artiste (« le faire ») et sur son travail de construction. L'art est alors création de beauté, par la mise en évidence des « rapports » qui, dans la nature, restent cachés.

Les Salons *(1759-1781)*

Les *Salons* ne seront diffusés que tardivement, par des publications partielles en 1795, puis au milieu du XIXe siècle, en 1845 et 1857. Ils sont d'abord destinés à la *Correspondance littéraire,* écho de la vie parisienne que Grimm adresse à de riches lecteurs européens.

La tâche du critique consiste pour Diderot à donner les critères qui justifient ses préférences :

L'art doit être vrai, « la nature même ». A cause de cette exigence, il rejette la peinture allégorique ou mythologique, aussi bien que les scènes libertines. Dans ces compositions en effet, il ne voit aucune observation d'attitudes réelles, mais un simple exercice académique à partir de modèles. C'est au contraire la vérité que Diderot vante, lorsqu'il la trouve dans les portraits de **Van Loo** ou de **La Tour,** dans les paysages de **Vernet** ou d'**Hubert Robert.**

L'art peut ainsi être utile, contribuer à éduquer le goût du public, par un retour à l'Antiquité ou par la peinture de sentiments vrais. Dans cette mesure, les sujets édifiants de **Greuze** sont préférés aux pastorales.

J.B. Greuze,
L'Accordée de village,
1761.

Le sujet représenté n'est en réalité qu'accessoire. Cette découverte date de 1763, lorsque **Chardin,** par son œuvre, apporte à Diderot la révélation de « la magie » d'un coloriste qui parvient à dévoiler « la substance même des objets ».

Les *Salons* sont le signe de l'intérêt particulier que porte le XVIIIe siècle à la peinture. Il s'agit, plus encore, d'une œuvre militante qui, annonçant une sociologie de l'art, dénonce l'asservissement économique des artistes et les contraintes que leur fait subir le goût anachronique des riches amateurs. Plaidoyer en faveur de la libre création, les *Salons* mettent, comme l'*Encyclopédie,* la théorie philosophique au service du progrès.

La Lecture de la Bible.
Gravure d'après J.B. Greuze, XVIIIe s.

2 L'esthétique théâtrale

Diderot s'est intéressé très jeune au théâtre. Sans doute acteur dès le collège, il a ensuite été un spectateur assidu pendant ses années de bohème et, de nouveau, quoique à un moindre degré, à l'époque où il écrit ses deux drames (voir aussi p. 126). Il connaît donc l'art du comédien (« Jeune, affirme-t-il, je balançais entre la Sorbonne et la Comédie ») autant que celui du dramaturge, et c'est cette double connaissance qui alimente le *Paradoxe sur le comédien*[1].

Écrit à partir de 1769, à l'époque des grandes œuvres de la maturité, le *Paradoxe* a été remanié en 1773. Une troisième version, avec surcharges, date de 1778. L'écrit n'a été publié qu'en 1830. La thèse, exprimée dès le début (« Un bon comédien doit avoir de la pénétration et nulle sensibilité »), sera développée dans la première partie à l'aide d'exemples d'acteurs, célèbres à l'époque, comme la Clairon, et amènera une réflexion sur le déclin du théâtre au XVIIIe siècle ainsi que sur la nécessité de revenir au modèle antique.

Le but est double : rendre au comédien sa qualité d'artiste, et préciser à son propos une conception de l'art, qui avait auparavant été indiquée grâce aux exemples du peintre ou du sculpteur.

1. Dans deux autres traités, écrits à propos du Fils naturel *et du* Père de famille, *DIDEROT s'est occupé plus précisément des genres théâtraux (voir p. 126).*

C'est contre un interlocuteur qui prône l'opinion convenue que Diderot, « l'homme paradoxal », défend sa position. Selon lui, si le comédien « joue d'âme », il sera inégal et ne parviendra pas à dépasser l'émotion du moment ; comme le grand poète, il doit au contraire « observer et étudier », pour être capable d'une part de ne pas se contenter du « délire de l'enthousiasme », et d'autre part d'imiter un modèle idéal, synthèse de tous les exemples qu'il a pu découvrir. « Être sensible est une chose, et sentir est une autre. »

On peut lire dans *Le Rêve de d'Alembert*, écrit également en 1769, le même procès de la sensibilité, faiblesse naturelle qui interdit les grandes réalisations : « Le grand homme, s'il a malheureusement reçu cette disposition naturelle, s'occupera sans relâche à l'affaiblir, à la dominer, à se rendre maître de ses mouvements. Alors il se possèdera au milieu des plus grands dangers, il jugera froidement, mais sainement. »

Le *Paradoxe* est ainsi une démonstration nouvelle des principes mis en évidence dans les *Salons :* l'art est imitation de la nature, c'est-à-dire reproduction de « rapports » découverts grâce à l'imagination. **L'artiste** procède dans un premier temps comme le scientifique ou le philosophe, il **recherche la vérité** (par vérité, il entend **réalité**) ; son rôle est ensuite de l'exprimer fidèlement pour la faire percevoir au spectateur. Sur scène, cette fidélité est sujette au grossissement, car le théâtre est « un autre monde ».

Le beau n'est pas seulement vrai, il doit aussi être bon. C'est pour l'avoir oublié que l'on est tombé dans la médiocrité et que les comédiens sont méprisés. Le public s'est habitué à des spectacles « ampoulés », à des divertissements de mauvais goût, alors que la fonction du théâtre est d'instruire et de redresser les mœurs.

De même que la philosophie, l'art trouve donc son achèvement dans une éducation morale. Cependant, éveiller le sens du bien et du mal ne signifie nullement peindre « une vertu minutieuse ». L'exagération théâtrale est particulièrement favorable à l'amplification des passions, sans lesquelles, Diderot l'affirme à nouveau, « plus de sublime, soit dans les mœurs, soit dans les ouvrages ».

BIBLIOGRAPHIE

Éditions

DIDEROT, *Œuvres philosophiques,* Éd. Paul VERNIÈRE. Garnier, 1958.

Œuvres esthétiques, Éd. Paul VERNIÈRE. Garnier, 1962.

Œuvres, Éd. André BILLY. Gallimard (bibl. de la Pléiade), 1969.

Salon de 1765. Hermann, 1984.

Études

Yvon BELAVAL, *L'Esthétique sans paradoxe de Diderot.* Gallimard, 1950.

Jacques PROUST, *Lectures de Diderot.* A. Colin (coll. « U » 2), 1974.

Jacques CHOUILLET, *Diderot, poète de l'énergie.* P.U.F., 1984.

Elisabeth de FONTENAY, *Diderot ou le matérialisme enchanté.* Grasset, 1984.

VI HORIZONS PHILOSOPHIQUES DU XVIIIe SIÈCLE

L'objet de la « philosophie » s'élargit au XVIIIe siècle à tous les domaines de la vie et de l'activité humaines, ce qui favorise le dialogue entre savants et écrivains. En effet, de Leibniz (1646-1716) à Kant (1724-1804), qui publie à la veille de la Révolution ses premières grandes œuvres : *Critique de la raison pure* (1781), *Critique de la raison pratique* (1788), on s'efforce moins de construire une doctrine proprement philosophique que de réfléchir sur les nouvelles données scientifiques. Les découvertes de Newton ont bouleversé la situation de l'homme dans l'univers, et elles s'étendent, par analogie, à toutes les disciplines, réduisant progressivement la dette envers le passé. C'est pourquoi, à partir de l'*Encyclopédie,* au tournant du siècle, l'analyse a tendance à devenir organisation et proposition pour l'avenir.

1. Le sensualisme

Condillac.
Gravure d'après G. Baldrighi, XVIIIe s.

Le mouvement philosophique français profite du renouvellement de la pensée européenne. **Le philosophe anglais John Locke** (1632-1704), auteur de l'*Essai sur l'entendement humain,* publié en 1690 et rapidement célèbre, **oriente la réflexion sur les modes de fonctionnement de l'esprit,** et non plus uniquement sur son pouvoir de construction. Le rationalisme cartésien est ainsi battu en brèche par le sensualisme et le sera bientôt définitivement.

Un des maîtres à penser du XVIIIe siècle, Locke, part de l'observation, qui lui fait refuser de voir dans la raison un principe inné. L'expérience mène au contraire à distinguer les idées simples, qui proviennent des sensations, des idées complexes, élaborées par comparaison et abstraction. Si la connaissance est possible, par « intuition et démonstration », certains domaines (ainsi la morale, la politique ou la croyance religieuse) relèvent de « la probabilité » et échappent à la philosophie : « Je ne peux parler que de ce que j'éprouve en moi-même. Je ne prétends pas enseigner, mais seulement m'enquérir. »

Étienne Bonnot de Condillac (1714-1780), son disciple français, reprendra ces idées au milieu du siècle dans son *Essai sur l'origine des connaissances humaines* (1746) et les complètera dans le *Traité des sensations* (1754), où la statue, qu'il dote de la capacité d'éprouver des impressions sensibles, s'élève peu à peu à l'entendement. Il s'**interroge également dans cet ouvrage sur l'importance du langage**[1], d'origine physiologique et surtout sociale (donc du domaine de l'acquis), dont l'effet est de rendre l'homme capable d'expression et d'abstraction. Ainsi s'établit une chaîne entre les êtres animés, qui mène par différenciation de l'animal à l'homme.

Le sensualisme est une étape importante de la pensée des Lumières : Diderot le discute en 1749 dans la *Lettre sur les Aveugles ;* il ouvre la voie aux Idéologues de la fin du siècle.

1. *C'est à la même époque, vers 1755, que* ROUSSEAU *rédige son* Essai sur l'origine des langues *(voir p. 52).*

Locke et Newton accordent la même importance à l'observation. **Science et philosophie s'accordent donc, à la même époque,** et l'on comprend que ces deux œuvres aient été reconnues en même temps, après une résistance d'environ cinquante ans : Les *Principia* de Newton datent de 1687, et l'*Essai sur l'entendement humain* de Locke, de 1690.

2. Autour de l'*Encyclopédie*

1 Buffon (1707-1788)

Buffon.
Gravure, XVIIIe s.

Mathématicien, académicien des Sciences en 1734, dans la section de mécanique, traducteur de la *Méthode des fluxions et des suites infinies* de Newton en 1740 et auteur de *Réflexions sur la loi d'attraction* en 1748, **Buffon consacre sa vie à l'étude de la nature.** Pour lui comme pour Diderot, ce sont en effet les sciences expérimentales qui offrent le plus de possibilités. S'il voit, d'autre part, ce que mathématiques et physique peuvent apporter dans certaines disciplines comme l'astronomie, il considère que, dans les sciences « réelles », elles n'entraînent que « fausses conséquences et erreurs ».

Georges-Louis Leclerc, comte de Buffon, bourgeois bourguignon anobli par Louis XV, partage son temps entre ses terres de Montbard, en Bourgogne, et le Jardin du Roi (l'actuel Jardin des Plantes) dont il est nommé intendant en 1739. En quarante ans, à partir de 1749, il rédigera les trente-six volumes de son *Histoire naturelle.* Bien qu'il n'ait pas participé à l'*Encyclopédie,* des extraits de son œuvre ont été utilisés pour certains articles : « Animal » ou « Espèce humaine ».

Sont successivement publiés : *Histoire des Quadrupèdes vivipares* (15 volumes ; le premier, *Théorie de la Terre,* et les deux suivants, *L'Homme,* sont particulièrement importants) ; *Histoire des Oiseaux* (9 volumes) ; *Histoire des Minéraux* (5 volumes) ; 7 volumes de *Suppléments,* qui contiennent *Les Époques de la nature.*

Buffon ne se contente pas d'employer une méthode rigoureuse, il donne à la science un objet beaucoup plus vaste : **partant de l'observation des faits, il en cherche les causes et découvre des lois.** Il est ainsi amené à reconstituer l'histoire de la terre depuis son origine, sur laquelle il formule l'hypothèse d'un phénomène naturel (les planètes seraient issues du choc d'une comète sur le soleil). L'explication n'est pas entièrement satisfaisante et le savant en reconnaît les limites (« Il faudra nous réduire à appeler cause un effet général, et renoncer à savoir au-delà »), mais il est convaincu que tout dans la nature obéit à des lois.

Les débuts de la cosmogonie

Le problème de l'origine de la terre et du système solaire intéresse également, à la fin du siècle, le grand astronome et mathématicien **Laplace** (1749-1827). Il publia, de 1799 à 1825, les 5 volumes de la *Mécanique céleste ;* un ouvrage plus rapide, paru en 1796, propose la théorie de la nébuleuse primitive : celle-ci aurait donné naissance au soleil, entouré d'un anneau gazeux dont se seraient formées les planètes *(Exposition du système du monde).* Cette thèse sera remplacée par la théorie « catastrophique » de Jeans, en 1928.

De même, Buffon tente de résoudre les grands problèmes biologiques qui passionnent son époque (la matière peut-elle être vivante ? comment s'explique la reproduction de la vie ?) Il accumule une énorme documentation, mais, alors que ses devanciers ou ses contemporains se contentaient d'une nomenclature, destinée à mettre de l'ordre dans la masse des espèces découvertes **(Tournefort),** ou, comme **Linné,** d'une classification présentée comme révélatrice du plan de la création, Buffon refuse de soumettre la variété naturelle à un ordre artificiellement créé par l'esprit.

On accumule les connaissances depuis le début du XVIIIe siècle. Dans les 7 volumes du *Spectacle de la Nature,* **l'abbé Pluche** admire les desseins divins. Les botanistes cherchent, les premiers, à élargir le champ d'observation : **Tournefort** (1656-1708) s'était rendu en Espagne et en Asie Mineure ; **Linné** (1707-1778) va en Laponie ; **J. de Jussieu** (1704-1779) au Pérou.

Les théories développées dans *Les Époques de la nature,* notamment, impliquent de nouveau **la croyance en un « ordre général »** : les circonstances, à un moment donné de l'histoire de la terre, ont été favorables à la formation d'une matière vivante ; le changement des conditions naturelles a ensuite permis à différentes espèces animales de se différencier. « Un dessein primitif et général » existe donc bien, qui explique l'unité du règne animal. Les travaux de **Geoffroy Saint-Hilaire** (1772-1844) compléteront plus tard cette analyse, de même que l'évolutionnisme pressenti par Buffon (qui, en bonne logique, ne peut devenir transformisme) permettra les recherches de **Lamarck** (1744-1829).

Une préfiguration de la génétique

Buffon prend, d'autre part, position contre la théorie de la « préexistence », qui apportait une solution satisfaisante du point de vue théologique au mystère de la génération : Dieu a créé dès l'origine les « germes » de tous les êtres vivants, formes microscopiques que la matière ne fait que « développer ». Il lui oppose une explication peu convaincante, mais plus conforme aux lois naturelles : dans tout individu parvenu à son complet développement, l'excédent de matière organique absorbée crée un « moule intérieur ». Cette **lointaine préfiguration de la génétique,** par son ingéniosité et son intuition, prouve la vigueur de l'esprit scientifique au XVIIIe siècle.

Buffon a construit son œuvre à l'écart des querelles politiques ou philosophiques de son temps. Ses objectifs sont cependant ceux d'un homme des Lumières, convaincu que les phénomènes de la vie et de la nature cesseront un jour d'être des mystères. L'*Histoire naturelle* apporte un appui considérable aux spéculations des Encyclopédistes.

2 Le matérialisme

Helvétius (1715-1771)

Riche bourgeois, **Claude-Adrien Helvétius** fait ses études au collège Louis-le-Grand et devient, très jeune, fermier général ; il le restera de 1738 à 1751. A trente-six ans, il se contente de la charge de maître d'hôtel ordinaire de la reine et mène une vie mondaine et intellectuelle. Ami des philosophes et grand lecteur (Locke et Fontenelle en particulier), il est l'auteur de *De l'Esprit* (1758) et d'un livre posthume, *De l'Homme,* publié en 1772.

Helvétius. Gravure d'après J.B. Van Loo, 1773.

L'opposition à *De l'Esprit* de toutes les autorités civiles et religieuses, qui cherchaient à atteindre indirectement l'Encyclopédie, aboutit à la condamnation du livre. Publié à l'étranger, il sera un des plus grands succès de la seconde moitié du siècle.

Sensualiste et **matérialiste, Helvétius** affirme que « juger, c'est sentir », et que tout ce qui ne relève pas de la sensation n'est qu'illusion. L'homme, dès lors, n'agit que guidé par son intérêt, la morale consistant à se conformer à « l'utilité publique ». *De l'Homme*, publié après la mort de l'auteur, insiste plus concrètement sur l'importance de l'éducation et des lois.

Rousseau et Diderot ont critiqué ces idées. Ce dernier, surtout, a rédigé une *Réfutation*[1] où il montre sa déception devant les conséquences hâtives et schématiques tirées du matérialisme. Cette œuvre d'Helvétius reste cependant **une des premières propositions de réforme de la société,** avant la Révolution.

D'Holbach (1723-1789)

D'Holbach. Dessin de Carmontelle, XVIIIe s.

Originaire du Palatinat comme Helvétius, **Paul Thiry d'Holbach,** après des études faites à Leyde, s'installe à Paris en 1749. Il met sa fortune au service des philosophes et rédige de nombreux articles (de chimie et de minéralogie) pour l'Encyclopédie. Ses ouvrages les plus importants sont : *Le Christianisme dévoilé* (1761-1767), *Système de la nature...* (1770), *La Morale universelle* (1776).

Pour **d'Holbach** « l'homme est un être purement physique » ; il forme avec l'univers « une chaîne de combinaisons et de mouvements » (les chimistes découvrent à cette époque la notion d'affinité entre les corps). **Du matérialisme nettement affirmé, et du déterminisme** (« Jamais nous n'agissons librement »), **il tire une vision dynamique et harmonieuse de la vie en société.** Car il lui importe d'abord de **définir le gouvernement idéal,** celui qui, par un juste équilibre des forces, assure « l'avantage du plus grand nombre possible » et l'usage des libertés ; ensuite, de dénoncer l'obstacle essentiel au bonheur des nations, la religion : au service de l'oppression, puisqu'elle favorise la tyrannie des princes, elle empêche les hommes de devenir des citoyens.

D'Holbach considère donc le combat philosophique dans ses prolongements politiques. Aussi a-t-il conscience d'annoncer l'avenir et d'écrire pour la postérité.

1. La Réfutation, *écrite en 1773, ne sera publiée qu'en 1875.*

3 Synthèse fin de siècle : Condorcet (1743-1794)

Marie-Jean Caritat de Condorcet, né à Ribemont dans le Dauphiné, est l'élève d'une école de Jésuites puis du Collège de Navarre. A dix-huit ans il soutient une thèse de mathématiques et devient Académicien en 1773. Il participe à l'Encyclopédie et lutte à plusieurs reprises pour l'égalité des droits. Élu député à l'Assemblée législative, puis à la Convention, il est accusé par les Montagnards en 1793. Il se cache, finit par être arrêté, et meurt en prison en 1794.

Condorcet, passionné de justice et d'égalité, fut un des premiers à **faire des mathématiques appliquées aux problèmes sociaux :** il publia en 1785 un *Essai sur l'application de l'analyse aux probabilités des décisions rendues à la pluralité des voix.* Son engagement dans le combat des Lumières eut également, bien avant la Révolution, des implications politiques, puisqu'il préférait retarder la divulgation des

Condorcet.
Gravure de A.
de Saint-Aubin, XVIIIe s.

idées tant que le peuple ne serait pas éduqué (il proposera en 1792 un important *Projet sur l'organisation générale de l'instruction publique*).

C'est pendant l'hiver 1794 que, condamné à mort et se cachant, il rédigea l'*Esquisse d'un tableau des progrès de l'esprit humain* (posth. 1795). Il y détermine neuf époques dans l'histoire de l'humanité, la dernière ayant été une étape décisive, qui peut faire espérer un progrès indéfini dans tous les domaines. C'est sur **une vision confiante de l'avenir, qui assurera l'égalité et le bonheur des peuples,** que se termine l'ouvrage.

Grâce à Condorcet, puis aux Idéologues (**Destutt de Tracy,** 1754-1836, qui crée le mot « idéologie » en 1796 ; **Cabanis,** 1757-1808 ; **Volney,** 1757-1820), le XVIIIe siècle finissant fonde une science expérimentale de la connaissance, dans ses rapports avec l'évolution de la société. Tous annoncent le positivisme, dont le fondateur, Auguste Comte (1798-1857) appellera Condorcet son « prédécesseur immédiat ».

Les Idéologues

Qui sont-ils ? **Destutt de Tracy,** l'Idéologue et le chef de file, **Cabanis** le médecin, **Volney** le moraliste et le sociologue, mais aussi **Sieyès, Garat, Daunou, Dupuis** et d'autres encore. Ces hommes, qui furent des républicains d'Ancien Régime, ont été les philosophes de la Révolution. Tenants du nouvel esprit scientifique, ces matérialistes ont en commun l'indifférence à la métaphysique en même temps que le goût pour les sciences de l'homme et pour les réalisations pratiques. C'est ainsi qu'après la Terreur, ils travaillent à la création des diverses instances de l'instruction publique et s'engagent dans la vie publique (aux côtés de Napoléon pendant un certain temps), dans les assemblées, et ailleurs.

Tardivement reconnus, ils devaient néanmoins, par leur goût de la méthode et de l'analyse, avoir une influence décisive sur Stendhal.

BIBLIOGRAPHIE

Études

Jean EHRARD, *L'Idée de nature en France dans la première moitié du XVIIIe siècle.* S.E.V.P.E.N., 1963.

Roland DESNÉ, *Les Matérialistes français de 1750 à 1800.* Buchet-Chastel, 1965.

Roland MORTIER, *Clartés et ombres au siècle des Lumières.* Genève, Droz, 1969.

Ernst CASSIRER, *La Philosophie des Lumières.* Fayard, 1970.

Jacques ROGER, *Les Sciences de la vie dans la pensée française du XVIIIe siècle.* A. Colin, 1971 (2e éd. revue et complétée).

Yvon BELAVAL, *Le Siècle des Lumières,* dans *Histoire de la philosophie,* t. II. Gallimard, 1973.

VII JEAN-JACQUES ROUSSEAU (1712-1778), PENSEUR POLITIQUE

Les premières années.
Rousseau est né en 1712 dans une famille protestante, à Genève. Il y passe ses dix premières années, sans contraintes ni véritable éducation (son père et sa tante s'occupent de lui, sa mère étant morte à sa naissance). De 1722 à 1724 il est confié au pasteur Lambercier à Bossey, puis, rentré à Genève, est mis en apprentissage chez un graveur. Il trouve les portes de la Ville fermées, un soir de mars 1728 : une vie errante commence, marquée par la rencontre avec Mme de Warens, à Annecy, chez qui il se réfugie à plusieurs reprises. Années sans but : pour vivre, Rousseau est laquais ou copiste de musique...
1732-1750 : recherche d'une situation.
Bonheur aux Charmettes près de Chambéry, auprès de Mme de Warens. En 1742, Rousseau part à Paris. Il invente une nouvelle méthode de notation musicale et entre en relations avec les Encyclopédistes. Il vit pauvrement (donne des leçons de musique, est secrétaire de l'ambassadeur à Venise). En 1743, commence une longue liaison avec une servante, Thérèse Levasseur. Rousseau met leurs cinq enfants aux Enfants-Trouvés.
1750-1762 : années de création.
La gloire vient tout à coup, lorsqu'il remporte le prix de l'Académie de Dijon. Rousseau « réforme » sa vie. En 1754, il abjure à Genève le catholicisme. Après le second *Discours,* où sa pensée se précise, il part chez Mme d'Épinay à l'Ermitage ; puis à Montmorency, chez le Maréchal de Luxembourg. Il écrit ses œuvres les plus importantes, et se brouille avec ses amis (Grimm et Diderot).
1762-1778 : années troublées.
Déclaré « de prise de corps » après la publication de l'*Émile,* Rousseau connaît l'errance. Délire de persécution, interrompu par quelques semaines de repos dans l'île de Saint-Pierre, puis par un séjour en Angleterre (1766-1767). Il vit ses huit dernières années à Paris, dans la solitude. Il s'occupe de musique et de botanique, et écrit ses derniers livres.
Il meurt en juillet 1778, chez le Marquis de Girardin, à Ermenonville, où il est enterré dans l'île des Peupliers.

1750 : *Discours sur les Sciences et les Arts.*

1752 : *Le Devin de village.*

1755 : *Discours sur [...] l'inégalité.*

1761 : *La Nouvelle Héloïse.*

1762 : *Du Contrat social.*

1762 : *Émile ou De l'éducation.*

1765-1770 : *Les Confessions.*

1772-1776 : *Dialogues.*

1776-1778 : *Les Rêveries...*

1. La critique de la société : les *Discours* (1750 et 1755)

1

Discours sur les Sciences et les Arts (1750)

Jean-Jacques Rousseau a décrit dans les *Lettres à Malesherbes* et dans *Les Confessions* « l'éblouissement » que fut pour lui la lecture du sujet mis au concours par l'Académie de Dijon en 1749 : « Si le rétablissement des Sciences et des Arts a contribué à épurer les mœurs. » Sa réponse, qui remporta le premier prix et le rendit célèbre, faisait de lui un philosophe. Son œuvre ne fera en effet qu'appuyer la conviction affirmée dans le premier *Discours.*

La composition est celle d'un discours académique en deux points : après avoir donné des exemples historiques prouvant que « nos âmes se sont corrompues à mesure que nos sciences et nos arts se sont avancés à la perfection », Rousseau énumère les effets dangereux de cette évolution.

M. Quentin de La Tour, *Rousseau*, XVIIIe s.

Cette position, paradoxale au siècle de la croyance au progrès, ne relève pas d'une pensée strictement politique mais d'une réflexion morale sur le pouvoir corrupteur et déformant de la société. En effet, en devenant « policé », un peuple perd ses mœurs naturelles, sa « liberté originelle » ; il ne connaît plus que désir de savoir, de paraître et d'acquérir de la fortune. Il est dénaturé en proportion de son degré de civilisation ; Athènes a acquis la renommée, mais Sparte a su cultiver la vertu.

C'était ne pas tenir compte d'une évolution irréversible et proposer un faux dilemme à des lecteurs confiants en l'avenir, auxquels ce sombre constat n'offrait pas de solution. Contraint de répondre à toutes les questions soulevées par son *Discours*, Rousseau s'avisa qu'il lui restait à s'interroger sur les institutions : « Tous nos vices n'appartiennent pas tant à l'homme, qu'à l'homme mal gouverné » (Préface de *Narcisse*, 1753).

Rousseau, le XVIIIe siècle et l'origine des langues

Dans son *Essai sur l'origine des langues*, Rousseau entreprend de reconstituer le parcours qui a mené l'homme au langage. Au commencement, l'homme était silencieux ; et il s'est probablement écoulé beaucoup de temps avant l'invention des langues. Rousseau voit le langage passer d'abord par le geste et par le cri, avant de suivre les lentes étapes de la socialisation. Dans le « second état de nature », **la langue est**, entre les individus, **un instrument** très grossier, principalement **destiné à l'action et à dire le besoin, mais qui exprime fortement l'individu.** Avec la famille et le groupe qui se sédentarisent, la langue perd en expressivité ce qu'elle gagne en précision, en particularité et en abstraction. Plus tard, la langue des civilisés dégénère en « vaine parole » (Jean Starobinski) : elle devient outil de persuasion, éloquence publique, ou subterfuge et mensonge. Là encore, le bonheur est perdu.

L'approche génétique de Rousseau et, de manière plus générale, le mythe d'une langue originelle dans laquelle le langage aurait parfaitement coïncidé avec la pensée, sont moins étrangers qu'il n'y paraît à **la réflexion des grammairiens de l'époque.** Ces derniers, en effet, en plaçant au centre de leurs préoccupations la proposition logique et le jugement, entendent remonter aux relations logiques qui fondent toute langue. Dans l'*Encyclopédie*, le grammairien Beauzée écrit par exemple que « toutes les langues assujettiront indispensablement leur marche aux lois de l'analyse logique de la pensée ; et ces lois sont invariablement les mêmes, partout et dans tous les temps » (article « Grammaire »).

2

Discours sur l'origine [...] de l'inégalité (1755)

Le nouveau sujet proposé par l'Académie de Dijon en 1753 (« Quelle est l'origine de l'inégalité des conditions parmi les hommes ; et si elle est autorisée par la loi naturelle ? ») va donner à Rousseau l'occasion de construire une argumentation plus sérieuse et plus documentée que celle qu'il avait opposée à ses différents détracteurs (parmi lesquels on peut citer l'abbé Raynal et le roi de Pologne).

Première partie : Conjectures sur l'état de nature. L'homme vit seul, sans loi, donc indépendant, et n'ayant que deux sentiments naturels, la conservation de soi et la pitié.
Seconde partie : « Quelque funeste hasard » fait sortir l'homme de cet état de bonheur. La société civile s'installe.

Confronté au problème de l'inégalité, donc à celui de l'origine des sociétés civiles (c'est-à-dire de l'État), Rousseau ne se contente pas d'admettre, comme tous les penseurs politiques de son temps, l'hypothèse de l'état de nature. **Il reconstitue un véritable âge d'or, une époque heureuse où les hommes vivaient dans la paix et l'indépendance. C'est la propriété qui a mis un terme à cette situation,** provoqué la guerre et imposé l'établissement de lois, fondement de « l'inégalité qui règne parmi tous les peuples policés ».

Dans le second *Discours,* Rousseau s'appuie, comme avant lui Montesquieu, sur les textes des juristes Grotius et Pufendorf. Il a lu également, bien qu'il ne le cite pas, un auteur très contesté au XVIIIe siècle parce que théoricien du despotisme, le philosophe anglais **Hobbes** (1588-1679). Selon Hobbes, l'état de nature est un état de guerre, une anarchie dont seul un pouvoir despotique peut faire sortir. Rousseau a trouvé une argumentation précieuse dans le *De Cive (Le Citoyen ;* 1642) et dans *Léviathan* (1651).

Dans cet enchaînement logique des étapes de l'histoire humaine, l'époque moderne est à la fois l'aboutissement et le point de départ d'un raisonnement par déduction. **Rousseau critique, comme beaucoup de contemporains, la société inégalitaire de son temps.**

Parallèlement aux œuvres des philosophes, se développe toute une littérature clandestine, souvent anonyme. Le testament du curé Meslier, mort en 1729, est ainsi un témoignage particulièrement frappant de l'animosité des paysans, exploités par les privilégiés.

2. La théorie politique : *Du Contrat social* (1762)

Dans ce troisième ouvrage, Rousseau change de ton. Il ne juge plus en termes moraux et historiques la dégradation de la société ; il s'attaque aux règles juridiques de son fonctionnement, c'est-à-dire au pacte mutuel, contracté entre les sujets et le souverain. A ce pacte, il propose de substituer un contrat entre des hommes qui soient à la fois égaux et souverains.

Livre I : Du pacte social (chapitre 6).
Livre II : La souveraineté est inaliénable et indivisible (chapitres 1 et 2).
Livre III : Le gouvernement. Étude théorique.
Livre IV : Fonctionnement du gouvernement. Exemples.

La théorie politique de Rousseau se forge au cours des années 1750-1760. Déjà le second *Discours* témoigne des nombreuses lectures faites. La même année, en 1755, paraît dans l'*Encyclopédie* une étude : *L'Économie politique.* Rousseau pense à ce moment avoir découvert les vrais principes du droit et c'est une réfutation de Grotius et de Pufendorf, qui font autorité dans ce domaine, qu'il prépare. Ce projet sera résumé dans *Émile*

(livre V) et aboutira au *Contrat social,* qui n'est donc qu'un fragment des *Institutions politiques,* restées inachevées.

Il ne s'agit pas, dans *Du Contrat social,* d'observer les « gouvernements établis », tâche d'historien que s'était donnée Montesquieu, mais de **s'interroger sur le fondement de l'autorité politique** et de **déterminer les termes d'un contrat qui établisse un pouvoir légitime.** L'idée d'un pacte de soumission, soutenue par les prédécesseurs de Rousseau (la liberté des sujets serait abandonnée, mais en échange, leur sécurité assurée) est rejetée, car la liberté est un droit inaliénable, si bien qu'aucun homme ne serait tenu de respecter un accord aussi injuste. On ne peut donc admettre qu'une seule forme de contrat social : réciproque et conclu entre le peuple et lui-même. Le peuple est, en effet, à la fois l'ensemble de ses membres et une personne publique ou « corps politique ». D'où la définition : « Chacun de nous met en commun sa personne et toute sa puissance sous la suprême direction de la volonté générale ; et nous recevons en corps chaque membre comme partie indivisible du tout. »

Dès lors, l'égalité et la liberté sont assurées puisque les particuliers sont les auteurs des lois et que la « volonté générale » est en fait la leur : « L'obéissance à la loi qu'on s'est prescrite est liberté. » Il s'ensuit que **le seul État légitime est la république,** car c'est la seule forme de gouvernement **où le peuple peut être souverain.**

Comme ses contemporains, Rousseau donne donc à la société une origine contractuelle. Mais, dans l'organisation politique idéale qu'il imagine, ce contrat est la source d'un progrès inimaginable dans l'état de nature. « Nous ne commençons proprement à devenir hommes qu'après avoir été citoyens. »

Un État ne peut rester libre que si **les lois expriment « la volonté générale »,** c'est-à-dire si elles sont votées à la quasi-unanimité. Rousseau est conscient de l'importance de ce principe et en tient compte dans ses deux projets de constitution : *Projet de constitution pour la Corse ; Considérations sur le Gouvernement de Pologne.*

Des formules du *Contrat social* se retrouvent dans les proclamations de certains révolutionnaires (Marat, Danton ou Robespierre) et dans la *Déclaration des droits de l'homme.*

3. La formation du citoyen : *Émile ou De l'éducation* (1762)

1 Un traité philosophique

Récit des premières années d'une vie, l'*Émile* complète *Du Contrat social,* écrit à Montmorency pendant la même période. La volonté de démonstration n'est pas absente de ce traité d'éducation qui sembla pourtant une pure fiction. Rousseau, conscient de proposer un idéal, présente son livre comme « le roman de la nature humaine ». « Ce devrait être l'histoire de mon espèce : vous qui la dépravez, c'est vous qui faites un roman de mon livre » (Livre V).

Si Rousseau expose sa pensée sous une forme apparemment romanesque, c'est aussi par désir d'être compris. Le premier *Discours* reconstituait déjà des « scènes », inventait les circonstances de l'évolution humaine. De même Émile, aidé d'un précepteur qui se consacre à lui pendant vingt-cinq ans, se développe harmonieusement, est « naturellement enclin à la bienveillance », puis découvre à point nommé l'usage de la raison, l'amour et la religion naturelle. Il n'est donc pas un personnage romanesque, mais un exemple typique.

Par là, **Émile est l'instrument d'un exposé philosophique :** non un sauvage de l'époque des « cabanes rustiques », mais un contemporain qui se prépare à vivre dans la société, un modèle pour le lecteur, appelé à retrouver en lui-même les éléments naturels oubliés.

2 Un traité d'éducation

Livre I : « l'âge de nature » ; l'enfant jusqu'à 2 ans (« Infans » : qui ne parle pas encore).
— Présentation d' « un élève imaginaire » (Émile est un enfant noble, orphelin) et de son gouverneur. — Importance de l'éducation.

Livre II : « l'âge de nature » ; de 2 à 12 ans (« Puer »).
— Différentes formes d'éducation : sensible, morale et sensorielle. — Pas de livres.

Livre III : « l'âge de force » ; de 12 à 15 ans.
— Éducation intellectuelle : à partir de l'expérience, et d'un seul livre, *Robinson Crusoé.* — Éducation manuelle et sociale.

Livre IV : « l'âge de raison et des passions » ; de 15 à 20 ans.
— Éducation morale et religieuse : *Profession de foi du vicaire savoyard.*

Livre V : « l'âge de sagesse et du mariage » ; de 20 à 25 ans.
— Éducation de Sophie. — Émile devant Sophie. — Des voyages.

Le principe essentiel de la pédagogie, selon Rousseau, est la liberté

Encore faut-il à l'enfant **un maître qui lui permette de se développer naturellement,** c'est-à-dire capable de provoquer en lui des habitudes qu'il conservera dans la société. Émile apprend, en particulier, à borner ses désirs à ses forces.

La « méthode inactive » des deux premiers livres fait ensuite place à l'instruction progressive. Le rôle du maître est alors d'éveiller la curiosité de son élève et de le mettre face à des problèmes qu'il pourra résoudre seul. Il commencera donc par **des travaux manuels,** car « il est beau de savoir un métier », même lorsqu'on est noble ; **puis il exercera son jugement.** C'est seulement ensuite qu'il fera **son éducation morale et religieuse,** et qu'il pourra **connaître le monde et l'amour.**

Dès la Renaissance, de nombreux écrivains, parmi les plus importants, ont écrit sur ce sujet. Rousseau ne se souvient pas, dans l'*Émile,* de **Rabelais,** mais il doit beaucoup à **Montaigne.** Il s'en écarte cependant radicalement en montrant une grande méfiance pour les livres, et en fixant à 12 ans l'âge de l'instruction intellectuelle. Plus récemment, le philosophe **Locke** a écrit en 1693 un ouvrage qui annonce l'*Émile : De l'éducation des enfants.* Mais il cherche à former un jeune gentilhomme, en développant en lui la volonté et le sens de l'honneur.

Peu avant la Révolution, **Kant** formulera un projet éducatif (voir *La Critique de la raison pratique,* 1788). Mais Rousseau est le premier à développer, avec précision et rigueur, un programme d'éducation aussi complet, et à le faire avec autant de chaleur.

Les lecteurs du XVIIIe siècle s'empressèrent de mettre en pratique les préceptes de l'*Émile* en matière de puériculture, d'instruction morale ou manuelle. Certains cherchèrent même à obtenir de Rousseau des conseils particuliers. Cette **influence** est encore perceptible de nos jours. **Les pédagogues modernes** insistent sur les mêmes principes : développement progressif de l'enfant dont on doit suivre l'évolution naturelle, méthodes actives, importance de l'observation directe,...

Jean-Jacques Rousseau et l'enfance. Gravure de Barbier, XVIIIe s.

L'instruction religieuse

Le maître n'aborde pas sans précautions l'instruction religieuse d'Émile.

Ce sujet, longtemps différé (« A quinze ans, il ne savait s'il avait une âme »), est une pièce maîtresse dans la formation d'un « homme naturel » qui doit vivre dans la société ; il est présenté dans l'esprit de l'ensemble du système d'éducation : il s'agit, non d'imposer une croyance, mais d'offrir « un sentiment à examiner ».

C'est un vicaire savoyard qui fait le récit de son évolution religieuse. Cette profession de foi (Livre IV) est celle de Rousseau lui-même, et un hommage rendu à deux prêtres catholiques rencontrés dans sa jeunesse. **Foi en une religion naturelle** à laquelle il n'est pas parvenu par « la vaine subtilité des arguments philosophiques », mais **grâce à une « lumière intérieure », sa conscience :** croire en Dieu, c'est donc retrouver la vertu et la volonté d'agir selon cet « instinct divin ».

La *Profession de foi du vicaire savoyard* est, avant tout, destinée à Émile et justifie l'éducation qu'il a reçue, puisqu'elle lui a appris le bon usage de sa liberté. Car l'homme moral n'obéit à sa conscience que lorsqu'il sait juger du bien et du mal.

La raison est donc une force qui soutient le sentiment, mais **la croyance en un Être suprême ne découle pas de preuves rationnelles. Rousseau suit en cela son temps,** car les Philosophes ne reprennent pas la réflexion métaphysique du siècle précédent sur l'essence ou sur l'existence de Dieu. Croyant en la religion naturelle, il s'oppose au matérialisme athée, comme aux dogmes et aux religions révélées.

Cet exposé provoqua la censure de la Faculté de théologie ; Rousseau fut même décrété de prise de corps par le Parlement. Même si les raisons de la condamnation de l'*Émile* sont complexes, il est évident que l'auteur tire, dans cet ouvrage, toutes les conséquences de la théorie politique développée dans les *Discours* et dans *Du Contrat social* et qu'il exprime sa pensée religieuse, non plus, comme dans *La Nouvelle Héloïse* (1761), à l'intérieur d'une fiction, mais directement.

4. L'éloquence de Rousseau

On sait que Rousseau, dans son *Discours sur l'origine des langues*[1], s'en prend à l'éloquence, dans laquelle il condamne un usage dévoyé du langage, l'orateur cherchant par tous les moyens — y compris le mensonge — à se prévaloir auprès d'une assemblée qu'il veut convaincre. Significativement, d'ailleurs, dans le *Discours sur l'origine de l'inégalité,* la fin de l'état de nature et l'avènement de la propriété correspondent à un usage malheureux de la parole (« Le premier qui ayant enclos un terrain s'avisa de dire : « ceci est à moi », et trouva des gens assez simples pour le croire, fut le vrai fondateur de la société civile »). Or, paradoxalement, Rousseau s'est d'abord fait connaître à travers ses *Discours,* et l'on peut discerner dans toute son œuvre un faible pour les séductions de l'éloquence. Le souci de réduire le rôle de cette dernière pour lui substituer une persuasion naturelle (« Une vive persuasion m'a toujours tenu lieu d'éloquence », *Deuxième Lettre à M. de Malesherbes)* ne masque pas **la part de rhétorique que contiennent ses écrits, à commencer bien sûr par les discours.**

Le « discours » entre en effet dans le genre démonstratif (ou « épidictique »). Il s'agit de plaider une « cause » (dans le *Discours sur les Sciences et les Arts,* « c'est la vertu que je défends devant les hommes vertueux »). Genre réglementé, le discours se divise en parties : l'introduction ou exorde, l' « hypothèse », la « confirmation », l' « analyse », enfin la péroraison. Le respect des règles académiques n'enlève pas à l'originalité des thèses défendues ni à l'efficacité des formules et des conclusions (dans le *Discours sur les Sciences et les Arts,* par exemple : « En politique comme en morale, c'est un grand mal que de ne point faire du bien ; et tout citoyen inutile peut être regardé comme un homme pernicieux »).

Dans le *Discours sur l'inégalité* où Rousseau reconstitue dans une perspective génétique l'homme naturel et suit les progrès de l'inégalité,

1. *Voir Supra, p. 52.*

l'ordre argumentatif et l'ordre narratif (la reconstitution se donnant à lire comme un récit) se renforcent mutuellement pour produire une conviction révolutionnaire. Il suit de l'exposé que « l'inégalité étant presque nulle dans l'état de nature, tire sa force et son accroissement du développement de nos facultés et des progrès de l'esprit humain, et devient enfin stable et légitime par l'établissement de la propriété et des lois ».

Longues périodes fortement charpentées, clausules recherchées, figures (énumération, antithèse, emphase), définissent **un style oratoire** qui échappe aux perversions du langage puisqu'il sert à rétablir une vérité de l'origine et à défendre une conviction aux accents inédits, comme dans la conclusion du *Discours sur l'inégalité :* « ...Il est manifestement contre la loi de la nature, de quelque manière qu'on la définisse, qu'un enfant commande à un vieillard, qu'un imbécile conduise un homme sage, et qu'une poignée de gens regorge de superfluités, tandis que la multitude affamée manque du nécessaire. »

Cette éloquence, qu'on pourrait croire accidentelle et liée à la forme académique du discours, **apparaît en fait comme une pente naturelle de toute l'œuvre de Rousseau.** A eux seuls, les titres de ses écrits l'indiquent déjà : *Les Confessions, Rousseau juge de Jean-Jacques, Profession de foi du vicaire savoyard.* L'éloquence, ou de manière plus générale, le discours (notamment le discours d'auto-justification) semble constituer une des tendances les plus constantes de l'œuvre, comme en témoigne, sur le mode pathétique, l'étonnant Avertissement placé par Rousseau en tête des *Confessions :*

« Qui que vous soyez, que ma destinée ou ma confiance ont fait l'arbitre du sort de ce cahier, je vous conjure par mes malheurs, par vos entrailles, et au nom de toute l'espèce humaine, de ne pas anéantir un ouvrage unique et utile, lequel peut servir de première pièce de comparaison pour l'étude des hommes, qui certainement est encore à commencer, et de ne pas ôter à l'honneur de ma mémoire le seul monument sûr de mon caractère qui n'ait pas été défiguré par mes ennemis. »

BIBLIOGRAPHIE

Éditions

ROUSSEAU, *Œuvres complètes,* Éd. sous la direction de Bernard GAGNEBIN et Marcel RAYMOND, tomes III et IV. Gallimard (bibl. de la Pléiade), 1964 et 1969.

Études

Pierre BURGELIN, *La Philosophie de l'existence de J.-J. Rousseau.* P.U.F., 1952.

Robert DERATHÉ, *J.-J. Rousseau et la science politique de son temps.* Vrin, 1970.

Jean STAROBINSKI, *La Transparence et l'Obstacle, suivi de 7 essais sur Rousseau.* Gallimard, 1971.

Bronislaw BACZKO, *Rousseau, solitude et communauté.* Mouton, 1974.

VIII LA RHÉTORIQUE RÉVOLUTIONNAIRE

Autour de l'activité politique, point focal de l'intérêt général, on assiste pendant l'époque révolutionnaire à la création de nouveaux genres d'expression. Provoquer ou commenter l'événement est alors la préoccupation essentielle, car seuls comptent le présent, et le succès éphémère auprès du public, devenu l'arbitre suprême. C'est pourquoi le théâtre et la chanson, le journalisme et l'éloquence remplacent le livre.

1 Le spectacle prédomine

On connaît le développement des fêtes et des cérémonies patriotiques ou religieuses (ainsi la Fête de la Fédération, ou celle organisée par David en l'honneur de l'Être Suprême). D'une façon comparable, **la chanson perpétue l'enthousiasme populaire d'un moment :** *La Carmagnole, Chant du Départ* de Marie-Joseph Chénier ; *La Marseillaise* de Rouget de Lisle, ou « Il pleut, il pleut bergère », de Fabre d'Églantine ont survécu jusqu'à nous.

2 Les journaux

Les journaux profitent d'une liberté, qui leur sera enlevée sous le Consulat et l'Empire, et se multiplient. **Chaque tendance politique est représentée :** la droite par *Les Actes des Apôtres* ou le *Journal politique et national ;* la gauche par *L'Ami du peuple, Le Patriote français* (girondin) ou le *Journal de la Montagne.* Camille Desmoulins, Brissot, Rivarol, parmi beaucoup d'autres, trouvent dans la presse la possibilité d'exercer leur talent.

3 L'éloquence

C'est surtout l'éloquence qui, jusqu'à Thermidor, devient une arme dans la vie politique. La parole n'est pas seulement le véhicule des idées, « elle se fera augurale, sententieuse, prophétique » (Jean Starobinski), et tentera de gagner l'opinion, moins par des arguments que par **le prestige des grands principes et leur pouvoir émotif.** Elle trouve spontanément sa place à l'Assemblée et dans les Clubs, et s'adapte à l'évolution des mouvements révolutionnaires et aux bouleversements dans la société. Les premiers orateurs renouent avec l'Antiquité et la rhétorique classique ; mais lorsque l'auditoire, d'abord aristocratique, puis bourgeois, deviendra populaire, ils abandonneront les règles de l'art oratoire. A une situation tragique répondront **des discours énergiques et passionnés.**

Les hommes et les styles diffèrent également.

Dès les débuts, Mirabeau et Danton, deux orateurs-nés, s'imposent

Honoré Riqueti, comte de Mirabeau (1749-1791), grand frondeur, est emprisonné à plusieurs reprises antérieurement. Élu député par le tiers état en 1789, ses idées-forces sont : patriotisme, justice, liberté.

Il mettra une langue imagée et le rythme de ses périodes oratoires au service de convictions modérées (maintien de la monarchie et séparation des pouvoirs). **Georges Danton,** (1759-1794), fondateur du Club des Cordeliers en 1790, est aussi imposant et vigoureux que Mirabeau. Mais alors que celui-ci voudrait faire appliquer un programme politique, Danton tire de l'urgence de chaque événement (la patrie en danger, le soulèvement vendéen entre autres) des discours enflammés et qui font mouche. Il sera victime de la Terreur, en avril 1794.

Saint-Just. École française, XVIIIe s.
Robespierre. Dessin de J.M. Moreau le Jeune, 1794.
Mirabeau. Dessin, XVIIIe s.
Danton. École française, XVIIIe s.

Robespierre et Saint-Just sont davantage des théoriciens

Maximilien de Robespierre (1758-1794) met toute son énergie dans l'action et la démonstration rigoureuse des idées. Grand admirateur de Rousseau, il redressera une situation catastrophique en faisant appel à la vertu et à l'oubli de soi-même pour le bien de la Patrie. **Louis de Saint-Just** (1767-1794) n'a que vingt-deux ans en 1789. Il montre son autorité au Comité de Salut Public, où il s'occupe des problèmes politiques et militaires, et se fait le défenseur de l'unité nationale. Auteur en 1791 de *L'Esprit de la Révolution et de la Constitution de la France*, il est élu député à la Convention en 1792. « L'archange de la mort », comme l'appellera Michelet, reste une figure légendaire.

BIBLIOGRAPHIE

Éditions

Extraits des discours et rapports des principaux orateurs de la Révolution. Les Éditions sociales (coll. « Les Classiques du peuple »), 1957.

Études

André MALRAUX, *Le Triangle noir (Laclos, Goya, Saint-Just)*. Gallimard, 1970.

Jean STAROBINSKI, *1789. Les Emblèmes de la Raison*. Flammarion (coll. « Champs »), 1979.

CHRONOLOGIE DE LA LITTÉRATURE D'IDÉES*

Philosophie et sciences	Histoire, politique droit	Esthétique et écrits sur le théâtre	Étranger
		1719 Abbé du Bos : *Réflexions critiques sur la poésie et la peinture*	**1725** Vico : *La Nouvelle Science* (Italie)
	1731 Voltaire : *Histoire de Charles XII*		**1733** Pope : *Essai sur l'Homme* (Angleterre)
1734 Voltaire : *Lettres anglaises*	**1734** Montesquieu : *Considérations sur les causes de la grandeur des Romains et de leur décadence*		
1746 Condillac : *Essai sur l'origine des connaissances humaines* Vauvenargues : *Réflexions et Maximes*	**1739-49** Saint-Simon : Rédaction des *Mémoires*		
1749 Diderot : *Lettre sur les Aveugles* **1749-89** Buffon : *Histoire naturelle* **1750-72 :** *Encyclopédie*	**1748** Montesquieu : *De l'Esprit des lois*		
1750 et 55 Rousseau : *Discours* **1754** Condillac : *Traité des sensations* **1756** Voltaire : *Essai sur les Mœurs*	**1751** Voltaire : *Le Siècle de Louis XIV*		
1758 Helvétius : *De l'Esprit*		**1757** Diderot : *Entretiens sur le Fils naturel* **1759-81** Diderot : *Salons*	
1763 Voltaire : *Traité sur la Tolérance* **1764** Voltaire : *Dictionnaire philosophique*	**1762** Rousseau : *Du Contrat social ; Émile*		
		1765 Diderot : *Essai sur la peinture* **1767** Beaumarchais : *Essai sur le genre dramatique sérieux*	**1766** Lessing : *Laokoon* (Allemagne) **1767** Lessing : *Dramaturgie de Hambourg* (Allemagne)
1769 Diderot : *Le Rêve de d'Alembert* **1770** d'Holbach : *Système de la nature* **1772** Helvétius : *De l'Homme*		**1773** Diderot : *Paradoxe sur le comédien*	
			1781 Kant : *Critique de la raison pure* (Allemagne)
1795 Condorcet : *Esquisse d'un tableau historique des progrès de l'esprit humain* (posth.)			**1795** Kant : *Projet de paix perpétuelle* (Allemagne)

* Sauf précision contraire, les dates indiquées sont celles de l'édition.

Aux yeux du critique moderne, une image globale du XVIIIe *siècle « philosophique » se dessine : celle d'une pensée qui s'affirme et mûrit, malgré les joutes et les divergences — la plus célèbre étant celle qui a opposé Voltaire à Rousseau. Cela par* **approfondissement,** *dans les domaines scientifiques, politiques ou moraux, grâce en particulier au rôle considérable joué par* l'Encyclopédie. *Par* **élargissement** *aussi, car l'univers devient l'objet d'une investigation infinie et, d'autre part, le présent offre sans cesse de nouveaux centres d'intérêt (l'éducation, l'esthétique en sont des exemples), que l'on s'efforce de présenter sous une forme accessible. Il ne s'agit plus seulement de prouver, on veut séduire. Et en ce sens, l'éloquence révolutionnaire prolonge l'œuvre des Philosophes.*

A mesure que le siècle avance, certains termes récurrents finissent par imposer l'idée de « civilisation » et par rendre complémentaires des notions qui cessent d'être perçues comme antithétiques (ainsi « raison » et « sensibilité »). L'Europe, entité géographique et politique, prend également une dimension intellectuelle. Enfin, le XVIIIe *siècle est, sinon « dans la réalité rugueuse », du moins dans l'imaginaire, l'époque de « l'invention de la liberté » (Jean Starobinski).*

« Avide de savoir, curieux du nouveau Il travaille, il invente, il calcule, il mesure. » Gravure, XVIIIe s.

IIe partie

LES GENRES NARRATIFS

Dans la première moitié du XVIIIe *siècle, le roman ne s'avoue pas encore comme « roman » : on l'accuse, soit d'idéalisme conventionnel, soit de vulgarité. Du coup, le roman se dissimule sous l'étiquette de la « nouvelle », de l' « histoire », des « mémoires », mais aussi des « lettres » et « confessions ».*

Grâce au succès de La Nouvelle Héloïse *(1761), l'histoire du roman moderne commence. Mais ce texte célèbre suscitera peu de créations originales, comme* Les Liaisons dangereuses *(1782) ou comme les romans de Diderot.*

Promotion de nouvelles valeurs

Bien que le roman cherche à promouvoir une culture bourgeoise, les cloisons sociales y subsistent : Marianne est orpheline et veut prouver sa noblesse ; Des Grieux ne peut épouser une roturière, dans Manon Lescaut*... Tout au long du* XVIIIe *siècle, l'univers romanesque donne à cet égard une image particulièrement stable de la société.*

En s'ouvrant au monde moderne et à la représentation de milieux variés, le roman peut aussi devenir un instrument de propagation des idées, aussi dangereux que les écrits philosophiques. D'où une longue querelle qui s'ouvre avec la critique, l'accusation mise en avant étant celle d'immoralité. Les romanciers peuvent aisément se défendre : le vice est puni au dénouement et explicitement condamné dans les préfaces, l'essentiel restant pour eux de préserver ce genre renouvelé, qui se développe à travers l'Europe, en premier lieu en Angleterre. Pamela *(1740) et* Clarissa Harlowe *(1748) de Richardson sont rapidement traduites en français par Prévost et leur influence est durable.*

Une nouvelle esthétique

Le roman a attiré et rassemblé presque tous les grands esprits. Grâce à lui, et à ***toutes les formes qu'il adopte,*** *leur réflexion prend une forme divertissante, plus accessible au lecteur : Voltaire écrit des contes, Montesquieu ou Sade, des romans philosophiques...*

*Le conte connaît tout au long du XVIIIe siècle le même succès que le roman, genre avec lequel il n'a pas de frontières très nettes. La vogue du merveilleux (*Contes *de Perrault, 1697) et de l'Orient (Galland traduit* Les Mille et Une Nuits *à partir de 1704), contribue à étendre son domaine ; ainsi les différentes formes du goût et de la réflexion peuvent entrer dans ce moule : Montesquieu, Diderot, Voltaire, Cazotte, Marmontel écrivent des contes libertins, moraux, philosophiques ou satiriques.*

La nouvelle considérée jusqu'en 1750 comme « petit roman », ne refuse pas pour autant le fantastique, qui est le propre du conte. Pourtant, elle acquiert peu à peu des traits distinctifs et devient un récit construit.

Il s'agit désormais de ***montrer les conditions réelles de la vie.*** *Le lecteur veut comprendre les personnages ou pouvoir s'identifier à eux. La littérature devient ainsi le lieu d'expérimentation d'un des grands sujets philosophiques du temps : le sentiment et les mécanismes du cœur humain. De* La Vie de Marianne *à* La Nouvelle Héloïse, *le romanesque se définit avant tout par l'analyse de conflits psychologiques. Mais pour que cette chronique de la vie privée donne l'illusion de la réalité, il faut que l'environnement soit concrètement présent, dans la continuité du récit.*

L'imitation du réel ne va pas non plus sans une exigence d'ordre. La vie des personnages est faite d'événements de nature privée ou sociale qui doivent être choisis en fonction de la progression du récit. Le plaisir de conter se double de ***l'art de construire une histoire :*** La Nouvelle Héloïse *ou* Les Liaisons dangereuses *montrent, dans la seconde moitié du siècle, une maîtrise technique plus grande que celle de* Gil Blas *ou de* La Vie de Marianne.

Les différentes formes d'écriture narrative

La richesse de ces œuvres est faite également de la ***variété de leurs formes.*** *C'est elle qui permet des lectures différentes : si les* Lettres persanes *décrivent l'Occident vu par des voyageurs orientaux, Usbek est aussi le héros d'une intrigue que des études modernes redécouvrent. À la brièveté des* Égarements du cœur et de l'esprit *s'opposent les récits à tiroirs de* Gil Blas, *où des aventures sont ajoutées à celles du personnage principal (prises en charge par un nouveau narrateur), ce qui, dans l'optique du XVIIIe siècle, les rend plus crédibles.*

I LE ROMAN DE MŒURS

1. Lesage (1668-1747) : le « théâtre du monde »

Peu de chose à retenir dans la vie de **Alain René Lesage.** Bourgeois, né en Bretagne en 1668, il est orphelin dès l'enfance. C'est un jeune homme pauvre, ruiné, qui arrive à Paris à 22 ans et est reçu avocat dès 1692. Mais il se tourne vers la littérature, vit, et entretient sa famille (il épouse une jeune fille pauvre en 1694) grâce à des traductions et des adaptations d'œuvres étrangères. Lesage connaît une période obscure : nombreuses traductions de pièces de théâtre espagnoles ; quelques essais de représentations (*Turcaret* est joué sept fois, puis est retiré de l'affiche et ne sera repris qu'en 1730). Dès lors, brouillé avec les Comédiens, Lesage n'écrira plus que pour le Théâtre de la Foire, seul ou en collaboration (une centaine de pièces).
Le succès vient par le roman : là encore, Lesage exploite la mode espagnole. Mais, si la première édition du *Diable boiteux,* en 1707, est une imitation, la seconde, en 1726 sera beaucoup plus originale. Originale également l'*Histoire de Gil Blas de Santillane.* Ce sont deux grands succès.
Lesage meurt à Boulogne-sur-Mer en 1747.

1707 : *Le Diable boiteux.*

1709 : *Turcaret.*

1715 : *Histoire de Gil Blas de Santillane* (livres I à VI).

1724 : (L.VII à IX).

1726 : nouvelle édition du *Diable boiteux.*

1732 : *Histoire de Guzman d'Alfarache, nouvellement traduite.*

1735 : (L.X-XII).

1736 : *Le Bachelier de Salamanque.*

1740 : *La Valise trouvée.*

1 Un genre hérité et renouvelé : le roman satirique et picaresque

Lesage.
Lithographie, fin XVIIIe s.

Le Diable boiteux plut à un vaste public, par sa fantaisie et par son aspect résolument satirique. Dans la seconde édition de 1726, **Alain René Lesage** ne se contenta pas de renouveler les anecdotes, il s'efforça aussi de donner plus de cohésion à l'ensemble. Mais ce n'était encore qu'une ébauche. La longue entreprise de *Gil Blas de Santillane* répondit à un nouveau dessein : raconter la vie d'un personnage tout en faisant de la satire une des composantes d'un roman picaresque.

Le roman picaresque : il se développe au XVIe siècle en Espagne et s'oppose aux romans de chevalerie. Le héros est un **picaro** (mot forgé vers 1550), c'est-à-dire un gueux, qui prétend le rester, fait l'apologie de l'anti-honneur et pour qui l'errance symbolise la conversion religieuse.

Premier exemple : *La Vie de Lazarillo de Tormes,* paru sans nom d'auteur en 1554. Plus célèbre est *La Vie de Guzman d'Alfarache,* de **Mateo Aleman** (1599 ; traduit en français en 1620).

Le modèle espagnol n'est pas une découverte en France puisque, déjà au XVIIe siècle, on en trouve certains éléments, par exemple dans *L'Histoire comique de Francion* (1623) de Charles Sorel. Mais Lesage est le premier à avoir pris conscience des possibilités offertes par ce genre, qui permet de faire le récit des aventures d'un héros dans la société contemporaine, d'associer roman de mœurs et roman d'apprentissage. Marivaux, dans *Le Paysan parvenu* (voir p. 69) et plus tard Diderot, dans *Jacques le Fataliste* suivront la même voie (voir p. 92).

2

Le Diable boiteux (1707; 2e édition en 1726)

Cette première œuvre romanesque est dédiée à un auteur espagnol, Guevara, auteur du *Diablo cojuelo* (1641), auquel Lesage emprunte « le titre et l'idée ». Le diable Asmodée a le pouvoir d'enlever les toits et de montrer au jeune don Cléofas, qui l'accompagne, les habitants de Madrid, surpris dans leurs demeures. A cette situation, prétexte à un défilé de tableaux de mœurs, Lesage ajoute une intrigue amoureuse qui semble parodier les romans de chevalerie : Asmodée sauve d'un incendie Séraphine, laquelle récompense cet exploit en épousant le jeune homme. (L'édition de 1707 eut un grand succès. Elle est parfois préférée à celle de 1726.)

Le ton du *Diable boiteux* est constamment moqueur (d'autant plus apprécié des premiers lecteurs qu'ils reconnaissaient les portraits de contemporains célèbres). Un croquis, une petite scène débouchant sur une repartie ou un bref dialogue animent parfois ce monde d'images : galants, soubrettes, femmes légères sont des personnages de comédie, et un de leurs stratagèmes suffit à les dépeindre (chapitre VIII, par exemple). Cependant, le diable sait aussi raconter de longues histoires dont la morale reflète l'esprit du XVIIIe siècle. Ainsi le savetier de la fable reprendra son ouvrage, mais donnera aux pauvres l'argent dont il n'a que faire.

La variété des scènes contribue à la construction du roman comme un « théâtre du monde » et non seulement comme une galerie de caractères à la manière de La Bruyère (*Les Caractères* de La Bruyère datent de 1688). A l'égard de ses modèles, Lesage sait prendre ses distances. Son point de vue est celui d'un moraliste désenchanté : l'égoïsme, l'avidité, l'envie ont toujours mené les hommes ; mais aussi l'honnêteté ou le sens de l'honneur. S'il peint Madrid, c'est que cette ville est un microcosme où toutes les classes de la société sont mêlées, comme elles le sont dans *Gil Blas*.

3

Histoire de Gil Blas de Santillane (1715-1724-1735)

Traducteur d'œuvres espagnoles (adaptateur en 1732 de l'*Histoire de Guzman d'Alfarache*), Lesage conserve dans *Gil Blas* les grandes lignes du genre picaresque. Il n'en montre que mieux, derrière les travers éternels des hommes, le monde de son époque. Son personnage est un picaro moderne.

Livre I-VI : Gil Blas, jeune homme de dix-sept ans, part pour l'université de Salamanque. Il découvre le monde à ses dépens, est enfermé par des brigands, puis entre au service d'un chanoine, d'un docteur, d'un petit maître... Il apprend à imiter les mœurs de ces différents milieux. Sa fortune semble faite lorsqu'il devient intendant de son ami don Alphonse.

Livres VII-IX (1724) : Il doit reprendre la route. D'abord favori de l'archevêque de Grenade, il devient secrétaire du duc de Lerme. Il est mis en prison. Il est enfin pourvu d'une terre grâce à la générosité de don Alphonse.

Livres X-XII (1735) : Gil Blas se marie. Devenu veuf, il retourne à la cour, est anobli. Rentré dans son château et remarié, il mène une vie heureuse.

Tel un picaro, Gil Blas parcourt l'Espagne de ville en ville : il fait de fréquents séjours à Madrid, « l'abrégé de toutes les merveilles du monde » ; le royaume de Valence, lieu où sa situation se redresse (fin du L.VI) et où il s'établit enfin, l'attire également. C'est dans les rues, sur les routes ou dans les auberges qu'il fait le plus de rencontres, source de ses aventures.

Mais cette errance est de pure convention. Gil Blas n'est persécuté ni par le destin ni par la société ; il n'est pas non plus affamé comme l'étaient ses prédécesseurs. Ses comparses, en revanche, sont parfois d'authentiques picaros (Raphaël ou Laure). Leur histoire donne lieu à des récits, insérés selon le procédé des « tiroirs », qui assurent la continuité du roman, essentiellement composé de retrouvailles, et montrent l'évolution du héros : ainsi, son compagnon d'école, Fabrice, juge sévèrement le parvenu qu'il est devenu, au livre VIII, puis redevient son ami, au livre XII.

Tel un picaro, Gil Blas offre ses talents à divers maîtres (on en a compté quinze) dont il est valet, secrétaire ou intendant...

Mais si Lesage l'intègre ainsi aux milieux traditionnellement picaresques, en caricaturant systématiquement certains d'entre eux, les médecins et les hommes d'église, il fait aussi entrer dans le roman toutes les classes sociales, le peuple comme les marginaux ou l'aristocratie. Par là la littérature romanesque devient réaliste, les pauvres ne sont plus voués au genre burlesque, ni les riches au genre héroïque, et la truculence du picaresque espagnol fait place à la peinture d'un monde de transition, bien français, en réalité.

Tel un picaro, Gil Blas connaît une alternance de réussites et de mauvaises fortunes.

Mais il parcourt ainsi les étapes d'une ascension sociale (et non une série d'épreuves menant à Dieu). Il a beau aller en prison, passer par des « situations misérables », sa condition ne cesse de s'élever. D'autre part, il n'est pas un gueux comme les vrais picaros, mais est issu de la petite bourgeoisie. Tout jeune il acquiert « la réputation de savant » et fait partout bonne figure, car il est doué de « l'outil universel » (: il est « propre à tout » ; Livre VIII). Devenu châtelain, il répond au rêve de promotion de la bourgeoisie du XVIIIe siècle.

Tel un picaro enfin, Gil Blas fait le récit de ses expériences et de son apprentissage de la vie.

Mais cette autobiographie ne se solde pas par la conversion à des valeurs spirituelles. Ici la satire de la cour est faite au nom de la morale, car le narrateur blâme rétrospectivement le rôle de « sot animal » qu'il a joué auprès des grands. S'il se décide pour une existence bien pourvue, mais sans ambition, c'est aussi par individualisme bourgeois et refus des compromissions qu'exige le métier de courtisan. Gil Blas, comme sans doute Lesage, a conquis une sagesse à sa portée, et acquis le goût du bonheur.

BIBLIOGRAPHIE

Éditions

LESAGE, *Le Diable boiteux* et *...Gil Blas...* dans *Romanciers du XVIIIe siècle*, t. I, Éd. ETIEMBLE. Gallimard (bibl. de la Pléiade), 1960.

...Gil Blas..., t. 1 et 2, Éd. ETIEMBLE. Gallimard (coll. « Folio »), 1973.

Études

Roger LAUFER, *Lesage ou le métier de romancier*. Gallimard (coll. « Bibliothèque des Idées »), 1971.

Didier SOUILLER, *Le Roman picaresque*. P.U.F. (coll. « Que sais-je ? »), 1980.

2. Marivaux (1688-1763) : comment réussir à Paris

Pierre Carlet de Chamblain de Marivaux est né en 1688 à Paris, où il s'installe en 1712, après une enfance passée en partie en Auvergne, à Riom. Il commence à écrire, tout en entreprenant des études de droit (il sera licencié en 1721). Par son mariage avec Colombe Bologne en 1717, Marivaux confirme ses liens avec la haute bourgeoisie riche, milieu auquel il appartient par sa mère. Une fille naît en 1719. Suit une période difficile : les débuts de la Régence, puis **la banqueroute de Law** — qui le ruine. A partir de ce moment, Marivaux va se lancer dans la carrière des lettres. Il sera à la fois « journaliste », romancier et auteur de comédies jouées, le plus souvent avec grand succès, au Théâtre-Italien.
En 1742, il est élu à l'Académie française. Cependant, habitué des salons (ceux de Mme de Tencin et de Mme du Deffand, en particulier), il n'est pas tenu en haute estime par les « Philosophes ». D'autre part, le goût change : au théâtre, le drame bourgeois supplante les **fines analyses psychologiques,** et le style de Marivaux commence à lasser.
Il meurt à Paris en 1763, quelque peu oublié.

1713 : *Les Effets surprenants de la sympathie.*

1714 : *La Voiture embourbée.*

1721-1734 journaux : *Le Spectateur français; L'Indigent Philosophe; Le Cabinet du philosophe.*

1720-1740 comédies :
1720 : *Arlequin poli par l'Amour.*
1722 : *La Surprise de l'Amour.*
1730 : *Le Jeu de l'Amour et du Hasard.*

1721-1741 romans :
1731-1741 : *La Vie de Marianne.*
1734-1735 : *Le Paysan parvenu.*

J.B. Van Loo, *Marivaux,* XVIIIe s.

De l'œuvre abondante de **Pierre Carlet de Chamblain de Marivaux** (29 comédies, 6 romans, des articles de « Journaux »), la postérité n'a longtemps retenu que les comédies (voir aussi p. 122). Ce n'est qu'au XXe siècle que l'on a redécouvert les romans, puis les « Journaux » (réédités en 1969).

Nature des ouvrages en prose

1712 (publ. **1737**) : *Pharsamon ou les Folies romanesques* (parodie).
1713 : *Les Aventures de *** ou les Effets surprenants de la sympathie* (roman précieux).
1714 : *La Voiture embourbée.*
1717 (publ. **1736**) : *Le Télémaque travesti* (parodie).
1721-1724 : *Le Spectateur français.*
1727 : *L'Indigent Philosophe.* (périodiques)
1734 : *Le Cabinet du philosophe.*
1731-1741 : *La Vie de Marianne* (roman).
1734-1735 : *Le Paysan parvenu* (roman).

Écrivain précoce, Marivaux débute en reprenant, mais pour les parodier, tous les procédés qui font du roman baroque, au siècle précédent, le domaine de l'invraisemblable : le sous-titre de *Pharsamon, Les Folies romanesques,* l'indique assez. Parodie encore, *Le Télémaque travesti,* qui critique, dans l'œuvre de Fénelon, l'artifice et l'absence de réalisme. D'autres lectures, celle de Mlle de Scudéry (auteur de *Le Grand Cyrus* [1649-1653] et de *Clélie* [1654-1661]), par exemple, ainsi que la fréquentation des salons « précieux » de Mme de Lambert ou de Mme de Tencin ont influencé *Les Effets surprenants de la sympathie.* Les œuvres de la maturité ne démentiront pas la double orientation que prenaient ces ouvrages : le sens du réalisme et du burlesque, mais aussi le goût de l'analyse des « belles âmes » et des subtilités du sentiment.

1 Un nouveau picaresque : *Le Paysan parvenu* (1734-1735) ou l'évolution d'une conscience

Jacob raconte sa vie dans ce bref roman (qui comprend cinq parties), écrit d'un seul jet, au cours de la lente rédaction de *La Vie de Marianne.* Si **le regard rétrospectif du narrateur sur le personnage qu'il a été** permet une analyse psychologique, l'évolution du héros, sa réussite annoncée par le titre font de lui, dans une certaine mesure, un émule de Gil Blas (la dernière partie du livre de Lesage est publiée en 1735). En effet, toute l'aventure du jeune paysan champenois a pour cadre Paris. Il y sert deux maîtres, avant de devenir M. de La Vallée, d'être entraîné par le hasard dans des milieux variés, bourgeois ou aristocratiques, et de sauver enfin la vie à un neveu du Premier ministre qui achèvera de faire sa fortune. Mais cette rapide promotion sociale, assurée dès sa rencontre avec Mlle Habert, n'est pas recherchée. Jacob n'est pas un ambitieux ; **ce qu'il désire, c'est le « pur plaisir »,** que la chance et ses qualités naturelles lui procurent. De plus, le roman s'interrompt (une suite anonyme fut publiée en 1756) avant qu'il ne connaisse des déceptions, « fin ouverte » lui assurant un destin en expansion.

Le Paysan parvenu est **aussi un roman réaliste.** Jacob observe naïvement le monde, mais il laisse à voir, dans le comportement des autres, l'influence de la situation : derrière la condition, l'homme réel apparaît, avec son langage et les particularités de son histoire. Sa perspicacité lui découvre et la société et lui-même : elle lui révèle qu'il est sensible à l'amour « naturel », mais aussi à « l'amour du rang », qu' « il y a bien des amours où le cœur n'a point de part », qu'enfin la sincérité n'interdit pas l'habileté ni la séduction.

En effet, Jacob plaît, et dès la première partie il sait qu'il peut prétendre à un avenir supérieur à celui de son frère aubergiste. Le mariage avec Geneviève serait une installation, tandis que celui avec Mlle Habert est un tremplin ; il pourra certes, à la fin, sauver M. d'Orsan, car il est devenu autonome et peut faire preuve de générosité (comme certains grands), maintenant qu'il est libéré des contraintes qui pèsent sur les petits. Le paysan est enfin parvenu. Tenir une épée d'emprunt l'avait mené en prison ; brandir sa propre épée fait de lui « un homme de mérite ».

La réussite de Jacob n'est donc pas seulement sociale, elle est celle d'**une personnalité qui progresse librement dans un monde de plus en plus large.** Il écrit ses Mémoires pour faire la somme de lui-même et savoir ce qu'il est ; non pour se juger, mais pour montrer la complexité de l'être humain. Comme Marianne, « il écrit l'histoire d'une conscience » (Robert Mauzi).

2 L'autobiographie et le romanesque : *La Vie de Marianne* (1731-1741)

La publication des onze parties de *La Vie de Marianne, ou les Aventures de Mme la comtesse de...*, interrompue par celle du *Paysan parvenu*, est échelonnée sur dix ans (et dès 1728, Marivaux en demande l' « approbation »). *L'Avertissement* situé en tête du livre précise les caractéristiques essentielles de l'ouvrage : Marianne « écrivait à une amie », entremêlant, au récit de ses « aventures », les « réflexions » qui lui venaient à l'esprit.

I-IIIe parties : après la disparition de ses premiers protecteurs, Marianne, quinze ans, reste une nouvelle fois orpheline dans Paris. Elle est placée chez une marchande, Mme Dufour, par un faux dévot, M. de Climal, qui la courtise ; elle rencontre son neveu, Valville, qui l'aime. Mais il la surprend avec son oncle dans une situation équivoque ; elle quitte la marchande.

IV-V^e parties : ayant trouvé refuge dans un couvent grâce aux bontés d'une femme, Mme de Miran, qui s'avère être la mère de Valville, elle fait sa conquête, et le mariage des jeunes gens est projeté. A l'article de la mort, M. de Climal confesse sa mauvaise conduite. Mais Marianne rencontre, lors d'une visite, Mme Dufour, qui révèle son origine.

VI-VIIIe parties : la famille de Valville, opposée à une telle mésalliance, fait enlever Marianne qui comparaît devant leur « tribunal ». Mme de Miran prend sa défense et gagne sa cause. Mais Valville la délaisse pour une nouvelle pensionnaire du couvent. Autre offre de mariage ; elle hésite ; une religieuse de ses amies lui raconte sa vie.

IX-XIe parties : récit de Mlle de Tervire.

Les mémoires d'une femme

Ces mémoires d'une femme, dont le lecteur ne connaîtra jamais que le prénom, présentent des analogies thématiques avec l'histoire racontée par Jacob : ici encore un être jeune et pauvre découvre la société parisienne et cherche à s'y faire une place. Mais **Marianne évolue dans un monde romanesque et galant :** orpheline à l'âge de deux ans, elle ignore ses origines (ses parents ont été assassinés par des voleurs) ; grâce à des rencontres providentielles, elle échappe à un vieux séducteur et est aimée d'un jeune homme riche. Pourtant, elle renverse ces situations convenues, et s'attire la bienveillance de ceux qu'elle rencontre par une conduite étonnante.

Calcul ou sincérité ?

Au lecteur de trancher. Lorsqu'elle tente de rendre compte d'elle-même, Marianne met en relief **la complexité de ce qu'elle a « senti » et l'ambiguïté de ses réactions** (« Je consultais donc en moi-même ce que j'avais à faire ; et à présent que j'y pense, je crois que je ne consultais que pour perdre du temps »). Mais constamment, le temps de la narration interfère avec celui du vécu, et les réflexions de la femme âgée avec celles de la jeune fille. Dans les scènes de rencontre en particulier, l'on peut se demander si Marianne agit d'instinct ou a déjà conscience de son pouvoir.

« Une femme qui pense »

Marianne est « **une femme qui pense** » (Second Avertissement) **en se laissant guider par son instinct et son cœur :** « Je pense, pour moi, qu'il n'y a que le sentiment qui nous puisse donner des nouvelles un peu sûres de nous. » L'aristocrate présumée rejoint ainsi le jeune paysan pour démontrer la supériorité de la nature, car tout comme Jacob elle progresse aveuglément et chaque étape est révélatrice de son être. « Elle devient ce qu'elle est » (Léo Spitzer). C'est pourquoi ses Mémoires peuvent rester inachevés, et le lecteur dans l'ignorance de l'état où elle parvient.

3 « La structure du double registre »

Ce mélange de deux voix, **cette « combinaison du spectacle et du spectateur,** du regardé et du regardant » ont été analysés par Jean Rousset : dans toute son œuvre, « Marivaux s'arrête avec prédilection à ces moments où l'être, dupe de la comédie que lui joue son cœur, la démasque et rétablit la vérité camouflée ». Écrire ses mémoires, c'est donc pour Marianne le moyen de se connaître, car « celui qui vit son présent le vit toujours à son insu ».

Ainsi, l'un gardant la mémoire de l'autre, les deux romans s'accordent dans leurs préoccupations, se complètent.

Non seulement les histoires se ressemblent, mais aussi le mode narratif qui les expose. **Les deux œuvres présentent la même « structure du double registre »** (Rousset) : un narrateur vieilli raconte sa jeunesse révolue. Or l'intervalle temporel qui sépare le narrateur du personnage qu'il a été et qu'il tente de saisir, le place dans une position de recul et de savoir qu'il inscrit dans son entreprise autobiographique : s'il présente son moi d'hier, il le juge aussi, le réfléchit ; c'est le « double registre du récit et du regard sur le récit ».

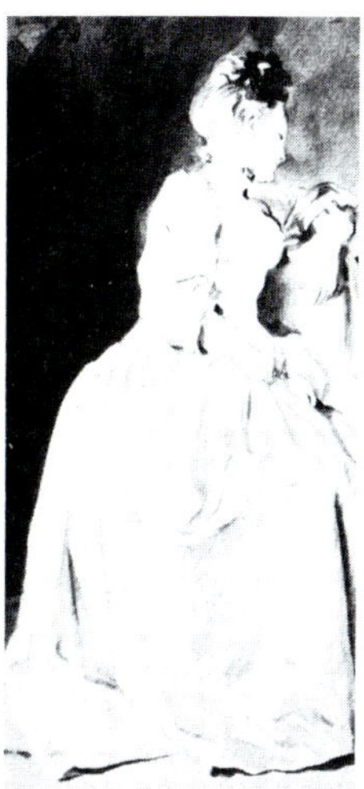

La question du commencement est une des préoccupations fondamentales du XVIIIe siècle : le roman marivaudien n'y échappe pas. Le genre du texte suppose que l'ordre suivi soit chronologique et que le narrateur fasse débuter son histoire à sa naissance. Or celle de Jacob est recommencée trois fois (ma naissance, je suis né, quand je vins au monde) et Marianne ne naît point : quand elle apparaît pour la première fois, elle a déjà deux ans.

Par ailleurs nos deux romans formulent sciemment leurs préoccupations à propos de l'origine, seulement il s'agit de l'origine sociale : Jacob est d'origine paysanne, Marianne a perdu involontairement la sienne, et leurs chances de réussir dans la société sont fonction de l'habileté qu'ils mettront à cacher leur origine (ou leur absence d'origine) derrière des noms (La Vallée) et à s'en procurer une nouvelle.

Par son désir de connaître les mécanismes du cœur humain, Marivaux annonce les philosophes. Il fait davantage encore en intégrant par deux fois au destin de ses héros, non la promotion, mais la réussite sociale, qui devient un complément à leur être naturel. L'homme doit pouvoir trouver le bonheur dans la société.

BIBLIOGRAPHIE

Éditions

MARIVAUX, *Romans, récits, contes et nouvelles,* Éd. Marcel ARLAND. Gallimard (bibl. de la Pléiade), 1950.

La Vie de Marianne, Éd. Frédéric DELOFFRE. Garnier, 1957.

Le Paysan parvenu, Éd. Frédéric DELOFFRE. Garnier, 1959. — Éd. Robert MAUZI. 10/18, 1965.

Études

Frédéric DELOFFRE, *Une Préciosité nouvelle, Marivaux et le marivaudage,* Les Belles Lettres, 1955.

Pierre FAUCHERY, *La Destinée féminine dans le roman européen du dix-huitième siècle, 1713-1807.* A. Colin, 1972.

Henri COULET, *Marivaux romancier,* A. Colin, Publications de la Sorbonne, 1975.

René DÉMORIS, in *Le Roman à la première personne,* IVe P., chap. I. A. Colin, Publications de la Sorbonne, 1975.

Léo SPITZER, in *Études de style,* « A propos de *La Vie de Marianne* » (Lettre à G. Poulet). Rééd. Gallimard (coll. « Tel »), 1980.

Elisabeth BADINTER, *Émilie, Émilie : l'ambition féminine au XVIIIe siècle.* Flammarion, 1983.

3. Prévost (1697-1763) : le « fatal amour »

Antoine François Prévost d'Exiles, celui qui deviendra **l'abbé Prévost,** est né en Artois, en 1697, dans une famille aisée de magistrats. Dès sa jeunesse, il est **attiré par l'aventure :** après des études chez les Jésuites il entre au noviciat de La Flèche, puis à celui de Rouen, s'en évade en 1716 et 1717, fait la guerre, séjourne quelque temps en Hollande.
1720-1728 : Il entre (cependant) dans les ordres, chez les Bénédictins de Saint-Maur, prêche et enseigne, avec succès.
1728-1734 : Il quitte son couvent; poursuivi, il se réfugie **en Angleterre,** puis **en Hollande.**
1734 : Un bref papal lui permet de rentrer en France, où il devient aumônier du prince de Conti. Prévost se consacre ensuite à différents travaux littéraires et fait preuve d'une extrême fécondité. A partir de 1742, il se retire dans sa famille, vit à Chaillot, puis à Chantilly, où il meurt d'un « coup de sang » en 1763.

1728 : *Mémoires et Aventures d'un homme de qualité* (en Hollande, sans nom d'auteur ; 2 premiers tomes).

1731 : VIIe tome : *Histoire du chevalier Des Grieux et de Manon Lescaut.*

1731-1739 : *Histoire de M. Cleveland, fils naturel de Cromwell,...*

1740 : *Histoire d'une Grecque moderne.*

Traductions de Richardson (*Paméla* en 1742 ; etc.)

1 Utilisation des conventions romanesques

Intrigues artificielles, situations invraisemblables, rebondissements sans fin, tous ces procédés sont présents dans les longs romans de **Antoine François Prévost d'Exiles.** Mais ils semblent bien constituer, au même titre que le ton moralisateur des préfaces, un écran derrière lequel l'auteur cache sa préoccupation essentielle : **peindre le cœur humain, torturé par la passion et l'abandon de Dieu.**

Écran encore, l'emploi des formes conventionnelles du roman contemporain. Ainsi, *...Manon Lescaut* est un épisode inséré dans *Les Mémoires et Aventures d'un homme de qualité* et ce n'est qu'avec l'*Histoire d'une Grecque moderne,* en 1740, que Prévost en viendra à une présentation simplifiée : un roman bref à la première personne.

L'ouvrage de **Robert Challes,** *Les Illustres Françaises* (paru en 1713 et souvent réédité au cours du XVIIIe siècle), avait mis à la mode la formule de « l'Histoire », reprise de L'*Heptaméron :* sept personnages, successivement narrateurs et auditeurs, font le récit de leur aventure.

2 *...Manon Lescaut* (1731)

Tome VII et dernier des *Mémoires et Aventures d'un homme de qualité, ...Manon Lescaut* fut cependant publié séparément à Paris en 1733. Nul besoin en effet de connaître les aventures précédentes de l'homme de qualité pour s'intéresser à la narration d'une passion malheureuse, faite directement par le jeune homme qui vient de la vivre. Ce témoignage est aussi présenté comme véridique, grâce à des précisions temporelles (l'ensemble a duré cinq ans) et « sociologiques » (les héros connaissent les milieux de la débauche et du jeu, sont emprisonnés à deux reprises ; le besoin d'argent est le ressort essentiel de l'intrigue). **A la fois roman réaliste et galant, roman d'amour et roman d'aventures.** *...Manon Lescaut* offre un exemple du bouleversement général de l'esthétique romanesque pendant le premier tiers du XVIIIe siècle. (Déjà en 1722 **Daniel Defoe** avait écrit, avec *Moll Flanders,* le roman d'une courtisane, que Prévost a lu).

Prévost d'Exiles.
Dessin de
G. de Saint-Aubin,
XVIIIe s.

Ire partie : Des Grieux rencontre M. de Renoncour à son départ pour le Nouveau Monde, puis, deux ans après, à son retour d'Amérique. Il lui fait alors le récit de son amour pour Manon (depuis leur rencontre à Amiens, où il achevait ses études) et de la vie d'expédients qu'ils sont contraints de mener. Mis en prison, ils parviennent à s'échapper grâce à l'aide de M. de T., et semblent pouvoir vivre heureux.

IIe partie : les besoins d'argent se font à nouveau sentir : M. de T. les aide à se venger du fils d'un vieil amoureux de Manon. Mais celui-ci intervient, ainsi que le père du jeune homme, pour la faire envoyer en Amérique, avec des filles de mauvaise vie. Des Grieux la suit et veut l'épouser. Mais le neveu du Gouverneur de la Nouvelle-Orléans aime la jeune femme, et, pour lui échapper, ils s'enfuient dans le désert, où Manon meurt d'épuisement. Des Grieux rentre désespéré.

Le roman de l'innocence tragique

...Manon Lescaut est l'histoire des amours impossibles d'un jeune homme prêt à entrer dans l'état ecclésiastique, que sa passion pour Manon mène à un destin lamentable. La fatalité s'acharne sur eux, et le récit le souligne en reproduisant par trois fois le même schéma : la peur de manquer de ressources provoque la trahison de Manon, ce qui entraîne la dégradation de leur situation. A l'intérieur de la narration, Des Grieux insiste sur le sort qui l'accable (« J'étais né pour les courtes joies et les longues douleurs ») et, d'autre part, sur ce « fatal amour », sur « la honte et l'indignité » qu'il représente. **Incapable de résister à Manon, qui a pris dans son cœur la place de Dieu, Des Grieux est un héros tragique** à l'instar de Phèdre chez Racine. Les accents de cette conscience malheureuse contrastent avec la trivialité des circonstances et la vulgarité du demi-monde où les personnages sont amenés à vivre. Nouvel exemple du mélange des genres, dans lequel on peut voir l'adaptation de la littérature à l'état de la société.

Le roman de l'ambiguïté

L'univers du roman dépasse celui de la tragédie racinienne. En effet, tout en se disant victime, des Grieux se fait le chantre de l'amour fou et préfigure en cela le héros romantique. Au ciel qui les a condamnés, puisque Manon meurt au moment où elle est devenue vertueuse, il oppose sa passion innocente à laquelle il a tout sacrifié. Son récit est la célébration d' « une histoire d'amour et de mort », version modernisée du mythe de Tristan, qui **proclame la légitimité d'une passion réciproque et ne cesse de revendiquer le droit au bonheur.**

Si *...Manon Lescaut* est condamné lors de sa publication, ce n'est pas tant parce que le vice est dépeint avec réalisme dans cet ouvrage, que parce qu'on y découvre la possibilité d'être heureux grâce à une morale naturelle. Peut-être aussi parce que l'instrument du destin est souvent la société : car, si leurs ruses sont blâmables, les deux jeunes gens sont finalement les victimes faciles d'hommes puissants et corrompus. Ainsi la tragédie recouvre **une double dénonciation, celle de l'ordre social et celle de l'ordre du monde.**

Les personnages sont également ambigus. La structure circulaire du livre (le dénouement renvoie à la scène du début) fait de Manon un être inconnaissable (elle n'est jamais décrite), car elle est non seulement vue à travers une subjectivité, mais encore évoquée par le souvenir.

Des Grieux lui-même est « double », à la fois héros et narrateur d'une aventure dont il voudrait comprendre le sens, d'autant plus que sa vie, désormais « sage et réglée », se réduira à se remémorer ce passé extraordinaire. L'un et l'autre sont, d'autre part, tour à tour sujet et objet de l'action : Manon prend des initiatives, mais c'est son amant qui rétablit leur situation, qu'elle avait compromise. Par là, elle peut même sembler s'opposer à la continuation de l'amour, jusqu'à sa conversion finale.

Qui est le personnage principal de ce roman ? Est-ce le héros d'une tragédie complexe qui ne parvient pas à comprendre son destin ? Ou Manon, simple et pourtant mystérieuse, comme le titre abrégé du livre semble l'indiquer ? Prévost est parvenu à laisser cette question sans réponse.

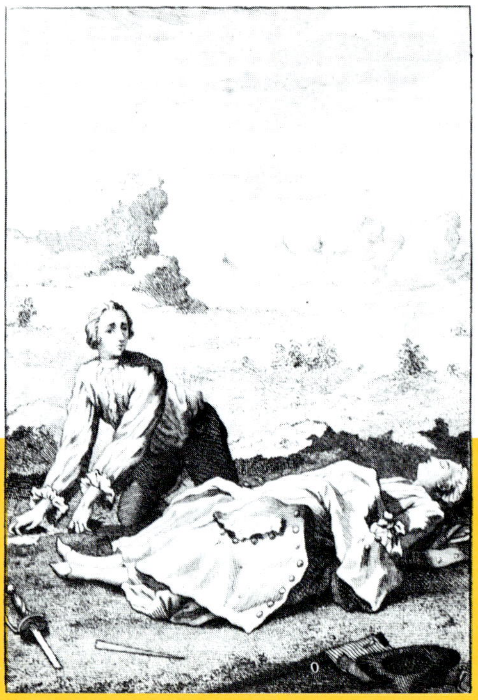

Au parloir de Saint-Sulpice. Gravures d'après H. Gravelot ; *Mort de Manon.* Gravure de J.J. Pasquier, XVIIIe s.

BIBLIOGRAPHIE

Éditions

PRÉVOST, *Histoire du chevalier Des Grieux et de Manon Lescaut,* dans *Romanciers du XVIIIe siècle,* t. 1, Éd. ETIEMBLE. Gallimard (bibl. de la Pléiade), 1960. — Éd. Frédéric DELOFFRE et Raymond PICARD. Garnier, 1965.

Histoire d'une Grecque moderne, Éd. Robert MAUZI. 10/18, 1965.

Études

Jean SGARD, *Prévost romancier.* José Corti, 1968.

L'Abbé Prévost, Actes du colloque d'Aix-en-Provence, 1953. Éditions Orphrys, 1965.

Henri COULET, *Le Roman jusqu'à la Révolution.* A. Colin (coll. « U »), 1967.

Jean-Luc JACCARD, *Manon Lescaut, le personnage romancier.* Nizet, 1975.

4. Crébillon fils (1707-1777) : l'amour stratège

Claude Prosper Jolyot de Crébillon naît à Paris en 1707, l'année où son père, célèbre auteur de tragédies, fait jouer *Atrée et Thyeste*. Après ses études au collège Louis-le-Grand, il fréquente les milieux libertins du cabaret littéraire le Caveau.
En 1759, il obtient la charge de censeur royal, bien qu'il ait connu prison ou exil pour ses écrits *(L'Écumoire..., Le Sopha)* jugés licencieux, ou critiques envers les contemporains. Il meurt, pauvre, en 1777.

1729-1771 : édition d'une douzaine d'œuvres à Paris, Londres ou La Haye.

1736-1738 : *Les Égarements du cœur et de l'esprit ou Mémoires de M. de Meilcour* (1re et 2e parties).

Crébillon fils. Gravure de A. de Saint-Aubin, XVIIIe s.

Claude Prosper Jolyot de Crébillon veut comprendre, d'une façon quasi scientifique, le fonctionnement du cœur humain, tout autant que **dévoiler les manœuvres de la stratégie amoureuse,** qui tient une grande place dans la haute société de son temps. D'où sa réputation d'auteur libertin. Sa finesse est au service de la vérité ; elle est beaucoup plus psychologique que morale. Au moment où Prévost dépeint l'amour fou, **il dépeint l'amour naturel.**

Description qui prend la forme du conte (conte moral ou politique, conte de fées ou conte oriental), du roman par lettres, habile mise en scène de la passion féminine (*Les Lettres de la marquise de M. au comte de R.*, en 1732 ; et, à nouveau, en 1768, *Les Lettres de la duchesse de * au duc de **), des mémoires enfin, dans son œuvre à juste titre la plus célèbre : *Les Égarements du cœur et de l'esprit* (1736-1738). Dans ce dernier livre, le point de vue du jeune homme ignorant est éclairé par celui de l'homme mûr qui a appris à connaître le monde.

Les seules aventures du jeune chevalier de Meilcour sont des rencontres ou des conversations qui, à propos, complètent son **apprentissage.** L'exemple de Molière est sans doute présent à l'esprit de Crébillon, lequel, dans le texte-programme publié en préface de la première partie du livre, en 1736, défend le roman comme étant « celui de tous les genres qu'on pourrait rendre le plus utile si on le rendait, comme la comédie, le tableau de la vie humaine ». Ces remarques sont une réponse aux nombreux détracteurs du genre romanesque et une critique indirecte de certains contemporains dont Crébillon tient à se démarquer : Marivaux, Prévost, puis Richardson.

Amoureux successivement de Mme de Lursay et d'Hortense de Théville, Meilcour, riche et naïf, découvre que son cœur est capable de partage puisqu'il succombe à la séduction de l'une tout en continuant à adorer l'autre. Est-il pour autant libertin, comme Versac qui se voudrait son modèle ? Grâce à la « science du monde » que ce dernier lui a révélée (sacrifier au frivole pour « rendre son nom célèbre »), l'auteur des Mémoires semble surtout être devenu lucide. Le cœur et l'esprit sont voués aux « égarements », et **ce livre est finalement une école de désillusion.**

BIBLIOGRAPHIE

Éditions

CRÉBILLON, *Les Égarements du cœur et de l'esprit,* dans *Romanciers du XVIIIe siècle,* t. II, Éd. ETIEMBLE. Gallimard (bibl. de la Pléiade), 1960.

Études

Bernadette FORT, *Le Langage de l'ambiguïté dans l'œuvre de Crébillon fils.* Klincksieck, 1978.

II LES « PHILOSOPHES » ET L'ÉCRITURE NARRATIVE

1. Montesquieu et les *Lettres persanes* (1721)

Les 161 lettres parues anonymement à Amsterdam en 1721 sous ce titre sont un des premiers grands exemples du genre épistolaire au XVIIIe siècle. Elles annoncent également un procédé qui deviendra courant : une intrigue attrayante masque les critiques sérieuses formulées par l'auteur. Elles eurent un très grand succès, en partie dû à l'intrigue libertine et au goût pour l'Orient, à la mode au XVIIIe siècle, et furent éditées à nouveau trente fois avant la mort de **Montesquieu** (voir surtout p. 22).

Le roman par lettres

La forme épistolaire est très fréquente dans le roman du XVIIIe siècle : les *Lettres persanes, La Nouvelle Héloïse* de Rousseau, *Les Liaisons dangereuses* de Choderlos de Laclos, *La Vie de Marianne* de Marivaux, même, dont chaque partie est adressée à une correspondante.

C'est que le roman se veut témoignage véridique, document rapporté et non plus récit romancé. C'est aussi que la lettre (ou le journal), à la première personne et au présent, semble être le garant irréfutable de l'existence réelle d'une individualité. En 1719, les lecteurs ont vraiment cru à l'existence de Robinson Crusoé (héros du roman de Defoe), qui rapporte son aventure au jour le jour, et encore plus à celle de Julie (dans *La Nouvelle Héloïse,* 1761) ou de Werther *(Les Souffrances du jeune Werther,* roman de Goethe, est paru en 1774).

Si cette forme persiste, c'est aussi qu'elle permet une grande souplesse technique : le roman devient transcription de moments vécus s'inscrivant dans une durée ou confrontation de plusieurs points de vue sur le monde, qui construisent une intrigue (*Lettres persanes,* et surtout *Les Liaisons dangereuses* de Laclos).

Lettres 1-23 : voyage de deux seigneurs persans, Usbek et Rica, d'Ispahan à Paris. Correspondance d'Usbek avec des amis (Rustan, Nessir, Mirza) : nostalgie et raisons de son départ (l.1 et 8) ; histoire des Troglodytes (l.11 à 14).

Premiers jalons d'une intrigue de sérail : recommandations au Premier Eunuque (l.2), lettres de trois de ses femmes (l.3, 4, 7).

Lettres 24-146 : séjour à Paris. Usbek et Rica se séparent, s'écrivent et continuent à correspondre avec leurs amis.

La situation du sérail inquiète Usbek (en particulier l.64-65, 79, 96).

Lettres 147-161 : l'intrigue au sérail éclate. Usbek donne des ordres sévères. Roxane se révèle adultère ; avant de se tuer, elle s'explique (l.161, à Usbek).

1 Un roman par lettres, libertin et philosophique

Les deux Persans découvrent les mœurs, les croyances et les institutions occidentales, et leur « **regard étranger** » enlève à ces dernières tout caractère d'évidence : le point de référence a en effet bougé ; les usages orientaux devenus la norme, l'Occident devient surprenant. La méthode n'était pas neuve, mais elle permet à Montesquieu d'aborder des sujets fondamentaux (formes de gouvernement ; éducation des filles, mariage ; principes religieux) tout en gardant un rythme discontinu et des effets de surprise. Alternent, en effet, les voix de Rica et d'Usbek, celles des eunuques et celles des femmes du sérail. Alternent également anecdotes et portraits ou scènes de la vie parisienne.

De cette façon, **la critique est variée.** Rica souligne souvent avec ironie les ridicules de la société parisienne : les vieilles coquettes (lettre 52), les compilateurs (lettre 66), le décisionnaire (celui qui prend des positions catégoriques sur tout ; lettre 72), la justice (lettre 86) ou certaines institutions comme l'Académie. Mais le point de vue d'Usbek est plus profond : il relève des failles chez les Occidentaux, dans les principes mêmes de la monarchie (lettre 37) ou du pouvoir de ceux qui

Ambassade orientale auprès de Louis XIV. Gravure, XVIIIe s.

gouvernent les hommes (lettre 48) ; surtout, il procède par comparaisons. Ainsi, la rigueur des mœurs, la subordination que connaissent les femmes en Perse sont opposées à la gaieté des Français (lettre 34) ; la servitude des Persans est condamnée parce qu'elle éteint en eux tout désir de gloire (lettre 89). L'un s'en prend à des travers humains, l'autre réfléchit sur les différences entre les hommes selon les latitudes.

2 « Une espèce de roman »

C'est ainsi que Montesquieu définit son œuvre dans les « Réflexions » de 1754. Le trouble s'introduit en effet dans l'âme d'Usbek, au cours de son voyage qui dure neuf ans (1711-1720). Parti « pour aller chercher laborieusement la sagesse », il découvre , avec étonnement et intérêt, **l'importance de la raison** qui peut mener, seule, à un gouvernement équitable et durable, et diriger les hommes (« Quand il n'y aurait pas de Dieu, nous devrions toujours aimer la justice » ; lettre 83). Il reste cependant un potentat jaloux qui menace son sérail (lettre 65), puis ordonne le châtiment des coupables (lettre 153). L'observateur impartial des mœurs occidentales, l'admirateur de la philosophie ne parvient pas à vivre selon ces nouveaux principes. Il préfère la tyrannie, et quitte « cet affreux exil ».

S'il y a bien dans les *Lettres persanes,* comme Montesquieu lui-même l'indique, « une chaîne secrète et, en quelque façon, inconnue », s'il s'agit d'**un roman, c'est celui du maître mis en échec par l'esclave.** L'intrigue orientale en effet n'est pas seulement un piment exotique supplémentaire : Roxane, enfermée dans le sérail, n'a pas seulement trompé la surveillance d'Usbek ; par sa révolte et son suicide, elle proclame le droit de tout être humain à la liberté et « enferme » le despote dans son inconséquence. L'auteur des lettres sur l'histoire des Troglodytes (lettres 11 à 14 ; tableau d'une république idéale) ne peut qu'être touché durement par les proclamations posthumes de sa favorite : « J'ai réformé tes lois sur celles de la nature. »

Ce roman est donc essentiellement philosophique. Trois des sujets chers aux esprits du XVIIIe siècle — le bonheur, la liberté, la vertu — sont envisagés ici, par le biais des observations ironiques des voyageurs. Les contradictions du protagoniste, au dénouement, s'ajoutent donc aux critiques précédentes pour montrer **la difficulté de réaliser l'idéal proposé aux hommes.**

Idéal que le livre essaie cependant de construire : par le voyage, qui élargit l'expérience et oblige à considérer l'ensemble de la terre ; par l'attention aux modèles anciens également, à travers les textes qui racontent l'histoire du monde. Les *Lettres persanes* expriment un besoin de réformes et leur propos est, déjà, encyclopédique.

BIBLIOGRAPHIE

Éditions

MONTESQUIEU, *Œuvres complètes,* t. I, Éd. Roger CAILLOIS. Gallimard (bibl. de la Pléiade), 1951.

Les Lettres persanes, Éd. Paul VERNIÈRE. Garnier, 1960. — Éd. Jean STAROBINSKI. Gallimard (coll. « Folio »), 1981.

Étude

Jean STAROBINSKI, *Montesquieu par lui-même.* Le Seuil, 1953.

2. Voltaire et le conte philosophique

Les *Contes* (26 au total, en tenant compte de l'édition posthume) ne sont pas tous également célèbres ; mais ils tiennent certainement la première place dans l'idée qu'un lecteur moderne se fait de l'œuvre de **Voltaire.** Sans doute est-ce parce qu'ils en présentent l'aspect le plus séduisant : la polémique ou la propagande semblent marquer ici le pas derrière l'apparent désir de distraire. Le genre est inventé sans intention définie, pendant l'époque de Cirey, comme s'il répondait à une tendance naturelle de l'auteur.

1 Un parcours intellectuel

De fait, le schéma des *Contes* de Voltaire, toujours le même, reprend celui qui fait le charme des ouvrages précédents : un jeune homme se lance dans la vie, voyage à la recherche de la connaissance, et acquiert une expérience qui le conduit à adopter une certaine philosophie. De même que Charles XII dans *Histoire de Charles XII* ou le narrateur des *Lettres anglaises* (voir pp. 29-30), les héros des *Contes* ne sont pas vraiment des personnages romanesques, puisque leur temps est entièrement occupé par **des aventures intellectuelles :** il n'est jamais une durée vécue, au cours de laquelle des relations psychologiques pourraient se développer ; il est étale, sert uniquement à faire défiler les anecdotes, juxtaposées sans souci de vraisemblance. L'espace également n'est qu'un prétexte, même si les *Contes* aiment nous entraîner dans des pays exotiques : étrangers au monde qu'ils traversent sans s'attarder, les héros cherchent seulement à apprendre à vivre.

La succession des chapitres ne suit donc pas un ordre aléatoire. Ces récits brefs sont structurés de façon à mettre en relief ce qui en fait l'unité : **la réponse que le philosophe,** par l'intermédiaire d'un sage, ermite ou derviche, **apporte à ses inquiétudes.** Ainsi *Zadig* répond à la question : « Sommes-nous régis par la destinée ? » ; *Candide,* à une autre, plus grave : « Convient-il, envers et contre tout, d'être optimiste ? »

2 Les *Contes*

Micromégas *(1752)*

Le premier conte, *Micromégas* (publié en 1752), est écrit vers 1739, à Cirey, pendant l'époque heureuse où Voltaire s'enchante des méthodes et des découvertes scientifiques (astronomiques, en particulier) auxquelles il s'initie, aidé par Madame du Châtelet. En faisant voyager un habitant de Sirius, Micromégas (« petit-grand »), et un Saturnien « de planète en planète », jusqu'à la Terre où ils découvrent les « mites humaines » (leçon de relativisme) et leurs discussions sur la nature de l'âme ou de la matière, l'auteur se distrait de la rédaction d'exposés austères : le *Traité de Métaphysique* et les *Éléments de la philosophie de Newton.* De plus, *Micromégas* lui donne l'occasion de tirer, de ces écrits contemporains, des conséquences rassurantes : **s'il sait se contenter de la place modeste que lui a assignée Dieu,** « l'origine de tous les autres êtres », **l'homme peut s'aménager une vie heureuse.**

Zadig *(1748)*

Il n'est pourtant pas si facile d'être heureux. Dès que Zadig (héros du conte publié en 1748) « se met à la fenêtre », éprouve sa liberté et manifeste sa sagesse, il ne connaît qu'expériences désastreuses. Envisagé dans son ensemble, *Zadig* est cependant loin de prôner le désespoir. **La Providence pourvoit à l'harmonie universelle,** comme le révèle l'ange Jesrad : « Il n'y a point de mal dont il ne naisse un bien. » L'existence des justes équilibre celle des méchants, et ils ne traversent des épreuves que pour être finalement récompensés. *Zadig* vérifie la pensée de Leibniz et est une contre-épreuve opposée au fatalisme inébranlable de Frédéric II. Voltaire s'obstine à s'affirmer optimiste et prône une sagesse pratique : **à chacun selon ses mérites.**

Leibniz (1646-1716) concilie, dans les *Essais de Théodicée* (1710), l'existence du mal avec l'existence de Dieu. Sa pensée peut être résumée par la phrase célèbre : « Tout est pour le mieux dans le meilleur des mondes possibles. »

Candide *(1759)*

Écrit à une époque de trouble, dans une Europe en guerre, *Candide* (1759) est l'expression d'un désarroi beaucoup plus profond. Voltaire semble ne plus savoir comment concilier **« le scandale du mal »,** non seulement dans la vie d'un homme, mais dans le monde, avec l'exercice d'une philosophie, quelle qu'elle soit. D'où l'exagération continuelle, la charge féroce livrée contre les calamités sociales (guerre, fanatisme, esclavage) ou naturelles (tempêtes, tremblement de terre). L'optimisme leibnizien, cette « philosophie cruelle sous un nom consolant » dont le maître de Candide, Pangloss, est le porte-parole, est insuffisant, comme est insuffisante la tentation d'un pessimisme radical.

Dans la seconde partie du conte, les héros sont donc livrés à eux-mêmes. Bien qu'il ait constaté les défauts humains, Candide décide de quitter le paradis de l'Eldorado pour rentrer en Europe, où sa

Illustration pour *Candide*. Gravure de J.M. Moreau le Jeune, XVIIIe s.

rencontre avec un « derviche fameux » lui suggère **un idéal à la mesure de l'homme,** une installation aux antipodes aussi bien de la recherche philosophique illusoire que de la jouissance inutile (dans l'eden décrit au chapitre 18) : « Il faut cultiver notre jardin », c'est-à-dire nous livrer à une activité qui rende « la vie supportable », utile.

L'Ingénu *(1767)*

Si, dans *Candide,* les mots « philosophe » et « philosophie » étaient constamment minés par le travail de l'ironie, en revanche, quelques années plus tard, *L'Ingénu* (1767) se présente comme l'histoire plus positive d'un développement, d'**une éducation à la fois sentimentale** (Voltaire annexant cette fois au récit philosophique la forme du « roman sentimental ») **et intellectuelle.** Le sujet de ce conte est l'acculturation d'un jeune Huron ignorant, à travers les épreuves de la guerre, de l'amour et de la séparation, de l'emprisonnement enfin (le personnage accomplit en effet l'essentiel de sa formation intellectuelle quand il est enfermé à la Bastille). Au dénouement notoirement décevant de *Candide* (« le meilleur des mondes » est réduit à un jardin, à des personnages dégradés), on opposera la transformation finale de l'Ingénu, devenu guerrier et « philosophe intrépide » au service de la France.

3 Plaisir du conte

Un rythme propre

Il est probable que le plaisir du conte voltairien tient d'abord à **sa vivacité et à son rythme propres :** « Il faut être court et un peu salé, sans quoi les ministres et Mme de Pompadour, les commis et les femmes de chambre font des papillotes du livre.[1] » Loin des lenteurs et des retards du roman sentimental à la Richardson (que Voltaire n'apprécie guère), un conte comme *Candide* donne à lire une aventure où les personnages ne connaissent pas de répit, et où les épisodes s'enchaînent selon le principe du roman picaresque. L'espace, à l'image du monde des Lumières, est ouvert, et les lieux se succèdent sans valeur propre. Le temps aussi s'écoule, les moments s'additionnent, les blessures guérissent sans d'ailleurs qu'il se crée une durée réelle ou que se manifeste une Providence. Cette allure propre du récit empêche précisément les personnages de s'attendrir (le duo amoureux est impossible), et de s'apitoyer sur leurs malheurs ou sur les innombrables démentis infligés à la doctrine de l'optimisme. Le plaisir du texte, sa « gaîté infernale » (Mme de Staël) font s'évaporer tout ce que le référent (non seulement l'univers du conte, mais aussi le monde en 1759) aurait d'insupportable. De façon ironique, la guerre dans *Candide* se trouvera donc esthétisée, transformée en « boucherie héroïque » (chap. III). De même, dans le récit que Cunégonde fait de la destruction de Thunder-ten-tronckh, l'horreur (égorgements, viol) s'évanouit, comme si le discours entretenait un rapport léger aux faits.

Un dire ironique

Il y a donc un dire ironique, identifiable à des phénomènes textuels précis. **L'antiphrase :** « le plus beau des châteaux » qui est une ruine ; le nom de Pangloss, littéralement « celui qui glose sur tout », et qui en fait ne sait rien : « ayant soutenu une fois que tout allait à merveille,

1. Voltaire, lettre au pasteur Moultou, 5 janvier 1763.

il le soutenait toujours, et n'en croyait rien » (chap. XXX). Ironiques aussi les **paralogismes** ou faux raisonnements de l'optimisme, toujours dans la bouche de Pangloss : « Plus il y a de malheurs particuliers, et plus tout est bien » (chap. IV). Il existe un **style ironique** qui consiste en un discours truqué. Ainsi, la description initiale du paradis de Thunder-ten-tronckh, alors qu'elle paraît collaborer à l'optimisme général, se trouve en fait minée par les phénomènes de surcharge, comme le poids de la baronne (« qui pesait environ trois cent cinquante livres ») ou par le décrochement burlesque final : Candide chassé du paradis « à grands coups de pied dans le derrière ». Ce style ironique, comme l'écriture à demi-mot, postule ainsi l'existence d'un lecteur en position de déchiffreur[1].

« Bête comme la vie »

L'ironie affecte aussi les personnages et la forme de l'intrigue. Les personnages, car leur inconscience prolongée autorise la distance ironique à leur égard. Ainsi, quand Candide et Cacambo quittent l'Eldorado (« les deux heureux résolurent de ne plus l'être », au chapitre XVIII), **lecteur et narrateur sont visiblement en avance sur les protagonistes aveugles.** Ironie de destinée enfin, dans la mesure où les personnages sont emportés par une aventure dont ils ne perçoivent pas le sens, et qui les mène d'un paradis initial à une banlieue de Constantinople ! **La quête n'est qu'un leurre et manque son objet.** Au bout du conte, il n'y a qu'une leçon de silence (« Que faut-il donc faire ? dit Pangloss. — Te taire, dit le derviche ») et qu'un objet de désir dévalorisé : « Cunégonde était, à la vérité, bien laide ; mais elle devint une excellente pâtissière. » Fin qui ne conclut pas, « bête comme la vie » selon le mot de Flaubert. Ici encore, Voltaire ne propose pas de signification toute faite ; au lecteur de conclure, s'il le peut.

1. « La finesse dans les ouvrages d'esprit, comme dans la conversation, consiste dans l'art de ne pas exprimer directement sa pensée, mais de la laisser aisément apercevoir : c'est une énigme dont les gens d'esprit devinent tout d'un coup le mot. »

Une écriture spirituelle

Fondée sur le plaisir de l'écrivain et du lecteur, et sur leur collaboration, l'écriture spirituelle (sous toutes ses formes : humour, écriture à demi-mot, ironie, dérision) est à sa place dans le conte philosophique. Non seulement parce qu'elle désigne des engagements précis, contre la « boucherie héroïque » par exemple, mais aussi parce qu'en faisant jouer le texte, **elle conteste les idéologies toutes faites, les maîtres à penser** (Pangloss et ses homologues, incapables d'ironie d'ailleurs) et tous les soi-disants du pouvoir, du savoir, de la religion, de la civilisation, etc. Ce faisant, à travers sa séduction propre, l'écriture spirituelle place le lecteur en position de responsabilité de sens.

BIBLIOGRAPHIE

Éditions

VOLTAIRE, *Romans et contes,* Éd. Frédéric DELOFFRE et Jacques VAN DEN HEUVEL. Gallimard (bibl. de la Pléiade), 1979.

Études

Jacques VAN DEN HEÜVEL, *Voltaire dans ses contes.* A. Colin, 1968.

Raymond NAVES, *Voltaire, l'homme et l'œuvre.* Hatier, 1969.

3. Jean-Jacques Rousseau

1

La Nouvelle Héloïse (1761)

Rousseau commence, dès 1756, dans la retraite de Montmorency (à l'Ermitage, chez Mme d'Épinay, puis à Montlouis), la rédaction de *Julie ou la Nouvelle Héloïse* [...], qui ne sera publiée qu'en 1761. Ce long roman se présente comme un recueil de lettres, forme qui s'est très vite imposée à l'auteur et qui permet une grande souplesse dans la composition.

Cette forme n'est pas neuve en 1761. On peut citer *Les Lettres d'une Péruvienne* (1747) de **Mme de Graffigny ;** dans les années précédant immédiatement *La Nouvelle Héloïse*, les œuvres de **Mme Riccoboni,** qui toutes dépeignent la difficile recherche du bonheur ; plus anciennes, mais connaissant un grand succès depuis leur publication en 1669, *Les Lettres portugaises ;* enfin la correspondance échangée entre **Abélard et la véritable Héloïse** au XIIe siècle.

L'immense succès de son œuvre n'empêcha pas Rousseau de chercher à justifier son passage de la philosophie au roman (voir la *Seconde Préface* ou *Entretien sur les romans*) : ce livre est utile, puisque, loin d'être le domaine de l'artifice, il n'offre au lecteur que l'expression directe et naturelle de sentiments réellement éprouvés. De plus, composé en même temps que l'*Émile* et *Du Contrat social,* il expose toute une conception de la vie, mise en pratique par des êtres sensibles et qui se veulent vertueux. **Se répondent ainsi les exigences de la morale et celles de la société,** le combat intérieur que s'imposent Julie et Saint-Preux et l'état des mœurs au milieu du XVIIIe siècle.

Ire partie : à Clarens, petite ville au pied des Alpes, Julie d'Étange et Saint-Preux, son précepteur, éprouvent un amour partagé mais impossible, le baron d'Étange ne voulant pas consentir au mariage des deux jeunes gens. Milord Edouard part avec son ami Saint-Preux.

IIe partie : à Paris, Saint-Preux est désespéré. Julie l'exhorte à la vertu et refuse la tentation d'aller vivre avec lui en Angleterre. La correspondance des deux amants est découverte par la mère de Julie.

IIIe partie : mort de Mme d'Étange, et remords de Julie. Claire, devenue Mme d'Orbe, incite Saint-Preux à renoncer à sa cousine, laquelle se résout à épouser M. de Wolmar selon la volonté de son père. Après avoir songé au suicide, Saint-Preux accepte de partir faire le tour du monde.

IVe partie : plusieurs années après, Saint-Preux annonce son retour. Invité par M. de Wolmar, il découvre la vie à Clarens et la décrit à lord Edouard. Promenade sur le lac en compagnie de Julie ; malgré les souvenirs évoqués et la passion toujours vivace, la vertu triomphe.

Ve partie : vie à Clarens, où Claire devenue veuve s'est également installée. Administration du domaine, éducation des enfants ; bonheur paisible.

VIe partie : Julie voudrait marier Claire à Saint-Preux. Description de son bonheur dans la dévotion. Elle sauve un de ses enfants qui se noyait, mais tombe malade à son tour. M. de Wolmar fait à Saint-Preux le récit de la mort de sa femme et lui envoie la lettre qu'elle lui destinait, où elle lui indique la voie à suivre. Saint-Preux s'abandonne au désespoir.

Le livre IX des *Confessions* (rédigé en 1769) rend compte de l'exaltation heureuse ressentie par Rousseau à l'Ermitage et qui l'a mené à la création de personnages « tendres », liés par l'amitié ou l'amour, et à la rédaction de lettres qu'il faudra ensuite « coudre » pour construire un roman. **La composition** en est simple : six parties, séparées, au centre du livre, par l'annonce d'un événement important, le mariage de Julie et sa conversion à la seule vertu (IIIe partie, lettre 18). La construction symétrique et la reprise de situations comparables mettent en relief la conversion morale des deux amants : ainsi, Julie, qui se jugeait coupable de la mort de sa mère dans la 3e partie, sauve son fils à la fin du livre. Ce système d'échos événementiels donne au roman une armature solide, mais non rigide.

Souplesse du genre épistolaire

Si le romancier est le maître d'œuvre, si c'est lui qui organise le récit, décide de l'ordre d'intervention des correspondants et donne une tonalité sombre à l'ensemble (en achevant, par exemple, chaque partie par l'annonce d'un malheur ou par des adieux), il s'éclipse derrière ses personnages et laisse le champ libre à **la variété de leurs voix.** Julie et Saint-Preux sont au centre, mais, au duo des premiers livres, où ils se révèlent sans témoin l'un à l'autre, succède une « symphonie » quand l'amour clandestin est devenu le bonheur partagé par tout le groupe de Clarens. Simultanément, la perspective s'élargit : contraint d'imaginer le vécu à partir des sentiments éprouvés par un seul personnage, le lecteur a ensuite accès à des descriptions variées et parfois à plusieurs versions d'un même événement. L'unité du roman est cependant préservée car, jusqu'au dénouement, tous les correspondants privilégient **le temps intérieur.** Le moment de l'écriture, jamais daté, mêle le présent au passé sans souci de la chronologie.

Passion et vertu

« C'est un fatal présent du ciel qu'une âme sensible ! » : *La Nouvelle Héloïse* est avant tout l'exaltation d'une passion douloureuse, inguérissable — comme le révèle la lettre écrite par Julie avant de mourir —, que seuls des êtres d'exception peuvent éprouver. Elle n'est pour ainsi dire jamais vécue directement, mais décrite, condamnée à se nourrir, en l'absence de l'autre, d'espoir ou de souvenirs. Saint-Preux en arrive même à consacrer une lettre (I, l.54), non pas à un moment de bonheur réel, mais à l'attente qui l'a précédé, dans le boudoir de Julie. Cet amour, impossible sur terre, vivra éternellement dans l'au-delà ; au contraire, l'amour paisible que Julie connaît auprès de son mari laisse le cœur de Mme de Wolmar vide, il « l'ennuie ».

Passion et vertu sont deux forces inconciliables, du moins sur terre, et qui déchirent intérieurement les amants. D'où l'image de plus en plus obsédante de la mort vers laquelle Julie entraîne Saint-Preux dans ses deux dernières lettres.

Il n'y a pas de rupture entre *La Nouvelle Héloïse* et les romans de Marivaux, de Prévost ou de Richardson. Mais Rousseau exprime davantage toute la sensibilité de l'époque (goût de la nature, importance du sentiment, conflits de la passion et de la vertu). Son influence s'exerce rapidement hors de France ; tout d'abord en Allemagne dès 1774 avec *Les Souffrances du jeune Werther,* le premier roman de Goethe (traduit en 1776), puis les nouvelles de Kleist. Tous les romantiques le liront, en particulier Byron, en Angleterre. En France, on peut compter, parmi ses « disciples », Chateaubriand (*René* en 1802), Benjamin Constant (*Adolphe* en 1816) et Senancour (*Oberman* en 1804).

Un modèle de vie

L'univers du roman n'est cependant pas circonscrit au domaine sentimental. Dans la seconde et la quatrième partie, Saint-Preux voyage et découvre la vie dans de grandes villes comme Paris ou Rome. Paradoxalement, c'est son séjour à Clarens qui lui offre le plus d'occasions de descriptions : l'exploitation des richesses naturelles, le tableau des mœurs patriarcales et pures dont les maîtres donnent l'exemple, la simplicité des manières, l'éducation raisonnée des enfants opposent la campagne à la ville, l'honnêteté à la corruption.

Toutes les idées développées dans les autres écrits de Rousseau trouvent leur place ici, adaptées aux exigences romanesques. Si *La Nouvelle Héloïse* est un long roman, c'est qu'elle représente la somme de la sensibilité et des théories de son auteur.

La sensibilité au XVIIIe siècle

Lié à « l'homme sensible », ce maître-mot du XVIIIe siècle ouvre en fait le double champ du physique et du moral, ce qui ne facilite pas sa définition.

La sensibilité de l'époque reflète **les principes de la psychologie de Locke** et du sensualisme de Condillac. Retenant du premier que la vie est inquiétude, la société désabusée développe, pour fuir l'ennui « un code pour le bon usage de la sensibilité » (Robert Mauzi et Sylvain Menant) dont le plaisir mondain — mélange d'artifice et d'intellect — est sans doute le prototype. A partir du milieu du siècle, **le sensualisme de Condillac** théorise le lien de la sensibilité à la sensation et au corps : significativement, l'article « Sensibilité » de *L'Encyclopédie* est entièrement écrit en termes de physiologie. Mais par ailleurs, le sensualisme, en tant qu'il se fonde sur l'élan de la vie, contribue à élargir les domaines de la sensibilité. Le cœur reprend ses droits car « les sensations ne sont que ce que le cœur les fait être » (Rousseau, *La Nouvelle Héloïse*), la nature aussi comme en témoignent la mode des jardins et le goût pour l'idylle. **L'époque est à « l'apologie des passions »** (Diderot), pour le bonheur et pour le malheur de l'individu. Saint-Preux peut s'écrier : « C'est un fatal présent du ciel qu'une âme sensible ! »

Cependant, **l'âme sensible** qui poursuit un idéal de bonheur et d'équilibre hésite entre l'expansion et le repli sur soi, entre le mouvement et l'immobilité. Elle **tend donc à se défier du trouble des passions et de l'imagination.** A l'opposé d'un certain sentimentalisme (Senancour à la fin du siècle s'élève contre la « sentimanie »), « l'âme sensible doit retrouver la félicité simple et forte de l'équilibre organique. (...) La « sensibilité » pourrait être définie comme l'instinct ou l'art des relations immédiates entre l'âme et les sens »[1].

1. *Robert* MAUZI, L'Idée du Bonheur au XVIIIe siècle. *A. Colin, 1960.*

2

Les textes autobiographiques

Rousseau a longuement mûri le dessein de raconter sa vie. Ce projet n'aboutit que stimulé par la croyance quasi délirante en un complot et par le besoin de se justifier aux yeux de la postérité. Inlassablement occupé à se dépeindre, à analyser et à expliquer la continuité de son être, il donne, dans les quinze dernières années de sa vie, **une importance nouvelle à l'autobiographie :** ni portrait statique (genre fréquemment illustré au XVIIe siècle), ni aveu fait à Dieu des fautes commises (comme chez saint Augustin), ni tableau incomplet, « de profil » (ce que sont les *Essais* de Montaigne).

Lettres à M. de Malesherbes

Dans les *Lettres à M. de Malesherbes*, directeur de la Librairie, Rousseau tente pour la première fois de rendre compte de ses contradictions et de justifier sa retraite dans la solitude (il se trouve à ce moment à Montmorency). L'accent est déjà mis, dans cette esquisse de l'autobiographie à venir, sur **l'homme naturellement bon lorsqu'il est éloigné de la société.** Déjà aussi, l'introspection découvre son sens : retrouver par l'écriture un équivalent du bonheur « senti ».

Les Confessions *(posth. 1782-1789)*

La Ire partie des *Confessions* (livres I-VI) a été rédigée de 1765 à 1767, après une longue période de préparation (1757-1765) pendant laquelle Rousseau rassemble souvenirs et documents concernant ses trente premières années.

La 2e partie (livres VII-XII), écrite en quelques mois en 1769-1770, est consacrée à une époque plus récente, de 1741 à 1765.

Comment se raconter ? A plusieurs reprises, tout en proclamant la légitimité de son dessein, Rousseau rend manifeste **l'ambiguïté d'une œuvre autobiographique :** il veut « tout dire ». Mais faire revivre tout le passé semble impossible, ne serait-ce que parce que la mémoire n'est pas infaillible et que l'auteur déclare choisir, parmi ses souvenirs, les plus représentatifs. Le rappel des faits n'est donc pas l'essentiel, mais bien plutôt celui des sentiments éprouvés qui restent inaltérables : « Je ne puis me tromper sur ce que j'ai senti » (début du livre VII). La sincérité est donc contemporaine de l'écriture ; elle consiste surtout à trouver le langage qui permettra de parvenir à la transparence.

Plus profondément, il s'agit de relater un destin exemplaire, de **reconstruire l'histoire d'un être unique,** faite d'erreurs, d'échecs et de malheurs mais qui est en réalité celle **d'une victime,** dont le seul but est le retour à l'état naturel. C'est pourquoi Rousseau en appelle au jugement de la postérité, dans le *Préambule* de l'édition posthume.

Le retour aux origines, à l'enfance, au début de l'autobiographie, est significatif. On peut voir dans le livre I un « microcosme » de l'ensemble[1]. Y est à l'œuvre un double mythe contradictoire, celui de la dégradation de l'humanité (depuis l'âge d'or des origines), à laquelle Jean-Jacques participe mais dont il se sauve, car lui seul est dépositaire de la bonté naturelle. La dernière étape dans la chute progressive est aussi celle de la « remontée » du héros (qui quitte Genève et abandonne son apprentissage), de son retour également au monde de l'imaginaire. Le lecteur qu'il a été, dès ses premières années, va pouvoir devenir créateur, écrivain.

1. *Voir Philippe* L*EJEUNE,* Le Pacte autobiographique. *Le Seuil, 1975.*

Les Confessions : une entreprise vitale

Le bonheur est perdu, le passé est loin et le présent persécute. Ici apparaît la nouveauté du projet de Rousseau : c'est l'entrée en scène du « je » comme sujet unique. Mais le souvenir suit la mémoire du cœur, le récit s'infléchit sous l'interprétation affective, et le fait se voit révoqué par le sentiment qui l'altère.

Est obtenu un présent unique d'écriture, où la distance du passé n'est plus sentie, et où l'instant est arraché à l'éphémère. Ici la littérature devient une entreprise vitale ; l'acte d'écrire n'est plus le rappel de l'existence passée mais l'aventure nouvelle à travers laquelle se forme le moi dans sa singularité : « Et cet homme ce sera moi. Moi seul. » Car cet homme, qui dit qu'il se décrit, n'existe pas en dehors du mouvement dans lequel il se dit et ne peut donc que s'écrire : là se retrouve le bonheur perdu dans le sentiment d'existence et la jouissance d'être soi, uniquement soi en se constituant comme tel.

Les Dialogues *(posth. 1780-1782) et* Les Rêveries du promeneur solitaire *(posth. 1782)*

Déçu par l'accueil froid réservé aux *Confessions* (les lectures qu'il en fit dans certains salons furent rapidement interdites), Rousseau croit de plus en plus à l'existence d'un complot et rédige, de 1772 à 1776, trois longs dialogues, *Rousseau juge de Jean-Jacques,* où interminablement il tente de prouver son innocence, se dédoublant pour mieux plaider sa cause. Le **désir de justification** semble entretenir le besoin d'introspection qui est sans fin : le « Que suis-je moi-même ? », au début de la première *Rêverie,* prend ainsi le relais des *Confessions,* comme si cette construction globale n'avait pas suffi.

Pendant ses deux dernières années, Rousseau recherche la solitude dans les environs de Paris et écrit, pour lui-même, *Les Rêveries.* Ces dix textes sont des **évocations de moments heureux,** des descriptions de sentiments éprouvés dans la nature, parfois des méditations qui annoncent le lyrisme romantique. Leur nouveauté réside également dans **la liberté de l'écriture,** dans le refus d'une forme attendue et l'absence de construction. Toute cette démarche autobiographique est donc caractérisée par l'inachèvement et la concentration. « L'histoire de sa vie » devient « rêverie », au confluent de la méditation, de l'extase et du rêve.

3 Les styles de Rousseau et les visages de l'œuvre

La diversité des visages de Rousseau rend quasiment impossible une approche stylistique unitaire de son œuvre. Le discours, on l'a vu[1], est une pente naturelle de l'œuvre ; même dans ***La Nouvelle Héloïse,*** les amants se comportent plus d'une fois en rhéteurs, dans leurs lettres. Il n'en est pas moins vrai qu'on lit d'abord ce texte comme **le chef-d'œuvre de la littérature sensible.**

Roman du sentiment et de la nature

Roman du sentiment et de la nature, par les décors de l'amour et des souvenirs d'amour : le lac, le jardin, la montagne sont **autant de lieux où se projette le moi des personnages.** Ainsi le paysage alpestre, en même temps qu'il élève Saint-Preux, le ramène à lui-même et à celle qu'il aime : « O ma Julie, disais-je avec attendrissement, que ne puis-je

1. *Voir p. 57, l'éloquence de Rousseau.*

couler mes jours avec toi dans ces lieux ignorés, heureux de notre bonheur et non du regard des hommes ! » (Ire Partie, lettre 23).

Roman de la passion

Roman de la passion aussi dans la mesure où s'exprime (conformément à une des tendances de la sensibilité de l'époque), la totalité de l'être moral et physique. **L'amant est un possédé, un être lyrique par définition,** à qui la conscience du malheur — ou du bonheur perdu — arrache des accents tragiques, tel Saint-Preux lorsqu'il reçoit la lettre de séparation de Julie : « Est-il donc vrai que j'ai goûté la félicité suprême ? Suis-je bien le même être qui fut heureux un jour ? » (IIIe partie, lettre 6, à Mme d'Orbe).

Le Premier Baiser de l'Amour. Gravure d'après J.M. Moreau le Jeune, 1773.

Le bonheur d'écrire

L'écriture autobiographique des *Confessions* n'est pas si éloignée qu'il y paraît de celle du grand roman sensible. Elle procède d'un authentique besoin d'écrire, comme le lyrisme de *La Nouvelle Héloïse* était issu du plus profond des besoins affectifs de l'écrivain. Ressaisir l'identité et la permanence de l'être à travers ses métamorphoses dans le temps, c'est le sens du projet autobiographique. Recréer, à des fins de connaissance, le passé par l'écriture, telle est sa véritable dimension poétique : **non seulement le besoin d'écrire, mais le bonheur d'écrire.** Les six premiers livres des *Confessions* se donnent à lire comme des poèmes du souvenir. L'autobiographie sert aussi à dater le bonheur, à prolonger sur le mode de la reviviscence les moments inauguraux, comme l'arrivée aux Charmettes : « Ici commence le court bonheur de ma vie ; ici viennent les paisibles mais rapides moments qui m'ont donné le droit de dire que j'ai vécu » (Livre VI)[1].

« Un long murmure intime »

Ce rassemblement de l'être dans le temps auquel aspire l'écriture autobiographique est devenu la principale raison d'être des ***Rêveries du promeneur solitaire.*** L'âme établit sa demeure habituelle dans le passé, qui se résout en poésie. **Le monologue ressemble à un « long murmure intime »** (Jean-Louis Lecercle). La phrase est ample, la syntaxe allégée, les pauses rares et peu marquées, son rythme régulier, comme dans ces moments de grâce où l'âme retrouve, soustrait au temps, le sentiment pur de l'existence. La rêverie au bord du lac de Bienne est un de ces moments de pur lyrisme : « Le flux et le reflux de cette eau, son bruit continu, mais renflé par intervalles, frappant sans relâche mon oreille et mes yeux, suppléaient aux mouvements internes que la rêverie éteignait en moi, et suffisaient pour me faire sentir avec plaisir mon existence, sans prendre la peine de penser » (Cinquième Promenade).

Rousseau anticipait ainsi le rêve baudelairien, « le miracle d'une prose poétique, musicale sans rythme et sans rime, assez souple et assez heurtée pour s'adapter aux mouvements lyriques de l'âme, aux ondulations de la rêverie, aux soubresauts de la conscience »[2].

Rousseau est considéré, avec saint Augustin, comme le fondateur d'un genre. Un des premiers en effet, il en a proclamé la légitimité pour l'écrivain et l'intérêt pour le lecteur. En même temps, il mène à une conception moderne de la littérature dans laquelle **l'auteur et les problèmes de l'écriture ont une place centrale.** En ce sens, Rousseau annonce Proust ou Joyce.

Il est un des premiers également à avoir découpé son œuvre en deux versants, en apparence très dissemblables. Le versant autobiographique reflète pourtant l'autre ; leurs structures sont analogues et ils ne peuvent être séparés. A ce point de vue, Michel Leiris ou Sartre sont dans la lignée de Rousseau.

1. Le malheur aussi a son commencement : « Ici commence l'œuvre de ténèbres dans lequel depuis huit ans je me trouve enseveli,... » (Début du Livre XII).

2. BAUDELAIRE, « Lettre à A. Houssaye » dans Petits Poèmes en prose. *Poésie/Gallimard.*

BIBLIOGRAPHIE

Éditions

ROUSSEAU, *Œuvres complètes,* t. I et II, Éd. Bernard GAGNEBIN et Marcel RAYMOND. Gallimard (bibl. de la Pléiade), 1961.

Œuvres complètes, t. I, Éd. Michel LAUNAY. Le Seuil (coll. « L'Intégrale »), 1967.

La Nouvelle Héloïse, Éd. René POMEAU. Garnier, 1960. — Éd. Michel LAUNAY. Garnier-Flammarion, 1967.

Les Confessions, Éd. Jacques VOISINE. Garnier, 1954.

Les Rêveries, Éd. Henri RODDIER. Garnier, 1950.

Études

Georges MAY, *Rousseau par lui-même.* Le Seuil, 1961.

Jean-Louis LECERCLE, *Rousseau et l'art du roman.* A. Colin, 1969.

Jean STAROBINSKI, *J.-J. Rousseau, la Transparence et l'Obstacle.* Gallimard (coll. « Tel »), 1971.

- **Sur le roman épistolaire :**

Laurent VERSINI, *Le Roman épistolaire.* P.U.F., 1979.

4. Diderot romancier

Dans les années soixante, l'activité artistique prend de l'importance pour le philosophe. Le but que **Diderot** assigne alors à l'écrivain ou au peintre est de montrer « la vérité de la nature », d'être « historien et poète ». C'est ce qu'il a tenté de faire lui-même au théâtre, ce qu'il admire dans les romans de Richardson et dans les tableaux de Greuze ou de Chardin. Dans ses tentatives romanesques, guidées elles aussi par **la recherche du naturel,** il ne s'encombre pas de théorie littéraire : si *La Religieuse* peut être classée dans les mémoires, *Le Neveu de Rameau* et *Jacques le Fataliste* relèvent de genres divers et leurs qualités scéniques en ont même permis l'adaptation théâtrale. Par leur « réalisme dynamique », ces œuvres annoncent le roman moderne.

	Rédaction	**Édition**
La Religieuse	**1760-1781**	posth., **1796.**
Le Neveu de Rameau	**1762-1777**	posth., **1805 ;** traduction de Goethe ; **1821,** en français. **1891,** éd. fondée sur un nouveau manuscrit
Jacques le Fataliste	**1765-1773**	**1778-1780,** dans *La Correspondance littéraire ;* posth., **1796.**

1

Le Neveu de Rameau (réd. 1762-1777)

Commencée en 1762, la rédaction de ce dialogue durera jusqu'en 1777, si l'on en juge d'après les allusions qui y sont faites à l'actualité. Le texte ne sera connu que plus tard, pour la première fois en allemand, dans la traduction de Goethe en 1805. Une version française en sera donnée en 1821, avant l'édition de 1891, fondée sur la découverte d'un nouveau manuscrit, autographe.

Une œuvre complexe

Le Neveu de Rameau est présenté comme une satire (proprement « mélange »), c'est-à-dire qu'il faut y voir un ensemble de propos sur différents sujets, en même temps qu'une réponse à la polémique engagée par Palissot et Fréron.

Diderot a écrit trois satires. La première est intitulée *Sur les caractères et les mots de caractère, de profession,* etc. ; la seconde est le *Paradoxe sur le comédien.* Toutes les trois datent de la même époque.

Dans cet ouvrage complexe qui oppose deux voix (LUI, le musicien raté, neveu de Rameau ; MOI, le philosophe), Goethe a discerné le premier « une chaîne invisible ». En effet, **la relation qui s'établit entre les « personnages » rythme l'ensemble.** Dans un premier temps, la supériorité du philosophe semble assurée, puis il est « troublé », pris entre « l'envie de rire » et le « transport de l'indignation », et le musicien prend le dessus ; mais, épuisé, ce dernier redevient « le pauvre diable » du début, tandis que le philosophe l'emporte.

Les pantomimes et les passages narrés

Une quinzaine de **pantomimes** scandent également la progression du dialogue. Elles sont, en effet, **le moyen d'expression privilégié de Rameau** (musicien, mais aussi comédien), qui parvient à l'imposer au cœur du livre : « Les airs d'Opéra » représentent un spectacle parfait et gratuit, car extérieur aux propos. Après ce sommet, les pantomimes du Neveu sont au contraire intégrées à la conversation, elles lui tiennent lieu de réponses, et permettent à Moi, le philosophe, de se reprendre et de le juger : « Vous continuerez de danser la vile pantomime. »

Les passages narrés reviennent tout naturellement à Moi : ce sont des commentaires, des réflexions sur les sentiments provoqués en lui par l'attitude du musicien. Le portrait du début est l'exemple le plus développé de ces haltes pendant lesquelles le philosophe marque son étonnement devant un tel « composé de hauteur et de bassesse ». Il y a là en effet une contradiction profonde, qui va devenir un des thèmes essentiels du livre.

Un débat ouvert

Convient-il de lier l'art et la morale ? Tel est en effet l'objet essentiel de la controverse. Placé devant un cas extrême, « un original », le philosophe se doit de parvenir à résoudre le problème.

L'échec artistique de Rameau (il n'a « rien fait qui vaille ») semble s'expliquer aisément. Il est dû à la fois à sa « folie », à son excès de sensibilité qui lui interdit d'être un véritable créateur, et à son « avilissement », à la dégradation de son talent dans les contrefaçons que sont toutes les dernières pantomimes, en particulier celle « des gueux » ou du « grand branle de la terre ».

On retrouve ici l'optique du *Paradoxe :* **le véritable comédien est un créateur. Il ne peut l'être qu'en étant insensible** et donc « en jouant de tête ». D'autre part, il doit révéler la nature humaine et développer le sentiment moral. Au contraire, Rameau est « saisi d'une aliénation d'esprit, d'un enthousiasme voisin de la folie ». Son succès ne peut donc être qu'éphémère, et ses pantomimes immorales achèvent de le condamner.

L'artiste ne peut donc être distingué de l'homme ; l'esthétique mène à s'interroger sur la morale. Car Rameau se révèle être le double produit de sa nature et de la société, qui n'a fait qu'encourager son immoralisme (« Si par hasard la vertu avait conduit à la fortune, ou j'aurais été vertueux, ou j'aurais simulé la vertu comme un autre »). Il suit la pente de son « organisation » ainsi que le déterminisme social, sans se laisser convaincre par l'exemple de Diogène. Cependant, si l'on découvre les limites de sa philosophie, Rameau perd de son assurance, et le système de vie par lequel il tente d'associer le génie et le vice se défait au dénouement.

Ainsi, plus qu'un dialogue entre deux adversaires, *Le Neveu de Rameau* est **l'expression d'un conflit entre deux tendances contradictoires :** l'une pousse Diderot à affirmer que « la poésie veut quelque chose d'énorme, de barbare et de sauvage », l'autre à ne pas vouloir sortir du moralisme. Un instant désorienté, le philosophe reprend ses distances, mais il laisse le dernier mot à Rameau : « Rira bien qui rira le dernier. »

Illustration pour
Le Neveu de Rameau.
Gravure de H.J. Dubouchet,
pour l'éd. de 1875.

2

Jacques le Fataliste (réd. 1765-1773)

Publié en 1796, *Jacques le Fataliste* a été découvert auparavant, en Allemagne en particulier, par les lecteurs de *La Correspondance littéraire* de Grimm, entre 1778 et 1780. Dès 1785, Schiller a donné la traduction d'un épisode, celui de Mme de La Pommeraye, un des nombreux récits dont l'œuvre semble être la juxtaposition... Diderot l'a commencée en 1765, après la lecture du *Tristram Shandy* de Sterne, et n'a cessé de la développer jusqu'en 1773.

Une somme romanesque

Jacques le Fataliste se présente comme une somme de toutes les formes romanesques traditionnelles. C'est avant tout **un roman picaresque** emporté par un mouvement endiablé et servi par une langue toujours pittoresque ; la durée en est subordonnée à la longueur du voyage (il s'achève au bout de huit jours), et aux propos tenus par les deux protagonistes. Ce genre permet d'évoquer les arrêts dans des auberges, les aventures et les rencontres, qui sont l'occasion elles-mêmes d'entendre le récit de nouvelles aventures.

C'est pourquoi **les personnages prolifèrent,** peints en mouvement, par leurs attitudes ou par quelques détails significatifs, à côté de Jacques et son Maître, couple picaresque inséparable, dont le dialogue forme la trame essentielle du roman, tandis que l'Auteur, par des commentaires et des réflexions, ne cesse d'interpeller le Lecteur.

Malgré ce désordre apparent, **le texte s'organise sur quatre plans essentiels :** les aventures ; le dialogue de Jacques et de son Maître (qui inclut le récit des amours de Jacques et les propos « philosophiques ») ; les autres récits ; le dialogue Auteur-Lecteur. Ces quatre plans progressent concurremment, et sont, de plus, étroitement imbriqués les uns dans les autres. Ainsi les récits secondaires sont souvent le reflet ou le complément de l'histoire de Jacques ; ainsi certains personnages ont plusieurs statuts (le marquis des Arcis figure à la fois comme voyageur, héros de l'épisode rapporté par l'hôtesse, puis narrateur). Par cette construction déroutante, *Jacques le Fataliste* s'oppose au roman traditionnel et demande au lecteur **un effort de déchiffrement.**

Un anti-roman

Il s'agit en effet de **révéler le mensonge romanesque.** C'est pourquoi Diderot joue avec toutes les facilités que le genre lui offre pour mieux s'en moquer et en faire ressortir les contradictions : alors que tout est en apparence possible, que l'imprévu règne, rien n'est pourtant gratuit, dans cet univers artificiellement composé par un romancier qui prend la place du destin. « Qu'il est facile de faire des contes ! », s'écrie l'Auteur.

Ce dernier ramène, d'autre part, à la réalité par ses interventions constantes, et **ruine ainsi la crédibilité de la fiction.** Diderot « se donne la volupté d'être romancier, et la gloire de ne l'être pas » (Robert Mauzi). Entraîné malgré lui dans le récit par le dialogue fictif qui l'oppose à l'Auteur, le lecteur est ainsi amené à s'interroger sur la signification du genre romanesque.

Mise en question des systèmes philosophiques

Le monde tel que le présente *Jacques le Fataliste* n'est qu'apparence et incohérence. Il n'est pas plus possible de formuler des jugements moraux sur les actes des hommes que des jugements objectifs sur les événements : Comment « dire la chose comme elle est » ? ; « cela n'arrive peut-être pas deux fois en un jour dans toute une grande ville ». Les obscurités du récit (qui était le Capitaine ? est-il mort ?) ont, de plus, pour fonction essentielle de montrer combien le destin est incertain et trompeur.

Une interprétation systématique ne peut donc être que contestable. Le leitmotiv, d'origine spinoziste — que Jacques tient du Capitaine — : « Tout est écrit là-haut sur le grand rouleau », est contredit par ses actes, qui répondent à des impulsions spontanées. Affirmer le déterminisme n'empêche donc pas de vivre, et c'est le Maître qui se comporte comme un automate. **L'expérience du réel dépasse aussi bien les hypothèses de l'esprit que l'art du romancier.**

3 Diderot : D comme dialogue

C'est une même structure qui anime *Le Neveu de Rameau* et *Jacques le Fataliste ;* l'un et l'autre se déploient en un long dialogue. Si Moi et Lui se partagent seuls le premier ouvrage, le second, en revanche, est habité de multiples voix, celles de Jacques et de son maître, celles des personnages qui appartiennent aux histoires enchâssées. La voix du narrateur elle-même, précédant et réglant ces dialogues, se trouve atteinte par la confrontation dialogique. La figure du lecteur, seulement amorcée dans *Le Neveu de Rameau* par la médiation du narrateur (« si vous le rencontrez jamais, et que son origine ne vous arrête pas, ou vous mettez vos doigts dans vos oreilles, ou vous vous enfuirez »), devient fondamentale dans *Jacques le Fataliste,* où elle intervient, même avant le narrateur, dans la question « Où allaient-ils ? »

Ainsi Diderot inscrit-il le dialogue dans son texte en l'ouvrant à la question de la lecture et du destinataire de la narration. Il s'ensuit une double mise en scène : d'abord, exhibition de l'illusion romanesque, ensuite et surtout, théâtralisation du roman. Ce dernier est-il dialogue de théâtre, dialogue philosophique, roman à conversations ? L'identification des genres ne se fait plus, puisque les limites sont remises en cause par une circulation constante.

Conversation qui ne se fixe pas, voix qui glissent les unes dans les autres, points de vue qui s'échangent, **le dialogue porte avec lui une réflexion sur l'identité.** En cela, Diderot répond aux intérêts d'un siècle qui, à l'inverse du précédent, plutôt que de tenter de rattacher la partie au tout, se préoccupe d'établir la différence de soi avec les autres. Mais là où Rousseau constitue son moi en ne parlant que de soi-même, Diderot le fait en parlant avec autrui ; le moi s'établit alors dans la différence avec l'autre et s'éprouve dans un mouvement permanent. Se fait jour, là, une conception de l'identité, de l'unique constamment mobile, de l'être divers en lui-même : « Rien ne dissemble plus de lui que lui-même » *(Le Neveu de Rameau).* Cette conception, qui se cherche tout au long du siècle, trouve sans doute chez Diderot son expression la plus nette et la plus consciente.

BIBLIOGRAPHIE

Éditions

DIDEROT, *Œuvres,* Éd. André BILLY. Gallimard (bibl. de la Pléiade), 1969.

Œuvres romanesques, Éd. Henri BÉNAC. Garnier, 1951 (revue 1981).

Le Neveu de Rameau, Éd. Jean FABRE. Genève, Droz, 1950.

Études

Georges MAY, *Quatre Visages de Diderot.* Boivin, 1951.

Entretiens sur *Le Neveu de Rameau,* Ouvrage collectif sous la direction de Michèle DUCHET et Michel LAUNAY. Nizet, 1967.

Jacques CHOUILLET, *Diderot.* S.E.D.E.S.-C.D.U., 1977.

Bernardin de Saint-Pierre. Gravure d'après A.L. Girodet, fin XVIIIe s.

III AUX EXTRÊMES DU GENRE ROMANESQUE

Dans le dernier tiers du siècle, le genre romanesque semble avoir trouvé sa voie. Curieusement, il y réussit en se portant aux extrêmes : à travers le roman de Bernardin de Saint-Pierre, qui figure l'unité heureuse de l'homme et de la nature réconciliés ; à travers le libertinage mondain — lui, au contraire, libéré de toute attache avec la nature — des *Liaisons dangereuses ;* enfin à travers la violence des œuvres de Sade, où « la philosophie de la nature ne sert plus qu'à justifier l'expansion sans limite de l'individu » (Robert Mauzi). On peut avancer que cette production variée et même contradictoire « clôt, à la veille de la Révolution, la glorieuse perspective d'un genre qui a conquis, en ce siècle, sa pleine dignité » (Jean Fabre).

1. Bernardin de Saint-Pierre (1737-1814) : la « mélancolie voluptueuse »

Jacques-Henri Bernardin de Saint-Pierre est né au Havre en 1737. Il découvre la Martinique à douze ans, et fera par la suite de nombreux grands voyages.
1750-1757 : il est élève des Jésuites à Caen, puis au collège de Rouen.
1758 : élève de l'école des Ponts-et-Chaussées, il devient ingénieur militaire.
1761-1770 : années de voyages, à Malte, Amsterdam, Moscou, Varsovie. 1768-1770 : **séjour à l'île de France,** comme capitaine ingénieur du roi. Les souvenirs en figureront dans *Paul et Virginie.*
1771 : retour à Paris. Sa situation est précaire, et le restera jusqu'à ses succès littéraires.
1772 : **rencontre capitale de Rousseau,** qui restera son ami, jusqu'à sa mort, en 1778.
Longue préparation des *Études de la Nature,* qui remporteront un énorme succès.
1792 : Bernardin est nommé Intendant du Jardin des Plantes, et élu à la Convention.
1793 : il épouse Félicité Didot, dont il a une fille, Virginie, en 1794 et un fils, Paul, en 1798.
1794 : il est nommé professeur de morale à l'École Normale Supérieure, puis à l'Institut.
Veuf en 1799, il se remarie en 1800 avec Désirée de Pelleporc.
Il devient bonapartiste, et est honoré sous l'Empire.
Il prépare les *Harmonies de la Nature,* qui seront publiées un an après sa mort (1814).

1773 : *Voyage à l'île de France.*

1784 : *Études de la Nature.*

1788 : *Paul et Virginie* (IVe tome des *Études*).

1790 : *La Chaumière indienne.*

1815 : *Harmonies de la Nature* (posth.).

1

Études de la Nature (1784)

Ce livre connut un immense succès en 1784. **Jacques-Henri Bernardin de Saint-Pierre** y reprend les idées de Rousseau (« Je sens, donc j'existe » dira-t-il). Seul le sentiment peut rapprocher l'homme de l'état naturel et le mener à la vérité, en lui faisant comprendre « les convenances de la nature et ses harmonies ». Mais, inférieur à son maître, il ne cherche qu'à entraîner l'adhésion par la douceur ; ainsi, il est loin de la grandeur morale du vicaire savoyard, lorsqu'il veut prouver l'existence de Dieu par « je ne sais quel instinct de la divinité ».

Bernardin a rencontré Rousseau au début de sa carrière, en 1772. Il a souvent évoqué son amitié et son admiration fervente *(Essais sur J.-J. Rousseau;* évocations dans *L'Arcadie)* et continuera à vouer un véritable culte à son souvenir : il participera par exemple à un des nombreux pèlerinages organisés à Ermenonville. Les écrivains de sa génération (Laclos, Restif) éprouvent également, à des degrés divers, le même enthousiasme.

Par l'importance du sujet traité, « les lois générales de la nature », l'auteur semble d'autre part vouloir rivaliser avec le grand ouvrage de Buffon (les derniers volumes de l'*Histoire naturelle* paraissent en 1788-1789). Cependant Bernardin ignore tout des progrès scientifiques du moment, et sa méthode est entièrement opposée à celle d'un savant. Il est bien davantage **l'héritier de la pensée du début du siècle :** comme l'abbé Pluche dans son *Spectacle de la nature* (1732), il n'est guidé que par **la volonté de démontrer,** par « les merveilles de la nature », **l'existence de la Providence divine,** qui pourvoit à tous les besoins humains. Il s'entête dans des théories fausses (la fonte des glaces polaires influencerait les marées), ou naïves (la plus célèbre concerne les melons, qui « sont divisés par côtes et semblent être destinés à être mangés en famille »)... Les *Études de la Nature,* reprenant de façon trop systématique la pensée de Rousseau et reposant sur des croyances caduques, sont donc loin de proposer une explication satisfaisante du monde.

Mais **ce livre est celui d'un grand écrivain** qui sait observer les beautés d'une nature exotique et inventer un langage neuf pour décrire des paysages, la végétation ou des nuances de coloris. Il a lui-même souligné l'originalité de ses recherches : « L'art de rendre la nature est si nouveau que les termes n'en sont pas encore inventés », et la critique l'a ensuite reconnue (« Il a le moral du Poussin, la lumière du Lorrain... il a des mollesses et des blancheurs du Guide » disait Sainte-Beuve). Sur ce plan, Bernardin continue Rousseau et annonce Chateaubriand par **la splendeur de ses tableaux** et l'évocation de l'harmonie entre la nature et les sentiments.

2 *Paul et Virginie* (1788)

Le récit est fait par un homme âgé, qui a été témoin de la vie et de la mort des deux héros, sur les lieux mêmes de leur aventure, dans l'île de France (l'actuelle île Maurice). L'une était la fille d'une jeune veuve, Mme de La Tour, l'autre le fils d'une paysanne bretonne, Marguerite. Ils grandissent sans contraintes, selon les principes de *l'Émile* de Rousseau et vivent en harmonie avec la nature, comme « dans le jardin d'Eden ». Mais ce bonheur est interrompu : Virginie part en Europe faire son éducation. Les deux jeunes gens s'aiment, et leur séparation est douloureuse. On apprend le retour de Virginie ; mais son navire est pris dans un ouragan et elle meurt noyée. Peu de temps après, Paul meurt de désespoir, ainsi que les deux mères.

Point de « je » ici pour ouvrir le récit, mais **un « on » anonyme qui décrit, situe et nomme** un ensemble de lieux, un paysage de mer et de montagne ; un personnage surgit enfin, engendré par la beauté de l'endroit, mais il n'est venu que pour contempler cette beauté (et écouter un récit). Cette entrée en matière qui diffère assez des romans habituels du siècle commande l'ensemble du texte et en souligne la nouveauté.

Le retard apporté par la description à l'apparition d'une personne — de surcroît « fausse », on l'a vu —, tout en signalant le caractère distant de l'histoire vieille de vingt ans, place cette description dans une position originaire : ces rochers, ces baies, ce cap et leurs noms (Baie du Tombeau, Cap Malheureux), précédant l'histoire, la portent et font naître le récit.

Mais lorsqu'à la fin, sont donnés « à quelques parties de cette île des noms qui éterniseront la perte de Virginie », l'histoire retourne à la terre ce qu'elle lui avait donné au début ; la nature reste bien le mythe de la nature.

« Une espèce de pastorale »

Ce « petit ouvrage » est resté longtemps à l'état de projet. Il sert d'abord d'illustration aux théories énoncées dans les *Études de la Nature,* au quatrième tome de l'édition de 1788, avant d'être publié séparément l'année suivante. L'avant-propos le présente alors comme « une espèce de pastorale ». *Paul et Virginie* se rattache en effet à ce genre par son cadre naturel (Mme de La Tour et Marguerite vivent dans des cases à l'écart de la ville) et ses héros, dont Bernardin a voulu faire des « enfants de la nature ». Mais l'aventure est datée (elle commence en 1726, et Virginie rentre sur le Saint-Géran, la veille de Noël 1744), située dans un endroit précis de l'île de France, et se termine en tragédie. **Le paradis n'est retrouvé que pour être perdu ;** le bonheur n'est qu'un rêve.

Vogue de la pastorale

A partir de 1780, on assiste à une véritable vogue de la pastorale, et à des efforts pour la définir. Ainsi **Florian** (1755-1794) publie, peu avant *Paul et Virginie,* un *Essai sur la pastorale* (1787) où il oppose à l'idylle, illustrée dès le milieu du siècle par **Gessner,** ce genre romanesque devenu à la mode. **Ses caractéristiques** sont : un décor rustique et des personnages naturels et vertueux, s'exprimant dans une prose simple. Florian, par ailleurs poète et fabuliste, est lui-même l'auteur de pastorales : *Galatée* (1783), *Estelle et Némorin* (1788).

Un roman exotique

Bernardin écrit un des premiers grands romans exotiques français en imaginant, dans la première moitié du livre, une expérience rousseauiste d'accord entre l'homme et la nature, d'harmonie parfaite entre l'univers et la morale, entre les choses et l'âme. **Paul et Virginie, nouveaux Adam et Ève, retournent à l'état édenique.** Le lecteur assiste également à une illustration des principes proposés dans l'*Émile* de Rousseau, sur le bonheur d'une vie naturelle. Mais la société ne peut être définitivement oubliée : dès que l'amour est né, Mme de La Tour impose la séparation aux jeunes gens, et un système d'éducation traditionnelle qui assurera leur avenir. La rupture avec la nature est alors consommée, comme le symbolise l'hostilité des éléments, la sécheresse d'abord, puis l'ouragan final. L'écoulement paisible des saisons est remplacé par la durée d'une attente malheureuse, et la découverte de la réalité (« Tout est devenu vénal en France »). La pastorale devient tragédie lorsque les limites de l'île sont franchies. La Providence abandonne les personnages, qui n'ont plus d'autre refuge que l'éternité. C'est par l'aspiration à un bonheur impossible et par la dimension religieuse du dénouement que *Paul et Virginie* annonce le romantisme.

Récits de voyages et romans exotiques

L'intérêt pour les récits de voyages dans des pays exotiques ne se dément pas, du *Voyage en Perse et aux Indes orientales* de **Chardin** (1711) au *Voyage autour du monde* de **Bougainville** (1771). Ce dernier inspire à **Diderot** des réflexions, le *Supplément* (1774), de même que les *Lettres édifiantes et curieuses de Chine* publiées par les **missionnaires jésuites** provoqueront des commentaires ou des critiques. L'exotisme pénètre aussi dans la littérature romanesque : c'est un des attraits de *Paul et Virginie* (1788), et de nombreux contes de Voltaire.

Très vite, le regard de l'Étranger sur l'Européen devient un thème littéraire fréquent. La perspective est ainsi renversée, dès 1707, dans les *Amusements sérieux et comiques d'un Siamois à Paris* de **Dufresny,** puis dans les *Lettres persanes* (1721) de **Montesquieu,** les *Lettres d'une Péruvienne* de **Mme de Graffigny** (1747), et *L'Ingénu* de **Voltaire** (1767).

BIBLIOGRAPHIE

Éditions

BERNARDIN DE SAINT-PIERRE, *Paul et Virginie*, Éd. Pierre TRAHARD. Garnier, 1964.

- **Sur les voyages**

La collection « La Découverte » chez Maspéro a réédité :

Horace Benedict de SAUSSURE, *Premières Ascensions au Mont-Blanc* (1764-1787).

Louis Antoine de BOUGAINVILLE, *Voyage autour du monde* (1771).

James COOK, *Relation de voyages autour du monde* (1768-1776).

Alexandre de HUMBOLDT, *Voyages dans l'Amérique équinoxiale* (1799-1804).

Jean-François de LAPÉROUSE, *Voyage autour du monde* (1785-1788).

Études

Pierre TRAHARD, *Les Maîtres de la sensibilité française au XVIIIe siècle*, t. IV. Boivin, 1933.

Jean FABRE, *Lumières et romantisme* (article « *Paul et Virginie* pastorale »). Klincksieck, 1963.

André MONGLONG, *Le Préromantisme français*, t. II. José Corti, 1965.

- **Sur les voyages**

Michèle DUCHET, *Anthropologie et histoire au siècle des Lumières.* Maspéro, 1971 ; rééd. Flammarion, 1977.

Numa BROC, *La Géographie des géographes. Géographes et voyageurs au XVIIIe siècle.* Orphrys, 1977.

L'Importance de l'exploration marinière au siècle des Lumières. C.N.R.S., 1982.

2. Choderlos de Laclos (1741-1803) et *Les Liaisons dangereuses*

Pierre Choderlos de Laclos, né à Amiens en 1741 dans une famille bourgeoise récemment anoblie, a mené la vie d'un **officier pauvre.** Après quatre ans passés à l'École d'artillerie de La Fère (1759-1763), il est nommé dans différentes garnisons de province, comme lieutenant puis capitaine.
A la veille de la Révolution, il demande un congé et vit à Paris où il sera membre du Club des Jacobins. **Il participe aux guerres révolutionnaires** et sera général, après Valmy. En 1793, il est emprisonné, et est libéré après Thermidor.
Sous l'Empire, il retrouve son grade de général et meurt au siège de Tarente en 1803.

1782 : *Les Liaisons dangereuses.*

1786 : *Lettre sur l'éloge de Vauban.*

1

Roman libertin ou roman sentimental ?

Choderlos de Laclos. Dessin de L.L. Boilly, XVIIIe s.

L'œuvre de **Pierre Choderlos de Laclos,** *Les Liaisons dangereuses,* fit scandale dès sa parution, en 1782. Cela tient sans doute moins à son sujet, car on compte de nombreux romans libertins dans les dernières années de l'Ancien Régime (ils connaissent alors une seconde vogue), qu'à la peinture d'un libertinage systématique, dont les héros se sont fait une règle de vie et qu'ils imposent à leurs victimes. Cela tient surtout au fait que l'un des complices, et le plus redoutable, est une femme : la marquise de Merteuil.

Le roman libertin

Le libertinage au XVIIIe siècle s'exerce dans la société, concerne les mœurs et la morale plus que la religion. Le libertin est un aristocrate qui met tout son talent dans un certain art de vivre : il se veut libre, et non licencieux, expert dans la science du cœur, et non jouisseur. Il ne s'abandonne, en effet, jamais à la sensualité ni au sentiment, mais « se déguise », est une figure mondaine « dans le ton », qui tient les femmes en son pouvoir.

Le roman du libertin risquerait de se réduire à la pure démonstration d'un jeu froidement calculé, sans les personnages féminins, qui alimentent l'analyse psychologique et permettent une certaine variété. Cependant il s'agit dans tous les cas de victimes, d'autant plus désignées qu'elles sont naïves, sincères et vertueuses, et que, d'autre part, elles ne peuvent risquer leur réputation mondaine. Laclos propose un nouveau cas de figure : une femme libertine. Mais sa condamnation au dénouement prouve que Mme de Merteuil représente un cas-limite, dans cet état de la société.

1re partie : l. 1-50 : la marquise de Merteuil confie au vicomte de Valmont la mission de séduire Cécile Volanges, qui vient de sortir du couvent, et de la venger ainsi du comte de Gercourt qui l'a jadis abandonnée, et à qui l'on destine la jeune fille. Valmont refuse, occupé par un autre projet concernant la dévote présidente de Tourvel. La marquise met en pratique son plan en favorisant une liaison entre Cécile et le chevalier Danceny.

2e partie : l. 51-87 : Valmont, tout en continuant le « siège » de la présidente, se rend au désir de la marquise et se lie avec Danceny. Mme de Volanges, renseignée par Mme de Merteuil, a saisi les lettres de Danceny à sa fille : c'est Valmont qui leur permet de reprendre une correspondance qu'il dirigera désormais avec la marquise.

3e partie : l. 88-124 : Cécile, sur l'insistance de Danceny, lui-même trompé par Valmont, donne à ce dernier la clef de sa chambre ; Valmont en profite... De son côté, la présidente de Tourvel, sur le point de lui céder, s'enfuit. Mme de Merteuil entreprend de séduire Danceny.

4e partie : l. 125-175 : la présidente cède à Valmont qui fait le récit de la scène à la marquise ; elle lui dicte sa lettre de rupture. Cependant que la présidente en meurt, la « guerre » éclate entre Valmont et la marquise qui lui a appris qu'elle s'est jouée de lui ; Valmont alors rapproche Danceny de Cécile, la marquise révèle à Danceny la séduction de cette dernière par Valmont. Danceny tue en duel Valmont, qui lui apprend la vérité. La marquise quitte Paris défigurée par la petite vérole, Danceny part pour Malte, Cécile entre au couvent.

Dans cet ensemble complexe, on peut distinguer trois aspects essentiels :

Une peinture critique de la société

Le roman dépeint un état de société en opposant deux conceptions de la vie à l'intérieur d'un même lieu : l'immoralisme de l'aristocratie, riche et oisive, et l'honnêteté des mœurs de la noblesse de robe, dont la présidente fait partie. Peinture critique, assortie à la condamnation du système d'éducation dans les couvents, qui fait de la jeune et naïve Cécile la victime innocente des deux complices (Laclos est l'auteur d'un traité sur cette question, proposée par l'Académie de Châlons).

Une peinture du libertinage

De même, les libertins sont suivis tout au long de leur expérience. Ils ne sont plus, comme Versac dans *Les Égarements du cœur et de l'esprit* de Crébillon (1736-1738), des maîtres exposant un système, mais **les acteurs d'une aventure concrète.** Encore faut-il distinguer : l'orgueilleuse Merteuil, mélange de « Tartuffe femelle » et de dom Juan, multiplie les exploits et dépasse de beaucoup Valmont en ingéniosité (« Vous n'avez pas le génie de votre état. Vous n'inventez rien », lui dit-elle). Mais la défaite de ce dernier n'est due qu'au hasard tandis que celle de la marquise relève de la nécessité : le libertinage est-il réservé aux hommes ?

Un roman d'analyse

Les Liaisons dangereuses enfin, sont également un roman d'analyse, aussi précis que *La Princesse de Clèves*. Face au panache, en quelque sorte, des deux complices, la présidente de Tourvel est loin d'être un personnage insignifiant : longtemps proie en apparence facile, elle montre ensuite sa force et succombe moins à l'habileté stratégique de Valmont qu'à sa passion pour lui. Touchée à mort, comme les autres personnages, elle sort grandie de cette aventure. Il y a plus : Laclos maintient la part égale entre l'expression des sentiments et le récit des manœuvres libertines, jusque dans les lettres des deux principaux correspondants. En effet, chacun recherche l'admiration de l'autre, mais voudrait aussi reconquérir un bonheur perdu (la marquise évoque leur passé commun : « Dans le temps où nous nous aimions... » ; lettre 131).

L'originalité de l'ouvrage tient au renouvellement de la perspective : **le libertinage va bien jusqu'à son terme, mais c'est pour être vaincu par le sentiment.** D'où les nombreuses lectures qui ont été proposées au XXe siècle et les diverses interprétations de l'échec final des deux héros, faites par Baudelaire (ses notes n'ont été publiées qu'en 1903), Giraudoux, Malraux, Vailland, et par les critiques contemporains.

Laclos a écrit à la fois un roman sentimental et « une frénésie abstraite et sèche comme l'amadou » (Julien Gracq).

2 Du roman par lettres au roman des lettres

Si Laclos choisit en 1782 la forme très répandue du roman par lettres, c'est dans une tout autre intention que Rousseau. Ces lettres suivent en effet un ordre rigoureux, qui permet l'organisation du plan élaboré par les deux protagonistes (la marquise et Valmont), en même temps que la continuité des différentes intrigues. La technique romanesque aussi bien que le thème font des *Liaisons dangereuses* « une Nouvelle Héloïse renversée » (Jean Rousset).

Devenus maîtres du jeu épistolaire, c'est-à-dire maîtres de l'écriture (plus que de l'écrit) des autres, les libertins la dirigent à leur gré et réalisent leur conquête, non par force, mais par le plaisir que leurs victimes éprouvent à envoyer ou recevoir ces épîtres : Valmont séduit la présidente non par ses lettres de séduction, mais par **la seule séduction de la lettre, plaisir de l'attendre, de la lire et la relire...** Mais les libertins ont garde d'y céder eux-mêmes, et conservent la direction de leurs propres textes : lorsque Valmont réclame à la marquise une suite qu'elle fait attendre — « Que vous importe mon silence ? » finit-elle par répondre —, et quand il recopie la lettre de rupture qu'elle lui envoie, elle connaît sa victoire.

Tout passe par les lettres, qui deviennent « moyen d'action plus que d'échange ». Lettres qui ne parlent que de lettres, que de la lettre : on dirait que le roman s'écrit en se demandant comment il peut s'écrire.

BIBLIOGRAPHIE

Éditions

LACLOS, *Œuvres complètes*, Éd. Laurent VERSINI. Gallimard (bibl. de la Pléiade), 1979.

Études

Jean GIRAUDOUX, *Littérature* (art. « Laclos »), 1941. Rééd. N.R.F. (coll. « Idées »), 1967.

Roger VAILLAND, *Laclos par lui-même*. Le Seuil, 1953.

Laurent VERSINI, *Laclos et la tradition. Essai sur les sources et la technique des Liaisons dangereuses*. Klincksieck, 1968.

André MALRAUX, *Le Triangle noir*. Gallimard, 1970.

René POMEAU, *Laclos*. Hatier (coll. « Connaissance des Lettres »), 1975.

Laclos et le libertinage, Actes du colloque du bicentenaire. P.U.F., 1983.

3. Sade (1740-1814) et l'apologie de la jouissance

Donatien de Sade est né en 1740, à Paris, à l'hôtel de Condé, où il passe sa petite enfance. Il est ensuite confié à un oncle, abbé dans le Comtat Venaissin, jusqu'à l'âge de dix ans. Il fait alors ses études au collège Louis-le-Grand (1750-1754). Il sort sous-lieutenant de l'école préparatoire de cavalerie et participe à la guerre de Sept ans, qu'il finira avec le grade de capitaine.
En 1763, peu de temps après son mariage avec Mlle de Montreuil (dont il aura deux fils et une fille), il est enfermé au donjon de Vincennes. C'est la première d'une longue série d'**accusations de libertinage,** et d'incarcérations pour « débauche outrée » qui lui feront passer **une bonne partie de sa vie en prison.**
En 1768, l'affaire Rose Keller lui vaut un internement de sept mois ; en 1772, après l'affaire de Marseille, il est détenu au fort de Miolans, dont il s'évade l'année suivante.
De 1777 à 1789, il est incarcéré par lettre de cachet, d'abord à Vincennes, puis, à partir de 1784, à la Bastille. C'est pendant cette longue période qu'il commence à écrire, rédigeant même en 1788 un « Catalogue raisonné » de ses œuvres avouées : théâtre, romans, contes et nouvelles, mélanges enfin.
Pendant la Révolution, il va connaître quelques années de liberté : il quitte en effet l'hospice de déments de Charenton, où il avait été enfermé le 4 juillet 1789, et participe, à la Section des Piques dont il devient président, à un plan de réforme des hôpitaux. Mais devenu suspect, il est à nouveau emprisonné plusieurs mois, jusqu'en octobre 1794.
Accablé de dettes, assailli par les créanciers, Sade mène une vie précaire. Il parvient à publier plusieurs romans, dont certains avaient été écrits avant la Révolution. *La Nouvelle Justine...* (1797) provoque une perquisition chez son éditeur. L'auteur de l' « infâme roman » est « déposé » à Sainte-Pélagie en 1801. Après un mois passé à Bicêtre, il sera transféré à la maison de santé de Charenton. C'est là qu'il passe les dernières années de sa vie ; il continue à écrire et organise des représentations théâtrales jouées par les malades. Il meurt le 2 décembre 1814.

1782 : *Dialogue entre un prêtre et un moribond* (publ. 1926).

1785 : *Aline et Valcour* (éd. 1795).

1787 : *Les Infortunes de la vertu* (éd. 1930).

1788 : *Justine...* (éd. 1791).

1788 : *Catalogue raisonné.*

1795 : *La Philosophie dans le boudoir.*

1797 : *La Nouvelle Justine...*

Sade.
Dessin de Man Ray, 1939.

C'est en prison, où il a passé une trentaine d'années, presque la moitié de sa vie, que **Donatien de Sade** devient écrivain. La détention alimente une gigantesque correspondance, les lettres les plus remarquables étant celles où il attaque les ennemis qui s'acharnent à le maintenir enfermé, en premier lieu la présidente de Montreuil, sa belle-mère. Ont disparu un Journal, commencé dès 1784, ainsi que des Confessions. D'autre part, son intérêt pour le théâtre n'a jamais faibli, depuis le château de La Coste, où il avait une scène privée, jusqu'à la maison de santé de Charenton. Mais, de ses nombreuses pièces, deux seulement ont été jouées : *Oxtiern* en 1791, et *Le Suborneur* en 1792, cette dernière n'ayant connu qu'une représentation. Il est aussi l'auteur de pensées philosophiques, du *Dialogue entre un prêtre et un moribond* (1782), qui attestent son athéisme.

Ce sont surtout ses nouvelles et ses romans qui ont valu à Sade sa réputation, encore aujourd'hui entourée de scandale. Il les a écrits dans la parfaite conscience de son originalité, non pour redire « ce que tout le monde sait » (ce qu'à son avis se contente de faire son ennemi Restif), mais pour mener jusqu'au bout la démonstration de sa pensée, **pour montrer « la vertu terrassée par le vice »**. C'est par sa singularité qu'il prétend s'assurer une place importante dans la production romanesque de son époque.

1 L'Idée sur les romans (1800, an VIII)

Publiées en préface aux *Crimes de l'amour*, un des rares ouvrages que Sade ait avoués, ces réflexions sur le roman prouvent la lucidité de l'écrivain. Le panégyrique des grands fondateurs (Fielding, Richardson, Rousseau) aboutit à la condamnation des pâles imitateurs et à l'affirmation qu'une réforme du genre est devenue nécessaire.

Le *Catalogue raisonné*, daté de 1788, fait état d'un certain nombre de textes qui n'ont pas tous été retrouvés ; ainsi « une lettre sur les romans, avec un parallèle de ceux de Marivaux et de La Fayette », semble annoncer la première version de *L'Idée sur les romans*, qui compare Prévost et Rousseau. **C'est donc le roman d'analyse que Sade prétend continuer.** Une remarque de Sade mérite d'être signalée : « *La Nouvelle Héloïse* est une sorte de chef-d'œuvre unique », « toutes les copies en seront détestables ».

Le bilan est donc subjectif. Sade ne s'oriente pas, comme Diderot l'avait fait quelques années plus tôt dans *Jacques le Fataliste*, vers une mise en question du mensonge romanesque. Il semble au contraire suivre l'évolution générale du roman au XVIIIe siècle, qui préfère, à la peinture du monde, la peinture de la vie privée, de l'homme « saisi dans son intérieur ». Mais, loin de croire à la possibilité de comprendre **le cœur humain, Sade veut s'enfoncer dans le mystère de « ce véritable dédale de la nature ».** C'est pourquoi on a pu rapprocher ses œuvres à la fois des romans noirs, alors en vogue (*Le Château d'Otrante* d'H. Walpole avait été traduit en 1767, puis à nouveau en 1797), dont il ne conserve pourtant que le décor, et du sentimentalisme sombre de Baculard d'Arnaud (1718-1805). Celui-ci en effet, dans ses romans comme dans son théâtre, multiplie les scènes nocturnes et les décors impressionnants : son drame *Les Amants malheureux*, tirés des *Mémoires du Comte de Comminge* de Mme de Tencin, sera joué en 1790.

L'Idée sur les romans propose enfin au romancier un principe esthétique qui sera souvent suivi, par la suite : **l'abandon à l'imagination et à la liberté de composition :** « Dépasse tes plans, varie-les, augmente-les... Pourquoi ne veux-tu pas que l'idée qui te presse quand tu composes soit aussi bonne que celle dictée par ton esquisse ? »

2 Les œuvres : nouvelles et romans

Sade a rédigé la grande majorité de ses œuvres pendant ses premières années d'incarcération, avant le *Catalogue raisonné* de 1788. Les trois versions de *Justine* forment cependant un ensemble, développé jusqu'en 1797, dont l'auteur n'a jamais reconnu la paternité.

C'est à travers des genres variés que le sadisme s'exprime dans les œuvres avouées. Ainsi, *Les Crimes de l'amour* sont un recueil de onze nouvelles historiques, tragiques ou galantes, auxquelles devaient même être ajoutées, dans un premier projet, des histoires gaies. Cette diversité complique la lecture : « Pourquoi ces récits, qui prétendent être moraux, nous paraissent-ils si équivoques ? Parce que la morale rationnelle qui leur sert de critère suppose une conscience et une liberté humaine que débordent à tout instant les forces obscures en jeu[1]. » De même, *Aline et Valcour* (publié en 1795), qui oppose la libertine Léonore à sa sœur, la vertueuse Aline, relève du genre épistolaire, des mémoires et du roman philosophique.

1. *Pierre* KLOSSOWSKI, Sade, mon prochain.

Le système sadiste ressort plus nettement de la confrontation des trois variantes de ***Justine*** : l'être humain, une fois qu'il a pris conscience que Dieu n'existe pas et que la nature est le mal, doit pousser jusqu'au bout les conséquences de sa découverte. **La morale qui découle logiquement de cette philosophie inverse la morale courante ;** le plaisir y remplace le bonheur, et l'égoïsme, la vertu. La victime et le libertin, étant pris dans la même loi naturelle (celle de la destruction), sont liés l'un à l'autre et font preuve de la même « énergie».

C'est par la place centrale qu'il donne au désir, par le refus de toute limite (voir le catalogue gigantesque que représente *Les Cent Vingt Journées de Sodome*, cet *« Évangile du Mal »* [Jean Paulhan]), par son humour noir également, que Sade a été considéré par les surréalistes comme un de leurs grands précurseurs. Écrivains et cinéastes ont continué, depuis, à être fascinés par l'homme, son destin et son œuvre.

Sade et sadisme

Le terme de « sadisme » apparaît pour la première fois, dans la langue, en 1839, avec le sens de « perversion sexuelle ». Plus tard, en 1887, Léon Bloy l'emploie dans un sens plus large (entendu comme « goût de faire souffrir »). En fait, on ne saurait confondre Sade et sadisme, non plus que Rousseau et rousseauisme. Il existe une philosophie et une conception de l'art sadiennes qui consistent notamment à séparer l'art et la morale (en quoi Sade s'oppose à Diderot). Par ailleurs, cette œuvre qui proclame violemment le principe de la jouissance proclame dans le même temps le pouvoir de l'analyse, précisément à l'œuvre à travers l'écriture. Dans ces conditions, « le sadisme ne serait que le *contenu* grossier (vulgaire) du texte sadien » (Roland Barthes).

BIBLIOGRAPHIE

Éditions

SADE, *Œuvres complètes,* Éd. Jean-Jacques PAUVERT, 1er vol., 1953.

Œuvres complètes. Cercle du Livre précieux, 1re éd., 1962-1964.

Études

Pierre KLOSSOWSKI, *Sade, mon prochain.* Le Seuil, 1945.

Simone de BEAUVOIR, *Faut-il brûler Sade ?*. Gallimard (coll. « Idées »), 1955.

Gilbert LÉLY, *Vie du marquis de Sade,* 2 vol. Gallimard, 1957.

Roland BARTHES, *Sade, Fourier, Loyola.* Le Seuil, 1971.

Béatrice DIDIER, *Sade.* Denoël/Gonthier (coll. « Médiations »), 1976.

Marcel HÉNAFF, *Sade, l'invention du corps libertin.* P.U.F., 1978.

- **Sur le roman noir :**

Gilbert LÉLY, *Images du roman noir.* Losfeld, 1973.

Annie LE BRUN, *Les Châteaux de la subversion.* Pauvert-Garnier, 1982 ; rééd. Folio-Essai, 1986.

4. Restif de la Bretonne (1734-1806) : « le cœur humain dévoilé »

Nicolas Restif dit **Restif de la Bretonne** est originaire de Sacy, un village de l'Yonne où il naît en 1734, dans une famille de paysans. Après de rapides études auprès de demi-frères, abbés jansénistes, il devient à dix-sept ans apprenti chez un imprimeur d'Auxerre. Il exerce ensuite son métier à Paris, à partir de 1755, changeant souvent d'employeur et de logis. En 1760, il épouse Agnès Lebègue, dont il aura quatre enfants. Il divorcera en 1794.

Il continue à mener la **vie amoureuse et libertine** qui fut celle de sa jeunesse. Cependant, le correcteur d'épreuves va devenir écrivain, au bout de quelques années. En 1767, paraît son premier roman, *La Famille vertueuse,* qui sera suivi de nombreux autres, ainsi que de textes autobiographiques et de projets de réformes sociales (ces derniers, échelonnés de 1769 à la Révolution : *Le Pornographe, Le Mimographe, L'Andrographe, Le Thesmographe*).

Le succès lui vient en 1775, lorsqu'il publie *Le Paysan perverti.* Il se lie avec Louis-Sébastien Mercier, Beaumarchais, Marie-Joseph Chénier et est introduit dans les « déjeuners philosophiques » de La Reynière, chez la comtesse de Beauharnais.
La Révolution le déçoit. Il continue à écrire, bien que malade et réduit à la misère. Il meurt en 1806.

1767 : *La Famille vertueuse.*

1775 : *Le Paysan perverti.*

1779 : *La Vie de mon père* (autobiographie).

1780-1788 : *Les Contemporaines* (40 vol.).

1788-1794 : *Les Nuits de Paris...*

1796-1797 : *Monsieur Nicolas...* (autobiographie).

1 Originalité de Restif

Restif de la Bretonne. Gravure, XVIIIe s.

Libertinage et vertu

Cette œuvre est trop vaste pour ne pas être inégale. La place qu'elle tient dans les dernières années du XVIIIe siècle n'est cependant pas négligeable, tant par ses dimensions (deux cents volumes), qu'à cause de son originalité. **Libertin et vertueux,** comme un grand nombre de ses contemporains, **Nicolas Restif** s'est opposé aussi bien à Sade, avec lequel il a entretenu des rapports conflictuels, répondant à ses mépris par *L'Anti-Justine* (1798), qu'à Bernardin de Saint-Pierre. En effet, loin de voir en celui-ci un égal dans la peinture de la vie naturelle, il a sans cesse dénigré cet « enfant superstitieux qui se mutine contre la vérité ».

Disciple déclaré de Rousseau, Restif propose des projets de réformes plus ambitieuses, puisqu'il imagine un bouleversement radical du régime politique et de l'organisation sociale, par le partage des biens et la mise en commun des instruments de travail. Il n'y a d'autre part aucun lien de filiation entre *Les Confessions* et *Monsieur Nicolas* qui ont été rédigés à la même époque, même si les deux ouvrages sont inspirés par le désir commun de revivre par le souvenir.

Écrire « vrai »

Une dernière spécificité de Restif tient enfin à ce que l'on pourrait véritablement appeler ici style, et langue employée. Restif revendique le double droit — et même le devoir — de dire tout ce que le monde sait, et de le dire mal ; de mal écrire. Répétitions agressives, platitudes, énumérations sans choix, absence de plan ou de composition, tout se passe comme si le brouillon du texte devenait texte seul. Et poussé à l'extrême, parfois jusqu'aux fautes ou à l'obscurité, ce procédé se fait **au nom du naturel et de la vérité de ce qui est raconté** — « Avant tout je suis vrai », affirme Restif — mais apparaît également comme le fruit d'un travail soigneusement élaboré et très singulier ; du même mouvement, il vit et il écrit... « un livre vivant » dit Maurice Blanchot (Préface de *Sara*). De nouveaux mots finissent par en naître.

2 Roman et autobiographie

La Vie de mon père (1779) et *Monsieur Nicolas ou le Cœur humain dévoilé* (1796-1797) introduisent dans la littérature **une vision de la vie paysanne** dont Restif est le premier a avoir eu l'idée. Cette nouveauté, qui correspond au goût du moment pour la nature champêtre, lui assure le succès. L'histoire de soi-même commence ainsi par celle des mœurs patriarcales décrites avec précision, qui perpétuent **une morale et une sensibilité naturelles** dont les manifestations abondent dès le premier récit autobiographique. Le second, publié une vingtaine d'années plus tard, continuera à amplifier le portrait d'un homme sensible (il « sent fortement », « est avide de sensations »), qui traverse deux mondes antithétiques, la campagne et Paris, auxquels il tend à donner une dimension mythique.

L'Innocence en danger. Gravure d'après J.B. Huet, XVIIIe s.

Le rêve et l'imagination transforment en effet le réel, dans ces livres comme dans l'œuvre de fiction, les deux genres étant dès l'origine intimement mêlés : l'intention d'écrire une « revie » est antérieure à *La Vie de mon père ;* l'univers familial est déjà représenté dans *Le Paysan perverti.* Car Restif n'invente pas. Il retrouve des souvenirs qui, revécus profondément, sont chaque fois remaniés et aboutissent à la construction d'une vie où le passé donne sa forme au présent, où les mêmes situations semblent se reproduire : « Admirez, dit-il, mon sort, qui souvent tient du romanesque ! » Ainsi, c'est la malléabilité de la mémoire qui assure à chaque récit son unité.

De cet **amalgame de la vie et du rêve intérieur,** *Les Nuits de Paris ou le Spectateur nocturne,* écrites de 1788 à 1794, pendant les années révolutionnaires, sont peut-être le meilleur exemple. La présentation

Illustration pour *Les Nuits de Paris.* Gravure de L. Binet, XVIIIe s.

qu'en fait Restif montre combien cette œuvre est neuve, et supérieure au *Tableau de Paris* (1781-1788) que Louis-Sébastien Mercier venait d'achever : « C'est un homme exalté qui se promène la nuit et qui décrit, le jour, les abus dont il a été témoin... Ce sera le plus emporté de mes ouvrages. »

Les Nuits... donnent **une image passionnée de la ville,** dans laquelle la description et la poésie sont mêlées. Restif annonce ici tous les écrivains des XIXe et XXe siècles (Baudelaire, Huysmans, les surréalistes) qui chercheront à découvrir un reflet ou une révélation d'eux-mêmes dans certains quartiers privilégiés de Paris.

Nerval se souviendra directement de ces évocations d'un Paris nocturne, dans *Les Nuits d'octobre* (1852). Deux ans auparavant il a également évoqué un destin qui lui paraît ressembler au sien : *Les Confidences de Nicolas,* publiées dans *Les Illuminés* en 1852.

Créateur d'un genre grâce aux *Nuits de Paris,* Restif annonce également, par la transformation poétique qu'il fait subir à sa vie, les grands romanciers du XIXe siècle.

BIBLIOGRAPHIE

Éditions

Les Plus Belles Pages de Restif, Éd. Félicien MARCEAU. Mercure de France, 1964.

RESTIF, *Le Paysan perverti,* 2 t., Éd. François JOST. Lausanne, L'Age d'Homme, 1977.

La Vie de mon père, Éd. Gilbert ROUGER. Garnier, 1970.

Les Nuits de Paris, Éd. Marc CHADOURNE. Hachette. 1960.

Le Pornographe, préface de Béatrice DIDIER. Régine Desforges, 1977.

Sara, Éd. Maurice BLANCHOT. Stock, 1949.

Études

Marc CHADOURNE, *Restif de La Bretonne ou le siècle prophétique.* Hachette, 1958.

Pierre TESTUD, *Restif de La Bretonne et la création littéraire.* Genève, Droz, 1977.

CHRONOLOGIE DES GENRES NARRATIFS*

Romans	Textes autobiographiques	Étranger
1715-35 Lesage : *Gil Blas*		
1721 Montesquieu : *Lettres persanes*		**1719** Defoe : *Robinson Crusoé* (Angleterre)
1726 Lesage : *Le Diable boiteux* (2e éd.)		**1722** Defoe : *Moll Flanders* (Angleterre)
1731-41 Marivaux : *La Vie de Marianne* **1731** Prévost : *Histoire du chevalier Des Grieux et de Manon Lescaut ; Cleveland* (4 premiers tomes) **1732** Lesage : *Histoire de Guzman d'Alfarache* **1734-35** Marivaux : *Le Paysan parvenu* **1736-38** Crébillon fils : *Les Égarements du cœur et de l'esprit*		
		1740 Richardson : *Pamela* (Angleterre) **1742** Fielding : *Joseph Andrews* (Angleterre)
1748 Voltaire : *Zadig*		**1747-48** Richardson : *Clarisse Harlowe* (Angleterre) **1749** Fielding : *Tom Jones* (Angleterre)
1752 Voltaire : *Micromégas*		
1759 Voltaire : *Candide* **1760-81** Diderot : *La Religieuse* **1761** Rousseau : *La Nouvelle Héloïse* **1762-77** Diderot : *Le Neveu de Rameau* **1765-73** Diderot : *Jacques le Fataliste* **1767** Voltaire : *L'Ingénu*	**1762** Rousseau : *Lettres à M. de Malesherbes*	**1764** Walpole : *Le Château d'Otrante* (Angleterre) **1766** Golsmith : *Le Vicaire de Wakefield* (Angleterre)
1775 Restif : *Le Paysan perverti*		**1774** Goethe : *Werther* (Allemagne)
1779 Restif : *La Vie de mon père*		
1782 Laclos : *Les Liaisons dangereuses*	**1780-82** Rousseau : *Dialogues* **1782** Rousseau : *Les Rêveries* **1782-89** Rousseau : *Les Confessions*	
1788 Bernardin de Saint-Pierre : *Paul et Virginie* **1788-94** Restif : *Les Nuits de Paris*		
1791 Sade : *Justine...*		**1794** Ann Radcliffe : *Les Mystères d'Udolphe* (Angleterre)
1797 Sade : *La Nouvelle Justine*	**1796-97** Restif : *Monsieur Nicolas*	**1795-96** Goethe : *Wilhelm Meister* (Allemagne)

* Sauf précision contraire, les dates indiquées sont celles de l'édition.

IIIe partie

LE THÉÂTRE

Après la grande période du théâtre classique et le faste des représentations en harmonie avec celui de la Cour, la fin sombre et austère du règne de Louis XIV n'est plus guère propice au spectacle. A Paris, l'Opéra est la salle la plus fréquentée ; grâce à ses mises en scènes luxueuses, il entraîne dans « un séjour enchanté », tandis que la Comédie-Française semble sclérosée. Le départ forcé des Italiens, en 1697, a laissé un grand vide et le répertoire classique, surtout tragique, n'est plus apprécié que médiocrement.

Ce déclin correspond à un certain tarissement de la production dramatique. Racine et Corneille avaient porté la tragédie à son point le plus haut ; comme Molière ils paraissent inimitables. De fait, leurs successeurs sont loin de les égaler : ***Crébillon père*** *donne en 1707* Atrée et Thyeste, *qui oriente le genre tragique vers le théâtre de l'horreur.* ***Lesage,*** *avec* Turcaret *(1707 ; voir* Le XVIIe siècle*),* ***Regnard*** *avec* Le Légataire universel *(1708 ; idem) font évoluer la comédie en y introduisant la satire sociale.*

La vie parisienne change totalement avec la Régence, en 1715. Le retour de la Comédie-Italienne, le succès de l'opéra-comique, puis le développement du théâtre de boulevard permettent beaucoup plus de variété. Deux grands noms commencent alors à s'illustrer, et domineront la première moitié du siècle. D'abord ***Voltaire,*** *dont la célébrité persistera, depuis* Œdipe *en 1718 jusqu'à sa mort et la représentation d'*Irène *(1778). Mais la tragédie s'essouffle, enfermée dans le carcan des « bienséances françaises ». Au contraire, la comédie prend un nouveau départ, grâce à* ***Marivaux*** *dont l'originalité passe trop inaperçue à l'époque.*

Sa fantaisie en effet l'isole, face à des œuvres ancrées dans le réel, face aussi au mouvement général qui favorise le développement de la comédie « larmoyante », de 1730 à 1750. Les auteurs se plient à ce goût de l'émotion allant jusqu'à l'attendrissement, manifesté par les classes moyennes qui composent la majorité du public. Plus encore qu'à la lecture de romans, on aime pleurer au théâtre, tant la sensibilité est assimilée à la vertu.

C'est cette évolution du goût qui explique la création d'un nouveau genre, le drame bourgeois, dont **Diderot** *expose les intentions en 1757 et 1758 : théâtre-reflet de la vie quotidienne, c'est la peinture des « conditions » et des situations sérieuses. Il assure la relève du classicisme et répond à un besoin ressenti également dans les grands pays voisins. Défini à nouveau par* **Beaumarchais**, *puis par* **Louis-Sébastien Mercier**, *véritable révolution esthétique, ce genre mènera aux « batailles » de l'époque romantique.*

Hommage rendu à Voltaire, lors de la représentation d'*Irène*, en 1778. Gravure, XVIIIe s.

Dès lors, le théâtre ne s'adresse plus uniquement à une classe privilégiée. S'il cherche toujours à distraire, il éprouve aussi sa force, et devient tribune politique. Certains en voient le prodrome dans les comédies de Beaumarchais, jouées à la veille de la Révolution : « Si Figaro *a tué la noblesse,* Charles IX *tuera la royauté », dira Danton. Les dernières années du siècle ne voient la création d'aucune grande œuvre, mais elles gagnent un public fidèle qui fera le succès du mélodrame.*

I UN SIÈCLE PASSIONNÉ DE THÉÂTRE

Dans l'engouement général pour le théâtre au XVIIIe siècle, la comédie tient la première place. Après la contrainte et le conformisme de la fin du règne de Louis XIV, des spectacles variés sont offerts à un large public, avide de divertissements et de nouveautés. Sous la Régence, les troupes à vocation comique deviennent plus nombreuses (Les Italiens, La Foire, le Boulevard) et font une rude concurrence à la Comédie-Française, la seule à jouer les grands genres (tragédie et haute comédie) classiques ou contemporains. Pendant les années suivantes, se développera le goût des pièces moralisantes ou « larmoyantes », qui préludent directement au drame bourgeois.

1. La vie théâtrale

1 Les théâtres

Aux salles « à privilège », l'Opéra et la Comédie-Française, vient s'ajouter la Comédie-Italienne, officialisée en 1723. Mais d'autres troupes se développent spontanément et vont saisir l'occasion de s'imposer. Ce sont elles qui empêchent le théâtre de se scléroser dans les cadres spécialisés des « trois spectacles ».

La Comédie-Française a seule, en principe, le monopole des pièces parlées. Elle reste un véritable lieu de consécration pour les auteurs qui parviennent à s'y faire jouer (certaines comédies de Marivaux y seront acceptées). Son succès tient surtout à ce répertoire renouvelé, car le public abandonne le théâtre classique, au point qu'en 1746 le duc d'Aumont devra supprimer les représentations des pièces de Molière.

La Comédie-Italienne devient sa rivale[1], mais connaît de son côté la concurrence des théâtres forains. Ces derniers ont profité de la suppression des Italiens (de 1697 à 1716), et connaissent une grande vogue durant les deux grandes foires parisiennes, Saint-Laurent (pendant tout l'été), Saint-Germain (en février et mars). Ils se produisent ensuite sur les fortifications, devenues lieux de promenade ; c'est l'origine des **théâtres des boulevards,** qui finissent par être tolérés : en 1759, Jean-Baptiste Nicolet peut s'installer boulevard du Temple.

Longtemps clandestins, ils parviennent cependant à jouer des auteurs importants, comme Lesage au début du siècle, et, surtout, à tourner les interdictions. C'est ainsi qu'ils ont inventé les « pièces en monologues » (le dialogue étant le privilège des théâtres officiels) ou les « pièces en écriteaux » : les paroles sont chantées par le public sur des airs connus, tandis que les acteurs jouent en restant muets. C'est l'origine de **l'opéra-comique,** officiel en 1715, dont le succès ne cessera plus. En effet, lorsqu'il fusionnera avec la Comédie-Italienne en 1762, ce sera son répertoire qui l'emportera et donnera naissance au vaudeville et à la comédie légère.

1. Sur la Comédie-Italienne, voir pp. 120-121.

La Loge. Gravure de J.M. Moreau le Jeune, XVIIIe s.

L'Opéra, bien que scène lyrique, est considéré par Voltaire ou Diderot comme un modèle pour le théâtre : en effet, les décors y transportent dans « un monde enchanté » et favorisent la magie du spectacle. Diderot souligne également que la concurrence était vive avec la Comédie-Française, car les deux salles étaient voisines et annonçaient en même temps le début de leurs représentations.

La situation de l'Opéra ne pouvait que se ressentir de l'existence d'une seconde troupe lyrique, dirigée par Favart. Par ailleurs, il devait connaître deux crises importantes : l'opposition entre les tenants de Lulli et ceux de Rameau, joués avec un succès grandissant à partir de 1733 ; puis **la « querelle des Bouffons »** lorsque Pergolèse est révélé aux Parisiens en 1753 *(La Servante maîtresse* et *Le Médecin ignorant).* La lutte entre deux esthétiques devient alors une bataille philosophico-politique où s'affrontent « les patriotes », qui défendent Rameau, et les Encyclopédistes, partisans du nouveau venu et d'une musique plus vivante.

Une forme de divertissement populaire, la parade, destinée à l'origine à attirer les spectateurs des tréteaux forains, connut un développement inattendu dans les théâtres privés. Ces **« théâtres de société »** sont innombrables, tant à Paris qu'en province, dans les salons et les châteaux des riches financiers ou des aristocrates, qui assurent parfois eux-mêmes les représentations. On y joue rapidement des parades, plus élaborées que les improvisations publiques, mais relevant du même goût pour la franche gaîté. On y joue également des œuvres plus littéraires : aux Délices ou à Ferney, où l'on sait que Voltaire aimait produire ses propres pièces ; à la cour de Sceaux, chez la duchesse du Maine ; au Théâtre des Petits Cabinets, installé à Versailles par Mme de Pompadour ; plus tard à Trianon.

2 Les conditions de représentation

Le théâtre, surtout le théâtre comique, touche un assez large public. **Les salles** n'étaient certes pas toujours pleines, mais le succès des spectacles populaires et la multiplication des scènes permanentes (cinq à Paris au milieu du siècle, contre deux en 1700 ; une dans plusieurs grandes villes : Bordeaux, Lyon, Besançon) prouve un intérêt grandissant. **Toutes les classes sociales** sont concernées ; non seulement les grands et les lettrés comme au siècle précédent, mais toute une frange de la population directement intéressée par des œuvres qui s'adressent autant au cœur qu'à l'esprit, les bourgeois (avocats, magistrats, financiers), pour qui la comédie, puis le drame, sont écrits.

Le public

L'ampleur et la qualité du public sont difficiles à évaluer. Dans sa *Lettre à d'Alembert...* (1758), Rousseau donne une indication : « Dans plus de 600 000 habitants, ce rendez-vous de l'opulence et de l'oisiveté fournit à peine au spectacle 1 000 ou 1 200 spectateurs. Les Comédiens-Français ont bien de la peine à le soutenir à Paris avec une assemblée de 300 spectateurs par représentation. »

Le témoignage d'un Anglais, séjournant à Paris en 1762, semble confirmer que le public parisien, comparé à celui des pays voisins, est composé d'**un nombre limité d'habitués :** « A Paris, le théâtre veut instruire ; à Londres, il veut distraire et réjouir. Le vrai noyau de votre public se compose de huit ou neuf cents personnes qui reviennent chaque jour, par goût ou par habitude. »

Pourtant, la lecture est encore beaucoup moins répandue que n'est importante la fréquentation des théâtres, les tirages des livres le prouvent (ils ne dépassent guère le millier ; les grands succès vont jusqu'à 3 000 exemplaires). Le prix des places de spectacle est en revanche stable et reste abordable. Ainsi, **un public de connaisseurs** accède à une forme de culture particulière, en marge de celle des lettrés. Son rôle n'est pas négligeable dans l'évolution du genre dramatique.

L'atmosphère des représentations mérite d'être évoquée. Elle évolue vers le milieu du siècle, mais reste très différente de celle que nous connaissons. Les spectateurs, debout au parterre, jusqu'en 1782, manifestent si bruyamment leur enthousiasme ou leur désapprobation qu'on essaie de les tempérer en préposant des « fusiliers », chargés de maintenir l'ordre. « On s'agitait, dit Diderot dans une lettre à Mme Riccoboni, on se remuait, on se poussait, l'âme était mise hors d'elle-même. » Les conditions s'améliorent. En 1759, la réforme du comte de Lauraguais permet aux acteurs de jouer plus librement sur une scène enfin débarrassée des banquettes réservées à la haute société. Cependant l'éclairage et l'acoustique continuent à poser des problèmes importants. Les salles conservent la forme rectangulaire des jeux de paume et ce n'est que dans les trente dernières années du siècle que l'on construira des théâtres à l'italienne.

Les comédiens, d'autre part, parviennent difficilement à évoluer vers une diction plus naturelle. La tradition, maintenue en particulier par la Comédie-Française et par l'accoutumance du public, freine leurs efforts. De même, on attendra encore longtemps des décors et des costumes plus vraisemblables.

C. Van Loo, *Mademoisele Sylvia*, XVIIIe s.

Les acteurs

Le métier d'acteur est méprisé, mais **les grands comédiens sont adulés par le public et redoutés par les écrivains,** car l'acceptation des pièces dépend d'eux seuls. Rousseau se plaint de cette situation dans *La Nouvelle Héloïse :* « L'acteur pour les Français est toujours l'acteur, jamais le personnage qu'il représente. Cet homme qui parle en maître du monde n'est point Auguste, c'est Baron ; la veuve de Pompée est Adrienne ; Alzire est Mlle Gaussin ; et ce fier sauvage est Grandval. » D'autres noms que ceux cités sont célèbres: La Clairon, Quinault-Dufresne, les Dangeville...

2. Le déclin de la tragédie

A la mort de Louis XIV, la tragédie classique ne fait que se survivre. Enfermée dans le respect des règles et des convenances et n'abordant que des sujets anciens, elle ne convient plus au public qui boude les représentations du Théâtre-Français, maintenues un jour sur deux par décret royal, en 1712. Mais bien que démodée, elle reste au premier rang dans la hiérarchie des genres. Les successeurs de Corneille et de Racine connaîtront quelques grands succès. A travers réformes, théories et querelles, l'histoire de la tragédie au XVIIIe siècle est autant celle des œuvres que celle du goût de l'époque pour les idées et pour l'émotion.

1 Une définition moderne de la tragédie : Houdar de La Motte (1672-1731)

Antoine Houdar de La Motte, auteur de quatre tragédies écrites pendant les dix dernières années de sa vie, commença sa carrière comme poète. Il s'était fait connaître dans le parti des Modernes, aux côtés de Perrault et de Fontenelle, par une adaptation en douze chants et en vers de *L'Iliade* (1713).

La théorie accompagne son œuvre théâtrale. Dans les *Discours sur la tragédie,* La Motte propose de substituer à la fatalité, **le pathétique, le spectacle de souffrances et de sentiments** qui, par contagion, touchent le spectateur : « On se laisse entraîner à l'émotion des personnages. »

Il s'intègre ainsi au mouvement qui, depuis la fin du XVIIe siècle (*Réflexions sur la poétique,* de **Fontenelle**), s'attache à réduire la tragédie à l'histoire malheureuse d'innocents opprimés. **Fénelon** en 1714, dans la *Lettre à l'Académie,* puis cinq ans plus tard, **l'abbé Du Bos** *(Réflexions critiques)* insistent à leur tour sur la nécessité de montrer la vertu victorieuse et d'émouvoir par de « grands événements », provoqués par des « passions violentes ».

Houdar de la Motte. Gravure d'après Ranck, XVIIIe s.

La Motte s'attaque également à l'emploi du vers, forme traditionnelle de la tragédie, et aux trois unités ; **une seule règle lui semble indispensable, « l'unité d'intérêt,** la vraie source de l'émotion continue et croissante jusqu'à la fin ». Ces dernières réformes resteront à l'état de propositions, mais la tragédie *Inès de Castro,* qui remportera un succès considérable en 1723, répond bien aux intentions essentielles de son auteur.

Le sujet (qui sera repris par Montherlant dans *La Reine morte,* 1942) a un fondement historique : le mariage secret de l'héroïne et du prince Dom Pedro risque de provoquer le courroux du roi Alphonse, qui prévoyait une autre alliance pour son fils. Inès retourne la situation, mais meurt empoisonnée. L'amour conjugal et l'affection paternelle l'emportent sur la raison d'État ; les situations touchantes abondent, Inès allant jusqu'à offrir ses enfants aux coups d'Alphonse ; enfin, l'intérêt est maintenu jusqu'au dénouement inattendu ; ces innovations, importantes en 1723, laissent prévoir le bouleversement beaucoup plus considérable qu'apportera le drame bourgeois. **Provoquer l'émotion est déjà le but de ce théâtre.**

2 Le classicisme mis à la mode : Voltaire

Voltaire fit ses débuts littéraires avec une tragédie, *Œdipe,* qui remporta un extraordinaire succès lors de sa création en 1718. Il écrira une vingtaine de tragédies au cours de sa longue carrière, et restera fidèle à la même conception : à l'opposé de ses contemporains, **il prétend suivre les modèles classiques, les trois unités** « dans lesquelles les autres beautés se trouvent renfermées », **l'alexandrin, les sujets antiques,** grecs surtout, dont le ressort n'est pas uniquement la passion amoureuse.

S'ajoutent cependant des traits nouveaux. Ainsi la tendance, qui sera aussi celle de Diderot, à faire du théâtre une tribune philosophique : le rôle néfaste de la religion sur le peuple et les rois, la cruauté des dieux qui font le malheur des hommes, le fanatisme enfin, sont sans cesse soulignés et attaqués, dans *Œdipe* (1718), *Zaïre* (1732) ou *Mahomet* (1743). Voltaire partage également avec ses contemporains **le goût des tableaux spectaculaires,** qui émeuvent ou horrifient. Ainsi *Zaïre* ou *Mérope* (1743) touchent parfois au pathétique ; dans *Œdipe,* l'apparition du grand prêtre à la porte du temple est un souvenir de la première représentation publique d'*Athalie* en 1716, qui avait fortement frappé les esprits. Les scènes de meurtre se multiplient par la suite, dans *Mahomet* notamment où Voltaire parvient au même degré d'horreur que son ennemi Crébillon père dans sa pièce la plus célèbre, *Atrée et Thyeste* (1707). Sous l'influence de Shakespeare, les apparitions, les corps ensanglantés sont présentés aux spectateurs (*La Mort de César,* 1735). Sur ce point encore, on voit que ce théâtre, qui se veut classique, sait innover.

Enfin, son respect des Anciens n'empêche pas Voltaire de **varier les lieux scéniques** (de nombreuses pièces se passent en Orient : à Jérusalem, à La Mecque, en Chine...) et les époques historiques, avec une prédilection pour le Moyen Age *(Zaïre, Adelaïde du Guesclin).* Double attirance fréquente au XVIIIe siècle, et qui deviendra habituelle dans le drame romantique.

Découverte de Shakespeare : admiration et horreur

De 1730 à 1760, on assiste à un regain de faveur pour Shakespeare, en Angleterre, où un des très grands acteurs de ce temps, Garrick, joue plus de la moitié de ses œuvres.

En France, on le découvre avec admiration ; mais il choque le « bon goût ». De nombreuses éloges paraissent, par exemple dans *Le Pour et le Contre* de **Prévost,** toujours accompagnés de réserves. Quant aux traductions, ce sont plutôt des adaptations : **La Place** consacre à Shakespeare la moitié de son *Théâtre anglais* en huit volumes (1745-1748), mais il supprime tout ce qui lui paraît « monstrueux ». Trente ans plus tard, le *Shakespeare traduit de l'anglais* (1775-1782) de **Le Tourneur** sera beaucoup plus fidèle.

Voltaire exprime son point de vue, en 1730, dans le *Discours sur la tragédie,* publié en tête de *Brutus* et dédié à Milord Bolingbroke : « Je suis bien loin de proposer que la scène devienne un lieu de carnage, comme elle l'est dans Shakespeare... ; mais j'ose croire qu'il y a des situations qui ne paraissent encore que dégoûtantes et horribles aux Français, et qui, bien ménagées, pourraient nous faire une sorte de plaisir dont nous ne nous doutons pas. »

L'élargissement géographique est général dans la tragédie de l'époque, et plus encore dans la seconde moitié du siècle. Il est souvent l'occasion de plaidoyers contre la superstition et le fanatisme : ainsi dans *Gustave Vasa* de **Piron** (1733), ou *Mahomet second* de **La Noue** (1738).

Le choix de cadres exotiques et de protagonistes orientaux, sultans, tyrans ou esclaves, favorise des intrigues extrêmement compliquées, les scènes de reconnaissance, les coups de théâtre. Autant d'éléments rebutants pour un lecteur moderne — ces œuvres ne sont plus guère jouées —, qui ont pourtant connu de brillants succès au XVIIIe siècle.

La tragédie jugée par les contemporains

Les critiques sont unanimes dans le refus. **Rousseau,** partisan de la suppression du théâtre, reproche à la tragédie de n'être ni vraisemblable ni utile. Dans la *Lettre à d'Alembert* (1758), il se livre à l'analyse de certaines œuvres contemporaines, de *Mahomet* de Voltaire, en particulier, qu'il condamne malgré leurs qualités : « Ne serait-il pas à désirer que nos sublimes auteurs daignassent descendre de leur continuelle élévation, et nous attendrir quelquefois pour la simple humanité souffrante ? » De même, son héros Saint-Preux (dans *La Nouvelle Héloïse,* II, l. 17) trouve « plusieurs des pièces tragiques, mais peu touchantes ».

De plus en plus, on conteste la valeur de la tragédie. **Beaumarchais** affirme (*Essai sur le genre dramatique sérieux,* 1767) : « Toute croyance de fatalité dégrade l'homme en lui ôtant la liberté, hors laquelle il n'y a nulle moralité dans ses actions. » **Mercier** proclame (*Du théâtre ou Nouvel Essai sur l'art dramatique,* 1773) : « Notre superbe tragédie si vantée n'est qu'un fantôme revêtu de pourpre et d'or, mais qui n'a aucune réalité. »

Voltaire apportait en effet la noblesse de ton que l'on attendait d'une tragédie et répondait à un nouveau besoin du public, celui d'innovations scéniques impressionnantes. Mais Voltaire n'a pas eu de descendance, et n'a fait que retarder la fin du genre tragique.

3. L'âge d'or de la comédie

1 L'héritage de Molière

Un certain nombre d'auteurs reprennent **les sujets et les situations des comédies de Molière.** Les mariages désirés, contrecarrés par les parents, favorisés par les valets, sont légion depuis les dernières années du XVIIe siècle. Sur les traces de Dancourt ou de Legrand (*La Famille extravagante,* 1709), **Dufresny** (1648-1724) se plaît à des intrigues compliquées, paysannes (*La Coquette de village,* 1715) ou domestiques (*La Réconciliation normande, Le Dédit,* 1719 ; *Le Mariage fait et rompu,* 1721). Certaines pièces de **Destouches,** comme *Le Philosophe marié* (1727) relèvent également de ce genre. D'autre part, les comédies de caractères trouvent de nouveaux ridicules à décrire : *La Métromanie ou le Poète* (1738) de **Piron,** et *Le Méchant* (1745) de **Gresset,** critiquent le monde parisien.

L'Accord de mariage. Gravure de R. Gailland, XVIIIe s.

L'écart se creuse cependant : péripéties, accent mis sur le romanesque, les nuances de la psychologie féminine et les ingéniosités de la coquetterie (**Marivaux** saura admirablement analyser l'âme féminine), tout concourt à **faire triompher le sentiment** sur les intentions des familles. Les mariages d'inclination récompensent souvent la vertu des prétendants et les mœurs vertueuses vont de pair avec le respect de la noblesse et de la fortune. Dans ces comédies, pas de problèmes d'argent que les pères ne puissent régler. De plus, à mesure qu'une partie de la bourgeoisie s'enrichit, les financiers sont considérés. On est loin, au milieu du siècle, de l'esprit de *Turcaret* (1709) de Lesage.

2

La comédie moralisante

Destouches (1680-1754)

La longue carrière de **Philippe Néricault-Destouches,** commencée en 1710, lui vaut son élection à l'Académie en 1723. Ses deux œuvres les plus connues sont *Le Philosophe marié* (1727) et *Le Glorieux* (1732). La dernière pièce, surtout, annonce parfaitement le nouveau genre comique, **plus édifiant que distrayant :** père noble, qui reparaît pour révéler leur identité à ses enfants, jeune fille irréprochable, prétendant sans défauts...

Comédie de caractères, *Le Glorieux* est aussi une comédie de mœurs, car la vanité accusée du comte est un des moteurs de cette société bourgeoise : Isabelle, richement dotée, peut prétendre épouser le comte ; Lisette ne peut épouser Valère que lorsqu'elle est reconnue par son père Lycandre. *Le Glorieux* est un des meilleurs exemples de la comédie des années trente (époque où Marivaux donne également une pièce moralisante, *La Mère confidente*). Un ensemble de bon ton, relevé par l'usage du vers, qui assure une juste mesure de rire et de réflexion. « C'est l'école du monde » selon un contemporain[1], **un habile mélange de comédie classique et de sérieux.** Destouches la définit lui-même dans sa Préface : « Une comédie est un ouvrage imparfait et même dangereux, si l'auteur ne s'y propose pas de corriger les mœurs, de tomber sur le ridicule, de décrier le vice, et de mettre la vertu dans un si beau jour qu'elle s'attire l'estime et la vénération publique. »

Voltaire

Bien qu'essentiellement auteur tragique (voir pages précédentes), **Voltaire** s'est, plus tardivement, essayé dans le genre comique. Dans *L'Enfant prodigue* (1734) ou *Nanine* (1749), il suit la mode de la comédie larmoyante que la vogue des romans de Richardson a lancée.

Nanine (comme l'indique le sous-titre, *Le Préjugé vaincu,* l'héroïne, bien que jeune fille pauvre, finira par épouser le comte d'Olban) contient de nombreuses situations émouvantes : la jeune orpheline, soumise à la volonté de ses riches protecteurs, est prête à être menée au couvent ; elle se laisse chasser sans protester ; mais la pièce se termine sur des scènes de reconnaissance, et **l'on s'attendrit devant un tel « excès de vertu ».** Voltaire s'est défendu d'avoir peint plus qu'un amour « naïf et tendre », sujet commun, selon lui, aux deux grands genres dramatiques : « C'est dans ce point où la tragédie s'abaisse et où la comédie s'élève, que ces deux arts se rencontrent et se touchent. » Théorie séduisante et appropriée à l'évolution du théâtre au milieu du siècle, mais difficile à mettre en pratique. *Nanine* attendrit, peut-être, mais ne fait pas « rire les honnêtes gens ».

En revanche, Voltaire ose présenter le thème de la mésalliance : Nanine, au contraire de l'héroïne du *Glorieux,* bien que n'étant pas la fille d'un gentilhomme, épouse un comte qui déclare que « la grandeur est dans le cœur » et non « dans les blasons ». **La comédie participe ainsi au combat philosophique,** et c'est par là qu'elle annonce le drame bourgeois.

Par ailleurs, certaines œuvres savent amuser, comme *La Femme qui a raison* (1749), écrite pour la cour du roi Stanislas ; quant à la pièce *L'Écossaise* (1760), elle participe à la lutte contre les ennemis des Encyclopédistes (elle répond aux *Philosophes* de Palissot).

1. *Philippe* Poisson, L'Impromptu de campagne, *1733.*

3 La comédie larmoyante : La Chaussée (1692-1754)

Pierre-Claude Nivelle de La Chaussée, « l'inventeur » du genre selon Lanson, fut « créateur, faute de génie ». Lorsqu'il écrit en 1733 sa première pièce, *La Fausse Antipathie,* **il sait émouvoir par « une action sérieuse grave, parfois pathétique,** et qui nous excite à la vertu en nous attendrissant sur ses infortunes et en nous faisant applaudir à son triomphe »[1]. Il répond ainsi à l'attirance générale pour la littérature sentimentale. En effet, à l'exemple des romanciers (*Manon Lescaut* de Prévost est publiée en 1731), les auteurs dramatiques s'avisent alors que les problèmes du cœur peuvent être traités avec gravité, et toucher davantage que les grandes passions tragiques.

La Chaussée exploitera cette veine pendant une vingtaine d'années, choisissant des thèmes d'intérêt domestique, situés dans un cadre familier au public bourgeois. Le mariage est son sujet préféré : mariage tenu secret, séparation et retrouvailles des époux (*La Fausse Antipathie,* 1733 ; *Mélanide,* 1741), amour dans le mariage (*Le Préjugé à la mode,* 1735), mariage d'inclination des enfants (*L'École des mères,* 1744)... La peinture des souffrances des parents, des mères surtout, lui vaut de grands succès. Le plus important fut celui de *Mélanide* (un père retrouve sa femme qu'il croyait morte, et sacrifie à son fils l'amour qu'il portait à une jeune fille), écrit à l'époque de la découverte de *Paméla,* livre de Richardson (1740), dont La Chaussée a tenté, sans succès, une adaptation théâtrale.

Beaumarchais justifiera en 1767 *(Essai sur le genre dramatique sérieux)* l'intérêt de ces pièces. Il associe dans son admiration les œuvres de **Voltaire,** *L'Enfant prodigue, Nanine, L'Écossaise,* à la *Mélanide* de **La Chaussée :** « Elles nous ont accoutumés à nous plaire à la peinture touchante d'un malheur domestique, d'autant plus puissante sur nos cœurs qu'il semble nous menacer de plus près. » C'est pour les mêmes raisons que, dès 1742, **Fontenelle** soutient **la comédie larmoyante,** dans ses *Réflexions sur la poétique.*

Le pathétique prend ainsi la place du tragique et se développe aux dépens du comique. La majorité des œuvres écrites depuis 1730 montrent le besoin d'un genre intermédiaire entre les deux grands genres traditionnels, devenus caducs. Voltaire, Destouches, La Chaussée (à côté de Piron, Gresset, Landois, Mme de Graffigny...) donnent les meilleurs exemples de cette transformation du goût, plus remarquable par ce qu'elle annonce que par les réalisations du moment.

Le théâtre bourgeois en Angleterre

Le même mouvement théâtral existe en Angleterre. **George Lillo** (1693-1739), fils d'un bijoutier londonien, met en scène les préoccupations sociales et affectives de la classe moyenne. Il affirme avoir ainsi une influence morale plus grande, puisqu'il touche un public plus large. Ses œuvres, en particulier *Le Marchand de Londres* (1731), annoncent l'évolution future du théâtre, tant en Angleterre qu'en France. Diderot lira cet auteur ; l'abbé Prévost informera les lecteurs du *Pour et* [du] *Contre* de ces réalisations anglaises.

1. *Les citations sont extraites de la thèse de Gustave* LANSON : Nivelle de La Chaussée et la comédie larmoyante, *Hachette, 1887.*

II MARIVAUX (1688-1763) ET LA COMÉDIE DE L'AMOUR

1. La voie théâtrale

La vocation littéraire de **Marivaux** est d'abord romanesque (voir p. 68). Ses premières œuvres (parmi lesquelles des parodies de sujets « anciens ») ainsi que sa participation au *Mercure galant*, dès son arrivée à Paris, font de lui résolument un Moderne, ami de Fontenelle et de Houdar de La Motte.

La période qui va de 1720 à 1743 est la plus productive de sa carrière. En plus de nombreuses publications journalistiques, il composera trente-deux comédies, jusqu'à son élection à l'Académie. Habitué des salons parisiens, Marivaux semble installé dans une classe consommatrice, la bourgeoisie d'argent. Cette appartenance sociale, son conservatisme politique et ses convictions religieuses expliquent l'hostilité des philosophes, en particulier de Voltaire, à une œuvre qui reflète pourtant une sensibilité et des préoccupations morales qui auraient dû les rapprocher. Marivaux n'est, cependant, pas tenté d'écrire pour la troupe la plus noble, la Comédie-Française, mais pour celle des Italiens, qui ont été rappelés à Paris par le Régent en 1716.

La Comédie-Française est depuis 1680 située rue des Fossés-Saint-Germain (aujourd'hui rue de l'Ancienne Comédie). Le retour des Italiens, chassés en 1697 par Mme de Maintenon, lui crée des rivaux. En effet, **la troupe des Riccoboni** abandonne peu à peu la langue italienne et joue un répertoire très varié. Installée dans l'ancien Hôtel de Bourgogne, rue Mauconseil, elle devient, en 1723, la seconde troupe officielle des « Comédiens ordinaires du Roi ».

Marivaux trouve chez eux **la vivacité du jeu, l'amour de la pantomime, une liberté** qui enchantera aussi Diderot. Il trouve également des personnages traditionnels, qu'il dotera d'une psychologie et d'un langage complexes : des amoureux, et surtout des valets et soubrettes, Arlequin et Colombine, évoluant dans un univers de fantaisie. Son système dramatique prend forme pendant les années où il leur est exclusivement attaché (1720-1727), en fonction du nombre limité des comédiens, spécialisés chacun dans un emploi déterminé, selon leurs possibilités surtout, et leur connaissance du français. Les deux actrices de la troupe auront pour cette raison des rôles plus importants (Flaminia et Silvia), et celui d'Arlequin restera au début plus gestuel.

Cette situation va rapidement se modifier. Dès la première *Surprise de l'Amour* (1722), Arlequin passe au second plan ; il devient le double de son maître et son témoin perspicace. S'il n'est plus, à partir de ce moment, le meneur de jeu, il gagne en profondeur psychologique. En effet, les soubrettes suivant la même évolution, il forme avec Colombine, puis Lisette, un couple qui reproduit dans le registre comique celui des protagonistes.

Départ des Comédiens-Italiens, en 1697. Gravure de L. Jacob, XVIIIe s.

Le théâtre de Marivaux s'éloigne ainsi progressivement du modèle italien, qu'il suit pourtant encore dans *Arlequin poli par l'Amour* (1720). L'importance que prennent les valets de type français, Frontin ou Dubois, à partir du *Jeu de l'Amour et du Hasard* (1730) est le signe le plus manifeste de cet éloignement, ainsi que la création d'un personnage féminin, joué le plus souvent par Silvia, qui déborde les rôles connus d'amoureuses ou d'ingénues.

Cela contribue à l'enrichissement du répertoire de **la troupe italienne** et augmente son crédit, face à la première troupe officielle. Pourtant elle fusionnera en 1762 avec l'opéra-comique, et disparaîtra peu à peu. Au contraire, **les comédies de Marivaux connaîtront une nouvelle faveur** à l'époque révolutionnaire : grâce à l'abolition du privilège (janvier 1791), elles pourront être jouées dans tous les théâtres, en particulier par la Comédie-Française. Elles lui seront même réservées pendant une bonne partie du XIXe siècle, puisque la liberté des répertoires sera à nouveau supprimée par des décrets impériaux de 1807.

L'originalité de ces œuvres relativement à la commedia dell'arte ou à la tradition française inaugurée par Molière ne doit pas faire oublier leur variété. Dès les débuts, les comédies d'amour voisinent avec les comédies d'intrigue, de mœurs, héroïques ou philosophiques. Tous ces genres continueront à être illustrés pendant plus de vingt ans, ainsi que de rares exemples du genre moralisant.

Comédies d'amour : *La Surprise de l'Amour* (1722) ; *La Double Inconstance* (1723) ; *La Seconde Surprise de l'Amour* (1727) ; *Le Jeu de l'Amour et du Hasard* (1730) ; *Les Serments indiscrets* (1732) ; *L'Heureux Stratagème* (1733) ; *Le Legs* (1736) ; *Les Fausses Confidences* (1737), etc.

Comédies d'intrigue : *La Fausse Suivante* (1724) ; *Le Dénouement imprévu* (1724) ; *La Méprise* (1734), etc.

Comédies de mœurs : *L'École des Mères* (1732) ; *Le Petit-Maître corrigé* (1734) ; *L'Épreuve* (1740), etc.

Comédies héroïques ou fantaisistes : *Arlequin poli par l'Amour* (1720) ; *Le Prince travesti* (1724) ; *Le Triomphe de l'Amour* (1732), etc.

Comédies philosophiques : *L'Ile des Esclaves* (1725) ; *L'Ile de Raison* (1727) ; *La Nouvelle Colonie ou la Ligue des Femmes* (1729), etc.

Comédies moralisantes : *La Mère confidente* (1735) ; *La Femme fidèle* (1755).

2. « La science du cœur humain »

La « surprise de l'amour »

Le cheminement du sentiment, depuis le trouble de la première rencontre jusqu'à la claire conscience et à l'acceptation de soi-même, tel est le schéma général de ces comédies. Pourtant, l'on est loin des ravages de la passion et, si Marivaux peut être comparé à Racine, c'est seulement par leur souci commun d'analyser le cœur humain. L'orientation n'est pas la même : la crise intérieure de Silvia *(La Double Inconstance)*, ou de la Comtesse et de Lelio *(La Surprise de l'Amour)* leur fait découvrir ce qu'ils sont et par là nous découvre à nous-mêmes.

Le grand thème marivaudien reste en effet celui de « la surprise de l'amour ».

***La Surprise de l'Amour* (1722)**

Pierre, jardinier de la Comtesse, et Jacqueline, suivante de Lelio, concluent un accord amoureux. Or leurs maîtres, dont ce couple idéal souhaite l'accord (monétaire), ont des positions identiques c'est-à-dire négatives au sujet de l'amour. Cependant Lelio et la Comtesse se rencontrent pour discuter du mariage de leurs gens et finissent par échanger leurs propres points de vue. Ils décident, par jeu, de chercher à se faire aimer de l'autre, tout en étant, chacun, résolu à ne pas succomber. Mais la réflexion se fait miroir et, à force de parler toujours de l'amour, ils en viennent à l'éprouver véritablement. Pourtant leurs discours et leur rôle les piègent et leur masquent cet amour auquel ils résistent, par crainte ou amour-propre. Si l'amour est là, porté par la parole, il reste encore à le déclarer. Or cette comédie qu'ils se donnent à eux-mêmes si sérieusement a pour spectateur amusé le couple de leurs valets, Arlequin et Colombine. D'abord commentateurs ironiques, ils interviennent finalement dans le jeu de la Comtesse et de Lelio pour forcer ces derniers à découvrir et à accepter la vérité de leurs cœurs. Pour cela, ils multiplient ruses, tromperies et mensonges, induisant en erreur les protagonistes sur leurs sentiments réels. Et la vérité surgit alors par surprise, à l'étonnement des personnages, dans un mot ou deux...

La puissance de l'amour

Héritier du classicisme par la croyance en l'universalité de la psychologie — « Je me suis connu autant qu'il est possible de se connaître : j'ai cru voir que nous nous ressemblions presque tous. » (21e Feuille du *Spectateur français*) —, Marivaux est aussi représentatif de « l'aube des Lumières » : en effet, **le « mouvement » intérieur qui accompagne le premier regard est naturel,** et ne saurait donc mentir. De même, si l'intrigue est rigoureusement construite (un meneur de jeu annonce même fréquemment le dénouement), c'est qu'elle repose sur un « je ne sais quoi » et confirme cette attirance spontanée, « ce charme répandu sur un visage, et qui rend une personne aimable sans qu'on puisse dire à quoi il tient ».

Instantanément, les personnages sont comme égarés, plongés dans le chaos. Cette « surprise » qu'ils expriment tous (« Je ne sais où j'en suis ») inaugure **une série d'épreuves** auxquelles ils ne pourront se soustraire. Épreuves intérieures, car l'amour-propre se révolte contre la soumission à l'amour ; par là, épreuves imposées à autrui, contraint par le jeu des masques et des déguisements à se révéler le premier.

Derrière la légèreté et même la féerie de certaines pièces, **ce sont tous les mécanismes du sentiment** qui se révèlent, ainsi que, souvent, la force du désir qui, dès la première rencontre, accroît le désarroi des personnages et les contraint à la sincérité.

Le Jeu de l'Amour et du Hasard **(1730)**

Acte I. Mise en scène du jeu : Silvia est promise à Dorante. Pour mieux l' « examiner », elle décide de prendre la place de sa servante, Lisette, laquelle jouera le rôle de sa maîtresse. Dorante a la même idée, et paraît déguisé en Arlequin, tandis que celui-ci se fait passer pour son maître. Mais chacun garde son langage et ses manières... Silvia est charmée par Dorante.

Acte II. Révélation d'une partie du jeu : le père de Silvia, M. Orgon, est au courant de la double expérience et veut observer son déroulement jusqu'au bout. Lisette et Arlequin se plaisent mutuellement ; mais Dorante et Silvia souffrent d'éprouver des sentiments qu'ils ne peuvent exprimer et voudraient là arrêter le jeu. Prêt à partir, le jeune homme se décide à révéler son identité à Silvia (sc. 12) qui invente une nouvelle feinte : se prétendre aimée de son frère, Mario.

Acte III. L'amour l'emporte : Dorante, jaloux de Mario, va devoir mettre à l'épreuve son amour en acceptant d'épouser une soubrette (sc. 8). Il a été « la dupe de son propre stratagème », et Silvia a su pousser le jeu jusqu'à son terme. De leur côté, Lisette et Arlequin se sont avoués leur véritable condition ; maîtres et serviteurs seront heureux.

3. Peinture sociale et morale

Si l'appréhension de l'amour est la grande affaire de ce théâtre, c'est aussi qu'il témoigne d'**un état de société où il est de bon ton de distinguer amour et mariage.** Les ingénues, comme les amoureuses marivaudiennes, sont des bourgeoises ou des aristocrates déjà déçues, ou qui redoutent de l'être. Les préjugés de classe ne font qu'augmenter les raisons qu'ont les femmes de cacher, et de se cacher à elles-mêmes, leurs sentiments. Silvia, déguisée en Lisette, l'éprouve tout au long du *Jeu de l'Amour et du Hasard.* On comprend que la lucidité vienne plus vite aux soubrettes et qu'elles tentent d'éclairer leurs maîtresses, plus longtemps aveuglées. Ainsi Lelio et la Comtesse, dans *la Surprise de l'Amour,* ne se déclarent que poussés par Arlequin et Colombine.

Car les différences sociales ne mènent guère à la révolte des valets. Elles servent bien davantage à **faire parler « la voix de la nature »** et à lui donner l'avantage sur l'artifice et la prétention. Certes, les dénouements remettent les choses à leur place : Silvia a cru aimer Bourguignon, mais c'est que Dorante se cachait sous la livrée *(Le Jeu de l'Amour et du Hasard) ;* auparavant les maîtres ont eu l'occasion d'entendre une leçon de vie simple et naïve. C'est elle qui prévaut jusque dans *L'Ile des Esclaves* où, après un naufrage, les conditions sont renversées ; Arlequin rend son habit à Iphicrate et exprime sa philosophie : « Il faut avoir le cœur bon, de la vertu et de la raison ; voilà ce qui distingue, ce qui fait qu'un homme est plus qu'un autre. »

Nous sommes donc sans cesse ramenés au cœur et à **l'exigence morale de clairvoyance et de sincérité.** C'est cette exigence qui fait vivre les personnages marivaudiens dans l'instant, dans la découverte de l'amour, et non dans la durée qui succèdera aux aveux. Ils sont les reflets d'une époque incertaine et fragile, peut-être ; les porte-parole,

F. Boucher,
La Chanteuse,
XVIIIe s.

plutôt, d'une revendication essentielle : le droit à la sensibilité, donc à l'inconstance. On peut hésiter cependant à ne voir en eux qu'abandon au hasard et discontinuité. La sincérité comporte le risque de l'infidélité à autrui ; mais non à soi-même. Se découvrir est une expérience constructive, un éveil et un enrichissement.

4. Le marivaudage

Le marivaudage, terme apparu vers 1760, a désigné pendant longtemps un badinage artificiel, à la subtilité excessive, hors de toute vraisemblance, que les contemporains qualifiaient déjà de « guindé, fleuri, précieux ». A ces critiques, qui aboutissaient à nier la possibilité de faire entendre l'association d'une forme de sensibilité et d'esprit, naturelle dans les salons, Marivaux a répondu dans l'Avertissement des *Serments indiscrets* (1732) : « J'ai tâché de saisir le langage des conversations et la tournure des idées familières et variées qui y viennent. » Rien ne fait du reste mieux ressortir **ce naturel** que la lourdeur et l'imitation à laquelle se livrent les valets déguisés en maîtres.

Ce langage « singulier », comme le reconnaît l'auteur, est indissociable de son théâtre, car il est précisément approprié à des personnages qui cherchent à dissiper le trouble dans lequel ils sont plongés et veulent s'assurer de la sincérité d'autrui. **Il permet le jeu raffiné et compliqué des sentiments, jusqu'à la révélation finale.** Marivaux insiste, dans *Le Cabinet du philosophe*, sur la nouveauté de son entreprise : « L'homme qui pense beaucoup approfondit les sujets qu'il traite : il les pénètre, il y remarque des choses d'**une extrême finesse** que tout le monde sentira quand il les aura dites. »

Le marivaudage est donc « une langue à part », **une langue double** où se surimpose, aux mots employés, un autre langage : « tournure du discours, ton, gestes et même regards ». Il crée une communication ambiguë, qui dure jusqu'à ce que la sensibilité puisse s'exprimer directement. **Le marivaudage cesse quand l'amour commence.**

BIBLIOGRAPHIE

Éditions

MARIVAUX, *Théâtre complet,* Éd. Marcel ARLAND. Gallimard (bibl. de la Pléiade) 1949-1957. — Éd. Frédéric DELOFFRE, (2 vol.). Garnier, 1968.

Études
(plus spécialement consacrées au théâtre de Marivaux)

Bernard DORT, *Théâtre public.* Le Seuil, 1967.

Maurice DESCOTES, *Les Grands Rôles du théâtre de Marivaux.* P.U.F., 1972.

Antoine SPACAGNA, *Entre le oui et le non : Essai sur la structure profonde du théâtre de Marivaux.* Berne-Francfort, Peter Lang, 1978.

III LE DRAME BOURGEOIS

1. Diderot, théoricien dramatique

Plus de dix ans avant d'écrire un traité d'esthétique dramatique, le *Paradoxe sur le comédien*[1], **Diderot** entreprend de publier, en 1757, une comédie sérieuse, *Le Fils naturel,* accompagné de *Trois Entretiens avec Dorval.* L'année suivante, la comédie *Le Père de famille,* suivi du *Discours sur la poésie dramatique,* devait compléter et préciser certains points du nouveau genre qu'il fondait.

Le mérite de Diderot consiste à avoir perçu la transformation du théâtre, l'intérêt manifeste du public pour des œuvres qui ne relevaient ni de la comédie ni de la tragédie, et d'avoir ressenti la nécessité de s'interroger sur ce genre en gestation. La théorie, construite en 1757-1758, est celle d'un connaisseur qui fréquente assidûment les salles de spectacle et est tenté de faire ses preuves lui-même comme auteur dramatique, en même temps que celle d'un philosophe à l'écoute de son temps. C'est une analyse qui éclaire la situation présente et oriente l'avenir. Beaumarchais, plus tard Louis-Sébastien Mercier, feront figure de disciples lorsqu'ils reprendront ses idées et les illustreront par leurs drames.

1. *Voir p. 44.*

1 Le « genre sérieux »

C'est dans le *Troisième Entretien sur le Fils naturel* que Diderot définit le « genre sérieux » qui permet de représenter « les conditions dans la société » et « les actions importantes dans la vie », « sans ridicule qui fasse rire, sans danger qui fasse frémir ; composition dramatique où le sujet sera important, où le poète prendra le ton que nous avons dans les affaires sérieuses, et où l'action s'avancera par la perplexité et par les embarras ».

Cette définition permet d'établir une poétique, dont **le premier principe est le réalisme.** Genre des « nuances imperceptibles », le drame offre de nombreuses variations, mais reste éloigné des mélanges trop contrastés de la tragi-comédie. « L'intrigue doit être simple, domestique et voisine de la vie réelle. » C'est donc le monde contemporain qui sera représenté, avec ses problèmes quotidiens, sociaux ou privés, dans des cadres familiers aux spectateurs.

Peindre la réalité, c'est aussi refuser l'originalité. Il ne s'agit pas de mettre en scène les particularités psychologiques de certains êtres remarquables, mais des comportements qui, bien que divers, sont justifiés par les situations. Selon le précepte de Diderot, « **les conditions et les relations** » doivent l'emporter sur les « caractères ».

Mercier est d'accord avec Diderot (*Nouvel Essai sur l'art dramatique,* 1773) : « Le Drame est un beau moment de la vie humaine, qui révèle l'intérieur d'une famille, où sans négliger les grands traits on recueille précieusement les détails. » A la base de ces revendications, il y a une intention essentielle : écrire pour un public élargi, et non seulement pour des initiés, habitués aux conventions théâtrales. **Beaumarchais** partage ce désir de s'adresser à « la multitude en rumeur » : « Il est moins question de discuter et d'approfondir que de sentir, de s'amuser ou d'être touché. »

C'est pourquoi on opte pour **la prose,** en théorie tout au moins, car bien des drames restent fidèles au vers : « Puisque ce sont des hommes qui parlent, dit Mercier, il faut revêtir le drame de la diction qui lui convient. » C'est pourquoi aussi, tout sera fait par les auteurs pour **donner l'impression du réel :** notations de décor, indications de jeux scéniques se développent. A la suite de Diderot on réclame des costumes vraisemblables qui permettraient aux acteurs d'être naturels, alors qu'ils sont le plus souvent « mannequinés ». Il importe, enfin, de supprimer les longues tirades et de les remplacer par **le geste.** Dans le *Discours* de 1758, Diderot insiste sur l'importance de la « pantomime », que les comédiens italiens avaient révélée : « Elle fait tableau, donne de l'énergie ou de la clarté au discours. »

Le principe d' « unité » est la seconde règle esthétique imposée au drame. Unité d'intérêt tout d'abord, obtenue par « un sujet important et une intrigue simple » ; unité de « coloris » surtout, qui permet d'élargir la gamme des œuvres, depuis « la tragédie de nos malheurs domestiques » jusqu'à la comédie sérieuse.

2

Le drame, reflet d'une idéologie

Ces exigences esthétiques répondent aux conceptions idéologiques de Diderot et sont en conformité totale avec la sensibilité du public auquel le drame est destiné.

Plus qu'aucun autre, **ce public bourgeois associe bonheur, morale et sociabilité,** et découvre au théâtre la possibilité de plaindre gratuitement son semblable. La pitié tragique devient attendrissement et goût des larmes. Or, cette capacité d'émotion au spectacle des malheurs d'autrui renforce la conviction du philosophe : l'homme est un être sociable, naturellement bon. Un personnage est donc d'autant plus convaincant qu'il est vertueux.

Le théâtre et la philosophie

La cabale organisée à propos des deux drames de Diderot est moins dirigée contre le dramaturge que contre le philosophe. L'image que ce dernier donne de lui-même à travers ses personnages (qui risque de frapper davantage les esprits sur scène que dans ses écrits) est en effet celle d'un homme bienfaisant, dont la vertu découle des principes d'une morale bourgeoise, laïque et tolérante. C'est contre la mise en cause des valeurs spirituelles, traditionnellement admises, que s'élève, en 1760, la satire de Palissot, *Les Philosophes.*

Enfin, Diderot entend faire œuvre utile, en donnant des modèles de conduite vertueuse. C'est la seconde justification idéologique de l'esthétique réaliste : s'il n'y a pas de distance entre la scène et la salle, « le spectateur ne peut se cacher que l'état qu'on joue devant lui ne soit le sien ». Ainsi, « il ne peut méconnaître ses devoirs » et, par contagion, **le théâtre devient une école de vertu.** Les auteurs de drames ne cesseront de prêcher, par l'exemple, d'être des « prédicateurs laïcs, prédicateurs les plus éloquents de l'honnêteté et de la vertu ».

Le théâtre en France et en Allemagne : Diderot et Lessing
Si le théâtre allemand est très peu connu en France, un mouvement d'ouverture aux productions européennes se dessine en Allemagne. **Lessing** (1729-1781) découvre très tôt, avec enthousiasme, les œuvres de **Diderot.** Il traduit en 1767 *Le Fils naturel* et *Le Père de famille,* qu'il voit jouer au National Theater de Hambourg ; dans ses articles de critique, publiés sous le titre de la *Dramaturgie de Hambourg* (1767-1768), il continue à manifester son intérêt pour cet effort de « libération ». L'année 1767 est marquée par un autre événement : Lessing publie lui-même un drame, *Minna von Barnhelm,* que Goethe admirait. D'autre part, à partir de 1770, l'influence de Diderot, conjuguée avec celle de Lessing, se fait sentir sur les scènes parisiennes. On peut voir également à cette époque des adaptations de pièces germaniques.

Le drame, instauré par Diderot, devait se révéler un genre théâtral particulièrement vivant, sous des formes variées : drame romantique au XIXe siècle, puis drame symboliste, il est devenu à l'époque contemporaine une forme très courante, dont on ne peut donner les caractéristiques spécifiques. « Au XXe siècle, l'histoire du Drame tend à se confondre avec l'histoire du théâtre » (Michel Lioure).

2. Les avatars du drame bourgeois

1 L'adaptation au public

Le succès auprès du public est certain : plus de cent drames sont joués jusqu'à la fin du siècle, tant en province qu'à Paris. Le nouveau genre s'installe et entraîne le théâtre sur une voie irréversible. De son côté, l'Académie l'admet : elle enregistre le mot dans son Dictionnaire en 1762, élit plusieurs auteurs, parmi lesquels Sedaine.

Il connaît cependant des détracteurs : les critiques qui s'en tiennent à la tradition et au goût classique ; la Comédie-Française, qui refuse de jouer des œuvres de ce registre. Ces oppositions ont un rôle indéniable, car elles ne font qu'accentuer la pente naturelle du drame qui, dès les *Entretiens* de Diderot, est conçu pour **un nouveau public, moyennement cultivé, auquel on tente de faire prendre conscience des problèmes de son temps.** « Parlez à la multitude de ses mœurs, de sa fortune, de sa position actuelle, elle vous entendra », dit Mercier en 1773.

C'est ainsi que les sujets, en majorité « domestiques » à l'origine, pourront être élargis et comporter des allusions à l'actualité sociale ou politique. Le drame devient « historique », pour mieux critiquer le pouvoir royal : citons *Jean Hennuyer évêque de Lisieux* de Mercier (1772) ; *La Partie de chasse de Henri IV* de Charles Collé (1774).

La tragédie, pour sa part, devient « nationale ». **Dormont de Belloy** s'en proclame le fondateur en 1765 : *Le Siège de Calais* fut un événement.

ARTS EN FRANCE ET A L'ÉTRANGER•

	Art rocaille ; Rococo
1713-30	Couperin : *Les Quatre Livres pour le clavecin*
1720	Watteau : *L'Enseigne de Gersaint*
1721	Bach• : *Six Concertos brandebourgeois*
1723-31	Bach• : les trois *Passions*
1725	Vivaldi• : *Les Quatre Saisons*
v. 1730	Scarlatti• : *Œuvres pour clavecin*
	Peintures de Tiepolo• et Canaletto•
1733-49	Rameau : les opéras, d'*Hippolyte et Aricie* à *Zoroastre*
1733	Pergolèse• : *La Servante maîtresse*
v. 1735	Portraits et caricatures de Hogarth•
1740	Boucher : *Le Triomphe de Vénus*
1740-45	G. Coustou : *Les Chevaux de Marly*
1742	Nattier : *Madame Henriette en Flore*
	Portraits de La Tour. — Œuvres religieuses de Telemann•
1748-62	Bouchardon : *Statue équestre de Louis XV*
v. 1750	Longhi• : *Vues vénitiennes*
1750	Piranèse• : *Prisons imaginaires*
1753-63	Vernet : *Les Ports de France*
1755	Chardin : *Le Gobelet d'argent*
	Début du retour à l'antique
v. 1760	Guardi• : *Vues vénitiennes*
1761	Greuze : *L'Accordée de village*
1762-70	*La Place royale* [la Concorde] par Gabriel
1762	Gluck• : *Orphée et Eurydice*
1764	*Église Sainte-Geneviève* [le Panthéon] par Soufflot
v. 1765	Sculptures de Falconet et J.B. Lemoyne
1767	Robert : *Ruines*
	Haydn• : *Stabat Mater*
1774	Ledoux : début des *salines d'Arc-et-Senans*
1775	Fragonard : *La Fête à Saint-Cloud*
1776	Pigalle : *Mausolée du comte d'Harcourt*
1778	Mozart• : *Symphonie concertante*
	Gluck• et Piccinni• : *Iphigénie en Tauride* (deux œuvres rivales)
1779	Gainsborough• : *L'Enfant en bleu*
	Houdon : *Rousseau*
1781	Mozart• : *L'Enlèvement au sérail*
1784	Grétry : *Richard Cœur de Lion*
1786	David : *Le Serment des Horaces*
1787	Vigée-Lebrun : *La Reine et ses enfants*
	Mozart• : *Dom Juan*
1788	Mozart• : *Symphonie « Jupiter »*
	Reynolds• : *Francis George Hare*
1791	Mozart• : *La Flûte enchantée*
	Cimarosa• : *Le Mariage secret*
1794	Goya• : *La Maison des fous*
1795	Goya• : *La Duchesse d'Albe*
1798	Haydn• : *La Création*

TEXTES ÉTRANGERS

1719	Defoe : *Robinson Crusoé*
1721	Addison : *Œuvres*
1722	Defoe : *Moll Flanders*
1725	Vico : *La Nouvelle Science*
1726-30	Thomson : *Les Saisons*
1728	Gay : *L'Opéra des gueux*
1731	Lillo : *Le Marchand de Londres*
1733	Pope : *Essai sur l'homme*
1734	Métastase : *La Clémence de Titus*
1739	Hume : *Traité de la nature*
1740	Richardson : *Paméla*
1742	Fielding : *Joseph Andrews*
1742-45	Young : *Les Nuits*
1745	Swift : *Instructions aux domestiques*
1747-48	Richardson : *Clarisse Harlowe*
1748	Hume : *Essai sur l'entendement humain*
1749	Fielding : *Tom Jones*
v. 1750-60	Comédies de Goldoni
1756	Gessner : *Idylles*
1758	Swedenborg : *La Nouvelle Jérusalem*
1760	Macpherson : *Poèmes d'Ossian*
	Sterne : *Tristram Shandy*
1764	Walpole : *Le Château d'Otrante*
1766	Goldsmith : *Le Vicaire de Wakefield*
1767	Lessing : *Dramaturgie de Hambourg*
1768	Sterne : *Voyage sentimental*
1770-75	Le Sturm und Drang, en Allemagne
1774	Goethe : *Les Souffrances du jeune Werther*
1776	Smith : *Recherches sur la nature et les causes de la richesse des nations*
1779	Hume : *Dialogues sur la religion naturelle*
1781	Kant : *Critique de la raison pure*
1782	Schiller : *Les Brigands*
	Alfieri : *Saül*
1788	Kant : *Critique de la raison pratique*
1789	Goethe : *Torquato Tasso*
1793	Blake : *Mariage du Ciel et de l'Enfer*
1794	Radcliffe : *Les Mystères d'Udolphe*
1795-96	Goethe : *Wilhelm Meister*
1795	Lewis : *Le Moine*
	Kant : *Projet de paix perpétuelle*
1798	Malthus : *Essai sur le principe de population*
1799	Hölderlin : *Hypérion*

XVIIIe	ÉVÉNEMENTS POLITIQUES ET SOCIAUX	SCIENCES ET TECHNIQUES

1715

ÉVÉNEMENTS POLITIQUES ET SOCIAUX

1715-1723 : la Régence

1716 Système de Law
1718 Quadruple Alliance, œuvre de Dubois
1720-21 Débacle financière. - Émeutes à Paris. - Peste à Marseille

1723-1774 : Louis XV

1726-43 Ministère de Fleury
Salon de Mme de Tencin
1733-35 Guerre de succession de Pologne
Paix de Vienne
1740-86 Frédéric II, roi de Prusse
1741 Guerre de Succession d'Autriche
Salon de Mme du Deffand

1730

SCIENCES ET TECHNIQUES

1718 Halley, et le mouvement propre des étoiles
1719 Compagnie des Indes
1721 Halley, et la cloche à plongeur
1722 Travaux mathématiques de Cotes, de Riccati
Réaumur fonde la métallographie
1727 Hales, et la circulation de la sève
1731 Académie de chirurgie
1735 1er chronomètre, de Harrison
1736-45 Calcul du méridien terrestre par Maupertuis, Celsius, Camus, La Condamine
1738 Classement des êtres vivants par Linné
D. Bernoulli et l'hydrodynamique
1740 Système de communication pour les sourds-muets par l'abbé de L'Épée
1742 L'échelle thermométrique centésimale de Celsius

1743

ÉVÉNEMENTS POLITIQUES ET SOCIAUX

1744-58 Guerre coloniale avec l'Angleterre
1748 Traité d'Aix-la-Chapelle
Mme de Pompadour favorite (1754-64)
Salon de Mme Geoffrin
1752-54 La Querelle des Bouffons
1755 Désastre de Lisbonne
1756 Guerre de Sept Ans
1762-96 Catherine II, tsarine
1763 Traité de Paris
Choiseul reconstitue la flotte et l'armée
Salons de Mlle de Lespinasse, de Mme d'Épinay, de Mme Necker
Condamnation des francs-maçons ; expulsion des Jésuites
Émeutes de la faim

1760

SCIENCES ET TECHNIQUES

Travaux mathématiques de Euler
1745 Métier à tisser automatique de Vaucanson
Travaux de d'Alembert (math. ; astronomie)
1748 Fouilles de Pompéi
1750 Carte de France, dite de Cassini
v. 1750 Le semoir électrique. - La berline. - Le paratonnerre. - La machine à coudre (1755-1852)
Découverte du nickel, du platine, du cobalt ; de l'arbre à caoutchouc
1759 1re manufacture de toiles imprimées d'Oberkampf
1760 Black fonde la calorimétrie
Identification du gaz carbonique, de l'hydrogène, de l'azote, de l'oxygène
1766-69 Voyage de Bougainville
1768-79 Voyage de Cook
Travaux mathématiques de Lagrange, Lambert, Monge
1772-86 Lavoisier, et la chimie moderne (avec Berthollet)

1774

ÉVÉNEMENTS POLITIQUES ET SOCIAUX

1774-1793 : Louis XVI

1776 Indépendance des États-Unis
1778 Intervention française
Turgot, puis Necker (1776) ministres
1783 Traité de Versailles
1788 Convention des États généraux

1789 : Révolution française

Georges Washington aux États-Unis (1789-97)

1790 Création des 83 départements
1792 Valmy. - Jemappes

Insurrections royalistes
Calendrier républicain

1795 : installation du Directoire

1799 Bonaparte (18 Brumaire)

1785

SCIENCES ET TECHNIQUES

1775 1re carte de la lune, par Lambert
1777 Lavoisier fait l'analyse de l'air
1778 Académie de médecine
1782 Watt perfectionne sa machine à vapeur (1769)
1783 1er aérostat, des frères Montgolfier
Invention du puddlage, en Angleterre
1785 Cartwright, et le métier à tisser mécanique
1785-88 Expédition de La Pérouse

Travaux de Jussieu, de Lacépède, de Lamarck

1790 Métier à tisser de Jacquard
1793 Télégraphe de Chappe
1795 La boîte de conserve, de Appert
1796 Hypothèse cosmogonique de Laplace
1re vaccination anti-variolique, par Jenner

La pile de Volta. - Le parachute

1799 Éclairage au gaz (Lebon)

1799

XVIIIe

1715 – 1730 – 1743 – 1760 – 1774 – 1785 – 1799

GENRES NARRATIFS

1721 MONTESQUIEU : *Lettres persanes*
1724 LESAGE : *Gil Blas* (VII à IX)
1726 LESAGE : *Le Diable boiteux*
1731-41 MARIVAUX : *La Vie de Marianne*
1731 PRÉVOST : *Manon Lescaut*
1734-35 MARIVAUX : *Le Paysan parvenu*
1735 LESAGE : *Gil Blas* (X à XII)
1736-38 CRÉBILLON fils : *Les Égarements du cœur et de l'esprit*

1748 VOLTAIRE : *Zadig ou la Destinée*
1752 VOLTAIRE : *Micromégas*
1759 VOLTAIRE : *Candide ou l'Optimisme*
1760-81 DIDEROT : *La Religieuse* (réd.)
1761 ROUSSEAU : *La Nouvelle Héloïse*
1762 ROUSSEAU : *Lettres à M. de Malesherbes*
1762-77 DIDEROT : *Le Neveu de Rameau* (réd.)
1765-73 DIDEROT : *Jacques le Fataliste* (réd.)
1767 VOLTAIRE : *L'Ingénu*

1775 RESTIF DE LA BRETONNE : *Le Paysan perverti*
1779 RESTIF DE LA BRETONNE : *La Vie de mon père*
1780-82 ROUSSEAU : *Dialogues* (posth.)
1782 LACLOS : *Les Liaisons dangereuses*
ROUSSEAU : *Les Rêveries...* (posth.)
1782-89 ROUSSEAU : *Les Confessions* (posth.)
1788 BERNARDIN DE SAINT-PIERRE : *Paul et Virginie*
SADE : *Justine*
1788-94 RESTIF DE LA BRETONNE : *Les Nuits de Paris*
1790 MERCIER : *Tableau de Paris*
1796-97 RESTIF DE LA BRETONNE : *Monsieur Nicolas*
1797 SADE : *La Nouvelle Justine*

THÉÂTRE

1718 VOLTAIRE : *Œdipe*
1722 MARIVAUX : *La Surprise de l'Amour*
1723 MARIVAUX : *La Double Inconstance*
1725 MARIVAUX : *L'Ile des Esclaves*
1727 MARIVAUX : *La Seconde Surprise de l'Amour*
DESTOUCHES : *Le Philosophe marié*
1730 MARIVAUX : *Le Jeu de l'Amour et du Hasard*
1732 VOLTAIRE : *Zaïre*
1734 MARIVAUX : *La Méprise*
1735 LA CHAUSSÉE : *Le Préjugé à la mode*
1737 MARIVAUX : *Les Fausses Confidences*
1741 LA CHAUSSÉE : *Mélanide*
1743 VOLTAIRE : *Mahomet*
: *Mérope*

1745 GRESSET : *Le Méchant*
1749 VOLTAIRE : *Nanine*
1757 DIDEROT : *Le Fils naturel* (joué en 1771)
1758 DIDEROT : *Le Père de famille* (joué en 1761)
1765 SEDAINE : *Le Philosophe sans le savoir*
1770 BEAUMARCHAIS : *Les Deux Amis*
1773 GOLDONI : *L'Avare fastueux*

1775 BEAUMARCHAIS : *Le Barbier de Séville*
1782 MERCIER : *Le Déserteur*
1784 BEAUMARCHAIS : *Le Mariage de Figaro*
1789 M.J. CHÉNIER : *Charles IX*
1792 M.J. CHÉNIER : *Caïus Gracchus*
BEAUMARCHAIS : *La Mère coupable*

LITTÉRATURE D'IDÉES

1719 Du Bos : *Réflexions critiques sur la poésie et la peinture*

1731 Voltaire : *Histoire de Charles XII*

1734 Voltaire : *Lettres philosophiques*
Montesquieu : *Considérations sur les causes de la grandeur des Romains...*

1739-49 Rédaction des *Mémoires* de Saint-Simon

1746 Vauvenargues : *Réflexions et Maximes*
Condillac : *Essai sur l'origine des connaissances humaines*

1748 Montesquieu : *De l'Esprit des lois*

1749 Diderot : *Lettre sur les Aveugles...*

1749-89 Buffon : *Histoire naturelle...*

1750-72 *Encyclopédie*

1750 et **1755** *Discours* de Rousseau

1751 Voltaire : *Le Siècle de Louis XIV*

1758 Helvétius : *De l'Esprit*

1759-81 Diderot : *Salons*

1762 Rousseau : *Du Contrat social* et *Émile*

1764 Voltaire : *Dictionnaire philosophique*

1767 Beaumarchais : *Essai sur le genre dramatique sérieux*

1769 Diderot : *Le Rêve de d'Alembert*

1773-78 Diderot : *Paradoxe sur le comédien*

1776 D'Holbach : *La Morale universelle*

1789-94 Discours de Mirabeau, de Danton, de Robespierre, de Saint-Just

1791 Saint-Just : *L'Esprit de la Révolution et de la Constitution de la France*

1795 Condorcet : *Esquisse d'un tableau historique des progrès de l'esprit humain* (posth.)

POÉSIE

1728 Voltaire : *La Henriade*

1736 Voltaire : *Le Mondain*

1738 Voltaire : *Discours sur l'Homme*

1742 Racine : *La Religion*

1756 Voltaire : *Poème sur le désastre de Lisbonne*

1758 Malfilâtre : *Soleil fixe au milieu des planètes*

1764 Poésies fugitives dans l'*Almanach des Muses*

1766 Léonard : *Idylles morales*

1769 Saint-Lambert : *Les Saisons*

1778 Parny : *Poésies érotiques*

1780 Bertin : *Les Amours*

1782 Delille : *Les Jardins*

1785-87 Chénier : *Bucoliques* (posth., 1819)

1785-89 Chénier : *Elégies*

Chénier : *Hermès* et *L'Amérique* (projets d'épopées)

1794 Chénier : *Iambes* (posth., 1819)

Il eut les honneurs de la Comédie-Française et la faveur du roi, car cette pièce vantait, deux ans après la fin de la guerre de Sept Ans, le royalisme et le patriotisme.

2 Les grandes réalisations avec Diderot et Sedaine

Diderot

Diderot a certainement ouvert la voie, mais ses œuvres dramatiques ont soulevé une opposition acharnée et n'ont guère eu l'occasion d'être jouées : *Le Fils naturel,* une seule fois, par la Comédie-Française, en 1771 ; *Le Père de famille,* plus souvent : en province d'abord, où il remporta un succès immédiat, puis à Paris, en 1761 et 1769. Ces pièces n'ont pas été reprises.

Les adversaires de l'*Encyclopédie* (dont le VIIe tome était sur le point de paraître) attaquent dès 1757 : Diderot est accusé par Fréron d'avoir plagié deux pièces de Goldoni, jouées à Venise en 1750 et non encore traduites en français. A la fin de l'année, paraît même une parodie : *Le Bâtard légitimé.*

L'intention démonstrative évidente aboutit à la création de personnages, déterminés essentiellement par les besoins de l'intrigue et le salon bourgeois qui sert de cadre à leurs relations. Dorval, interlocuteur des *Entretiens* avant d'être le protagoniste du *Fils naturel ou les Épreuves de la vertu,* assure la liaison entre la pensée théorique et le drame.

Le fils naturel, Dorval, est aimé de Rosalie, la fiancée de son ami Clairville, et de Constance, la sœur de ce dernier. Amoureux lui-même de Rosalie, il sacrifie cependant amour, puis fortune à l'amitié. On apprend dans les dernières scènes que Rosalie et Dorval sont tous deux les enfants de Lysimond. Un double mariage termine la pièce : Rosalie épouse Clairville, et Dorval, Constance.

Les occasions de permettre à la vertu de triompher ne manquent pas, jusqu'au dénouement qui donne raison à Dorval. Non content de donner l'exemple, ce dernier, aidé de Constance, s'efforce de convaincre par ses discours de la **nécessité de suivre en tout la morale naturelle, seule capable d'apporter le bonheur.** C'est ainsi que les personnages s'exhortent à se sacrifier au « goût de l'ordre », car « être méchant, c'est se condamner à vivre, à se plaire avec les méchants ».

D'autre part, *Le Fils naturel* met en scène **une classe sociale** qui revendique le droit de lutter contre les préjugés (Clairville est prêt à devenir négociant), qui croit au progrès (« le siècle s'est éclairé ; la raison s'est épurée »), à la tolérance et au développement de la « bienfaisance ».

Didactique, cette pièce multiplie également les situations romanesques qui permettent de montrer des **tableaux de famille touchants,** censés frapper d'autant plus les esprits que l'action est située dans un salon, cadre familier au spectateur.

Le Fils naturel rassemble, pour un lecteur moderne, les qualités (l'attention à la mise en scène, par exemple) et les défauts du drame bourgeois. Diderot projettera de nouveaux drames : *Le Shérif* (1769), *Les Pères malheureux* (1770), *La Pièce et le Prologue* (1771), qui deviendra, en 1781, *Est-il bon ? Est-il méchant ?* (c'est la seule œuvre qui soit encore jouée de nos jours).

Sedaine (1719-1797)

Le Philosophe sans le savoir (1765) marque un temps fort dans l'histoire du drame bourgeois. Ce fut un succès, salué par Diderot (plus de cent représentations jusqu'en 1793), qui se prolongea jusqu'au XIXe siècle.

Michel-Jean Sedaine, que Théophile Gautier appela « le Greuze du théâtre », fut d'abord tailleur de pierres, après la ruine de son père, maître-maçon parisien, puis fut attiré par le monde du spectacle. Toute sa vie, il écrira des livrets d'opéras-comiques, dont certains : *Le Roi et le Fermier* (1762), *Le Déserteur* (1769), sont aussi des sujets de drames. Trois ans après *Le Philosophe sans le savoir,* il écrira une autre comédie, qui connaîtra un succès aussi durable : *La Gageure imprévue.* Son élection à l'Académie en 1786 peut être considérée comme une reconnaissance officielle du drame bourgeois.

La vertu est le mot d'ordre de cette pièce comme de celles de Diderot. Cependant, **les personnages se plaisent à la pratiquer** et à en reconnaître les preuves chez autrui, au lieu d'en faire sans cesse l'éloge.

Le jour du mariage de sa fille, M. Vanderk, noble devenu négociant, apprend que son fils doit se battre en duel. Il accepte pourtant de recevoir M. Desparville et, à sa demande, de lui prêter de l'argent. Il s'agit du père de l'adversaire de son fils. Le dénouement rassemble tous les personnages, les deux fils s'étant réconciliés.

Sedaine reprend, d'autre part, la **condamnation des préjugés de la noblesse** et fait **l'éloge du commerce.** Les qualités de cœur valent plus que la naissance, et des insultes contre les négociants ne justifient pas un duel, d'autant plus que le plus généreux des personnages se révèle être M. Vanderk père.

Les idées défendues sont ainsi subordonnées à l'action. Sedaine suit les prescriptions de Diderot, mais sait, mieux que lui, les intégrer à la vie scénique. On comprend que ces tableaux émouvants, servis par un langage simple, aient permis à ce drame de rester vivant au XIXe siècle.

Méritent également d'être signalés les drames de **Louis-Sébastien Mercier** (1740-1814). Il ne fut pas seulement un théoricien ardent, mais l'auteur d'une trentaine d'œuvres dramatiques dont les plus importantes ont été écrites entre 1770 et 1775 : *La Mort de Louis XI, Jean Hennuyer, évêque de Lisieux,* tous deux drames historiques ; *Le Faux Ami* (1772), *l'Indigent* (1773), *Le Juge* (1773). *La Brouette du vinaigrier* (1775), surtout, remporta un gigantesque succès. A la manière de Diderot ou de Sedaine, Mercier célèbre dans cette pièce le négoce, la vertu d'un homme devenu riche par son labeur et les liens familiaux. Dans la plupart des pièces de Mercier, un mariage est permis par une fortune providentielle.

D'autres drames, écrits à la même époque comme la *Mélanie* de **La Harpe** (1770), ne seront joués que pendant la période révolutionnaire.

BIBLIOGRAPHIE

Édition

Le Théâtre du XVIIIe siècle, t. I-II, Éd. Jacques TRUCHET. Gallimard (bibl. de la Pléiade), 1972-1974.

Études

Michel LIOURE, *Le Drame.* A. Colin (coll. « U »), 1963.

Yvon BELAVAL, *L'Esthétique sans paradoxe de Diderot.* Gallimard, 1973.

Anne VINCENT-BUFFAULT, *Histoire des larmes.* Rivages-Histoire, 1986.

IV BEAUMARCHAIS (1732-1799) : LA « FOLLE GAÎTÉ »

Pierre-Augustin Caron, né à Paris en 1732, semble destiné à reprendre la boutique de son père : dès l'âge de treize ans, il est apprenti horloger. Mais son esprit inventif (il imagine un nouveau mécanisme d'horlogerie) le fait connaître à la Cour. Horloger du roi, professeur de harpe des filles de Louis XV, amuseur : il a changé de condition et n'a qu'une vingtaine d'années. Un premier mariage, en 1756, le laisse bientôt veuf. **L'ascension sociale** continue, aidée par les intrigues auprès de financiers, comme Pâris-Duverney. En 1761, il est anobli par l'achat d'une charge. Il **prend le nom de Beaumarchais.** 1764-1765 : il part en Espagne pour régler semble-t-il, une intrigue financière. Après un second mariage en 1768, il reste à nouveau veuf deux ans plus tard. En 1770, il est accusé de faux par l'héritier de Pâris-Duverney, le comte de La Blache. En mauvaise posture, il est condamné par le Parlement, en 1773. Il attaque le conseiller Goëzman, mais est cependant déchu de ses droits civiques. Les missions secrètes reprennent alors, à Londres et en Allemagne. Après le succès du *Barbier de Séville,* Beaumarchais fournit des armes aux Insurgents américains, et, en 1776 et 1778, il est réhabilité à la suite de deux procès. En 1777, il crée une association des auteurs dramatiques, qui deviendra la Société des Auteurs.

De 1783 à 1790, il édite les Œuvres complètes de Voltaire. En 1785, après la représentation très attendue du *Mariage de Figaro,* qui déplaît à Louis XVI, il est enfermé quelques jours. En 1789, il se fait construire une maison gigantesque près de la Bastille, où il s'installe en 1791. Chargé de mission en Hollande, pour l'achat de fusils (1792-1795), il connaît l'échec. Suspect, il vit en émigré à Hambourg, d'où il rentre en 1796.
Il meurt à Paris en 1799.

1767 : *Eugénie,* drame précédé de l'*Essai sur le genre dramatique sérieux.*

1770 : *Les Deux Amis ou le Négociant de Lyon* (drame).

1774 : *Mémoires contre Goëzman.*

1775 : *Le Barbier de Séville* (comédie).

1784 : *Le Mariage de Figaro* (comédie).

1787 : *Tarare* (opéra).

1792 : *La Mère coupable* (drame).

Pierre-Augustin Caron de Beaumarchais traverse son siècle avec l'ardeur d'un aventurier, prêt à profiter de toutes les occasions qui lui sont offertes de développer sa fortune ou de s'essayer dans les productions de l'esprit. Avec cet ami des Philosophes, Voltaire et Diderot surtout, le progrès s'étend à tous les domaines. Sa carrière littéraire et sa vie, également agitées, ne visent pas la réussite mais la possibilité sans cesse renouvelée d'« entreprendre », quitte à ce que les revers succèdent aux succès.

1. Une double carrière : le drame et la comédie

Cet esprit brillant et ingénieux (la liste de ses projets et de ses réalisations est longue) devait séduire Balzac, qui lui aussi se lancera dans les affaires et dont la première intention était d'écrire « à la Beaumarchais deux ou trois grands drames qui avaient leur place

J.M. Nattier, *Beaumarchais,* XVIIIe s.

marquée entre *Le Mariage de Figaro* et *La Mère coupable* ». C'était insister sur l'originalité de cette œuvre, qui commence par le drame bourgeois et sentimental pour y revenir une dernière fois en 1792, après deux coups de maître, *Le Barbier de Séville* (1775) et *Le Mariage de Figaro* (1784). La comédie retrouve alors « l'ancienne et franche gaîté » à laquelle on n'était plus habitué, en tout cas à la Comédie-Française, où les deux pièces ont été jouées.

Si Beaumarchais s'essaie dans des genres aussi variés, c'est d'abord qu'il est **un homme sensible,** attiré à la fois par le pathétique, l'amour de la vie et le plaisir. Comme ses contemporains, il a **le goût des larmes et le goût du rire.** Ses premières armes au théâtre ont été malheureuses. *Eugénie* (1767), touchante histoire de séduction, et *Les Deux Amis* (1770), qui mêle l'amitié au négoce, n'avaient rien d'original. Elles sont en parfaite opposition avec un sens théâtral qui ne s'affirme que dans la satire (ou le pamphlet) et le jeu. Le genre sérieux ne pouvait lui convenir, comme devait encore le prouver sa troisième tentative.

Cette double carrière, comique et dramatique, répond cependant à une intention délibérée. *Eugénie* est écrit en même temps que les parades initiales ; *La Mère coupable* achève une trilogie : « Mes deux comédies espagnoles ne furent faites que pour préparer cet ouvrage terrible », dira l'auteur.

De fait, on constate une certaine similitude entre l'Eugénie du drame et la Rosine du *Barbier de Séville :* celle-ci se croit aussi abandonnée par Almaviva (IV, 2 et 3), avant le dénouement heureux, attendu puisqu'il s'agit d'une comédie. De même, Figaro pense être trompé par Suzanne et, dans un long monologue (*Le Mariage de Figaro,* V, 3), énumère tous les malheurs de sa vie. « Le fond des choses » dans toute intrigue est sérieux et mène, selon l'esprit de l'œuvre, à la joie ou au désespoir.

Il y a plus : **la construction trilogique** transforme les comédies en rêves illusoires — la seconde se teintant déjà d'amertume —, puisque l'on sait inévitable le sombre réveil, que représente *La Mère coupable.* Par contraste, les premières scènes du *Barbier de Séville* résonnent comme une ouverture d'opéra : jamais plus Almaviva, secondé par Figaro, ne pourra se lancer, au lever du jour, à la course au bonheur. Dès *Le Mariage de Figaro,* leur joyeuse alliance est devenue méfiance mutuelle, et la prudence tempère leur allégresse.

2. La formule du théâtre comique

En faisant l'expérience du comique, Beaumarchais abandonne la prétention de copier fidèlement la vie, ambition de réalisme qui constitue un des écueils du drame. Mais il conserve l'apport essentiel de ce genre : les indications scéniques, les précisions sur les décors et les costumes, la construction de « tableaux ». Il revient par ailleurs aux conventions théâtrales : Figaro est un valet de comédie, successeur d'Arlequin autant que de Scapin ou de Sgnanarelle ; l'Espagne offre un décor juste assez exotique, après *Gil Blas,* pour faciliter le dépaysement ; surtout, l'intrigue tient dans des situations habilement amenées, plus que dans la progression des événements.

Beaumarchais précise **les principes de sa nouvelle esthétique** dans la *Lettre modérée,* publiée en préface et à la défense du *Barbier de Séville.* Quelques mots suffisent à résumer la pièce : « Un vieillard amoureux prétend épouser demain sa pupille ; un jeune amant plus adroit le prévient, et ce jour même en fait sa femme, à la barbe et dans la maison du tuteur. » Car ce n'est que la trame de l'œuvre achevée, un schéma auquel les « caractères » et « le mouvement » donneront vie. La preuve en est que ce sujet aurait pu être traité tout autrement : « On eût pu en faire, avec un égal succès, une tragédie, une comédie, un drame, un opéra. » Juger ainsi de la création théâtrale, c'est rejoindre l'idéal classique, celui de Molière comme celui de Racine, tel qu'il est exprimé dans la préface de *Bérénice :* « Toute l'invention consiste à faire quelque chose de rien. »

Au contraire, parlant de son drame *Eugénie,* Beaumarchais subordonne tout à l'intérêt du spectateur pour l'action. Selon son expression, « le fond du roman » est l'essentiel : « J'ai chargé ce tableau d'incidents qui pouvaient encore en augmenter l'intérêt... J'ai donné à tous mes personnages des caractères choisis tels qu'ils concourussent à renforcer l'intérêt principal qui porte sur Eugénie. » Deux conceptions du théâtre aussi opposées n'ont pu donner que des œuvres très différentes.

La *Lettre modérée* retrouve donc le caractère spécifique du théâtre. Son expérience d'auteur marginal, à ses débuts (on sait qu'il a écrit six parades, dont quatre ont été jouées chez le mari de Mme de Pompadour, au château d'Étioles[1]), et l'exemple des Comédiens-Italiens apportent à Beaumarchais la recette du succès. Sa première comédie, « une espèce d'imbroille » (forme francisée de l'italien *imbroglio,* « pièce à l'intrigue très compliquée »), doit sa réussite à l'impression d'improvisation que donnent les personnages, à l'intérieur d'une construction précise, et aux qualités scéniques qui font admettre les invraisemblances ou les « ficelles ».

1. *Voir* Les Parades de Beaumarchais, *Éd. Pierre* LARTHOMAS. S.E.D.E.S.-C.D.U., *1977.*

3. Du *Barbier de Séville* (1775) au *Mariage de Figaro* (1784)

Les deux pièces sont cependant précédées d'un long travail de préparation qui témoigne de la difficulté qu'il y a à combiner une action fortement charpentée et le jaillissement des répliques, à entraîner le spectateur, tout en lui apportant, à chaque scène, un plaisir complet.

Le Barbier de Séville, d'abord opéra-comique, est refusé par les Italiens en 1772 ; il devient ensuite comédie accompagnée de chants, en quatre actes en 1773, puis en cinq, lorsque enfin la Comédie-Française le joue en 1775, mais sans aucun succès. Après un rapide remaniement, il prend alors sa forme définitive, à nouveau en quatre actes. C'est une réussite totale, le 26 février 1775.

Le Mariage de Figaro, qui finit par être représenté en 1784 par la même troupe, est aussi le résultat de nombreuses refontes et modifica-

tions imposées par la censure. C'est après une campagne de plusieurs années, des lectures et des représentations privées, qu'il est devenu un chef-d'œuvre au rythme étourdissant. La satisfaction de l'auteur éclate dans la préface : « **Un dialogue assez vif dont la facilité nous cache le travail...,** une intrigue aisément filée, où l'art se dérobe sous l'art, qui se noue et se dénoue sans cesse à travers une foule de situations comiques... »

L'intrigue, qui continue celle du *Barbier de Séville,* trois ans après, est devenue beaucoup plus complexe, puisque les histoires du valet et du grand seigneur interfèrent et entraînent les nombreux personnages (il y en a seize, alors qu'ils n'étaient que sept dans la première comédie) à prendre parti pour eux ou à leur opposer des obstacles, en provoquant des péripéties dont le contrôle peut échapper aux protagonistes. Si, en effet, Figaro reste le meneur de jeu principal, la comtesse prend aussi l'initiative, à son insu, d'un complot qui occupe les deux derniers actes. L'intention de Beaumarchais, dans *Le Mariage de Figaro,* semble avoir été de parvenir à « une sorte de somme du théâtre de son temps » (Jacques Scherer) : rebondissements, surprises, quiproquos se succèdent, et ceci dans **tous les registres du comique** (la situation de Marceline, celle de Figaro même, ajoutent une touche de sérieux) ; les décors sont variés et recherchés ; enfin, la musique et le chant tiennent une place importante.

4. Les aspects de la satire

Le passage à une action si compliquée semble en contradiction avec les prétentions affirmées dans la *Lettre modérée.* Outre le caractère de défi jeté à soi-même, et relevé puisque Beaumarchais parvient à supprimer, les uns après les autres, les obstacles au mariage, **cette complexité** a une signification cachée : elle **permet d'attaquer de nombreux « abus »,** sans paraître faire du comte, qui en est responsable, une cible privilégiée. Ainsi, les mots et les formules contre les grands, la justice ou les courtisans, critiques qui sont très fréquentes dans les répliques de Figaro, ont une plus grande portée que dans *Le Barbier de Séville,* car *Le Mariage de Figaro* met en scène **un duel entre deux hommes que leurs conditions opposent.** Si l'action redémarre au cinquième acte, avec le rendez-vous dans le pavillon du parc, c'est pour provoquer la déroute du comte, qui découvre alors la vanité de son pouvoir. Figaro peut lui déclarer : « Vous commandez à tout ici, hors à vous-même. »

Le résumé de la pièce : « Un grand seigneur espagnol, amoureux d'une jeune fille qu'il veut séduire, et les efforts que cette fiancée, celui qu'elle doit épouser, et la femme du seigneur, réunissent pour faire échouer dans son dessein un maître absolu, que son rang, sa fortune et sa prodigalité rendent tout-puissant pour l'accomplir » est volontairement tronqué pour prouver qu'il s'agit de « la plus badine des intrigues ». En réalité, l'optique du *Mariage de Figaro* est « renversée », et elle est audacieuse car c'est **un valet** qui est au centre de cette comédie, dont le sujet réel est **sa révolte et la défense de ses droits.**

Illustration pour
Le Mariage de Figaro.
Gravure de Gauthier
pour l'éd. de 1805.

Frappant y est aussi **l'acharnement des personnages féminins** (Marceline, Suzanne et même la comtesse) **à obtenir une « considération »** qui ne soit pas « dérisoire » (III, 16).

Mais ces revendications exprimées par Beaumarchais sont d'abord celles d'un homme d'esprit ; il s'élève contre des abus, qui ne l'empêchent pas de tenir à un état de société où il a sa place. De même, la lutte de Figaro, bien que rendue assez vive par la présence sur scène d'une troupe de valets et de paysans, ne va pas jusqu'au désir de « renverser » Almaviva. Conscient des qualités des hommes de sa classe, il se proclame un des leurs, et entend le rester lorsqu'il apprend ses origines, dans la scène de reconnaissance de l'acte III.

La satire, sociale, voire politique, suscite l'opposition de la cour, mais soulève un grand intérêt dans l'opinion publique, prête à en apprécier l'insolence. Il faudra attendre le XIXe siècle cependant pour que certains discernent, derrière l'esprit, une réelle force révolutionnaire : « J'entends derrière un bruit comme un vague roulement d'orage », dira Michelet.

5. Figaro

Les réactions des personnages et la part qu'ils prennent à l'intrigue permettent ainsi à Beaumarchais de développer son point de vue critique. Face aux nantis (Almaviva, Bartholo ou Bazile), sûrs de leur situation et de leurs privilèges, tout un groupe est mû par le désir de s'affirmer. Ce sont essentiellement les femmes (ainsi Rosine, devenue comtesse, a appris à se défendre) et Figaro.

Celui-ci, bien qu'héritier de toute une tradition du théâtre comique, n'est jamais enfermé dans l'emploi figé de serviteur de son maître. Il cumule les fonctions, dès le début du *Barbier de Séville,* et est prêt à en assumer de nouvelles, ce qui fait de lui **le représentant d'une classe sociale,** opposée, dans le *Mariage de Figaro,* à l'aristocratie. La gaîté est sa qualité la plus séduisante, mais il a su également plaire en manifestant avec force l'habileté et l'allant dont sont capables les hommes de son temps, et dans sa situation.

C'est pourquoi les contemporains l'ont immédiatement assimilé à **Beaumarchais, dont il est le porte-parole et le double :** entreprenant et plein d'à-propos, mais incapable de mener à bien ses propres affaires. Auteur et personnage sont ainsi à l'image du XVIIIe siècle, qui évolue de l'enthousiasme triomphant (visible dans *Le Barbier de Séville*) au doute et à l'acceptation du rôle que joue le hasard dans les affaires humaines (l'échec, en effet, est évité de peu dans *Le Mariage de Figaro*).

Le Mariage de Figaro a été traduit partout en Europe ; il a été joué à peu près continuellement jusqu'à nos jours par la Comédie-Française. On peut mesurer son prestige au fait que Da Ponte l'a adapté pour en faire le livret de l'opéra de Mozart, en 1786[1].

Les salles de théâtre dans la seconde moitié du XVIIIe siècle

L'architecture théâtrale en France change à cette époque ; en 1750, **Soufflot** va en Italie étudier une forme de salle qu'il va adapter à son retour : à Lyon, en 1754 ; à Paris, en 1763, où il remodèle la salle des Machines des Tuileries. La Comédie-Française s'y installera en 1770. C'est là que *Le Barbier de Séville* sera joué. La troupe s'installe, en 1782, rive gauche, près du Luxembourg, dans une salle (l'Odéon) construite pour 2 000 spectateurs par **Joseph Peyre** et **Charles de Wailly.** La première du *Mariage de Figaro* y sera représentée.

En 1778, un autre grand architecte, **Claude-Nicolas Ledoux,** fait les plans du théâtre de Besançon.

1. Rossini donnera également, en 1816, un opéra tiré du Barbier de Séville.

BIBLIOGRAPHIE

Éditions

Beaumarchais, *Théâtre complet,* Éd. Maurice Allem et Paul Courant. Gallimard (bibl. de la Pléiade), 1957.

Théâtre, Éd. Jean-Pierre de Beaumarchais. Garnier, 1980.

Le Mariage de Figaro, Éd. Anne Ubersfeld. Les Éditions sociales (coll. « Classiques du peuple »), 1968.

Études

Jacques Scherer, *La Dramaturgie de Beaumarchais.* Nizet, 1954.

René Pomeau, *Beaumarchais.* Hatier (coll. « L'Homme et L'Œuvre »), 1956.

Philippe van Tieghem, *Beaumarchais par lui-même.* Le Seuil (coll. « Écrivains de toujours »), 1960.

Gabriel Conesa, *La Trilogie de Beaumarchais* (écriture et dramaturgie). P.U.F., 1985.

V LE THÉÂTRE DE LA RÉVOLUTION

L'effervescence populaire gagne le théâtre. Dès ses débuts, la Révolution amplifie l'engouement du public et accélère le mouvement de démocratisation amorcé pendant les décades précédentes. Cependant, selon l'expression de Jean Duvignaud[1] « la force tragique avait été ravie par la fête et la « théâtralisation » de la vie politique ». De fait, loin d'innover, les œuvres représentées ne font que s'adapter à l'opinion publique et semblent fades en comparaison du spectacle de l'Assemblée ou de la rue, où tout est prétexte à mise en scène (que l'on songe à la fête de la Fédération ou à la cérémonie pour la translation des cendres de Voltaire au Panthéon). Pendant cette période de crise, l'événement l'emporte sur la création artistique.

1. *Jean* DUVIGNAUD *: « La fête civique », dans* L'Histoire des spectacles, *Encyclopédie de la Pléiade, 1965.*

1. La Révolution et les représentations théâtrales

1 Les salles

La physionomie de la vie théâtrale à Paris change du tout au tout. La Comédie-Française, place forte jusque-là respectée, est la grande victime de la Révolution. Elle perd la situation privilégiée qu'elle avait réussi à conserver jusque-là, malgré les efforts répétés d'autres troupes de plus en plus nombreuses à désirer jouer des œuvres « sérieuses ». Venaient ainsi d'être créés Les Associés, Les Variétés Amusantes, le Théâtre de Monsieur, qui, dès juillet 1789, sont autant de rivaux, libres enfin de choisir leur répertoire. Cet état de fait sera officialisé en 1791 par un décret de la Constituante, en accord avec un comité des principaux auteurs de l'époque réunis pour la défense de leurs droits. En conséquence, **les théâtres vont se multiplier** (en 1792, Paris en comptera trente-cinq.)

On assiste également à une prolifération de baraques foraines et de cafés, où toutes sortes de spectacles sont présentés. Pendant l'année 1791, vingt-trois s'ouvrent dans la capitale. « Si cela continue, dit un critique, on comptera dans Paris un théâtre par rue, un acteur par maison, un musicien par cave et un auteur par grenier. »

Ces nombreux théâtres, qui changeront fréquemment de nom pendant l'époque révolutionnaire, connaîtront **une situation financière précaire,** en partie à cause de la rude concurrence qui s'établit entre eux. Ils auront aussi l'obligation de représenter des œuvres conformes aux options politiques du jour. **La censure** s'exerça en effet sévèrement en 1793 et 1794, des acteurs furent emprisonnés, des salles fermées. Une vingtaine survécut à la tourmente ; mais, en 1807, Napoléon ramènera le nombre des théâtres parisiens à huit.

La Comédie-Française, qui dès le 21 juillet 1789 prend le nom de Théâtre de la Nation, perd son unité. Certains acteurs, les « Rouges », finissent par se séparer des « Noirs », et la nouvelle troupe s'installe rue de Richelieu. Son répertoire chargé d'allusions politiques et les audaces inspirées par Talma vaudront de grands succès au groupe dissident. Devenu Théâtre de la République, il continuera sa carrière pendant la Terreur.

L'architecture théâtrale

La Révolution ne met pas un frein à la fièvre de construction. Bien au contraire. En une seule année (1791) sont inaugurés trois nouveaux théâtres : celui de Monsieur, le Théâtre National de Molière, le Théâtre du Marais ; puis le Vaudeville en 1792 ; une salle remarquable par ses dimensions et son luxe est édifiée en 1793 rue de la Loi, le Théâtre National de Montansier. Ces **salles « à l'italienne »**, à plusieurs étages de balcons, sont ornées de colonnes et une décoration de style « antique ». Au parterre sont installés des bancs, puisque l'on y est assis depuis 1782.

Talma (1763-1826) est un des plus grands tragédiens de l'époque. Il avait pris le goût des costumes copiés de l'antique à Londres, où il avait passé sa jeunesse, et il parvint à l'imposer à Paris au cours des années révolutionnaires. Il débuta en 1787 dans le *Mahomet* de Voltaire et n'obtint que de petits rôles, jusqu'à son triomphe dans *Charles IX* de Marie-Joseph Chénier. Son renom continua à s'étendre sous l'Empire.

Les acteurs du Théâtre de la Nation connaissent une histoire plus troublée : arrêtés pendant plusieurs mois, ils ne reprennent leur activité qu'après la chute de Robespierre, en août 1794 ; mais ils sont ensuite contraints de se séparer, faute de moyens. Ce n'est qu'en 1799 que la Comédie-Française sera reconstituée. En 1807, un décret impérial l'instituera théâtre national.

2 Le public

La passion du théâtre avait gagné, au cours du siècle, **toutes les classes de la société.** Les foules populaires n'étaient cependant attirées que par les spectacles forains ou ceux des boulevards et, malgré ses efforts pour intéresser les masses, le drame ne s'adressait qu'aux « honnêtes gens ». Cette situation va être complètement bouleversée : les habitués des grands théâtres, les « connaisseurs », ruinés ou émigrés pour la plupart, disparaissent et laissent la place à un **public mêlé** où se côtoient ceux qui ne fréquentaient jusque-là que des lieux de divertissement « immodestes » et **une nouvelle couche de la population, pourvue d'une soudaine aisance, avide de paraître et souvent inculte.** Pendant la Révolution, les salles seront pleines de spectateurs turbulents, qui imposeront souvent les œuvres de leur choix et qui, prêts à réagir à la moindre allusion à l'actualité politique, installeront **une atmosphère de manifestation permanente.**

C'est à ce public de « sans-culottes » que le répertoire a dû s'adapter. Malgré sa variété apparente, imposée par la concurrence que se faisaient les troupes, deux thèmes y sont surtout à l'honneur : l'ardeur révolutionnaire, opposée à l'État monarchique, et les attaques anticléricales.

Parade au Théâtre de la foire Saint-Laurent, en 1786.
École française, XVIIIe s.

2. Les grands moments du théâtre révolutionnaire

1

La libération du théâtre (1789-1792)

On n'attendit pas le décret de janvier 1791, qui garantissait la liberté du théâtre, pour représenter des pièces interdites par la censure. **En novembre 1789, Marie-Joseph Chénier** parvint à faire monter *Charles IX ou la Saint-Barthélemy* par la Comédie-Française, après un an de lectures privées, puis de conflits avec un certain nombre d'opposants, et malgré le soutien d'ardents défenseurs, parmi lesquels étaient Danton et Fabre d'Églantine. Cette date est importante dans l'histoire du théâtre pendant la Révolution car, pour la première fois, l'intérêt d'une œuvre se mesurait à son opportunité politique et à l'accueil du public. Celui-ci réclama vigoureusement **la tragédie** qu'on lui avait fait attendre et lui assura un triomphe.

Il s'agissait de mettre en scène un événement historique qui, depuis *La Ligue* et *La Henriade* de Voltaire en 1724, faisait figure de mythe. **Baculard d'Arnaud** avait repris, en 1740, ce sujet qui lui permettait d'associer la cruauté au fanatisme religieux. Sa pièce, *Coligny*[1] *ou la Saint-Barthélemy,* a été rééditée à Paris et à Genève en 1789.

L'appui des patriotes s'explique aisément. *Charles IX* dépeint, en effet, les faiblesses et les abus de la royauté et exalte un pouvoir exercé, au contraire, dans le respect des droits du peuple. Cette pièce, dédiée à la Nation (Marie-Joseph Chénier se déclarera même créateur de la tragédie « nationale ») eut un énorme succès, et sera jouée pendant plusieurs années par Talma, au théâtre de Richelieu.

En février 1792, une autre pièce de **Chénier,** *Caïus Gracchus,* eut à nouveau un grand retentissement. Les scènes de discours au Sénat permettaient de transposer dans l'Antiquité des débats contemporains et de prôner la liberté. Attendue par deux clans opposés, elle plut à tous, patriotes et royalistes, par son ton modéré.

On aurait pu s'attendre à ce que **le drame,** dont la vocation est de provoquer l'émotion, brille d'un nouvel éclat à cette époque. Curieusement, il évite les sujets politiques. Certaines œuvres cependant abordent le thème de la vie dans les couvents, jusque-là interdit, et figurent au répertoire d'un grand nombre de théâtres : *Les Rigueurs du cloître* (1792) de **Joseph Fiévée,** ou *Les Victimes cloîtrées* (1790) de

1. Jean Hennuyer, évêque de Lisieux *(1772), de Louis-Sébastien* MERCIER, *traite aussi de ce sujet.*

Jacques Marie Boutet de Monvel, en sont des exemples. **Jean François de La Harpe** peut enfin faire représenter *Mélanie,* écrite en 1770. Il y développe les malheurs provoqués par une vocation forcée, qui mènent l'héroïne à la mort, en une suite de tableaux pathétiques que l'intention de convaincre justifiait au moment de la rédaction (« Peut-être ai-je plus d'une fois arrêté le zèle inconsidéré d'un âge qui oublie l'avenir ; peut-être ai-je fait rougir un père qui oubliait la nature » dit l'auteur dans sa Préface). Malgré l'abolition des vœux religieux, la pièce continua à émouvoir, prouvant la permanence du goût des larmes pendant la Révolution.

2 Le durcissement de la censure

Sous la Convention et la Terreur, ne sont représentées que les œuvres qui satisfont aux exigences politiques du moment. A plusieurs reprises, les théâtres sont fermés, et **la censure est très stricte.** Un décret interdit en 1793 « les pièces tendant à dépraver l'esprit public, à réveiller la honteuse superstition de la royauté ». Il entraîne la suppression de certaines tragédies de Racine ou de Voltaire et le remaniement de plusieurs dénouements. Des représentations gratuites (habitude bien antérieure à la Révolution, puisque Mercier y fait allusion dans son *Nouvel Essai sur l'art dramatique,* en 1773) sont décidées « de par et pour le peuple » ; elles ne concernent que des œuvres jugées patriotiques.

C'est à ce moment que le Théâtre de la Nation s'avise de représenter une pièce de **Jean-Louis Laya** (1761-1833), *L'Ami des Lois,* qui vise Marat et Robespierre. Des aristocrates modérés et patriotes y triomphent de Jacobins extrémistes. Quelques mois plus tard, une adaptation de *Paméla* de Richardson servit de prétexte à l'arrestation des acteurs de ce théâtre.

Après Thermidor, l'orientation du théâtre sera inversée, mais **l'inspiration, essentiellement politique, persistera.** Un nouveau genre apparaît cependant à la fin du siècle, le mélodrame, qui remplace la tragédie. **René Charles Guilbert de Pixérécourt** (1773-1844) présente alors ses premières œuvres : *Victor ou l'Enfant de la forêt* (1798), *Cœlina ou l'Enfant du mystère* (1800), dont le succès va de pair avec la vogue des romans noirs (les plus célèbres sont ceux de Ann Radcliffe : *Le Roman de la forêt,* 1791 ; *Les Mystères d'Udolphe,* 1794).

Le théâtre sort ainsi renouvelé de la tourmente révolutionnaire : le goût du spectacle et de l'émotion, vivace tout au long du XVIIIe siècle, s'est encore accru ; il s'est aussi unifié. **Le mélodrame touche enfin la « multitude », toutes classes confondues.** Il assure la continuation du drame fondé par Diderot et annonce le drame romantique.

BIBLIOGRAPHIE

Édition

Le Théâtre du XVIIIe siècle, t. II, Éd. Jacques TRUCHET. Gallimard (bibl. de la Pléiade), 1972-1974.

Études

Maurice DESCOTES, *Le Public de théâtre et son histoire.* P.U.F., 1964.

Marvin CARLSON, *Le Théâtre de la Révolution française.* Gallimard, 1966.

Daniel HAMICHE, *Le Théâtre et la Révolution, la lutte des classes au théâtre en 1789 et 1793.* 10/18, 1973.

CHRONOLOGIE DU THÉÂTRE*

Comédies et tragédies	Drames	Textes théoriques	Étranger
1718 Voltaire : *Œdipe* (tragédie)			
1722-46 : comédies de Marivaux (voir chronologie générale)			
1727 Destouches : *Le Philosophe marié* (comédie)			**1728** Gay : *L'Opéra des gueux* (Angleterre)
		1730 Voltaire : *Discours sur la tragédie* **1730** La Motte : *Discours sur la tragédie*	**1731** Lillo : *Le Marchand de Londres ; Histoire de G. Barnwell* (Angleterre)
1732 Destouches : *Le Glorieux* (comédie) **1732** Voltaire : *Zaïre* (tragédie) **1734** Voltaire : *L'Enfant prodigue* (comédie) **1735** N. de La Chaussée : *Le Préjugé à la mode* **1741** N. de La Chaussée : *Mélanide* (comédie larmoyante) **1743** Voltaire : *Mahomet ; Mérope* (tragédies) **1745** Gresset : *Le Méchant* **1749** Voltaire : *Nanine* (comédie)			**1748-62 :** œuvres de Goldoni (Italie)
	1757 Diderot : *Le Fils naturel* **1758** Diderot : *Le Père de famille*	**1757** Diderot : *Entretiens avec Dorval* **1758** Diderot : *Discours sur la poésie dramatique*	
	1765 Sedaine : *Le Philosophe sans le savoir*	**1767** Beaumarchais : *Essai sur le genre dramatique sérieux*	
	1770 Beaumarchais : *Les Deux Amis*	**1773** Mercier : *Du théâtre ou Nouvel Essai sur l'art dramatique* **1773** Diderot : *Paradoxe sur le comédien*	
1775 Beaumarchais : *Le Barbier de Séville*			**1779** Goethe : *Iphigénie en Tauride* (Allemagne) **1782** Schiller : *Les Brigands* (Allemagne)
1784 Beaumarchais : *Le Mariage de Figaro*			
1789 M.-J. Chénier : *Charles IX*,...			**1787** Schiller : *Don Carlos* (Allemagne) **1789** Goethe : *Torquato Tasso* (Allemagne) **1790** Goethe : Ier fragment de *Faust* (Allemagne)
1792 M.-J. Chénier : *Caïus Gracchus*	**1792** Beaumarchais : *La Mère coupable*		

* Sauf précision contraire, les dates indiquées sont celles présumées de la création.

Le théâtre est particulièrement vivant au XVIII*e siècle, car il répond au besoin de participation à une émotion collective, ressenti dans toutes les classes de la société. A travers la diversité de leurs expériences, c'est toujours la « vérité » et « le naturel » que les auteurs veulent représenter ; mais le goût change après l'explosion révolutionnaire, de sorte que seule une faible partie de ce vaste répertoire peut encore être joué.*

Si bien des noms d'auteurs dramatiques sont tombés dans l'oubli, deux d'entre eux figurent parmi les plus célèbres du théâtre international : Marivaux, qui a su trouver le langage du cœur, et Beaumarchais qui, à l'autre extrémité du siècle, a introduit le mouvement dans la comédie. ***La vie et la sensibilité*** *triomphent sur scène, comme dans l'ensemble de la littérature de l'époque.*

IVe partie

LA POÉSIE

La poésie semble connaître au XVIIIe *siècle une longue période de crise, qui ne sera interrompue que par Chénier, aux approches de la Révolution. Comment interpréter ce « désert poétique », accusé par l'ensemble de la critique ?*

Si nous ne lisons plus des œuvres, qui à l'époque jouissaient d'une grande réputation (et que le XIXe *siècle n'a pas méprisées), c'est essentiellement que, non encore libérées des règles formelles ni du prestige des genres nobles, en premier lieu de l'épopée, elles sont à nos yeux sclérosées. Notre conception de la poésie n'est évidemment plus celle de Voltaire, de Piron ou de Delille. Peut-être est-ce cependant dans leurs tentatives que s'amorce cette évolution.*

Les meilleurs esprits du temps, des écrivains aux savants, ont entrepris d'écrire des vers, et cela dès le collège. Inégale, souvent superficielle, leur production est considérable. Elle tend à devenir plus savante, surtout après 1750, lorsque se fait jour la volonté de redonner sa grandeur à la poésie. On l'invite à égaler la philosophie, en rappelant le rôle éminent qu'elle a joué dans les temps primitifs. Ainsi Diderot déclare dans les Entretiens sur le Fils naturel *(1757) : « Un sage était autrefois un philosophe, un poète, un musicien. Ces talents ont dégénéré en se séparant. »*

I LA CRISE DE LA POÉSIE

1. Un combat théorique

La preuve d'une crise de la poésie est apportée dès le début du siècle par la persistance d'un débat qui continue la Querelle des Anciens et des Modernes.

Plusieurs textes montrent **l'évolution et la persistance du conflit :**

1707 : *Discours sur la poésie*, de La Motte, après la traduction de *L'Iliade* par Mme Dacier en 1699. La Motte donne lui-même sa traduction, modifiée et abrégée de moitié, en douze chants (1713).

1716 : *Lettre à l'Académie* de Fénelon. Projet de rénovation de la poésie française.

1719 : *Réflexions critiques sur la poésie et la peinture*, de l'abbé Du Bos.

1730 : *Discours sur la tragédie* de La Motte. Débat sur le vers et la rime.

Au milieu du siècle, articles de Marmontel dans l'*Encyclopédie*, réunis en **1763 :** *Poétique française*.

Dès la *Lettre à l'Académie* la discussion est centrée sur la poésie, et la question essentielle que posent tous les théoriciens à partir de ce moment est celle de sa mort ou de sa survie. A quoi bon en effet les poètes, si leur art consiste à perpétuer un langage compliqué, des images et une mythologie vieillies, pour masquer l'absence de sérieux de leurs propos ? Cette critique fondamentale, qui aboutit à privilégier la prose, entraîne les autres reproches adressés au vers, à ses ornements, aux règles de la versification, « à la rime et à la mesure ».

Il s'agit donc bien **d'une crise profonde,** provoquée en partie par la prolifération d'amateurs qui ne deviennent poètes que pour s'assurer une place dans la société. Bien des témoins constatent cette situation : « la manie des vers est devenue une passion presque générale » déclare Bernis. Certains vont plus loin et invitent à une solution plus radicale. Ainsi La Motte lit à l'Académie une ode en prose, et propose de transposer de la même façon une scène de *Mithridate,* de Racine.

L'alexandrin est considéré comme une gêne, en particulier au théâtre, mais malgré les critiques il continue à être employé. Certaines pièces sont, il est vrai, écrites en prose, mais les dramaturges qui sont souvent également poètes (Gresset, Piron, Voltaire, sans compter La Motte) restent en général fidèles au vers : La Motte lui-même, dans *Inès de Castro* (1723).

D'autres enfin ne voient **le salut de la poésie que dans le choix de sujets sérieux, religieux ou philosophiques :** Voltaire devient ainsi « poète-philosophe », avant beaucoup d'autres dans la seconde moitié du siècle. Choix qui est aussi un risque, à en croire Fontenelle, qui annonce « un temps où les poètes se piqueront d'être plus philosophes que poètes... et en seront loués ».

Attaquée de toutes parts, la poésie n'en a pas moins continué à se développer, principalement d'abord dans ses formes les plus légères : art frivole, prisé par une société frivole, art d'ornement, comme une partie de la peinture contemporaine, art-cérémonie enfin qu'illustrent hommages et épîtres dédicatoires.

2. Pastorales et poésies fugitives

Négligés par les théoriciens, ces genres se développent librement, d'autant plus qu'ils tiennent une place importante dans la vie et les divertissements des classes aisées de la société.

1 Les pastorales

On continue à écrire des pastorales, bien qu'elles soient déclarées, par ailleurs, démodées et « discréditées ». Les poètes répondent ainsi à **une nostalgie de bonheur naturel, hors du temps,** à un goût qui persistera tout au long du siècle. Cette atmosphère et ces paysages évocateurs sont également ceux des tableaux de Watteau ou de Boucher.

On peut trouver bien des raisons à cette vogue de la pastorale, qui se développe aussi en prose, chez **Gessner** par exemple, ou dans *Paul et Virginie* (1788) de **Bernardin de Saint-Pierre.** En premier lieu, deux œuvres particulièrement célèbres et goûtées au XVIIIe siècle, *L'Astrée* (1607-1627) d'**Honoré d'Urfé** et *Télémaque* de **Fénelon,** alimentent un rêve de bonheur rustique. D'autre part, d'autres souvenirs culturels (Virgile, Théocrite) s'amalgament à la nostalgie du paradis perdu. Enfin, la vie champêtre est d'autant plus idéalisée que les paysages agrestes deviennent rares dans la réalité. D'où le développement des scènes de Nativité, accompagnées de chants de Noël dans les théâtres privés (à la cour de Sceaux notamment).

S'illustrent dans ce genre **Jean-Baptiste Rousseau** (1671-1741), **Alexis Piron** (1689-1773), le président **Jean-François Hénault** (1685-1770) et **Jean-Baptiste Gresset** (1709-1777). Idylles ou églogues trouvent un élargissement dans les « pastorales dramatiques », spectacles mondains et souvent galants, qui mettent en scène les amours de bergers et de bergères.

Joueuse de flûte.
Dessin de F. Boucher, XVIIIe s.

2 Les poésies fugitives

Tous les poètes du temps en ont écrit : poèmes brefs, de formes variées, pièces de circonstance, elles se multiplient dans les périodiques, et finissent par être publiées régulièrement dans *L'Almanach des Muses,* à partir de 1764 (et continueront à l'être jusqu'en 1833). Cette poésie légère prouve le goût de « la difficulté vaincue », de **la prouesse verbale** capable de combler l'attente du public. Faits de société donc, les jeux poétiques, les chansons, les impromptus, les épigrammes enfin, sont aussi des documents qui évoquent l'esprit du temps et les querelles littéraires. **Voltaire** en a donné de nombreux exemples et a développé dans *Le Mondain* (1736) les principes qui dirigent la vie de ses contemporains. **Marmontel** (1723-1799), **Sedaine** (1719-1797), **Jean-Baptiste de Grécourt** (1683-1743), **Florian** (1755-1794), auteur de *Plaisir d'amour,* mis ensuite en musique, se sont également illustrés dans ces genres.

3. Les grands genres

Odes, épopées, poèmes « héroïques » ou philosophiques, connaissent la faveur du public, comme en témoignent les nombreuses rééditions. Toutes ces œuvres, sans distinction, répondent en effet au sens de la grandeur nationale, puisqu'elles chantent les rois fameux ou les succès des armes (la bataille de Fontenoy en a inspiré plus d'une). Elles peuvent à ce point de vue être comparées aux réalisations architecturales, places publiques ou monuments, qui accroissent, à la même époque, le prestige des grandes villes.

1 L'épopée

Ce genre est le moins représenté, malgré l'intérêt que lui portent les théoriciens. Un seul exemple notoire, *La Henriade* de **Voltaire,** considérée lors de sa parution (1728) comme un chef-d'œuvre. Composée en l'honneur de Henri IV, de sa sagesse et de ses victoires, elle reste **loin derrière le modèle homérique** et ne parvient pas à s'imposer comme le grand poème de la guerre dans les temps modernes. Les scènes de combats sont surtout l'occasion d'emprunter des comparaisons à *L'Enéide* ou à *L'Iliade ;* d'indiquer, de façon didactique, l'enjeu des événements ; d'introduire enfin quantité d'images allégoriques (le Fanatisme, la Discorde, la Religion) qui achèvent de briser l'élan.

2 L'ode

Le poème permet, par l'emploi du vers, de traiter avec plus d'ampleur des sujets qui conviendraient tout autant à la prose. Ainsi **Jean-Baptiste Rousseau** écrit des odes sacrées et des odes politiques qu'il adresse aux rois européens : ce sont des réflexions sur la gloire militaire, le gouvernement idéal, la paix et la liberté. **Voltaire** a recours à la poésie dans des œuvres où il ne se contente pas de juger et de tenter de convaincre le lecteur ; dans les *Discours sur l'Homme* (1738), le *Poème sur la religion naturelle* (1752-1756) ou le *Poème sur le désastre de Lisbonne* (1756), il s'exprime sous la forme d'une délibération intérieure, s'interroge plus qu'il ne conclut. **Louis Racine** (1692-1763) cherche, dans *La Religion* (1742), à concilier la Foi et la Raison, représentée par Descartes, Newton ou Leibniz.

Ainsi naît le poème scientifique. **Jacques de Malfilâtre** (1732-1767) est l'auteur du *Soleil fixe au milieu des planètes* (1758) ; des poètes célèbres à l'époque comme **Ponce Denis Ecouchard-Lebrun** (1729-1807), surnommé Lebrun-Pindare, écrivent des odes à la gloire de la pensée des Lumières.

4. La poésie descriptive

Ce genre, qui renouvelle les formes classiques, naît aux environs de 1750 et connaît son apogée pendant la dizaine d'années qui précèdent l'œuvre de **Jacques Delille,** *Les Jardins* (1782). Il s'agit d'égaler la réflexion philosophique de l'époque, **d'écrire un poème de la Nature qui soit digne d'elle.** Cette ambition s'accompagne d'un réveil de l'intérêt porté au langage, qui doit frapper par son exactitude, mais également plaire, à l'égal de la musique ou de la peinture.

J.M. Moreau le Jeune, *Allégorie au poète Roucher et à son poème Les Mois*, 1779.

Comme dans d'autres domaines (philosophique par exemple), l'exemple vient du Nord, ici principalement de l'Angleterre : l'œuvre célèbre de **James Thomson,** *Les Saisons* (1726-1730), est traduite tardivement en 1759. Succession de tableaux, « longue suite d'évocations du ciel, de la terre, de la mer », ce poème aura une très grande influence en France. D'autres aussi, dans un registre plus sombre : *Les Nuits* de **Edward Young** (1740-1745), traduites par Le Tourneur en 1769 ; *L'Élégie écrite dans un cimetière de campagne* de **Thomas Gray,** publiée en 1751.

Deux poètes s'illustrent particulièrement dans le genre descriptif : **Jean-François de Saint-Lambert** (1716-1803), auteur des *Saisons,* en 1769, l'année où paraît la célèbre traduction des *Géorgiques,* faite par Jacques Delille (voir supra). La gloire de ce dernier (1738-1813) est encore plus grande dans cette seconde moitié du siècle.

5. Le « préromantisme »

Aucun mouvement littéraire ne prend ce nom. Il permet néanmoins de désigner l'état d'esprit d'un certain nombre d'écrivains, que ne réunit cependant aucune doctrine ni aucun programme esthétiques. Ainsi **Nicolas Germain Léonard** (1744-1793), originaire de la Guadeloupe, auteur en 1766 d'*Idylles morales,* complétées à plusieurs reprises ; **Antoine de Bertin** (1752-1790), originaire de l'île Bourbon [La Réunion], qui fit paraître *Les Amours* en 1780 ; **Evariste de Parny** (1753-1814), son compatriote, connu pour ses *Poésies érotiques* (1778). Les thèmes essentiels de ces poètes: la nature et l'exotisme, la vertu et la passion, l'attrait de l'au-delà, persisteront jusqu'au XIXe siècle.

La poésie évolue au XVIIIe siècle à travers recherches et tâtonnements. Parallèlement, se développe une réflexion sur les origines des langues qui annonce encore plus le bouleversement romantique. La poésie veut retrouver sa force originelle, et par là, la primauté est rendue au langage.

BIBLIOGRAPHIE

Édition

Anthologie poétique française au XVIIIe siècle, Éd. Maurice ALLEM. Garnier-Flammarion, 1966.

Études

André MONGLOND, *Le Préromantisme français,* t. I-II. José Corti, 1966.

Jacques BOUSQUET, *Le XVIIIe siècle romantique.* J.-J. Pauvert, 1972.

Paul BÉNICHOU, *Le Sacre de l'écrivain, 1750-1830.* José Corti, 1973.

Édouard GUITTON, *Jacques Delille et le poème de la nature en France, de 1750 à 1820.* Univ. de Lille III, 1976.

Sylvain MENANT, *La Chute d'Icare. La Crise de la poésie française, 1700-1750.* Genève, Droz, 1981.

II CHÉNIER (1762-1794)

André Chénier est né à Constantinople, en 1762, d'un père diplomate et d'une mère qui se prétendait d'origine grecque. Il rentre très jeune en France, en 1765.
De 1773 à 1781, il fait ses études à Paris, au Collège de Navarre, où il reçoit un enseignement moderne, comme Condorcet quinze ans plus tôt : mathématiques, physique, philosophie inspirée du sensualisme de Condillac. Il y noue des amitiés durables, grâce auxquelles il évoluera dans **un milieu aristocratique.** Il connaît également, très jeune, **des artistes et des philologues** qui fréquentent le salon de sa mère. Il se veut poète, et dès ses premières œuvres, il manifeste un **véritable culte pour la Grèce antique.**
1782-1783 : brève tentative dans le métier des armes, à Strasbourg.
Après deux voyages en Suisse et en Italie, de 1787 à 1791, il occupera l'emploi de secrétaire d'ambassade à Londres, séjour qu'il ressent comme un exil et dont il se console par l'élaboration de l'*Hermès* et de *L'Amérique.*
Rentré à Paris, il crée avec ses amis *La Société de 1789* pour « définir et propager les principes d'une Constitution libre ». Il écrit des pamphlets et des articles dans *Le Journal de Paris,* puis dans *Le Moniteur.* Après le procès du Roi, pour lequel Chénier a contesté la compétence de l'Assemblée, il est rangé parmi les modérés et devient suspect.
En mars 1794, il est incarcéré à Saint-Lazare. Il est guillotiné le 7 Thermidor (25 juillet 1794).

1785-1787 : *Bucoliques.*

1785-1789 : *Elégies.*

Idylles.

L'Invention (théories poétiques).

Hermès et *L'Amérique* (fragments d'épopées).

Odes.

Iambes.

Chénier.
Gravure d'après
J.B. Suvée, fin XVIIIe s.

Découverte avec enthousiasme par les romantiques en 1819, un an avant les *Méditations poétiques* de Lamartine, l'œuvre d'**André Chénier** n'a cessé d'être lue et appréciée par les écrivains du XIXe siècle. Ils étaient en effet sensibles à ce premier signe de libération de la poésie, partagée entre la tradition et le renouveau, la nostalgie du passé et l'espoir de l'avenir.

Chénier n'a pas publié ses œuvres, mais les a seulement groupées par genres, pendant les dernières années de sa vie. Certains ont eu accès aux manuscrits (Chateaubriand entre autres). L'ordre fut bouleversé, de telle sorte que la **première édition, procurée par Henri de Latouche en 1819,** fut faite sans souci des indications de l'auteur. Les suivantes, celle du neveu du poète, Gabriel de Chénier, celles de Becq de Fouquières, puis de Dimoff ont connu les mêmes difficultés de classement.

1. Une double inspiration

Déçu très jeune par son époque où triomphent « l'argent et l'intrigue », et par beaucoup de ses contemporains, qu'il accuse dans *La République des Lettres,* Chénier se veut uniquement « dominé par l'amour de la poésie, des lettres et de l'étude ». Dès ce moment, sa vocation est trouvée : écrire pour exprimer un rêve de grandeur, un idéal perdu.

1

L'Antiquité

Cet idéal, il le trouve dans **la littérature antique, grecque** (Homère, Théocrite) **ou latine** (Virgile, Horace, Ovide, Properce), que, toute sa vie, il annote et avec laquelle il rivalise. Car il ne s'agit pas pour lui de faire preuve d'érudition. C'est avec passion qu'il s'intéresse à cet univers livresque, comme à la science de son temps, puis au mouvement révolutionnaire.

Cette connaissance approfondie lui permet de mêler plusieurs sources à l'intérieur d'un même poème ; de conserver le moule antique et **d'y introduire des images modernes,** dans le goût de tableaux de Greuze ou de Fragonard ; d'évoquer aussi bien la vertu des Grecs que la beauté de leur art plastique (ainsi le combat des Centaures et des Lapithes dans *L'Aveugle*). Toute une conception de la vie est ainsi reconstituée, une morale et des mœurs depuis longtemps oubliées. En harmonie avec la sensibilité de Chénier, elles animent ses plus grandes réussites : « Le cœur seul est poète », proclame une de ses *Elégies* (1785-1789).

Le retour à l'antique au XVIIIe siècle

On redécouvre l'Antiquité à partir de 1750, grâce aux **fouilles archéologiques** de Pompéi et d'Herculanum, aux objets d'art rapportés par des voyageurs (M. de Marigny, Cochin par exemple), grâce aussi aux **travaux d'érudits philologues :** Brunck, Winckelmann. En 1788, l'**abbé Barthélémy** publie son *Voyage du jeune Anacharsis en Grèce,* dont le succès fut très vif jusqu'au milieu du XIXe siècle. Le même goût se fait sentir en peinture : *Le Serment des Horace,* de **David,** est un événement dans la vie artistique en 1785.

Cela favorise le rêve d'un accord entre l'homme et la nature et explique le grand nombre des idylles ou des pastorales parues à cette époque, tant en littérature qu'en peinture. Le Zurichois **Salomon Gessner,** auteur d'*Idylles,* en 1756, eut une grande célébrité.

2

Les temps modernes

Hermès

Chénier veut également glorifier son temps. A partir de 1782, il forme le grand projet d'écrire l'épopée de la science, du triomphe de la raison. *Hermès* ne comptera que quelques fragments, cinq cents vers tout au plus, au milieu d'un schéma général en prose (conception du travail poétique très particulière, qui explique l'inachèvement de l'œuvre). Le poète-philosophe a l'intention de faire la synthèse de la pensée contemporaine sur l'histoire du genre humain (à cet effet il a lu Hume, Condillac, Buffon), d'être un Lucrèce moderne, l'auteur d'un vaste ensemble de dix mille vers qui serait **une somme des connaissances.**

Le canevas de l'*Hermès* montre combien Chénier suit la tendance générale de son époque ; en toutes choses, il entend remonter aux origines :

Ier chant : système de la terre et non du monde.

IIe chant : l'homme, depuis le commencement de son état sauvage jusqu'à la naissance des sociétés.

IIIe chant : les sociétés. Politique, morale. Invention des sciences. Système du monde.

Le poète n'a cependant pas seulement un dessein didactique. Il « fait un monde », s'identifie à Hermès Trismégiste, le dieu qui, selon l'*Encyclopédie*, « avait également approfondi les secrets de la nature, les mystères de la religion et les ressorts de la politique ». Liée ainsi aux poèmes inspirés par l'Antiquité, l'épopée montre aussi un **élan poétique animé par une philosophie matérialiste et par la croyance en l'homme :** car depuis toujours « Il veut vivre, c'est-à-dire être utile à ses frères et laisser un nom... C'est là vivre en effet ».

L'Amérique

Une œuvre encore plus étendue (douze chants de mille vers), *L'Amérique*, devait apporter une illustration et un complément. Il s'agissait de remonter à la découverte du Nouveau Monde, date importante dans l'évolution de l'Occident, de répondre au goût de l'exotisme et à un intérêt renouvelé par l'actualité (la guerre des Insurgents), tout en fondant une mythologie moderne. Le projet grandiose (« **Décrire, de côte en côte, absolument toute la géographie du globe aujourd'hui connue** ») ne parvint pas, non plus, à être réalisé.

Le lyrisme vengeur

La Révolution enfin, pour laquelle Chénier s'engage dès son retour en France, libère son génie. Elle le ramène à son époque, le détourne de ses vastes projets et lui inspire de courtes pièces, de genres et de rythmes nouveaux : des *Hymnes (A la justice)* et des *Odes* (*Le Jeu de Paume ; La Jeune Captive*, un des rares textes qui ait été publié peu de temps après sa mort). Dans ses derniers poèmes, écrits en prison, les *Iambes*, dictés par la haine contre les Jacobins, il parvient à de grandes réussites satiriques.

2. Un art poétique

Tout en poursuivant son œuvre sans relâche, de 1778 à sa mort, Chénier a également précisé à plusieurs reprises ses principes poétiques : à partir de 1785, dans l'*Essai sur les causes de la perfection et de la décadence des arts*, dans l'*Épître sur ses ouvrages*, et dans *L'Invention* surtout, long texte-programme destiné à accompagner ses épopées. La postérité n'en a retenu qu'une formule lapidaire :

« Sur des pensers nouveaux, faisons des vers antiques »

Ce vers résume une position qui semble reprendre celle qu'exposait La Fontaine, en 1687, dans l'*Épître à Huet :* inviter les poètes modernes à conserver les genres codifiés par les Anciens, non en imitant leur art, mais en rivalisant avec lui, et à être à leur tour des « inventeurs », capables de construire « des colonnes nouvelles » dans « le temple des arts ».

Cette optique, néoclassique en apparence, répond cependant à des motivations idéologiques : l'écart est en effet devenu sensible entre l'Antiquité et le XVIIIe siècle. Sans chercher à s'assimiler les mœurs et les sentiments de Virgile ou d'Homère, le poète les considère simplement comme exemplaires, et cherche à retrouver la vertu que les hommes ont oubliée, **un âge d'or démocratique et moral** qu'il aspire à faire renaître. **Par l' « imitation inventrice »,** il entend donc donner à son époque une grandeur, digne de celle des Anciens, mais qui est celle de la civilisation moderne :

« Torricelli, Newton, Kepler et Galilée,...
A tout nouveau Virgile ont ouvert des trésors. »

Chénier a voulu rendre à la poésie la place éminente qu'elle avait dans l'Antiquité, quand elle allait de pair avec la liberté et la vertu. Ce grand modèle a parfois freiné son lyrisme, mais lui a permis également de frayer la voie au renouveau poétique du XIXe siècle.

3. Chénier ou le lyrisme retrouvé

Alors que l'essentiel de la production poétique du siècle a consisté en un travail d'investigation et d'arrangement de la réalité, en des « logiques poétiques »[1], dont l'*Hermès* est d'ailleurs un bel exemple, il semble qu'avec Chénier **la poésie** tende à redevenir ce qu'elle a déjà été et ce qu'elle sera de plus en plus, **élégiaque et surtout lyrique.** C'est en effet en remontant à la source grecque et latine, en retrouvant la tradition alexandrine et ses continuateurs latins (Catulle, Tibulle, Ovide et Properce) que Chénier s'est fait l'artisan de cette renaissance poétique.

Le génie de Chénier tourne donc naturellement au lyrisme : **lyrisme de l'amour,** composé de mélancolie, d'extases, d'aspirations idéales, de souffrances aussi, qui fait l'originalité des *Elégies* (1785-1789).

1. *Jean* R*QUDAUT*, Poètes et grammairiens au XVIIIe s. *Gallimard, 1971.*

BIBLIOGRAPHIE

Éditions

CHÉNIER, *Œuvres complètes,* Éd. Gérard WALTER. Gallimard (bibl. de la Pléiade), 1940.

Anthologies de la poésie française au XVIIIe siècle. Garnier-Flammarion, Rencontre, Hachette.

Études

Jean FABRE, *Chénier.* Hatier (coll. « Connaissance des Lettres »), 1965.

Jean FABRE, *Lumières et Romantisme* (article : « Un thème "préromantique", le "Nouveau Monde" des poètes, d'André Chénier à Mickiewicz »). Klincksieck, 1980.

CHRONOLOGIE DE LA POÉSIE*

Œuvres poétiques	Textes théoriques	Étranger
	1716 Fénelon : *Lettre à l'Académie*	
	1719 Du Bos : *Réflexions critiques sur la poésie et la peinture*	
1728 Voltaire : *La Henriade*		
	1730 La Motte : *Discours sur la tragédie*	
1736 Voltaire : *Le Mondain*		
1738 Voltaire : *Discours sur l'Homme*		
		1742-45 Young : *Les Nuits* (Angleterre)
		1751 Gray : *Elégie écrite dans un cimetière de campagne* (Angleterre)
		1756 Gessner : *Idylles* (Suisse)
		1760 Macpherson : *Poèmes d'Ossian* (Écosse)
	1763 Marmontel : *Poétique française*	
1764 : début de publication régulière de poésies fugitives dans *L'Almanach des Muses.*		
1766 Léonard : *Idylles morales*		
1769 Saint-Lambert : *Les Saisons*		**1769** Goethe : *Nouveaux Lieder* (Allemagne)
1778 Parny : *Poésies érotiques*		
1780 Bertin : *Les Amours*		
1782 Delille : *Les Jardins*		
1785-87 Chénier : *Bucoliques* **1785-89** Chénier : *Élégies* Chénier : *Hermès ; L'Amérique* (projets d'épopée)	**1787-90** Chénier : *L'Invention*	**1789** Blake : *Les Chants d'innocence* (Angleterre) **1790** Goethe : *Elégies romaines* (Allemagne)
1794 Chénier : *Iambes*		**1794** Blake : *Les Chants de l'expérience* (Angleterre)

* Sauf précision contraire, les dates indiquées sont celles de l'édition.

A l'exception de Chénier, le XVIIIe *siècle a-t-il connu de véritables poètes ou n'a-t-il engendré qu'une pléiade de versificateurs ? La crise, incontestable, du genre poétique à l'époque des Lumières tient en effet à cette situation paradoxale : quantitativement la poésie se porte bien ; les formes traditionnelles conservent la faveur du public ; les petits poèmes légers et « fugitifs » pullulent. Mais, concurremment, l'innovation se dégrade, les formes se sclérosent et l'inspiration s'enlise dans l'anecdotique et l'insignifiant.*

Dès 1757, Diderot, conscient de cette crise, implorait l'avènement d'une poésie fondée sur « quelque chose d'énorme, de barbare et de sauvage... ». Constatons que, plus encore que dans l'œuvre d'un Chénier, justement soucieux d'une « imitation inventrice » des Anciens, c'est dans le renouveau de ce qu'on pourrait appeler la prose poétique, chez un Rousseau ou un Bernardin de Saint-Pierre, que cette évolution espérée va se dessiner. En coupant la tête de l'auteur de La Jeune Tarentine *en 1794, les « montagnards » ont ainsi fait plus qu'assassiner un homme ; ils ont condamné le genre poétique à faire, lui aussi, sa « révolution ».*

Le Chiffre d'amour. Gravure d'après J.H. Fragonard, XVIIIe s.

Conclusion

L'éclatement du genre philosophique a lieu dès la fin du XVIII*e siècle. Il ne s'agit plus alors de déchiffrer le réel, mais de l'organiser. Condorcet écrit en 1793 son* Esquisse d'un tableau historique des progrès de l'esprit humain ; *en 1795, est publié l'ensemble des* Œuvres *d'Helvétius. A la même époque, des savants comme Lavoisier, Laplace ou Monge éditent les résultats de leurs recherches en chimie, physique ou mathématiques. Les sciences délimitent leur champ d'investigation et s'excluent des belles-lettres. Le temps des spécialistes commence. Pour leur part, les Idéologues (Destutt de Tracy, Volney, Cabanis) créent les sciences de l'homme, basées sur l'observation et l'expérience. Ils organisent l'enseignement dans les grandes écoles fondées par la Convention et s'intéressent en particulier au langage, ce qui leur donnera une influence durable. Ils forment le lien entre le sensualisme et le positivisme d'Auguste Comte (1798-1857).*

La Révolution n'impose pas seulement de nouvelles conditions à l'exercice de la pensée ; elle bouleverse profondément les mentalités et provoque la transformation de la création littéraire. Si, en effet, les poètes et les romanciers du XIX*e siècle sont les héritiers des valeurs de leurs devanciers, le « sentiment » remplace chez les romantiques la « sensibilité », condition essentielle, à l'époque des Lumières, du bonheur individuel et social. C'est une tout autre vision de la vie, inspirée par un regain de foi religieuse, qu'exprime une nouvelle génération d'écrivains, qui ont eu vingt ans en 1789 : dans* Génie du christianisme *(1802), Chateaubriand médite devant des ruines et élève son âme vers Dieu, tandis que le même thème menait Diderot, dans le* Salon de 1767, *ou Volney, dans* Les Ruines ou Méditations sur les révolutions des empires *(1791) à des réflexions sur l'éternité de la nature et l'avenir des hommes. On ne peut donc que dénaturer le* XVIII*e siècle en le qualifiant de « préromantique ». L'alliance de la raison et de la sensibilité fait l'unité de cette période, et la Révolution en marque le terme.*

Transformation ne signifie cependant pas rupture ; le livre de Mme de Staël, De la littérature considérée dans ses rapports avec les institutions sociales, *en apporte la preuve. Publié en 1800, à une date charnière, il est à la fois un bilan positif des Lumières et un tremplin pour l'avenir. Ce ne sera en effet qu'après une transition de plusieurs années que les grandes œuvres romantiques commenceront à paraître.*

LE XIXe SIÈCLE
1800-1900

Les conquêtes de la liberté

T. Géricault, *Officier de chasseurs à cheval de la garde impériale chargeant*, 1812.

Introduction

Si les premières années du siècle semblent amorcer, avec les premières œuvres de Chateaubriand et de Madame de Staël, la grande novation romantique, celle-ci ne pourra vraiment éclore que dans les années 1820, après une longue période d'étouffement ; encore était-elle précédée, au XVIII*e siècle, d'une lente maturation au cours de laquelle apparaissent les œuvres véritablement fondatrices d'une nouvelle époque,* La Nouvelle Héloïse *de Rousseau, ou* Werther *de Goethe. Pareillement, le siècle littéraire semble se prolonger en une interminable « fin de siècle », qui ne cessera qu'à la veille de la guerre, creuset sanglant d'où jaillira le véritable* XX*e siècle.*

Est-ce à dire que le XIX*e siècle n'est qu'une longue transition entre l'éveil des Lumières et l'épanouissement de la modernité ? Ce serait nier la marque propre que le* XIX*e siècle a laissée dans l'histoire des idées, et qui est précisément cette* **croyance en un devenir historique,** *cette* **foi dans le progrès,** *parfois naïve et caricaturale, mais aussi génératrice de bouleversements historiques, de systèmes de pensée et d'œuvres dont les répercussions ont donné forme au monde actuel. Ce n'est pas en vain que ce siècle, plus qu'aucun autre, s'est voulu prophétique : attentifs aux mouvements sourds qui, désagrégeant l'édifice des valeurs héritées du passé, annoncent le surgissement d'un avenir tout différent, les hommes du* XIX*e siècle, hérauts et pionniers, se plaisent dans la rêverie, l'utopie, la prospection.*

1. Les idées nouvelles

Dans ce fleuve perpétuel d'événements et d'idées de toutes sortes qui traverse le siècle, il est difficile de repérer des constantes, et de les réduire à quelques schémas simples ; tout au plus peut-on relever quelques grandes tendances qui, d'un bout à l'autre de cette époque, tantôt sous-jacentes, tantôt surgissant à la surface des faits ou des œuvres, en éclairent la dynamique profonde.

Parmi ces mouvements, les plus perceptibles sont ceux qui affectent les idées de nation et de liberté, et ceux qui concernent la société et la science.

1 Le mouvement national

E. Delacroix, *La Grèce expirant sur les ruines de Missolonghi*, XIXe s.

*Dans le monde entier, l'histoire du siècle est d'abord celle d'**un éveil des nationalités :** secouant le joug des oppresseurs étrangers (parmi lesquels il faut compter, en Europe, la France de Napoléon), les peuples revendiquent la reconnaissance de leur identité et de leurs droits ; de ce point de vue, de grands événements internationaux comme la lutte pour l'indépendance de la Grèce (lutte à laquelle participe activement le poète anglais Byron et qui suscite la sympathie passionnée des romantiques) ou les soulèvements, vite réprimés, de 1848, en Allemagne et en Europe centrale, marquent profondément la sensibilité des « intellectuels ». La constitution de nouveaux États européens, comme l'Italie ou l'Allemagne, aura, d'autre part, une double répercussion sur la pensée et la littérature en France, en rendant possible à la fois un approfondissement du sentiment national, et une curiosité nouvelle pour l'étranger.*

Cette exaltation du passé national aboutira parfois, comme dans d'autres pays d'Europe, aux formes extrêmes du nationalisme, particulièrement à la fin du siècle, lorsque l'esprit « revanchard » gagnera quelques écrivains. Mais également, elle n'est pas exclusive d'un intérêt sincère pour la diversité des cultures : de Madame de Staël révélant au public français, dans De l'Allemagne *(1808-1810), les richesses de la sensibilité et de la littérature allemandes, à Hugo étudiant les légendes germaniques ou le théâtre de Shakespeare, de Chateaubriand rêvant sur les strates successives des civilisations orientales à Mérimée ou Stendhal, puisant leurs fantasmes dans un univers méditerranéen plus ou moins imaginaire, les grands écrivains du siècle témoignent d'**une ouverture nouvelle de l'esprit français vis-à-vis des réalités étrangères.***

*Fait nouveau également, **les écrivains voyagent :** non plus, comme au XVIIIe siècle, pour diffuser leurs idées dans les cours et les salons européens, mais bien au sens actuel, pour nourrir leur imagination de visions et d'impressions sans cesse renouvelées. Bien plus, ils publient leurs récits de voyage, et ceux-ci constituent désormais la matière principale du genre autobiographique, en même temps qu'ils fournissent à la postérité une source de renseignements essentielle pour l'étude de l'élaboration des œuvres de leurs auteurs.*

2 Le mouvement libéral

Dès la Révolution française, nationalisme et libéralisme sont liés : la liberté est d'abord une revendication nationale, elle signifie l'affranchissement des tyrannies étrangères. Mais la liberté a aussi un contenu politique : la liberté des peuples apparaît comme inséparable de la liberté individuelle ; et ce thème idéologique, avec ceux qui en découlent, comme le thème de l'opposition entre libertés formelles et libertés réelles, occupera une grande place dans le débat d'idées au XIXe siècle. De cet enthousiasme pour la liberté, le célèbre tableau de Delacroix, La Liberté guidant le peuple *(1831), demeure l'emblème le plus représentatif.*

E. Delacroix, *La Liberté conduisant le peuple,* XIXe s.

La liberté d'expression

*Parmi ces libertés que l'homme du XIXe siècle réclame et pour lesquelles il se bat, il en est deux qui préoccupent avant tout les écrivains : ce sont, bien entendu, la liberté de pensée, et la liberté d'expression. L'histoire du XIXe siècle, en ce domaine, est celle d'****un affrontement incessant, pour la conquête de ces libertés,*** *contre des institutions répressives sans cesse renaissantes.*

Le cadre juridique qui fixe la réglementation de cette liberté est assuré par le décret impérial du 5 février 1810, qui limite le nombre des imprimeurs, et les astreint à un serment comme à l'obtention d'un « brevet » octroyé par le ministre de la police et toujours révocable ; les libraires, eux aussi, doivent être **brevetés et assermentés.** Ce système sera maintenu jusqu'en 1848, malgré quelques atténuations en 1814 et 1831. Après la brève « éclaircie » de 1848, **la censure est rétablie,** et même renforcée **sous le Second Empire** par l'établissement d'une commission chargée d'examiner tous les livres avant l'apposition d'une estampille préfectorale permettant leur mise en circulation, tandis que la surveillance des libraires et des cabinets de lecture est renforcée ; d'où de **nombreux procès** qui valent parfois des peines d'emprisonnement et des amendes à des écrivains ou à leurs éditeurs. Parmi ces « affaires », les plus retentissantes seront les procès intentés à Flaubert (pour *Madame Bovary*), qui sera acquitté, et à Baudelaire (pour *Les Fleurs du mal*), qui sera condamné pour « offense à la morale publique et aux bonnes mœurs » à 300 francs d'amende et à la suppression de 6 pièces de son recueil. Sous la Troisième République, la censure s'assouplit, mais les procès demeurent nombreux (Barbey d'Aurevilly est poursuivi pour ses *Diaboliques*, Lucien Descaves pour *Sous-offs*). Mais l'évolution des mœurs rend ces pratiques répressives de plus en plus caduques.

Les entraves à la liberté d'expression seront combattues par de nombreux écrivains ; d'abord par Chateaubriand, sous l'Empire (avec le fameux article : « C'est en vain que Néron prospère... », et l'éloge de la liberté dans le discours de réception à l'Académie française), et dans les dernières années de la Restauration, où il apparaîtra comme un ardent défenseur de la liberté de la presse, au point d'être acclamé par la jeunesse révolutionnaire de 1830 ; puis par les romantiques, Hugo en tête, dont le ralliement au « libéralisme », entre 1827 et 1830, entraîne à la fois un « renversement d'alliance » capital (les libéraux, jusque-là voltairiens, donc classiques, feront dès lors cause commune avec la plupart des romantiques), et donne une dimension idéologique au débat esthétique (« le romantisme n'est, à tout prendre, que le libéralisme en littérature[1] »).

Lamartine à l'Hôtel de Ville, le 25 février 1848. Gravure, XIXᵉ s.

L'engagement politique

Cet engagement des écrivains, même les moins « libéraux » comme Balzac, en faveur de libertés essentielles à leur activité, les amène logiquement à prendre une part active aux combats politiques. C'est là, en effet, un autre trait marquant de cette époque : ***l'ambition de jouer un rôle politique gagne la plupart des écrivains,*** *au moins jusqu'à la grande désillusion de 1848, qui sera suivie chez certains d'un repli abstentionniste fièrement affirmé.*

Cette ambition sera parfois comblée : ainsi, Chateaubriand sera plusieurs fois ambassadeur et ministre ; Lamartine sera membre du gouvernement provisoire de 1848 ; Hugo pair de France, et plus tard député. Mais le plus souvent, cette ambition demeure vouée à l'échec, voire au sarcasme, et l'écrivain doit alors se contenter de parer de son prestige un régime qui à son tour le comble de faveurs (ainsi Mérimée, écrivain « officiel » du Second Empire).

3 Pour une libération de la langue

Enfin, il est un domaine où cet élan vers la liberté pourra s'épanouir, c'est celui de la langue : contre le purisme rigide et dogmatique pratiqué par l'Académie française, les romantiques, à la suite de Chateaubriand, présenteront leurs audaces et leurs assauts comme une libération de la langue.

Libérer l'expression des conventions de la rhétorique, *tel paraît bien être en effet le souci commun des écrivains du XIXᵉ siècle. Bien plus, la langue semble devoir être libérée par eux des contraintes mêmes de la signification ou de la pensée, et sa*

1. *Victor* HUGO, *Préface d'*Hernani, *mars 1830.*

richesse sera explorée, ***pour la seule délectation esthétique,*** *dans toute ses dimensions : temporelles (Balzac, ainsi, se passionnera pour l'ancienne langue française, dans les* Contes drolatiques*), spatiale (George Sand s'intéresse aux patois régionaux, par exemple dans* Les Maîtres Sonneurs*) et sociale (voir la curiosité de Hugo pour toutes les formes d'argot).*

Ce « libéralisme linguistique » demeure cependant, lui aussi, considérablement freiné par les institutions, notamment par l'école qui, en matière de langue, continue de professer, solidement fondé sur le latin et le grec, un respect rigoureux des modèles classiques.

4 Le mouvement social

La conquête des libertés, au XIXe *siècle, est indissociable d'une considérable mutation sociale qui va profondément influencer la littérature, et que celle-ci « reflète » dans une large mesure. En effet,* ***la liberté, valeur « bourgeoise » par excellence,*** *semble triompher, en 1830, en même temps que la bourgeoisie elle-même, qui arrive au pouvoir après une ultime tentative de l'aristocratie pour reconstituer la société d'Ancien Régime. Cette liberté bourgeoise a d'ailleurs d'étroites limites : elle interdit à l'ouvrier de se mettre en grève, lui impose le port d'un livret individuel, et n'accorde le droit de vote qu'aux seuls citoyens les plus riches. De plus, la bourgeoisie est elle-même une classe en mouvement, divisée entre une grande bourgeoisie de notables et des « couches nouvelles », en pleine ascension.*

Face à cette bourgeoisie conquérante, l'oppression dont sont victimes ***les classes populaires*** *les conduit à une succession de sursauts et de victoires, dont les étapes jalonnent le cours du siècle : révolte des canuts à Lyon (1831), journées sanglantes de juin 1848, octroi du droit de grève et constitution des premiers syndicats, Commune de Paris (1871), création de la C.G.T. (1895).*

Ces événements, et plus encore l'aggravation constante de la misère d'un prolétariat que l'industrialisation concentre autour des villes, suscitent, ***chez les écrivains, une prise de conscience,*** *qui, de la simple commisération à l'indignation, ou de la sympathie à la crainte, reste le plus souvent purement sentimentale, mais qui peut aussi déboucher sur un engagement profond :* ***la pensée sociale,*** *timidement apparue au* XVIIIe *siècle,* ***connaît au*** XIXe ***siècle un essor considérable,*** *et ses multiples développements (socialisme, communisme, anarchisme, christianisme social) marquent de nombreux écrivains (George Sand, Sue, Lamartine, Zola...). Cette effervescence sociale touche en revanche assez peu* ***les classes paysannes,*** *dont le sort s'améliore (les dernières crises de subsistance auront lieu vers 1847-1848), et dont les problèmes sont rendus moins cruciaux par l'exode rural. De là, l'effacement relatif dont elles sont l'objet dans les préoccupations littéraires.*

Dernier trait caractéristique de l'évolution sociale de la France, déterminant pour la littérature : **les progrès de l'alphabétisation et de l'instruction.** Entre 1850 et 1914, la proportion des conscrits ne sachant pas lire tombe de 39 % à 4 % ; le nombre d'analphabètes est, naturellement, surtout important parmi les plus de 40 ans, et diminue au contraire dans les couches les plus jeunes ; ce rajeunissement de la population des lecteurs explique l'essor des éditeurs qui se consacrent à la jeunesse : Hetzel, Hachette, les éditions scolaires. Cependant, malgré cette élévation du niveau d'instruction, et malgré aussi le progrès des techniques d'imprimerie, la production littéraire ne connaît pas un accroissement considérable, ni régulier, **du fait de la censure et des crises économiques qui affectent durement le monde du livre :** en 1847, la production tombe à environ 5 500 titres nouveaux dans l'année, chiffre le plus bas depuis 1821. Sous le Second Empire, les mesures prises contre la concurrence exercée par les contrefaçons belges permettent une légère reprise de la production, qui atteint plus de 12 000 titres en 1869, et environ 15 000 à la fin du siècle. La multiplication des points de vente (par exemple dans les gares), la création de bibliothèques communales, remplaçant peu à peu les cabinets de lecture, permettent cependant une lente, mais certaine, diffusion de la littérature dans de nombreuses couches de la population.

5 Le mouvement scientifique

L'impulsion donnée à la science par la Révolution française (notamment grâce au concours apporté par les savants à la défense de la patrie, et aux institutions créées par la Convention) va se poursuivre, au XIXe *siècle, dans plusieurs directions : d'une part, affranchies de la tutelle exercée sous l'Ancien Régime par l'Église,* ***les sciences de la nature connaissent un développement considérable :*** *Lamarck, Laplace, Cuvier, Geoffroy Saint-Hilaire et d'autres engagent la science dans la voie des théories matérialistes et évolutionnistes. D'autre part, la révolution industrielle, qui s'opère alors, oriente la recherche scientifique vers d'****importantes innovations techniques :*** *les travaux de Lavoisier et de Carnot fournissent la base théorique indispensable au développement du machinisme (machines, bateaux et locomotives à vapeur), tandis que la découverte de l'électricité (Volta, Ampère) permet déjà des applications (le télégraphe).*

Mais c'est peut-être dans ce qui touche de plus près à l'homme que le progrès scientifique se révèle le plus important : avec Laennec, Bichat, Dupuytren, Pinel, naissent ***la médecine et la psychiatrie modernes :*** *il suffit pour se convaincre du prestige de ces nouveaux domaines de compter le nombre des médecins dans les romans de Balzac, de Flaubert ou de Zola.*

Plus généralement, la science est l'occasion de controverses, de débats d'idées, dans lesquels les écrivains interviennent de plus en plus : soit qu'ils participent, en philosophes, à son élaboration théorique (Comte), soit qu'ils méditent sur les transformations qu'elle fait subir au monde (Vigny), soit enfin qu'ils y puisent des modèles explicatifs ou même des concepts créatifs pour leurs propres œuvres (Balzac ambitionnera de tirer une science positive, et Zola s'inspirera des idées de Claude Bernard).

2. Grands courants et systèmes de pensée

Ces idées diffuses, qui imprègnent artistes, penseurs et hommes d'action, et qui exercent une influence plus ou moins grande sur les œuvres ou sur les événements, font l'objet, chez les philosophes, d'une élaboration et d'un approfondissement particuliers ; l'originalité du XIXᵉ siècle tient ainsi dans ***la constitution de vastes systèmes de pensée*** *qui ne prétendent plus seulement, à l'instar du cartésianisme, du mouvement des Lumières ou du kantisme, fournir à l'activité intellectuelle ou morale des cadres et des directives qui leur permettent d'atteindre la vérité ou le bien : il s'agit plutôt de* ***tentatives pour englober toute la diversité du réel au sein d'édifices logiques*** *qui fournissent, au sens propre, une « explication », c'est-à-dire un dévoilement de l'univers ou de l'esprit humain.*

Sans doute n'est-ce là, à l'origine, qu'un des prolongements de l'ambition encyclopédique ; mais les pensées du XIXᵉ siècle s'en différencient par la démarche, qui, d'analytique et empirique, devient synthétique et a priori. S'appuyant sur les acquis du rationalisme et de la philosophie des Lumières, les penseurs du XIXᵉ siècle auront à cœur de reconstituer l'unité perdue, de retrouver la source originelle de la pensée, en dépassant la tentation sceptique à laquelle menait directement la Raison du XVIIIᵉ siècle.

1 La pensée romantique

Ce retour à l'essence, qui empruntera les voies retrouvées de la métaphysique, est déjà sensible dans l'œuvre de certains écrivains romantiques, dont celle de Goethe, qui ouvre véritablement le XIXᵉ siècle.

Au-delà même du romantisme dont il présente la figure initiale et sans doute l'incarnation la plus parfaite, le Werther *de Goethe (1774) contient déjà en germe toute la pensée du XIXᵉ siècle : les émois du héros, la vie intime de l'individu n'y sont pas liés à quelque mécanique abstraite des passions, mais sont l'expression même d'****une fusion totale de l'âme avec tout ce qui l'entoure ;*** *ces forces, qu'il les appelle Dieu, la Nature ou la Poésie, sont autant d'éléments moteurs qui l'animent, et auxquels, en retour, il prête, par l'art ou la prière, une dimension accessible à l'homme. Cette subordination de l'humanité à des puissances qui la déterminent implique des attitudes et des comportements qui sont aux antipodes de ceux auxquels conduisait la philosophie des Lumières : résignation sereine à l'ordre du monde, révolte contre tout ce qui rompt cette harmonie ou en interdit la quête, subversion contre les fatalités de toutes sortes qui entravent son avènement.*

Par là, au-delà des différences de tonalité, le Werther *de Goethe est proche des* Brigands *ou du* Wallenstein *de Schiller :* **la même énergie farouche** *conduit les héros, la même volonté de briser les chaînes et d'accéder à un type d'humanité plus parfaite, dont le modèle pourrait être le Faust ou le Prométhée de Goethe : bien différents, en cela, des fades créatures introverties, aux poses avantageusement désespérées en quoi dégénéreront parfois les héros romantiques et leurs épigones.*

Illustration pour le *Faust* de Goethe. Gravure d'E. Delacroix, 1828.

Cependant, si la pensée romantique tend à l'unité, le romantisme, en lui-même, ne constituera jamais un corps de doctrine cohérent, un ensemble de préceptes ou de concepts définissant une philosophie commune, à laquelle on puisse adhérer : chacun des penseurs ou des poètes que l'on qualifiera de « romantiques » donnera à ce mouvement d'idées une inflexion particulière. Au-delà de quelques thèmes permanents, de vagues tendances récurrentes (primauté de l'irrationnel, culte de la nature, émancipation de l'individu...) règne la plus grande diversité de tempéraments, et un foisonnement d'expériences individuelles qui, chacune, propose une version spécifique du romantisme.

S'appuyant sur les réflexions de philosophes comme Schelling, qui remettent en honneur le sentiment religieux, les romantiques allemands cherchent des révélations en privilégiant l'imaginaire et l'inexplicable ; pour accéder à ce degré de spiritualité, ils recourent surtout à la forme d'expression qui lui est le plus proche : **le conte fantastique.** *Ils voient en celui-ci une forme qui autorise tous les vagabondages de l'esprit, qui lui permet de s'évader librement jusqu'à l'invisible, et de reconstruire une création fugace, en perpétuelle métamorphose : succession d'images surnaturelles aux résonances mythiques, il est comme une transposition écrite du rêve ; tels, en tout cas, se présentent les contes et nouvelles de Ludwig Tieck, d'Heinrich von Kleist* (La Marquise d'O), *de Frédéric de La Motte Fouqué* (Ondine), *ou,*

F. de Goya,
No te escaparàs.
Planche 72
des *Caprices*, 1799.

le plus accessible sans doute aux lecteurs français, de Hoffmann. Mais c'est également par le biais de **la poésie,** *principalement avec Novalis* (Hymnes à la nuit) *et Hölderlin* (Hyperion) *que le romantisme allemand atteint les vérités les plus profondes et les plus obscures.*

Toutes ces œuvres, il est vrai, ne commenceront à exercer quelque influence sur la littérature française qu'à partir de 1830, à une époque où le romantisme français aura déjà connu des œuvres majeures ; ce n'est que peu à peu, en effet, que Hugo, Vigny ou Musset découvriront leurs homologues allemands ; encore ceux-ci ne trouveront-ils leurs plus exacts correspondants que bien plus tard, d'abord chez des écrivains que leur singularité a souvent laissés dans l'ombre, comme Xavier Forneret ou Aloysius Bertrand (Gaspard de la nuit), *puis surtout chez Nerval, qui contribuera le plus à les faire connaître, et qui saura le premier, dans la langue française, en restituer l'atmosphère. Ils connaîtront alors un rayonnement qui, de Rimbaud ou Lautréamont aux poètes surréalistes, n'a pas faibli.*

Mais s'il est juste de consacrer au romantisme allemand une place de premier rang, qu'il mérite à la fois par son antériorité et par sa richesse, on ne saurait trop insister sur le fait que **le romantisme,** en tant que courant esthétique comme en tant que mouvement d'idées, **est avant tout un phénomène européen,** et pas seulement allemand ou français ; chaque peuple lui donnera un visage particulier ; **le romantisme anglais** a ses accents originaux, lyriques avec Coleridge ou Wordsworth, sensuels et tourmentés avec Byron, Shelley et Keats. Empreint d'une imagerie typiquement locale avec Fenimore Cooper *(Le Dernier des Mohicans)* ou Walt Whitman, **le romantisme américain** se désincarne et puise son inspiration, avec Edgar Poe, dans la magie des mots et le mystère des obsessions. Peu représenté dans les littératures ibériques, le romantisme connaît au contraire une floraison remarquable **en Italie,** où il contribue au renouveau de la poésie, avec Leopardi et Manzoni *(Les Fiancés)* ; il touche également la Scandinavie, l'Europe de l'Est, et trouve un terrain particulièrement favorable dans les pays secoués par la fièvre nationale, comme **la Grèce** (Solomos) **ou la Pologne** (Mickiewicz) ; enfin son influence s'étendra **jusqu'en Russie,** où elle coïncidera avec un épanouissement poétique qui empruntera par ailleurs toutes les voies et toutes les formes permises par une langue qui connaît alors son âge d'or ; si elle lui doit certains de ses éléments et de ses sources d'inspiration, l'œuvre de Pouchkine est cependant trop ample et trop diverse pour s'accommoder de cette seule détermination...

2 Le temps des systèmes

Schopenhauer (1788-1860)

Au contraire des philosophes romantiques, comme Fichte ou Schelling, dont les spéculations procèdent d'une démarche sinueuse et évolutive, ***l'œuvre d'Arthur Schopenhauer se présente d'emblée comme un véritable système,*** *qui, par son ampleur et sa cohérence mêmes, exercera une profonde influence sur de nombreux écrivains qui, tel Flaubert, s'en proclameront les disciples. Dans son œuvre maîtresse,* Le Monde comme volonté et représentation *(1818), il présente l'univers comme un théâtre,* *une illusion, et détruit par là même toute idée de progrès ; à partir de cette intuition fondamentale, dont certains ne retiendront que le pessimisme désabusé, Schopenhauer réinterprète le système kantien, et bâtit toute* ***une théorie de la Volonté :*** *volonté sans fin, et sans autre but que celui d'exister, mais qui connaît différents degrés et ne devient consciente d'elle-même que chez l'homme supérieur, le génie. A la recherche de consolations philosophiques à cette découverte de l'inanité du monde et de ses valeurs, il fonde* ***toute une esthétique,*** *où les différents arts, architecture, musique, peinture, etc., acquièrent une signification philosophique et une fonction salvatrice. De la même façon, il propose, de l'amour et de la pitié, des analyses pénétrantes :* ***de la métaphysique à la morale, c'est toute une philosophie*** *qui tend ainsi à se construire, en s'efforçant d'exclure les contradictions.*

Face à un projet d'une telle dimension, la pensée française, dont les principaux représentants seront étudiés plus loin, ne pourra opposer que les froides constructions des traditionalistes, des idéologues et des positivistes; autant de courants qui témoignent sans doute d'une activité intellectuelle intense, mais dont aucun ne parviendra à séduire une jeunesse qui, dès lors, se tournera de plus en plus vers les prestiges de la philosophie allemande.

Sans jouir d'une audience équivalente, l'œuvre du **philosophe danois Søren Kierkegaard** (1813-1855) marque également une étape importante dans l'histoire de la pensée au XIXe siècle : face à l'entreprise hégélienne qui ne laissait aucune place à la liberté de l'individu, Kierkegaard réaffirme les droits de l'existence et de la subjectivité ; contre le christianisme officiel, il propose une vision tragique du Christ ; ainsi, il oppose aux philosophes systématiques et quelque peu « totalitaires » (qu'il appelle des « palais d'idées ») une réflexion sur la personne humaine, sur les conditions et la signification de son existence. Cette pensée originale trouvera surtout son écho chez les philosophes du XXe siècle (Personnalisme, Existentialisme), qui mettront en relief les conséquences sur lesquelles elle débouche : la liberté est inséparable du sentiment de la faute, l'angoisse est inhérente à la situation de l'homme.

Marx (1818-1883)

Aucune pensée, cependant, n'occasionnera de bouleversements aussi considérables que celle de ***Karl Marx.*** *Partant, lui aussi, de l'ensemble hégélien, qui apparaît, dans le premier tiers du XIXe siècle, comme une véritable philosophie d'État, dont tous les éléments, religion, droit, histoire, logique, s'enchaînent dans une coïncidence parfaite, et constituent un bloc homogène, Marx en opère une véritable déconstruction critique, et se livre à un dépassement qui suppose le dépassement même de toute philosophie. Réfutant à la fois les philosophes qui acceptent le réel et ceux qui luttent contre lui, il montre que les conditions nouvelles de la production rendent caduques toutes ces spéculations. S'aidant des travaux des économistes anglais, notamment* ***avec l'appui de***

Marx à Manchester. Dessin de D. Shukoff, XIXe s.

son compagnon Friedrich Engels, *il est ainsi amené à construire sur des bases scientifiques* ***une théorie du socialisme,*** *en même temps qu'il s'efforce, dans la pratique, de jeter les bases d'une organisation internationale du mouvement ouvrier. Par là, et quoi qu'on pense des multiples et toujours actuelles controverses, sans parler des luttes politiques auxquelles elle a donné lieu, la théorie marxiste, le matérialisme dialectique, apparaît bien comme l'aboutissement de cet effort qui sous-tend tout le siècle, et qui* ***vise à fournir une vision globale, éclairante, et systématique de l'homme et de son milieu.***

3

Nietzsche (1844-1900)

Enfin, même si sa forme inachevée et toujours ambiguë la rend encore sujette à des interprétations divergentes, l'œuvre de ***Friedrich Nietzsche*** *paraît de plus en plus, aux yeux de nos contemporains, comme le couronnement d'un* XIX*e siècle ouvert à toutes les audaces, à toutes les subversions. Usant d'une démarche et d'un langage qui mettent en péril le principe d'identité,* ***il pose en principe le dévoilement sans fin de la vérité,*** *refusant par là même toute révélation ultime. De cette pensée complexe, qui remet en cause les fondements mêmes de la philosophie occidentale, les contemporains ne percevront que des éclairs fugitifs ; si certains, comme Gide, pressentiront sa grandeur et son originalité, d'autres en édulcorent la portée, quand ils ne la travestissent pas au profit d'idéologies plus ou moins suspectes.*

3. Un siècle de révolutions artistiques

Plus encore qu'auparavant, la littérature, au XIX*e siècle, se développe en étroite liaison avec les autres arts ; ce lien est multiforme : il peut aller de la collaboration directe à l'influence réciproque, en passant par toutes les formes de « correspondances ».*

1

L'opéra : un « spectacle total »

C'est ainsi, par exemple, que le rapport qui unit le théâtre et la musique permet l'apogée d'un genre musical déjà ancien, mais qui acquiert à cette époque une popularité grandissante, l'opéra. L'ambition, qui le sous-tend, d'aboutir à une sorte de ***« spectacle total » unissant les sons, les couleurs et les mots,*** *s'affirme au cours du siècle et paraît réalisée avec Richard Wagner. Déjà les compositeurs italiens du début du siècle (Bellini, Donizetti, Rossini, Cherubini) accordent à la dramaturgie un rôle prépondérant, sans éviter toujours les poncifs et les clichés du mélo-*

drame. Mais c'est avec ***Giuseppe Verdi,*** *dont les librettistes emprunteront leurs sujets à William Shakespeare* (Othello, *1887 ;* Macbeth, *1847,* Falstaff, *1893), à Victor Hugo* (Rigoletto, *1851, d'après* Le roi s'amuse) *ou à d'autres auteurs dramatiques contemporains, comme Eugène Scribe ou Alexandre Dumas fils* (La Traviata, *1853, d'après* La Dame aux camélias) *que ce caractère devient déterminant, la musique étant dès lors consubstantielle au drame.*

Méphisto.
Lithographie
d'E. Delacroix, XIXe s.

Plus généralement, les grands thèmes de la littérature romantique seront, tout au long du siècle, abondamment exploités par les compositeurs d'opéras, qu'il s'agisse de Faust *(La Damnation de Faust,* 1846, de **Hector Berlioz,** ou le *Faust,* 1859, de **Charles Gounod**) ou de Werther *(Werther,* 1892, de **Jules Massenet**). Parfois même, il arrivera que **l'opéra éclipse,** dans la faveur du public, **l'œuvre littéraire** qui lui aura servi d'argument *(Carmen,* 1875, de **Georges Bizet,** d'après une nouvelle de Mérimée ; *Le Barbier de Séville,* 1816, de **Gioacchino Rossini,** d'après la comédie de Beaumarchais).

Mais le plus souvent, musique et littérature vont de pair, suivent la même évolution ; ainsi, en Allemagne, la même démarche qui donne naissance au drame romantique en puisant aux sources de la mythologie ou du folklore, permet l'éclosion d'un véritable opéra romantique, qui recourt abondamment à la magie, au mystère, et aux grandes figures héroïques ; il sera illustré d'abord par ***Carl Maria von Weber*** (Le Freischütz, *1821), puis vulgarisé par* ***Giacomo Meyerbeer,*** *le plus adulé des compositeurs de ce temps, avant d'être transcendé par* ***Richard Wagner :*** *si* Tannhaüser *(1845) ou* Lohengrin *(1850) doivent en effet encore beaucoup à la tradition romantique, les chefs-d'œuvre de la maturité s'en écartent de plus en plus et aboutissent à* ***une forme de drame mythologique et métaphysique*** *qui, en retour, exercera une attraction profonde sur le théâtre et la littérature symbolistes et décadentes de la fin du siècle.*

Enfin, certains genres musicaux mêlent étroitement littérature et musique, soit que la musique ait une fonction d'accompagnement et d'illustration (mélodies et lieder allemands), soit qu'ils juxtaposent airs et paroles dans des formules diverses qui vont de l'opérette et de l'opéra-comique au vaudeville (le maître du genre étant, sous le Second Empire, ***Jacques Offenbach****).*

2 La révolution des arts plastiques

Les arts plastiques connaissent, dans toute l'Europe, une fortune analogue ; partout, peintres et sculpteurs épousent les mêmes querelles, les mêmes enthousiasmes que les écrivains ; au conflit entre le romantisme et le classicisme répondent, de façon plus simultanée et concertée, ***des débats esthétiques*** *où s'opposent en peinture, le dessin et la couleur, Ingres et Delacroix, ou en sculpture, l'équilibre et le mouvement, Canova ou Rude. De même les polarités qui régissent les discussions littéraires du milieu du siècle (réel/idéal, beau/vrai, etc.) se retrouvent en* *peinture. Mais, plus encore qu'en littérature, l'évolution technique (et notamment l'**invention de la photographie**) conditionne le mouvement des arts, et impose un renouvellement constant des formes et des procédés, qui se traduit par une succession d'écoles et de courants qui se singularisent et s'organisent de plus en plus.*

*Cette tendance est favorisée par **les conditions mêmes de la production artistique :** plus encore que les écrivains, les artistes vivent dans la dépendance des commandes officielles ou privées, et sous la sujétion d'institutions parfois sclérosantes, les salons et les académies. Ce qui les amène à se grouper pour faire front, à mener **des campagnes** à coups de **manifestes** et à la faveur de scandales retentissants, comme ceux qui se déchaîneront autour de* L'Enterrement à Ornans *(1849) de Courbet, de l'*Olympia *(1865) de Manet ou de la première exposition des « impressionnistes » (terme de dérision, initialement, employé par un critique à propos d'*Impression, soleil levant, *1874, de Monet).*

A. Rodin, *Le Cri*, XIXe s.

*A la faveur de ces bouleversements esthétiques, les bases mêmes de l'art pictural et de la statuaire se trouveront, à l'issue du siècle, complètement modifiées : la représentation fait place à l'idée, la matière acquiert son autonomie, et le sujet devient prétexte ; quelques grandes figures, comme les peintres **Paul Cézanne** ou **Paul Gauguin**, ou le sculpteur **Auguste Rodin**, apparaissent ainsi, hors des modes et des clivages, comme les véritables fondateurs d'un art moderne, dépouillé de tout artifice, et qui n'a d'autre visée que la réalisation d'un programme qui tire tout son sens de l'œuvre même.*

A côté de cette véritable révolution, les autres arts paraissent évoluer selon un rythme plus lent ; **l'architecture,** en particulier, ne parvient que tardivement à renouveler ses formes, et à exploiter les possibilités nouvelles offertes par l'emploi de matériaux différents, comme le fer. Il faudra en effet attendre le milieu du siècle, avec **Victor Baltard** ou l'ingénieur **Gustave Eiffel,** pour qu'apparaissent des réalisations qui rompent avec les modèles classiques. Les architectes de l'époque préféreront en général recourir à des éléments préexistants, qu'ils mêlent en un syncrétisme dont la fantaisie exubérante, par exemple chez **Eugène-Emmanuel Viollet le Duc,** n'est d'ailleurs pas dénuée d'invention. Pourtant, les commandes affluent, qu'il s'agisse d'édifices publics (gares, églises, palais impériaux comme Compiègne ou le Louvre de Napoléon III), ou des innombrables hôtels et immeubles qui surgissent dans les nouveaux quartiers ouverts par les urbanistes, comme dans le Paris du baron Haussmann. Mais la bourgeoisie enrichie, et plutôt conformiste, qui les habite songe plutôt à étaler les signes fastueux de sa réussite, par une profusion ornementale débridée, qu'à encourager les audaces et les innovations.

3 L'expansion des arts décoratifs

*En revanche, les progrès du luxe, conséquence de l'élévation du niveau de vie, et la soif de prestige social favorisent l'expansion des arts décoratifs ; le goût des beaux objets se généralise et se répand dans la société ; un artisanat de grande qualité poursuit et renouvelle la tradition française, que ce soit dans le domaine de **l'ébénisterie**, de **la joaillerie**, de **la verrerie***

C. Guys, *Femme en costume de ville*, XIXᵉ s.

ou de **la mode :** *meubles et parures de toutes sortes jouent un rôle social éminent. Les romanciers, témoins des mœurs et observateurs scrupuleux de la société, y seront de plus en plus attentifs, et rivaliseront, parfois, dans leur description, avec la minutie et le savoir-faire dont font preuve alors ébénistes, orfèvres ou couturiers. Eux-mêmes, les écrivains du* XIXᵉ *siècle ne se contenteront pas de prendre pour modèles ces objets d'art (que l'on songe à Théophile Gautier intitulant son recueil* Émaux et Camées, *ou même à Stéphane Mallarmé ciselant son poème comme tel « bibelot »); ils aiment s'entourer de collections (comme les frères Goncourt), décorent eux-mêmes leur intérieur, comme Hugo, ou se ruinent, comme Balzac, en accessoires superflus, vestimentaires ou mobiliers. C'est qu'il importe, pour eux aussi, de « paraître » ; un type se constitue ainsi, propre au* XIXᵉ *siècle, celui du «* **dandy** *», dont la mise excentrique doit être le reflet d'une personnalité hors du commun (Charles Baudelaire, Jules Barbey d'Aurevilly en seront, en littérature, les principaux représentants).*

Mais **le vêtement** *n'est pas seulement attribut et signe :* **il gagne lui-même une valeur esthétique :** *si une certaine uniformisation naît de l'abandon des costumes locaux et d'un rejet des toilettes prestigieuses mais incommodes qu'exigeait la vie de cour, en revanche, cette tendance favorise la recherche d'une grande singularité : habiller les autres, et s'habiller soi-même devient ainsi un art où s'illustreront d'authentiques créateurs.*

BIBLIOGRAPHIE

Albert BEGUIN, *L'Ame romantique et le rêve.* José Corti, 1937.

Guy MICHAUD, *Le Message poétique du symbolisme.* Nizet, 1947.

Michel LEROY, *Histoire des idées sociales en France, de Babeuf à Toqueville.* Gallimard, 1950.

Lucien FEBVRE, *Combats pour l'histoire.* A. Colin, 1953.

Pierre MOREAU, *Le Romantisme.* Del Duca, 1957.

Georg LUKACS, *Le Roman historique.* Payot, 1965. — *La Théorie du roman.* Gonthier, 1963.

Nello PONENTE, *Structure du monde moderne.* Skira, 1965.

Georges DUBY et Robert MANDROU, *Histoire de la civilisation française* (tome II). A. Colin, 1970.

Henri PEYRE, *Qu'est-ce que le romantisme?* P.U.F., 1971.

Henri PEYRE, *Qu'est-ce que le symbolisme?* P.U.F., 1974.

Hugo FRIEDRICH, *Structure de la poésie moderne.* Denoël-Gonthier, 1976.

Jean-Yves TADIÉ, *Introduction à la vie littéraire du* XIXᵉ *siècle.* Bordas, 1976.

Dominique RINCÉ, *La Littérature française du* XIXᵉ *siècle.* P.U.F., 1976.

Paul BENICHOU, *Le Temps des prophètes.* Gallimard, 1977.

Ire partie

LA LITTÉRATURE D'IDÉES

Face à l'épanouissement que connaissent le roman ou la poésie, et surtout après l'éblouissante période des Lumières, la littérature d'idées semble connaître, au XIX*e siècle, un certain déclin. Alors que les écrivains du siècle précédent, de Montaigne à Rousseau, ou de Pascal à Diderot, « parlent » encore au lecteur contemporain, même lorsqu'ils abordent des questions ayant perdu toute actualité, de nombreux penseurs du* XIX*e siècle n'ont pas d'existence proprement littéraire, et ne survivent pas à l'usure inévitable des théories et des systèmes ; et lorsque ce sont d'authentiques écrivains, comme* ***François-René de Chateaubriand, Victor Hugo*** *ou* ***Alphonse de Lamartine,*** *qui, délaissant pour un temps les genres proprement littéraires, mettent leur plume au service du débat intellectuel ou politique, par le biais du pamphlet, de l'essai critique, du traité historique, ou du discours, cette part de leur œuvre est généralement la moins attachante.*

Mais c'est là l'indice, non pas d'un recul de la réflexion philosophique, mais au contraire de son ***extrême diffusion,*** *et peut-être d'un* ***changement de conception de l'activité littéraire ;*** *les grands genres (roman, théâtre, poésie), deviennent les véhicules privilégiés de la pensée, et la littérature ne revêt plus seulement une fonction esthétique : la dimension morale, philosophique, religieuse, voire scientifique de l'œuvre littéraire devient alors prépondérante.*

Il ne faut pas en conclure pour autant que le public du XIX*e siècle se désintéresse des débats d'idées ; bien au contraire, des œuvres comme l'*Histoire du Consulat et de l'Empire *de* ***Louis-Adolphe Thiers,*** *ou la* Vie de Jésus *de* ***Ernest Renan,*** *figurent parmi les plus gros succès de la littérature de ce temps.*

Un tel intérêt est d'ailleurs grandement favorisé par les progrès de l'alphabétisation, et de l'instruction, l'expansion de l'imprimerie et de la presse, dans un climat de liberté d'expression peu à peu conquise et qui atteint son apogée sous la Troisième République avec la loi sur la liberté de la presse (1884) : c'est en particulier ***la richesse et la diversité de la presse*** *du XIXe siècle qui explique l'éclosion d'écrivains qui, quelle que soit leur famille de pensée (extrême-droite pour* ***Louis Veuillot*** *ou* ***Édouard Drumont,*** *extrême-gauche pour* ***Henri Rochefort*** *ou* ***Jules Vallès),*** *lui doivent leur formation et parfois leur existence même. Les genres qui se rattachent à la prose d'idées (histoire, philosophie, critique) ont ainsi, au XIXe siècle, leur vie propre.*

Alors que la critique littéraire, prolongeant l'enseignement de ***Jean-François de La Harpe*** *(1739-1803), continue pendant longtemps à défendre le goût classique, et que* ***les Idéologues (Antoine Destutt de Tracy, Georges Cabanis)*** *maintiennent en vie l'héritage de l'*Encyclopédie, *le cours des idées subit, grâce à* ***François-René de Chateaubriand*** *et à* ***Germaine de Staël,*** *un tournant décisif :* Génie du Christianisme *et* De l'Allemagne *jettent en effet les fondements du courant romantique, qui va, dans le domaine des idées, dévoiler peu à peu ses faces multiples et parfois contradictoires. D'abord légitimiste avec* ***Joseph de Maistre*** *et* ***Louis de Bonald,*** *il s'annonce avant tout comme un retour en force des valeurs chrétiennes* ***(Félicité-Robert de Lamennais, Pierre Ballanche),*** *et plus généralement un regain d'intérêt en faveur des tendances spiritualistes, voire mystiques, dont témoigne par exemple l'œuvre de* ***Honoré de Balzac.***

Puis le triomphe, à partir de 1827, du libéralisme politique et littéraire, s'incarne dans les figures du pamphlétaire ***Paul-Louis Courier,*** *ou de* ***Benjamin Constant,*** *auteur de nombreux ouvrages de circonstance, mais aussi d'un volumineux traité,* De la religion considérée dans sa source, ses formes et son développement *(1824-1831). Mais l'arme essentielle de l'opposition libérale au pouvoir politique est alors l'histoire* ***(Louis-Adolphe Thiers, François Guizot),*** *tandis que la critique littéraire (préface de* Cromwell *de* ***Victor Hugo,*** Racine et Shakespeare *de* ***Stendhal)*** *part à l'assaut des citadelles académiques.*

La philosophie française, quant à elle, reste en marge du mouvement romantique et professe un pâle éclectisme où s'illustrent des notoriétés aujourd'hui bien effacées, comme ***Victor Cousin, Pierre Royer-Collard, Théodore Jouffroy*** *ou* ***Abel Villemain ;*** *il n'en va pas de même en politique où s'élabore la pensée originale et féconde d'****Alexis de Tocqueville,*** *dont le retentissement n'atteindra sa pleine ampleur qu'au XXe siècle. Parmi tous les « utopistes » qui recherchent alors les voies d'une humanité régénérée, préfigurant les futurs penseurs socialistes (comme* ***Pierre Leroux),*** *seul* ***Charles Fourier*** *retient encore l'attention par l'originalité de ses inventions et l'extravagance de son imagination.*

De ce demi-siècle enthousiaste et visionnaire, ***Jules Michelet*** *est peut-être le meilleur symbole ; outre l'intérêt de son œuvre historique, qui a en quelque sorte révélé la France à elle-même, son exemple vaut surtout en ce qu'il est le témoin privilégié des exaltations, des illusions, mais aussi des désenchantements de cette époque.*

*Au tournant du siècle, et en réaction contre les rêveries et les convictions romantiques, l'esprit positiviste commence à se répandre ; il trouve sa justification théorique dans l'œuvre d'****Auguste Comte,*** *et son application la plus fidèle dans celle d'****Émile Littré.*** *Parallèlement, la pensée de* ***Pierre Proudhon*** *marque une rupture avec la tendance utopiste des socialistes réformateurs ; ancrée dans le réel et tirant les leçons des luttes sociales et politiques de son temps, son œuvre très controversée contribuera à infléchir le socialisme français vers des positions libertaires et nationales dont il conservera la marque spécifique.*

Les théories positivistes, contribution essentielle de la pensée française à la philosophie du XIXe siècle, règnent alors dans l'université de façon dominante, nuancées par des influences diverses (néo-kantiennes notamment) et fortement imprégnées d'idéologie scientiste ***(Félix Ravaisson, Antoine Cournot, Charles Renouvier).*** *L'histoire et la critique bénéficient également de cet apport critique et méthodologique que l'on doit au positivisme :* ***Numa Fustel de Coulanges*** *pour l'histoire ancienne,* ***Hyppolyte Taine*** *pour la critique littéraire transposent dans ces deux domaines l'attitude rigoureuse et modeste du savant moderne, dont* ***Claude Bernard*** *définit la méthode, dans une œuvre qui fournit par ailleurs la synthèse la plus réussie, tant recherchée au XIXe siècle, entre la littérature et la science.*

C'est cependant à ***Charles-Augustin Sainte-Beuve*** *que la critique littéraire doit d'avoir conquis l'essentiel de ses pouvoirs et de sa signification actuels ; tant par son étude des écrivains passés, que par son observation attentive de la vie littéraire de son temps, il attribue à la critique un rôle qu'elle ne cessera de jouer vis-à-vis de la littérature, même si elle a en grande partie récusé ses méthodes ou ses jugements.*

La fin du siècle voit émerger de nouvelles tendances spirituelles qui remettent en cause les constructions rationalistes ou positivistes : tandis que ***Jules Barbey d'Aurevilly*** *ou* ***Léon Bloy*** *réhabilitent l'irrationnel, ou que* ***Henri Bergson*** *restaure la primauté de l'esprit sur la matière, le rationalisme jette ses derniers feux, avec* ***Anatole France*** *ou* ***Alain :*** *à la faveur de luttes sans merci, comme celle à laquelle donne lieu l'affaire Dreyfus, se constituent ainsi ces antagonismes profonds, qui divisent encore la descendance actuelle de ceux que le XXe siècle nommera tour à tour les « clercs » ou les « intellectuels ».*

I L'ART SOUS LE REGARD DE LA CRITIQUE

Au XIXᵉ siècle, la réflexion esthétique n'est pas, comme souvent de nos jours, l'affaire de spécialistes, et ne constitue pas, à proprement parler, un genre ; son domaine n'est pas délimité de façon précise ; **la distinction même entre critiques et créateurs est très floue.** Pas de cloisonnement, non plus, entre les différents modes de jugement esthétique : en une période où les arts ont à défendre des causes communes, rencontrant les mêmes obstacles, les mêmes préoccupations, les critiques, eux aussi, ne se sentent pas astreints à limiter leur activité à une seule sphère de la sensibilité. **L'époque semble d'ailleurs tendre vers une « correspondance des arts »** dont Baudelaire fournit peut-être la meilleure expression.

Enfin, **la réflexion sur l'art est,** au XIXᵉ siècle, **souvent directive, ou doctrinale :** elle ne se contente pas de suivre et de commenter la production artistique ; elle prétend l'influencer, la guider, lui proposer des modèles ou des objectifs. Par là, elle contribue effectivement à l'élaboration des doctrines, à la formation des écoles et des courants esthétiques.

1. Courants esthétiques

De ce point de vue, trois principaux courants, aux frontières d'ailleurs indécises, font leur apparition au cours du siècle, dans la conscience du public comme dans celle des critiques ; tous trois se manifestent sous les mêmes apparences, par des affinités de style ou de tempérament, par des regroupements (réunions, cénacles ou salons), par la rédaction d'œuvres apparaissant comme des « manifestes », et par l'utilisation de notions génériques, consacrant ainsi l'éphémère et souvent illusoire unité du mouvement.

1 Le romantisme dans l'art

S'il est vrai que le romantisme, en France, produit ses plus grands chefs-d'œuvre au XIXᵉ siècle, il est en tout cas erroné de dater son apparition de cette époque : sans même parler de ce « romantisme éternel » qu'on peut retrouver chez tel ou tel écrivain antérieur, le « préromantisme » de la fin du XVIIIᵉ siècle ne peut plus guère, en effet, être considéré simplement comme un ensemble de signes précurseurs, mais bien comme **une première vague romantique,** artificiellement interrompue par la tourmente révolutionnaire et le « blocus » impérial. Son essor, d'ailleurs, se poursuivra dans les milieux de l'émigration et de l'exil, d'où parviendront en fait les premiers « manifestes » romantiques (*Génie du Christianisme* de Chateaubriand a été écrit en grande partie en Angleterre, et *De l'Allemagne* de Mme de Staël en Suisse). **Mûri à l'étranger,** au contact des littératures anglaise et allemande, dont l'explosion romantique a précédé celle de la France, **le romantisme français gardera toujours la trace de cette origine tardive et importée**[1], de là, aussi, son orientation première, nettement légitimiste, catholique et archaïsante, prônant le retour à l'irrationnel et aux puissances de l'émotion, contre le « culte de la raison » hérité du XVIIIe siècle, et discrédité par les excès révolutionnaires qu'il passe pour avoir inspirés. Il faudra de longues années pour que **ce romantisme conservateur, mais réclamant le droit à la liberté dans l'art,** s'unisse aux courants modernistes qui agitent les milieux libéraux, alliance opportuniste qui ne survivra guère à la « victoire » romantique de 1830.

Le rôle de Chateaubriand (1768-1848)

Le rôle de **François René de Chateaubriand,** tant par l'influence exercée sur les esprits par le personnage de René[2], que par **les idées défendues** dans *le Génie du christianisme* (1802), et **les audaces d'un style rebelle à la concision et à la mesure classiques,** est de loin le plus déterminant : le jeune Victor Hugo en porte témoignage, lorsqu'il recherche cet illustre parrainage[3], à l'époque du *Conservateur Littéraire.* Et Chateaubriand lui-même, malgré ses revirements et ses tentatives pour se démarquer de « disciples » encombrants, ne refuse pas vraiment, dans les *Mémoires d'outre-tombe,* d'apparaître rétrospectivement comme le « chef de la nouvelle école ». Cependant, c'est surtout Madame de Staël qui devait en fournir la première expression théorique.

Germaine de Staël (1766-1817)

Fille de Necker, le banquier genevois ministre de Louis XVI, **Germaine de Staël** (voir aussi p. 262) occupera une place de premier plan dans le monde littéraire sous l'Empire : ses démêlés avec Napoléon, qui la fait exiler (elle se réfugie alors à Coppet, sur le bord du lac Léman, où elle continuera de tenir un salon dans lequel paraîtront de nombreuses célébrités), les remous de sa vie sentimentale (une longue liaison avec Benjamin Constant, un mariage secret avec un officier suisse), mais, bien entendu, surtout son œuvre romanesque[4] lui assurent **une notoriété et un prestige encore jamais atteints par une femme de lettres.** Par sa personnalité et par ses relations, elle joue, comme certaines « égéries » du XVIIIe siècle, un rôle d'inspiratrice, éveillant et **faisant circuler les idées nouvelles ;** en outre, elle contribue à leur propagation par deux ouvrages critiques fondamentaux, au milieu d'une œuvre considérable qui comprend d'intéressantes *Considérations sur les principaux événements de la Révolution française* (1818).

Dans *De la littérature considérée dans ses rapports avec les institutions sociales* (1800), elle établit, un peu à la manière de Montesquieu, le lien entre une littérature et les conditions géographiques, historiques et sociales qui la font éclore, détruisant par là même l'idéal classique du « beau » absolu, et mettant à la mode les littératures « nordiques ». Mais son ouvrage essentiel est ***De l'Allemagne*** (1810 ; connu en France seulement à partir de 1814), où la célébration du génie allemand, incarné par Lessing, Goethe, Schiller, Kant, est liée à un appel au renouveau de la littérature

1. Bien qu'on ait pu relever plusieurs exemples, vers 1775, de l'adjectif romantique *(Girardin, Rousseau, Letourneur, Senancour...), l'origine étrangère du terme* romantisme *apparaît nettement dans la célèbre définition de Mme de Staël : « Le nom de* romantique *a été introduit nouvellement en Allemagne pour désigner la poésie dont les chants des troubadours ont été l'origine, celle qui est née de la chevalerie et du christianisme [...] La question pour nous n'est pas entre la poésie classique et la poésie romantique, mais entre l'imitation de l'une et l'inspiration de l'autre »* (De l'Allemagne, *II, 2).*

2. Voir p. 267.

3. « Être Chateaubriand ou rien », écrit-il alors.

4. Voir p. 262.

française, sur des principes qui seront ceux du romantisme : culte de l'émotion et de l'enthousiasme, conciliation du lyrisme et de l'inspiration nationale, rejet de la « philosophie » du XVIIIᵉ siècle et de tous les dogmatismes.

L'œuvre, malgré de nombreuses erreurs et imperfections, préparait ainsi efficacement les conceptions littéraires qui s'épanouiront tout au long du XIXᵉ siècle.

La génération romantique

Après 1816, la génération romantique proprement dite prend le relais de Chateaubriand et de Mme de Staël. Désormais, **ce sont les œuvres elles-mêmes qui refléteront l'avancée du romantisme,** la réflexion doctrinale ou polémique se poursuivant dans les marges de l'œuvre (comme la *Préface* de *Cromwell* de Victor Hugo), et le combat se déroulant à l'intérieur de chaque genre littéraire[1]. C'est donc des œuvres mêmes que se dégage **une « doctrine » romantique,** dont les principaux traits pourraient être l'affirmation de la suprématie des forces irrationnelles, le goût du mystère, du rêve et de l'évasion, l'exaltation du moi, la complicité avec la nature, l'abandon des hiérarchies et des règles classiques, et, en définitive, l'apparition d'un nouveau type d'humanité, **le « héros romantique »,** que caractérise une propension à la mélancolie (le fameux « mal du siècle ») et le sentiment douloureux des « limites de la destinée humaine » (Mme de Staël).

1. Pour la poésie romantique, voir p. 198. — Pour le théâtre romantique, voir p. 328.

Le Souvenir.
Gravure d'après E. Lami, 1883.

2 Réalisme et symbolisme

Presque aussitôt après son triomphe, ou plutôt son apogée, vers 1830, le romantisme va dégénérer en un ensemble de stéréotypes et d'attitudes extrêmes.

Ce « romantisme de pacotille » triomphera surtout au théâtre, où le drame romantique sombre dans le mélodrame (Alexandre Dumas, *La Tour de Nesle,* 1832), et envahira aussi le roman populaire, qui utilisera

bien souvent la sensibilité, le cadre, les situations et les procédés du « roman noir » en les exacerbant hors de toute mesure (Xavier de Montépin, *La Porteuse de pain,* 1884-1885 ; Dennery, *Les Deux Orphelines,* 1874). Face à ce déclin, les vrais créateurs suivront des itinéraires divergents, faisant éclater la fragile apparence d'une « école romantique », et élaborant leur propre romantisme. Mais cette décadence du romantisme est elle-même un milieu propice à **l'éclosion de nouveaux courants :** certains, se détournant de l'idéalisme humanitaire où Lamartine, Hugo et Sand engagent le mouvement, s'orientent vers une poétique de « l'art pour l'art » ; d'autres réagissent contre ce romantisme abâtardi, et choisissent d'en peindre la dérision ; ce glissement du romantisme au réalisme est particulièrement net dans l'évolution qui mènera le jeune Flaubert jusqu'à *Madame Bovary.*

Le réalisme et Baudelaire (1821-1867)

L'œuvre critique de **Charles Baudelaire**[1] — essentiellement des articles — a été rassemblée en deux recueils, *Curiosités esthétiques* et *L'Art romantique,* respectivement consacrés à la critique d'art et à la critique littéraire, et parus en 1869, après la mort du poète. Se situant au-delà de toutes les écoles, puisqu'il y célèbre aussi bien Delacroix et Courbet, Hugo et Banville, Balzac et Flaubert, **Baudelaire offre l'exemple d'une critique de tempérament,** subjective jusqu'à la partialité, mais pourtant beaucoup plus perspicace que la critique apparemment plus sereine d'un Sainte-Beuve (comme en témoigne, par exemple, la réaction des deux critiques à propos de *Madame Bovary* de Flaubert). Méprisant l'esprit de chapelle qui préside au lancement des « modes » littéraires, à l'affût de tout ce qui, chez les créateurs les plus divers, est annonciateur de « modernité », il peut ainsi atteindre l'essence du romantisme (« Qui dit romantisme dit art moderne — c'est-à-dire intimité, spiritualité, couleur, aspiration vers l'infini, exprimés par tous les moyens que contiennent les arts. »), tout **en prenant parti pour le réalisme,** dont il énonce un des principes essentiels lorsqu'il écrit : « C'est un des privilèges prodigieux de l'Art que l'horrible, artistement exprimé, devienne beauté. », ou lorsqu'il s'insurge contre l'intrusion dans l'Art de la perspective morale. Mais il s'agit alors d'**un réalisme renouvelé, ce réalisme « visionnaire »** qu'il célèbre en Balzac et en Hugo. Par là, Baudelaire préfigure ce qui sera en fait l'avenir du réalisme, son évolution vers le symbolisme.

Baudelaire et la « théorie du symbole »

Du symbolisme, enfin, Baudelaire semble en effet pressentir les principales tendances : la transcendance du réel vers l'imaginaire et le rêve, dont le fantastique d'Edgar Poe lui semble être la représentation ; et surtout l'union de la musique et de la poésie, à travers Richard Wagner, dont il est un des premiers en France à reconnaître le génie. Au reste, ni René Ghil, dans son *Traité du Verbe* (1886), ni Jean Moréas, ni Charles Morice, dans leurs efforts pour définir la signification du mouvement, ne formuleront une illustration plus éloquente de **la « théorie du symbole »** que Baudelaire dans son fameux poème des *Correspondances.* Tant il est vrai que le jugement esthétique, c'est-à-dire la prescience des incarnations futures de la

1. Sur son œuvre poétique, voir p. 226.

beauté, ne peut se limiter à la simple activité critique, du moins à cette forme de critique « froide et algébrique, qui, sous prétexte de tout expliquer, n'a ni haine ni amour, et se dépouille volontairement de toute espèce de tempérament » *(Salon de 1846),* à laquelle Baudelaire oppose sa propre conception : « La critique doit être partiale, passionnée, politique, c'est-à-dire faite à un point de vue exclusif, mais au point de vue qui ouvre le plus d'horizons. » ; on ne peut mieux définir ce qui distingue **la pensée esthétique, lucide et soucieuse de préparer le public aux sensibilités nouvelles,** de la critique littéraire au sens étroit, qui subit alors l'emprise stérilisante de la science et de l'histoire.

2. La critique littéraire entre l'art et la science

1 Une curiosité nouvelle pour la vie littéraire

Mais les controverses sur le romantisme, la diffusion des littératures étrangères, qui met en relief la relativité du goût, et surtout le développement de la presse, favorisent **une curiosité nouvelle pour la vie littéraire,** qui s'exprime d'abord de manière assez superficielle, **sous forme de comptes rendus et de feuilletons journalistiques,** comme ceux de **Jules Janin,** ou ceux, brillants et pénétrants, de **Théophile Gautier ;** ce dernier ne se borne pas à suivre l'actualité théâtrale et artistique (dans ses *Salons*), mais il réhabilite aussi, dans *Les Grotesques* (1844), des figures littéraires que le classicisme avait éclipsées (Villon, les poètes baroques).

A cette critique journalistique, volontiers tolérante, mais dont les manifestations, nécessairement circonstancielles, entraînent un risque d'incohérence et d'impersonnalité, s'oppose **la critique des professeurs et des académiciens, généralement anti-romantique.** Des méthodes plus rigoureuses, une documentation plus fouillée, une réflexion plus profonde sur les exigences propres à chaque genre et sur le lien entre l'œuvre et son « milieu », permettent l'essor d'une critique explicative, à laquelle le nom de Sainte-Beuve reste définitivement attaché.

2 Sainte-Beuve (1804-1869) ou les malheurs de la critique

Au départ, l'échec d'une vocation : poussé par son caractère pessimiste et par la pente d'une intelligence tourmentée vers les zones troubles du « mal du siècle », et donc dans les parages du romantisme, **Charles-Augustin Sainte-Beuve** ne parvient pas à se faire reconnaître comme le chef spirituel ou le guide de la nouvelle école. Ressassant avec délices les faiblesses de son tempérament, il éprouve une jalousie fascinée envers la puissance et la fécondité des grands créateurs, Balzac ou Hugo, et trouve dans la critique un exutoire à son irrépressible besoin de confidence et d'analyse. La mobilité de son esprit, sa souplesse, sa faculté d'adaptation au sujet qu'il étudie en font un lecteur idéal, entrant dans la personnalité de chaque auteur pour en exprimer la singularité propre : aussi excelle-t-il surtout dans l'art du « portrait », monographie qui restitue avec une fidélité mimétique à la fois la figure, le milieu et le style de l'écrivain analysé.

Né à Boulogne-sur-mer, **Charles-Augustin Sainte-Beuve** reçoit une formation à la fois classique et « philosophique », au sens du XVIIIe siècle ; délaissant la médecine, il se tourne vers la littérature, défendant, dans ses articles du journal libéral modéré *Le Globe*, la nouvelle école romantique, dans laquelle il retrouve l'inspiration et les thèmes des poètes de la Pléiade, et à laquelle il se rattache lui-même par les accents intimistes de son œuvre poétique ou romanesque. Brouillé avec Hugo et ses anciens amis romantiques, il se rallie au pouvoir, accumulant, sous la Monarchie de Juillet et le Second Empire, les honneurs et les fonctions officiels, et s'attirant parfois l'hostilité de l'opinion libérale (il devra ainsi, en 1854, interrompre son cours au Collège de France, sous la pression des manifestations). De son enseignement, il tire la matière de **ses grandes études littéraires et historiques,** et poursuit parallèlement une activité de critique, réunissant en volumes les principaux articles disséminés dans des journaux et revues, notamment ses feuilletons très attendus du lundi dans *Le Constitutionnel,* puis dans *Le Moniteur* et *Le Temps*.

1827-1828 : *Tableau historique et critique de la poésie française et du théâtre français au XVIe siècle.*

1829 : *Vie, poésies et pensées de Joseph Delorme.*

1830 : *Consolations* (recueil de poèmes).

1834 : *Volupté* (transposition romanesque de sa liaison malheureuse avec Mme Hugo).

1832 à 1852 : *Critiques et Portraits littéraires.*

1840 à 1859 : *Histoire de Port-Royal.*

1851 à 1870 : *Causeries du lundi,* puis *Nouveaux Lundis.*

1861 : *Chateaubriand et son groupe littéraire sous l'Empire.*

Sainte-Beuve.
Dessin, 1856.

Mais cette attitude comporte de nombreux dangers. Parmi ces écueils, que Sainte-Beuve ne parviendra pas toujours à éviter, le pire n'est pas celui de la simple paraphrase ; il réside bien plutôt dans cette substitution de l'homme à l'œuvre, cette propension à expliquer la création littéraire comme étant le produit d'un moi individuel, dont Proust montrera l'inanité. Autre écueil : celui du dogmatisme : cette adhésion modeste à l'objet d'étude, cette recherche de l'impersonnalité ne peuvent dissimuler les *a priori* du critique, et, en l'occurrence, cette vénération de la mesure et du « bon goût », face cachée de la critique beuvienne, de plus en plus perceptible d'ailleurs à mesure que Sainte-Beuve, conforté dans son prestige par sa position officielle, deviendra ce **redoutable « moniteur des lettres » qui régentera la production littéraire du Second Empire.** Dernier écueil, enfin : la pseudo-scientificité, qui s'empare du critique lorsqu'à la suite de Taine et sous l'influence du positivisme ambiant, il prétend établir une « histoire naturelle des esprits » fondée sur des classifications psychologiques empiriquement déterminées, tout en voulant sauvegarder la part d'intuition et de finesse que requiert une telle analyse, et qui seule peut justifier la prétention de la critique à devenir un genre particulier.

Malgré, et peut-être à cause même de ces dangers et ces erreurs, la démarche de Sainte-Beuve conserve un intérêt capital : d'une part, elle place pour la première fois le processus de la création au centre des interrogations de la critique, faisant ainsi progresser, qu'on le veuille ou non, la connaissance du fait littéraire. En outre, par les diverses voies qu'elle emprunte, elle désigne les directions possibles où pourront s'engager les études littéraires, et définit d'emblée toute une problématique sur laquelle repose encore l'approche des œuvres littéraires.

2

Taine (1828-1893) : la critique veut être une science

Taine.
Peinture, XIXe s.

Il est tentant d'opposer à la fluidité et à l'évanescence de la démarche de Sainte-Beuve la rigueur de la méthode de **Hippolyte Taine :** la configuration générale de l'œuvre, d'abord, oppose au pointillisme de la critique beuvienne la construction de vastes synthèses, que ce soit l'*Histoire de la littérature anglaise* (1863), la *Philosophie de l'Art* (1882), *De l'intelligence* (1870), ou *Les Origines de la France contemporaine* (1875-1893). Surtout, la tentative de Taine substitue au déterminisme individuel pratiqué par Sainte-Beuve un déterminisme social plus systématique, et dont on a pu dénoncer les outrances (en particulier dans l'*Essai sur La Fontaine et ses fables*, 1853, remanié en 1860), mais qui, lui aussi, établit les premiers jalons de ce qui deviendra la sociocritique. Enfin, face à l'éclectisme intellectuel de Saine-Beuve et de toute sa génération, **avec Taine, la critique cesse d'être un art, veut être science :** elle se résout donc en une étude des divers « conditionnements », et une recherche de « formules » génératives qui méconnaît nécessairement la part de singularité et de ténèbres qui entoure toute œuvre d'art.

Selon Taine il faut dégager l' « axiome éternel » des différents « produits » : « Tous les sentiments, toutes les idées, tous les états de l'âme humaine sont des produits, ayant leurs causes et leurs lois, et tout l'avenir de l'histoire consiste dans la recherche de ces causes et de ces lois. » S'appuyant sur les investigations et les découvertes de la physiologie et de la chimie, Taine élabore sa méthode qu'il applique à la création littéraire, et découvre que **la race** (caractères innés), **le milieu** (climat et société) et **le moment** (situation historique) sont les trois facteurs déterminants de toute œuvre littéraire.

Du moins, cette critique présente-t-elle le mérite d'exposer clairement ses fondements doctrinaux et ses critères de jugement, même si ceux-ci reflètent encore des concessions au goût de l'époque.

Cet exemple de probité ne sera pas toujours suivi par les continuateurs de Taine, qui dissimuleront sous un discours scientifique l'inconsistance de leur pensée ou le caractère rétrograde de leurs jugements **(Ferdinand Brunetière, Paul Bourget),** tandis que s'opère une démarcation de plus en plus grande entre la critique journalistique, de type « impressionniste » **(Jules Lemaître),** et l'histoire littéraire, dans laquelle se réfugient ceux qu'effraye la prétendue « décadence » de la littérature ou qu'épouvante la dimension des problèmes psychologiques et théoriques soulevés par la démarche de Taine **(Émile Faguet, Gustave Lanson).** Les créateurs, comme Zola ou Verlaine, en sont réduits à prendre eux-mêmes la défense de leurs œuvres ou de leurs principes ; **chaque courant sécrète ainsi son propre discours critique.**

BIBLIOGRAPHIE

Édition

SAINTE-BEUVE, *Œuvres critiques*, Éd. Maxime LEROY. Gallimard (bibl. de la Pléiade), 1956 et 1960.

Études

André BELLY, *Sainte-Beuve, sa vie et son temps*. Flammarion, 1952.

Maurice REGARD, *Sainte-Beuve*. Hatier (coll. « Connaissance des Lettres »), 1960.

Leo WEINSTEIN, *Hippolyte Taine*. New York, 1972.

II LA PENSÉE

Il est devenu commun de dauber, après André Gide, sur le « stupide » XIXe siècle ; certes, la pensée française fait pâle figure, à côté du rayonnement que connaît alors la philosophie allemande, ou qu'elle-même a connu au siècle précédent. L'absence quasi totale des penseurs français du XIXe siècle, dans les références intellectuelles présentes, ne doit pourtant pas faire illusion : elle porte surtout témoignage de notre incompréhension à l'égard de pensées dont la formulation emprunte un langage tout différent du nôtre. En outre, même si le siècle ne produit pas en ce domaine d'individualités marquantes, il est parcouru par des courants de pensée extrêmement riches et productifs, dont l'influence sur la littérature sera déterminante, et qui signalent l'émergence d'un véritable « pouvoir spirituel laïque » (Paul Bénichou). Les échanges et les rapports que ces courants entretiennent entre eux rendent factice toute classification ; néanmoins, la plupart de ces penseurs se situent entre la mouvance spiritualiste, dans laquelle se retrouvent les catholiques, et le pôle rationaliste, qui continue l'entreprise philosophique du XVIIIe siècle. Beaucoup d'autres esprits cultivent des formes de pensée originales, spécifiquement romantiques, qu'on peut ranger sous la dénomination commode d'illuminisme.

1. Le renouveau catholique

1

Chateaubriand (1768-1848), Bonald (1754-1840) et Maistre (1753-1821)

Au début du siècle, avec **François-René de Chateaubriand,** le christianisme redevient une idée neuve en France : si la valeur philosophique et apologétique du *Génie du christianisme* (1802) paraît aujourd'hui bien mince, et démesurée l'ambition affichée de détruire « l'empire voltairien », **l'entreprise témoigne d'une efficacité et d'un opportunisme certains,** à une époque où Napoléon songe à rétablir la société sur des bases idéologiques conservatrices, dans lesquelles la religion est appelée à tenir sa place. Quoi qu'il en soit, Chateaubriand, par cette œuvre, amorce ou accompagne un regain d'intérêt pour la pensée religieuse, que des théoriciens conservateurs laïcs, comme Louis de Bonald et Joseph de Maistre vont alimenter, avec moins de séduction, mais une plus grande rigueur.

Le premier, **Louis de Bonald,** insiste sur l'aspect historique et la portée sociale des dogmes catholiques, au point qu'on a pu voir en lui le véritable fondateur de la sociologie (il est notamment l'auteur de la célèbre formule selon laquelle « le style est l'expression de l'homme, la littérature est l'expression de la société »).

Le second, **Joseph de Maistre** (auteur des *Soirées de Saint-Pétersbourg*, 1821), édifie à partir des principes de la religion interprétés dans un sens strictement orthodoxe (et même ultramontain) une réflexion sur l'origine des institutions sociales et une justification de la monarchie de droit divin qui servira longtemps de bréviaire aux cercles légitimistes.

2

Lamennais (1782-1854) et Bloy (1846-1917)

Lamennais.
Médaille de
David d'Angers, XIXe s.

G. Rouault, *Bloy*,
XIXe s.

Mais la pensée religieuse, comme toute pensée, est dépendante des conditions historiques qui président à son élaboration ; or le monde catholique est alors déchiré par des conflits d'obédience qui se traduisent par une véritable crise spirituelle dont l'œuvre de **Félicité Robert de Lamennais** est la meilleure représentation. Autodidacte, ordonné prêtre en 1816, Lamennais se fait d'abord connaître par son vigoureux *Essai sur l'indifférence en matière de religion* (1817-1823), qui lui attire des disciples fervents (Henri Lacordaire, Marc-René Montalembert, Maurice de Guérin), séduits par la flamme combative de ses écrits et par ses efforts pour renforcer la culture philosophique du clergé. Mais ses engagements politiques, à partir de 1830, son évolution **vers un catholicisme plus authentique et plus proche du peuple** (son journal, *L'Avenir,* porte en épigraphe la formule « Dieu et la liberté »), effraient la hiérarchie. Condamné en 1832, il s'écarte de plus en plus de l'orthodoxie, et rompt définitivement avec l'Église par la publication de *Paroles d'un croyant* (1834) ; exclu de l'Église, il apparaît alors comme un prophète, un exalté, voire un dangereux agitateur dont les convictions avancées et la soif de justice, désormais exprimées sans nuances, épouvantent la plupart de ceux qui avaient été jusque-là touchés par l'ardeur de sa prédication.

La permanence de la religiosité, dans un siècle dominé par le positivisme et les progrès de l'athéisme, ne parvient plus, désormais, à l'expression littéraire, si ce n'est sous la forme du pamphlet, illustré par **Louis Veuillot** (1813-1883), propagandiste acharné d'un catholicisme intégriste, et surtout par **Léon Bloy,** dont les terribles imprécations, la verve destructrice, atteignent parfois une grandeur vertigineuse, une ampleur paroxystique insoutenable pour les catholiques « modérés » qui essaient d'étouffer sa voix *(Propos d'un entrepreneur de démolition,* 1884) ; mais sa leçon annonce les déchirements futurs d'un Péguy ou d'un Bernanos.

2. L'offensive rationaliste

1

Les Idéologues

La quête philosophique entamée par les « encyclopédistes » se poursuit, au début du XIXe siècle, par une réflexion sur la connaissance, de tendance plus psychologique qu'épistémologique. Ce courant critique, illustré par les philosophes **Antoine Destutt de Tracy** (1754-1836) et **Maine de Biran** (1766-1824), par le médecin **Georges Cabanis** (1757-1808) ou l'historien **Constantin de Volney** (1757-1820), et désigné sous le vocable d' « idéologie »[1] (créé en 1796 par Destutt de Tracy), vise à établir une science de l'homme, débarrassée de tout présupposé surnaturel. Directement hostile aux efforts encouragés par Napoléon pour restaurer l'autorité, le courant maintiendra vivante une tradition « progressiste » héritée de Voltaire, un sens de l'analyse précise et mordante que l'on retrouve aussi bien chez le pamphlétaire libéral **Paul-Louis Courier** (1772-1824) que chez Stendhal, grand admirateur et « disciple » de Destutt de Tracy. Les Idéologues ont instauré le support intellectuel indispensable sur lequel va déferler, au tournant du siècle, l'offensive rationaliste liée aux découvertes scien-

1. L' « idéologie est l'étude de la genèse des idées ». Le mot devait remplacer celui de « psychologie », jugé trop évasif par Destutt de Tracy. En créant le terme « idéologue », Bonaparte voulait ridiculiser Cabanis, Daunou, Volney et surtout Destutt de Tracy. « Idéologie » prit alors une nuance péjorative.

tifiques et à l'affirmation du déterminisme scientifique (Claude Bernard, *Introduction à l'étude de la médecine expérimentale,* 1865).

2 Saint-Simon (1760-1825) et Comte (1798-1857)

A. Labille Guiard, *Saint-Simon,* XIXe s.

Comte. Lithographie, XIXe s.

Deux penseurs, en effet, vont tenter d'intégrer les perspectives nouvelles qu'ouvrent ces progrès de la science dans une conception philosophique et politique d'ensemble.

Pour **Claude de Saint-Simon** (petit-cousin de l'auteur des *Mémoires*), la science et l'industrie apparaissent avant tout comme une promesse, celle de l'amélioration possible du sort de l'humanité. Ses idées — passage du pouvoir aux producteurs et aux techniciens, association des travailleurs, organisation de la production par l'État, etc. —, exprimées dans de multiples brochures et constituées en doctrine, le saint-simonisme, exerceront à partir de 1830 une influence capitale sur la pensée (notamment celle de Balzac) et sur l'action politique et sociale[1].

Pour **Auguste Comte** le renouvellement et l'épanouissement de la société ne pourra être atteint que grâce à l'accroissement raisonné des connaissances positives. Sa doctrine, exposée dans son *Cours de philosophie positive* (1830 à 1842) et résumée dans le *Catéchisme positiviste* (1852) fait ainsi de « l'esprit positif » la seule voie d'accès à une interprétation vraie des faits physiques, sociaux et humains : dès lors, le but de la philosophie est d'établir, par des moyens purement rationnels, un système de vérités universellement acceptées et dont le « plan » doit être méthodiquement délimité.

Ces deux philosophies, malgré leurs différences, ont en commun d'être toutes deux **des philosophies du progrès :** prenant en compte les antagonismes de l'histoire et de la société, elles projettent vers l'avenir **un rêve de synthèse confiante.** Elles connaissent ainsi, à peu près, le même destin, celui de tous les prophétismes : le saint-simonisme devient une religion nouvelle, discréditée par des tentatives d'application délirantes ; et le positivisme, dans la seconde période de la pensée de Comte, se fige en dogmes, dévie vers un culte de l'humanité, et un « agnosticisme » qui préserve la possibilité d'une sphère de l'inconnaissable et du spirituel.

Le positivisme demeurera sans grande portée sur le plan politique, mais son influence sera grande dans deux domaines : **en littérature, où le naturalisme,** avec ses fondements déterministes, son insistance sur la fonction sociale de l'homme, sur ses multiples « conditionnements » peut apparaître comme la transposition littéraire du positivisme[2] ; et surtout **dans le domaine de la langue,** qui commence alors à être étudiée de manière scientifique : affectée par de profondes mutations, notamment sur le plan du lexique et au point de vue de l'unification linguistique, la langue n'avait été, jusque-là, envisagée que d'un point de vue normatif. L'œuvre de **Émile Littré** (1801-1881), malgré ses tendances conservatrices, traduit un renouvellement des techniques de description, et de l'approche même de la langue qui permet à la France de combler une partie de son retard dans le domaine de la philologie. Outre le fameux *Dictionnaire de la langue française* (1863-1872) de Littré paraissent d'ailleurs d'autres dictionnaires et encyclopédies, parmi lesquels le *Grand Dictionnaire universel* de **Pierre Larousse** (à partir de 1864), dont le succès révèle l'appétit de connaissances positives, propre aux classes montantes.

1. *Influence partiellement dénoncée par* STENDHAL *dans son pamphlet* D'un nouveau complot contre les industriels *(1825).*

2. *Voir p. 306.*

3 Renan (1823-1892)

L. Bonnat, *Renan*, XIXe s.

Face au « scientisme » militant, et à la « récupération » officielle du positivisme, des interrogations pressantes se font jour sur la valeur même de la science. Ce conflit entre la foi et la science, qui occupe presque tout le terrain idéologique à la fin du siècle, devait être intériorisé par un penseur dont l'œuvre résume toutes les ambiguïtés du XIXe siècle, et, par les qualités de son écriture, en demeure l'expression la plus achevée : **Ernest Renan.**

Cet érudit prodigieux qui soumet **au crible de l'intelligence scientifique** toutes les données de l'histoire de la religion dans sa monumentale *Histoire des origines du christianisme* (dont le premier volume, la *Vie de Jésus,* en 1863, devait provoquer un scandale retentissant) ne se départira jamais d'un profond respect à l'égard de cette Église catholique à laquelle, jeune Breton sans fortune, il était destiné. Bien éloigné de la hargne de certains prétendus « libre-penseurs », mais sans renoncer jamais aux armes de la raison et au seul souci de vérité, il se montrera attentif à comprendre le phénomène religieux, et témoigne d'un dualisme dont la fameuse *Prière sur l'Acropole* se fait l'écho. La science, dont il devait être un des premiers à célébrer l'avènement (dans *L'Avenir de la science,* écrit en 1848, mais publié seulement en 1890) ne se réduit pas, non plus, pour lui à un matérialisme desséchant, mais à **une recherche de la vérité** qui admet toutes les oscillations. S'aventurant, dans *La Réforme intellectuelle et morale* (1870), sur le terrain politique, il laisse percer sa méfiance à l'égard de la démocratie, et trouve finalement dans la République laïque, progressiste et bourgeoise de Jules Ferry le reflet fidèle de ses idéaux. Son influence sur les hommes de cette génération sera immense, tant grâce au prestige que lui vaut son œuvre philosophique et scientifique que par le charme de son écriture, qui unit à un romantisme attardé une fraîcheur et une qualité d'émotion certaines (particulièrement dans ses *Souvenirs d'enfance et de jeunesse,* 1883).

3. L'illuminisme

Entre ces deux pôles, spiritualiste et rationaliste, toute une nébuleuse d'esprits évoluent, dont l'œuvre n'a pas toujours résisté à l'épreuve du temps, mais qui ont parfois puissamment concouru à l'atmosphère intellectuelle de l'époque. Elle comporte essentiellement des personnalités influencées par l'ésotérisme, ou axées vers l'utopie, c'est-à-dire deux types de pensée qui substituent l'imaginaire à la raison.

1 La tradition occultiste

La tradition ésotérique ou occultiste demeure vivace tout au long du siècle : dans les premières années de la Restauration, elle perpétue l'influence de Louis-Claude de Saint-Martin, relayée par celles de Emmanuel Swedenborg ou de Johann Kaspar Lavater, qui imprègnent non seulement l'œuvre d'écrivains mineurs comme **Pierre Ballanche** (1776-1847), mais même celle de **Étienne Pivert de Senancour, Charles Nodier** ou **Honoré de Balzac.** Surtout, elle connaît une vive résurgence à la fin du siècle, où les groupes, chapelles et sectes se multiplient, en résonance avec le mouvement symboliste ; si quelques noms émergent, comme ceux d'**Eliphas Lévi,** de **Péladan,** de **Stanislas de Guaita** ou de **V.E. Michelet,** c'est surtout grâce aux liens qui les ont unis à des créateurs comme **Auguste Villiers de l'Isle-Adam, Joris-Karl Huysmans, Léon Bloy** ou **Saint-Pol Roux.**

Séance de magie sous l'Empire. Gravure XIXe s.

2

Les « socialistes utopistes » et Fourier (1772-1883)

Par rapport à cette inspiration illuministe, l'œuvre de ceux qu'on appelle parfois les « réformateurs sociaux » ou les « socialistes utopistes » se révèle beaucoup plus féconde : à côté d'historiens ou de philosophes dont l'œuvre relève essentiellement du domaine de la philosophie, comme le saint-simonien **Pierre Leroux** (1797-1871), inspirateur de George Sand, ou **Pierre-Joseph Proudhon** (1809-1865), l'œuvre de **Charles Fourier** intéresse la littérature précisément par la place qu'y occupe le débordement de l'imaginaire. Sa critique de la société « civilisée », et son rêve d'une organisation sociale minutieusement réglée connaîtra une influence considérable dans le développement de l'idéologie socialiste ; plus près de nous, l'intérêt qu'il éveillera chez les surréalistes et chez Roland Barthes montre l'actualité de sa pensée et la profondeur de ses intuitions, preuve que la pensée du XIXe siècle ne nous atteint jamais si profondément que quand elle renonce aux voies de la raison pour emprunter celles du rêve.

BIBLIOGRAPHIE

Éditions

COURIER, *Œuvres complètes.* Gallimard (bibl. de la Pléiade), 1940.

RENAN, *Vie de Jésus.* Gallimard (coll. Folio), 1979.

JOUBERT, *Pensées,* Éd. Georges POULET. 10/18, 1974.

FOURIER, *Le Nouveau Monde industriel et sociétaire.* Flammarion, 1973.

Études

Léon CELLIER, *L'Épopée humanitaire et les grands mythes romantiques.* S.E.D.E.S., 1971.

Louis LE GUILLOU, *L'Évolution de la pensée religieuse de Lamennais.* A. Colin, 1966.

René SCHÉRER, *Charles Fourier ou la contestation globale.* Seghers, 1970.

Roland BARTHES, *Sade, Fourier, Loyola.* Le Seuil, 1971.

III L'HISTOIRE

S'il est un domaine sur lequel le XIXe siècle a plus particulièrement fait porter son effort de réflexion, c'est bien celui de l'histoire : non seulement par l'action d'éminents érudits qui, patiemment, constituent la science historique, lui donnant cette assise rationnelle qui lui faisait jusque-là défaut ; mais surtout par l'impact que l'histoire ne cesse d'avoir sur l'œuvre des créateurs : chez Chateaubriand, mais aussi chez Balzac, Hugo ou Zola, l'œuvre est avant tout une réponse aux interrogations que suscitent en eux les grands événements collectifs.

1. Chateaubriand (1768-1848) : l'individu face à l'histoire

Il peut paraître paradoxal de classer **François-René de Chateaubriand** parmi les historiens du XIXe, lorsqu'on sait les multiples travestissements qu'il a fait subir à l'histoire dans ses *Mémoires.* Tout semble en effet opposer la conception moderne de l'historien, soucieux d'objectivité et d'impersonnalité, à l'idée que Chateaubriand s'en fait, et à sa propre pratique. Pourtant, nul plus que lui n'a su, à cette époque, atteindre le sens et la poésie même de l'histoire.

Né à Saint-Malo, d'une vieille famille aristocratique qui parvient difficilement à soutenir son rang, **François-René de Chateaubriand** passe une grande partie de son enfance dans le vieux manoir de Combourg. A la mort de son père, il tente de faire carrière dans l'armée, et assiste, à Paris, aux principales journées révolutionnaires. En 1791, **il s'embarque pour l'Amérique,** pour un voyage d'exploration qui ne durera que cinq mois. De retour, il se marie, et émigre aussitôt, pour combattre dans « l'armée des princes ». Blessé, il se réfugie à **Londres,** où il va mener une existence misérable, se faisant précepteur pour subsister. Apprenant la mort de son frère, guillotiné, puis de sa mère et de son autre sœur, Julie, il rentre en France, en 1800, profitant de l'indulgence de Bonaparte à l'égard des émigrés. La contribution qu'il apporte à la politique de celui-ci lui vaut de médiocres **postes diplomatiques,** notamment **à Rome** (1803). S'estimant mal récompensé, et bouleversé par l'exécution du duc d'Enghien, il démissionne et voyage **en Orient** (de 1806 à 1807), puis entame, dans sa retraite de la Vallée-aux-Loups, ses *Mémoires.* **Avec la Restauration,** Chateaubriand va connaître **l'apogée de sa carrière politique** et de ses ambitions : ministre, ambassadeur (Berlin, Londres), puis ministre des affaires étrangères en 1822, il participe au congrès de Vérone et prend une part active au déclenchement de la guerre d'Espagne ; il obtient, sous Charles X, l'ambassade de Rome, dont il démissionne à la formation du ministère Polignac. Puis, se plaçant dans l'opposition légitimiste à la Monarchie de Juillet, il se consacre à la défense des intérêts de la famille des Bourbons. Il consacre les dernières années de sa vie à la rédaction de ses *Mémoires.* Il meurt quelques semaines après le début de la Seconde République.

1797 : *Essai historique sur les révolutions.*

1801 : *Atala.*

1802 : *Génie du Christianisme* (5 vol.).

1809 : *Les Martyrs.*

1811 : *Itinéraire de Paris à Jérusalem.*

1814 : *De Buonaparte et des Bourbons.*

1826-1831 : *Œuvres complètes* (25 vol.).

1831 : *Études historiques sur la chute de l'empire romain.*

1836 : Premier traité en vue de la publication des *Mémoires d'outre-tombe* (terminées en 1841).

1844 : *Vie de Rancé.*

1848 : Début de la publication des *Mémoires d'outre-tombe* dans le journal *La Presse.*

---

1 Le sens et la poésie même de l'histoire

Le sens, parce qu'au-delà des déformations où l'entraîne, tantôt une vanité touchante par ses excès mêmes, tantôt une passion politique exacerbée jusqu'à l'obsession, il atteint à cette vérité supérieure qui réside sous la surface des événements : la fresque de Napoléon, par exemple, y reçoit sa véritable mesure, celle de la légende et de l'épopée.

La poésie, parce que cet art de la stylisation, ce déploiement d'artifices et de couleurs, cette « mise en scène » somptueuse de l'histoire contraste douloureusement avec un sentiment permanent d'inutilité et de fugacité. Par le jeu des surimpressions d'époque que permet l'étirement dans le temps de la composition des *Mémoires,* par les interférences constantes entre le présent de l'écriture et le passé de la narration, l'ouvrage prend l'allure, non d'une recherche, mais d'**une lutte obstinée contre le temps perdu.** De là cet accent de mélancolie, et cette présence obsédante de la mort et du tombeau, aux carrefours des plus belles pages.

Chateaubriand.
Dessin de J. Dimont, XIXe s.

Monument exubérant patiemment édifié contre « la pesanteur du temps », « temple de la mort élevé à la clarté de mes souvenirs », les *Mémoires d'outre-tombe* sont bien une méditation sur le néant.

Quatre **parties,** subdivisées en 44 **livres,** eux-mêmes subdivisés en **chapitres,** composent les ***Mémoires d'outre-tombe.***
Première partie : la « carrière de soldat et de voyageur », de l'enfance à l'exil (*livres* 1 à 12).
Deuxième partie : la « carrière littéraire », des premiers ouvrages au voyage en Orient (*livres* 14 à 18).
Troisième partie : la « carrière politique » ; deux « époques » :
— Bonaparte (*livres* 19 à 24) ;
— La Restauration (*livres* 25 à 34).
Quatrième partie : la « dernière carrière », « mélange des trois précédentes » (*livres* 35 à 44).

2 Un témoin privilégié de son temps

Depuis les pages fiévreuses de l'*Essai sur les révolutions,* qui contiennent en germe toutes les contradictions futures du personnage, et dont il mettra plus tard les accents révoltés et anti-religieux sur le compte de la jeunesse, jusqu'à ce fulgurant autoportrait à travers un masque qu'est la *Vie de Rancé,* écrite sur les recommandations de son confesseur, Chateaubriand apparaît comme ce qu'il a toujours été : **un témoin privilégié et assidu de son temps,** non seulement de son époque, comme tout mémorialiste, mais aussi de sa propre vie, de sa « durée ». Les *Mémoires,* précisément, ne valent que par cette conjonction de l'histoire du moi et de l'Histoire tout court, ce pari un peu fou de se confronter avec l'histoire ; confrontation assumée parce que vécue :

« J'ai fait de l'histoire, et je pouvais l'écrire... » *(Préface testamentaire).* Dans les *Mémoires,* le projet autobiographique et le projet historique sont indissolublement liés[1], dans la mesure même où le moi ne peut se contenter de réfléchir sur l'histoire, de l'objectiver, mais est contraint de la vivre, ou de la revivre, de l'intérieur.

Et c'est cette présence de l'histoire dans la vie de l'individu qui, malgré et peut-être grâce à toutes les falsifications et les petitesses du personnage, rend l'œuvre si émouvante et si vraie.

1. Voir Dominique *Rincé,* « Les Premières Œuvres de Chateaubriand : genèse d'un projet autobiographique » *(*Revue d'histoire littéraire de la France, *janv.-fév. 1977).*

2. L'écriture de l'histoire

1

L'histoire et la réflexion politique : Thiers (1797-1877), Guizot (1787-1874), Quinet (1803-1875) et Tocqueville (1805-1859)

La plupart des historiens du XIXe siècle, au contraire, s'adonnent de bonne foi à l'histoire, et sans autre questionnement théorique que celui de donner un sens, une finalité conforme à leur idéal ou à leur engagement : pour **Adolphe Thiers** ou pour **François Guizot,** cet aboutissement n'est autre que l'ordre bourgeois qu'ils défendent par ailleurs dans leur action politique sous la Monarchie de Juillet. Avec **Edgar Quinet,** au contraire, l'histoire énonce un élan ininterrompu vers la liberté et la démocratie. A la limite, l'histoire se confond avec la réflexion politique, telle que la pratique par exemple, avec une hauteur de vue et une rare prescience de l'avenir, **Alexis de Tocqueville,** analysant, dans *De la Démocratie en Amérique* (1835-1840), les institutions de ce pays, ou méditant, dans *L'Ancien Régime et la Révolution* (1856), sur les origines et l'œuvre de la Révolution.

2

L'histoire revivifiée : Thierry (1795-1856) et Michelet (1798-1874)

Mais d'autres historiens, sous la pression de la curiosité romantique, retrouvant avec passion les vieux chroniqueurs, découvrent une autre manière d'écrire l'histoire, moins sèche, plus vivante, et soutenue par l'imagination ; les *Récits des temps mérovingiens* (1840) d'**Augustin Thierry** en constituent une première illustration.

Mais cette « nouvelle histoire » est surtout représentée par celui qui incarne avant tout autre l' « histoire romantique », **Jules Michelet.**

De condition très modeste, **Jules Michelet** fait de brillantes études, qui le conduisent à l'enseignement de l'histoire et de la philosophie. Professeur des princesses de la famille royale, il est nommé directeur aux Archives Nationales en 1831, puis au **Collège de France.** Ses cours sont suspendus, puis rétablis en 1848, puis à nouveau suspendus. Refusant, sous le Second Empire, de prêter serment, il est destitué, et vit pauvrement. Son œuvre se diversifie alors de plus en plus, tandis que la mort de ses enfants, puis le désastre de 1870, l'affectent profondément. Après sa mort, sa seconde femme parvient à occulter et à falsifier toute une part de son œuvre.

1831 : *Histoire romaine* (2 vol.).

1833-1844 : *Histoire de France* (I à VI).

1846 : *Le Peuple.*

1847-1853 : *Histoire de la Révolution française.*

1855-1869 : *Histoire de France* (VII à XVII).

1862 : *La Sorcière.*

1869 : *Nos fils.*

Dans *Mon Journal,* il définit sa conception de l'histoire. « Une violente chimie morale, où mes passions individuelles tournent en généralités, où mes généralités deviennent passions, où les peuples se font moi, où mon moi retourne alimenter les peuples. » Michelet développait ainsi **une vision organique de l'histoire ;** elle vit en métamorphosant les événements en hommes, les choses en personnes. **« Tout est solidaire de tout, tout est mêlé à tout. »**

Les historiens sont partagés sur la valeur et la portée de l'œuvre de Michelet, et surtout sur l'exploitation qui en a été faite ; face au développement actuel de l'historiographie, à ses exigences de scientificité et ses scrupules d'objectivité, nul ne peut souscrire entièrement à la démarche de Michelet, orientée, passionnée, voire partisane.

Michelet.
Lithographie
de C. Lafosse, 1862.

L'utilisation de cette histoire dans l'enseignement laïc sous la Troisième République, dans un sens nationaliste, et en accentuant le parti pris d'héroïsation de certaines figures auxquelles Michelet donnait seulement valeur de symbole, peut paraître tout à fait contraire aux orientations actuelles de l'histoire. Pourtant, aujourd'hui encore, les défenseurs d'une histoire chaleureuse, vibrante, et généreuse, rendant accessible au grand public les moindres détails de la vie quotidienne des époques passées (**l'histoire, en somme, comme « résurrection intégrale du passé »**, selon la formule célèbre de Michelet), reconnaissent en lui un modèle indépassable. Le lyrisme auquel sa prose parvient, le rythme de phrases jamais neutres, mais animées par l'émotion, la tendresse ou l'ironie, demeurent un exemple pour tous ceux qui croient que la rigueur scientifique n'est pas incompatible avec le talent d'exposition et l'élégance de l'expression.

Car, au-delà du « travail » historique, Michelet intéresse doublement la littérature : par **son art,** qui se prête à de subtiles analyses stylistiques ou thématiques (« La phrase de Chateaubriand se termine toujours en décor, elle s'écoute glisser, puis finir, celle de Michelet s'avale, elle se détruit », Roland Barthes) ; et par sa personnalité singulière, ce que l'on appelait pudiquement sa « **sensibilité** », et dont on commence à mieux connaître les troubles incidences, à travers les dernières œuvres, descriptions de la nature *(L'Oiseau ; La Montagne),* ou écrits intimes qui célèbrent sa jeune femme Athénaïs.

3. Faire l'histoire

Le XIXe siècle est peut-être l'âge d'or de la littérature politique et polémique ; du traité longtemps concerté au libelle hâtivement composé dans la fièvre de l'événement, elle revêt les formes les plus diverses.

1 La littérature politique et polémique

Au premier type se rattachent par exemple les ouvrages d'**Alexis de Tocqueville,** ou l'*Essai sur l'inégalité des races humaines* (1853-1855), de **Joseph-Arthur Gobineau** (1816-1882), dont on a fait abusivement le théoricien inspirateur du racisme nazi[1] alors qu'il est surtout le contestataire impitoyable de toutes les idées reçues de son siècle (mythe du progrès, célébration de la morale bourgeoise, humanitarisme, amour de la patrie, etc.) : il oppose à ces valeurs un appel à l'énergie et une apologie de l'individualisme qui annoncent Nietzsche.

Le second type comporte des chefs-d'œuvre (comme *Napoléon le Petit,* de Victor Hugo), mais aussi une foule de textes méconnus, parce que, liés à l'actualité, ils ont perdu une partie de leur intérêt : pamphlets de **Paul-Louis Courier,** articles de **Jules Barbey d'Aurevilly,** de **Lucien Prévost-Paradol,** de **Jules Vallès,** et surtout de deux grands journalistes, **Louis Veuillot** et **Henri Rochefort.**

1. Claude Lévi-Strauss dégage en ces termes la signification profonde de la pensée de Gobineau : « La réalité de la race se perd *dans des temps si reculés qu'il est impossible d'en rien connaître (...). Telle était déjà la doctrine de Gobineau, à qui l'on attribue la paternité du racisme bien qu'il fût parfaitement conscient que les races n'étaient pas des phénomènes observables ; il les postulait seulement comme les conditions a priori de la diversité des cultures historiques qui lui semblait autrement inexplicable, tout en reconnaissant que les populations ayant donné naissance à ces cultures étaient issues de mélanges entre des groupes humains qui, eux-mêmes, avaient déjà résulté d'autres mélanges » (*Le Regard éloigné. *Plon, 1983, p. 22).*

La presse au XIXe siècle

La presse, au début du XIXe siècle, connaît une progression lente, mais régulière : le tirage moyen des quotidiens parisiens passe de 50 000 exemplaires en 1815 à 180 000 en 1847. Entravée par un régime très strict (autorisation préalable, cautionnement, droit de timbre, procès) qui rend les journaux très chers, la presse combat pour sa liberté, notamment en 1830 (c'est la révolte de la presse parisienne contre l'ordonnance Martignac qui fera tomber Charles X). En 1836, **Émile de Girardin,** avec *La Presse,* parvient à faire baisser considérablement le prix de vente, et, grâce à une orientation plus populaire (faits divers, feuilletons), à détrôner les anciens journaux. Dès lors, la presse va connaître des progrès remarquables, atteignant, grâce aux progrès de la technique (composition par linotypie, à partir de 1890), une véritable production de masse : à Paris, 50 quotidiens, en 1914, représentent tous les courants d'opinion ; le tirage moyen des quotidiens parisiens atteint 5 millions et demi d'exemplaires. Les revues, également, se multiplient, satiriques ou littéraires (*Le Mercure de France,* en 1890 ; *La Nouvelle Revue française,* lancée par **André Gide** en 1908 ; *La Revue Blanche, Les Cahiers de la Quinzaine* de **Charles Péguy**...)

2 L'affaire Dreyfus

Cette littérature polémiste connaît surtout son apogée à la fin du siècle, avec l'assouplissement de la censure et les grands débats d'idées qui secouent l'opinion, ébranlant les institutions traditionnelles, l'Église, l'École et l'Armée, notamment l'affaire Dreyfus qui marque la renaissance ou la reconnaissance en France d'un véritable pouvoir « intellectuel »[1], et une nouvelle rencontre entre l'écriture et l'histoire.

Chronologie de l'affaire Dreyfus

1894 : Dreyfus est condamné à la déportation pour espionnage et trahison.

1897 : premier article de Zola sur Dreyfus.

13 janvier 1898 : *« J'Accuse », Lettre à la France,* de Zola (paru dans *L'Aurore*).

Février 1898 : procès Zola ; condamné à un an de prison, l'écrivain choisit l'exil à Londres.

1900 : révision du procès de Dreyfus ; l'amnistie permet à Zola de revenir en France.

1901 : Zola, *La Vérité en marche.*

1906 : réhabilitation de Dreyfus.

L' « affaire » ne trouve pas seulement un écho dans de nombreuses œuvres littéraires de l'époque (notamment *L'Histoire contemporaine* d'Anatole France, *Jean Barois* de Roger Martin du Gard, *Notre*

1. Le mot même prend alors sa signification actuelle, notamment avec le « Manifeste des Intellectuels » du 14 janvier 1898, lancé par Georges CLEMENCEAU.

jeunesse de Charles Péguy, *A la recherche du temps perdu* de Marcel Proust) : elle produira elle-même une littérature, très inégale, dominée par les articles d'Émile Zola, et les pamphlets de Léon Daudet, d'Édouard Drumont (*La France juive,* 1886), de Maurice Barrès (*Leurs figures,* 1901).

Dégradation d'A. Dreyfus.
Gravure d'après J. Meyer, XIXe s.

La victoire du dreyfusisme a rejeté dans l'ombre l'œuvre des « perdants », comme celle de **Maurice Barrès,** dont le nationalisme sentimental et poétique est pourtant plus proche de celui de Jules Michelet ou de Charles Péguy que de celui, anti-républicain et autoritariste, de Charles Maurras (1868-1952).

3 Barrès (1862-1923), dernière rencontre entre la pensée et l'action

Dernière rencontre en effet, en ce siècle finissant, entre la pensée et l'action, l'œuvre de **Maurice Barrès** exprime avant tout, la recherche désenchantée d'une pensée qui soit en prise sur l'histoire ; cette recherche passe aussi bien par l'exploration des énergies individuelles (trilogie du *Culte du moi,* 1888-1891) que par la quête des énergies collectives. Face à une histoire qui semble signifier la faillite de l'utopie rationaliste du XIXe siècle, Barrès édifie, sur des bases dangereusement irrationnelles, une tout autre utopie, celle de la terre et des morts, dont il se fait alors le propagandiste, avec une redoutable efficacité, comme en témoigne l'écho qu'elle reçoit dans les milieux politiques comme dans les couches populaires. Dans cette mesure, Barrès marque bien l'achèvement d'un siècle qui a rêvé de réconcilier la pensée et l'action, et l'ultime intervention, dans l'histoire, du pouvoir de la parole.

BIBLIOGRAPHIE

Édition

MICHELET, *Œuvres complètes,* Éd. Paul VIALLANEIX. Flammarion, 1971-1980 (inachevé).

Études

André JARDIN, *Alexis de Tocqueville,* 1805-1859. Hachette, 1984.

Paul BENICHOU, *Le Temps des prophètes.* Gallimard, 1977.

CHRONOLOGIE DE LA LITTÉRATURE D'IDÉES*

France

1800 Mme de STAËL : *De la littérature...*

1802 CHATEAUBRIAND : *Génie du christianisme*
1803 CHAMFORT : *Pensées, maximes et anecdotes*

1808 FOURIER : *Théorie des quatre mouvements*
1808 M.J. CHÉNIER : *Tableau historique... des progrès de la littérature française depuis 1789*

1809 CONSTANT : *Réflexions sur la tragédie de Wallenstein...*

1813 SISMONDI : *De la littérature du Midi de l'Europe*
1814 Mme de STAËL : *De l'Allemagne*
1815-24 COURIER : *Pamphlets*

1817 STENDHAL : *Histoire de la peinture en Italie*
1817 LAMENNAIS : *Essai sur l'indifférence en matière de religion*

1819 J. de MAISTRE : *Du pape*

1821 J. de MAISTRE : *Les Soirées de Saint-Pétersbourg*
1822 STENDHAL : *De l'Amour*
1823-24 SAINT-SIMON : *Le Catéchisme des industriels*
1825 STENDHAL : *Racine et Shakespeare*

1827 THIERRY : *Lettres sur l'Histoire de France*
1827 STENDHAL : *Des beaux-arts et du caractère français*
1828 DESCHAMPS : *Études françaises et étrangères*
1829 FOURIER : *Le Nouveau Monde industriel et sociétaire*
1830-42 COMTE : *Cours de philosophie positive*
1831-77 BULLOZ : *La Revue des Deux Mondes*

1833 GAUTIER : *1er Salon*
1833-34 MICHELET : *Histoire de France* (I à VI)
1834 LAMENNAIS : *Paroles d'un croyant*
1835-40 TOCQUEVILLE : *De la Démocratie en Amérique*

1840-59 SAINTE-BEUVE : *Port-Royal*
1840 THIERRY : *Récits des temps mérovingiens*
1840 CABET : *Le Voyage en Icarie*
1840 PROUDHON : *Qu'est-ce que la propriété ?*
1842 JOUBERT : *Pensées, essais, maximes*

1845 BAUDELAIRE : *1er Salon*
1846 PROUDHON : *La Philosophie de la misère*
1846 MICHELET : *Le Peuple*
1847-53 MICHELET : *Histoire de la Révolution française*

1849-50 CHATEAUBRIAND : *Mémoires d'outre-tombe*
1849 GUIZOT : *De la Démocratie en France*

Étranger

1800 SCHILLER : *De la poésie naïve et sentimentale* (Allemagne)

1804 FICHTE : *Exposé de la doctrine de la science* (Allemagne)
1804 RICHTER : *Introduction à l'esthétique* (Allemagne)
1806 LAVATER : *L'Art de connaître les hommes par la physiognomonie* (Suisse)
1807 HEGEL : *Phénoménologie de l'esprit* (Allemagne)
1808 SCHLEGEL : *Cours de littérature dramatique* (Allemagne)
1808 FICHTE : *Discours à la nation allemande* (Allemagne)

1818 SCHOPENHAUER : *Le Monde comme volonté...* (Allemagne)

1832-37 CLAUSEWITZ : *De la guerre* (Prusse)

1836 HEINE : *L'École romantique* (Allemagne)

1843 KIERKEGAARD : *Journal d'un séducteur* (Danemark)

1848 MILL : *Principes d'économie politique* (Angleterre)
1848 MARX et ENGELS : *Le Manifeste du Parti communiste* (Allemagne)

1851-62 SAINTE-BEUVE : *Causeries du Lundi*	
1853 TAINE : *Essai sur La Fontaine et ses fables* **1853** RENAN : *Vie de Jésus* **1853-55** GOBINEAU : *Essai sur l'inégalité des races humaines*	
1855-69 MICHELET : *Histoire de France* (VII à XVII) **1856** TOCQUEVILLE : *L'Ancien Régime et la Révolution* **1857** CHAMPFLEURY : *Le Réalisme* (manifeste)	
	1859 DARWIN : *De l'origine des espèces* (Angleterre ; trad. 1862)
1863-83 RENAN : *Histoire des origines du christianisme* **1863** TAINE : *Histoire de la littérature anglaise* **1863-70** SAINTE-BEUVE : *Nouveaux Lundis* **1863-72** LITTRÉ : *Dictionnaire de la langue française* **1863-72** FUSTEL DE COULANGES : *La Cité antique* **1864** HUGO : *William Shakespeare* **1864-76** LAROUSSE : *Grand Dictionnaire universel du XIXe siècle* **1865** Cl. BERNARD : *Introduction à la médecine expérimentale*	
	1867 MARX : *Le Capital* (I) (Allemagne ; trad. 1873)
1869 BAUDELAIRE : *Curiosités esthétiques* (posth.) **1869** *L'Art romantique* (post.) **1870** TAINE : *De l'intelligence*	
1875-93 TAINE : *Les Origines de la France contemporaine*	
1880 ZOLA : *Le Roman expérimental* **1880** BRUNETIÈRE : *Études critiques sur l'histoire de la littérature française*	
1882 BRUNETIÈRE : *Le Roman naturaliste* **1883-85** BOURGET : *Essais de psychologie contemporaine* **1884** BLOY : *Propos d'un entrepreneur de démolition* **1885-89** LEMAÎTRE : *Les Contemporains*	**1885-94** ENGELS : *Le Capital* (II et III) (Allemagne)
1888 FRANCE : *La Vie littéraire (1838-1894)* **1889** BERGSON : *Essai sur les données immédiates de la conscience* **1890** *Le Mercure de France* (revue) **1890** RENAN : *L'Avenir de la science*	
1894 LANSON : *Histoire de la littérature française*	
1896 BERGSON : *Matière et mémoire*	
1898 ZOLA : « *J'Accuse* » **1899** Maurras fonde *L'Action française*	**1898** NIETZSCHE : *Ainsi parlait Zarathoustra* (Allemagne)
	1900 FREUD : *L'Interprétation des rêves* (Autriche)

* Sauf précision contraire, les dates indiquées sont celles de l'édition.

Ainsi, dans ce siècle marqué par l'histoire, borné par ces deux événements décisifs que sont la Révolution française et la Première Guerre mondiale, la littérature ne peut plus être un refuge : mobilisant toutes les énergies, la bataille des idées envahit tous les domaines, abolissant les frontières entre la philosophie, l'histoire, la critique et la littérature. Par cette prémonition, le plus souvent sous-jacente, que la littérature a un rôle messianique, qu'elle ne peut ni se désengager des réalités de son temps, ni s'abstenir des choix qui conditionnent l'avenir, le XIXe *siècle est déjà nôtre : même si la plupart des certitudes qu'il croyait acquises sont aujourd'hui remises en cause, il ouvre la voie, dans un bouillonnement confus d'idées et d'intuitions, aux interrogations contemporaines.*

Physionomie de l'Assemblée. Gravure de H. Daumier, XIXe s.

IIe partie

LA POÉSIE

A partir de 1820 principalement, date de publication des Méditations *de Lamartine, se produit la première « explosion » poétique de la période. Pour dire un monde qui change, une histoire qui vacille et un moi qui découvre ou redécouvre ses profondeurs,* **les romantiques,** *avec une générosité sans limites, réinventent une poésie authentique et libérée qu'ils font dépositaire de tous leurs engagements, de tous leurs désespoirs et de toutes leurs chimères. Ce sont eux, Lamartine, Hugo et Nerval en tête, qui ont engagé la poésie sur la voie de sa modernité, en lui assignant pour mission l'utopie de la « totalité » et en élargissant son inspiration aux dimensions de la conscience socio-historique comme de l'imaginaire.*

Par-delà l'échec de la très romantique révolution de 1848 qui, si l'on excepte la pérennité de la production hugolienne, marque le déclin de la création romantique, cet « esprit » subsiste qui survit notamment à **la contre-offensive formaliste** *des tenants de « l'art pour l'art », puis du* Parnasse contemporain *dans les années 60. Ce n'est pas pour rien que Baudelaire, dans son* Art romantique, *saluera la « modernité » de ses prestigieux aînés, qu'il entend prolonger et doter surtout de nouveaux moyens. Les romantiques, en effet, avaient davantage « révolutionné » l'inspiration que la forme ou l'écriture du poème. La seconde moitié du siècle est, au contraire, le temps de la prolifération des grandes inventions ou* **expériences, au cœur du langage poétique lui-même :** *« correspondances » baudelairiennes, « alchimie du verbe » rimbaldien, triturations du « chant » chez Lautréamont, « impressionnisme » lexical ou grammatical chez Verlaine, Mallarmé et les symbolistes des années 1880. C'est, on le voit, la substance ou l'espace mêmes du poème qui deviennent l'enjeu d'une pratique poétique chaque fois plus consciente d'elle-même. Si une certaine « déliquescence », sensible tant au niveau thématique que rhétorique, marque les œuvres de la fin du siècle, au point de réveiller chez certains les vieux démons de l'esthétisme gratuit, la voie est désormais grande ouverte de l'exploration mutuelle de l'homme et de son langage.*

I L'EXPLOSION ROMANTIQUE

1. Renouveau et primat de la poésie

Même si la plupart des grandes œuvres poétiques du romantisme ne datent pas de l'époque militante des « cénacles » et des « ateliers », les poètes de ce qui fut un mouvement, à défaut d'avoir été une école unanime et structurée, ont partagé durablement un certain nombre de convictions et de revendications. Repensées et remodelées dans la poétique de chacun, elles constituent le dénominateur commun des créations majeures de l'époque et peuvent se résumer en quelques mots-clés : subjectivité, liberté, totalité et imagination.

Soirée à l'Arsenal. Gravure de T. Jehannot, XIXe s.

Le temps des cénacles

Durant la décennie 1820-1830 se succédèrent et rivalisèrent plusieurs foyers de contestation littéraire, que fréquentèrent assidûment la plupart des grands poètes romantiques.

— En 1823-1824 : l'équipe de *La Muse française* regroupa, autour de Hugo et des frères Deschamps, les « conservateurs » du moment, et de grands « noms » comme Vigny ou Marceline Desbordes-Valmore.

— À partir de juillet 1824, le salon de la Bibliothèque de l'Arsenal, fondé par Charles Nodier, devient le rendez-vous à la mode : Lamartine, Nerval, Gautier et surtout Musset en furent les figures majeures.

— Mais le foyer le plus célèbre fut, de 1827 à 1830, le Cénacle du salon rouge de Victor Hugo, dans son appartement de la rue Notre-Dame-des-champs : lieu de toutes les grandes heures du romantisme militant, il vit se côtoyer tous les ténors littéraires de la génération.

1 Le Moi redécouvert

Il n'y a pas de poète romantique qui ne se soit exprimé à la première personne. Refusant la « distanciation » classique, **le poète romantique se reconnaît d'abord au fait qu'il dit Je** et qu'il revendique cet usage de la première personne comme le signe de sa spécificité littéraire. Le Moi, sujet et objet du poème, narrateur et destinataire privilégié du livre, tel est à la limite le statut du texte romantique : « Je n'imitais plus personne, dira Lamartine à propos de ses *Méditations*, je m'exprimais moi-même pour moi-même. Ce n'était pas un art, c'était un soulagement de mon propre cœur qui se berçait de ses propres sanglots. »

Du *Lac* de Lamartine à *La Tristesse d'Olympio* de Hugo, en passant par *Les Nuits* de Musset, **ce « cœur » devient tout à la fois le lieu et l'enjeu d'une poésie** qui se refuse désormais aux spéculations abstraites ou à l'esthétisme gratuit. Trait d'union entre la double subjectivité de l'auteur et du lecteur, celle-ci sera d'abord jugée sur la « qualité » de ses « intermittences » et de ses « battements » : « Ce qu'il faut à l'artiste et au poète, écrit Musset à son frère en 1831, c'est l'émotion. Quand j'éprouve, en faisant un vers, un certain battement du cœur que je connais, je suis sûr que mon vers est de la meilleure qualité que je puisse pondre... »

Reliée à la subjectivité, l'intimité, ce mot cher aux romantiques, en est aussi la quintessence et s'oppose autant à l'artificiel qu'au général. Nouveau fondement du discours poétique, le Moi n'est jamais épuisé par ce discours qui en décrit les drames et les passions. Le poème romantique est, en ce sens, irréductible aux seules anecdotes de la subjectivité ; il est toujours aussi « écho d'impressions », reflet d'une « intimité » silencieuse et troublante qui excède son propre langage. Le cœur romantique, en effet, n'a rien d'étroit ni de mesquin, son intimité rien de rétréci ni de confiné. Intimité grandiose, devrait-on dire au contraire, prête à toutes les « dilatations » du rêve et de la pensée.

2 L'exigence de liberté

Ainsi fondée au cœur d'une subjectivité individuelle, individualiste parfois, **la poésie romantique se devait d'être aussi une poésie de liberté.** La principale innovation des poètes de la génération de 1820 consiste, en effet, en un élargissement radical du champ de l'inspiration. Violemment opposés aux codes, règles et bienséances de la littérature classique, ils revendiquent le droit de tout dire, dès lors que le message procède d'une émotion ou d'une conviction sincères. « Tout est sujet, déclare encore Hugo dans la préface de ses *Orientales ;* tout a droit de cité en poésie. (...) Le poète est libre. »

Romeo et Juliette. Lithographie de J. Devéria, XIXe s.

Cet affranchissement de l'inspiration sera plus ou moins sensible selon les créateurs et selon leurs recueils. Il se marquera d'abord dans le domaine de la poésie passionnelle où la célébration, impudique diront certains, de l'amour libre, de l'amour-fou, prendra le pas sur les contraintes religieuses et morales. Il sera plus net encore, et certainement plus subversif, dans les grands recueils à dominante imaginaire, visionnaire ou fantastique. Rêves, fantasmes, délires, qui étaient réprimés jusque-là dans les marges ou les silences de la poésie classique, vont tenir le devant d'une scène poétique transfigurée par leur présence et leur déploiement. L'affranchissement et l'émancipation, enfin, seront manifestes dans cette poésie de la misère, de la marginalité et de la révolte dont les romantiques seront les premiers défenseurs ou les premiers hérauts.

3 Le rêve de la totalité

Troisième exigence des romantiques, celle de totalité. Non seulement, pensent-ils, **la poésie peut tout dire, mais encore elle doit tout dire.** La poésie ne cherche donc pas à être le catalogue ou le panorama exhaustif des spectacles du monde et des fortunes diverses de la condition humaine. Moins utopique, sa prétention est pourtant importante. Le créateur romantique désire en effet que l'évocation du sujet qu'il a librement choisi ne soit jamais réductrice mais au contraire qu'elle introduise à un « au-delà » essentiel. La notion de totalité ne s'oppose donc pas à celle d'intimité mais la prolonge et la justifie. Dès 1822, dans sa préface des *Odes,* Hugo proposait une brillante et éclairante synthèse de ces deux concepts : « Le domaine de la poésie, écrivait-il, est illimité. Sous le monde réel, il existe un monde idéal qui se montre resplendissant à l'œil de ceux que des méditations graves ont accoutumés à voir dans les choses plus que les choses. (...) La poésie, c'est tout ce qu'il y a d'intime dans tout. La poésie romantique ne fuira donc pas les contradictions et les déchirements, elle en vivra et parfois même s'y complaira.

Un phénomène européen

La renaissance de la poésie française est inséparable du formidable renouveau poétique européen, sensible notamment dans les pays anglo-saxons depuis 1750. **L'Angleterre,** qui va donner au romantisme français deux inspirateurs incontestés, Shakespeare et Ossian, connaît à partir des années 1740 un premier élan poétique marqué par la parution des *Nuits* de Young, des *Méditations* de Harvey et des *Élégies* de Gray. A l'aube du XIXe siècle, Lord Byron (1788-1824) devient la figure principale de la seconde génération du renouveau poétique anglais, où se côtoient Wordsworth, Shelley, Keats et Coleridge. Les aléas de l'histoire européenne (la Révolution française et l'émigration principalement) vont révéler, directement ou par de multiples traductions, ces grandes œuvres d'outre-Manche.

A un degré moindre, en raison de difficultés d'ordre linguistique, culturel et politique, les regards vont se tourner au début du siècle vers **l'Allemagne** qui connaît avec Goethe et Schiller d'abord, puis plus tard avec Schlegel, Heine ou Novalis, sa propre renaissance littéraire.

Or quoi de plus opposé apparemment que le réel et le surréel, le quotidien et le rêve, le vécu et l'idéal, le bien et le mal, autant de thèmes et concepts qui hantent les poèmes des Lamartine, Vigny, Hugo ou Nerval ? En acceptant que la poésie soit l'instrument d'expression de toutes ces contradictions et de tous ces conflits, ils ne prennent pas seulement le risque d'en subir le poids, ils s'aventurent aussi sur le chemin d'une possible réconciliation. Avant les « voyants » que seront Baudelaire et Rimbaud, ils ont ainsi non seulement vu et décrit leur drame dans sa totalité, mais ils ont encore pressenti que l'écriture même de leurs visions était le plus sûr moyen de retrouver une unité existentielle perturbée.

4 Les limites de l'innovation formelle

S'ils refusent que l'émotion se plie aux carcans de formes *a priori* ou de genres posés comme intangibles, les romantiques n'ont guère inventé eux-mêmes de nouvelles formes susceptibles d'élargir le champ d'expression de la poésie. La rareté et la timidité des expériences pour allier prose et poésie montrent assez les limites d'une innovation qui tient presque entièrement en un dépoussiérage de vieilles formes tombées en désuétude et en un assouplissement des « raideurs » du classicisme.

Se refusant presque toujours à l'usage de mètres plus audacieux, ils préfèrent malmener, au gré des nécessités de leur inspiration, les mètres consacrés, à l'image de Hugo déclarant vouloir disloquer « ce grand niais d'alexandrin ». La virtuosité du fondateur du Cénacle et de ses amis leur permettra en effet de tirer un profit maximum de la brisure du vers classique : jouant sur ses articulations, déplaçant les césures, multipliant les coupes, risquant de périlleux rejets, et n'hésitant pas à bousculer la syntaxe pour la plier aux fantaisies du rythme, ils réussiront à en faire sauter les verrous et les cloisons internes sans en détruire la structure fondamentale.

Sonnets, épîtres, satires ou autres poèmes à forme fixe traditionnels se retrouvent en nombre dans leurs recueils. Mais c'est le genre lyrique et ses formes appropriées qui connaissent auprès d'eux le plus grand succès ; ce genre dont Mme de Staël montrait dans son *De la littérature* la parfaite coïncidence avec la nature des émotions et des convictions romantiques : « La poésie lyrique, écrivait-elle, s'exprime au nom de l'auteur même ; ce n'est plus dans un personnage qu'il se transporte, c'est en lui-même qu'il trouve les divers mouvements dont il est animé. (...) C'est l'apothéose du sentiment. »

J.A. Ingres,
Le Songe d'Ossian,
XIXe s.

Signalons encore la fascination qu'exerça sur la plupart des poètes romantiques le genre épique. **L'épopée**[1] semblait en effet la forme la plus apte à combler leur exigence de totalité. Elle fut à la poésie ce que le drame fut au théâtre : la forme « rêvée » de l'expression synthétique et exhaustive des contradictions du Moi et du monde. Mais, genre difficile, sur lequel Ronsard et Voltaire s'étaient déjà usés, l'épopée exige un souffle et un génie à la mesure de son chant grandiose. Qui d'autre que Hugo eut jamais dans notre langue ce génie et ce souffle ?

1. *Voir l'étude de Léon* CELLIER *sur* L'Épopée romantique. *P.U.F., 1954.*

5

Une explosion de mots et d'images

Leurs vraies conquêtes formelles, les romantiques vont les faire dans le domaine des mots et des images, ouvrant par là la voie aux poètes modernes. Chez les classiques le mot était d'abord signe, substitut d'une réalité ou d'une essence toujours « antérieures » à lui. Il restait en quelque sorte, par nature, en-deçà d'une pensée et plus encore d'un univers onirique, qui semblaient devoir toujours excéder les limites du langage. Les romantiques, eux, affirment le primat absolu du Verbe. Le mot, force autonome, n'est plus pour eux un signe asservi à l'expression de quelque *a priori* mais, au contraire origine de toute réalité et de toute vie : « Le mot est un être vivant, écrit Hugo, plus puissant que celui qui l'emploie ; jailli de l'obscurité, il fait à son gré naître une signification nouvelle. Il est lui-même ce qu'attendent en dehors de lui les pensées, les visions, les sensations. Plus que cela encore, il est la couleur, la nuit, la joie, le rêve, l'amertume, l'océan, l'infini. » Plus ou moins consciemment, les poètes romantiques ont tous partagé cette mystique hugolienne du langage. C'est elle qui est à l'œuvre dans les *Novissima Verba* de Lamartine, dans *Les Chimères* de Nerval ou dans *La Maison du berger* de Vigny. C'est elle qui justifie cet amour des mots qu'ont eu tous les créateurs de la génération de 1830, ce désir infini du langage dont témoignent la générosité et l'abondance mêmes de leurs œuvres.

BIBLIOGRAPHIE

Études

Pierre MOREAU, *Le Classicisme des romantiques.* Plon, 1932.

Albert BÉGUIN, *L'Ame romantique et le rêve.* José Corti, 1937.

Georges POULET, *Trois essais de mythologie romantique.* Le Seuil, 1966.

Henri PEYRE, *Qu'est-ce que le romantisme ?* P.U.F., 1971.

Jean-Pierre RICHARD, *Études sur le romantisme.* Le Seuil, 1971.

Robert SABATIER, *La Poésie du XIXe siècle,* t. I. Albin Michel, 1977.

Paul BÉNICHOU, *Les Mages romantiques.* Gallimard, 1988.

2. Trois maîtres du romantisme

1

Lamartine (1790-1869)

« Le chant intérieur »

Des *Méditations,* qu'il qualifie de « soulagement de (son) propre cœur », à son dernier poème, *La Vigne et la Maison,* qui se veut « psalmodies de l'âme », **Alphonse de Lamartine** n'a pas failli dans son choix d'une poésie enracinée au plus profond de l'intimité du moi, de ses émotions ou de ses convictions. Qu'il s'agisse des grands poèmes du recueil de 1820 *(Le Lac ; Le Vallon ; L'Immortalité),* de ceux des *Harmonies* qui orchestrent « tous les bruits de la vie dans un cœur sonore », ou même des tirades de cette « épopée de l'âme » que sont *Jocelyn* et *La Chute d'un ange,* le chant lamartinien, langoureux ou passionné, attendri ou énergique, donne d'abord à entendre la voix d'une chair et d'une conscience constamment écorchées par les avatars du destin ou de l'histoire.

Alphonse de Lamartine, né à Mâcon, le 21 octobre 1790, ne vécut qu'à partir de 1797 dans la fameuse propriété de Milly. Sa vocation littéraire s'affirme sous la Restauration. Il rencontre à cette époque Julie Charles, une jeune femme qui deviendra l'Elvire des *Méditations,* son premier recueil salué par **un immense succès en 1820.** La décennie suivante le voit mener de front une double carrière, diplomatique et poétique, qui prélude, à partir de 1830, à **un itinéraire politique ambitieux.** Il est ministre des Affaires Étrangères dans le Gouvernement provisoire de 1848. Un **échec** cuisant aux présidentielles de la fin de l'année sonnera le glas de ses espérances. Dangereusement endetté, le poète passera ses vingt dernières années à des pensums alimentaires ou de circonstance. Ruiné, malgré la vente de Milly qu'il aura chanté dans son dernier chef-d'œuvre (*La Vigne et la Maison,* 1856), il meurt le 28 février 1869, le crucifix d'Elvire à son chevet.

1820 : *Méditations poétiques.*

1823 : *Nouvelles Méditations poétiques. La Mort de Socrate.*

1825 : *Le Dernier Chant du pèlerinage de Childe Harold.*

1830 : *Harmonies poétiques et religieuses.*

1836 : *Jocelyn.*

1838 : *La Chute d'un ange.*

1839 : *Recueillements poétiques.*

1847 : *Histoire des Girondins.*

1856-1859 : *Cours familier de littérature.*

1857 : *La Vigne et la Maison.*

H. Decaisne, *Lamartine,* XIXe s.

Phénomène peu courant dans l'histoire de la poésie du XIXe siècle, les ***Méditations,*** parues en librairie le 13 mars 1820, furent unanimement saluées par la critique et le public. Il est vrai que le recueil répondait pleinement aux « méditations » souterraines de la génération maudite post-napoléonienne : inquiétude douloureuse devant la mort, désir d'apaisement et de recueillement. C'est autour de la chronique tragique de son idylle brisée avec Madame Charles (Elvire) que Lamartine a cristallisé et redéployé, au fil d'une poésie élégiaque toujours mélodieuse même lorsqu'elle cède à une certaine complaisance, les grands thèmes dont allait se nourrir le romantisme pendant trente ans : la fuite du temps et la fatalité de la mort *(Le Lac ; L'Immortalité),* la solitude et le réconfort naturels *(L'Isolement),* la rêverie d'une passion apaisée et régénératrice *(L'Automne ; Le Vallon)* ou encore un mysticisme diffus qui s'oppose aux troubles de la conscience et de l'histoire *(La Prière ; L'Homme).*

De toutes les puissances du lyrisme et de l'élégie romantiques Lamartine a donné le ton le premier, avec justesse et conviction. Homme encore tourné vers le XVIIIe siècle par sa naissance et sa culture, **il a « senti » et décrit, avant tous, en poésie** ce qu'un Rousseau avait laissé deviner déjà dans la prose du roman ou de l'autobiographie : la terreur du temps, l'aspect fatal des passions, les angoisses de la foi, l'énigme que représente une nature, consolatrice aujourd'hui, traîtresse demain, les tourments d'une histoire qui n'en a jamais fini avec la révolution. Mieux encore, malgré les faux procès de mièvrerie ou d'impudeur que lui feront les générations « réaliste » ou « positive », il a donné au lyrisme ce que d'autres oublieront, hélas : la mesure.

L'engagement poétique

« La poésie sera de la raison chantée, voilà sa destinée pour longtemps ; elle sera philosophique, religieuse, politique, sociale... » Trop méconnu, cet autre visage de l'œuvre de Lamartine, résumé dans son article des *Destinées de la poésie* (1834), est en effet relié de façon indissociable au chant intime, tant est factice à ses yeux la frontière entre l'intimité psychologique et « l'être-au-monde » de l'individu social et politique. Déjà, dans le domaine religieux, en faisant succéder à l'hymne quasi panthéiste des *Harmonies* « l'épopée du christianisme social » que représente *Jocelyn,* où l'apologétique de Lamennais le dispute à celle de Chateaubriand, l'écrivain s'était efforcé d'arracher le poème de sa foi, d'ailleurs incertaine et fragile, aux risques de l'abstraction et de l'utopie.

Jocelyn, poème épique de 10 000 vers, écrit par Lamartine en 1836, devait constituer le dernier fragment d'une monumentale épopée de la condition humaine. Le poète n'ajouta en fait à ce texte que les quinze « visions », assez confuses, de *La Chute d'un Ange,* en 1838. Le poème de 1836 raconte, lui, la passion surmontée du jeune Jocelyn, futur prêtre, pour Laurence, une jeune fille qui « tournera mal » après leur nécessaire séparation, et qu'il aura la douleur, beaucoup plus tard, d'enterrer sur les lieux mêmes de leur chaste passion d'adolescents. Plus que par son intrigue, ce texte vaut par l'émotion personnelle qu'il véhicule (souvenirs d'enfance, authenticité des portraits de Laurence [Julie Charles] et de Jocelyn [abbé Dumont]), et par l'heureuse coexistence de l'inspiration lyrique et des élans mystiques. A noter que l'inspiration chrétienne du poème, contemporain des œuvres de Lamennais, fit dire à certains qu'il était une sorte d' « épopée du christianisme social ».

Illustration pour *Jocelyn.* Gravure sur bois d'après Marcke, XIXᵉ s.

Pour cet « ultra » devenu libéral, les élans du cœur et de l'intelligence ne s'épanouiront en effet que dans une mission vécue : parler pour ceux qui ne le peuvent pas, parler pour la liberté, crier l'espérance dans un avenir fraternel des peuples. Le député qui dénonçait à la tribune « la richesse illégitime » et la coalition du capital ne pouvait pas ne pas écrire l'*Ode sur les révolutions* (1831) ou *La Marseillaise de la Paix* (1841). Et cela au risque bien sûr d'une rupture totale avec sa classe d'origine qui la lui fera payer par le mépris et l'humiliation, en décembre 1848, après sa déroute électorale.

La limpidité d'un style

Quel que soit l'objet de son discours, rêverie, confession, engagement ou prophétie, l'écriture lamartinienne se caractérise par une fluidité et une limpidité qui font de son auteur, entre La Fontaine et Paul Éluard, **l'un des poètes les plus « faciles » de notre langue.** Facilité, tant le chant chez lui semble « couler de source », tant écrire ne paraît rien d'autre que « répandre son âme » dans un flux verbal que rien ne vient entraver ni distraire de son cours, pas même le cadencement du vers, léger au point de se faire oublier.

> Dans nul autre poème mieux que dans le dernier, ***La Vigne et la Maison*** (1857), Lamartine aura ainsi fait montre de ses qualités essentielles : l'homophonie[1] ou l'euphonie du lexique ; la discrétion musicale du vers « transparent, et vaporisé » ; la variété et la grâce du tempo, d'une mesure « si parfaite qu'elle nous ôte l'idée de compter » (Claudel) ; et surtout cette permanente et déconcertante fécondité du verbe poétique lui-même qui s'épand, bavardage solitaire, sans jamais s'épuiser :
> « Moi qui par des concerts saluai ta naissance,
> Moi qui te réveillai neuve à cette existence
> Avec des chants de fête et des chants d'espérance,
> Moi qui fis de ton cœur chanter chaque soupir,
> Veux-tu que, remontant ma harpe qui sommeille,
> Comme un David assis près d'un Saül qui veille,
> Je chante encore pour t'assoupir ? »

Les détracteurs du romantisme, à l'aube du second demi siècle, auront beau jeu de dénoncer ici une poésie de licence et de complaisance qui, à force d'amincir la frontière entre émotion et langage, risquait de n'être plus une poésie, du moins une poésie consciente de sa poétique. L'auteur des *Méditations* le savait bien pourtant qui ne demandait à son chant que la consistance éthérée d'un écho :

« Un écho dans mon sein qui change en harmonie
Le retentissement de ce monde mortel. »

1. Homophonie : *identité des sons représentés par des signes différents.*

2 Musset (1810-1857)

De l'espièglerie au déchirement

« Il y a parmi nous un enfant de génie » : Sainte-Beuve saluait ainsi en 1829 la présence du jeune **Alfred de Musset** dans le salon de Nodier. Enfant, il l'était par sa décontraction, son insouciance frôlant l'impertinence ou la provocation ; génie, il l'était aussi par son enthousiasme, sa verve, sa joie de s'abandonner sans retenue aux acrobaties de l'écriture. Quand il donne en 1830 ses premiers vers dans les *Contes d'Espagne et d'Italie,* Musset amuse encore par l'espièglerie de certaines pièces, mais, déjà, agace ou inquiète par ses parodies répétées comme dans *Mardoche* ou sa *Ballade à la lune.* Les derniers classiques s'irritent de ses libertés métriques ou rythmiques, de ses audaces lexicales et des caprices de son « exotisme » à la mode ; les romantiques eux-mêmes se méfient déjà d'un être si indifférent aux théories et aux engagements du mouvement.

Alfred de Musset naquit à Paris le 11 décembre 1810 dans une famille de grande culture. Après de brillantes études au lycée Henri IV, il délaisse rapidement l'université pour les cénacles romantiques comme celui de Nodier où il lit ses *Contes d'Espagne et d'Italie* en 1830. Enfant terrible du mouvement, il s'oriente d'abord vers le théâtre avec les piécettes d'*Un Spectacle dans un fauteuil* (1832) et *Les Caprices de Marianne* (1833). Mais une liaison, aussi intense que brève, avec George Sand va donner à son génie la maturité qui lui faisait encore défaut. De l'épreuve bouleversante de la rupture vont en effet naître le drame de *Lorenzaccio* (1834), le récit de *La Confession d'un enfant du siècle* (1836) et les quatre poèmes des *Nuits* (1835-37). Incapable de surmonter définitivement cette crise vécue sur le plan existentiel, Musset, à 28 ans, aura déjà donné le meilleur de lui-même. Malgré quelques succès encore au théâtre et son élection à l'Académie Française en 1852, il déclinera doucement dans la solitude et la vieillesse jusqu'à sa mort, le 2 mai 1857.

1830 : *Contes d'Espagne et d'Italie.*

1833 : *Rolla.*

1834 : *On ne badine pas avec l'amour. Lorenzaccio.*

1835-1837 : *Les Nuits.*

1836 : *Lettre à Lamartine. La Confession d'un enfant du siècle.*

1853 : édition des *Œuvres complètes.*

Musset.
Lithographie
de P. Gavarni, XIXe s.

Lui qui va porter en effet à l'outrance, et presque à la caricature, certains traits de l'esprit et du pathos des romantiques, n'est sans doute déjà plus des leurs. Paradoxalement les facéties et les complaisances de ce « dandy » ne sont que le masque fragile d'un être épris de solitude. A la première occasion, pour une double querelle idéologique (le refus de l'engagement social) et esthétique (un regain d'affection pour les classiques), Musset rompra avec les poètes du Cénacle, trop convaincu que son expérience poétique est irréductible à des thèses ou à des partis pris.

Les poèmes dramatiques de *Namouna* (1832) et surtout de *Rolla* (1833), récit tragiquement désespéré d'un être condamné au spectacle de sa débauche fatale, le feront entrer définitivement dans le versant obscur de sa création après l' « adret » miraculeux, mais fallacieux de ses années d'apprentissage.

Les Nuits : *la vie et la poésie*

La tradition ne s'est pas trompée en faisant des quatre poèmes des *Nuits,* cette chronique d'une détresse sentimentale des quatre saisons (du printemps 1835 à l'automne 1837), le chef-d'œuvre poétique de Musset. Encore faut-il ne pas succomber seulement au pathétisme efficace de ces pièces, composées à l'imitation des *Nuits* de l'anglais Young, mais lire en elles, au-delà du lyrisme et du « dolorisme », l'épreuve même de l'écriture et de la poésie.

La Nuit de Mai : une nuit de mai 1835, Musset sent qu'il a « quelque chose dans l'âme qui demande à sortir ». Depuis quelques mois, il vit dans la « grande douleur » provoquée par sa rupture avec George Sand. Face au débordement d'un cœur trahi, le poète ne découvre que l'insignifiance de son corps désemparé :

« Dieu puissant ! tout mon corps frissonne.
Qui vient ? Qui m'appelle ? — Personne. »

E. Lami,
La Nuit d'Octobre,
XIXe s.

La Nuit de Décembre : chant lugubre de la rupture consommée, constat de la jeunesse et des espérances brisées, le poète balbutie le refrain obsédant de la solitude, ombre sournoise et fatale de l'amant brisé, double venant s'asseoir face au poète, tel « un convive vêtu de noir ».

La Nuit d'Août : dans ce poème écrit deux ans après le drame, et porteur de l'exigence naturelle de revivre et d'aimer encore, Musset ne redécouvre l'affection que dans le miroir trouble des larmes du sacrifice et de la souffrance :

« J'aime et je veux sentir sur ma joue amaigrie
Ruisseler une source impossible à tarir... »

La Nuit d'Octobre : reprenant le thème de la souffrance salvatrice et inspiratrice, Musset paraît s'apaiser, au terme d'un long itinéraire expiatoire, dans la promesse d'une renaissance sentimentale et spirituelle, « au premier rayon du soleil... »

En réalité, comme le montre le tarissement précoce de Musset, malgré les vers de la *Lettre à Lamartine* (1836) ou de *Souvenir* (1841), cette résurrection n'aura pas lieu. Comment en effet soigner une « grande douleur » quand celle-ci n'est pas seulement mal de vivre mais peut-être mal d'écrire ? Cruelle hypothèse quand on sait que le poète a toujours rêvé d'apaiser sa souffrance par la vertu des mots, en même temps qu'il assurait que son vers n'entrait en état de grâce qu'au comble de l'émotion et de l'épreuve : « Sachez-le, disait-il dans *Namouna,* c'est le cœur qui parle et qui soupire / Lorsque la main écrit, c'est le cœur qui se fond. » Mais Musset a trop cru que la main en écrivant pouvait guérir le cœur, que le lyrisme et sa rhétorique pouvaient offrir une thérapeutique efficace au mal de vivre. En se racontant, en se dédoublant sans fin dans les sombres dialogues des *Nuits*[1], l'écrivain s'est écartelé et dispersé alors même qu'il espérait se retrouver et se réunir.

1. Sur ce thème du dédoublement chez Musset on se reportera à l'analyse de Jean-Pierre RICHARD *:* Études sur le romantisme, *Le Seuil, 1971, p. 201-213.*

3 Vigny (1797-1863)

« Je ne suis qu'une sorte de moraliste épique »

Vigny.
Lithographie
de J. Devéria, XIXe s.

Malgré sa modestie, cette formule extraite du *Journal d'un poète* résume bien la double ambition du jeune **Alfred de Vigny** qui rédige, de 1822 à 1837, ses *Poèmes antiques et modernes :* ambitionner, à travers la poésie, la conquête d'un certain « ordre moral » qui fasse pièce aux désillusions ou aux échecs de l'existence, et mettre en scène cet « ordre » espéré sous la forme renouvelée de l'épopée.

Avant *Jocelyn* de Lamartine ou *La Légende des siècles* de Hugo, le premier recueil de Vigny (qui, au fil de ses trois livres : « Mystique », « Antique » et « Moderne », exploite successivement les inspirations biblique, homérique, médiévale et plus généralement historique) s'efforce en effet d' « élever » à la dimension du mythe ce qui est d'abord vécu comme drame d'une conscience ou d'une âme. *Moïse,* qui exalte « l'homme de génie, las de son éternel veuvage et désespéré de voir sa solitude plus vaste et plus aride à mesure qu'il grandit », sublime ainsi la marginalisation politique et idéologique de l'aristocrate déchu. Pareillement les vers d'*Éloa,* « sœur des anges », tentent, avant la prose de *Stello,* le pari orgueilleux des « gigantesques pensées du savoir » contre les tourments de l'angoisse métaphysique.

Alfred de Vigny naquit à Loches le 27 mars 1797. Il se prépare à **une carrière militaire.** Mais, ennuyé par la monotonie de la vie de garnison, il fréquente, dès 1820, les cénacles conservateurs des frères Deschamps et de Hugo où il lit en 1822 ses premiers *Poèmes.* Participant (déçu) à l'intervention (avortée) en Espagne (1823), il se marie avec une jeune anglaise que la maladie traque déjà, quitte l'armée et décide de **se consacrer à la littérature :** au roman avec *Cinq-Mars* (1826), à la poésie avec les *Poèmes antiques et modernes* (1826) et surtout au théâtre où il triomphe en 1835 avec *Chatterton.* Sous la Monarchie de Juillet, des crises affectives (maladie de sa femme, liaison tourmentée avec l'actrice Marie Dorval et mort de sa mère) rendent **plus inquiète et plus pessimiste son écriture** (*Stello,* 1832; *Servitude et grandeur militaires,* 1835). A partir de 1838, il partage sa vie entre sa gentilhommière du Maine-Giraud, en Charente, et Paris où il revient pour élaborer les grands poèmes philosophiques et moraux qui ne seront publiés qu'après sa mort sous le titre *Les Destinées.* Il mourra le 17 septembre 1863, un an après sa femme.

1826 : *Cinq-Mars* (roman historique).

1826-1837 : *Poèmes antiques et modernes.*

1829 : *Othello* (théâtre).

1832 : *Stello* (roman).

1835 : *Chatterton* (théâtre). *Servitude et grandeur militaires* (récits).

1844 : *La Maison du berger* (dans le recueil des *Destinées*).

1847 : *La Bouteille à la mer* (idem).

1864 : *Les Destinées* (éd. posthume).

1867 : *Journal d'un poète* (éd. posthume).

Étude du *Moïse* de Michel-Ange par Th. Géricault, XIXe s.

Reste que les *Poèmes antiques et modernes* souffrent de deux défauts majeurs. Recueil d'apprentissage, l'ensemble laisse d'abord trop voir les grands modèles auxquels il emprunte thèmes et personnages : Byron, Chénier ou Chateaubriand, principalement. Mais surtout Vigny y domine mal une culture encyclopédique qui ne fait que rendre plus pesant le didactisme naturel à son tempérament et à son style. Il n'est pas sûr d'ailleurs que son chef-d'œuvre poétique, ***Les Destinées,*** échappe, malgré sa puissance, à ce double piège de l'encombrement et de la raideur.

Publié en 1864 seulement par Louis Ratisbonne, ce second recueil regroupe onze poèmes écrits entre 1839 et 1863. L'ensemble forme **une sorte d'itinéraire philosophique et poétique** dont les principales étapes sont les suivantes :

— *Les Destinées* (1849) : ce poème-titre, souvent maladroit poétiquement, met en scène, sous les traits des filles mythologiques du Destin, les diverses facettes de la fatalité qui pèse sur l'histoire du monde.

— *La Colère de Samson* (1839) : étonnante invective contre « la Femme, enfant malade et douze fois impur ».

— *La Mort du loup* (1843) : remarquable par son traitement symbolique du « stoïcisme aristocratique ».

— *La Maison du berger* (1844) : chef-d'œuvre du recueil où la Femme, sous les traits d'Éva, vient au secours du Poète dans son entreprise de réconfort d'une humanité doublement séparée de Dieu et de la Nature.

— *La Bouteille à la mer* (1835) : poème qui oppose au constat de la misère humaine, aux faillites de la foi et à la menace du nihilisme, l'espérance encore fragile d'un sens de l'histoire.

— *Le Mont des Oliviers* (1862) : poignante évocation de la solitude et de l'angoisse métaphysique à travers la figure d'un Christ « crépusculaire ».

— *L'Esprit pur* (1863) : hymne convaincu qui gomme les faillites du destin individuel ou collectif dans une sublimation des vertus de l'intelligence et de l'écriture.

Une poétique maîtrisée

Si chaque « Destinée » peut encore se décrire comme une petite épopée, l'innovation, dans ce grand recueil qui orchestre le contrepoint douloureux des détresses et des « regains » du poète, réside surtout dans la manière dont Vigny y use de cet instrument privilégié de « maîtrise » poétique : le symbole. On connaissait déjà à l'auteur des *Poèmes antiques et modernes*, amoureux des mathématiques et « nostalgique des grandeurs mortes » (Gaëtan Picon), un goût certain pour la rigueur et la solennité de la « représentation » dans l'espace du poème : sa métrique et sa rythmique, disciplinées jusqu'à la raideur, traduisaient clairement un refus de s'abandonner au courant trop imprévisible des émotions et des mots qui les chantent.

Illustration pour *Eloa* de Vigny. Dessin de Ziegler, début XIXe s.

Avec l'utilisation affinée et répétée du symbole, Vigny fait un pas de plus vers une esthétique qu'il définit comme celle de « la vérité choisie » et qui marque sûrement la maturité de la poétique romantique. Contraignant la « fable » à s'organiser méthodiquement autour de « l'idée » dans la structure exigeante que représente la transposition symbolique, Vigny cherche à mettre l'émotion à distance du sujet écrivant. On peut lui reprocher, même dans ses meilleures « compositions » comme *La Mort du loup* ou *La Bouteille à la mer*, une lourdeur parfois disgracieuse. Mais, comme l'écrit Jean-Pierre Richard, s'il « alourdit le sens pour le rendre saisissable, il opacifie la transparence pour que, paradoxalement, nous puissions mieux l'apercevoir. »

Malgré ses maladresses, Vigny anticipe ainsi sur les formes futures d'une nouvelle poétique. Ses détracteurs y verront les prémices des erreurs de l'esthétisme « parnassien » ; mais on ne peut nier qu'il ait ouvert aussi la voie à tous ceux qui, de Baudelaire à Valéry, penseront le langage comme le creuset d'une « cristallisation » et non comme le moyen d'une « effusion ».

BIBLIOGRAPHIE

Éditions

LAMARTINE, *Œuvres poétiques complètes*, Éd. Marius-François GUYARD. Gallimard (bibl. de la Pléiade), 1963.

MUSSET, *Poésies complètes ; Théâtre complet* et *Œuvres complètes en prose*, Éd. Maurice ALLEM. Gallimard (bibl. de la Pléiade), 1933.

VIGNY, *Œuvres complètes*, Éd. Fernand BALDENSPERGER. Conard, 1914-1945.

Études

Henri GUILLEMIN, *Lamartine, l'homme et l'œuvre*. Hatier-Boivin, 1940 ; rééd. Le Seuil, 1987.

Marius-François GUYARD, *Lamartine*. Éditions Universitaires, 1956.

Pierre GASTINEL, *Le Romantisme de Musset*. Hachette, 1933.

Philippe VAN THIEGEM, *Musset*. Hatier, 1944.

Pierre-Georges CASTEX, *Vigny, l'homme et l'œuvre*. Hatier, 1942.

Georges BONNEFOY, *La Pensée religieuse et morale d'Alfred de Vigny*. Hachette, 1944.

Paul VIALLANEIX, *Vigny par lui-même*. Le Seuil, 1964.

3. Hugo (1802-1885), ou le rêve de poésie totale

Avec l'énorme personnalité de **Victor Hugo** (voir aussi p. 272 et p. 331) ce n'est pas un nouvel aspect de la poésie romantique que nous découvrons, mais le romantisme incarné tout entier avec sa fougue, ses audaces et sa plénitude. Non seulement l'œuvre considérable de ce poète épouse tous les accidents d'une existence tourmentée mais encore elle survit, après 1850, à la faillite du mouvement romantique, pour imposer des chefs-d'œuvre comme *Les Contemplations* ou *La Légende des siècles* qui doivent tout à la créativité d'un génie démesuré et solitaire.

« Ce siècle avait deux ans » quand **Victor Hugo** naquit à Besançon d'une mère nantaise et d'un père lorrain, officier d'infanterie. Sa famille s'installe à Paris en 1809 dans l'ancien couvent des Feuillantines. En même temps qu'il effectue des études scientifiques (préparation de Polytechnique au lycée Louis-le-Grand), l'adolescent s'adonne déjà à la poésie et obtient en 1817 une mention dans un concours de l'Académie française.
Éprouvé par la brouille de ses parents et la mort de sa mère en 1821, Victor fonde avec ses frères *Le Conservateur littéraire* qui le fait reconnaître des milieux littéraires. Il épouse à vingt ans, en octobre 1822, une amie d'enfance, Adèle Foucher, et s'octroie, la même année, ses premiers succès avec les *Odes et Poésies diverses.* Peu à peu il s'impose comme le chef de file du mouvement romantique qui remporte, en 1830, une ardente « bataille » autour de son drame, *Hernani.* Trois ans plus tard commence avec la comédienne Juliette Drouet une liaison qui durera jusqu'à la mort de celle-ci en 1883.
Alors que sa réputation de poète, de dramaturge et de romancier ne cesse de grandir, Hugo connaît en 1843 une année noire : le 4 septembre, sa fille aînée Léopoldine se noie lors d'une promenade en barque sur la Seine. Pendant dix ans l'écrivain va se taire, paraissant préférer à la littérature une carrière politique dans le camp des « libéraux ». Mais le coup d'État de Louis-Napoléon Bonaparte, le 2 décembre 1852, ruine ses espérances et le contraint à un long exil.
Réfugié en Belgique puis à Jersey et Guernesey, il devient une « légende » vivante et trouve dans cet ostracisme de 18 ans la matière d'une inspiration renouvelée où alternent les veines satirique *(Les Châtiments),* lyrique *(Les Contemplations)* et mythologique *(La Légende des siècles).*
De retour à Paris en 1870, après la chute de l'Empire, il est triomphalement accueilli. L'infatigable « grand-père » à barbe blanche continuera d'écrire jusqu'à sa mort en 1885, que suivront de monumentales funérailles nationales au Panthéon.

1822 : *Odes et Poésies diverses.*

1828 : *Odes et Ballades.*

1829 : *Les Orientales.*

1830 : *Hernani* (théâtre).

1831 : *Notre-Dame de Paris* (roman).
Les Feuilles d'automne.

1833 : *Lucrèce Borgia* (théâtre).
Marie Tudor (théâtre).

1835 : *Les Chants du crépuscule.*

1837 : *Les Voix intérieures.*

1838 : *Ruy Blas* (théâtre).

1840 : *Les Rayons et les Ombres.*

1843 : *Les Burgraves* (théâtre).

1853 : *Les Châtiments.*

1856 : *Les Contemplations.*

1859 : *Les Misérables* (roman).

1865 : *Les Chansons des rues et des bois.*

1866 : *Les Travailleurs de la mer* (roman).

1872 : *L'Année terrible.*

1874 : *Quatrevingt-Treize* (roman).

1877 : *L'Art d'être grand-père.*

1881 : *Les Quatre Vents de l'esprit.*

1886 : *La Fin de Satan* (posthume).

1891 : *Dieu* (posthume).

1 L'apprentissage de la virtuosité

Hugo.
Dessin de L. Boulanger, 1837.

La décennie 1820-1830, scandée par la rédaction successive des recueils des *Odes,* des *Ballades* et des *Orientales,* marque pour **Victor Hugo,** déjà connu par la fondation du *Conservateur littéraire* puis par celle du Cénacle, l'époque de l'apprentissage à la fois technique et « idéologique » de la poésie. Si les *Odes* restent un peu conventionnelles dans leur forme comme dans leur inspiration, tantôt intimiste, tantôt politique, *Les Ballades* et *Les Orientales,* fondées sur un double dépaysement spatial ou temporel, révèlent **le goût du poète pour les atmosphères pittoresques, exotiques ou mystérieuses :** dans les premières avec l'évocation du Moyen Age déjà « retrouvé » par Walter Scott ; dans les secondes avec celle du monde méditerranéen que Delacroix, au même moment, peint sur ses toiles somptueuses et mouvementées. Mais, dans ces deux recueils, Hugo fait déjà preuve d'un métier remarquable. Outre ses dons d'imagier et de coloriste, qui feront dire à Sainte-Beuve que les *Ballades* relèvent d'un « art de verrier », il s'affirme comme **un technicien hors-pair en matière de composition et de rythme,** n'hésitant pas, dans « Les Djinns » par exemple, à oser de véritables acrobaties métriques.

2 Du lyrisme à la prophétie

De 1830 à 1840 Hugo rédige trois recueils qui orientent sa poésie vers un romantisme **plus personnel et plus lyrique.** En quête de la totalité, il saisit d'abord, dans *Les Feuilles d'automne* (1831), la brassée des souvenirs tendres et nostalgiques de la mère, de l'enfance et de la famille dont l'intimité est évoquée « au centre de tout comme un écho sonore ». Tournant le dos au passé, *Les Chants du crépuscule* (1835), souvent émus et inquiets, épousent le rythme intermittent d'un présent amoureux partagé entre la double tentation que représentent l'épouse et l'amante, Juliette Drouet. Élargissant encore le registre de l'écriture, *Les Voix intérieures* (1837), malgré leur titre ambigu, peignent Olympio, le poète, à l'écoute des trois « voix » qui nourrissent son cœur : celles de l'homme, de la nature et de l'histoire, lui inspirant « un chant qui réponde en nous au chant que nous entendons hors de nous ». Enfin, *Les Rayons et les Ombres* (1840), plus sombres que lumineux, s'ils poursuivent la veine intimiste et élégiaque, s'ouvrent déjà à la double thématique des recueils de l'exil : celle des mystères d'une nature ténébreuse et puissante *(Océano Nox)* et celle du poète-guide ou prophète dont « l'un des yeux (...) est pour l'humanité, l'autre pour la nature. »

S'il ne publie plus rien avant *Les Châtiments* (1853), Hugo, très affecté par l'échec des *Burgraves,* les déceptions politiques, et le drame que représente la mort de sa fille Léopoldine, n'en continue pas moins à écrire intensément. Dès 1846, par exemple, il a rédigé plusieurs textes qui prendront place dans *La Légende des siècles* et terminé surtout un bon tiers des poèmes du futur recueil des ***Contemplations,*** dans lequel son inspiration lyrique et élégiaque atteint sa plénitude.

Hugo achèvera le livre durant son exil à Guernesey et le fera paraître en 1856. Dès 1854 il est structuré en deux grands volumes : ***Autrefois*** (1833-1842) et ***Aujourd'hui*** (1843-1854). « Un abîme les sépare, le tombeau », dira Hugo. En réalité, à la cassure existentielle provoquée par la mort de Léopoldine s'ajoute souterrainement, dans la trame d'une chronologie souvent truquée, la « fracture » non moins cruelle de l'exil. A l'*Autrefois* nostalgique du bonheur familial et du temps des passions radieuses, assombri parfois des premières désillusions sociales ou politiques, s'oppose ainsi l'*Aujourd'hui* douloureux, endeuillé, pathétique (dans *Pauca Meae* surtout) et pourtant jamais résigné.

Cernée par les tombes, cette « âme qui se raconte » retrouve en effet, dans les poèmes dits de *La Bouche d'ombre,* la voie d'une espérance, les fondements d'une métaphysique et même d'une sérénité morale. Si le poète a pu dire de son recueil qu'il « commence par un sourire, continue par un sanglot, et finit par un bruit de clairon de l'abîme », il est sûr aussi qu'au terme de cet itinéraire funèbre l'écrivain a conquis sur lui-même et sur l'histoire une nouvelle dimension : celle du mythe et de la « légende ».

3 L'épopée enfin...

Dans les six mille vers des ***Châtiments,*** assemblage baroque de chansons, d'idylles et de pamphlets qu'unit néanmoins fortement la haine vengeresse contre « Napoléon le Petit » (Napoléon III), Hugo réussit déjà à hisser la satire au niveau de l'épopée.

Les Châtiments, recueil de poèmes épico-satiriques, fut écrit par Hugo à Jersey en 1852 et édité l'année suivante à Bruxelles. L'exilé y clame vigoureusement sa haine de « Napoléon le Petit » et son mépris pour un régime qui lui paraît fouler aux pieds cette liberté si chère aux romantiques. Structuré en un vaste mouvement qui va des ténèbres de l'oppression *(Nox)* aux lumières de l'espérance *(Lux),* le recueil alterne des pièces délibérément satiriques, où l'invective le dispute à l'indignation *(Le Manteau impérial),* et des poèmes où le souffle épique *(L'Expiation)* et prophétique *(Stella)* relaie l'inspiration du caricaturiste et du pamphlétaire. Par ce second aspect de leur poétique, ***Les Châtiments,*** qui connurent un succès clandestin considérable, inaugurent la seconde partie de l'œuvre monumentale de Hugo où le lyrisme intime va davantage céder la place à une poésie socialement engagée et visionnaire avant tout.

Ce n'est pourtant que dans ***La Légende des siècles,*** ambition et œuvre de toute une vie, publiée en trois « livraisons » en 1859, 1877 et 1883, que le poète donnera pleinement la mesure de son génie de visionnaire, épique et prophétique.

La Légende des siècles est en effet le poème qui incarne le mieux le projet romantique de l'œuvre « totale » : « Exprimer l'humanité dans une espèce d'œuvre cyclique ; la peindre successivement et simultanément sous tous ses aspects (...) ; faire apparaître dans une sorte de miroir sombre et clair (...) cette grande figure une et multiple, lugubre et rayonnante, fatale et sacrée, l'Homme. »

En réalité le recueil propose plutôt une collection de petites épopées construites autour de figures mythiques ou historiques : Caïn et Booz venus de la Bible, Mahomet du Coran, Androclès de la latinité, Eviradnus et Roland de la chrétienté médiévale. D'une histoire à l'autre, d'un siècle à l'autre, se dessine « l'épanouissement du genre humain », porté par la force incoercible du Progrès, triomphant des temps obscurs et rayonnant dans les âges de lumière de la science et de la conscience.

On retrouvera ce même mouvement optimiste d'apaisement et de délivrance au cœur des deux dernières épopées, inachevées, de Hugo. Dans ***Dieu*** les hésitations théologiques et métaphysiques se résolvent en une ultime profession de foi panthéiste, et dans ***La Fin de Satan*** l'ange damné revêt de nouveau, par son repentir, l'habit de lumière de Lucifer.

La Fin de Satan, poème inachevé, constitue avec **Dieu,** autre poème, publié dans une édition posthume de 1891, les deux volets manquants du monumental ensemble épique dont *La Légende des siècles* était le premier « tableau ». Hugo travaillait en effet depuis 1854 à une colossale entreprise où, disait-il, « se réverbère le problème unique, l'Être, sous sa triple face : l'Humanité, le Mal, l'Infini ». *La Fin de Satan* et *Dieu* devaient être les deux derniers chants de cette épopée « ontologique ». Dans l'un, Hugo cherche à décrire la chute et le repentir de Satan, esprit du Mal, redevenant l'archange Lucifer au terme d'un itinéraire d'expiation et de repentir ; dans l'autre, sorte d'abrégé de l'histoire des religions, se dessine le mouvement de la connaissance du divin par l'humanité, jusqu'à l'apothéose évidente du Dieu de bonté et de vérité.

Animal fabuleux.
Dessin de V. Hugo, XIXe s.

4

« Le mot, c'est le Verbe, et le Verbe, c'est Dieu »

Des premiers vers de l'adolescent aux *Chansons des rues et des bois* (1865) ou à *L'Art d'être grand-père* (1877), une étonnante continuité d'écriture traverse l'œuvre hugolienne. Continuité que le poète nommait « un immense horizon d'idées entrevues (...), d'œuvres flottantes où ma pensée s'enfonce sans savoir si elle en reviendra », et que cimente l'épaisseur incomparable d'une langue et d'un style aussi charnus que vigoureux. Des variations du virtuose des *Orientales* à telles pièces quasi « parnassiennes » de la *Légende,* la poésie de Hugo continue en effet d'obéir à trois maîtres-mots : fécondité, variété et imagination.

Fécondité purement quantitative de dizaines de milliers de vers dont la masse imposante, océan ou cascade, fait presque oublier la fatale inégalité. Mais fécondité surtout d'un vocabulaire d'abondance où, « passants mystérieux de l'âme », « sombres peuples, les mots vont et viennent en nous », choisis ou inventés par le génie de cet « homo faber » du verbe.

Le Rêve.
Dessin de V. Hugo, XIXe s.

Variété métrique et rythmique ensuite. S'il préfère encore l'alexandrin, qu'il « déniaise » à grand renfort de coupes et d'enjambements, Hugo n'hésite pas à user de tous les types de strophes et de tous les mètres pour épouser les mouvements de son imagination et de sa pensée : saccadés dans l'invective ou l'exaltation lyrique, amples sous le souffle épique, apaisés dans la contemplation, incantatoires et mystérieux dans la vision.

Imagination par-dessus tout chez cet écrivain dont le regard, ici curieux et artiste, là halluciné et déjà « voyant », appelle pour s'épancher toutes les ressources de l'imagerie poétique : l'allégorie, la comparaison et surtout la métaphore dont il fait l'instrument privilégié pour exprimer sa nature profondément contrastée et hyperbolique.

Chef de file des poètes romantiques, Hugo eut, on le voit, tous les désirs et tous les dons des romantiques. Plus qu'aucun d'eux surtout, il eut une absolue confiance dans les pouvoirs du Verbe et du Vers. Comme l'écrivit superbement et si justement Mallarmé, « il fut le Vers personnellement ».

BIBLIOGRAPHIE

Édition

HUGO, *Œuvres complètes,* Éd. Jean MASSIN. Club français du Livre, 1967-1970. — Éd. Jacques SEEBAFEER (13 vol parus). Laffont (coll. « Bouquins »), depuis 1985.

Études

Pierre ALBOUY, *La Création mythologique chez Victor Hugo.* José Corti, 1963.

Jean GAUDON, *Le Temps de la contemplation.* Flammarion, 1969.

Henri MESCHONNIC, *Écrire Hugo.* Gallimard, 1977.

Hubert JUIN, *Victor Hugo.* Flammarion, 1981.

4. Marceline, Gérard et les fils de la bohème

1 Desbordes-Valmore (1786-1859), ou la poésie au naturel

F. de Goya, *Desbordes - Valmore,* début XIXe s.

« Naturelle », tel est l'adjectif qui revient le plus souvent sous la plume des admirateurs (Sainte-Beuve, Baudelaire, Verlaine) de cette femme qui fut, avec Élisa Mercœur (1809-1835) et Amable Tastu (1798-1885), une des rares poétesses d'un romantisme qui eut par ailleurs tant de « muses ». Naturelle Marceline, parce qu'elle se refuse aux apprêts et aux pauses de l'écriture, préférant un lyrisme transparent et simple (dans ses *Élégies* et ses *Pleurs*) et une ferveur authentique (dans ses *Bouquets et prières*) à toutes les falsifications ou boursouflures qui guettent souvent le chant romantique.

Cette femme tient pourtant de toute son âme au romantisme de la génération de 1830. A preuve les thèmes qui jalonnent sa poésie : l'interdit et le sacrifice amoureux, l'attachement au terroir natal *(Un ruisseau de la Scarpe),* la tendresse maternelle et l'exaltation de l'enfance *(Le Cantique des mères),* une ferveur souvent mystique *(Renoncement)* et même l'engagement ou la protestation sociale *(Dans la rue par un jour funèbre de Lyon).*

Naturelle encore Marceline par une série de choix poétiques (simplicité lexicale, grâce à l'imagerie poétique, mélodie métrique et strophique) qui ne seront pas sans avenir dans l'histoire de notre littérature.

Née à Douai le 20 juin 1786, **Marceline Desbordes,** après une enfance qui connaît les tourments de la Révolution, affirma très tôt des dons d'artiste. Cantatrice puis comédienne à succès au théâtre de la Monnaie à Bruxelles, elle épouse en 1817 Valmore, un acteur de second rang. En 1819, elle publie ses premières *Poésies* et ne cessera désormais plus d'écrire, triomphant en 1842 avec un *Choix de poésies* préfacé par Sainte-Beuve. Très éprouvée par le cruel cortège des deuils familiaux ou amicaux qui marquent les quinze dernières années de sa vie, elle mourra à Paris le 23 août 1859.

1819 : *Élégies et romances.*

1825 : *Élégies et poésies nouvelles.*

1833 : *Les Pleurs.*

1839 : *Pauvres Fleurs.*

1843 : *Bouquets et prières.*

1860 : *Poésies posthumes.*

2 En quête d'une identité perdue

Nerval (1808-1855)

Nerval.
Gravure d'après une photo de Nadar, XIXe s.

Enfant abandonné, amant frustré dans sa liaison platonique, ruineuse et avortée pour Jenny Colon, voyageur insatisfait, journaliste à éclipses, jusque dans son métier d'écrivain **Gérard de Nerval** aura donné l'image d'un être instable, incapable de trouver son « genre » et semblant multiplier les échecs avec les expériences : essais infructueux au théâtre et à l'opéra, un journal de voyage parmi trop de chroniques à la mode, des « récits et portraits des précurseurs du socialisme » *(Les Illuminés)* assassinés par la critique, des nouvelles qui eurent tout simplement le tort d'être « nouvelles » et d'emprunter davantage au modèle des « märchen » allemands qu'aux formes connues et reconnues de notre littérature, une poésie trop rare enfin *(Les Chimères)* pour être jugée digne de consistance. Même lorsqu'elle est prose le langage y est en effet l'unique instrument d'avènement d'un sens par ailleurs obstinément refusé au Moi déraciné et marginalisé de celui qui écrit.

Gérard de Nerval, de son vrai nom Gérard Labrunie, naquit à Paris le 22 mai 1808. Élevé à Mortefontaine, dans la propriété du Valois d'un grand oncle, il s'éveille à la poésie rustique et populaire avant de s'éprendre, lors de ses études parisiennes, de la littérature allemande dont il sera un excellent traducteur. Au lendemain de la bataille d'*Hernani,* il fréquente la bohème rive gauche et se prend d'une folle passion pour l'actrice Jenny Colon. Atteint en 1841 d'une première crise mentale, il voyage en Orient en 1843, perd Jenny et vit pendant dix ans de petits métiers dans l'édition et le journalisme. La maladie le reprend en 1853 pour ne plus le quitter : accès de démence, séjours répétés dans la clinique du Docteur Blanche à Passy, sa « folie » lui laisse quand même quelques temps de lucidité d'où naîtront ses chefs-d'œuvre : *Sylvie, Les Filles du feu* et *Les Chimères.* Mais le 26 janvier 1855, alors que commence la publication d'*Aurélia,* on le découvre pendu à la grille d'un escalier, rue de la Vieille-Lanterne, près du Châtelet.

1851 : *Voyage en Orient.*

1852 : *Les Illuminés.*

1853 : *Petits Châteaux de Bohême* et *Sylvie.*

1854 : *Les Filles du feu. Les Chimères* (poésies).

1855 : *Aurélia.*

Nerval, du silence à l'inflation critique

Avec Forneret, Lautréamont et quelques autres, Nerval fait partie de ces « fortunes tardives » de l'histoire littéraire, totalement méconnues en leur temps, retrouvées et parfois aussi « récupérées » par une modernité qu'elles anticipaient. Michel Le Bris, dans une chronique du *Nouvel Observateur* (23 février 1981) retraçait la dynamique de cette restauration :

« Il fut d'abord le *« fol délicieux »* de Barrès, chantre du Valois et des vertus champêtres, d'un classicisme vieille France, jusqu'à ce que Proust nous le montre hanté par l'Allemagne, dans sa quête éperdue de la lettre égarée et du signe effacé, les surréalistes en voulurent faire un « voyant », génial en sa folie même, dont les chants les plus beaux seraient les plus déments, avant qu'Albert Beguin, Georges Poulet puis Jean Richer, nouant strictement son expérience poétique à son itinéraire spirituel, véritablement nous le *révèlent,* par quelques essais retentissants : sa fortune critique, depuis, ne s'est jamais démentie.

F. Chasseriau, *La Pensée*, XIXe s.

En quête de soi, en quête du sens, Nerval multiplie ainsi au fil de son œuvre les figures de « l'autre » et du « double » qu'il interroge comme autant de miroirs complémentaires mais insuffisants. C'est déjà le cas dans la galerie de portraits à la fois biographiques et pseudo-autobiographiques des *Illuminés.* Ce l'est encore dans le cortège des héroïnes féminines des *Filles du feu* (Angélique, Octavie, Jenny, etc.) qui égrènent les profils et les horizons de *« L'Amour qui passe »* sans jamais exister. Ce l'est surtout dans les douze sonnets des *Chimères,* composés entre 1843 et 1854, où le poète, solitaire sans terre et sans fortune *(El Desdichado)* tente de se recomposer un visage et un nom par l'interrogation de grandes figures mythiques : *Horus, Myrtho, Le Christ aux Oliviers.*

Mais la restauration existentielle, inséparable chez Nerval d'une « rédemption » morale, est moins affaire de vérité des faits que de « vérité de parole » (Yves Bonnefoy). Ainsi l'écrivain n'est-il jamais aussi émouvant que lorsqu'il se voue complètement aux puissances délirantes et magiques de l'écriture pour surmonter l'angoisse du non-sens et du « non-lieu » puisque aussi bien, chez lui, sens et existence sont impensables sans lieu, décor et paysage. *Sylvie* et *Aurélia,* « lieux » superbes et ultimes de sa parole sont incontestablement à cet égard ses chefs-d'œuvre.

Rêves en prose et proses de rêve

Alors que quelques-uns de ses contemporains, **Maurice de Guérin** (1810-1839) et **Aloysius Bertrand** (1807-1841) avec son surprenant *Gaspard de la nuit* (1836), donnent au poème en prose ses lettres de noblesse, Nerval invente, lui, dans la prose de ses récits, un espace poétique nouveau, accessible au déploiement des errances de la mémoire et des fantasmes de l'imaginaire, les deux voies, étroites et risquées, de la reconquête de soi.

Un an après la mort de leur auteur, en 1842, les poèmes en prose d'**Aloysius Bertrand** avaient été édités en un recueil intitulé ***Gaspard de la nuit ou Fantaisies à la manière de Rembrandt et de Callot.*** Bien que dédié à Sainte-Beuve et inspiré par des écrivains comme Gautier, Hugo ou Nodier, ce volume ajoute à l'inspiration traditionnelle du romantisme français la fantaisie et la solennité du romantisme allemand. Scènes de rue, évocations gothiques, portraits intrigants, chansons étranges, alternent au fil d'une écriture tissée de mots rares et d'images suggestives. *Gaspard de la nuit* marque véritablement l'émergence de la poésie en prose dans notre langue moderne. Baudelaire le revendiquera comme modèle en écrivant son *Spleen de Paris,* vingt ans plus tard.

Chez Nerval, les méandres gracieux, mélodieux, limpides plus qu'énigmatiques mais toujours troublants de la phrase deviennent paradoxalement le lieu d'une cristallisation du souvenir et du rêve plus efficace encore que celui du vers rythmé et structuré. La prose de ***Sylvie*** (1853), cernant délicatement les horizons estompés du Valois comme les traits fuyants de trois femmes « introuvables » (Sylvie, Adrienne et Aurélie), retisse ainsi la trame impressionniste et fragile des souvenirs de l'enfance qui tentent de répondre aux incertitudes de la réalité présente.

Illustration pour *Sylvie.* Gravure de E. Rudaux, XIXe s.

Sylvie est la plus célèbre des nouvelles de Nerval. Publiée en août 1853, elle fut, l'année suivante, incluse dans le recueil des *Filles du feu.* D'une construction très serrée, le texte raconte « l'histoire d'un cœur épris de deux amours simultanés ». En réalité trois figures féminines commandent la structure du récit : Adrienne, la noble religieuse sublimée en sainte chrétienne, Aurélie (alias Jenny Colon), la comédienne transformée en déesse infernale, et enfin Sylvie, la petite paysanne du Valois de l'enfance de Gérard. Dans cette dernière, l'écrivain, à la poursuite des images de son identité perdue, cherche à recomposer le « puzzle » épars de ses souvenirs et de ses passions. En vain. *Sylvie* incarne ainsi la quête d'un bonheur qui ne cesse de se refuser à la conscience malheureuse d'un homme déchiré par sa mémoire et ses fantasmes.

Dans ***Aurélia*** enfin, Nerval, préférant cette fois les puissances de l'onirisme à celles de la mémoire, n'hésite pas à faire de son écriture l'espace d' « épanchement du songe dans la vie réelle ».

Entreprise en 1841, achevée en 1854 chez le Docteur Blanche, ***Aurélia*** est la dernière œuvre de Nerval. Répétant le thème de la double quête de soi à travers celle de la femme perdue (Aurélia-Jenny) et du pardon libérateur, le récit est en même temps une sorte de « descente aux enfers » du songe et de la folie. Persuadé de l'existence de correspondances entre le quotidien et le surnaturel, le narrateur s'obstine à décrypter ses extases, ses cauchemars et ses fantasmes comme autant de clés de « l'au-delà » où il faut aller, pareil à Orphée, chercher réponses et remèdes aux tourments de l' « ici » impossible. *Aurélia,* écriture et, à sa manière, « analyse » des espaces obscurs de l'onirisme, faisait ainsi entrer pour la première fois, en le sublimant, le discours de la « folie » dans la littérature. La brèche était ouverte où allaient s'engager tous ceux pour qui « le rêve est une seconde vie ».

Nerval encore romantique par son inquiétude et son « mal », Nerval déjà moderne par la manière de vivre et d'écrire jusqu'à la folie ce mal, tel nous apparaît aujourd'hui l'auteur de *Sylvie* et d'*Aurélia.*

3

Fils de la bohème

Nombreux furent, aux côtés de Nerval et de Gautier, les jeunes poètes qui fréquentèrent dans les années 1830-1850 la bohème des groupes de « bousingots », de « Jeunes-France » ou de « frénétiques ». S'il n'est pas facile de distinguer nettement ces groupuscules qui cohabitent tout en s'affrontant dans des batailles de gazettes et d'éphémères périodiques, disons que les **« bousingots »,** qui jouent volontiers aux Marat et aux Saint-Just et ne dédaignent ni les coups de gueule ni les coups de poings, se veulent plus « engagés » que les **« Jeunes-France »** admirateurs, quant à eux, des trouvères débraillés du Moyen Age. En tout cas ces petits, ces « sans-grade » du romantisme que l'ombre des « géants » du Cénacle hugolien rejette dans les marges de l'histoire littéraire, eurent une même volonté que Tzara résuma superbement : « exister en dehors du poème ». A leur manière, tout autant que Rimbaud et Verlaine, ce sont eux les authentiques ancêtres de Jarry, de Dada, de Larbaud, de Vian et bien sûr de Breton qui, en leur faisant une place de choix dans son *Anthologie de l'humour noir,* contribua de manière décisive à leur redécouverte.

De ces phalanges turbulentes et contestataires, citons **Henri-Alphonse Esquiros** (1812-1876) admiré de Desnos, **Charles Lassailly** (1806-1843) surtout connu pour la prose « frénétique » de ses *Roueries de Trialph* (1833) ou encore **Philothée O'Neddy** (1811-1875) dont les dix *Nuits* macabres et sensuelles de son recueil *Feu et Flamme* (1833) inspirèrent Baudelaire. Plus importante est l'œuvre de **Pétrus Borel** (1809-1859), le « lycanthropique » auteur des *Rhapsodies* (1832) en qui Gautier voyait « l'individualité pivotale » du groupe des Jeunes-France. Enfin **Xavier Forneret** (1809-1884), « l'homme noir », en marge de tous les groupes, auteur des meilleurs excès comme des pires platitudes de l'écriture romantique, fut sans doute le type même de ces marginaux de la littérature de Juillet qui ont engagé notre poésie (avec un recueil comme *Vapeurs, ni vers ni prose,* 1838) sur la voie étrange, semée de coups de génie et d'impostures, qui va de Lautréamont à l'Oulipo en passant par Roussel et Queneau.

BIBLIOGRAPHIE

Éditions

DESBORDES-VALMORE, *Œuvres poétiques,* Éd. Marc BERTRAND. P.U.G., 1974.

NERVAL, *Œuvres complètes,* Éd. Jean GUILLAUME et Claude PICHOIS (seul le tome II est paru). Gallimard (bibl. de la Pléiade), 1984.

Études

Jacques BOULENGER, *Marceline Desbordes-Valmore.* Fayard, 1909.

Jeanine MOULIN, *Marceline Desbordes-Valmore.* Seghers, 1968.

Raymond JEAN, *Nerval par lui-même.* Le Seuil, 1963.

Jean RICHER, *Nerval, expérience et création.* Hachette, 1963.

Kurt SCHARER, *Thématique de Nerval.* Minard, 1963.

Jacques GÉNINASCA, *Analyse structurale des « Chimères » de Nerval.* La Baconnière, 1971.

Pierre GASCAR, *Gérard de Nerval et son temps.* Gallimard, 1980.

Robert SABATIER, « Les Ardents de 1830 » dans *La Poésie du XIXe siècle* (tome 1, pages 272-288). Albin-Michel, 1977.

Georges-Emmanuel CLANCIER, « Pétrus Borel ou le génie manqué », dans *Panorama de la poésie française* (pages 226-238). Seghers, 1963.

Elton KAYE, *Xavier Forneret dit « l'homme noir ».* Genève, Droz, 1971.

André BRETON, « Xavier Forneret », dans *Anthologie de l'humour noir.* Pauvert, 1972.

Jean-Luc STEINMETZ, *La France frénétique de 1830.* Phébus, 1978.

II DE « L'ART POUR L'ART » AU PARNASSE CONTEMPORAIN

Il est significatif que la fameuse expression de « l'art pour l'art » n'ait été inventée ni par Théophile Gautier ni par l'un des formalistes du groupe du *Parnasse Contemporain* mais par Victor Hugo dans une chronique de 1829. C'est en effet de l'intérieur du romantisme lui-même, à partir des années 1850 principalement, que va monter la réaction contre un mouvement à vrai dire bien exsangue depuis que Lamartine et Vigny ont pris leurs distances et que, seul, Hugo, de son exil insulaire, continue de jouir d'un immense prestige.

1. Le trajet de Gautier (1811-1872)

Le trajet poétique de **Théophile Gautier** (voir aussi p. 280) est exemplaire. Ami de Nerval, héros de la bataille d'*Hernani* (voir p. 331) il est, dans les années 30, aux côtés de Pétrus Borel, d'Auguste Maquet, et des « Jeunes-France » débraillés et bruyants qui rêvent tout haut de liberté et d'audaces. Et nul ne contestera que, dans la curieuse « légende théologique » *Albertus ou l'Âme et le péché* (1832) comme dans sa macabre mais pittoresque *Comédie de la mort* (1838), le jeune Gautier n'ait fait preuve d'un talent varié et vigoureux qu'on lui connaîtra ailleurs, dans ses écrits romanesques ou journalistiques. Pourtant, derrière les vers flamboyants de ce peintre manqué et de ce voyageur impénitent, perce déjà le goût pour **une poésie,** sinon plastique, du moins **picturale.** Il aura beau sourire, dans son *Voyage en Espagne* (de 1843), des clichés de l'Espagne romantique, son recueil *España,* paru deux ans plus tard, marque de fait son ralliement à une poétique de la cristallisation systématique de l'émotion dans des images ou des « tableaux » dont la répétition, aussi somptueuse soit-elle, finit par nuire à l'authenticité de l'émotion. ***Émaux et Camées*** (1852), ces petits poèmes à mètres courts, minutieux, raffinés et ciselés comme des bijoux, illustreront mieux encore la volonté de leur créateur de s'en tenir à une gratuité précieuse de l'écriture, à une immédiateté de la vision sans glissement vers le symbole, en un mot à « l'art pour l'art » (« sans demander, ajoutera-t-il, le succès à des allusions étrangères au sujet traité »).

2. Le credo parnassien

Y eut-il davantage une « école » parnassienne qu'il exista un « mouvement » romantique ? La triple livraison, chez l'éditeur Lemerre, des recueils collectifs du *Parnasse contemporain* (1866, 1871, 1876) ne doit pas faire illusion. D'abord parce que le disparate est de

P.C. Puvis de Chavannes, *Le Bois sacré*, 1880-1889.

mise dans ce regroupement de grands et de petits poètes autour d'une « appellation » bien ambiguë. N'oublions pas que dans l'édition de 1866 Mallarmé côtoie Valade et que Verlaine voisine avec Mérat. A combien de malentendus et d'équivoques ne donnera pas lieu pareille promiscuité littéraire ! N'oublions pas non plus que s'il tend, au fil des livraisons, à s'élargir autour de Leconte de Lisle et de Banville, le groupe du *Parnasse contemporain* se sépare simultanément de ceux, comme Mallarmé, Verlaine ou Charles Cros, qui l'avaient pris pour ce qu'il n'était pas.

Cela dit, il est incontestable que si tant de poètes de la génération de 1860 ont éprouvé le besoin de se regrouper de la sorte autour de quelques inspirateurs, c'est qu'ils avaient tous en commun, plus ou moins confusément, un certain nombre de convictions qui permettent de mieux situer leur démarche dans l'histoire de la poésie du siècle. Nous retiendrons ici **quatre convictions majeures** qui sont autant de réactions face à un romantisme jugé dépassé ou inacceptable même si nombre de Parnassiens sont venus du romantisme ou en ont gardé une évidente nostalgie : contre les excès du moi, le recours à l'impersonnalité ; contre la contingence et l'artificiel, une mystique de la Beauté ; contre la facilité et ses licences, le culte du travail et la fascination de la science ; contre les vanités de l'engagement, l'abstention ou le détournement.

La bataille parnassienne

1. Le nom du groupe : les mots de « Parnasse » et de « parnassiens » ne furent pas les premiers retenus par le groupe. On essaya d'abord « stylistes », « formistes », « impassibles » et même « fantaisistes »...

2. Les lieux de la contestation : la boutique de l'éditeur Lemerre bien sûr, le salon de Leconte de Lisle et aussi ceux des nouvelles « muses » du mouvement : Augusta Holmès et la fameuse Nina de Villard.

3. Les publications : l'éditeur Lemerre publia trois recueils du *Parnasse contemporain :*
— en 1866, avec les « signatures » de Banville, Baudelaire, Verlaine et Mallarmé.
— en 1869, avec celle de Charles Cros, mais sans Rimbaud... refusé !
— en 1876 enfin, après la « disgrâce » de Verlaine et de Mallarmé.

4. L'opposition : les ennemis du Parnasse furent nombreux, surtout chez les romanciers. Citons Jules Barbey d'Aurevilly et ses *Trente-sept Médaillonnets du Parnasse contemporain,* Alphonse Daudet et son *Parnassiculet contemporain* ou encore les frères Goncourt et la plupart des écrivains naturalistes.

1 L'impersonnalité

Leconte de Lisle lui-même a parfaitement situé l'ambiguïté de la première de ces convictions en déclarant tout à la fois qu'« il y a dans l'aveu public des angoisses du cœur et de ses voluptés non moins amères une vanité et une profanation gratuites » mais qu'« un poète impassible, c'est une farce... » **Impersonnalité ne signifiera pas en**

effet systématiquement pour les Parnassiens impassibilité. Dans le procès intenté par eux aux excès de la sensibilité romantique et à un certain pathétique qu'ils jugent dérisoire à force d'indécence, c'est moins au Lamartine des *Méditations* qu'au Musset des *Nuits* qu'ils en veulent. Même s'ils s'imposent souvent de circonscrire l'élan de leurs émotions à la dimension d'un bel objet et de situer leurs sentiments dans le cadre de grands thèmes ou sujets qu'ils imaginent « éternels », les meilleurs d'entre eux tout au moins ne sacrifieront pas l'authenticité de leur être au dogme ou à la « farce » d'une impersonnalité absolue. La meilleure preuve en est qu'au sein du groupe du Parnasse, il exista autour de Coppée et de Mendès, avec des gens comme Dierx, Mérat, Valade ou Lemoyne, un fort courant d'inspiration intimiste.

2 Une mystique de la beauté

Tous en revanche s'accordent à penser que l'émotion doit se soumettre à la loi de la forme, elle-même comprise comme exigence du Beau. « Nous n'avions rien de commun, écrira Catulle Mendès, sinon la jeunesse et l'espoir, la haine du débraillé poétique et la chimère de la beauté parfaite. » Encore qu'il ajoutait : « Et cette beauté chacun de nous la conçut selon son idéal personnel. » Là encore le Parnasse est en réaction contre un romantisme qu'il accuse d'avoir perverti le naturel en clinquant et en artifice, et surtout d'avoir oublié, comme le redira Baudelaire après Leconte de Lisle, que « la moralité d'une œuvre d'art c'est sa beauté ». Aussi verra-t-on les Parnassiens s'atteler, avec plus ou moins de bonheur, à **l'expression d'une Beauté absolue, transcendante, dans la perfection et l'évidence d'une forme idéale,** et rêver parfois d'une apothéose mystique pour leurs efforts de plasticiens. De la « Symphonie en blanc majeur » de Gautier aux *Trophées* d'Heredia, la voie est clairement tracée. Mais pour quelques réussites somptueuses, combien d'essais n'aboutiront à rien d'autre qu'à cet « effet Parnasse » que l'ornementale et sophistiquée typographie des éditions Lemerre résume à elle seule. Avec le temps, le rêve d'éternité a pris l'allure d'un pari démodé. C'est à coup sûr le plus grand échec de l' « École ».

A. Osbert, *Lever de lune*, fin XIXe s.

3

Le culte du travail

En revanche, la leçon de « travail » et de « métier » des Parnassiens ne sera pas perdue pour tout le monde. En dénonçant les facilités, les licences et une certaine complaisance romantiques, les amis de Leconte de Lisle et de Banville vont incontestablement infléchir la poésie du siècle **dans le sens d'une plus grande maîtrise et d'une plus grande rigueur** dont se souviendront les poètes symbolistes. On peut certes sourire de voir l'auteur des *Poèmes barbares* rêver, comme Chamfleury pour le roman, d'une « réconciliation de l'Art et de la Science » dans le poème, ou celui du *Petit Traité de poésie française* identifier, ici ou là, l'acte poétique à une simple mathématique de la rime. Le goût de la recherche documentaire, le sens de l'exactitude à défaut d'intuition de la vérité, la virtuosité métrique dans le respect des règles, la confiance dans l'Art dont Gautier disait : « Tout passe. L'Art robuste/Seul a l'éternité », voilà néanmoins autant de choses dont la poésie de la fin du siècle sera redevable souvent au formalisme des années 1860.

4

Les vanités de l'engagement

Dira-t-on que ces exigences formelles ont joué le rôle d'un refuge pour ceux qui avaient délibérément choisi de se tenir à l'écart des mouvances de l'histoire et des problèmes de la cité, retrouvant curieusement ici la position de Musset qu'ils n'aimaient guère par ailleurs ? L'attitude parnassienne paraît là encore bien ambiguë. Leconte de Lisle, reprenant à son compte **le dédain** final de Gautier **pour tout engagement politique,** et affirmant que « la poésie n'inspirera plus de vertus sociales », témoignera pourtant par l'authenticité même de son pessimisme, d'une interrogation essentielle sur le sens de l'histoire et de la condition humaine. Inversement, comment situer les jongleries et les pirouettes gratuites d'un Banville qui prétendait, dans la Préface des *Cariatides,* « attaquer les rois du siècle, folliculaires et coupletiers, les misérables qui déshonorent l'art » et assignait à son œuvre une plus noble mission ? En définitive, il apparaît que **les Parnassiens ont davantage « refoulé » l'histoire qu'ils ne l'ont refusée.** Le contraste entre le destin de l'homme Leconte de Lisle et les choix thématiques du créateur est à cet égard très significatif.

3. Leconte de Lisle et le groupe des Parnassiens

1

Leconte de Lisle (1818-1867)

Rien au départ ne prédisposait **Charles Leconte de Lisle** à tenir la place qu'il occupe aujourd'hui dans nos histoires littéraires, à savoir celle d'un anti-Lamartine essentiellement préoccupé de faire remonter sur le Parnasse une poésie d'où l'avait arrachée l'auteur des *Méditations.* Or ce fils de planteur créole, bercé dans l'exotisme luxuriant de sa Réunion natale, a d'abord aimé Lamartine et à travers lui tout le romantisme de l'engagement ardent auquel son enthousiasme pour les grandes thèses de Fourier ou de Lamennais devait également le conduire. Mais juin 1848 va sonner le glas de toutes les espérances politiques ou simplement humanitaires de ce républicain phalanstérien

Leconte de Lisle.
Photo de Nadar, XIXe s.

qui restera jusqu'au bout du côté des révolutionnaires mais qui ne pardonnera pas plus aux bourgeois leur triomphe qu'au peuple sa soumission. C'est dans cet échec, personnel et historique, que Leconte de Lisle va puiser les raisons d'un abstentionnisme politique désormais total et d'un confinement dans une impersonnalité qu'il voudra libératrice.

De cette époque date précisément le procès qu'il intente à la thématique intimiste et pathétique des romantiques, procès qui a le mérite de ne s'apparenter en rien aux critiques à courte vue des Scribe, Ponsard et autres tenants de « l'école du bon sens ».

Que ce soit dans ses ***Poèmes antiques*** (1852), dans ses ***Poèmes barbares*** (1862), ou, plus tard, dans ses ***Poèmes tragiques*** (1884), Leconte de Lisle prend le parti d'une poésie systématiquement fondée sur un double dépaysement historique et culturel qu'il croit pouvoir opposer aux avatars de l'histoire présente. Devant nous défilent, au fil des recueils, **les grandes civilisations disparues** de l'Inde et de la Grèce, les tableaux grandioses ou raffinés de la Perse, de l'Italie ou de l'Espagne, et bien sûr les célèbres animaux d'un **« bestiaire »** où ses dons de coloriste pittoresque et volontiers exotique font merveille.

Illustration pour les *Poèmes barbares*.
Dessin XIXe s.

Pourtant, le camouflage des rancœurs, des passions et des convictions derrière les formes d'un art rigoureux et « respectueux » ne fait pas toujours illusion. En remuant la poussière des siècles défunts, en relevant sans cesse pour les replonger dans leur ombre les ruines des civilisations mortes, en multipliant les illustrations de la grande loi de la jungle où errent ses superbes carnassiers, panthère noire ou jaguar, Leconte de Lisle ne fait que réinventer chaque fois **les métaphores d'une authentique obsession de la violence et d'un pessimisme ontologique,** qui le rend peut-être plus proche de Vigny que ne le fut aucun romantique.

Bien sûr la « hauteur » de son caractère, son incontestable érudition, son ton facilement didactique quand il théorise, en ont fait le « maître » certain du groupe du Parnasse. Mais s'il a été en 1886 le successeur « désigné » de Hugo à l'Académie, ce n'est certes pas un hasard. Juin 1848 et décembre 1851 ont joué dans la carrière des deux écrivains un rôle décisif ; mais l'un a trouvé dans l'échec et l'adversité un second souffle qui va se déployer dans une poésie de la lutte et de la vengeance, tandis que l'autre a succombé à la tentation désabusée de la réserve.

2 Banville (1823-1891)

C'est **Théodore de Banville** qu'il convient d'évoquer immédiatement après Leconte de Lisle, non seulement parce qu'il partagea avec lui des convictions républicaines mais encore parce que son « salon » très fréquenté fut, avec celui du « maître », l'autre grand lieu de la contestation parnassienne. Ennemi des impostures du lyrisme comme de celles d'un pseudo-scientisme, Banville a illustré dans ses *Odelettes* (1856) et *Odes funambulesques* (1857) la volonté de restauration des vieilles formes (triolet, rondel, virelai, villanelle) qu'il prônera dans son célèbre *Petit Traité de poésie française* (1872). En consignant dans ce traité des recettes de composition poétique, Banville pensait donner à chacun la possibilité de « singer » ces rares élus que sont les vrais poètes : « Hélas, oui la chose se peut ; nous sommes assez singes de notre nature pour tout imiter, même la beauté et même le génie. » Ses

Banville. Lithographie de P. Gavarni, XIXᵉ s.

Cariatides (1842), *Stalactites* (1846) et *Améthystes* (1862) illustrent cette plastique raffinée mais froide. Pourtant, derrière le « rimailleur » impénitent et l' « acrobate » de la métrique, il y avait un autre Banville que ses *Exilés* de 1867, inquiets et profonds, appréciés de Baudelaire, laissent entrevoir. Pour s'égaler aux plus grands il lui a toutefois manqué le sens du mystère et la conscience du véritable enjeu de l'acte poétique. A son mot d'ordre : « La rime est tout le vers », Verlaine répliquera qu'elle n'est qu' « un bijou d'un sou / qui sonne creux et faux sous la lime ». *(Art poétique).*

A. Osbert, *Soir antique*, fin XIXᵉ s.

3 Mendès, Sully Prudhomme, Coppée et Dierx

Mendès (1841-1909)

L'œuvre de **Catulle Mendès,** cet autre virtuose du vers qui fut l'ami de Banville, évolua du mysticisme surfait d'*Hespérus* (1869) aux langueurs déjà décadentes des *Sérénades* ou des *Soirs moroses* (1876). A lui aussi on peut reprocher d'avoir été un brillant polygraphe plutôt qu'un authentique inventeur, malgré d'incontestables réussites.

Sully Prudhomme (1839-1907)

Autre trajet et mêmes errements chez **René Prudhomme,** dit **Sully Prudhomme,** qui, parti du lyrisme élégiaque peu convaincant des *Solitudes* (1869) et des *Vaines Tendresses* (1873), finit par sombrer dans le didactisme sclérosant d'ambitieux poèmes moraux ou métaphysiques (*La Justice,* 1878 ; *Le Bonheur,* 1888).

Coppée (1842-1908)

A l'inverse, **François Coppée** eut le mérite de se dégager d'une écriture à l'origine froide et un peu austère (*Le Reliquaire,* 1866) pour trouver un ton plus juste dans une poésie à la fois sentimentale (*Les Intimités,* 1868 ; *Récits et Élégies,* 1878), populaire et « parisienne » (*Poèmes modernes,* 1869 ; *Promenades et intérieurs,* 1872) dont les attendrissements touchants ou les clins d'œil malicieux font oublier un prosaïsme intermittent qui est d'ailleurs celui du petit peuple dont il parle.

Dierx (1838-1912)

Comme François Coppée, **Léon Dierx,** compatriote réunionnais de Leconte de Lisle, fut au nombre des Parnassiens qui séduisirent le jeune Rimbaud. Mais c'est à Verlaine plutôt que fait penser le pessimiste auteur des *Lèvres closes* (1867) et des *Amants* (1879), quand il donne le meilleur de lui-même, avec un sens certain de la musicalité et de l'« impressionnisme » poétiques.

Parmi la soixantaine de poètes qui collaborèrent peu ou prou aux diverses éditions du *Parnasse contemporain,* il faut encore citer **Emmanuel des Essarts** (1839-1909) et **Jean Lahor** (alias Henri Cazalis, 1840-1909), deux amis fidèles de Mallarmé ; **Louis Ménard** (1822-1901) qui fut l'un des rares parnassiens à faire encore « fleurir » dans ses vers la politique, fut-elle à scandales ; **Louis Bouilhet** (1822-1869), plus connu comme ami et correspondant de Flaubert ; **Albert Glatigny** (1838-1878) qui fut celui de Banville ; ou encore **Louis-Xavier de Ricard** (1843-1911), le fondateur de la *Revue du progrès* (1863) et de *L'Art* (1865), qui, en fusionnant avec la *Revue fantaisiste* de **Catulle Mendès,** donnèrent naissance à la première édition du *Parnasse contemporain.*

4 Heredia (1842-1905)

Heredia.
Dessin de F. Regamey, 1893.

C'est d'ailleurs dans cette première édition de 1867 que **José Maria de Heredia** publia quelques-uns des 118 sonnets qui devaient constituer, en 1893, le célèbre recueil des ***Trophées.*** Titre à nos yeux aujourd'hui hautement significatif. D'abord parce que ces *Trophées* sont certainement le plus beau « tableau de chasse » du groupe parnassien : d'« Antoine et Cléopâtre » à « L'Impérator sanglant », l'érudition de chartiste et le sens du pittoresque de ce natif de Santiago de Cuba[1] font merveille. Ensuite parce que *Les Trophées* sont, avec les trop méconnues *Princesses* (1874) de Banville, le plus superbe recueil de sonnets classiques du siècle : splendeur lexicale, effets sonores, rythmes saisissants, clausules vertigineuses, rien ne manque à ces étroites et pourtant **grandioses miniatures poétiques.** *Trophées* bien nommés, enfin, que ces sonnets publiés quelques mois avant la mort de Leconte de Lisle et qui sont ainsi le dernier « butin » d'un mouvement à qui ils renvoient l'ultime image de sa fatale ambiguïté : positivement, l'incontestable réussite formelle d'une poésie plastique qui lègue au symbolisme son tribut technique et sa méfiance de tout engagement ; négativement le drapé dérisoire d'une « poésie péplum » (Robert Sabatier), que la vague de la modernité a déjà submergée.

1. Comme LAUTRÉAMONT *et* LAFORGUE, HEREDIA *fait partie des poètes français de souche « américaine ».*

BIBLIOGRAPHIE

Études

Pierre MARTINO, *Parnasse et symbolisme.* A. Colin, 1925.

René JASINSKI, *Les Années romantiques de Théophile Gautier.* Vuibert, 1929.

Pierre FLOTTES, *Leconte de Lisle.* Hatier, 1954.

Jean-Marie PRIOU, *Leconte de Lisle.* Seghers, 1966.

Jean CHARPENTIER, *Théodore de Banville.* Perrin, 1925.

Miodrag IBROVAK, *José Maria de Heredia.* Les Presses françaises, 1951.

III LA MODERNITÉ EN MARCHE

Avec Baudelaire le concept de modernité entre en poésie. S'efforçant de vivre et d'inventer de nouveaux rapports entre l'émotion, chère aux romantiques, et le travail du langage, privilégié par les formalistes, l'auteur des *Fleurs du mal* fait de l'espace poétique le champ d'une expérimentation nouvelle. Son enjeu ne sera plus seulement la représentation du monde ou l'analyse du moi, mais bien l'intelligence même des rapports obscurs, ambigus, et souvent conflictuels qui gouvernent cette co-présence du moi et du monde. Au prix des pires aliénations, au risque de la marginalité et de la folie, d'autres pousseront plus loin encore cette aventure poétique qui est à la fois celle de l'homme et celle de son langage : Rimbaud avec son acharnement à pétrir, dans la substance du verbe, une nouvelle réalité qui comblerait l'ardeur de ses sens et de son esprit, Lautréamont aussi, dont la poésie « déraillante » va s'abandonner à tous les fantasmes de la mémoire et du rêve.

1. Baudelaire (1821-1867)

Charles Baudelaire naît à Paris le 9 avril 1821. A six ans, il voit son père mourir, et réagit très mal au rapide remariage de sa mère avec le commandant Aupick. Après ses études secondaires à Lyon, puis au lycée Louis-le-Grand à Paris, il s'embarque en 1841 pour un voyage vers les îles lointaines des côtes d'Afrique. Son imagination fait là-bas provision d'images et de profils qui marqueront durablement sa poésie. Au retour, il s'éprend de l'actrice Jeanne Duval, une mulâtresse dont le corps lui sera l'infidèle mais sensuelle réminiscence d'un merveilleux « ailleurs » entrevu. En 1844, sa famille, scandalisée par sa vie de marginal, lui impose un conseil de tutelle. Conséquence immédiate : **la misère financière.**

Il sera journaliste, critique littéraire et critique d'art pendant 15 ans. Cette épreuve de l'existence sera aussi la meilleure épreuve pour le créateur. Confronté, par le travail critique, à l'œuvre des grands génies du siècle qu'il reconnaît ou découvre (Hugo, Delacroix, Manet, Wagner,...), Baudelaire forge ainsi sa propre esthétique, dont le mot « modernité » sera l'emblème. En juin 1857 *Les Fleurs du mal* sont publiées chez Poulet-Malassis. Jugé « immoral », le livre est attaqué en justice et expurgé de six « pièces condamnées ». Très affecté par ce désaveu, Baudelaire prépare et publie pourtant une seconde édition. Mais, à partir de 1860, **la maladie** commence à le miner. En 1866, il est atteint, à Namur, d'un grave malaise. Rentré en France, en attendant de faire en août 1867 son dernier « voyage », il restera aphasique, muré dans l'atroce silence de sa paralysie.

1841 : premiers poèmes « exotiques ».

1844 : rédaction d'une vingtaine des futurs poèmes des *Fleurs du mal.* Collaboration au *Corsaire-Satan.*

1845-1846 : les deux premiers *Salons.*

1847 : *La Fanfarlo* (nouvelle). Début de la traduction des œuvres d'Edgar Poe.

1851 : *Du vin et du haschisch* (essai).

1857 : *Les Fleurs du mal.*

1858 : *Poème du haschich.*

1859 : *Salon de 1859.*

1860 : *Les Paradis artificiels.* Début de la rédaction de *Mon Cœur mis à nu.*

1863 : rédaction du *Peintre de la vie moderne.*

1866 : *Nouvelles Fleurs du mal.*

1869 : *Petits Poèmes en prose* (éd. posthume).

1 A la croisée des chemins, la modernité

Baudelaire.
Photo de Nadar, XIXe s.

Charles Baudelaire commence à écrire vers 1845. Or il est important de prendre en compte cette « situation » chronologique de son écriture, quand on veut considérer le sens même de sa démarche poétique, car elle est à tous égards une situation « critique ». Héritier, par ses lectures et ses relations, des romantiques de la génération de 1830, mais contemporain de ceux qui, sous diverses bannières, font campagne contre le romantisme, Baudelaire est amené à prendre parti dans le grand débat esthétique du tournant du siècle, et sa poétique ne s'affirme qu'au terme d'une double réflexion critique : sur les excès du romantisme et sur les risques d'un formalisme trop strict.

L'admiration pour Sainte-Beuve (1804-1869)

L'auteur des *Fleurs du mal* n'a jamais cessé d'admirer le romantisme, dont il dira encore en 1859 qu' « il est une bénédiction céleste — ou diabolique — à laquelle nous devons nos éternelles stigmates ». Tout jeune il a rêvé sur les malheurs de *René ;* plus tard il s'est enthousiasmé pour le Hugo des *Odes* ou des *Orientales,* et a été marqué profondément par l'écriture romanesque et poétique de Sainte-Beuve (voir aussi p. 180) au point de voir dans ***Vie, poésies et pensées de Joseph Delorme*** le chef-d'œuvre du recueil poétique par excellence.

> Ce recueil de poèmes de **Charles-Augustin Sainte-Beuve,** futur auteur des *Lundis,* paru en 1829, est composé d'une suite d'élégies, bien dans le goût du romantisme de 1830, précédées d'une biographie romancée de l'auteur. Confession désespérée d'un héros « amputé » de sa passion, le livre vit de l'émotion intime qui le transperce de part en part : « Une main invisible m'a retranché du bonheur ; j'ai comme un signe sur le front, et je ne puis plus ici m'unir avec une âme. » Outre l'ingéniosité formelle ou la virtuosité métrique de telle ou telle pièce, Baudelaire a dû particulièrement admirer dans l'ouvrage l'expression d'un écartèlement de l'être entre ses désirs et ses actes, et le chant authentique d'une impuissance à vivre autrement que sur le mode de la passivité ou de l'aliénation. Sous d'autres mots, le « spleen » et le « guignon » sont en effet parfois déjà là dans ces vers un peu trop oubliés de Sainte-Beuve.

La Fanfarlo.
Dessin de Ch. Baudelaire, XIXe s.

Outre son goût non dissimulé pour le « style » bohème et débraillé d'un Pétrus Borel par exemple, Baudelaire manifeste encore **avec les romantiques une véritable affinité psychologique et émotionnelle.** Le vague à l'âme des écrivains de l'Empire, la révolte ou le mysticisme de ceux de 1830, voilà autant de traits qui se retrouveront dans le tempérament de l'écrivain de 1845 dont Samuel Cramer, le héros de son unique nouvelle, *La Fanfarlo* (1847), est une assez juste incarnation : « une nature ténébreuse, bariolée de vifs éclairs, paresseuse et entreprenante à la fois, féconde en desseins difficiles et en risibles avortements ».

> En 1857, comme *Les Fleurs du mal, Madame Bovary* de Flaubert passe en correctionnelle et subit le réquisitoire du fameux substitut Pinard. Plus chanceux que Baudelaire, Flaubert sera acquitté mais néanmoins blâmé pour ne pas « s'être suffisamment rendu compte qu'il y a des limites que la littérature, même la plus légère, ne doit pas dépasser... »

L'admiration pour les « impeccables poètes »

Cela dit, Baudelaire prend la mesure critique du romantisme en dénonçant très tôt ses pièges ou ses erreurs. S'il déteste Musset par exemple, c'est qu'il refuse la complaisance dans l'introspection, le pur épanchement lyrique et les licences de l'art. Tout naturellement il est ainsi amené, à partir de 1845, à s'intéresser aux groupes qui prônent **un retour à la rigueur formelle et au sérieux du métier poétique.** Ami de Gautier et de Banville, il va ainsi acquérir, auprès de ces « impeccables poètes », une technique très sûre et prendre une claire conscience de l'importance des structures formelles de la poésie, qui marquera profondément l'architecture d'ensemble des *Fleurs du mal* aussi bien que la composition de chaque poème.

En revanche, plusieurs aspects du formalisme littéraire paraissent vite incompatibles avec son génie. Un certain matérialisme « païen », sensible dans les professions de foi des écoles à la mode, heurte sa spiritualité et son mysticisme, qui répugnent aux seules « séductions de l'art physique ». Pareillement, l'aspect « naturaliste » d'un mouvement qui privilégie les tableaux et spectacles de la « belle nature » va à l'encontre de sa sensibilité, qui se défie des troubles profondeurs de la nature humaine et se dégoûte des vices et horreurs de la nature tout court.

Dès 1848, Baudelaire prend ainsi ses distances vis-à-vis de Gautier et de ses amis. Dans le temps même où l'auteur d'*Émaux et Camées* évolue vers un formalisme qui risque d'être sclérosant, Baudelaire comprend, lui, qu'il ne saurait y avoir de perfection sans émotion, ni de métier sans « tempérament ». L'un sombre, sans le savoir, dans un des derniers pièges du classicisme ; l'autre, en pleine lucidité, va inventer la « modernité » poétique.

Un romantisme maîtrisé

Cette modernité dont Baudelaire salue l'évidente émergence chez des artistes contemporains, Delacroix, Constantin Guys, Daumier et plus tard Manet ou Cézanne, naît donc de la double leçon romantique et formaliste.

E. Delacroix,
La Mort de Sardanapale
(détail), 1828.

Peintres et héros de la vie moderne selon Baudelaire

Eugène Delacroix : « Delacroix était passionnément amoureux de la passion, et froidement déterminé à chercher les moyens d'exprimer la passion de la manière la plus visible. (...) Une passion immense, doublée d'une volonté formidable, tel était l'homme. »

Édouard Manet : « M. Manet unit (...) à un bon goût décidé pour la réalité, la réalité moderne — ce qui est déjà un bon symptôme —, cette imagination vive et ample sans laquelle, il faut bien le dire, toutes les meilleures facultés ne sont que des serviteurs sans maîtres, des agents sans gouvernement. »

Richard Wagner : « Ce qui me paraît avant tout marquer d'une manière inoubliable la musique de ce maître, c'est l'intensité nerveuse, la violence dans la passion et dans la volonté. »

Loin de nier l'authenticité romantique ancrée dans le présent de l'histoire et qui reste « l'expression la plus récente, la plus actuelle du beau », la modernité poétique se voudra un romantisme maîtrisé, débarrassé de ses conventions et infléchi dans le sens d'une plus grande conscience des pouvoirs de l'art. Elle sera cet effort décrit dans *Le Peintre de la vie moderne* (1863) pour « dégager de la mode ce qu'elle peut contenir de poétique dans l'historique, de tirer l'éternel du transitoire. »

2 L'itinéraire des *Fleurs du mal* (1857)

Six parties distinctes et successives composent ***Les Fleurs du mal :***

1. SPLEEN ET IDÉAL (85 poèmes) :
— Le choix d'une poétique : *Correspondances* (IV), *Les Phares* (VI), *La Beauté* (XVII), *Le Balcon* (XXXVI) ;
— Aspects et symptômes du spleen : *L'Albatros* (II), *L'Ennemi* (X), *Le Guignon* (XI), *La Cloche fêlée* (LXXIV), *Spleen* (LXXV à LXXVIII) ;
— Rêveries et utopies de l'idéal : *Élévation* (III), *La Vie antérieure* (XII), *L'Idéal* (XVIII) ;
— Premiers paradis artificiels : *Le Flacon* (XLVIII), *Le Poison* (XLIX), *La Pipe* (LXVIII), *Les Chats* (LXVI) ;
— Le cycle Jeanne Duval : *Parfum exotique* (XXII), *La Chevelure* (XXIII), *Sed non satiata* (XXVI), *Le Possédé* (XXXVII), etc ;
— Le cycle Mme Sabatier : *Réversibilité* (XLIV), *Confession* (XLV), *L'Aube spirituelle* (XLVI) ;
— Le cycle Marie Daubrun : *Ciel brouillé* (L), *L'Invitation au voyage* (LIII) et poèmes XLIX à LVII.

2. TABLEAUX PARISIENS (16 poèmes) :
— La quête urbaine : *Paysage* (LXXXVI), *Le Soleil* (LXXXVIII) ;
— La ville, affreux miroir : *Les Petites Vieilles* (XCI), *Les Aveugles* (XCII) ;
— Rêves et mirages : *A une passante* (XCIII), *Rêve parisien* (CII).

3. LE VIN (5 poèmes, CIV à CVIII).

4. FLEURS DU MAL (9 poèmes) :
— La volupté satanique : *La Destruction* (CIX), *Femmes damnées* (CXI) ;
— Dérision de l'amour : *La Béatrice* (CXV), *Un voyage à Cythère* (CXVI).

5. RÉVOLTE (3 poèmes, CXVIII à CXX).

6. LA MORT (6 poèmes) :
— Une trilogie funèbre : *La Mort des amants* (CXXI), *La Mort des pauvres* (CXXII), *La Mort des artistes* (CXXIII) ;
— L'ultime pari : *Le Voyage* (CXXVI).

Le découpage explicite du livre en 6 parties cache en fait une articulation plus subtile en trois grands mouvements autour desquels s'exprime toute la thématique baudelairienne.

Le spleen et l'idéal

Le premier, et le plus largement décrit, est celui du constat angoissant d'une brutale opposition, vécue par le moi, entre les forces de pesanteur et d'enlisement du spleen et les espérances radieuses, mais fragiles, de l'idéal.

Illustration pour *Les Fleurs du mal.* Lithographie de O. Redon, XIXe s.

Par l'intraduisible vocable anglais de « **spleen** », Baudelaire évoque **les détresses éprouvées par son âme aussi bien que par sa chair.** Le spleen est en effet d'abord sensations d'étouffement, de lassitude, d'oppression, imposée par les spectacles d'une nature étroite comme un cachot ou corrompue. Il est aussi un malaise plus pernicieux : celui de l'ennui, du « guignon », du sentiment accablant de la médiocrité inexorable du quotidien qui pèse sur le génie et l' « englue » dans son épaisseur mesquine ou sordide. Pire encore, ce « caprice des nerfs » confine souvent au « malaise métaphysique » (Georges Blin). Pour le Baudelaire mystique, le spleen est en effet la trace, au cœur même de l'être, de la faute originelle, la marque infamante de Satan, l'état de péché par excellence, la fatalité du mal qui accable l'homme et décourage l'artiste.

Face à l'ombrageuse densité et à la douloureuse durée du spleen, l'**idéal baudelairien** ne s'évoque que dans de fugaces et fragiles images qui sont autant de décors rêvés, opposés aux données du réel. Espérance plus que consistance, **sphère des idées pures et des aspirations innocentes, l'idéal n'est fait que de « minutes »** ou de « secondes » quand le spleen, lui, se repaît du « temps qui ronge la vie ». Aussi les bribes de rêve et les étincelles d'absolu que le poète arrache ici et là à la gangue des choses n'affleurent-elles, dans l'existence et dans l'écriture, que pour s'évanouir aussitôt, laissant l'homme dans cet état de supplice où la nostalgie s'ajoute à la frustration. L' « élévation », toujours ponctuelle, du spleen vers l'idéal, la fêlure toujours ravivée dans l'intimité de l'« homo duplex », fondent le mouvement secret de tout le recueil dont le langage lui-même tantôt apaise, tantôt ravive, contradictions et déchirements.

Le Vin du solitaire. Gravure de A. Rassenfosse, 1899.

Les paradis artificiels

Comment douter que la permanente tentation baudelairienne du « paradis artificiel » ne s'enracine dans le constat de cette impossible « maintenance » de l'idéalité ? Convaincu que l'extase paradisiaque est à portée de volonté humaine, Baudelaire est en effet prêt à jouer le jeu dangereux de tous les artifices qu'il décrira dans ses *Paradis artificiels* de 1860 : « Chercher dans la science physique, dans la pharmaceutique, dans les plus grossières liqueurs, dans les parfums les plus subtils, sous tous les climats et dans tous les temps, **les moyens de fuir, ne fût-ce que pour quelques heures, (l')habitacle de fange.** » *Les Fleurs du mal* orchestrent ainsi, au fil de leurs poèmes, la grande symphonie de la tentation et de l'artifice, mirages du vin et de l'alcool, dépaysements et fantasmes de l'opium, envoûtements du tabac et du parfum, apothéoses des « houles » de la musique, rêveries des tiédeurs de l'ici ou « invitations » molles du là-bas, et surtout ces sortilèges magnifiques et terribles de la femme :

« Tout cela ne vaut pas le poison qui découle
De tes yeux, de tes yeux verts,
Lacs où mon âme tremble et se voit à l'envers...
Mes songes viennent en foule
Pour se désaltérer à ces gouffres amers. »

Le Poison

Trois femmes pour trois passions

Trois femmes ont hanté la vie et l'œuvre de Baudelaire :

Jeanne Duval, rencontrée en 1841 : c'est la maîtresse sensuelle, charnelle, érotique, qui cristallise les fantasmes de l'amour-luxure, de l'amour-fou et de l'amour satanique.

Marie Daubrun, rencontrée en 1847 : c'est la fille « aux yeux verts », l' « enfant » et la « sœur », kaléidoscope ambigu des profils troubles et changeants de la femme baudelairienne.

Apollonie Sabatier, « adorée » à partir de 1852 : elle oppose aux appas charnels de Jeanne Duval les grâces éthérées de « l'ange gardien, de la muse et de la madone ».

Nevermore.
Gravure de G. Doré, XIXe s.

Le gouffre

Néanmoins, à l'horizon de ces multiples tentatives, on voit ressurgir la même obsession et la même fascination : celle de la mort : inscrite déjà en filigrane dans chaque poème, la mort est bien l'inconscient fondamental qui obsède l'être habité par les images d'agonie et de décomposition.

Pourtant — est-ce son christianisme, bien ambigu, ou plutôt son incontestable mysticisme qui le lui dictent ? — l'auteur du *Voyage* oppose résolument aux hantises de la dégénérescence **la fascination d'un outre-tombe, réconciliateur et régénérateur,** qui se doit de venger les humiliations et les frustrations du créateur en lui offrant un monde enfin à la dimension de son désir et de son imagination. « Any where out of the world... Il est temps, levons l'ancre... Appareillons ! » Peu importe qu'il ne nous ait pas décrit sa plongée dans l'au-delà. La vraie poésie vit davantage de projets que de possession. On le verra bien quand Lautréamont ou Rimbaud, descendus, eux, « au fond du gouffre », ne pourront que repousser plus loin les exigences proférées et rêveront d'autres abîmes au terme de leurs « saisons en enfer ».

3 *Le Spleen de Paris*

L' « héroïsme » du pari sur l' « inconnu » suppose-t-il une révolution du langage lui-même ? Rimbaud, tout en saluant plus tard Baudelaire, en déplorera chez lui l'absence et affirmera que « les inventions d'inconnu réclament des formes nouvelles ». L'auteur des *Fleurs du mal,* c'est vrai, n'est pas un grand novateur en matière de poétique. Louant « les rhétoriques et les prosodies », exigeant « la forme intransigeante », admirant chez Malherbe « un vers symétrique et carré », il a, semble-t-il, choisi son camp : celui du **classicisme formel.** Qu'on regarde pour s'en convaincre l'usage répété qu'il fait de l'alexandrin, du quatrain à rimes plates et du sonnet, autrement dit des trois instruments majeurs de la tradition poétique.

Opposera-ton à cela les « petits poèmes en prose » du *Spleen de Paris,* ce recueil disparate et déroutant, conçu à l'imitation du *Gaspard de la nuit* d'Aloysius Bertrand, qui lui causa tant de soucis d'élaboration ? Certes la souplesse de la phrase, la discontinuité des séquences et quelques audaces lexicales y servent bien la volonté du créateur de traduire son errance difficile dans le « grand désert d'hommes » du monde moderne. Néanmoins, et même si l'on excepte le phénomène des nombreux « doublets », l'écriture de Baudelaire, loin d'inventer dans la prose un espace radicalement nouveau d'expression et d'expérimentation langagière, paraît rester en-deçà d'elle-même et souffrir de l'antériorité à la fois chronologique et esthétique du vers. Rares sont pourtant les textes du recueil qui réalisent « l'ambition » de la dédicace de 1862 : « Une prose poétique, musicale, sans rythme et rime, assez souple et assez heurtée pour s'adapter aux mouvements lyriques de l'âme, aux ondulations de la rêverie, aux soubresauts de la conscience. »

Femme nue en buste.
Pastel de
L. Levy-Dhurmer, XIXe s.

Les « doublets » des *Fleurs du mal* et du *Spleen de Paris*

Dans leur grande majorité les poèmes en vers sont antérieurs aux versions en prose.

Les Fleurs du mal	***Le Spleen de Paris***
— *Le Crépuscule du soir* (XCV)	— *Le Crépuscule du soir* (XXII)
— *L'Invitation au voyage* (LIII)	— *L'Invitation au voyage* (XVIII)
— *La Chevelure* (XXIII)	— *Un hémisphère dans une chevelure* (XVIII)
— *Les Petites Vieilles* (XCI)	— *Les Veuves* (XIII)
— *L'Examen de minuit* (ajoutée)	— *A une heure du matin* (X)
— *Bien loin d'ici* (ajoutée)	— *La Belle Dorothée* (XXV)
— *L'Horloge* (LXXXV)	— *L'Horloge* (XVI)
— *Le Voyage* (CXXVI)	— *Any where out of the world* (XLVIII)

Regroupés dans une édition posthume de 1869 sous le titre de *Petits Poèmes en prose,* ces cinquante textes auraient dû sans doute s'intituler *Le Spleen de Paris.* Tel était en effet le titre auquel Baudelaire songeait pour ces proses éparses, rédigées entre 1855 et 1862, et qu'il n'eut pas le temps d'assembler en un recueil cohérent. Marqueterie de nouvelles, de dialogues, d'allégories, de scènes de rues, de fictions fantastiques, de rêveries lyriques et de nombreux « doublets » de poèmes versifiés des *Fleurs du mal,* l'ensemble paraît très disparate. Baudelaire y traduit pourtant avec émotion le quotidien de ce « grand désert d'hommes » où il est contraint d'errer solitairement, **débusquant l'ignoble, guettant le grotesque, soupçonnant le mystérieux et suggérant le sublime.** Paradoxalement, c'est moins l'originalité de l'inspiration qu'une véritable invention formelle qui manque à ces poèmes. Même s'il parvient à éviter les raideurs du vers blanc et de la « phrase nombreuse » chère à Maurice de Guérin, Baudelaire n'entrevoit que trop rarement les possibilités extraordinaires de la prose. Nous sommes loin encore des « miracles » que Rimbaud, Lautréamont et plus tard les surréalistes feront « exploser » en elle.

Illustration pour *Le Corbeau* de Poe. Lithographie de E. Manet, XIXe s.

Dans tous les cas, l'originalité de Baudelaire est ailleurs : dans un subtil travail de l'**imaginaire poétique.** Pour lui en effet, l'imagination, qui « est la plus scientifique des facultés », ne doit être ni simple pouvoir d'ornementation ou d'illustration (comme elle le reste par exemple dans la conception romantique du symbole), ni monstrueux creuset de délires et de fantasmes, mais, comme chez Poe, « constructive imagination ». Tout le pari esthétique de Baudelaire est ainsi ancré dans la certitude du pouvoir à la fois combinatoire et réconciliateur de l'imaginaire, pari qui ne se justifie lui-même qu'en se fondant sur une métaphysique idéaliste. On sait l'intérêt porté par le traducteur de Poe aux théories spiritualistes anglo-saxonnes, aux hypothèses de Swedenborg ou d'Hoffmann. Elles le confirment dans sa conviction qu'il n'y a de salut possible que s'il existe quelque part un ailleurs sanctifié à reconquérir, qu'il n'y a de sens que s'il existe une essence protégée des êtres et du réel.

Or l'existence échoue toujours face à la dérobade de l'essence et du sens. Il faut donc les **imaginer,** c'est-à-dire les « mettre en images », les inscrire dans les pièges du tissu poétique. C'est là que s'impose la théorie chère à Baudelaire des « correspondances ».

On a coutume de distinguer deux modalités différentes mais complémentaires de la théorie des correspondances :
1. Les correspondances horizontales : c'est-à-dire la combinaison, sur un même plan, de réalités ou de sensations « séparées » dont le poète retisse, dans le flux des images, la trame harmonique. Le meilleur exemple en reste le phénomène des « synesthésies », de la convergence subjective de nos perceptions sensorielles (voir *Correspondances,* premier tercet).
2. Les correspondances verticales : plus rares mais plus essentielles, elles peuvent s'exprimer, non plus comme l'association de a avec b, c ou d sur l'axe de l'abscisse, mais comme l' « élévation » de a en a' sur celui de l'ordonnée ; autrement dit comme le mouvement même de dégagement de l'idéalité du réel (voir *Correspondances,* deuxième tercet).

La finalité de l'image, qu'elle soit comparaison, métaphore ou alliance de mots contradictoires, est la « correspondance », c'est-à-dire l'ajustement, l'accouplement, et l'harmonisation réussis de ce qui, dans l'ordre du vécu ou du réel, reste irrémédiablement fissuré ou disjoint. **L'unicité réconfortante et l'infaillibilité absolue de l'image poétique,** quelle qu'elle soit, sont les seuls et durables moyens d'exorciser la multiplicité dispersée et angoissante du monde.

BIBLIOGRAPHIE

Éditions

BAUDELAIRE, *Œuvres complètes,* Éd. Yves-Gérard LE DANTEC et Claude PICHOIS (2 vol.). Gallimard, (bibl. de la Pléiade), 1961-1976.

Études

Jean POMMIER, *La Mystique de Baudelaire.* Les Belles Lettres, 1932.

Georges BLIN, *Baudelaire.* Gallimard, 1939.

Jean-Paul SARTRE, *Baudelaire.* Gallimard, 1947.

Marcel RAYMOND, *De Baudelaire au surréalisme.* José Corti, 1940.

Jean PRÉVOST, *Baudelaire, essai sur l'inspiration et la création poétiques.* Mercure de France, 1953.

Charles MAURON, *Le Dernier Baudelaire.* José Corti, 1966.

Robert KEMPF, *Dandies. Baudelaire et Cie.* Le Seuil, 1977.

Georges POULET, *La Poésie éclatée.* P.U.F., 1980.

Léo BERSANI, *Baudelaire et Freud.* Le Seuil, 1981.

Dominique RINCÉ, *Baudelaire et la modernité poétique.* P.U.F., 1984.

Michel QUESNEL, *Baudelaire solaire et clandestin.* P.U.F., 1987.

2. Rimbaud (1854-1891)

Jean-Arthur Rimbaud naît à Charleville le 20 octobre 1854. A 16 ans Arthur a déjà fait deux fugues lointaines, mais ce « poète de sept ans » a aussi compris qu'il est une autre fugue, plus périlleuse mais combien plus prometteuse, celle qui mène dans le labyrinthe du langage. Sagement commencée dans l'imitation des romantiques ou des Parnassiens, **sa poésie,** à partir de 1870, **se met à l'unisson de sa révolte intérieure,** contre toutes les formes de tabous religieux ou d'asservissements sociaux. La rédaction de *Bateau ivre* (1871) date l'émergence dans son œuvre de cette « littérature nouvelle » dont les fameuses « Lettres du voyant » de l'été 1870 donnaient la promesse. La rencontre avec Verlaine, fin 1871, et le départ en juillet 1872 pour une errance commune d'un an à travers la Belgique et l'Angleterre marquent assez le refus de toute compromission avec un ordre « établi » quel qu'il soit. « Chercher le lieu et la formule », tel est le sens de cette quête étrange et douloureuse qui culmine dans la rupture et la querelle sanglante de juillet 1873. Un rêve est passé dont le bouleversant récit d'*Une saison en enfer* porte témoignage. L'ange est « rendu au sol » brisé, déçu, déchu. Nouvelle errance solitaire (1874-1880) jalonnée de petits métiers à travers les grandes « villes » d'Europe et les ports du Moyen-Orient. Entre escales et engagements, malgré un *Adieu* naguère amèrement proféré, il égrène les merveilles dispersées du fastueux chapelet des *Illuminations.* Le silence définitif le prendra au soleil du désert d'Aden et du Harrar. Pendant dix ans, le poète qui s'est « amputé » vivant de son génie, se fait marchand et trafiquant. En 1891 il rejoint la France, atteint par la gangrène, pour mourir, amputé dans sa chair, à l'hôpital de Marseille. Au bout de son destin, le mythe va s'emparer de lui et de son œuvre.

1868-1869 : premiers vers à l'imitation de Banville, Gautier ou Hugo.

1870 : élève de Georges Izambard, il écrit *Ma bohème, Soleil et chair,* etc., et envoie, pour publication, ses premiers poèmes à Banville.

1871 : en mai-juin, *Lettres du voyant* à Paul Demeny et Izambard. Été : correspondance avec Verlaine et rédaction de *Bateau ivre.*

1873 : *Une saison en enfer* (commencée sous le titre de *Livre païen* ou *nègre*).

1874-1876 : rédaction discontinue de plusieurs poèmes en prose (qui figureront dans les *Illuminations*).

1881-1890 : correspondance commerciale et *Mémoire* à l'attention de la Société de Géographie de Paris.

1886 : parution, à l'insu de Rimbaud, de trente-sept *Illuminations,* dans *La Vogue.*

1 Révoltes et ruptures

H. Fantin-Latour, *Le Coin de table* (détail : Rimbaud), 1872.

Arthur Rimbaud lit Baudelaire vers 1870, sans doute dans l'édition des *Fleurs du mal* de 1868, préfacée par Gautier. Malgré des réserves à l'égard de la métrique et plus généralement de la poétique de son aîné, il s'enthousiasme pour le grand pari final de l'œuvre (« Au fond de l'inconnu pour trouver du nouveau »), et reprend à son compte, dans *Une saison en enfer,* l'exigence de modernité : « Il faut être absolument moderne. » Pourtant, malgré cette filiation certaine, que de différences entre ces deux créateurs ! D'un côté l'entêtement, parfois besogneux, à forger au sein d'un recueil unique l'itinéraire poétique salvateur ; de l'autre l'obstination frondeuse dans le coup d'éclat et une étonnante aptitude à se « ressourcer » dans l'humiliation et l'échec. D'un côté quête et obsession, de l'autre errance et ruptures.

Les poèmes d'apprentissage

Dès ses poèmes d'apprentissage, qu'il voudrait bien voir acceptés par les ténors du *Parnasse contemporain,* Rimbaud, malgré un certain conformisme esthétique, nous donne à lire cette **thématique de la**

Monsieur Prudhomme. Dessin de H. Monnier, 1872.

distance et de la rupture : dénonciation des interdits et des impostures d'un christianisme qui l'a pourtant bercé *(Soleil et chair ; Les Premières Communions)*, transgression des interdits moraux et des tabous sexuels *(Vénus Anadyomède ; Album zutique)*, défiance et moquerie à l'endroit de la petite bourgeoisie racornie, jalouse et « méchante » *(A la musique ; Les Assis)*, haine de la violence injuste et de la guerre absurde *(Le Dormeur du val)*. Pourtant l'adolescent comprend vite, et c'est le sens de sa première révolution poétique de 1870-71, que la poésie ne saurait se laisser prendre au piège de l'imprécation inefficace. Sedan et la Commune de Paris lui dictent une grande leçon de réalisme : il faut joindre le geste à la parole, il faut que la parole soit geste. « Changer la vie », changer le monde, tel est désormais l'impératif qui le hante et dont il lui faudra accepter les terribles exigences.

Rimbaud devant les écrivains
François Coppée : « Un fumiste réussi ».
Stéphane Mallarmé : « Ce passant considérable ».
Rémy de Gourmont : « Un jouisseur, un insupportable voyou ».
Paul Claudel : « Un mystique à l'état sauvage ».
Benjamin Fondane : « Notre bouc émissaire, notre exutoire, notre acte manqué. »

« Le poète se fait voyant »

L'échec final de l'errance du *Bateau ivre* (1871), qui est sans doute le dernier — et sublime — poème de l'enfance rimbaldienne, ne sera pas vain. Le poète, qui s'est amusé au bariolage des *Voyelles* et qui a cru pouvoir inventer dans le mirage des mots les plus merveilleux un « ailleurs » ou un « envers » du monde détesté, s'est retrouvé lamentablement « échoué ». Entrevue, la « future vigueur » s'est dérobée derrière l'écran « effarant » des mots menteurs. Mais Rimbaud sait qu'elle existe et que, pour la conquérir, la poésie est toujours le plus court chemin à condition qu'elle soit révolution de l'être tout entier et pas seulement bricolage du langage.

Les fameuses lettres à Izambard et Demeny le proclamaient déjà hautement : « **Le poète se fait voyant** par un long, immense et raisonné dérèglement de tous les sens. » Pour « trouver le lieu et la formule » de la délivrance, le moi doit renoncer au monde bien sûr, mais encore à lui-même. « Je » doit se faire « un autre » et aller jusqu'au bout de l'aliénation même quand celle-ci devient « encrapulement », perversion et crime. Des années 1872-1873, où le voyant et le voyou ne font qu'un, datent ainsi les poèmes de Rimbaud les plus étranges et les plus heureux, nés de l'orgie d'un cœur et d'une chair à la fois bouleversés et sublimés : *Larme ; O saisons, ô châteaux ; L'Éternité.* Si le poète a jamais « trouvé une langue (qui soit) de l'âme pour l'âme, résumant tout, parfums, sons, couleurs, de la pensée accrochant la pensée et tirant », c'est là qu'il l'a, un moment, possédée, dans le délire et pour l'extase.

Une saison en enfer *(1873)*

La brutalité du constat d'échec que représente *Une saison en enfer*, après la rupture avec Verlaine, ne change rien à l'affaire. En sanctionnant, par la dénonciation ou la dérision, l'expérience du « voyant », Rimbaud ne nie pas fondamentalement l'acte poétique ; il ne fait qu'en répéter une fois de plus le geste subversif : « changer ». L'*Adieu* terrible qui clôt ce livre (« Je dois enterrer mon imagination et mes souvenirs ») ne peut effacer le suprême bonheur et la suprême folie qui ont « eu lieu ». Comme le dit Yves Bonnefoy, « c'est à son avenir, non à son passé que va le souci de Rimbaud dans la *Saison* ». L'alchimiste du verbe a dressé et inscrit un bilan qui se veut **exorcisme et expiation ;** mais lui qui crie « ne plus savoir parler » n'en a pas fini avec la poésie. La poésie plutôt n'en a pas fini avec lui.

Une saison en enfer, rédigée par Rimbaud entre avril et août 1873, est **le récit commenté de la vraie « saison infernale » vécue** par le poète **en compagnie de son ami Verlaine,** durant les quinze mois précédents. La citation, souvent délibérément négligée, des poèmes en vers écrits durant cette période (*Comédie de la soif, Fêtes de la faim, Fêtes de la patience,* etc.) alterne avec un discours en prose qui hésite lui-même entre le rappel enthousiaste de ces « délires » et la condamnation vigoureuse de la folie qui « a eu lieu ». Récit-conservatoire des chimères évanouies, discours-procès d'un art poétique désormais impossible, la *Saison* est sûrement l'œuvre la plus déchirée de Rimbaud. Dans les dernières pages, « l'alchimiste du verbe » immole ses rêves, ses ambitions et toute sa création dans un *Adieu* si pathétique et si dérisoire qu'on a longtemps cru que c'était là sa dernière parole de poète. Il trouvera pourtant encore l'énergie, dans un sursaut superbe, d'écrire la plupart de ses *Illuminations.*

Illuminations *(1886)*

Illustration pour *Illuminations.* Dessin de F. Léger, début XXe s.

En effet, si bon nombre des quarante et une *Illuminations* ont été recopiées dès le printemps 1874, à Londres avec Germain Nouveau, plusieurs ont été écrites dans les deux années suivantes, donc après la *Saison.* La « merveille » de ce recueil de poèmes en prose tient donc d'abord à son existence même, métaphore parfaite de la « patience » d'un créateur qui réinvente, dans les deuils et les faillites de son écriture, **de nouveaux espaces de poésie.** Car c'est bien d'espaces, de « lieux » encore qu'il s'agit dans ces textes où s'inventent, se dressent et s'abîment, au gré des dérives du langage, les architectures imaginaires de *Villes,* de *Ponts,* de *Promontoire* ou de *Métropolitain.* Sur cette scène délivrée de l'ordre du réel, Rimbaud, plus « ailleurs » que jamais, « danse » sur la corde des mots et des images, « éphémère citoyen » d'un univers dont il est le démiurge : « J'ai tendu des cordes de clocher à clocher ; des guirlandes de fenêtre à fenêtre ; des chaînes d'or d'étoile à étoile, et je danse. » *(Phrases)*

2 Une poétique de la discontinuité

L'aventure rimbaldienne, faite de colères, de révoltes et d'élans qui n'ont d'autre lien que leur commune brutalité contre tout ce qui est ordre, trouve son répondant dans une aventure du langage elle aussi débridée et révolutionnaire. Pour dire son refus du monde, pour traduire le constant éparpillement de son moi dans toutes les formes de l'aliénation, Rimbaud, le « communard » avide de faire sauter les bastions encrassés de la tradition, n'a pas longtemps pactisé avec les formes et les exigences de la poésie installée.

Ses poèmes d'enfance, pourtant sages dans leur métrique, offrent souvent le scandale d'un « dynamitage » du vocabulaire, disant déjà

Bateau ivre.
Lithographie
de Y. Brayer, 1939.

« l'innommable » en s'agrégeant avec complaisance les lexiques, bourgeoisement refoulés, du trivial et du scatologique (dans les *Stupra* principalement). *Bateau ivre,* malgré sa prosodie classique, portera plus loin encore ce « dépaysement » de la langue par une sorte de **fermentation de lexiques rares ou étranges :**

« J'ai vu fermenter les marais énormes, nasses
Où pourrit dans les joncs tout un Léviathan !
Des écroulements d'eaux au milieu des bonaces,
Et les lointains vers les gouffres cataractant ! »

La *Lettre* à Izambard posera enfin clairement l'exigence linguistique du poète prométhéen : « Donc le poète est vraiment voleur de feu (...) Si ce qu'il rapporte de là-bas a forme, il donne forme ; si c'est informe, il donne de l'informe ». Le « verbe poétique accessible un jour ou l'autre à tous les sens », dont rêve tout haut Rimbaud, sera donc consubstantiel à la dérive sans entrave de son imagination.

Il s'agira de faire se lever, dans l'espace absolument neuf et « introuvable » du poème, un réel pluriel et protéiforme qui ne renvoie qu'aux tensions et aux pulsions de l'être libéré. Le pas nouveau que l'auteur de la *Saison* fait franchir à la modernité est dans cette insouciance complète de la notion d'œuvre ou de « totalité » à laquelle il préfère, après 1871, les « instantanés » décousus et déchirants de ce qu'on a pu appeler « une poésie en miettes ».

Initialement reconnu comme un précurseur par les surréalistes, Rimbaud, comme d'autres, fut victime, dans le *Second Manifeste du surréalisme,* d'un perfide procès d'intention. André Breton y écrit : « Inutile de discuter encore sur Rimbaud : Rimbaud s'est trompé, Rimbaud a voulu nous tromper. Il est coupable devant nous d'avoir permis, de ne pas avoir rendu tout à fait impossibles certaines interprétations déshonorantes de sa pensée, genre Claudel. »

La grande utopie rimbaldienne, des vers frondeurs de Charleville aux tourbillons d'images des *Illuminations,* en passant par les citations estropiées ou truquées d'*Une saison en enfer,* aura sans doute été ainsi, comme le dit Tzvetan Todorov, celle d'une « disqualification de la langue » : à la fois de son référent, puisque nombre de poèmes ne renvoient à rien d'autre qu'à l'arbitraire d'un imaginaire délirant, et de ses structures, puisque le discours poétique, au niveau des grandes comme des petites unités, se dissout le plus souvent dans le disparate ou la discontinuité. Le scandale que certains ne lui ont jamais pardonné, c'est d'avoir osé dire, et donné à lire dans son destin, que la littérature, loin d'être gardienne du Sens, pouvait se faire dévoilement et instauration d'un Non-Sens perturbateur, contestataire et angoissant.

BIBLIOGRAPHIE

Édition

RIMBAUD, *Œuvres complètes,* Éd. Antoine ADAM. Gallimard (bibl. de la Pléiade), 1972.

Études

René ÉTIEMBLE, *Le Mythe de Rimbaud.* Gallimard, 1961.

Yves BONNEFOY, *Rimbaud.* Le Seuil, 1967.

Jacques PLESSEN, *Promenade et poésie.* Mouton, 1967.

Jean-Pierre GIUSTO, *Rimbaud créateur.* P.U.F., 1980.

Georges POULET, *La Poésie éclatée.* P.U.F., 1980.

Dominique RINCÉ, *Rimbaud. Poèmes et proses.* Nathan (coll. « Intertextes »), 1984.

3. Lautréamont (1846-1870)

Comme Jules Laforgue, **Isidore Ducasse** est né à Montevideo (en avril 1846). Il semble devoir préparer à Paris le concours d'admission à Polytechnique. Mais, après un bref séjour dans sa ville natale (1869), il revient s'enfermer dans de médiocres meublés parisiens pour se consacrer à la lecture des grands classiques français ou anglo-saxons et au début de la rédaction d'un étrange ouvrage en prose, *Les Chants de Maldoror,* dont la première partie paraît, à compte d'auteur et sans signature, en 1868. Une édition complète des *Chants* sera préparée l'année suivante, à Bruxelles, et signée : « comte de **Lautréamont** ». Fin 1869, Ducasse annonce à son éditeur qu'il prépare un livre de repentir, et de sagesse. Mais il n'aura le temps d'en rédiger que la seule préface, parue sous le titre énigmatique de *Poésies,* avant de mourir le 24 novembre 1870 dans un garni de Montmartre.

1868 : en août, publication anonyme à Paris du « Chant premier » des futurs *Chants de Maldoror.*

1869 : impression complète du manuscrit à Bruxelles. Diffusion suspendue.

1870 : *Poésies,* « Préface à un livre futur ».

1874 : mise en vente posthume des *Chants de Maldoror,* à Bruxelles.

1919 : édition complète, posthume, des *Poésies* par André Breton, à Paris.

1

En « mal d'aurore » : *Les Chants de Maldoror* (1869)

Portrait imaginaire de Lautréamont par F. Valloton, fin XIXe s.

La biographie très incertaine d'**Isidore Ducasse** ne laisse guère au lecteur la possibilité d'une lecture biographique ou existentielle de l'œuvre énigmatique et déroutante du **comte de Lautréamont,** alias Maldoror, héros maléfique et révolté d'une des œuvres les plus troublantes du XIXe siècle. Force est donc de se reporter à la matière même de l'écriture, à ce « magma » verbal qui, bien que prose, fut nommé « chant » ou « poésie » par son auteur.

Que nous disent *Les Chants de Maldoror ?* De quoi, de qui nous parlent ces six livres qui récusent ou excèdent les catégories formelles de l'épopée, du poème ou du roman noir et se veulent explicitement « désorientants » ? La thématique la plus évidente de l'œuvre semble bien celle du mal et de la malédiction du sacré et du divin. Maldoror, sorte de Lucifer déchu, qui fait « servir (son) génie à peindre les délices de la cruauté », apparaît en effet au fil des *Chants* comme l'agent redoutable d'une violence haineuse, sexuelle ou criminelle, tournée aussi bien contre lui-même que contre le monde ou son créateur, comportement qui rappelle bien sûr les principes de la pensée sadienne.

Pourtant, à la différence des héros ou narrateurs de Sade, Maldoror n'est pas tout entier dans son mal et dans son « horror ». Il persiste chez lui une fêlure douloureuse entre les forces coercitives du mal et une tendance naturelle, refoulée mais agissante, vers un Bien originel dérobé par la fatalité du destin.

Le nom même de Maldoror signifie peut-être cette **double postulation** plus baudelairienne que sadienne. Le mal essentiel que crient *Les Chants de Maldoror* et qu'illustrent les péripéties et métamorphoses du héros de Lautréamont, à travers les figures indéfiniment renouvelées d'un infâme bestiaire, est fondamentalement celui de l'origine de l' « aurore » et de la naissance.

2 « Un plasma germinatif sans équivalents »

« A cet égard, écrit Breton, le langage de Lautréamont est à la fois un **dissolvant** et un **plasma** germinatif sans équivalents. » En écho, Julien Gracq constate qu' « il n'est pas de manifestation plus exactement volcanique que cette coulée de strophes arrachées à un magma interne incandescent ».

Plus qu'aucune autre, avec un talent certain, la poésie des *Chants* semble naître ainsi de l'immense « fonds » littéraire dont elle se nourrit en la pastichant et la parodiant : Homère, la Bible, Dante, Sade, Baudelaire et les romantiques « noirs » sont conviés au festin plantureux et parfois macabre de l'imagination de l'écrivain qui se les agrège, en les mimant ou les défigurant. Multipliant à l'envi les emprunts et les imitations d'originaux, Lautréamont finit par créer l'inimitable, le livre sans modèles pour en avoir trop revendiqué. Comme le dit si bien Marcelin Pleynet, en déployant le kaléidoscope de son discours délirant, « Lautréamont est le précurseur de ses sources ».

Mais les pouvoirs de « dissolution » et de « germination » de l'écriture ducassienne tiennent plus encore à la trituration et à la falsification qu'elle impose aux structures et aux figures du **discours.** Sous l'aspect d'une rhétorique élégante et d'une poétique raffinée, celui-ci se révèle souvent **perverti et mystificateur.** La prolifération et l'éclatement des instances narratives (partagées entre l'auteur, le héros Maldoror et plusieurs personnages-narrateurs) rend problématique la notion même de **sujet** parlant ou écrivant. L'interpellation ironique et intempestive du lecteur par ce même narrateur protéiforme contribue encore au sentiment d'arbitraire d'un texte qui se joue délibérément et abusivement de son destinataire. Enfin, la permanente contestation du récit (et les « histoires » ne manquent pas dans ce livre !) par le discours, parachève cette entreprise d' « a-littérature ». Cent fois le lecteur est, en effet, pris à témoin du travail de l'écriture par le commentaire de l'auteur, cent fois il est invité à en vérifier la validité, à s'y sentir impliqué et compromis. La dernière formule des *Chants,* d'une essentielle impertinence (« Allez-y voir vous-mêmes, si vous ne voulez pas me croire... »), résume parfaitement ce procès de destruction et de création simultanées : le discours dénonce la narration comme imposture du réel et pourtant l'impose comme seul réel dont on ne puisse jamais « se dispenser ».

Illustration pour *Les Chants de Maldoror.* Dessin de R. Magritte, 1948.

Le paradoxe fondamental de Lautréamont est dans ce contraste entre le désir d'écrire et le constat de vanité d'une écriture qui ne mène à rien ; désir d'écrire, car le trajet du mal au mal est inscrit dans l'homme ; vanité d'une écriture, car la joie n'est rien d'autre que le sentiment de ne plus appartenir à la vie. Dans ce cadre, le procès que font *Les Chants de Maldoror* et les *Poésies* à la littérature devient la littérature même.

3 *Poésies* (éd. posthume, 1919)

Les *Poésies,* publiées dans une édition posthume de 1919, ne sont en rien un recueil de poèmes traditionnel. Elles rassemblent seulement les fragments plus ou moins aphoristiques de deux « plaquettes » éditées en 1870 et considérées par leur auteur comme une « Préface à un livre futur », qu'il n'écrivit en fait jamais. Aussi devons-nous voir plutôt dans ces textes **une sorte de miroir en creux des *Chants de Maldoror* auxquels ils font explicitement référence.** Mais en quel sens ? Glace déformante et miroir expiatoire, ou verres correctifs et miroir critique ?

Nombreux sont ceux qui voient dans *Poésies* le repentir ou même le reniement de la révolte désespérée de Maldoror, à laquelle succéderait l'apaisement d'une poésie morale, « raisonnable », didactique et bien pensante. En fait, ce curieux « bréviaire » de Ducasse, encore plein de violence (qu'on lise notamment les pages sur les « Grandes Têtes molles » du romantisme) et de radicalisme, est moins le procès des *Chants* que celui de leur lecture, moins leur désamorçage que l'étrange « explication » de leur fabulation et de leur folie.

4 Figures de la subversion

Chez Baudelaire, voire chez Rimbaud, la poésie, par une volonté de déchiffrement ou par la ténacité de la destruction, renvoyait encore, d'une manière ou d'une autre, au monde ; chez Lautréamont, elle finit par ne plus se déployer que dans un jeu autonome de contestation interne. Le pur mouvement « déraillant » de l'écriture devient alors seul producteur du fait littéraire et de son sens. Deux figures stylistiques, principalement, participent de cette production. **La métaphore** d'abord qui est l'épreuve, vécue au niveau même de l'écrit, des métamorphoses de Maldoror vécues au niveau de l'imaginaire et qui exerce à plein ce transport ou ce « déportement » du langage qu'indique son nom. Mais, chez Lautréamont, c'est **la comparaison** surtout qui est l'instrument premier de la subversion poétique. Dédaignant la logique référentielle du comparant et du comparé, le poète, pasticheur homérique, érige ses monumentales analogies (les fameux « beau comme... ») que rien d'autre n'autorise et ne fonde que la somptuosité ou la violence arbitraires de leur présence : « Il est beau comme (...) la rencontre fortuite sur une table de dissection d'une machine à coudre et d'un parapluie ! » *(Chant sixième).*

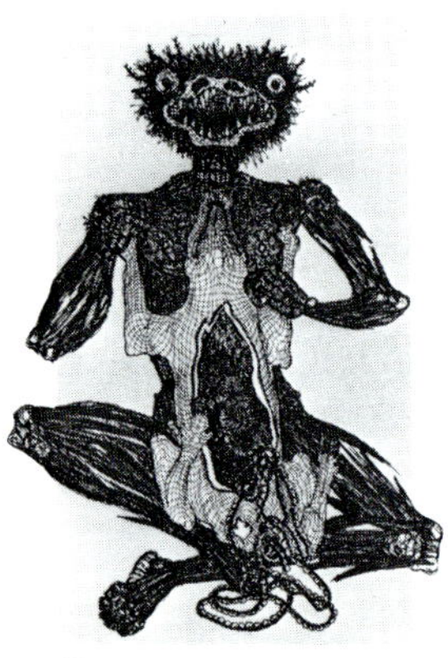

Illustration pour *Les Chants de Maldoror.* Eau-forte de J. Houplain, 1947.

L'expérience extrémiste de la littérature à laquelle s'est voué le comte de Lautréamont n'est pas sans affinités avec l'inlassable quête mallarméenne pour trouver et désigner le lieu originel de la parole poétique, et l'auteur des *Chants de Maldoror* aurait pu faire sienne la formule centrale du *Coup de dés* de Stéphane Mallarmé : « Rien n'aura eu lieu que le lieu, excepté peut-être une constellation. » Mais on conçoit aussi comment, un demi-siècle plus tard, ce « manifeste de la poésie convulsive » passionnera les surréalistes. Breton et Soupault y liront un modèle d'écriture révolutionnaire ; Vaché et Artaud y éprouveront cette fatale « cruauté » poétique qui les minera et les entraînera, eux aussi, dans les obscurs parages où la littérature voisine avec la folie.

BIBLIOGRAPHIE

Édition

LAUTRÉAMONT, *Œuvres complètes,* Éd. Hubert JUIN. La Table ronde, 1970.

Études

Gaston BACHELARD, *Lautréamont.* José Corti, 1956.

Maurice BLANCHOT, *Lautréamont et Sade.* Éd. de Minuit, 1963.

Marcelin PLEYNET, *Lautréamont par lui-même.* Le Seuil, 1967.

Marcel PHILIP, *Lectures de Lautréamont.* A. Colin, 1971.

Jacques LEFRÈRE, *Le Visage de Lautréamont.* Pierre Horay, 1978.

4. Artisans de la modernité

1873 Cros : *Le Coffret de santal.* — Corbière : *Les Amours jaunes.* — Nouveau : *Dixains réalistes*

1880 Nouveau : *La Doctrine de l'amour.*

1890 Cros : *Le Collier de griffes* (posth.).

1922 Nouveau : *Les Valentines* (posth.).

1

Nouveau (1851-1920)

Nouveau.
Photo, XIXe s.

Germain Nouveau est l'illustration parfaite de l'écrivain voué au « mode mineur », malgré (ou à cause de ?) la fréquentation des plus grands génies de son temps. « Imagine-t-on poète mieux entouré ? » a pu dire de lui Jacques Brenner. Après s'être frotté en effet, dès 1872, à la bohème parisienne, époque à laquelle il ne produit encore que de bien fades imitations hugoliennes ou baudelairiennes (comme ses *Dixains réalistes* ou ses *Ciels*), il rencontre Rimbaud en 1874 et l'accompagne à Londres où il sera le copiste de plusieurs pièces des *Illuminations.* Un peu effaré par l'audace brûlante du poète de Charleville, plus proche, par goût et par sensibilité, de la « tiédeur » verlainienne, il rejoint les cercles parisiens et devient l'ami de célébrités comme Mallarmé ou Villiers de l'Isle-Adam.

Mais c'est à partir de 1880 que Nouveau, doublement frappé par une crise mystique et par un drame passionnel (il s'est épris de Valentine Renault, une jeune phtisique) trouve un ton plus personnel, qui n'est pas sans rappeler l'inspiration dualiste du dernier Verlaine, partagé entre les bonnes intentions de *Sagesse* et les grivoiseries des *Chansons pour elle.* Mi-vagabond, mi-pèlerin, le poète, maladroit souvent dans ses emprunts à la métrique ou à la poétique médiévales (marginaux, blasons, etc.) mais touchant par **sa ferveur intense dans la foi comme dans la passion,** rédige ainsi le dyptique contrasté de *La Doctrine de l'amour* et des *Valentines.* Sa discrétion lui avait fait choisir alors un pseudonyme bien calqué sur son destin : Humilis.

Au détour de tel ou tel poème de Nouveau surgissent les silhouettes bien « croquées » de **ses grands inspirateurs.**

Le Rimbaud d'*Une saison en enfer :*

« Le goût m'est revenu de nos plus forts genièvres
Lorsque ta joue a lui, près des yeux dévoyés... »

Le Verlaine des *Fêtes galantes :*

« Gilles, fils de Watteau, grand frère des lys blancs,
Debout dans le soleil et tombé de la lune... »

2

Cros (1842-1888)

Méridional aussi, **Charles Cros** n'avait rien du caractère taciturne et anxieux de Germain Nouveau. Boute-en-train attitré du salon de Nina de Villard dont il fut l'amant le plus assidu, ce poète qui connut Rimbaud, Verlaine et fréquenta un moment les Parnassiens, ne nous a laissé qu'un grand recueil, *Le Coffret de santal* (1872). La tradition y a excessivement privilégié l' « odeur » un peu tapageuse de son

Cros.
Photo, XIXᵉ s.

fameux et ironique *Hareng Saur*, alors que Cros propose en réalité des « parfums » autrement plus subtils. Amoureux lui aussi des strophes et mètres médiévaux (triolets, quintils, etc.), il sait pourtant inventer **des rythmes inédits et des formes nouvelles** pour servir son inspiration caustique ou facétieuse. Verlaine ne s'y trompera pas qui saluera, en ce précurseur de son propre maniement du vers impair, un « virtuose en versification ». Mais une fois encore c'est Breton qui révélera le mieux la modernité de ce créateur ingénieux : « L'unité de sa vocation, en tant que poète et en tant que savant, tient à ce que, pour lui, il s'est toujours agi d'arracher à la nature une partie de ses secrets. »

3 Corbière (1845-1875)

J. Holland,
Lynmouth, 1849.

Tristan Corbière, devancier de Saint-Pol Roux et de Guillevic dans la lignée des grands poètes bretons, fils de navigateur et authentique marin lui-même, partage avec Charles Cros une certaine inclinaison pour la dérision et l'irrespect de tout ce qui est convention ou imposture. Atteint de phtisie, ce révolté un peu asocial, qui mourut à trente ans, annonce aussi Laforgue par son destin et le ton à la fois attendri et sarcastique des poèmes de son unique recueil, *Les Amours jaunes* (1873). Jaunes puisque ces amours pour « Marcelle », alias l'inaccessible actrice italienne Armida-Josefina Cuchiani, étaient voués à l'échec. Jaunes aussi parce que les chants élégiaques ou désabusés qu'ils font naître sont modulés sur **le ton du ricanement et d'un rire « jaune »** qui en fait l'originalité.

Les écrits de ce « poète maudit », d'une écriture souvent dévergondée, enregistrent, caricaturent et raturent ainsi les aléas et résidus d'une existence qui n'a connu que les tempêtes. « Il est moderne, écrit Gaëtan Picon, par cette dialectique de lucidité négatrice qui contredit à chaque pas la convention ou l'élan initial, par cette dimension critique à laquelle s'accorde une écriture explosive et disloquante. »

Tristan Tzara insistera aussi sur la modernité de Corbière : « Il atteint à une sorte d'exaspération verbale, qui loin d'être désordre, est le déroulement cohérent de la pensée poétique. » Corbière, en tout cas, est sans doute le poète dont l'œuvre assure la continuité la plus nette entre les productions des bousingots romantiques et les décadents de la fin du siècle.

BIBLIOGRAPHIE

Éditions

CORBIÈRE et CROS, *Œuvres complètes,* Éd. Pierre-Olivier WALZER. Gallimard (bibl. de la Pléiade), 1970.

NOUVEAU, *Œuvres complètes,* Éd. Pierre-Olivier WALZER. Gallimard (bibl. de la Pléiade ; avec les œuvres de Lautréamont), 1970.

Études

Noël RICHARD, *A l'aube du symbolisme.* Nizet, 1961.

Louis FORESTIER, *Charles Cros.* Minard, 1970.

Robert SABATIER, « Le Fils du capitaine Corbière » (pp. 329-336) et « Le Troubadour Nouveau » (pp. 350-355) dans *La Poésie du XIXᵉ siècle* (tome 2). Albin Michel, 1977.

IV SYMBOLISME ET DÉCADENCE

Que de confusions et d'abus le seul mot de « symbole » n'entraîna-t-il pas chez ceux qui en usèrent ou s'en réclamèrent ! En dehors d'une certaine technique de « distanciation » poétique, quoi de commun en effet entre le symbolisme esthétique et sensuel d'un **Verlaine,** le symbolisme quasi métaphysique d'un **Mallarmé** et le symbolisme néo-platonicien de **Moréas** ou de certains de ses amis ? La frontière n'est pas davantage nette entre ces manieurs de symboles et ceux à qui ils prétendent s'opposer : les décadents. Est-ce un hasard si Verlaine employa lui-même, le premier, le mot de « décadence » et si **Laforgue,** le grand génie maladif de cette fin de siècle, retrouve pour dire sa souffrance et sa névrose, les rythmes et les accents de la « chanson » du pauvre Lélian ? Excessivement disparates, symbolisme et décadence s'essouffleront et s'épuiseront dans leurs querelles internes. Seuls les noms des créateurs authentiques, Verlaine, Mallarmé, Laforgue précisément, survivront à cette « babélisation » de la poésie fin de siècle. Pourtant, et malgré la tentation d'une ultime réaction néo-classique, des voix nouvelles se lèvent qui trouvent leur ton et leur inspiration dans ces débats crépusculaires. Elles ont noms : Claudel, Valéry, Péguy, Jammes, Fargue... Toutes, déjà, sont d'un autre âge.

1. Verlaine (1844-1896), ou le crépuscule poétique

1 La chanson de la vie

Verlaine.
Dessin de L. Anquetin, 1894.

Toute sa vie durant, l'attitude de **Paul Verlaine** est marquée par une étonnante perméabilité aux influences aussi bien humaines qu'esthétiques. Perméabilité qui se lit partout dans ses premiers textes, y compris dans les *Poèmes saturniens* où se reconnaît l'empreinte des grands intercesseurs que furent pour lui Gautier, Hugo, Desbordes-Valmore, Leconte de Lisle ou Baudelaire.

Il faut attendre *Les Fêtes Galantes* (1869) pour que se dessine, au travers d'une charmante galerie de décors et de scènes à la manière de Watteau, Boucher ou Fragonard, l'originalité d'un créateur qui va essentiellement repenser **la notion de « paysage ».** Refusant d'en faire la simple métaphore d'une passion ou d'un drame, comme chez les romantiques, ou le prétexte à un pur effet esthétique, comme trop souvent chez les formalistes, le poète se l'approprie en tant qu'**espace d'expression et de cristallisation des sensations** les plus subtiles et les plus exquises. Intériorisant chaque élément de la description, vivant sensuellement chaque effet de couleur ou de lumière, il fait de ces « lieux » poétiques de marivaudage les authentiques symboles de son âme dispersée et rêveuse.

Après le fugace épisode de *La Bonne Chanson* (1870) où, fiancé puis mari comblé, il paraît s'installer dans un confortable amour bourgeois, la superbe collection des *Romances sans paroles* (1874) va porter à la perfection cette attitude du créateur devant le monde et le langage.

Paul Verlaine naît à Metz le 30 mars 1844. Le diplôme de bachelier, en 1864, lui ouvre les portes de l'administration de l'Hôtel de Ville. Mais tout son temps libre va à la poésie. Avec ses *Poèmes saturniens* (1866), il frappe aux portes du *Parnasse contemporain* et trois ans plus tard, dans *Fêtes galantes,* il offre le premier spectacle des paysages à la fois raffinés et « déliquescents » de son âme tourmentée. A cette époque l'absinthe et les mirages de la bohème se sont déjà emparés de lui. Pourtant, Mathilde Mauté, une jeune fille douce et charmeuse, qu'il épouse en 1870, va lui offrir pour quelques mois ce « **vaste et tendre apaisement** » dont il rêve dans ses vers. Le siège de Paris, les troubles de la Commune et surtout la rencontre de Rimbaud en septembre 1871 auront vite raison du bonheur du couple. Pendant deux ans **le vagabondage tumultueux des deux poètes** les conduit en Angleterre et en Belgique. Verlaine y puisera l'inspiration de son meilleur recueil *(Romances sans paroles)* avant que l'alcool et la colère ne le poussent, en juillet 1873, à tirer sur son compagnon. Emprisonné à Mons, répudié par Mathilde, le poète s'efforce alors à une double conversion morale et mystique dont témoigneront les vers de *Sagesse.* Mais ses derniers recueils trahissent **un permanent déchirement** entre les « sages » et impossibles résolutions *(Jadis et Naguère, Amour, Bonheur, Liturgies intimes)* et les rechutes dans le vice et le « péché » *(Parallèlement, Chansons pour elle, Odes en son honneur).* Il mourra dans le dénuement et la détresse, en janvier 1896.

1865 : Verlaine fréquente l'équipe du *Parnasse contemporain.*

1866 : *Poèmes saturniens* (chez Lemerre).

1869 : *Fêtes galantes.*

1870 : *La Bonne Chanson,* en l'honneur de Mathilde.

1874 : *Romances sans paroles.*

1875 : contribution refusée au *Parnasse contemporain.*

1881 : *Sagesse.*

1883 : *Les Poètes maudits.*

1884 : *Jadis et Naguère.*

1886 : préface aux *Illuminations* de Rimbaud, parues dans *La Vogue.*

1889 : *Parallèlement.*

1891 : *Bonheur. Chansons pour elle. Mes hôpitaux.*

1893 : *Odes en son honneur. Mes prisons.*

1894 : élection à la dignité de « Prince des poètes ».

Quel étrange contraste avec l'entreprise contemporaine et concurrente de Rimbaud ! Pas de révolution existentielle, pas de violence du verbe non plus, chez Verlaine : JE, ici, ne succombe ni aux tentations des aliénations de la chair ni aux mirages de la langue. S'il devient « autre » c'est en se laissant effleurer, rarement pénétrer, par la multiplicité du réel (êtres, objets, paysages) pour proférer une parole, murmure ou chuchotement, dont la valeur est moins dans le sens que dans l'accent, la force, moins dans l'intensité que dans la mélodie. Verlaine ne cherche et n'accepte que l'éparpillement et la dissipation de son moi dans l'impersonnalité et la discrète opacité des éléments du temps (souvenirs et regrets des *Ariettes oubliées*) ou de l'espace (crachins, brouillards, crépuscules). Rarement poète aura aussi bien rendu **ce troublant « évanouissement » de l'être dans l'éphémère et inconsistante substance des mots,** en quête de ces « choses qui chantent dans la tête / alors que la mémoire est absente ».

En ce cela précisément **Verlaine renouvelait de manière fondamentale l'esprit du symbolisme.** Si être symboliste signifiait seulement user des figures du langage pour révéler le sens ou l'essence cachés derrière les signes ou les apparences, l'auteur des *Romances* ne serait que peu ou pas symboliste. Ici l'âme se fond dans le décor, là le paysage tout entier investit les profondeurs du cœur sans que l'on sache lequel des deux, de l'impersonnelle sensation ou de la suggestion descriptive, est métaphore de l'autre.

Or le drame verlainien, son échec profond, est de n'avoir pu assumer jusqu'au bout cette « dissolution », de s'être effaré de ne jamais rejoindre, au bout de sa vague errance, un quelconque cœur du monde. Quand il avouera dans *Jadis et Naguère :* « Je suis l'Empire à la fin de la décadence », le poète ne pourra que constater l'usure d'une voix qui, du bruissement et du murmure, va dégénérer en jérémiade ou en litanie, la faillite d'une démarche qui, née de la rêverie, ne va plus s'accrocher qu'à une fallacieuse *Sagesse.*

Sagesse (1881) regroupe des poèmes écrits lors de son emprisonnement en Belgique *(Le ciel est par-dessus le toit)* ou rédigés au lendemain de sa libération. Comme l'indique le titre, la thématique centrale du recueil est celle du « repentir » et de la « conversion ». La belle suite de sonnets intitulée *Mon Dieu m'a dit...* oppose ainsi aux souvenirs de la tentation et de la déchéance *(Les Faux Beaux Jours)* **une foi qui se veut sincère.** Plus généralement les poèmes, d'un symbolisme souvent discret, recomposent des atmosphères ou des paysages qui, tout en rappelant encore ceux des *Romances sans paroles,* respirent, dans leurs nuances et leurs contours, un mysticisme certain *(L'Échelonnement des haies...).* On sait pourtant que celui-ci s'avérera insuffisant et que, dès le début des années 1880, Verlaine sombrera de nouveau dans les voies tortueuses de cette déchéance physique et morale impossible à oublier et à surmonter.

Dessins de P. Verlaine, XIXe s.

2 Symbolisme et impressionnisme

En janvier 1896, lors de ses obsèques, une foule d'écrivains rendra un hommage tardif à Paul Verlaine. Mais les louanges iront davantage au technicien du vers qu'au « pauvre Lélian » (par anagramme, Paul Verlaine). Il est vrai que c'est sa poétique plus que sa poésie qui assure à l'auteur de *L'Art poétique* (ce grand texte-manifeste écrit dès 1874 mais publié seulement dans *Jadis et Naguère*) une notoriété qu'il n'espérait plus auprès de la jeune génération symboliste. Maîtres-mots de cet « art », musique et légèreté :

« De la musique encore et toujours !
Que ton vers soit la chose envolée
Qu'on sent qui fuit d'une âme en allée
Vers d'autres cieux à d'autres amours. »

Rien de moins improvisé cependant que cette métrique d'abord faite pour l'oreille et qui se nourrit de **jeux d'assonances, de dissonances et de diphtongaisons subtiles.** S'il continue allègrement le travail de sape entrepris par les romantiques à l'endroit du vers classique (brisure des rythmes, multiplication des enjambements, déplacement des accents, etc.), Verlaine conserve scrupuleusement le nombre et la rime, « des abus indispensables », comme il dédaigne aussi les trop grandes licences du vers libre.

Au moment où il le refuse, **ce vers libre** connaît une vogue certaine chez nombre de poètes français qui y voient un instrument précieux pour rivaliser avec les langues disposant des ressources de la quantité et des effets de l'accent tonique. **Mallarmé** et **Laforgue** en usent, tandis que **Gustave Kahn** (1859-1936) s'en déclare l'inventeur. Dans un texte, co-signé par **Henri de Régnier, Francis Vielé-Griffin** (1846-1937) donne de ce vers la meilleure et la plus légitime définition : « Le vers est libre — ce qui ne veut nullement dire que le « vieil » alexandrin (...) soit aboli ou instauré ; mais — plus largement — que nulle forme fixe n'est plus considérée comme le moule nécessaire à l'expression de toute pensée poétique ; que, désormais comme toujours, mais consciemment libre cette fois, le Poète obéira au rythme personnel auquel il doit d'être, sans qu'aucun « Législateur du Parnasse » ait à intervenir ; et que le talent devra resplendir ailleurs que dans les traditionnelles et illusoires « difficultés vaincues » de la poésie rhétoricienne ».

Cl. Monet, *Femme à l'ombrelle*, 1886.

L'auteur des *Romances sans paroles*, lui, préfère en effet **la souplesse des mètres impairs**, brefs comme le pentasyllabe ou amples comme l'hendécasyllabe dont il tire d'étonnants effets (dans *Crimen amoris* notamment).

Mélodieuse, rythmée, cette poésie, qui n'est jamais aussi belle que lorsqu'elle côtoie la pure nomination (comme dans *Le ciel est par-dessus le toit...)*, se veut enfin et surtout « nuancée ». Pareille aux tableaux d'un Monet où l'œil reconstruit librement le motif dans le jeu des multiples touches du pinceau, le poème verlainien se sublime en réseau d' « impressions », suggérées en demi-teintes à la manière de pastels délicats. A la symphonie de Rimbaud, bruyante et haute en couleurs, il oppose le « modérato » discret de la romance ou de la sonate. Cet élégant impressionnisme littéraire, contemporain de l'impressionnisme pictural des années 1880, en fait aussi le parent des maîtres de l'impressionnisme musical que furent Debussy[1] ou Fauré. Grâce à lui, dans ses meilleurs poèmes, quand les impressions senties et vécues retournent à la réalité dans le flux léger des mots d'une chanson qui sait oublier qu'elle est aussi « littérature », le symbolisme trouve une de ses voies les plus fécondes. Même si l'amertume lui fera un jour renier le mot (« Symbolisme ? C'est un mot allemand ? »), il en aura illustré l'une des plus anthentiques acceptions.

1. En 1888, Debussy écrit une suite de mélodies également intitulées Ariettes oubliées.

BIBLIOGRAPHIE

Édition

Verlaine, *Œuvres poétiques complètes,* Éd. Yves-Gérard Le Dantec. Gallimard (bibl. de la Pléiade), 1938, rééd. 1962.

Études

Antoine Adam, *Verlaine, l'homme et l'œuvre.* Hatier, 1953.

Jean-Pierre Richard, « Fadeur de Verlaine », dans *Poésie et profondeur.* Le Seuil, 1955.

Henri Bornecque, *Verlaine par lui-même.* Le Seuil, 1961.

Pierre Petitfils, *Verlaine.* Julliard, 1980.

2. Mallarmé (1842-1898), le Maître impossible

Peu de choses à retenir de la vie de **Stéphane Mallarmé,** ce paisible et discret « homme d'intérieur » comme dira Claudel, qui naquit à Paris le 18 mars 1842. Après des études secondaires où il excelle particulièrement dans les langues, ce passionné d'Edgar Poe part, en 1862, en Angleterre « pour parler la langue, et l'enseigner dans un coin tranquille et sans autre gagne-pain obligé ». Il sera effectivement ensuite professeur à Tournon, Besançon, Avignon et enfin à Paris, à partir de 1871. Déjà **passionné par la poésie, il fréquente alors assidûment les milieux parnassiens et symbolistes.** Sans qu'il l'ait cherchée, la célébrité s'empare de lui en 1883-1884, après la parution des *Poètes maudits* de Verlaine et de *A rebours* de Huysmans, deux livres qui révèlent son génie. Dès lors, chaque mardi soir, son salon du 89 rue de Rome, ne désemplit pas. La vieille garde symboliste y côtoie, autour du Maître, d'ambitieux cadets (Valéry, Gide, Claudel) ou d'illustres étrangers (Verhaeren, Wilde). Retraité de l'enseignement depuis 1893, Mallarmé mourra alors qu'il travaillait sur le manuscrit inachevé d'*Hérodiade,* dans sa maison de campagne de Valvins, le 9 septembre 1898.

1869 : envoi d'*Hérodiade* au *Parnasse contemporain.* Début de la rédaction d'*Igitur.*

1876 : *L'Après-midi d'un faune.*

1877 : début de la rédaction des *Mots anglais.*

1880 : *Les Dieux antiques.*

1885 : *Prose pour des Esseintes.*

1887 : publication des *Poésies* dans *La Revue indépendante.*

1888 : traduction des *Poèmes* d'Edgar Poe.

1897 : *Un coup de dés...,* dans la revue *Cosmopolis.*

1 Une crise métaphysique dans une vie sans histoire

Au poète Mallarmé. Dessin de P. Gauguin, 1891.

Comme ceux de Rimbaud ou de Verlaine, les premiers poèmes de **Stéphane Mallarmé** sont marqués par le double patronage de Baudelaire et des Parnassiens. S'il apprécie chez les derniers le culte du mot et les exigences formelles, c'est la lecture des *Fleurs du mal,* en 1861, qui lui révèle la nature de son propre drame de créateur, fait également d'un douloureux déchirement entre les contraintes d'un réel qu'il juge méprisable et l'utopie que représente une idéalité inaccessible. Pourtant ces premiers textes, d'un symbolisme explicite *(Renouveau, L'Azur, Les Fenêtres),* ne recoupent pas totalement la thématique baudelairienne. Ce que l'auteur des « Spleen » éprouvait comme une fêlure de son être physique et moral, Mallarmé l'éprouve davantage comme une intolérable insatisfaction métaphysique. Insatisfaction qui, dans les années 1865-1870, va dégénérer en une crise existentielle probablement liée à la lecture qu'il fait alors des œuvres de Hegel.

Dans *Igitur* (1869), drame en prose inachevé, comme dans les fragments d'*Hérodiade* (1869), superbe hymne poétique à la pureté, s'affirme pour la première fois l'obsession d'un schéma ontologique qui va hanter ses futurs écrits : **faire du langage le pur espace où l'absolu de l'être, c'est-à-dire aussi son néant, se révélera dans une totale transparence.** Or cette utopie d'un « logos » pur présuppose d'abord chez le poète une extraordinaire ascèse de l'existence qui va jusqu'à la négation biographique et quasi biologique du moi par lui-même. Par cette volonté radicale de « sacrifice » dans l'écriture de tout ce qui relève des contingences de l'histoire ou d'un destin personnel, le poète rompait ainsi avec la grande tradition de la poésie du sentiment et du vécu, ininterrompue des romantiques à Rimbaud.

Les figures bibliques d'Hérodiade et de sa fille Salomé ont fasciné la génération symboliste. Outre Mallarmé, Gustave Flaubert dans ses *Trois Contes,* Algernon Charles Swinburne dans ses *Poésies et Ballades,* et Jules Massenet dans son premier opéra évoquèrent la grande reine, toute de violence et de luxure. Quant à Salomé, elle inspirera aussi bien Heinrich Heine qu'Oscar Wilde et Richard Strauss dont l'opéra fut donné à Paris en 1907, la même année que le drame chorégraphique de Florent Schmitt intitulé *La Tragédie de Salomé.*

2

Une théorie nouvelle du vers

Si « l'œuvre pure implique la disparition élocutoire du poète, qui cède l'initiative aux mots », Mallarmé, qui fut l'un des premiers écrivains, dans des textes comme *Crise de vers* ou *Variations sur un sujet,* à fonder son œuvre sur une réelle philosophie du langage, sait bien que cette « initiative » implique un certain état de grâce de la langue. Or, pour lui, la langue dont nous disposons est doublement imparfaite : quantativement, en raison de la multiplicité des langages parlés ; qualitativement puisqu'en son sein se côtoient « l'universel reportage » du quotidien et le Verbe essentiel où est donné « un sens plus pur aux mots de la tribu ».

La première mission du poète est donc de « rémunérer le défaut des langues », de dire vraiment l'être que manque constamment la parole du quotidien. Mais loin de se faire dans le cadre d'un système traditionnel de représentation, de mimésis[1], la saisie de l'être dans le vers passe d'abord chez Mallarmé par une « abolition » des choses dans le lexique : « **Le vers,** écrit-il, qui de plusieurs vocables **refait un mot total, neuf,** étranger à la langue et comme incantatoire, achève cet isolement de la parole (...) en même temps que la réminiscence de l'objet nommé baigne dans une neuve atmosphère. »

Les poèmes de la maturité mallarméenne, comme « Sainte », les « Éventail », le fameux « Sonnet en x » ou la « Prose pour des Esseintes », sont tous marqués par cette poétique de « suggestion » plus que de représentation, qui vise à la sublimation musicale et symbolique du réel dans le Verbe. Instruments de cette poétique : les brisures du rythme ou du mètre (anacoluthes[2], enjambements, rejets), les périphrases, préciosités ou archaïsmes lexicaux, et tous ces jeux syntaxiques ou grammaticaux. Mais, pour Mallarmé, **l'hermétisme** est le prix à payer pour que se réalise « la merveille de transposer un fait de la nature en sa presque disparition vibratoire selon le jeu de la parole ».

1. Mimésis : *le mot comme équivalent de l'objet.*

2. Anocoluthe : *Rupture ou discontinuité dans la construction d'une phrase.*

3

L'utopie du Livre sur rien

Mallarmé est allé encore plus loin dans cette utopie poétique de la pureté. Il a rêvé le poème idéal, celui qui ne « reposerait sur rien » et « constituerait par la plénitude du langage, l'absence pure, et, par conséquent, l'absence même du langage ». « Je profère la parole, disait déjà Igitur, pour la replonger dans son inanité. » C'est dire si, chez Mallarmé, **la profération de l'absolu côtoie fatalement le silence absolu :** silence qui est là dans les mots qui tuent et taisent les choses pour les faire « être » (ces « abolis bibelots d'inanité sonore »), silence encore des blancs de l'écriture, des intervalles entre les fragments, des marges du texte, silence où ne doit s'entendre que la « respiration » de l'être : « Idéal le poème tu, aux blancs. » *(Crise de vers).*

Cette volonté tenace d'une « maintenance » de l'absence et du silence au cœur même de l'écriture explique sans doute pourquoi Mallarmé qui, toute sa vie durant, n'a cessé de parler du Grand Livre « auquel le monde est fait pour aboutir », ne nous a laissé aucun monument, aucune somme poétique, mais seulement une mosaïque de textes épars et souvent inachevés.

G. Moreau, *Orphée*, XIXe s.

Loin de voir là un échec de son entreprise, considérons plutôt cette dernière « absence » comme la preuve que, pour le poète, il n'y a pas davantage d'instauration de l'Œuvre que de possession définitive de la vérité, que l'Œuvre est d'abord « attente » d'elle-même comme le poème est d'abord « désir » du poème.

L'ambition mallarméenne d' « une explication orphique de la terre »[1] n'a rien de contradictoire avec la seule production de ces « petites compositions merveilleusement achevées » qu'admirait Valéry. Chacun de ces brefs poèmes est à sa manière miniature, microcosme du Grand Jeu de l'absolu et du néant que le Maître a assigné comme défi à la poésie moderne. Toutefois, c'est sans doute dans sa dernière grande tentative, celle d'*Un coup de dés...* paru à la veille de sa mort en 1897, que Mallarmé a approché de plus près l'idéal qu'il s'était fixé.

> ***Un coup de dés...*** est fait d'**une vaste phrase à la disposition et à la typographie déroutantes,** où des « éclats » de texte cernent la proposition fondamentale : « Un coup de dés jamais n'abolira le hasard ». Sur cette ultime « scène » de l'écriture, le poète tente de rapprocher la double démarche de la Pensée qui n'a de cesse d'expliquer le chaos « hasardeux » de l'univers, et du Verbe dont l'ordre est « nécessaire » appropriation du Sens. Ce faisant, il accomplit la plus audacieuse et la plus extrême expérience du symbolisme : par le « lancer » des mots qui s'accouplent en se disséminant sur la page (« lancer ensemble », telle est d'ailleurs l'étymologie du mot « symbole »), il crée un objet poétique idéal qui, en existant, n'impose rien d'autre que l'évidence de sa présence essentielle. « Rien n'aura eu lieu que le lieu, excepté peut-être une constellation... »

Mallarmé, ni personne, ne pouvait aller plus loin que dans ce texte où il rejoint la démarche d'Orphée, ce poète mythique de la co-présence absolue de la Pensée et du Dire dans la fluidité du chant.

1. Sur cet aspect « orphique » de l'œuvre mallarméenne, on se reportera à l'étude de Maurice BLANCHOT *dans son essai* Le Livre à venir *(p. 326 et sq.).*

4 Épigones du Maître

Malgré le terme de « maître » dont le saluaient ses disciples de la rue de Rome, **Mallarmé fut davantage un inspirateur** qu'un chef d'école ou même qu'un maître à penser. Son salon fut en fait un foyer de réflexion poétique, de dimension internationale puisqu'on pouvait y croiser des écrivains comme Oscar Wilde, Émile Verhaeren, Albert Mockel ou Stefan George. Deux de ses meilleurs « élèves » furent d'ailleurs les Franco-Américains **Stuart Merrill** (1863-1915) et **Francis Vielé-Griffin** (1864-1937). Le premier, avant d'entrer dans la mouvance de Moréas, s'appliqua, avec succès souvent dans des recueils comme *Les Gammes* (1887) ou *Les Fastes* (1891), à mettre en pratique les leçons de « suggestion » et d'impressionnisme verbal de l'auteur du *Coup de dés.* Le second contribua à la théorisation du vers libre dont il fut dans ses premiers recueils *(Cueille d'avril,* 1886 ; *Les Cygnes,* 1885-1891 ; *La Clarté de la vie,* 1897) un bon illustrateur avant de s'égarer sur la voie d'un théâtre symboliste manquant par trop de souffle et de vigueur.

René Ghil (1862-1925) et **Gustave Kahn** (1862-1936) eurent souvent, eux aussi, l'occasion, rue de Rome, de s'affronter entre eux ou de disputer avec le Maître sur la question du sens et du rôle du vers libre. Le premier, qui fonda sa poésie sur une sorte de mystique de la phonétique, théorisée dans un intéressant *Traité du verbe* (1886), rêva d'un poème à la fois instrumental et expressif, qui offrirait une synthèse « éloquente, sculpturale, picturale et musicale » du monde. Son œuvre, immense bien que regroupée sous le seul titre de *Dire du mieux,* est restée injustement méconnue. Gustave Kahn, en revanche, s'assura la célébrité en dirigeant les grandes revues symbolistes de l'époque, où il imposa son image d' « inventeur » du vers libre. Il est vrai que dans ses multiples recueils de la décennie 1887-1897, des *Palais nomades* au *Livre d'images,* il en montra toutes les facettes : rimé ou assonancé, pair ou impair, allitéré ou non. Reste à savoir s'il ne sombra pas lui-même dans cette « inutile virtuosité » dont il disait qu'elle était la fatalité de toute forme poétique originale.

L. Levy-Dhurmer,
La Bourrasque, XIXe s.

BIBLIOGRAPHIE

Éditions

MALLARMÉ, *Œuvres complètes,* Éd. Henri MONDOR et Gérard JEAN-AUBRY. Gallimard (bibl. de la Pléiade), 1965. — *Poésies.* Gallimard (coll. « Poésie »), 1970 (l'édition est préfacée par SARTRE).

Études

Émile NOULET, *L'Œuvre poétique de Stéphane Mallarmé.* Genève, Droz, 1940.

Charles MAURON, *Mallarmé l'obscur.* José Corti, 1943.

Guy MICHAUD, *Mallarmé, l'homme et l'œuvre.* Hatier, 1953.

Maurice BLANCHOT, *Le Livre à venir.* Gallimard, 1959.

Jean-Pierre RICHARD, *L'Univers imaginaire de Stéphane Mallarmé.* Le Seuil, 1962.

Claude ABASTADO, *Expérience et théorie de la création poétique chez Mallarmé.* Minard, 1970.

3. Laforgue (1860-1887), la décadence et le mal « fin de siècle »

Jules Laforgue naquit en 1860 à Montevideo où son père était instituteur. Il rentra en France, à Tarbes, dès l'âge de six ans et fut plus tard élève au lycée Condorcet à Paris. Vivant très chichement de petits travaux littéraires, il fréquente d'abord Charles Cros et les milieux « décadentistes » jusqu'à ce qu'il obtienne, grâce à Paul Bourget, la place de lecteur de l'impératrice Augusta d'Allemagne. Il restera à Berlin et à Bade, de 1881 à 1886. C'est de là-bas qu'il envoya à Gustave Kahn ses premières *Complaintes* qui furent, avec les poèmes de *L'Imitation de Notre-Dame la Lune,* les seuls textes publiés de son vivant. Laforgue meurt en effet de la tuberculose, âgé de 27 ans, en août 1887, à Paris, peu de temps après son mariage avec une jeune anglaise, Leah Lee, qui ne lui survécut d'ailleurs que de quelques mois.

1880-1882 : travaille au *Sanglot de la terre* (publié en 1901).

1885 : *Les Complaintes* (éditées par Gustave Kahn).

1886 : *L'Imitation de Notre-Dame la Lune. Le Concile féerique.*

1887 : *Moralités légendaires* (contes philosophiques ; posthume).

1890 : *Des fleurs de bonne volonté* (posthume).

1 Splendeurs et misères de la décadence

Laforgue. Caricature de E. Laforge, XIXe s.

Les derniers soubresauts de l'Empire, sa chute sanglante en 1870, le drame de la Commune, les vacillements de la société bourgeoise un moment à la dérive, toutes ces péripéties de l'histoire engendrèrent, dans les deux dernières décennies du siècle, une jeunesse révoltée, en tout cas volontiers chahuteuse, qui s'inscrit dans la lignée du dandysme baudelairien ou de la bohème rimbaldienne. Toutefois, dédaignant les « cénacles », à la mode romantique, ou les « salons » de ses proches aînés, celle-ci va préférer, pour lieu de sa contestation turbulente, les brasseries et cabarets de la rive gauche ou de Montmartre. Le plus célèbre des points de ralliement de la faune « décadentiste » sera ainsi l'antre du « Chat noir » qui, sous la houlette du « gentleman-cabaretier » Rodolphe Salis, attirera pendant des années tout ce que Paris compte d'esprits errants ou égarés.

Il n'est guère facile de dégager ce qui unit les groupuscules qui prolifèrent alors, se font et se défont au hasard des rencontres et des querelles, si ce n'est une commune volonté de dire « zut » au monde bien-pensant et matérialiste des bourgeois. « Hydropathes », « Hirsutes », « Zutistes » et « Jemenfoutistes » rivalisent d'audaces tout autant que d'incohérences. A la différence des symbolistes, ils n'ont ni idéal partagé, ni théoricien, ni inspirateur. Leur hétérogénéité est telle que, lorsqu'en 1887, le fougueux Anatole Baju (déjà fondateur l'année précédente du journal *Le Décadent*) publiera un manifeste de ce qu'il ose appeler « l'école décadente », la décadence sera morte, déjà dissoute dans ses propres contradictions. Jules Laforgue, s'il n'avait quitté la France et surtout s'il n'était mort si jeune, aurait peut-être pu jouer le rôle de catalyseur de ce phénomène, lui qui fut, un moment, un « hydropathe » militant. Encore son œuvre excède-t-elle de beaucoup les simples trivialités de la décadence tapageuse.

2 Jules Laforgue : Hamlet ou Pierrot ?

De la décadence, **Jules Laforgue** conserva dans toute son œuvre un vocabulaire et des « tours » qui empruntent à la fois au jargon du dandysme et à l'argot des voyous parisiens. Mais, à la différence de nombre de ses contemporains, cette liberté réclamée et proclamée de la parole poétique n'a rien, chez lui, de gratuit ou d'artificiel. Elle est la rançon et l'antidote d'**un pessimisme fondamental,** légitimé à ses yeux par la lecture des ouvrages d'Hartman et de Schopenhauer, qu'il cherche à exorciser, comme le Figaro de Beaumarchais, en s'empressant d'en rire de peur d'avoir à en pleurer.

Si, dans *Le Sanglot de la terre,* il élevait sa plainte (de malade rongé par la phtisie, et de besogneux des lettres condamné à survivre plus qu'à vivre) jusqu'à la dimension d'un hymne métaphysique à la mort de l'univers, Laforgue trouve un ton plus juste et plus authentique dans *Les Complaintes* (1885) et dans les poèmes de *L'Imitation de Notre-Dame la Lune* (1886). A sa maladie, à ses dépressions et à la pauvreté, il oppose l'écran-miroir de textes dont la dérision souriante *(Chanson du petit hypertrophique)* ou l'humour macabre *(Complainte de l'oubli des morts)* sont autant de manières de prendre ses distances par rapport à l'étau du mal qui menace de le broyer. Décidé à « faire de l'original à tout prix », il endosse et réinvente, après Banville et Verlaine, la silhouette de **Pierrot.** De ce personnage « lunaire » bien que réellement dépositaire de ses répulsions et de ses obsessions face au monde, il fait le héros pitoyable mais attachant d' « un étrange carnaval métaphysique » (Gaëtan Picon) :

« C'est sur un cou qui, raide, émerge
D'une fraise empesée *idem,*
Une face imberbe au cold-cream,
Un air d'hydrocéphale asperge. »

E. Delacroix, *Hamlet et Horatio,* 1859.

Parallèlement, dans la prose des *Moralités légendaires,* c'est **Hamlet,** parmi la galerie des figures mythologiques qu'il réécrit encore, que Laforgue se découvre comme « double » privilégié. Prenant d'impertinentes libertés avec la légende shakespearienne, il ravale le héros à la dimension d'un pauvre diable cherchant en vain la clé de son destin. Cynisme, amertume, dévergondage, liberté à tout prix, tels sont bien en effet les mots-clés de l'espérance poétique que l'auteur d'*Hamlet ou les Suites de la piété filiale* va léguer à ces autres « mal aimés » du siècle à venir que seront Apollinaire, Max Jacob ou Robert Desnos.

3 Décadents et précieux

Montesquiou (1855-1921)

Si la décadence littéraire reflète une crise des valeurs morales et sociales dans la France de la fin du siècle, elle témoigne aussi d'une crise du langage lui-même qui semble s'épuiser à force d'inventions et de manipulations.

De ce « faisandage » de la vieille langue, qui confine à l' « agonie » pour le Huysmans de *A rebours* (voir p. 316), la poésie du comte **Robert de Montesquiou de Fezensac**[1] donne une étrange image. Cet aristocrate, esthète et cultivé, fut bien le « poète précieux à l'originalité tatouée excessivement » que décrit Rémy de Gourmont. Dans ses textes, bourrés de trouvailles lexicales, de raffinements métriques et

1. Robert de Montesquiou inspirera à H*UYSMANS*, *le personnage central de* A rebours, *Des Esseintes.*

G. Rouault, *Bouquet*, déb. XXe s.

d'acrobaties rythmiques, la décadence rejoint la préciosité dans un bizarre « cocktail » d'art, d'afféterie et de maniérisme. Les meilleurs de ses nombreux recueils (*Le Chef des odeurs suaves,* 1824 ; *Les Hortensias bleus,* 1896 ; *Les Paons,* 1897) révèlent en tout cas une extraordinaire acuité sensorielle qui fait du langage la boîte pandorienne de ses caprices et fantasmes :

« Je voudrais que mon vers fût un bibelot d'art
Spécial, curieux, particulier, étrange ;
Avec, sur son pourtour quelquefois un pétard
De couleur, bigarré, bizarre et qui dérange. »

Tailhade (1854-1919)

Sociologiquement aux antipodes de Montesquiou, **Laurent Tailhade,** « l'anarchiste lyrique » (Robert Sabatier), venu des troupes du *Parnasse contemporain,* ressemble par plus d'un trait au grand aristocrate décadent. S'il conserve du formalisme le goût pour un certain esthétisme gratuit (dans *Vitraux,* 1892, ou particulièrement dans *Plâtres et marbres,* 1913), ce « serpent à sonnets » donne, lui aussi, volontiers dans la luxuriance lexicale et une pédanterie dont on ne sait jamais très bien si elle n'est que cuistrerie naïve ou une authentique dérision linguistique qui épouserait son inspiration satirique (*Poèmes aristophanesques,* 1904 ; *Poèmes élégiaques,* 1907).

Mikhaël (1866-1890)

Citons enfin dans ce bref florilège l'œuvre trop courte d'**Ephraïm Mikhaël,** mort à 24 ans. Poète-enfant comme Rimbaud, poète-malade comme Laforgue, il publie en 1886 un unique recueil, *L'Automne de Mikhaël,* que Catulle Mendès, qu'il rencontra comme Tailhade dans les cercles parnassiens, décrivit avec un luxe verbal qu'aurait pu lui envier des Esseintes : « Chacun de ses poèmes est comme un bûcher de trésors flambants où rêve un Sardanapale environné de nudités parées de gazes et de perles... » Mais le pessimisme, charnellement vécu, d'Ephraïm, élégant et pathétique, n'est jamais aussi touchant que dans les quelques poèmes en prose (dont de somptueuses *Fleurs vénéneuses*) qui seront publiés après sa mort. Ces pages, égarées au crépuscule du siècle, méritent d'être resituées et relues entre les proses « clair-obscur » de Nerval et les « lieds funèbres » de Jarry.

BIBLIOGRAPHIE

Édition

LAFORGUE, *Œuvres complètes.* Mercure de France (6 volumes), 1902-1903. — *Poésies complètes.* Gallimard (coll. « Poésie »), 1970.

Études

Marie-Jeanne DURRY, *Jules Laforgue.* Seghers, 1952.

Pierre REBOUL, *Laforgue.* Hatier, 1956.

Noël RICHARD, *Le Mouvement décadent.* Nizet, 1968.

4. Du symbolisme à la romanité

Si, dans la lutte d'influence confuse qui l'oppose au décadentisme, le symbolisme paraît victorieux à partir de 1886, il va devoir affronter, pendant l'ultime décennie du siècle, une des plus vigoureuses « réactions » néo-classiques de l'histoire de la poésie française. Conséquence à la fois des remous politiques ou idéologiques du moment et de l'épuisement des querelles littéraires proprement dites, celle-ci devra surtout beaucoup à la personnalité de Jean Moréas.

1 La réaction néo-classique : Maurras et Moréas

P.C. Puvis de Chavannes, *Jeunes Filles au bord de la mer* (détail) fin XIXe s.

Au moment où un besoin d'ordre et de sécurité se fait sentir dans le pays, fasciné par les grandes proclamations nationales des hérauts de la droite, le laxisme décadent et les expériences symbolistes se trouvent brutalement en porte-à-faux. C'est du fond de la « latinité » que va monter la réaction, avec à sa tête le « Méditerranéen » Charles Maurras et le « Grec » Johannès Papadiamantopoulos, dit Jean Moréas.

Maurras (1868-1952)

Dans les années 1891-1896, **Charles Maurras,** par ses chroniques véhémentes dans *La Plume* ou *La Revue encyclopédique*, s'est lancé à fond dans la bataille idéologique. Poète laborieux (sa *Musique intérieure* ne paraîtra qu'en 1925), il va pourtant être le premier « meneur » d'une riposte traditionaliste qui emprunte au vieux *Parnasse* quelques mots-clés (« beauté absolue », « gratuité », « paganisme », « grandeur ») pour dénoncer tout ensemble les séquelles du romantisme et le « déviationnisme » du symbolisme contemporain.

Moréas (1856-1910)

Aux côtés de cet inspirateur vigoureux, **Jean Moréas** fut un véritable chef d'école, inattendu mais talentueux. Inattendu, car ce natif de Patras, après s'être fait remarquer par les élégances un peu empruntées de ses *Syrtes* (1884) et de ses *Cantilènes* (1886), réussit progressivement à s'imposer dans les cercles symbolistes grâce à son entregent et à son esprit de théoricien. En 1886, en publiant un « manifeste » fracassant, il devient *de facto* le chef du mouvement, même si l'inspiration néo-platonicienne de sa proclamation est loin de faire l'unanimité.

En réalité sa conception du symbolisme est depuis toujours fortement teintée d'esthétisme et d'érudition. Aussi va-t-il très vite opérer, à partir de 1888, un surprenant « volte-face » qui se traduit par la fondation, avec Maurras, de **l'École romane,** conçue comme une nouvelle et nécessaire « défense et illustration de la langue française » contre les excès et les errements qui la menacent. Dans son œuvre personnelle, le recueil des *Stances* (1899-1901), dont le titre est à lui seul un programme, date clairement cette « conversion ». Sans renoncer à une inspiration intime où le lyrisme côtoie la philosophie et sans tomber dans les pièges du « rétrogradisme » sans âme où s'enliseront d'autres tenants de la « romanité », sa poésie se fait délibérément plus dépouillée, plus didactique, voire plus sentencieuse. Malgré un talent certain, c'était quand même entrer à reculons dans l'histoire de la poésie et la postérité ne s'y est pas trompée.

2

Convertis et militants : Régnier et Samain

Régnier (1864-1936)

Le trajet d'**Henri de Régnier,** autre « converti », ne fut pas sensiblement différent de celui de Moréas. Longtemps séduit par l'esthétisme et le paganisme du *Parnasse* qui inspirent encore ses premiers recueils (*Lendemains* 1885, *Sites* 1887), il évolue, après avoir assidûment fréquenté les mardis de Mallarmé, vers un symbolisme fortement marqué, comme celui de l'auteur des *Stances,* par les mythologies antiques (*Poèmes anciens et romanesques,* 1890 ; *Les Jeux rustiques et divins,* 1897). Ses recueils parus au siècle suivant (comme *La Sandale ailée* ou *Le Miroir des heures)* ne démentiront pas cet attachement à une poésie qui essaie de concilier les intuitions du symbolisme avec la rigueur du formalisme.

Samain (1858-1900)

Le discret **Albert Samain,** co-fondateur avec Ernest Raynaud du *Mercure de France* en 1890, glissa lui aussi dans la mouvance du néo-classicisme fin de siècle. La critique symboliste le porta aux nues en 1893 pour son premier recueil, *Au jardin de l'infante,* qui n'est pas sans rappeler, dans ses meilleures pièces, l'impressionnisme verlainien. Mais, dès 1898, avec *Aux flancs du vase,* et dans ses derniers poèmes du *Chariot d'or* (posthume, 1901), il succombe aux tentations d'un hellénisme « bon genre » mais souvent conventionnel qui doit beaucoup plus à Chénier qu'aux grands initiateurs contemporains.

Même excès d'imitation, même absence d'originalité et souvent beaucoup moins de talent chez ceux qui formèrent les bataillons de l'École romane. Citons pourtant quelques militants convaincus dont les œuvres entrent d'ailleurs déjà dans la chronologie du vingtième siècle : **Maurice du Plessys** (1866-1924), « archaïsant » à souhait mais animé d'une sincère passion pour la vie (de sa *Dédicace à Apollodore,* 1891, aux *Odes olympiques,* 1921) ; **Raymond de La Tailhède** (1867-1938), type même du poète « roman » dont l'incontestable lyrisme latent est étouffé par les surcharges du style et de la mythologie (*De la métamorphose des fontaines,* 1895 ; *Triomphes,* 1905 ; *Chœur des Océanides,* 1911) ; ou encore **Ernest Raynaud** (1864-1936), compagnon du « décadent » Baju, et passé à la « romanité » avec *Le Bocage* (1895) et *La Tour d'ivoire* (1899), avant de se faire un honnête critique de *La Mêlée symboliste,* dans l'immédiat après-guerre.

BIBLIOGRAPHIE

Études

Albert-Marie SCHMIDT, *La Littérature symboliste.* P.U.F., 1947.

Guy MICHAUD, *Message poétique du symbolisme.* Nizet, 1947.

Henri PEYRE, *Qu'est-ce que le symbolisme ?* P.U.F., 1974.

Michel DÉCAUDIN, *La Crise des valeurs symbolistes, vingt ans de poésie française.* Slatkine, 1981.

CHRONOLOGIE DE LA POÉSIE*

Poésie lyrique et élégiaque

1819 Desbordes-Valmore : *Poésies*
1820 Lamartine : *Méditations poétiques*

1825 Desbordes-Valmore : *Élégies et poésies nouvelles*
1826-37 Vigny : *Poèmes antiques et modernes*
1828 Hugo : *Odes et Ballades*
1829 Hugo : *Les Orientales*
1830 Musset : *Contes d'Espagne et d'Italie*
1830 Lamartine : *Harmonies poétiques et religieuses*
1831 Hugo : *Les Feuilles d'automne*
1833 Desbordes-Valmore : *Les Pleurs*
1833 Musset : *Rolla*
1835 Hugo : *Les Chants du crépuscule*
1835-37 Musset : *Les Nuits*
1837 Hugo : *Les Voix intérieures*
1838 Forneret : *Vapeurs, ni vers ni prose*
1838 Gautier : *La Comédie de la mort*
1839 Desbordes-Valmore : *Pauvres Fleurs*
1840 Hugo : *Les Rayons et les Ombres*

1843 Desbordes-Valmore : *Bouquets et prières*

1854 Nerval : *Les Chimères*

Poésie épique et satirique

1836 Lamartine : *Jocelyn*

1838 Lamartine : *La Chute d'un ange*

1853 Hugo : *Les Châtiments*

Poésie « formaliste » et prose poétique•

1840 Guérin : *Le Centaure*• (posth.)
1842 Banville : *Les Cariatides*
1842 Aloysius Bertrand : *Gaspard de la nuit*• (posth.)
1845 Gautier : *España*
1846 Banville : *Les Stalactites*
1852 Gautier : *Émaux et Camées*
1852 Leconte de Lisle : *Poèmes antiques*
1853 Nerval : *Sylvie*•
1854 Nerval : *Les Filles du feu*•
1855 Nerval : *Aurélia*•
1855-92 Whitman : *Les Feuilles d'herbe* (Amérique)
1855 Tennyson : *Maud* (Angleterre)

Étranger

1799 Hölderlin : *Hyperion* (Allemagne)
1800 Novalis : *Hymnes à la nuit* (Allemagne)
1800 Schiller : *De la poésie narrative et sentimentale* (Allemagne)
1807 Wordsworth : *Poésies* (Angleterre)
1811 Goethe : *Poésie et vérité* (Allemagne)

1820 Keats : *Odes* (Angleterre)
1820 Shelley : *Odes au vent d'ouest* (Angleterre)
1821 Shelley : *Défense de la poésie* (Angleterre)

1827 Pouchkine : *La Tempête* (Russie)
1827 Heine : *Le Livre des chants* (Allemagne)

1833 Pouchkine : *Le Cavalier de bronze* (Russie)

1840 Becker : *Le Rhin allemand* (Allemagne)

1845 Poe : *Le Corbeau* (Amérique)

1856 Hugo : *Les Contemplations*
1857 Lamartine : *La Vigne et la Maison*
1857 Baudelaire : *Les Fleurs du mal*

1864 Vigny : *Les Destinées* (posth.)
1866 Verlaine : *Poèmes saturniens*

1869 Mallarmé : *Hérodiade*
1869 Verlaine : *Fêtes galantes* (posth.)

1873 Cros : *Le Coffret de santal*
1873 Corbière : *Les Amours jaunes*
1873 Nouveau : *Dixains réalistes*
1874 Verlaine : *Romances sans paroles*
1876 Mallarmé : *L'Après-midi d'un faune*

1881 Verlaine : *Sagesse*

1884 Verlaine : *Jadis et Naguère*
1885 Laforgue : *Les Complaintes*
1886 Laforgue : *L'Imitation de Notre-Dame la Lune*
1887 Mallarmé : *Poésies*

1889 Verlaine : *Parallèlement*

1893 Samain : *Au jardin de l'infante*

1896 Montesquiou : *Les Hortensias bleus*

1901 Laforgue : *Le Sanglot de la terre* (posth.)

1859 Hugo : *La Légende des siècles*, I

1870 Mendès : *Contes épiques*
1872 Hugo : *L'Année terrible*

1877 Hugo : *La Légende des siècles*, II

1883 Hugo : *La Légende des siècles*, III

1886 Hugo : *La Fin de Satan* (posth.)

1891 Hugo : *Dieu* (posth.)

1856 Banville : *Odelettes*

1858 Dierx : *Aspirations poétiques*

1861 Guérin : *La Bacchante*•
1862 Leconte de Lisle : *Poèmes barbares*

1866 Coppée : *Le Reliquaire*
1868 Coppée : *Les Intimités*
1868 Lautréamont : *Les Chants de Maldoror*•
1869 Sully Prudhomme : *Les Solitudes*
1869 Baudelaire : *Petits Poèmes en prose* (posth.)•
1870 Lautréamont : *Poésies*•
1872 Coppée : *Promenades et intérieurs*
1873 Rimbaud : *Une saison en enfer*•
1874 Banville : *Les Princesses*
1874-76 Rimbaud : *Illuminations*
1876 Mendès : *Sérénades*
1878 Sully Prudhomme : *La Justice*

1884 Leconte de Lisle : *Poèmes tragiques*
1884 Moréas : *Les Syrtes*
1886 Moréas : *Les Cantilènes*

1888 Sully Prudhomme : *Le Bonheur*

1892 Tailhade : *Vitraux*
1893 Heredia : *Les Trophées*

1897 Mallarmé : *Un coup de dés...*•
1899 Mendès : *Les Braises du cendrier*
1899 Moréas : *Stances*

1863 Carducci : *L'Hymne à Satan* (Italie)
1864 Tennyson : *Enoch Arden* (Angleterre)
1866-89 Swinburne : *Poésies et ballades* (Angleterre)
1867 Carducci : *Iambes et épodes* (Italie)

1871 Swinburne : *Chants d'avant l'aube* (Angleterre)

1879 D'Annunzio : *Primo Vere* (Italie)

1882 D'Annunzio : *Chant nouveau* (Italie)

1887 Carducci : *Rimes et rythmes* (Italie)

1896 Rilke : *Couronné de rêve* et *Avent* (Autriche)

1899 Rilke : *Chant de l'amour et de la mort du cornette Christophe Rilke* (Autriche)
1899 Yeats : *Les Pérégrinations d'Oisin* (Irlande)

* Sauf précision contraire, les dates indiquées sont celles de l'édition.

L'itinéraire poétique du XIX*e siècle français, commencé dans un quasi désert aux lendemains de la Révolution et achevé dans un foisonnement à l'aube de notre siècle, se déroule, on l'a vu, selon les lois d'une sorte de double symétrie chronologique, faisant alterner des temps forts de « révolution » et des temps faibles de « réaction ». Dans la première moitié du siècle, à l'explosion romantique des années 1820-1830 succède en effet, à dater de 1845, la réaction plastique des tenants de « l'art pour l'art » qui se prolongera, une vingtaine d'années plus tard, dans le mouvement du* Parnasse contemporain. *De même, dans la seconde moitié, aux diverses expérimentations et inventions des poètes de la modernité, Baudelaire, Rimbaud, Mallarmé et les symbolistes, s'opposent, après 1880, les conservateurs et les néo-classiques dont les poètes de l'École romane sont les plus représentatifs. La postérité, bien sûr, qu'elle soit critique, universitaire ou tout simplement populaire, a semblé choisir son camp : celui des romantiques et des « modernes » contre celui des nostalgiques de la beauté atemporelle et de l'esthétique gratuite.*

Or cette victoire poétique, des romantiques d'abord et des modernes ensuite, est bien une révolution dans l'histoire de notre poésie. Chez les premiers (nous pensons ici au Lamartine des Novissima Verba, *au Hugo de* La Légende des siècles *aussi bien qu'à Nerval), comme chez les seconds qui font plus explicitement le procès de la tradition en la matière, nous constatons en effet le même déplacement de l'enjeu de la poésie. Le poème cesse d'être un simple* ***objet*** *de contemplation esthétique ou de méditation offerte à l'entendement mais devient vraiment* ***langage opératoire,*** *que ce soit sous la forme d'un « message » à entendre ou, plus obscurément, d'un « sens » à inventer ou à redécouvrir.*

Cette modification radicale de ***la conception poétique*** *se double d'ailleurs d'une interrogation fondamentale sur* ***la pratique poétique.*** *De Lamartine à Mallarmé, des strophes encore sages de* La Vigne et la Maison *aux séquences hasardeuses de* Un coup de dés, *en passant par* Les Chants *houleux de Lautréamont, le poème devient chaque fois davantage, sous ses formes diverses, questionnement et remise en question de lui-même. D'une génération à l'autre, et parfois même d'un créateur à l'autre, tout se passe comme si l'essentialité de la parole poétique se faisait chaque fois plus prégnante. Comme si la poésie découvrait, dans le mouvement de ses diverses genèses et de son histoire collective, que le seul « objet » dont elle « s'honore », c'est elle-même.*

Cette constatation suffit pour nous autoriser à affirmer qu'en ce siècle des monstres sacrés du roman bourgeois, les « géants » et les « phares » de la poésie française ont commencé à défricher un immense terroir dont ni les surréalistes ni nos contemporains n'ont encore épuisé les chemins qui ont noms : liberté, désir, volonté, et par-dessus tout imagination.

IIIe partie

LES GENRES NARRATIFS

Quelle que soit l'importance des œuvres accomplies dans d'autres genres, quel que soit l'enjeu des batailles qui se livrent autour du théâtre ou de la poésie, le XIXe *siècle apparaît avant tout, dans la conscience des critiques et du public, comme* ***le siècle du roman.*** *Cette prépondérance du roman pourrait se mesurer, numériquement, par l'ampleur même de la production romanesque, qu'elle accède à la dignité littéraire ou non. Si l'on est loin encore des tirages actuels qu'atteignent les « best-sellers », il n'en est pas moins vrai que les chiffres de tirage et de vente des romans connaissent, au cours de ce siècle, un bond considérable, phénomène qu'on doit mettre en rapport avec les progrès liés de l'alphabétisation et de la presse à grand tirage[1].*

Cette importance numérique reste cependant toute relative, et irrégulière : en 1828, sur 5 729 titres nouveaux parus dans l'année, on compte seulement 267 romans, ce qui place le roman en 7e position par rapport aux autres genres, loin derrière l'histoire et même la poésie, et à égalité avec le droit. En 1836 encore, Émile de Girardin estime le tirage moyen d'un romancier à la mode comme Paul de Kock, ou Victor Hugo, à 2 500 exemplaires. Les romans de Balzac seront généralement tirés à environ 1 500 ou 1 200 exemplaires ; l'œuvre d'un auteur inconnu, *Le Rouge et le Noir* (1830), est tirée en 2 volumes de 750 exemplaires chacun ! En revanche, les œuvres complètes de Walter Scott atteignent 10 000 exemplaires par édition. Vers 1840, la production romanesque annuelle est estimée à environ 300 000 exemplaires, ce qui est évidemment minime par rapport à la population sachant lire, et ce qui s'explique avant tout par le prix élevé du livre. C'est beaucoup plus tard, avec le succès considérable des *Misérables* de Hugo (que des ouvriers d'usine se cotisent pour acheter et lire en commun), des romans « populaires » (Eugène Sue) ou des romans de Zola que les tirages atteindront plusieurs dizaines de milliers d'exemplaires par édition.

Mais cette emprise du roman se marque surtout par l'attirance que ce genre exerce sur les écrivains les plus divers : même si la tendance, de Balzac à Zola, agit dans le sens d'une certaine spécialisation, de nombreux poètes ou historiens ne dédaignent pas d'emprunter la voie du roman, apportant ainsi à un genre,

1. *Voir encadré p. 192.*

longtemps méprisé, une consécration que les institutions officielles, à la fin du siècle, entérineront.

La diversité des tendances et des individualités, la multiplicité des genres que recouvre en fait le terme de « roman » ne doivent pas masquer les grandes orientations auxquelles la littérature romanesque se trouve alors soumise : ces orientations s'inscrivent dans un réseau de filiations, d'influences reconnues ou non, ou de contraintes extra-littéraires qui pèsent également sur tous les romanciers, déterminant ainsi des constantes, des points communs, voire l'approfondissement de certains traits spécifiques, par des générations successives.

Parmi ces orientations, ***la montée du « réalisme »*** *est sans doute, comme d'ailleurs dans les autres arts, la plus apparente. Malgré toutes les ambiguïtés de ce terme, tous les romanciers de l'époque, peuvent, à des titres divers, être qualifiés de « réalistes » : de Stendhal à Zola, même refus du « mensonge » romanesque, même quête du « petit fait vrai », même recherche, par différents moyens, de « l'illusion réaliste ».*

En même temps, le roman poursuit, tout au long du siècle, une ambition qui semble en contradiction avec ces aspirations réalistes. Alors même que la poésie renonce à la grandeur épique, le roman relève le défi de ce rêve impossible de l'épopée qui hantait déjà les époques précédentes : Hugo, Balzac, Flaubert et même Zola tenteront d'insuffler au roman cette ***dimension épique*** *que l'éducation place alors au sommet de la hiérarchie des valeurs culturelles.*

La vitalité nécessaire à l'accomplissement du projet épique ne pouvait être puisée que dans une origine populaire. C'est pourquoi le roman, au XIXe siècle, plus qu'aucun autre genre, plonge ses racines dans la littérature populaire, avec laquelle il entretient des échanges constants : entre Sue et Balzac, entre Dumas et Hugo, entre Verne et Zola, les frontières que l'histoire littéraire a consacrées étaient bien moins perçues alors que de nos jours. Bien plus, de nombreux romanciers, de George Sand à Vallès, récusent cette hiérarchie et voient dans le roman la possibilité d'atteindre un public populaire. Corrélativement, la matière sociale du roman s'ouvre progressivement à toutes les couches de la population : ***c'est par le roman que le peuple, au XIXe siècle, fait son entrée dans la littérature.***

Ainsi, le roman se taille peu à peu ce rôle de moyen de communication de masse qu'il occupe aujourd'hui dans la littérature ; de là cet aspect conquérant qu'il revêt très souvent par rapport aux autres genres : prolifération monstrueuse qui contient les germes d'une décadence. Empiétant sur les autres modes d'expression, le roman en vient à se remettre en cause, surtout à la fin du siècle où l'on commence à parler d'une « crise du roman » : il devient ainsi un terrain propice aux expériences romanesques du XXe siècle.

I A LA RECHERCHE DU ROMAN

En matière romanesque, le siècle qui commence semble disposer d'un héritage considérable : le XVIIIe siècle n'a-t-il pas démontré, par le foisonnement même de ses expériences, la prodigieuse fécondité d'un genre qui permet les réalisations les plus diverses : roman picaresque, conte philosophique, roman épistolaire, roman d'analyse... ? Bien plus, le succès de *La Nouvelle Héloïse* de Rousseau ou de *Paul et Virginie* de Bernardin de Saint-Pierre paraît couronner le roman d'une auréole de prestige qui lui faisait défaut jusqu'à présent : s'il n'a pas encore acquis sa place parmi les genres « nobles », du moins connaît-il la faveur grandissante du public. De manière plus décisive encore, le souci de vraisemblance et l'exigence de vérité manifestés par Marivaux ou Restif, voire la mise en évidence par Diderot des conventions romanesques — et donc leur ébranlement — pouvaient orienter le roman vers des perspectives multiples : forme libre, et rejetée en conséquence par tous les « arts poétiques », le roman se prêtait à toutes les tentatives, toutes les innovations.

Pourtant la littérature romanesque connaît, au tournant du siècle, une crise que quelques rares réussites ne parviennent pas à occulter, et qui se traduit par une abondance d'œuvres médiocres, par un retour à des procédés, et même à des « poncifs ».

On retrouve notament tous les stéréotypes issus des romans sentimentaux de Richardson, et dont se moquera Chateaubriand : « Les romans se remplirent de châteaux, de lords et de ladies, de scènes aux eaux, d'aventures aux courses de chevaux, au bal, à l'Opéra, au Ranelagh, avec un *chit-chat,* un caquetage qui ne finissait plus. La scène ne tarda pas à se transporter en Italie ; les amants traversèrent les Alpes avec des périls effroyables et des douleurs d'âme à attendrir les lions... » *(Mémoires d'outre-tombe)* ; ces images berceront encore l'imagination exaltée d'Emma Bovary. C'est ainsi que les rares théoriciens qui examinent alors la situation du roman déplorent la « dépravation du goût » qui a conduit leurs contemporains à chercher dans les romans une compensation aux tourmentes qui ont agité la France révolutionnaire. Mais, de manière plus positive, ils tentent de définir des voies nouvelles, et pressentent la fonction d'analyse que le roman va désormais remplir : « Cherchons donc toutes les ressources du talent, tous les développements de l'esprit, dans la connaissance approfondie des affections de l'âme, et n'estimons les romans que lorsqu'ils nous paraissent, pour ainsi dire, une sorte de confession, dérobée à ceux qui ont vécu comme à ceux qui vivront » proclame Mme de Staël. Une « confession » : le mot, certes, n'est pas gratuit ; il révèle l'ombre immense projetée par Rousseau, dont *Les Confessions* (éd. posth., 1782 et 1789), autant que *La Nouvelle Héloïse* (1761) restent pour l'époque le modèle indépassable du roman d'analyse, ainsi qu'un idéal d'écriture alliant la vérité de l'autobiographie et de la morale aux prestiges du style et de l'imagination. Surtout, avec le *Werther* de Goethe (traduit en France en 1776), les œuvres de Rousseau ont pour longtemps infléchi le roman vers le récit à la première personne, celui-ci revêtant cependant, selon les auteurs, les formes les plus variées.

Le Soir.
Lithographie
de P. Gavarni, 1834.

1. Les romans du « moi »

1

Germaine de Staël (1766-1817) et la revendication féminine

J.B. Isabey, *Madame de Staël,* déb. XIXe s.

Si l'œuvre critique de **Germaine de Staël**[1] a exercé une influence déterminante sur l'évolution du romantisme français, il n'en va pas de même pour son œuvre proprement créatrice. Bien qu'elle eût, dès son *Essai sur les fictions* (1795), décelé l'avenir qu'allait connaître le genre romanesque par la suite et qu'elle eut même formulé à ce sujet des intuitions vraiment novatrices (« L'ambition, l'orgueil, l'avarice, la vanité pourraient être l'objet principal de romans dont les incidents seraient plus neufs et les situations aussi variées que celles qui naissent de l'amour » : programme qui semble déjà porter en germe toute *La Comédie humaine*...), ses propres tentatives, encore empêtrées dans les conventions du roman sentimental, ne sont pas à la hauteur de ses ambitions. Ces œuvres devaient pourtant connaître un succès foudroyant, qu'explique en particulier la part évidente d'investissement personnel que l'auteur y avait ménagé.

Ainsi, ***Delphine*** (1802), au-delà de la fiction d'un amour rendu impossible par les préjugés sociaux, doit son intérêt à la franchise audacieuse avec laquelle Mme de Staël introduit ses propres analyses politiques, sociales ou religieuses. Elle ne craint pas de faire intervenir les luttes révolutionnaires, ou d'aborder de front la question du divorce, envisagé comme une issue possible au conflit entre les passions et la réalité.

Corinne ou l'Italie (publié en 1807) mêle, à une description très complète de l'Italie ancienne et moderne, une réflexion passionnée sur la condition féminine et une expérience approfondie de l'observation de soi, qui poursuit l'œuvre entreprise dans le roman précédent. Corinne, célèbre poétesse romaine, se heurte aux préjugés, aux lois et aux convenances sociales qui briment en elle la femme, l'artiste de génie et l'amoureuse.

1. *Voir page 177.*

Germaine Necker, fille du financier genevois Jacques Necker (plus tard ministre de Louis XVI) et élevée à l'école des philosophes, épouse en 1786 le baron de Staël-Holstein, ambassadeur de Suède à Paris. Bien qu'elle ait applaudi à la naissance de la Révolution, elle est forcée en 1792 d'émigrer à Coppet, près de Lausanne. Elle rentre à Paris en 1795 où elle publie son *Essai sur les fictions.* Le salon de Mme de Staël accueille à cette époque Cabanis, Destutt de Tracy, Sieyès, Constant, avec lequel elle connaîtra une liaison sentimentale et intellectuelle, longue et passionnée.
En 1800, elle publie *De la littérature considérée dans ses rapports avec les institutions sociales,* important essai de sociologie et de littérature. En 1802, *Delphine* la rend célèbre. Le salon qui l'entoure devient de plus en plus brillant, mais la police impériale suspecte l'écrivain d'intriguer avec les généraux Moreau et Bernadotte. L'empereur lui intime l'odre de séjourner hors de Paris. Elle part donc pour l'Allemagne, où la rejoint Constant, et rencontre Goethe et Schiller; puis elle gagne l'Italie (1804-1805), où elle s'enthousiasme pour les sites et connaît une grande passion amoureuse. De ce voyage naît *Corinne* (1807). *De l'Allemagne* sera saisi par la police et détruit en 1810. En mai 1814, Mme de Staël rentre à Paris. **Symbole de l'opposition intellectuelle à l'Empire,** elle connaît sous la Restauration un prestige immense. Elle publie alors ses *Considérations* (...) *sur la Révolution française,* et meurt en juillet 1817.

1788 : *Lettre sur les ouvrages et le caractère de J.-J. Rousseau.*

1796 : *De l'influence des passions...*

1800 : *De la littérature considérée dans ses rapports avec les institutions sociales.*

1802 : *Delphine.*

1807 : *Corinne ou l'Italie.*

1814 : *De l'Allemagne* (rédigé de 1808-1810; éd. 1813, à Londres).

1817 : *Considérations sur les principaux événements de la Révolution française.*

En « sublimant » ainsi, par le détour de la fiction, ses propres déceptions, Mme de Staël soulignait en même temps l'injustice dont la femme, en général, était victime et revendiquait déjà le droit de cette dernière à l'autonomie et au bonheur. Ces deux notions sont absolument soudées dans la pensée de Mme de Staël. Son essai *De l'influence des passions sur le bonheur des individus et des nations* (1796) affirme que le moi autonome et profond est la seule condition du bonheur, et refuse à l'amour, à la gloire, à l'amitié, à la religion, aux passions et même aux affections familiales la possibilité de l'offrir.

Ainsi, avec Mme de Staël, **le roman personnel est autobiographique par l'expérience qui le nourrit et par les idées, voire les « thèses », dont il se fait l'expression.** Il en va tout autrement avec celui qui fut longtemps son compagnon, Benjamin Constant.

2 Constant (1767-1830), ou la pitié dangereuse

H. de Roches, *Constant vers 1830*, XIXe s.

Si l'œuvre critique, politique et philosophique de **Benjamin Constant** est loin d'être négligeable, force est de reconnaître que pour les lecteurs d'aujourd'hui, il est avant tout l'auteur *d'Adolphe* (1806), en qui on reconnaît à la fois un des chefs-d'œuvre du roman d'analyse « classique » et, par la sobriété de son style et la profondeur de ses analyses psychologiques, un des premiers romans « modernes ».

> Récit à la première personne — qui transpose évidemment ce que fut la liaison de l'auteur avec Mme de Staël —, ***Adolphe*** analyse avec une prénétration remarquable le « mélange d'égoïsme et de sensibilité » qui forme le caractère d'un personnage, douloureusement conscient d'être incapable d'éprouver « aucun sentiment qui partît du cœur » et qui, balancé entre la pitié et la lassitude envers sa maîtresse Ellenore, causera véritablement la mort de cette dernière par son incertitude.

Lorsque Constant indique dans son *Journal* : « Écrit à Charlotte (Charlotte de Hardenberg, pour laquelle Constant rompra avec Mme de Staël, et qu'il épousera secrètement en 1808). Commencé un roman qui sera notre histoire », il définit précisément sa conception du projet autobiographique : « notre histoire », c'est-à-dire ni le récit d'un itinéraire individuel (comme le sera *René* de Chateaubriand), ni une mise en œuvre romancée des idées de l'auteur (comme l'étaient les

---

Né à Lausanne, d'une famille protestante, **Benjamin Constant de Rebecque** côtoye, après de brillantes études, l'élite littéraire et politique de son temps. **Extrêmement brillant, mais sceptique et incertain,** mêlant l'ironie et la sensibilité, il connaîtra un destin politique très ondoyant : membre du Tribunat, puis exclu par Bonaparte, il partage l'exil de Mme de Staël, avec lequel il entretient une liaison orageuse. De retour en France en 1814, il joue un rôle important lors des Cent-Jours. Libéral sous la Restauration, il favorisera l'établissement de la Monarchie de Juillet. Par ses pamphlets, ses discours, ses essais, il alimente constamment la réflexion politique et philosophique, tandis que sa personnalité séduisante et contrastée se reflète dans une œuvre autobiographique, morcelée et inégale.

1796 : premières brochures politiques.

1815 : *Principes de Politique.*

1816 : *Adolphe* (composé en 1805-1806).

1824-1831 : *De la religion considérée dans sa source, ses formes et ses développements.*

1895 : *Journal intime.*
Lettres à sa famille et à ses amis.

1907 : *Le Cahier rouge* (ou *Ma vie, 1767-1787*)

1951 : *Cécile* (récit autobiographique).

---

romans de Mme de Staël), mais l'histoire d'un couple, le déroulement d'une liaison, l'affrontement dramatique, selon un scénario réellement vécu, entre deux caractères.

Par là, Adolphe prend sa place à côté de René comme **une de ces figures représentatives** en lesquelles la génération romantique va rechercher et contempler une certaine image d'elle-même.

3

Senancour (1770-1846) et la « sensibilité expansive »

Cette propension à l'introspection devient enfin le but essentiel du roman le plus significatif de cette tendance autobiographique : *Oberman* (1804) **d'Étienne Pivert de Senancour.**

Solitaire, se consacrant entièrement à la méditation, **Senancour** se veut le disciple de Rousseau et de Bernardin de Saint-Pierre dans ses *Rêveries sur la nature primitive de l'homme, [...],* publiées en 1799 et redécouvertes, comme *Oberman,* par la génération romantique de 1830.

Senancour. Gravure sur bois de A. Lepère, 1813.

Oberman (1799-1801 ; éd. 1804) est une succession de 89 lettres adressées par Oberman [« homme des hauteurs »] à un ami auquel il confie son malaise au milieu des hommes, ses « affections vaines », et surtout le drame d'une conscience assoiffée d'absolu alors même que persuadée des limites de la destinée humaine.

Écartelé entre une nature bornée et des aspirations illimitées, Oberman s'écrie : « Il y a dans moi une inquiétude qui ne me quittera pas ; c'est un besoin que je ne connais pas, que je ne conçois pas, qui me commande, qui m'absorbe, qui m'emporte au-delà des êtres périssables (...) Il me faut des illusions sans bornes, qui s'éloignent pour me tromper toujours. Que m'importe ce qui peut finir ? » (Lettre XVIII).

Journal intime plus que roman épistolaire, cette œuvre analyse donc les aspects que revêt un mal de vivre qui a son origine dans une recherche inassouvie de l'absolu, empruntant les voies du mysticisme et de l'illuminisme.

Les accents d'un **lyrisme discret et sincère** avec lesquels Senancour sait évoquer la « volupté de la mélancolie », tout comme la poésie qui émane de certains paysages intérieurs, où l'on ne distingue plus nettement la séparation entre l'image réelle et la sensation vécue, confèrent à cette œuvre isolée, mais qui annonce toute une génération, un charme certain.

BIBLIOGRAPHIE

Éditions

CONSTANT, *Œuvres,* Éd. Alfred ROULIN. Gallimard (bibl. de la Pléiade), 1957. — *Adolphe,* Éd. Jacques-Henri BORNECQUE. Garnier, 1952.

SENANCOUR, *Oberman,* Éd. Jean-Maurice MONNOYER. Gallimard (coll. Folio), 1984.

Études

Béatrice D'ANDLAU, *Madame de Staël.* Genève, Droz, 1960.

Georges POULET, *Benjamin Constant par lui-même.* Le Seuil, 1968.

Tzvetan TODOROV, « La parole selon Constant », dans *Poétique de la prose.* Le Seuil, 1971.

Béatrice DIDIER-LE-GALL, *L'Imaginaire chez Senancour.* José Corti, 1960.

Marcel RAYMOND, *Senancour.* José Corti, 1966.

2. Chateaubriand (1768-1848), ou les limites du roman

1 Le roman dans l'œuvre

L'œuvre de **François René de Chateaubriand** (voir biographie, p. 188) s'inscrit au confluent de plusieurs genres : histoire, philosophie politique, roman, mémoires, critique littéraire... Non que cette diversité soit le signe d'une quelconque versatilité, ni la manifestation d'une sorte d'impérialisme littéraire poussant l'écrivain à démontrer sa maîtrise de toutes les formes d'expression ; au contraire, elle résulte de la permanence, et même, paradoxalement, de la modestie d'une intention créatrice qui se donne comme **cible unique la représentation du moi,** de ses états d'âme, de ses idées, mais aussi de ses rêves, de ses potentialités.

À considérer séparément le versant romanesque de cette œuvre, on risque certainement de rompre la continuité de cette inspiration, et d'oublier que les *Mémoires d'outre-tombe*[1] sont aussi un véritable « roman », non pas, comme on l'a souvent fait remarquer, parce que la sincérité s'y mêle souvent à la fiction, voire au pur et simple mensonge, mais parce que l'aventure individuelle du « héros » Chateaubriand ne le cède en rien aux imaginations des romanciers, et parce que les éléments de son existence y sont combinés, disposés et mis en perspective selon **une volonté organisatrice qui est celle du romancier.**

Pourtant, cette dichotomie fait apparaître une tension, constante chez Chateaubriand, entre la narration ou la réflexion directe, à la première personne (mémoires, voyages, essais), et le récit indirect, à la troisième personne (ou à une première personne fictive) : indice d'**un besoin de distanciation** ou peut-être signe d'une exigence esthétique, par laquelle l'harmonie insaisissable des sensations vécues doit se distiller mélodiquement en séquences narratives.

1. *Voir p. 189.*

2 *Atala*, ou le rêve américain

Des préoccupations diverses qui ont entouré sa conception, ***Atala*** (1801) garde la marque profonde ; de là viennent sans doute ses ambiguïtés, et même ses contradictions.

> En Louisiane, un vieil Indien aveugle, Chactas, raconte sa vie à René, un jeune Français qui souhaite vivre au milieu des Indiens. Recueilli et élevé par un Espagnol, Lopez, le jeune Chactas est fait prisonnier par les ennemis de sa tribu ; une Indienne, Atala, le sauve et s'enfuit avec lui. Un terrible orage les oblige à s'abriter sous un arbre ; là, Atala révèle à son compagnon qu'elle est en réalité la fille de Lopez et chrétienne. Le couple finit par trouver refuge dans la mission du père Aubry. Désireux d'épouser celle qu'il aime, et séduit par l'œuvre accomplie par le missionnaire, Chactas est prêt à se convertir. Mais Atala, qui a été consacrée par sa mère à la Vierge, et craint de ne pouvoir rester fidèle à ce vœu, s'empoisonne. Elle a toutefois le temps de révéler son secret à Chactas, qui l'ensevelit, puis se convertit.
>
> Bien plus tard, le narrateur retrouve la petite-fille de René : il apprend d'elle que Chactas, René et tous les membres de la tribu des Natchez ont été massacrés par les Français.

Un amour édénique

Par bien des côtés, en effet, *Atala* se rattache au passé ; on y retrouve des thèmes chers au XVIIIe siècle : l'**exaltation de la nature et des charmes de la vie primitive,** le mépris des plaisirs corrompus qu'offre la civilisation. Quoique Chateaubriand s'efforce de ne pas succomber au mythe rousseauiste du « bon sauvage », on sent, autour du couple Chactas-Atala, le même parfum d'innocence, et dans le décor qui les entoure, le même idéal édénique que dans *Paul et Virginie* de Bernardin de Saint-Pierre[1].

1. *Voir p. 96.*

Illustration pour *Atala*.
Gravure de G. Doré, XIXe s.

La grandeur du christianisme

Cependant, tout en cédant à ces séductions, l'écrivain tentait de les racheter en donnant à son récit une signification religieuse, voire même édifiante : la célébration de la vie sauvage débouche en effet sur une apologie du christianisme, qui est censé triompher doublement, par la fidélité de l'héroïne à son vœu, et par la conversion ultime de Chactas. Conscient du paradoxe que constitue une telle perspective par rapport à l'effet que produit l'œuvre sur le lecteur, Chateaubriand tente d'ailleurs de la corriger en faisant d'Atala la victime de ses superstitions, et lui oppose le christianisme « raisonnable » du père Aubry. D'autre part, la recherche de la beauté plastique recouvre la mort d'Atala d'un voile de sérénité et de sainteté qui éloigne tout grief de responsabilité à l'égard d'une religion dont elle est, malgré tout, la victime. Au demeurant, la grandeur du christianisme, selon Chateaubriand, apparaît précisément dans cette lutte qui l'oppose aux plus fortes passions humaines, et dans cette soif d'absolu, plus essentielle que la recherche du bonheur, ou plutôt qui met le bonheur au sein même de la souffrance : « Ô religion, s'écrie Atala, qui fais à la fois mes maux et ma félicité, qui me perds et qui me console... »

La mort d'Atala, transfigurée, et surtout son ensevelissement au sein de la nature marque la réconciliation de ces deux forces dont le conflit est le véritable — et peut-être le seul — moteur du récit : **la religion et la nature.**

Illustration pour *Les Natchez.* Gravure sur bois pour l'éd. de 1849.

Les scènes de la nature

Car la nature, constamment présente par de longues descriptions lyriques, n'y figure pas seulement à titre de décor. Ce déploiement d'images exotiques, comme l'accumulation de détails relatifs aux mœurs, voire au langage des Indiens, toute cette prolifération de sensations inconnues n'a pas seulement pour but d'envoûter le lecteur, de satisfaire son besoin d'évasion : elle participe à la signification même de l'ouvrage. Cette démesure, ce « surgissement dyonisiaque » (Jean-Pierre Richard) de la nature est l'exact pendant de la plénitude intérieure que la religion répand au cœur de l'homme. C'est pourquoi le christianisme, religion « naturelle », s'implante si fortement dans l'âme des sauvages, grâce à cette « harmonie de la religion chrétienne avec les scènes de la nature et les passions du cœur humain ».

Par cet accord profond entre la nature et l'âme des héros, *Atala* échappe, bien plus qu'*Adolphe* de Constant, à la tradition romanesque, et s'inscrit comme une des œuvres marquantes du romantisme naissant.

3 *René* et le « vague des passions »

Encore plus durable devait être l'accueil fait à *René* (1805), illustration de ce « vague des passions » dans lequel Chateaubriand, puis la génération romantique, reconnaîtra son mal, le « mal du siècle ».

« On habite avec un cœur plein un monde vide »

Dans le *Génie du christianisme* ce thème fait l'objet du chapitre *Du vague des passions :* « Il reste à parler d'un état de l'âme qui, ce nous semble, n'a pas encore été observé : c'est celui qui précède le développement des passions, lorsque nos facultés, jeunes, actives, entières, mais renfermées, ne sont exercées que sur elles-mêmes, sans but et sans objet. » René résume en ces termes **ce mélange** indéfinissable d'ennui, de morosité, **d'insatisfaction, mais aussi d'aspirations** aussi floues qu'irrépressibles : « Je cherche seulement un bien inconnu, dont l'instinct me poursuit » ; ou ailleurs : « Il me manquait quelque chose pour remplir l'abîme de mon existence ».

C'est sur cet « abîme », cette béance intérieure que se greffe, là encore, la perspective apologétique : la religion est confirmée par le besoin qu'elle satisfait, la plénitude dont elle comble le vide qui est au cœur de l'homme, et dont le désir est la forme immanente.

Illustration pour *René.* Gravure de J.J. Le Barbier Aîné, début XIXe s.

> *René,* présenté comme une suite d'*Atala,* est le récit, par le héros, au Père Souël et au vieux Chactas des origines de sa mélancolie.
>
> Après une adolescence rêveuse et solitaire, en la seule compagnie de sa sœur Amélie, il a quitté la Bretagne pour voyager, puis se retrouver isolé dans « ce vaste désert d'hommes » qu'est Paris. Emporté par des rêves chimériques, tour à tour exalté, puis déçu par la réalité, il est détourné du suicide par sa sœur Amélie. Quand celle-ci, que torture le remord d'éprouver une tendresse trop vive pour son frère, entre au couvent, René fuit l'Europe et se « fait sauvage » au milieu des Natchez... De cette aventure, le Père Souël tire une sévère leçon.

On a souvent fait remarquer l'absence d'action de ce récit. C'est négliger l'extrême intensité dramatique qui naît, dans sa condensation même, de la révélation progressive du « crime » d'Amélie, puis de son expiation ; surtout, on risque ainsi d'affadir un personnage, qui est un véritable « monstre », suscitant à la fois la pitié de Chactas et la sévérité du père Souël : victime et bourreau, criminel innocent, qui provoque à la fois la mort réelle de sa mère et la mort symbolique de sa sœur.

Un héros fatal

Si René est bien **un héros romantique,** ce n'est pas seulement par ses rêveries inconsistantes, par sa recherche de la solitude, par son « ennui », c'est surtout **par la fatalité qui semble peser sur lui ;** en particulier, le caractère sulfureux, et presque hallucinatoire de certaines scènes (par exemple l'étreinte triplement sacrilège dont il enserre sa sœur, religieuse et « cadavre ») rattache l'œuvre de Chateaubriand à ce romantisme « noir » qui s'épanouira, au théâtre, dans le mélodrame et l'opéra.

Une telle figuration esthétique de la souffrance et du mal va de pair avec une certaine complaisance morbide, une jouissance de la douleur que René affirme à plusieurs reprises.

On comprend que Chateaubriand, dépassé par sa création, effrayé par les conséquences perverses de son œuvre sur un public que l'évocation du remède (« se consacrer au service de ses semblables ») séduira moins que la description même du mal, et par l'**attirance exercée sur la jeunesse par un « modèle » aussi insidieux,** ait, beaucoup plus tard, condamné *René :* « Si René n'existait pas, écrira-

Rêverie.
Gravure pour
Mémoires d'outre-tombe,
XIXe s.

t-il dans ses *Mémoires d'outre-tombe,* je ne l'écrirais plus ; s'il m'était possible de le détruire, je le détruirais : il a infesté l'esprit d'une partie de la jeunesse, effet que je n'avais pu prévoir, car j'avais au contraire voulu la corriger. »

4 La tentation de l'épopée

Les Natchez *(1826)*

« Romans », *Atala* et *René* ne le sont donc que par accident : fragments pouvant ou non s'intégrer, au gré de l'auteur, dans tel ou tel ensemble, ils n'obéissent guère aux lois du genre. Chateaubriand partage le mépris, presque unanime de son temps, à l'égard du roman, dans lequel il ne voit guère qu'une forme décadente de **l'épopée, seule forme narrative digne d'accorder à son auteur la consécration.**

De l'épopée, *Les Natchez* respectent scrupuleusement — mis à part l'emploi de la prose — la plupart des conventions : ampleur des proportions, recours au merveilleux, vocabulaire archaïque et grandiloquent, multiplicité des personnages et des péripéties, etc.

Illustration pour *Les Martyrs.* Lithographie d'après A. Desenne, déb. XIXe s.

Les Martyrs *(1809)*

L'abandon de cette épopée, œuvre de jeunesse, ne marque pourtant pas sa renonciation au genre épique ; troquant l'éloignement dans l'espace contre la distanciation dans le temps, il construit l'immense édifice des *Martyrs,* qui retrace les persécutions des premiers chrétiens, sous l'Empire romain. Malgré les efforts de Chateaubriand pour donner vie à ce récit, notamment par la peinture touchante de l'amour qui unit une païenne et un chrétien, et par la vérité des **grands tableaux historiques** qui l'illustrent, l'entreprise se révèle tout aussi artificielle que l'œuvre précédente : Chateaubriand ne parviendra pas plus que ses prédécesseurs et ses rivaux à ressusciter Homère et Virgile… Mais il fraye ainsi la voie à un genre nouveau qui surgira sur les décombres de l'épopée : le roman historique…

J.L. David, *Léonidas aux Thermopyles* (détail), XIXe s.

Le néo-classicisme

Le « retour à l'antique » — un antique sévère, archaïsant, « dorien » — qui s'était annoncé dès les dernières années du XVIIIe siècle, culmine avec le style Empire. Chateaubriand, par ses goûts personnels, par sa volonté de restaurer l'épopée homérique, notamment dans *Atala,* dont il souligne la « simplicité antique » du sujet, est le témoin de ce mouvement. Dans les arts décoratifs (intérieurs de **Percier** et **Fontaine**), comme en sculpture **(Canova)** règnent la symétrie et la raison, la pureté des lignes, alliées au sens du faste. Mais c'est surtout en peinture que ce style s'épanouira, avec les grandes compositions de **David** (1748-1825), devenu peintre officiel de l'empereur, et auteur de l'immense *Sacre de Napoléon* et de *Léonidas aux Thermopyles.* Ses rivaux ou ses disciples infléchiront le néo-classicisme dans un sens plus aimable **(Prud'hon),** ou plus mystérieux (**Girodet,** auteur, notamment, des émouvantes *Funérailles d'Atala*), préfigurant la sensibilité romantique.

Aquarelle pour *Le Dernier des Abencérage.*
École espagnole, XIXe s.

Les Aventures du dernier Abencérage *(1826)*

C'est d'ailleurs à ce genre que l'on peut rattacher le court récit des *Aventures du dernier Abencérage*, ultime concession de l'auteur à la fiction, où l'on sent pourtant vibrer, dissimulée derrière **les fastes de l'Espagne mauresque,** la trace de l'aventure amoureuse, vécue en ces lieux mêmes, par Chateaubriand avec Natalie de Noailles.

Ainsi, en refusant le roman, et en l'outrepassant dans tous les sens, vers l'histoire, vers l'épopée, ou vers l'autobiographie, Chateaubriand ne cesse pourtant pas d'en infléchir les destinées : c'est d'ailleurs, paradoxalement, d'une œuvre non romanesque, les *Mémoires d'outre-tombe,* que les romanciers ultérieurs, notamment Proust, tireront le plus d'enseignement.

5 Les sources de l'« enchantement »

Transgression suprême, le roman, même en ses avatars les plus « romanesques », devient poème ; non seulement au sens ancien du terme — lorsque Chateaubriand définit *Atala* comme un « poème moitié descriptif moitié narratif », c'est-à-dire tout simplement une production littéraire — mais aussi au sens actuel : une œuvre qui, utilisant les ressources de la poésie, parvient à suggérer des émotions de nature « poétique » ; de là ces « charmes », cette « magie » dont parlent tous les commentateurs lorsqu'ils évoquent « l'Enchanteur ». Cette écriture ensorcelée atteint, certes, sa perfection dans les *Mémoires d'outre-tombe,* mais c'est alors le terme d'un apprentissage qui s'exerce dès les premiers écrits romanesques, lorsque Chateaubriand, renonçant à la rhétorique pompeuse et clinquante de l'épopée, se forge **un langage musical et coloré** où tout concourt à produire **des effets proprement poétiques.**

BIBLIOGRAPHIE

Éditions

CHATEAUBRIAND, *Mémoires d'outre-tombe* (2 vol.), Éd. Maurice LEVAILLANT. Gallimard (bibl. de la Pléiade), 1950.

CHATEAUBRIAND, *Œuvres romanesques et voyages* (2 vol.), Éd. Maurice REGARD. Gallimard (bibl. de la Pléiade), 1969.

Études

Maurice LEVAILLANT, *Chateaubriand, prince des songes.* Hachette, 1960.

Jean MOUROT, *Le Génie d'un style. Rythmes et sonorités dans les « Mémoires d'outre-tombe ».* Nizet, 1960.

MANUEL DE DIEGUEZ, *Chateaubriand ou le poète face à l'histoire.* Plon, 1963.

Henri GUILLEMIN, *L'Homme des Mémoires d'outre-tombe.* Gallimard, 1965.

Jean-Pierre RICHARD, *Paysage de Chateaubriand.* Le Seuil, 1967.

André VIAL, *Chateaubriand et le temps perdu.* Julliard, 1971.

Pierre BARBÉRIS, *Chateaubriand, une réaction au monde moderne.* Larousse, 1976.

3. Destinées du roman intime

Adolphe et *René*, ces prototypes du roman autobiographique, connaîtront une nombreuse postérité. Ce nouveau rôle attribué au roman, qui se substitue ainsi à la « confession » rousseauiste, est surtout flagrant dans deux œuvres isolées : ***La Confession d'un enfant du siècle*** (1836), d'Alfred de Musset, et ***Volupté*** (1834), de Charles Augustin Sainte-Beuve : le premier ouvrage, surtout par ses premières pages, constitue un véritable témoignage sur l'état moral de la jeunesse née à l'époque des guerres napoléoniennes ; quant au second, transposition vaguement mystique des amours de l'auteur avec madame Hugo, il offre au lecteur les attraits, mais aussi les risques que présente un autoportrait.

Mais, dans cette recherche de nouvelles voies pour le roman, le recours à l'autobiographie se révèlera surtout fécond dans l'œuvre des grands romanciers du siècle, puisqu'il aboutira, selon des formules différentes, aux chefs-d'œuvre de Stendhal (notamment la ***Vie de Henry Brulard***), de Balzac ***(Louis Lambert ; Le Lys dans la vallée)*** et de Flaubert (***L'Éducation sentimentale***, voire même ***Madame Bovary***).

Le journal intime au XIXe siècle

Genre littéraire proche de l'autobiographie — dont il se distingue par le caractère régulier, discontinu, et contemporain de sa production, tandis que l'autobiographie, se fiant à la mémoire, réorganise le tissu de l'existence —, le journal intime connaît son plus grand développement au XIXe siècle : **la montée de l'individualisme,** après la Révolution de 1789, ainsi que l'avènement de la bourgeoisie, soucieuse de tenir un compte rigoureux de l'emploi de son temps, expliquent peut-être cet essor ; toujours est-il que de nombreux écrivains et artistes de ce temps ont tenu leur journal : Constant, mais aussi Stendhal, le peintre Delacroix, Amiel, Michelet, les Goncourt, Jules Renard...

« Ils s'aimaient et ils se le disaient. » Gravure de T. Johannot, XIXe s.

II HUGO ET LE ROMAN ROMANTIQUE

L'ampleur de l'œuvre de **Victor Hugo,** et les dimensions mêmes du personnage, découragent tout point de vue qui se voudrait global : aussi doit-on se résoudre à diviser l'océan, à dépecer l'arbre gigantesque, pour le mettre en parallèle avec ceux qu'il recouvre parfois de son ombre[1]. Encore faut-il tenter de restituer au génie l'unité de son aventure humaine et spirituelle, et de mesurer l'originalité profonde du langage qu'il s'est inventé.

1. Pour la poésie, voir p. 210 ; pour le théâtre, voir p. 331.

1. Hugo (1802-1885) : du roman à l'épopée

1

Le temps du roman noir : *Bug-Jargal* (1826) et *Han d'Islande* (1823)

Illustration pour *La Fiancée de Lammermoor* de Scott. Lithographie, d'après F. Cibot, XIXe s.

Très tôt, l'ambition hugolienne surgit dans sa démesure : **Victor Hugo** (voir biographie, p. 210), à 17 ans, alimente de ses premiers écrits ce *Conservateur littéraire* dont le titre — évoquant intentionnellement le journal de Chateaubriand — désigne bien le camp où veut se ranger ce jeune roturier épris de grandeur aristocratique ; les poèmes célébrant le retour de la monarchie y voisinent avec de multiples articles critiques (surtout des compte rendus d'ouvrages de littérature et de politique) témoignant d'un prodigieux appétit de lecture, et parmi lesquels quelques-uns seulement concernent le roman ; Hugo y célèbre surtout l'auteur à la mode, Walter Scott, qu'il s'attachera à imiter dans ses premières œuvres en prose.

Walter Scott (1771-1832)

Ce poète écossais a connu, grâce à ses romans, une réputation considérable, notamment en France ; il y exploite les ressources les plus clinquantes du pittoresque écossais et médiéval, créant une imagerie qui sera exploitée tout au long du siècle par les peintres et les compositeurs. D'une œuvre inégale, entâchée souvent par des maladresses de composition, des descriptions trop longues ou des personnages trop schématiques, se détachent surtout *Quentin Durward* (1823) et *Ivanhoé* (1819), romans d'aventures chevaleresques qui séduisent encore le jeune public, dans de nombreux pays.

Issu d'une nouvelle écrite en quinze jours, ***Bug-Jargal*** (1826), qui, par son souci de couleur locale (l'action se passe à Saint-Domingue, lors d'une révolte d'esclaves noirs), par le caractère macabre de certaines scènes, comme par l'excès de sentimentalité, doit tant aux poncifs de l'époque, est pourtant déjà une œuvre très personnelle. Le lecteur y décèle sans peine, et comme à l'état brut, le surgissement des obsessions hugoliennes les plus profondes : mythe du mal rédempteur, du monstre bienfaisant, hantise des forces souterraines, tensions

Illustration pour *Han d'Islande*. Gravure d'après V. Meyer, 1885.

dramatiquement vécues entre le vertige de la folie destructrice et l'aspiration à un idéal de bonté, de sacrifice et de fraternité.

Tout cela, on le retrouve encore dans la seconde expérience romanesque de Hugo, ***Han d'Islande*** (1823), mais les concessions à l'imagerie répandue par le « roman noir » (voir p. 281) y atteignent une outrance presque caricaturale. Le caractère mélodramatique, voire même grand-guignolesque de certains épisodes, le caractère bestial du bandit Han qui terrorise un royaume imaginaire d'Islande, au XVIIe siècle, nuit à l'authenticité de l'ouvrage ; la complaisance pour l'horreur et la cruauté confine à la maladresse, car elle n'est pas compensée, comme ce sera le cas dans les drames et les romans ultérieurs, par l'humour ou par la pitié. Au contraire, elle semble relever d'un pessimisme désespéré et entretenu, d'un mépris pour l'humanité, dont la source réside peut-être dans les difficultés personnelles que Hugo connaît alors dans son existence matérielle et affective ; indice, en tout cas, d'une crise de conscience atteignant ses convictions les plus intimes, et d'où surgira un nouvel Hugo, celui de 1830.

2 Le temps du plaidoyer : *Le Dernier jour d'un condamné* (1829), *Claude Gueux* (1834) et *Notre-Dame de Paris* (1832)

Le jeune légitimiste, couvert d'honneur par la monarchie, se révèle soudain un ardent libéral ; tandis que le combat se joue, sur l'arène politique, entre les ultras et les libéraux, Victor Hugo mène la bataille sur le terrain de la littérature, entre les « classiques » et les « romantiques », et se découvre une vocation de chef de file. La même **liberté** que revendiquent les futurs orléanistes, Hugo la revendique pour les artistes : liberté de briser les formes héritées de la tradition, liberté d'oser présenter des tableaux hardis ou des situations nouvelles, liberté de proférer un langage inusité en littérature. Ces mots d'ordre trouveront leur application principale sur la scène ; mais c'est encore la prose qui les formule avec le plus de netteté : plus que le drame de *Cromwell*, c'est la longue *Préface* l'accompagnant qui a survécu ; si les idées n'en sont pas nouvelles, Hugo a l'art de rassembler les conceptions éparses des théoriciens du romantisme, et de les simplifier jusqu'à ce point de paradoxe où elles acquièrent un poids écrasant ; cette ironie mordante, cette éloquence, cette conviction chaleureuse, il la met aussi déjà dans la défense des opprimés, des marginaux.

Le Dernier Jour d'un condamné (1829), tout comme ***Claude Gueux*** (1834), sont en effet, plus que des romans, des plaidoyers : contre la peine de mort, bien sûr, éternelle ennemie de Hugo, mais aussi plus généralement contre l'injustice sociale, qui condamne à la misère, au crime et au châtiment. Par bien d'autres côtés encore, ces œuvres nous paraissent proches de nous : par l'univers carcéral qu'elles dépeignent, toutes deux, et qui évoque irrésistiblement Genet ; par les recherches formelles dont elles sont le témoignage ; ainsi *Le Dernier Jour d'un condamné* dépasse la formule conventionnelle du « journal intime » pour aboutir à un véritable monologue intérieur, dont les visions cauchemardesques font penser à Beckett.

La Esmeralda. Gravure de E. Bayard, XIXe s.

Au même moment, un ouvrage dans la tradition du roman historique, ***Notre-Dame de Paris*** (1832), fait revivre le grouillement d'un peuple de parias : truands, poètes, monstres et bohémiens, toute une faune sur laquelle le romancier se penche avec sympathie.

Dans le Paris de 1482, à l'ombre de la cathédrale, fantastique exaltation de l'art gothique, ou dans la Cour des Miracles où règnent les truands, des personnages inquiétants, comme l'archidiacre Frollo, que dévore une sinistre passion, ou le grotesque Quasimodo, sonneur de Notre-Dame qu'un amour sublime régénère, entourent la gracieuse bohémienne, la Esméralda, qu'une sombre fatalité conduira au gibet.

La Cour des Miracles. Dessin de G. Doré, XIXe s.

3 L'épopée de la Misère : *Les Misérables* (1862)

Mais peut-on crier les souffrances du peuple quand on est au faîte de la célébrité et des honneurs ? Pendant quelques années, il semble que Hugo se perde : académicien, pair de France, bientôt ministre, peut-être, il paraît soucieux avant tout de récolter le fruit de ses succès. Mais derrière le confort apparent d'une carrière bien tracée se dissimulent les prémisses d'**une nouvelle crise spirituelle.** Discours et articles traduisant une inquiétude permanente, une incertitude obsédante : quel sens donner à l'action politique ? et que peut-on en attendre ? Derrière le masque de l'homme public et qui a réussi, le romancier déjà se penche sur *Les Misères...*

Les secousses de la révolution de 1848 — pendant laquelle il navigue entre la droite et la gauche, tantôt acclamé, tantôt rejeté par les uns et par les autres — et plus encore l'ébranlement du coup d'État, qui le condamne à l'exil, hâteront la maturation : désormais, et pour toujours, la voix de Hugo sera celle de la liberté et de la révolte contre l'oppression ; désormais avant tout « du parti de l'humanité », à tous

Jean Valjean.
Gravure de A. Joliet, fin XIXe s.

les niveaux, et sur tous les tons, Hugo incarnera la protestation ; sur le terrain politique, alternant l'ironie, le sarcasme, avec l'indignation, il compose *Napoléon le Petit* (1852), chef-d'œuvre de la littérature pamphlétaire et pendant en prose des *Châtiments* (1855). Surtout, embrassant du regard toute l'immensité des problèmes sociaux, il écrit ***Les Misérables*** (commencé en 1845, et publié en 1862).

La première partie du roman nous fait assister à la métamorphose de Jean Valjean, un ancien forçat qui, devenu un honorable industriel, tente d'échapper à son passé ; mais il est reconnu par un inspecteur de police Javert, et lui-même se démasque à l'occasion d'un procès où un malheureux allait être condamné à sa place. Dans la seconde partie, échappant à la surveillance de Javert, Jean Valjean accomplit la promesse qu'il avait faite à une de ses ouvrières, Fantine, sur son lit de mort : il va rechercher sa petit fille, Cosette, que sa mère avait confié à un couple d'aubergistes malfaisants, les Thénardier ; il parvient à nouveau à fuir la police en se dissimulant, avec sa protégée, dans un couvent. La troisième partie introduit de nouveaux personnages : Gavroche, Marius, jeune bourgeois idéaliste ; et monsieur Leblanc, qui n'est autre que Jean Valjean ; celui-ci est victime, de la part des Thénardier, d'un odieux chantage, que Marius, leur voisin, veut empêcher, en faisant intervenir la police : Jean Valjean doit donc disparaître à nouveau. La quatrième partie conte la rencontre de Marius et de Cosette : les deux jeunes gens vivent une idylle qui désespère l'ancien forçat ; puis c'est le soulèvement du peuple de Paris, auquel Marius prend part, et au cours duquel Gavroche trouvera la mort. Dans la dernière partie, Jean Valjean sauve Marius, en l'entraînant à travers les égouts de Paris, et libère Javert, qui avait été confié à sa garde ; celui-ci se suicide. Marius et Cosette connaissent enfin le bonheur, tandis que Jean Valjean s'enfonce dans la solitude ; mais, Marius ayant enfin appris la véritable personnalité de son beau-père, les derniers instants de Jean Valjean sont illuminés par la présence de ceux qu'il considère comme ses deux enfants.

Cosette.
Gravure sur bois pour l'éd. Hetzel de 1865.

Grâce aux *Misérables*, le roman devient épopée. Non pas tant par les dimensions de l'entreprise, ni par la puissance créatrice dont Hugo y fait preuve, mais par l'originalité de la composition, où de multiples digressions introduisent de véritables « romans dans le roman », et par la densité des figures qui s'y incarnent : Jean Valjean, Cosette sont de véritables mythes qui, sitôt créés, iront rejoindre, dans l'imagination populaire, les héros éternels des contes et des légendes ; ils doivent enfin ce caractère épique à la générosité d'une pensée qui, retrouvant les sentiments les plus primitifs, parvient à l'universalité.

Par cette œuvre intemporelle Hugo accomplit en fait le destin du romantisme ; de quoi s'agissait-il, en effet, si ce n'est de ranimer l'imagination par le retour aux sources populaires, et de ressusciter de grandes formes libres où pourraient se satisfaire toutes les tentations de l'esprit : rêve, philosophie, histoire et politique ? C'est d'ailleurs cette esthétique que Hugo défend dans **un ouvrage critique** qui dresse à la fois le bilan de son œuvre et celui du romantisme, *William Shakespeare* (1864).

Ainsi, au fur et à mesure que l'œuvre hugolienne s'édifie, elle s'accompagne et s'enrichit d'une méditation permanente, qui ne se cantonne pas aux problèmes purement artistiques, mais qui remet en cause les fondements mêmes de la pensée et de l'existence de son auteur.

2. Hugo penseur ?

1 Un optimisme spiritualiste

Étroitement liée à l'écriture poétique, la philosophie de Hugo n'a pas la cohérence d'un système, et ignore la rigueur du concept ; elle ne procède pas discursivement, mais par intuitions, flambées divinatoires, vibrantes échappées qui, d'une œuvre à l'autre, se recoupent ou se contredisent.

La donnée essentielle en est **l'existence du mal :** fautes inexpiées, créatures perverses, situations absurdes, accidents du destin ; mais le mal n'est pas vécu dans l'optique du XVIIIe siècle, comme un scandale absolu : il est la rançon de notre condition, qui fait de nous des êtres matériels ; mais il ne tient qu'à nous de nous en libérer, et de nous élever vers le plus grand bien, par la souffrance, le sacrifice, la bonté, le pardon, ou l'amour. Cet optimisme spiritualiste implique une certaine idée de l'histoire : **la même foi dans la perfectibilité de l'homme,** dans ses possibilités de rédemption, se retrouve au niveau général de l'humanité ; celle-ci est en marche, non seulement vers le progrès ou vers un plus grand bien-être, mais surtout **vers une plus grande justice,** une réconciliation qui effacerait toutes les fautes, tous les maux qui ont terni le déroulement de son histoire.

2 Une pensée mythologique

La pensée de Hugo est avant tout une pensée « mythologique ». Les conflits, les oppositions y deviennent drame ou antithèse ; les concepts s'incarnent en figures imaginaires ou symboliques : anges ou satyres, tyrans ou misérables, bourreaux ou persécutés ; du mythe, elle a **la faculté de généralisation, la force synthétique :** Javert est l'incarnation du mal, comme Cosette est celle de l'innocence. On peut bien, dès lors, refuser une pensée qui emprunte, pour s'exprimer, plutôt les voies du grossissement que celles de la nuance — on ne peut en tout cas nier son efficacité, mésestimer sa capacité à illustrer de la façon la plus sensible les déchirements de la conscience, le chaos des instincts, ou les pressentiments de l'imagination.

En ce sens, Hugo est, avec Zola et Mallarmé, un des seuls auteurs du XIXe siècle à être **un authentique créateur de mythes :** il ne se borne pas, en effet, à utiliser, dans toutes ses œuvres, des fragments de légendes empruntés à toutes les mythologies. Ses croyances s'expriment souvent sous forme de mythes originaux : non seulement les poèmes métaphysiques de *La Légende des siècles* (comme *Le Satyre*), mais certains romans, comme *L'Homme qui rit* (1869) ou *Les Travailleurs de la mer* (1866) ont tous les caractères du mythe, si l'on entend par là un récit destiné à formuler les mystères ou les prophéties auxquels ne peut accéder la pensée rationnelle. Par cette dimension mythologique, Hugo accomplit de façon éparse l'**immense ambition épique** qui animera tout le romantisme, de Chateaubriand à Balzac et à Michelet, de Lamartine à Comte, ce rêve d'une synthèse qui éclairerait toute l'histoire de l'humanité et éluciderait l'énigme de l'avenir.

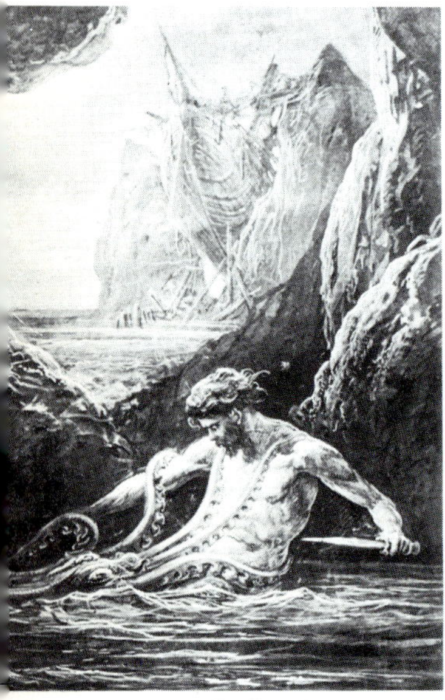

Gilliath et la pieuvre. Dessin de G. Doré, 1866.

3 Un souffle visionnaire

Résoudre en images la pensée la plus diffuse, les détours les plus délirants de l'esprit, n'est-ce pas enfin cette « voyance » que Rimbaud retrouvera dans les œuvres de Hugo, et précisément dans les romans : « *Les Misérables,* souligne-t-il dans la fameuse lettre à Paul Demeny, sont un vrai *poème...* »

On pourrait aisément, pour ratifier ce « certificat » de voyance, invoquer telle ou telle description, où l'extrême acuité de l'observation n'entrave pas la méditation, l'art de capter la signification profonde de la « chose vue » ; mais il suffit de renvoyer au titre même de certains poèmes ou recueils de Hugo : « Visions », *Contemplations...,* ou à ces dessins par lesquels Hugo s'apparente aux plus grands « visionnaires » de son époque, Goya, Blake ou Odilon Redon.

4 Le langage hugolien et sa postérité

Par le langage, enfin, par les vertus d'**un verbe véritablement novateur dans ses excès, sa démesure, sa prodigalité,** l'œuvre de Hugo accède à l'épopée. C'est vers une abolition de la frontière entre prose et poésie que Hugo tend en effet lorsqu'il s'acharne, dans son théâtre comme dans ses œuvres poétiques, à briser le vers traditionnel jusqu'à effleurer la prose, et qu'il s'efforce, dans ses romans, de couler la phrase dans le moule d'une cadence rythmique : rêve d'un langage neuf, débarrassé de toute rhétorique, et que caractérise un sens très moderne de la « dépense » et du jeu. Digressions, répétitions, longues séquences énumératives ou descriptives témoignent d'une grande luxuriance verbale ; tandis que les rencontres inattendues, les calembours, les ruptures et les audaces de construction, l'attirance même pour l'argot et tous les aspects ludiques du langage, révèlent un goût pour les jeux langagiers qui annonce Queneau et l'Oulipo.

Par tous ces aspects, Hugo insuffle à la langue française une vigueur nouvelle, une vitalité qui le rapproche de tous les amoureux du verbe, et notamment de ces écrivains « baroques » (au sens large) qu'il admirait avant tout : Rabelais, d'Aubigné, Shakespeare... Peut-être est-ce également pour cette raison que son œuvre reste une référence inévitable, par laquelle on ne peut s'empêcher de situer et de juger celle de ses successeurs : son influence, qu'elle procède par adhésion ou par répulsion, demeure déterminante. Certains, à la suite de Gide, rejetteront le Hugo officiel et pompeux que répandront les institutions scolaires de la Troisième République ; d'autres, de Claudel à Aragon, ne pourront dissimuler ce qu'ils lui doivent, tandis que sa stature d'écrivain engagé dans les luttes politiques et sociales, ses prises de position courageuses, son image d'intellectuel « victime du pouvoir », puis « récupéré » et déifié par un autre pouvoir, conservent **une valeur de « modèle »** auquel tous les maîtres à penser de notre temps peuvent difficilement éviter de se confronter.

Le Vieux Briseur de fers. Caricature de L.A. Gill, XIXe s.

Du roman historique à l'épopée humanitaire, la démarche de Hugo est révélatrice : elle contient toutes les étapes que connaîtra le roman, dans l'évolution qui le conduit jusqu'au milieu du siècle. Sensible à toutes les influences, habile à exploiter dans un sens personnel toutes les techniques romanesques qui ont la faveur de la mode, Hugo porte à leur plus haut point d'achèvement des formes littéraires que d'autres auteurs illustrent avec plus ou moins de bonheur.

3. Les nouveaux espaces romanesques

Le besoin de mystère, la volonté d'ouvrir à la littérature des espaces encore inconnus expliquent le goût de l'histoire, qui, on l'a noté[1], est une des caractéristiques essentielles du romantisme ; mais cette motivation, qui est de toute époque, ne suffit pas à rendre compte de ce phénomène littéraire qu'est la naissance, dans les premières années du siècle, d'un genre nouveau, destiné à un brillant avenir : le roman historique.

1. Voir p. 188.

1 Le roman historique : Vigny, Mérimée et Gautier

En effet, de nombreux critiques, et notamment le philosophe marxiste Georg Lukacs, ont relevé la coïncidence entre l'apparition de ce genre et l'événement politique majeur qu'est la chute de Napoléon et le retour de la royauté. Faut-il voir dans cet intérêt soudain des romanciers pour l'histoire une réponse à la renaissance du sentiment national, pour lequel le passé de la France constituerait une source d'exaltation ? ou bien s'agit-il d'une volonté légitimiste de retrouver dans la peinture d'époques révolues un idéal qu'aurait terni l'époque des Lumières et son aboutissement, la Révolution ? Toujours est-il que les romans historiques, notamment ceux de **Walter Scott**[2] sont alors l'objet d'une mode et d'un engouement tels que chaque écrivain voudra rivaliser un temps avec le romancier anglais et élaborer sa propre conception du roman historique.

Les romans de Walter Scott révélaient en effet aux lecteurs blasés par la médiocrité de la production romanesque sous l'Empire tout **un univers haut en couleurs,** celui des chevaliers médiévaux et des landes écossaises. Bien plus, outre cette modification du « décor », il apportait des innovations qui touchaient à la nature même du roman, et que Balzac relèvera : **intégration des événements historiques dans l'intrigue,** concentration dramatique de l'action, rôle accru des dialogues, intervention de personnages populaires, très prosaïques, aux côtés de héros incarnant la mentalité de leur temps : caractères par lesquels ce type de roman se rattache à « l'âge des héros », qui définit, selon Lukacs, la littérature épique.

Vigny (1797-1863) : une vision aristocratique de l'histoire

Alfred de Vigny[3], dans ses « Réflexions sur la vérité dans l'art » (1827), développe une conception quelque peu différente ; il assigne en effet au roman historique **une dimension philosophique, et presque didactique.** A l'historien, soucieux avant tout d'établir la « vérité des faits », Vigny oppose la « vérité de l'art » : « la vérité dont il doit se nourrir est la vérité d'observation sur la nature humaine, et non l'authenticité du fait ». Mais derrière cette exigence de liberté artistique, cette volonté d'accéder à des « vérités morales », se dissimule en fait une vision de l'histoire qui reflète ses propres opinions aristocratiques : le roman historique est pour lui l'occasion de mettre en lumière les « erreurs » qui ont conduit à la Révolution ; d'autre part, contrairement à Walter Scott, il n'hésite pas à mettre « sur le devant de

2. Voir encadré p. 272.
3. Voir p. 207.

L'Arrêt de mort de Cinq-Mars. Lithographie de T. Johannot, 1832.

la scène » les grands personnages de l'Histoire, ce qui, là encore, l'amène inévitablement à prendre de nombreuses libertés avec les faits.

De telles idées ne pouvaient manquer de rendre problématique l'existence même du roman historique : entre la fidélité scrupuleuse à l'histoire et la fantaisie totale, quelle marge pouvait être laissée au créateur ? S'il convient de reconnaître à Vigny le mérite d'avoir le premier pressenti les problèmes propres à ce genre, on ne peut s'empêcher de constater que cette esthétique du roman historique menait à une impasse : d'ailleurs, ***Cinq-Mars*** (1826), évocation des troubles politiques à l'époque de Richelieu, en demeurera l'unique application. Vigny délaissera ensuite le roman historique pour le théâtre, et pour des formes narratives plus proches de l'autobiographie et de la nouvelle philosophique : *Stello* (1832) est en fait, sous les apparences de la fiction, une rêverie et une étude sur le destin du poète, tandis que les trois nouvelles qui constituent *Servitude et grandeur militaires* (1835) sont une illustration des seules vertus auxquelles l'auteur croit encore : l'honneur, le sens du devoir, l'intransigeance.

Mérimée (1803-1870), de l'anecdote à la nouvelle

Comme Vigny, **Prosper Mérimée,** en abordant le roman historique, tente de le définir ; mais le titre même de « Chronique » qu'il donne alors à son œuvre indique bien les limites de ses ambitions. Loin de donner un sens à l'histoire, le romancier doit se cantonner à y recueillir ces « petits faits vrais », ces multiples anecdotes, ces **aventures pittoresques** qui passionnent le lecteur et qui, par ailleurs, sont révélateurs de la mentalité profonde d'une époque. Comme son ami Stendhal, mais avec moins de génie sans doute, il s'intéresse à ces **personnages hors du commun,** animés par une passion sauvage ou habités par un tempérament incontrôlé, qui sont irréductibles aux normes habituelles de la civilisation.

Colomba et son frère Orso. Aquarelle de P. Mérimée, 1869.

D'autre part, abandonnant la forme trop ample du roman, il préférera s'adonner à **la nouvelle,** technique dont les dimensions conviennent mieux à son **esthétique du fragment,** de l'anecdote. Enfin, sa curiosité d' « antiquaire », d'amateur des formes les plus extrêmes de la beauté et de la morale, le poussent à s'aventurer jusqu'aux confins du surnaturel : mêlant l'extravagance des situations avec la précision, la rigueur glacée de l'écriture, certaines de ces nouvelles font de lui un des meilleurs représentants, et en tout cas **un des précurseurs du récit fantastique moderne.**

Intimement mêlé, par ses fréquentations comme par ses œuvres aux premières manifestations du romantisme, **Prosper Mérimée** s'en détachera rapidement : ses fonctions d'inspecteur des Monuments historiques, qu'il exerce d'ailleurs avec une grande efficacité, puis ses relations avec la famille impériale, lui assurent une position d'**écrivain « officiel »** ; d'autre part, son goût de la mystification, son esprit sceptique et moqueur comme la sobriété toute classique de son style le placent dans **une position tout à fait originale** par rapport aux écrivains de sa génération.

1825 : *Théâtre de Clara Gazul.*

1829 : *Chronique du règne de Charles IX.* Publication en revue de *Mateo Falcone.*

1837 : *La Vénus d'Ille.*

1840 : *Colomba.*

1845 : *Carmen.*

1869 : *Lokis.*

Gautier.
Gravure, XIXe s.

Gautier (1810-1872), ou la restauration du passé

« Ce qui nous distingue, écrit **Théophile Gautier** en parlant des romantiques, c'est l'exotisme ; il y a deux sens de l'exotisme : le premier donne le goût de l'exotique dans l'espace... Le goût plus raffiné, une corruption suprême, c'est **le goût de l'exotisme dans le temps** ». Aussi, comme ses prédécesseurs, Gautier va-t-il puiser la matière de ses romans dans des époques reculées. Une érudition très solide lui permet ainsi de reconstituer, avec une patiente minutie, l'univers de l'Égypte ancienne, ou la vie des comédiens ambulants du XVIIe siècle. De plus, par sa connaissance approfondie des littératures du passé, et par un travail sur le style qui préfigure l'acharnement de Flaubert, il parvient à abolir la distance qui, dans tout roman historique, sépare la langue de l'écrivain et la langue de l'époque évoquée : ***Le Capitaine Fracasse*** (1863), notamment, apparaît, sinon comme un pastiche, du moins comme une re-création des romans de Scarron ou de Sorel, un peu à la manière dont les architectes de l'époque recréaient, en les restaurant, les monuments du passé.

L'architecture au XIXe siècle

Le goût romantique pour l'architecture médiévale et l'historicisme dominant favorisent l'éclosion d'**un style « néo-gothique »**, et conduisent les gouvernants à mettre en œuvre une politique de préservation des monuments historiques, dans laquelle s'illustrera surtout **Viollet-le-Duc** (1814-1879). Longtemps accusé de restauration abusive, voire de mauvais goût, cet architecte connaît aujourd'hui une certaine réhabilitation : on rend hommage à l'œuvre gigantesque qu'il a accomplie, sauvant notamment des édifices prestigieux comme la Madeleine de Vézelay, Notre-Dame de Paris, ou la cathédrale de Reims. Mais les œuvres les plus originales de l'architecture au XIXe siècle seront dues surtout à des novateurs qui utiliseront le fer, comme **Baltard** (les Halles, 1853) ou **Eiffel,** ou à des individualités isolées qui dépasseront le néo-académisme ou l'éclectisme officiels pour imprimer à leurs œuvres une marque personnelle, comme **Garnier** (l'Opéra de Paris).

Après des études de peinture, **Théophile Gautier** se consacre à la poésie ; ami de Nerval, de Petrus Borel et de Hugo, il est alors un des défenseurs les plus ardents du romantisme.
Il se tourne ensuite vers le théâtre, collaborant régulièrement à la critique dramatique dans divers journaux. De ses **voyages, notamment en Espagne, en Orient et en Russie,** il rapporte une moisson d'images dont sont nourris ses articles et ses poèmes. Malgré la considération dont il jouit auprès de ses pairs (Sainte-Beuve, Flaubert, Baudelaire) et le rôle qu'il joue comme chef de file du mouvement parnassien (voir p. 219), son œuvre reste méconnue du grand public, et l'Académie française lui ferme ses portes à plusieurs reprises.

1833 : *Les Jeunes-France* (récits).

1835 : *Mademoiselle de Maupin.*

1852 : *Émaux et Camées* (poésies).

1857 : *Le Roman de la momie.*

1863 : *Le Capitaine Fracasse.*

D'une certaine manière, le roman historique atteint ainsi la perfection : la reconstitution est si habile que le lecteur a l'illusion d'être transporté dans un autre temps ; mais cette ambition même, dont *Salammbô* de Flaubert[1] est peut-être l'exemple le plus réussi, est significative : le roman historique n'a plus pour fonction que d'offrir aux artistes, déçus par les réalités d'un monde hostile, et répudiant le présent, le refuge d'un monde factice, l'abri rassurant d'une décoration en trompe-l'œil, — semblable à celle de ces grands ballets romantiques dont Gautier écrit les livrets, comme *Giselle* — à laquelle l'histoire donne sa caution. D'autres, refusant même ce dernier lien avec la réalité, chercheront l'évasion vers un autre « ailleurs » : celui du rêve et de la féerie.

1. Voir p. 300.

2 Le récit fantastique : Nodier, Borel, Forneret et Aloysius Bertrand

Cette tentation, à laquelle, on l'a vu, Mérimée et Gautier, mais aussi Maupassant et Villiers de L'Isle-Adam, succomberont, est incarnée, dès l'aube du romantisme, par une foule de conteurs qui exploitent en France la veine ouverte en Allemagne par Novalis, E.T.A. Hoffmann, Tieck ou Arnim.

Nodier (1781-1844) : une « sombre poésie »

D'une culture encyclopédique, allant de la botanique à l'anthropologie, **Charles Nodier,** bibliothécaire de l'Arsenal — où il reçoit les membres du « Cénacle » romantique avant qu'ils ne lui préfèrent le salon de Victor Hugo — trouve dans le conte fantastique la forme propre à l'épanchement de sa fantaisie et de son imagination.

Chez Nodier, l'attrait du fantastique apparaît comme une réaction face au **dégoût provoqué par « tout le positif de la vie réelle ».** « Le premier des enseigneurs », « le plus lucide » des états de la pensée, dit-il, c'est le sommeil. En retrouvant les « illusions de la vie du sommeil », et donc les « redoutables superstitions de l'enfance », la dimension fantastique surgit d'emblée. Ces fictions intérieures et « naturelles » transparaissent dans ***Smarra ou les Démons de la nuit*** (1821).

Le roman noir : Borel (1809-1859) et Forneret (1809-1884)

F. de Goya, *Saturne dévorant ses fils*, déb. XIXe s.

Son exemple est suivi par la cohorte de ces « petits romantiques » qui, surtout à partir de 1830, cultivent le conte fantastique, et parmi lesquels se distinguent surtout les personnalités de **Petrus Borel,** chez qui l'exotisme médiéval s'allie à une imagerie « frénétique » et à une philosophie « satanique » qui se répand en imprécations contre la société, et de **Xavier Forneret.**

Ces auteurs adoptent avec prédilection un type de roman que l'on définit habituellement par le terme de « roman noir ». Là encore, l'exemple venait de l'étranger : c'est le succès, ou l'influence des romans d'Horace Walpole, d'Ann Radcliffe ou du *Moine* de Matthew Gregory Lewis qui poussera les romanciers français à acclimater ce genre de récit rempli de spectres, de brigands et de monstres, où règne une atmosphère de mystère et de terreur, et dont le ressort de l'intrigue consiste le plus souvent dans un événement surnaturel. Les procédés de ce type de roman dégénèreront très vite en clichés et en conventions, exploités sans vergogne par des romanciers populaires comme **François-Guillaume Ducray-Duminil** (1761-1819) ; mais les « grands » romanciers, qu'il s'agisse de Hugo ou de Balzac dans leurs premières œuvres, ne dédaigneront pas d'y recourir.

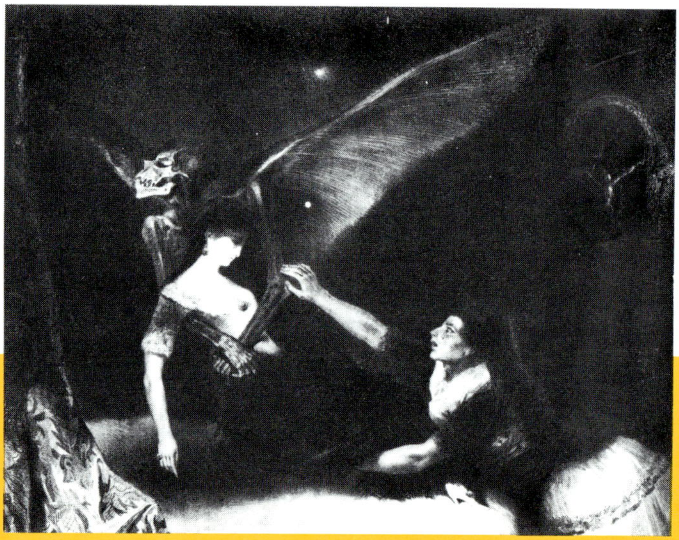

Les Fantômes.
Lithographie de L. Boulanger, XIXe s.

Science et roman fantastique

« Le magnétisme animal est un fait désormais acquis à la science et dont il n'est pas plus permis de douter que du galvanisme et de l'électricité. (...) Nous sommes entourés de merveilles, de prodiges, de mystères auxquels nous ne comprenons rien et qui nous semblent tout simples par l'habitude ; en nous-mêmes gravitent des mondes ténébreux dont nous n'avons pas la conscience : l'infini et l'inconnu nous pressent et nous obsèdent (...). Le magnétisme nous paraît la chose du monde la plus simple ; et, s'il n'est pas accepté depuis longtemps, c'est que son utilité d'application n'est pas encore bien déterminée et que ses apparences fantastiques et singulières effrayent beaucoup de gens pour qui l'inconnu est la chose la plus terrible. »

Théophile Gautier, *Histoire de l'art dramatique en France,* 1838

F. de Goya, *Allá va eso.* Planche 66 des *Caprices,* 1799.

Aloysius Bertrand (1807-1841)

Cependant, c'est avec **Aloysius Bertrand,** auteur de *Gaspard de la Nuit* (1842, posthume), que le récit fantastique trouve son meilleur accomplissement : tout un univers nocturne propice aux métamorphoses et aux hallucinations y est évoqué dans une prose musicale dont Baudelaire soulignera le caractère poétique, et qui annonce les grands récits oniriques de Nerval[1], de Lautréamont[2], voire même des surréalistes.

1. Voir p. 215.
2. Voir p. 238.

4. Sand et le roman du peuple

1

George Sand (1804-1876), ou la tentation idéaliste

A. Charpentier, *George Sand*, v. 1837.

Cette fuite dans le rêve ou dans les illusions offertes par l'occultisme est refusée comme une démission par ceux qu'anime également le dégoût d'une société qui semble à leurs yeux s'enfoncer dans le matérialisme et l'hypocrisie bourgeoise. Sa dénonciation s'accompagne, chez eux, et notamment chez **George Sand,** d'une rêverie à caractère idéaliste, qui s'alimente essentiellement aux utopies échafaudées par les penseurs de l'époque[1].

Dans cette œuvre foisonnante, où soixante-dix romans s'alignent à côté de nombreuses œuvres diverses, et dont la postérité, injustement, n'a retenu que les romans dits « champêtres », il est difficile de trouver des lignes directrices. Entre les romans d'aventures (comme *Mauprat*) et les confessions autobiographiques (comme *Lélia*), entre les contes rustiques (comme *François le Champi*) et les romans populaires (comme *Les Maîtres sonneurs*), l'unité ne peut être cherchée au niveau de la forme. Comme l'écrira Renan, George Sand « traversa tous les rêves ; elle sourit à tous, crut un moment à tous... Ses œuvres sont vraiment l'écho de notre siècle ». De sorte que le lien entre tant d'œuvres diverses est plutôt à rechercher dans l'inspiration qui leur est commune. Dès les premières œuvres s'affirment **une lucidité et une générosité** qui ne se démentiront jamais : qu'il s'agisse de défendre les droits de la femme à l'amour et à la liberté, ou de questionner la société sur les problèmes les plus pressants, ceux de la misère, du travail et de la propriété, la même flamme, les mêmes **accents passionnés** se retrouvent d'une œuvre à l'autre.

Une telle ardeur dans l'engagement en faveur des idées « nouvelles » prouve, chez George Sand, une sensibilité extrême aux aspects les plus urgents de la réalité, et cette approche positive, extrêmement concrète,

1. *Voir p. 187.*

La petite **Aurore Dupin,** issue d'une mésalliance, sera élevée, pendant toute son enfance, à l'écart de sa mère, dans ce **Berry** qu'elle saura plus tard chanter avec émotion. Après ses études au couvent, un mariage malheureux, dont elle aura deux enfants, aboutit à une séparation. Dès lors, elle mène **une vie assez libre** et qui scandalisera l'opinion : ses nombreux amants (dont l'écrivain Jules Sandeau, à qui elle emprunte **son pseudonyme,** et bien sûr Musset, Chopin...), tout autant que son activité littéraire et journalistique défrayent la chronique. Affichant des **opinions démocratiques,** elle s'engage dans l'action politique, non seulement par ses romans, mais par de nombreux écrits de propagande, où elle soutient les chefs révolutionnaires et les penseurs socialistes. L'échec de la révolution de 1848 la laisse profondément découragée et meurtrie : elle se retire dans le Nohant de son enfance, où elle s'adonne au théâtre et poursuit l'élaboration de son œuvre.

1818 : elle découvre Rousseau, dont elle lit les œuvres avec passion.

1831 : *Rose et Blanche* (roman écrit en collaboration avec Jules Sandeau).

1832 : *Indiana* (premier roman signé George Sand).

1833 : *Lélia.*

1837 : *Mauprat.*

1842-1844 : cycle de *Consuelo.*

1846 : *La Mare au diable* (premier des « romans champêtres »).

1854-1855 : *Histoire de ma vie.*

1858 : *Les Beaux Messieurs de Bois-Doré.*

Illustration pour
Les Maitres sonneurs.
Gravure sur bois
de T. Johannot, 1868.

de la réalité — par exemple dans la description de la société paysanne — est ce qui fait le prix de certaines de ses œuvres. Mais c'est au niveau des « solutions », toujours plus ou moins présentes, et parfois avec un didactisme excessif, que George Sand s'oppose au « réalisme » qui caractérise l'évolution du roman à cette époque. La liberté même de la forme romanesque qu'elle utilise lui permet de se mettre **au service d'une pensée qui évolue du mysticisme à l'idéalisme socialisant, puis à une sorte d'évangélisme.** Sa conception de l'utilité du roman, qu'elle développe par exemple dans la fameuse préface de *La Mare au diable,* la pousse ainsi à préférer à la description précise du mal social l'évocation d'un idéal utopique : « Son but devrait être de faire aimer les objets de sa sollicitude, et au besoin, je ne lui ferais pas un reproche de les embellir un peu. L'art n'est pas une étude de la réalité positive : c'est une recherche de la vérité idéale ».

2 Le roman populaire

Mettant en scène des personnages populaires (paysans, ouvriers, « compagnons ») et proposant des idées favorables à l'émancipation des classes populaires, George Sand était très consciente du rôle que la littérature avait à jouer en ce domaine ; c'est pourquoi elle n'hésite pas à utiliser les procédés qui faisaient le succès de la littérature « populaire » (almanachs, littérature de colportage), et va même jusqu'à souhaiter et favoriser la naissance d'**une véritable littérature prolétarienne,** écrite par le peuple et pour le peuple. En fait, peu de réalisations suivirent ce souhait : tout au plus peut-on citer le roman de **Claude Tillier** (1801-1844), *Mon oncle Benjamin* (1843), qui d'ailleurs s'apparente plutôt aux romans picaresques du XVIIIe siècle.

Ce que le peuple lit avec prédilection — ou du moins la partie très réduite du peuple qui peut lire —, ce sont les interminables romans qui paraissent alors en **feuilletons,** et qui diffusent sous une forme très conventionnelle les principaux genres romanesques alors à la mode : roman historique pour **Alexandre Dumas** (1802-1870), roman social pour **Eugène Sue** (1804-1857), dont *Les Mystères de Paris* (1842-1843), avec leur manichéisme outrancier, leur allure mélodramatique, mais aussi leur puissance inventive, constituent un des plus gros succès du siècle. D'autres noms, bien sûr, seraient à citer, en ce domaine : ceux de **Paul Féval** (1817-1887) avec *Le Bossu* (1858), de **Frédéric Soulié** (1800-1847), de **Ponson du Terrail** (1829-1871), auteur du fameux *Rocambole* (1859). Mais ces œuvres, écrites dans des conditions **d'extrême rapidité,** dans un style nécessairement très négligé, échappent le plus souvent aux « normes » qui, habituellement, définissent la « littérature ». Il convient cependant de mettre à part celles d'Alexandre Dumas, qui, par la richesse de l'évocation historique et l'art de l'intrigue, conservent encore, et de façon méritée, la faveur du grand public, et qui réalisent peut-être cette exigence de grandeur épique qui caractérise le roman de l'époque.

La Chouette.
Gravure sur bois pour
Les Mystères de Paris,
XIXe s.

BIBLIOGRAPHIE

Études

Marie-Louise PAILLERON, *Georges Sand* (3 vol.). NIZET, 1938-1953.

André MAUROIS, *Lélia ou la Vie de George Sand.* Hachette, 1952.

Joseph BARRY, *George Sand ou le Scandale de la liberté.* Le Seuil, 1982.

III LE TEMPS DES MAITRES : STENDHAL ET BALZAC

1. Stendhal (1783-1842) : l'apogée du roman intime

À l'intérieur des grands courants romanesques qui se constituent dans les premières années du XIXe siècle, l'œuvre de Stendhal, comme celle de Balzac, constitue un univers distinct : rattachée, certes, par de multiples liens, à son époque, dont elle témoigne à plus d'un titre, elle s'en évade cependant, par l'originalité de son projet, par l'unicité de son style, par sa recherche des voies extrêmes du roman.

De son enfance solitaire et studieuse, **Henri Beyle** ne conservera plus tard que le souvenir d'une odieuse « tyrannie », exercée par son père et son précepteur, tempérée par quelques affections : pour sa mère, pour son grand-père qui l'initie à **l'esprit de liberté** hérité des « philosophes ». Révolté, ne supportant plus l'atmosphère religieuse et bien-pensante qui règne dans sa famille, il trouve dans l'**étude des mathématiques** le refuge d'une pensée ferme et logique.
Engagé dans l'armée d'Italie et parvenu à Milan à la suite du Premier Consul (1800), **il découvre avec ravissement l'Italie, la musique, et l'amour.** De retour à Paris, il s'ouvre à toutes les ambitions et trouve finalement sa place dans l'administration ; intendant, puis auditeur au Conseil d'État, il partage sa vie (de 1805 à 1814) entre des missions à l'étranger, sur les pas de Napoléon (Iéna, Vienne, Moscou, Saxe) et de longs séjours à Paris, où une certaine réussite sociale ne parvient pas à dissiper **son ennui.**
1814 : la Restauration met un terme à sa « carrière » ; privé de ressources, il retourne à Milan, où, jusqu'en 1821, il s'adonne à toutes ses passions, rencontrant notamment Métilde Dembrowski, la femme qui comptera le plus dans sa vie. Mais ses liens avec les milieux libéraux italiens le rendent suspect à la police autrichienne, et il doit revenir à Paris, où il fréquentera de nombreux salons libéraux et romantiques.
Gêné par l'insuffisance de ses ressources, il accepte, en 1830, un poste de consul à **Trieste,** puis à Civita-Vecchia. Pour se délasser, il se plonge dans les bibliothèques italiennes, ou voyage dans le Midi de la France et à Paris.
C'est au cours d'un de ces voyages qu'il trouve la mort, à la suite d'une attaque d'apoplexie.

1801 : il commence à rédiger son *Journal.* Premiers projets littéraires : écrire des comédies ; certaines seront même ébauchées, dans le style de l'époque.

1814 : *Vie de Haydn, de Mozart et de Métastase. Histoire de la peinture en Italie* (en fait des adaptations d'ouvrages italiens).

1817 : *Rome, Naples et Florence* (premier ouvrage signé du pseudonyme de Stendhal).

1822 : *De l'Amour* connaît l'échec, mais les ouvrages documentaires se vendent plutôt bien.

1823-1825 : *Racine et Shakespeare.*

1825 : *D'un nouveau complot contre les industriels* (pamphlet).

1827 : *Armance* (premier roman).

1829 : *Promenades dans Rome.*

1830 : *Le Rouge et le Noir.*

1834 : il entreprend *Lucien Leuwen, Souvenirs d'égotisme, Vie de Henry Brulard.*

1838 : *Mémoires d'un touriste.*

1839 : *La Chartreuse de Parme. Chroniques italiennes,* d'après des documents datant de la Renaissance (elles paraissent, échelonnées, dans *La Revue des Deux Mondes). Lamiel,* roman inachevé.

1888 : début de la publication des manuscrits inédits ou inachevés : *Journal, Lamiel, Vie de Henry Brulard, Lettres intimes, Souvenirs d'égotisme, Lucien Leuwen, Napoléon.*

1 L'autobiographie impossible

Stendhal.
Dessin de K. Lehmann, 1846.

Fasciné par Rousseau, **Stendhal,** comme tous les autres représentants du « roman intime », cède constamment à son penchant pour l'autobiographie, forme privilégiée de l'introspection. Mais il s'y livre avec **un détachement teinté d'ironie,** une lucidité amusée, comme si l'observation portait non sur lui-même, mais sur un personnage dont il connaîtrait tous les recoins. C'est d'ailleurs sous le voile d'une biographie ficitive — et partielle — qu'elle revêt sa forme la plus achevée : la ***Vie de Henry Brulard*** (1834 ; les initiales H.B. étant celles de son vrai nom, Henri Beyle) contient en effet le récit de l'enfance et de la jeunesse de l'auteur, jusqu'à l'entrée à Milan, en 1800. Les autres fragments autobiographiques n'adoptent même pas un tel artifice, que ce soit le *Journal* ou les *Souvenirs d'égotisme,* qui relatent sa vie à Paris sous la Restauration. Cependant, sous ces formes diverses, le même projet autobiographique se fait jour : la même écriture, en tout cas, fiévreuse, précipitée, lacunaire, parfois énigmatique, avec ses croquis, son recours aux langues étrangères et aux pseudonymes, son emploi d'un code, et même d'un lexique tout personnel, fait que le lecteur se sent parfois comme un intrus dans ce monde de signes qui ne lui semblent pas destinés.

Mais cette dispersion, cet inachèvement de l'entreprise autobiographique, chez Stendhal, est révélatrice d'une impossibilité radicale : impossibilité d'atteindre la « substance » du moi ; impossibilité d'exprimer les états de conscience les plus intenses ; impossibilité, enfin, d'être soi-même, quand on possède ainsi une nature de romancier, un être malléable qui oscille entre les personnalités les plus diverses : entre le regard du narrateur et le souvenir s'interpose toujours le masque de ce personnage qu'il voudrait être ou avoir été, ne fût-ce qu'en imagination, et pour quelques instants. C'est pourquoi l'autobiographie débouche naturellement sur le roman, non le roman à la première personne, comme chez Chateaubriand ou Constant, mais bien une fiction à la troisième personne, qui, loin d'être un renoncement à l'autobiographie, en sera la réalisation la plus parfaite, **le « moi »** n'étant plus la source du roman, mais **étant au contraire au centre de la narration,** irradiant toute l'œuvre de sa présence diffuse. Le « moi » peut ainsi vivre toutes ses potentialités, et se décrire lui-même sous les masques les plus divers, sans compromettre son authenticité : par le roman, il ne se raconte pas, mais il se dévoile ; et même, dans une certaine mesure, il se construit.

F. Granet, *Jardin de la villa Médicis* (à Rome), XIXe s.

En marge de l'autobiographie, tous ces textes nous livrent une pensée qui, de l'esthétique à la politique, du pamphlet au guide touristique, ne cesse de manifester son indépendance et son originalité. Les constantes en sont avant tout **la haine de l'hypocrisie,** surtout bourgeoise et religieuse (et, inversement, le culte de la spontanéité, du naturel, qualité qu'il aime à retrouver chez le peuple, et surtout chez les Méridionaux) ; **la condamnation des préjugés,** du conformisme (et, au contraire, le goût du risque, de la nouveauté, la curiosité du cœur et de l'esprit) ; enfin, **la primauté accordée à la recherche du bonheur individuel,** « chasse au bonheur » qui suppose la confiance dans les élans de la nature, mais aussi l'intelligence des moyens véritables pour y accéder (d'où le mépris de l'argent et de la vanité), la mise en œuvre d'une stratégie qui exige parfois la dissimulation, les compromis, et un certain amoralisme.

Ces fondements de la pensée stendhalienne sont plutôt des traits de caractère, et ne constituent pas, comme on le croit souvent, une philosophie, un art de vivre, même si Stendhal affecte parfois de les ériger en système, qu'il nomme « **beylisme** » ou « **égotisme** ». Car ce que les œuvres de Stendhal donnent à lire — et sa vie même —, c'est bien plutôt l'échec de cet idéal — ou la fugacité de sa réalisation et ce sont moins des valeurs morales que des valeurs esthétiques, qui donnent à la vie une transfiguration poétique. L'essai *De l'Amour* (1822) en est une flagrante illustration. Tentative pour analyser et classifier, à la manière scientiste de l'époque, les formes et les étapes de ce sentiment, l'ouvrage ne vit au fond que par les confidences personnelles qui le nourrissent comme à regret (« je tremble toujours de n'avoir écrit qu'un soupir, quand je crois avoir noté une vérité ») ; et s'il y fait preuve d'une subtilité et d'une profondeur psychologiques qui annoncent Proust (notamment par la fameuse théorie de la « cristallisation »), c'est en fait pour mieux dépeindre une conception de l'amour dont le rêve est la composante essentielle, et qui se rapproche plus de l'amour courtois et de la passion romantique que du libertinage et de la « physiologie » moderne.

2 Le monde et la passion : *Le Rouge et le Noir* (1830) et *La Chartreuse de Parme* (1839)

Comme pour échapper à l'emprise de l'autobiographie, et aux vertiges de la confession, le roman stendhalien se fixe pour point de départ une donnée réaliste, brute, fournie par le monde extérieur : simple fait divers (pour *Le Rouge et le Noir*), ou anecdote historique (pour les *Chroniques italiennes*). Mais son élaboration met en jeu des processus d'identification par lesquels le narrateur s'immisce dans sa création. Ainsi en est-il, par exemple, pour ***Le Rouge et le Noir*** (1830).

Julien Sorel, fils d'un bûcheron, se distingue très tôt par son intelligence ; le maire du village de Verrières (Doubs), Monsieur de Rênal, le prend comme précepteur de ses enfants ; l'épouse de celui-ci s'éprend de ce jeune homme timide, mais d'une fierté ombrageuse, qui lui-même est tout de suite ébloui par cette femme d'un rang supérieur au sien.

Mais des racontars poussent Monsieur de Rênal à se séparer de Julien, qui, après un séjour au séminaire, est envoyé à Paris comme secrétaire du marquis de La Mole. Ambitieux, fervent admirateur de Napoléon, Julien Sorel parvient à se tailler une place dans cette société aristocratique qu'il méprise profondément, et s'attire l'amour de la fille du marquis, Mathilde. Au prix de savantes manœuvres, et après de nombreuses péripéties qui ne font qu'attiser la passion de cette jeune fille orgueilleuse et romanesque, il semble atteindre son objectif : anobli, devenu lieutenant de hussards, il est sur le point d'obtenir le consentement du marquis pour épouser Mathilde, qui est enceinte de lui. Mais une lettre de Madame de Rênal, écrite sous la dictée de son confesseur, dénonce Julien comme un arriviste sans scrupules. Aussitôt, le jeune homme part pour Verrières et, pendant la messe, tire deux coups de pistolet sur son ancienne maîtresse, qui n'est que blessée.

Pendant son procès, Julien Sorel revendique sa culpabilité avec calme et détermination, tandis que les deux femmes qui l'ont aimé font tout pour le sauver. Condamné, il refuse de faire appel, et après avoir goûté quelques instants de bonheur avec Madame de Rênal, il est exécuté. Madame de Rênal meurt quelques jours après, tandis que Mathilde, renouvelant le geste d'un de ses ancêtres, suit le cortège funèbre de son amant, en portant la tête de celui-ci sur ses genoux.

Julien, précepteur chez Mme de Rênal. Gravure sur bois, 1854.

De cette aventure singulière, authentifiée cependant par un fait divers réel (l'affaire Berthet), Stendhal fait tout d'abord un destin exemplaire. Julien Sorel est en effet représentatif d'une « classe de

Mathilde de la Mole. Gravure sur bois, 1854.

jeunes gens » auxquels la société offre les prestiges de l'instruction, mais qu'elle refuse ensuite d'intégrer dans ses sphères les plus élevées, où le mérite cède la place à l'argent et à la naissance, et qui se révoltent contre cette injustice. Contrairement à René, dont le « mal » est existentiel, voire métaphysique, Julien Sorel souffre en fait d'une maladie sociale, qui lui est infligée par le monde et l'époque où il vit.

Par là, Stendhal introduit dans le roman **une perspective critique,** qui en fait une « *Chronique de 1830* » (sous-titre du roman), un véritable « roman historique » contemporain, **tableau cruel mais réaliste** (le roman porte en exergue la phrase de Danton : « La vérité, l'âpre vérité ») **de la société légitimiste,** de ses tares et de ses abus : aristocrates ignorants et parasites, bourgeois enrichis et réactionnaires, ecclésiastiques intrigants et avides sont constamment « épinglés », avec une ironie acerbe, mais sans déclamation, au moyen des fameux « petits faits vrais ». Par ce biais, Stendhal donne libre cours à son jacobinisme, qui — on le voit par d'autres textes, notamment la correspondance — ne va pas jusqu'au républicanisme démocrate, dont il déteste tout autant les illusions généreuses, la « vertu » hypocrite et la manie égalitaire. Ce réalisme critique, cette vision lucide de la société qui ne laisse d'autre voie à l'ambition que l'armée et la religion (le « rouge et le noir », selon une interprétation traditionnelle) ira d'ailleurs encore plus loin dans *Lucien Leuwen,* qui détaille et dénonce avec férocité les mœurs politiques de l'époque.

On retrouve également la même charge satirique dans ***La Chartreuse de Parme*** (1839), où, dans un cadre différent, il fustige la bassesse d'une tyrannie mesquine, d'un despotisme policier sans grandeur et sans noblesse.

Le roman s'ouvre sur l'entrée triomphale des troupes françaises à Milan, en 1796 ; le lieutenant français Robert est logé chez le vieux marquis del Dongo, qui s'est enfui, laissant seules son épouse et sa sœur Gina... Un an plus tard, la marquise donne naissance à Fabrice, dont l'éducation se fera surtout, au sortir du collège, dans les brillants salons de sa tante, devenue comtesse Pietranera, qui l'adore, et au château de Grianta, au bord du lac de Côme, au contact des petits paysans et du bon abbé Blanès. En 1815, Fabrice s'enfuit pour rejoindre Napoléon et combattre avec lui ; mais il n'arrive à Waterloo que pour assister, sans bien comprendre ce qui se passe, à la déroute des Français. Chassé par son père, il se réfugie à Parme auprès de sa tante qui, devenue veuve, a épousé le vieux duc de Sanseverina. Grâce à la protection de l'amant de cette dernière, le comte Mosca, Premier ministre, le jeune Fabrice entame une brillante carrière ecclésiastique, vite compromise par des aventures amoureuses qui le conduisent à tuer un homme au cours d'un duel. Emprisonné, Fabrice s'éprend de la fille du gouverneur de la forteresse, Clélia Conti, avec qui il parvient à communiquer secrètement. Mais la duchesse Sanseverina réussit à le faire évader, mettant en danger la vie du gouverneur ; Clélia, accablée de remords, renonce à son amour et épouse un vieux marquis. Dès lors, l'action se précipite, mêlant conspirations politiques et intrigues amoureuses, à l'issue desquelles la duchesse Sanseverina se donne au nouveau roi pour sauver son neveu qu'elle aime avec une passion de plus en plus jalouse ; elle s'enfuit ensuite de Parme et finit par épouser le comte Mosca, tandis que Fabrice, devenu un grand prédicateur, retrouve quelque temps Clélia, dont il a un enfant ; mais la mort de celui-ci entraîne celle de sa mère. Fabrice se retire alors à la Chartreuse de Parme, et ne tarde pas à y mourir lui aussi.

Le Château de Saint-Pierre, Val d'Aoste. Lithographie d'après J. Harding, XIXe s.

La destinée de Fabrice, sur bien des points, rejoint celle de Julien Sorel : même oscillation entre l'Église et l'armée, entre la femme mûre et la jeune fille, entre le calcul et l'innocence, même conflit, surtout, entre une société médiocre et des âmes élevées qu'elle brise et cherche à anéantir, entre le monde et la passion. Mais, alors que dans *Le Rouge et le Noir* les rêves de bonheur dépérissent, asphyxiés par une atmosphère étouffante de sottise et de compétition, il règne dans *La Chartreuse de Parme* un air de liberté et d'euphorie qui transporte le lecteur, et qui lui fait épouser le rythme échevelé que l'invention de l'auteur communique à ses héros. Ce rythme même qui est celui de la passion, cette impulsion joyeuse qui a sa source dans les profondeurs de l'être et qui s'exprime par exemple dans la musique de Mozart et de Rossini.

La musique et les écrivains romantiques

Les chroniques musicales que **Stendhal** rédigea entre 1824 et 1827 pour *Le Journal de Paris* exaltent la musique italienne, de Cimarosa à Rossini. Cet amateur de « bel canto » négligea toute sa vie les œuvres de Beethoven, Schuman, Schubert, Chopin, Liszt et Berlioz, ce dernier disant de Stendhal qu'il écrivit « les plus irritantes stupidités sur la musique ».

Impressionné par la *Symphonie en ut mineur,* **Balzac** dira de Beethoven qu'il « est le seul homme qui me fasse connaître la jalousie car ce que nous peignons est fini, déterminé, et ce que nous jette Beethoven est infini ».

Introduit dans les cercles musicaux par son ami Liszt, **Nerval,** admirateur de Wagner, composera deux livrets — très médiocres —, *Piquillo* et *Les Monténégrins,* et nourrira le projet de deux opéras qui n'aboutiront pas.

George Sand, musicienne elle-même, donnera à la musique une place importante dans ses romans — qu'il s'agisse de la « grande » musique *(Consuelo),* de la musique populaire *(Les Maîtres sonneurs)* ou des chansons du Berry *(La Mare au diable).*

3 Roman et poésie

Par cette gaieté, cet entrain juvénile, le roman stendhalien, comme la musique italienne, cherche avant tout à séduire. La perfection de ses personnages, le charme de ses paysages contribuent aussi, évidemment, à cet enchantement. Mais **la langue,** elle, résiste à toute séduction, et **recherche une totale transparence.** Refusant l'éloquence, le lyrisme, les artifices de la « poésie » et du « vers » à la mode depuis Chateaubriand, Stendhal lutte contre « les formes linguistiques du hasard, qui sont l'obscurité et l'imprécision » (Jean-Pierre Richard). Il n'hésite pas à prendre pour modèle, selon une légende bien révélatrice, la froide précision du Code Civil, et en tout cas l'élégante clarté des grands prosateurs du XVIIe et du XVIIIe siècle (notamment les auteurs jansénistes), soucieux de découvrir pour chaque idée, chaque nuance de l'âme, « le mot propre, unique, nécessaire, indispensable »[1].

Classique jusqu'au purisme, comme d'ailleurs la plupart des libéraux de son temps, Stendhal, par sa langue, ne pouvait être compris des romantiques. Pourtant les deux pamphlets groupés sous le titre *Racine et Shakespeare* sont une vigoureuse attaque contre les conventions et les règles du théâtre classique, et préfigurent, mieux encore que la préface de *Cromwell,* l'avenir du théâtre romantique.

Mais s'il se refuse à recourir à la rhétorique pseudo-poétique qui fleurit alors, c'est pour mieux atteindre une autre sorte de poésie, indéfinissable, qui s'attache à la beauté des âmes, des gestes et des pensées, celle qui lui fait dire, par exemple, de Julien Sorel, au moment de son exécution : « Jamais cette tête n'avait été aussi poétique qu'au moment où elle allait tomber »...

Peut-être le secret de cette poésie est-il, en définitive, dans cette connivence que l'auteur entretient avec son lecteur, **cette complicité** qui naît de l'absence de toute affectation ; cette allure aisée, naturelle, presque improvisée, ce dialogue confiant avec le lecteur, n'est-ce pas, en effet, la source du **lyrisme le plus vrai** ? Le monde de Stendhal est un monde poétique, parce que c'est un monde intérieur, entièrement subjectif où lui-même est partout présent, subrepticement, par les jugements qu'il porte sur ses personnages, par les commentaires dont il entoure son récit au fur et à mesure de son élaboration, par toutes sortes d'intrusions parfois presque imperceptibles, mais surtout par le plaisir même, la jubilation visible que lui procure la narration. Autobiographie rêvée, le roman stendhalien est bien, en ce sens, l'épanouissement du roman intime. Si *La Charteuse de Parme* apparaît comme le couronnement de l'œuvre stendhalienne, et comme un des sommets de la littérature romanesque, c'est peut-être parce qu'il existe peu de livres où le bonheur d'écrire soit, à ce point, l'image exacte d'un certain bonheur de vivre.

1. Racine et Shakespeare, *cité par Michel* CROUZET *dans* Stendhal et le langage *(p. 413).*

BIBLIOGRAPHIE

Études

Maurice BARDÈCHE, *Stendhal romancier.* Plon, 1941.

Jacques PRÉVOST, *La Création chez Stendhal.* Gallimard (coll. « Idées »), 1951.

Georges BLIN, *Stendhal et les problèmes du roman* et *Stendhal et les problèmes de la personnalité.* José Corti, 1954 et 1958.

Gilbert DURAND, *Le Décor mythique dans la Chartreuse de Parme.* José Corti, 1961.

Jean-Pierre RICHARD, *Littérature et sensation.* Le Seuil, 1954 ; repris sous le titre *« Stendhal, Flaubert »* (coll. « Points »), 1970.

François MICHEL, *Études stendhaliennes.* Mercure de France, 1972.

Michel CROUZET, *Stendhal et le langage.* Gallimard, 1981.

2. Balzac (1799-1848), un démiurge

Né en 1799 à Tours, d'une famille de petite bourgeoisie enrichie, **Honoré Balzac** (qui s'attribuera plus tard la particule), connaîtra l'enfance typique des « enfants du siècle » : mis en nourrice, puis en pension, il fait des études peu brillantes au collège de Vendôme (1807-1813). Ensuite, c'est la « montée » à Paris, pour des études de droit et l'apprentissage du métier juridique chez différents notaires (1816-1819). La rupture a lieu en 1819 : intéressé d'abord par la philosophie, il se voue ensuite à la littérature, seul moyen d'acquérir **la richesse et la célébrité dont il rêve.** Il se tourne vers le roman, publiant sous différents pseudonymes une série d'ouvrages où il cède au goût du temps.
1821 : il rencontre Madame de Berny, qui sera pour lui plus qu'une maîtresse, une initiatrice, une conseillère et un appui ; grâce en partie à ses subsides, il se lance dans les « affaires », fondant une maison d'édition et une entreprise de fonderie de caractères qui échoueront lamentablement, plongeant Balzac dans **un cycle infernal de dettes** (1828).
1830 : introduit par la duchesse d'Abrantès dans les salons à la mode, il entre également dans le cercle du grand patron de presse Émile de Girardin, collabore à de nombreuses publications, et se livre à **la vie mondaine.** C'est alors qu'il reçoit la première lettre de l' « Étrangère », une comtesse russe (madame Hanska), mariée, qui l'admire et qu'il rencontre pour la première fois en Suisse en 1833.
Vers la même époque, Balzac connaît une « crise » dont la nature reste sujette à discussion : il se rallie (peut-être pour plaire à la marquise de Castries dont il voudrait faire sa maîtresse) au parti légitimiste. Les voyages se succèdent, les fréquentations sociales et les liaisons amoureuses se multiplient, articles et publications en revues foisonnent, occasionnant parfois des procès où Balzac épuise son énergie.
1836 : *La Chronique de Paris,* journal qu'il avait racheté, est mise en liquidation. Balzac tente d'échapper à ses créanciers en voyageant, en changeant de domicile parisien, en se dissimulant sous de fausses identités, et sa production littéraire se raréfie.
1842 : il apprend la mort du comte Hanski, et va désormais tout mettre en œuvre pour **épouser l' « Étrangère »** ; il la revoit à Saint-Pétersbourg, après huit ans de séparation, et lui écrit presque quotidiennement. Mais sa santé se détériore, et les voyages en Europe absorbent la plus grande partie de son temps. De plus en plus malade, il séjourne une année en Ukraine où il épouse enfin madame Hanska, et revient avec elle à Paris, en 1850, pour y mourir au bout de quelques semaines.

1819-1820 : il écrit *Cromwell* (tragédie en 5 actes).

1820 : il écrit *Falthurne,* puis *Sténie ou les Erreurs philosophiques.*

1822 : *L'Héritière de Birague* (sous le pseudonyme de lord R'hoone), puis (entre autres) *Le Vicaire des Ardennes* et *Wann-Chlore* (pseudonyme : Horace de Saint-Aubin).

1825 : Balzac éditeur publie les œuvres de Molière, de La Fontaine...

1829 : *Le Dernier Chouan* (plus tard : *Les Chouans*), premier roman signé Balzac. *La Physiologie du mariage.*

1830-1832 : premières *Scènes de la vie privée* (notamment *Gobseck, Le Bal de Sceaux,* puis *Le Colonel Chabert*).
Premiers contes philosophiques.

1831 : *La Peau de Chagrin.*

1832 : *Le Curé de Tours. Louis Lambert.* Premiers *Contes drolatiques.*

1833 : *Le Médecin de campagne; Eugénie Grandet.*

1834-1835 : *La Duchesse de Langeais. La Recherche de l'absolu. Le Père Goriot. Le Lys dans la vallée. Séraphita.*

1837-1843 : *Illusions perdues. César Birotteau.*

1838-1847 : *Splendeurs et misères des courtisanes.*

1839 : *Une fille d'Eve. Béatrix.*
Il est élu président de la Société des Gens de lettres, destinée à défendre les intérêts des auteurs contre les contrefaçons.
Divers projets théâtraux n'aboutissent pas (interdiction de *Vautrin* par la censure ; échec des *Ressources de Quinola*).

1841 : *Ursule Mirouet.*

1842 : Avant-propos de *La Comédie humaine. La Rabouilleuse.*

1844 : *Modeste Mignon. Les Paysans.*

1846 : *La Cousine Bette.*

1847 : *Le Cousin Pons.*

1848 : *Le Faiseur,* comédie reçue à la Comédie-Française, ne sera pas représentée. Ultime tentative d'entrée à l'Académie française, qui se solde à nouveau par un échec.

1

Balzac, scribe de son temps

Plus que tout autre romancier, **Honoré de Balzac** ne peut être isolé de l'époque dont il est issu : non seulement parce que son œuvre est, comme il l'a voulu, « la fidèle histoire, le tableau exact des mœurs » de son temps, mais parce qu'il est lui-même le produit de ce temps : sa vie, sa pensée, tout son être ne prennent sens que par rapport à une époque qu'il a vécue plus intensément que d'autres, par rapport à une société, aussi, qu'il pouvait mieux comprendre, ayant traversé tout ses états, subi toutes les vicissitudes de son évolution.

Balzac.
Gravure d'après
L. Boulanger, XIXe s.

Avant tout, Balzac est le témoin privilégié d'un changement social, qui trouve son origine dans l'ébranlement considérable opéré par la Révolution française. Ce n'est pas un hasard si le premier roman qu'il signera de son nom — *Les Chouans* — raconte un épisode de cette révolution et si les convulsions révolutionnaires paraissent à l'origine de la destinée de la plupart de ses personnages. Pour lui, la **période révolutionnaire annonce l'apparition d'un monde nouveau,** où les valeurs aristocratiques traditionnelles s'effacent devant l'émergence de nouveaux codes, et surtout de nouveaux rapports sociaux.

Banquiers, notables, commerçants, médecins, gens de justice et de police, tout un peuple nouveau surgit à la fois dans l'histoire et dans la littérature. Balzac, par ses origines familiales, mais aussi par ses activités professionnelles et ses nombreuses fréquentations, connaîtra et partagera dans une large mesure les principes et les idéaux de ces catégories : **leur foi dans le pouvoir de l'argent,** force motrice de tout progrès individuel et social, mais aussi **leur respect du travail,** sans lequel l'argent ne véhicule plus qu'un contenu négatif, comme le montre ***Eugénie Grandet*** (1833).

Eugénie Grandet.
Gravure de C. Nanteuil, 1846.

Le père Grandet, un des hommes les plus riches de Saumur, terrorise par son avarice et sa tyrannie sa maisonnée, composée de sa femme, de sa fille Eugénie et de sa fidèle servante Nanon. Eugénie, jeune fille d'une radieuse beauté, pure et généreuse, est l'objet des intrigues de deux familles rivales, les Cruchot et les Des Grassins ; mais elle se prend de passion pour son cousin, Charles Grandet, un Parisien élégant que la mort de son père, ruiné, oblige à partir aux Indes pour y tenter fortune. Avant son départ, Eugénie lui cède les quelques pièces d'or que son père lui offrait pour son anniversaire. Apprenant cela, le père Grandet la condamne à une véritable réclusion.

Quelques années plus tard, il meurt, laissant à sa fille son immense fortune. Charles, entre-temps, a fait un médiocre mariage d'intérêt ; désespérée, Eugénie épouse un de ses anciens prétendants ; mais, bientôt veuve, elle mène une vie édifiante, consacrant sa fortune à la charité.

Ainsi, cette société tout entière dominée par l'argent se montre impitoyable pour les faibles, les malchanceux, ou les idéalistes. Et le génie de Balzac est peut-être d'avoir su dépeindre à la fois cette terrible puissance de l'argent, dont l'attrait est la source de toutes les énergies, et le drame de ceux qu'elle écrase. C'est que **la vision que Balzac a de la société est avant tout une vision dynamique :** là où l'historien ne saisit le plus souvent qu'une série discontinue d'états sociaux différents, Balzac restitue le mouvement interne qui entraîne les individus vers la réussite ou vers l'échec, et surtout l'entrechoc incessant des luttes, des conflits qu'ils se livrent, et qui font de *La Comédie humaine* une sorte de « livre de la jungle sociale », selon l'expression d'André Wurmser.

2 La pensée balzacienne : science et poésie

Mais le monde que peint Balzac est aussi un univers intérieur : soit qu'il projette ses obsessions ou ses propres tentations dans le monde qu'il décrit, soit qu'il constitue lui-même un spécimen, le fruit exemplaire de ce monde. Toujours est-il que Balzac est lui-même un personnage balzacien. On retrouve dans sa vie, exacerbées, les lignes de force qui parcourent la société de son temps.

Plus profondément, Balzac appartient pleinement à son temps par **une curiosité scientifique et philosophique** dont on a parfois raillé les approximations ou les divagations par rapport à la science d'aujourd'hui, mais qui l'ont mené beaucoup plus loin en ce domaine que tous les autres écrivains de l'époque. Il ne serait d'ailleurs pas exagéré de dire que la culture de Balzac est plus scientifique (au sens large : économie, droit, sciences naturelles) que littéraire : les références à Buffon, mais aussi à Cuvier, à Geoffroy Saint-Hilaire (sans parler de Gall et de Lavater[1], d'une « scientificité » plus contestable) sont plus nombreuses dans son œuvre que les allusions à Rabelais et à Molière (les seuls « maîtres » qu'il se reconnaisse avec Scott).

Scientifique par sa démarche et par ses procédés, la pensée balzacienne ne l'est cependant pas au sens étroit d'un positivisme ou d'un matérialisme borné. Outre les romans philosophiques proprement dits, dont certains, comme *Séraphita* (1835), se déroulent dans une atmosphère totalement irréelle, de nombreux récits balzaciens ouvrent au lecteur des dimensions métaphysiques. Une religiosité complexe, teintée de mysticisme et d'illuminisme, et imprégnée d'influences diverses[2], confère à certaines pages, notamment dans ***Le Lys dans la vallée*** (1834-1835), cette coloration poétique qui rattache Balzac au romantisme.

Illustration pour *Le Lys dans la vallée*. Gravure sur bois de G. Staal, XIXe s.

Le récit tout entier du ***Lys dans la vallée*** se présente comme une longue lettre adressée par le héros, Félix de Vandenesse, à la comtesse Nathalie de Manerville, qu'il est sur le point d'épouser : il lui raconte son enfance malheureuse, sa rencontre, au cours d'un bal, avec une inconnue qu'il retrouve quelques mois plus tard, et la passion ardente, mais platonique, qu'il éprouve pour elle ; en effet, Madame de Mortsauf, mariée et mère de deux enfants, trouve dans la religion et dans l'amour maternel les forces nécessaires pour résister au penchant qui la pousse vers Félix, et contraint le jeune homme à contenir ses sentiments dans les limites de la chasteté. Grâce à elle, et à une situation politique favorable à ces aristocrates, Félix connaît une brillante réussite sociale ; il tombe alors sous l'emprise d'une Anglaise sensuelle et cynique, lady Dudley, qui devient sa maîtresse. **Partagé entre ces deux femmes opposées,** Félix va les perdre toutes deux : Madame de Mortsauf, qui a appris cette liaison, succombe à une maladie de langueur, en pardonnant à son ami, auquel elle révèle, par une lettre posthume, qu'elle l'aime depuis toujours ; lady Dudley, outragée parce qu'il l'a quittée pour rejoindre Madame de Mortsauf agonisante, l'abandonne à son tour.

À cette longue confession, Nathalie de Manerville répond qu'elle ne peut « réunir l'eau et le feu », c'est-à-dire, « être à la fois Madame de Mortsauf et lady Dudley ».

Nul autre roman n'ouvre mieux les portes de cet univers intérieur qu'est la pensée balzacienne, non seulement par son caractère « autobiographique » (l'enfance du héros, la région où il vit, la nature même de sa liaison amoureuse présentent bien des traits communs avec la propre existence de Balzac), mais parce que s'y reflètent, dans leur ambiguïté, toutes les conceptions religieuses et politiques de Balzac.

1. Savants du XVIIIe siècle qui prétendaient établir une caractérologie sur des facteurs purement physiologiques (traits du visage, forme extérieure du crâne).

2. Voir p. 186.

Le Lys dans la vallée offre en effet **le condensé d'une vision politique profondément sceptique,** où le parti pris légitimiste n'entrave aucunement la lucidité critique envers les excès des ultras et le déclin de l'aristocratie, et où l'admiration pour certains républicains s'allie aux aspirations vers un pouvoir absolu, seul capable de remédier aux nombreuses injustices créées par le pouvoir de l'argent.

Dès lors, la tentation sera grande, pour Balzac, de passer de l'observation à l'expérimentation, de la dénonciation à la proposition : il cèdera, dans certaines œuvres (comme *Le Médecin de campagne*) à ce vertige de l'utopie qui hantera les écrivains « démocratiques », telle George Sand. Mais c'est plutôt dans **le témoignage** que réside la signification politique la plus profonde de cette œuvre, par laquelle Marx dira avoir plus appris sur les problèmes économiques et sociaux de cette époque que dans les traités savants d'économie politique.

3 Genèse et structure du monde balzacien

Dès l'avertissement du *Gars* (premier titre des *Chouans*), en 1828, Balzac laissait entendre que son ouvrage n'était que la « première assise » d'une « œuvre immense » ; mais ce n'est qu'en 1834, après les premières *Scènes de la vie privée* et les premiers romans philosophiques, que le projet prend une forme plus originale : Balzac l'envisage alors comme un ensemble d'*Études sociales* — titre général qu'il adoptera jusqu'en 1839. Dès lors, il semble constamment hanté par le souci d'unifier son œuvre, de lui donner cette « unité de composition » que les naturalistes de l'époque décelaient dans l'œuvre de la nature.

Dès 1835 il envisage la triple subdivision de son œuvre : les ***Études de mœurs au XIXe siècle,*** « représentation de la société dans tous ses effets », les ***Études philosophiques,*** où « viendront les causes », et les ***Études analytiques,*** où il se propose de rechercher les « principes ». Et c'est avec ***Le Père Goriot,*** en 1835, que Balzac découvre le principe unificateur qui assure la cohésion de l'ensemble de son œuvre : il consiste à faire réapparaître, d'un roman à l'autre, certains personnages, qui auront ainsi une densité exceptionnelle, et qui sembleront poursuivre une vie réelle en marge de l'œuvre, où le lecteur ne les rencontrera, comme dans l'existence, qu'à certains moments privilégiés.

Rastignac. Lithographie de P. Gavarni, XIXe s.

Eugène de Rastignac, jeune provincial fraîchement débarqué à Paris, rencontre dans la sordide pension où il loge, tenue par madame Vauquer, des personnages aussi différents que Goriot, vieux commerçant qui s'est ruiné pour permettre à ses deux filles, Delphine de Nuncingen et Anastasie de Restaud, de faire de riches mariages, et Vautrin, ancien forçat, qui prendra Eugène sous sa coupe, et lui enseignera les moyens de parvenir dans la société ; il lui proposera notamment d'épouser une jeune orpheline, Victorine Taillefer, se chargeant de supprimer le frère de cette dernière. Mais Eugène refuse, et Vautrin, démasqué, est arrêté.

L'éducation d'Eugène se fait aussi dans les salons parisiens qu'il fréquente à la suite de sa cousine, Madame de Beauséant, et où il rencontre Delphine, qui devient sa maîtresse. Sa sœur et elle, indifférentes et ingrates, laissent leur père mourir dans la solitude et la misère. Seul Rastignac suit son cortège funèbre au cimetière du Père-Lachaise, d'où il lance à la société son fameux défi : **« À nous deux maintenant ».**

Ainsi, derrière la sublime image du père Goriot, se profilent les grandes figures du monde balzacien, Vautrin et Rastignac, qui étaient déjà apparues ou qui réapparaîtront plus tard dans d'autres œuvres (notamment dans *Illusions perdues* et *Splendeurs et misères des courtisanes*). Cet **entrecroisement de destinées diverses,** d'individus poursuivant chacun leur but en ignorant l'autre ou en ne l'utilisant que comme moyen, forme véhiculant une morale, fait en même temps l'originalité et la richesse du roman.

Le Père Goriot.
Gravure sur bois d'après H. Daumier, XIXᵉ s.

Par ce procédé de coordination, qui avait manqué jusque-là à tous les romanciers, l'entreprise balzacienne prenait sens, et trouvait en même temps sa justification dans des hypothèses scientifiques : la société étant à l'image de la nature, il suffisait, pour l'étudier, de procéder comme les savants par l'observation des comportements, la classification des espèces : « La société française allait être l'historien, je ne devais être que le secrétaire » (Avant-propos de *La Comédie humaine*). Mais Balzac voyait bien plus loin encore ; **son œuvre ne devait pas être seulement une reproduction de la société ; elle devait en fournir l'explication :** « La société devait porter avec elle la raison de son mouvement ». Or seule la fiction, l'invention, pouvaient permettre à Balzac d'adopter ce point de vue transcendant qui avait été, par exemple, celui de Dante dans *La Divine Comédie ;* c'est pourquoi le titre de *Comédie humaine* s'impose à Balzac en 1842, titre qui, tout en désignant l'hypocrisie d'une société, dévoile l'ambition « démiurgique » du romancier, sa volonté de rivaliser, en créant un monde, avec Dieu lui-même...

Structure de *La Comédie humaine*

Première partie : ***Études de mœurs***

1. ***Scènes de la vie privée :*** 28 romans écrits, notamment *Mémoires de deux jeunes mariées, Modeste Mignon, Le Colonel Chabert, Béatrix, Gobseck, Le Père Goriot...* (+ 4 projets).

2. ***Scènes de la vie de province :*** 11 romans écrits, notamment *Le Lys dans la vallée, Ursule Mirouet, Eugénie Grandet, Le Curé de campagne, L'Illustre Gaudissart, Illusions perdues...* (+ 6 projets).

3. ***Scènes de la vie parisienne :*** 15 écrits, dont le cycle de *l'Histoire des Treize, César Birotteau, La Maison Nuncingen, Splendeurs et misères des courtisanes...* (+ 14 projets).

4. ***Scènes de la vie politique :*** 4 écrits, dont *Une ténébreuse affaire, Le Député d'Arcis...* (+ 4 projets).

5. ***Scènes de la vie militaire :*** 2 romans écrits, *Les Chouans* et *Une passion dans le désert* (+ 21 projets).

6. ***Scènes de la vie de campagne :*** 3 écrits, *Les Paysans, Le Médecin de campagne, Le Curé de village* (+ 2 projets).

Deuxième partie : ***Études philosophiques***

27 ouvrages prévus, dont 22 ont été écrits, notamment *La Peau de Chagrin, Le Chef-d'œuvre inconnu, La Recherche de l'absolu, Louis Lambert, Séraphita...*

Troisième partie : ***Études analytiques***

5 ouvrages prévus, dont 2 écrits : *La Physiologie du mariage*, et *Pathologie de la vie sociale.*

Vautrin.
Statue de G. Broquet, 1914.

4 Technique et poétique balzaciennes

L'action

Fiction, et non simple copie de la réalité, **le roman balzacien** est donc avant tout une construction. Il présente **une organisation propre, presque toujours identique, et qui est empruntée au théâtre :** elle fait succéder à une exposition lente, minutieuse, souvent descriptive, une crise brutale, où les passions se débrident au cours de scènes violentes, dignes des plus grands auteurs dramatiques, et que Balzac « manœuvre » avec une habileté toute militaire. Les romans de Balzac sont bien, comme l'avait noté Ramon Fernandez, des « transpositions civiles de la guerre », non seulement par la précision implacable des « parties » qui s'y jouent (intrigues, conspirations ou spéculations), mais aussi par la sûreté presque infaillible avec laquelle Balzac dispose les éléments et les forces qu'elles mettent en jeu. De ce point de vue, le déroulement de *César Birotteau* (1837) où l'ascension morale du héros, aboutissant à une véritable apothéose, va de pair avec la marche irrésistible d'un imbroglio juridico-commercial, est exemplaire. Cet art de la composition parviendra, dans les grandes fresques comme *Splendeurs et misères des courtisanes* (1838-1847), à une complexité telle qu'on peut parler d'une véritable « orchestration ».

Le personnage

Autant que l'action, **le personnage balzacien apparaît lui aussi comme le produit d'une construction, reposant, là encore, sur une inspiration d'ordre scientifique.** De même que, selon les théories du naturaliste Geoffroy Saint-Hilaire, les espèces animales sont issues du même principe, et tiennent leurs différences des « milieux » où elles sont appelées à se développer, les êtres humains forment des « espèces », liées dans un processus d'interaction avec le milieu social qui les

Illustration pour *Eugénie Grandet*. Gravure sur bois, XIXe s.

Louis Lambert.
Gravure sur bois, XIXᵉ s.

sécrète et qu'elles contribuent à façonner. De là cette véritable symbiose entre le personnage et le décor où il vit ; de là, aussi, cette relative schématisation de personnages « typiques » qui portent sur leur extérieur les stigmates de leur passion prédominante. Le romancier rencontre ici une autre formule scientifique, celle de la réduction des effets moraux aux effets physiques, source de ce « physiologisme » qu'on lui a souvent reproché et dans lequel on voyait la source d'un immoralisme foncier. Balzac s'est efforcé de se justifier de cette accusation. D'où le rôle qu'il assigne alors au christianisme, « système complet de répression des tendances dépravées de l'homme », « élément d'Ordre social ». Pourtant, force est bien de constater que le personnage balzacien échappe à toute emprise religieuse ; sa seule borne est l'épuisement même de cet élan vital qui alimente ses passions, et dont *La Peau de chagrin* (1831) fournit la théorie : comme le héros Raphaël, tout être humain est voué à la destruction, et le génie lui-même n'échappe pas à cette règle. Comme la passion, la pensée dévore fatalement l'individu qui s'y livre, témoin le héros de *Louis Lambert* (1832).

Le style

Le réalisme balzacien est ainsi un réalisme « truqué », magnifié par l'ampleur de la conception, et aussi par **la somptuosité d'un style,** dont on a souvent méconnu la qualité. Longtemps, en effet, on a tenu pour dogme les assertions de critiques universitaires qui confondaient le style et la grammaire, et qui se contentaient de relever les inévitables « fautes » ou maladresses que recèle une œuvre aussi monumentale, écrite dans des conditions de rapidité invraisemblables, les attribuant à l'improvisation, à une négligence de « feuilletonniste » en mal de copie. C'était méconnaître la hardiesse de Balzac dans le maniement de la langue — qui n'a d'égale que celle de son maître Rabelais — et surtout l'**intense travail de réécriture, de « prolifération »,** dont témoignent les brouillons et les épreuves que l'on commence désormais à étudier avec tout le respect qu'ils méritent. On peut ainsi mieux entrer dans le secret d'un style qui, plus qu'une accumulation de procédés, est avant tout une voix, cette voix.

BIBLIOGRAPHIE

Éditions

BALZAC, *La Comédie humaine,* Éd. Pierre-Georges CASTEX (12 vol.). Gallimard (bibl. de la Pléiade), 1976-1981. — Éd. Pierre CITRON (7 vol.). Le Seuil (coll. « L'Intégrale »), 1965-1969.

BALZAC, *Correspondance* et *Lettres à Mme Hanska,* Éd. Roger PIERROT. Le Delta, 1967-1971.

Études

Maurice BARDÈCHE, *Balzac romancier.* Plon, 1940. Rééd. Slatkine, 1967.

Philippe BERTAULT, *Balzac.* Hatier (coll. « Connaissance des lettres »), 1947 ; rééd. 1968.

Gaëtan PICON, *Balzac par lui-même.* Le Seuil, 1956 ; rééd. 1969.

Albert BÉGUIN, *Balzac lu et relu.* Le Seuil, 1966.

Georges LUKACS, *Balzac et le réalisme français.* Maspéro, 1967.

Bernard GUYON, *La Pensée politique et sociale de Balzac.* Rééd. A. Colin, 1968.

André WURMSER, *La Comédie inhumaine.* Gallimard, 1970.

Roland BARTHES, *S/Z.* Le Seuil, 1970.

Pierre BARBÉRIS, *Balzac et le mal du siècle* (2 vol.). Gallimard, 1970. — *Balzac, une mythologie réaliste.* Larousse (coll. « Thèmes et textes »), 1971.

Jean-Pierre RICHARD, « Corps et décors balzaciens », dans *Études sur le romantisme.* Le Seuil, 1971.

IV FLAUBERT ET LES GONCOURT : LA PASSION DU RÉEL

1. Flaubert (1821-1880) : une vie pour écrire

Gustave Flaubert naît à Rouen en 1821 ; son père est chirurgien en chef à l'Hôtel-Dieu de Rouen. Il passe une enfance assez malheureuse dans l'atmosphère glacée de l'hôpital ; délaissé au profit de son frère aîné, il se réfugie à la fois dans la littérature et dans la dérision.
1836 : à Trouville, il rencontre Elisa Schlesinger, femme d'un éditeur de musique. Elle sera le secret de sa vie (sa « chambre royale »), et la source de *L'Éducation sentimentale*.
Après un voyage aux Pyrénées, il s'installe à Paris, en principe pour étudier le droit ; mais il fréquente surtout les milieux artistiques.
1844 : une première crise nerveuse l'oblige à renoncer à ses études ; il s'établit dans la propriété familiale de **Croisset,** au bord de la Seine, **où il mènera désormais une existence de « solitaire »,** interrompue parfois par de longs séjours à Paris (où il rencontre Louise Colet, qui sera sa « Muse » et sa confidente épistolaire), et par **des voyages** (dans l'Ouest de la France, et surtout en Orient, de 1849 à 1851).
Sa vie se confond avec la rédaction de ses œuvres. La publication de *Madame Bovary* lui vaut, comme à Baudelaire, un procès retentissant pour « immoralité », dont il sort acquitté, et qui lui assure **dans les milieux littéraires une position de premier plan.**
Le succès de *Salammbô,* en 1862, lui ouvre les portes des salons officiels du Second Empire. Mais *L'Éducation sentimentale* est un échec ; à cette déception s'ajoutent de nouveaux accès de maladie, la perte de ses meilleurs amis et de sa mère, les bouleversements provoqués par la guerre de 1870. La vénération dont il est l'objet de la part des écrivains de la nouvelle génération (notamment Maupassant) ne compense pas l'amertume de ses dernières années, face à la maladie, à une situation financière désastreuse, et à l'épuisement que lui causent ses recherches incessantes. En 1880, il meurt d'une hémorragie cérébrale.

Rédaction de chroniques ou de drames historiques (*La Peste à Florence, Loys XI...*), puis de récits d'un lyrisme tourmenté *(Rage et impuissance. Rêve d'enfer. Passion et vertu. Mémoires d'un fou).*
Viennent ensuite *Smarrh, Novembre,* et la 1re version de *L'Éducation sentimentale.*

1847 : *Par les champs et par les grèves,* relation de son voyage en Normandie et en Bretagne, écrite en collaboration avec Maxime Du Camp.

1848-1849 : *La Tentation de saint Antoine* (devant les critiques de ses amis, renonce à son édition).

1857 : *Madame Bovary.*

1862 : *Salammbô.*

1867 : *L'Éducation sentimentale.*

1869 : 2e version de *La Tentation de saint Antoine.*

1873 : *Le Candidat* (comédie) échoue.

1874 : Édition de *La Tentation de saint Antoine.*

1874-1880 : *Bouvard et Pécuchet* (édité inachevé quelques mois après sa mort).

1877 : édition des *Trois Contes.*

1866 : *Œuvres complètes.*

1909 : *Œuvres complètes* (textes inédits, et importants fragments de la *Correspondance).*

1 « Du poète à l'artiste » (Sartre)

La fascination exercée par **Gustave Flaubert** sur ses premiers disciples, comme sur un grand nombre d'écrivains actuels, s'explique en partie par la forme qu'il a su donner — ou que le destin a imposée — à son existence, et qui fait de lui le modèle mythique de l'Écrivain, tout entier voué à **son travail d'écriture,** et donnant à la littérature

Flaubert.
Eau-forte, XIXe s.

cette dignité même du métier : respect du travail bien fait, conscience scrupuleuse du geste et du mot exact, que Flaubert a peut-être puisés dans l'exemple paternel ou qu'il a développés par réaction à quelque sentiment d'infériorité, quelque fêlure intime dont il s'éprouve accablé.

L'œuvre de Flaubert se ressent en effet d'un dualisme constitutif, d'une « contradiction » dont le romancier possède une claire conscience. « Il y a en moi, littérairement parlant, deux bonshommes distincts : un qui est épris de gueulades, de lyrisme, de grands vols d'aigle, de toutes les sonorités de la phrase et des sommets de l'idée ; un autre qui creuse et qui fouille le vrai tant qu'il peut »[1] ; contraste qui se traduit non pas tant par la diversité des œuvres, oscillant entre un pôle réaliste *(Madame Bovary)* et un pôle idéaliste *(La Tentation de saint Antoine)*, que par **l'opposition,** à l'intérieur même de chaque œuvre, **entre de grands moments d'exaltation poétique,** où Flaubert semble rivaliser avec Chateaubriand ou Lamartine, **et des phases d'une sécheresse et d'une acuité extrêmes.**

Homais dans sa pharmacie.
Dessin de B. Saint-André, 1936.

Dans ***Madame Bovary*** (1857), Charles Bovary, modeste officier de santé, terne et sans ambition, épouse en seconde noces la fille d'un riche agriculteur, Emma Rouault, qui a reçu l'éducation raffinée des jeunes filles de la bourgeoisie ; d'un tempérament rêveur, passionné, qu'exalte encore les impressions reçues lors d'un bal chez le marquis de la Vaubyessard, elle est vite déçue par l'existence médiocre que lui offre la situation de son mari, dans un gros bourg normand (Yonville), peuplé d'êtres mesquins et ridicules (notamment le pharmacien Homais, symbole dérisoire du positivisme triomphant), parmi lesquels elle distingue un jeune clerc de notaire, Léon Dupuis, auquel l'unit aussitôt une complicité ambiguë. La naissance d'une fille ne parvient pas à combler le vide créé dans sa vie par le départ de Léon pour Rouen : elle succombe alors à un banal séducteur, Rodolphe Boulanger, avec qui elle croit pouvoir atteindre la satisfaction de ses rêves ; mais celui-ci recule devant les projets romanesques d'Emma et l'abandonne, plongeant celle-ci dans une profonde crise de désespoir. La rencontre inattendue de Léon, à l'opéra de Rouen, renouvelle ses désirs : devenue sa maîtresse, elle ne peut cependant trouver le bonheur, tiraillée entre les complications de l'adultère et les dettes dans lesquelles l'entraîne son désir de luxe. Cette dégradation morale et financière culmine lorsque, contrainte de rembourser, elle ne trouve aucun appui auprès de Rodolphe ni de Léon. Affolée, elle se suicide en absorbant de l'arsenic, et agonise sous les yeux de son mari désespéré, qui meurt à son tour de chagrin peu de temps après. En contrepoint à ce drame, la réussite de Monsieur Homais achève le roman sur une note grinçante, et l'authentifie tout en le rejetant dans la vulgarité d'un fait divers local.

Le malheur d'Emma peut s'interpréter **psychologiquement :** inadéquation du rêve à la réalité, dérèglement de l'imagination, ou faiblesse du « moi » vis-à-vis du « principe de plaisir », bref tout ce qu'on désigne de manière plus ou moins précise par le terme de « bovarysme » ; **historiquement :** progrès de l'éducation féminine et de l'image romantique de la femme, plaçant celle-ci en porte-à-faux dans une société qui continue à lui imposer un rôle traditionnel ; ou **sociologiquement :** drame d'une ascension sociale avortée, génératrice de frustrations, le procès réel intenté à *Madame Bovary* étant ainsi l'équivalent du procès fictif de Julien Sorel.

Tout le paradoxe du roman — et peut-être de toute l'œuvre de Flaubert — est dans **ce mélange d'intériorité** (« Madame Bovary, c'est moi ») **et d'extériorité** (« Ce livre, tout en calculs et en ruses de style,

1. *Toutes les citations de* FLAUBERT *proviennent de* Préface à la vie d'écrivain, *extraits de la* Correspondance *présentés par Geneviève* BOLLÊME *(Le Seuil, 1963).*

n'est pas de mon sang... rien dans ce livre n'est tiré de moi, jamais ma personnalité ne m'aura été plus inutile... c'est une histoire totalement inventée »). Poète, Flaubert, ressent, comme ses personnages, ces élans de l'imagination que rien ne peut assouvir ; mais, artiste, il sait bien que c'est en y résistant, en refusant le mythe de l'inspiration, qu'il peut le mieux les dépeindre.

2

Les romans de l'histoire

Entre Madame Arnoux et Rosanette...

Pour fuir cette tentation de l'aveu, de la confidence personnelle, à laquelle il n'avait pu totalement échapper dans *Madame Bovary*, Flaubert se plonge alors dans l'histoire, et la plus lointaine, celle de l'Antiquité : *Salammbô* (1862) sera en fait **cet « exercice » d'esthétisme pur,** ce bel objet parnassien en quoi se déploiera somptueusement mais « gratuitement » tout le talent de l' « artiste ». Une fois le « chef-d'œuvre » accompli, Flaubert pourra revenir, avec ***L'Éducation sentimentale*** (1867), à une source plus personnelle, mais en utilisant à nouveau, peut-être à titre de garde-fou, le détour de l'histoire.

Femme lisant.
Dessin de
H. Fantin-Latour, XIXe s.

Lors d'un voyage en bateau, Frédéric Moreau, jeune étudiant qui veut être artiste, fait la connaissance de madame Arnoux — rencontre qui va illuminer sa vie. Après ce choc initial, il s' « enlise », en compagnie de quelques jeunes gens de son espèce, dans la bohème parisienne de 1840, partagé entre de multiples velléités artistiques, amoureuses ou politiques, qui n'aboutissent pas. Ayant retrouvé madame Arnoux, qui se refuse à son amour, il se lie avec une courtisane, Rosanette, tout en s'intéressant à la riche madame Dambreuse ; finalement, par suite d'un rendez-vous, auquel madame Arnoux n'a pu le rejoindre, il s'abandonne à Rosanette, avec laquelle il passe des moments délicieux en forêt de Fontainebleau, tandis que se déroulent les journées révolutionnaires de 1848. Puis, délaissant Rosanette, il devient pour un temps l'amant de madame Dambreuse, veuve ; mais il la quitte et retourne dans sa province, voulant épouser Louise Roque, une jeune fille qui l'avait aimé, mais qui, entre-temps, s'est mariée...

Plusieurs années plus tard, Frédéric retrouve madame Arnoux pour une ultime entrevue, qui s'achève dans la pénombre d'un renoncement définitif. Le roman se termine sur une conversation de Frédéric avec un de ses anciens amis, Deslauriers, au cours de laquelle il ne peut que constater l'échec de leurs existences, que seuls quelques souvenirs lointains sauvent d'un total naufrage.

Femme se coiffant.
Lithographie
de J. Devéria.

En effet, au-delà de l'anecdote autobiographique, Flaubert a voulu faire dans ce roman « l'histoire morale des hommes de sa génération » qui, nourris d'illusions romantiques, s'enflamment pour toutes sortes d'idéaux, comme lors de la révolution de 1848, mais sont incapables de mener à bien leurs projets, face à une société dominée par l'utilitarisme le plus froid. Dans cette faillite générale, la carrière sentimentale de Frédéric prend l'allure d'un exemple révélateur ; c'est par dérision, en effet, que le roman s'intitule *L'Éducation sentimentale* tant il est à l'opposé de ces « romans d'éducation » qu'a vu fleurir le romantisme. Alors que chez le héros balzacien, l'accumulation des expériences dessine une ascension, pour le héros de Flaubert, c'est seulement une suite d'épisodes qu'il subit sans avoir aucune prise sur eux.

Cette passivité du héros, spectateur de sa propre vie, est elle-même, autant que les multiples détails par lesquels Flaubert s'est ingénié à recréer l'atmosphère de l'époque, un témoignage historique. A travers elle, Flaubert explique l'histoire de la Monarchie de Juillet et du Second

Empire[1], et justifie sa propre attitude esthétique, **cette philosophie sceptique jusqu'au cynisme** qu'il adopte devant la vie, et surtout cette fameuse « impersonnalité », qu'il faut comprendre avant tout comme **une volonté de neutralité, de « désengagement » de l'auteur,** en tant qu'être pensant, susceptible d'idées et d'opinions diverses, par rapport à sa création. Mais cette distanciation n'exclut ni la présence discrète de l'auteur, en tant que narrateur, ni même une certaine identification avec ses personnages : par bien des côtés, *L'Éducation sentimentale* est en effet une peinture lucide, critique parfois jusqu'au masochisme, de l'état moral de Flaubert face aux problèmes de son temps.

1. Ce que, tout de suite, avait compris George SAND *: « C'est à nous de conclure... (le livre) prouve que cet état social est arrivé à sa décomposition et qu'il faudra le changer... »*

3 Vers l'anti-roman

Le trait le plus frappant de la production flaubertienne est peut-être l'extrême diversité apparente des sujets qu'il traite : quoi de commun, en effet, entre l'adultère d'une petite bourgeoise normande, et une révolte d'esclaves mercenaires à Carthage et, à l'intérieur d'un même ouvrage — les *Trois Contes* —, entre le portrait d'une fidèle servante et la danse assassine de Salomé ? Une telle gamme de contrastes s'explique par une certaine indifférence à l'égard du matériau romanesque. Le romancier peut aussi bien tirer son inspiration de la lecture d'un fait divers, ou, comme pour *La Tentation de saint Antoine,* de la contemplation d'un tableau (de Breugel) : tout cela est accessoire. **L'enjeu du roman est ailleurs : « Le but de l'art, c'est le *beau* avant tout »,** et la beauté s'obtient par le style. « C'est pour cela qu'il n'y a ni beaux ni vilains sujets, et qu'on pourrait presque établir comme axiome, en se plaçant au point de vue de l'art pur, qu'*il n'y en a aucun,* **le style étant à lui seul une manière absolue de voir les choses.** »

Cependant, cette rigueur ascétique ne sera pas conquise d'emblée, ni de manière définitive. La comparaison entre les deux *Éducations* est, sur ce point, significative : si la première est presque uniquement construite sur l'intrigue sentimentale, la seconde dilue l'aventure amoureuse qui lui sert de noyau dans les méandres d'une existence sans forme ni destin. **Plus Flaubert prend conscience de son art, plus la matière du récit se raréfie.** Avec *Bouvard et Pécuchet* (1881), on atteint la limite extrême de cette démarche : en l'absence de toute intrigue, le lecteur assiste aux vagabondages intellectuels de deux badauds de la science.

Emma et Rodolphe. Gravure de E. Boilvin, 1875.

Toutefois, certaines similitudes unissent les héros de ces diverses histoires. Tout d'abord, leur existence apparaît toujours comme un échec : échec guerrier pour Mathô, échec sentimental pour Emma et Frédéric, échec intellectuel pour Bouvard et Pécuchet. Bien plus, cet échec est toujours l'aboutissement d'une certaine impuissance à vivre leurs rêves et leurs idéaux autrement que sous la forme d'une quête vaine et désespérée. Les uns et les autres semblent vivre dans une perpétuelle dérision. Un autre trait d'unité entre ces romans réside dans l'acharnement sournois avec lequel Flaubert s'attache à dénigrer les moindres élans de ses personnages, l'ironie corrosive avec laquelle il sape le fondement de leurs espérances. Impitoyablement, il nous montre Emma succombant aux prestiges trafiqués d'un romantisme de pacotille, vibrant de tout son être, par exemple, aux roucoulements d'un ténor cabotin. On ne peut s'empêcher de penser qu'une telle soif de dégradation tient de l'exorcisme : tout se passe comme si Flaubert voulait, à travers Emma ou Frédéric, **se défaire de toutes les illusions auxquelles il a lui-même cédé.**

Mais ce n'est pas seulement contre cette part de lui-même qu'il exerce sa verve ; rien n'échappe à son esprit caustique. **Surtout, il fait de la bêtise sa cible favorite.** Dans *Madame Bovary,* c'est le pharmacien Homais qui incarne cette bêtise triomphant de tous les malheurs ; mais les véritables héros de la bêtise sont Bouvard et Pécuchet, pour lesquels il écrit un *Dictionnaire des idées reçues,* dont il dit : « Il faudrait que dans tout le cours du livre, il n'y ait pas un mot de mon cru, et qu'une fois qu'on l'aurait lu, on n'oserait plus parler, de peur de dire naturellement une des phrases qui s'y trouvent. »

La bêtise n'est encore qu'un aspect de la médiocrité générale de la société, dans laquelle les âmes un peu délicates comme celle d'Emma étouffent ; médiocrité, aussi, des hommes, incapables de conformer leurs sentiments à l'appel de l'amour ; et médiocrité du destin, qui s'ingénie à faire naître des désirs pour les contrarier aussitôt.

Le regard que Flaubert pose sur le monde est, certes, pessimiste ; en fait il aboutit surtout à une sorte de nihilisme bougon, que sauve et tempère une croyance éperdue en la puissance de l'art[1].

1. *Sur ce point, voir l'article de Jean* ROUSSET *: «* Madame Bovary *ou le livre sur rien » dans* Forme et signification *(José Corti, 1962).*

4 Les « affres du style »[2]

La rançon de ce nihilisme est **une véritable sacralisation du style :** cette notion se trouve au centre de la création flaubertienne (et la *Correspondance* l'atteste), et bien plus qu'une préoccupation constante, est un véritable tourment, une torture qui lui arrache des cris de désespoir et de colère, des aveux déchirants (« J'en arrive à la conviction qu'il est *impossible d'écrire* »). Cette hantise, cette « angoisse de la forme » (Maurice Blanchot[3]), est à la hauteur d'ambitions démesurées — et parfois contradictoires : « Donner à la prose le rythme du vers — en la laissant prose, et très prose — et écrire la vie ordinaire comme on écrit l'histoire ou l'épopée (sans dénaturer le sujet) ».

Les idées de Flaubert sur le style reposent **sur une conception « euphonique » de la phrase** — on connaît la fameuse anecdote du « gueuloir » — qui pourrait aujourd'hui paraître bien dépassée ; et les multiples brouillons que nous possédons montrent Flaubert plutôt soucieux d'atténuer la somptuosité d'un style naturellement exubérant et oratoire. Comme de récentes études l'ont montré, Flaubert s'attache en fait à un aspect du « style » différent de ce que l'on entendait jusque-là par ce mot : c'est plutôt **sur de grandes unités (le paragraphe, le chapitre, voire la composition d'ensemble) que portent en effet ses recherches formelles,** et que son apport est le plus original. La critique formaliste et structurale était ainsi bien placée pour trouver en Flaubert un terrain d'étude privilégié : les minutieuses enquêtes d'Eric Auerbach, de Jean Rousset et de Gérard Genette, portant sur l'art du « point de vue », le traitement du temps et de l'espace, l'utilisation des temps verbaux (notamment le fameux « imparfait » flaubertien), ou des différents modes de la narrativité ont mis en lumière les progrès considérables que Flaubert fait accomplir à l'art du récit, et surtout provoqué une prise de conscience des conventions et mécanismes, des « calculs » et des « ruses » sur lesquels repose cet art.

Que les contemporains aient été déroutés par une telle pratique du roman, rien n'est moins étonnant. Pour un public habitué aux romans populaires à multiples rebondissements, quoi de plus déconcertant que **cet art d'évoquer l'inaction, l'immobilité,** l'ennui, la lente fluidité du

2. *« Ah ! je les avais connues, les affres du style ! »* (Correspondance).
3. *Maurice* BLANCHOT, L'Entretien infini *(Gallimard, 1969).*

cours de la vie ? L'évolution du roman nous a accoutumés au contraire à apprécier justement ces grands « espaces vacants », ces « étendues stagnantes où tout mouvement s'immobilise. Le miracle fut de réussir à donner tant d'existence et de densité à ces espaces vides, de faire du plein avec du creux »[1].

Madame Bovary.
Dessin de A. Fourrier, XIXe s.

Pour cette raison, la lecture de Flaubert a infiniment varié ; après avoir reconnu en lui le premier représentant du « réalisme » ou du « naturalisme » (à cause, sans doute, de la précision « anatomique » des détails, du souci documentaire, ou simplement de la crudité « immorale », selon les canons de l'époque, de certaines situations), la critique lit aujourd'hui Flaubert, à travers Joyce et Proust, comme un des grands novateurs qui ont osé bousculer les certitudes sur lesquelles vivaient — et vivent encore — de nombreux écrivains : « Voilà que, dès Flaubert, tout commence à vaciller » écrit Alain Robbe-Grillet[2]. Flaubert, ancêtre du « nouveau roman » ? En tout cas, une des grandes figures de la « sensibilité moderne »[3], « le premier en date des non-figuratifs du roman moderne ».

1. *Jean* ROUSSET, *art. cit.*
2. *Alain* ROBBE-GRILLET, Pour un nouveau roman *(Minuit, 1963).*
3. *Renaud* MATIGNON, *« Flaubert et la sensibilité moderne », dans* Tel Quel *(printemps 1960).*

BIBLIOGRAPHIE

Édition

FLAUBERT, *Œuvres complètes*, Éd. Bernard MASSON. Le Seuil, 1964.

Études

Henry JAMES, *Gustave Flaubert*, 1902. Rééd. L'Herne, 1969.

Albert THIBAUDET, *Gustave Flaubert.* Gallimard, 1935 ; rééd. 1968.

Jean-Pierre RICHARD, *Littérature et sensation.* Le Seuil, 1963.

Gérard GENETTE, « Silences de Flaubert », dans *Figures I.* Le Seuil, 1966.

Jean-Paul SARTRE, *L'Idiot de la famille.* (3 vol.). Gallimard, 1971-1972.

Pierre COGNY, *L'Éducation sentimentale de Flaubert.* Larousse (coll. « Thèmes et textes »), 1975.

2. Les Goncourt et le roman réaliste

1

L'« invention » du réalisme : Champfleury (1821-1889) et Duranty (1833-1880)

L'ombre portée par ces géants que sont Stendhal, Balzac et Flaubert éclipse l'infinie diversité des productions romanesques qui se multiplient, au tournant du siècle, conséquence directe de l'essor de la presse et plus généralement de l'édition. Cependant, même si les grands genres se maintiennent, illustrés encore par quelques chefs-d'œuvre — *Les Misérables,* apothéose du roman « social » idéaliste, paraissent en 1862, cinq ans après *Madame Bovary* —, cette multiplicité d'aspects tend à s'unifier autour de quelques tendances communes auxquelles il ne manque plus qu'une « étiquette » commode : ce sera celle du « réalisme ».

Ces tendances — substitution de l' « étude de mœurs » au romanesque traditionnel, plongée dans les zones « inférieures » de la société, recherche de la « vérité » dans l'analyse des sentiments ou des situations — ne sont bien sûr pas seulement imputables à l'influence des « maîtres », Stendhal, Balzac, voire Flaubert ; elles tirent également leur origine de l'idéologie dominante, celle de la bourgeoisie positiviste[1], et peut-être plus profondément dans l'empreinte exercée sur les esprits par une histoire qui, avec l'échec des révolutions de 1848, n'offre plus aux esprits pensants que le spectacle dérisoire des intérêts triomphants.

E. Manet, *Berthe Morisot,* av. 1874.

Le réalisme en peinture

1849 : **Gustave Courbet** (1819-1877) peint *L'Enterrement à Ornans,* dont l'exposition au Salon de 1851 fait scandale[2] ; en 1853, nouveau scandale avec *Les Baigneuses.* Autour du peintre se réunissent des critiques, des poètes, ou d'autres artistes lors des réunions de la brasserie Andler (Nadar, Champfleury, Banville, Baudelaire, Murger), puis du café Guerbois (Manet, Zola, Duranty, Fantin-Latour) ; 1855 : exposition Courbet, intitulée « Du réalisme ». 1863 : **Édouard Manet** expose *Le Déjeuner sur l'herbe,* puis, en 1865 *Olympia.* En 1866, Zola publie *Mes haines,* virulent plaidoyer en faveur de Manet. 1869 : *Le Balcon* de Manet ; 1870 : *Un atelier aux Batignolles,* de **Henri Fantin-Latour,** réunit Manet, Renoir, Zola, Bazille et Monet.

Ainsi se diffuse un courant d'idées réaliste, dont le chef de file paraît être alors **Jules François Husson,** dit **Champfleury** (1821-1889).

Plus encore que par ses œuvres — notamment *Les Bourgeois de Molinchart,* 1855 —, d'une écriture assez lâche, c'est par son activité que Champfleury occupe une place importante dans l'histoire du roman. Dès 1857, il s'efforce de doter le mouvement réaliste d'un corps de doctrine, et d'une dimension internationale, en « annexant » des personnalités aussi diverses que Dickens, Thackeray, Charlotte Brontë, Gogol, Tourgueniev... *(Le Réalisme).* Avec **Louis Edmond Duranty** (1833-1880), autre romancier et critique d'art — auteur

1. Voir p. 184.
2. Voir l'étude de Françoise G*AILLARD,* Gustave Courbet et le réalisme *(RHLF, 1980, n° 6).*

notamment des *Malheurs d'Henriette Gérard,* 1860 —, il fonde une revue, *Le Réalisme,* qui n'aura d'ailleurs qu'une brève existence.

Flaubert lui-même ne cessera de rejeter le terme de « réalisme » et de vitupérer sans fin contre « l'ignoble réalité ». **L'offensive réaliste se poursuivra cependant, dans des directions divergentes,** aboutissant à de nouveaux mots d'ordre : impressionnisme en peinture, naturalisme en littérature. Dans ces batailles autour du « réel », l'œuvre des Goncourt tient une place particulière.

2 Edmond (1822-1896) et Jules (1830-1870) de Goncourt : le réalisme et ses ambiguïtés

Les Goncourt. Lithographie de P. Gavarni, XIXe s.

Cette œuvre, surtout après la mort de Jules en 1870, se ressent de la marginalité à laquelle **Edmond et Jules de Goncourt** se sont en fait eux-mêmes condamnés, par la pratique orgueilleuse d'un mode de vie solitaire et narcissique, par le ressassement angoissé d'échecs et d'insuccès contrastant avec la réussite de « disciples » plus habiles, et surtout par le malentendu fondamental qui affecte leur œuvre de romanciers : la contradiction indépassable entre une volonté « moderniste » et une écriture plutôt passéiste.

L'option « moderniste » des Goncourt s'affirme en effet par l'extension de l'entreprise romanesque à tous les milieux sociaux, notamment au petit peuple des faubourgs, et à tous les aspects de la société : l'hôpital dans *Sœur Philomène* (1861), le cirque dans *Les Frères Zemganno* (1879). Surtout, la méthode, bien avant Zola, est déjà tout empreinte d'**un certain « scientisme ».** Les Goncourt procèdent en historiens, accumulant une documentation abondante ; intéressés par les progrès de la médecine et de la psychiatrie, ils se portent avec prédilection vers l'étude de « cas » plus ou moins pathologiques, parfois tirés d'observations portant sur leur entourage. Chaque roman devient ainsi **une sorte de monographie clinique,** dans laquelle toute l'intrigue est réduite à l'analyse et à l'évolution du mal ; les titres mêmes de leurs œuvres, *Germinie Lacerteux* (1864), *Madame Gervaisais* (1869), etc., témoignent de cette orientation de la psychologie romanesque vers **l'observation d'une « tranche de vie** ». Mais l'originalité d'une telle conception du roman est entravée par les excès d'**une écriture esthétisante,** dont la somptuosité maniérée peut séduire lorsqu'elle s'attache à restituer les nuances d'une œuvre d'art, ou les raffinements des civilisations disparues, comme dans leurs études sur l'art et la société du XVIIIe siècle, mais qui, dans les romans, s'exténue à introduire la poésie et la beauté dans le quotidien parfois le plus sordide.

Cet attachement à la « beauté » pure, et finalement cette timidité d'esthète devaient empêcher les Goncourt d'être, comme ils le prétendaient, les initiateurs du roman moderne. Il faudra la puissance et l'insolence d'un Zola pour donner au réalisme, sous la forme extrême du naturalisme, un fondement doctrinal solide.

BIBLIOGRAPHIE

Éditions

CHAMPFLEURY, *Le Réalisme* (anthologie d'écrits sur l'art). Hermann, 1973.

Les GONCOURT, *Œuvres.* Flammarion-Fasquelle (24 vol.), 1921-1936. — *Journal.* Flammarion-Fasquelle (4 vol.), 1959. — *Germinie Lacerteux.* Nizet, 1968.

Études

Robert RICATTE, *La Création romanesque chez les Goncourt.* A. Colin, 1953.

Jean-Pierre RICHARD, *Littérature et sensation.* Le Seuil, 1954.

Eric AUERBACH, *Mimésis.* Gallimard, 1969.

V ZOLA ET L'EMPIRE DU ROMAN

À la fin du siècle, le roman affirme sa domination triomphante. Comme l'écrit Zola, « le roman n'a plus de cadre, il a envahi et dépossédé tous les autres genres. Comme la science, il est maître du monde... La nature entière est son domaine »[1]. Il s'affirme par une prolifération de formes, de courants, de tendances, entre lesquelles s'établissent des frontières floues et mouvantes.

1. ZOLA, *Le Naturalisme au théâtre (1881).*

1. Zola (1840-1902) et le roman naturaliste

Fils d'un ingénieur italien naturalisé français, **Émile Zola** naît à Paris, en 1840. La mort prématurée du père, en 1847, contraint la famille à mener une vie très modeste, à Aix-en-Provence, où le jeune Émile étudie, en compagnie notamment du peintre Cézanne, qui sera longtemps son ami. Boursier, il poursuit ses études dans un lycée, mais échoue au baccalauréat. Chef de publicité à la Librairie Hachette, de 1862 à 1866, il côtoie quelques personnalités de la littérature de l'époque. Peu à peu, **il se consacre au journalisme,** qui occupera toujours dans son activité une place essentielle : critiques littéraires, dramatiques, artistiques, mais aussi chroniques d'actualité. Il participe notamment de façon active à la lutte contre le Second Empire finissant, dénonçant **aux côtés des républicains** les sources illégales du pouvoir impérial.
En 1870, Zola se fixe un programme de travail qui doit lui assurer une relative aisance : c'est **le projet des *Rougon-Macquart,*** conçu dès 1868, et dont les vingt titres paraîtront régulièrement (un par an). Soucieux d'indépendance financière, Zola assure la « rentabilité » de son œuvre par une politique de publication associant successivement la parution en feuilleton, la publication en volume, et l'adaptation théâtrale.
Mais sa vie personnelle va être bouleversée par deux événements : la rencontre, en 1888, avec **Jeanne Rozerot** dont il aura plusieurs enfants ; l'**affaire Dreyfus** (voir encadré p. 192), qui l'oblige à quitter la France momentanément, et lui attire des ennemis acharnés. Haï, calomnié, il meurt en 1902, couvert d'injures et de menaces, dans des conditions suspectes (une asphyxie qui pourrait ne pas être accidentelle).

1864-1866 : *Contes à Ninon, La Confession de Claude, Le Vœu d'une morte.*

1866 : *Mes haines.*

1867 : *Thérèse Raquin.*

1871-1893 : *Les Rougon-Macquart,* dont
1871 : *La Fortune des Rougon ;*
1877 : *L'Assommoir ;*
1885 : *Germinal.*

1894-1898 : cycle des *Trois Villes (Lourdes, Rome, Paris).*

1898 : *« J'Accuse ».*

1899-1902 : *Les Quatre Évangiles* (*Fécondité, Travail, Vérité* et *Justice* resté inachevé).

1 *Les Rougon-Macquart :* un roman dans l'histoire

« Histoire naturelle et sociale d'une famille sous le Second Empire », *Les Rougon-Macquart* sont donc avant tout une « histoire ». Même si les adjectifs « naturelle » et « sociale » introduisent d'autres connotations (rappelons que l'expression « histoire naturelle » sert de titre à l'œuvre de Buffon, et à celle de nombreux autres « naturalistes », au sens scientifique), il n'en reste pas moins que l'œuvre essentielle d'**Émile Zola** est un **roman historique,** dont le cadre chronologique est même clairement délimité par le titre.

E. Manet,
Émile Zola.

Du coup d'État initial (*La Fortune des Rougon,* 1871) à la défaite militaire (*La Débâcle,* 1892), chaque roman explore un aspect particulier de ce moment historique, selon une optique qui n'est pas, certes, celle de l'historien, mais qui fait plutôt penser à la démarche du sociologue : Zola s'intéresse moins à l'événement historique proprement dit qu'aux transformations profondes, aux mécanismes lents, aux bouleversements sous-jacents. D'autre part — et bien que les « personnages historiques » réels, comme Napoléon III, apparaissent parfois dans les lointains de l'œuvre — l'histoire n'y est pas vue « en amont », du point de vue de ceux qui la font, mais plutôt en aval, du point de vue de ceux qui en subissent les répercussions, ou qui, à un stade intermédiaire, participent à son édification. Ainsi, qu'il s'agisse des transformations de Paris (*La Curée,* 1871) ou de l'essor des grands magasins (*Au Bonheur des Dames,* 1883), le romancier nous fait vivre de l'intérieur une histoire qui revêt toutes les couleurs de la vie.

Certes, cette dimension historique a pu être contestée : le décalage temporel qui sépare le moment de l'écriture d'avec le moment évoqué introduit parfois dans l'œuvre des erreurs de perspective (ainsi, les grèves ouvrières relatées dans *Germinal,* 1885, ressemblent plus aux grèves des années 1880 qu'à celles des années 1860). Conçu dans un esprit polémique, presque comme une œuvre de propagande, le projet a été devancé par l'histoire : la chute de Napoléon III contraint Zola

Les Rougon-Macquart

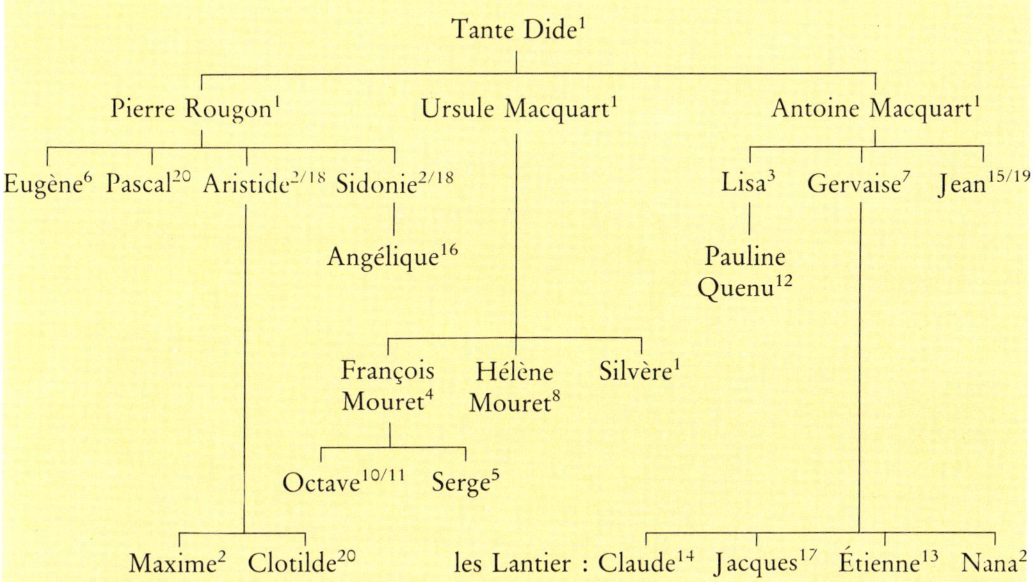

1. *La Fortune des Rougon.* - 2. *La Curée.* - 3. *Le Ventre de Paris.* - 4. *La Conquête de Plassans.* 5. *La Faute de l'abbé Mouret.* - 6. *Son Excellence Eugène Rougon.* - 7. *L'Assommoir.* - 8. *Une page d'amour.* - 9. *Nana.* - 10. *Pot-Bouille.* -11. *Au Bonheur des Dames.* - 12. *La Joie de vivre.* - 13. *Germinal.* - 14. *L'Œuvre.* - 15. *La Terre.* - 16. *Le Rêve.* 17. *La Bête humaine.* - 18. *L'Argent.* - 19. *La Débâcle.* - 20. *Le Docteur Pascal.*

à orienter son œuvre dans un sens plus « positiviste » et à dénoncer ce qui, dans les fondements de la société française, a rendu possible le Second Empire, et lui a survécu. Enfin, la technique même de Zola, son souci documentaire, son respect scrupuleux de la vérité éprouvée, le conduisent à privilégier des sources directes, donc contemporaines, plutôt que des sources livresques, seuls témoins du passé. En somme, s'il est vain de chercher dans *Les Rougon-Macquart* une étroite « vérité historique », on peut du moins y lire — et c'est la tendance actuelle des historiens — une vérité plus profonde : celle des mouvements sociaux de longue durée, des mœurs, des mentalités.

La démarche initiale de Zola, dans *Les Rougon-Macquart*, n'est pas très différente de celle de Balzac : annonçant un tableau complet de toutes les couches de la société, les premiers romans du cycle font évoluer un monde essentiellement bourgeois et provincial, où le peuple n'apparaît que sous forme de figures épisodiques, emblématiques ou mythiques. Mais avec ***L'Assommoir*** (1877), l'œuvre entière prend une tout autre direction.

Gervaise, une blanchisseuse rêvant d'une vie de bien-être et d'indolence, est abandonnée par son amant Lantier, avec les deux fils qu'elle a eus de lui. Ayant rencontré un ouvrier zingueur, Coupeau, elle l'épouse et le soigne à la suite d'un accident qui le rend inapte au travail, puis l'entraîne à sombrer dans l'alcoolisme. Malgré l'aide et le réconfort que lui apporte Goujet, un autre ouvrier qui est amoureux d'elle, elle suit l'exemple de son mari, fréquentant de plus en plus assidument l' « assommoir », cabaret qui attire irrésistiblement ce sous-prolétariat parisien dépourvu de toute espérance. À l'occasion d'une fête, Lantier est admis dans le ménage, précipitant la ruine, puis la déchéance physique et morale de l'héroïne. Après la mort atroce de son mari, dans un hospice, Gervaise, abandonnée par tous, y compris par sa fille Nana, se réfugie dans un galetas où elle finit son existence misérable.

Au Café du Siècle. Gravure sur bois, XIXᵉ s.

Avec cette œuvre, Zola avait conscience d'avoir écrit « le premier roman sur le peuple, qui ne mente pas et qui ait l'odeur du peuple » *(Préface)*. En effet, pour la première fois, un romancier osait faire parler à ses personnages la « langue du peuple », un argot authentique et sans charme. Cette audace jointe à la crudité jusque-là inégalée de certaines scènes, expliquent le scandale auquel Zola dut faire face.

Dès lors, Zola va être, un peu malgré lui, confronté à des prises de position de plus en plus radicales ; découvrant les théories socialistes et anarchistes, il leur fait un large écho, notamment dans *Germinal* (1885) et dans *La Terre* (1887). Ce faisant, il ne peut éviter de manifester la fascination angoissée qu'il éprouve devant le surgissement des classes populaires et par là même d'attribuer à ce mouvement une sorte d'anoblissement, de grandissement épique.

Ce « digne bourgeois », « homme d'étude et d'art », ainsi qu'il se dépeint lui-même dans la *Préface* de *L'Assommoir* devient alors un mythe, un « **écrivain du peuple** », image qui reste aujourd'hui profondément ancrée dans l'esprit du public, et à laquelle il cèdera lui-même, en rédigeant les prophétiques *Évangiles*, ultime développement de la pensée humanitariste et utopique du XIXe siècle.

2 Le naturalisme selon Zola

Rencontre de sensibilités diverses, le naturalisme prend corps et fait école sous l'action de Zola, qui mettra tous ses talents de polémiste au service de la cause. Le mouvement se confond alors momentanément avec l'esthétique propre de Zola, avant d'éclater à nouveau, perdant à la fois son unité et sa force.

Le trait fondamental de la doctrine naturaliste est la double référence constante à l'art et à la science ; d'une part, l' « alibi » artistique est utilisé pour revendiquer le libre choix du sujet et pour détourner l'accusation d'immoralisme ; quant au recours à la science, et plus particulièrement à la médecine, il vient authentifier le travail de l'écrivain, gage de sérieux, d'objectivité, et peut-être même d'efficacité : « Mon but a été un but scientifique avant tout... J'ai montré les troubles profonds d'une nature sanguine au contact d'une nature nerveuse... Chaque chapitre est l'étude d'un cas curieux de physiologie »[1].

Ce « scientisme », déjà présent chez Balzac et les Goncourt, va être poussé jusqu'à ses limites ultimes par Zola. La lecture de Taine[2] et surtout de Claude Bernard l'entraîne en effet à **identifier non seulement les buts, mais même les méthodes du romancier et du savant ;** comme ce dernier, le romancier procède par « observation », puis par expérimentation ; « Toute l'opération consiste à prendre les faits dans la nature, puis à étudier le mécanisme des faits, en agissant sur eux par les modifications des circonstances et des milieux, sans jamais s'écarter des lois de la nature[3]. »

On a pu, certes, contester les fondements scientifiques de cette entreprise, en particulier l'importance attribuée à l'hérédité ; on est cependant contraint de reconnaître, avec Michel Serres, que « les thèses, les méthodes et l'épistémologie (de Zola) sont fidèles à ce qu'il y a de meilleur, à ce que nous jugeons de meilleur, dans les travaux dits scientifiques de ce temps »[4]. Quoi qu'il en soit, le mérite de Zola n'est

1. *Zola, préface à* Thérèse Raquin.
2. *Voir p. 182.*
3. *Zola*, Le Roman expérimental.
4. *Michel Serres*, Feux et signaux de brume. Zola.

pas tant d'avoir conçu ou formulé cette doctrine, que d'avoir pu à la fois ordonner une structure aussi gigantesque et contraignante, et produire en même temps une œuvre aussi foisonnante, finalement aussi libre, échappant le plus souvent, grâce à un investissement personnel très profond, au didactisme dans lequel étaient tombés les Goncourt, et tomberont nombre de ses disciples.

3 Du réel au mythe : *Germinal* (1885)

L'histoire, la science : deux façons d'appréhender la réalité, deux pôles du savoir dont le romancier, selon Zola, ne doit pas perdre la visée. Pourtant, l'œuvre déjoue et outrepasse constamment ces intentions.

D'abord, parce que la réalité historique n'est pas un réel dont on s'échappe, et que l'on puisse analyser avec la froide objectivité du savant. Face à l'histoire, ce rêve d'un roman qui serait pur savoir ne tient pas : comment le savoir historique du romancier pourrait-il ne pas véhiculer en fait une idéologie ? De cette difficulté, **Germinal** (1885) fournit la meilleure illustration.

Étienne Lantier arrive à Montsou pour y trouver du travail ; là, il découvre le monde de la mine et des « corons », ses souffrances, ses injustices ; de plus en plus révolté par ces conditions d'existence, il se lance dans l'action revendicatrice et révolutionnaire, entraînant avec lui la famille Maheu, chez laquelle il loge. Idéaliste dans ses idées, il éprouve également une affection chaste et timide à l'égard de Catherine, la fille de ses hôtes, et se heurte à un rival, Chaval, mineur brutal et grossier. En difficulté financière, la Compagnie des Mines baisse les salaires, ce qui déclenche une grande grève dont Étienne prend la direction. Attendant son heure, la Compagnie laisse « pourrir » la situation, afin de briser toute résistance le moment venu. Effectivement, après des mois de lutte et de disette, les ouvriers sont entraînés dans une émeute immédiatement réprimée par l'armée. Obligé de se cacher, Étienne est de plus en plus abandonné par ses compagnons, qui sont sur le point de céder. Un anarchiste, Souvarine, partisan d'une révolution violente, fait sauter les galeries au moment où les mineurs regagnent leur travail. Dans les décombres, Étienne, qui a retrouvé Catherine, tue Chaval, et s'unit à la jeune fille. Mais celle-ci meurt d'épuisement, et Étienne, déçu par la résignation avec laquelle les mineurs acceptent de retomber dans leur esclavage, mais mettant tous ses espoirs dans un rêve de rédemption, part pour Paris. C'est cet espoir d'un avenir fécondé par le sang des martyrs que symbolise le titre : *Germinal.*

Contrairement aux canons du naturalisme strict, l'œuvre n'est pas seulement, en effet, une peinture circonstanciée, matériellement exacte, des conditions de vie, voire des mœurs ou des mentalités du monde ouvrier. Elle ne reproduit pas seulement un affrontement de thèses sur la question sociale, elle obéit à des intentions, clairement exprimées dans *L'Ébauche*[1], ou implicitement suggérées par le déroulement même de l'intrigue, par les images qui la nourrissent, par tout un discours qui, comme l'écrit Henri Mitterand, « se donne et nous donne une représentation en travesti, en hallucination, en rêve, des faits mêmes que, par d'autres aspects du texte, il décrit de manière documentaire »[2] : rêves d'écroulement, d'apocalypse, de feu purificateur, mais aussi rêves de fécondité, de puissance, de « germination »... Et ce sont bien ces rêves, fruits de hantises, de fantasmes, d'obsessions, de tout un univers intérieur aujourd'hui décrypté par les critiques

1. *« Je le veux prédisant l'avenir... Il faut que le lecteur bourgeois ait un frisson de terreur » (*Zola, Les Rougon-Macquart, *Éd. Armand* Lanoux *et Henri* Mitterand*).*
2. *Henri* Mitterand, Le Discours du roman. *P.U.F., 1980.*

freudiens, qui donnent à l'œuvre sa dimension littéraire, en même temps que son impact universel. Car la force créatrice de Zola parvient à les ordonner en **véritables mythes,** c'est-à-dire en **symboles narratifs** qui doublent l'action, creusent des arrière-plans, ouvrent des symétries, et confèrent à l'œuvre cette « **dimension épique** » qu'on lui a souvent reconnue, en l'attribuant généralement au traitement que fait Zola des scènes de foules ou à quelque « souffle » indéfinissable.

J. Adler, *La Grève,* 1899.

Ces mythes sont d'abord des objets symboliques qui, comme la locomotive dans *La Bête humaine* (1890), ou la mine dans *Germinal,* introduisent dans l'œuvre, grâce à leurs monstrueuses métamorphoses, un « espace ouvert », un « double registre » (Gilles Deleuze)... Mais le mythe fondamental des *Rougon-Macquart* se donne bien plutôt comme un mythe explicatif : vision grandiose de la vie sans cesse renaissante, triomphant de la mort, par le biais de l'hérédité et de la germination, **« croyance à la vie » qui résume et unifie l'œuvre,** depuis l'exubérante description de l'ancien cimetière dans les premières pages de *La Fortune des Rougon* (1871) jusqu'à l'annonce du dernier descendant dans *Le Docteur Pascal* (1893), incarnation messiannique qui préfigure *Les Évangiles.* Par cette méditation sans cesse reprise sur le jaillissement éternel de la vie, Zola ne tente pas seulement de conférer au naturalisme un fondement et une signification philosophique ; il édifie, après Balzac et avant Proust, une de ces immenses constructions littéraires dans lesquelles chaque élément, à son niveau, reflète l'image de la totalité.

4 Une écriture totalisante

Le « style » de Zola, comme celui de Balzac, a été maintes fois critiqué. Il a fallu attendre le renouveau de la linguistique et des études stylistiques pour que l'on perçoive mieux l'originalité d'un langage qui tient avant tout à la diversité, au « mélange des styles » (Eric Auerbach[1]) ; on a pu découvrir ainsi toutes les **innovations formelles** que Zola a introduites dans la prose romanesque : jeu des réitérations (dans lesquelles on a pu voir un équivalent des « leitmotive » wagnériens), utilisation du style indirect libre[2], structures rythmiques.

Mais c'est surtout la technique de composition de Zola qui semble devoir susciter les points de vue les plus féconds : grâce aux « ébauches »[3], on peut en effet suivre un processus d'élaboration extrêmement concerté ; l'œuvre entière apparaît ainsi comme une vaste « combinatoire », dont les données initiales engendrent de multiples variations, selon une « syntaxe » (Michel Butor[4]) bien déterminée.

Dans ce processus, **le choix du vocabulaire** semble l'objet d'une investigation très poussée ; on a pu montrer comment l'emploi de certains mots obéit à des « règles »[5] assez précises. Plus généralement, chaque roman semble se constituer comme l'exploration d'un « champ sémantique » bien déterminé : langage des produits comestibles dans *Le Ventre de Paris,* langage des fleurs dans *La Faute de l'abbé Mouret,* langage de la mode dans *Au Bonheur des Dames,* etc. Cette volonté d'épuiser la multiplicité des choses par l'énumération des mots se manifeste sous la forme d'une figure privilégiée, typique de l'épopée, et que l'on retrouve chez d'autres romanciers de la même époque[6] : le « catalogue ». Tout se passe comme si le romancier devenait lexicographe, faisait « l'inventaire des mots définissant une classe d'objets, voire même une classe sociale (par exemple, la bourgeoisie dans *Une page d'amour*). Mais il ne s'agit pas seulement pour Zola de déployer un équivalent verbal de la réalité : encore faut-il y opérer une classification afin de réordonner ces territoires lexicaux selon le réseau des valeurs évocatrices, des connotations de chacun de ces mots ; de recréer, en somme, un univers de signes. Le roman, avec Zola, tend à devenir **une encyclopédie de l'imaginaire.**

Par ces ambitions Zola aujourd'hui nous paraît très proche : *Les Rougon-Macquart* annoncent les romans du XXe siècle, aux mécanismes subtilement agencés, instaurant et fabriquant un monde aux lois rigoureusement précises. Œuvre de constructeur, en somme, mais aussi de poète, par ses hallucinations, par son « lyrisme savant », comme dira Jean Cocteau.

1. *Eric* A*UERBACH,* Mimésis. *Gallimard (coll. « Tel »).*
2. *Jacques* D*UBOIS,* L'Assommoir, société, discours, idéologie. *Larousse (coll. « Thèmes et textes »).*
3. *Publiées par Armand* L*ANOUX et Henri* M*ITTERAND dans l'édition de la Pléiade des* Rougon-Macquart.
4. *Michel* B*UTOR,* Émile Zola, romancier expérimental et la flamme bleue, *dans* Répertoire IV. *Éditions de Minuit.*
5. *Henri* M*ITTERAND, « Corrélations lexicales et organisation du récit : le vocabulaire du visage dans* Thérèse Raquin ». La Nouvelle Critique, *n° spécial du Colloque de Cluny (avril 1968).*
6. *Notamment Huysmans et Elémir Bourges.*

BIBLIOGRAPHIE

Éditions

ZOLA, *Œuvres Complètes,* Éd. Henri MITTERAND (15 vol.). Club français du livre, 1966-1969.

ZOLA, *Les Rougon-Macquart,* Éd. Armand LANOUX et Henri MITTERAND (5 vol.). Gallimard (bibl. de la Pléiade), 1960-1967.

Études

Jean BORIE, *Zola et les mythes.* Le Seuil, 1971.

Colette BECKER, *Les Critiques de notre temps et Zola.* Garnier, 1972.

Auguste DEZALAY, *Lectures de Zola.* A. Colin (coll. « U Prisme »), 1973.

Michel SERRES, *Feux et signaux de brume. Zola.* Grasset, 1975.

Roger RIPOLL, *Réalité et mythe chez Zola.* Champion, 1982.

Philippe HAMON, *Le Personnel du roman.* Genève, Droz, 1983.

Henri MITTERAND, *Zola et le naturalisme.* P.U.F., 1986.

2. En marge du naturalisme : Maupassant, Vallès, Huysmans

Comme toute école littéraire, le naturalisme va connaître, après une phase ascendante qui culmine vers 1880, une période de contestation interne et de dissolution, dans laquelle chacun ne va retenir que certains aspects de la doctrine, ou va vouloir fournir sa propre interprétation du mouvement, pour masquer l'écart qui se creuse entre les principes affichés et la pratique littéraire vers laquelle ses propres goûts, ou ses talents spécifiques l'attirent.

Pourtant, fréquentant essentiellement les milieux bourgeois, dont ils sont le plus souvent issus, ces auteurs ont un mode de vie et une conception de la littérature assez proches : ils l'exercent avec ferveur, certes, mais aussi avec toute l'application sérieuse que l'on doit à une occupation dont on vit.

Ensuite se retrouve chez eux une tendresse pour le peuple. Les paysans normands ou les petits bourgeois parisiens de **Maupassant,** les ouvriers exaltés de **Vallès,** le petit monde provincial d'**Erckmann-Chatrian,** les courtisanes et les ouvrières de **Huysmans** sont, comme le peuple de Zola, observés avec le même attachement minutieux, sans complaisance misérabiliste et sans transfiguration idéalisante, avec un même souci de vérité. Ce souci qu'ils opposent schématiquement au romantisme finissant, leur fait exclure de leur œuvre tout élément romanesque, toute « invention extraordinaire » (Zola) ; ce qui n'empêche pas bien sûr certains d'entre eux de s'aventurer dans les voies du fantastique et de l'irrationnel, en tant justement qu'il fait partie de la vie. Ce sera même une des voies possibles de dépassement du naturalisme — celle qu'empruntera Huysmans : la recherche d'un « réalisme surnaturel », qui aboutira au « surnaturalisme », puis au « surréalisme ». Les unit enfin un même sens de la modernité, une commune adhésion à l'époque[1] qui les fait se passionner pour les inventions les plus récentes de la science et de l'art, en un temps où beaucoup d'écrivains se tournent au contraire vers un conservatisme frileux : locomotives, automobiles, usines, tout un décor moderniste fait ainsi son apparition dans la littérature, de Huysmans à **Mirbeau.**

1. *« Nous sommes des hommes qui croyons qu'un écrivain aussi bien qu'un peintre doit être de son temps, nous sommes des artistes assoiffés de modernité » (*HUYSMANS, Émile Zola et L'Assommoir*).*

1 Maupassant (1840-1893), l'« écorché vif »[2]

Pour avoir vécu à l'ombre de deux génies, Flaubert et Zola, et surtout pour avoir mis le meilleur de son talent dans un genre méprisé par la critique, la nouvelle, **Guy de Maupassant** a longtemps été dédaigné en France, alors qu'il est considéré à l'étranger comme un des plus grands écrivains français. L'intérêt nouveau manifesté, depuis quelques années, pour sa vie et sa personnalité, ainsi que pour ses œuvres « intimes » (*Journal,* correspondance, essais) laisse peut-être augurer une appréciation plus juste de son œuvre.

Malgré l'humour, voire la gaillardise de certains contes, la tonalité d'ensemble de cette œuvre révèle un profond pessimisme, un désenchantement complet, en quoi elle reflète bien l'atmosphère de cette « fin de siècle ».

2. *[L'écrivain est un] « écorché vif pour qui presque toutes les sensations sont devenues des douleurs* (Sur l'eau).

Grâce à sa mère, le jeune **Guy de Maupassant** entre en contact avec Gustave Flaubert, qui le guide sévèrement, lui faisant faire de véritables « exercices », le considérant un peu comme son disciple ; il lui fait connaître Zola, et lui ouvre les portes des principaux journaux et revues dans lesquels, quittant vite l'administration, Maupassant bâtira sa carrière. D'une constitution athlétique, aimant la bonne vie, il se plaît également à pratiquer la voile ou la chasse, en Normandie ou sur la Côte d'Azur, où il passe de nombreux séjours. Mais un profond malaise s'insinue dans sa vie : souffrant de troubles nerveux, il sombre peu à peu dans la folie et, après une tentative de suicide, finit ses jours dans une maison de santé.

1875 : premiers contes, premières pièces de vers.

1880 : *Boule-de-Suif,* publié dans *Les Soirées de Médan.*

1881 : *La Maison Tellier* (premier recueil de nouvelles).

1883 : *Une vie* (roman).

1885 : *Bel-Ami* (roman).

1887 : *Mont-Oriol* (roman).

1888 : *Pierre et Jean* (roman) ; *Sur l'eau* (journal de voyage).

Maupassant.
Gravure sur bois, XIXe s.

Les racines de **ce pessimisme** sont, sans doute, d'ordre constitutif : souffrances dues à la maladie, épuisement dû à une production littéraire considérable, et à d'intenses efforts physiques compensatoires. Mais il est aussi d'origine intellectuelle : influence du « nihilisme » flaubertien, de ce dégoût universel que le maître n'a pu éviter de transmettre à son disciple en même temps que son enseignement esthétique ; lecture de Schopenhauer, dont la vision désespérée de la vie se retrouve par exemple dans telle page de *Sur l'eau :* « Mais on ne voit donc pas que nous sommes toujours emprisonnés en nous-mêmes, sans parvenir à sortir de nous, condamnés à tirer le boulet de notre rêve sans essor ? »

De là vient que la plupart des nouvelles de Maupassant laissent à la lecture **un goût d'amertume** que l'on retrouve chez celles de son contemporain Tchekov. Quel que soit l'échelon de la société (paysannerie normande, employés de ministères, « haute société » parisienne), partout règnent, sous des formes diverses, la mesquinerie, la bassesse, l'ignominie ; partout, le sort semble prendre plaisir à accabler des victimes innocentes, obscures ou silencieuses ; et dans ces petits drames quotidiens, rien ne laisse transparaître la pitié profonde qui les a inspirés. Appliquant la leçon de Flaubert, Maupassant n'obtient en effet l'émotion la plus intense, la dérision la plus virulente que par l'apparence d'une totale impassibilité.

Illustration pour
Le Horla.
Gravure sur bois
d'après J. Damazy, 1903.

La clé de cette conception artistique se trouve dans l'**importante préface** que Maupassant a écrite pour ***Pierre et Jean*** (1888), un des textes majeurs pour la compréhension de l'esthétique naturaliste. Par le choix même des faits qu'il sélectionne, par leur combinaison, le romancier nous communique une « vision personnelle du monde » : « Le réaliste, s'il est un artiste, cherche non pas à nous montrer la photographie banale de la vie, mais à nous en donner la vision plus complète, plus saisissante, plus probante que la réalité même. » Dès lors, il ne s'agit pas de reproduire la réalité, mais de donner l'illusion du vrai : « J'en conclus que les Réalistes de talent devraient plutôt s'appeler des Illusionnistes. » Mais cette interprétation du réel doit se dégager d'elle-même, avec une extrême discrétion, une rigoureuse économie de moyens, et cette recherche de la précision formelle que Flaubert avait poussée si loin : « La psychologie doit être cachée dans le livre comme elle est cachée en réalité sous les faits dans l'existence. »

Ainsi Maupassant nous permet de suivre, sans aucune trace d'introspection, et avec toutes les apparences de l'objectivité, une expérience psychique que lui-même a vécue : la montée de la folie. De nombreuses nouvelles, en effet, même en dehors des récits purement fantastiques, comme *Le Horla*, retracent, soit directement, soit de manière sous-jacente (par exemple sous forme d'une substitution de rôles), ces hallucinations, ces fantasmes de dédoublement et de clairvoyance qui hantèrent l'auteur jusqu'à la démence[1].

1. *L'écrivain est « acteur et spectateur de lui-même et des autres »* (Sur l'eau).

2 Daudet (1840-1897) et les conteurs naturalistes

Jouissant d'une grande célébrité en son temps — Zola lui consacre une longue étude dans *Les Romanciers naturalistes* —, **Alphonse Daudet** est aujourd'hui un peu déconsidéré, sans doute victime de cette « séduction » même (Zola) qui a fait son succès. Plus que dans les romans de mœurs où il s'est essayé, et qui souffrent d'une certaine mièvrerie — *Le Petit Chose* (1868), *Jack* (1876), *Le Nabab* (1877), *Numa Roumestan* (1880) —, il excelle dans le genre de la narration courte et pittoresque, celle des *Contes du lundi* (1873), du cycle de *Tartarin*, et surtout des *Lettres de mon moulin* (1866), « modèles » d'écriture narrative dont l'école laïque, alors en plein développement, a assuré le succès et la diffusion ; en outre, ces *Lettres* mettaient à la mode un exotisme provençal bien peu réaliste, bien éloigné en tout cas de la Provence authentique de **Frédéric Mistral** (1830-1914) ou même de **Jean Aicard** (1848-1921), auteur du truculent *Maurin des Maures* (1908)[2]. D'autres auteurs exploiteront cette veine provincialiste, faisant connaître les mœurs, le langage et le folklore de certaines régions ; c'est le cas, par exemple, pour l'Alsace, d'**Erckmann-Chatrian** (Émile Erckmann, 1822-1895, et Alexandre Chatrian, 1826-1890), qui ne sont pas seulement les délicieux conteurs de *L'Ami Fritz* (1864)[1], mais aussi les auteurs de contes fantastiques puisés à la source du romantisme allemand, et de « romans nationaux » d'inspiration patriotique qui connurent un immense succès.

2. *Paru en Livre de Poche.*

Le monde ouvrier, qui, avec Zola, fait son entrée dans la littérature, ne fait, dans l'œuvre de ces auteurs, que de fugitives apparitions ; le seul romancier qui osera aller plus loin en ce sens que Zola lui-même, Vallès, restera en fait toujours en marge du naturalisme, exclu surtout par son refus de participer à un jeu littéraire qui demeure essentiellement bourgeois.

3 Vallès (1832-1885),

G. Courbet, *Vallès*, XIXe s.

Comme Zola ou Maupassant, c'est dans le journalisme que **Jules Vallès** a puisé, non seulement ses moyens de subsistance, mais même une bonne part de son inspiration ; c'est sous forme d'articles qu'ont d'abord été ébauchées ses trois œuvres principales constituant la trilogie autobiographique, centrée sur le personnage de Jacques Vingtras, « prête-nom » transparent de l'auteur. Bien plus, ces œuvres sont nourries par le journalisme, soit par l'expérience qu'elles relatent (notamment dans *Le Bachelier*, 1881), soit même par l'insertion dans le tissu du roman d'articles précédemment parus (*L'Insurgé*, 1886). Mais surtout, la pratique de ce type d'écriture (et particulièrement dans le journalisme polémique) a engendré chez Vallès ce qui fait aujourd'hui la valeur essentielle de son œuvre : une **langue directe, rapide, percutante** qui lui permet d'exprimer avec autant d'**émotion** la rage de l'enfant révolté, l'exaspération des vaincus et des humiliés, mais aussi la douceur sensuelle d'un paysage ou le tendre éclair d'un souvenir.

Jules Vallès connaît une enfance misérable, constamment sous la contrainte de parents petits bourgeois, que paralyse la crainte d'un possible « déclassement ». Exalté par la révolution de 1848, **il s'intéresse à la politique.** En mésentente avec sa famille, il vit misérablement à Paris. À partir de 1865, il peut se consacrer entièrement au journalisme; ses articles virulents lui valent d'être plusieurs fois incarcéré. En 1869, il se présente aux élections comme « socialiste révolutionnaire », et, en 1871, participe activement à la Commune de Paris. Proscrit, condamné à mort par contumace, il séjourne en exil jusqu'en 1880 (Suisse, Londres). De retour à Paris il se consacre inlassablement à son activité journalistique, luttant en particulier pour le progrès social ; atteint de diabète, il meurt peu de temps après.

1857 : premiers articles.

1865 : *Les Réfractaires* (recueil d'articles).

1866 : *La Rue* (recueil d'articles).

1871 : articles du *Cri du peuple.*

1878 : le journal *Le Siècle* accepte de publier en feuilleton *Jacques Vingtras* (première version de *L'Enfant),* sous un pseudonyme.

1879 : *L'Enfant.*

1881 : *Le Bachelier.*

1882 : relance du *Cri du Peuple.*

1886 : *L'Insurgé.*

4

Huysmans (1848-1907) : du naturalisme au spiritualisme

Écartelé entre les tentations de la chair et celles de la foi, sollicité par tous les courants intellectuels, **Joris-Karl Huysmans** apparaît difficilement classable : bien des traits le rapprochent des romanciers catholiques, qu'il rencontre à partir de 1885, ainsi que des poètes symbolistes, dont il a largement contribué à répandre les idées, les goûts, et les noms. Pourtant l'œuvre, qui reflète dans son évolution toutes les incertitudes de cette « fin de siècle », est marquée d'une incontestable unité : celle d'**une écriture, tourmentée, flamboyante, tendue jusqu'à l'extrême,** mais qui ne renonce jamais à la clarté. Dès les premiers romans, malgré l'univers de bas-fonds parisiens où ils se situent, cette écriture esthétisante le met un peu en marge du naturalisme.

Comme de nombreux écrivains naturalistes, **Joris-Karl Huysmans** passera l'essentiel de sa vie dans un ministère. Comme eux, il connaîtra l'expérience douloureuse de la guerre (qu'il racontera dans *Sac au dos*). Sa rencontre avec Zola, en 1876, détermine la naissance de l'école naturaliste. Mais des troubles nerveux et des soucis financiers menacent son équilibre, et le plongent dans un **pessimisme** de plus en plus profond. Vers 1889, il s'initie au **satanisme,** à l'**ésotérisme,** au **spiritisme,** et s'intéresse de plus en plus à l'aspect liturgique de la religion. Après plusieurs retraites dans des abbayes, et alors que sa santé se délabre, il s'installe à Ligugé, près d'une abbaye bénédictine. En 1900, il entre dans cet ordre, et meurt après de longues années de souffrances.

1874 : *Le Drageoir aux épices* (poèmes en prose).

1877 : *Marthe, histoire d'une fille.*

1879 : *Les Sœurs Vatard.*

1883 : *L'Art moderne.*

1884 : *À rebours.*

1887 : *En rade.*

1891 : *Là-bas.*

1895 : *En route.*

1898 : *La Cathédrale.*

G. Rouault, *Huysmans*, fin XIXᵉ s.

Pourtant, c'est bien une curiosité réaliste qui, à l'origine, le pousse à explorer les « tumultueux espaces des cauchemars et des rêves » *(Certains)* ; comme les Goncourt, comme Zola, et parfois comme Maupassant, il ambitionne de projeter la lumière naturaliste sur ces zones d'ombre du psychisme que la médecine, avec Charcot, commence à dévoiler. Et son œuvre la plus significative, ***À rebours*** (1884), est bien le portrait d'un névrosé : Des Esseintes, dernier descendant d'une famille noble, par haine de la banalité et de la vie réelle, se réfugie dans un monde d'artifice et cultive, au milieu des inventions les plus extravagantes, les sensations les plus raffinées. Huysmans, dans sa volonté d'élucidation de son personnage, va même jusqu'à en décrire les cauchemars. Dès lors, la tentative naturaliste fait l'objet d'une véritable inversion : avec les mêmes moyens d'investigation, il s'agit d'obtenir cette fois des « effets d'irréel » par lesquels Huysmans « touche en fait aux limites de la pratique naturaliste de l'écriture ».

Mais surtout, si Huysmans échappe au naturalisme, c'est parce qu'à travers le « cas » Des Esseintes, il se livre en fait à une série de propositions et de jugements esthétiques — célébrant Baudelaire, Verlaine, et faisant connaître Mallarmé, Gustave Moreau et Odilon Redon — qui correspondent à une sensibilité tout autre que celle du naturalisme, et qui devait faire fortune sous **le nom de « décadence »,** véritable art poétique dans lequel se reconnaîtront les poètes et les peintres symbolistes, notamment Paul Valéry (qui écrit alors, au sujet du livre : « C'est ma Bible et mon livre de chevet »), et auquel Mallarmé rendra l'énigmatique hommage de sa *Prose pour Des Esseintes.*

À la fois roman de la décadence et investigation psychologique, l'œuvre de Huysmans se situe aussi **au carrefour** de deux autres tendances du roman : le roman décadent, et le roman psychologique.

3. Roman décadent ou décadence du roman ?

1 Barbey d'Aurevilly Villiers de l'Isle-Adam, et le roman symboliste

En se détachant progressivement puis radicalement du naturalisme, Huysmans rejoint un groupe d'écrivains qui, eux, s'étaient toujours tenus à l'écart de ce mouvement, et dont certains l'avaient même violemment combattu : écrivains que le terme de « spiritualistes » désigne assez mal, mais qu'unit effectivement une commune aspiration vers un au-delà métaphysique.

Barbey d'Aurevilly (1808-1889) et Léon Bloy (1846-1917)

Parmi ces écrivains, **Jules Barbey d'Aurevilly** fait figure de précurseur. Son œuvre, commencée à l'époque dans un univers balzacien, fait la transition entre le romantisme « noir » et la décadence. Aristocrate **farouchement attaché aux valeurs du passé,** surtout après sa conversion au catholicisme (1846), il pourfend, avec une verve indiscutable, toutes les modes intellectuelles et artistiques : libéralisme, positivisme, et surtout l'humanitarisme de Hugo ou de Zola. Cependant, **pratiquant l'anticonformisme** avec une saine ostentation, il est très proche des artistes « maudits », comme Baudelaire, qu'il défend vigoureusement, et dont il partage le « satanisme » et le « dandysme » (il est d'ailleurs l'auteur, en 1845, de *Du*

Barbey d'Aurevilly, le « connétable des Lettres ». Dessin de Coll-Toc, fin XIXe s.

dandysme et de George Brummel, et de la fameuse formule : « Paraître c'est être, pour le dandy comme pour les femmes »). Mais, à côté de son œuvre critique et polémique, son œuvre de romancier est assez limitée du point de vue quantitatif ; elle comprend essentiellement *Une vieille maîtresse* (1851), *L'Ensorcelée* (1854), *Le Chevalier Des Touches* (1864) et surtout *Les Diaboliques* (1874). Par leurs situations provocatrices, ces œuvres veulent convaincre le lecteur de l'**existence d'un surnaturel démoniaque,** présent dans les passions humaines les plus exacerbées.

Ces accents sulfureux, et la conviction ardente avec laquelle il mène, dans les années 1860-1880, la lutte pour le catholicisme lui attirent alors la sympathie de jeunes écrivains tentés par le mysticisme et l'aventure métaphysique : **Léon Bloy,** qui transpose dans ses deux romans (*Le Désespéré,* 1886, et *La Femme pauvre,* 1897) son itinéraire spirituel et humain d'anarchiste converti et de « pèlerin de l'absolu » ; et surtout Villiers de l'Isle-Adam.

Villiers de l'Isle-Adam (1838-1889)

Villiers de l'Isle-Adam. Gravure de L. Delteil, 1896.

Étrange destinée que celle de **Philippe-Auguste Villiers de l'Isle-Adam,** descendant d'une des plus illustres familles aristocratiques, ruiné par les folies d'un père toujours en quête de trésors enfouis, perdu dans des rêves de grandeur restaurée ou dans la nostalgie des splendeurs passées, et vivant dans le plus atroce dénuement. Choyé et admiré par les esprits les plus illustres (Mallarmé, Wagner, Huysmans, Claudel, Bloy...), mais ne réussissant pas à imposer son œuvre théâtrale, et parvenant difficilement à « placer » ses récits dans des journaux ou chez des éditeurs longtemps récalcitrants (*Contes cruels,* 1883 ; *L'Eve future,* 1886). Écrivain « maudit », vraiment, dont seuls quelques fervents se sont acharnés à perpétuer l'œuvre et le nom malgré l'indifférence du public. Légitimiste, mais prenant part à la Commune, chrétien, mais attiré par Hegel et par l'occultisme, il ne pouvait que dérouter les critiques, trop fier par ailleurs pour s'inféoder à quelque mouvement. Grand admirateur de Baudelaire, auquel il fait penser par **sa haine de la réalité, son ironie grinçante, ses rêves d'évasion et ses aspirations à la beauté,** il oscille entre le conte fantastique moderne, dans la tradition d'Edgar Poe, et la nouvelle satirique, à la manière de Maupassant (dans *Tribunat Bonhomet,* 1887). Mais il se distingue de ces deux initiateurs par son **hostilité au réalisme,** et par son **ouverture vers le surnaturel ;** cet engagement spiritualiste s'exprime sous le vêtement d'une prose lyrique qui tend à la poésie autant par la forme que par la pensée.

En ce sens, Villiers est le représentant le plus caractéristique de ce type de récit poétique qu'on désigne parfois sous le terme de « **roman décadent** » ou de « **roman symboliste** », et qui, souvent pratiqué par des poètes, dans le sillage de Nerval, fait fortune en ces dernières années du XIXe siècle, et jusqu'au bout du XXe. Il est illustré notamment par **Marcel Schwob** (*Le Livre de Monelle,* 1894), **Pierre Louÿs** (*Aphrodite,* 1896 ; *La Femme et le pantin,* 1898), **Oscar Vladislas de Lubicz-Milosz** (*L'Amoureuse Initiation,* 1910), **Rémy de Gourmont** (*Sixtine*[1], 1890), **Francis Jammes** (*Clara d'Ellébeuse,* 1899), et surtout **Elémir Bourges** (1852-1925), dont il serait urgent de redécouvrir ces deux romans admirables que sont *Le Crépuscule des dieux* (1884) ainsi que *Les oiseaux s'envolent et les fleurs tombent* (1893).

1. Paru, avec d'autres œuvres, dans la collection « Fins de siècles », dirigée par Hubert JUIN *(10/18).*

2

Roman psychologique et roman philosophique : de Barrès à France

Fromentin (1820-1876)

Parmi les autres séquelles du romantisme, le roman d'analyse psychologique, à tendance autobiographique, avait eu tendance à décliner, pendant toute la floraison réaliste. Sa continuité, cependant, est assurée par une œuvre un peu marginale, *Dominique* (1863), du peintre et critique d'art **Eugène Fromentin.** Œuvre **romantique** par son inspiration intimiste, son évocation d'une passion adolescente et désespérée, **flaubertienne** par son dénouement résigné, mais aussi **proustienne** par son écriture fluide, feutrée, apte à saisir les nuances d'un paysage ou l'évanescence d'un souvenir.

Mais il faudra, en fait, attendre la fin du siècle pour que s'introduisent dans le roman des techniques d'analyse psychologique différentes de celles du roman réaliste, et pour redonner au roman psychologique une identité. L'influence déterminante est, ici, sans doute, l'introduction en France des romanciers russes, notamment grâce aux travaux de **Melchior de Vogüe** (1848-1910 ; *Le Roman russe,* 1886), qui présentent une alternative au réalisme. Cette influence se fera sentir sur une œuvre mineure, certes, mais capitale dans l'histoire du roman, *Les Lauriers sont coupés* (1887[1]), d'**Édouard Dujardin** (1861-1949), court roman dans lequel on situe généralement la première apparition du « **monologue intérieur** », technique de transcription des « courants de conscience » dont, au XXe siècle, Joyce et d'autres exploiteront les riches perspectives.

Bourget (1852-1935)

Sous une forme plus traditionnelle, l'œuvre de **Paul Bourget** installe également **la psychologie au centre du roman.** Jouissant d'un grand prestige de son vivant — il apparaît même, avec ses *Essais de psychologie contemporaine* (1883), qui analysent les diverses formes du pessimisme moderne, comme un théoricien de la « décadence » —, son œuvre a singulièrement pâli du fait des engagements réactionnaires de son auteur, de la complaisance avec laquelle il décrit essentiellement la bourgeoisie mondaine, et surtout d'une pratique romanesque très conformiste, visant essentiellement à critiquer le positivisme, et tombant parfois dans les excès du « roman à thèse » (*Le Disciple,* 1889).

Barrès (1862-1923) et Gobineau (1816-1882)

Dans la même sphère idéologique, l'œuvre romanesque de **Maurice Barrès**[2], se distingue à la fois par des **qualités d'écriture** qui influenceront toute une génération, de Montherlant à De Gaulle, et par une diversité de pensée qui donne à ses romans **une réelle puissance dramatique.**

Plus que tout autre romancier peut-être, Barrès exprime **le désarroi d'une génération, humiliée par la défaite de 1870,** insatisfaite par la sécheresse de l'enseignement positiviste, éprise de poésie et de grandeur, de décadence et d'énergie, en un temps où la « République des scandales » ne lui offre que des perspectives désenchantées. D'où cet accent de révolte qui parcourt des œuvres comme la trilogie du *Culte du Moi* (1888-1891) ou comme *L'Ennemi des lois* (1892) : une révolte individualiste, certes, qui va même jusqu'à sympathiser avec l'anarchie, sans tomber cependant dans une critique ouverte de la société, mais qui séduira longtemps par son lyrisme, son amoralisme[3], son appel à la sensualité. Mais c'est finalement — sous l'influence du climat politique de l'époque — vers le nationalisme,

1. *Paru dans la collection 10/18.*
2. *Voir aussi p. 193.*
3. Un jardin sur l'Oronte, *en 1922, qui chante les charmes de l'Orient, scandalisera certains de ses amis politiques.*

c'est-à-dire **l'éloge d'une communauté fondée sur le sol natal,** que Barrès trouvera la source d'épanouissement de l'individu, l'aboutissement de sa révolte (*Les Déracinés,* 1897). Son œuvre se trouve dès lors orientée dans un camp idéologique bien déterminé, auquel ses romans ultérieurs fourniront les meilleurs armes.

Avec *Le Culte du Moi,* la confession autobiographique devient épanchement intellectuel, le récit devient essai, réflexion de l'auteur sur lui-même et sur son œuvre. Par cette démarche, Barrès ouvre la voie aux tentatives de Gide et de Valéry dont les « anti-romans » datent précisément de ces années (*Paludes,* 1895 ; *Les Nourritures terrestres,* 1897 ; *L'Immoraliste,* 1902. — *La Soirée avec Monsieur Teste,* 1896).

À la fois proche de Barrès par son mépris de la démocratie, son rejet de la « décadence », son culte de l'énergie, **Joseph de Gobineau** s'en différencie par un ton très personnel, qui fait penser plutôt aux moralistes du XVIIIe siècle et à Stendhal. Si les ambiguïtés de sa pensée[1] en ont fait « le plus grand méconnu du XIXe siècle » (Jean Mistler), on commence à redécouvrir et à apprécier, malgré leur maladresse de composition, et leur ampleur foisonnante, l'**élégante légèreté de style, et la désinvolture** qui font le charme des *Pléiades* (1874) et des *Nouvelles asiatiques* (1876).

C. Breslau, *France,* 1921.

France (1844-1924) : une réflexion sur l'histoire

De l'autre côté de l'horizon idéologique, le « roman d'idées » est illustré essentiellement par la grande figure d'Anatole France.

Anatole France s'oriente très tôt vers des travaux littéraires : il collabore au dictionnaire Larousse, écrit de nombreux articles dans des journaux. De l'éducation religieuse qu'il doit à sa mère, il glisse peu à peu à l'athéisme. Sous la Troisième République, il reçoit de multiples honneurs officiels qui consacrent son succès public. Mais l'affaire Dreyfus (voir encadré p. 192) vient l'arracher à la quiétude de cette vie bourgeoise : il s'engage activement, et mène une action militante en faveur du socialisme et du pacifisme. Après la guerre, il adhèrera même au Parti communiste naissant. Sa mort, saluée à la fois par des funérailles nationales et par les injures des surréalistes, est le symbole même de la fin d'une époque.

1881 : *Le Crime de Sylvestre Bonnard.*

1885 : *Le Livre de mon ami* (récit en partie autobiographique).

1893 : *La Rôtisserie de la reine Pédauque.*
Les Opinions de Jérôme Coignard.

1894 : *Le Lys rouge.*

1897-1901 : *Histoire contemporaine* (4 volumes).

1908 : *L'Île des Pingouins.*

1912 : *Les dieux ont soif.*

L'œuvre d'**Anatole France** a souvent été commodément rejetée dans les marges de l'histoire littéraire ; « sceptique », « classique », ces adjectifs suffisaient à le classer en dehors de son temps. Pourtant, peut-on considérer ainsi une œuvre tout entière à l'écoute de l'actualité, où la réflexion historique débouche constamment sur des engagements précis et tenaces ? C'est méconnaître la richesse d'une œuvre profondément ancrée dans son époque ; **une écriture** d'une sécheresse et d'une acuité toutes classiques, certes, mais **qui,** constamment décentrée, **refuse l'univocité, bascule dans l'ironie** et le déplacement des perspectives : discours instable, « baroque » (Jean Levaillant) et qui par là dévoile les fausses apparences, ménage des doutes, et installe le non-

1. *Voir p. 191.*

sens. Surtout, l'idéal utopiste qui avait parcouru tout le XIXe siècle à la suite de la Révolution débouche, avec Anatole France, **sur une observation lucide et critique de l'histoire.**

Renard.
Dessin de G. Smith, fin XIXe s.

Renard (1864-1910)

Ironie, scepticisme, classicisme, les mêmes critères un peu trop simplificateurs pourraient s'appliquer à un prosateur qui poursuit, lui aussi, sa quête intellectuelle en marge de toute école : **Jules Renard**. Refusant le carcan romanesque traditionnel, il opte pour des formes courtes, où peut se déployer sa manière sèche, incisive (*Poil de Carotte,* 1893 ; *Histoires naturelles,* 1896). Méfiant à l'égard des théories (« Comme c'est vain, une idée », écrit-il dans son *Journal*), solitaire, malgré de nombreuses relations et une certaine activité publique (il est maire de sa commune), c'est essentiellement dans son *Journal* qu'il déverse **son ironie, cruelle pour lui-même autant que pour les autres,** et acérée avec la méticuleuse verve d'un La Bruyère : nouvel exemple de cette dilution du roman dans **une prose fragmentaire,** libérée des contraintes de l'intrigue.

3 Vitalité du roman populaire

Mais si, entre les mains des esthètes, le roman vit une période de déliquescence et de fragmentation, il connaît plus que jamais, auprès du public, surtout bourgeois et populaire, une faveur grandissante, signe d'une santé profonde dont témoignent à la fois l'augmentation des tirages et le succès toujours très vif des **romans populaires.** Le roman mélodramatique et édifiant est plus présent que jamais, avec **Xavier de Montépin** (*La Porteuse de pain,* 1884) et **Adolphe d'Ennery** (*Les Deux Orphelines,* 1874), ainsi que, dans une veine un peu différente, le roman « mondain » **(Octave Feuillet, Georges Ohnet)** et le roman sentimental **(Delly).** Ce genre peut d'ailleurs produire des œuvres tout à fait remarquables, comme le célèbre *Sans Famille* d'**Hector Malot** (1878), ami de Vallès, qui touche encore par sa peinture de l'enfance malheureuse, et surtout *Jacquou le Croquant* d'**Eugène Le Roy** (1899)[1], qui, par l'attention passionnée qu'il porte aux réalités paysannes, fait revivre le roman rustique de George Sand, et, par son idéologie quarante-huitarde, lui donne une dimension sociale supplémentaire.

Le **roman de mœurs,** hérité de Balzac et de Sue, est surtout représenté par l'immense fresque de **Paul Féval,** *Les Habits noirs*[2] (1863-1875). Avec **Émile Gaboriau** (*L'Affaire Lerouge,* 1866) naît le roman policier, qui connaîtra son essor surtout dans les premières années du XXe siècle, avec les premières œuvres de **Gaston Leroux,** de **Maurice Leblanc,** et celles de **Pierre Souvestre et Marcel Allain,** créateurs de Fantomas.

Le roman populaire, par ses effets comme par ses thèmes, attire également **un vaste public enfantin,** qui à cette époque s'ouvre à la consommation littéraire, et à qui s'adressent explicitement les romans de la **comtesse de Ségur** (*Les Malheurs de Sophie,* 1859 ; *François le Bossu,* 1864 ; *Le Général Dourakine,* 1866, etc.). Mais la littérature enfantine est surtout alimentée par les œuvres des conteurs (**Alphonse Daudet ; Edmond About** avec *L'Homme à l'oreille cassée,* 1862), et

1. Paru dans la collection Presses-Pocket.
2. Collection Marabout-Géant (7 volumes).

Illustration pour *Pêcheur d'Islande.* Gravure d'après E. Rudaux, XIXe s.

par les auteurs de romans historiques (**Michel Zévaco,** auteur du cycle des *Pardaillan,* 1902-1904) ou de romans d'aventures.

En effet, **le goût pour l'exotisme** se réveille en cette fin de siècle, et fait pendant aux tentatives d'évasion que les esthètes recherchent dans la quête spirituelle. Le lien entre décadence et exotisme apparaît à l'évidence dans l'œuvre de **Pierre Loti** (1850-1923), qui procure essentiellement au public l'attrait d'horizons inconnus, et le frisson un peu morbide de nouveaux fantasmes amoureux (*Aziyadé,* 1879 ; *Le Roman d'un spahi,* 1881 ; *Les Désenchantées,* 1906) ; mais cette œuvre est sauvée par une sincérité certaine, bien qu'un peu naïve (*Le Mariage de Loti,* 1880) et qui verse parfois dans la sentimentalité (*Pêcheur d'Islande,* 1886).

D'autres vont chercher cet exotisme dans les spectacles étranges d'une préhistoire habilement reconstituée, préfigurant ainsi un des thèmes favoris de la science-fiction (**Joseph Henry Rosny aîné,** *La Guerre du feu,* 1909), les ouvrages de **Camille Flammarion** (*La Fin du monde,* 1894), de **Gustave Le Rouge** (*Le Docteur Cornélius,* 1912) et d'**Alfred Robida** (*Le Vingtième Siècle,* 1882). Mais l'œuvre la plus géniale, en ce domaine, et en tout cas la plus féconde, est naturellement celle de Jules Verne.

4 À l'aube du XXe siècle : Verne (1828-1905)

Jules Verne, qui a passé son enfance à Nantes, au milieu des bateaux de tous les pays, se passionne pour les récits de voyages. En contact avec l'éditeur Hetzel, il rédigera une œuvre romanesque considérable.

Les soixante-deux romans qui constituent les « Voyages extraordinaires » (1863-1910) et qui, du vivant même de Jules Verne, connurent une diffusion mondiale, ne sont pas seulement des romans d'anticipation ; le prétendu prophétisme scientifique de Jules Verne n'apparaît en fait que dans une minorité d'entre eux, même si ce sont les plus célèbres. La plupart des « Voyages » ont plutôt pour donnée initiale un fait historique ou politique précis (par exemple la guerre de Sécession pour *Nord contre Sud*), ou une curiosité géographique qui devient le théâtre de multiples péripéties, qui se succèdent sur un rythme échevelé. Mais le plus fascinant pour le lecteur d'aujourd'hui, c'est tout ce que ces zones géographiques dissimulent : **un monde mythique où affleurent des conflits intimes** que les psychanalystes scrutent avec intérêt ; **un terrain où s'affrontent des idéologies diverses :** le libéralisme (lutte des nationalités), l'utopie saint-simonienne, le rêve anarchiste, et surtout un « scientisme » très ambigu où se côtoient le panégyrique de la science et la hantise d'une

Verne. Photo, XIXe s.

1863 : *Cinq Semaines en ballon* (premier roman publié par Hetzel).

1865 : *De la Terre à la Lune.*

1866 : préface de Hetzel pour *Le Capitaine Hatteras* (« La science a sa place dans le domaine de la littérature »).

1867 : *Les Enfants du capitaine Grant.*

1870 : *Vingt Mille Lieues sous les mers.*

1872 : *Le Tour du monde en 80 jours.*

1874 : *L'Île mystérieuse.*

1876 : *Michel Strogoff.*

apocalypse scientifique, préfiguration des terreurs écologiques actuelles.

Illustration pour *Michel Strogoff*. Gravure sur bois de J. Férat, XIXe s.

BIBLIOGRAPHIE

Éditions

MAUPASSANT, *Romans et contes*, Éd. Albert-Marie SCHMIDT (3 vol.). Albin-Michel, 1956. — *Contes*, Éd. Louis FORESTIER (2 vol.). Gallimard (bibl. de la Pléiade), 1974 et 1979.

DAUDET, *Œuvres*, Éd. Raoul FERLET et Henri CÉARD. Cercle du Bibliophile, 1969.

VALLÈS, *Œuvres complètes*, Éd. Lucien SCHELER (15 vol.). Les Éditeurs français réunis, 1950-1970.

HUYSMANS, *Œuvres*, Éd. Pierre COGNY. Garnier-Flammarion, 1980.

BARBEY d'AUREVILLY, *Œuvres romanesques complètes*, Éd. Jacques PETIT (2 vol.). Gallimard (bibl. de la Pléiade), 1977-1980.

VILLIERS DE L'ISLE-ADAM, *Œuvres*, Éd. Jacques-Henri BORNECQUE. Club français du Livre, 1957. — *Contes cruels*, Éd. Pierre-Georges CASTEX. Garnier, 1968.

FROMENTIN, *Œuvres Complètes*, Éd. Guy SAGNES. Gallimard (bibl. de la Pléiade), 1984.

GOBINEAU, *Nouvelles asiatiques*, Éd. Jean GAULMIER. Garnier, 1965.

FRANCE, *Œuvres*, Éd. Marie-Claire BANCQUART (4 vol.). Gallimard (bibl. de la Pléiade), depuis 1984.

Études

Armand LANOUX, *Maupassant, le Bel-Ami*. Fayard, 1967.

Algirdas Julien GREIMAS, *Maupassant, la sémiotique du texte*. Le Seuil, 1976.

Fernande ZAYEDE, *Huysmans, peintre de son époque*. Nizet, 1973.

Jean-Pierre RICHARD, « Paysages de Fromentin », dans *Littérature et sensation*. Le Seuil, 1954.

Pierre-Louis REY, *L'Univers romanesque de Gobineau*. Gallimard, 1981.

Jean LEVAILLANT, *France : les aventures du scepticisme*. A. Colin, 1966.

Michel AUTRAND, *L'Humour de Jules Renard*. Klincksieck, 1978.

Michel MORÉ, *Nouvelles Explorations de Jules Verne*. Gallimard, 1963.

CHRONOLOGIE DES GENRES NARRATIFS*

Le roman

1800 SADE : *Les Crimes de l'amour*

1802 Mme de STAËL : *Delphine*

1804 SENANCOUR : *Oberman*

1807 Mme de STAËL : *Corinne*

1816 CONSTANT : *Adolphe*

1823 HUGO : *Han d'Islande*

1826 CHATEAUBRIAND : *Les Natchez*
1826 VIGNY : *Cinq-Mars*
1827 STENDHAL : *Armance*

1829-48 BALZAC : ***La Comédie humaine*** (1829 : *Les Chouans ;* 1831 : *La Peau de chagrin ;* 1833 : *Eugénie Grandet ;* 1835 : *Le Père Goriot ;* 1836 : *Le Lys dans la vallée ;* 1837 : *César Birotteau ;* 1837-1843 : *Illusions perdues ;* 1838-1847 : *Splendeurs et misères des courtisanes ;* 1846 : *La Cousine Bette ;* 1847 : *Le Cousin Pons)*
1830 STENDHAL : *Le Rouge et le Noir*
1831 HUGO : *Notre-Dame de Paris*

1832 VIGNY : *Stello*
1832 SAND : *Indiana*
1834 SAINTE-BEUVE : *Volupté*
1835 GAUTIER : *Mademoiselle de Maupin*
1835 VIGNY : *Servitude et grandeur militaire*
1836 MUSSET : *La Confession d'un enfant du siècle*

1839 STENDHAL : *La Chartreuse de Parme*
1840 SAND : *Le Compagnon du Tour de France*
1842-43 SUE : *Les Mystères de Paris*
1842-43 SAND : *Consuelo*
1844 DUMAS : *Les Trois Mousquetaires*
1846-53 SAND : « Romans champêtres » *(La Mare au diable ; La Petite Fadette ; François le Champi ; Les Maîtres sonneurs)*
1851 MURGER : *Scènes de la vie de bohème*

Le conte, le récit, la nouvelle

1801 CHATEAUBRIAND : *Atala*
1802 CHATEAUBRIAND : *René*

1809 CHATEAUBRIAND : *Les Martyrs*

1811 CHATEAUBRIAND : *Itinéraire de Paris à Jérusalem*

1821 NODIER : *Smarra*
1822 NODIER : *Trilby*

1829 MÉRIMÉE : *Chronique du règne de Charles IX*

1830 MÉRIMÉE : *Le Vase étrusque*

1832 NODIER : *La Fée aux miettes*

1837 MÉRIMÉE : *La Vénus d'Ille*
1838 STENDHAL : *Mémoires d'un touriste*

1840 MÉRIMÉE : *Colomba*

1843-51 NERVAL : *Voyage en Orient*
1844 CHATEAUBRIAND : *Vie de Rancé*
1845 MÉRIMÉE : *Carmen*

1851-96 Les GONCOURT : *Journal*

1854 SAND : *Histoire de ma vie*

Étranger

1810 SCOTT : *La Dame du lac* (Écosse)
1811 LA MOTTE-FOUQUÉ : *Ondine* (Allemagne)
1812-22 GRIMM : *Contes* (Allemagne)
1814 SCOTT : *Waverley* (Écosse ; trad. 1818)
1814 CHAMISSO : *Peter Schlemihl* (Allemagne)
1818 Mary SHELLEY : *Frankenstein* (Angleterre)
1819 SCOTT : *Ivanhoé* (Écosse ; trad. 1820)
1821 HOFFMAN : *La Princesse Brambilla* (Allemagne)
1823 SCOTT : *Quentin Durward* (Écosse)
1826 COOPER : *Le Dernier des Mohicans* (Amérique ; trad. 1826)

1829 GOETHE : *Les Années de voyage de Wilhelm Meister* (Allemagne)
1831 POUCHKINE : *Boris Godounov* (Russie)
1832 PELLICO : *Mes prisons* (Italie)

1834 LYTTON : *Les Derniers Jours de Pompéi* (Angleterre)
1835 ANDERSEN : *Contes* (Danemark)

1838 DICKENS : *Oliver Twist* (Angleterre)

1842 GOGOL : *Les Âmes mortes* (Russie)

1845 POE : *Histoires extraordinaires* (Amérique ; trad. de Baudelaire : 1857-58)
1847 Emily BRONTË : *Les Hauts de Hurlevent* (Angleterre)
1847 Charlotte BRONTË : *Jane Eyre* (Angleterre)
1851 BEECHER-STOWE : *La Case de l'oncle Tom* (Amérique)
1851 MELVILLE : *Moby Dick* (Amérique)
1851 DICKENS : *David Copperfield* (Angleterre)
1852 TOURGUENIEV : *Récits d'un chasseur* (Russie)

1857 Flaubert : *Madame Bovary*
1857 Féval : *Le Bossu*
1858 Gautier : *Le Roman de la momie*
1860 Duranty : *Le Malheur d'Henriette Gérard*
1862 Hugo : *Les Misérables*
1862 Flaubert : *Salammbô*
1862 Fromentin : *Dominique*
1863 Gautier : *Le Capitaine Fracasse*
1863 Barbey d'Aurevilly : *Le Chevalier Des Touches*
1863 Verne : *Cinq Semaines en ballon*
1864 Erckmann-Chatrian : *L'Ami Fritz*
1865 Les Goncourt : *Germinie Lacerteux*
1866 Hugo : *Les Travailleurs de la mer*
1867 Zola : *Thérèse Raquin*
1869 Flaubert : *L'Éducation sentimentale*
1869 Verne : *20 000 Lieues sous les mers*
1871-73 Zola : *Les Rougon-Macquart*
1872 Verne : *Le Tour du monde en 80 jours*
1872 Daudet : *Tartarin de Tarascon*
1874 Barbey d'Aurevilly : *Les Diaboliques*
1874 Hugo : *Quatrevingt-Treize*
1877 Zola : *L'Assommoir*
1877 Les Goncourt : *La Fille Élisa*
1878-86 Vallès : *Jacques Vintgras*
1880 Zola : *Nana*
1880 Loti : *Aziyadé*
1881 Flaubert : *Bouvard et Pécuchet*
1883 Maupassant : *Une vie*
1884 Huysmans : *À rebours*
1885 Maupassant : *Bel-Ami*
1885 Zola : *Germinal*
1886 Bloy : *Le Désespéré*
1886 Loti : *Pêcheur d'Islande*
1887 Zola : *La Terre*
1887 Maupassant : *Mont-Oriol*
1888-91 Barrès : *Le Culte du moi*
1889 Bourget : *Le Disciple*
1890 Zola : *La Bête humaine*
1891 Huysmans : *Là-bas*
1893 France : *Les Opinions de Jérôme Coignard*
1893 Renard : *Poil de Carotte*
1897-1901 France : *L'Histoire contemporaine*
1897-1902 Barrès : *Le Roman de l'énergie nationale*
1898 Huysmans : *La Cathédrale*
1900 Mirbeau : *Le Journal d'une femme de chambre*

1866 Daudet : *Lettres de mon moulin*
1876 Gobineau : *Nouvelles asiatiques*
1877 Flaubert : *Trois Contes*
1880 Maupassant : *Les Soirées de Médan ; Boule-de-Suif*
1880-90 Maupassant : *Contes*
1883 Renan : *Souvenirs d'enfance et de jeunesse*
1883 Villiers de l'Isle-Adam : *Contes cruels*
1895 Gide : *Paludes*
1897 Gide : *Les Nourritures terrestres*

1861 Dickens : *Les Grandes Espérances* (Angleterre)
1861 Dostoïevski : *Souvenirs de la maison des morts* (Russie)
1865 Carroll : *Alice au pays des merveilles* (Angleterre)
1866 Dostoïevski : *Crime et Châtiment* (Russie ; trad. 1884)
1869 Tolstoï : *Guerre et Paix* (Russie)
1870 Dostoïevski : *Les Possédés* (Russie)
1873-77 Tolstoï : *Anna Karénine* (Russie)
1876 Twain : *Les Aventures de Tom Sawyer* (Amérique)
1879 Dostoïevski : *Les Frères Karamazov* (Russie)
1883 Stevenson : *L'Île au trésor* (Écosse)
1891 Wilde : *Le Portrait de Dorian Gray* (Angleterre)
1891 Hardy : *Tess d'Ubeville* (Angleterre)
1891-1927 Doyle : *Les Aventures de Sherlock Holmes* (Écosse)
1894 Kipling : *Le Livre de la jungle* (Angleterre)
1895 Wells : *La Machine à explorer le temps* (Angleterre)
1897 James : *Ce que savait Maisie* (Angleterre)
1898 Svevo : *Senilità* (Italie)
1900 Conrad : *Lord Jim* (Angleterre)

* Sauf précision contraire, les dates indiquées sont celles de l'édition.

Comment se porte le roman français en 1900 ? Apparemment fort bien. Grand genre du siècle, désormais totalement émancipé, il a été, en raison des conditions historiques et sociales, la forme littéraire la plus productive, la plus épanouie et la plus variée de la période. Son nom d'ailleurs ne suffit plus à le qualifier tant il désigne génériquement d'innombrables inspirations et « manières » : roman personnel et historique avec les romantiques, réaliste avec Balzac, Stendhal et Flaubert, social et naturaliste avec Zola et ses amis, mais encore roman idéaliste, fantastique, surnaturaliste ou bien roman noir, roman populaire, roman mondain, roman dialogué, roman d'amour, roman d'aventures, roman « à clefs ».

Cette fécondité d'un genre aussi « ouvert », généreux et protéiforme garantit-elle pour autant et définitivement une bonne santé ? La dilution des frontières mêmes du genre n'induit-elle pas une perte de spécificité qui, à terme, conduit à une crise à la fois de croissance et d'identité ? On peut légitimement le penser. Au moment même où le roman entre dans l'ère des gros tirages, où la création du prix Goncourt (décerné pour la première fois en 1903) le consacre en institution, ce sont les romanciers eux-mêmes qui se mettent à douter de lui, déçus comme Huysmans par « l'impasse » qu'ils constatent ou angoissés comme le jeune Marcel Proust par les impostures et faillites qu'ils pressentent. Terminant son parcours du XIXe *siècle, dans son essai intitulé* En lisant, en écrivant, *le romancier contemporain Julien Gracq constate que tout se passe « comme si », dans le déclin graduel des pouvoirs créateurs d'une civilisation, un principe d'entropie était à l'œuvre, et « comme si », pour tout nouveau changement, l'appoint d'une énergie de récupération devenait de plus en plus nécessaire. « Entropie », tel est bien le mot qui nous paraît le plus judicieux pour décrire le foisonnement dérivant du genre romanesque en 1900. Mais les nécessaires « énergies de récupération », Céline et surtout le Proust de* La Recherche, *ne sont plus loin désormais...*

IVe partie

LE THÉÂTRE

*Les romantiques, qui voient dans la dramaturgie classique le bastion par excellence de la tradition qu'il faut combattre, prolongeront cette voie de contestation et d'invention à partir de 1820. Mais cela au prix d'une inflation de discours théoriques qui retardent autant qu'ils n'encouragent l'apparition de grandes œuvres à la scène. Il est révélateur à cet égard qu'*Hernani*, premier grand succès du drame romantique, ait été écrit dix ans après les* Méditations *de Lamartine. Dès 1843, après l'échec des* Burgraves*, c'en sera d'ailleurs déjà fini de l'expérience romantique au théâtre, et les néo-classiques pourront même croire, un moment, que le temps de la revanche est arrivé.*

A l'heure du réalisme et du naturalisme qui trouvent dans le genre romanesque un espace littéraire de représentation aussi fécond qu'efficace, la scène fait encore figure de parent pauvre. Le public, cette fois, est pourtant bien au rendez-vous et le genre « en phase » avec la classe dominante depuis le Second Empire, la moyenne bourgeoisie. Mais c'est au niveau le plus élémentaire, voire le plus trivial, que cette « connivence » a lieu, celui de **la comédie légère** *et facile d'un Scribe, d'un Labiche ou d'un Courteline. Point de salut ni de succès ailleurs que sur le « boulevard » ; les « amuseurs » tiennent le haut du pavé jusque sur la scène de la Comédie-Française et l'opéra-bouffe éclipse l'opéra tout court.*

Il faut attendre les quinze dernières années du siècle pour retrouver les signes épars mais certains d' ***un vrai renouveau théâtral.*** *Tout d'abord grâce à l'avènement d'une génération de metteurs en scène de génie comme Antoine, Paul Fort ou Lugné-Poe, qui, par-delà les rivalités d'idéologies et de techniques, sortent la scène de ses vieilles ornières. Grâce aussi à d'authentiques créateurs, Becque, Maeterlinck, Claudel ou Jarry, qui renouvèlent radicalement le répertoire comique ou dramatique et assurent, chacun à leur manière, le triomphe de l' « avant-garde » sur le boulevard.*

I LE THÉÂTRE ROMANTIQUE

1. Le discours des théoriciens

1

Une nouvelle Bastille à prendre

Si le romantisme est incontestablement passé à la postérité par la voie de la poésie, c'est autour de la question du théâtre qu'il s'est forgé une conscience, voire une idéologie. Les créateurs de la première génération romantique ont la conviction que ce théâtre qui, depuis Marivaux et Beaumarchais, n'a rien produit de neuf, est par définition **le bastion de la tradition qu'il faut abattre** pour ouvrir une voie nouvelle à la création littéraire. Avec son cortège de principes, de règles, de bienséances, la tragédie classique principalement est à leurs yeux la scène-témoin de la révolution des formes et des genres qu'il faut entreprendre.

Les Romains échevelés à la 1re représentation d'Hernani. Caricature de J.J. Granville, XIXe s.

2

La théorie avant les œuvres

Paradoxalement, alors qu'il prônera un théâtre-spectacle, le romantisme va sécréter un discours sur le théâtre véritablement hypertrophié puisque, dans les années 1810-1830, trois sur quatre des manifestes théoriques ou polémiques qui paraissent sont consacrés au plaidoyer pour une nouvelle dramaturgie.

L'enracinement de la « dissertation » romantique sur la question du « nouveau théâtre » se fait principalement par le biais d'interrogations et d'appréciations de deux grands modèles, en la matière : l'Allemagne et l'Angleterre. Aux côtés de son amie Mme de Staël, dont l'essai *De l'Allemagne* (1810) a puissamment contribué à la découverte des œuvres du romantisme allemand, **Benjamin Constant,** grand admirateur de Goethe et de Schiller, est le premier à ouvrir les consciences à l'importance du renouveau théâtral outre-Rhin depuis la fin du XVIIIe siècle. Dans ses *Réflexions sur la tragédie de Wallenstein* (1809) qui accompagnent un essai d'adaptation de la trilogie de Schiller (écrite entre 1794 et 1799), l'auteur d'*Adolphe*, après s'être livré à une critique prudente des règles du classicisme français, suggère la recherche de moyens dramaturgiques plus efficaces pour rendre plus présentes et plus « vraies » les émotions qui doivent constituer l'enjeu et la substance de la pièce. Cinq ans plus tard, la traduction du *Cours de littérature dramatique* (1808) de Guillaume Schlegel (1767-1845) fournira dans le même sens des arguments aux partisans du renouveau théâtral et affirmera plus clairement le concept de « drame romantique ».

Côté outre-Manche, c'est à **Stendhal** et à son essai sur *Racine et Shakespeare* (1825) que nous devons les principaux éléments de réflexion et d'inspiration. De même que Constant opposait la « vérité » de Schiller à la transparence factice de Racine, l'admirateur de Molière et de son théâtre d' « action » propose à un public déjà nourri de Byron et de Walter Scott de préférer la « modernité » d'une « tragédie en prose qui dure plusieurs mois et se passe en des lieux divers » à l'arbitraire et à l'invraisemblance du théâtre aristocratique jugé désuet et en tout cas inadapté à la « population raisonnante et industrielle de 1823 ».

Au terme de sa réflexion, l'auteur de *Racine et Shakespeare* affirmait « pouvoir conclure que, quand l'expression de la pensée n'est pas susceptible d'autre beauté que d'une clarté parfaite, le vers est déplacé ». C'était proposer un défi au mètre traditionnel que bien peu de créateurs devaient relever. Au contraire, Lamartine et surtout Hugo, dès la *Préface* de *Cromwell*, répondront par une vibrante défense des capacités d'une métrique renouvelée : « Nous voudrions, écrit Hugo, un vers libre, franc, loyal (...) passant d'une naturelle allure de la comédie à la tragédie, du sublime au grotesque (...), fidèle à la rime (...), inépuisable dans la variété de ses tours ».

D'autres essais, d'autres préfaces préluderont encore à la création des grandes œuvres : la monumentale *Préface* de *Cromwell* (1827) déjà citée, celle d'*Othello, le More de Venise* (1829) où Alfred de Vigny tire lui aussi les leçons de l'expérience shakespearienne, et, en 1833, celles de *Lucrèce Borgia* et de *Marie Tudor*, toujours de Victor Hugo. Aucune de ces déclarations, à dire vrai, ne s'impose comme un manifeste incontestable d'**un théâtre foisonnant et ambitieux** qui doit beaucoup, dans chacune de ses œuvres, au génie individuel de l'auteur.

Mounet-Sully
dans le rôle d'Hamlet.
Gravure sur bois
de P. Merwart XIXe s.

« The british way »

L'influence majeure du théâtre anglais sur le renouveau de la dramaturgie française sous la Restauration ressort des péripéties qui entourèrent **les deux visites de comédiens anglais en France** en 1822 et 1827. La première tourna fort mal puisque des incidents sanglants émaillèrent les deux représentations de Shakespeare qu'ils tentèrent de donner au théâtre de la Porte Saint-Martin, fin juillet 1822. En 1827 au contraire, la troupe de Charles Kemble et Harriett Smithson reçut un accueil triomphal d'un public qui découvrait une mise en scène et un jeu dramatique moins conventionnels et plus « vrais » que ceux qu'il avait coutume de voir.

2. L'apport du mélodrame : Pixérécourt (1773-1844)

Frédérick Lemaître : « Il n'est pas un drame, il est le Drame. »

Outre la cohorte des textes théoriques, un autre phénomène précède l'apparition du drame romantique : celui du **mélodrame.** Inspiré à l'origine par des œuvres comme les « drames bourgeois » de Nivelle de La Chaussée et de Diderot, ou le *Pygmalion* de Jean-Jacques Rousseau, le mélodrame français naît surtout des infortunes que la Révolution de 89 fait subir au théâtre traditionnel. Il est la première et la plus efficace réponse au public de la rue qui réclame bruyamment **du spectacle et des émotions fortes, des hauts faits et des bons sentiments.** Déplaçant la « scène » des quartiers « huppés » vers les faubourgs populaires, le mélodrame quitte le Palais-Royal.

Des auteurs mélodramatiques de l'époque, comme Cuvelier, Caigniez ou Duval, **Guilbert de Pixérécourt** fut de loin la figure dominante. Farouche défenseur du théâtre-spectacle, dont il reconnaît les prémices chez des antiques comme Eschyle ou des classiques comme Corneille et Molière, il ouvre toute grande la scène aux inspirations épique, romanesque et même merveilleuse ou fantastique. Ses plus grands succès (*Victor ou l'Enfant de la forêt,* 1798 ; *Cœlina ou l'Enfant du mystère,* 1800 ; *Les Ruines de Babylone,* 1810 ; *Latude ou Trente-Cinq Ans de captivité,* 1834) comblèrent d'aise un public populaire prêt à s'enflammer au vu d'intrigues mouvementées, saturées de coups d'éclat et de coups de théâtre, et culminant généralement dans le triomphe du bon sur le méchant, de la vertu sur le vice.

Talma, un tenant de la tradition...

Acteurs du drame

Autant que le public et bien sûr les auteurs, les interprètes ont joué un rôle très important dans la bataille du drame romantique. Si **Talma** (1763-1826) incarne la résistance d'une grande partie des Comédiens-Français au genre nouveau, et si **Rachel** (1821-1858) empoche, avec ses interprétations de Racine notamment, les bénéfices de l'effondrement du drame après 1843, nombreux furent les acteurs et actrices, souvent venus du Boulevard, qui contribuèrent, par le talent de leur interprétation, au succès d'une pièce. **Marie Dorval** (1798-1849), amante de Vigny, fut une remarquable Kitty Bell dans *Chatterton* (1835) et triompha dans l'*Antony* (1831) de Dumas ; **Juliette Drouet** (1806-1883), « muse » de Hugo, créa la Jane de *Marie Tudor* (1833) où s'illustra également la célèbre **Mlle George.** Mais le plus admiré des comédiens de l'époque fut sans doute **Frédéric Lemaître** (1800-1876) qui sut jouer avec le même bonheur Shakespeare, Hugo et plus tard le vaudeville, lui dont Dumas osa dire : « Il n'est pas un drame, il est le Drame. »

BIBLIOGRAPHIE

Études

Peter BROOKS, « Une esthétique de l'étonnement : le mélodrame », dans *Poétique* n° 19, 1974.

Paul GINISTY, *Le Mélodrame.* Michaud, 1910.

Jean-Marie THOMASSEAU, *Le Mélodrame.* P.U.F., 1984.

3. Trois approches du drame romantique

Chronologie du drame romantique

1827 HUGO : *Cromwell.*

1829 DUMAS : *Henri III et sa cour.*
VIGNY : *Le More de Venise.*

1830 HUGO : *Hernani.*

1831 HUGO : *Marion Delorme.*
DUMAS : *Antony.*
VIGNY : *La Maréchale d'Ancre.*

1832 DUMAS : *La Tour de Nesle.*

1833 HUGO : *Lucrèce Borgia. Marie Tudor.*

1834 MUSSET : *Lorenzaccio.*
DUMAS : *Catherine Howard.*

1835 HUGO : *Angelo, tyran de Padoue.*
VIGNY : *Chatterton.*

1838 HUGO : *Ruy Blas.*

1843 HUGO : *Les Burgraves.*

1 Hugo (1802-1885) et l'ambition du théâtre total

L'œuvre dramatique de **Victor Hugo** est à l'unisson du reste de sa création romanesque (voir p. 272) ou poétique (voir p. 210) : massive, variée, contrastée. En 1827 les trois mille vers d'un drame injouable, *Cromwell,* et les déclarations vibrantes de sa *Préface* le poussent à la tête des hommes du nouveau théâtre qui n'a encore rien produit. Le succès de ce texte tient en une seule raison que Thibaudet résumait clairement : « Il eut l'importance d'un manifeste tout simplement parce qu'on en attendait un et que Hugo l'attendait de Hugo... » Monumentale, schématique, la fameuse *Préface* module en effet les espérances de la génération romantique de 1830 autour des lignes de force d'une idéologie et d'une mythologie proprement hugoliennes.

Au nom de ce que Stendhal appelait déjà la « modernité », Hugo entame d'abord le procès des invraisemblances de la tradition théâtrale, illustrées à l'évidence pour lui par les contraintes qui pèsent sur la scène classique. **Cibles prioritaires : les règles d'unités de temps et de lieu** qui « amputent » le conflit dramatique de l'essentiel de sa substance, **et la loi de séparation des genres** (tragédie/comédie) qui ignore la complexité foisonnante de la nature humaine. Tout en maintenant l'exigence d'unité d'action au nom des principes de cristallisation et de « caractérisation » du théâtre, l'auteur réclame hautement une scène et un genre élargis, **le drame,** qui rendraient compte à la fois, par le jeu combiné de la « couleur locale », de la poésie et de l'histoire, de la « vérité » une et multiple et de la nature humaine. « C'est une grande et belle chose, écrivait-il ainsi, que de voir se déployer avec cette largeur un drame où l'art développe puissamment la nature ; un drame où l'action marche à la conclusion, d'une allure ferme et facile, sans diffusion et sans étranglement ; un drame enfin où le poète remplisse pleinement le but multiple de l'art, qui est d'ouvrir au spectateur un double horizon, d'illuminer à la fois l'intérieur et l'extérieur des hommes ; l'extérieur, par leurs discours et leurs actions ; l'intérieur, par les *a parte* et les monologues ; de croiser, en un mot, dans le même tableau, le drame de la vie et le drame de la conscience. »

Illustration pour *Le roi s'amuse*. Gravure d'après V. Meyer, 1885.

Sans les entraves de la censure qui en différèrent la représentation, *Marion Delorme* (1829) aurait dû être la première mise en scène de cet ambitieux théâtre total. ***Hernani,*** rédigé en moins d'un mois par un Hugo avide de revanche, allait, lors de la fameuse soirée du 25 février

1830, lui ravir la vedette et s'imposer au public comme un coup d'essai et comme un « coup de maître ».

Hernani (dernière scène). Lithographie de J. Devéria, XIXe s.

La référence au *Cid* n'est d'ailleurs pas vaine à propos de cette pièce mouvementée et bariolée, qui demeure aujourd'hui encore le chef-d'œuvre théâtral de Hugo. Mêlant à plaisir une atmosphère hispanisante haute en couleur, de multiples emprunts littéraires tant aux *Brigands* de Schiller qu'au *Manfred* de Byron et des réminiscences des morceaux de bravoure du grand Corneille, le dramaturge réussit à imposer avec Hernani l'image du héros moderne, lyrique et contestataire, en même temps qu'il donne la preuve d'une réconciliation possible entre crise tragique et humour, satire politique et fantaisie, ingéniosité verbale et poésie. Plus encore, la pièce s'affirmait comme le texte emblématique de « cette voix haute et puissante du peuple, qui ressemble à celle de Dieu, [et] veut désormais que la poésie ait la même devise que la politique : Tolérance et Liberté » (*Préface* de 1830).

A dire vrai, si l'on excepte le triomphe fait à *Ruy Blas* en 1838, malgré une certaine tendance déjà à l'enflure et au clinquant, *Hernani* restera inégalé dans la production hugolienne. Ni *Marion Delorme* enfin jouée en 1831, ni *Marie Tudor* (1833), vilipendée malgré l'interprétation remarquable de Juliette Drouet, ni *Lucrèce Borgia* (1833) ne retrouvèrent la spontanéité et la vigueur de ton de ce premier drame. A l'heure du bilan les critiques ne s'y tromperont pas qui, tel Sainte-Beuve commentant avec dépit l'échec de la monumentale entreprise des *Burgraves* (1843), jugeront le dernier et pesant édifice du théâtre romantique à l'aune de la qualité et de la saveur du premier : « Le théâtre, ce côté le plus invoqué de l'art moderne, est celui qui, chez nous, a le moins produit et a fait mentir toutes les espérances. Car que d'admirables et infructueux préparatifs depuis vingt ans... Et puis quoi ? *Hernani*, puis rien. Un lourd assommement... » Peut-être avait-il manqué à Victor Hugo, toujours plus versificateur que dramaturge,

Illustration pour *Les Burgraves*. Gravure d'après C. Rochegrosse, XIXe s.

le talent dont Alexandre Dumas allait faire preuve, lui, jusqu'à l'excès : celui de l'intrigue, de l' « histoire » et de la scène proprement dite.

2 Dumas (1802-1870) et le théâtre historique

Dans la foulée des succès populaires du mélodrame et des revendications du type de celle de Stendhal réclamant dans son *Racine et Shakespeare* l'avènement d'une véritable « tragédie historique et libre », **Alexandre Dumas** va le premier, en effet, orienter les recherches du théâtre romantique dans le sens d'une imprégnation accentuée de l'intrigue dramatique par les hauts faits et les grandes figures de nos annales. **Prosper Mérimée,** dans les piécettes de son *Théâtre de Clara Gazul* (1825) avait bien déjà songé à cette « collaboration » privilégiée de l'histoire et du discours théâtral, mais sa tentative restait purement livresque et ne devait pas paraître à la scène. **Alfred de Vigny,** en 1829 avec *Le More de Venise,* prenait lui aussi le pari de ce qu'il nommait « une tragédie moderne », inspirée d'une chronique méditerranéenne du XVIe siècle ; en réalité il ne s'agissait là que d'un démarquage habile mais un peu fade de l'*Othello* (1604) de William Shakespeare. La même année en revanche *Henri III et sa cour* d'Alexandre Dumas s'imposait au Théâtre-Français comme le modèle d'une « dramatique » en prose réussie, où l'intrigue sentimentale se double et se nourrit d'**une dimension historique, voire politique,** elle-même enracinée dans l'étude de chroniques et de mémoires anciens tels ceux d'Anquetil.

Illustration pour *Antony.*
Gravure sur bois de T. Johannot, XIXe s.

L'idée de recourir largement à l'histoire comme support de la crise théâtrale n'était évidemment ni neuve ni sans avenir. Mais elle prenait, dans le contexte littéraire et culturel de 1830, l'aspect d'un défi spectaculaire au classicisme que les créateurs romantiques assimilaient volontiers à une approche rétrécie des conflits fondateurs et inspirateurs de l'œuvre théâtrale.

On sait avec quel bonheur Dumas usera, sur le mode romanesque (voir p. 284), de cette veine d'inspiration historique qui lui vaudra encore à la scène le succès du drame, toujours en prose, de *La Tour de Nesle* (1832) et qui le conduira même, en 1848, à donner à l'espace scénique qu'il s'est fait construire le nom de « Théâtre Historique ». Toutefois il est à remarquer que c'est avec une œuvre d'inspiration sensiblement différente, *Antony,* que Dumas connut, à partir du 3 mai 1831, date à laquelle la pièce fut créée au Théâtre de la Porte Saint-Martin, son triomphe le plus durable.

Tournant le dos au passé historique, le **drame en prose** d'*Antony* (1831) nourrit son intrigue passionnelle et violente de la liaison vécue par l'auteur et son amante, Mélanie Waldor. A travers le personnage d'Antony, jeune homme aux origines obscures, follement épris d'Adèle, jeune fille noble mariée au colonel d'Hervey, Dumas réussit l'une des plus vigoureuses évocations du **héros romantique, dévoré par une passion sans mesure et sans espoir.** Contraint au meurtre par fidélité aveugle à son « amour fou » (« Elle me résistait, je l'ai assassinée... »), ce personnage ténébreux, dont l'auteur dira : « c'est moi, moins l'assassinat », enthousiasma le public par l'intensité immédiate, quasi réaliste, de son drame fait de marginalité, d'aliénation et de cruauté. Curieusement d'ailleurs, cette conception d'un théâtre plus social et idéologique qu'historique trouvera, trente ans plus tard, l'un de ses prolongements les plus évidents dans ce qu'on peut appeler le « théâtre de mœurs » d'Alexandre Dumas fils (1824-1895)[1].

1. *Se reporter page 340.*

3 Musset (1810-1857), de la comédie au drame

Quatre ans après *Antony*, en février 1835, Alfred de Vigny remportait avec *Chatterton*, drame émouvant de la condition poétique, le second succès retentissant du théâtre romantique. Pourtant, un an plus tôt, dans le secret d'une souffrance, avait été écrite la pièce qui est incontestablement perçue aujourd'hui comme la plus puissante et la plus convaincante de la période : *Lorenzaccio* d'**Alfred de Musset.**

L' « enfant terrible du romantisme » n'a d'ailleurs pas abordé le registre théâtral par le drame proprement dit. Le tempérament à la fois facétieux et angoissé dont témoignent les textes poétiques des *Contes d'Espagne et d'Italie* (1830) le conduit plus spontanément d'abord dans le sillage des comédies « roses et noires » de Marivaux, où il peut donner libre cours à son sens du dialogue en demi-teintes et de l'intrigue à rebondissements et imbroglios séduisants. Sans souci aucun de représentation, il écrit ainsi avec brio une série de « Comédies et Proverbes » qui sont autant de succès de librairie : *La Nuit vénitienne* (1829), *A quoi rêvent les jeunes filles* (1832), *Les Caprices de Marianne* (1833), *Fantasio* et *On ne badine pas avec l'amour* (1834), et plus tard *Un Caprice* en 1837.

Illustration pour *Les Caprices de Marianne.* Gravure, XIXe s.

Dans ***Les Caprices de Marianne***, comédie dramatique en deux actes et en prose de Musset (publiée en 1833 mais jouée pour la première fois en 1851 seulement), Celio est amoureux de Marianne, l'épouse du vieux juge Claudio. Timide, il demande à son ami Octave d'être auprès d'elle l'interprète de sa passion. Après l'avoir d'abord éconduit, la jeune femme, agacée par la jalousie de son mari, semble prête à « céder » à l'aimable intermédiaire. Octave décide alors de laisser la place à Celio. Mais ce dernier, en rendant visite à celle qu'il aime, tombe dans un guet-apens tendu par Claudio et meurt en se croyant de surcroît trahi par son ami Octave. Celui-ci, effondré par le tragique quiproquo, repoussera durement Marianne, pourtant prête à le consoler de son sincère amour.

Curieusement, ces comédies qui, à l'origine du moins, « ignorent » la scène, témoignent littérairement de toutes les ambitions du nouveau théâtre : contestation des unités de temps et de lieu, dislocation de la structure dramatique, effets de décors et d'atmosphères, dépaysement et bigarrure de sujets originaux ou empruntés, avec liberté, à la double tradition de la comédie espagnole et anglo-saxonne (toujours Shakespeare...). A tel point qu'à bien lire un texte comme celui d'*On ne badine pas avec l'amour*, par exemple, où les « jeux de l'amour » de Perdican et de sa cousine Camille s'achèvent en tragédie, on comprend que Musset, cet écorché vif de l'émotion, devait en venir un jour ou l'autre au choix du drame, genre plus qualifié pour rendre compte des contrariétés et des contradictions de son « cœur » et de son destin. Ce sera chose faite, la même année, avec ***Lorenzaccio,*** drame en prose et en cinq actes (éd. 1834).

C'est au lendemain du voyage en Italie qui voit le couple George Sand-Musset se désagréger qu'est écrite cette œuvre de désenchantement et de « suicide ». Sur le destin de Lorenzo de Médicis, héros pitoyable d'une révolution manquée contre les crimes de la tyrannie, Musset cristallise son propre écœurement d'amant trompé et d' « enfant du siècle » mal à l'aise dans sa peau, mal à l'aise dans l'histoire. Créant sans doute la plus shakespearienne des œuvres du théâtre romantique, l'auteur révèle une aptitude étonnante à déployer dans le temps et l'espace une intrigue dispersée dont le ressort premier reste l'émotion, dérisoire ou pathétique,

Illustration pour *Lorenzaccio.* Gravure de A. Bida, XIXe s.

de Lorenzaccio. **Héros crépusculaire, voire anti-héros** à force de dédoublement derrière ses masques et ses grimaces, ce Hamlet raillé, ce Fantasio tragique, se sublime en symbole de toutes les faillites (amoureuse, philosophique, historique, idéologique, ...) d'une génération « perdue ».

Dans *Lorenzaccio* culminent ainsi tous les paradoxes déjà entrevus du drame romantique. Chef-d'œuvre incontestable de Musset, la pièce, par la volonté de son auteur et par contraintes scéniques, est en effet restée « lettre morte » durant des décennies (voir encadré ci-après). Orchestration d'une prose superbe, « cocktail » somptueux de tons et de genres, aboutissement logique et original des plus audacieuses théories dramaturgiques de l'époque, elle demeurera sans avenir dans l'œuvre avortée de Musset et dans l'histoire écourtée du théâtre romantique. Lorenzo croupissant, invisible, à la fin de la pièce, dans la lagune glauque de Venise, ce n'est pas seulement un dénouement choc, c'est aussi le symbole funèbre de l' « enlisement » d'un genre qui, après mille prétentions et provocations, retourne s'enfouir dans l'épaisseur, mortelle pour lui, du livre...

Aventure d'un texte

De sa rédaction à sa première représentation intégrale, l'histoire de *Lorenzaccio* est étonnante. Écrit, pour l'essentiel, fin 1833, remanié début 1834 lors du voyage de Musset et George Sand en Italie, achevé au printemps 1834 après la rupture du couple tumultueux, le drame de *Lorenzaccio* fut finalement édité chez Buloz en juin de la même année avec les textes d'*Un spectacle dans un fauteuil.* Le titre même du recueil indiquait déjà suffisamment l'ambiguïté d'**une pièce davantage faite pour être lue que pour être jouée.** Musset n'en connut d'ailleurs aucune représentation puisque la première adaptation à la scène, tronquée et retouchée, n'eut lieu qu'en 1896, Sarah Bernhardt créant le rôle de Lorenzaccio... Gérard Philipe, dans la mise en scène quasi intégrale de Jean Vilar à Avignon en 1952, donnera son premier visage masculin au héros florentin de Musset.

BIBLIOGRAPHIE

Éditions

HUGO, *Théâtre complet,* Éd. Jean-Jacques THIERRY et Josette MÉLÈZE. Gallimard (bibl. de la Pléiade), 1963.

DUMAS, *Souvenirs dramatiques* (2 vol.). Calmann-Lévy, 1868-1881.

DUMAS, *Théâtre complet,* Éd. Fernande BASSAN. Minard (coll. « Lettres modernes »), 1974.

MUSSET, *Théâtre complet,* Éd. Maurice RAT. Garnier-Flammarion, 1964.

Études

Maurice DESCOTES, *Le Drame romantique et ses grands créateurs.* P.U.F., 1955.

Michel LIOURE, *Le Drame.* A. Colin, 1963.

Anne UBERSFELD, *Le Roi et le Bouffon.* José Corti, 1974.

Henri PARIGOT, *Le Drame d'Alexandre Dumas.* Paris, 1898.

Pierre LAMY, *Le Théâtre d'Alexandre Dumas fils.* P.U.F., 1929.

Jean POMMIER, *Variétés sur Alfred de Musset et son théâtre.* Nizet, 1947.

Henri LEFEBVRE, *Musset dramaturge.* L'Arche, 1955.

Bernard MASSON, *Lorenzaccio ou la Difficulté d'être.* Lettres modernes, 1968.

Robert HORVILLE, *Lorenzaccio.* Hatier, 1972.

4. Les pièges du livre

1

Le coup de grâce avec l'échec des *Burgraves*

Le triomphe fait en 1832 et 1833 à deux pièces de **Casimir Delavigne** (1793-1843), *Louis XI* et *Les Enfants d'Édouard*, pouvait laisser présager les infortunes qui attendaient le théâtre romantique quelque dix ans plus tard. Le succès populaire de ces œuvres aujourd'hui dédaignées, et dites du « juste-milieu » par leur volonté d'apparaître comme un compromis entre les innovations du drame et le sérieux de la tragédie classique, témoigne en effet déjà de la lassitude du public qui constate le décalage croissant entre les discours d'intention des nouveaux dramaturges et leurs réalisations scéniques. L'échec du nouveau théâtre sera ainsi patent, le 7 mai 1843, avec le « fiasco » retentissant de la trilogie hugolienne des *Burgraves* donnée à la Comédie-Française.

Illustration pour *Les Burgraves.* Gravure d'après V. Meyer, 1885.

Inspirés à **Victor Hugo** par un voyage sur les bords du Rhin, ***Les Burgraves***, mi-drame historique, mi-poème épico-fantastique, se voulait, comme le rappelle l'auteur lui-même dans sa *Préface*, l'aboutissement spectaculaire des théories du « théâtre total » : « Ainsi l'histoire, écrit-il, la légende, le conte, la réalité, la nature, la famille, l'amour, des mœurs naïves, des physionomies sauvages, les princes, les soldats, les aventuriers, les rois, des patriarches comme dans la Bible, des chasseurs d'hommes comme dans Homère, des titans comme dans Eschyle, tout s'offrait à l'imagination éblouie de l'auteur dans ce vaste tableau à peindre et il se sentait irrésistiblement entraîné vers l'œuvre qu'il rêvait, troublé seulement d'être si peu de chose et regrettant que ce grand sujet ne rencontrât pas un grand poète... » Or précisément *Les Burgraves* sont davantage un rêve de théâtre que ce théâtre de rêve espéré. Délibérément irrespectueuse des conventions et des contraintes scéniques, la pièce, superbe d'inspiration, se dissout en une collection de « tableaux » grandioses mais injouables.

Le public ne s'y trompe pas qui, la même année, siffle Hugo et porte aux nues Rachel dans sa création de la *Lucrèce* de **François Ponsard**[1], fade et conformiste réplique bourgeoise au défi avorté des romantiques. Après *Cromwell*, après *Lorenzaccio*, le drame est de nouveau, et pour des raisons presque semblables, « expulsé » d'une scène dont il pouvait difficilement s'emparer, étant, sur le fond, si peu ou si mal fait pour elle. Comme l'écrivit Gaëtan Picon, « le théâtre romantique naît du livre et retourne au livre ».

1. Voir la séquence suivante consacrée à « la réaction bourgeoise ».

2

Les raisons de l'échec

Où chercher les causes de l'échec de ce qu'Annie Ubersfeld appelle justement « un théâtre du discours qui est théâtre de la parole vaine » ? Ne revenons pas sur la succession de ces pièces faites davantage pour être lues que pour être jouées qui, du *Théâtre de Clara Gazul* de Mérimée au *Théâtre en liberté* de Hugo en passant par les comédies d'*Un spectacle dans un fauteuil* de Musset, confinent le théâtre dans l'espace rétréci du livre. Passons sur la prétention, voire l'enflure, de ces innombrables *Préfaces* qui font encore tant d'ombre aux œuvres qu'elles auraient dû « éclairer ».

Non, la première raison de **l'échec du théâtre romantique tient surtout aux conditions techniques, culturelles et sociologiques de**

« Le Paradis » au Théâtre de l'Ambigu. Gravure sur bois de M. Miranda, XIXe s.

l'entreprise elle-même. Alors qu'il doit ses succès à la fois au talent de quelques grands acteurs (voir encadré page 330) et à la ferveur du public populaire enfanté par la révolution, ce théâtre n'eut pour lui ni tout le public, ni tous les gens du spectacle. Longtemps, avant même que Rachel réhabilitât le répertoire classique, les Comédiens-Français par exemple firent obstruction aux créations nouvelles ; longtemps les directeurs des grandes scènes parisiennes furent réticents face aux innovations scéniques des romantiques, les contraignant à rejoindre, sur les boulevards, le Théâtre de la Porte Saint-Martin ou l'Ambigu Comique. Enfin, une partie importante du public, petit-bourgeois essentiellement, resta fidèle, même durant les années fastes du drame, au théâtre classique et à ses avatars à la mode de 1830.

Par ailleurs, et c'est surtout vrai du drame, le théâtre romantique a vite souffert de la pauvreté psychologique des personnages et héros mis en scène. A ce qu'ils croyaient une typologie « figée » chez les classiques, les dramaturges ont voulu opposer un foisonnement « naturel » d'humeurs et de caractères. En réalité, **Alexandre Dumas** n'a jamais réussi à créer que des « compositions d'acteur », où la déclamation et le pathos tiennent trop souvent lieu de psychologie. **Victor Hugo,** lui, a presque toujours confondu mythes et caractères, options philosophiques ou morales et personnalités. Dans les deux cas la mise était sauve quand la vigueur et le brio de l'intrigue suppléaient ces carences. Mais pour une pièce bien menée, **combien d'excès, d'imbroglios et d'invraisemblances,** même parmi les plus grands succès. Là encore, en voulant se démarquer du modèle classique, et notamment des règles d'unités, le théâtre romantique n'a pas su ou pas pu recréer les conditions d'une collaboration efficace entre les contraintes de l'art et la réalité de la vie. D'expérience en expérience, d'années en années, on est revenu aux « ficelles » les plus grossières du mélodrame le plus élémentaire.

H. Daumier, *Le Drame,* XIXe s.

Sur le fond enfin, le drame romantique, en tant que genre littéraire, a sûrement souffert d'**un décalage persistant avec l'histoire** qui se faisait et **l'idéologie en place.** La dramaturgie romantique, en cet âge du génie individualiste comme de l'égoïsme bourgeois, était peu faite pour répondre à l' « esprit » de la génération de 1830. Quand on répète qu'il a manqué au drame français son Shakespeare, on souligne par là moins l'absence d'un génie littéraire que le défaut de cette coïncidence entre une écriture et l'histoire sans laquelle il ne saurait y avoir de chef-d'œuvre durable.

3 L'héritage

A première vue, le bilan du théâtre romantique peut paraître maigre. L'œuvre de Dumas a sombré tout entière ; celle de Hugo ne survit pratiquement qu'à travers *Hernani* et *Ruy Blas;* quant au reste de l'immense répertoire dramatique, on n'en joue plus guère que le *Chatterton* de Vigny, le *Lorenzaccio* de Musset avec deux ou trois de ses comédies. Même le cinéma et la télévision, dont on pouvait penser que les moyens techniques permettraient de venir à bout des impasses scéniques propres aux œuvres romantiques, ne se sont guère risqués à les adapter.

Marie Dorval dans Chatterton. Gravure sur bois de H. Pisan, XIXe s.

> ***Chatterton*** (1835) est un drame en prose et en trois actes d'**Alfred de Vigny** dont l'intrigue se passe à Londres en 1770. Chatterton, un jeune poète idéaliste et méconnu, habite chez John Bell, riche industriel, patron très dur et mari autoritaire de la charmante Kitty. Aimant cette dernière secrètement et sans espoir, le jeune homme souffre de sa marginalité et songe au suicide (Acte I). Lors d'une soirée, lord Talbot, un ancien condisciple universitaire, révèle en public les talents poétiques de Chatterton mais démasque aussi, par allusions, la passion qu'il éprouve pour la maîtresse de maison. Kitty Bell, éprouvée par ces insinuations, apprend d'un vieux quaker, ami du poète, le mal qui ronge le jeune homme (Acte II). Celui-ci est décidé à trouver un emploi malgré son mépris pour la société. Il est prêt d'y parvenir quand il reçoit un article critique déshonorant, contestant l'authenticité de ses livres. Désespéré, il s'empoisonne et apprend du quaker la passion partagée de Kitty qui mourra à son tour d'émotion, sous les yeux de sa famille. **Cette pièce, l'une des plus ardentes défenses de la poésie romantique,** connut un accueil triomphal et consacra Marie Dorval, amante de Vigny, dans le rôle de Kitty Bell.

En profondeur pourtant, l'apport du drame romantique à l'histoire du théâtre français est loin d'être négligeable. La médiocrité ou la faillite du genre après 1843 doit d'abord être corrigée par le succès d'adaptations ou de « reprises », à la fin du siècle, de grandes œuvres comme *Lorenzaccio* (voir p. 335) et même... *Les Burgraves* où triomphera le tragédien Mounet-Sully (1841-1916). Pareillement, toujours dans les années 90, la résurgence du genre, au moins dans son inspiration brillante et colorée, sera manifeste dans les œuvres d'Edmond Rostand (1868-1918 ; voir p. 346) comme *Cyrano de Bergerac* (1897) ou *L'Aiglon* (1900). C'est dire assez que, malgré la réaction néo-classique, les romantiques auront réussi dans leur entreprise à gommer ce qu'il y avait de moins bon dans le jeu des règles et des conventions où le théâtre menaçait de s'enliser. Même s'ils n'ont pas toujours découvert l'espace de l' « autre » théâtre dont ils rêvaient tout haut, ils ont fait entrer sur la scène française un parfum d'audace et de liberté qui vit encore aujourd'hui dans les spectacles d'un Jean-Louis Barrault ou d'un Robert Hossein.

II LA RÉACTION BOURGEOISE (1850-1875)

1. Un retour au « bon sens » ?

Une première au Théâtre français. On peut reconnaître Zola, Renan, Dumas fils, Daudet, Garnier, Gounod...

1

La voie de Scribe (1791-1861)

L'échec du drame romantique profite plus à Racine et aux classiques qu'aux néo-classiques comme **François Ponsard** (1814-1867). La vieille et rigide structure tragique n'est plus faite en effet pour le nouveau public bourgeois qui s'épanouit depuis Juillet et qui réclame avant tout le spectacle réussi, et si possible divertissant, de sa propre condition. Aussi sont-ce les mêmes spectateurs qui applaudissent les pièces du « juste-milieu » de **Casimir Delavigne** (1793-1843) et font la fête, de 1820 à 1850, aux comédies de celui qui, par la technique et l'inspiration, anticipe le plus sûrement sur le théâtre du Second Empire, **Eugène Scribe.**

Scribe.
Lithographie d'après une photo de Nadar.

Pendant trente ans, ce remarquable technicien de la scène va tirer le meilleur parti de toute la machinerie comique : répliques à effet, rebondissements bien placés, tirades d'anthologie, quiproquos efficaces, dénouements à sensation, etc. Théophile Gautier vilipendait dans son œuvre « le mobile dramatique de l'argent » et « une philosophie [qui] consiste à démontrer qu'il vaut mieux épouser un portefeuille de billets de banque qu'une femme qu'on aime... » Mais de *L'Ours et le Pacha* (1820) à *Bataille de dames* (1851) en passant par *Le Mariage d'argent* (1827), Scribe, à la différence des dramaturges de sa génération, sera constamment « en phase » avec le public dominant du moment qu'il égaiera abondamment de ses comédies-vaudevilles, comédies de mœurs et autres livrets d'opérettes.

2

La comédie « sérieuse » : Sardou, Augier et Dumas fils

Affiche pour *Madame Sans-gêne*, fin XIXe s.

Sardou (1831-1908)

Scribe cependant, dès les premières années du Second Empire, est un peu délaissé par le public et fortement contesté par la nouvelle génération des écrivains de théâtre. On lui reproche trop de convention dans la forme et trop peu d'engagement, trop peu de « réalisme » aussi dans l'évocation des milieux où il situe ses intrigues vaudevillesques. Ainsi l'auteur de *L'Ours et le Pacha* n'aura-t-il qu'un seul successeur véritable en la personne de **Victorien Sardou.** Comme son maître, celui-ci, qu'il s'essaie à la comédie de mœurs (*La Famille Benoîton*, 1865), à la comédie politique (*Rabagas*, 1872) ou historique (*Madame Sans-Gêne*, 1893), ne cherche pas d'autres effets que ceux d'une intrigue « bien ficelée » et divertissante. Il en va autrement chez les deux auteurs qui dominent la production dramatique des années 1850-1880 : Émile Augier et Alexandre Dumas fils.

Augier (1820-1889)

Émile Augier, qui se réclame ouvertement d'une « école du bon sens », par opposition implicite aux non-sens ou contre-sens du romantisme, est un peu le successeur de Ponsard comme Sardou celui de Scribe. Après avoir débuté par des pièces en vers qui connurent un franc succès dans les années 1840 (*La Ciguë* et surtout *Gabrielle* en 1849), il s'oriente, sous l'Empire, dans la direction de la comédie « sérieuse » en prose.

Partageant avec son contemporain **Théodore Barrière** (1825-1877), l'auteur des *Faux Bonshommes* (1855), une sincère admiration pour le réalisme romanesque de Balzac, il veut faire de la scène **un autre espace de représentation des mœurs et « idées » de la petite et grande bourgeoisie.** Il fera ainsi naturellement de la question d'argent le thème central de son plus grand succès, *Le Gendre de Monsieur Poirier* (1854), et de la plupart de ses autres comédies bourgeoises : *Le Mariage d'Olympe* (1855), *Les Effrontés* (1861), *Le Fils de Giboyer* (1862) et *Maître Guérin* (1864). Son œuvre ne survivra guère à la débâcle de 1870, si l'on excepte peut-être *Les Fourchambault* (1878) et *Prix Martin* (1876), co-signé par Labiche.

Dumas fils (1824-1895)

Le fils de l'auteur d'*Antony* rappelle parfois le jeune Flaubert : même fougue romantique refoulée, même volonté d'observation du réel pour en décrire les mécanismes et en tirer « leçon ». Au théâtre, **Alexandre Dumas fils** tente en 1851 un coup d'essai qui va passer immédiatement pour un coup de maître : ***La Dame aux camélias.***

Adaptation hâtive d'un roman rédigé en 1848, cette comédie de mœurs donne le ton à l'œuvre de Dumas en même temps qu'elle lui assure un succès considérable auprès du public du Gymnase. Inspirée par un épisode de la vie amoureuse de l'écrivain (sa liaison avec Marie Duplessis, courtisane atteinte de phtisie), la pièce, par-delà l'évocation d'une aventure sentimentale, cherche à illustrer l' « idée » selon laquelle **la grandeur et l'ardeur d'une passion peuvent en effacer la honte et les souillures.** Marguerite Gautier, l'héroïne à la fois sensuelle, maladive et pitoyable, mourra pardonnée pour avoir « beaucoup aimé ».

E. Vienot,
Marie Duplessis, XIXe s.

La Dame aux camélias, c'était aussi la première peinture, au théâtre, de ce « demi-monde » de galanterie, de calcul, de pédanterie et de scrupules que Dumas allait évoquer désormais, dans *Le Demi-Monde* (1855) précisément ou encore dans *La Question d'argent* (1857). Au souci de réalisme et d'objectivité s'ajoutera au fil des années la volonté du dramaturge d'offrir **un « théâtre utile »,** c'est-à-dire un théâtre attaché à la démonstration et à la résolution des conflits et problèmes d'une société impériale en pleine mutation. Autant de comédies donc et autant de « pièces à thèse » : la question du mariage et de la mésalliance (*Denise,* 1855 ; *Francillon,* 1887), celle des enfants naturels (*Le Fils naturel,* 1858), celle de la condition féminine (*L'Ami des femmes,* 1864 ; *Monsieur Alphonse* ou *La Femme de Claude,* 1873).

Qu'a-t-il manqué alors à Dumas fils pour survivre dans l'histoire de notre théâtre ? Le métier ? Sûrement pas. Baigné dès son enfance dans l'atmosphère du livre et de la scène, il sait, aussi bien que Scribe et mieux qu'Augier, conduire une intrigue, faire vivre ses dialogues et « enlever » un dénouement à effet. Le regard ? Non plus. L'intérêt principal de ses pièces réside au contraire aujourd'hui dans leur **apport historique, voire sociologique, sur le milieu qu'elles évoquent.** Non, la carence de Dumas (carence voulue, puisque il affirme « n'avoir besoin ni d'invention ni d'imagination » pour la peinture de la réalité) c'est de n'avoir pas su, à la différence de Flaubert dans le roman, inventer un style qui le mette à l'abri, ou du moins à distance, du réel souvent médiocre qu'il peignait.

Illustration pour
Le Chapeau de paille d'Italie. Dessin
de L. Arcos, XIXe s.

Un critique dans les coulisses

Un homme a, pendant près de quarante ans, présidé aux grands succès du théâtre de la seconde moitié du XIXe siècle, réfléchissant les goûts du public bourgeois tout autant qu'il les orientait : **Francisque Sarcey** (1827-1899). « Professeur-journaliste », ce critique dramatique admiré et redouté fut un peu le critique « officiel » de la bourgeoisie parisienne.

Féru de technique théâtrale, admirateur des classiques, ennemi du théâtre livresque, il fut l'apôtre des trois genres qui triomphèrent alors durablement : la comédie de mœurs, le vaudeville et l'opérette. Ainsi déclarait-il avoir vécu à la scène trois « révolutions » : la première avec *La Dame aux camélias* de Dumas fils, la seconde avec *Le Chapeau de paille d'Italie* de Labiche et la dernière avec l'opéra bouffe de Crémieux et Offenbach, *Orphée aux enfers.* Aussi bien Sarcey ne comprit-il pas grand chose aux véritables innovations dramaturgiques de la fin du siècle et fut-il un des adversaires les plus féroces du Théâtre Libre d'Antoine.

BIBLIOGRAPHIE

Études

Jules GUEX, *Le Théâtre et la société française de 1815 à 1848.* Slatkine, 1900, rééd. 1973.

Henri GAILLARD, *Émile Augier et la comédie sociale.* Slatkine, 1910.

Pierre LAMY, *Le Théâtre d'Alexandre Dumas fils.* P.U.F., 1929.

2. Le théâtre des amuseurs

Le Second Empire et les débuts de la Troisième République furent vraiment, sur le plan du nombre de créations et de représentations, sur celui des chiffres de recettes et d'affluences, **l'âge d'or du théâtre au XIXe siècle.** Aux publics habituels du petit peuple parisien et de la bourgeoisie aisée viennent s'ajouter désormais, grâce à l'accélération et à la démocratisation des moyens de communication, le public nombreux des provinciaux « montés » à la capitale pour quelques jours et les riches étrangers qui sillonnent, pour affaires et par plaisir, l'Europe occidentale. Avec ses innombrables salles, **Paris devient ainsi le lieu privilégié** de ce nouveau « plaisir public » qu'est le **théâtre.** Il y a désormais, pour tout citoyen quelque peu fortuné ou cultivé, les pièces qu'il faut « avoir vues » et les loges, les parterres, les coulisses où il faut « être vus ». Au premier rang de ces « must » des années 1860-1875 : **le vaudeville** qui triomphe avec un maître incontesté, Eugène Labiche, **et l'opérette** qui trouve en Jacques Offenbach et ses librettistes, Meilhac et Halévy, des créateurs plus que talentueux.

1 Le triomphe du vaudeville : Labiche (1815-1888)

Labiche.
Photo, XIXe s.

L'essentiel de l'œuvre d'**Eugène Labiche** s'inscrit entre les dates de 1848, où ce fils de bourgeois aisé se prend de haine pour toute forme de démocratie, et 1870, où l'auteur à succès a du mal à cacher son affolement devant la « débâcle » de l'Empire. Avec plus de cent cinquante comédies, que sont loin de recouvrir les dix tomes de son *Théâtre complet* parus en librairie sur la fin de sa vie, Labiche incarne parfaitement en effet la société et le régime conservateurs, industrieux, autoritaires et « productifs » dont il fut un partisan et un miroir fidèles jusqu'au bout.

Quand il commence à écrire, vers 1840, Labiche trouve déjà bien installée la tradition française de la comédie-vaudeville et du vaudeville à laquelle Scribe vient d'apporter sa contribution technique (se reporter p. 339). Pourtant, grâce à quelques collaborateurs inventifs, à de grands comédiens qui suivront sa carrière (Hyacinthe, Gil Pérès, Geoffroy ou Lassouche) et à un don personnel étonnant de création verbale et comique, il va renouveler le genre en lui donnant **une dynamique** qui lui faisait jusque-là trop souvent défaut.

Sur le fond, l'écrivain qui triomphe dès 1851 avec *Un chapeau de paille d'Italie,* savoureuse et cauchemardesque « poursuite » sentimentale, n'innove guère en effet : l'argent et le mariage, le bourgeois « roulé » et le mari trompé, demeurent les thèmes et les personnages dominants de son théâtre. La collection de ses comédies à succès, *Edgar et sa bonne* (1852), *La Poudre aux yeux* (1861), *La Station Champbaudet* (1862), *Le Plus Heureux des trois* (1870) et surtout *Le Voyage de Monsieur Perrichon* (1860) et *La Cagnotte* (1864) épuisent toutes les ficelles et ressources du ménage à trois, des imbroglios financiers et des crises tragico-burlesques d'une bourgeoisie conformiste et mesquine. Toutefois Labiche ne s'est pas contenté d'être à la scène un nouveau Paul de Kock. S'il observe, peint et dénigre les mœurs de la société contemporaine, c'est moins à fin de représentation systématique que d'**invention comique.** Les perversions psychologiques, les travers moraux, les injustices ou aberrations d'un ordre social auquel il adhère pourtant pleinement, tout devient chez lui prétexte à **un festival de gaieté et de rire** dont Henri Bergson soulignera plus tard l'exceptionnelle qualité.

La verve des comédies de Labiche tient ainsi d'abord au rythme même qu'il imprime à ses intrigues farfelues. Qu'il s'agisse des déambulations cocasses du *Voyage de Monsieur Perrichon* ou des errances absurdes d'une troupe de provinciaux à Paris dans *La Cagnotte,* il affectionne, plus encore que ses devanciers vaudevillistes, **les cascades d'événements imprévus** et impromptus, **les quiproquos** à répétition et **les coups de théâtre** à sensation.

S'intéressant peu par ailleurs à la psychologie individuelle de chacun de ses personnages, dont on pourrait dresser une très succincte typologie (qui s'apparente par certains côtés aux figures élémentaires de la comédie italienne), il préfère leur donner vie, relief et saveur en les dotant d'un **langage caractérisé,** lui aussi, **par sa vivacité et son efficacité.** Plus que des situations, souvent conventionnelles on l'a vu, la drôlerie de la comédie d'Eugène Labiche naît des effets d'un dialogue qui paraît presque improvisé à force de naturel et d'oralité. Jeux de mots, couplets chantés, répliques absurdes, sentences pédantes, jargons drolatiques, solécismes et barbarismes truculents, les effets de langue répondent aux effets de style dans **un incessant tourbillon verbal** qui ne laisse pas au spectateur, lui-même convié à entrer dans cette fête par le jeu multiplié des apartés, le temps d'éprouver autre chose qu'un enivrement d'humour et de fantaisie.

La Cagnotte, au Théâtre du Palais-Royal, en 1911.

Si l'on excepte peut-être **Eugène Pailleron** (1834-1899), gendre de François Buloz (1803-1877), le fondateur de la célèbre *Revue des Deux Mondes,* dont plusieurs comédies comme *Le monde où l'on s'ennuie* (1881) triomphèrent durablement à la Comédie-Française, aucun autre vaudevilliste de cette époque ne porta ombrage au succès immense de l'œuvre de Labiche. Après une éclipse au début du XXe siècle, celle-ci s'est définitivement inscrite en tête du répertoire du vaudeville français qu'allaient compléter, une génération plus tard (voir p. 000) les pièces de Courteline (1858-1929) et de Georges Feydeau (1862-1921).

2 De la comédie à l'opérette : Offenbach (1819-1880), Meilhac (1831-1897) et Halévy (1834-1908)

Mort de Carmen. Lithographie de P. Leray, XIXe s.

Alors que toute la seconde moitié du XIXe siècle souffrit d'une crise durable du livret que déplorèrent les meilleurs compositeurs lyriques comme Chabrier, Massenet ou Gounod, deux écrivains, qui seraient sans doute eux aussi restés dans l'ombre de Sardou et de Labiche, ont dû leur fortune aux livrets d'opérette nés de leurs propres comédies, adaptés d'œuvres d'autres écrivains ou spécialement conçus pour la scène musicale. Les noms d'**Henri Meilhac** et de **Ludovic Halévy** malgré quelques réussites personnelles tardives comme *La Petite Marquise, La Cigale* et surtout *Froufrou,* sont en effet passés à la postérité comme ceux des librettistes de la *Carmen* de Georges Bizet (1875 ; d'après la nouvelle de Prosper Mérimée) et des plus grands succès de **Jacques Offenbach** avec lequel ils travaillèrent et triomphèrent pendant les dix dernières années du Second Empire.

En cosignant avec le normalien Hector Crémieux le livret d'*Orphée aux enfers* en 1858, Ludovic Halévy avait inauguré avec le compositeur d'origine allemande une fructueuse collaboration à laquelle Henri Meilhac allait par la suite apporter ses talents d'homme de théâtre et d'inventeur verbal. En 1864, malgré une série de premières représentations particulièrement houleuses, le trio « emballe » Paris avec *La Belle Hélène,* amusante et délurée parodie de l'Antiquité. Désormais le parterre et les loges du théâtre des Bouffes-Parisiens ne désempliront plus et applaudiront successivement les créations légères et souvent encanaillées de *Barbe-Bleue* (1866), *La Vie parisienne* (1866), *La Grande Duchesse de Gérolstein* (1867) et de *La Périchole* (1868). Dans chaque œuvre, Offenbach et ses librettistes, à la manière de Labiche « dynamisant » le vieux vaudeville, renouvellent le genre de l'opéra-comique (ils préfèrent d'ailleurs les noms d' « opérette » ou d' « opéra bouffe ») en redonnant aux couplets chantés et à l'orchestration leur vraie place et en laissant à leurs acteurs, dans de véritables scènes faites pour l'improvisation, une très grande liberté de jeu et même de parole.

Comme tout le théâtre des « amuseurs », l'œuvre d'Offenbach, de Meilhac et d'Halévy connut une éclipse avec la fin de l'Empire. Pourtant, et aussi bien que certains romans de Zola qui détesta toujours la « futilité » des opérettes, ces « bouffonneries lyriques » sont à leur manière (qu'on songe à l'atmosphère inimitable de *La Vie parisienne*), avec les vaudevilles, les miroirs les plus sûrs et en tout cas les plus savoureux des splendeurs et misères du Paris des Expositions Universelles, des Chemins de fer, de **la vie facile et légère** d'avant la « débâcle », en somme du Paris des *Rougon-Macquart...*

BIBLIOGRAPHIE

Études

Philippe SOUPAULT, *Eugène Labiche, sa vie, son œuvre.* Sagittaire, 1943.

Pierre VOLTZ, *La Comédie.* A. Colin, 1964.

David RISSIN, *Offenbach ou le Rire en musique.* Fayard, 1980.

Frédéric ROBERT, *L'Opéra et l'opéra-comique.* P.U.F. (coll. « Que sais-je ? » n° 278), 1981.

III LE THÉÂTRE FIN DE SIÈCLE (1875-1900)

A partir de 1880 et jusqu'à la fin du siècle, l'invention théâtrale, en dépit d'une continuité certaine des succès faciles du théâtre du Boulevard, s'exprime dans deux directions totalement opposées qui épousent en fait de près les deux tendances littéraires qui s'affrontent alors dans une guerre soutenue de proclamations, de préfaces et de petites revues : **le naturalisme et le symbolisme.** D'un côté l'expérimentation naturaliste, alimentée par la réflexion de Zola, produit quelques drames médiocres mais inspire indirectement l'œuvre d'Henry Becque et l'intéressant travail scénique d'Antoine. De l'autre, les symbolistes, forts du soutien de Mallarmé, s'appuyant sur le renouveau spiritualiste du moment et aidés par l'enthousiasme de « fous de théâtre » comme Paul Fort ou Lugné-Poe, ouvrent une voie périlleuse qui ne trouvera que plus tard, avec les grands drames de Paul Claudel, ses chefs-d'œuvre. Alfred Jarry enfin, avec son *Ubu roi,* tout entier d'audace et de révolte, pose au crépuscule du siècle les plus fécondes prémices de ce qui s'appellera désormais « l'avant-garde ».

1. Persistance du Boulevard

Si la débâcle de 1870 entraîne quelques auteurs trop marqués par le régime impérial, le succès du théâtre populaire ne se dément pas dans les vingt dernières années du siècle. Les grandes scènes du Boulevard parisien, comme les Variétés, le Gymnase ou le Vaudeville, continuent de connaître une fréquentation soutenue que relaie en province celle des théâtres municipaux installés dans les premières années de la Troisième République.

1 Feydeau (1862-1921) et Courteline (1858-1929)

La tradition des « amuseurs » est perpétuée par **Georges Feydeau** et **Georges Moinaux, dit Courteline.** Si les petits vaudevilles du premier (*On purge bébé,* 1910 ; *Le Dindon,* 1896 ; *Occupe-toi d'Amélie,* 1908 ; *La Dame de chez Maxim's,* 1899) ne sont guère prétextes qu'à de faciles « numéros » d'acteurs, ceux du second retrouvent la veine de la comédie sociale illustrée naguère par Labiche.

Dans ses pièces très courtes, aux effets comiques ramassés, Courteline se fait le chroniqueur amusé et amusant des trois lieux « masculins » où le petit bourgeois finit toujours par être risible : le café, le bureau et la caserne. *Boubouroche* (1893), *Les Gaîtés de l'escadron* (1886), *Les Boulingrins* (1898), ou *Monsieur Badin* (1897), demeurent aujourd'hui encore les meilleures des quelques vingt-cinq « farces » modernes de ce caricaturiste de la scène.

2

Rostand (1868-1918)

Coquelin dans le rôle de Cyrano de Bergerac. Photo, XIXe s.

Toutefois le plus grand succès des planches de l'époque est allé à un véritable dramaturge de talent en la personne d'**Edmond Rostand.** Profitant d'un regain d'intérêt du public bourgeois, à partir des années 80, pour les pièces en vers, ce **versificateur surdoué,** dont les morceaux de bravoure ne sont pas sans rappeler les meilleures tirades hugoliennes, sut faire coïncider une technique brillante et une inspiration de circonstance où l'héroïsme néo-romantique voisine avec un lyrisme cocardier et une fantaisie constante. Après des débuts à la Comédie-Française avec ses très classiques *Romanesques* (1894), Rostand donna toute la mesure de sa verve et de son esprit dans *Cyrano de Bergerac* (1897), une comédie héroïque burlesque et précieuse qui fut, jusqu'en 1914, la plus populaire des pièces représentées en France. Par la suite la monumentale évocation historique de *L'Aiglon* (1900) fit naufrage mais son *Chantecler* (1910) est encore aujourd'hui l'une des plus heureuses et originales tentatives d'association des moyens de la fable, du poème et de la scène.

2. Expérimentations théâtrales

1

Naturalisme et théâtre

Malgré la continuité des succès du Boulevard, le théâtre connaît, dans les années 1880, une crise qui tient à la nature même de son statut littéraire. Alors que le roman moderne, réaliste principalement, se révèle un merveilleux « genre » pour appréhender et restituer les mœurs ou figures de l'époque, le théâtre semble condamné à ne pouvoir être autre chose qu'un divertissement plus ou moins réussi. Le réel complexe que les écrivains réalistes et naturalistes traquent avec bonheur dans leurs « volumes », depuis Balzac et Flaubert, paraît devoir définitivement échapper aux conventions factices et à l'appareil toujours encombrant de la scène. Résumant la conviction de nombre d'écrivains, Edmond de Goncourt n'hésitait pas à affirmer, en 1879 : « Dans cinquante ans, le livre aura tué le théâtre... »

Pourtant les ponts ne sont pas coupés entre roman et théâtre. La matière romanesque fournit de plus en plus de « scénarios » et rares sont les romanciers, petits ou grands, qui ne se soient pas, un jour ou l'autre, risqués à l'épreuve de la scène. **Émile Zola** lui-même, qui tâtera des planches avec *Renée* en 1887 (adaptation de *La Curée*) et plusieurs drames lyriques après 1890, s'est montré fort préoccupé, comme la plupart de ses amis naturalistes, par la question du théâtre et **a recherché les voies d'un possible renouveau.**

Deux recueils critiques de 1881 résument sa pensée en la matière : *Le Naturalisme au théâtre* et *Nos auteurs dramatiques.* L'auteur des *Rougon-Macquart* y dénonce pêle-mêle les invraisemblances du théâtre romantique, la sclérose du théâtre à thèse, façon Scribe ou Sardou, perdu à force de conventions et de clichés, et les futilités de l'opéra et de ses succédanés, opérettes ou opéras bouffes. Persuadé que la scène, à la manière du roman expérimental, peut être un espace d'expérimentation efficace des données du réel humain, social et culturel, il réclame et espère l'avènement d'un vrai « drame naturaliste » où l' « on verra se lever la grande figure de l'Humanité saignante et splendide dans sa création incessante ». A cette fin il préconise deux grands principes. D'abord la recherche obstinée de la vérité psychologique, concrète et individualisée, sans tomber dans les pièges de la généralisation et de l'abstraction des classiques. Ensuite une attention permanente à l'expression du « naturel » : aussi bien dans le jeu des acteurs, dans les détails de la mise en scène, que dans ceux des costumes et du décor pour lequel, disait-il, on cherchera « une reproduction du milieu exact, si compliquée qu'elle soit ».

La Terre (de Zola), au Théâtre Antoine, en 1902.

« Où donc est l'auteur encore inconnu qui doit faire le drame naturaliste ? », s'exclamait encore Zola dans le premier de ses deux recueils. A dire vrai le renouveau n'allait guère venir du groupe des « médanistes » attitrés mais de deux créateurs dont les œuvres ou réalisations n'eurent que des points d'interférence avec l'esthétique naturaliste : Henry Becque et André Antoine.

2 Deux créateurs : Becque et Antoine

Becque (1837-1899)

Bien que les naturalistes aient salué certains aspects de la dramaturgie d'**Henry Becque,** celui-ci fut loin en effet d'être un adepte du mouvement. On le vit même, dans ses *Querelles littéraires* de 1888, stigmatiser avec vigueur les prétentions théâtrales et ce qu'il appelait les « ridicules défaites » de ces romanciers « qui n'ont jamais rêvé que des planches ». Becque lui-même, après d'obscurs débuts dans la comédie-vaudeville et le drame symbolique (*L'Enfant prodigue,* 1868 ; *La Navette,* 1878 ; *Michel Pauper,* 1870) dut sa renommée à deux comédies « sérieuses » : *Les Corbeaux* (1882) et *La Parisienne* (1885).

Si la seconde ne présente guère d'intérêt aujourd'hui, la première, ***Les Corbeaux,*** donnée au Théâtre-Français grâce à l'appui de Dumas en 1882, fut ressentie comme un choc par le public bourgeois. Avec un métier aussi sûr que ses devanciers, en matière d'enchaînement dramatique ou de vigueur du dialogue, mais avec un réalisme délivré cette fois de toute fausse pudibonderie, **l'auteur y dénonçait impitoyablement le monde sordide des affaires.** Plus que Molière, c'est Lesage et son *Turcaret* que Becque rappelle dans cette peinture sans concession d'une population de canailles, les « corbeaux », empressés à dépouiller la famille d'un industriel décédé.

En une seule pièce, l'écrivain apportait la preuve que la scène pouvait évoquer aussi justement qu'un roman de Flaubert ou de Zola cette « lie » du quotidien.

La Parisienne, à la Comédie-Française, en 1890.

A l'aube du XXe siècle, les pièces d'**Octave Mirbeau** (1848-1917), comme *Les affaires sont les affaires* (1903) ou *Le Foyer* (1908), prolongeront cette inspiration réaliste de Becque, avec moins de talent mais une violence accrue qui leur vaudra le nom de « théâtre brutal ».

Antoine (1858-1943)

André Antoine collabora, lui, de plus près aux expérimentations théâtrales des naturalistes. On doit à cet ancien employé du Gaz, fou de théâtre, d'avoir « aéré » la scène parisienne de la fin du siècle en osant concurrencer avec son Théâtre Libre, fondé en 1887, les théâtres officiels.

Dirigé par Antoine de 1887 à 1896, **le Théâtre Libre,** conçu pour se passer des subventions comme de la censure, fut en effet à l'origine de ce qu'on appela depuis « l'avant-garde ». Afin d'échapper aux tracasseries administratives, Antoine montait ses spectacles comme des « réunions privées ». Une fois par mois seulement était donnée une représentation-création devant un parterre d'abonnés fidèles. Si jamais les conseils de Zola furent entendus, c'est bien sur cette scène où les « tranches de vie » mensuelles étaient données avec **un réalisme minutieux du décor et un jeu d'acteurs original** (bien que souvent incommode...) puisque les protagonistes de la scène, au lieu de parler continuellement face au public, dialoguaient en position « réelle », y compris dos aux fauteuils.

Antoine, la gloire et la terreur des planches !, caricature de C. Léandre, XIXe s.

Cela dit, bien que le Théâtre Libre ait accueilli plusieurs œuvres de « médanistes » comme Hennique, Céard ou Alexis, il ne fut pas seulement la scène attitrée du groupe naturaliste. Les deux plus grands succès d'Antoine furent ainsi ses créations de *La Puissance des ténèbres*

Illustration pour *Le Passé*, comédie de Porto-Riche. *Théâtre illustré*, 1902.

(1887) de Tolstoï et des *Revenants* (1882) d'Ibsen. Par ailleurs son théâtre accueillit les œuvres de néo-romantiques comme Catulle Mendès et vit débuter des symbolistes comme Aurélien-Marie Lugné-Poe. Il contribua enfin à lancer les deux meilleurs représentants de la comédie réaliste de la fin du siècle : **Georges de Porto-Riche** (1849-1930) qui triompha, en même temps que sa célèbre interprète Réjane (1856-1920), avec *Amoureuse* (1891), audacieuse variation comique sur la passion et le sexe ; et **Jules Renard** (1864-1910) dont les « comédies rosses » (*Le Plaisir de rompre*, 1897 ; *Le Pain de ménage*, 1898 ; ou *Poil de Carotte*, 1900 au théâtre) répondaient parfaitement à la conception des fameuses « tranches de vie » jouées au Théâtre Libre.

Ibsen et l'influence scandinave

Depuis les représentations enthousiastes des *Revenants*, données les 29 et 30 mai 1890 au Théâtre Libre, la vogue en France du théâtre d'Henrik Ibsen (1828-1906), et plus généralement du théâtre scandinave, alla grandissante. Antoine avait en fait choisi dans le répertoire ibsénien la pièce la plus « naturaliste », presque zolienne dans son traitement de la question discutée de l'hérédité. En avril 1891 il donnait encore *Le Canard sauvage ; Hedda Gabler* était jouée la même année au Vaudeville ; enfin en 1892 *La Dame de la mer* était jouée au Théâtre Moderne. Cette date est importante puisqu'elle correspond à la première approche symboliste de l'œuvre du dramaturge norvégien.

Désormais en effet un homme, Lugné-Poe, et son théâtre, l'Œuvre, allaient s'emparer du répertoire ibsénien et, à l'inverse des naturalistes, le jouer avec toute la distance et le mystère de l'esthétique symboliste. « Le grand scandinave », comme l'appelait par dérision Barrès, créera ainsi à Paris, presqu'en même temps qu'en Scandinavie et qu'en Allemagne, les pièces nouvelles d'Ibsen *(Solness le constructeur, Le Petit Eyolf)* et adaptera certaines de ses œuvres comme *Peer Gynt.* On doit aussi à Lugné-Poe la révélation d'un autre dramaturge norvégien, B. Bjoernson (1832-1920) dont il créa *Au-delà des forces humaines*, du Suédois August Strindberg (1849-1912) et de l'Allemand Gehrart Hauptmann (1862-1946), l'auteur des *Ames solitaires*.

Lugné-Poe, en samouraï dans *L'Amour de Kesha*. *L'Illustration*, 1910.

BIBLIOGRAPHIE

Éditions

ZOLA, *Nos auteurs dramatiques* et *Le Naturalisme au théâtre.* Fasquelle, 1881.

BECQUE, *Querelles littéraires; Souvenirs d'un auteur dramatique.* Grès et Cie, 1925.

Études

Henry GIDEL, *La Dramaturgie de Georges Feydeau.* Champion, 1978.

Pierre BERNECQUE, *Le Théâtre de Georges Courteline.* Nizet, 1969.

Maurice DESCOTES, *Henry Becque et son théâtre.* Minard, 1962.

Maurice SCHWARTZ, *Octave Mirbeau.* Mouton, 1966.

Léon GUICHARD, *L'Œuvre et l'âme de Jules Renard.* Nizet, 1936.

3. Le symbolisme au théâtre

A partir des années 1885-1890, le reflux des théories positivistes, l'effritement du groupe naturaliste et plus généralement la réaction d'une grande partie des intellectuels contre les « excès » du réalisme[1] vont profiter au courant d'inspiration qu'on peut appeler **« symbolisme »,** même si ce concept unique recouvre assez mal **la variété des convictions et des pratiques des créateurs qui s'en réclamèrent.**

1. On sait quel fut par exemple, en 1887, l'accueil détestable et venimeux fait au roman de Zola, La Terre.

1 Deux grands metteurs en scène : Fort et Lugné-Poe

Femme au bouquet. Dessin de A. Mucha, 1900.

Fort (1872-1960)

Dès 1890 un tout jeune homme, **Paul Fort,** lance un défi au théâtre en place, essentiellement au Théâtre Libre et aux naturalistes, en créant ce qu'il appelle alors le Théâtre Mixte, qu'il veut disponible à toutes « les pièces injouées et injouables... ». Rebaptisée Théâtre d'Art l'année suivante, l'entreprise reçoit l'appui des célébrités du symbolisme montant, Mallarmé, Verlaine, Moréas notamment. Pendant deux ans, après avoir fait jouer *Les Cenci* de Shelley et deux pièces du *Théâtre en liberté* de Hugo, Paul Fort créera ainsi **sur sa scène les œuvres du groupe symboliste :** *L'Intruse* et *Les Aveugles* de Maurice Maeterlinck, *Madame la Mort* de Rachilde et d'autres textes de Charles Morice, de Pierre Quillard ou de Rémy de Gourmont. Mais desservi par la médiocrité de certaines pièces et après avoir dû renoncer à créer successivement l'*Axel* « métaphysique » d'Auguste de Villiers de l'Isle-Adam et *Pelléas et Mélisande* de Maurice Maeterlinck, il passa la main, en 1893, à celui qui, après avoir été son collaborateur et celui d'Antoine, devait se révéler le meilleur ordonnateur à la scène du drame symboliste : Aurélien-Marie Lugné-Poe.

Lugné-Poe (1869-1940)

Aurélien-Marie Lugné-Poe, au lendemain de la représentation de *Pelléas et Mélisande* créa, en 1893, le Théâtre de l'Œuvre, véritable scène expérimentale du groupe des symbolistes du *Mercure de France* et de *La Revue Blanche*.

Acteur étrange et inégal, directeur ardent mais tyrannique, agitateur d'idées, cet homme vit sa carrière se confondre avec l'histoire du symbolisme au théâtre. Pendant six ans, « bâtisseur d'imaginaire » (Jacques Robichez), il ouvrit la scène française à des inspirations et des atmosphères inconnues. On lui doit en partie la pénétration de notre culture par l'influence scandinave[2], la création de nombreux drames symbolistes (*L'Araignée de cristal*, 1894, de Rachilde ; *La Gardienne*, 1894, de Henri de Régnier ; *Ton Sang*, 1897, de Henry Bataille, etc.). On lui doit surtout d'avoir osé, le 10 décembre 1896, la mise en scène tumultueuse de l'*Ubu roi* d'Alfred Jarry[3]. Fondamentalement hostile au réalisme minutieux de ses devanciers, Lugné-Poe prôna **une mise en scène quasiment « distanciée »,** économe de moyens, pittoresque cependant dans ses « signes » (bijoux, manières, costumes) et ses « atmosphères » (obscurité, mystère, exotisme même).

A sa manière, le fondateur de l'Œuvre, en dépit de son éclipse pour des raisons matérielles après 1899, fut aussi à l'avant-garde : « Il a

2. Voir encadré page 349.
3. Voir séquence suivante page 352.

installé l'excentricité sur notre théâtre, écrit Jacques Robichez dans la thèse qu'il lui consacra[1], une permanente et bienfaisante insurrection, un perpétuel défi au succès, l'amour de l'aventure et l'acceptation de la pauvreté. »

1. *Jacques* Robichez, Le Symbolisme au théâtre. Lugné-Poe et les débuts de L'Œuvre. *L'Arche, 1957.*

2 Maeterlinck (1862-1949) dramaturge

Frontispice de *Pelléas et Mélisande.* Drame musical de Debussy, 1902.

Sans disciple véritable, Lugné-Poe a toutefois influencé indirectement la génération suivante des grands acteurs-metteurs en scène comme Copeau, Jouvet, Dullin ou Pitoëff. Son nom en tout cas, depuis 1893, est resté associé à celui de **Maurice Maeterlinck,** le meilleur dramaturge du symbolisme avant l'épanouissement de Paul Claudel[2]. Né à Gand, cet écrivain belge fortement influencé par Shakespeare, Tolstoï et Ibsen, ne songeait pas à l'origine à faire jouer ses premiers textes dramatiques comme *La Princesse Maleine* (1889). Antoine, et surtout Lugné-Poe qui s'empara avant Debussy de son chef-d'œuvre, *Pelléas et Mélisande* (1892), en furent les promoteurs sur la scène française.

Avec **son œuvre, fidèle reflet des aspirations spiritualistes et mystiques de la fin du siècle,** nous sommes aux antipodes des esthétiques réaliste et naturaliste. Finis l'enracinement sociologique des intrigues, le « vérisme » de la mise en scène et la quotidienneté du dialogue. Les êtres, les objets et les mots comptent moins ici que le vide mystérieux et le silence épais qui les cernent. Aux « tranches de vie » ou aux « drames de l'histoire », l'auteur des *Aveugles* (1890), de *La Mort de Tintagilès* (1894) et de *Monna Vanna* (1902) oppose sa conception d'une « tragédie du destin ». Théâtre de la mort et du « fatum » moderne, le théâtre du poète des *Serres Chaudes* (1889) se prêtait à merveille au jeu obscur et sophistiqué d'un Lugné-Poe. Théâtre de signes, de suggestion, d'irréalisme par excès de défiance de l'immédiat et du contingent, il n'échappa pas toujours aux pièges du symbolisme, ceux-là mêmes que Jarry va balayer avec une surprenante audace.

2. *Voir p. 463.*

BIBLIOGRAPHIE

Études

Dorothy Knowles, *La Réaction idéaliste au théâtre depuis 1890.* Fasquelle, 1934.

Jacques Robichez, *Le Symbolisme au théâtre.* L'Arche, 1957.

Joseph Hanse, *Maurice Maeterlinck.* Bruxelles, Renaissance du Livre, 1962.

4. Jarry (1873-1907) et le scandale d'*Ubu*

Jarry.
Dessin de F.A. Cazals, 1897.

A première vue il peut paraître étonnant que ce soit un metteur en scène comme Lugné-Poe qui ait décidé, en 1896, de donner sa chance au jeune Breton **Alfred Jarry** en faisant jouer au Théâtre de l'Œuvre son *Ubu roi* dont le manuscrit complet avait été publié l'année précédente par *Le Mercure de France.* Comment son goût pour une précieuse obscurité, tellement en affinité avec les créations de Maeterlinck, pouvait-il s'accommoder des effets grossiers d'une pièce qui n'avait été, à l'origine, qu'une farce de collégiens rennais en mal de « prof » odieux à caricaturer ? C'est qu'*Ubu roi* n'est pas sans quelque affinité avec le théâtre symboliste du moment qui, par ailleurs, ne fournit aucune contribution à l'histoire de la comédie en France. Parodie délibérée du théâtre historique à la Shakespeare comme des créations vaudevillesques de Meilhac et Halévy, le délirant « drame en cinq actes, en prose » de Jarry rejoint en effet l'esthétique symboliste par son refus de se situer dans l'immédiateté du réel et de l'histoire. A sa manière, cette pochade bouffonne est tout aussi irréaliste dans ses décors, son intrigue et ses personnages, tout aussi symbolique dans son atmosphère et son « enjeu » que les autres créations de l'Œuvre...

L'argument de ***Ubu roi***, pièce classiquement structurée, est aussi simple que farfelu. La scène est « située en Pologne, c'est-à-dire nulle part... » A l'acte I, l'avide Mère Ubu, en dépit des gratifications accordées par le souverain polonais à son mari, le grossier Père Ubu, pousse celui-ci, avec la complicité du capitaine Bordure, à tenter un « putsch » militaire. L'acte II voit le coup d'État des conjurés réalisé dans un bain de sang, à l'occasion d'une parade militaire. Seul de la famille royale échappe au massacre le jeune Bougrelas que les Ombres de ses ancêtres investissent d'une mission vengeresse. A l'acte III, Ubu, nouveau tyran, maître des Phynances, fait régner une véritable terreur financière sur tous les nobles et possédants du royaume. Même Bordure, son ancien complice, est contraint de s'enfuir. De la cour de Russie, il tente d'organiser une expédition punitive contre l'usurpateur, fanatique de « la pompe à phynances ». L'acte IV sonne pour le couple Ubu le début de la fin. La Mère Ubu, traquée par les fidèles de Bougrelas, ne peut mettre la main sur les trésors de la couronne. Quant à son mari, écrasé en Ukraine par les Russes, il se voit abandonné de ses derniers partisans au fond d'une sinistre caverne lithuanienne. Quand la mère Ubu le rejoint dans sa retraite, au début de l'acte V, malgré une dernière résistance, il se décide à la fuite loin de la Pologne. La dernière scène nous montre le couple grotesque embarqué sur un navire, chahuté par les vents, en direction de la France où Ubu rêve encore de se faire nommer Maître des Phynances.

Georges Wilson en père Ubu.
T.N.P., 1958.

La soirée houleuse de la première d'*Ubu roi*, le 10 décembre 1896, fut d'une certaine façon la « bataille d'*Hernani* » de l'avant-garde théâtrale. Si la création fut si chahutée et Jarry si injurié par la critique en place, ce n'est pas tant pour la grossièreté du dialogue (les fameux « merdre » qui scandent les propos d'Ubu) ni même pour la causticité de la caricature d'une humanité dont le héros, « être ignoble », nous est présenté comme « le frère de chacun d'entre nous ». Le vrai scandale d'*Ubu roi* et des autres pièces qui composèrent par la suite le « cycle d'*Ubu* » (*Ubu cocu ou l'Archéoptéryx* en 1897 ; *Ubu enchaîné* en 1899 ; auxquelles on peut ajouter les chroniques satiriques de

LITTÉRATURE D'IDÉES

1800 Mme de Staël : *De la littérature...*
1802 Chateaubriand : *Génie du christianisme*

1809 Constant : *Réflexions sur la tragédie de Wallenstein...*
1810 Mme de Staël : *De l'Allemagne*

1813 Sismondi : *De la littérature du Midi de l'Europe*

1817 Lamennais : *Essai sur l'indifférence en matière de religion*

1821 J. de Maistre : *Les Soirées de Saint-Pétersbourg*
1823-24 Saint-Simon : *Le Catéchisme des industriels*
1825 Stendhal : *Racine et Shakespeare*

1829 Fourier : *Le Nouveau Monde industriel et sociétaire*
1830-42 Comte : *Cours de philosophie positive*
1833-44 Michelet : *Histoire de France* (I à VI)
1834 Lamennais : *Paroles d'un croyant*
1835-40 Tocqueville : *De la Démocratie en Amérique*

1840 Sainte-Beuve : *Port-Royal*
1840 Thierry : *Récits des temps mérovingiens*
1842 Joubert : *Pensées, essais, maximes*

1845 Baudelaire : *1er Salon*
1846 Proudhon : *La Philosophie de la misère*
1847-53 Michelet : *Histoire de la Révolution française*
1848 Chateaubriand : *Mémoires d'outre-tombe* (posth.)
1849 Guizot : *De la Démocratie en France*

1851-62 Sainte-Beuve : *Causeries du lundi*
1853-55 Gobineau : *Essai sur l'inégalité des races humaines*
1855-69 Michelet : *Histoire de France* (VII à XVII)
1856 Tocqueville : *L'Ancien Régime et la Révolution*

1863-83 Renan : *Histoire... des origines du christianisme*
1863-70 Sainte-Beuve : *Nouveaux Lundis*
1863-72 Littré : *Dictionnaire de la langue française*
1864 Fustel de Coulanges : *La Cité antique*
1864-76 Larousse : *Grand Dictionnaire universel du XIXe siècle*

1875-93 Taine : *Les Origines de la France contemporaine*

1880 Zola : *Le Roman expérimental*
1882 Brunetière : *Le Roman naturaliste*
1883-85 Bourget : *Essais de psychologie contemporaine*
1884 Bloy : *Propos d'un entrepreneur de démolition*

1890 Renan : *L'Avenir de la science*

1894 Lanson : *Histoire de la littérature française*

1896 Bergson : *Matière et mémoire*

1898 Zola : « J'accuse »
1899 Maurras fonde *L'Action française*

POÉSIE

1802 Delille : *Les Géorgiques françaises*

1811 Millevoye : *Élégies*
1812 Lemercier : *L'Atlantide*

1819 Desbordes-Valmore : *Poésies*
1820 Lamartine : *Méditations poétiques*
1822 Vigny : *Moïse*

1826-37 Vigny : *Poèmes antiques et modernes*
1828 Hugo : *Odes et Ballades*
1829 Hugo : *Les Orientales*
Sainte-Beuve : *Vie, poésies et pensées de Joseph Delorme*
1830 Lamartine : *Harmonies poétiques et religieuses*
1831 Hugo : *Les Feuilles d'automne*

1835-37 Musset : *Les Nuits*
1836 Lamartine : *Jocelyn*
1837 Hugo : *Les Voix intérieures*

1840 Hugo : *Les Rayons et les Ombres*
1842 Banville : *Les Cariatides*

1852 Leconte de Lisle : *Poèmes antiques*
Gautier : *Émaux et Camées*
1853 Hugo : *Les Châtiments*
1854 Nerval : *Les Chimères*
1856 Hugo : *Les Contemplations*
1857 Baudelaire : *Les Fleurs du mal*
1859 Hugo : *La Légende des siècles* (I)
1860 Forneret : *Ombres de poésie*
1862 Leconte de Lisle : *Poèmes barbares*
1864 Vigny : *Les Destinées* (posth.)
1866 Sully Prudhomme : *Les Solitudes*
1869 Verlaine : *Fêtes galantes* (posth.)
Lautréamont : *Les Chants de Maldoror*

1873 Rimbaud : *Une saison en enfer*
Corbière : *Les Amours jaunes*
1874 Verlaine : *Romances sans paroles*
1876 Mallarmé : *L'Après-midi d'un faune*
1877 Hugo : *La Légende des siècles* (II)

1881 Verlaine : *Sagesse*

1883 Hugo : *La Légende des siècles* (III)
Rollinat : *Les Névroses*
1885 Laforgue : *Les Complaintes*
1886 Rimbaud : *Illuminations*
1888 Rodenbach : *Du silence*
1889 Verlaine : *Parallèlement*

1893 Heredia : *Les Trophées*
Samain : *Au jardin de l'infante*

1897 Mallarmé : *Un coup de dés...*
H. de Régnier : *Les Jeux rustiques et divins*
1899 Moréas : *Stances*

FRANÇAISE

GENRES NARRATIFS	THÉÂTRE	XIXe

1800

Genres narratifs

1801 Chateaubriand : *Atala*
1802 Chateaubriand : *René*
1804 Senancour : *Oberman*

1807 Mme de Staël : *Corinne...*
1809 Chateaubriand : *Les Martyrs*

Théâtre

1800 Pixérécourt : *Coelina ou l'Enfant du mystère*

1809 Lemercier : *Christophe Colomb*

1814

Genres narratifs

1816 Constant : *Adolphe*
1821 Nodier : *Smarra...*
1826 Vigny : *Cinq-Mars*
1827 Stendhal : *Armance*
1829-48 Balzac : *La Comédie humaine (La Peau de chagrin. — Le Père Goriot. — Le Lys dans la vallée. — Eugénie Grandet. — Illusions perdues. — La Cousine Bette. — Le Cousin Pons...)*
1830 Stendhal : *Le Rouge et le Noir*
1831 Hugo : *Notre-Dame de Paris*

1834 Sainte-Beuve : *Volupté*
1835 Gautier : *Mademoiselle de Maupin*
Vigny : *Servitude et grandeur militaires*

1839 Stendhal : *La Chartreuse de Parme*
1840 Mérimée : *Colomba*

1844 Dumas : *Les Trois Mousquetaires*
1845 Mérimée : *Carmen*
1846-53 Sand : « Romans champêtres » *(La Mare au diable. — François le Champi. — La Petite Fadette. — Les Maîtres sonneurs)*

Théâtre

1819 Delavigne : *Les Vêpres siciliennes*
1820 Leclercq : *Proverbes*
Scribe : *L'Ours et le Pacha*

1827 Ducange : *Trente Ans ou la Vie d'un joueur*
Hugo : *Cromwell*
1829 Vigny : *Le More de Venise*
1830 Hugo : *Hernani*
1831 Dumas père : *Antony*
1833 Hugo : *Lucrèce Borgia*
Musset : *Les Caprices de Marianne* (éd.)
1834 Musset : *Lorenzaccio* (éd.)
1835 Vigny : *Chatterton*

1838 Hugo : *Ruy Blas*

1841 Scribe : *Une chaîne*

1843 Hugo : *Les Burgraves*
Ponsard : *Lucrèce*

1851

Genres narratifs

1851-96 Les Goncourt : *Journal*

1854 Nerval : *Les Filles du feu*
1855 Nerval : *Aurélia*
1857 Flaubert : *Madame Bovary*

1862 Hugo : *Les Misérables*
Flaubert : *Salammbô*
Fromentin : *Dominique*
1863 Gautier : *Le Capitaine Fracasse*

1866 Daudet : *Lettres de mon moulin*
1867 Zola : *Thérèse Raquin*
1869 Flaubert : *L'Éducation sentimentale*

Théâtre

1851 Labiche : *Un chapeau de paille d'Italie*
1852 Dumas fils : *La Dame aux camélias*

1854 Augier : *Le Gendre de Monsieur Poirier*

1857 Dumas fils : *La Question d'argent*

1860 Labiche : *Le Voyage de Monsieur Perrichon*

1865 Sardou : *La Famille Benoîton*
1866 Ponsard : *Le Lion amoureux*

1870

Genres narratifs

1871-93 Zola : *Les Rougon-Macquart*
1872 Verne : *Le Tour du monde en 80 jours*
1874 Barbey d'Aurevilly : *Les Diaboliques*

1877 Zola : *L'Assommoir*
1878-86 Vallès : *Jacques Vingtras*

1880 *Les Soirées de Médan*
1880-90 Maupassant : *Contes*

1883 Maupassant : *Une vie*
Villiers de l'Isle-Adam : *Contes cruels*
1884 Huysmans : *À rebours*
1885 Zola : *Germinal*
1886 Bloy : *Le Désespéré*
Loti : *Pêcheur d'Islande*

1888-91 Barrès : *Le Culte du moi*
1889 Bourget : *Le Disciple*

1893 France : *Les Opinions de Jérôme Coignard*

1897 Gide : *Les Nourritures terrestres*
1900 Mirbeau : *Le Journal d'une femme de chambre*

Théâtre

1872 Sardou : *Rabagas*

1878 Augier : *Les Fourchambault*

1882 Becque : *Les Corbeaux*
1885 Becque : *La Parisienne*
1886 Courteline : *Les Gaîtés de l'escadron*
1887 Antoine fonde le Théâtre Libre
1889 Claudel : *Tête d'Or*
1890 Claudel : *La Ville*
1891 Porto-Riche : *Amoureuse*
1892 Maeterlinck : *Pelléas et Mélisande*
1893 Sardou : *Madame Sans-gêne*
1893 Claudel : *L'Échange*
1894 Villiers de l'Isle-Adam : *Axel*
1896 Jarry : *Ubu roi*
1897 Rostand : *Cyrano de Bergerac*
1898 Renard : *Le Pain de ménage*
1899 Jarry : *Ubu enchaîné*
Feydeau : *La Dame de chez Maxim's*
1900 Rostand : *L'Aiglon*

1900

XIXe

1800 – 1814

ÉVÉNEMENTS POLITIQUES ET SOCIAUX

1802 Concordat avec le Pape

1804-1814 : Ier Empire (Napoléon Ier)

1804 Le Code Civil
1806 Blocus continental. — Iéna
1812 Campagne de Russie

SCIENCES ET TECHNIQUES

1800 Volta et la pile électrique.
Importants travaux mathématiques de Gauss
1805 Jacquard : métier à tisser la soie
1808 Lois de Gay-Lussac
1809 Lamarck et la théorie du transformisme
1811 König : la presse typographique mécanique

1814 – 1851 (1830, 1848)

ÉVÉNEMENTS POLITIQUES ET SOCIAUX

1814 Campagne de France

1814-1830 : la Restauration

1815 Les Cent Jours — Waterloo

1815-1824 : règne de Louis XVIII

1822 Lois sur la liberté individuelle et sur la presse

1824-1830 : règne de Charles X

1828 Campagne de Grèce
1830 Révolution de Juillet

1830-1848 : Monarchie de Juillet (règne de Louis-Philippe)

1830 Début de la conquête de l'Algérie
1840-48 Gouvernement de Guizot
Mouvements nationaux en Allemagne, en Autriche, à Rome, à Prague, à Budapest
1848 Révolution de Février

1848-1851 : IIe République

SCIENCES ET TECHNIQUES

1814 Stephenson : la traction à vapeur sur voie ferrée
1816 Niepce : 1re photographie
1819 Laennec et le stéthoscope
1821 Cuvier fonde la paléontologie
1822 Champollion déchiffre les hiéroglyphes
Expériences de Faraday
1824 Carnot et la thermodynamique moderne
1826 Lobatchevski et la géométrie non-euclidienne
Travaux mathématiques de Galois
1832 Morse conçoit le télégraphe électrique
1838 Daguerre et les daguerréotypes
1839 Goodyear et la vulcanisation du caoutchouc
1840 Le système métrique en France
1844 Wells : l'anesthésie chirurgicale
1847 Travaux de Semmelweis
Découverte de l'or en Californie
1849-71 Livingstone en Afrique centrale et australe
1850 Davaine et la bactériologie

1851 – 1870

ÉVÉNEMENTS POLITIQUES ET SOCIAUX

1851 Coup d'État du 2 décembre

1852-1870 : IIe Empire (Napoléon III)

1854-55 Guerre de Crimée
1859 Guerre d'Italie
1860 Rattachement de Nice et de la Savoie
1861-65 Guerre de Sécession aux États-Unis
1861-67 Guerre du Mexique
1864 Création de la Ire Internationale

SCIENCES ET TECHNIQUES

1851 Presse rotative d'imprimerie
1854 Sainte-Claire-Deville : l'aluminium
1859 1er puits de pétrole (Pennsylvanie)
Darwin : *De l'origine des espèces*
1860 Lenoir : le moteur à explosion
1863 Pasteur et la « pasteurisation »
1865 Cl. Bernard : *Introduction à l'étude de la médecine expérimentale*
1867 Mendeleïev : classification des éléments
1869 Bergès et la houille blanche. — Gramme et la dynamo

1870 – 1900

ÉVÉNEMENTS POLITIQUES ET SOCIAUX

1870 Guerre franco-allemande-Sedan

1870-1940 : IIIe République

1871 La Commune de Paris (mars-mai)
1873-79 Mac-Mahon et l'ordre moral
1879-87 Jules Grévy président
1880-82 Jules Ferry, et les lois scolaires
1882 Triple Alliance
1883 Expansion coloniale française (Afrique, Asie)
1884 Lois sur les libertés syndicales
1885-89 Le boulangisme
1887-94 François Sadi-Carnot président
1889-92 Affaire de Panama
1889 Exposition universelle de Paris (tour Eiffel)
1891-93 Alliance franco-russe
1894 Crise anarchiste. — Jean-Casimir Périer président
1895 Guerre sino-japonaise
1896-99 Félix Faure président. — Affaire Dreyfus
1898-1902 Guerre des Boers

SCIENCES ET TECHNIQUES

1870 Siemens et le four électrique
1871 Stanley retrouve Livingstone en Afrique
1875 Brazza au Gabon
1876 Bell invente le téléphone
1878 Edison et la lampe électrique
1879 Siemens crée la 1re locomotive électrique
1879 Brazza au Congo
1882 Koch découvre le bacille de la tuberculose
1885 Travaux de Pasteur sur la rage
1886 Hertz et les ondes électro-magnétiques
1888 Dunlop : la chambre à air
1891 Michelin : le pneumatique
Panhard et Levassor : l'automobile à essence
1895 Röntgen et les rayons X
Les frères Lumière et le cinématographe
1896 Becquerel : la radioactivité
1897 Diesel et son moteur. — Ader : le 1er « Avion »
1898 P. et M. Curie découvrent radium et polonium
1899 Branly et Marconi : liaisons T.S.F.

ARTS EN FRANCE ET À L'ÉTRANGER•

Portraits de Gérard. — de Prud'hon
1804 Gros : *Bonaparte visitant les pestiférés de Jaffa*
1807 Beethoven• : *Ve Symphonie. — Coriolan*
David : *Le Sacre*
1808 Girodet : *Les Funérailles d'Atala*
1810-23 Goya• : *Les Désastres de la guerre*

1814 Ingres : *La Grande Odalisque*
1819 Géricault : *Le Radeau de la Méduse*
1821 Constable• : *La Charrette de foin*
1822 Schubert• : *Symphonie inachevée*
1823 Delacroix : *Les Massacres de Scio*
Portraits de Lawrence•. — Aquarelles de Bonington•
1826 Mendelssohn• : *Le Songe d'une nuit d'été*
1829 Rossini• : *Guillaume Tell*
Sculptures de Barye. — de Rude
1831 Delacroix : *La Liberté guidant le peuple*
Bellini : *Norma*
1833 Chopin• : *Nocturnes*
1834 Schumann• : *Les Études symphoniques*
1835 Corot : *Vue de Florence*
1840-50 Liszt• : *Rhapsodies hongroises*
1844 Turner• : *Pluie, vapeur et vitesse*
Gavarni. — Cham et Daumier *(caricatures)*
1845 Wagner• : *Tannhaüser*
1846 Berlioz : *La Damnation de Faust*
1849 Courbet : *L'Enterrement à Ornans*

1853 Verdi• : *La Traviata. — Le Trouvère*
1856 Chasseriau : *Intérieur de harem*
1859 Millet : *L'Angélus*
Gounod : *Faust*
Baltard (les Halles) et Garnier (l'Opéra)
1863 Manet : *Le Déjeuner sur l'herbe*
1865 Wagner• : *Tristan et Iseult*
1868 Brahms• : *Requiem allemand*
1869 Carpeaux : *La Danse*
Tableaux de Whistler•. — de Corot. — de Fantin-Latour

1870 Cézanne : *Le Déjeuner sur l'herbe*
1873 Lalo : *Symphonie espagnole*
1874 Monet : *Impression, soleil levant*
1875 Bizet : *Carmen*
1876 Moreau : *L'Apparition*
1877 Saint-Saens : *Samson et Dalila*
1879 Tchaïkovski• : *Eugène Onéguine*
1880 Rodin : *Le Penseur*
1881 Puvis de Chavannes : *Le Pauvre Pêcheur*
1885 Franck : *Les Variations symphoniques*
1887 Renoir : *Jeunes Filles au piano*
1888-1902 Malher• : *Neuf symphonies*
1890 Van Gogh• : *Le Champ de blé aux corbeaux*
1892 Cézanne : *Les Joueurs de cartes*
1893 Dvorak• : *Symphonie du Nouveau Monde*
1894 Debussy : *Prélude à l'après-midi d'un faune*
1896 Puccini• : *La Bohème*
1898 Degas : *Après le bain*
Gauguin : *Le Cheval blanc*
Fauré : *Pelléas et Mélisande*

TEXTES ÉTRANGERS

1800 Novalis : *Hymnes à la nuit*
1806 Foscolo : *Les Tombeaux*
1808 Schlegel : *Cours de littérature dramatique*
1810 Kleist : *Le Prince de Hombourg*
1812-22 Grimm : *Contes*
1813 Byron : *Childe Harold*

1816-31 Goethe : *Faust II*
1818 Schopenhauer : *Le Monde comme volonté...*
1819 Scott : *Ivanhoé*
1820 Keats : *Odes*
1822 De Quincey : *Confession d'un fumeur d'opium*
1823 Manzoni : *Les Fiancés*
1827 Heine : *Le Livre des chants*
1829 Goethe : *Les Années de voyage de Wilhelm Meister*
1831 Pouchkine : *Boris Godounov*
Leopardi : *Le Calme après la tempête*
1832-37 Clausewitz : *De la guerre*
1832 Pellico : *Mes prisons*
1835 Andersen : *Contes*
1836 Büchner : *Woyzeck*
1838 Dickens : *Oliver Twist*
1842 Gogol : *Les Âmes mortes*
1843 Kierkegaard : *Journal d'un séducteur*
1845 Poe : *Histoires extraordinaires*
1848 Thackeray : *La Foire aux vanités*
Marx et Engels : *Le Manifeste du Parti communiste*

1852 Tourgueniev : *Récits d'un chasseur*
1855-92 Whitman : *Les Feuilles d'herbe*
1861 Dickens : *Les Grandes Espérances*
1865 Carroll : *Alice au pays des merveilles*
1866 Dostoïevski : *Crime et Châtiment*
1867 Marx : *Le Capital* (I)
1869 Tolstoï : *Guerre et Paix*

1879 Ibsen : *Maison de poupée*
Dostoïevski : *Les Frères Karamazov*
1883 Stevenson : *L'Île au trésor*
Nietzsche : *Ainsi parlait Zarathoustra*
1885-94 Engels : *Le Capital* (II et III)
1887-89 Carducci : *Rimes et Rythmes*
1888 Strindberg : *Mademoiselle Julie*
1891 Wilde : *Le Portrait de Dorian Gray*
1894 Kipling : *Le Livre de la jungle*
1895 D'Annunzio : *La Vierge aux rochers*
Wells : *La Machine à explorer le temps*
1897 James : *Ce que savait Maisie*
1898 Svevo : *Senilità*
1899 Tchekhov : *Oncle Vania*
Rilke : *Chant de l'amour et de la mort du cornette Christophe*
1900 Freud : *L'Interprétation des rêves*

l'*Almanach du Père Ubu,* de 1899 à 1901) tenait davantage, et tient sans doute toujours, à **l'impression d'agression ressentie par le spectateur.** Agression évidemment contre les vieilles bienséances gestuelles et lexicales, toujours plus ou moins ménagées jusque-là ; agression contre la vraisemblance par l'outrance et la schématisation des figures du drame, volontairement réduites par Jarry à la dimension de « marionnettes passives et rudimentaires ». Agression enfin et surtout contre le théâtre lui-même, dynamité de l'intérieur à force de ressembler à un Grand Guignol où l'anarchie de l'inspiration « se boursoufle » des effets d'un comique souvent macabre.

Ubu.
Lithographie de A. Jarry, fin XIXe s.

Par son insouciance des formes convenues, sa dérive concertée vers l'absurde, sa volonté de faire scandale et de ne laisser ni tranquille ni passif son spectateur, Jarry retrouve ainsi l'esprit frondeur et libertaire d'un Rimbaud ou d'un Lautréamont. *Ubu,* c'est encore du théâtre, et un théâtre qu'on joue. Mais comme *Une saison en enfer* ou *Les Chants de Maldoror* qui, d'un même mouvement vertigineux, font et défont l'œuvre qu'ils se refusent à être, *Ubu,* à l'arrière-garde du siècle et à l'avant-garde de l'histoire littéraire, défigure et préfigure un certain théâtre.

BIBLIOGRAPHIE

Édition

JARRY, *Tout Ubu* (ensemble du cyle Ubuesque), Éd. Maurice SILLET. Le Livre de Poche, 1962.

Études

Pierre CHAUVEAU, *Alfred Jarry ou la Naissance, la vie et la mort du père Ubu.* Mercure de France, 1932.

Louis PERCHE, *Jarry.* Éd. Universitaires, 1965.

Henri BÉHAR, *Jarry, le Monstre et la Marionnette,* Larousse, 1973.

Noël ARNAUD, *Alfred Jarry, d'Ubu roi au Docteur Faustroll.* La Table ronde, 1974.

CHRONOLOGIE DU THÉÂTRE*

Drame (romantique et symboliste) Tragédie•	Comédie dramatique et « sérieuse »	Vaudeville et comédie légère	Étranger
1800 Pixérécourt : *Coelina ou l'Enfant du mystère*			
		1806 Picard : *Les Marionnettes*	
			1808 Goethe : *Faust I* (Allemagne) **1808** Kleist : *Penthésilée* (Allemagne) **1808** Schlegel : *Cours de littérature dramatique* (Allemagne)
1810 Pixérécourt : *Les Ruines de Babylone*			**1810** Kleist : *Le Prince de Hombourg* (Allemagne)
1819 Delavigne : *Les Vêpres siciliennes*•			**1817** Byron : *Manfred* (Angleterre)
		1820 Scribe : *L'Ours et le Pacha*	**1820** Shelley : *Prométhée délivré* (Angleterre)
	1823 Delavigne : *L'École des vieillards*	**1823** Leclercq : *Proverbes*	
1827 Hugo : *Cromwell* **1829** Dumas : *Henri III et sa cour* **1829** Vigny : *Le More de Venise* **1830** Hugo : *Hernani*	**1827** Scribe : *Le Mariage d'argent*	**1827** Leclercq : *Les Trois Quartiers*	
1831 Hugo : *Marion Delorme* **1831** Dumas : *Antony* **1831** Vigny : *La Maréchale d'Ancre* **1832** Dumas : *La Tour de Nesle* **1832** Delavigne : *Louis XI*•	**1831** Musset : *La Coupe et les lèvres*		**1831** Pouchkine : *Boris Godounov* (Russie) **1832** Goethe : *Faust II* (Allemagne)
1833 Hugo : *Lucrèce Borgia ; Marie Tudor* **1834** Musset : *Lorenzaccio* **1834** Dumas : *Catherine Howard* **1835** Hugo : *Angelo, tyran de Padoue* **1835** Vigny : *Chatterton*	**1833** Musset : *Fantasio ; Les Caprices de Marianne* **1834** Musset : *On ne badine pas avec l'amour*		**1835** Bellini : *La Norma* (Italie) **1836** Büchner : *Woyzeck* (Allemagne)
1838 Hugo : *Ruy Blas*	**1837** Musset : *Un caprice*	**1841** Scribe : *Une chaîne*	
1843 Hugo : *Les Burgraves* **1843** Ponsard : *Lucrèce*• **1845** Dumas : *La Reine Margot*			**1843** Wagner : *Le Vaisseau fantôme* (Allemagne) **1845** Wagner : *Tannhaüser* (Allemagne) **1846** Verdi : *Attila* (Italie)
	1848 Augier : *L'Aventurière* **1851** Scribe : *Bataille de dames*	**1851** Labiche : *Un chapeau de paille d'Italie*	**1851** Wagner : *Lohengrin* (Allemagne)

	1852 Dumas fils : *La Dame aux camélias*		
			1853 Verdi : *Le Trouvère* (Italie)
	1854 Augier : *Le Gendre de Monsieur Poirier*		**1855** Verdi : *Les Vêpres siciliennes* (Italie)
	1857 Dumas fils : *La Question d'argent*		
		1860 Labiche : *Le Voyage de Monsieur Perrichon* **1861** Labiche : *La Poudre aux yeux*	**1859** Wagner : *Tristan et Iseult* (Allemagne)
		1864 Labiche : *La Cagnotte* **1864** Offenbach : *La Belle Hélène* (opéra-bouffe)	**1862** Hebbel : *Les Niebelungen* (Allemagne) **1863** Ibsen : *Les Prétendants de la couronne* (Norvège)
	1865 Sardou : *La Famille Benoîton* **1866** Ponsard : *Le Lion amoureux*	**1866** Offenbach : *La Vie parisienne* (opéra-bouffe) **1868** Offenbach : *La Périchole* (opéra-bouffe)	**1867** Ibsen : *Peer Gynt* (Norvège) **1868** Wagner : *L'Or du Rhin* (Allemagne) **1870** Wagner : *La Walkyrie* (Allemagne) **1871** Verdi : *Aïda* (Italie)
1875 Bizet : *Carmen* (opéra)	**1872** Sardou : *Rabagas* **1873** Dumas fils : *La Femme de Claude*		**1876** Wagner : *Siegfried ; Le Crépuscule des dieux* (Allemagne)
	1878 Augier : *Les Fourchambault*		**1879** Ibsen : *Maison de poupée* (Norvège)
	1882 Becque : *Les Corbeaux*	**1881** Pailleron : *Le Monde où l'on s'ennuie*	**1881** Ibsen : *Les Revenants* (Norvège) **1882** Wagner : *Parsifal* (Allemagne)
	1887 Dumas fils : *Francillon*	**1886** Courteline : *Les Gaîtés de l'escadron*	**1887** Tchekov : *Ivanov* (Russie) **1887** Strindberg : *Le Père* (Suède) **1888** Ibsen : *La Dame de la mer* (Norvège) **1888** Strindberg : *Mademoiselle Julie* (Suède)
1889 Claudel : *Tête d'Or* **1890** Maeterlinck : *Les Aveugles* **1890** Claudel : *La Ville*			
1892 Claudel : *La Jeune Fille Violaine* **1892** Maeterlinck : *Pelléas et Mélisande* **1894** Villiers de l'Isle-Adam : *Axel** (poème dramatique) **1894** Maeterlinck : *La Mort de Tintagilès*	**1891** Porto-Riche : *Amoureuse*	**1893** Sardou : *Madame Sans-Gêne* **1893** Courteline : *Boubouroche*	**1893** Puccini : *Manon Lescaut* (Italie)
	1897 Renard : *Le Plaisir de rompre* **1897** Rostand : *Cyrano de Bergerac* **1898** Renard : *Le Pain de ménage*	**1896** Jarry : *Ubu roi* **1897** Courteline : *Monsieur Badin* **1897** Jarry : *Ubu cocu*	**1896** Tchekov : *La Mouette* (Russie)
1900 Rostand : *L'Aiglon*		**1899** Feydeau : *La Dame de chez Maxim's* **1899** Jarry : *Ubu enchaîné*	**1899** Hoffmansthal : *L'Aventurier et la cantatrice* (Autriche) **1900** Strindberg : *La Danse de mort* (Suède)

* Sauf précision contraire, les dates indiquées sont celles présumées de la réaction.

*Les courants d'idées qui parcourent si vigoureusement la seconde moitié du siècle — réalisme, modernité, symbolisme — et qui dynamisent ou révolutionnent en profondeur les genres romanesque et poétique auront eu finalement peu de prise sur ce théâtre si vite résigné à sa propre facilité. En dépit des efforts d'animateurs et de metteurs en scène de talent comme Antoine, Fort ou Lugné-Poe, la production dramaturgique de la fin du siècle, à l'exception de quelques réussites symbolistes et du scandale de l'*Ubu *de Jarry, ne dément pas cette tendance. Le public continue de se presser cependant aux « premières » parisiennes. Mais le triomphe, en mars 1900, de la comédie historique de Rostand,* L'Aiglon, *n'est-il pas, par exemple, la consécration crépusculaire d'un genre définitivement dépassé dans sa forme comme dans son inspiration ? Reste Paul Claudel bien sûr, qui a déjà écrit plusieurs de ses chefs-d'œuvre* (Tête d'or, La Ville). *Mais, signe évident de ce malaise théâtral, il faudra attendre les années 1940, soit près de deux générations encore, pour qu'ils soient salués à la scène comme les véritables défis qu'ils étaient...*

Pour qui se retourne, sur le seuil du XXᵉ siècle, et regarde en arrière l'énorme production théâtrale du siècle précédent, l'impression est déroutante, un peu comme à l'entrée de la grande galerie de Zoologie du Muséum d'histoire naturelle : un stock apparemment inépuisable et presque inclassable de plusieurs milliers de pièces jouées ou injouables, lues, relues ou illisibles, clinquantes, défraîchies ou poussiéreuses, certaines même démesurées et stupéfiantes comme ces dinosaures des temps reculés, disparus de la planète car incapables de s'adapter aux conditions d'un monde en pleine mutation.

Le théâtre du XIXᵉ siècle est tout cela à la fois en effet : un grand chambardement dans la forme, l'inspiration, la mise en scène et, au bout du compte probablement, une immense occasion manquée. A elle seule l'histoire du drame romantique, commencée dans la foulée des succès du mélodrame populaire, culminant dans les batailles épiques des « premières » à scandale de Hugo et Dumas mais s'achevant dans le fiasco des Burgraves *(1843), est symbolique de l'aventure dramaturgique de tout le siècle. Machine de guerre contre les bastions de la tradition et de l'académisme, ce théâtre, inspiré par les plus hautes ambitions de liberté et de totalité, s'abîme, en moins d'une génération, dans les pièges de nouvelles conventions et ne se survit à lui-même qu'en renonçant, comme le* Lorenzaccio *de Musset, à être jouable et joué.*

De cette faillite la scène du XIXᵉ siècle ne se remettra qu'au prix d'un retour insignifiant au classicisme, avec les derniers beaux jours de la tragédie, ou d'une soumission répétée et complaisante aux « canons » et clichés du comique bourgeois, sous la forme des comédies « sérieuses » ou de l'inépuisable vaudeville.

Conclusion

Le XIX*e siècle en poésie se replie sur lui-même, autour de 1890 et des dernières créations mallarméennes, alors qu'il étend son empire romanesque et prolonge ses expérimentations ou divertissements théâtraux jusqu'à la Première Guerre mondiale. Sans doute fallait-il ce décalage chronologique d'une vingtaine d'années pour que s'achèvent les grandes transformations que ce siècle avait fait subir aux structures sociales, aux idéologies, aux mentalités et bien évidemment aux formes littéraires : consécration du genre romanesque, effervescence de la littérature d'idées et de la pensée scientifique, émergence d'une authentique modernité poétique, usure et provocation des formes théâtrales.*

Sans doute, le XIX*e siècle, comme le note justement Julien Gracq dans son essai* En lisant, en écrivant, *« atteint à des profondeurs divinatoires dont le* XVIII*e siècle n'a eu aucune idée, car il éclairait tout et ne devinait rien... » On n'en finirait pas en effet de dresser l'inventaire des intuitions géniales — dans l'ordre de la sensibilité et de l'imaginaire — des créateurs de ce temps que d'aucuns ont trop souvent, et trop longtemps, décrit comme asservis au culte mimétique de la Nature et du Réel. Il en est tant parmi eux qui furent, chacun à leur manière, nos contemporains, anticipant dans leurs œuvres les données fondamentales de la crise de l'individu et de l'histoire : Nerval, Baudelaire, Rimbaud bien sûr, mais encore Balzac, Flaubert ou Zola dont la parole mythique — malgré les « rides » de la langue et du style — nous interpelle aujourd'hui encore avec une étrange obstination.*

Aussi bien l'unité essentielle de ce siècle de géants et de « phares » est-elle à chercher dans l' « outre-tombe » de ses inspirations et créations. Proust, le premier, l'avait senti en prêtant au narrateur de La Prisonnière *cette judicieuse analyse de l' « unité ultérieure » d'un temps avec lequel nous n'en avons toujours pas fini :*

« Unité ultérieure, non factice, sinon elle fût tombée en poussière comme tant de systématisations d'écrivains médiocres qui, à grand renfort de titres et de sous-titres, se donnent l'apparence d'avoir poursuivi un seul et transcendant dessein. Non factice, peut-être même plus réelle d'être ultérieure, d'être née d'un moment d'enthousiasme où elle est découverte entre des morceaux qui n'ont plus qu'à se rejoindre [...]. Elle est (mais s'appliquant cette fois à l'ensemble) comme tel morceau composé à part, né d'une inspiration, non exigé par le développement artificiel d'une thèse, et qui vient s'intégrer au reste. »

LE XXe SIÈCLE

de 1900 à nos jours

L'ère des soupçons

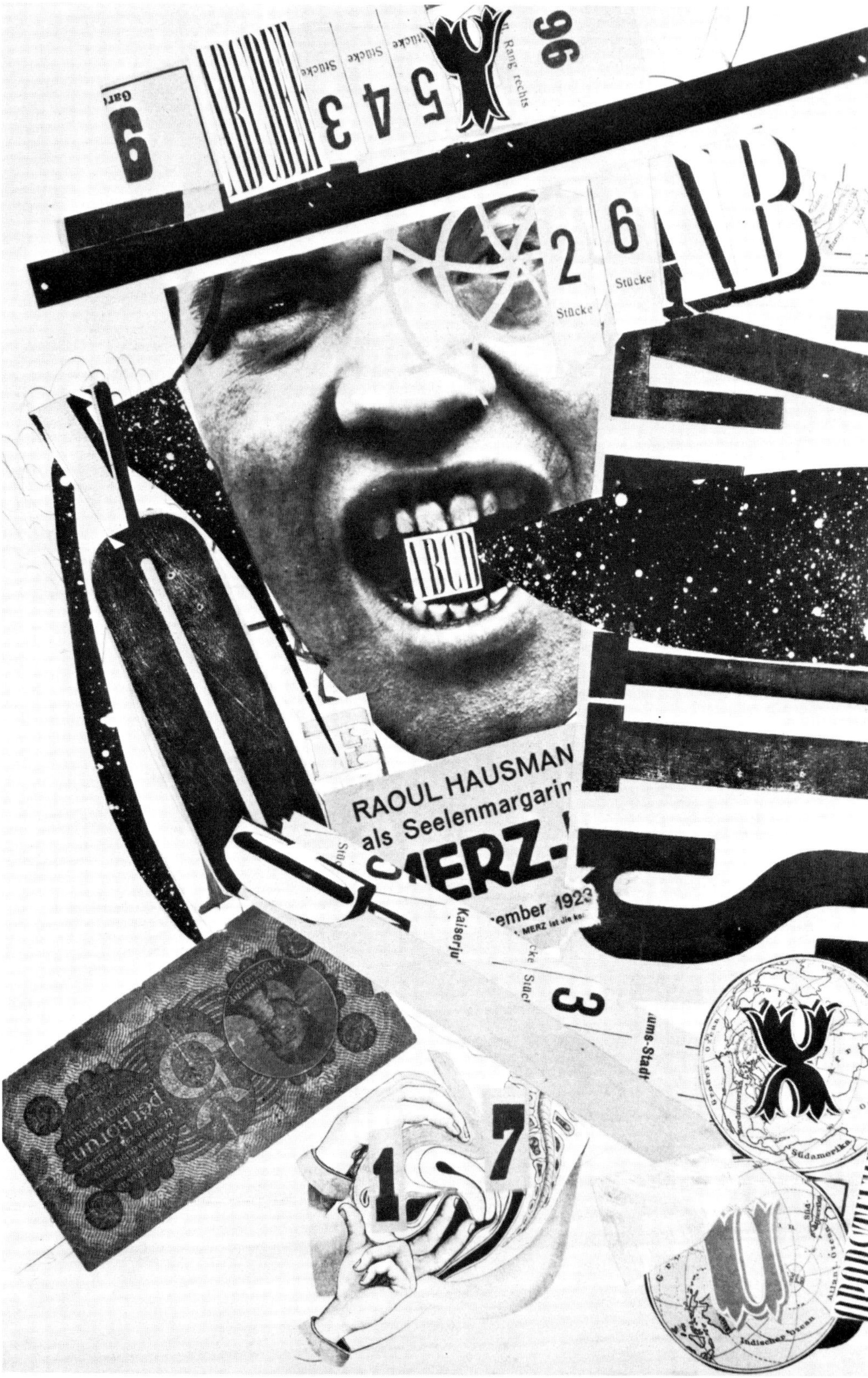

R. Haussmann, *A.B.C.D.*, 1923-1924

Introduction

1. Les nouvelles dimensions de la littérature contemporaine

On peut dire que le XX*^e^ siècle ne débute vraiment qu'à partir des profonds bouleversements, sociaux, politiques, historiques, économiques, provoqués par* ***la Première Guerre mondiale.*** *Commence alors ce qu'****Albert Camus*** *appellera « le siècle de la peur ». Ère nouvelle, riche en promesses de toutes sortes, élargie à l'échelle planétaire, aux progrès hallucinants mais en perpétuel procès. Rares sont en effet au* XX*e siècle les artistes, les intellectuels, les écrivains ou même les scientifiques qui ne mettent pas en accusation la civilisation occidentale. Le* XX*e siècle est par excellence* ***le temps du doute****.*

Au moment où la **guerre de 1914-1918** éclate, ce sont les derniers courants littéraires du XIXe siècle qui continuent de rayonner : le symbolisme en poésie notamment, l'idéalisme chez des romanciers comme **Paul Bourget** ou **Maurice Barrès,** le naturalisme au théâtre. Au lendemain de la guerre, dans les années dites « folles », le surréalisme (surtout marquant en poésie, au cinéma et dans la peinture) fait prendre à l'ensemble de la littérature et des beaux-arts un essor nouveau, véritablement significatif de l'homme contemporain.

Cependant, dans **les années 1930,** un mouvement humaniste, le plus souvent athée, tente d'imposer un nouveau credo ou d'opposer à la montée des périls de plus en plus menaçants une foi laïque héritière des valeurs ancestrales. C'est l'époque des sommes romanesques, puis des fables morales d'un **Saint-Exupéry**. Bientôt, alors que la Seconde Guerre mondiale va faire rage, s'élèvent les voix de **François Mauriac, André Malraux, Jean-Paul Sartre, Albert Camus, Simone de Beauvoir.**

La Seconde Guerre mondiale voit triompher justement les philosophies de l'absurde, le pessimisme existentialiste, que relaieront une pléiade de mouvements contestataires, dès la fin des années 1950 : Nouveau Roman, anti-théâtre ; plus près de nous, ceux que la presse a baptisés « nouveaux philosophes », enfin le « nouveau romantisme », sans doute calqué sur le néo-romantisme anglo-saxon.

Il ne faut oublier ni l'apport de la pensée et des expériences américaines (du transcendantalisme classique aux modernes hippies), ni l'impact révolutionnaire de la chanson anglaise (John Lennon et les Beatles), ni le déferlement du rock sur l'ensemble des pays occidentaux. La culture tend à s'uniformiser et à créer une nouvelle mythologie à l'échelle planétaire.

2. Un siècle de contradictions

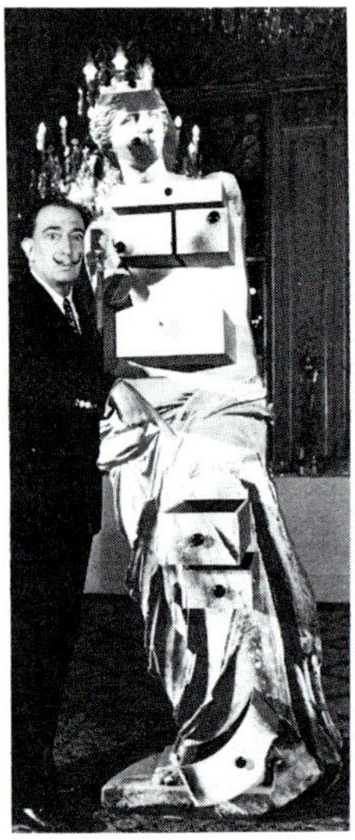

La Vénus de Milo
vue par S. Dali.

Les mouvements futuristes saluent le siècle nouveau. Les surréalistes croient au pouvoir illimité du mot. Les contestataires de 1968 croient à leur tour que le règne de l'imagination est arrivé. ***Freud*** *théorise la toute-puissance du fantasme.* ***Salvador Dali*** *lance un défi à la logique cartésienne. Les recherches d'Einstein bouleversent les certitudes scientifiques les plus solides. L'art abstrait propose un nouveau système de représentation et de lecture du monde. Le XXe siècle semble ouvrir au rêve les portes d'un univers encore jamais soupçonné.*

Cependant cette puissance apparaît vite comme chimérique et s'accompagne d'une désillusion qui dépasse largement les espérances que l'homme avait placées dans le progrès des sciences et des arts. La barbarie de la Grande Guerre, l'internationalisation du conflit, la crise économique de 1929, l'irrésistible montée des fascismes, la perte des empires coloniaux, le déclin des valeurs traditionnelles, enfin la Seconde Guerre mondiale et la découverte de la bombe atomique, tout accrédite désormais les thèses les plus pessimistes.

À l'hymne au progrès (médical, scientifique, technologique) s'oppose un discours de crise qui a beau jeu de dresser l'inventaire des méfaits de la civilisation industrielle (concentration urbaine, mécanisation, pollution croissante, etc.). Si **Boris Vian** a traité ce thème avec sa désinvolture habituelle dans sa chanson *Complainte du progrès,* force est de reconnaître que des humanistes classiques comme **Georges Duhamel** jusqu'aux modernes scénaristes de bandes dessinées en passant par **Louis-Ferdinand Céline, Jean-Paul Sartre, Dino Buzzati, Albert Camus,** tous les auteurs semblent s'obstiner à donner des temps modernes l'image même de l'Enfer.

Une telle remise en question du modernisme s'accompagne évidemment d'un repli sur le passé, les traditions culturelles, le folklore. On assiste ainsi à des mouvements contradictoires. D'un côté, l'Europe, sortie meurtrie de la Seconde Guerre mondiale, tente de se constituer depuis le traité de Rome en tant que communauté autonome en face des deux Grands ; de l'autre les régions, lentement intégrées à la Nation française depuis la Révolution, essaient de retrouver, en recourant parfois à la violence, leur indépendance originelle par rapport au pouvoir central.

Sur le plan politique une même hésitation règne face aux institutions : tantôt celles-ci sont senties comme bénéfiques et l'État apparaît comme le garant de l'ordre social et des droits de l'homme ; tantôt au contraire on reproche au « système » de s'opposer à la libre expression des différences individuelles. Aussi la littérature du XXe siècle est-elle toute imprégnée de ces contradictions. Un vaste courant qui va de ***Raymond Radiguet*** *à* ***Christiane Rochefort*** *milite de façon anarchique pour l'épa-*

nouissement sauvage de l'individu. Nombreuses sont les chansons, au succès souvent éphémère, qui entonnent cette utopie marquée de façon plus durable par l'épopée gidienne de la libération du désir. Inversement, d'autres auteurs, comme **Louis Aragon** *à partir de sa conversion au communisme, voient dans l'engagement politique et la soumission à un idéal la seule possibilité de libérer l'homme aliéné par la dictature du capitalisme...*

3. L'ère de la communication mondiale ?

Le cosmonaute Irwin saluant le drapeau américain planté sur la lune, en 1971.

Le « temps du monde fini », comme le prévoyait Paul Valéry, est désormais bien entamé. La communication à l'échelle planétaire fait partie de notre environnement familier et même rien n'est apparu comme plus normal que de suivre en direct, dès 1969, les premiers pas des cosmonautes sur la lune. Le mythe de Babel devrait donc trouver son accomplissement dans une société où l'image, se substituant au langage verbal, tend de plus en plus à créer un langage international, une sorte d'écriture universelle, analogique, et par conséquent moins sensible au poids des variations culturelles.

Hélas, il n'en est rien. Jamais l'incommunicabilité n'est apparue comme aussi flagrante et aussi caractéristique de l'espèce humaine qu'à notre époque. Le théâtre qui était demeuré, de Molière à Labiche, le lieu privilégié d'un verbe débouchant sur l'action, est désormais envahi par le doute ou, dans le meilleur des cas, comme chez **Jean Genet** *ou* **Fernando Arrabal**, *par la poésie et le rêve. Les premières pièces d'***Eugène Ionesco**, *comme* La Cantatrice chauve, *caricaturent à peine le processus de communication tel que la théorie de l'information permet de l'analyser. Même dialogue de sourds dans les pièces ultérieures comme* Rhinocéros, *où chaque personnage est enfermé dans sa propre solitude de clichés et de phrases toutes faites, prêtes à justifier un comportement, et ne manifestant aucune réaction aux propos d'autrui. De même la sous-conversation de* **Nathalie Sarraute**, *le soliloque morbide des « acteurs »* de **Samuel Beckett**, *le délire intérieur des personnages de* **Jean-Marie Le Clézio** *ne débouchent que sur l'incompréhension mutuelle, le ronronnement insignifiant, ou encore le silence.*

Et cependant la linguistique est la science pilote du XX*e* siècle. *La sémiologie structurale s'inspire de la méthode saussurienne. Pour* **Claude Lévi-Strauss, Michel Foucault, Roland Barthes** *ou* **Jacques Lacan**, *tout est signe. L'inconscient est un langage ; les manières de table, les mentalités, la façon de se vêtir, les meubles dont on s'entoure, les voitures où l'on s'exhibe, tout peut se décrire en termes empruntés à la linguistique. Est-ce à dire que* *depuis les excès du surréalisme le langage a déserté les mots... et que tout le reste est littérature ?*

Toutefois l'hiatus qui séparait la culture classique noble des formes courantes de l'expression orale tend à disparaître. Avec ***Louis-Ferdinand Céline, Émile Ajar (Romain Gary,*** *2e manière) comme avec* ***San Antonio, Alphonse Boudard,*** *le roman (pas seulement les personnages mais aussi le narrateur lui-même) abandonne le « beau style » des conventions académiques pour devenir un genre populaire.* ***Raymond Queneau,*** *à la suite du Malraux de la* Condition humaine *déjà, a tenté l'écriture phonétique ;* ***Jacques Prévert*** *s'exprime à l'aide des stéréotypes de l'école primaire,* ***Eugène Ionesco*** *avec l'humour involontaire des méthodes pour l'apprentissage accéléré des langues vivantes. Quant à Albert Camus, il utilise dans* L'Étranger *par exemple les structures syntaxiques naïves de l'écolier découvrant l'écriture. La démocratisation du langage, claironnée par Victor Hugo, s'est indéniablement accomplie au cours du XXe siècle. La culture a-t-elle suivi ?*

4. Vers une dictature des médias ?

E. Presley (1935-1977), le « King » du rock'n roll.

Si au temps d'Arthur Rimbaud par exemple il n'y avait pas de véritable coupure entre la culture enseignée à l'école et la pratique culturelle des artistes, au XXe siècle se développe un phénomène nouveau : en face de la culture officielle édictée par les universitaires qui règnent aussi, comme ***Gustave Lanson,*** *sur l'École Normale, et qui se trouve ratifiée par l'élaboration des programmes scolaires, se dressent diverses formes de culture, marginales comme l'infralittérature ou les circuits « underground », ou au contraire dominantes comme les best-sellers, la chanson et les films à succès ou les « dramatiques » télévisées françaises ou étrangères au pourcentage d'écoute très élevé.*

Aussi convient-il de distinguer **l'existence de plusieurs cultures** et de reconnaître que la religion de la culture en tant qu'entité unique et universelle, parée de tous les prestiges de la tradition humaniste tout en étant ouverte aux formes nouvelles de l'art, est une illusion plus pernicieuse que féconde[1]. Le café-théâtre s'adresse à un public spécifique et comporte un humour que tous n'apprécient pas ; les « groupes » pop, folk, punk, funk ou new-wave suivant les millésimes, n'offrent d'intérêt que dans la mesure où ils réunissent des jeunes au sein d'un clan d'où les adultes se sentent naturellement exclus ; la B.D., les « polars », la S.F. semblent de même avoir le pouvoir de retenir leurs « fans » autour d'un univers commun, une culture authentique et vivante où ils se reconnaissent. Autant de **cultures parallèles** donc, qui demeurent le plus souvent ésotériques pour les non initiés. Face à tout cela, l'hermétisme, avoué ou non, **d'une culture scolaire** dont le langage suppose, s'il n'est acquis par l'origine sociale, un apprentissage et une adaptation souvent inefficaces[2].

1. *Voir l'ouvrage de Claude* DUNETON, Anti-manuel de français. *Le Seuil, 1978.*
2. *Voir les recherches de Pierre* BOURDIEU *et Claude* PASSERON.

Cette culture n'obtient plus guère désormais que l'adhésion d'une fraction de la bourgeoisie, qui puise elle-même ses racines dans la tradition des clercs ou qui tente de s'approprier les valeurs esthétiques que l'Université consacre.

La télévision passe, quant à elle, pour une institution doublement menaçante sur le plan culturel : elle est dangereuse pour le prestige de l'école dans la mesure où elle propose une source d'information parallèle souvent plus attrayante, en tout cas plus moderne ; en relation étroite avec les désirs d'un public dont elle est économiquement et politiquement tributaire, elle risque d'autre part d'imposer un conformisme intellectuel et moral qu'illustre notamment la « mièvrerie » des présentateurs plébiscités au cours des multiples sondages.

5. Inquiétudes pour demain

L'Heure du crime.
Dessin de Gourmelin.

L'expérience montre que les systèmes politiques actuellement connus comportent tous le risque du dirigisme autoritaire sinon du totalitarisme : le développement d'une technocratie bureaucratique et l'hypertrophie du centralisme étatique condamnent l'individu à la standardisation, à la robotisation, voire à l'anonymat. L'informatique, le fichage, la normalisation et la modélisation sont sentis comme des menaces auxquelles le progrès irréversible de la science ne nous permet pas d'échapper.

Dès le début du siècle Freud parlait de « la fin d'une illusion » et du « malaise dans la civilisation ». Pourquoi ces angoisses millénaristes ? S'agit-il d'inquiétudes fondées ou d'un « discours de crise » appelé à renaître périodiquement et réactivé à chaque changement de siècle ? Sur le plan matériel, on pourrait certes rappeler avec **Konrad Lorenz** *« les huit péchés capitaux de notre civilisation », ou encore, avec* **Raymond Aron**, *« les désillusions du progrès », voire le « danger du progrès »* **(François de Closets)**, *« la civilisation du risque »* **(Patrick Lagadec)**. *Les périls sont en effet nombreux : énergie nucléaire peu ou pas maîtrisée, pollution, crise économique, chômage, épuisement des ressources naturelles, etc ; sur le plan médical, apparition de problèmes éthiques liés aux progrès thérapeutiques : euthanasie, insémination et naissances artificielles.*

Mais c'est surtout aux niveaux intellectuel et moral que le sentiment d'angoisse est le plus perceptible. Le dessinateur **Lauzier** *se moque du « certain malaise » qui atteint les idéologues post-soixante-huitards. Force est de reconnaître qu'il n'y a plus de croyances collectives sécurisantes, d'appareils idéologiques d'État suffisamment forts pour évacuer le doute : Dieu est mort et nos générations ont été marquées par la présence ou le souvenir de guerres atroces, de génocides, de goulags, « des camps de*

P. Picasso, *Guernica*, 1936.

concentration et du numéro matricule » **(Alain Robbe-Grillet).** *L'art abstrait lui-même, comme le reconnaît* **Paul Klee,** *est lié aux catastrophes que nos sociétés se sont imposées dès la Première Guerre mondiale.*

Certes l'avenir, extrapolé d'un présent sans sécurité, inquiète. Faut-il redouter « l'ère » dans laquelle nous entrons ? La science-fiction a tendance à entonner certains stéréotypes des revendications populaires et des clichés démagogiques. La littérature et l'art officiels hésitent entre la systématisation du scepticisme et l'autojustification plus ou moins sincère. Dans tous les cas, on peut remarquer que la mise en accusation du « système » n'est pas une idée neuve : « Époque *(la nôtre) : tonner contre elle. Se plaindre de ce qu'elle n'est pas poétique. L'appeler époque de transition, de décadence » (Flaubert,* Dictionnaire des idées reçues, *posth. 1911).*

BIBLIOGRAPHIE

Études

Jean FOURASTIÉ, *La Civilisation de 1995.* P.U.F., 1970.

Fernand BRAUDEL, *L'Identité de la France,* I et II. Arthaud, 1986.

René HUYGHE, *L'Art et le monde moderne.* Larousse, 1970.

EDWARD LUCIE-SMITH, *L'Art d'aujourd'hui.* Nathan, 1977.

Jean-Marie DOMENACH, *Enquête sur les idées contemporaines.* Le Seuil, 1981.

Pascal ORY, *Les Intellectuels en France.* A. Colin, 1986.

Revue des Sciences Humaines, « Écriture, féminité, féminisme », n° 4, 1977.

Roger FAYOLLE, *La Critique.* A. Colin, 1978.

Jean BELLEMIN-NOËL, *Psychanalyse et littérature.* P.U.F. (coll. « Que sais-je ? »), 1978.

Marcel RAYMOND, *De Baudelaire au Surréalisme.* José Corti, 1940.

Jean-Pierre RICHARD, *Onze Études sur la poésie moderne.* Le Seuil, 1964.

Pierre de BOISDEFFRE, *Les Poètes français d'aujourd'hui.* P.U.F (coll. « Que sais-je ? »), 1979.

Geneviève SERREAU, *Histoire du « nouveau théâtre ».* Gallimard (coll. « Idées »), 1966.

Bernard DORT, *Théâtre actuel.* Le Seuil, 1971.

Claude-Edmonde MAGNY, *Histoire du roman français depuis 1918.* Le Seuil, 1950.

Michel RAIMOND, *La Crise du roman, des lendemains du naturalisme aux années vingt.* José Corti, 1966.

Ire partie

LA LITTÉRATURE D'IDÉES

Le début du siècle a été marqué par une réaction à la fois idéaliste et spirituelle contre le matérialisme du siècle précédent. La psychanalyse, en mettant au premier plan la notion d'inconscient, devait peu après influencer le surréalisme, et bouleverser l'anthropologie traditionnelle. Le marxisme, l'existentialisme, puis le structuralisme, enfin les Nouveaux Philosophes eux-mêmes, vont dans une large mesure s'inscrire au sein d'un courant souvent pessimiste, toujours critique à l'égard des institutions, pratiquant davantage le doute que le respect de l'ordre.

D'un côté le mouvement nationaliste, florissant sous la houlette de Maurras, discrédité au moment de la Seconde Guerre mondiale, est toujours prêt à resurgir sous des aspects parfois proches du fascisme, de la xénophobie ou du racisme. De l'autre, le mouvement communiste est une tentation nouvelle pour les écrivains progressistes, mais l'engagement au sein d'un parti dogmatique, hiérarchisé ou sectaire, apparaît souvent comme contradictoire avec l'exigence de liberté individuelle.

Cette revendication a pris à notre époque deux visages : celui du féminisme, de plus en plus actif, et qui a développé à la fois la création de droits nouveaux et une expression littéraire foisonnante ; et celui de groupes sociaux, culturels ou ethniques, qui cherchent à affirmer leur autonomie : littérature et coutumes maghrébines, langues et traditions populaires des régions qui composent la France.

Le discours sur la littérature a suivi des chemins analogues ou contestataires. Tandis que la critique des revues au début du siècle pratiquait un éclectisme intelligent soucieux de comprendre les œuvres, l'après-guerre a été confrontée, dans le sillage de l'existentialisme, à une critique d'essence morale.

I LITTÉRATURE ET PHILOSOPHIE

Si la philosophie française du XIXe siècle a été largement effacée de la mémoire collective, excepté la tradition positiviste et les utopies sociales, la réflexion française contemporaine a connu des liens privilégiés avec la littérature et les arts. Que l'on songe à **Bergson** et à son influence sur *La Recherche du temps perdu,* aux liens entre le néothomisme[1] d'un **Maritain** et la vision du monde de Claudel, ou à l'existentialisme sartrien. Un lien organique profond semble animer toutes les productions de notre époque, malgré les ruptures épistémologiques et les crises permanentes du savoir. La recherche perpétuelle de nouvelles valeurs, le recul de Dieu et de l'Homme, la hantise du langage, voilà quelques clés pour comprendre le siècle.

1. Renouveau de la philosophie de saint THOMAS D'AQUIN (1227-1274), à partir de la fin du XIXe siècle.

1. De la durée bergsonnienne aux philosophies du christianisme

Le début du XXe siècle marqua une nette réaction contre le positivisme et le scientisme. Le « bagne matérialiste » dont parle Claudel trouva son meilleur antidote dans le retour au mystère et au sacré. **Le bergsonisme,** philosophie de l'intuition et de la durée, commence une brillante carrière, tandis que le christianisme inspire tour à tour **Maritain, Mounier, Simone Weil** et **Teilhard de Chardin,** ou provoque sur ses marges **Bataille** et **Blanchot.**

1

Bergson (1859-1941)

Intuition et raison

S'inspirant de la tradition spiritualiste antique et moderne, **Henri Bergson** voulut d'abord combattre l'intelligence conceptuelle au profit de **l'intuition ;** alors que le concept est un instrument pratique de la connaissance, l'intuition est à découvrir « à travers l'expérience spirituelle de la durée psychologique »[1]. Loin d'être une méthode, c'est une « expérience métaphysique », où le réel se donne à la conscience dans l'acte même de le saisir.

1. *François CHATELET,* La Philosophie, *III, p. 262.*

Henri Bergson, après des études à l'École Normale supérieure, où il fut condisciple de Jaurès, enseigna en province et à Paris, et termina sa carrière au Collège de France. **Ses leçons** y furent suivies par un immense public d'intellectuels et de femmes du monde. Le prix Nobel couronna son œuvre en 1928.

1889 : *Essai sur les données immédiates de la conscience.*

1896 : *Matière et Mémoire.*

1907 : *L'Évolution créatrice.*

1919 : *L'Énergie spirituelle.*

1922 : *Durée et Simultanéité* (sur les théories d'Einstein).

1932 : *Les Deux Sources de la morale et de la religion.*

Une leçon de Bergson au Collège de France. Illustration de R. Vincent, 1914.

La durée bergsonienne

Alors que l'entendement, « fonction essentiellement pratique, faite pour représenter des choses et des états plutôt que des changements et des actes », n'arrive à agir sur la matière qu'en ayant d'elle en quelque sorte une vue kaléidoscopique, faite de coupes instantanées, l'intuition prend conscience de l'existence vécue « sans avoir à passer par le raisonnement, ni par le langage, coupable de receler des pensées toutes prêtes ». **Opposant le Temps,** « concept bâtard dû à l'intrusion de l'idée d'espace dans le domaine de la conscience pure », **à la Durée,** mouvement pur et proprement spirituel, Bergson voit en cette dernière le propre du **moi profond** et créateur, de **l'élan vital,** de **l'évolution créatrice.**

Le succès de Bergson

Les symbolistes virent dans cette philosophie une assise à leur doctrine, Péguy une libération du scientisme. Mais c'est **Proust** qui fut considéré comme **l'écrivain bergsonien par excellence,** non sans malentendus semble-t-il.

Bergson et Proust

L'importance accordée à la « durée » dans *À la recherche du temps perdu*[1], et la distinction bergsonienne entre mémoire pure (celle de l'esprit) et mémoire d'habitude (celle du corps), qui semble se retrouver telle quelle chez Proust, rapprochent les deux créateurs. En réalité, les souvenirs dans *La Recherche* sont toujours ceux du corps, et ils n'apparaissent que par miracle dans le champ de la conscience, comme le montrent l'épisode de la madeleine ou celui des arbres d'Hudimesnil. La distinction entre la mémoire, liée à l'état du cerveau, et le souvenir, éternel, est d'ailleurs discutée par Proust dans *Sodome et Gomorrhe*[2]. Si le philosophe et l'écrivain sont tous deux soucieux de durée concrète, le second n'est pas le strict disciple du premier, et la conception du *Temps retrouvé* est parfaitement originale.

1. Voir p. 514.
2. Éd. de la Pléiade, tome II, page 985.

2 Maritain (1882-1973) et le néothomisme

L'influence de l'Église fut considérable sur les intellectuels au début du XXe siècle. La dialectique entre monde physique relevant de la science, et monde spirituel relevant de la foi, inspire toute une production littéraire, tandis que les conversions au catholicisme se multiplient sur deux générations[3].

Le néothomisme fut l'expression philosophique de ce renouveau, grâce en particulier à **Jacques Maritain** et à sa femme Raïssa. S'inspirant de saint Thomas d'Aquin, son enseignement influença des générations d'étudiants en France et aux États-Unis.

Parmi les ouvrages de Maritain, citons : *Distinguer pour unir ou les Degrés du savoir* (1932), *Humanisme intégral* (1936). *Principes d'une politique humaniste* (1945), *L'Intuition créatrice dans l'art et la poésie* (1955) et *Le Paysan de la Garonne* (1966).

3. Bourget, Brunetière, Verlaine, Huysmans, Péguy et Claudel pour la première ; Maritain, Rivière, Mauriac, Jacob, Reverdy, Ghéon, Cocteau, pour la seconde.

Le réalisme thomiste s'oppose aussi bien à l'intuition bergsonienne, qu'à la phénoménologie, qui toutes deux partent d'états de conscience comme moyens de connaissance. Le savoir pour Maritain est une pyramide hiérarchisée de savoirs particuliers, distinct de l'unité avec l'absolu métaphysique, que s'efforcent d'atteindre les mystiques. L'essentiel de cette pensée est **le lien infini qui rattache l'homme et son esprit à un ordre universel.** On retrouve une vision analogue chez Claudel.

3

Mounier (1905-1950) et Simone Weil (1909-1943)

À la génération suivante, les figures les plus marquantes d'une vision chrétienne du monde au service de l'action furent **Emmanuel Mounier** et **Simone Weil.**

En fondant la revue *Esprit* (1932), le premier témoigna de sa philosophie, **le personnalisme,** qui s'opposait aussi bien à l'individualisme qu'au totalitarisme. La personne est ce qui relie l'homme au monde aussi bien qu'à sa propre intériorité, dans une tension toujours présente.

Agrégée de philosophie, Simone Weil voulut partager la condition ouvrière, puis participer à la guerre d'Espagne aux côtés des républicains, non pas au nom d'un idéal politique mais par exigence spirituelle. *La Pesanteur et la Grâce, L'Enracinement, Oppression et Liberté,* tous posthumes, analysent de façon émouvante les aliénations du XXe siècle : l'obsession de l'histoire, le nationalisme, le pragmatisme, la révolution devenue elle-même opium du peuple. Simone Weil a en quelque sorte prolongé pour sa génération la pensée de Péguy.

4

Teilhard de Chardin (1881-1955) et le Point Oméga

Aux antipodes de l'inquiétude de ces penseurs, plus confiant dans **l'harmonie de l'univers, Pierre Teilhard de Chardin,** à la fois jésuite, anthropologue, philosophe et théologien, participa à de nombreuses expéditions ethnologiques et conçut, dans une série d'ouvrages longtemps tenus sous le boisseau par une Église trop prudente (*La Messe sur le monde,* 1923 ; *Le Milieu divin,* 1927 ; *Le Phénomène humain,* 1940), **une cosmologie** beaucoup plus audacieuse que celle du thomisme, plus moderne aussi, **qui place le « Christ cosmique » en Absolu,** nouant « au centre conscient de sa Personne et de son cœur, tout mouvement des atomes, des cellules, des âmes ». L'évolutionnisme biologico-mystique du Père Teilhard unit toute l'histoire du monde, de la nébuleuse initiale au Point Oméga, identifié au Christ cosmique, en passant par l'homme aujourd'hui. Cette épopée grandiose permet à celui-ci de se dégager des angoisses pascaliennes, pour participer à l'ordre de l'univers.

Beaucoup plus cependant que chez les philosophes et les théologiens, la pensée chrétienne s'est incarnée au XXe siècle dans la littérature, voie royale de l'expression des tensions entre le monde et Dieu, et où se retrouvent les courants séculaires de l'Église : optimisme de **Claudel,** élan mystique de **Péguy** et des poètes chrétiens du siècle, angoisse existentielle de romanciers comme **Bernanos, Green** ou **Mauriac,** ou de dramaturges comme **Gabriel Marcel.**

5 Aux marges du christianisme, Bataille (1897-1962) et Cioran (né en 1911)

Il peut sembler étrange de rapprocher de ces écrivains orthodoxes la figure sulfureuse de **Georges Bataille.** Pourtant tout l'univers mental et érotique de l'écrivain ne se comprend que dans un cadre chrétien, où culpabilité, sadisme et sublimation remplacent, comme chez Baudelaire, l'espérance en la Rédemption.

D'une pensée ample et difficile, le centre est **« l'expérience intérieure »,** qui évoque le « voyage au bout du possible », souffrance et jouissance à la fois, affirmation et négation du monde. Plongé dans une « nuit obscure » à la manière de saint Jean de la Croix[1], Bataille n'entrevoit aucun au-delà, sinon le « rire », l' « excès », la « dépense », la « jouissance », la « mort », autant de vocables pour dire la hantise de la transgression.

Séminariste dans sa jeunesse, archiviste-paléographe de formation, **Georges Bataille** fréquenta les philosophes et créa le « Collège de Sociologie sacrée » avec Roger Caillois[2] et Michel Leiris[3]. Il fonda plusieurs revues, dont *Acéphale,* puis *Critique* (1946).

1931 : *L'Anus solaire.*

1943 : *L'Expérience intérieure.*

1950 : *L'Abbé C.*

1955 : *Lascaux, ou la Naissance de l'art.*

1957 : *L'Érotisme. La Littérature et le Mal.*

1961 : *Les Larmes d'Éros.*

1965 : *Le Procès de Gilles de Rais.*

1966 : *Ma Mère. Madame Edwarda.*

1967 : *Histoire de l'œil. La Mort.*

On retrouve une semblable quête de l'absolu chez **Maurice Blanchot,** (né en 1907), plus circonscrite à la littérature : Hölderlin, Rilke, Kafka, Lautréamont, Mallarmé, hantent une œuvre obsédée par les notions de « vide », de « mort », ou d' « exil » (*La Part du feu,* 1949 ; *L'Espace littéraire,* 1955 ; *Le Livre à venir,* 1959).

À cette lignée d'auteurs pessimistes, ajoutons un de nos grands moralistes, le Roumain de langue française **Emmanuel Cioran.** Un mélange, selon ses propres dires, de « tact et d'enfer » caractérise cet héritier de Pascal et de Nietzsche. De *Précis de décomposition* (1949) à *De l'inconvénient d'être né* (1973), sept recueils d'aphorismes, d'essais, de fragments poétiques, donnent un avant-goût de l'apocalypse, non dénué d'humour, heureusement !

1. Mystique espagnol (1542-1591).
2. Voir p. 401.
3. Voir p. 445.

BIBLIOGRAPHIE

Éditions

BERGSON, *Œuvres complètes,* Éd. André ROBINET et Henri GOUHIER. P.U.F., 1959.

MOUNIER, *Le Personnalisme.* P.U.F., 1950.

WEIL, *La Pesanteur et la grâce.* Plon, 1947. — *La Condition ouvrière.* Gallimard, 1951.

TEILHARD DE CHARDIN, *Le Phénomène humain.* Le Seuil, 1955.

BATAILLE, *Œuvres complètes* (9 vol.). Gallimard, 1970-1979.

Études

GILSON, *Christianisme et philosophie.* Vrin, 1949.

Yvon BÉLAVAL, *Histoire de la philosophie.* Gallimard (bibl. de la Pléiade), 1974.

Claude TRESMONTANT, *Teilhard de Chardin.* Le Seuil (coll. « Les Écrivains de toujours »), 1956.

Colloque de Cerisy, *Georges Bataille.* 10/18, 1973.

2. Du « déclin de l'Occident » à l' « engagement »

1

La « crise de l'esprit » et la réaction des philosophes

Paul Valéry souligna, après la Grande Guerre, la **fragilité de la civilisation européenne,** avec ses valeurs universelles d'humanisme et de rationalité. Beaucoup d'écrivains de tradition suivaient le « parti de l'intelligence » d'**Henri Massis** (1886-1970), et rejetaient l'attrait que l'Orient commençait à exercer sur certains esprits[1]. D'autres, comme **André Malraux** (1901-1976), fasciné par la Chine et sa révolution, définissent l'homme non plus comme valeur abstraite, mais en termes de **condition,** en proie « à l'action, au sexe, à la mort » (Drieu La Rochelle). En même temps, Benedetto Croce en Italie et Oswald Spengler en Allemagne (avec son *Déclin de l'Occident,* 1920) contribuaient eux aussi au décentrement de la pensée occidentale.

Ce relativisme, et l'angoisse qui s'ensuit, poussa nombre d'intellectuels à se détourner des philosophies idéalistes au profit d'horizons comme l'**hégélianisme,** le **marxisme,** la **phénoménologie,** l'**existentialisme.**

La dialectique hégélienne, en particulier, à la fois processus logique et historique, fondée sur la réalité concrète et sur l'art, marqua des esprits aussi différents que **Jean-Paul Sartre, Raymond Queneau, Maurice Blanchot, Georges Bataille,** et, plus près de nous, **Michel Butor, Jacques Derrida** et **Philippe Sollers.** Dans son sillage, le marxisme philosophique a dominé, avec l'existentialisme, l'intelligentsia de 1945 à 1960 environ, inspirant les travaux de **Louis Althusser** sur l'idéologie, ceux de **Lucien Goldman** ou de **Claude Duchet** en « sociocritique », ou en histoire ceux de **Albert Soboul** sur la Révolution et de **Fernand Braudel** sur le monde méditerranéen.

1. *René* Guénon *en particulier, auteur de* L'Orient et l'Occident *(1924), Romain* Rolland, *auteur de* Gandhi *(1923), René* Grousset, *auteur d'une* Histoire de la philosophie orientale *(1920), et André* Malraux, *auteur de* La Tentation de l'Occident *(1926) et de* La Voie royale *(1930).*

Comme les arts, la philosophie, ou la littérature, **la science au XXe siècle** a connu de profondes révolutions. Dans *La Science et l'Hypothèse* (1902) et *La Valeur de la science* (1905), le mathématicien **Henri Poincaré** mettait en relief le caractère conventionnel, « commode », des théories scientifiques, tandis qu'**Édouard Le Roy** prétendait que les faits scientifiques sont fabriqués par l'esprit. En même temps les conceptions de **Albert Einstein** sur la relativité, de **Jean Perrin** sur les atomes, de **Louis de Broglie** sur la mécanique ondulatoire, etc., ont transformé le champ des physiciens. En biologie, la grande révolution a été la découverte en 1953 du code génétique, porté par un composant du noyau cellulaire, l'ADN. **Jacques Monod,** en 1970, dans *Le Hasard et la Nécessité,* a proposé une théorie « aléatoire » de l'évolution, qui niait tout rôle d'une force quelconque (Dieu, Histoire, Vie), dans le processus conduisant à l'Homo sapiens.

Ainsi la science moderne contribue-t-elle à déloger l'homme de ses certitudes métaphysiques séculaires, tendance qui semble un écho de l'Absurde contemporain.

Jean Perrin dans son laboratoire.

2

Sartre (1905-1980) et l'existentialisme

« Toute conscience est conscience de quelque chose »

Au départ de la philosophie de **Jean-Paul Sartre,** il y a la découverte d'Edmund Husserl (1859-1938). Considérant qu'il existe[1] une rationalité philosophique qui se propose d'atteindre, au-delà du sensible, des **essences immuables,** le philosophe fonde d'abord sa phénoménologie sur l' « intentionnalité » de la conscience, son orientation spontanée vers le monde des choses et du vécu. Sa tâche consiste alors à décrire les essences en procédant à la « réduction eidétique » ou « époché », c'est-à-dire à la mise entre parenthèse de la « valeur d'être » accordée par la conscience au monde, pour atteindre « le phénomène universel du monde existant pour moi ».

1. *Dans ses* Recherches logiques *(1901).*

Issu d'un milieu de bourgeoisie cultivée, **Jean-Paul Sartre** perd très tôt son père. Il habite alors avec sa mère chez son grand-père Schweitzer, cousin du célèbre organiste et médecin Albert Schweitzer. L'École Normale supérieure et l'agrégation de philosophie couronnent de brillantes études, faites en compagnie notamment de Raymond Aron, de Paul Nizan et de Simone de Beauvoir. Une année passée en Allemagne en 1933 lui fait découvrir Heidegger et la phénoménologie. Sartre enseigne ensuite jusqu'à la guerre au Havre et à Paris, publie ses premières œuvres qui font sensation. Fait prisonnier en 1940, il est libéré l'année suivante. Il fonde *Les Temps modernes* après la guerre avec un groupe d'amis, et devient le pape de l'existentialisme et de l'engagement. Ayant quitté l'enseignement après la guerre, il milite aux côtés du P.C., sans jamais y adhérer, en faveur de toutes les causes des droits de l'homme et des peuples dans le monde, en particulier lors de la guerre d'Algérie. Les événements de 1968 le tirent de sa retraite : on le voit aux côtés des militants de *La Cause du peuple.* Puis l'âge et la maladie ont raison du vieux philosophe, toujours ouvert à tous, et toujours actif, dont on constata encore la popularité au moment de ses obsèques, suivies par des milliers de personnes.

1936 : *L'Imagination.*

1938 : *La Nausée.*

1939 : *Le Mur. Esquisse d'une théorie des émotions.*

1940 : *L'Imaginaire.*

1943 : *L'Être et le Néant. Les Mouches.*

1944 : *Huis clos.*

1945 : *L'Âge de raison. Le Sursis.*

1946 : *L'existentialisme est un humanisme. Baudelaire. La Putain respectueuse.*

1947 : *Situations I* (littérature et philosophie).

1948 : *Les Mains sales. L'Engrenage. Situations II (Qu'est-ce que la littérature ?).*

1949 : *La Mort dans l'âme. Situations III.*

1951 : *Le Diable et le Bon Dieu.*

1952 : *Saint Genet, comédien et martyr.*

1954 : *Kean.*

1955 : *Nekrassov.*

1959 : *Les Séquestrés d'Altona.*

1960 : *Critique de la raison dialectique.*

1963 : *Les Mots.*

1964 : *Situations IV, V, VI* (littérature et politique).

1965 : *Les Troyennes* (d'après Euripide). *Situations VII.*

1970 : *Les Écrits de Sartre* (textes retrouvés).

1971 : *L'Idiot de la famille I et II.*

1973 : *L'Idiot de la famille III. Situations VIII et IX.*

1973 : *Un théâtre de situations.*

1976 : *Situations X.*

1983 : *Cahier pour une morale. Carnets de la drôle de guerre* (posthumes).

Pour Sartre, le mérite de Husserl est de **réintroduire les catégories affectives** dans l'ontologie : « Husserl a réinstallé l'horreur et le charme dans les choses. Il nous a restitué le monde des artistes et des prophètes », tout en nous délivrant de la « vie intérieure ».

À l'époque de *La Nausée* (1938), Sartre abandonne la « réduction eidétique » au profit de la **présence existentielle,** dont son personnage, Roquentin, prend conscience devant le fameux marronnier du jardin public de Bouville : « Tout d'un coup, c'était là, c'était clair comme le jour : l'existence s'était soudain dévoilée... c'était la pâte même des choses, cette racine était pétrie dans de l'existence » (p. 162). L'Homme lui-même est un existant, qui prend conscience de cette existence avec horreur : « C'est moi qui me tire du néant auquel j'aspire : la haine, le dégoût d'exister, ce sont autant de manières de me faire exister. »

P. Mondrian, *L'Arbre*, 1909-1910.

Le néant et la liberté.

Dans *L'Être et le Néant* (1943), Sartre donne un exposé complet de sa doctrine. **La négativité,** tapie au cœur de la conscience, en est l'être-même. Acte et non état, elle permet aux **en-soi**[1], opaques par essence, d'advenir à eux-mêmes. En même temps, elle a pour condition la liberté humaine, qui « précède l'essence de l'homme et la rend possible ». L'homme n'est point **d'abord** pour être libre **ensuite, son être est son être-libre.**

Il s'ensuit que la liberté n'est pas un donné, elle est perpétuellement **choix,** toujours **engagée,** obligée de choisir d'être ; mais en même temps, participant de la contingence, elle est **choix absurde** par définition. Pour échapper à l'angoisse, « mode d'être de cette liberté », l'homme s'aliène dans la « **mauvaise foi** », « art de former des concepts contradictoires ». Sartre illustre ces notions par la célèbre description du garçon de café, qui « joue avec sa condition pour la réaliser ».

1. **L'en-soi,** *c'est la chose, opaque à elle-même, qui est ce qu'elle est ;* **le pour-soi** *est au contraire ce qu'il n'est pas et n'est pas ce qu'il est, réalité de la conscience souffrante dans son être. Dieu est à la fois en-soi et pour-soi.*

Le regard de l'autre

Chaque homme est une aliénation pour autrui, mais aussi un **révélateur de liberté :** « Il suffit qu'autrui me regarde pour que je sois ce que je suis », pour lui, non pour moi-même ; je deviens un « être-regardé » au milieu du monde. Mais aussi, autrui me révèle mon impossibilité d'être un objet, sinon pour une autre liberté.

Dans l'épreuve du regard, en m'éprouvant comme objectivité, j'éprouve la subjectivité d'autrui, et donc sa liberté.

De cette conception de la relation à autrui, Sartre tire une vision racinienne de l'amour, qui porte dans son être la racine de la destruction, et qu'il a illustrée dans *Huis clos* (1944).

L'engagement

Dans *L'existentialisme est un humanisme* (1946), Sartre corrige ces perspectives. L'angoisse, loin d'être paralysante, fait partie de l'action elle-même : **« L'homme n'est rien d'autre que son projet »** et par ses choix, il choisit pour tous les hommes. **L'universalité humaine est non dans son essence mais dans sa condition.**

Par la suite, sous la pression de l'histoire et de la « rumination » de Freud et de Marx, Sartre modifiera sa conception quelque peu théorique de la liberté. « Qu'on n'aille pas nous faire dire surtout que l'homme est libre dans toutes les situations, comme le prétendaient les stoïciens. Nous voulons dire exactement le contraire ; à savoir que les hommes sont tous esclaves en tant que leur expérience vitale se déroule dans le champ pratico-inerte et dans la mesure où ce champ est originellement conditionné par la rareté » *(Critique de la raison dialectique,* 1960, p. 369).

L'existentialisme sartrien fit scandale après la guerre, sans doute parce qu'il s'opposait à la fois à l'optimiste humaniste de nombreux penseurs de l'entre-deux-guerres, et aux « lendemains qui chantent » de la philosophie marxiste officielle. À distance, on y retrouve pourtant des traits bien français : un pessimisme digne de Pascal et de La Rochefoucauld ; le goût de l'analyse psychologique et de la casuistique amoureuse, érigée en démarche philosophique grâce à la phénoménologie allemande ; la passion pour le théâtre parce que le conflit est au cœur du système (En-soi/Pour-soi, Je/Autrui, Liberté/-Mauvaise Foi, etc.).

BIBLIOGRAPHIE

Édition

SARTRE : toute l'œuvre chez Gallimard.

SARTRE, *Œuvres romanesques,* Éd. Michel CONTAT et Michel RYBALKA. Gallimard (bibl. de la Pléiade), 1981.

Études

Michel CONTAT et Michel RYBALKA, *Les Écrits de Sartre, Chronologie.* Gallimard, 1970.

François GEORGE, *Sur Sartre.* Bourgois, 1976.

Obliques : Sartre, n° 18-19, 1979 ; *Sartre et les arts,* n° 24-25, 1981.

Annie COHEN-SOLAL, *Sartre 1905-1980.* Gallimard, 1985.

3 Camus (1913-1960) entre absurde et révolte

Les proses les plus somptueuses d'**Albert Camus** se trouvent sans doute dans *Noces* (1939) et *L'Été* (1954). L'accord parfait entre un paysage, une humeur, et une méditation sur le destin, s'y exprime avec une qualité que l'auteur devait rarement atteindre ailleurs. Mais l'essentiel de Camus penseur n'est pas là.

Albert Camus est né à Mondovi en Algérie, et il a juste un an quand son père meurt à la guerre. Désormais, il vivra seul avec sa mère, dans un quartier pauvre d'Alger. Boursier, il poursuit après le lycée des études de philosophie. Il exerce divers métiers notamment celui de courtier maritime. Mais c'est surtout le théâtre qui l'attire. Avant de devenir journaliste à *Alger républicain,* il fonde le « Théâtre du travail », pour lequel il rédige *Révolte dans les Asturies.* Paraissent ensuite une autre pièce, *Caligula,* des essais philosophiques et poétiques. Lorsque la Seconde Guerre éclate, sa santé ne lui permet pas de s'engager. Il dirigera quelque temps le journal *Combat* avec Pascal Pia. Un nouvel essai, *L'Homme révolté* (1951), engendre une vive polémique et aboutira à la rupture avec les existentialistes. Il publie d'autres essais : *Actuelles, L'Été,* s'engage aux côtés de Koestler et de Bloch-Michel dans les *Réflexions sur la guillotine.* Après avoir reçu le prix Nobel en 1957, Camus meurt accidentellement en 1960.

1936 : *Révolte dans les Asturies.*

1937 : *L'Envers et l'Endroit.*

1939 : *Noces.*

1942 : *L'Étranger. Le Mythe de Sisyphe.*

1944 : *Caligula. Le Malentendu.*

1945 : *Lettres à un ami allemand.*

1947 : *La Peste.*

1948 : *L'État de siège.*

1950 : *Actuelles I. Les Justes.*

1951 : *L'Homme révolté.*

1953 : *Actuelles II.*

1954 : *L'Été.*

1956 : *La Chute.*

1957 : *L'Exil et le Royaume. Réflexions sur la guillotine.*

1958 : *Actuelles III. Discours de Suède.*

1962 : *Carnets* (2 vol. ; posthume).

1971 : *La Mort heureuse (posthume).*

« Un exil sans recours »[1]

Dès les premières proses de Camus, réunies dans *L'Envers et l'Endroit* (1937), on trouve la « source unique » qui devait alimenter tout l'œuvre. Qu'il s'agisse de vieillards dans un asile, d'une mère silencieuse, de la misère des quartiers pauvres d'Alger, ou de souvenirs de voyage à Prague ou en Italie, partout éclate cette évidence qu'« **il n'y a pas d'amour de vivre sans désespoir de vivre** », qu'allaient systématiser les deux essais : *Le Mythe de Sisyphe* (1942) et *L'Homme révolté* (1951).

L'intuition vécue s'enrichit de la culture philosophique (Nietzsche, Kierkegaard, Husserl, Heidegger) et littéraire (Dostoïevsky, Kafka, Malraux), pour mieux cerner le sens de la vie. Avec des accents pascaliens, Camus décrit le rythme de l'existence humaine, la mécanisation de nos gestes, l'**étrangeté du monde** par rapport à l'angoisse de la mort. La figure de Sisyphe, condamné par les dieux à rouler sans trêve au sommet d'une montagne un rocher qui retombe toujours, incarne l'effort pour assumer le faix de la vie humaine.

1. Le Mythe de Sisyphe, *Gallimard (bibl. de la Pléiade), p. 101.*

« *Les Fils de Caïn* »[1]

À cette problématique individuelle, ***L'Homme révolté*** (1951) ajoute une **dimension collective.** Au-delà de l'absurde, il s'agit pour les hommes, dans une sorte de nouveau *cogito,* de se révolter pour être, condition d'une nature humaine, **créatrice de valeurs.**

Camus examine d'abord la révolte métaphysique, à travers une lecture de la Bible, de Sade, de Nietzsche, de Lautréamont et du surréalisme. Puis il analyse la révolte historique, à partir d'événements comme la Révolution française ou la Révolution russe, de personnages comme Hitler ou Lénine, d'écrivains comme Dostoïevsky ou Simone Weil, de figures mythiques comme Prométhée. Un trop court chapitre décrit les rapports entre révolte et art, tandis que la fin de l'essai oppose en dernier ressort révolte et révolution.

En 1957, le *Discours de Suède* devait reprendre de façon synthétique la tension camusienne entre art et liberté, renouveler le refus d'un engagement absolu de l'écrivain au service d'une cause, et plaider pour une réconciliation entre les hommes.

L'Homme révolté devant la critique

À sa publication, *L'Homme révolté* déplut à beaucoup d'intellectuels, en particulier à Sartre et au groupe des *Temps modernes,* qui reprochaient à son auteur de défendre des positions anti-historiques, de négliger le rôle de l'économie dans les révolutions, et plus généralement de faire preuve de « transcendantalisme ». Camus répondit par une série de lettres, recueillies dans *Actuelles II,* dont voici le thème essentiel : « La vérité qu'il faut récrire et réaffirmer en face de votre article est que mon livre ne nie pas l'histoire (négation qui serait dénuée de sens) mais critique seulement l'attitude qui vise à faire de l'histoire un absolu. Ce n'est pas l'histoire qui est donc rejetée, mais une vue de l'esprit quant à l'histoire. » Par la suite la brouille avec Sartre s'accentua avec le « silence » de Camus sur la guerre d'Algérie, déchiré entre ses positions anticolonialistes et son amour pour sa terre natale.

L'existentialisme ne se borne pas à Sartre ni à Camus ; Maurice Merleau-Ponty (1908-1961) en particulier, dans *Structures du comportement* (1942) et *Phénoménologie de la perception* (1945), fut obsédé par l'idée de contingence. Comme Sartre, il « pencha » vers le communisme sans jamais y tomber, révisant sans cesse ses jugements (*Aventures de la dialectique,* 1955).

1. *Titre d'un chapitre de* L'Homme révolté, *Gallimard (bibl. de la Pléiade), p. 438.*

BIBLIOGRAPHIE

Édition

CAMUS, *Théâtre, récits, nouvelles,* Éd. Roger QUILLIOT. Gallimard (bibl. de la Pléiade), 1962.

CAMUS, *Essais,* Éd. Roger QUILLIOT et Louis FAUCON. Gallimard (bibl. de la Pléiade), 1966.

Études

Jacqueline LEVI-VALENSI, *Les Critiques de notre temps et Camus.* Garnier, 1970.

Roger QUILLIOT, *La Mer et les Prisons.* Gallimard, 1970.

Étienne BARILIER, *Albert Camus : littérature et philosophie.* Lausanne, L'Âge d'homme, 1977.

3. L'influence du structuralisme

L'attrait de l'existentialisme, avec ses corollaires obligés, réflexion sur la condition humaine et engagement politique, déclina dans les années 1960, sous le double coup de boutoir du **structuralisme** en philosophie, et du « **Nouveau Roman** » en littérature[1].

À partir du moment où les penseurs, à l'instar de Lacan, ont dit, non pas *Je parle,* mais *Ça parle,* le sujet est mort, comme Dieu au siècle précédent, avec Marx et Nietzsche... L'homme était non seulement chassé de sa place au centre de l'univers pensant, mais il se trouvait traversé par des courants organisés suivant des schémas préétablis, sur lesquels il n'avait pas de prise.

Malgré leurs disparités, **Claude Lévi-Strauss** l'ethnologue, **Michel Foucault** l'historien du savoir, **Jacques Lacan** le psychanalyste et, dans une certaine mesure, **Roland Barthes** le sémiologue, ont représenté, parfois malgré eux, le structuralisme, dans sa version à l'usage du grand public et des médias, jouant curieusement le rôle que les romanciers et maîtres à penser assumaient pour les générations précédentes.

1. *Voir p. 561.*

1 Lévi-Strauss (né en 1900) et la pensée sauvage

Claude Lévi-Strauss fut révélé par *Tristes Tropiques* (1955), qui racontait de manière mélancolique et pittoresque sa vocation d'ethnologue. L'auteur est avant tout sensible aux lois qui régissent les systèmes sous-tendant les relations sociales, lois qui se réduisent à un nombre fini de combinaisons d'éléments partout identiques, chaque civilisation étant marquée pourtant par un « style » original. Par la suite, Lévi-Strauss devait affiner sa réflexion sur les sociétés et les mythes, reconstruisant la logique interne des pensées « sauvages », fondées sur des catégories concrètes.

1949 : *Structures élémentaires de la parenté.*
1952 : *Race et histoire.*
1955 : *Tristes Tropiques.*
1958 : *Anthropologie structurale I.*
1962 : *La Pensée sauvage.*
1964-1971 : *Mythologiques (Le Cru et le Cuit ; Du miel aux cendres ; De l'origine des manières de table ; L'Homme nu).*
1973 : *Anthropologie structurale II.*
1983 : *Le Regard éloigné.*
1985 : *La Potière jalouse.*

2 Lacan (1901-1980) ou l'inconscient structuré comme un langage

On retrouve, dans un autre champ du savoir, des vues analogues chez **Jacques Lacan** et Roland Barthes. Parti de la médecine psychiatrique et de la fréquentation des peintres et des écrivains surréalistes, Lacan devait incarner une révolution psychanalytique fondée sur un « retour à Freud », qui était plutôt une reformulation, ou même parfois une formulation tout court, des concepts du maître de Vienne, à partir de la linguistique saussurienne (voir p. 406).

Lacan à la faculté de Droit, en 1971.

Il faut, pour comprendre le personnage, distinguer l'œuvre de Lacan de l'« effet Lacan », fondé sur la transmission d'une parole en marge de la psychanalyse officielle (d'où des brouilles régulières avec les institutions), de plus en plus ésotérique au fil des ans, qui fascina écrivains et penseurs dans les années 60 et 70. Lacan marqua l'écriture de la période non seulement par ses concepts (réel, imaginaire, symbolique ; inconscient « structuré comme un langage », etc.), mais aussi, et surtout, par son vocabulaire et ses tics de style, empruntés au dernier Mallarmé, le tout au nom d'une problématique mimésis de l'inconscient.

Il reste une œuvre abondante, en partie publiée, rassemblée d'abord dans les célèbres *Écrits* (1966), puis dans la série, inachevée, des *Séminaires*. Ceux-ci couvrent l'ensemble des concepts psychanalytiques. Lacan a, en quelque sorte, remplacé le soubassement biologique de la psychanalyse freudienne par un soubassement linguistique.

L'histoire du Séminaire selon un témoin

« Si la psychanalyse n'est ni religieuse, ni magique, ni sémantique, qu'est-elle devenue ? La science de la cause matérielle, c'est-à-dire du signifiant. La théorie de l'objet petit-a, le fameux objet déchu. Mais surtout, une science qui peut communiquer son savoir, ce que ne peut faire la magie, et ce à quoi se refuse la religion. D'où la nécessité d'une "forme logique donnée à ce savoir"... On distinguera deux époques dans l'ère des schémas. L'Ère Primaire, archaïque, où le Maître se contentait de représentations en deux dimensions, traits, flèches, points, sigles. Et l'Ère Secondaire, quand il s'avisa que les deux dimensions ne permettaient pas de faire comprendre au public de son séminaire la théorie de l'inconscient tel qu'il la concevait : une structure sans envers ni endroit. »

Catherine Clément, *Vies et légendes de Jacques Lacan*. Grasset, 1981

3 Barthes (1915-1981) ou le plaisir du texte

Les systèmes de référence de **Roland Barthes** sont multiples et ont occupé tout le champ des sciences humaines et de la philosophie.

Par exemple dans les ***Mythologies*** (1957), il analyse en de courtes pages, qui ne sont pas sans rappeler les *Propos* d'Alain, **les soubassements idéologiques**, au sens marxiste, **des mythes modernes** véhiculés par les médias (« La Croisière du sang bleu, Le Visage de Garbo, Le Bifteck et les frites... »), ou amorce une réflexion qui s'épanouira dans les *Essais critiques*, consacrés surtout au théâtre, en particulier à Brecht et ses théories.

En même temps, dans ***Michelet par lui-même*** (1954), Barthes inaugure **une psychanalyse textuelle** (approfondie ensuite dans le ***Sur Racine***, 1963, qui déchaîna une célèbre querelle dans l'Université), plus proche des analyses de Mauron et de Richard que de la psychanalyse appliquée de Freud[1].

La troisième méthode, la plus féconde, fut **la sémiotique** exposée dans *Le Degré zéro de l'écriture* (1953), et dont l'illustration se trouve

1. *Voir p. 402.*

dans *Le Système de la mode* (1967), mais aussi dans *S/Z* (1970), étude d'une nouvelle de Balzac, *Sade, Fourier, Loyola* (1971), et *L'Empire des signes* (1970), sur le Japon.

Se destinant au professorat, **Roland Barthes,** comme Camus, en fut d'abord écarté par une tuberculose précoce. Une carrière de critique, d'écrivain, de professeur aux Hautes Études et au Collège de France, lui permit de faire connaître une réflexion ininterrompue et gourmande sur le langage et les systèmes de signes.

1953 : *Le Degré zéro de l'écriture.*

1954 : *Michelet par lui-même.*

1957 : *Mythologies.*

1963 : *Sur Racine.*

1964 : *Essais critiques.*

1967 : *Le Système de la mode.*

1970 : *S/Z. L'Empire des signes.*

1971 : *Sade, Fourier, Loyola.*

1973 : *Le Plaisir du texte.*

1975 : *Roland Barthes par Roland Barthes.*

1977 : *Fragments d'un discours amoureux.*

1980 : *La Chambre claire.*

1982 : *L'Obvie et l'Obtus, essais critiques III* (posthume).

1985 : *L'Aventure sémiologique* (posthume).

1986 : *Incidents* (journal, août-septembre 1979 ; posthume).

La dernière étape de l'œuvre fut, à partir de *Le Plaisir du texte* (1973), **le triomphe grandissant d'une subjectivité,** enrichie certes de tous les apports antérieurs, mais qui s'abandonnait de plus en plus à des objets d'étude colorés par l'affectivité, abordés non plus systématiquement, mais à travers le prisme très personnel du fragment : *Roland Barthes par Roland Barthes* (1975), *Fragments d'un discours amoureux* (1977), *La Chambre claire* (1980 ; sur la photographie), et des articles recueillis dans *Le Grain de la voix* et *L'Obvie et l'Obtus* (1982) illustrent cette dernière manière. Ainsi se faisait jour une vérité : plus encore qu'un théoricien et un critique, Barthes était un **écrivain,** à l'écriture inimitable quoique beaucoup pastichée, sans doute trop occupé à goûter le sens pour s'abandonner librement aux tentations de l'imaginaire[1].

Roland Barthes vu par lui-même

« Au carrefour de toute l'œuvre, peut-être le Théâtre : il n'y a aucun de ses textes, en fait, qui ne traite d'un certain théâtre, et le spectacle est la catégorie universelle sous les espèces de laquelle le monde est vu. Le théâtre tient à tous les thèmes apparemment spéciaux qui passent et reviennent dans ce qu'il écrit : la connotation, l'hystérie, la fiction, l'imaginaire, la scène, la vénusté, le tableau, l'Orient, la violence, l'idéologie (que Bacon appelait un « fantôme de théâtre »). Ce qui l'a attiré, c'est moins le signe que le signal, l'affiche : la science qu'il désirait, ce n'était pas une sémiologie, c'était une *signalétique.* »

Roland Barthes par Roland Barthes, Le Seuil, 1975

1. *La mort a empêché* Barthes *d'écrire le roman que, paraît-il, il projetait.*

4

Foucault (1926-1981) ou l'archéologie de l'histoire

Moins sensible à la synchronie qu'à la diachronie, **Michel Foucault** a voulu saisir, dans le tissu serré de l'histoire, « l'archéologie du savoir », comme l'annonce le titre d'un de ses livres.

Histoire de la folie à l'âge classique (1961) dénonce la distinction, faite à partir du XVIᵉ siècle, entre raison et déraison, et le « grand enfermement » qui s'en est suivi des malades mentaux, des marginaux, et des jeunes. ***Les Mots et les Choses*** (1966) prolongent le propos en englobant l'analyse du pouvoir de la Raison, dans les trois domaines de la grammaire, de l'analyse des richesses et de l'histoire naturelle, et en montrant les limites historiques de la notion d'Homme (XVIᵉ-XIXᵉ siècles). ***L'Archéologie du savoir*** (1969) étend l'analyse en examinant minutieusement l'histoire de l'« épistémé » occidentale, tandis que l'***Histoire de la sexualité*** fait l'historique de la répression du désir (1, *La Volonté de savoir,* 1975 ; 2, *L'Usage des plaisirs,* 1984 ; 3, *Le Souci de soi,* 1984).

Militant autant que philosophe, Foucault s'est écarté du strict structuralisme pour distinguer dans l'histoire de la civilisation occidentale les soubassements idéologiques qui la fondent.

5

La nouvelle historiographie

Des soucis analogues se retrouvent chez les historiens. À l'histoire surtout factuelle du début du siècle, marquée par le positivisme, s'est substitué, avant et après la guerre, un intérêt pour les phénomènes de longue période, en marge des événements politiques et militaires.

C'est ainsi que **Henri Berr** (1863-1954), **Lucien Febvre** (1878-1956) et **Marc Bloch** (1886-1944) furent les premiers, avec l'École des Annales, à s'intéresser aux mentalités, aux techniques.

Depuis lors, l'histoire s'est enrichie des rigueurs de la science économique avec l'étude des conjonctures **(Ernest Labrousse),** des structures économiques **(Robert Mandrou),** de la démographie **(Pierre Goubert).** La sociologie, la linguistique et l'informatique ont permis de nouveaux types d'études, aboutissant à de grandes synthèses sur une aire géographique (*La Méditerranée et le monde méditerranéen au temps de Philippe II,* 1966, de **Fernand Braudel**), une société (*Les Trois Ordres, ou l'Imaginaire du féodalisme*, 1978, de **Georges Duby**), ou une structure permanente (*L'Idéologie tripartie des Indo-Européens,* 1958, de **Georges Dumézil**).

BIBLIOGRAPHIE

Éditions

LÉVI-STRAUSS, toute l'œuvre chez Plon, depuis 1955.

LACAN, *Écrits.* Le Seuil, 1966-1971. — *Séminaire,* Le Seuil, 1972-1978 (5 vol. parus).

BARTHES, toute l'œuvre au Seuil, 1953-1983.

FOUCAULT, toute l'œuvre chez Gallimard, 1966-1983.

LE ROY LADURIE, *Le Territoire de l'historien.* Gallimard, 1973.

BRAUDEL, *Les Hommes et les Choses, l'identité de la France.* Arthaud-Flammarion, 1986.

Études

Raymond BELLOUR et Catherine CLÉMENT, *Claude Lévi-Strauss,* Gallimard, 1979.

Angèle KRENSLER-MARIETTI, *Lacan ou la Rhétorique de l'inconscient.* Aubier-Montaigne, 1978.

François ROUSTANG, *Lacan, de l'équivoque à l'impasse*, Éd. de Minuit, 1986.

Colloque de Cerisy, *Prétexte : Roland Barthes.* 10/18, 1978.

Annie GUEDEZ, *Foucault.* Éd. Universitaires, 1972.

II LITTÉRATURE ET POLITIQUE

L'histoire agitée du XXe siècle a trouvé un profond écho chez les intellectuels, plus encore qu'au siècle précédent. C'est d'ailleurs à la Belle Époque que le mot prend son essor, dans le grand débat de **l'affaire Dreyfus.** Les écrivains sont sommés d'avoir une opinion sur les problèmes de l'heure, et de témoigner au nom de la morale et de la justice. Et quand ils ont prétendu « rester au-dessus de la mêlée », selon le mot de Romain Rolland, l'Histoire s'est chargée de les rappeler à l'ordre.

Caricature de Caran d'Ache, déb. XXe s.

Chacune des trois grandes époques du siècle a connu un clivage très net entre les forces de conservation des valeurs sociales et politiques d'une part, et les courants réformistes ou révolutionnaires d'autre part. Avant 1914, c'est évidemment l'affaire Dreyfus qui partage les esprits, mais aussi **la montée du militarisme.** Dans l'entre-deux-guerres, les Français sont écartelés entre les prestiges du **fascisme,** ceux de **la Révolution russe,** et la défense de **la démocratie.** Après la Libération, la mode est à l'engagement, et **le marxisme,** sous ses formes théoriques et ses incarnations politiques, domine assez largement l'intelligentsia, jusqu'à ce que la déstalinisation dessille les esprits. En même temps, **la question coloniale** se pose avec continuité, jusqu'à son dénouement sous la Ve République.

1. Les luttes idéologiques avant 1914

1

L'affaire Dreyfus et ses remous

Les conséquences de l'affaire Dreyfus furent durables et complexes chez les écrivains. Du côté dreyfusard, **Anatole France** et **Charles Péguy** par exemple connurent des hésitations et des retournements assez notables.

Le premier, par haine des réactions de la foule, mais aussi par sympathie pour le socialisme de Jaurès, écrivit des articles, réunis en 1906 dans *Vers des temps meilleurs,* où l'on voit traitées l'Armée et l'Église de « forces obscurantistes ». Pourtant France remarquait que le triomphe des dreyfusards ne changeait rien à l'iniquité sociale, et, jusqu'à sa mort en 1919, il devait témoigner pour la paix et le communisme.

Le Cake-walk Jaurès-Dreyfus.

Pour Péguy aussi, l'affaire fut un drame personnel. Bien que sa Librairie socialiste ait été une officine dreyfusarde, le poète se trouva dépassé par Léon Blum et Lucien Herr, ses amis, soucieux de lutte anticléricale et antimilitariste, ce qui le conduisit, dans ses *Cahiers,* à la célèbre **distinction entre mystique et politique.** Il alla jusqu'à regretter que Dreyfus ait accepté sa grâce, que Jaurès ait cherché à travers lui à faire carrière. En 1910, la lucide analyse de Daniel Halévy, *L'Apologie pour notre passé,* lui inspire le furieux pamphlet *Notre jeunesse,* où les saints et les héros de l'Église rejoignent les socialistes des années 90.

Dans l'autre camp, **Charles Maurras** (1868-1952) déchaîna une polémique d'une extrême violence lors de « l'affaire », en voyant dans les campagnes dreyfusardes une atteinte à l'armée et à la primauté de l'État.

Marqué dans sa jeunesse aixoise par le positivisme et le paganisme, **Charles Maurras** découvre la Grèce, dont il exaltera les valeurs contre le romantisme (*Barbarie et poésie,* 1925). *L'Enquête sur la monarchie* (1900), à la fois historique, rationnelle et mystique, fonde sa doctrine politique, qu'il diffusera dans son journal *L'Action française* (1908-1944). Entouré de Léon Daudet, Jacques Bainville, Jules Lemaître, soutenu par Paul Bourget et Maurice Barrès, Maurras y appuiera tour à tour la « Revanche », les réparations, l'Italie fasciste, Franco, Munich (1938), refusera le Traité de Versailles et la déclaration de guerre et terminera dans la collaboration avec Vichy et l'occupant allemand après 1940. Par ailleurs, agnostique et païen, Maurras voyait en l'Église surtout une force de cohésion sociale, ce qui fit condamner le mouvement par Pie XI en 1926.

2

Pacifisme et militarisme

Autre conflit majeur de l'époque, celui entre pacifisme et militarisme, le premier incarné par Jaurès et les socialistes, le second par l'Action française et la Ligue de la Patrie française, présidée par Barrès. Seul Charles Péguy fut socialiste *et* militariste, en fidèle d'une tradition qui va de Jeanne d'Arc à Napoléon en passant par les soldats de l'An II ; avec, il est vrai, Ernest Psichari (1883-1914), petit-fils de Renan, qui dans *L'Appel aux armes* (1913) et *Le Voyage du centurion* (posthume, 1915), devait livrer son itinéraire spirituel de soldat et de chrétien.

Illustration pour *Les Croix de bois* de Dorgelès. Gravure de A. Dunoyer de Segonzac.

Au-dessus de la mêlée

Tel était le titre collectif des articles que Romain Rolland publia en Suisse en 1914-1915. Sa passion pour la culture allemande l'empêchait de céder à l'hystérie ambiante. Le livre fut très mal accueilli, mais n'empêcha pas son auteur d'avoir le prix Nobel en 1915, et, après les hostilités, de faire paraître dans *L'Humanité* du 26 juin 1919 une « Déclaration d'indépendance de l'esprit », contresignée par deux cents écrivains français, anglais, italiens... et allemands.

La guerre devait susciter par la suite une littérature de témoignage, ou servir de cadre à des œuvres aussi différentes que *Mars ou la Guerre jugée* d'Alain, les *Lectures pour une ombre* de Giraudoux, *Les Silences du colonel Bramble* de Maurois, le *Chant funèbre pour les morts de Verdun* de Montherlant, ou servir de toile de fond aux sommes à venir des *Thibault* de Martin du Gard et des *Hommes de bonne volonté* de Romains.

3 La question coloniale

La colonisation, enfin, faite à peu de frais au XIXe siècle, trouva peu d'opposants avant 1914, mais inspira toute une littérature exotique. Seuls les socialistes critiquèrent le phénomène. Péguy, toujours lui, fustige les armées coloniales dans ses *Cahiers*, publie des enquêtes sur le Congo, que reprendra Gide à la génération suivante (*Voyage au Congo*, 1927). *L'Humanité* de Jaurès et la Ligue des Droits de l'homme se déchaînent contre la barbarie coloniale, tandis que France conseille l'émancipation des peuples jaunes et noirs dans l'intérêt même du pays.

BIBLIOGRAPHIE

Éditions

PSICHARI, *Œuvres complètes* (3 vol.). Lambert, 1948.

MAURRAS, *Œuvres capitales* (4 vol.). Flammarion, 1954.

DAUDET, *Souvenirs littéraires*. Le Livre de poche, 1974. — *Souvenirs politiques*. Éd. d'Histoire et d'Art, 1974.

Études

René RÉMOND, *La Droite en France, de la Ire Restauration à la Ve République*. Montaigne, 1968.

Jean TOUCHARD, *La Gauche en France depuis 1900*. Le Seuil (coll. « Points/Histoire »), 1978-1981.

Robert GAUTHIER, *Dreyfusards : Souvenirs de Mathieu Dreyfus et autres inédits*. Gallimard (coll. « Archives »), 1976.

Colette CAPITAN-PÉTER, *Charles Maurras et l'idéologie d'Action française*. Le Seuil, 1972.

Martine ASTIER-LOUFTI, *Littérature et Colonialisme, 1871-1914*. La Haye, Mouton, 1971.

2. Les passions de l'entre-deux-guerres

Les années 1920 furent relativement douces en France. Un besoin de se divertir, d'échapper aux souvenirs de la guerre, agitait les esprits. Le jazz, les danses sud-américaines, « l'homme pressé » de **Paul Morand,** *La Garçonne* (1922) de **Paul Margueritte,** marquent l'époque, mais comme un court répit. Le Traité de Versailles, mal accepté au-delà du Rhin, les « réparations » dues par l'Allemagne, empoisonnèrent les relations entre les deux pays. Très vite, l'opinion dut choisir son camp : le fascisme italien, le nazisme allemand, la Révolution russe, fascinèrent qui, la droite anti-parlementaire, qui, l'intelligentsia, Gide et les surréalistes en tête. **Les écrivains devenaient des témoins ou des maîtres à penser.**

1 Autour de *L'Action française*

Le journal de **Maurras** conjugue campagnes politiques et articles de qualité en matière culturelle. Parmi ses disciples, les plus remarquables furent **Léon Daudet** (1867-1942), **Georges Bernanos** (1888-1948), **Pierre Drieu La Rochelle** (1893-1945), et **Robert Brasillach** (1909-1945).

Léon Daudet.
Caricature de H.P. Gassiers, 1923.

« Homme du XVIe siècle » par sa puissance physique, sa vaste culture et son verbe intempérant, **Léon Daudet,** dans ses nombreux pamphlets et articles, s'en prit au libéralisme sous toutes ses formes, ce qui ne l'empêcha pas de reconnaître le génie de Proust et de laisser d'intéressants volumes de souvenirs. On connaît mieux aujourd'hui **Pierre Drieu La Rochelle** et **Robert Brasillach,** dont l'œuvre romanesque constitue un document sur les années 30[1]. De l'itinéraire complexe du premier témoignent, outre un roman comme *Gilles* (1939), plusieurs essais, tandis que le second a donné dans *Notre avant-guerre* (1939) de remarquables analyses de son évolution vers le nazisme, en particulier lors d'un voyage à Nuremberg en 1937. On lui doit aussi des essais sur Virgile, Corneille, et le cinéma.

Aussi virulent que Léon Bloy ou Edouard Drumont dans ses pamphlets, **Georges Bernanos,** au nom de l'**honneur chrétien,** rompit avec ses maîtres à partir de 1932. *La Grande Peur des bien-pensants* (1931) fustige les chrétiens conservateurs en faisant la biographie de

1. *Voir p. 530.*

Drumont (auteur de *La France juive*, 1886) ; *Les Grands Cimetières sous la lune* (1938) dénonce les tueries de 1914 et de la guerre d'Espagne, et s'en prend aussi bien à Maurras, Claudel ou Franco qu'aux démocrates chrétiens français. D'autres essais, entre 1939 et 1948, expriment « la fureur et le désarroi d'un chrétien du Moyen Âge fourvoyé dans le siècle de l'industrialisation et de la technique ».

Signalons également **Henri Béraud** (1885-1958), **Pierre Gaxotte** (né en 1895), **Thierry Maulnier** (né en 1909) et **Lucien Rebatet** (1903-1972), tous journalistes et écrivains à *Gringoire, Candide, Je suis partout*, et pour plusieurs, admirateurs de Pétain et des nazis pendant l'occupation ; le dernier, dans *Les Décombres* (1942), a dressé un tableau apocalyptique de la France en 1940, avant de laisser une *Histoire de la musique* (1969) estimée, et deux romans, dont *Les Deux Étendards* (1951).

2 La gauche entre communisme et surréalisme

Gide salué par la presse géorgienne, lors de son voyage en U.R.S.S.

Tandis que les ligues des Camelots du roi et des Croix de Feu se déchaînent contre la IIIe République, une partie de la gauche tourne ses regards vers Moscou. Le parti communiste, né en 1920 au congrès de Tours, attire les surréalistes ou des écrivains aussi différents qu'**André Gide** et **Paul Nizan,** tandis que **Louis Aragon, Nizan,** et **André Malraux** créent l'Union des écrivains révolutionnaires. Dans la lignée de l' « Ingénieur des âmes » prôné par **Jdanov** (1934), l'écrivain de gauche se doit d'être un militant, au service du « réalisme critique ».

L'enthousiasme suscité par la Révolution russe à ses débuts déborde les milieux de gauche, en offrant un ordre au milieu du désarroi de la **« crise de civilisation ».**

Gide dans ses démêlés avec l'U.R.S.S. symbolise à merveille la rencontre de la bourgeoisie occidentale, doutant d'elle-même, mais attachée à l'humanisme, avec les héritiers de Marx et Lénine. Dès 1930, son *Journal* indique son évolution vers le communisme. Gide va aux congrès de Berlin avec Malraux, puis, en 1936, à Moscou avec Eugène Dabit et Louis Guilloux. Le *Retour de l'U.R.S.S.* (1936) mêle foi dans le système et désillusions, et suscite des réactions violentes, auxquelles répondent des *Retouches à mon Retour de l'U.R.S.S.*

Aussi bourgeois d'origine que Gide, mais plus nihilistes, **les surréalistes**[1] voulurent unir les inconciliables : « Transformer le monde, a dit Marx, changer la vie, a dit Rimbaud, ces deux mots d'ordre n'en sont qu'un » (André Breton). Le communisme devient « le plus merveilleux agent de substitution d'un monde à l'autre ». Les tensions avec le mouvement furent permanentes : **André Breton** s'inscrit au parti de 1927 à 1935, dirige *Le Surréalisme au service de la Révolution* (1930-1933) ; **Nizan, Antonin Artaud** rompront avec le mouvement, tandis que **Louis Aragon, Tristan Tzara, Paul Eluard** lui resteront fidèles.

1. *Voir p. 436.*

3 Nizan (1905-1940) ou « le plus bel âge de la vie »

« Miroir des années 1930 » et maître à penser des années 1960, **Paul Nizan** eut les relations les plus tragiques avec le parti communiste. Inscrit dès 1927, il rompt avec lui lors du pacte germano-soviétique en 1939, et meurt au combat en 1940.

Agrégé de philosophie, nourri de surréalisme et de marxisme, grand voyageur, Nizan chercha un ordre qui sortît l'homme moderne de sa solitude existentielle. *Aden Arabie* dénonce avec violence la bourgeoisie et sa culture, *Les Chiens de garde* (1932) appellent à la transformation du monde ; plusieurs romans (*Antoine Bloyé*, 1933 ; *La Conspiration*, 1938) mettent en scène les obsessions de l'auteur.

On retrouve des thèmes analogues chez le romancier **Jean-Richard Bloch** (1884-1947), les essayistes **Jean Prévost** (1901-1944), auteur de *La Création chez Stendhal* et des *Frères Bouquincant*, et **Jean Guehenno** (1890-1978), fils d'ouvrier et académicien, à qui l'on doit des pages de journal, des essais (*Caliban parle*, 1928 ; *Ce que je crois*, 1964), et une célèbre biographie de Rousseau.

4 Valéry, Céline Montherlant, et la décadence de l'Occident

En marge de la droite politico-littéraire et de la gauche fascinée par la Révolution russe, quelques esprits indépendants méditaient volontiers sur le thème de la **décadence de la civilisation occidentale,** thème qui sous-tend également de nombreux romans (Céline, Malraux, Drieu La Rochelle[1]).

Paul Valéry (1871-1945) fut le plus célèbre d'entre eux, avec ses *Regards sur le monde actuel*, qui s'ouvrent sur les conflits entre la Chine et le Japon (1895), et les États-Unis et l'Espagne (1898), et méditent sur l'Europe menacée par les idées qu'elle a elle-même semées dans le monde. Aux antipodes de l'académisme valéryen, **Louis-Ferdinand Céline** (1894-1961) se livra à de délirants propos, à la fois anti-soviétiques, anti-américains et anti-sémites, en proie à une vision de persécuté, et seulement sauvés en partie par un style rabelaisien et gouailleur (*Mea culpa*, 1936 ; *Bagatelles pour un massacre*, 1937 ; *Les Beaux Draps*, 1940). Plus métaphysique et individualiste apparaît le pessimisme de **Henry de Montherlant** (1896-1972). Après le *Chant funèbre pour les morts de Verdun* (1924), l'écrivain fait l'éloge du sport dans *Les Olympiques* (1924), puis voyage en Espagne et en Afrique du Nord. Il en rapporte des vues désabusées sur la tension qui l'habite, entre exaltation et dégoût, épicurisme et stoïcisme (*Aux fontaines du désir*, 1927 ; *Un voyageur solitaire est un diable*, 1927-1939). La recherche d'une nouvelle morale nourrit *Service inutile* (1935), tandis que *L'Équinoxe de septembre* (1938) et *Le Solstice de juin* (1941) sont l'écho direct de l'actualité.

1. Voir p. 536, 540 et 542.

BIBLIOGRAPHIE

Éditions

BERNANOS, *Essais et Écrits de combats*, Éd. Michel ESTÈVE. Gallimard (bibl. de la Pléiade), 1971.

BRASILLACH, *Œuvres complètes*, 12 vol. Le Club de l'honnête homme, 1963-1966.

GIDE, *Journal 1939-1949* et *Souvenirs*. Gallimard (bibl. de la Pléiade), 1954.

BRETON, *Position politique du surréalisme*. Le Sagittaire, 1935.

GUÉHENNO, *Journal d'un homme de quarante ans*. Grasset, 1934.

MONTHERLANT, *Essais*. Gallimard (bibl. de la Pléiade), 1963.

Études

Dominique DESANTI, *Drieu La Rochelle ou le Séducteur mystifié*. Flammarion, 1978.

Jean-Pierre BERNARD, *Le Parti communiste français et la question littéraire (1921-1939)*. Presses universitaires de Grenoble, 1972.

François GIBAULT, *Céline* (3 vol.). Mercure de France, 1977-1981.

Pierre SIPRIOT, *Montherlant*. Le Seuil, 1975. *Montherlant sans masque*. Robert Laffont, 1982.

3. Littérature et engagement depuis 1940

Après la Seconde Guerre mondiale, **Sartre** et la revue *Les Temps modernes* prônèrent **l'engagement,** sur fond de guerre froide. Les inquiétudes se déplacèrent dans les années 1950 vers le **problème colonial,** résolu par le général de Gaulle sous la Ve République, que caractérisent à ses débuts les tensions autour de la personne et du régime de son fondateur, ainsi qu'une phase de prospérité économique. 1968 devait faire éclater les vieux schémas intellectuels, faire lever dans l'Université, puis dans la société tout entière, de nouvelles expériences, jusqu'à ce que la crise de 1974 altère ce bel optimisme.

La condition des écrivains de 1940 à 1945

Sous Vichy, la presse de la collaboration prospéra à l'abri de la censure (*Je suis partout,* de Brasillach, *L'Œuvre* de Déat, la *NRF* de Drieu La Rochelle), tandis que la littérature continuait tant bien que mal. Dans la clandestinité, naquirent *Les Lettres françaises* et *Résistance.* Les Éditions de Minuit publièrent *Le Silence de la mer* de Vercors.

Beaucoup de créateurs s'exilèrent, comme Saint-John Perse, Supervielle, ou Breton. À la libération, l'épuration fut sévère : condamnations à mort (Brasillach), à la réclusion, à l'indignité nationale. Céline était incarcéré au Danemark, Drieu se suicidait. Le Comité national des écrivains condamna l'œuvre d'une centaine d'auteurs, dont Giono, Montherlant, Morand. Les écrivains issus de la Résistance, groupés autour des *Temps modernes* et de *Critique* (créée par Georges Bataille) occupaient le devant de la scène.

1 Le temps de l'« engagement »

L'« engagement » fut le mot de passe d'une génération, en rupture avec l'humanisme des années 1930. Sartre symbolisait à lui seul le passage d'une conscience petite-bourgeoise, affirmée comme liberté, à la prise en compte des réalités de l'heure. Il publia des *Réflexions sur la question juive* (1946), prit position sur les guerres coloniales et les camps soviétiques *(Situations),* condamna l'invasion de la Hongrie en 1956, s'opposa fermement à la Ve République, pour, finalement, se ranger aux côtés des militants de *La Cause du peuple* en 1968. S'il y a un hiatus entre la pensée théorique et les choix éthico-politiques du philosophe, c'est qu'il témoigna en tant qu'intellectuel, à la manière d'un Voltaire ou d'un Zola, au nom d'un certain nombre de valeurs. *La Critique de la raison dialectique* (1960) tenta « une extension de l'ontologie phénoménologique vers une anthropologie » qui rectifierait le marxisme : l'existence sociale se fonde moins sur la lutte des classes que sur une liberté toujours en lutte contre autrui, affrontée à la rareté. À la fin de sa vie, Sartre, avec *L'Idiot de la famille* (1972) s'absorba dans l'analyse de la bourgeoisie du XIXe siècle à travers le cas de Flaubert. Après sa mort ont été publiés plusieurs inédits (*Cahiers pour une morale,* 1983 ; *Les Carnets de la drôle de guerre,* 1983 ; *Critique de la raison dialectique II*, 1985).

Sartre vu par un écrivain « de droite »

« Depuis *La Nausée,* Sartre avait trouvé un remède à l'écœurement désespéré de Roquentin. Il lui avait bien fallu se distinguer de Heidegger et il y avait notamment réussi en remettant l'angoisse à sa place grâce à une notion politique de l'engagement et à l'admission de la praxis révolutionnaire. Tout se passait comme si, de Sartre à Merleau-Ponty, ceux qui conduisaient alors le mouvement des idées qui régnaient sur la littérature fussent décidés à confondre d'une part la littérature et le didactisme, d'autre part la littérature et l'action, tout en entretenant une confusion d'une autre sorte entre l'action individuelle et la révolution, entre la révolution et la violence, entre la violence et la terreur. »

Jacques LAURENT, *Histoire égoïste.* Gallimard, 1976

2 Le parti communiste et les écrivains

On a vu les relations compliquées des intellectuels français avec le parti dans les années 20 et 30. Le plus éminent et le plus fidèle fut sans conteste **Louis Aragon,** même après le XXe Congrès et les événements de Budapest[1]. Le parti, intégré à la vie politique, connaît une période de sectarisme : il s'attaque à l'existentialisme, aussi bien chrétien qu'athée, voit partout des complots contre l'U.R.S.S. Aragon dans *Les Communistes* (1948-1951), réécrits en 1967 pour en adoucir les angles, Éluard dans ses éloges de Staline, André Stil, Elsa Triolet, Pierre Courtade, Claude Roy, Roger Vailland, avec des fortunes diverses, parvinrent cependant à sauver la littérature de l'édification. Le XXe Congrès devait créer un désarroi considérable, dont témoigne *Le Roman inachevé* d'Aragon (1956).

1. *Voir p. 439.*

Les chars soviétiques à Budapest, en 1956.

À partir des années 1960, **la culture française,** dominée par les sciences humaines, **intègre plus ou moins consciemment le marxisme** comme système de pensée. Le théâtre de Brecht triomphe, des revues, comme *Tel quel* ou *Change*, utilisent le marxisme dans la réflexion esthétique, encore que Philippe Sollers et ses amis de *Tel quel* considèrent que la révolution passe avant tout par celle de l'écriture, thème qui deviendra un poncif des années 1960 et 1970, sans résultat appréciable pour le public. Le maoïsme, triomphant entre 1968 et 1972, ne suscite pas d'œuvre durable ; en revanche, **l' « esprit de Mai » métamorphose la culture populaire** (bande dessinée, para-littérature, musique, graphisme, etc.).

La publication, en 1974, de *L'Archipel du Goulag*, de Soljénitsyne, devait sonner le glas de la fascination pour l'U.R.S.S., considérée comme modèle de la Révolution, d'autant que de « nouveaux philosophes », ex-maoïstes et ex-staliniens, brûlaient en elle ce qu'ils avaient adoré, au nom des droits de l'homme et des valeurs spirituelles (*La Cuisinière et le Mangeur d'homme* d'André Glucksmann et *Le Testament de Dieu* de Bernard-Henri Lévy, entre autres).

3 Désengagement et Nouvelle Droite

En face de l'engagement sartrien et communiste, des écrivains regroupés sous le nom de l' « École des Hussards »[1] autour de deux revues, *La Table ronde* et *La Parisienne*, cherchèrent à réagir.

Le désastre de la droite française idéologique dans la collaboration empêcha une résurgence de l'essai comparable à l'avant-guerre. Les « Hussards » préféraient le roman, cultivaient le plaisir dans le style et dans la vie, offraient une vision nostalgique du passé. Retenons de l'époque *Le Grand d'Espagne* (1950) de **Roger Nimier** et deux livres de **Jacques Laurent,** *Paul et Jean-Paul* (1951), qui comparait irrévérencieusement Jean-Paul Sartre à Paul Bourget, et *Mauriac sous de Gaulle* (1964), condamné pour offense au chef de l'État.

À cette littérature d'humeur, s'est substituée depuis quelques années un corpus d'idées cohérent, celui de la Nouvelle Droite.
Rassemblés autour de la revue « Nouvelle École », du journal « Éléments » et du GRECE[2], **Alain de Benoist** et ses amis tiennent à se démarquer de leurs prédécesseurs, à éviter tout système réductionniste : leur anthropologie refuse tout déterminisme ; l'homme se bâtit lui-même, choisit ses comportements, même si les schémas en sont « en grande partie innés ». La Nouvelle Droite insiste sur la valeur des différences des races, de culture et d'individus, et veut, en face du modèle américain, redonner aux Européens « la mémoire de leur plus ancien passé », mais souhaite le même mouvement pour la planète entière.

1. Voir p. 558.
2. Groupement de Recherche et d'Études pour la Civilisation Européenne.

4 L'inspiration nationale de De Gaulle et Malraux

Surtout présente avant 1914, la Nation comme valeur suprême devait resurgir après la défaite. Bernanos et Mauriac avaient déjà abandonné l'Action française au profit d'un nationalisme moins étriqué, mais ce fut **Charles de Gaulle** (1890-1970) qui, après l'Appel du 18 juin, incarna ce nouveau nationalisme, identifiant la France à « une princesse de légende », chargée d'aider les autres nations à trouver leur propre identité.

Auteur avant la guerre de trois ouvrages qui constituaient une doctrine militaire cohérente en face du danger allemand (*Le Fil de l'épée*, 1932 ; *Vers l'armée de métier*, 1934 ; *La France et son armée*, 1938), le général devait donner par la suite les trois volumes de ses très beaux *Mémoires de guerre*, suivis du seul premier tome de ses *Mémoires d'espoir* (1954-1959 et 1970).

Malraux face aux médias.

« À ma droite, j'ai et j'aurai toujours **André Malraux**. La présence à mes côtés de cet ami génial, fervent des hautes destinées, me donne l'impression que, par là, je suis couvert du terre à terre... » *(Mémoires d'espoir)*. De fait, on retrouve dans les œuvres du dernier Malraux les hautes préoccupations qui hantent toute son œuvre : méditation sur l'art avec *La Métamorphose des Dieux* (1976), entretiens avec les grands de ce monde (*Antimémoires*, 1967), hommage au gaullisme (*Les Chênes qu'on abat*, 1971) ; le tome 2 des *Antimémoires* recompose dans une éblouissante symphonie divers textes antérieurs : *Lazare, La Tête d'obsidienne, Picasso.* Quant à l'autre fidèle du général, **François Mauriac,** nul mieux que lui n'a renouvelé le genre du pamphlet avec son *Bloc-notes.*

BIBLIOGRAPHIE

Études historiques

- **1939-1945 :**

Robert ARON, *Histoire de Vichy.* Fayard, 1954.

Claude BELLANGER et Claude LEVY, *Histoire générale de la presse française,* (t. 4, de 1940 à 1958). P.U.F., 1955.

Henri MICHEL, *Les Courants de pensée de la Résistance.* P.U.F., 1963.

Robert ARON, *Histoire de l'épuration* (9 vol.). Fayard, 1967-1968.

Henri MICHEL, *La Seconde Guerre mondiale* (2 vol.). P.U.F., 2e éd., 1977-1980.

- **1945-1958 :**

Jacques FAUVET, *La Quatrième République.* Fayard, 1960.

- **Depuis 1958 :**

Jean-André FAUCHER, *La Gauche française sous De Gaulle.* Didier, 1969.

- **Sur Sartre et l'existentialisme :**

Michel-Antoine BURNIER, *Les Existentialistes et la Politique.* Gallimard (coll. « Idées »), 1966.

- **Sur le marxisme et les écrivains communistes :**

Louis ALTHUSSER, *Lire « Le Capital »* (2 vol.). Maspéro, 1965.

Raymond ARON, *D'une sainte famille à l'autre ; essais sur les marxismes imaginaires.* Gallimard (« coll. Idées »), 1969.

Pierre DAIX, *Aragon, Une vie à changer.* Le Seuil, 1975.

- **Sur les « nouveaux philosophes » :**

André GLUCKSMANN, *La Cuisinière et le Mangeur d'hommes ; Essai sur l'État, le marxisme et les camps de concentration.* Le Seuil (coll. « Points/Politique »), 1975. — *Les Maîtres penseurs.* Le Livre de Poche, 1979.

Bernard-Henri LÉVY, *La Barbarie à visage humain.* Grasset, 1977.

François AUBRAL et Xavier DELCOURT, *Contre la nouvelle philosophie.* Gallimard (coll. « Idées »), 1977.

De Gaulle et les écrivains gaullistes :

Jean TOUCHARD, *Le Gaullisme* (1940-1969). Le Seuil (coll. « Points/Histoire »), 1978.

Jean LACOUTURE, *De Gaulle* (3 vol.). Le Seuil, 1984-1986.

François MAURIAC. *Le Cahier noir.* Éd. de Minuit, 1953. — *De Gaulle.* Grasset, 1964. — *Mémoires politiques.* Grasset, 1967.

Jean LACOUTURE, *Mauriac.* Le Seuil, 1980.

Jean LACOUTURE, *André Malraux, une vie dans le siècle.* Le Seuil, 1973.

III LITTÉRATURE ET FÉMINISME

1. Le « grief des femmes »[1]

> « Nous entendons par féminisme toute analyse, toute action, tout geste posant comme conflictuels — et défavorables aux femmes — les rapports entre les deux sexes et visant à en comprendre la nature ou à en modifier les termes. Autant dire que notre intention n'est pas de décrire — comme d'autres l'ont fait avant nous — la condition de la femme à travers les âges. Il s'agit ici de faire toute la lumière sur une protestation aussi ancienne que la pensée, que cette protestation prenne la forme d'une analyse théorique, d'une plainte sourde ou d'une révolte concrète. »
>
> Maïté ALBISTUR et Daniel ARMOGATHE, *Histoire du féminisme français.* Éd. des femmes, 1977

Ces lignes disent clairement la différence entre littérature féminine et littérature féministe. Beaucoup de femmes écrivains ont évoqué à travers l'histoire ce que l'on appelle la condition féminine, peu d'entre elles l'ont fait dans un esprit de combat ou de revendication collectif, au moins jusqu'au *Deuxième Sexe* de Simone de Beauvoir, qui a inauguré un vaste mouvement d'écriture, de prise de conscience et d'actions féministes.

Quelles sont les constantes de la lutte des femmes à travers les âges ? Sous l'Ancien Régime, il est le fruit de protestations isolées, élitistes, l'instruction étant l'apanage des hommes. La femme est enfermée en même temps dans une essence radicalement autre, non exempte de préjugés, qui fait d'elle une reproductrice, un outil de travail ou une parure. Seules les femmes de l'aristocratie, ou de la bourgeoisie parfois,

1. *Cf le* Grief des Dames *de Marie de* GOURNAY, *la « fille d'alliance » de Montaigne.*

Manifestation du M.L.F. contre le viol.

bénéficient d'une réelle formation intellectuelle, et témoignent du sort qui leur est fait. La Révolution voit la naissance d'une véritable littérature de combat féministe. D'où la création d'une presse spécifique, de mouvements organisés, et d'une action proprement politique, qui renaîtra en 1830 et 1848. Même des esprits avancés comme Marat, Robespierre, ou plus tard Proudhon, « oublient » la moitié du genre humain dans leurs projets. Il n'est guère que Fourier pour mettre au centre de son système la liberté de la femme dans le domaine amoureux. Peu à peu pourtant, les revendications sur le mariage, le divorce, l'accès à toutes les professions, le droit de vote, se font entendre à travers des sociétés de pensée et de défense des travailleuses. Les femmes écrivains, malgré tout, comme Madame de Staël ou George Sand, restent en deçà de ce combat. À partir de la IIIe République, le féminisme est avant tout le fait de femmes de la classe bourgeoise, à qui culture et loisirs permettent de participer à des congrès, conférences, d'écrire des livres, etc. Deux courants se développent : l'un, réformiste, aboutira à l'égalité politique, civile et sociale des femmes et des hommes, l'autre, plus radical, verra la femme doublement exploitée, par les hommes et par le travail.

Couverture de M. Prassinos pour *Le Deuxième Sexe*.

Le mouvement féministe d'aujourd'hui n'a commencé vraiment qu'avec *Le Deuxième Sexe* de Simone de Beauvoir (1949). Ce livre donnait en effet au féminisme une base scientifique complète, et allait permettre une prise de conscience de la « féminitude »[1], malgré de vives réticences, en particulier chez les penseurs marxistes et chrétiens.

1. *Terme créé par Simone de* Beauvoir, *sur le modèle de « négritude ».*

Quelques dates importantes du féminisme d'aujourd'hui

1971 : Manifeste des 343 (pour l'abolition de la loi de 1920 interdisant l'avortement).

1973 : Éditions des femmes. Mouvements divers, « M.L.F. », « M.L.A.C. »...

1974 : Secrétariat d'État à la condition féminine. Loi Simone Veil libéralisant l'avortement.

1975 : Année de la femme.

1977 : Réformes en faveur de la famille.

BIBLIOGRAPHIE

Études

Rolande Ballorain, *Le Nouveau Féminisme américain*. Denoël-Gonthier, 1972.

Annie Leclerc, *Parole de femme*. Grasset, 1974.

Michel Mercier, *Le Roman féminin*. P.U.F., 1976.

« Écriture, féminité, féminisme », dans *Revue des sciences humaines*, n° 168, Univ. de Lille, 1977.

Hélène Cixous, Madeleine Gagnon et Annie Leclerc, *La Venue à l'écriture*. 10/18, 1977.

Maïté Albistur et Daniel Armogathe, *Histoire du féminisme français* (2 vol.). Éd. des femmes, 1977.

Béatrice Slama, « De la « littérature féminine » à « l'écriture-femme », différence et institution », dans *Littérature*, n° 44, déc. 1981.

Béatrice Didier, *L'Écriture-femme*. P.U.F., 1981.

2. Beauvoir (1908-1986) et la « féminitude »

L'histoire de **Simone de Beauvoir** est celle d'une émancipation, puis d'un engagement. Émancipation de son milieu bien pensant, de son éducation chrétienne conventionnelle, des préjugés d'une époque, décrite plus tard dans *Les Mémoires d'une jeune fille rangée.* Une soif de savoir, un appétit de vivre et une intelligence hors du commun, la conduisent à l'agrégation de philosophie en 1929, en compagnie de Sartre. Ce sont alors les années de professorat, de voyages, de joie de vivre en marge de l'Histoire, évoquées dans *La Force de l'âge.* L'après-guerre fait d'elle un personnage public, connu par ses romans, sa participation aux *Temps modernes,* ses prises de positions politiques. *Les Mandarins* (Prix Goncourt) marquent le sommet de sa gloire littéraire. En même temps, et surtout à partir de 1970, elle devient, vingt ans après avoir écrit *Le Deuxième Sexe,* le porte-parole du féminisme moderne, tandis que les cinq volumes de ses mémoires répandent, pour un large public, l'image d'un destin exemplaire.

1943 : *L'Invitée.*

1944 : *Pyrrhus et Cinéas.*

1945 : *Le Sang des autres. Les Bouches inutiles.*

1946 : *Tous les hommes sont mortels.*

1947 : *Pour une morale de l'ambiguïté.*

1948 : *L'Amérique au jour le jour.*

1949 : *Le Deuxième Sexe.*

1954 : *Les Mandarins.*

1957 : *La Longue Marche* (essai sur la Chine).

1958 : *Mémoires d'une jeune fille rangée.*

1960 : *La Force de l'âge.*

1963 : *La Force des choses.*

1964 : *Une mort très douce.*

1965 : *Les Belles Images.*

1970 : *La Vieillesse.*

1972 : *Tout compte fait.*

1982 : *La Cérémonie des adieux.*

1

L'« entreprise de vivre »[1]

« J'ai toujours pensé, comme Sartre, que l'existence est une vaine recherche de l'Être, que nous voulons l'absolu et n'accédons jamais qu'à du relatif ». Cette « vaine recherche » s'est largement confondue pour **Simone de Beauvoir** avec la pratique de l'écriture, en particulier l'autobiographie. Ses mémoires sont d'ailleurs la partie de son œuvre la plus lue, la mieux connue, parce que sa vie a quelque chose d'exemplaire pour les femmes de notre époque. Elle a elle-même convenu que le volume le plus réussi était le premier, plus soigné littérairement, plus subtil dans les analyses. Le deuxième, qui décrit les débuts du couple Beauvoir-Sartre et de leurs amis, au milieu des menaces de l'avant-guerre, dans une atmosphère de relative insouciance, est également très réussi. Le troisième souffre de bavardages, d'anecdotes, d'une utilisation excessive de journaux intimes non corrigés. Le court récit *Une mort très douce* (1964), sur la mort de sa mère, est au contraire très achevé et empreint d'une grande tendresse. Par la suite, dans *Tout compte fait* (1972), l'auteur a adopté un ordre thématique pour égrener ses souvenirs. L'ensemble, d'une écriture dépouillée, pastichée souvent avec malveillance, constitue pour la postérité un document indispensable et très vivant.

1. Titre d'un ouvrage de Francis JEANSON.

2

« On ne naît pas femme, on le devient »

Tel est le postulat de base du *Deuxième Sexe,* longtemps discuté.

> **Ni la biologie,** passée minutieusement en revue, **ni la psychologie, ni le matérialisme historique,** ne peuvent expliquer la sujétion millénaire de la femme, sinon **une situation de fait, la domination du mâle,** reproduite par l'éducation de génération en génération, et qui repose sur la lutte chez la femme entre ses aspirations individuelles, et la présence inéluctable de l'espèce en elle. Alors que chez l'homme l'énergie personnelle se confond avec son rôle biologique, chez la femme, c'est ce dernier qui rend son corps « opaque » à elle-même, corps qui conditionne son bien ou mal-être, influence son humeur, la rend esclave de ses enfants et de sa famille, lui accorde une vie sexuelle limitée dans le temps, et que l'homme confond avec la femme elle-même, niant sa transcendance comme projet.

À travers les mythes, d'Ève à la Vierge Marie entre autres, analysés dans une perspective sartrienne, où la femme est la figure de l'Autre, grâce auquel l'homme se sent exister ; à travers l'éducation, puis les divers rôles de la femme, l'auteur brosse trois portraits (la narcissique, l'amoureuse, la mystique), et termine son livre sur un programme de libération de la femme contemporaine.

3

L'importance du *Deuxième Sexe* (1949)

Le livre eut d'abord un succès de scandale. Puis les critiques sérieuses vinrent, en particulier celles de Buytendijk et d'Yvonne Péllé-Douel. Le premier critiqua en 1954, dans *La Femme,* une vision dominée par l'inquiétude, la tension vers un ailleurs jamais atteint, et reprocha à Simone de Beauvoir de méconnaître « la réalité essentielle du repos, ou mieux de la quiétude ». La seconde a tenté, dans *Être femme,* en 1957, une réconciliation de l'anthropologie et du message évangélique, moins nuisible pour la femme que ne le dit Simone de Beauvoir.

Qu'en est-il aujourd'hui de ce livre ? Selon les auteurs de l'*Histoire du féminisme français,* il n'a rien perdu de son intérêt. La critique de Freud rejoint celle de certains analystes actuels comme Luce Irigaray ; celle d'un matriarcat primitif, décrit par les auteurs marxistes, est confirmée par des auteurs plus récents comme Georges Balandier. L'analyse des facteurs socio-culturels et éducatifs dans la formation de la féminité est assez largement adoptée[1].

1. *Voir Elena* GIANINI-BELOTTI, Du côté des petites filles, *Éd. des femmes, 1974.*

BIBLIOGRAPHIE

Édition

BEAUVOIR, *Œuvres.* Gallimard (Folio et Idées/Gallimard), de 1963 à 1982.

Études

Suzanne LILAR, *Le Malentendu du Deuxième Sexe.* P.U.F., 1970.

Daniel ARMOGATHE, *Simone de Beauvoir, Le Deuxième Sexe.* Hatier (coll. « Profil d'une œuvre »), 1977.

Claude ALZON, *Femme mythifiée, femme mystifiée.* P.U.F., 1978.

Claude FRANCIS et Fernand GONTIER, *Simone de Beauvoir.* Perrin, 1985.

3. La littérature féministe depuis 1970

Jusqu'aux années 1960, la littérature féministe au xxᵉ siècle s'est, comme on l'a vu, souvent attachée à décrire la condition féminine à une époque donnée, soit dans une perspective sociologique (la femme et le mariage, la femme et le travail, la femme et le savoir, etc.), soit sous un angle phénoménologique, essayant de cerner l'essence du féminin dans les domaines privilégiés des sentiments, de la maternité, du vieillissement. Mais les femmes qui ont laissé un nom dans la littérature ont été des marginales, du point de vue de la morale courante, de la sexualité, de l'indépendance d'esprit : citons **Colette, Renée Vivien, Marguerite Yourcenar. Simone de Beauvoir** représente une étape charnière : embarquée dans un monde d'hommes, elle symbolise l'archétype de l'intellectuelle en rupture avec son milieu, comme, à la génération précédente, et de façon plus radicale, **Simone Weil.** La littérature féminine dans les années 1950-1960 a été par contre d'une richesse de talents remarquables, si l'on pense à **Louise de Vilmorin, Dominique Rolin, Françoise Mallet-Joris, Claire Etcherelli, Marie Cardinal, Violette Leduc, Marguerite Duras** et **Nathalie Sarraute,** etc., qui toutes, à des degrés divers, ont créé des univers, ou témoigné de destins singuliers.

Annie Leclerc chez elle, en 1988.

Ce qui est nouveau, depuis environ 1970, c'est l'invention quasi collective d'une écriture revendiquée comme proprement féminine, qui va de pair avec le combat féministe. Cette écriture trouve sa « différence » dans la perception même que la femme a de son corps, traditionnellement nié, censuré, ou au contraire exalté comme objet. Il s'agit de récupérer ce corps comme source de désirs, de plaisirs, de souffrances, d'expériences, radicalement différents de ceux du corps masculin, de décrire, comme **Monique Wittig** par exemple, ses humeurs, à tous les sens du mot, de revendiquer une vision du monde radicalement autre. Mais l'essentiel est surtout d'explorer le langage lui-même, d'inventer des mots spécifiquement féminins, de déconstruire une syntaxe obéissant aux principes de la logique au profit d'un langage fluide, d'un glissement des mots les uns sur les autres, d'un décentrement de la phrase, tels que les pratiquent **Hélène Cixous, Chantal Chawaf,** ou **Annie Leclerc.**

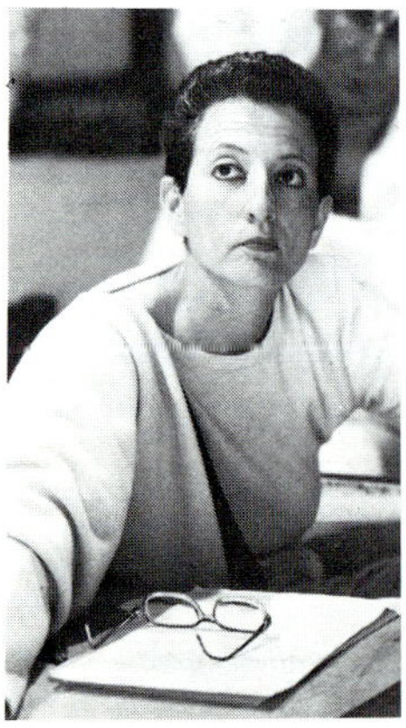

Hélène Cixous aux répétitions de *L'Indiade*.

L'édition féminine

Le mouvement féministe n'a pu se développer que grâce à un support éditorial propre, dont l'élément le plus connu est constitué par les Éditions des femmes ; et des revues comme *Sorcières* ou *Les femmes s'entêtent,* qui prennent en charge aussi bien des textes achevés que des « prises de parole » brutes, autobiographies anonymes ou documents psychiatriques. Parallèlement, les éditeurs se sont attachés à ressusciter des classiques du féminisme comme les œuvres de l'Anglaise Virginia Woolf, ou des textes aussi dissemblables que ceux de Madame de Staël ou de Louise Michel, sans parler des livres des féministes américaines.

IV LA CRITIQUE AU XXe SIÈCLE

Le commentaire des œuvres littéraires suit les modes intellectuelles. Au XIXe siècle, l'histoire et la biologie avaient servi de modèles. Le XXe siècle devait osciller entre des approches morales, esthétiques, ou simplement impressionnistes, cultivées par les journaux et les revues, tandis que l'Université était dominée par l'érudition. Les années soixante devaient voir un retour en force des recherches théoriques, essentiellement autour de la notion de « texte ».

1. Histoire et humanisme dans la première partie du siècle

1 Lanson (1857-1934) et l'histoire littéraire

Entre 1880 et 1914, l'approche systématique de la littérature, dans le sillage de Taine ou de Brunetière, fait place à l'histoire littéraire.

Jusqu'au XVIIe siècle, celle-ci est ignorée, au profit des « poétiques »[1]. Biographies, pamphlets, exposés sur un genre en tiennent lieu, dans une perspective morale ou esthétique. L'érudition apparaît au XVIIIe siècle, avec *L'Histoire littéraire de la France* des Bénédictins de Saint-Maur. Le XIXe siècle applique les découvertes des sciences, ou les idéologies du moment.

Des universités au collège le plus modeste, se développe un discours homogène, qui s'étend des thèses et des éditions critiques aux manuels et aux anthologies, et dont la devise pourrait être le mot de Renan : « La vraie admiration est historique ». **Gustave Lanson** en est le grand représentant dans ses cours, ses recherches et sa monumentale *Histoire de la littérature française* (1894). Depuis, le « lansonisme » a été beaucoup décrié, alors que son auteur ne voyait dans l'érudition qu'un moyen, qui laissait libre le jugement.

La méthode lansonienne a eu jusqu'à nos jours une postérité ininterrompue. Citons entre autres l'*Histoire du sentiment religieux en France, des guerres de religion à nos jours* (1916-1928) de **l'abbé Brémond** (1865-1933), les travaux de médiévistes comme **Jean Frappier**, de spécialistes du XVIIe siècle comme **René Pintard, Antoine Adam** ou **Raymond Picard,** du XVIIIe comme **Jean Fabre** ou **Robert Mauzi,** du XIXe comme **Pierre Moreau** ou **Pierre-Georges Castex.** Quant aux histoires littéraires, elles sont innombrables ; ont fait date en leur temps celles de **Fortunat Strowsky,** d'**Albert Thibaudet,** d'**Henri Clouard.** Plus près de nous, citons *La Littérature française,* dirigée par **Claude Pichois,** en 16 volumes, et l'*Histoire littéraire* des Éditions sociales, en 7 volumes.

1. *Traités et ouvrages théoriques sur la poésie.*

2 L'intuition des écrivains : Péguy et Maurras

De tous les bords de l'opinion, les réactions à Lanson et ses disciples ne se firent pas attendre. **Charles Péguy** en particulier[2] fut l'ennemi acharné aussi bien de Taine que de la Sorbonne de son époque.

Il a parlé de « circumnavigation excentrique » à propos du premier, et vitupéré ainsi le second :
« La méthode moderne revient essentiellement à ceci : étant donné une œuvre, étant donné un texte, comment le connaissons-nous ? commençons

2. *Voir p. 421.*

Maurras.
Dessin de Prybil.

par ne point saisir le texte ; surtout gardons-nous bien de porter la main sur le texte ; et d'y jeter les yeux ; cela, c'est la fin ; si jamais on y arrive ; commençons par le commencement, ou plutôt, car il faut être complet, commençons par le commencement du commencement ; le commencement du commencement, c'est, dans l'immense, dans la mouvante, dans l'universelle, dans la totale réalité, très exactement le point de connaissance ayant quelque rapport au texte qui est le plus éloigné du texte ; que si même on peut commencer par un point de connaissance totalement étranger au texte, absolument incommunicable, pour de là passer par le chemin le plus long possible au point de connaissance ayant quelque rapport au texte qui est le plus éloigné du texte, alors nous obtenons le couronnement même de la méthode scientifique, nous fabriquons un chef-d'œuvre de l'esprit moderne. »

PÉGUY, *Cahiers de la Quinzaine*, 1904

Péguy préfère parler des grands auteurs comme Hugo ou Corneille, de l'intérieur, en lecteur passionné, saisissant l'essentiel par l'intuition, dans le sillage de Bergson[1].

Quant à **Charles Maurras** et **Léon Daudet**[2], ils affirmèrent vigoureusement la toute-puissance du goût : « La vraie critique consiste à discerner et à faire valoir le bon et le mauvais dans les ouvrages de l'esprit » ; avec, pour intention avouée, de restaurer les valeurs du classicisme et de défendre l'Occident.

1. *Voir p. 368.*
2. *Voir p. 385.*

3 L'impressionnisme des revues littéraires

En face de l'esprit de système, méthodologique, idéologique ou politique, toute une critique avant 1914 se faisait gloire d'être avant tout amoureuse de la littérature. Des revues comme *Le Mercure de France, La Revue blanche,* la *Revue indépendante* abritèrent des esprits originaux.

Affiche de
H. Toulouse-Lautrec pour
La Revue blanche, 1895.

Dans *Le Mercure* officiait **Rémy de Gourmont** (1885-1914), bibliothécaire converti au symbolisme par la lecture de Villiers de l'Isle-Adam et de Mallarmé, qui chercha à définir l'idéal de chaque écrivain dans ses deux *Livres des masques* (1896-1898). Les *Promenades littéraires* (5 volumes) et *Le latin mystique* montrent ses curiosités hors du commun. On retrouve à la génération suivante le même esprit ouvert et quelque peu dilettante dans les *Approximations* (1922-1937) de **Charles du Bos** (1882-1939), qui déclarait lui-même : « Je juge peu ». Quant à l'extravagant **André Suarès** (1868-1948), il a donné dans une centaine de volumes, entre 1893 et 1950, des portraits flamboyants d'écrivains ou de villes. Le goût de Suarès, d'un nietzschéisme affirmé, le portait vers les personnalités exceptionnelles et les sites privilégiés, un peu comme Péguy, mais dans un registre plus baroque.

4 Le groupe de *La Nouvelle Revue française*

Entre le dogmatisme et le dilettantisme, il y avait une place à prendre. De jeunes écrivains l'occupèrent en fondant en 1908 *La Nouvelle Revue française,* qui jusqu'en 1944 devait, sans discontinuer, dominer, augmentée de sa maison d'édition, la scène littéraire du siècle.

En dehors d'**André Gide** (1869-1951), son animateur principal, les grands critiques de la *Revue* furent **Jacques Rivière** (1885-1925), ami des peintres et des musiciens ; **Albert Thibaudet** (1874-1936), esprit plus systématique, inventeur de la notion de génération littéraire ; **Marcel Arland** (né en 1899), défenseur du roman d'analyse contre l'intrusion de la philosophie et de la politique dans la littérature ; **Benjamin Crémieux** (1888-1944), qui fit connaître la littérature italienne contemporaine, en particulier Pirandello ; et **Jean Paulhan** (1884-1968), directeur de la revue de 1925 à 1940 et de 1953 à sa mort, penseur du langage et éminence grise des lettres, qui dénonça, dans *Les Fleurs de Tarbes* (1941), la « terreur dans les lettres » qu'il croyait discerner en France depuis Sainte-Beuve.

La critique au XIXe siècle

« Tout ce qu'il faut dire des critiques français, c'est que, pour divers qu'ils fussent, ils manquaient singulièrement de poigne. Ou bien ils empoignaient à tort et à travers. Il n'en est pas un qui ait dit un mot de Lautréamont — Gourmont excepté, qui aurait ce jour-là mieux fait de se taire. Pas un de Rimbaud — Anatole France excepté, qui le prend pour un fumiste. Pas un de Mallarmé — sinon Maurras, qui l'appelle « jongleur de mots ». S'agit-il de Baudelaire ? Sainte-Beuve le juge anormal, Faguet plat, Lanson insensible et Maurras malfaisant. De Zola ? Brunetière le dit ordurier, France stupide et Faguet voué à l'oubli. On prend communément Nerval pour un plaisantin, Renard pour un humoriste, Jarry pour un alcoolique et Marcel Schwob pour un vague érudit. Cependant France tient que les poèmes de François Coppée ont illuminé son âge. Faguet s'émerveille de Richepin ; Barrès donne du génie à René Maizeroy. Maurras écrit sans rire : « Notre plus grand poète est Ponchon. » Tant d'efforts et de soins pour en arriver là ! Comme si les critiques avaient du moins un trait commun avec les créateurs : d'autant plus décourageants que plus on les encourage. »

PAULHAN, *Félix Fénéon ou le Critique*, 1945

---

5 Proust critique

Si les critiques sont souvent des écrivains manqués, certains créateurs ont pratiqué brillamment la critique au début du siècle ; Péguy, Claudel, Proust, Valéry, Gide furent les plus célèbres ; Giraudoux, puis Sartre, Camus, Ionesco, devaient continuer cette tradition.
Certaines pages de *À la recherche du temps perdu*, de Marcel Proust[1] (1871-1922), offrent des réflexions originales sur Madame de Sévigné ou Racine. Dans la préface que l'écrivain donna à sa traduction de *La Bible d'Amiens* (1900) de l'Anglais John Ruskin (1819-1900), l'art est défini comme la seule réalité véritable ; plus tard, dans des textes réunis sous le titre de *Contre Sainte-Beuve* (posthume, 1954), Proust oppose au « moi social » de la critique biographique, le « moi profond » qui ne se saisit que par l'intuition et le souvenir fortuit. À la limite, la véritable critique est le pastiche des écrivains, comme ceux de Saint-Simon et Balzac par Proust lui-même.

1. *Voir p. 514.*

6 Le classicisme de Gide et de Valéry

Tout en étant sensible à Dostoïevsky et à Nietzsche, **André Gide** fut avant tout un classique, à qui on doit la formule « l'art naît de contrainte, vit de lutte et meurt de liberté » (*Prétextes*, 1908). Malgré une certaine indulgence pour les écrivains mineurs de son temps, Gide sut tôt reconnaître les valeurs essentielles comme Claudel, Valéry, et, après des réticences initiales[2], Proust.
Aussi classique que Gide de goût, mais plus intellectuel, Valéry s'intéressa surtout aux mécanismes mentaux qui engendrent le texte[3]. Mais, chez lui aussi, la sympathie, au sens grec du terme[4], avec les auteurs dont il parle, le fait aller à l'essentiel (Mallarmé, par exemple, est un « algébriste du langage en même temps qu'un reconstructeur de son moi »).

2. *Gide, en effet, refusa en 1913 d'éditer* Du côté de chez Swann...
3. *Voir p. 416.*
4. *« Fait d'éprouver les mêmes sentiments ».*

7 Alain (1868-1951) et ses *Propos*

Brillant professeur de Première supérieure au Lycée Henri IV, philosophe, écrivain et théoricien du radicalisme, **Alain** (Émile Chartier) inventa le genre du « propos », texte court d'abord publié dans un journal, qui analyse une notion, un écrivain, un genre. Comme Péguy, Alain se nourrit des grands hommes, et comme Proust ou Rivière, il se glisse à l'intérieur des œuvres et des auteurs, dans un style peut-être un peu trop limpide et avec une compréhension modérée de ses contemporains, il est vrai.

8 La critique d'humeur : Léautaud, Benda et Caillois

Plus acerbes, plus dominés par leur humeur, certains tempéraments s'engagèrent dans la voie de l'enthousiasme ou du dénigrement systématique.

Le plus grand de tous est sans doute **Paul Léautaud** (1872-1956), qui réunit ses chroniques théâtrales dans *Le Théâtre de Maurice Boissard* (1943), et laissa un *Journal littéraire* considérable. Connu sur le tard par ses entretiens radiophoniques avec Robert Mallet (1952), le vieux solitaire entouré de chats, au rire extravagant, déclarait : « Je n'ai d'attirance, de goût, que pour les fraudeurs, les railleurs, les réfractaires, j'irai jusqu'à dire les sauvages », ce qui éliminait beaucoup de gloires consacrées !

La tolérance n'était pas non plus le fort de **Julien Benda** (1867-1956), qui, dans *Belphégor* (1918), *La Trahison des clercs* (1927) et *La France byzantine* (1945), s'en prit au public, aux écrivains et aux courants de pensée du siècle, coupables de s'éloigner du rationalisme.

Les curiosités de **Roger Caillois** (1903-1978) furent plus variées et son style plus froid ; mais on retrouve dans son œuvre multiforme le même goût pour la raison, la mesure, le classicisme. Caillois fonda le Collège de sociologie avec Georges Bataille et Michel Leiris, s'intéressa aux mécanismes de l'imagination et du sacré, aux civilisations de l'Amérique latine, aux pierres, à la logique, à la poésie (*L'Homme et le Sacré,* 1939 ; *Les Impostures de la poésie,* 1944 ; *Les Jeux et les Hommes,* 1958 ; *Approches de la poésie,* 1978).

S. Costermans,
Léautaud et ses animaux,
1955.

En réaction contre le dogmatisme étroit de l'époque précédente, la critique de la première moitié du siècle a été avant tout soit une critique d'humeur, soit surtout une critique d'identification, de réflexion sur le processus créateur. L'époque suivante devait être celle du primat des sciences humaines.

BIBLIOGRAPHIE

Éditions

ALAIN, *Propos I* et *II.* Gallimard (bibl. de la Pléiade), 1956 et 1970.

LÉAUTAUD, *Journal littéraire* (3 vol.). Mercure de France, 1986.

Études

Auguste ANGLÈS, *André Gide et le premier groupe de la N.R.F.* (3 vol.). Gallimard, 1978-1986.

Marcel RAYMOND, *Études sur Jacques Rivière.* José Corti, 1972.

Claude MARTIN, *Gide et la fonction de la littérature.* Les Lettres modernes, 1972.

René de CHANTAL, *Marcel Proust, critique littéraire.* Klincksieck, 1967.

André SERNIN, *Alain, un sage de la cité.* Laffont, 1985.

Pierre PERRET, *Adieu Monsieur Léautaud.* Lattès, 1986.

2. Le primat des sciences humaines

Dans les années 30, le paysage critique change peu à peu avec l'introduction de la psychanalyse et du marxisme, avant de connaître, à partir des années 50-60, la révolution structuraliste.

1 Critique et psychanalyse

Le complexe d'Œdipe vu par Tim.

Les précurseurs : Freud et Jung

La mise en scène, dans la littérature et les arts, des pulsions inconscientes et de leur refoulement, des mécanismes de condensation et de déplacement à l'œuvre aussi bien dans les rêves que dans les sublimations artistiques, des trois phases du développement infantile (orale, anale, génitale), et de l'universel complexe d'Œdipe, tout cela **Sigmund Freud** (1856-1939) l'avait, grand lecteur lui-même[1], autant découvert dans les productions de l'esprit que dans le discours de ses patients. D'où les nombreux essais[2] de « psychanalyse appliquée » auxquels se livra le maître de Vienne, connus en France en traduction dans les années 30, en même temps que l'œuvre de **Carl-Gustav Jung** (1875-1961), son disciple, créateur de la notion, discutée encore aujourd'hui, mais extrêmement féconde, d'inconscient collectif, fondé sur l'existence d'archétypes (*animus* et *anima*, grande mère, sage, etc.).

Les premières recherches françaises datent de cette époque : *L'Échec de Baudelaire* (1931) de **René Laforgue**, l'*Edgar Poe* (1933) de **Marie Bonaparte**, *La Psychanalyse de l'art* (1929) et le *Victor Hugo* (1943) de **Charles Baudouin.** Il s'agit alors surtout de retrouver à travers les œuvres la personnalité névropathique de leurs auteurs, plutôt que de s'interroger sur les enjeux du texte. L'université, pénétrée d'histoire littéraire et de « psychologie », resta réticente. C'est sur les franges de Freud et de Jung que se créa une critique intégrant la dimension nocturne de l'art, avec le célèbre panorama *De Baudelaire au surréalisme* (1933) de **Marcel Raymond**, et *L'Âme romantique et le rêve* (1937) d'**Albert Béguin**, qui révéla le romantisme allemand et ses disciples français à notre culture.

Bachelard (1884-1962) et la psychanalyse des éléments

À la fois philosophe des sciences et de la création littéraire, **Gaston Bachelard** fut le critique qui eut le plus d'influence dans ce domaine. Se souvenant d'une enfance heureuse au contact des choses, il élabora, au fil des lectures les plus variées, une « rêverie concrète », ordonnée autour des quatre éléments, le feu, l'air, l'eau et la terre. Avec un bonheur d'expression constant, se dessinait dans ses nombreux ouvrages (*Psychanalyse du feu*, 1937 ; *L'Eau et les rêves*, 1941 ; *L'Air et les songes*, 1943 ; *La Terre et les rêveries de la volonté*, 1945 ; *La Terre et les rêveries du repos*, 1948 ; *La Poétique de l'espace*, 1957) une symbolique de l'imaginaire plus proche de Jung que de Freud. On peut reprocher à cette « phénoménologie de la rêverie » une dilution de la notion de sujet, et l'élimination de la dimension œdipienne de l'inconscient. Il revient pourtant à cet homme heureux d'avoir déplacé l'intérêt de la critique, de l'histoire vers la matérialité du texte.

Dans le sillage de Bachelard, à mi-chemin de la philosophie, de la psychanalyse et de l'expérience personnelle, citons **Georges Poulet** et ses

1. *Voir* Psychanalyse et littérature, *de Jean* Bellemin-Noël *(coll. « Que sais-je ? », P.U.F., p. 11).*
2. *Citons :* Délires et rêves dans la Gradiva de Jensen, Un souvenir d'enfance de Léonard de Vinci, Le Thème des trois coffrets, Le Moïse de Michel-Ange, *etc.*

lectures centrées sur les notions d'espace (*La Distance intérieure*, 1952 ; *Les Métamorphoses du cercle*, 1961) et de temps (*Études sur le temps humain*, 1950 ; *Benjamin Constant*, 1968) ; **Jean Starobinski,** sensible à la dimension du regard chez Rousseau, Corneille ou Stendhal (*La Transparence et l'Obstacle*, 1958 ; *L'Œil vivant*, 1961) ; **Jean Rousset,** dont *La Littérature de l'âge baroque en France* (1954) analyse le baroque artistique et poétique à partir des concepts de métamorphose et d'ostentation ; et **Jean-Pierre Richard,** dont l'œuvre abondante constitue une recherche autour de la notion de « paysage imaginaire » (*L'Univers imaginaire de Mallarmé*, 1961 ; *Paysage de Chateaubriand*, 1967 ; *Proust et le monde sensible*, 1974 ; *Microlectures*, 1984).

Mauron (1895-1966) et le « mythe personnel »

Le seul critique qui sut, avant la mode lacanienne, construire une théorie psychanalytique de la littérature fut **Charles Mauron,** dont l'influence se fait toujours sentir.

Dans sa thèse *Des métaphores obsédantes au mythe personnel* (1963), illustrée ensuite par *Psychocritique du genre comique* (1964), *Le Dernier Baudelaire* (1966), *Mallarmé par lui-même* (1968) et *Psychanalyse de Racine* (1969), Mauron distingue, entre le moi social de l'artiste et le moi créateur, un inconscient qu'il s'agit d'explorer, en faisant apparaître dans les œuvres les réseaux d'images obsédantes et leurs modifications, qui permettent de construire le « mythe personnel » de chaque auteur.

On a reproché à Mauron de continuer à lier, dans la tradition universitaire, l'œuvre et son auteur, et de manifester un certain empirisme dans le choix de ses réseaux, mais sa tentative préfigure le structuralisme de la période suivante.

Proches de Mauron, mais dans une perspective jungienne de recherche des archétypes, *Les Structures anthropologiques de l'imaginaire* de **Gilbert Durand** (1960) ont ouvert de fécondes perspectives à la recherche, illustrées par l'auteur lui-même dans *Le Décor mythique de la Chartreuse de Parme* (1961). Depuis, Gilbert Durand s'est orienté vers l'élaboration d'une « mythanalyse », avec *Figures mythiques et visages de l'œuvre* (1979).

Sartre et la « psychanalyse existentielle »

Cette curieuse alliance de mots annonce bien les intentions du philosophe : ne prendre dans la doctrine freudienne que ce qui peut s'accorder avec les prémisses de l'existentialisme (affirmation de la liberté comme choix perpétuel, conscience intentionnelle). La notion d'inconscient fait place dans un premier temps à celle de « choix originel » : Baudelaire « choisit » la solitude « pour n'avoir pas à la subir », Jean Genet choisit d'être ce que la société voit en lui, un voleur, un bagnard, un homosexuel (*Saint Genet, comédien et martyr*, 1952). Dans un deuxième temps, **Jean-Paul Sartre** prend en compte l'acquis des sciences humaines dans son monumental « Flaubert » : *L'Idiot de la famille, Gustave Flaubert de 1821 à 1857* (3 volumes), 1970-1971.

Le texte et son inconscient

Toutes ces critiques, plus ou moins fidèles à Freud, restent avant tout des interprétations de l'œuvre et de son auteur. Avec la perspective lacanienne[1], qui marque, depuis une vingtaine d'années, une immense production textuelle, l'éclairage change. La critique tient alors le texte « non pour le discours [d'un auteur] sur l'inconscient, ni pour le discours de l'inconscient [d'un auteur], mais comme un en-soi, dans son immanence, pour une parole vraie où travaille l'inconscient ». Il y a un inconscient à l'œuvre dans le texte, dont seule la méthode analytique peut permettre l'exploration. D'où le déplacement de l'interprétation du texte produit à sa production, au travail même de l'écriture, et l'intégration à la méthode du savoir linguistique. Polysémie, métaphore, métonymie, jeux sur le sens aussi bien que sur les sons, sont les fondements d'un dialogue entre deux inconscients, celui du lecteur et celui de l'auteur, et d'une étude du fonctionnement du texte.

« Tout texte est travaillé par un discours inconscient ; il est possible de décrire ce travail qui s'effectue dans le texte ; cette description n'a pas pour objet une traduction, mais la reconnaissance d'un fonctionnement oblique du texte comme force engagée dans l'œuvre d'écriture ; il ne suffit pas pour conduire cette analyse de recourir aux concepts de Freud et de ses disciples, il faut faire retour sur eux, car la lecture littéraire déplace une théorie axée sur la clinique ou sur la compréhension générale du phénomène humain... C'est le travail de l'écriture dans un texte qui me paraît fascinant, et donc la manière qu'y a l'inconscient d'*informer* une forme signifiante. »

Jean BELLEMIN-NOËL, *Vers l'inconscient du texte,* 1979

1. *Voir p. 378.*

BIBLIOGRAPHIE

Édition

FREUD, *Le Mot d'esprit et ses rapports avec l'inconscient* (1905), *Délires et rêves dans la Gradiva de Jensen* (1906), *Un souvenir d'enfance de Léonard de Vinci* (1910). Gallimard (coll. « Idées »), de 1962 à 1977.

Études

Sarah KOFMAN, *L'Enfance de l'art.* Payot, 1970.

Anne CLANCIER, *Psychanalyse et critique littéraire.* Privat, 1973.

Jean LE GALLIOT et Simone LECOINTRE, *Psychanalyse et langage littéraire.* Nathan (coll. « N »), 1977.

Jean BELLEMIN-NOËL, *Vers l'inconscient du texte.* P.U.F., 1979.

Jean ROUSSET, *La Littérature de l'âge baroque en France.* José Corti, 1954. — *Forme et signification.* José Corti, 1963.

Michel MANSUY, *Gaston Bachelard et les éléments.* José Corti, 1967.

Jean STAROBINSKI, *Jean-Jacques Rousseau, La Transparence et l'Obstacle.* Tel/Gallimard, 1970. — *Le Dehors et le dedans.* Gallimard, 1974.

Georges POULET, *Les Métamorphoses du cercle.* Champs/Flammarion, 1979.

Gilbert DURAND, *Les Structures anthropologiques de l'imaginaire.* Bordas, 1979. — *Figures mythiques et visages de l'œuvre.* Berg international, 1979.

2 Critique et sociologie

Autres piliers de la culture contemporaine, les analyses de type sociologique, en particulier d'inspiration marxiste, ont pénétré également la critique, sans qu'on puisse parler d'un corps de doctrine unifié. Elles s'opposent à la fois aux excès biographiques, et aux explications exclusivement thématiques ou psychanalytiques, ou aujourd'hui textuelles.

Lukacs. Photo de H. Cartier-Bresson.

L'influence de Lukacs (1885-1971)

Le point de départ en est la « mise en scène » des rapports de production à l'œuvre dans les sociétés, et des luttes de classes qui en sont l'expression. Marx avait remarqué combien « le vieux Balzac » avait su, malgré ses sympathies aristocratiques, analyser les forces nouvelles de son époque. Lénine avait salué chez Tolstoï la description de l'exploitation capitaliste. Mais le père de la « sociocritique » fut le Hongrois de langue allemande **Georg Lukacs,** qui abordait dans sa *Théorie du roman* (1920), selon une perspective hégélienne, les rapports entre les genres et les sociétés qui les ont vu naître. Lukacs par la suite devait renier cet ouvrage au profit d'une perspective marxiste, illustrée dans ses articles sur le réalisme français chez Balzac, Stendhal et Zola, où le roman apparaît comme un reflet plus ou moins déformé de la société et de l'économie d'une époque.

Goldmann (1913-1970) et ses disciples

Il revint au traducteur de Lukacs en France, le philosophe et sociologue **Lucien Goldmann,** de mettre au point une sociologie rigoureuse de la littérature dans son ouvrage sur Port-Royal intitulé *Le Dieu caché* (1955) et dans l'essai *Pour une sociologie du roman* (1964). Goldmann a tenté de reconstruire la vision du monde du groupe social qui donne naissance à l'œuvre ; ainsi se substitue à un pur mécanisme l'analyse de l'intériorisation des structures sociales dans les consciences créatrices. Par exemple, la tragédie racinienne ou les *Pensées* de Pascal s'expliquent par une « vision tragique » propre à la bourgeoisie de robe qui nourrit les rangs jansénistes.

On peut rapprocher la « vision du monde » de Goldmann de la notion d' « idéologie » que **Louis Althusser** (né en 1918) a, après Marx et son *Idéologie allemande* (1845-1846), approfondie, et qui, pour lui, « représente le rapport imaginaire des individus à leurs conditions réelles d'existence ». Instrument théorique fécond, cette notion a orienté des ouvrages comme *Les Français fictifs* (1974) de **Renée Balibar ;** *Balzac et le mal du siècle* (1970) de **Pierre Barberis ;** *Pour une théorie de la production littéraire* (1966) de **Pierre Macherey ;** et *L'Idiot de la famille,* de **Sartre,** dans ses approches historiques.

Signalons aussi le programme de recherches sur la production, la distribution et la consommation des œuvres littéraires de **Robert Escarpit** à Bordeaux, et la persistance d'ouvrages à mi-chemin de l'histoire des mentalités et de la critique, qui se sont attachés aux rapports des formes et des contenus littéraires avec les mythes, les croyances ou les usages éducatifs d'une époque, comme *L'Idée de Bonheur au XVIIIe siècle* de **Robert Mauzi** (1960), ou *Le Sacre de l'écrivain, 1750-1830. Essai sur l'avènement d'un pouvoir spirituel laïc dans la France moderne,* de **Paul Bénichou** (1973).

3

Critique et structuralisme

La poétique

Nous avons vu que psychocritique et sociocritique ont fini par converger dans l'approche du texte seul, en tant que lieu traversé par l'inconscient et l'idéologie. Cette révolution s'est faite sous le signe du structuralisme[1], qui cherchait non plus à dégager des significations, mais à examiner comment celles-ci sont produites. Ainsi est née, à partir des années 1960, une extraordinaire prolifération de « métalangage »[2], englobée parfois sous le nom de « poétique », en hommage à la *Poétique* d'Aristote et aux réflexions de Valéry[3], mais fondée avant tout sur la linguistique saussurienne.

Ferdinand de Saussure (1857-1913) professa à Genève entre 1906 et 1911 un « Cours de linguistique générale », publié par ses élèves en 1916 d'après leurs notes de cours. Sans répudier la philologie (étude du développement historique des langues), Saussure voulait établir **une vision des systèmes de signes qui constituent une langue à un moment donné.** Ainsi était née la distinction entre diachronie et synchronie[4]. Les autres grands principes saussuriens concernent la nature du signe, conçu comme l'association arbitraire[5] d'un signifiant (son, lettre ou idéogramme) et d'un signifié (concept) ; l'opposition entre « syntagme » (la « chaîne parlée ») et « paradigme » (rapport de substitution et non plus de contiguïté) ; et celle entre langue (ensemble des énoncés acceptables pour une communauté) et parole (emploi effectif des éléments et des règles de combinaison de la langue).
Ces principes ont d'abord permis de fonder dans les années 30 **la phonologie**, étude fonctionnelle, et non descriptive, des phonèmes, ou sons du langage, commencée par Nicolas TROUBETZKOY (1890-1938) et le Cercle linguistique de Prague, puis plus récemment, **la sémantique structurale**[6], et, d'un point de vue plus général, **la sémiologie,** postulée par Saussure lui-même comme étude de tous les systèmes de signes, du code de la route aux mythologies, en passant par les rites religieux ou l'économie.

La poétique ne représente qu'un cas particulier de la sémiologie, qui, par ailleurs, peut s'interroger elle-même sur les présupposés idéologiques ou inconscients de ses propres concepts. Découpant le discours en unités qui vont d'un paragraphe au livre entier d'un point de vue formel, ou selon les schémas de contenu les plus divers, elle substitue à la recherche de la vérité celle de l'organisation du sens.

La narratologie

Un des champs de prédilection de l'analyse structurale a été la catégorie du récit, dans le prolongement des recherches des formalistes russes des années 20, en particulier *La Morphologie du conte* (1928) de Vladimir Propp.

À partir d'un corpus d'une centaine de contes populaires russes, Propp établit les lois d'organisation des « motifs » des contes autour de deux notions, les *fonctions* (au nombre de 31), correspondant à des « sphères d'activité », apparaissant toujours dans le même ordre, mais non de façon exhaustive, et se répartissant par couples (interdiction/transgression, méfait/réparation, par ex.) ; et les *personnages* (au nombre de 7), se répartissant les « sphères d'activité ». **Greimas,** dans sa *Sémantique structurale* (1966), a simplifié cette analyse en ne retenant que vingt couples de *fonctions*[7], et six *actants,* s'opposant deux à deux par des relations d'implication, de contradiction et de contrariété, qui peuvent être, soit des personnages, soit des entités abstraites ou des sentiments :

1. *Voir p. 378.*
2. *« Langage sur le langage », terme créé par Roman* JAKOBSON *(1896-1982).*
3. *Voir p. 416.*
4. *Du grec* chronos, *temps,* dia, *à travers, et* syn, *ensemble.*
5. *C'est-à-dire conventionnelle, par opposition au* symbole, *où l'association signifiant/signifié est* motivée *pour des raisons psychologiques ou culturelles.*
6. *Étude fonctionnelle des unités de sens du langage, illustrée surtout par Algirdas-Julien* GREIMAS *(1917).*
7. *Éloignement, interdit/transgression, enquête/information, tromperie/complicité, méfait/manque, mandement/décision du héros, départ, assignation/affrontement d'une épreuve, réception de l'adjuvant, transfert spatial, combat/victoire, reconnaissance, liquidation du manque, retour, persécution/délivrance, arrivée incognito, assignation/affrontement d'une épreuve, reconnaissance, révélation du trompeur/révélation du héros, punition/mariage.*

Le schéma narratif de Greimas

axe du savoir

destinateur → objet → destinataire

↑ *axe du vouloir*

adjuvant → sujet ← opposant

axe du pouvoir

D'autres chercheurs ont proposé des méthodes différentes d'analyse du récit, en découpant dans le texte des unités narratives ou « lexies » (**Roland Barthes**) et en en établissant les lois de fonctionnement, ou en dégageant la « logique des possibles narratifs » (**Claude Brémond**) c'est-à-dire des choix qui s'offrent au narrateur à chaque étape de son récit. Gérard Genette s'est intéressé aux rapports du récit et du narrateur ; par exemple, dans la perspective du « point de vue », on étudie la relation narrateur/personnage (il en sait plus, moins, autant que lui) ; dans l'ordre du récit, on analyse les rapports de la chronologie entre le récit et l'histoire (manière de raconter/ce qui est raconté). On a, ces dernières années, beaucoup développé les analyses sur la spatialité romanesque (focalisation, découpage, fonctions, etc.). Citons ici *Figures III* (1972) de **Gérard Genette,** minutieuse analyse temporelle de *À la recherche du temps perdu*, *L'Analyse du descriptif* (1982), de **Philippe Hamon,** et *Le Pacte autobiographique* (1975), de **Philippe Lejeune,** étude fondamentale des marques de l'autobiographie comme genre.

Simon, Robbe-Grillet, Ricardou et Ollier, lors d'un colloque de Cerisy.

Tandis qu'au château de Cerisy en Normandie continuent depuis la guerre les « décades » réunissant critiques et écrivains sur un thème donné, commencées dans les années 1920 à Pontigny en Bourgogne sous la direction de **Paul Desjardins,** la modernité s'est incarnée dans un certain nombre de revues comme *Tel quel,* fondée en 1960 par **Philippe Sollers** et **Denis Roche,** pour « unifier la réflexion et déclencher à partir de là une subversion généralisée », sans respecter les frontières du savoir ; *Change,* fondée en 1968 par **Jean-Pierre Faye, Jacques Roubaud, Maurice Roche,** qui, de façon plus lisible que *Tel quel,* a élaboré une pensée sur le changement généralisé de l'écriture dans tous les domaines du savoir, dans une perspective marxiste, psychanalysante et surréaliste ; *Poétique,* fondée en 1970 par **Hélène Cixous, Gérard Genette** et **Tzvetan Todorov** entre autres, qui se veut une « revue de théorie et d'analyse littéraire » dans un sens strict ; *Littérature,* fondée en 1971 par le département de littérature française de l'université de Paris VIII (Vincennes), aux perspectives plus ouvertes et moins théoriques que *Poétique ; Communications,* fondée en 1963 par des membres de la VIe section de l'École des Hautes Études, comme **Roland Barthes,** et dont certains numéros intéressent la poétique (n°s 4, 8, 16, 19, etc.) ; *Critique,* fondée en 1946 par **Georges Bataille,** qui donne des comptes rendus de la production littéraire, philosophique et en sciences humaines.

L'analyse du phénomène poétique

La poésie a également sollicité les recherches de la critique actuelle, essentiellement dans le sillage du linguiste américain d'origine russe **Roman Jakobson** (1896-1982), dont les *Essais de linguistique générale* (1963) et les *Questions de poétique* (1973) sont devenus des classiques.

Jakobson a voulu d'abord déterminer les fonctions du message linguistique, au nombre de six, qui mettent chacune en relief un facteur différent de ce message. À ces facteurs que sont **le destinateur, le destinataire, le message** lui-même, **le référent** (le monde réel auquel il se réfère), **le code** et enfin **le contact** (ce qui maintient la communication), correspondent respectivement les fonctions expressive, conative, poétique, référentielle, métalinguistique, et phatique.

La fonction « poétique », qualifiée par l'auteur de « magique », intervient chaque fois que l'émetteur du message met l'accent sur le message pris en lui-même, sans souci de le transmettre à quelqu'un ou de parler de quelque chose. Pour cela, il emploie des procédés phoniques, grammaticaux et lexicaux, que le poéticien va inventorier en soulignant les répétitions, symétries, parallélismes, etc.

Parmi ses disciples, citons **Georges Mounin** et **Nicolas Ruwet** (*Langage, musique, poésie,* 1972), et parmi ses détracteurs, **Henri Meschonnic** (*Pour la poétique I* à *V,* 1970-1978 ; *Les États de la poétique,* 1985). Celui-ci a voulu réagir contre la conception « magique » de la poésie et ce qu'il considère comme l'impasse des lectures purement linguistiques. Lecture et écriture sont en effet inséparables pour ce poéticien nourri des rythmes bibliques.

4 La critique des philosophes

Le primat des sciences humaines dans l'analyse littéraire n'a pas empêché bien entendu les écrivains de dialoguer avec leurs devanciers ou leurs contemporains, comme **Julien Gracq** (*La Littérature à l'estomac,* 1950 ; *Lettrines I* et *II,* 1967 et 1974 ; *En lisant, en écrivant,* 1980) ou **Michel Butor** (*Répertoire I* à *III,* 1960 à 1968). Mais l'apport le plus original semble être celui des philosophes qui, quittant les rivages de l'épistémologie ou de la métaphysique, se sont mis à interroger la littérature. C'est ainsi que **Michel Serres** a comparé les *Rougon-Macquart* de Zola à une machine de Carnot (*Feux Signaux de brume Zola,* 1975), que **René Girard** a appliqué son « désir mimétique » à Proust ou Cervantès (*Mensonge romantique et vérité romanesque,* 1967), ou **Gilles Deleuze** ses « machines désirantes » à Kafka ou Sacher-Masoch (*Logique du sens,* 1969). Ainsi s'est créée une critique d'interprétation nouvelle, libre et étayée à la fois, qui interroge autant le lecteur qu'elle l'enseigne.

Pour conclure, remarquons avec **Tzvetan Todorov**[1], que la clôture textuelle, de mise dans les années 1960 et surtout 1970, est aujourd'hui fortement remise en question : l'« intertextualité »[2] est plus que jamais au centre de la « production du texte », et celle-ci est inséparable de sa « réception », d'où, par exemple, le regain de faveur pour la sociologie de la littérature.

1. Évolution de la critique littéraire, *in* Encyclopaedia universalis, *tome 17, éd. 1982.*
2. Cf. Palimpsestes *de Gérard* Genette, *1982.*

BIBLIOGRAPHIE

Études

- **Linguistique et poétique :**

Roman Jakobson, *Essais de linguistique générale.* Points/Le Seuil, 1963.

Roland Barthes, *Le Degré zéro de l'écriture,* suivi de *Éléments de sémiologie.* Médiations/Gonthier, 1964.

Émile Benveniste, *Problèmes de linguistique générale.* Gallimard, 1966 et 1974.

Algirdas Julien Greimas, *Sémantique structurale.* Larousse, 1966. — *Du sens.* Le Seuil, 1970.

Tzvetan Todorov, *Littérature et signification.* Larousse, 1967.

Jean Piaget, *Le Structuralisme.* P.U.F. (coll. « Que sais-je ? »), 1968.

Henri Meschonnic, *Pour la poétique.* Gallimard, 1970.

Vladimir Propp, *Morphologie du conte.* Points/Le Seuil, 1970.

Ferdinand de Saussure, *Cours de linguistique générale.* Payot, 1972.

Claude Brémond, *Logique du récit.* Le Seuil, 1973.

Jean-Claude Gardin, *Les Analyses du discours.* Delachaux et Niestlé, 1974.

Julia Kristéva, *La Révolution du langage poétique.* Le Seuil, 1974.

Gérard Genette, *Palimpsestes.* Le Seuil, 1982.

- **Sociologie de la littérature :**

Lucien Goldmann, *Le Dieu caché.* Gallimard, 1955. — *Pour une sociologie du roman.* Gallimard, 1964.

Georg Lukacs, *La Théorie du roman,* Médiations/Gonthier, 1962. — *Balzac et le réalisme français,* Maspero, 1967.

Pierre Macherey, *Pour une théorie de la production littéraire.* Maspero, 1966.

Pierre Barberis, *Le Monde de Balzac.* Arthaud, 1973.

Robert Escarpit, *L'Écrit et la communication.* P.U.F., 1973.

CHRONOLOGIE DE LA LITTÉRATURE D'IDÉES*

Philosophie et Politique

1900 MAURRAS : *Enquête sur la Monarchie*
1900 BARRÈS : *L'Appel aux soldats*
1902 POINCARÉ : *La Science et l'Hypothèse*
1905 PÉGUY : *Notre patrie*
1906-36 ALAIN : *Propos*
1912 BARRÈS : *Gréco ou le Secret de Tolède*
1900-14 PÉGUY : *Cahiers de la quinzaine*
1915 ROLLAND : *Au-dessus de la mêlée*
1919 BERGSON : *L'Énergie spirituelle*
1921 ALAIN : *Mars ou la Guerre jugée*
1930-33 BRETON : *Le Surréalisme au service de la Révolution*
1931 BERNANOS : *La Grande Peur des bien-pensants*
1931 NIZAN : *Aden-Arabie*
1932 BERGSON : *Les Deux Sources de la morale et de la religion*
1932 DE GAULLE : *Le Fil de l'épée*
1934 BACHELARD : *Le Nouvel Esprit scientifique*
1935 MONTHERLANT : *Service inutile*
1936 GIDE : *Retour de l'U.R.S.S.*
1936 MALRAUX : *Le Temps du mépris*
1938 BERNANOS : *Les Grands Cimetières sous la lune*
1938 MONTHERLANT : *L'Équinoxe de septembre*
1938 DE GAULLE : *La France et son armée*
1939 CAILLOIS : *L'Homme et le sacré*
1939 BRASILLACH : *Notre avant-guerre*
1941 MONTHERLANT : *Le Solstice de juin*

Féminisme

1904 LAFARGE : *La Question de la femme*
1912 YVER : *Sur le féminisme*
1920 YVER : *Dans le jardin du féminisme*
1921 SAUMONEAU : *Les Femmes socialistes contre la guerre*
1922 ZAUTA : *Psychologie du féminisme*
1929 LARNAC : *Histoire de la littérature féminine en France*
1931 CHARZAT : *Les femmes sont-elles des citoyennes ?*
1934 VALÉRY : *Problèmes nationaux vus par des femmes*

Critique et Sciences du langage

1900 BRUNETIÈRE : *L'Évolution des genres*
1908 GIDE : *La N.R.F.* ; *Prétextes*
1916 SAUSSURE : *Cours de linguistique générale*
1916-18 BRÉMOND : *Histoire du sentiment religieux en France*
1922-37 DU BOS : *Approximations*
1923 BÉDIER : *Histoire de la littérature française*
1925 BRÉMOND : *La Poésie pure*
1927 BENDA : *La Trahison des clercs*
1928 BAUDOUIN : *Psychanalyse de l'art*
1931 LAFORGUE : *L'Échec de Baudelaire*
1933 MARIE BONAPARTE : *Edgar Poe*
1933 RAYMOND : *De Baudelaire au surréalisme*
1933 MAURIAC : *Le Romancier et ses personnages*
1936 THIBAUDET : *Histoire de la littérature française, de 1789 à nos jours*
1937 BÉGUIN : *L'Âme romantique et le rêve*
1937 BACHELARD : *Psychanalyse du feu*
1939 MAULNIER : *Introduction à la poésie française*
1939 BLIN : *Baudelaire*
1940 BACHELARD : *L'Eau et les rêves*
1941 PAULHAN : *Les Fleurs de Tarbes*
1941-43 VALÉRY : *Tel quel*

Étranger

1900 FREUD : *L'Interprétation des rêves* (Autriche)
1902 CROCE : *Esthétique* (Italie)
1904 FREUD : *Psychopathologie de la vie quotidienne* (Autriche)
1905 FREUD : *Le Mot d'esprit et ses rapports avec l'inconscient* (Autriche)
1910 FREUD : *Un souvenir d'enfance de Léonard de Vinci* (Autriche)
1912 UNAMUNO : *Le Sentiment tragique de la vie* (Espagne)
1913 HUSSERL : *Philosophie phénoménologique* (Allemagne)
1916 FREUD : *Introduction à la psychanalyse* (Autriche)
1918-20 SPENGLER : *Le Déclin de l'Occident* (Allemagne)
1920 LUKACS : *Théorie du roman* (Hongrie)
1926-37 GRAMSCI : *Cahiers de la prison* (Italie)
1927 FREUD : *L'Avenir d'une illusion* (Autriche)
1928 PROPP : *Morphologie du conte* (U.R.S.S.)
1929 HEIDEGGER : *Qu'est-ce que la métaphysique ?* (Allemagne)
1931 HUSSERL : *Méditations cartésiennes* (Allemagne)
1933 FREUD : *Essais de Psychanalyse appliquée* (Autriche)
1935 HJEMSLEV : *Phonématique* (Danemark)
1938 WOOLF : *Trois Guinées* (Angleterre)
1939 FREUD : *Moïse et le monothéisme* (Autriche)

1942 Camus : *Le Mythe de Sisyphe*
1942 Rebatet : *Les Décombres*
1943 Sartre : *L'Être et le Néant*
1943 Bataille : *L'Expérience intérieure*
1944 Beauvoir : *Pyrrhus et Cinéas*
1944 Bernanos : *La France contre les robots*
1945 Valéry : *Regards sur le monde actuel*
1946 Sartre : *L'existentialisme est un humanisme*
1948 Weil : *La Pesanteur et la grâce*
1949 Lévi-Strauss : *Structures élémentaires de la parenté*
1950 Weil : *L'Enracinement*
1951 Camus : *L'Homme révolté*
1950-58 Camus : *Actuelles*
1952 Lévi-Strauss : *Race et histoire*
1952-64 Mauriac : *Bloc-notes*
1955 Lévi-Strauss : *Tristes Tropiques*
1955 Teilhard : *Le Phénomène humain*
1957 Éliade : *Mythes, rêves et mystères*
1958 Lévi-Strauss : *Anthropologie structurale*
1960 Sartre : *Critique de la raison dialectique*
1961 Foucault : *Histoire de la folie à l'âge classique*
1964-71 Lévi-Strauss : *Mythologiques I à IV*
1966 Lacan : *Écrits*
1949-72 Sartre : *Situations*
1968 Baudrillard : *Système des objets*
1969 Deleuze et Guattari : *L'Anti-Œdipe*
1970 Monod : *Le Hasard et la Nécessité*
1977 Lévy : *La Barbarie à visage humain*
1978 Girard : *Des choses cachées depuis le commencement du monde*
1983 Lipovetzky : *L'Ère du vide*
1987 Finkielkraut : *La Défaite de la pensée*

1946 Weiss : *Ce que femme veut*
1949 Beauvoir : *Le Deuxième Sexe*
1954 Buytendijk : *La Femme*
1957 Pellé-Douel : *Être femme*
1961 Havel : *La Condition de la femme*
1965 Sullerot : *Demain les femmes*
1967 Etcherelli : *Élise ou la Vraie Vie*
1969 Lilar : *Le Malentendu du « Deuxième sexe »*
1971 Gautier : *Surréalisme et sexualité*
1973 Wittig : *Le Corps lesbien*
1973 Halimi : *La Cause des femmes*
1974 Leclerc : *Paroles de femme*
1974 Irigaray : *Spéculum de l'autre femme*
1975 Cardinal : *Des mots pour le dire*
1981 Didier : *L'Écriture-femme*
1983 Auffret : *Des couteaux contre les femmes*
1987 Cixous : *Entre l'écriture*

1943 Léautaud : *Théâtre de Maurice Boissard*
1943 Baudouin : *Psychanalyse de Victor Hugo*
1944 Bachelard : *L'Air et les songes*
1945 Benda : *La France byzantine*
1948 Sartre : *Qu'est-ce que la littérature ?*
1948 Bénichou : *Morales du Grand Siècle*
1948 Bachelard : *La Terre et les rêveries du repos*
1949 Blanchot : *La Part du feu*
1950 Gracq : *La Littérature à l'estomac*
1952 Sartre : *Saint Genet, comédien et martyr*
1952 Poulet : *La Distance intérieure*
1953 Barthes : *Le Degré zéro de l'écriture*
1955 Goldmann : *Le Dieu caché*
1956 Sarraute : *L'Ère du soupçon*
1957 Bataille : *La Littérature et le mal*
1960 Durand : *Structures anthropologiques de l'imaginaire*
1960-82 Butor : *Répertoires*
1963 Mauron : *Des métaphores obsédantes au mythe personnel*
1965 *Querelle de la Nouvelle Critique*
1966 Greimas : *Sémantique structurale*
1970 Barthes : *S/Z ; L'Empire des signes*
1971-72 Sartre : *L'Idiot de la famille*
1973 Kristéva : *La Révolution du langage poétique*
1975 Lejeune : *Le Pacte autobiographique*
1977 Malraux : *L'Homme précaire et la littérature*
1979 Bellemin-Noël : *Vers l'inconscient du texte*
1979 Duchet : *La Sociocritique*
1985 Hagège : *L'homme de parole*

1943 Jung : *L'Homme à la découverte de son âme* (Suisse)
1945 Ortega y Gasset : *Idées et croyances* (Espagne)
1946 Auerbach : *Mimésis* (Allemagne)
1946 Jung : *Psychologie des transferts* (Suisse)
1949 Welleck et Warren : *Théorie de la littérature* (États-Unis)
1951 Jaspers : *Introduction à la philosophie* (Allemagne)
1953 Heidegger : *Introduction à la métaphysique* (Allemagne)
1955 Marcuse : *Éros et civilisation* (États-Unis)
1957 Chomsky : *Structures syntaxiques* (États-Unis)
1962 Eco : *L'Œuvre ouverte* (Italie)
1963 Jakobson : *Essais de linguistique générale* (États-Unis)
1965 Mao : *Le Petit Livre rouge* (Chine)
1968 Galbraith : *Le Nouvel État industriel* (États-Unis)
1968 Soljénytsine : *Le Premier Cercle* (U.R.S.S.)
1971 Illitch : *Une société sans école* (États-Unis)
1971 Millett : *La Politique du mâle* (États-Unis)
1973 Jakobson : *Questions de poétique* (États-Unis)
1974 Soljénytsine : *L'Archipel du goulag* (U.R.S.S.)
1977 Zinoviev : *Les Hauteurs béantes* (U.R.S.S.)

Sauf précision contraire, les dates indiquées sont celles de l'édition.

Dans les années 80, les certitudes s'éloignent, telle semble être la leçon essentielle du présent.

Le reflux tour à tour de l'existentialisme, du marxisme et du structuralisme dans la culture contemporaine, même si ces doctrines continuent d'être vivantes, laisse la place à une réflexion multiforme, encore difficile à cerner, mais qui s'exerce avant tout ***dans le champ de l'épistémologie*** *et dans* ***un regain d'intérêt pour le fait religieux,*** *comme si la déception apportée par tous les -ismes du siècle ouvrait un vide à combler, et faisait naître un besoin de modestie chez les chercheurs.*

L'interpénétration entre philosophie et littérature est plus que jamais vivante, mais plutôt dans l'ordre du ***commentaire esthétique ou linguistique*** *que dans l'élaboration d'œuvres purement littéraires.*

La réflexion politique *semble en crise dans la mesure où elle prouve son impuissance à gérer les passions du monde actuel. Il faudrait une pensée à l'échelle planétaire, alors que trop souvent en Occident, par médias interposés, survivent les querelles entre droite et gauche.*

Le féminisme, *lui aussi, est en recul, mais c'est pour avoir trop bien réussi. Ses conquêtes sont digérées, son écriture n'étonne plus. Cela ne veut pas dire, bien sûr, que la condition de la femme n'ait pas d'autres progrès à accomplir.*

Quant à ***la critique,*** *en dehors des journaux et des médias où sa fonction est de faire connaître des livres à un public en extension, elle gère, dans l'Université, en bon père de famille, les découvertes des années 1960-1970, sans apport conceptuel appréciable.*

Les maîtres à penser ont disparu, au profit de microstructures culturelles de toutes natures. Le recul manque pour percevoir de nouvelles tendances. Mais, comme le dit Bernard-Henri Lévy, tant mieux si le déclin des grands systèmes « prévient le retour des grandes explications totalisantes qui, au nom du Peuple, de l'Histoire, de l'Esprit absolu et de ses succédanés, broyaient la volonté propre et la singularité du sujet » (Le Magazine littéraire, *déc. 1985, p. 61).*

IIe partie

LA POÉSIE

Héritière de la modernité baudelairienne, de la révolte de Rimbaud et de la métaphysique mallarméenne, libérée par le « vers-librisme » des derniers symbolistes, la poésie du XXe siècle a mis un certain temps à assimiler une révolution si profonde, à peine étalée sur un demi-siècle. La conséquence de cet héritage complexe fut un extraordinaire bouillonnement poétique.

Cependant ce foisonnement laisse apparaître des traits communs. Le poète cesse d'être un mage. Il est plutôt un expérimentateur, et le poème un laboratoire. Les jeux formels et typographiques se retrouvent aussi bien chez Claudel et Valéry que chez les tenants de l'Esprit nouveau ou de Dada, et ils retrouvent aujourd'hui un regain de faveur.

Le poète est également un homme de culture, même si c'est pour la nier. La Grèce antique, la Bible, l'Orient, constituent un fond où tout le monde puise. Apollinaire est nourri de culture médiévale et germanique. Les surréalistes se cherchèrent des ancêtres.

La conséquence de cet élitisme est un certain hermétisme. C'est au lecteur d'aller vers le poète, non l'inverse. Le grand public lit Verlaine et Hugo plutôt que René Char et Henri Michaux.

Les thèmes éternels, l'amour, la fuite du temps, la mort, la nature, la solidarité, n'ont pourtant pas disparu. Le goût du chant se retrouve chez Apollinaire, Aragon, Éluard, et chez bien des poètes de la Résistance. L'humour imprègne les œuvres de Robert Desnos, de Jacques Prévert, de Raymond Queneau. Et les poètes-chanteurs comme Georges Brassens ou Léo Ferré continuent la tradition de Villon.

Le dernier trait de la poésie du siècle serait peut-être le déplacement de la sensualité des thèmes vers celle de la forme ; quoi de plus caressant qu'un vers de Valéry, de plus proche du souffle qu'un verset de Claudel, de plus grisant que l'écriture automatique, de plus proche de la matière minérale que les textes de Guillevic ou de Ponge ?

I L'EFFERVESCENCE POÉTIQUE AVANT 1914

Dans le sillage du siècle précédent, l'époque 1900 est intensément agitée par la ferveur poétique. Plaquettes de vers, revues, manifestes fleurissent ; les cafés littéraires, les salons, les soirées poétiques sont très fréquentées. Montmartre, puis Montparnasse sont les hauts lieux de l'avant-garde. Peintres, poètes, musiciens mettent en commun leurs recherches.

Si le symbolisme se survit assez longtemps à lui-même, d'autres courants moins introvertis, moins esthètes, se font jour, tant est grande la soif d'ouverture de l'époque, qui découvre d'autres continents (la Chine avec Paul Claudel et Victor Ségalen, la Russie avec Blaise Cendrars, l'Amérique avec Walt Whitman) et d'autres civilisations.

1. La postérité du symbolisme

Malgré les railleries d'Anatole France : (« Le symbolisme consiste à ne rien décrire et ne rien nommer »), le mouvement est alors en pleine gloire, et ses théoriciens continuent de perfectionner leur doctrine sur les correspondances entre sons du langage, émotions et sentiments. Mais la véritable postérité de René Ghil est assumée par Paul Valéry, et celle de Gustave Kahn par Claudel.

1 Les symbolistes belges

Le fait nouveau du mouvement est l'apport des poètes belges, comme **Charles Van Lerberghe** (1851-1882), **Georges Rodenbach** (1855-1898), **Max Elskamp** (1862-1931), **Maurice Maeterlinck** (1862-1945), et surtout **Émile Verhaeren** (1855-1916). Flamand de langue française, celui-ci fut, dans ses voyages à Londres et en Scandinavie,

Un long cortège vers la mine.
Dessin de R. Florès, 1906.

Saint-Pol Roux. Gravure sur bois de F. Valotton.

le « témoin des transformations du monde moderne » et des *Villes tentaculaires* (1895), titre de son principal recueil.

Chantre des pays miniers, de la misère urbaine, des foules et des mouvements ouvriers, il s'éloigne du pur symbolisme, dont il ne garde que le vers libéré et l'idéalisme de principe.
Qu'il s'agisse de l'intimisme religieux de Rodenbach (*Bruges la morte,* 1892), du mystère des *Serres chaudes* (1889) de Maeterlinck, ou du décor des Flandres chères à Elskamp ou Verhaeren, la poésie belge fin de siècle garde un parfum fait d'intimisme et de force vitale, dans la tradition de son histoire.

2

Fort (1872-1960) et Saint-Pol Roux (1861-1940), princes des poètes

Tout aussi bien enracinés dans leur terroir apparaissent les *Ballades françaises* (1922-1951) de Paul fort, et les ambitieux recueils de Saint-Pol Roux.

Directeur du théâtre d'Art, où il fait jouer Maeterlinck, dramaturge lui-même, **Paul Fort** est avant tout le poète torrentiel de ses *Ballades* en quarante volumes, sorte d'épopée en vers libres, ou en prose cadencée et rimée, de l'histoire et de la géographie nationales, sensible au charme des noms propres, à l'inspiration proche du folklore. Quant à Paul-Pierre Roux, dit **Saint-Pol Roux,** surnommé le Magnifique, c'est un étrange poète qui vécut solitaire dans son château breton de Caecilian, avant de périr tragiquement à l'arrivée des Allemands en 1940. Dernier des symbolistes, et premier des surréalistes, il utilise systématiquement la métamorphose de la réalité en symboles dans son recueil de proses poétiques, *Les Reposoirs de la procession* (1893).

La résurrection de l'ordre de la Rose-Croix

Fondé au XVIe siècle à Tubingen suivant des traditions ésotériques égyptiennes, l'ordre connut une nouvelle gloire à la fin du siècle dernier grâce à la figure pittoresque du « **Sâr** » **Péladan** (1859-1918), grand-prêtre de L'Art et de la religion, passionné de Wagner, auteur d'un traité intitulé *Comment on devient mage* (1891). Saint-Pol Roux, adepte du mouvement, baptisa sa doctrine « l'idéoréalisme » : elle consiste à ramener « à la surface de la vie ce qui respire à peine sous les décombres de l'univers », ceci uniquement par le développement de l'image. Le résultat, d'une grande somptuosité, n'est pas sans faire penser à Lautréamont. Le mouvement inspira également le musicien **Érik Satie,** avec ses (ironiques) *Sonneries de la Rose-Croix.*

3

La quête mystique de Lubicz-Milosz (1877-1939)

D'un grand raffinement également, mais plus authentique semble-t-il, apparaît l'œuvre abondante et multiforme d'**Oscar-Venceslas de Lubicz-Milosz,** Lithuanien exilé à Paris, fragile et quelque peu morbide.

Ses *Poèmes de décadence* (1899), *La Confession de Lémuel* (1922), *Ars Magna* (1924), *Arcanes* (1927), sa pièce sur Don Juan intitulée *Miguel Manara,* le roman autobiographique *L'Amoureuse Initiation* (1910), forment un itinéraire spirituel qui n'est pas sans faire penser à Pierre-Jean Jouve[1].

1. Voir p. 444.

4 Valéry (1871-1945) ou l'homme universel

Seul disciple authentique de Stéphane Mallarmé, poète métaphysicien difficile et en même temps soucieux d'harmonie et de sensualité sonore, théoricien de la création et de la politique, **Paul Valéry** est un esprit universel, chez qui l'humour tempère la hauteur de la réflexion, et un artiste lui-même, comme en témoignent ses cahiers où il dessinait et peignait entre deux réflexions.

Né à Sète, **Paul Valéry** fait ses études chez les Dominicains, puis au lycée, enfin à l'Université de Montpellier.
À treize ans, il écrit ses premiers vers, lit Mallarmé et Huysmans. Tout le passionne : architecture, musique, mathématiques, dessin, peinture. Au service militaire, il connaît Pierre Louÿs, qui lui présentera, outre Mallarmé, Gide, Heredia, Debussy.
Arrivé à Paris en 1894, il partagera son temps entre la recherche d'une méthode qui l'aide à éclaircir son « propre labyrinthe », la fréquentation des Mardis de la rue de Rome, et sa carrière de fonctionnaire au ministère de la Guerre.
Marié avec la nièce de Berthe Morisot, père de trois enfants, Valéry écrit en prose jusqu'en 1912, date à laquelle Gide le persuade de publier ses premiers vers, et de se lancer dans l' « exercice » de *La Jeune Parque* (1917). *Le Cimetière marin, Album de vers anciens, Charmes,* enfin, suivent.
Élu à l'Académie en 1925, Valéry termine sa carrière comme professeur au Collège de France, dans une chaire de « Poétique » créée pour lui. Après une semi-retraite pendant l'occupation, il meurt en 1945.

1891-1893 : premières poésies.

1895 : *Introduction à la méthode de Léonard de Vinci.*

1896 : *La Soirée avec Monsieur Teste.*

1897 : *La Conquête allemande.*

1917 : *La Jeune Parque.*

1920 : *Album de vers anciens.*

1922 : *Charmes.*

1923 : *Eupalinos ou l'Architecte. L'Ame et la Danse.*

1924-1944 : *Variété I* à *V.*

1931 : *Pièces sur l'art. Regards sur le monde actuel.*

1936 : *Degas, danse, dessin.*

1941-1943 : *Mélanges. Tel quel I* et *II.*

1946 : *Mon Faust.*

J.E. Blanche, *Valéry,* 1923.

La « poétique »

Renouant le premier avec un vieux terme oublié de la critique, aujourd'hui fort à la mode, Valéry se met apparemment dans le sillage d'Aristote[1], dont la *Poétique* formulait les règles des différents genres. Mais il retient avant tout le terme dans son sens très concret en grec de « fabrication ». Pour lui, en effet, l'œuvre n'est ni imitation du réel, ni expression du moi. Elle est production d'un langage, sans rapport avec le langage ordinaire, à la fois jeu, danse et rite, sans autre but que lui-même.

D'où le primat des règles sur l'inspiration, du classicisme sur le romantisme. Valéry obéit d'ailleurs en cela à une tendance néo-classique qui s'épanouit dans l'entre-deux-guerres[2]. L'inspiration lui paraît une « image naïve ». Grâce au rythme, à la sonorité, à la combinaison des mots, le poète crée des « charmes »[3], au sens premier du vocable : formule magique, incantation, enchantement.

1. *Philosophe grec (384-322 av. J.-C.).*
2. *Cf. encadré p. 417.*
3. *Du latin* Carmina.

Le lyrisme intellectuel de Valéry

Illustration pour *Le Cimetière marin.* Eau-forte de P. Valéry.

L'*Album de vers anciens* appartient encore à l'univers symboliste, et même au Parnasse : certains sonnets semblent rivaliser avec ceux de José-Maria de Heredia *(César, Orphée).* La préciosité, l'extrême musicalité des vers, les sujets empruntés à l'Antiquité *(Naissance de Vénus, Narcisse parle, Hélène, Orphée),* ou constituant autant de paysages-états d'âme *(Les Vaines Danseuses, Valvins, Le Bois amical),* renvoient à la sensibilité fin-de-siècle. On y perçoit déjà cependant l'obsession du jaillissement créateur, et celle du thème de la conscience, qui hantera le poète *(Narcisse parle,* plus tard *Fragment du Narcisse, Cantate de Narcisse).*

Charmes (c'est-à-dire étymologiquement « poèmes » ; 1922) comprend 21 textes de longueur inégale, de 16 vers pour *Les Pas* à 310 pour *Fragment du Narcisse,* et de mètres variés, auxquels une syntaxe archaïsante, des allitérations nombreuses, le retour de mots-clés comme *pur, diamant,* donnent une unité.
La structure de l'ouvrage évoquerait, selon les uns, les étapes du drame intellectuel du poète dans sa tension vers la connaissance, selon d'autres, opposerait les pièces courtes aux pièces longues, qui posent les grands problèmes de la thématique valéryenne : achèvement *(Palme),* inspiration et lucidité *(Cantique des colonnes ; Poésie ; La Pythie),* conscience de soi *(Narcisse),* le poète et l'univers *(Au Platane ; Ébauche d'un serpent),* la vie et la mort *(Le Cimetière marin).* On peut encore remarquer que les premières pièces parlent de lumière, d'espoir, les suivantes sont plus amères, les dernières avouent la confiance dans l'action et le génie humain.

Quant à ***La Jeune Parque*** (1917), c'est un long poème d'un seul tenant, de 512 alexandrins, sur le « changement d'une conscience pendant la durée d'une nuit ».

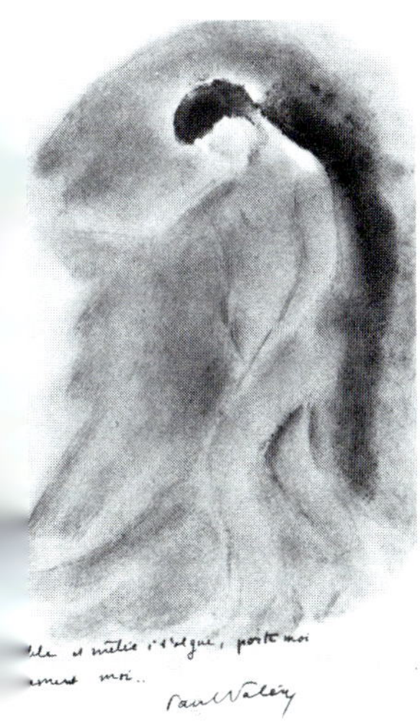

Illustration pour *La Jeune Parque.* Dessin de P. Valéry.

La première des Parques[1] devient ici une jeune fille blessée d'amour, qui s'éveille sur un rivage en se rappelant des rêves voluptueux. Combattent alors en elle le souvenir de l'innocence et l'appel du désir. Au bord du suicide, elle cède enfin à l'appel de la nature.

Figure de l'adolescence au seuil de l'amour, au premier degré, et de la conscience qui s'éveille, au second, *La Jeune Parque* est une œuvre à la fois sensuelle et philosophique, à lire à plusieurs niveaux, et à déchiffrer lentement, comme une partition musicale.

La mode du néo-classicisme

L'entre-deux-guerres voit fleurir dans tous les arts, en dehors de l'influence surréaliste, une nette tendance aux formes classiques et aux mythes grecs, qu'illustreront par exemple la période néo-classique du musicien Igor Stravinsky (*Apollon Musagète,* ballet, 1927 ; *Œdipus Rex* et *Perséphone,* opéras, 1927 et 1934) ; l'évolution des peintres André Derain et Giorgio de Chirico ; l'architecture du Palais de Chaillot, et enfin la présence de la Grèce antique dans le théâtre de Jean Giraudoux (*Electre,* 1937), Jean Cocteau (*Antigone,* 1922 ; *La Machine infernale,* 1934), Jean Anouilh (*Antigone,* 1944), Jean-Paul Sartre (*Les Mouches,* 1943)[2].

1. *Divinités de la mythologie grecque qui présidaient à la destinée des mortels.*
2. *Voir p. 486.*

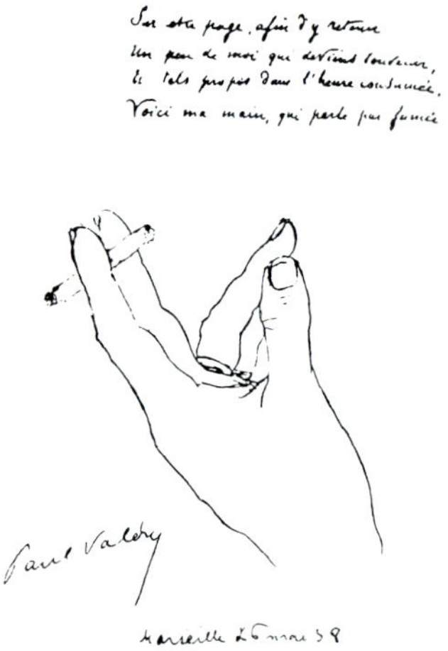

Dessin de P. Valéry, sur un manuscrit de 1938.

Les mécanismes mentaux

« Presque tous les êtres qui sentent vivement les arts font un peu plus que les sentir ; ils ne peuvent échapper au besoin d'approfondir leur jouissance », déclare Valéry dans *Léonard et les philosophes (Variété III).*

C'est ce besoin-là qui est au centre de la création valéryenne, explique le personnage de Monsieur Teste (*La Soirée avec Monsieur Teste ;* 1896), sous-tend les écrits sur l'art ou la poétique, et s'épanouit dans les « exercices » que constituent les poèmes.

« À force d'y penser, j'ai fini par croire que Monsieur Teste était arrivé à découvrir des lois de l'esprit que nous ignorons », déclare le narrateur de ce « roman ». De fait, grâce à des exercices, Monsieur Teste, doué d'une volonté de fer et d'une mémoire effarante (il a brûlé tous ses livres), maîtrise ses émotions, perçoit les pensées de son entourage, n'utilise qu'un langage épuré et entièrement dominé, même dans sa prosodie, et se trouve capable d'analyser ses propres souffrances avec un total détachement.

Les nombreux essais qui complètent *La Soirée*[1] retouchent le portrait, qui est en fait celui, ironique, de Valéry lui-même, toujours entraîné, sa vie durant, dans un vertige narcissique, qui n'évite pas le ressassement.

L'unité de son œuvre poétique, plus encore que dans la forme, se trouve peut-être dans l'imaginaire qui le sous-tend, et qui puise presque exclusivement dans la Méditerranée de ses origines et de sa culture : rivages, mer, soleil reviennent constamment ; les végétaux (platane, vigne, grenade), l'architecture (temples, colonnes), les mythes (Narcisse, la Pythie), les philosophes (Zénon d'Elée, Parménide), tout renvoie à un monde d'essence hellénique, où Apollon, il est vrai, domine Dionysos.

1. Lettre de Madame Émilie Teste *(1924),* Lettre d'un ami *(1924),* Extraits du Log-book de M. Teste, Fin de M. Teste *(posthume, 1946).*

BIBLIOGRAPHIE

Éditions

ELSKAMP, *Œuvres complètes.* Seghers, 1967.

MAETERLINCK, *Œuvres,* Éd. Jacques ANTOINE. Genève, Slatkine, 1980.

SAINT-POL ROUX, *Les Reposoirs de la procession* (2 vol.). Rougerie, 1980.

FORT, *Ballades françaises.* Flammarion, 1982.

LUBICZ-MILOSZ, *Œuvres complètes* (14 vol.). A. Silvaire, 1960.

VALÉRY, *Œuvres,* Éd. Jean HYTIER. Gallimard (bibl. de la Pléiade), 1965-1966. — *Cahiers* (2 vol.), Éd. Judith ROBINSON. Gallimard (bibl. de la Pléiade), 1973-1974.

Études

Georges-Emmanuel CLANCIER, *Panorama critique de Rimbaud au surréalisme.* Seghers, 1953.

Michel DECAUDIN, *La Crise des valeurs symbolistes, vingt ans de poésie française 1895-1914.* Privat, 1960.

Marcel RAYMOND, *De Baudelaire au surréalisme.* José Corti, 1969.

Robert SABATIER, *La Poésie française du XXe siècle* (tome I). Albin Michel, 1982.

Franz HELLENS, *Verhaeren.* Seghers, 1952.

Pierre BÉARN, *Paul Fort.* Seghers, 1960.

Jean ROUSSELOT, *Milosz.* Seghers, 1972.

Jean BELLEMIN-NOËL, *Les Critiques de notre temps et Valéry.* Garnier, 1971.

Jean HYTIER, *La Poétique de Valéry.* A. Colin, 1953.

Jean LEVAILLANT, *Écriture et génétique textuelle : Valéry à l'œuvre.* P.U.L., 1982.

2. Une floraison de manifestes

Tandis que Valéry poursuit son œuvre en solitaire, une sorte de gourmandise semble conduire les créateurs à former des chapelles, le plus souvent éphémères comme les revues qui les soutiennent. Quelques œuvres, qu'on lit encore avec plaisir, ont surnagé de cette agitation, qui correspond d'ailleurs à un besoin de réagir aux modes étrangères, envahissantes dans les années 1890.

1 Le naturisme

Mouvement créé par Maurice Le Blond, gendre de Zola, et Saint-Georges de Bouhélier, le naturisme voulut réagir contre l'influence d'Ibsen, Wagner et Nietzsche, au profit des valeurs prônées par l'École romane[1]. Dans leur manifeste[2], les créateurs formaient le projet suivant :

« Nous chanterons les hautes fêtes de l'homme. Pour la splendeur de ce spectacle, les poètes convoqueront les plantes, les étoiles, les vents et les graves animaux. Une littérature naîtra qui glorifiera les marins, les laboureurs nés des entrailles du sol et les pasteurs qui habitent près des aigles. De nouveau, les poètes se mêleront aux tribus » (*Manifeste* de Bouhélier).

Un tel programme manqua de grands auteurs, mais trouva un écho diffus chez le Gide des *Nourritures terrestres,* et chez des poètes comme Francis Jammes ou Paul Fort.

1. Voir p. 254.
2. Paru dans Le Figaro *le 10 janvier 1897.*

2 L'unanimisme

Plus intéressant, parce que marqué par la personnalité de **Jules Romains**[3], l'unanimisme puisa à des sources variées, en particulier au socialisme français et au panthéisme chaleureux du poète américain Walt Whitman (1819-1892), dont les *Feuilles d'herbe* (1892) chantaient la nature et le prolétariat dans une prosodie proche de Claudel.

Le mouvement eut son origine dans une communauté d'artistes, fondée à l'abbaye de Créteil, sorte de phalanstère poétique, qui imprimait lui-même ses œuvres, et qui influença des « adhérents externes » comme l'écrivain italien Filippo Tommaso Marinetti[4] et Pierre-Jean Jouve[5]. En 1908 **l'Abbaye** publia *La Vie unanime* de Jules Romains, où l'auteur déclarait vouloir « se consoler de la vie éternelle » par la perception d'un être vaste et élémentaire, épars dans les groupes humains, « capable de créer un lyrisme très pénétrant ou un superbe cycle épique », en un mot, un « unanimisme ».

3. Voir p. 532.
4. Poète italien (1876-1944), créateur du Futurisme. *Voir plus loin p. 431.*
5. Voir p. 444.

3 Les fantaisistes

À l'opposé de ces nobles intentions, se situe le groupe mal défini des fantaisistes, dont le maître reconnu fut **Paul-Jean Toulet** (1867-1920), auteur des célèbres *Contrerimes* (1920), poèmes ciselés avec humour et mélancolie à la fois, suivant un subtil schéma strophique.

Les « contrerimes » proprement dites sont constituées de quatrains de deux octosyllabes et de deux hexasyllabes alternés, rimant « à contre longueur » : alors que l'ordre des vers est ABAB, celui des rimes est ABBA. « Il en résulte une allégresse de la démarche, qu'accentuent encore la brièveté des pièces, l'usage du rejet et celui de l'ellipse. » (Michel Décaudin).

Retenons également **Georges Fourest** (1867-1948) et sa *Négresse blonde* (1909), **Tristan Klingsor** (1874-1966), dont la *Schéhérazade* inspira le musicien Maurice Ravel (1875-1937), **Franc Nohain** (1873-1934) et ses *Chansons des rues et des gares* (1900), **Francis Carco** (1886-1958) et ses *Chansons aigres-douces* (1913), plus connu par son roman *Jésus-la-Caille* (1914), et **Léon-Paul Fargue** (1876-1947), poète et chroniqueur à la langue originale, dont l'œuvre la plus connue demeure *Le Piéton de Paris* (1939).

4 La poésie féminine

Les hommes, malgré les apparences, n'eurent pas le monopole de la création poétique avant 1914.

Née princesse Brancovan, d'origine roumaine, épouse du comte Mathieu de Noailles, **Anna de Noailles** (1876-1933) reçut tous les dons de la fortune, de la beauté, et, croyait-on, du génie. *Le Cœur innombrable* (1901) et dix autres recueils révélèrent un mélange subtil de panthéisme et de hantise de la mort.

Quant à **Renée Vivien** (1877-1909), blonde américaine au style de vie raffiné et au destin tragique, elle traduisit Sappho[1], et illustra dans de nombreuses plaquettes, sensuelles et mystiques à la fois, le thème cher à Baudelaire des « femmes damnées ».

1. Sappho, poétesse grecque de l'île de Lesbos (VIIe-VIe siècle av. J.-C.), auteur de vers passionnés dédiés à des jeunes filles.

E.F. Aman-Jean,
Farniente (détail), déb. xxe s.

BIBLIOGRAPHIE

Éditions

Michel Décaudin, *Anthologie des poètes fantaisistes.* Seghers, 1982.

Romains, *La Vie unanime.* Gallimard, 1985.

Toulet, *Les Contrerimes.* Gallimard (coll. « Poésie »), 1979.

Renée Vivien, *Œuvres poétiques complètes, 1877-1909.* Régine Deforges, 1986.

Études

André Figuéras, *Jules Romains.* Seghers, 1952.

Pierre-Olivier Walzer, *Paul-Jean Toulet.* Seghers, 1963.

Claude Mignot-Ogliastri, *Anna de Noailles.* Klincksieck, 1986.

Jean-Claude Walter, *Léon-Paul Fargue ou l'Homme en proie à la ville.* Gallimard, 1973.

3. La poésie chrétienne

Il faut sans doute remonter à la Renaissance ou à l'époque baroque pour retrouver en France un lyrisme religieux aussi intense que celui de Charles Péguy ou de Paul Claudel. Le romantisme s'était égaré dans une religiosité à tendance philosophique. Baudelaire et Lautréamont affichaient un satanisme provocant. La fin du siècle vit le retour en force du sens du mystère et du symbole, et l'Église elle-même connut un remarquable renouveau théologique, esthétique[1] et social[2]. Joris-Karl Huysmans[3] et Léon Bloy inaugurèrent une authentique littérature catholique, qui, en poésie, s'est prolongée jusqu'à nos jours.

1. *Cf. l'Atelier d'art sacré de Maurice* DENIS *(1870-1943), et la réforme du chant grégorien (1903).*
2. *Mouvement et journal du* Sillon, *fondé par Marc* SANGNIER *(1902).*
3. *Voir p. 316.*

1 Péguy (1873-1914), militant et mystique

La plus haute figure de ce renouveau fut sans doute **Charles Péguy,** parce qu'il fut au centre de toutes les préoccupations du début du siècle.

L'évolution spirituelle de Péguy

Péguy, jusqu'en 1905, crut en un socialisme plus proche d'une « révélation intérieure » que d'un bouleversement social. Aussi abomina-t-il les compromissions de la vie politique, incarnées pour lui par Jaurès, et refusa-t-il de confondre socialisme, anticléricalisme et athéisme (*La Délation aux droits de l'homme*, 1905).

Né à Orléans, **Charles Péguy** est élevé par sa grand-mère et par sa mère dans le culte du travail. La passion de l'école, l'influence du catéchisme, le désir de s'élever socialement, l'esprit démocratique et le patriotisme d'après 1870, marquent son enfance.
Reçu à l'École Normale supérieure il subit l'influence de Lucien Herr, le bibliothécaire, dont le socialisme imprègne des générations de normaliens.
Péguy crée à Paris une Librairie socialiste (1898). Il entame alors une double carrière de polémiste et de poète ; l'affaire Dreyfus le mobilise dans le camp de Zola, Jaurès, Reinach. Après l'amnistie de Dreyfus, il se brouille avec ses amis, au nom de la justice et de la vérité, et fonde les *Cahiers de la Quinzaine* (1900-1914), dont il est à la fois le gérant et le principal rédacteur.
Sa vie, désormais partagée entre sa famille (il a quatre enfants), les *Cahiers,* les soucis d'argent, les polémiques perpétuelles, les épreuves intimes, est difficile. Peu à peu, le socialisme de sa jeunesse fait place à la foi chrétienne retrouvée ; il fait plusieurs pèlerinages à Chartres, mais refuse les sacrements et vit surtout une mystique personnelle, liée à la terre natale.
Il meurt le 5 septembre 1914, d'une balle en plein front, près de Villeroy, dans la Somme, après avoir été mobilisé comme lieutenant de réserve.

1897 : *Jeanne d'Arc* (drame). *Marcel, premier dialogue de la cité harmonieuse.*

1900 : *Le Triomphe de la République.*

1902 : *Pour et contre les congrégations. De Jean Coste.*

1904 : *Orléans vu de Montargis.*

1905 : *Notre patrie.*

1906, 1907, 1908 : *De la situation faite à l'histoire..., à la sociologie, au parti intellectuel dans le monde moderne.*

1910 : *Notre jeunesse. Le Mystère de la charité de Jeanne d'Arc. Victor-Marie, comte Hugo.*

1911 : *Un nouveau théologien, M. Fernand Laudet. Le Porche du mystère de la deuxième vertu.*

1912 : *Clio. Le Mystère des saints Innocents. La Tapisserie de sainte Geneviève et de Jeanne d'Arc. Sonnets.*

1913 : *L'Argent. L'Argent, suite. La Tapisserie de Notre-Dame. Ève.*

1914 : *Note sur Monsieur Bergson et la philosophie bergsonienne. Note conjointe.*

Timbre à l'effigie de Péguy (détail), par Gandon.

En 1905 l'affaire de Tanger bouleverse ces perspectives. Face à la menace allemande, il renonce à l'internationalisme pacifiste de sa jeunesse, découvre la réalité charnelle de la patrie française. Désormais, toute son énergie va se tourner vers la reconquête des traditions de la race et de la terre (*Notre patrie,* 1905). En même temps, il revient au christianisme de sa jeunesse, un christianisme marginal, méfiant pour les prêtres, éloigné des sacrements, poétique et mystique. Ses derniers démêlés avec la Sorbonne s'expliquent par son horreur du scientisme, et de l'influence allemande qui règnent alors sur la philologie et l'histoire. Ses vrais maîtres furent Jules Michelet et Victor Hugo plutôt que Hippolyte Taine et Ernest Renan.

L'Incarnation

Les qualités de Péguy prosateur (passion des idées, lectures étendues, goût des grands maîtres), et ses défauts (digressions perpétuelles, piétinement de la pensée, reprise inlassable du même thème à partir de mots-clés) trouvent leur centre de gravité dans l'essence même du christianisme, l'Incarnation. De même que Dieu « s'est fait chair et a habité parmi nous » pour racheter par sa Passion les péchés de l'Humanité, de même, pour Péguy, le **spirituel** s'incarne dans le **charnel ;** l'héroïsme temporel du Cid et d'Horace, porté à l'éternel, donne Polyeucte, « non point un surnaturel antinaturel ni surtout extra-naturel... mais un surnaturel naturel et supranaturel, littéralement surnaturel » *(Victor-Marie, comte Hugo).*

Les *Cahiers de la Quinzaine*

Ils furent, entre 1900 et 1914, au nombre de 229 livraisons, distribuées en quinze séries. Consacrés soit à un dossier important d'actualité (l'affaire Dreyfus, la séparation de l'Église et de l'État) soit à un écrivain (André Suarès, Julien Benda, Romain Rolland), envahis peu à peu par la prose de Péguy lui-même, ils constituent chaque fois un exploit : l'écrivain s'occupe de tout, corrige les épreuves, tient les comptes et la boutique (rue de la Sorbonne), trouve le temps d'écrire contre ses ennemis, le parlementarisme de Jean Jaurès, l'antimilitarisme, les tyrannies, la Sorbonne, et bien d'autres, et d'aligner des milliers de vers.

Ces aspects se retrouvent magnifiés dans l'œuvre poétique, qui occupa les dernières années de l'écrivain. On y distingue les trois *Mystères,* d'essence théâtrale, et les *Tapisseries,* plus proches de l'hymne[1] ou de la litanie[2].

Les Mystères

Il faut prendre le mot à la fois au sens médiéval de pièce de théâtre en vers représentant les principaux épisodes de l'Évangile, et au sens théologique de vérité religieuse incompréhensible à la raison, mais dont la croyance est fondamentale. On retrouve donc là l'incarnation et la rédemption, mais aussi une méditation sur les trois vertus « théologales » : la Foi, l'Espérance, et la Charité[3].

1. Hymne : *chant à la louange de Dieu.*
2. Litanie : *prière sous forme d'invocations répétées.*
3. *Les vertus théologales ont Dieu lui-même pour objet ; les vertus cardinales ont pour objet le prochain.*

Le Mystère de la charité de Jeanne d'Arc : il existe deux pièces sur le même thème dans l'œuvre de Péguy. La première, intitulée simplement *Jeanne d'Arc* (1897), est un « drame en trois pièces » *(A Domrémy ; Les Batailles ; Rouen),* fondé sur une étude minutieuse des pièces du procès de condamnation (1431) et de réhabilitation (1456).

Le personnage souffrant de Jeanne est nourri de la foi socialiste : il s'agit de porter remède au mal universel. Prose ordinaire ou rythmée, vers, verset, portent témoignage des recherches symbolistes, tout en renouant avec un lyrisme grandiose et familier à la fois, digne de la tragédie antique ou classique.

I. Bergman jouant *Jeanne au bûcher* de Claudel et Honegger, en 1954.

Jeanne et les arts

Le personnage de Jeanne a, dès sa mort, inspiré les artistes ; Christine de Pisan (*Le Dittié de Jeanne d'Arc,* vers 1440), Jean Chapelain (*La Pucelle,* poème épique en 24 chants, peu réussi, 1656-1682), Voltaire (*La Pucelle d'Orléans,* parodie de l'Arioste, 1762), Schiller (*Die Jungfrau von Orléans,* 1801), Anatole France (*Vie de Jeanne d'Arc,* 1908), Bernard Shaw (*Sainte Jeanne,* 1923), Georges Bernanos (*Jeanne relapse et sainte,* 1934), Jean Anouilh (*L'Alouette,* 1953) ont évoqué la sainte sur les modes les plus divers, du bouffon au mystique. Quant aux musiciens, seules semblent avoir survécu la *Giovanna d'Arco* de Giuseppe Verdi (1845), et la *Jeanne au bûcher* d'Honegger (1935), sur un texte de Claudel. Les deux pièces de Péguy sont à replacer dans un contexte historique où l'héroïne, béatifiée seulement en 1909 et canonisée en 1920, servait d'emblème à la politique de revanche après la guerre de 1870, et au ralliement de la république laïque à la papauté sous le règne de Léon XIII (1878-1903).

Le Mystère proprement dit (1910) reprend intégralement les paroles prêtées à Jeanne, en y ajoutant de longs développements sur les souffrances causées par la guerre et l'inégalité des destinées, aussi bien sur terre que dans l'au-delà. Jeanne va jusqu'à offrir à Dieu sa propre damnation pour sauver les âmes. Le dialogue s'interrompt brusquement, pour continuer dans les mystères suivants.

Le Porche du mystère de la deuxième vertu (1911), et *Le Mystère des saints Innocents* (1912) mettent directement Dieu en scène, par la bouche de Madame Gervaise, une religieuse qui est l'interlocutrice de Jeanne : « La Foi et la Charité, ça ne m'étonne pas... mais l'Espérance, voilà ce qui m'étonne », dit-il.

Et dans une charmante allégorie, Dieu compare l'Espérance à « une petite fille de rien du tout qui marche entre ses deux sœurs aînées ».
Incarnation de l'esprit d'enfance, elle représente pour l'auteur les joies et les peines du père de famille. Après un éloge de la terre de Lorraine et de France, le poète clôt son deuxième mystère sur un très bel « Hymne à la nuit du Calvaire », qui ensevelit le Christ mort comme dans un linceul.

Dans *Le Mystère des saints Innocents* on retrouve les principaux thèmes du *Porche,* centrés autour du massacre d'Hérode, et de la délivrance d'Orléans en 1429. Mais l'essentiel demeure une longue méditation de Dieu sur l'angoisse de l'homme et la tendresse du Christ pour l'humanité. Péguy se livre en toute liberté, avec émotion et familiarité à la fois, à son don du verbe, sans aucun souci de construction dramatique.

Le Chant du monde : La Poésie,
Tapisserie de J. Lurçat, 1957-1963.

Les Tapisseries

En 1912, Péguy revient au vers régulier, avec trois massifs importants : les *Quatrains,* posthumes, qui traduisent, dans une longue suite d'invocations proches des hymnes liturgiques, les tourments du poète, et dont le rythme, inexorable, semble la palpitation même du cœur « qui a tant battu » ; les *Tapisseries,* particulièrement émouvantes, en particulier la *Présentation de la Beauce à Notre-Dame de Chartres,* écrite à la suite de deux pèlerinages : les vers y scandent la marche du pèlerin à travers les blés, dans l'assomption progressive de la célèbre flèche à l'horizon ; enfin *Ève,* immense ensemble de 1911 quatrains, dont Péguy a pourtant retranché quelques 4 000 vers !

Centré autour de la figure de la mère (du Christ, de l'humanité), ce dernier poème est d'une grâce et d'une variété incomparables. Comme dans *Jeanne d'Arc,* le vœu d'ensemble est le salut de l'humanité par l'intercession des figures évoquées. La répétition d'un même schéma, d'un même rythme, donnent une impression d'ivresse, parfois de monotonie, surtout de grande émotion.

BIBLIOGRAPHIE

Édition

PÉGUY, *Œuvres poétiques.* Gallimard (bibl. de la Pléiade), rééd. 1975. — *Œuvres en prose,* Éd. Marcel PÉGUY. Gallimard (bibl. de la Pléiade), 1957 et 1959.

Études

Bernard GUYON, *Péguy, l'homme et l'œuvre.* Hatier, 1973.

Simone FRAISSE, *Péguy par lui-même.* Le Seuil, 1979.

Henri GUILLEMIN, *Charles Péguy.* Le Seuil, 1981.

Géraldi LEROY, *Péguy entre l'ordre et la Révolution.* Presses de la Fondation nationale des Sciences politiques, 1981.

2

Claudel (1868-1955) ou la splendeur du Verbe

D'une tout autre ampleur est la matière que brasse **Paul Claudel,** sans doute parce que le poète-voyageur, longtemps à l'écart des querelles et des passions françaises, préférait le monde comme théâtre de ses débats intérieurs.

La conversion spirituelle

Toute l'œuvre de Claudel est « poétique », dans la mesure où elle procède d'une intuition fondamentale et s'exprime dans la forme du verset. Mais la formation de l'écrivain bénéficia du climat fin-de-siècle : mode du wagnérisme, des peintres préraphaélites anglais[1], déliquescences symbolistes. Il a lui-même indiqué sa dette à l'égard des *Illuminations* de Rimbaud, ce « mystique à l'état sauvage » : « Pour la première fois, ces livres ouvraient une fissure dans mon bagne matérialiste et me donnaient l'impression vivante et presque physique du surnaturel. »

1. Confrérie de peintres, Dante-Gabriel Rossetti (1828-1882), John Millais (1829-1896), Edward Burne-Jones (1833-1898), qui voulurent revenir à l'art primitif italien d'avant Raphaël (1483-1520).

Champenois, **Paul Claudel** est né à Villeneuve-sur-Fère, près de Soissons. Le jeune Paul fait de brillantes études et commence à écrire à l'âge de quatorze ans, mal à l'aise dans l'atmosphère positiviste et naturaliste de l'époque. Il est reçu premier au concours de la diplomatie en 1890.
Deux expériences fondamentales éclairent le désert spirituel où il vit : la découverte de Rimbaud, et sa conversion au catholicisme le jour de Noël 1886, à Notre-Dame. Cela ne l'empêche pas de fréquenter, en même temps que Valéry et Gide, les Mardis de Mallarmé rue de Rome, d'écrire ses premiers drames *(Tête d'or; La Ville),* et de se lier avec Jules Renard, Léon Daudet, et bien d'autres.
De 1895 à 1909 il est diplomate en Chine et au Japon. Sa vie sentimentale y est compliquée : une liaison douloureuse avec la femme d'un homme d'affaires nourrira le drame de *Partage de midi.* Une brillante carrière de consul, puis d'ambassadeur, le mène en Europe centrale, en Italie, au Brésil, au Danemark, enfin à Washington et à Bruxelles, son dernier poste (1936).
Son théâtre (voir p. 463) s'impose grâce aux mises en scène de Jean-Louis Barrault. Il entre à l'Académie française en 1946. Ses entretiens à la radio avec Jean Amrouche le font connaître du grand public. Partageant son temps entre Paris et son château de Brangues en Dauphiné (où il est enterré), il achève son *Journal,* commente inlassablement la Bible, écrit jusqu'à son dernier souffle. Des funérailles officielles, le 1er mars 1955, couronnent une vie bien remplie.

1890 : *Tête d'or* (1re version).

1892 : *La Jeune Fille Violaine* (1re version).

1893 : *La Ville* (1re version).

1900 : *Connaissance de l'Est* (1900-1907).

1901 : *L'Arbre. L'Échange.* 2e version des pièces précédentes.

1906 : *Partage de midi.*

1907 : *Art poétique.*

1910 : *Cinq Grandes Odes.*

1911 : *L'Otage.*

1912 : *L'Annonce faite à Marie.*

1914 : *La Cantate à trois voix.*

1918 : *Le Pain dur.*

1920 : *Le Père humilié. L'Orestie* d'Eschyle (traduction).

1927 : *L'Oiseau noir dans le soleil levant.*

1928 : *Positions et propositions.*

1929 : *Le Soulier de satin.*

1933 : *Le Livre de Christophe Colomb.*

1935 : *Conversations dans le Loir-et-Cher. Introduction à la peinture hollandaise.*

1939 : *Jeanne au bûcher.*

1942 : *L'Histoire de Tobie et de Sara. Cent Phrases pour un éventail.*

1946 : *L'Œil écoute.*

1954 : *Mémoires improvisés* (entretiens avec Jean Amrouche).

J.E. Blanche, *Claudel,* 1920.

Au carrefour de ces influences, auxquelles s'ajoutent celles des classiques de l'Antiquité (Pindare, Sophocle, Virgile) et de la tradition chrétienne (Dante, Bossuet), s'est édifiée une œuvre grandiose dans les domaines de la poésie, du théâtre et de l'essai.

L'art poétique

Claudel a beaucoup réfléchi sur son art, et rassemblé ses idées dans plusieurs volumes, dont *Réflexions sur les vers français, Parabole d'Animus et d'Anima, Sur Dante, La Catastrophe d'Igitur, Religion et poésie, Art poétique.*

Tout d'abord, l'art n'est pas séparable d'une conception religieuse du monde. Le poète, à l'instar de Dieu, crée l'univers par les mots et les rythmes.

« Le poète, qui a le magistère de tous les mots, et dont l'art est de les employer, est habile, par une savante disposition des objets qu'ils représentent, à provoquer en nous un état d'intelligence harmonieuse et intense, juste et fort... Et de même qu'un vers dans sa mesure uniforme peut renfermer tous les rythmes et tous les êtres, de même toute la création pourra s'inscrire sur le mètre que l'âme constitue » (Traité de la *Co-naissance au monde et de soi-même*).

Ensuite, le spirituel se perçoit pour Claudel au sens premier du mot *esprit (spiritus* = souffle). Le fameux verset claudelien, inspiré de la Bible, des tragiques grecs, et aussi des réflexions de Baudelaire et de Mallarmé, est avant tout rythme, étroitement calqué sur notre rythme vital, celui du cœur, celui de la respiration, celui de la pensée. D'où le rythme oral, les blancs, la longueur des syllabes, les répétitions, le caractère incantatoire.

Dans *La Muse qui est la grâce,* le poète exprime ainsi la transmutation poétique :
« Les mots que j'emploie,
Ce sont les mots de tous les jours, et ce ne sont point les mêmes !
Vous ne trouverez point de rimes dans mes vers ni aucun sortilège.
Ce sont vos phrases mêmes... Ces fleurs sont vos fleurs,
Et vous dites que vous ne les reconnaissez pas.
Et que ces pieds sont vos pieds, mais voici que je marche sur la mer et que je foule les eaux de la mer en triomphe ! »

(*Cinq Grandes Odes,* 4e Ode. Gallimard)

H. Matisse, *Nu bleu III,* 1952.

Claudel et les Muses

Les *Cinq Grandes Odes* (1910), suivies d'un *Processional pour saluer le siècle nouveau,* écrites en Orient, à l'époque des drames intimes du poète, illustrent somptueusement ces théories, et marquent une réconciliation progressive de l'auteur avec lui-même et avec l'univers.

Les Muses, inspirées d'un sarcophage du Louvre, chantent la création poétique ; *L'Esprit et l'Eau* oppose le poète, prisonnier des murs de Pékin, à l'« ivresse de l'eau », figure de l'esprit qui emporte l'homme vers Dieu et unit toutes choses ; le *Magnificat* remercie Dieu d'avoir délivré le poète des Idoles (c'est-à-dire le monde moderne) et de la mort, chante l'absolu perçu à travers la création, et célèbre la naissance de sa fille Marie ; *La Muse qui est la Grâce* se présente comme un dialogue entre la Nature et la Grâce, la volonté humaine et la vocation poétique ; *La Maison fermée,* enfin, voit dans le mariage une clôture symbolique favorisant la contemplation, et dans l'obscurité poétique une figure de la clôture monastique. L'ensemble s'achève sur un mouvement d'ouverture, pour saluer le monde nouveau.

Un entourage d'artistes

Sa sœur Camille (1864-1943), élève et amie de Rodin, fut un sculpteur de valeur (*Camille C. statuaire,* 1905 ; et *Ma sœur Camille,* 1951) ; Darius Milhaud, le musicien, qui fut son secrétaire à Rio de 1917 à 1919, et collabora avec le poète à plusieurs reprises (l'*Orestie, Christophe Colomb...*) ; Arthur Honegger, compositeur de la musique de *Jeanne au bûcher* et de *La Danse des morts...* Par ailleurs, Claudel a beaucoup écrit sur l'art, la peinture en particulier, sous le titre général de *L'Œil écoute* (1946).

Après la sombre période qui marque *Partage de midi*[1], Claudel témoigne de son apaisement dans une œuvre jubilatoire, *La Cantate à trois voix* (1914), qui met en scène, devant le paysage grandiose du Rhône, du Jura et des Alpes, trois figures de jeunes femmes, qui rappellent les figures emblématiques des drames symbolistes.

Elles ont nom Laeta, qui attend son fiancé, symbole de l'avenir ; Fausta, Polonaise séparée de son mari, symbole du présent ; et Béata, veuve d'origine égyptienne, représentant le passé, qui exalte la mort et la sérénité de l'éternité. Ces trois voix chantent alternativement, ou entonnent un des neuf cantiques qui parsèment l'œuvre (« du Rhône », « de la vigne », « des chars errants », etc.).

Claudel et l'Orient

La foi du poète n'a jamais arrêté sa curiosité et son attirance pour les civilisations qu'il approchait en tant que diplomate. Son sens du mystère et du cosmos trouvait là une attitude essentielle oubliée en

1. Voir p. 465.

Hokusaï, *Deux Petites Barques de pêcheurs sur la mer houleuse,* déb. XXe s.

Ségalen
lors d'une mission archéologique en Chine, 1914-1917.

Occident, la contemplation. D'où l'intérêt de deux livres éloignés dans le temps, l'un consacré à la Chine, l'autre au Japon, qui nous découvrent un Claudel inattendu, proche de nous : *Connaissance de l'Est* (1900-1907), premier livre publié par le poète, qui, à la manière des peintres chinois, évoque l'essence d'un paysage ou d'un objet, dans un style précieux et musical ; et *L'Oiseau noir dans le soleil levant* (1923-1927), qui essaie de pénétrer le mystère de l'âme japonaise : sens de la cérémonie, de la contemplation de l'univers, de l'humilité devant les catastrophes, dialogue du théâtre Nô entre l'homme et son désir.

« Recréer le sensible selon les coordonnées célestes », voilà, selon Pierre-Olivier Walzer, l'intention de toute l'œuvre de Claudel. Pour cela, quelques procédés sûrs — interjections en début de phrases, ordre des mots bouleversé, syntaxe torturée, vocabulaire familier ou sublime — qui font de toute page du poète une explosion jubilante, au service d'une vision cosmique.

Un disciple de Claudel, Ségalen (1878-1919)

Médecin de marine, **Victor Ségalen,** comme Pierre Loti ou Claude Farrère à la même époque, dut une bonne partie de son inspiration à l'exotisme. Fasciné par Gauguin, il écrit d'abord *Les Immémoriaux* (1907) pour sauver le passé Maori. Puis il part pour la Chine et lit Claudel, qu'il va voir à Tien-Tsin. De ce voyage il rapporte *Stèles* (1912), transcription d'un ensemble d'épigraphes gravées sur la pierre, où le poète place « dans un moule chinois » ce qu'il « avait à exprimer », un roman, *René Leys* (posthume, 1921), et *Peintures* (1916), textes d'inspiration taoïste.

3 L'ingénuité de Jammes (1868-1938)

Au regard des grandes orgues claudeliennes, la petite flûte de **Francis Jammes,** qui vécut au pays basque, peut sembler un peu mince. Mais elle a bien du charme, et sonne d'une voix juste et émouvante.

Tout Jammes est dans l'humilité, la ferveur, le sens de la sympathie. La nature l'inspire constamment, dans ses aspects les plus quotidiens, les hommes, les animaux *(Prière pour aller en Paradis avec les ânes),* les fleurs, et aussi le souvenir du passé créole de sa famille. D'autres recueils (*Le Deuil des primevères,* 1911 ; *Clairières dans le ciel,* 1905 ; *Géorgiques chrétiennes* 1911), et de romanesques portraits de jeunes filles (*Clara d'Ellébeuse,* 1899 ; *Almaïde d'Étremont,* 1901), composent une œuvre où l'humour ingénu évite la fadeur possible, d'un art assez subtil au demeurant.

BIBLIOGRAPHIE

Éditions

CLAUDEL, *Œuvre poétique.* Gallimard (bibl. de la Pléiade), 1967. — *Prose* (2 vol.), *Théâtre* (2 vol.), *Journal* (1 vol.). Gallimard (bibl. de la Pléiade), 1965, 1967-1971, et 1969.

SEGALEN, *Odes* suivies de *Thibet.* Mercure de France, 1963.

Études

André BLANC, *Claudel et les critiques de notre temps.* Garnier, 1970.

Jean-Bertrand BARRÈRE, *Claudel, le destin et l'œuvre.* S.E.D.E.S., 1979.

Claude COURTOT, *Victor Ségalen.* Henri Veyrier, 1984.

Robert MALLET, *Jammes.* Seghers, 1950.

4. L'Esprit nouveau

1

« Bourlinguer »[1]

F.T. Marinetti, *Montagne + Vallate + Strade X*, 1915.

Le sentiment quasi religieux qu'éprouvait Jules Romains devant le monde, la poésie immédiate qu'il voulait tirer « sans parure ni maquillage de ce que notre âme perçoit de la réalité »[2], n'était pas alors le propre de l'unanimisme. Même, ces théories semblaient mieux vérifiées par d'autres écrivains, comme **Cendrars, Larbaud, Apollinaire, Saint-John Perse** ou **Ségalen.**

La vie unanime s'élargit avec eux, comme d'ailleurs chez Claudel, à la planète entière ; l'époque découvre, dans le sillage des aventures coloniales et des voyages d'exploration, le charme de l'exotisme, qui inspire également une nombreuse production romanesque. « Bourlinguer » pourrait être leur devise, et ces mots d'Apollinaire leur programme : « Peut-on forcer la poésie à se cantonner hors de ce qui l'entoure, à méconnaître la magnifique exubérance de vie que les hommes par leur activité ajoutent à la nature et qui permet de machiner le monde de la façon la plus incroyable ? » (conférence sur *L'Esprit nouveau et les poètes*, 1917).

L'époque découvre également la vitesse, qui renouvelle la perception, et les techniques comme l'aviation, l'automobile, qui seront des sources d'inspiration pour les artistes. La plupart d'entre eux ont d'ailleurs le même souci que le cubisme alors florissant : **l'art est une création, non une représentation** [3].

La vie vécue passe dans les vers sous forme de fragments, de collages, parce que la sensation est fragmentaire. Le vers éclate en suite de mots sans lien apparent, la grammaire est réduite au minimum[4].

Cette esthétique du **discontinu** correspond à une fascination pour la vie urbaine et ses spectacles, ses lumières, ou tout se juxtapose sans vraiment se fondre.

1. *Titre d'un roman de* Cendrars *(1948).*
2. Le Figaro, *8 mars 1911.*
3. *Voir le numéro d'*Europe *de juin-juillet 1982, intitulé justement* Cubisme et littérature.
4. *Pas de subordination ; emploi perpétuel du présent ; verbe réduit à* est, il y a.

Deux revues, pendant la Première Guerre mondiale, rassemblèrent peintres et poètes autour de l'Esprit nouveau : *Sic* (1916-1919), fondée par **Pierre Albert-Birot** (1876-1967), et *Nord-Sud* (1917-1918), fondée par **Pierre Reverdy** (1889-1960). Beaucoup de futurs surréalistes y firent leurs premières armes (Tristan Tzara, Philippe Soupault, André Breton, Louis Aragon), ainsi que des écrivains aussi différents que Raymond Radiguet ou Pierre Drieu La Rochelle.

Couverture de F. Léger pour *J'ai tué* de Cendrars, 1919.

Cendrars (1887-1961)

Le poète qui incarne le mieux le bouillonnement de l'Esprit nouveau est sans doute **Blaise Cendrars,** l'auteur de *Pâques à New York* (1912) et de la *Prose du Transsibérien* (1913), qui mena, dès l'âge de 17 ans, une vie d'aventures aux quatre coins du monde.

La *Prose...* frappa Apollinaire par sa nouveauté et lui inspira *Zone*. Les paysages vus du train se bousculaient en vers inégaux, mêlés de bribes de conversation. *Du monde entier* (1918) élargit ce lyrisme aux dimensions de l'univers. Par la suite, Cendrars écrivit surtout des romans (*L'Or*, 1925 ; *Moravagine*, 1926), etc.

2 Apollinaire (1880-1918), l'inventeur

Un créateur « doux et violent »[1]

La personnalité artistique de **Guillaume Apollinaire** frappe par sa diversité. Enfant sans père, le poète cherche perpétuellement son identité à travers les curiosités les plus opposées : l'Allemagne et la Bretagne légendaires font bon ménage avec les romans libertins du XVIIIe siècle ; les symbolistes et les cubistes l'attirent également ; amoureux transi et jaloux, il passe d'un amour à l'autre, comme en art il abandonne l'impressionnisme pour l'art nègre, la naïveté du Douanier Rousseau pour le cubisme ou l'orphisme[2]. Son flair comme critique d'art est remarquable, digne de Baudelaire.

1. Max JACOB.
2. Nom donné par APOLLINAIRE au cubisme de Robert DELAUNAY (1885-1941).

Fils naturel d'une comtesse polonaise quelque peu aventurière et d'un officier italien, Francesco Flugi d'Aspermont, **Guillaume Apollinaire,** pseudonyme de Willelmus Apollinaris de Kostroswitzky, naît à Rome le 26 août 1880. Il acquiert une culture immense et hétéroclite, se fait beaucoup d'amis, commence à écrire dès l'adolescence dans un journal manuscrit où il signe « Guillaume le Macabre ». Ses sympathies politiques sont du côté de Dreyfus et de l'anarchisme. D'août 1901 à août 1902 il est précepteur en Rhénanie de la fille de la vicomtesse de Milhau, et s'éprend éperdument de la gouvernante anglaise de la jeune fille, Annie Playden, qu'il poursuivra en vain jusqu'en Angleterre. Ces amours malheureuses ainsi que les paysages rhénans et autrichiens marqueront profondément son œuvre. En 1907 il fait la connaissance du peintre Marie Laurencin, avec laquelle il va vivre jusqu'à leur rupture en 1912, dans un appartement en face du Pont Mirabeau. Apollinaire se passionne alors pour toutes les avant-gardes, publie *Alcools* en 1913. Une nouvelle liaison, avec Louise de Coligny-Châtillon, lui inspire les *Poèmes à Lou.* Puis c'est la guerre, où il est blessé en 1916 à la tête par un éclat d'obus, et trépané. Avec Madeleine Pagès, jeune fille qu'il rencontre dans un train, il échange une correspondance, fait des projets de mariage, auxquels il renonce. Sa vie s'achève tragiquement le 9 novembre 1918, alors qu'il vient d'épouser Jacqueline Kolb, la « Jolie Rousse », et qu'il se trouve au centre du mouvement intellectuel qui prépare Dada et le surréalisme.

1899-1902 : premiers poèmes, *Rhénanes, Les Colchiques...*

1902-1904 : collaboration à *La Revue blanche, La Plume, Le Festin d'Ésope.*

1908 : *L'Enchanteur pourrissant.*

1910 : *L'Hérésiarque et Cie.*

1911 : *Le Bestiaire ou Cortège d'Orphée.*

1913 : *Alcools. L'Enfer de la Bibliothèque nationale* (catalogue). *Les Peintres cubistes. L'Anti-tradition futuriste.*

1915 : *Les Trois Don Juan.*

1916 : *Le Poète assassiné.*

1917 : *Vitam impendere amori.*

1918 : *Calligrammes. Le Flâneur des deux rives. Les Mamelles de Tirésias.*

1920 : *Couleur du temps.*

1925 : *Il y a. La Femme assise.*

1947 : *Ombre de mon amour.*

1952 : *Le Guetteur mélancolique. Tendre comme le souvenir.*

Révélé à lui-même enfin en 1912 par la lecture de *Pâques à New York*, il exécute ce que Breton appellera « son propre assassinat », et invente l'essence de sa poésie, mélange unique de lyrisme et de modernité (poèmes-conversations, textes simultanés, idéogrammes lyriques baptisés calligrammes, etc.).

Élégie et cubisme

Alcools (1913), le principal recueil du poète, frappe par son caractère composite : à des poèmes de tout genre publiés d'abord en revue,

J. Metzinger,
Apollinaire, 1914.

Apollinaire donne une unité au moins apparente en supprimant, à l'instar de Mallarmé, et sur les conseils du futuriste italien Marinetti, toute ponctuation, et en composant son livre sans souci de chronologie, puisque *Zone*, qui inaugure le recueil, est le dernier en date.

Il semble que *Zone* et *Vendémiaire*, placés en première et en dernière place, signifient l'adieu au monde ancien et la soif du monde nouveau, et qu'entre les deux on puisse distinguer plusieurs cycles amoureux (Annie, Marie, etc.), des poèmes symbolistes *(Le larron, Merlin et la vieille femme)*, puis simultanéistes *(Le Brasier)*, et trois textes célébrant « les noces magiques du monde et de la poésie » *(Poème lu au mariage d'André Salmon, Cortège, Vendémiaire)*. La versification épouse l'évolution des thèmes : l'emphase parnassienne des alexandrins fait place aux recherches symbolistes à la mode (obscurité, érudition, itinéraire spirituel allégorique). Les poèmes élégiaques (*Rhénanes, Chanson du mal-aimé*, cycle de Marie, *À la Santé*) font penser au premier Verlaine, avec leurs strophes de vers courts et mélodieux, leur clarté, leur sensibilité, les correspondances subtiles et souvent non précisées entre la nature et les « états d'âme » du poète : obsession de l'automne, de la mort, du passé.

Le chef-d'œuvre de l'ensemble est la *Chanson du mal-aimé*, achevée en 1903, peut-être modifiée par la suite ; composée de 59 quintils d'octosyllabes répartis en 7 sections de longueur inégale, elle entrelace subtilement le passé et le présent à partir de la quête d'Annie en Angleterre (« Un soir de demi-brume à Londres... »), la volonté d'oublier, et l'obsession du souvenir. Des intermèdes, soulignés par une autre typographie *(Les Sept Épées, Les Cosaques zaporogues)* viennent détendre la tension spirituelle de l'itinéraire du poète, rythmée par la célèbre strophe-refrain : « Voix lactée ô sœur lumineuse... » La *Chanson* s'achève par un retour à Paris et au présent, dans un style simultanéiste.

R. Delaunay,
Les Jardins du Champs-de-Mars,
1922.

Les derniers poèmes d'*Alcools*, ainsi que ceux de *Calligrammes* (1918), sont d'une modernité plus affirmée : vie quotidienne et mystère, symboles et réel, histoire et géographie mêlées, collages de

Calligramme d'Apollinaire, 1915.

motifs, désordre labyrinthique du monde et poèmes, bribes de conversations, et enfin les fameux calligrammes eux-mêmes, qui, par la grâce du dessin et l'émotion du texte, évoquent les combats et les morts de la guerre. *La Jolie Rousse,* qui clôt le recueil, constitue le testament poétique et spirituel d'Apollinaire, qui devait mourir peu après, sans avoir vu l'éclosion du surréalisme, qu'il semble annoncer :

« Nous voulons vous donner de vastes et d'étranges domaines
Où le mystère en fleurs s'offre à qui veut le cueillir
Il y a là des feux nouveaux des couleurs jamais vues
Mille phantasmes impondérables
Auxquels il faut donner de la réalité... »

3 La postérité de l'Esprit nouveau : Jacob, Larbaud, Morand

Couverture de C. Laborde.

D'autres poètes, tout en subissant le génie de l'époque et en sacrifiant à l'exploration du langage, obéirent plus tard à leurs tendances profondes.

C'est ainsi que **Max Jacob** (1876-1944), après ses débuts montmartrois et ses premiers recueils, qui doivent tout au saugrenu et au hasard verbal (*Le Cornet à dés,* 1917), se convertit au catholicisme, se fixa à Saint-Benoît-sur-Loire, et écrivit dans tous les genres en mêlant l'humour et le mysticisme (*Saint-Matorel, Les Pénitents en maillot rose,* etc.), jusqu'au moment où les Allemands l'envoyèrent mourir à Drancy.

Moins humoriste, plus cosmopolite et esthète apparaît **Valéry Larbaud** (1881-1957), grand bourgeois voyageur à qui l'on doit des nouvelles (*Enfantines,* 1918), un roman (*Fermina Marquez,* 1911), et surtout les *Œuvres complètes de A.O. Barnabooth* (1913), journal et poèmes d'un milliardaire américain, dilettante intelligent qui parcourt l'Europe en train de luxe, et s'exprime en vers libres à la mode de Walt Whitmann[1].

Paul Morand (1888-1976), l' « homme pressé », surtout connu comme nouvelliste et romancier, publie lui aussi deux plaquettes (*Lampes à arc* et *Feuilles de température,* 1919-1920), où descriptions et paysages intérieurs se fondent dans un humour très daté.

1. *Voir p. 419.*

BIBLIOGRAPHIE

Éditions

CENDRARS, *Poésies complètes.* Denoël, 1960.

APOLLINAIRE, *Œuvres poétiques,* Éd. Marcel ADEMA et Michel DÉCAUDIN. Gallimard (bibl. de la Pléiade), 1978.

LARBAUD, *Les Poésies de A.O. Barnabooth,* Éd. Robert MALLET. Gallimard (coll « Poésie »), 1966.

MORAND, *Poèmes.* Gallimard (coll. « Poésie »), 1973.

Études

Louis PARROT, *Cendrars.* Seghers, 1948.

Myriam Cendrars, *Blaise Cendrars.* Le Seuil (coll. « Points »), 1985.

Marie-Jeanne DURRY, *Guillaume Apollinaire : « Alcools »* (3 vol.). S.E.D.E.S., 1978-1979.

Claude TOURNADE, *Apollinaire et les critiques de notre temps.* Garnier, 1971.

Denis BORDAT et Bernard VECK, *Apollinaire.* Hachette littérature, 1983.

René PLANTIER, *L'Univers poétique de Max Jacob.* Klincksieck, 1976.

Pierre ANDREU, *Vie et mort de Max Jacob.* La Table ronde, 1982.

Bernard DELVAILLE, *Larbaud.* Seghers, 1967.

Bernard DELVAILLE, *Morand.* Seghers, 1966.

Les Futurismes. Revue « Europe », mars 1975.

Cubisme et littérature, Revue « Europe », juin-juillet 1982.

II LE RAYONNEMENT DU SURRÉALISME

Le début du siècle avait été marqué par le foisonnement des écoles. L'entre-deux-guerres semble au contraire graviter autour de l'astre surréaliste, tant le magnétisme d'André Breton, son fondateur, fut intense, et fascinante la découverte de l'inconscient qui envahit peu à peu la culture française[1]. Mais s'il y eut, pour reprendre le titre d'un tableau de Valentine Hugo, une « constellation surréaliste » unie autour du maître, assez instable d'ailleurs, une « nébuleuse » d'autres poètes gravitèrent de plus loin autour de lui, tandis que certains tentèrent de concilier leurs exigences spirituelles avec les prestiges de l'écriture automatique.

1. Voir p. 469.

M. Ernst, *Au rendez-vous des amis,* 1922 (portrait collectif des membres du mouvement surréaliste).

1. La genèse du mouvement

Créé sous forme d'adjectif par Apollinaire pour qualifier, dès 1917, sa pièce *Les Mamelles de Tirésias* (« drame surréaliste »), le mot fut repris en 1920 dans la revue *L'Esprit nouveau,* et réapparut dans le premier *Manifeste du surréalisme* de Breton en 1924, sous la forme d'un article de dictionnaire.

> « **Surréalisme :** n. m. Automatisme psychique pur par lequel on se propose d'exprimer, soit verbalement, soit par écrit, soit de toute autre manière, le fonctionnement réel de la pensée. Dictée de la pensée, en l'absence de tout contrôle de la raison, en dehors de toute préoccupation esthétique ou morale.
> **Encycl, Philos. :** Le surréalisme repose sur la croyance à la réalité supérieure de certaines formes d'associations négligées jusqu'à lui, à la toute-puissance du rêve, au jeu désintéressé de la pensée. Il tend à ruiner définitivement tous les autres mécanismes psychiques et à se substituer à eux dans la résolution des principaux problèmes de la vie » (Gallimard).

1 Les grands ancêtres

Chaque mouvement créant ses précurseurs comme plus tard ses épigones, les surréalistes ont annexé les explorateurs de territoires inédits de l'imaginaire, en marge des préoccupations morales, religieuses ou esthétiques de leur époque.

C'est ainsi qu'ils portèrent aux nues le marquis de Sade (1740-1814) et son érotisme, le poète anglais William Blake (1757-1827) et ses *Chants d'Innocence et d'Expérience,* les romantiques allemands, le roman noir anglais[1], le dernier Baudelaire, Nerval, dont l'expérience de la folie préfigure la *Nadja* de Breton, Rimbaud, Lautréamont et Jarry, la « vraie vie » du premier, le satanisme du second, la dérision du troisième exprimant un refus commun de l'esprit de sérieux.

2 Dada et Tzara (1896-1963)

R. Delaunay, *Tzara,* 1923.

« Tuer l'art est ce qui me paraît le plus urgent », écrivait Breton à **Tristan Tzara** en 1919. Tel était le but du mouvement qui avait pris naissance à Zurich en 1915, dans les réunions du cabaret Voltaire, où se réunissaient de jeunes artistes de tous pays, qui, sans la guerre, auraient eu un tout autre destin.

Scandalisés par le conflit, et l'échec des élites, ils rejettent en bloc le patriotisme et le bolchevisme, la religion et la politique, l'art et la littérature, la société et l'intelligentsia. Le mouvement, baptisé en février 1916, connut rapidement un succès retentissant à Berlin, à Cologne, à Amsterdam, et enfin à Paris, où Tristan Tzara arriva en 1920, accueilli « comme le Messie » par André Breton, Louis Aragon et Philippe Soupault. Dada connaît son apogée entre 1920 et 1922, avec comme membres Érik Satie, Pierre Drieu La Rochelle, Jacques Rigaut, René Crevel, Robert Desnos, Roger Vitrac, Benjamin Péret, Jean Cocteau. Déracinés par la guerre, ces artistes ont pour but de scandaliser le bourgeois, tout en affirmant leur vitalité, encore que Tzara et Picabia soient beaucoup plus radicaux dans leur nihilisme.

La trajectoire personnelle de Tzara[2] le mena des milieux symbolistes roumains de sa jeunesse à une méditation sur la fraternité avec le monde, en passant par la phase négatrice et provocatrice de l'aventure zurichoise. Son œuvre, abondante, se présente comme un jaillissement perpétuel d'images, où le hasard et l'arbitraire, surtout au début, ont une part essentielle. Ses premières œuvres relèvent du théâtre[3] ; en poésie, citons, outre le *Manifeste Dada* de 1918, *Vingt-Cinq Poèmes* (1918), *L'Homme approximatif* (1931), *De mémoire d'homme* (1951).

L'activité du groupe Dada

Dans le sillage de l'expressionnisme allemand et du futurisme italien, Dada, dès 1916, multiplia les soirées poétiques en plusieurs langues, les manifestes[4], les jeux les plus fous sur le langage : mots inventés, style petit-nègre, écholalies, vers sans signification, poésies phonétiques ou onomatopéiques, poèmes en plusieurs langues. Par ailleurs, la « grande saison Dada » de 1921 organise des visites de « lieux communs » comme la gare Saint-Lazare ou l'église Saint-Julien-le-Pauvre, des expositions de poèmes-objets ou de ready-made (porte-bouteilles ou boîtes de conserve baptisés « objets d'art » par Marcel Duchamp), des manifestations comme le fameux procès de Maurice Barrès, accusé de « crime contre la sûreté de l'esprit ».

1. *Représenté essentiellement par* Lewis *(1775-1818), auteur du* Moine *(1795),* Maturin *(1782-1824), auteur de* Melmoth ou l'homme errant *(1820), et Ann* Radcliffe, *auteur de* L'Italien ou le Confessionnal des Pénitents noirs *(1797).*
2. *Né Samy* Rosenstock. *« Tzara » veut dire* Terre *en roumain.*
3. *Voir le chapitre Théâtre, p. 471.*
4. *Au nombre de sept, dont le* Manifeste de M. Antypirine *(de Tzara), réunis en 1933.*

3 L'influence de Freud

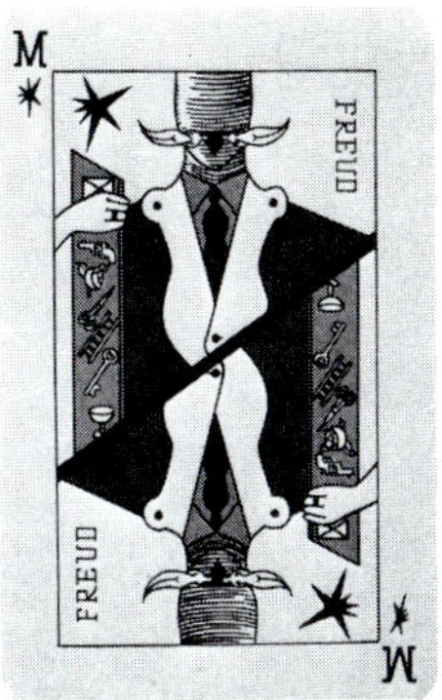

Freud. Jeu de cartes des surréalistes.

La formation psychiatrique de Breton ne fut pas sans conséquence pour le mouvement surréaliste. La folie lui parut comme un mode de connaissance véritable : « Les hallucinations, les illusions ne sont pas source de jouissance négligeable. Les confidences des fous, je passerais ma vie à les provoquer. »

Quant au rêve, voie royale de l'inconscient selon Freud[1], il sera au centre du mouvement, Breton voulant faire le procès de la raison et de la culture, et rétablir le pouvoir de l'imaginaire, du fantasme, de l'érotisme.

A Freud le poète va emprunter la technique de l'association libre, fondement de la cure analytique : mais il l'applique à l'écriture et non plus à la parole, dans un but de création. D'où l'importance de l'« écriture automatique » et des « grands sommeils », pratiqués à plusieurs dans une pièce close faiblement éclairée. C'est ainsi que naquirent des recueils collectifs comme *Les Champs magnétiques* de Breton et Soupault (1919), *L'Immaculée Conception* (1930) de Breton et Éluard, et *Ralentir travaux* (1930) de Breton, Char et Éluard.

4 L'histoire du mouvement

C'est autour de la revue *Littérature* (dont le titre avait été choisi par dérision) entre 1919 et 1924, que se cristallisa le surréalisme. Fondée par **Louis Aragon** (1897-1982), **André Breton** (1896-1966) et **Philippe Soupault** (né en 1897), *Littérature* accueillit d'abord toutes les tendances à la mode, des talents reconnus (Paul Valéry, André Gide ou Valéry Larbaud) à l'avant-garde proche d'Apollinaire et de Picasso (Blaise Cendrars, Max Jacob, Jean Cocteau). Puis l'influence de Tzara orienta la revue vers la révolte et le scandale. En mars 1922, Breton décida d'assumer seul la direction, rompant ainsi avec Dada.

Cadavre exquis chez Valentine Hugo, 1932.

Les « grands ancêtres » du surréalisme

« Swift est surréaliste dans la méchanceté. Sade est surréaliste dans le sadisme. Chateaubriand est surréaliste dans l'exotisme. Constant est surréaliste en politique. Hugo est surréaliste quand il n'est pas bête. Desbordes-Valmore est surréaliste en amour. Bertrand est surréaliste dans le passé. Rabbe est surréaliste dans la mort. Poe est surréaliste dans l'aventure. Baudelaire est surréaliste dans la morale. Rimbault est surréaliste dans la pratique de la vie et ailleurs. Mallarmé est surréaliste dans la confidence. Jarry est surréaliste dans l'absinthe. Nouveau est surréaliste dans le baiser. Saint-Pol Roux est surréaliste dans le symbole. Fargue est surréaliste dans l'atmosphère. Vaché est surréaliste en moi. Saint-John Perse est surréaliste à distance. Roussel est surréaliste dans l'anecdote. »

BRETON, *Manifeste du surréalisme*, 1924 (Gallimard)

En 1924 le premier ***Manifeste du surréalisme*** donne une vision cohérente de la doctrine. Breton y fait le procès du réalisme, de la logique apparente du monde, du rationalisme, en leur opposant la toute-puissance de l'imagination et du rêve, la valeur de la folie. La surréalité est conçue comme un idéal que seul peut atteindre l'abandon de la conscience claire, au profit de la voyance rimbaldienne, des états médiumniques, de la magie.

1. *Voir* L'Interprétation des rêves, *1re édition en 1899.*

En même temps le surréalisme représente en soi une croyance dans l'autonomie absolue du langage, conçu non comme un balbutiement à la manière dadaïste, mais comme une organisation dictée par l'inconscient ou le « hasard objectif », dont le but n'est pas de représenter, mais de produire un effet[1].

5 Le surréalisme et la révolution

Rapidement le groupe surréaliste ajouta au souci de Rimbaud, « changer la vie », celui de Marx, « changer le monde ». Anarchistes à leurs débuts, les surréalistes adhérèrent **au parti communiste** entre 1927 et 1930. Cependant la toute-puissance du rêve était difficile à concilier avec la lutte des classes ; d'autre part, le « pape du surréalisme », comme on surnomma **André Breton,** ne put supporter longtemps la discipline de parti. Lié avec Trostky, rencontré au Mexique en 1928, Breton se rapprocha des anarchistes, puis, après la guerre, du mouvement des « Citoyens du monde ». En 1926, c'est le départ de Benjamin Péret et d'Antonin Artaud ; en 1930, celui de Paul Éluard et de Louis Aragon. D'autres poètes fondèrent leur propre mouvement, comme Le Grand Jeu[2].

Comme l'a noté Maurice Blanchot en 1944 : « Il n'y a plus d'école (surréaliste), mais un état d'esprit subsiste. Personne n'appartient plus à ce mouvement, et tout le monde sent qu'il aurait pu en faire partie. Le surréalisme s'est évanoui ? C'est qu'il n'est plus ici ou là : il est partout. C'est un fantôme, une brillante hantise. À son tour, métamorphose méritée, il est devenu surréel » *(La Part du feu.* Gallimard).

M. Duchamp,
Nu descendant l'escalier,
n° 3, 1916.

L'art et le surréalisme

Dada et le surréalisme furent aussi, et peut-être essentiellement, des écoles de peinture, auxquelles Breton consacra un livre. Le grand ancêtre fut l'Italien **Giorgio de Chirico** (1888-1978), peintre des places désertes à la solitude angoissante et des mannequins de bois. **Hans Arp** (1887-1966), **Marcel Duchamp** (1887-1968), **André Picabia** (1879-1953), furent les artistes du dadaïsme, dont le chef-d'œuvre est sans doute *La Mariée mise à nu par ses célibataires, même* (1915-1923) de Duchamp, « épopée mystico-mécanique du désir d'amour ». Quant aux peintres surréalistes, ils cherchèrent à représenter, souvent de façon volontairement académique, les fantasmes et les rapprochements d'objets hétéroclites qui illustraient le « hasard objectif ». Les plus connus furent **Max Ernst** (1891-1976), **René Magritte** (1898-1967), **Juan Miró** (1893-1983), **Man Ray** (1890-1976), **Yves Tanguy** (1900-1958), et **Salvador Dali** (né en 1904), auquel on doit la méthode « paranoïaque critique », utilisation systématique du délire d'interprétation.

1. Cf. les « cadavres exquis », écrits ou dessinés collectivement, en faisant tourner une feuille de papier dans un groupe, dont on plie la partie supérieure chaque fois.
2. Voir plus loin, p. 445.

BIBLIOGRAPHIE

Édition

BRETON, *Manifestes du surréalisme.* Gallimard (coll. « Idées »), 1967.

Études

Maurice NADEAU, *Histoire du surréalisme.* Le Seuil (coll. « Points »), 1964.

2. La constellation surréaliste

Les « astres » surréalistes furent essentiellement sept, dont trois, Breton, Aragon et Éluard, de première grandeur.

1

Breton (1896-1956), pape et magicien

On a vu le rôle prépondérant d'**André Breton** à la fois comme théoricien et comme « pape » du mouvement. Ce qui ressort de son œuvre personnelle est son caractère de visionnaire, à la recherche (à travers une série de métamorphoses) d'un texte perdu, d'un arrière-pays marqué par la féerie. Les signes révélateurs, les rencontres, la femme considérée comme médiatrice, semblent renouer avec la symbolique médiévale et le merveilleux arthurien.

Des études de médecine et de psychiatrie, des lectures orientées vers des auteurs peu académiques, des rencontres providentielles, un charme étrange, marquèrent la jeunesse d'**André Breton.** La tentation communiste, des brouilles retentissantes avec la plupart des membres du groupe, la rencontre avec Trotsky au Mexique, l'exil à New York, l'occultisme enfin, sans oublier « l'amour fou » pour ses trois épouses et sa fille Aube, jalonnèrent son âge mur. À la fin de sa vie, on connut mieux le chef d'école grâce à ses entretiens à la radio avec André Parinaud.

1917 : *Les Pas perdus.*

1919 : *Le Mont de piété.*

1923 : *Clair de terre.*

1924, 1938, 1942 : *Manifestes du surréalisme.*

1928 : *Nadja.*

1932 : *Les Vases communicants. Le Revolver à cheveux blancs.*

1935 : *Position politique du surréalisme.*

1937 : *L'Amour fou.*

1940 : *Anthologie de l'humour noir. Fata Morgana.*

1945 : *Arcane 17.*

1946 : *Le Surréalisme et la peinture.*

1948 : *Ode à Charles Fourier.*

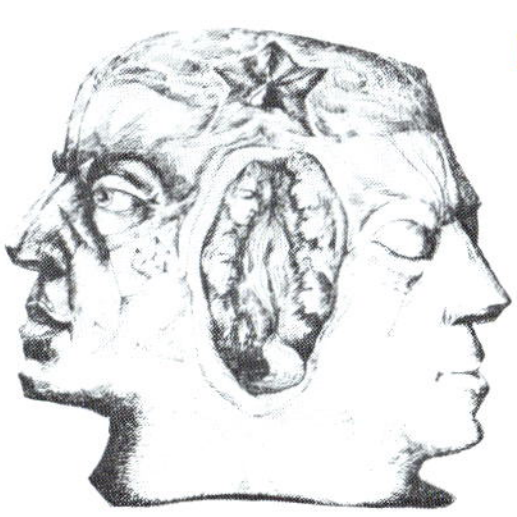

Breton.
Dessin de A. Masson, 1941.

L'œuvre s'est souvent développée à partir d'un coup de foudre: une jeune femme *(Nadja)*, un livre *(Fourier)*, un paysage (la Gaspésie au Québec, cadre d'*Arcane 17*). D'écho en écho, d'analogie en analogie, l'imaginaire se met en branle, l'espace à décrypter s'élargit peu à peu. Breton a illustré ses points de vue dans de nombreux ouvrages en prose, semés d'images fulgurantes *(Les Pas perdus ;* les *Manifestes).*

Les recueils poétiques, réunis dans *Clair de terre* (1966) et *Signe ascendant* (1968), illustrent la pratique de l'écriture automatique, avec une évolution vers une écriture plus travaillée *(Ode à Charles Fourier ; Fata Morgana).* Mais l'essentiel tient dans quatre récits ou essais.

Nadja (1928) est l'histoire vécue d'une rencontre avec une jeune femme mystérieuse, peut-être folle ; ***Les Vases communicants*** (1932) sont l'analyse d'un rêve ; ***L'Amour fou*** (1937) relate la découverte de la « beauté convulsive » dans les événements et les objets pendant deux ans de la vie du poète ; ***Arcane 17*** enfin (1945) évoque la lame du tarot l'Étoile, symbole de la femme consolatrice.

Breton a également écrit sur l'art (*Le Surréalisme et la peinture,* 1928 ; *L'Art magique,* 1957) et publié une *Anthologie de l'humour noir* qui fit scandale en 1940.

2 Éluard (1895-1952) ou la transparence

Si le langage est une voie royale pour explorer des territoires nouveaux au yeux des surréalistes, il est pour **Paul Éluard**[1] avant tout une fin en soi : « L'idéal pour lui est ce comprimé de significations, ce concentré d'essences rares du Verbe, qu'est le poème » (Sarane Alexandrian).

Une jeunesse douloureuse, marquée par le sanatorium et la guerre, rapproche d'abord **Paul Éluard** du mouvement unanimiste, et montre son goût pour l'engagement. Puis, en 1920, il rencontre Tzara, Breton, Aragon. L'amour de la vie, la libération du langage, la célébration de la femme (Gala, Nush, Dominique...) lui inspirèrent ses plus beaux poèmes. Il adhère au parti communiste en 1926, soutient l'Espagne républicaine, devient un des grands poètes de la Résistance, avant de mourir prématurément.

1924 : *Mourir de ne pas mourir.*

1926 : *Capitale de la douleur.*

1929 : *L'Amour, la poésie.*

1932 : *La Vie immédiate.*

1942 : *Poésie et vérité.*

1946 : *Poésie ininterrompue. Le Dur Désir de durer.*

1947 : *Le Temps déborde.*

1951 : *Le Phénix.*

M. Chagall, *Le Concert*, 1957.

L'œuvre d'Éluard, d'une grande simplicité apparente et d'une grande unité, chante dans la période surréaliste l'amour et l'accord avec le monde, en poèmes de quelques mots, transparents et musicaux. L'accélération de l'histoire, à partir de la guerre d'Espagne, le conduit à une veine plus ample, plus chaleureuse. L'amour reste au cœur de sa poésie, dans la joie comme dans la douleur : la mort de Nush en 1946 lui inspire un admirable « tombeau ».

1. *Né Eugène* GRINDEL.

3 Aragon (1897-1982), génie multiforme

Alors qu'Éluard fut avant tout un poète, **Louis Aragon** a été, comme Victor Hugo au siècle précédent, l'écho sonore de son temps. Sa carrière poétique suit d'ailleurs fidèlement les méandres de sa biographie.

Médecin de formation comme Breton, **Louis Aragon** voit dans Dada et le surréalisme surtout un instrument de libération. Après une période où il pratique tous les genres avec une invention verbale prodigieuse, il entre au parti communiste en 1927, puis rencontre Elsa Triolet, belle sœur de Maïakovsky, en 1928, qui deviendra son épouse. Militant, il participe aux congrès d'écrivains révolutionnaires, dirige des journaux engagés, et chante successivement la Russie stalinienne, la Résistance, les yeux d'Elsa, tout en édifiant une œuvre immense de romancier, d'essayiste et même de dramaturge.

Recueils poétiques

1920 : *Feu de joie.*

1925 : *Mouvement perpétuel.*

1926 : *Le Paysan de Paris.*

1928 : *Traité du style.*

1934 : *Hourra l'Oural.*

1941 : *Le Crève-cœur.*

1942 : *Les Yeux d'Elsa.*

1943 : *Le Musée Grévin.*

1946 : *La Diane française.*

1948 : *Le Nouveau Crève-cœur.*

1956 : *Le Roman inachevé.*

1963 : *Le Fou d'Elsa.*

Les premières œuvres traduisent le plaisir de jouer avec les mots, les sonorités, les images. Il aime cultiver la poésie de Paris, comme Breton, mais aussi raille le mouvement de se laisser récupérer par la culture officielle. Par la suite, Aragon célèbre le prolétariat, avant de devenir le chantre de la Résistance, dans des poèmes à forme fixe qui renouent avec le lyrisme traditionnel, et vouent un même culte à Elsa et à la France occupée. La période de l'après-guerre est marquée par l'exaltation du parti communiste. En 1956, le beau *Roman inachevé* évoque en vers nostalgiques les souvenirs de guerre et les déceptions du militant. *Le Fou d'Elsa,* enfin, épopée où se mêlent prose, vers, et formes hybrides du langage, évoque, à travers la figure du poète Medjnoun, amoureux d'une femme à venir (Elsa), dans le cadre du royaume maure de Grenade sur sa fin, tout l'univers du poète.

4 Le groupe surréaliste

Les autres poètes du groupe ont connu une gloire plus restreinte, et deux d'entre eux finirent tragiquement, René Crevel volontairement, Robert Desnos victime des nazis.

Merveilleusement doué physiquement et intellectuellement, **René Crevel** (1900-1935) fut déchiré entre des tendances contradictoires (révolte et dandysme, surréalisme et marxisme), et miné par la maladie et l'angoisse de vivre. Six romans, dont *Êtes-vous fous ?* (1929) et un pamphlet provocant, *Le Clavecin de Diderot* (1932), composent son œuvre.

Moins intellectuel, Parisien de la Bastille, épris d'humour noir et d'érotisme, **Robert Desnos** (1900-1945) fut le plus doué des surréalis-

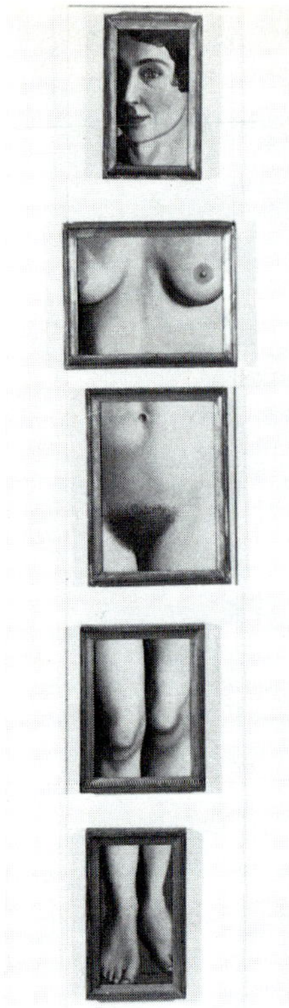

R. Magritte,
L'Évidence éternelle, 1930.

tes pour l'écriture automatique et l'onirisme, mais aussi l'auteur de chansons pour les enfants d'un lyrisme plein de cocasserie. Son œuvre, abondante et en partie posthume, a été regroupée en quelques recueils : *Corps et biens* (1930), *Fortunes* (1942), *Destinée arbitraire* (posth., 1975).

Quant à **Benjamin Péret** (1899-1959), surréaliste de la première heure qui ne se brouilla jamais avec Breton, il refusa, par fidélité à l'activité poétique à l'état pur, tout engagement politique, et écrivit, après la guerre, *Le Déshonneur des poètes* (1945). De ses recueils on a pu dire : « On sort de chacun de ses poèmes ahuri, moulu, battu d'images, étourdi d'avoir été mené à un train vertigineux ; son domaine est l'inconvenance poussée jusqu'au paroxysme » (Sarane Alexandrian).

Bien d'autres écrivains, peintres ou dramaturges gravitèrent autour de Breton, comme **Georges Limbour** (1900-1970), **Pierre Naville** (né en 1904), **Georges Ribemont-Dessaignes** (1884-1975), **Philippe Soupault** (né en 1897). Mais la plupart des poètes qui comptèrent dans les années 1930 s'éloignèrent du strict esprit du surréalisme.

BIBLIOGRAPHIE

Éditions

TZARA, *Œuvres complètes*, Éd. Henri BÉHAR (5 vol.). Flammarion, 1976-1982. — *L'Homme approximatif*, Gallimard (« coll. Poésie »), 1968.

BRETON, *Œuvres complètes.* Gallimard (bibl. de la Pléiade), 1988.

ÉLUARD, *Œuvres complètes*, Éd. Lucien SCHELER et Marcel DUMAS (2 vol.). Gallimard (bibl. de la Pléiade), 1971-1976.

ARAGON, *Œuvre poétique.* Livre-club Diderot, 1974.

Études

René LACOTE, *Tristan Tzara.* Seghers, 1952.

Micheline TISON-BRAUN, *Tristan Tzara inventeur de l'homme nouveau.* Nizet, 1977.

Sarane ALEXANDRIAN, *Breton par lui-même.* Le Seuil, 1971.

Marguerite BONNET, *André Breton, naissance de l'aventure surréaliste.* José Corti, 1975.

Paule PLOUVIER, *Poétique de l'amour chez André Breton.* José Corti, 1983.

Raymond JEAN, *Éluard par lui-même.* Le Seuil, 1968.

Éluard. Revue « Europe », janvier 1973.

Jean-Yves DEBREUILLE, *Éluard ou le pouvoir du mot.* Nizet, 1977.

Nicole BOULESTREAU, *La Poésie de Paul Éluard, La rupture et le partage.* Klincksieck, 1985.

Bernard LECHERBONNIER, *Les Critiques de notre temps et Aragon.* Garnier, 1976.

Georges SADOUL, *Aragon*, Seghers, 1967.

Pierre DAIX, *Aragon, une vie à changer.* Le Seuil, 1975.

Desnos. Revue « Europe », mai-juin 1972.

Marie-Claire DUMAS, *Robert Desnos ou l'expérience des limites.* Klincksieck, 1980. — *Étude de « Corps et biens » de Robert Desnos.* Champion, 1984.

Claude COURTOT, *Crevel.* Seghers, 1969.

Crevel. Revue « Europe », novembre 1985.

3. La nébuleuse surréaliste

Dans le sillage de l'Esprit nouveau, de Dada, et bien sûr du surréalisme, de nombreux poètes eurent en commun, dans les années 20 ou 30 de fuir la domination de l'intellect et le souci de la forme, en cultivant la brièveté, l'image par elle-même, l'absence de syntaxe, en un mot la fulguration poétique. Mais entre l'humour et l'abandon aux modes éphèmères d'un Cocteau et l'exigence hautaine d'un René Char, il y a tous les degrés de sérieux, de sensibilité, et parfois d'obscurité, le lecteur étant dans ce cas invité à faire « la moitié du chemin ».

1 Cocteau (1889-1963), le nouvel Orphée

Ch. Bérard, *Cocteau,* 1927.

On connaît le mot de Diaghilev à **Jean Cocteau** en 1913 : « Jean, étonne-moi ! » Et de fait le poète suivit ce conseil tout au long d'une carrière de touche-à-tout de génie. Rien ne lui fut étranger, les Ballets russes, l'aviation, la drogue, les milieux sportifs, littéraires ou mondains. Son œuvre entière s'intitule « poésie », qu'il s'agisse de roman, de films, de théâtre ou de poésie. La mythologie de l'auteur, très personnelle, unit la Grèce antique et la modernité. *Vocabulaire* (1922), *Plain-chant* (1923) montrent l'obsession de la mort et du rêve, des anges et du mystère. Ces premiers recueils parurent inauthentiques aux surréalistes. Après la guerre, *Appoggiatures* (1953) et *Cérémonial espagnol du Phénix* (1961) montrèrent une concentration et une scintillation accrues, mais demeurèrent dans l'ombre de l'œuvre théâtrale et cinématographique.

Cocteau, peintre et cinéaste

Parmi ses multiples dons, Cocteau fut un peintre au graphisme très personnel, qui décora plusieurs villas et chapelles (Milly-la-Forêt, Villefranche), et surtout un cinéaste fortement marqué par le surréalisme pour l'aspect onirique des images, mais dont la thématique lui appartient en propre : obsession des miroirs, de la mort, du mythe d'Orphée, de la jeunesse (*Le Sang d'un poète,* 1930 ; *L'Éternel Retour,* 1943 ; *La Belle et la Bête,* 1945 ; *L'Aigle à deux têtes,* 1948 ; *Orphée,* 1950 ; *Les Enfants terribles,* 1950 ; *Le Testament d'Orphée,* 1960).

2 Supervielle (1884-1960), ou les matins du monde

On retrouve un goût analogue pour le mystère chez **Jules Supervielle,** mais avec plus d'émotion et de simplicité.

Français par ses origines basques, Uruguayen de naissance, ayant perdu tôt ses parents, **Jules Supervielle** fut hanté par l'absence et l'inconnu, comme s'il était à la recherche perpétuelle d'un lieu où s'enraciner, d'une présence humaine qui comblât un vide fondamental. Mais au lieu de sécréter l'angoisse, sa poésie suscite un émerveillement toujours renouvelé devant le monde, et traduit un besoin éperdu de communiquer.

Sensible aux paysages sud-américains (la Pampa, les Andes), à l'étrangeté des choses, Supervielle apparaît comme le créateur débonnaire d'un univers perpétuellement menacé de disparition et peuplé de fantôme, proche des tableaux de Tanguy ou de Max Ernst.

Parmi ses nombreux recueils, *Gravitations* (1925), *Le Forçat innocent* (1930), *Les Amis inconnus* (1934), *Oublieuse Mémoire* (1951) sont les plus réussis, avec leur alternance de vers courts réguliers à la manière des poètes baroques, et de versets claudéliens. Supervielle est aussi l'auteur de contes (*Le Voleur d'enfants,* 1926 ; *L'Enfant de la haute mer,* 1931) et de pièces de théâtre (*Bolivar,* 1936 ; *Schéhérazade,* 1949) aussi mystérieux et séduisants que ses poèmes.

3 Michaux (1899-1984) et l'espace du dedans

Par rapport à Cocteau et Supervielle, l'œuvre d'**Henri Michaux** apparaît d'une plus haute exigence, d'une modernité plus rigoureuse, plus durable sans doute aussi.

Une gloire tardive, mais éclatante, tout au moins auprès d'une élite de lecteurs, a éclairé en la personne de **Henri Michaux** un être secret et tragique. Des études de médecine, la lecture de Lautréamont et des mystiques, des voyages autour du monde, l'amitié des peintres, l'expérience de la mescaline (hallucinogène extrait du peyotl, plante du Mexique), semblent les quelques repères d'une biographie tenue à l'abri des regards. De ces éléments, l'écrivain tire une œuvre poétique et graphique abondante. Les taches de ses aquarelles répondent au morcellement de son univers écrit.

Dans une série de voyages imaginaires (*Qui je fus ; Ecuador ; Un barbare en Asie ; Voyage en Grande Garabagne ; Plume ; Exorcismes ; Ici Podemma,* écrits de 1927 à 1948), on voit un homme semblable au héros favori de l'auteur (« un certain Plume ») ballotté sans rémission dans un univers hostile, baigné d'humour noir. Des apparitions monstrueuses, des souffrances inouies, une culpabilité latente peuplent cet univers, mis en valeur par la brièveté de l'expression et les néologismes inquiétants.

Encre de Chine d'H. Michaux, 1956.

Puis Michaux, dans une série de livres aux titres contradictoires et révélateurs (*Misérable Miracle ; L'Infini turbulent ; Paix dans les brisements ; Connaissance par les gouffres,* écrits de 1956 à 1961) a rendu compte dans un style plus continu de ses expériences volontaires sur les hallucinogènes, et s'est intéressé aussi à l'art brut (*Chemins cherchés, chemins perdus, transgressions,* 1982).

4

Char (1907-1988), ou la secrète splendeur

Char.
Photo de
H. Cartier-Bresson.

Le goût du secret marque également la personnalité de **René Char,** ou tout au moins celui de la discrétion.

Surréaliste, **René Char** publie comme l'on sait, avec Breton et Éluard, *Ralentir travaux* en 1930, puis, seul, *Le Marteau sans maître,* qui inspirera le musicien Pierre Boulez (1955). Son engagement dans la Résistance, où il est chef de réseau en Provence, lui inspire *Seuls demeurent* et les *Feuillets d'Hypnos* (1946), où il consigne son expérience de la souffrance humaine. Depuis, Char n'a jamais quitté son pays natal de l'Isle-sur-la-Sorgue, tout en publiant régulièrement de minces plaquettes d'une extrême densité, qui l'ont imposé peu à peu comme un des grands poètes de ce temps.

Commune Présence (1964) propose une anthologie thématique de toute l'œuvre précédente, fortement structurée en huit parties, dont les titres *(Cette Fumée qui nous portait ; Battre tout bas ; Haine du peu d'amour ; Lettera amorosa ; L'amitié se succède ; Les Frères de mémoire ; L'Écarlate ; Vallée close)* nomment les grands thèmes de l'auteur, et composent un chant fulgurant autour des sentiments fondamentaux de l'homme. D'autres recueils ont suivi, comme *Recherche de la base et du sommet* (1966), *Chants de la Balandrane* (1977).

Les textes de Char, brefs, utilisent prose et vers, aphorismes et lyrisme. L'énergie s'y concentre de façon surprenante dans une syntaxe elliptique. D'une grande noblesse, l'œuvre affectionne les thèmes cosmiques, toujours en prise avec les aspects les plus immédiats de la nature et de la vie, dans le cadre âpre de la Haute-Provence. Le combat avec les mots est aussi rude que celui de l'homme avec les éléments et avec le temps.

BIBLIOGRAPHIE

Éditions

COCTEAU, *Le Cap de Bonne-Espérance.* Gallimard (coll. « Poésie »), 1967. — *Vocabulaire, Plain-Chant.* Gallimard (coll. « Poésie »), 1983.

MICHAUX, toute l'œuvre chez Gallimard et Fata Morgana. — *Plume,* précédé de *Lointain intérieur.* Gallimard (coll « Poésie »), 1970.

CHAR, *Œuvres complètes.* Gallimard (bibl. de la Pléiade), 1983.

Études

André FRAIGNEAU, *Cocteau par lui-même.* Le Seuil, 1957.

Jacques BROSSE, *Cocteau.* Gallimard, 1970.

Francis STEEGMULLER, *Cocteau.* Buchet-Chastel, 1973.

Etiemble, *Supervielle.* Gallimard, 1960.

Roger VIVIER, *Lire Supervielle.* José Corti, 1971.

Yves-Alain FAVRE, *La Rêverie et le chant dans « Gravitations ».* Nizet, 1981.

André GIDE, *Découvrons Henri Michaux.* N.R.F., 1941.

Robert BRÉCHON, *Michaux.* Gallimard, 1959.

Geneviève BONNEFOI, *Henri Michaux peintre.* Abbaye de Beaulieu, 1976. — *Henri Michaux.* L'Herne, 1965.

Georges MOUNIN, *Avez-vous lu Char ?.* Gallimard, 1947. — *René Char.* L'Herne, 1971.

Jean-Claude MATHIEU, *La Poésie de René Char ou le Sel de la splendeur* (2 vol.). José Corti, 1984-1985.

4. Du surréalisme à la spiritualité

Si André Breton s'est toujours voulu strictement matérialiste, d'autres poètes comme Pierre Reverdy, Pierre-Jean Jouve ou Joë Bousquet, initiateurs eux-mêmes, ont évolué, sous l'influence de l'Orient ou de la spiritualité chrétienne, vers une poésie mystique et métaphysique. L'époque y était favorable, les conversions se multipliaient chez les intellectuels (voir p. 369), tandis que des groupes marginaux comme le Grand Jeu cherchaient douloureusement des réponses à des questions désespérées.

1 Reverdy (1889-1960), du cubisme à Solesmes

Reverdy.
Dessin de J. Gris.

Les débuts de **Pierre Reverdy** l'associèrent étroitement à la modernité pré-surréaliste, puisqu'il dirigea la revue *Nord-Sud* (voir l'encadré, p. 429), et énonça dans *La Lucarne ovale* (1916) la théorie de l'image, reprise par Breton, naissant de réalités plus ou moins éloignées, non pas selon les lois de l'inconscient, mais selon des rapports codifiés lucidement.

Ses premiers recueils (*La Guitare endormie,* 1919 ; *Étoiles peintes,* 1921 ; *Épaves du ciel,* 1924) mettent en scène des textes « cubistes », à la manière d'Apollinaire ou de Picabia. Breton rendra un hommage éclatant à ce précurseur dans son *Manifeste.*
Puis, comme Max Jacob, Reverdy se convertit au catholicisme, et se retire auprès de l'abbaye de Solesmes en 1926. Solitude morale et dépouillement esthétique vont désormais marquer son œuvre, même après la perte de sa foi (*Le Gant de crin,* essai biographique, 1927 ; et *Sources du vent, Ferraille, Chant des morts,* entre 1929 et 1948). *Plupart du temps* regroupe ses premiers recueils, et *Main d'œuvre* le reste de sa production.

2 Jouve (1887-1976), ou surréalisme et mystique

L'univers poétique de **Pierre-Jean Jouve** est bien différent. Marqué d'abord par une passion précoce et l'expérience symboliste (il dirige une revue, *Les Bandeaux d'or,* de 1906 à 1908), il subit une double conversion, au christianisme et à la psychanalyse.

C'est sous ce double parrainage que se situe sa dialectique du péché et de l'Éros, qui va orienter une œuvre intense, angoissée, où une multitude de symboles et de mythes suggère la descente vers la mort et le retour à la vie. *Présences, Noces, Sueurs de sang, Matière céleste, Gloire, La Vierge de Paris,* sont, de 1913 à 1947, les étapes de cet itinéraire.
Les recueils suivants, *Diadèmes, Ode, Moires, Ténèbres,* écrits entre 1949 et 1965, marquent une évolution vers un désespoir accru, qu'éclaire parfois la sagesse de l'Orient. Jouve a également écrit des romans (voir p. 521), des essais de musicologie et un journal.

3 Bousquet (1897-1950), le poète blessé

De ces poètes métaphysiciens, **Joë Bousquet** est encore aujourd'hui le moins connu.

Sa vie fut douloureuse, et même tragique : la balle qui lui sectionna la moelle épinière lors de la Première Guerre scella son destin : **Joë Bousquet** resta cloué sur son lit de souffrances jusqu'à sa mort, dans la « chambre aux volets clos » de Carcassonne. Cela ne l'empêcha pas d'avoir des échanges avec ses contemporains, et de trouver le salut dans la littérature. Il signa les *Manifestes* du surréalisme, collabora avec René Daumal, fut l'ami de Gide et de Valéry, d'Éluard et de Max Ernst.

Sous l'influence de René Nelli, spécialiste du catharisme[1], et de Jean Paulhan[2], Bousquet se détourna du surréalisme officiel pour suivre un chemin solitaire. *Pages de Journal* (1936), *Traduit du silence* (1939), *La Connaissance du soir* (1947), *Lettres à Poisson d'or* (1967), entre autres, montrent un itinéraire impressionnant de « mystique sans religion et d'amoureux sans femme », à la recherche de l'être.

1. Secte religieuse du Moyen Age répandue dans le Midi de la France, de caractère manichéen, et persécutée par la papauté et le pouvoir royal (Croisade des Albigeois).
2. Voir p. 399.

4 Le Grand Jeu (1928-1932)

Considéré en général comme un appendice du surréalisme, ce fut en réalité un mouvement plus fidèle que celui-ci au but fixé par Breton :

Rechercher « ce point d'où la vie et la mort, le réel et l'imaginaire, le passé et le futur, le communicable et l'incommunicable cessent d'être perçus contradictoirement ».

Délaissant en effet la « littérature », le Grand Jeu cultiva aussi loin que possible les recherches de dépersonnalisation : voyance, médiumnité, aliénation, drogue, etc. ; prenant en somme au sérieux le « long, immense et raisonné dérèglement de tous les sens » de Rimbaud. L'échec était au bout, et la revue issue du groupe n'eut pas plus de trois numéros.

Illustration pour *Langue* de P.J. Jouve. Dessin de J. Sima, 1952.

Le mouvement eut cependant une suite avec l'œuvre de **René Daumal,** de **Roger Gilbert-Lecomte,** de **Roger Vailland** (1907-1965) et quelques autres.

Une vie courte et misérable, adonnée à la philosophie et au bouddhisme Zen, minée par la tuberculose, n'empêcha pas **René Daumal** (1908-1944) de composer une œuvre encore peu connue, à la recherche de la Parole absolue (*Le Contre-Ciel,* 1931 ; *La Grande Beuverie,* 1928 ; *Le Mont Analogue,* 1942). **Roger Gilbert-Lecomte** (1907-1943) pour sa part, montra un génie précoce : après l'échec du Grand Jeu et des expériences de toutes sortes, il montra son angoisse dans quelques écrits fragmentaires, recueillis dans *La Vie, l'Amour, la Mort, le Vide et le Vent* (1933), que complètent l'étude sur *Sima, la peinture et le Grand Jeu* (1933) et *Testament* (1974).

D'un retentissement plus durable parce que leur œuvre a rayonné au-delà du surréalisme et de l'ésotérisme, ont été l'influence de Michel Leiris et d'Antonin Artaud.

5 Leiris (né en 1901), ou le surréalisme noir

Avant de se tourner vers l'ethnologie et une « psychanalyse sans fin » qui en a fait le plus grand autobiographe du siècle avec *L'Âge d'homme* (1939) et *La Règle du jeu* (5 volumes, 1946-1981, voir p. 561), **Michel Leiris** a été fasciné par un rêve de « poésie totale ».

Il adhère au surréalisme en 1924, publie *Le Pays de mes rêves* et *Glossaire j'y serre mes gloses* en 1925, écrit un roman à la manière de Raymond Roussel, *Aurora* (1928) ; cette première manière s'accomplit avec *Haut-Mal* en 1943, l'ensemble constituant « une prolifération de l'homme qui fait passer dans les mots tout ce qu'il a senti ».

6 Artaud (1886-1948), l'enragé

Toute l'œuvre d'**Antonin Artaud** est un cri, une quête d'absolu, dans laquelle le poète brûle sa vie et sa raison. Plus connu aujourd'hui comme théoricien du théâtre[1] ou même acteur de cinéma[2], le poète eut sa période surréaliste, fort active puisqu'il dirigea le Bureau de recherches surréalistes, et publia plusieurs recueils qui transcrivent son univers torturé.

L'Ombilic des limbes (1925), *Le Pèse-nerfs* (1927), *L'Art et la Mort* (1930) illustrent cette période. À la fin de sa vie, interné à Rodez, il témoigne dans *Artaud le Mômo* et *Van Gogh le suicidé de la liberté* (1947) de sa rage folle contre tout : la société, le sexe, l'univers entier, Dieu enfin. N'écrivait-il pas à Breton : « Que me fait à moi toute la Révolution du monde si je sais demeurer éternellement douloureux et misérable au sein de mon propre charnier ? »

Dessin d'Artaud, 1943.

Un cri

« Je me rends parfaitement compte des arrêts et des saccades de mes poèmes, saccades qui touchent à l'essence même de l'inspiration et qui proviennent de mon indélébile impuissance à me concentrer sur un objet... Mais de cette faiblesse toute l'époque souffre. Ex. : Tristan Tzara, André Breton, Pierre Reverdy. Mais, eux, leur âme n'est pas physiologiquement atteinte, elle ne l'est pas substantiellement... Elle ne l'est pas hors de la pensée ; alors d'où vient le mal, est-ce vraiment l'air de l'époque, un miracle flottant dans l'air, un prodige cosmique et méchant, ou la découverte d'un monde nouveau, un élargissement véritable de la réalité ? »

(Lettre d'Antonin Artaud à Jacques Rivière, du 25 mai 1924)

1. *Voir p. 497.*
2. *Dans la* Jeanne d'Arc *de* DREYER *(1927),* Napoléon *d'Abel* GANCE *(1928-1934), certains films de* PABST, *etc.*

BIBLIOGRAPHIE

Éditions

REVERDY, *Œuvres complètes* (5 vol. parus). Flammarion, depuis 1967.

BOUSQUET, *La Connaissance du soir.* Gallimard (coll. « Poésie »), 1981.

ARTAUD, *Œuvres complètes* (21 vol. parus). Gallimard, depuis 1956.

Études

Jean ROUSSELOT, *Reverdy.* Seghers, 1970.

Michel COLLOT, *Horizon de Reverdy.* P.E.N.S., 1981.

René MICHA, *Jouve.* Seghers, 1971. — *Pierre-Jean Jouve.* L'Herne, 1972.

René NELLI, *Joë Bousquet, sa vie, son œuvre.* Albin Michel, 1975.

Jean BIÈS, *Daumal.* Seghers, 1973. — *Le Grand Jeu.* L'Herne, 1968.

Michel RANDOM, *Le Grand Jeu* (2 vol.). Denoël, 1970.

Roland DUMAS, *Plaidoyer pour Roger Gilbert-Lecomte.* Gallimard, 1986.

Gérard DUROZOI, *Artaud, l'aliénation et la folie.* Larousse, 1972.

Susan SONTAG, *À la rencontre d'Antonin Artaud.* Bourgeois, 1976.

Philippe LEJEUNE, *Lire Leiris : autobiographie et langage.* Klincksieck, 1975.

III LES COURANTS POÉTIQUES DEPUIS 1940

La poésie de l'entre-deux-guerres avait cultivé l'exploration du moi, de l'imaginaire, et du langage. La guerre et l'occupation rassemblèrent les créateurs de tous bords dans un commun témoignage de ce que **Paul Éluard** nomma « L'honneur des poètes ». Elles favorisèrent **l'engagement**, en particulier chez les écrivains proches du parti communiste **(Éluard, Aragon)**, ancrèrent dans le réel des individualistes comme **Jules Supervielle**, approfondirent la méditation chrétienne de **Pierre-Jean Jouve** ou de **Pierre Emmanuel.** Puis, quel que fût son message, la poésie fut l'affaire des poètes eux-mêmes, encore que, dans l'éparpillement des écoles, des revues et des plaquettes, souvent éditées à compte d'auteur, on puisse distinguer quelques tendances essentielles : outre la poésie engagée, tôt disparue, perdure le goût de chanter le monde qui nous entoure, ou de chercher Dieu en poésie. D'autres poètes, plus modestes ou plus désespérés, cultivent le « parti pris des choses », ou, sous l'influence de la linguistique contemporaine, prennent le texte lui-même en train de se faire comme objet poétique, tandis que les grands anciens **(Henri Michaux, René Char, Jules Supervielle, Louis Aragon...)** ont continué leur œuvre, et que le surréalisme a donné encore quelques fruits **(Joyce Mansour, André-Pieyre de Mandiargues, Malcolm de Chazal.)**

1. Poésie et engagement

L'effervescence poétique des années de guerre fut extrême ; protestation contre l'oppression et affirmation de la conscience nationale, elle recourut volontiers aux formes traditionnelles, dans un souci de continuité et aussi de communication.

Les éditeurs et les revues poétiques aujourd'hui

Outre les éditeurs traditionnels, en particulier Gallimard, qui a révélé la plupart des poètes mentionnés ici et qui publie la remarquable collection de poche *Poésie,* Le Seuil, éditeur de Jean-Claude Renard, de Pierre Emmanuel et de la revue *Tel Quel,* et surtout Pierre Seghers, à qui depuis la guerre la poésie doit tout, avec sa collection « Poètes d'aujourd'hui » et ses anthologies, signalons Oswald, les éditions Saint-Germain-des-Prés, Le Soleil noir, Fata Morgana, et Le Mercure de France. Parmi les revues, notons les *Cahiers du chemin* (Gallimard), *Change, Argile, L'Énergumène, Première Livraison, Génération, Le Nouveau Commerce, Les Lettres nouvelles, Action poétique, Europe;* sans compter de nombreuses revues en province, et *L'Année poétique.*

Naquit ainsi une poésie authentiquement populaire, au succès, pour certains recueils, jamais démenti depuis, mais dont le prolongement est plutôt à chercher du côté de la chanson, avec Léo Ferré, Georges Brassens, Jacques Brel et d'autres, plutôt que chez les poètes « savants », qui ignorent avec une belle constance les problèmes de l'heure.

1 Prévert (1900-1977), l'anarchiste

Prévert.
Dessin de M. Henry.

Surréaliste dans sa jeunesse, ami de tous les grands du mouvement, membre du groupe de théâtre révolutionnaire *Octobre*, collaborateur de Marcel Carné et de Jean Renoir au cinéma (*Drôle de drame*, 1937 ; *Quai des brumes*, 1938 ; *Les Visiteurs du soir*, 1942 ; *Les Enfants du paradis*, 1945 ; *Les Portes de la nuit*, 1946), **Jacques Prévert** sema dans mille revues et journaux des textes qui, réunis par un critique en 1945 sous le titre de *Paroles*, connurent un succès prodigieux. Suivirent *Histoires*, *Spectacle*, *La Pluie et le Beau Temps*, *Fatras*, *Soleil de nuit*, de 1948 à 1981, au succès plus inégal, et des mémoires improvisés intitulés drôlement *Hebdromadaires* (1972).

Anarchiste, anticlérical, toujours du côté des humbles, tendre et cruel, Prévert joue sur les mots, les sons, accumule les inventaires les plus baroques, pratique le genre surréaliste du collage. Un humour ravageur, une utilisation personnelle de l'étrange et du merveilleux, une sensibilité à vif illuminent des poèmes comme *Barbara*, *Inventaire*, *Promenade de Picasso*, qu'Yves Montand et Juliette Gréco rendirent célèbres.

2 Pichette (né en 1924), ou le poète révolté

Anarchiste comme Prévert, **Henri Pichette** fut connu lui aussi après la Libération. Il s'imposa d'abord avec *Apoèmes* (1946), puis avec les *Épiphanies* (1947), « mystère profane » créé à la scène par Gérard Philipe et Maria Casarès. Un lyrisme torrentiel s'en prend à tous les abus du monde et de la société, exprimant les colères d'un adolescent en crise au sortir de la guerre. *Nucléa* (1952), *Tombeau de Gérard Philipe* (1961), ont continué d'unir, de façon inégale, surréalisme et révolution.

BIBLIOGRAPHIE

Éditions

PRÉVERT, *Paroles*, *Spectacle*, etc. Gallimard (coll. « Folio »), 1972 et 1976.

PICHETTE, *Les Épiphanies*. Gallimard (coll. « Poésie »), 1969.

Études

Pierre SEGHERS, *La Résistance et ses poètes* (2 vol.). Marabout Univ., 1973.

Joël SADELER, *À travers Prévert*. Larousse, 1975.

Michel RACHLINE, *Jacques Prévert, drôle de vie*. Ramsay, 1981.

2. Le lyrisme du monde

1

Les saisons et les jours de Cadou (1920-1951), Thomas (né en 1912) et Jacottet (né en 1925)

Peu de poètes s'accordent aujourd'hui la confiance d'un Paul Claudel dans la réalité de l'univers et le plaisir de le chanter. S'ils le font, c'est souvent, comme un René Char, à travers une recherche sur le langage lui-même, ou une quête d'un absolu métaphysique. Il en est d'autres, plus proches de la vie quotidienne, qui célèbrent avec bonheur les êtres et les choses qui les entourent. **René-Guy Cadou,** par exemple, fondateur avec un groupe d'amis de l'École de Rochefort[1], instituteur rural, chanta avec ingénuité et sympathie, un peu à la manière de Supervielle ou d'Apollinaire, « l'admirable accidenté visage de la terre » au fil des saisons, l'amour, la tristesse, la nostalgie. *Hélène ou le Règne végétal* (1951) constitue son recueil le plus réussi, où transparence et tendresse contribuent à transfigurer la création.

L'aiguille de Belval, en Pays de Caux. Photo de J. Gaumy.

Moins lié à un terroir, plus nomade apparaît **Henri Thomas.** Traducteur, romancier et journaliste, celui-ci a rapporté des paysages parcourus, des « instants » transcrits en brefs poèmes de vers réguliers, d'une grande musicalité :

« Je cherche et j'ai trouvé des poèmes au bord de la mer, comme on cherche des fragments de bois ou de pierre étonnamment travaillés et polis par les flots. Ces poèmes résultent eux aussi du long travail, du long séjour de quelque chose dont l'origine, la nature première m'échappent... » *(Poésies).*

Traducteur lui aussi, Vaudois retiré en Provence, **Philippe Jacottet** a chanté également les saisons et les jours, avec une prédilection pour les paysages montagneux et frais. Mais, plus inquiet que Cadou et

1. *Michel* Manoll, *Jean* Rousselot, *Luc* Bérimont, *Pierre* Béarn, *Marcel* Béalu, *Jean* Follain, *Edmond* Humeau, *Pierre* Penon.

Thomas, Jacottet est sensible à la part d'ombre que recèle le réel, à la fragilité de sa contemplation, qu'il cherche à exorciser par un chant discret et méditatif (*L'Effraie ; L'Ignorant ; Airs,* etc.).

2

Saint-John Perse (1887-1975), ou la conquête de la terre

On est frappé, sur plus d'un demi-siècle, par l'unité de la poésie de **Saint-John Perse.** Dès le début, le verset, d'une ampleur régulière, est au point, dans sa respiration et dans son rythme. Les images se suivent en flot ordonné ; le vocabulaire est d'une extrême richesse, affectionnant les termes empruntés à la botanique, la géologie, la navigation. Les titres de ses recueils en marquent **l'aspect cosmique ;** aux antipodes de Char ou de Ponge, la poésie de Saint-John Perse semble embrasser l'univers, avec une prédilection pour les déserts et les montagnes d'Amérique ou d'Asie, les civilisations traditionnelles aux rythmes immuables.

Une enfance aristocratique dans la plantation familiale en Guadeloupe, entourée de servantes de couleur, d'animaux rares, de végétations splendides, inspire à **Saint-John Perse** (Alexis Saint-Léger Léger) son premier recueil, *Images à Crusoé.* Curieux de tout, il lit Paul Claudel et Francis Jammes, se lie au milieu de la N.R.F., fréquente les derniers symbolistes. Comme Jean Giraudoux, Paul Claudel, Paul Morand, il choisit pour métier la diplomatie et devient le secrétaire général des Affaires étrangères. Après *Anabase* en 1924, il s'interdit de publier. Il quitte la France après la défaite, et devient en 1941 conseiller à la Library of Congress de Washington. Il publie *Exil* en 1941-1944 sous le nom de Saint-John Perse ; il reste aux États-Unis après la guerre, voyage, lit, s'intéresse à tout (sciences naturelles, histoire, philosophie, théologie), écrit et publie enfin l'essentiel de son œuvre. Le prix Nobel en 1960 consacre sa carrière de poète.

1909 : *Images à Crusoé.*

1910 : *Pour fêter une enfance. Éloges.*

1924 : *La Gloire des Rois.*

1925 : *Anabase.*

1945 : *Exil (Exil ; Pluies ; Neiges ; Poème à l'étrangère).*

1946 : *Vents*

1957 : *Amers.*

1960 : *Chronique.*

1962 : *Oiseaux.*

L'œuvre qui semble la plus caractéristique du poète est sans doute *Anabase* (1925), qui reprend le titre d'un récit de l'historien grec Xénophon (vers 380 avant J.-C.). Celui-ci y racontait l'expédition de Cyrus le Jeune contre son frère Artaxerxès, et la retraite à travers l'Asie mineure des Dix Mille Mercenaires grecs qui l'accompagnaient, après la mort de Cyrus à la bataille de Cunaxa (401). Ici il s'agit d'un conquérant légendaire, maître de vastes terres et bâtisseur de villes. Ainsi sont évoqués la marche en avant, l'arrivée sur un site propice, le choix des plans de la cité future, la consultation des augures. Puis le conquérant se tourne vers d'autres projets, et reprend le chemin du désert. Symboliquement, ce vaste poème, qui dépayse le lecteur aussi bien par son vocabulaire et l'ampleur de son souffle que par ses thèmes, signifie l'homme en quête d'absolu.

La phrase, dans ses méandres, la strophe, dans son organisation, créent un lyrisme voisin de celui de Claudel, mais d'un agnosticisme total : aucune transcendance, plutôt des correspondances entre les éléments et les hommes, et le bonheur de les tisser. La vieillesse, peu à peu, infiltre dans ce grandiose corpus une certaine inquiétude, assumée avec sérénité. Cette poésie, aristocratique et splendide, résiste finalement au commentaire, mais séduit par son ampleur et son mystère...

BIBLIOGRAPHIE

Éditions

CADOU, *Hélène ou le Règne végétal.* Seghers, 1952.

SAINT-JOHN PERSE, *Œuvres complètes.* Gallimard (bibl. de la Pléiade), 1972.

Études

Michel MANOLL, *René-Guy Cadou.* Seghers, 1969. — *René-Guy Cadou.* L'Herne, 1961.

Roger CAILLOIS, *Poétique de Saint-John Perse.* Gallimard, 1972.

3. Poésie et mystique

Plus pressante que jamais demeure depuis la guerre l'interrogation du poète sur **le sens de la création.** C'est que la réflexion contemporaine sur les pouvoirs de la poésie et le travail poétique permet de renouveler la problématique de l'élan vers Dieu, en d'autres termes qu'au temps de Paul Claudel ou de Pierre-Jean Jouve. Le poète cherche moins son inspiration directement dans la méditation des textes sacrés que dans la recherche de l'Être, tentant de mimer, en quelque sorte, par l'écriture, le mouvement même de l'âme vers Dieu ou l'Incompréhensible, en en assumant les déchirements.

1 De l'univers à Dieu : La Tour du Pin (1911-1973) et Oster-Soussouev (né en 1933)

« Tous les pays qui n'ont plus de légende
Seront condamnés à mourir de froid... »

Ainsi commence *La Quête de joie,* le recueil qui révéla en 1933 **Patrice de La Tour du Pin,** un poète merveilleusement à l'abri du monde, des modes et de l'histoire, qui composa lentement une cathédrale poétique, dont le titre d'ensemble, fort thomiste, est une *Somme de poésie* (1946).

Sensuelle et inquiète, sensible à la nature mouillée de la Sologne et à ses habitants, la poésie de La Tour du Pin est en réalité une approche analogique du **monde intérieur tendu entre Dieu et l'univers,** nourrie des légendes du Moyen Âge celtique, proche des mystiques. Une pensée complexe s'y fait jour en vers très réguliers, à l'allure un peu lente, aux images inoubliables.

On retrouve la même ascension de la création au créateur dans l'œuvre de **Pierre Oster-Soussouev,** dont les vers semblent parcourus par une sorte de frémissement jubilatoire : aucune des ressources du langage ne manque pour célébrer les multiples visages de l'Être, avec, peut-être, davantage d'inquiétude à mesure que l'œuvre progresse (*Le Champ de mai,* 1955 ; *Solitude de la lumière,* 1957 ; *Un nom toujours nouveau,* 1960 ; *La Grande Année,* 1964).

2

La valeur du Verbe : Emmanuel (1916-1984), Jean-Claude Renard (né en 1922), Grosjean (né en 1912) et Marie Noël (1883-1967)

Le Diabolo.
Bronze de G. Richiez, 1950.

D'autres poètes sont plus sensibles aux déchirements de leur itinéraire intérieur, qu'ils expriment dans les ruptures mêmes du verbe poétique.

C'est le cas par exemple de **Pierre Emmanuel** qui inaugura sa longue carrière en 1942 avec le cri du *Tombeau d'Orphée.* Nourri des romantiques allemands et de la lecture de Pierre-Jean Jouve, le poète y exprimait, par le mythe du chanteur descendu aux enfers, les souffrances de toute une génération. Puis, refusant le désespoir aussi bien que la crise du langage, confiant dans la valeur du verbe comme intercesseur entre Dieu, le monde et le poète, l'auteur de *Jour de colère, Babel, Jacob, La Vie terrestre* devait, à travers une série de symboles, traduire les conflits permanents de l'homme.

Plus proches du lyrisme religieux traditionnel parce que nourris de la Bible, de Péguy ou de Claudel, Renard et Grosjean ont associé l'effort poétique à la révélation de la transcendance.

Conscient que « la parole poétique délimite cet espace inquiétant où simultanément commence une rencontre et se produit une rupture », **Jean-Claude Renard,** de *Métamorphose du monde* (1951) à *La Braise et la Rivière* (1969), retrace son cheminement spirituel dans un lyrisme éloquent et subtil, qui fait songer aux poètes biblique du XVIe siècle et aux baroques du siècle suivant.

Le style opulent de **Jean Grosjean,** inspiré du *Cantique des Cantiques* et des *Prophètes,* évoque lui aussi tour à tour le monde suave de l'amour divin, et les affres de l'âme en proie à la nuit obscure dans *Terre du temps* (1946), *Hypostases* (1950) et *Élégies,* (1967).

On retrouve également les moments de grâce et de douleur de la recherche de Dieu dans les « chansons » de **Marie Noël** dont la piété simple et familière évoque saint François d'Assise (*Le Rosaire des joies,* 1936 ; *Chants et Psaumes d'automne,* 1967 ; etc.).

3

À la recherche de l'Être : Frénaud (né en 1907) et Bonnefoy (né en 1923)

Avec **André Frénaud** et Yves Bonnefoy, on quitte plus nettement les rivages du verbe divin pour une quête de nature métaphysique, encore que l'œuvre du premier, passablement contradictoire, offre un registre fort étendu, qui va des thèmes chrétiens populaires au culte de la Révolution française, en passant par la contemplation de la splendeur de l'univers. Dans un style d'une générosité puissante, parfois ironique ou acerbe, Frénaud chante ses nostalgies ou ses admirations dans une œuvre abondante, recueillie en deux tomes essentiels, *Il n'y a pas de Paradis* (1962) et *La Sainte Face* (1968).

Quant à **Yves Bonnefoy,** marqué par le surréalisme et la philosophie allemande, parent agnostique d'un Jouve ou d'un La Tour du Pin, il exprime, dans une poésie lisse et lisible, quoiqu'obscure, chargée de symboles, une quête douloureuse et mystérieuse d'un ailleurs inaccessible, en même temps qu'un langage parvenu à son point de perfection.

Du mouvement et de l'immobilité de Douve (1953), qui le révéla, se présente comme un « tombeau », où le poète reprendrait inlassablement le dialogue avec une figure allégorique, image de la mort et de l'éternité, pour trouver un lieu « vivable jusque dans l'impossibilité de vivre », mais sans référence religieuse ou sacrée. Les œuvres suivantes (*Hier régnant désert,*

1958 ; *Pierre écrite,* 1965 ; *Arrière-Pays,* 1972) approfondissent les nostalgies d'un Éden perdu, tandis que *Dans le leurre du seuil* (1975), sur un rythme plus large, consent davantage aux richesses du monde.

Malgré sa mélancolie, la poésie de Bonnefoy captive et séduit par l'importance qu'elle accorde au chant, par l'éclat de ses images.

BIBLIOGRAPHIE

Études

Éva KUSHNER, *La Tour du Pin.* Seghers, 1962.

Yves-Alain FAVRE, *Colloque Patrice de La Tour du Pin.* Nizet, 1983.

André BLANCHET, *Marie Noël.* Seghers, 1970.

Georges-Emmanuel CLANCIER, *André Frénaud.* Seghers, 1963.

John Edwin JACKSON, *Yves Bonnefoy.* Seghers, 1976.

4. Le « parti pris des choses »

Tel était le titre, en 1942, du recueil qui allait assurer la gloire à Ponge. Mais l'attention qu'il portait aux aspects les plus humbles de la réalité a été le souci commun de tout un groupe de poètes discrets, volontairement économes de leurs moyens poétiques et de leur sensibilité, mais accessibles, comme jadis Reverdy, au mystère des choses, qu'ils essaient de capter dans des poèmes brefs et denses.

1 Ponge (né en 1899), ou le nouveau Malherbe

À la publication de son premier livre, **Francis Ponge** sortit enfin de l'anonymat ; il n'avait publié que *Douze Petits Écrits* en 1926, où l'on trouve déjà cette profession de foi : « Je ne considère pas que Malherbe, Boileau ou Mallarmé me précèdent avec leur leçon. Mais plutôt je leur reconnais à l'intérieur de moi une place... il me semble qu'il suffit que je m'ajoute à eux pour que la littérature soit complète. »

H. Matisse, *Nature morte aux huîtres,* 1950.

G. Braque, *Nature morte de la salle á manger de G. Braque,* 1928.

C'est dire l'antiromantisme du poète avec de tels maîtres. « Buffon du relativement petit », « phénoménologue sans le savoir » (Sartre), ou ancêtre du nouveau roman, Ponge s'est trouvé « moderne » sans l'avoir cherché...

Ses « définitions-descriptions », comme il les appelle lui-même, évoquent, ou plutôt remplacent, des réalités (Le Cageot, La Pluie, La Bougie, l'Huître, l'Escargot, La Mousse, l'Eau, etc...), des moments (La Fin de l'automne, Le Cycle des saisons...), des figures (Le Gymnaste, La Jeune Mère), des lieux (Le Restaurant Lemeunier rue de la Chaussée d'Antin, Bords de mer...), au moyen d'une utilisation minutieuse de toutes les ressources du langage : vocabulaire, rythme, allitérations, structures des phrases, et d'une discrète humanisation des éléments, projection d'un moi très général, qui prête aux objets une perception de leur intériorité, et des sentiments.

Cet art artisanal se retrouve dans toute l'œuvre, regroupée récemment sous le titre *Le Grand Recueil* (I, *Lyres ;* II, *Méthodes ;* III, *Pièces*), et apparaît au grand jour dans *Fabrique du pré* (1971), où sont rassemblées les diverses versions d'un même texte. Ponge, qui a appartenu au parti communiste de 1937 à 1947, tourne ainsi le dos aux idéologies et aux croyances dans ce qu'il appelle ses « objeus », en oubliant tout ce que l'on peut savoir *a priori* des objets.

2 Les poètes du minéral : Follain (1903-1971), Guillevic (né en 1907) et Dupin (né en 1912)

On retrouve chez d'autres poètes la même attention aux choses, mais plus tournée vers les éléments, dans un langage volontairement déchiqueté.

Parmi eux, citons **Jean Follain,** dont le refus de la métaphore et du chant, et l'obsession du temps, marquent les courts poèmes d'*Exister* (1947), de *Territoires* (1953), ou d'*Appareil de la terre* (1964).

Eugène Guillevic va encore plus loin dans le dépouillement et l'inquiétude.

Terraqué (1942), *Exécutoires* (1947), *Carnac* (1961), *Sphères* (1963), *Villes* (1969), *Du domaine* (1977), montrent une lutte constante avec le langage, dont le poète tire des textes très courts, volontairement raboteux, où reviennent les éléments de sa Bretagne (la mer, les rochers), et la hantise de la mort. Le premier titre, par sa signification (« composé de terre et d'eau ») et ses connotations (terré, traqué), résume bien l'œuvre entière.

R. Magritte *Le Monde caché,* 1953-1954.

Rien mieux que ces quelques vers ne donne à voir la poésie de **Jacques Dupin :**

« Parole déchiquetée,
Pour une seule gorgée d'eau,
Retenue par le roc,
Parole déchiquetée,
Fiente du feu perpétuel,
Éclats de la pierre des tables.
(Gravir)

Proche de René Char, de Guillevic, de Leiris aussi, mais encore plus conscient qu'eux du langage comme matière à « gravir », Dupin traduit par l'éclatement de la forme un univers dominé par la minéralité (*Gravir,* 1963 ; *L'Embrasure,* 1969).

BIBLIOGRAPHIE

Éditions

PONGE, *Le Parti pris des choses*. Gallimard (coll. « Poésie »), 1966. — *Le Grand Recueil : Lyres* et *Pièces*. Gallimard (coll. « Poésie »), 1961. — *La Rage de l'expression*. Gallimard (coll. « Poésie »), 1976.

FOLLAIN, *Exister*, suivi de *Territoires*. Gallimard (coll. « Poésie »), 1969. — *Usage du temps*, Gallimard (coll. « Poésie »), 1983.

GUILLEVIC, *Terraqué*, suivi d'*Exécutoire*. Gallimard (coll. « Poésie »), 1968. — *Sphère*, suivi de *Carnac*. Gallimard (coll. « Poésie »), 1977.

DUPIN, *L'Embrasure*, précédé de *Gravir*, etc. Gallimard (coll. « Poésie »), 1969.

Études

Marcel SPADA, *Francis Ponge*. Seghers, 1970. — *Entretiens de Francis Ponge avec Philippe Sollers*. Gallimard, 1970.

Jean-Marie GLEIZE et Bernard VECK, *Francis Ponge*. Larousse, 1979.

Thomas ARON, *L'Objet du texte et le texte-objet* Éd. français réunis (coll. « Entailles »), 1980.

Guy LAVOREL, *Francis Ponge, qui êtes-vous ?*. La Manufacture, 1986. — *Francis Ponge*. L'Herne, 1986.

Georges RAILLARD, *Jacques Dupin*. Seghers, 1975.

André DHÔTEL, *Jean Follain*. Seghers, 1972.

Serge GAUBERT, *Lire Follain*. P.U.L., 1981.

Serge GAUBERT, *Lire Guillevic*. P.U.L., 1983.

Jean PIERROT, *Guillevic ou la Sérénité gagnée*. Champ-Vallon, 1984.

5. Le parti pris des mots

Le dernier avatar de la poésie, quand elle a renoncé aux facilités du sentiment, de la contemplation ou de la quête métaphysique, consiste à s'interroger sur elle-même, parfois dans la bonne humeur de l'ivresse créatrice, plus souvent dans un vertige de réflexion théorique toujours renouvelé, issu de la philosophie et de la linguistique contemporaines ; parfois même elle se contente de jouer avec les sons pris comme unités poétiques, ou se donne comme objet de recherche des contraintes combinatoires de toutes sortes.

1 Audiberti (1899-1965) et Tardieu (né en 1903), ou les mots en liberté

Tous deux ont, à côté de leur œuvre théâtrale, cultivé la poésie ; **Jacques Audiberti,** d'une inspiration abondante et baroque (*L'Empire et la Trappe*, 1929 ; *Race des hommes*, 1937 ; *Des tonnes de semence*, 1941 ; *Toujours*, 1944 ; *Ange aux entrailles*, 1964), joue avec les mots et les formes avec le même élan qui le porte vers la recherche de Dieu ou de l'amour.

Jean Tardieu a évolué d'une tendre énumération du quotidien à ses débuts (*Le Fleuve caché*, 1933 ; *Accents*, 1939 ; *Jours pétrifiés*, 1947) vers un humour surréalisant très proche de son théâtre, salué par Breton (*Un mot pour un autre*, 1951 ; *Monsieur Monsieur*, 1951 ; *Une voix sans personne*, 1954 ; *Histoires obscures*, 1961).

2 Deguy (né en 1930), ou l'espace de l'écriture

D'autres poètes, comme **Michel Deguy** se fraient un chemin à travers le langage, au nom d'une méditation.

Philosophe et poète, Deguy croit à « la plus grande amitié de l'être et du poème » et pratique en virtuose l'invention verbale et la rhétorique, cultive la métaphore pour sa valeur analogique.

D'une extrême lisibilité, *Fragment du cadastre* (1960), *Poèmes de la presqu'île* (1962), *Biefs* (1964), méditent, par le biais du paysage, sur le temps et la mort. Les recueils suivants, *Ouï dire* (1966), *Figurations* (1969), d'une langue plus écorchée, semée de mots grecs et de vocables rares, allient réflexion sur l'espace de l'écriture et sur celui de l'homme.

3

Roche (né en 1937), ou le sens en folie

« La poésie est inadmissible, d'ailleurs elle n'existe pas. » Telle est la déclaration fracassante que fit un jour **Denis Roche,** membre du groupe *Tel Quel*[1], qui, avec ses amis, refuse la métaphysique dont se nourrit la plupart des poètes actuels, sans parler de l'artifice poétique. Narrateur avant tout, ce poète élabore des textes au nom d'une stratégie de la lecture, qui consiste à la fois dans la frustration du sens, et la multiplicité de celui-ci, où l'on retrouve, comme rongés par l'humour, l'érotisme, l'à-peu-près, le mauvais goût, des siècles de clichés poétiques et des revenez-y de Dada et du surréalisme (*Récits complets,* 1963 ; *Les Idées centésimales de Miss Élanize,* 1964 ; *Éros énergumène,* 1968 ; *Carnac,* 1969 ; *Le Mécrit,* 1972 ; *Louve basse,* 1976).

1. *Voir p. 408.*

4

Roubaud (né en 1932) et les nombres

D'autres poètes sont avant tout sensibles aux possibilités combinatoires du langage, comme **Jacques Roubaud,** poète, mathématicien et japonisant, qui, après *Voyage du soir* (1952), a entrepris dans ∈ (1968) un édifice fort complexe dont les 361 textes sont censés être les pions blancs et noirs du jeu de go.

Roubaud donne au début de son livre le « Mode d'emploi » : types des textes (« sonnets, sonnets courts, sonnets interrompus, sonnets en prose... citations, illustrations, grilles, blancs, noirs, poèmes, poèmes en prose »), rapports entre les textes, modes de lectures au nombre de quatre (« groupements de pions », répartition mathématique des paragraphes, déroulements d'une partie de go, lecture isolée des textes).

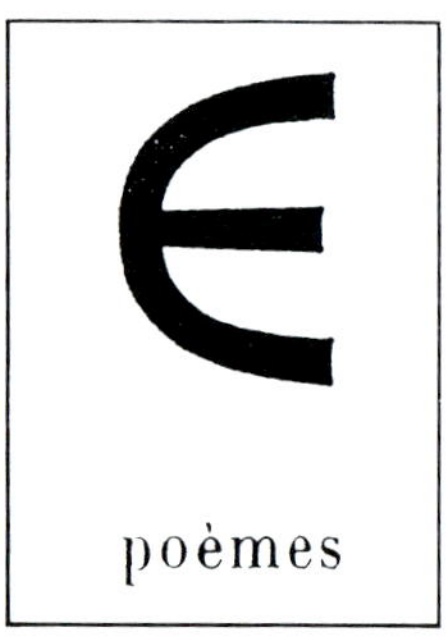

On est frappé dans cette œuvre par le curieux contraste entre un certain classicisme des thèmes et des figures, proche de Michel Deguy ou de René Char, et l'ésotérisme de l'organisation (*Mono no aware,* 1970 ; *Trente et un au cube,* 1973).

Nous terminerons cette trop brève évocation de la poésie contemporaine par deux mouvements collectifs, le Lettrisme et l'Oulipo.

5

Le lettrisme d'Isidore Isou (né en 1925)

Le lettrisme d'**Isidore Isou** part d'une idée simple, héritée de Tristan Tzara, qui consiste à prendre, comme matériau poétique, non seulement les sons du langage, mais aussi tous les bruits physiologiques (aspirations, claquements de langue, frappement de pieds, etc...), et à les combiner à la fois pour l'œil et pour l'oreille.

D'une grande culture, Isidore Isou (né en Roumanie) s'est réclamé pratiquement, un peu à la manière de Breton dans ses manifestes, de toute la tradition poétique et artistique pour se trouver des devanciers. En même temps, par son intérêt pour les bruits à l'état brut, **le lettrisme,** dont on s'est beaucoup moqué, **rejoint certaines recherches musicales contemporaines,** et veut d'ailleurs que l'on « interprète » ses productions comme des partitions musicales. Le spatialisme de **Pierre Garnier** (né en 1928) regroupe internationalement poètes et musiciens autour de recherches fort diverses issues du lettrisme.

6 L'Oulipo

Queneau. Photo de H. Cartier-Bresson.

L'Oulipo (OUvroir de LIttérature POtentielle) se situe dans une perspective à la fois plus logico-mathématique et plus humoristique. Ce serait sans doute du côté des Grands Rhétoriqueurs qu'il faudrait chercher les ancêtres de ces mathématiciens-poètes, regroupés autour de **François Le Lionnais,** dont les plus célèbres, en dehors de Jacques Roubaud, ont été **Raymond Queneau** (1902-1976) et **Georges Perec** (1936-1982). Se proposant pour tâche de repérer dans les œuvres du passé des structures ignorées, et surtout de créer de nouveaux objets littéraires selon des contraintes données d'avance, l'Oulipo, qui publie régulièrement ses résultats, a donné par exemple les *Cent Mille Milliards de Poèmes* (1961) de Queneau, ou *La Disparition* (1969) de Perec, lipogramme où la lettre « e » est absente des trois cents pages du récit.

Naturellement, les quelques poètes cités ici constituent un bilan provisoire et un choix subjectif : il eût fallu citer par exemple un poète truculent comme **Geo Norge** (né en 1898), développer les virtuosités multiformes de Raymond Queneau, évoquer des poètes proches du silence comme **André du Bouchet** (né en 1924) ou **Edmond Jabès** (né en 1912), parler du lumineux **Alain Borne** (1915-1963), trop tôt disparu, ou des épopées malicieuses de **Jean Ristat** (né en 1943). Mais à travers la multiplicité des tendances poétiques contemporaines, on remarque comme un air de famille : l'écriture automatique a souvent fait place à l'influence de la *beat generation*[1] américaine, et les poètes, pour la plupart, considèrent plutôt la poésie comme un combat avec la feuille blanche, que comme une pure dictée de l'inconscient ; ainsi se rapprochent-ils de l'esthétique du texte, commune à maint créateur d'aujourd'hui.

1. *Pour la poésie des dernières années, voir l'*Anthologie 80, Bilan et perspectives de la poésie franco-belge-québécoise (auteurs nés après 1930), *ouvrage tout à fait remarquable (Le Castor astral, L'Atelier de l'agneau, Talence, France/Herstal, Belgique, 1981).*

BIBLIOGRAPHIE

Éditions

AUDIBERTI, *Poésies.* Gallimard (coll. « Poésie »), 1969. — *Des tonnes de semences.* Gallimard (coll. « Poésie »), 1976.

TARDIEU, *Le Fleuve caché, poésies 1938-1961.* Gallimard (coll. « Poésie »), 1968. — *La Part de l'ombre.* Gallimard (coll. « Poésie »), 1972. — *Margeries, poèmes inédits, 1910-1985.* Gallimard, 1986.

DEGUY, *Poèmes I, 1960-1970* et *Poèmes II, 1970-1980.* Gallimard (coll. « Poésie »), 1973 et 1986.

ROCHE, *Récits complets.* Le Seuil, 1963. — *Eros énergumène.* Le Seuil, 1968.

ROUBAUD, ∈. Gallimard, 1970.

QUENEAU, *Chêne et Chien, Petite Cosmogonie portative.* Gallimard (coll. « Poésie »), 1969. — *Courir les rues, battre la campagne...* Gallimard (coll. « Poésie »), 1981.

NORGE, *Le Vin profond.* Flammarion, 1968.

JABÈS, *Le Livre des questions* (7 vol.). Gallimard, 1963-1973. — *Le Livre des ressemblances* (3 vol.). Gallimard, 1976-1980.

DU BOUCHET, *Dans la chaleur vacante.* Mercure de France, 1978.

Bibliothèque oulipienne (2 vol.). Rééd. Ramsay, 1987.

Études

Émile NOULET, *Jean Tardieu.* Seghers, 1964.

Jean ONIMUS, *Jean Tardieu, un rire inquiet.* Champ-Vallon, 1986.

Christian PRIGENT, *Denis Roche.* Seghers, 1977.

Jean-Paul CURTAY, *La Poésie lettriste.* Seghers, 1974.

Marc ALYN et Robert ROVINI, *Norge.* Seghers, 1956.

CHRONOLOGIE DE LA POÉSIE*

Symbolisme ; Mysticisme ; Poésie féminine ; Poésie du langage

1901 Noailles : *Le Cœur innombrable*
1907 Claudel : *L'Art poétique*
1904-11 Verhaeren : *Toute la Flandre*
1910 Claudel : *Cinq Grandes Odes*
1910 Péguy : *Le Mystère de la charité de Jeanne d'Arc*
1911 Péguy : *Le Porche du mystère de la deuxième vertu*
1911 Claudel : *Cantate à trois voix*
1912 Péguy : *Le Mystère des saints Innocents*
1913 Péguy : *Tapisseries. Ève*
1917 Valéry : *La Jeune Parque*
1920 Valéry : *Album de vers anciens*
1920 Milosz : *Confession de Lemuel*
1922 Valéry : *Charmes*
1923 Vivien : *Poésies complètes*
1925 Colette : *L'Enfant et les sortilèges*
1925 Mauriac : *Orages*
1927 Milosz : *Les Arcanes*
1929 Audiberti : *L'Empire de la trappe*
1933 Jouve : *Sueur de sang*
1933 La Tour du Pin : *La Quête de joie*
1934 Pozzi : *Poèmes*
1936 Marie Noël : *Le Rosaire des jcies*

Fantaisistes ; Esprit nouveau ; Dada ; Surréalisme

1900 Nohain : *Chansons des rues et des gares*
1903 Klingsor : *Schéhérazade*
1909 Fourest : *La Négresse blonde*
1911 Apollinaire : *Le Bestiaire ou Cortège d'Orphée*
1913 Apollinaire : *Alcools*
1916 Reverdy : *La Lucarne ovale* (Dada)
1917 Jacob : *Le Cornet à dés*
1918 Apollinaire : *Calligrammes*
1919 Breton et Soupault : *Les Champs magnétiques*
1920 Toulet : *Contrerimes*
1923 Cocteau : *Plain-chant*
1924 Breton : *Manifeste du surréalisme*
1925 Aragon : *Mouvement perpétuel*
1925 Supervielle : *Gravitations*
1925 Artaud : *L'Ombilic des limbes*
1925 Leiris : *Le Pays de mes rêves*
1926 Éluard : *Capitale de la douleur*
1927 Cocteau : *Opéra*
1927 Michaux : *Qui je fus*
1928 Péret : *Le Grand Jeu*
1929 Éluard : *L'Amour, la poésie*
1930 Breton, Char, Éluard : *Ralentir travaux*
1930 Supervielle : *Le Forçat innocent*
1931 Tzara : *L'Homme approximatif*
1931 Daumal : *Le Contre-ciel*
1933 Michaux : *Un barbare en Asie*
1934 Supervielle : *Les Amis inconnus*
1934 Char : *Le Marteau sans maître*

Poésie engagée ; Poésie du monde

1900 Claudel : *Connaissance de l'Est*
1908 Romains : *La Vie unanime*
1909 Marinetti : *Manifeste du futurisme*
1909 Saint-John Perse : *Images à Crusoé*
1910 Saint-John Perse : *Éloges*
1912 Cendrars : *Pâques à New York*
1913 Cendrars : *Prose du Transsibérien et de la petite Jehanne de France*
1918 Cendrars : *Du monde entier*
1924 Saint-John Perse : *La Gloire des rois*
1925 Saint-John Perse : *Anabase*
1927 Claudel : *L'Oiseau noir dans le soleil levant*
1934 Aragon : *Hourra l'Oural*

Étranger

1903 D'Annunzio : *Alcyone* (Italie)
1904 Block : *Vers à la Belle Dame* (Russie)
1905 Rilke : *Le Livre d'heures* (Autriche)
1907 Unamuno : *Poésies* (Espagne)
1909 Sikélianos : *Le Visionnaire* (Grèce)
1910 Rilke : *Cahiers de Malte Laurids Brigge* (Autriche)
1912 Marinetti : *Anthologie futuriste* (Italie)
1914 Tagore : *L'Offrande lyrique* (Inde)
1917 Maiakovsky : *Ode à la Révolution* (U.R.S.S.)
1919-25 Essénine : *Poèmes* (U.R.S.S.)
1920 Eliott : *Premiers Poèmes* (Angleterre)
1920-68 Pound : *Cantos* (États-Unis)
1921 Mandelstam : *Tristia* (U.R.S.S.)
1922 Akhmatova : *Anno Domini* (U.R.S.S.)
1923 Rilke : *Sonnets à Orphée ; Élégies de Duino* (Autriche)
1924 Néruda : *Vingt Poèmes d'amour* (Chili)
1925 Alberti : *Marin à terre* (Espagne)
1925 Lorca : *Chanson* (Espagne)
1928 Lorca : *Romancero gitan* (Espagne)
1928 Guillen : *Cantique* (Espagne)
1930 Auden : *Poèmes* (Angleterre)
1930 Quasimodo : *Eaux et terres* (Italie)
1931 Montale : *Os de seiche* (Italie)
1934 Lorca : *Le Poète à New York* (Espagne)
1935 Séféris : *Mythologies* (Grèce)

1937 Jouve : *Matière céleste*
1937 Queneau : *Chêne et chien*
1937 Audiberti : *Race des hommes*
1941 Audiberti : *Des tonnes de semence*
1943 Frénaud : *Les Rois mages*
1946 La Tour du Pin : *Une somme de poésie*
1946 Isou : *Le Lettrisme*
1947 Queneau : *Exercices de style*
1949 Saint-Denys Garneau : *Poésies complètes* (Québec)
1950 Queneau : *Petite Cosmogonie portative*
1951 Tardieu : *Un mot pour un autre*
1951 Prévert : *Spectacle*
1951 Renard : *Métamorphoses du monde*

1954 Richaud : *Droit d'asile*
1954 Renard : *Père, voici que l'homme*
1959 Du Bouchet : *Dans la chaleur vacante*
1960 Deguy : *Fragment du cadastre*
1961 Queneau : *Cent Mille Milliards de poèmes*
1961 Butor : *Mobiles*
1962 Fréneau : *Il n'y a pas de paradis*
1965 Butor : *6 810 000 Litres d'eau par seconde*
1967 Grosjean : *Élégies*
1968 Roubaud : ∈
1969 Renard : *La Braise et la Rivière*
1969 Grosjean : *La Gloire*
1970 Emmanuel : *Jacob*
1972 D. Roche : *Le Mécrit*
1973 Jabès : *Le Livre des questions*
1977 Oster-Soussouev : *Requêtes*

1984 Emmanuel : *Le Grand Œuvre*
1987 Jabès : *Le Livre du partage*
1987 *Bibliothèque oulipienne*

1937 Michaux : *Lointain intérieur*
1939 Bousquet : *Traduit du silence*
1942 Aragon : *Les Yeux d'Elsa*
1942 Desnos : *Fortunes*
1943 Leiris : *Haut-Mal*
1944 Breton : *Arcane 17*
1944 Michaux : *L'Espace du dedans*
1945 Reverdy : *Plupart du temps*
1946 Éluard : *Le Dur Désir de durer*
1947 Breton : *Signe ascendant*
1947 Bousquet : *La Connaissance du soir*
1947 Artaud : *Artaud le Mômo*
1948 Char : *Fureur et mystère*
1949 Jouve : *Diadème*
1950 Reverdy : *Main-d'œuvre*
1952 Daumal : *Le Mont Analogue*
1953 Bonnefoy : *Du mouvement et de l'immobilité de Douve*
1953 Char : *Cris*
1954 Cocteau : *Clair-obscur*
1955 Char : *Recherche de la base et du sommet*
1956 Michaux : *Misérable Miracle*
1957 Bonnefoy : *Hier régnant désert*
1957 Michaux : *L'Infini turbulent*
1961 Michaux : *Connaissance par les gouffres*
1961 Pieyre de Mandiargues : *L'Âge de craie*
1963 Aragon : *Le Fou d'Elsa*
1965 Jouve : *Ténèbres*
1965 Bonnefoy : *Pierre écrite*
1968 Chazal : *Poèmes* (Île Maurice)
1969 Borne : *Vive la mort*
1975 Bonnefoy : *Dans le leurre du seuil*
1979 Seghers : *Le Temps des merveilles*

1987 Bonnefoy : *Ce qui fut sans lumière*

1941 Aragon : *Le Crève-cœur*
1942 Ponge : *Le Parti pris des choses*
1942 Guillevic : *Terraqué*
1942 Emmanuel : *Tombeau d'Orphée*
1942 Éluard : *Poésie et vérité*
1945 Saint-John Perse : *Exil*
1946 Saint-John Perse : *Vents*
1946 Char : *Feuillets d'Hypnos*
1946 Prévert : *Paroles*
1947 Pichette : *Les Épiphanies*
1947 Follain : *Exister*
1948 Césaire : *Soleil cou coupé*
1948 Senghor : *Hosties noires*
1951 Cadou : *Hélène ou le Règne végétal*
1951 Tzara : *De mémoire d'homme*
1952 Pichette : *Nucléa*
1952 Schéhadé : *Poésies*
1953 Jacottet : *L'Effraie et autres poèmes*

1960 Thomas : *Poésies*
1960 Saint-John Perse : *Chronique*
1961 Ponge : *Le Grand Recueil*
1961 Césaire : *Cadastre*
1961 Senghor : *Nocturnes*
1963 Dupin : *Gravir*
1967 Jacottet : *Poésies*
1968 *Poésies anonymes de mai*

1969 Dupin : *L'Embrasure*

1971 Ponge : *Fabrique du pré*
1972 Biga : *Kilroy was here*
1972 Gaspar : *Sol absolu*
1977 Char : *Chants de la Balandrane*
1978 Norge : *Œuvres poétiques*

1987 Guillevic : *Motifs - Creusement*
1987 Réda : *Châteaux des courants d'air*

1938 Kazantzakis : *L'Odyssée* (Grèce)
1939 Yeats : *Derniers Poèmes* (Irlande)
1939 Machado : *Poèmes de la guerre d'Espagne* (Espagne)
1939 Montale : *Les Occasions* (Italie)
1940-55 Séféris : *Journal de bord* (Grèce)
1942 Quasimodo : *Et soudain c'est le soir* (Italie)
1945 Saba : *Canzoniere* (Italie)
1946 Pessoa : *Œuvres complètes* (Portugal)
1947 Ritsos : *Grécité* (Grèce)
1947 Néruda : *Résidence sur terre* (Chili)

1949 Paz : *Liberté sur parole* (Mexique)
1951 Pavese : *La mort viendra et elle aura tes yeux* (Italie)
1952 Ungaretti : *Un cri et des paysages* (Italie)
1959 Elytis : *Axion Esti* (Grèce)
1960 Ungaretti : *Vie d'un homme* (Italie)
1961 Pasolini : *La Religion de mon temps* (Italie)
1963 Akhmatova : *Requiem* (U.R.S.S.)
1964 Néruda : *Mémorial de l'île noire* (Chili)
1967 Ritsos : *Pierres, répétitions, barreaux* (Grèce)

1971 Élytis : *L'Arbre de lumière et la quatorzième beauté* (Grèce)
1971 Enzensberger : *Poèmes de 1955 à 1970* (Allemagne)
1974 Somlyo : *Contrefables* (Hongrie)
1983 Adonis : *Chants de Mihya le Damascène* (Liban)
1985 Luzi : *Pour le baptême de nos fragments* (Italie)
1987 Sa Carnero : *Poésies complètes* (Portugal ; posthume)

* Sauf précision contraire, les dates indiquées sont celles de l'édition.

Nous vivons aujourd'hui une situation étrange : tout le monde fait de la poésie, à commencer, comme de tout temps, par les collégiens. Certains comédiens comme Laurent Terzieff donnent des récitals à une ou plusieurs voix des textes qu'ils ont aimé. La chanson française, que l'on dit exsangue, utilise pourtant la langue de façon nouvelle, en la désarticulant savamment au rythme de la musique. Il y a un besoin considérable de poésie dans notre monde moderne, mais qui se satisfait de façon marginale. Beaucoup de petites maisons éditent d'innombrables plaquettes, mais à compte d'auteur. La télévision joue un rôle très faible dans la diffusion de la poésie (Il est remarquable de constater que Bernard Pivot, dans sa célèbre émission Apostrophes, *parle deux fois par an, environ, de poésie). L'enseignement, pour des raisons de lisibilité, ignore presque totalement la production contemporaine. Le constat sur l'état de santé de la poésie actuelle doit-il être pessimiste ?*

Il faut remarquer que la communication entre poètes et public a toujours été difficile, et Balzac en a laissé un tableau, dans Illusions perdues, *qui est toujours d'actualité. Mais on peut remarquer aussi que le prix Nobel couronne de temps à autre des poètes, en particulier Saint-John Perse en 1960 pour la France ; que les prix de poésie, confidentiels certes, sont très nombreux, et que les éditeurs ont parfois fait un effort remarquable pour diffuser le patrimoine (saluons ici le rôle immense joué par Pierre Seghers, et par la collection de poche « Poésie » chez Gallimard, sans compter les recueils à thèmes faits pour les enfants). La poésie est au fond un peu comme la musique contemporaine : elle intéresse avant tout ses pairs. Peut-être sommes-nous à la veille de connaître un nouvel Hugo ou un nouvel Apollinaire.*

IIe partie

LE THÉÂTRE

Le XXe siècle est certainement, avec le XVIIe, le grand siècle de notre théâtre. Excepté le drame romantique et la comédie de Labiche et Feydeau, la production dramatique du XIXe siècle a sombré dans l'oubli ; rien n'est demeuré du naturalisme, malgré les efforts de Zola, ni du symbolisme, à part les pièces touffues de Villiers de l'Isle-Adam ; encore moins du « théâtre d'idées » 1900. C'est en Scandinavie, avec Strindberg et Ibsen, ou en Russie avec Tchékhov, que la Belle-Époque trouva ses chefs-d'œuvre. Jarry ou Claudel furent des marginaux, précurseurs l'un de l'Esprit nouveau, l'autre d'un théâtre mystique qui devait fleurir tout au long du siècle.

Plus d'un demi-siècle de production, depuis la Première Guerre mondiale, permet de dégager deux traits essentiels :

— L'importance grandissante, et aujourd'hui exclusive, du metteur en scène, qui tend à guider l'auteur dans la mise au point de son texte, avant de le remplacer dans l'esprit du public ;

— Le foisonnement de la réflexion théorique, française et étrangère, due aussi bien aux animateurs de troupes qu'aux auteurs eux-mêmes.

Tandis que le théâtre de pur divertissement n'a jamais cessé de remplir les salles, se sont affirmés tour à tour le goût du débat d'idées sur des problèmes d'actualité, puis, parallèlement dans l'entre-deux-guerres, l'avant-garde Dada et surréaliste et le retour de la tragédie antique, pour aboutir après la Libération au règne du « théâtre de l'absurde », qui a duré une vingtaine d'années. Depuis les années 70, l'axe théâtral s'est déplacé du texte mis en scène au spectacle total, où l'écrivain n'a qu'une place restreinte, parfois même anonyme, parmi les artisans du spectacle.

I LA VIE THÉÂTRALE AU DÉBUT DU SIÈCLE

La scène parisienne de la Belle Époque brilla d'un éclat incomparable, servie par des monstres sacrés comme Sarah Bernhardt ou Mounet-Sully. Malheureusement peu de textes ont survécu de l'abondante production d'alors, à la technique interchangeable et à la mise en scène inexistante. Seuls Jacques Rouché, en tant que théoricien de *L'Art théâtral moderne* (1910), et les frères Perret, architectes du très moderne Théâtre des Champs-Élysées (1913), tentèrent de renouveler le théâtre en tant que moyen d'expression, tandis que Claudel commençait tout juste à se faire connaître.

1. Un désert très peuplé

C'est que ce théâtre, héritier à la fois du naturalisme, du symbolisme, et du vaudeville Second-Empire, reflétait fidèlement les goûts médiocres de la bourgeoisie qui l'applaudissait.

Mayol.
Affiche de A. Barrère.

Les spectacles en 1900

Les plus grands succès vont à la Comédie-Française, reconstruite en 1901 après un incendie, où triomphent, outre Mounet-Sully et son frère Paul, Julia Barthet et Le Bargy ; à l'Odéon, où se donnent également de remarquables spectacles ; et aux théâtres de boulevard, le Gymnase, le Vaudeville, la Porte Saint-Martin, le théâtre Sarah-Bernhardt, les Variétés. Le Palais-Royal et les bouffes-parisiens sont spécialisés dans le genre du vaudeville.

Comme on le voit, tous ces théâtres, à part l'Odéon, sont situés sur la rive droite, dans une ère géographique qui recoupe le monde des affaires et des plaisirs. Les music-halls, eux aussi florissants, sont plus dispersés (Folies-Bergère, Moulin Rouge, immortalisé par Toulouse Lautrec, Alhambra, etc.) ainsi que les « cafés-chantants » comme le Divan Japonais, l'Eldorado ou le Bataclan, où se produisent des chanteuses telles qu'Yvette Guilbert ou Mistinguett, et des comiques comme Dranem, Mayol ou Polin, rivalisant, dans leurs couplets, de stupidité et de chauvinisme.

1 Le « théâtre d'idées »

Le « théâtre d'idées » abordait pourtant des problèmes souvent intéressants, parfois encore d'actualité aujourd'hui, comme celui de l'expérimentation médicale *in vivo* (*La Nouvelle Idole*, de **François de Curel,** 1899), l'ambition de la magistrature (*La Robe rouge*, d'**Eugène Brieux,** 1900), les rapports entre patrons et ouvriers (*Le Repas du lion*, de **François de Curel,** 1897), ou l'asservissement de la femme dans le mariage (*Les Tenailles,* de **Paul Hervieu,** 1895). Mais ce théâtre souffrait d'un conservatisme foncier dans son contenu, et d'un style plat ou grandiloquent dans la forme.

2

Le « théâtre d'amour »

Plus audacieux, et plus lyrique aussi, était le « théâtre d'amour » de **Georges de Porto-Riche** (1849-1930) ou de **Henri Bataille** (1872-1922). Les rapports à l'intérieur ou aux alentours du couple y sont minutieusement analysés, parfois avec des revendications très modernes, en faveur d'un nomadisme amoureux. Mais la frivolité incurable du milieu décrit enlève toute vérité aux personnages.

3

Le « théâtre gai »

Moins ambitieux, le « théâtre gai » a dans l'ensemble mieux survécu, avec une pléiade d'amuseurs, popularisés plus tard par le cinéma : c'est ainsi que **Robert de Flers** (1872-1927) et **Gaston Arman de Caillavet** (1869-1915) ont gentiment moqué l'Académie française (*L'Habit vert,* 1912), que **Tristan Bernard** a peint avec un humour nonchalant des types pris dans la vie quotidienne (*L'Anglais tel qu'on le parle,* 1899 ; *Triplepatte,* 1905 ; etc.), qu'**Alfred Capus, Maurice Donnay** ou **Abel Hermant** (*Les Transaltantiques,* 1898) ont mêlé agréablement dans des proportions variables l'humour et le sentiment dans leurs tableaux de la société du temps.

Mais l'essentiel de la littérature se prépare alors dans le silence et le recueillement, et on commence seulement à jouer, grâce aux metteurs en scène d'avant-garde, un auteur difficile, issu du symbolisme, celui de *L'Annonce faite à Marie.*

2. Un roc solitaire, Claudel (1868-1955)

1880 : *Tête d'or* (1re version).

1890 : *La Ville* (1re version.)

1892 : *La Jeune Fille Violaine* (1re version).

1896 : *Agamemnon* d'Eschyle (traduction).

1901 : *L'Arbre. Tête d'or* (2e version). *La Ville* (2e version). *La Jeune Fille Violaine* (2e version).

1906 : *Partage de midi.*

1911 : *L'Otage.*

1912 : *L'Annonce faite à Marie.*

1918 : *Le Pain dur.*

1919 : *L'Ours et la Lune.*

1920 : *Le Père humilié. Les Choéphores* et *Les Euménides* d'Eschyle (traduction).

1929 : *Le Soulier de satin.*

1933 : *Le Livre de Christophe Colomb.*

1935 : *L'Homme et son désir.*

1

La fascination du théâtre

Paul Claudel (voir biographie, p. 425) fut passionné par le théâtre dès sa jeunesse, à la fois comme genre et comme technique. Il s'était intéressé au théâtre chinois (dans *Connaissance de l'Est,* le poème *Théâtre* décrit une représentation de l'opéra de Canton en 1896) ; *L'Échange* contient un personnage d'actrice, Lechy Albernon. Il a noté ses impressions lors des représentations de Wagner à Vienne. Puis, en 1912, il suit de près l'élaboration de *L'Annonce faite à Marie* au Théâtre de l'Œuvre : il assiste aux répétitions, s'initie à la mise en scène.

Les metteurs en scène Lugné-Poe, Jacques Copeau, les chorégraphes Jacques Dalcroze, Nijinski, Ida Rubinstein, le théâtre japonais (nô, kabouki, bounraki), l'inspirent. D'une imagination foisonnante, la mise en scène claudelienne est à l'image des textes : allant vers un enrichissement continu, le poète propose plusieurs idées de décor pour une pièce, suggère des projets d'opéra à ses musiciens favoris (Milhaud, Honegger), pense aux costumes, aux jeux de scène. Alors que le début du siècle est favorable au théâtre de texte, le premier, et bien avant Artaud[1], il rêve à un spectacle total.

1. *Voir p. 497.*

Claudel, lors d'une répétition de *L'Otage*, à la Comédie-Française, en 1950.

2 La dramaturgie claudelienne

« Un rêve dirigé », telle est la définition du drame selon Claudel. *Le Livre de Christophe Colomb* (1933), par exemple, se présente comme une action intérieure, qui se déroule dans la mémoire, la conscience du héros. Il en est de même pour *Jeanne au bûcher* (1938).

Les personnages sont inexistants en soi, ce sont soit des aspects contradictoires du poète, soit les acteurs d'une parabole : « Le drame ne fait que détacher, dessiner, compléter, illustrer, imposer, installer dans le domaine du général et du paradigme, l'événement, la péripétie, le conflit essentiel et central qui fait le fond de toute vie humaine. » *(À propos du Soulier de satin.)*

Le poète est hanté par un personnage unique qui s'explique face au chœur, face au peuple : « Il purge la multitude du souffle informulé qu'elle portait dans son sein confus. » Les spectateurs, eux, participent au drame comme à une liturgie, aux antipodes de ce que Brecht appellera la « distanciation ».

3 Les drames symbolistes (1890-1896)

Les œuvres du poète à ses débuts sont plus symbolistes que chrétiennes. La réconciliation de la chair et de l'esprit, du monde et de Dieu, n'est pas encore accomplie. Les héros allégoriques de *Tête d'Or* (1889) et de *La Ville* (1890) refusent la mort et l'anéantissement qui les guettent, au nom d'une morale vaguement nietzschéenne.

En 1893, Claudel devient consul suppléant à New York et Boston. La découverte du Nouveau Monde et de son dieu, le dollar, lui inspire ***L'Échange*** (1893), où un quatuor de personnages, deux du côté du mal, le businessman Thomas Pollock Nageoire et l'actrice Lechy Albernon, et deux du côté du bien, la petite Marthe, jeune Française, et son mari Louis Laine, toujours en quête des jouissances de ce monde, réinventent *La Double Inconstance* de Marivaux. La simplicité des caractères et des affrontements, la sensibilité des personnages féminins, ont rendu la pièce populaire.

4 Claudel en Chine (1896-1909)

Après un prolongement de ses drames antérieurs sous le titre général *L'Arbre* (1901), Claudel écrit en 1906 ***Partage de midi***, largement tributaire de sa biographie.

Sur un paquebot en route vers la Chine, une jeune femme, Ysé, est entourée de trois hommes, de Ciz, son mari, Amalric, un vieil aventurier, et Mésa, jeune homme à l'humeur sombre, double de l'auteur. Entre Ysé et Mésa naît une passion brûlante, qui va s'épanouir à l'arrivée, quand de Ciz part chercher fortune. Celui-ci mort, Ysé, bien qu'ayant un enfant de Mésa, abandonne ce dernier pour rejoindre Amalric. Tous deux sont encerclés dans leur maison lors d'une insurrection. Tandis qu'Amalric est prêt à mourir, Mésa reparaît. Amalric s'échappe, et Ysé et Mésa exaltent de nouveau leur amour, source du malheur général pour tous les personnages, mais aussi de salut pour les créatures qui éprouvent la blessure inguérissable de la passion. Ainsi, malgré ses désordres, la femme entre dans le mécanisme de la Rédemption en aiguillant l'homme vers un besoin d'Absolu.

5 La quête du monde et de Dieu (1909-1935)

En 1912, Claudel reprend pour la troisième fois *La Jeune Fille Violaine*, un mystère médiéval où s'affrontent encore les puissances de mort et de vie, symbolisées par deux sœurs, Mara la Noire, et Violaine la lépreuse par sainteté, que son fiancé abandonne pour épouser Mara. Retirée dans la forêt, Violaine ressuscitera l'enfant mort du couple, mais avec des yeux bleus, comme les siens. Jalouse, Mara voudra tuer sa sœur, qui sera sauvée par Pierre de Craon, le lépreux. Mara sera pardonnée au nom de la Charité.

La beauté du langage, l'aspect médiéval, l'émotion de certaines scènes font de *L'Annonce faite à Marie* sans doute la pièce la plus populaire de son auteur.

Claudel se tourne alors vers un théâtre mieux construit, au langage moins touffu, aux personnages davantage individualisés.

La trilogie de ***L'Otage*** (*L'Otage,* 1911 ; Le Pain dur, 1918 ; *Le Père humilié,* 1920), illustre cette métamorphose, cet abandon de la « conversation intérieure » de ses premiers drames, au profit de l'histoire, nouveau champ de bataille de la nature et de la grâce. La Révolution triomphe symboliquement de l'Ancien Régime, et l'argent étend son empire sur plusieurs générations.

En revanche, à l'étroit dans le réalisme, il revient avec dilection au style de sa jeunesse, tout en en élargissant les perspectives, dans ***Le Soulier de satin,*** le chef-d'œuvre du dramaturge, qui nécessitera cinq ans (1919-1924) pour être mené à bien.

Dans cette « action espagnole en quatre journées », le poète s'inspire du siècle d'or espagnol, mélangeant les genres et abandonnant les unités : « La scène est le monde... L'auteur s'est permis de comprimer les pays et les époques, de même qu'à la distance voulue plusieurs lignes de montagnes séparées ne font qu'un seul horizon. » L'ubiquité de l'action représente la version théâtrale d'une vision du monde catholique, c'est-à-dire universelle, et le choix de l'Espagne du XVIe siècle se justifie par le rôle de « héros d'une situation épique, qui a, à la fois d'une main à conquérir le monde, de l'autre à repousser les attaques que la foi qui l'inspire a à subir » (*Entretiens* avec Jean Amrouche).

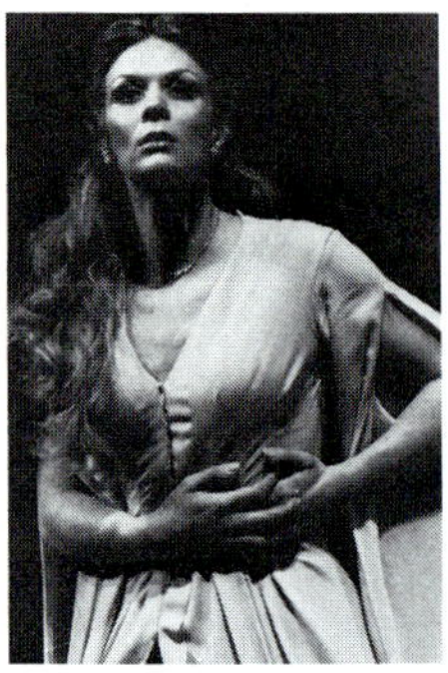

H. Arie et J.-L. Barrault jouant *Le Soulier de satin,* monté en 1981.

L'intrigue est extraordinairement touffue, quoique aucune scène, malgré les coupures pratiquées pour Jean-Louis Barrault, ne soit inutile.

On retrouve dans Rodrigue, le héros principal du *Soulier de satin,* un avatar du conquérant avide de posséder le monde, qui, de *Tête d'or* à *Christophe Colomb,* obsède le poète.

Rodrigue est partagé entre sa vocation et sa passion pour une femme mariée, Dona Prouhèze. Celle-ci, offrant son soulier de satin à la Vierge, et se mettant sous sa protection, symbolise le conflit fondamental entre la nature et la grâce. Rodrigue finira par abandonner toute ambition terrestre, pour finir sereinement dans la misère, en vendant des « feuilles de saints ». Sa passion pour Prouhèze est, dans le plan de la Providence, une étape de l'amour de Dieu, et le renoncement est paradoxalement la seule décision à la mesure de cet amour. Séparés par le destin (Prouhèze épousant Don Camille devenu musulman), les amants restent mystérieusement unis dans le temps et dans l'espace.

Le foisonnement des personnages, des intrigues et du langage, fait de ce drame une œuvre baroque, difficile à porter à la scène. Il a fallu la compréhension de Jean-Louis Barrault pour imposer ce chef-d'œuvre, qui, bien qu'aux antipodes du monde actuel, emporte le spectateur par son lyrisme, sa jeunesse, et parfois son humour.

BIBLIOGRAPHIE

Éditions

CLAUDEL, *Théâtre* (2 vol.). Gallimard (bibl. de la Pléiade), 1967-1971. — *Mes idées sur le théâtre.* Gallimard, 1966.

Études

Pierre BRUNEL, *Claudel et Shakespeare.* A. Colin, 1971.

Michel LIOURE, *L'Esthétique dramatique de Paul Claudel.* A. Colin, 1971.

II LES FASTES DU THÉÂTRE FRANÇAIS DANS L'ENTRE-DEUX-GUERRES

1. Théoriciens et metteurs en scène

1 L'influence étrangère

L'avant-garde fin-de-siècle était venue du Nord. Les années 10 furent dominées par l'influence russe et anglaise, avec **Stanislavsky** (Moscou, 1863-1928) et **Gordon Craig** (Londres, 1872-1966).

Le premier, fondateur du Théâtre d'art, fut découvert par la France en même temps que les Ballets russes. Imposant à ses acteurs un style de vie monastique et une déclamation dépouillée, il s'attacha à révéler, sous l'influence de Tchékhov[1], le mystère des êtres. Quant au second, acteur lui-même, théoricien exigeant et cultivé, il considéra les comédiens comme des marionnettes à son service, et le texte comme une occasion de mise en scène ; sa froideur géométrique s'opposa au baroquisme de Stanislavsky.

1. *Anton* Tchékhov *(1860-1904), auteur entre autres de* La Mouette *(1896), des* Trois Sœurs *(1901) et de* La Cerisaie *(1903).*

2 Copeau (1879-1949), ou l'esprit janséniste

Co-fondateur, avec Gide et Schlumberger, en 1909, de la N.R.F.[2], critique dans cette revue, **Jacques Copeau** voulut, dès sa jeunesse, « décommercialiser » le théâtre. La création du Vieux Colombier, en 1913, répondit à cette intention, avec de remarquables comédiens comme Charles Dullin (1885-1949) et Louis Jouvet (1887-1951), à qui il imposa une discipline janséniste, soucieux moins de technique que des qualités du cœur et de l'esprit. Le respect du texte et des mises en scènes, réduites à quelques éléments symboliques, mirent en valeur un vaste répertoire, allant de Shakespeare à Claudel.

2. *Voir plus haut, p. 399.*

3 Le Cartel des quatre : Baty, Pitoeff, Dullin et Jouvet

Les meilleurs disciples de Copeau constituèrent en 1927 un « Cartel »[3] pour défendre leurs intérêts matériels et moraux.

Baty (1882-1952), ou le plaisir du luxe

Le plus féru de spectacle théâtral fut sans doute **Gaston Baty** qui dut sa vocation à Lyon au spectacle de Guignol, et écrivit comme Copeau articles et pièces, avant de diriger plusieurs théâtres.

Homme de culture, interprète de Musset aussi bien que de Claudel et de Crommelynck[4], Baty était célèbre pour ses mises en scènes luxueuses, qui, selon ses détracteurs, accordaient la première place aux machinistes.

Pitoeff (1884-1939), le créateur inspiré

Plus sobre, **Georges Pitoeff,** Russe comme Stanislavsky, se fit connaître en 1921 au Vieux Colombier avec *L'Oncle Vania* de Tchékhov. Il monta par la suite, avec sa femme Ludmilla, surtout le répertoire étranger.

3. Cartel : *concentration horizontale d'entreprises de même nature ; par suite, association de groupements politiques, syndicaux ou professionnels.*
4. *Fernand* Crommelynck *(1885-1970), dramaturge belge, auteur du truculent* Cocu magnifique *(1921).*

Copeau et, derrière lui, Jouvet (à gauche) et Dullin (à droite).

Animateur inspiré, acteur fascinant, au jeu pathétique, et au visage émacié, « il faisait trembler les mots, et ne pouvant pas dire oui sans souffrir, créait du mystère par sa démarche, du doute par ses regards, du trouble par ses gestes. »

Dullin (1885-1949), le vieux renard

Charles Dullin, « aristocrate authentique de l'âme et du cœur, à la fois faible et héroïque, naïf et vieux renard »[1], fut la plus forte personnalité du Cartel.

Il fonda en 1921, à l'Atelier, une troupe qui connut un grand succès, aussi bien dans les dramaturges élisabethains[2] et Molière, que dans Pirandello et Sartre, dont il créa *Les Mouches* en 1943. Acteur légendaire lui-même, il excellait dans les rôles d'ambitieux, inquiets et rusés. Ses mises en scènes mêlaient texte, musique, pantomimes et intermèdes.

Jouvet (1887-1951), et le souci du texte

Le dernier des quatre fut le plus classique : **Louis Jouvet,** qui reste pour la postérité avant tout l'interprète de Giraudoux.

Tour à tour machiniste, régisseur et acteur chez Dullin, il dirigea ensuite la Comédie des Champs-Élysées, puis l'Athénée. Scrupuleux, corrigeant une certaine sécheresse naturelle par la magie des textes (Giraudoux, Jean Genet, Claudel) et des décors (Christian Bérard), Jouvet fut avant tout soucieux de mettre les textes en valeur.

1. Jean-Louis Barrault, qui fut son élève.
2. Époque d'Élisabeth Ire, fin du 16e siècle-début du 17e : Shakespeare, Jonson, Marlowe, etc.

2. Le théâtre de boulevard en plein renouvellement

1 La comédie légère

Trois auteurs prolifiques illustrèrent le genre : **Sacha Guitry** (1885-1957), dont la spirituelle misogynie s'exprima sur la scène (*Mon père avait raison*, 1919 ; *Mozart*, 1925 ; etc.) et au cinéma[3], **Marcel Achard** (1899-1974), dont le *Jean de la lune* montre des qualités sentimentales et poétiques, et **Jacques Deval** (1899-1972), qui, dans *Tovaritch* ou *Mademoiselle*, peignit des types contemporains avec vigueur.

2 La comédie satirique

Là aussi trois auteurs dominent : **Édouard Bourdet** (1887-1945), **Jules Romains** (1885-1972) et **Marcel Pagnol** (1895-1974).

Qu'il s'agisse de sujets scabreux comme l'emprise d'une femme sur une autre *(La Prisonnière)*, d'aristocrates homosexuels *(Fleur des pois)*, ou de la satire des milieux huppés *(Le Sexe faible)*, **Bourdet** montra un tact et un sens de l'observation qui le firent comparer à Molière, sans l'égaler artistiquement ; **Romains** et **Pagnol** connurent un succès plus populaire, qui dure encore grâce au cinéma et à des acteurs comme Jouvet ou Raimu. Du premier on a retenu *Knock ou le Triomphe de la médecine, Donogoo* et *Monsieur Le Trouhadec saisi par la débauche ;* du second, *Topaze*, et la trilogie de *Marius, Fanny* et *César,* dont les personnages sont devenus de véritables types.

3. Les Perles de la couronne *(1937)* ; Si Versailles m'était conté *(1953), etc.*

3 La farce

Dans ce genre plus traditionnel s'illustrèrent quelques auteurs importants, souvent à la demande de Copeau.

C'est ainsi que **Claudel** écrivit, en collaboration avec le musicien Darius Milhaud, un *Protée*, dans le goût d'Offenbach (1926), et que **Martin du Gard** cultiva la farce paysanne (*Le Testament du père Leleu*, 1913 ; *La Gonfle*, 1924). *Le Cocu magnifique* de l'écrivain belge **Fernand Crommelynck** (1885-1970) montrait une veine plus amère, avec son personnage de mari jaloux qui pousse lui-même sa femme dans les bras des autres hommes.

4 Le drame

Héritage de Tchékhov, il fut marqué par l'œuvre de **Charles Vildrac** (1882-1971) et de **Jean-Jacques Bernard** (1888-1972).

Le premier peignit à petites touches des âmes simples à la douleur indicible *(Le Paquebot Tenacity)*, le second le drame de l'ancien combattant rétrospectivement jaloux *(Le Feu qui reprend mal)*.
Dans une autre veine plus violente, inspirée d'Ibsen et de Strindberg, marquée aussi par l'influence de Freud et de Pirandello, **Henri-René Lenormand** (1882-1931), **Stève Passeur** (1899-1956), **Henri Bernstein** (1876-1953) et **Paul Raynal** (1885-1971) connurent des succès éclatants. Rien n'a pratiquement survécu de leur production, sinon au cinéma le *Mélo* de Bernstein, dans une brillante mise en scène d'Alain Resnais (1986).

A. Dussolier et S. Azéma dans *Mélo*, d'A. Resnais, en 1986.

Adaptée aux mentalités de l'époque plus que soucieuse de renouveler le rapport entre l'acteur et son public, toute cette production, à part la satire, n'a pu atteindre une dimension classique.

L'influence de Freud et de Pirandello

À part le Gide des *Faux-Monnayeurs* (1925) et le groupe surréaliste, Freud marqua peu les écrivains français de l'entre-deux-guerres, sinon, comme on l'a vu, Henri-René Lenormand, et le dramaturge surréalisant Roger Vitrac. Sans doute la postérité de Freud au théâtre est-elle à chercher du côté d'Antonin Artaud et de son « théâtre de la cruauté », et, à la génération suivante, dans les fantasmes de Jean Genet ou Fernando Arrabal. Luigi Pirandello, par d'autres voies, subvertit lui aussi la psychologie classique. Hantés par l'impossibilité de définir leur moi, flottant sur scène à la recherche d'un créateur, ses personnages eurent en France un succès durable *(Six Personnages en quête d'auteur ; Chacun sa vérité ; Henri IV)*, qui influença peut-être le « théâtre de l'absurde ».

BIBLIOGRAPHIE

Études

Denis GONTARD, *La Décentralisation théâtrale en France*, 1895-1952. S.E.D.E.S., 1973.

Georges VERSINI, *Le Théâtre français depuis 1900*. P.U.F. (coll. « Que sais-je ? »), 1977.

Pierre BRISSON, *Le Théâtre des années folles*. Genève, Éd. du Milieu du Monde, 1943.

Dominique DESANTI, *Sacha Guitry, Cinquante Ans de spectacle*. Grasset, 1982.

Gisèle FÉAL, *Le Théâtre de Crommelynck. Érotisme et Spiritualité*. Minard, 1976.

Georges BOUQUET et Pierre MENANTEAU, *Vildrac*. Seghers, 1959.

3. L'Esprit nouveau au théâtre

1

Les Mamelles de Tirésias (1917) d'Apollinaire

Gouache de S. Ferat pour *Les Mamelles de Tirésias.*

En ce domaine, les grands ancêtres étaient naturellement Jarry[1] et Apollinaire[2], dont ***Les Mamelles de Tirésias,*** « drame surréaliste », firent scandale en 1917.

Le spectacle, organisé très sérieusement, commençait par un prologue où l'auteur affirmait : « Je vous apporte une pièce dont le but est de réformer les mœurs ». L'auteur s'y proposait d'encourager les Français à faire des enfants, en traitant un sujet grave sur le mode de la farce : pour remédier à la stérilité de sa femme Thérèse devenue un Tirésias moustachu, son mari décide de la remplacer, et engendre 40 000 enfants par jour ! Des gags visuels (masques, ballons lâchés dans la salle) et auditifs (pétards, mégaphones, hurlements de bébés) ponctuent une action bouffonne, où des personnages secondaires (Lacouf, Presto, le gendarme, le journaliste...) et les chœurs symbolisent le peuple de France. **Francis Poulenc** devait donner plus tard (1947) à cette rhapsodie une unité musicale qui lui manquait, en en faisant un petit miracle de drôlerie spirituelle.

Les idées contenues dans le Prologue sur l'architecture du théâtre futur devaient beaucoup à **Pierre Albert-Birot,** le fondateur de *Sic*[3] et d'une doctrine nommée le « Nunisme »[4] qui voulait « réduire l'importance de l'action principale, ne reculer devant aucun contraste », accueillir l'acrobatie, le chant, le cinéma, pratiquer le simultanéisme, et ainsi détruire le psychologisme triomphant dans le théâtre 1900.

Albert-Birot voulait remplacer les décors par des jeux de lumières, et le théâtre à l'italienne traditionnel par un théâtre en rond dont le public occuperait le centre, et les acteurs la périphérie sur une scène tournante. Son « polydrame » *Larountala* (1917-1918) illustre ces idées en emboîtant deux jeux scéniques l'un dans l'autre, l'un réaliste, l'autre symbolique (masques, décors en carton et fil de fer, chœur enfermé dans une seule robe à plusieurs têtes) autour du premier. Des personnages doubles incarnaient les conflits intérieurs de l'être. Le langage phonétique rejoignait Dada.

1. *Voir p. 352.*
2. *Voir p. 430.*
3. *Voir p. 429.*
4. *De* nûn, *en grec* maintenant.

2

La magie de Roussel (1877-1933) et de quelques autres

Dans la même veine, **Raymond Roussel** fit jouer des adaptations de ses romans (*Impressions d'Afrique,* 1910 ; *Locus solus,* 1922) et des pièces comme *L'Étoile au front* (1924) et *La Poussière de soleil* (1926). Fidèle à la méthode exposée dans son livre posthume *Comment j'ai écrit certains de mes livres*[5], Roussel crée un univers magique d'une précision et d'une poésie extrêmes, proche parfois du Grand Guignol, plus fait pour la lecture que pour la scène.

Dans un esprit qui hésitait entre Apollinaire, Dada et Jarry, **Yvan Goll** (1891-1950) lui aussi utilisa dans *Mathusalem ou l'Éternel Bourgeois* (1919) la caricature, le rêve filmé, l'absurde.
Plus surprenantes sont les trois pièces dues au peintre **le Douanier Rousseau** (1844-1910), *Une visite à l'exposition, La Vengeance d'une jeune fille russe, L'Étudiant en goguette,* et celles du musicien **Erik Satie** (1866-1925), comme *Le Piège de Méduse,* qui mêlent merveilleux et remise en cause du langage.

5. *Méthode qui consiste à modifier un énoncé par de légères variantes phonétiques, d'où des associations d'idées et des phrases qui créent un nouveau sens, le texte en quelque sorte s'engendrant lui-même.*

3 Dada au théâtre

La première œuvre Dada fut *La Première Aventure céleste de Monsieur Antipyrine* de **Tristan Tzara.** Les mots s'y produisent librement, au mépris de toute organisation cohérente, de la logique et de la syntaxe, à la différence des œuvres similaires de Breton. Les répliques ne s'enchaînent pas, chaque personnage tient sa partie, mais l'ensemble est animé d'un rythme. L'art est ici un jeu, comme chez les enfants ou les primitifs : chants africains, klaxons, costumes de Picabia évoquant des dessins de fous, décors faits de cordes, de roues et de pancartes provocantes, tout était fait pour choquer le public. La représentation en 1923 du *Cœur à gaz,* deuxième pièce de Tzara, se termina d'ailleurs en pugilat. *Mouchoir de nuages* (1924) évoque l'atmosphère du roman populaire et pratique le collage de motifs hétéroclites, tandis que les pièces de **Georges Ribemont-Dessaignes** (1884-1974), dans le sillage de Jarry, montrent la passion délirante du pouvoir *(L'Empereur de Chine ; Le Bourreau du Pérou.)*

4 Le surréalisme

Les premières pièces publiées dans *Littérature*[1] mêlent la spontanéité dadaïste à l'écriture automatique et à l'influence de Freud.

Les essais du groupe

S'il vous plaît et *Vous m'oublierez* d'**André Breton** et **Philippe Soupault** rappellent *Les Champs magnétiques.* Les répliques ne s'enchaînent pas, chacun soliloque. *Comme il fait beau,* de **Breton, Benjamin Péret** et **Robert Desnos,** montre une synthèse de toutes les formes de merveilleux, et on y voit un arbre généalogique qui annonce le *Manifeste* (Sade, Nerval, Lautréamont...).

Dans une autre veine, plus proche du roman et du cinéma populaire (action, érotisme, anticléricalisme), **Louis Aragon** écrivit, entre autres, *L'Armoire à glace un beau soir* (1923).

La dérision de Vitrac (1899-1952)

Mais le seul dramaturge véritable du surréalisme est **Roger Vitrac,** qui fit jouer en 1930 son chef-d'œuvre, ***Victor ou les Enfants au pouvoir.***

Cl. Rich jouant *Victor ou les Enfants au pouvoir,* en 1962.

La pièce se présente comme un vaudeville miné par un burlesque rabelaisien. Entre huit heures du soir et minuit, on fête les neuf ans de Victor, qui mesure déjà 1,90 m, entre parents et amis.

Les yeux de l' « enfant » s'ouvrant sur la comédie bourgeoise qui l'entoure, celui-ci se met à tout casser et à dire leur vérité aux adultes. Dans la deuxième partie, une jeune femme pétomane, Ida Mortemart, initie à l'amour Victor, qui, ensuite, terrassé par des coliques symboliques, meurt de l'abjection ambiante, tandis que la farce finit par trois suicides.

1. *Voir p. 435.*

BIBLIOGRAPHIE

Édition

APOLLINAIRE, *L'Enchanteur pourrissant* suivi de *Les Mamelles de Tirésias* et de *Couleur du temps.* Gallimard (coll. « Poésie »), 1972.

Études

Henri BÉHAR, *Le Théâtre dada et surréaliste.* Gallimard (coll. « Idées »), 1979.

François CARADEC, *Vie de Raymond Roussel.* Pauvert, 1972.

Henri BÉHAR, *Vitrac, théâtre ouvert sur le rêve.* Éd. Labor-Nathan, 1980.

4. Le retour à la tragédie

Le raz de marée surréaliste ne laissa point d'œuvres dramatiques durables. Au contraire, c'est souvent dans l'Antiquité que puisèrent les créateurs, influencés par la mode du néo-classicisme[1] et l'humanisme de la N.R.F., mais souvent pour réinterpréter les préoccupations du présent à la lumière des mythes antiques. Jean Giraudoux, avec *La guerre de Troie n'aura pas lieu* et *Électre,* fut le plus brillant représentant de cette tendance. Mais avant lui André Gide et Jean Cocteau avaient montré la voie, en attendant qu'Henri de Montherlant, Jean-Paul Sartre et Jean Anouilh suivent leur exemple.

La guerre de Troie n'aura pas lieu, dans la mise en scène de J. Mercure, en 1975.

1

La foi en l'Homme : Gide (1869-1951)

Dès sa jeunesse, **André Gide** avait écrit une tragédie biblique, *Saül,* et une tragédie grecque, *Candaule,* jouée en 1901 par Lugné-Poe.

Du héros biblique, Gide fait le symbole du dérèglement, de l'impuissance à maîtriser ses passions, tandis que David et Jonathan prêtent à la pièce une grâce très gidienne. La pièce, peuplée de démons et de sorciers, garde cependant une élégance un peu molle, que l'on retrouve dans *Candaule.* Quant à *Œdipe,* Gide y cultive anachronismes et allusions plaisantes à Freud, en réinterprétant le destin dans le sens de la prédestination calviniste, et en affirmant sa foi en l'Homme, « seul mot de passe pour n'être pas dévoré par le Sphinx ».

1. *Voir p. 417.*

2 Les sortilèges de Cocteau (1889-1963)

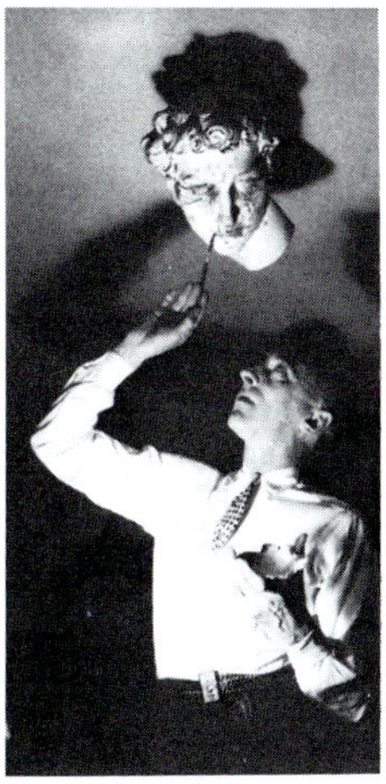

On retrouve le même sujet dans *La Machine infernale* (1934) de **Jean Cocteau**[1], dont la « poésie de théâtre » est d'une tout autre importance que celle de Gide ; deux thèmes essentiels dominent son œuvre : la réinterprétation des mythes, qu'ils remontent à l'Antiquité classique *(Antigone, Orphée, La Machine infernale, Bacchus),* au Moyen Age *(Les Chevaliers de la Table ronde* et *Renaud et Armide)* ou à l'époque moderne *(L'Aigle à deux têtes,* inspiré par la mort de Louis II de Bavière) ; et le conflit psychologique, passionnel dans *La Voix humaine,* familial dans *Les Parents terribles,* provincial dans *La Machine à écrire.* Le théâtre de Cocteau, d'une élégance et d'une agilité sans pareilles, est hanté par l'énigme de la mort, l'aveuglement sur le destin, la familiarité avec toutes les formes de fantastique.

1. *voir p. 441.*

« Dans la tragédie, on est tranquille »

« Et voilà. Maintenant le ressort est bandé. Cela n'a plus qu'à se dérouler tout seul. C'est cela qui est commode dans la tragédie. On donne le petit coup de pouce pour que cela démarre, rien, un regard pendant une seconde à une fille qui passe et lève les bras dans la rue, une envie d'honneur un beau matin, au réveil, [...] une question de trop qu'on se pose un soir... C'est tout. Après on n'a plus qu'à laisser faire. On est tranquille. Cela roule tout seul. C'est minutieux, bien huilé depuis toujours. La mort, la trahison, le désespoir sont là tout prêts, et les éclats, et les orages, et les silences, tous les silences : le silence quand le bras du bourreau se lève à la fin, le silence au commencement quand les deux amants sont nus l'un en face de l'autre pour la première fois, sans oser bouger tout de suite, dans la chambre sombre, le silence quand les cris de la foule éclatent autour du vainqueur... C'est propre, la tragédie. C'est reposant, c'est sûr... Dans le drame, avec ces traîtres, avec ces méchants acharnés, [...] ces lueurs d'espoir, cela devient épouvantable de mourir, comme un accident... Dans la tragédie on est tranquille. D'abord, on est entre soi. On est tous innocents, en somme ! Ce n'est pas parce qu'il y en a un qui tue et l'autre qui est tué. [...] Et puis, surtout c'est reposant, la tragédie, parce qu'on sait qu'il n'y a plus d'espoir, le sale espoir... Dans le drame, on se débat parce qu'on espère en sortir. C'est ignoble, c'est utilitaire. Là, c'est gratuit. C'est pour les rois. Et il n'y a plus rien à tenter, enfin ! »

ANOUILH, Chœur d'*Antigone,* 1944 (Bordas)

BIBLIOGRAPHIE

Éditions

GIDE, *Théâtre (Saül, Le Roi Candaule, Œdipe, Perséphone, Le Treizième Arbre).* Gallimard, 1942.

COCTEAU, *Théâtre.* Gallimard, 1970.

Études

Germaine BRÉE, *André Gide, l'insaisissable Protée.* Les Belles Lettres, 1953. — *Les Critiques de notre temps et Gide.* Garnier, 1971.

Francis STEEGMULLER, *Cocteau.* Buchet-Chastel, 1973.

3 Giraudoux et le théâtre

Giraudoux (1882-1944), un tragique souriant

Jean Giraudoux a réfléchi sur son art dans *L'Impromptu de Paris* (1937), qui recrée, dans le cadre de la troupe de Louis Jouvet, les discussions passionnées de *L'Impromptu de Versailles* de Molière ; et dans une série d'articles recueillis dans *Littérature* (1941). Ses idées, moins révolutionnaires que celles d'un Artaud[1] ou d'un Claudel[2], concernent surtout le rôle moral et social du théâtre.

Né à Bellac dans le Limousin, reçu à l'École Normale supérieure en 1903, passionné par la culture germanique, **Jean Giraudoux** passe quelques mois en 1905 en Allemagne, est lecteur à Harvard en 1906, puis secrétaire du directeur du *Matin.* En 1910 il devient diplomate. Pendant la guerre, il écrit *Lectures pour une ombre* et *Adorable Clio ;* il est blessé sur le front de l'Aisne dès 1914, puis en 1915 sur le front d'Orient. Il devient en 1921 chef du service des œuvres françaises à l'étranger, puis en 1924 chef des services de presse du Quai d'Orsay. En 1928, il rencontre Louis Jouvet, qui créera toutes ses pièces, de *Siegfried* à *Ondine.* Devenu le plus grand dramaturge de la scène française de l'entre-deux-guerres, il parcourt le monde comme inspecteur diplomatique ; en 1939, il est nommé par Daladier Commissaire à l'information, ce qui lui donne l'occasion d'écrire *Pleins Pouvoirs.* Après la défaite, il démissionne, part dans sa famille près de Vichy, d'où il revient à Paris en 1943 pour la création de *Sodome et Gomorrhe,* et meurt en 1944.

1909 : *Les Provinciales.*

1911 : *L'École des indifférents.*

1918 : *Elpénor. Simon le Pathétique.*

1920 : *Adorable Clio.*

1921 : *Suzanne et le Pacifique.*

1922 : *Siegfried et le Limousin.*

1924 : *Juliette au pays des hommes.*

1926 : *Bella.*

1927 : *Églantine.*

1928 : *Siegfried.*

1929 : *Amphitryon.*

1930 : *Les Aventures de Jérôme Bardini.*

1931 : *Judith.*

1933 : *Intermezzo.*

1934 : *Combat avec l'ange. Tessa.*

1935 : *Supplément au voyage de Cook. La guerre de Troie n'aura pas lieu.*

1937 : *Électre. L'Impromptu de Paris.*

1938 : *Cantique des Cantiques. Les Cinq Tentations de la Fontaine. Choix des élues.*

1939 : *Ondine. Pleins Pouvoirs.*

1943 : *Sodome et Gomorrhe.*

1944 : *Les Anges du péché* (film).

1946 : *La Folle de Chaillot* (posth.).

1947 : *L'Apollon de Bellac* (posth.).

1953 : *Pour Lucrèce* (posth.)

1958 : *La Menteuse* (posth.).

Le seul honneur que Giraudoux revendique est « celui de la langue et du style », et le plus grand prestige est celui de l'imagination. Le théâtre « est un lieu d'heureuse lumière, de beau langage, de figures imaginaires ». Renvoyant sur l'âme des spectateurs « mille reflets, mille irisations qu'ils n'ont pas plus besoin de comprendre que la tache de soleil envoyée par la glace », l'auteur de théâtre est la voix d'un peuple, dont il traduit le « génie » propre à chaque époque. Quant au rôle du metteur en scène, Giraudoux oppose la conception allemande du « roi de la scène », passionné de décors, d'architecture, d'éclairages savants et d' « interpréta-

1. *Voir p. 497.*
2. *Voir p. 425.*

tions », au modeste régisseur français, au service d'un langage, qui croit à la parole et ne croit pas au décor.

Fantaisie et condition humaine

Ayant en horreur le réalisme, Giraudoux parvient, tout en traitant les sujets les plus graves, à créer, à partir de mots, un univers de fantaisie, où le spectre d'*Intermezzo* côtoie Ondine, où Hélène est « l'une des rares créatures que le destin met en circulation sur terre pour son usage personnel », où de vieilles dames excentriques et lucides peuplent les quartiers de Paris. La part de l'histoire et du mythe y est pourtant prépondérante, comme sur la scène classique, et la construction dramatique, plus souple que dans le théâtre de son temps, traite plutôt des thèmes que des sujets.

« Être réel dans l'irréel »

« *Adam :* Et leur réalisme ! Et leur populisme ! Tu nous vois recommençant le théâtre libre !
Dasté : C'était joli, le théâtre libre ! On disait il est cinq heures et il y avait une vraie pendule qui sonnait cinq heures. La liberté d'une pendule, ça n'est quand même pas ça !
Raymone : Si la pendule sonne 102 heures, ça commence a être du théâtre.
Renoir : À huit ans on a mené mon père au Gymnase. Il y avait sur la scène un vrai piano. Il a hurlé de déception et on a dû le sortir du théâtre. Il n'y est jamais retourné.
La petite Véra : C'est d'une simplicité enfantine, le théâtre, c'est d'être réel dans l'irréel. Moi je veux bien le leur dire, ce soir, si vous voulez ». *(L'Impromptu de Paris)*

La guerre et la paix

Ancien combattant, diplomate, Giraudoux était bien placé pour évaluer à leur juste mesure les forces en présence dans le monde de son temps. D'où l'importance du thème de la guerre et de la paix dans son œuvre, de *Siegfried* (1922) à *Sodome et Gomorrhe* (1943), écrit sous l'occupation.

Sur fond de réconciliation franco-allemande dans *Siegfried,* et de fatalité inéluctable, malgré la bonne volonté humaine, dans *La guerre de Troie n'aura pas lieu,* dans une ambiance de destruction du monde et du couple dans *Sodome et Gomorrhe,* à l'arrière-plan enfin de pièces comme *Judith* ou *Amphitryon 38,* se développe en une quinzaine d'années une réflexion qui évolue vers **un pessimisme de plus en plus marqué** en accord avec le déroulement de l'histoire de l'entre-deux-guerres.
Le sommet de cette réflexion apparaît dans *La guerre de Troie...* (1935), composée en marge de l'*Iliade,* mais bourrée d'allusions à l'actualité. Sous un voile transparent, Giraudoux dénonce la futilité de l'origine des conflits, le « bourrage de crâne » des soldats et des civils, l'impuissance des diplomates. Les personnages, fortement typés, sont conformes à la légende, et d'une grande humanité, en particulier Hector, porte-parole de l'auteur, courageux et sceptique, la douloureuse Andromaque, Hélène, futile et divine en même temps, Ulysse, hautain et rusé.

C. Claire jouant *La guerre de Troie n'aura pas lieu,* en 1988.

L'amour humain

Un autre thème fondamental de l'univers de Giraudoux est la méditation sur le mystère du couple, ses fondements, sa durée, sa fin. ***Amphitryon 38*** (1929), trente-huitième pièce sur le sujet, traité entre autres par Plaute et Molière, reprend le problème sur le mode comique.

Comme chez ses devanciers, Alcmène trompe sans le vouloir son mari, le général Amphitryon, avec Jupiter ; mais Giraudoux invente la situation symétrique : Amphitryon trompe Alcmène avec Léda. Tout en se soumettant au destin, chacun reste fidèle. L'amour humain est glorifié, et la poésie giralducienne joue sur le contraste entre la solennité des personnages, et la vie quotidienne évoquée sur le mode familier.

Dans *Sodome et Gomorrhe* (1943), au contraire, le mariage de Jean et de Lia est un échec sur fond d'Apocalypse, tandis qu'*Ondine* (1939), inspirée d'un conte de l'écrivain allemand La Motte-Fouqué, semble indiquer que la perte de l'amour entre l'héroïne et le chevalier Hans conduit à la perte de la communication avec l'âme du monde.

L. Jouvet jouant *Ondine*, en 1939.

Dans ***Intermezzo*** (1933), la signification est analogue.

L'action se situe dans une petite ville qui ressemble beaucoup à Bellac. La jeune Isabelle a remplacé l'institutrice ; elle a des rendez-vous avec un spectre. L'univers semble basculer : l'argent va aux pauvres, le bonheur aux malheureux, la mort aux vieillards. Un inspecteur des Poids et Mesures est envoyé par l'administration pour interroger les notables, puis les élèves d'Isabelle, qui se moquent de lui. Quand, après une dernière rencontre, Isabelle renonce à son penchant pour le spectre, et épouse le contrôleur, tout rentre dans l'ordre : l'argent va aux riches, le bonheur aux heureux...

Les hommes et les dieux

La culture hellénique et germanique de Giraudoux se meut volontiers dans les rapports qui unissent hommes et dieux ou divinités secondaires. Le spectre d'Isabelle, le monde des Ondins en sont la version souriante ou fantastique. Mais le plus souvent, c'est le destin à l'œuvre dans l'histoire humaine que Giraudoux préfère évoquer, et ce sont alors des figures féminines qui l'incarnent.

On rencontre ainsi Hélène, rayonnante et glacée ; Judith, dans la pièce du même nom (1931), qui tue Holopherne pour respecter la donnée du livre saint, et sauver in extremis le sens divin de la légende, bien qu'Holopherne soit moins un ennemi de Dieu qu'un agnostique distingué ; Électre, qui inspire à l'auteur des sentiments mitigés : Giraudoux voit en elle la « femme à histoires », celle qui, assoiffée de vengeance, préfère la ruine des nations au bonheur humain.

M. Moréno jouant *La Folle de Chaillot,* en 1946.

Une fable sur le monde moderne

La pièce la plus transparente de Giraudoux est sans doute ***La Folle de Chaillot*** (1946), servie à la création par Marguerite Moréno.

Deux camps s'y opposent : celui des affairistes à la recherche de pétrole sous la colline de Chaillot, et celui du petit peuple du quartier (le chiffonnier, le chanteur de rues, Irma la plongeuse, et les quatre folles, de Chaillot, de Saint-Sulpice, de Passy, et de la Concorde).

La pièce, inachevée, contient des moments de pure poésie (les tirades de la folle, le monologue d'Irma), d'autres plus inégaux. Mais on y retrouve la défense des valeurs spirituelles qui faisait le charme d'*Intermezzo.*

Le théâtre de Giraudoux tient du miracle : comment un style aussi « littéraire » peut-il être en même temps aussi scénique ? C'est que le jeu sur les mots, la préciosité, la variété des effets, le foisonnement des images, l'ironie tempérée de gravité, créent « l'exemple le plus parfait d'un univers créé par le langage » (Claude-Edmonde Magny).

BIBLIOGRAPHIE

Édition

GIRAUDOUX, *Théâtre complet.* Gallimard (bibl. de la Pléiade), 1982.

Études

Claude-Edmonde MAGNY, *Précieux Giraudoux.* Le Seuil, 1948.

René-Marill ALBÉRÈS, *Esthétique et morale chez Jean Giraudoux.* Nizet, 1957.

Charles MAURON, *Le Théâtre de Giraudoux, étude psychocritique.* José Corti, 1971.

Jacques ROBICHEZ, *Le Théâtre de Giraudoux.* S.E.D.E.S., 1975.

5. Les charmes discrets de la bourgeoisie

Plus ambitieux que les auteurs de boulevard, mais moins purement littéraires que Giraudoux, Jean Anouilh et Armand Salacrou connurent des carrières parallèles dans la satire de la bourgeoisie ou la fantaisie poétique.

1 Mythes antiques et modernes

Fantaisie et noirceur d'Anouilh (1910-1987)

Le théâtre d'Anouilh est avant tout un théâtre de texte, admirablement construit, aux caractères vigoureux. Le dialogue, efficace, est souvent d'une grande violence ; les conflits de famille ou de classe, exacerbés, sont souvent centrés sur l'opposition entre jeunes idéalistes et vieillards corrompus.

D'origine bordelaise, **Jean Anouilh** découvrit sa vocation théâtrale en assistant, pendant la même année 1928, au *Siegfried* de Giraudoux et aux *Mariés de la tour Eiffel* de Cocteau. Il fait des études de droit, travaille dans une maison de publicité, devient le secrétaire de Jouvet, qu'il déteste. *L'Hermine,* en 1932, lui apporte la célébrité. Sa rencontre en 1937 avec Barsacq et Pitoeff est décisive : il fait partie de leurs troupes, acquiert une expérience de la scène, qui le fera « jouer avec un sujet au lieu de le subir ». Sa vie se confond désormais avec sa production théâtrale, qu'il recueille régulièrement pour la lecture sous le titre de *Pièces roses, Pièces noires,* etc. Ses plus grands succès furent *Antigone,* sous l'occupation, *L'Alouette,* inspirée par le personnage de Jeanne d'Arc, et *Becket ou l'Honneur de Dieu.* On lui doit aussi des articles sur Samuel Beckett et Ionesco, et des mises en scène de Shakespeare, Molière, Kleist, Passeur et Vitrac.

1931 : *L'Hermine.*

1934 : *La Sauvage.*

1937 : *Le Voyageur sans bagages.*

1938 : *Le Bal des voleurs.*

1941 : *Eurydice. Le Rendez-vous de Senlis.*

1944 : *Antigone.*

1947 : *L'Invitation au château.*

1948 : *Ardèle ou la Marguerite.*

1950 : *La Répétition ou l'Amour puni.*

1951 : *Colombe.*

1953 : *L'Alouette.*

1956 : *Pauvre Bitos ou le Dîner de têtes.*

1959 : *L'Hurluberlu. La Petite Molière. Becket ou l'Honneur de Dieu.*

1962 : *La Foire d'empoigne.*

1969 : *Cher Antoine, ou l'Amour raté.*

1975 : *L'Arrestation. Les Poissons rouges.*

Ce schéma, que l'on remarque dès ses premières pièces, est magnifié dans ***Antigone*** (1944).

Le prologue définit brillamment la mécanique tragique[1]. Puis, comme chez Sophocle, s'enchaînent les divers épisodes : le cadavre d'Étéocle, le « frère ennemi », enterré de nuit malgré la défense de Créon, le dialogue entre Antigone et sa sœur Ismène, la confrontation centrale entre Créon, le roi soucieux de l'ordre public, et Antigone, fidèle au souvenir de son frère, sa condamnation, enfin.

Les caractères, modernisés, sont plus proches du spectateur, mais la signification du geste de l'héroïne moins évidente que chez Sophocle. La

1. *Voir encadré p. 473.*

Anouilh, metteur en scène, en 1962.

jeune fille n'oppose plus la loi divine à la loi humaine, mais défend son attachement à la pureté de l'enfance, refuse le bonheur et la vie, tandis que Créon apparaît comme relativement humain.

Les pièces « roses » et « brillantes » tiennent davantage du rêve et semblent proches des films de René Clair, avec leurs ballets de personnages et leurs situations farfelues. Une des plus réussies est *La Répétition ou l'Amour puni* (1950), où la vie réelle dans un château interfère avec la répétition de *La Double Inconstance* de Marivaux. Signalons aussi *Le Bal des voleurs, Léocadia, Le Rendez-vous de Senlis.*

Les pièces « en costume »

Anouilh a également beaucoup écrit de pièces historiques ; *Ardèle ou la Marguerite* évoque Sarah Bernhardt et Edmond Rostand ; *Pauvre Bitos ou le Dîner de têtes,* la Révolution ; *La Petite Molière,* les infortunes conjugales de l'auteur comique. Mais les plus célèbres sont ***L'Alouette*** et ***Becket.***

Anouilh a composé une série de retours en arrière sur la vie de Jeanne pendant son procès. Le langage est assez vert, et l'Alouette, comme Antigone, est beaucoup plus une jeune entêtée qu'une sainte. Mais son rôle historique est souligné par la scène finale, consacrée au sacre de Charles VII, et non au bûcher.

Quant à *Becket,* la pièce met en scène, sur le mode shakespearien, les relations passionnées qui unissaient le roi Henri II d'Angleterre et saint Thomas Becket, traversées par les oppositions politiques et les ravages du temps. Il y a là deux superbes rôles qui montrent un heureux renouvellement de la manière d'Anouilh.

Le théâtre de l'absurde, fait de silences et de non-sens, a fait pâlir quelque peu l'étoile du dramaturge. Mais ses jeunes filles et ses héros demeurent des figures émouvantes dans leur lutte contre la corruption du monde.

BIBLIOGRAPHIE

Édition

ANOUILH, *Pièces roses, noires, brillantes,* etc. (17 vol. en Folio). La Table ronde, 1955-1980.

Études

Jacques VIER, *Le Théâtre de Jean Anouilh.* S.E.D.E.S., 1976.

Élie de COMMINGES, *Anouilh, littérature et politique.* Nizet, 1977.

2 Le pessimisme de Salacrou (né en 1899)

Un univers romanesque

À ses débuts, le théâtre d'**Armand Salacrou** refuse le réalisme. *Patchouli,* par exemple, montre un jeune homme de bonne famille refusant son milieu et s'apercevant en fin de compte que sa recherche du grand amour est vaine. À partir d'*Une femme libre,* la satire sociale de l'auteur est plus directe.

Une origine bourgeoise, des études de médecine, de lettres et de droit, des goûts artistiques précoces, en même temps qu'une grande curiosité pour les problèmes sociaux du Havre de sa jeunesse, marquent les débuts d'**Armand Salacrou.** Il commence tôt à écrire et pense devenir assistant de cinéma[1], tout en se lançant dans la publicité. Un succès inespéré dans ce domaine le met à l'abri des soucis matériels. Il peut alors donner libre cours à sa passion du théâtre, d'abord dans des pièces mal construites, mais riches de poésie, qui plaisent davantage aux metteurs en scène (Louis Jouvet, Charles Dullin) qu'au public, puis dans des genres variés, avec des ambitions sociales et métaphysiques de plus en plus évidentes, qui s'épanouissent dans *Boulevard Durand* en 1960.

1919 : *Le Pont de l'Europe.*

1923 : *Le Casseur d'assiettes.*

1930 : *Patchouli.*

1935 : *L'Inconnue d'Arras.*

1938 : *La terre est ronde.*

1939 : *Histoire de rire.*

1946 : *Les Nuits de la colère.*

1947 : *L'Archipel Lenoir.*

1960 : *Boulevard Durand.*

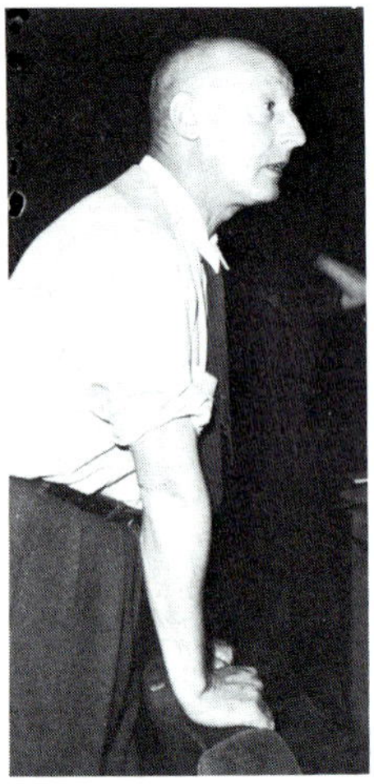

Salacrou, lors d'une répétition du *Miroir,* en 1956.

Le désir de Salacrou de jouer avec la temporalité dramatique apparaît dans *L'Inconnue d'Arras* (1935).

Dans les quelques secondes qui précèdent sa mort volontaire, un mari trompé revit ses souvenirs. Nicolas, son serviteur, les « met en scène » en quelque sorte pour le spectateur : tableaux d'une enfance bourgeoise, confrontation de trois générations sur le thème du suicide par amour, ronde des femmes qui ont traversé sa vie, et qui valaient mieux que son épouse, autant de moments qui poussent le héros à continuer de vivre, mais il est trop tard.

Un théâtre engagé

Déjà présente de façon caricaturale dans la première partie de son œuvre, la réalité politique et sociale est au premier plan à partir de *La terre est ronde.* Salacrou y fait revivre la Florence du temps de Savonarole. Le débat est centré sur la foi et le nihilisme, la découverte du monde et le renoncement. *Boulevard Durand* évoque la douloureuse et véridique histoire d'un syndicaliste du début du siècle, condamné à mort par erreur, et qui, grâcié et interné, devient fou.

L'unité de ce théâtre est apparemment difficile à cerner. On y retrouve une peinture de la bourgeoisie sous des couleurs odieuses ou fantaisistes, commune à beaucoup d'auteurs des années trente, Anouilh en particulier. Mais tous les personnages de Salacrou souffrent d'une difficulté d'être progressivement dévoilée, proche de l'existentialisme.

1. *Cf. le troisième acte de* Patchouli.

BIBLIOGRAPHIE

Édition

SALACROU, *Théâtre.* Gallimard, 1942-1978.

Études

Pierre-Henri SIMON, *Théâtre et destin.* A. Colin, 1959.

Annie UBERSFELD, *Salacrou.* Seghers, 1970.

Fiorenza di FRANCO, *Le Théâtre de Salacrou.* Gallimard, 1970.

III L'ÉVOLUTION ACCÉLÉRÉE DU THÉÂTRE CONTEMPORAIN

L'accélération de l'histoire dans la période récente a marqué aussi le domaine des arts, en particulier celui de la scène. Dans les années 40, la scène se fait l'écho des débats politiques, moraux et religieux de l'heure. Puis, avec l'éloignement du conflit mondial, va régner un théâtre plus désincarné, le « théâtre de l'absurde », de 1950 à 1965 environ, ce qui n'a pas empêché une foule d'auteurs plus légers de divertir le public, tout en utilisant parfois les mêmes thèmes. Mais les grands maîtres qui ont marqué la scène en profondeur, aussi bien les auteurs que les animateurs, restent **Antonin Artaud** et **Bertold Brecht,** même si leurs disciples avoués ont été assez rares.

G. Wilson et J. Vilar, au festival d'Avignon, en 1966.

Le théâtre en France depuis la Libération

La situation du théâtre en France a plus évolué en une génération que dans toute son histoire. Si les théâtres privés parisiens sont en général restés fidèles à leur vocation de divertissement, ou de reprise des classiques pour un public traditionnel, les théâtres subventionnés ont institué des pratiques nouvelles ; la Comédie-Française est restée le premier d'entre eux, en s'ouvrant aux influences extérieures sous l'administration de **Pierre Dux** (1970-1980), comme, une génération plus tôt, **Édouard Bourdet** (1936-1940) avait invité les metteurs en scène du Cartel. Le T.N.P., confié autrefois à Gémier, a connu son plus grand succès sous l'impulsion de **Jean Vilar.** À Paris même (Théâtre de l'Est parisien) et dans la banlieue proche, se sont ouverts, à côté de centres culturels, des compagnies dramatiques comme le théâtre Daniel Sorano à Vincennes, ou le Théâtre des Amandiers, à Nanterre ; tandis que le pays entier suivait le mouvement, et que **les festivals** d'Avignon, d'Orange, et du Marais, à Paris, sans oublier le festival des Nations au Théâtre Sarah Bernhardt, multipliaient les possibilités de confrontation et d'ouverture.

1. Les compagnies théâtrales, du Cartel aux « créateurs »

Le Cartel avait révélé Giraudoux et Anouilh, fait connaître Tchékhov et Pirandello, ressuscité les classiques. La relève fut assurée après la guerre par deux illustres compagnies, le T.N.P.[1] de Jean Vilar et la Compagnie Madeleine Renaud-Jean-Louis Barrault, ainsi que par d'autres troupes, « décentralisées », à la recherche de nouveaux publics sur les lieux de travail, dans les Maisons de la Culture, ou dans les festivals.

1. *Théâtre National Populaire.*

1

Le classicisme de Vilar (1912-1971)

Jean Vilar voulait renouer avec le théâtre « d'avant la bourgeoisie », créer un « théâtre populaire qui provoque, surprenne, irrite même dans les classes populaires le goût assoupi du savoir et de la connaissance par le théâtre. »

D'où un double choix, celui d'un répertoire de classiques, et le refus de la technique. Vilar se voulait modestement un « régisseur ». Des acteurs hors pair, en particulier Gérard Philipe, jouaient devant des rideaux noirs qui suppléaient à tout changement de scène réaliste. Costumes et lumières suffisaient à créer l'espace théâtral.

2

L'éclectisme de Barrault (né en 1910)

Avec sa femme **Madeleine Renaud** (née en 1900), **Jean-Louis Barrault** a été un merveilleux animateur, moins intellectuel que Vilar, plus sensible, plus éclectique aussi.

Élève de Dullin, ayant à la fois une formation de mime, l'expérience de la Comédie-Française, et une grande culture, animé par une passion perpétuellement frémissante pour le théâtre, Barrault s'est constamment renouvelé en quarante ans de carrière. On lui doit aussi bien la découverte de Claudel que d'admirables représentations de Shakespeare, de Marivaux ou de Tchékhov, d'Eschyle comme de Feydeau, de Rabelais comme d'Ionesco. Influencé par Artaud[1], il a pratiqué un théâtre total, sensuel, coloré, mais toujours avec une dimension spirituelle.

1. *Voir p. 497.*

3

Trois maîtres contemporains : Planchon (né en 1931), Vitez (né en 1930) et Chéreau (né en 1944)

À côté de ces maîtres, nombreux ont été depuis la Libération les animateurs de qualité. À Paris, **André Barsacq, Georges Vitaly, Jacques Fabbri, Roger Blin, Jacques Mauclair** (spécialiste de Ionesco), ont joué les contemporains, tandis qu'en province se multipliaient les « Centres dramatiques. »

Trois personnalités ont fortement marqué la scène depuis les années 1960 : Roger Planchon, directeur du Théâtre de Villeurbanne, Antoine Vitez, directeur de Chaillot, et Patrice Chéreau, directeur du Théâtre de Nanterre. **Roger Planchon,** élève de Vilar et disciple de Brecht, a voulu suggérer, en marge des pièces, l'idéologie qui les fonde. Mais ses mises en scène procèdent en même temps d'un esprit baroque et somptueux.

On ne saurait en dire autant de celles d'**Antoine Vitez,** dont l'austérité a pour but de mettre en valeur le travail de l'acteur. Linguiste, traducteur, poète, Vitez est venu tard à la scène. Se servant de toutes sortes de textes, il cherche à fasciner le spectateur par la diction et la présence corporelle de ses acteurs.

Patrice Chéreau semble plus marqué que ses devanciers par l'anthropologie et les mythes, par une vision du monde plus pessimiste aussi. Aidé de son décorateur Richard Peduzzi, il crée un espace fait de hauts murs plus ou moins délabrés, éclairés à contre-jour ; machineries et fumées contribuent à créer une atmosphère onirique, qui a merveilleusement servi Marivaux *(La Dispute, La Fausse Suivante),* Ibsen *(Peer Gynt),* et à l'opéra, la *Lulu* d'Alban Berg, la *Tétralogie* de Wagner et *Lucio Sylla* de Mozart.

4

Mnouchkine (née en 1939) et le Théâtre du Soleil

Depuis 1968, il existe un courant qui unit les différentes tendances du théâtre, sensualité baroque, ivresse de la création collective, réflexion politique, poésie visuelle et textuelle.

C'est **Ariane Mnouchkine** qui a le mieux incarné ce théâtre total à la Cartoucherie de Vincennes, avec son Théâtre du Soleil.

Ses immenses fresques historiques (*1789 ; 1793 ; L'Âge d'or ; Norodom Sihanouk* et *L'Indiade* d'Hélène Cixous), où le public était souvent partie prenante du spectacle, et ses mises en scènes de Shakespeare dans l'esprit du Nô japonais, ont fait date.
D'autres compagnies ont repris l'idée d'une scène éclatée, où comédiens et public se trouvent mêlés à de grandes fêtes collectives. Citons **le Théâtre du Campagnol,** ses analyses visuelles et idéologiques de phénomènes collectifs (*En r'venant de l'Expo,* sur un texte de Jean-Claude Grimberg, et *Le Bal,* création collective).

5 Le phénomène du Café-théâtre

Pendant la quinzaine d'années qui a suivi Mai 1968, la forme de théâtre la plus vivante, la plus accordée à la sensibilité d'un public jeune et contestataire, a été sans contredit **le Café-théâtre.** Successeur des bateleurs du Moyen Âge et des cabarets 1900, il a fait connaître, en marge des institutions, une foule de lieux nouveaux comme le Splendid ou le Café de la Gare, de comédiens appelés parfois à un brillant avenir comme Patrick Dewaere, Miou-Miou, Coluche, Michel Blanc ou Josiane Balasko. Dérision de toutes les valeurs, langue agressivement argotique, comique « hénaurme » à la Alfred Jarry, ont nourri des sketches d'auteurs-acteurs, relayés parfois par des « relectures » d'auteurs plus classiques comme Ionesco, Dubillard ou Tardieu.

6 Le Théâtre des Nations

Terminons cette revue de la vie théâtrale parisienne depuis la guerre avec l'évocation du **Théâtre des Nations,** créé en 1956 au Théâtre Sarah Bernhardt, puis transporté en 1959 à l'Odéon. C'est grâce à lui que Paris connut les pièces de Brecht jouées par le Berliner Ensemble, le Piccolo Teatro de Milan de Giorgio Strehler, l'Opéra de Pékin, les spectacles de Broadway, comme ceux du Living Theater.

Mais les spectacles les plus originaux ont été sans conteste ceux de **Bob Wilson** et de **Giorgio Strehler.**

Le Regard du sourd (1972), de Wilson, fut une révélation, tant par sa durée (24 heures dans sa version intégrale) que par sa pantomime silencieuse, rehaussée d'une rare musique et d'une lenteur presque insoutenable, qui représentait le monde intérieur d'un jeune noir témoin de deux meurtres, devenu sourd-muet à la suite du choc subi. Aragon y vit le plus beau spectacle surréaliste jamais réalisé.
Strehler est évidemment mieux connu puisqu'il vient jouer à Paris chaque saison ; la grâce et la perfection de ses mises en scène ont enchanté aussi bien dans le répertoire italien (Goldoni, surtout) qu'étranger (Shakespeare, Corneille, Lessing).

BIBLIOGRAPHIE

Études

Georges VERSINI, *Le Théâtre en France depuis 1900.* P.U.F. (coll. « Que sais-je ? »), 1970.

Bernard DORT, *Théâtre public.* Le Seuil, 1967. — *Théâtre réel.* Le Seuil, 1971. — *Théâtre en jeu.* Le Seuil, 1979.

Michel CORVIN, *Le Théâtre nouveau en France.* P.U.F. (coll. « Que sais-je ? »), 1980.

Roger BLIN, *Souvenirs et propos.* Gallimard, 1986.

Jean-Luc DEJEAN, *Le Théâtre français aujourd'hui.* Nathan, 1987.

2. L'homme entre le destin et l'engagement

Si *La Reine morte* de Montherlant (1942), *Les Mouches* de Sartre (1943) et l'*Antigone* d'Anouilh (1944) eurent tant de succès sous l'occupation, c'est naturellement parce qu'elles illustraient de façon brillante un genre mis à la mode un peu plus tôt par Giraudoux et Cocteau ; mais c'est surtout parce qu'elles répondaient à un besoin évident du public, en évoquant de façon détournée les problèmes de l'heure.

1 La noblesse de Montherlant (1896-1972)

Montherlant et le théâtre

La dramaturgie de **Henry de Montherlant** est absolument classique. Écrite dans une belle langue, pleine de formules frappées comme des médailles, aux mots et à la syntaxe recherchés et archaïques, mais toujours, contrairement à Jean Giraudoux ou Paul Claudel, d'une grande lisibilité, elle ne cherche pas à renouveler les lois du théâtre, mais plutôt à renouer efficacement avec la tragédie cornélienne ou le théâtre du siècle d'or espagnol, ainsi qu'à faire réfléchir le spectateur sur quelques grands problèmes éternels de politique, de métaphysique, ou de religion.

Né dans les beaux quartiers, élève des bons pères, catholique et agnostique à la fois, **Henry de Montherlant** fut jusqu'en 1942 un romancier, un sportif et un voyageur, passionné en particulier par l'histoire et la terre espagnoles. Des essais, des éloges du sport, des romans d'observation, la série des *Jeunes Filles* (1936-1939) notamment, peignaient dans l'Entre-deux-guerres un personnage de Don Juan fascinant et cynique, passablement misogyne. Plus tard, la publication longtemps différée de *La Rose de sable,* d'autres œuvres, nuancèrent le portrait d'un homme hautain et « peuple » en même temps, à la langue magnifique, miné par le sentiment du temps et de la vanité de toutes choses *(Va jouer avec cette poussière).* Mais c'est à partir de 1942, avec la représentation de *La Reine morte* à la Comédie-Française, que Montherlant trouva peut-être sa plus noble vocation, celle d'un dramaturge. Un suicide à l'antique parachevait en 1972 la figure du maître.

1914 : *L'Exil.*

1936 : *Pasiphaé.*

1942 : *La Reine morte.*

1943 : *Fils de personne. Un incompris.*

1948 : *Le Maître de Santiago.*

1949 : *Demain il fera jour.*

1950 : *Malatesta. Celles qu'on prend dans ses bras.*

1954 : *Port-Royal.*

1956 : *Brocéliande.*

1958 : *Don Juan (La Mort qui fait le trottoir). Le Cardinal d'Espagne.*

1965 : *La Guerre civile.*

1967 : *La Ville dont le prince est un enfant.*

Un univers de magnificence et de désintégration

« En pourpoint ou en veston », il s'agit toujours du même conflit entre un père vieillissant, amer et hautain, et les jeunes gens de son entourage, qu'il méprise pour « médiocrité », ou essaie d'entraîner dans son idéal de pureté et de renoncement.

Montherlant,
lors d'une répétition de
La Reine morte, en 1954.

Rien n'illustre mieux cette donnée de base que le premier grand succès de l'auteur, ***La Reine morte*** (1942).

Le vieux roi Ferrante de Portugal veut marier son fils Pedro à l'infante de Navarre, femme dure et imbue de son rang, mais dont il perçoit le génie politique proche du sien. Or, Pedro est secrètement marié à la douce Doña Inès de Castro, qui attend un enfant de lui. Ferrante, las du pouvoir, voulant une dernière fois l'affirmer, met son fils en prison quand il apprend ce mariage, en lui reprochant « de ne pas respirer à la hauteur où [il] respire ». Lors d'une entrevue avec Inès, il est charmé malgré lui par sa jeunesse et sa douceur. Pourtant il n'hésitera pas à la faire assassiner, en se faisant cet aveu : « J'aime en elle le mal que je lui fais. » La dernière scène, justifiant le titre, montre, une fois Ferrante mort, toute la cour, sur l'ordre de Pedro, rendre hommage à la jeune reine défunte.

On retrouve les mêmes abîmes dans la figure du ***Maître de Santiago*** (1948), écœuré par la soif de richesses de ses contemporains (l'action se situe au temps de la Conquête espagnole au XVIe siècle), et épris d'un « grand retirement », qui entraîne dans son grand manteau blanc, symbole du cloître, sa fille Mariana.

Des autres pièces de Montherlant, plus inégales (surtout les pièces « en veston », qui ne cachent plus sous les oripeaux du langage noble la médiocrité de certains personnages), on retiendra, outre *Malatesta,* intéressante analyse des contradictions d'un condottiere de la Renaissance, et *Le Cardinal d'Espagne,* réédition assez inutile, mais efficace, des réflexions sur le pouvoir et le vieillissement des premières pièces, essentiellement deux chefs-d'œuvre, ***Port-Royal*** (1954), et ***La Ville dont le prince est un enfant*** (1967).

P. Guers jouant
La Ville dont le prince est un enfant, en 1967.

La première est a priori d'une austère inactualité : quoi de plus éloigné de nous que la « Journée du guichet », qui, en août 1664, vit, au monastère de Port-Royal, la mère Agnès refuser l'entrée à son père, préludant ainsi à une réforme du couvent qui devait le mener à une rébellion ouverte contre les plus hautes autorités de l'Église ? Et pourtant, ces religieuses, que l'auteur s'attache à individualiser le plus possible, suscitent d'emblée la sympathie, parce qu'elles représentent l'image de toutes les persécutions.

Quant à *La Ville...,* premier projet dramatique de son auteur, réalisé très tard, elle évoque, dans le monde clos des collèges du début du siècle, les passions mal contenues entre adolescents et religieux. D'une portée plus limitée que les œuvres précédentes, la pièce est aussi plus purement émouvante.

Certains critiques ont taxé cet univers d'hypocrisie, de faux donjuanisme, de sadisme chez les vieillards. La passion de l'Absolu masquerait en fait de très réels conflits œdipiens. Pourtant, ses qualités éminemment scéniques, littéraires et psychologiques, attendent toujours de nouveaux metteurs en scène pour être réévaluées.

BIBLIOGRAPHIE

Édition

MONTHERLANT, *Théâtre.* Gallimard (bibl. de la Pléiade), 1955.

Études

John BATCHELER, *Existence et imagination. Essai sur le théâtre de Montherlant.* Le Mercure de France, 1967.

Paul GINESTIER, *Montherlant.* Seghers, 1973.

André BLANC, *Les Critiques de notre temps et Montherlant.* Garnier, 1973.

2

Sartre (1905-1980), ou l'homme en situation

Mettre le théâtre de **Jean-Paul Sartre** (voir biographie, p. 373) à côté de celui de Montherlant peut sembler hasardeux, tant leurs univers s'opposent. Et pourtant un critique n'a-t-il pas dit : « Bien avant les existentialistes, (Montherlant) a mis au jour ce qu'il appelait nos **alternances** », et un autre : « Le nihilisme fondamental de l'auteur aboutit au même mouvement de désintégration que la littérature de l'absurde[1] ». C'est que Sartre, sans doute, nourri aux mêmes humanités que l'auteur de *La Reine morte*, aboutissait à des conclusions analogues par des chemins différents.

1943 : *Les Mouches.*
1944 : *Huis clos.*
1946 : *La Putain respectueuse.*
1948 : *Les Mains sales.*
1951 : *Le Diable et le Bon Dieu.*
1955 : *Nekrassov.*
1959 : *Les Séquestrés d'Altona.*

O. Dominique jouant *Les Mouches*, en 1951.

Une dramaturgie traditionnelle

Si la philosophie[2] de Sartre a fait scandale après la guerre, rien de plus rassurant que sa dramaturgie.

Intrigues bien ficelées, coups de théâtre, longues tirades, rien ne manque à cette esthétique naturaliste, que modernise seulement l'étrangeté des situations (l'enfer de *Huis clos*), l'irrévérence du traitement des mythes antiques *(Les Mouches)*, ou l'actualité du débat politique *(Les Mains sales)*. Quant au célèbre *Diable et le Bon Dieu*, il s'inspire plutôt du drame romantique allemand.

Un théâtre de la liberté

On connaît les thèses de Sartre : l'existence précède l'essence, l'homme est un « être-là », jeté dans le monde de façon contingente, sans autre signification que celle qu'il se trouve à lui-même ; Dieu est une mystification, l'enfer n'est pas autre chose que le regard de l'autre. Le but de la vie humaine est de prendre conscience de cette contingence et de se créer des valeurs, dans une perspective qui ressemble fort à « la Misère de l'homme sans Dieu » pascalienne.

> La première pièce de l'auteur, ***Les Mouches*** (1943), jouée en pleine occupation, reprenait volontairement le thème d'Électre, traité six ans plus tôt par Giraudoux, mais en déplaçant l'intérêt de la jeune fille vers le personnage d'Oreste. Oreste parvient à Argos, ville en proie, sous la houlette d'Egisthe, au culte du remords national. Seule opposante, Électre, qui, le jour de deuil officiel, dépose des épluchures au pied de la statue de Jupiter. Oreste va peu à peu s'identifier à son destin de justicier, poussé par sa sœur, et malgré les avertissements narquois de Jupiter lui-même, va trouver son essence et sa liberté dans son acte ; après le meurtre de Clytemnestre et d'Égisthe, il quitte la ville, la débarrassant, tel Hans le joueur de flûte, de ses fléaux.

Oreste illustre presque trop bien les thèses de *L'Être et le Néant*, mais la satire discrète du régime de Vichy est amusante et efficace.

Le problème de la liberté est abordé sous un autre angle dans ***Huis clos*** (1944).

1. *Jean de* BEER, Montherlant ou l'homme encombré de Dieu, *et David* EDNEY, L'Anti-théâtre de Montherlant.
2. *Voir p. 373.*

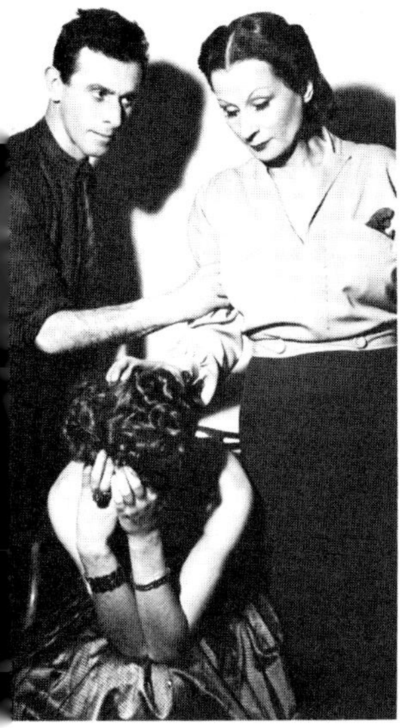

M. Vitold, G. Silvia et T. Balachova jouant *Huis clos*, en 1945.

Trois personnes, un homme et deux femmes, se retrouvent en enfer, un enfer réduit à un salon anonyme. Garcin, le journaliste, est un déserteur ; Estelle, la femme du monde, est une « infanticide » ; Inès, une secrétaire, est une lesbienne, une femme « déjà damnée ». De ce trio hétéroclite, Sartre, dans une conversation sans fin, va exploiter les inévitables conflits : Garcin et Inès courtisent Estelle, Estelle va vers Garcin, mais le regard d'Inès reste toujours fixé sur elle. Quoi que fassent l'un ou l'autre des personnages, le troisième est toujours là : « L'enfer c'est les autres. »

La pièce a certes vieilli par certains aspects. La génération du « théâtre de l'absurde » a usé et abusé du salon sans style ; les « crimes » des protagonistes ont perdu de leur noirceur ; le dialogue évoque le boulevard ; mais l'atmosphère est si oppressante, la conduite de la pièce si habile, que l'on se laisse prendre à « l'action ».

Les Mains sales reviennent en 1948 au problème posé par *Les Mouches*, mais dans un contexte politique contemporain, ce qui témoigne de l'évolution de Sartre à partir de la fondation des *Temps modernes*. La pièce se situe dans un pays d'Europe centrale en 1943, occupé par les nazis, et qui sera libéré par les Russes ; trois forces politiques essayent de s'entendre pour recouvrer le pouvoir : le Régent, qui a quelque peu collaboré avec les Allemands, le parti communiste et son chef Hoederer, la bourgeoisie libérale engagée dans la résistance.

La pièce est centrée sur le personnage de Hugo, jeune bourgeois qui, comme Oreste, est à la recherche de son essence, et a renié sa classe au profit du parti. Celui-ci se méfie d'Hoederer qu'il juge peu sûr, et met Hugo à ses côtés en guise de secrétaire, avec pour mission de le « liquider ». Or Hugo est fasciné par Hoederer, pour qui il a une admiration filiale. Il le tuera cependant, mais par jalousie, après avoir trouvé sa femme Jessica dans ses bras. Entre-temps, la ligne du parti ayant changé, Hoederer deviendra un héros, et Hugo, « irrécupérable », s'offrira de lui-même à ses assassins.

P. Brasseur jouant *Le Diable et le Bon Dieu*, en 1950.

La complexité et l'ambiguïté des personnages rend la pièce attachante. Le crime du héros, inutile, prend une valeur plus nihiliste que l'acte gratuit d'Oreste, qui sauve tout un peuple. Le primat de l'existence a fait place à l'engagement[1]. Un acte ne vaut qu'au service d'une cause.

C'est ce que va démontrer ***Le Diable et le Bon Dieu*** en 1951. Ce drame ambitieux, situé en Allemagne au XVIe siècle pendant les guerres de religion, est d'une grande difficulté tant à représenter qu'à saisir dans son ensemble, car il met en scène une foule de personnages et illustre des débats philosophico-religieux complexes.

Comme Oreste, comme Hugo, Goetz vient d'ailleurs. Dans la première partie du drame, il représente le mal ; il envahit, à la tête de ses reîtres, avec son demi-frère Conrad, le territoire de l'évêque de Worms ; le peuple se révolte contre son maître. Goetz alors tourne casaque, trahit Conrad, entre au service de l'archevêque, et assiège la ville révoltée. Le curé Heinrich, pour éviter le massacre des pauvres, vient livrer la ville à Goetz, décidé au massacre, ce qui nous vaut une des scènes-clés de la pièce. Sur la remarque du prêtre qu'il est plus facile de faire le mal que le bien, Goetz, poussé par l'orgueil, tourne de nouveau casaque, et, par défi, joue le sort de Worms aux dés, mais triche, pour que l'obligation de faire le bien dépende de lui, non du hasard. Dans la deuxième partie, Goetz est devenu un saint. Malheureusement, tous ses actes tournent à l'échec. Il distribue

1. *Comme dans* Les Chemins de la liberté. *Voir p. 547.*

S. Reggiani jouant *Les Séquestrés d'Altona,* en 1959.

les terres aux paysans, fonde la Cité du soleil, prêche la non-violence : désordre et malheurs sont décuplés. Goetz comprend enfin la vanité de faire le bien, et prend la tête des paysans dans leur guerre contre les barons.

La leçon de la pièce semble être la suivante : tant que Goetz prend sa conscience comme tribunal suprême, il est prisonnier de sa « mauvaise foi », d'autant plus qu'il triche. Sa liberté est une fausse liberté, qui ne fait qu'ajouter, dans le mal comme dans le bien, au désordre et à la folie humaines. C'est quand il prend conscience de la vanité de ses choix éthiques et religieux qu'il pose correctement la nécessité de l'engagement au service des pauvres, dans une perspective concrète de lutte contre les pouvoirs et d'absence de Dieu. **La figure de Goetz** est d'une puissance inconnue dans le reste du théâtre sartrien.

S'éloignant du schématisme des pièces précédentes, ***Les Séquestrés d'Altona*** (1959), en revanche, doivent, à travers les hallucinations du héros, quelque chose à Sartre lui-même[1].

Frantz von Gerlach, fils d'un industriel allemand, a jadis abrité un juif poursuivi par les nazis. Son père, pour sauver son fils, est devenu un dénonciateur. Le juif a été égorgé. Frantz se couvre de gloire pendant la guerre, puis, à son tour, il devient un bourreau délirant. Après le conflit, il n'échappe à son angoisse qu'en s'enfermant dans la folie, une folie en partie jouée, comme celle de l'Henri IV de Pirandello, et un délire d'auto-justification devant « les crabes ». Johanna, sa belle-sœur, essaye de le tirer de sa folie, puis le repousse, en apprenant qui il est. Frantz alors se tue, tandis qu'il ne reste sur la scène vide qu'un magnétophone débitant éternellement son monologue.

Inspirée par les tortures de la guerre d'Algérie et plus généralement par toutes les guerres du XXe siècle, la pièce présente chacun de nous aux prises avec sa conscience. Les rapports complexes de Frantz et de son père rappellent un des grands thèmes sartriens (Oreste/Jupiter, Hugo/Hoederer, etc.). Inégale, la pièce est d'une grandeur saisissante dans les passages de délire, que Serge Reggiani mettait admirablement en valeur à la création.

Ni théâtre à thèse, ni pure étude psychologique, l'œuvre dramatique de Sartre met plutôt en scène des « situations » où sont évoquées, d'abord à la lumière de l'existentialisme, puis à celle d'une éthique de l'engagement et du refus de toute transcendance, des personnages d'une certaine manière proches de l'auteur, ou proches de ses préoccupations. Leur succès persistant, malgré, ou à cause d'une esthétique traditionnelle et d'un style habile, mais sans éclat particulier et un peu bavard, montre que ces personnages existent, et qu'ils répondent à des interrogations humaines permanentes.

1. *Voir Simone de* BEAUVOIR, La Force de l'âge.

BIBLIOGRAPHIE

Édition

SARTRE, *Un théâtre de situations,* Éd. Michel CONTAT et Michel RYBALKA. Gallimard (coll. « Idées »), 1973.

Études

Francis JEANSON, *Sartre par lui-même.* Le Seuil, 1953.

Pierre VERSTRAETEN, *Violence et Éthique.* Gallimard, 1972.

Jacques LECARME, *Les Critiques de notre temps et Sartre.* Garnier, 1975.

3 Camus (1913-1960), ou la morale en action

Comparée à celle de Sartre, l'œuvre théâtrale d'**Albert Camus** paraît mince. Pourtant le théâtre, avec le journalisme, fut la grande passion de sa vie.

A mi-chemin de l'humanisme et de l'absurde

Le théâtre de Camus est inégal. Il souffre d'une certaine raideur, d'un certain manque d'imagination dans l'analyse des personnages, du caractère un peu simpliste de sa philosophie de l'absurde[1], qui ne l'amène pas, comme un peu plus tard Ionesco et Beckett, à révolutionner le langage dramatique lui-même.

1943 : *Le Malentendu.*

1945 : *Caligula.*

1948 : *L'État de siège.*

1949 : *Les Justes.*

Camus, lors d'une répétition de *Requiem pour une nonne*, en 1956.

Deux réussites cependant marquent cette partie de son œuvre.

Le Malentendu, créé par Maria Casarès en 1943, illustre d'abord cette philosophie avec schématisme.

> Dans une auberge isolée, deux femmes assassinent l'un après l'autre les rares voyageurs, jusqu'à ce qu'un nouveau venu, fils de l'une et frère de l'autre, vienne à son tour, dans un but de réconciliation après une ancienne brouille, tomber dans leurs filets, parce qu'elles ne le reconnaissent pas. Image de la condition humaine, la pièce a l'irréalité des mauvais rêves, et rappelle fâcheusement le théâtre à thèse de 1900.

Ce qui rend par contre passionnant le ***Caligula***, révélé en 1945 par Gérard Philipe, c'est la flamboyante folie du héros (empereur romain de 37 à 41 ap. J.-C.), telle que nous l'a léguée l'historien latin Suétone dans ses *Vies des douze Césars.* Aucun détail n'est inventé par Camus ; par contre, un choix et un agencement de ceux-ci donnent à la folie progressive du jeune empereur une cohésion saisissante dans la démesure.

> Favori de son peuple, Caligula bascule, à la mort de sa sœur Drusilla, dans la déraison ; aidant le destin absurde, il humilie, proscrit, supplicie sans compter, sacrifie sa maîtresse, et pour finir s'offre aux coups d'une conjuration. Dans de nobles débats, ses amis Scipion et Chéréa apportent un peu d'humanité à la pièce. Entre l'horreur et le lyrisme, la pièce offre avec cet Ubu-roi antique un rôle fascinant pour un jeune acteur.

Les impasses de la politique

On retrouve le même climat d'absurdité dans *L'État de siège* (1948), pièce allégorique sur les ravages de la peste dans une ville espagnole, tandis que ***Les Justes*** (1949) se présentent comme un mélodrame historique, situé à Moscou en 1905.

> Le problème du terrorisme y est posé dans tous ses aspects, politiques et affectifs, avec une clarté dans le débat qui n'échappe pas au didactisme. La dimension humaine est apportée par la présence d'un enfant aux côtés de la victime désignée, ce qui empêche l'attentat, et par la confrontation en prison entre les terroristes et la mère de l'enfant.

1. *Voir p. 376.*

4

Théâtre et christianisme : Marcel (1889-1973), Green (né en 1900), Mauriac (1885-1970) et Bernanos (1888-1948)

Signalons d'abord deux œuvres de l'écrivain protestant **Gabriel Marcel,** philosophe existentialiste dans sa version chrétienne. *Un homme de Dieu* (1925, joué en 1949) met en scène les désarrois d'un pasteur, tandis que *Rome n'est plus dans Rome* (1950) est davantage liée à la guerre froide.

Mais ce sont surtout les pièces de trois romanciers catholiques qui ont retenu l'attention.

Julien Green[1] a donné avec *Sud* (1953) une remarquable analyse du milieu puritain du Sud des États-Unis au temps de la guerre de Sécession ; le déclin de la bourgeoisie sudiste sert de toile de fond aux tourments d'un jeune officier, déchiré entre ses pulsions homosexuelles et la morale de son entourage.

On retrouve une atmosphère analogue dans les pièces de **François Mauriac**[2], *Asmodée* (1938), *Les Mal Aimés* (1945), *Passage du Malin* (1947), et *Le Feu sur la terre* (1950). La première d'entre elles montre un personnage de précepteur tortueux et tyrannique qui est une des plus fortes créations de l'auteur.

M. Épin jouant
Dialogues des carmélites, en 1987.

Quant à l'unique pièce de **Georges Bernanos**[3], intitulée *Dialogues des Carmélites* (jouée en 1952), c'est une adaptation, pour un film jamais tourné, d'une nouvelle d'un écrivain allemand, Gertrud von Le Fort. L'auteur y montre les seize carmélites de Compiègne exécutées sous la Terreur, et se penche plus particulièrement sur Blanche de La Force, la plus fragile et la plus courageuse en même temps, celle en qui la Grâce chemine mystérieusement.

1. *Voir p. 543.*
2. *Voir p. 525.*
3. *Voir p. 534.*

BIBLIOGRAPHIE

Édition

CAMUS, *Théâtre, Récits et nouvelles* (2 vol.). Gallimard (bibl. de la Pléiade), 1962.

Études

Raymond GAY-CROSIER, *Les Envers d'un échec, étude sur le théâtre d'Albert Camus.* Minard, 1967.

Charles WIDMER, *Gabriel Marcel et le théâtre métaphysique.* Vrin, 1980.

Robert de SAINT-JEAN, *Green par lui-même.* Le Seuil, 1967.

Jean LACOUTURE, *François Mauriac.* Le Seuil, 1980.

Henri GUILLEMIN, *Regards sur Bernanos.* Gallimard, 1976.

3. Le théâtre de l'absurde

Lorsque Ionesco fit jouer *La Cantatrice chauve* en 1950, il ne se doutait pas de la révolution qu'il inaugurait. Banalités de l'Assimil d'anglais, refus des « dentelles du dialogue et de l'intrigue »[1], négation de la communication et du sens, tout semblait illustrer ce propos d'Antonin Artaud : « La scène est un lieu physique et concret qui demande qu'on le remplisse et qu'on lui fasse parler son langage concret. » Eugène Ionesco le Roumain, Samuel Beckett l'Irlandais, et Arthur Adamov le Russe ont eu en commun vis-à-vis de la langue et de la culture françaises une position d'extériorité ; un sentiment d'étrangeté, de non-appartenance au monde, semble être au cœur de leur œuvre, et comme il est vécu et non pensé, il envahit leur écriture et leur dramaturgie, et conditionne un petit nombre de thèmes obsessionnels : incommunicabilité des êtres, vieillissement et échec, présence de la mort, clôture de l'espace et du temps, ressassement d'une parole vaine, le tout sauvé par l'humour et les clowneries.

1. *Jean* Vilar.

1

La solitude fondamentale de Ionesco (né en 1912)

Un théâtre de la dérision...

Le comique d'**Eugène Ionesco,** toujours inquiétant, vient d'une dérision universelle : le langage sert à tout, sauf à communiquer ; bribes de conversations, répétitions, mélange des genres, anachronismes, délire verbal incontrôlé fonctionnent comme une machine déglinguée.

Jusqu'en 1950, la vie d'**Eugène Ionesco** est celle d'un inconnu écartelé entre deux vocations et deux cultures : naissance en Roumanie, enfance à Paris, études de littérature française à Bucarest... Il écrit en roumain quelques articles, quelques vers, puis revient à Paris en 1938 pour préparer une thèse sur « Le Péché et la Mort dans la poésie moderne. » Pendant la guerre il travaille chez un éditeur comme correcteur. Une lecture de l'Assimil d'anglais lui révèle sa vocation par hasard : il écrit et fait représenter *La Cantatrice chauve* en 1950, *La Leçon* l'année suivante. Immédiatement lancé, il ne cesse d'écrire depuis avec un succès ininterrompu, en évoluant de l'absurde vers une forme de théâtre proche de la tragédie politique. L'Académie française a couronné la carrière de cet homme inquiet, insatisfait, qui a publié également un roman *(Le Solitaire)*, des articles, et un *Journal en miettes*.

1950 : *La Cantatrice chauve.*

1951 : *La Leçon.*

1952 : *Les Chaises.*

1953 : *Victimes du devoir.*

1954 : *Amédée ou Comment s'en débarrasser.*

1955 : *Jacques ou la Soumission.*

1956 : *L'Impromptu de l'Alma.*

1957 : *Le Nouveau Locataire.*

1958 : *Notes et Contre-notes.*

1959 : *Tueur sans gages.*

1960 : *Rhinocéros.*

1962 : *Le roi se meurt. Délire à deux.*

1963 : *Le Piéton de l'air.*

1966 : *La Soif et la Faim.*

1967 : *Journal en miettes.*

1970 : *Jeux de massacre.*

1972 : *Macbett.*

1973 : *Ce formidable bordel.*

1975 : *L'Homme aux valises.*

Dans ce théâtre, aucune valeur ne résiste : ni la respectabilité bourgeoise (*La Cantatrice chauve ; Jacques ou la Soumission),* ni le couple (*Amédée,* avec son cadavre sur scène qui grandit toujours), ni le vieillissement et la solitude (dans *Les Chaises,* un vieux couple parle devant des chaises vides), ni la mort (*Le roi se meurt* montre l'agonie d'un roi d'opérette). Le langage, peu chargé d'images, a pour fonction d'engendrer des situations, le style figuré étant pris au pied de la lettre (« fouiller dans son passé » revient à mimer une descente au fond des eaux.)

...où domine l'angoisse

C'est que derrière cette dérision se cache une angoisse existentielle profonde, de plus en plus évidente à chaque pièce, et exprimée à nu dans *Victimes du devoir* et *Le roi se meurt,* ou dans son roman *Le Solitaire* (1973). Le personnage-type d'Ionesco semble, un peu comme chez Kafka, aux prises avec une menace formidable, horrible, souvent non formulée, qui prend des aspects scéniques divers mais concordants.

Le professeur de *La Leçon* terrorise progressivement son élève avec l'arithmétique puis les langues « néo-espagnoles », avant de la tuer dans un accès de délire. Béranger, le héros interchangeable des dernières pièces, est menacé par des tueurs silencieux et stupides *(Victimes du devoir),* par la peste vert-de-gris du fascisme, symbolisée par les *Rhinocéros,* ou par la mort elle-même. Avec une éloquence parfaitement vaine, il fait l'éloge de la vie, de l'humanisme, de la bonté, ou au contraire frappe par son égoïsme, sa frivolité, son aveuglement *(Le roi se meurt).* Le monde devient alors une gigantesque machine à broyer l'individu et son bonheur, sans que jamais Ionesco s'en prenne à une force divine ou morale. C'est l'absurdité du monde en soi qui frappe l'auteur, devenu, avec le temps, passablement sceptique.

J. Mauclair.
metteur en scène des *Chaises,* en 1956.

La dérision a ainsi gagné en étendue ; comme le dit l'auteur : « Rien n'est atroce, tout est atroce. Rien n'est comique. Tout est tragique. Rien n'est tragique, tout est comique, tout est réel, irréel, possible, impossible, concevable, inconcevable. Tout est lourd, tout est léger[1]. »

1. Fragment de lettre (1957), cité par Simone B*ENMUSSA, dans* Ionesco, *1966.*

2 Beckett (né en 1906), ou la fin du monde

De telles affirmations seraient encore de trop dans l'univers de **Samuel Beckett :** « Signifier ? Nous, signifier ! Ah elle est bonne ! », déclare-t-il dans *Fin de partie*. De fait, l'essence des personnages, c'est d'être là, sur la scène, le temps de la représentation, à jouer un rôle, sans avoir de rôle à jouer.

Samuel Beckett semble s'effacer derrière son œuvre. Ses études à Dublin, sa ville natale, puis un lectorat à l'École Normale supérieure de la rue d'Ulm à Paris, séjour où il connaît Joyce, marquent sa jeunesse. De 1931 à 1938 il effectue de nombreux voyages, avant de se fixer à Paris. Il traduit alors ses premières œuvres écrites en anglais, devient célèbre en 1953 avec *En attendant Godot*, et compose une œuvre abondante, romanesque et théâtrale, couronnée par le prix Nobel en 1969.

Théâtre

1953 : *En attendant Godot.*

1957 : *Fin de partie. Tous ceux qui tombent.*

1958 : *La Dernière Bande*, suivi de *Cendres.*

1963 : *Oh les beaux jours.*

1966 : *Comédies et actes divers.*

1981 : *Catastrophe et autres dramaticules.*

1984 : *Quoi où.*

Romans

1947 : *Murphy.*

1951 : *Molloy.*

1952 : *Malone meurt.*

1953 : *L'Innommable.*

1955 : *Nouvelles et textes pour rien.*

1961 : *Comment c'est.*

1965 : *Imagination morte, imagine.*

1967 : *Têtes mortes.*

1969 : *Watt.*

1970 : *Premier Amour.*

1971 : *Le Dépeupleur.*

1972 : *Film*, suivi de *Souffle.*

1975 : *Pas moi.*

Tous les personnages de Beckett ont en commun d'attendre quelque chose et de vivre misérablement ; le « degré zéro » de la condition humaine et de la communication, en quelque sorte, montrant ainsi le pessimisme radical de l'auteur, et son obsession de la régression : personnages enterrés, réduits à l'état de larve, immobiles ou recroquevillés, décors vides, absence obsédante.

Des clochards métaphysiques

Les deux actes de ***En attendant Godot*** (1953) mettent en scène, dans un décor lugubre, qu'égaie, si l'on ose dire, un arbre sans feuilles, deux clochards bavardant de tout et de rien, en attendant Godot. Arrivent Lucky et son esclave Pozzo, que le premier tient en laisse et traite sadiquement. Après cette diversion, le dialogue des deux compères reprend : ils attendront Godot jusqu'à la fin des temps.

Dans ***Fin de partie*** (1957), l'attente est celle de la mort. Là aussi quatre personnages : un vieillard mourant et odieux, son serviteur qui n'arrive ni à le tuer ni à le quitter, et les vieux parents du malade, qui émergent de temps à autre de deux poubelles en réclamant leur bouillie.

Oh les beaux jours (1963) gagne en économie de moyens, puisqu'on y voit une vieille femme seule en scène, enterrée à mi-corps, chantant la vie malgré tout en s'accrochant aux menues occupations quotidiennes.

La Dernière Bande (1958) enfin montre un homme, comparant, grâce à un enregistrement, son passé à son présent.

M. Renaud jouant
Oh les beaux jours,
en 1964.

Cette simple énumération indique la rigoureuse progression de ce théâtre vers une clôture irrémédiable : Wladimir et Estragon, les clochards de *Godot*, sont libres de leurs mouvements ; dans *Fin de partie*, tous les personnages sont prisonniers d'un espace quasiment privé de fenêtre, où le monde extérieur est invisible, et trois sur quatre sont bloqués, qui sur une chaise roulante, qui dans une poubelle. Winnie, l'héroïne de *Oh les beaux jours*, est enterrée à moitié ; les héros de *Comédie*, eux, sont déjà au tombeau. Cet **enfermement** se retrouve dans le vécu des personnages : libres d'attendre Godot (Dieu, la vie éternelle, ou l'absence de Dieu, « God zéro ») dans la première pièce, ils n'ont qu'une obsession dans la seconde : « Fini, c'est fini, ça va finir, ça va peut-être finir ». **En attendant,** il reste à meubler le temps de la représentation avec l'évocation minutieuse de gestes et d'objets quotidiens, comme si c'était la seule chose sûre qui restât, au milieu de l'avachissement des corps et de la déchéance des illusions.

De la clownerie à l'asphyxie

Curieusement, ce théâtre n'est pas foncièrement lugubre. Les dialogues de Wladimir et Estragon sont truffés de jeux de mots, de redites, d'adresses au public, comme au cirque ou au cabaret. D'ailleurs, il s'agit de clowns, et leurs gestes (gifles, chutes, jeux de scènes) sont conformes à l'esthétique du cirque. Valises, chapeaux, cordes, sac à main avec peigne, miroir, etc., sont les accessoires obligés de ces quasi-pantomimes.

Le langage, détraqué comme chez Ionesco, est moins délirant, plus lent ; les répliques sont courtes, hachées de silence, et de gestes. Les changements de registre, la parodie, l'allusion, les redites, l'oubli de ce qui vient d'être dit, constituent « une parole manquée »[1], proche du délire des vieillards ; *Oh les beaux jours* élève dans ce désert une sorte d'hymne à la vie, où chaque instant, à l'approche de la mort, prend une valeur décuplée.

Un théâtre éprouvant, mais inoubliable, « ce qu'on a fait de mieux au théâtre depuis trente ans », disait Sartre en 1953[2].

1. *Merleau-Ponty.*
2. *Sartre,* Un théâtre de situation.

3 Adamov (1908-1970), ou les visages de la peur

Arthur Adamov a lui-même plus ou moins renié ses premières pièces, tout en leur reconnaissant le mérite d'avoir tourné le dos au théâtre bourgeois.

Étouffement et terreur y règnent sans partage, dans un monde non situé dans le temps et l'espace, aux personnages anonymes, tyrannisés par l'autorité parentale, raciale ou policière. Un pessimisme abstrait à la Strindberg ou à la Kafka s'y fait sentir.

À partir de *Ping-Pong* (1955), la tyrannie et la peur prennent des visages plus précis, ceux de la société capitaliste aux différents moments de son histoire. Les pièces deviennent des chroniques individuelles sur fond d'événements historiques (la Commune, les luttes politiques du début du siècle, la société américaine).

Malgré ses divergences, le théâtre d'Adamov, comme celui de Ionesco, est éminemment concret : les objets envahissent la scène, prennent une valeur symbolique (le billard électrique de *Ping-Pong,* par ex.). Pancartes, clowns, guignols, marionnettes, apportent une « distanciation » à la manière de Brecht.

De riche famille russe, **Arthur Adamov** quitta son pays dès l'âge de quatre ans. De culture française, il connut dans les années 1920 les surréalistes à Paris, et fonda un journal, *Discontinuité.* Pendant des années, il traversa une grave crise spirituelle et psychologique (névrose de séparation), qu'il raconta dans *L'Avers* en 1946. Après la guerre il adhère au parti communiste, puis à divers mouvements d'extrême-gauche. Toute son œuvre est une tentative de résoudre ses problèmes personnels et ceux du monde sous le signe de la « solitude humaine et [de] l'absence de communication ».

1950 : *La Grande et la Petite Manœuvre. L'Invasion.*

1952 : *La Parodie.*

1953 : *Le Professeur Taranne. Le Sens de la marche. Tous contre trois.*

1955 : *Ping-pong.*

1957 : *Paolo Paoli.*

1961 : *Printemps 1971.*

1967 : *La Politique des restes.*

1968 : *Monsieur le Modéré.*

1969 : *Off limits.*

1970 : *Si l'été revenait.*

4 Le délire de Vauthier (né en 1910)

À l'univers de l'absurde, on peut rattacher un auteur comme **Jean Vauthier** dont l'œuvre, passablement narcissique, tourne autour de personnages d'écrivains. Mais le thème de la création est traité sur le mode d'une bouffonnerie grandiose, qui atteint une dimension épique, grâce à un délire verbal continu.

Capitaine Bada (1952), que devait suivre *Badadesques* en 1965, met en scène un poète sans talent, qui n'existe qu'en clamant son ivresse poétique ; en lutte perpétuelle avec lui-même et avec son épouse, c'est un personnage inquiétant, dont le travail se réduit à transcrire les scènes de vingt-sept ans de mariage, avant son suicide-apothéose final.

Le Personnage combattant (1956) montre également un personnage d'écrivain, mais cette fois seul en scène. Revenu pour une nuit dans la chambre d'hôtel où il avait commencé un roman quinze ans plus tôt, il découvre le caractère superficiel de sa réussite et, assailli par ses souvenirs, combat toute la nuit à la recherche d'une rédemption. Comme chez Adamov ou Beckett, les objets ont une importance fondamentale, et les didascalies, envahissantes, règlent minutieusement gestes et déplacements. Une fureur d'autodestruction agite continuellement les personnages, doubles de l'auteur, et s'étend au jeu théâtral lui-même.

5 Entre l'absurde et le boulevard : Billetdoux (né en 1927), Dubillard (né en 1926), Vian (1920-1959) et Tardieu (né en 1903)

À côté de ces auteurs exigeants, les années 50 et 60 connurent des versions plus souriantes de l'absurde, avec des dramaturges comme François Billetdoux, Roland Dubillard, Boris Vian, plus connu pour ses romans, et Jean Tardieu.

Le génie inventif de **François Billetdoux** s'est exprimé dans toutes les directions : ambiance policière (*À la nuit la nuit*, 1955), parabole métaphysique (*Va donc chez Törpe,* 1961), western pascalien (*Comment va le monde, Mossieur,* 1964), etc. Amour impossible et solitude humaine hantent ce théâtre, dans une langue volontairement obscure et ouverte à toutes les interprétations.

Roland Dubillard, par son goût du grotesque, rappelle Ionesco, et écrit lui aussi un théâtre à plusieurs sens. Le vieillard de *La Maison d'os* (1962) rappelle *Le roi se meurt ; Le Jardin aux betteraves* (1969) serait plus proche d'*Amédée,* avec ses couples désaccordés.

On retrouve chez **Boris Vian** dramaturge une humanité semblable, en proie à des forces mystérieuses *(L'Équarrissage pour tous,* 1950 ; *Le Goûter des généraux,* 1951 ; *Les Bâtisseurs d'empire,* 1959). Cette dernière pièce montre, avec le Schmurz, un vieillard lamentable, couvert de haillons, souffre-douleur d'une famille petite-bourgeoise, qui rappelle des thèmes de *L'Arrache-Cœur.*

Jean Tardieu enfin a illustré des thèmes analogues dans les courtes pièces du *Théâtre de chambre* (1955-1965) et de *Poèmes à jouer* (1960), avec une poésie et un humour plus aériens, des dialogues au caractère plus musical.

Les Bâtisseurs d'empire, par la compagnie P. Della Torre, en 1985.

Le théâtre est convention

« La meilleure façon de ramener le théâtre à lui-même et de lui interdire la fuite vers la littérature, c'est encore de lui rappeler sans cesse qu'il est convention, morceau d'espace-temps où des comédiens — non des personnages — se livrent, sans perdre un instant de l'œil, à une exploitation consciente des ressources de la scène. Le théâtre se nourrit de lui-même et se désigne comme tel au moment précis où les signes dramatiques pourraient donner au spectateur l'illusion d'une référence à une action, à des sentiments, à une philosophie vrais. Ce dédoublement, paradoxalement nécessaire pour plus d'unité, c'est la parodie qui l'opère, sous forme d'humour et plus généralement de distorsion entre les signifiants et les signifiés. Gestes, accessoires, jeu, accordés ou en opposition avec le langage, élargissent la faille entre le théâtre et ce corps étranger qu'on nomme le réel. Le fait théâtral seul est objet de théâtre. »

Michel CORVIN, *Le Théâtre nouveau en France,* 1980

BIBLIOGRAPHIE

Éditions

IONESCO, *Théâtre.* Gallimard, 1954-1981.

BECKETT, *Théâtre.* Éd. de Minuit, 1971-1982.

ADAMOV, *Théâtre* (4 vol.). Gallimard, 1966-1970.

VAUTHIER, *Théâtre.* Gallimard, 1970-1972.

VIAN, *Théâtre I et II.* 10/18, 1971.

TARDIEU, *Théâtre.* Gallimard, 1969-1984.

Études

Geneviève SERREAU, *Histoire du « Nouveau Théâtre ».* Gallimard (coll. « Idées »), 1966.

Emmanuel JACQUART, *Le Théâtre de la dérision.* Gallimard (coll. « Idées »), 1974.

Simone BENMUSSA, *Ionesco.* Seghers, 1966.

Paul VERNOIS, *La Dynamique théâtrale d'Eugène Ionesco.* Klincksieck, 1972.

Gérard DUROZOI, *Beckett.* Bordas, 1972.

Ludovic JANVIER, *Beckett.* Le Seuil, 1979.

Alfred SIMON, *Beckett.* Les Dossiers Belfond, 1985.

Pierre MÉLÈSE, *Adamov.* Seghers, 1973.

Samia Assad CHAHINE, *Regard sur le théâtre d'Adamov.* Nizet, 1981.

Robert ABIRACHED, *Vauthier.* Seghers, 1973.

Émilie NOULET, *Tardieu.* Seghers, 1964.

4. Le rayonnement d'Artaud

À côté du règne de l'absurde, s'est développée pendant les années 50-60, de façon plus diffuse, une tout autre vision du théâtre, qui devait marquer aussi bien dramaturges que metteurs en scène, celle de la « Cruauté ».

Acteur chez Dullin, puis chez Pitoeff, comédien de cinéma dans la *Passion de Jeanne d'Arc* de Dreyer (1927) et dans le *Napoléon* d'Abel Gance (1928-1934), fondateur avec Roger Vitrac en 1927 de l'éphémère Théâtre Alfred Jarry (voir p. 471), passionné par la pantomime et le théâtre balinais qu'il découvre en 1931 à l'Exposition coloniale, **Antonin Artaud** écrit entre 1931 et 1933 les essais qui constituent *Le Théâtre et son double,* et illustre ses théories dans un drame romantique d'après Stendhal et Shelley, *Les Cenci* (1935). Après l'échec de cette pièce, Artaud se tourne vers l'ésotérisme, séjourne au Mexique dans une tribu d'Indiens, avant de finir ses jours à l'hôpital psychiatrique de Rodez, où il écrit des textes mémorables par leur caractère de violence sacrée.

1925 : *L'Ombilic des limbes.*

1927 : *Le Pèse-nerfs.*

1929 : *L'Art et la mort.*

1934 : *Héliogabale.*

1935 : *Les Cenci.*

1938 : *Le Théâtre et son double.*

1945 : *Les Tarahumaras.*

1946 : *Lettres de Rodez.*

1947 : *Artaud le Mômo.*

1 Artaud (1896-1948) et son message

Autoportrait d'Artaud.

L'itinéraire physique et spirituel d'**Antonin Artaud** a marqué toute son œuvre, de comédien, de poète[1], de théoricien.

La primauté du geste

Dépassant Aristote qui demandait à la tragédie la « purgation des passions » en suscitant chez le spectateur terreur et pitié, Artaud veut renouer avec le théâtre oriental, où le texte s'efface devant une « pantomime non pervertie », évoquant des idées, des sentiments, des paysages. Le langage concret doit en effet satisfaire d'abord les sens.

Le rôle de la « cruauté »

Dans « Le Théâtre de la cruauté », Artaud va plus loin. En recourant de façon paroxystique à l'érotisme, à la violence, à la terreur, il s'agit de susciter un « sentiment détaché et pur », calqué sur la vie même, la « cruauté », définie comme « conscience dans le tourment », rigueur, vie qui passe outre, « et s'exerce dans la torture et le piétinement de tout ».

Artaud a prévu, jusque dans les moindres détails, une dramaturgie qu'il applique dans ***Les Cenci*** (1935), où les thèmes de l'inceste et de l'assassinat sont développés sur fond de Renaissance italienne, et où lapsus, actes manqués miment l'inconscient. Le spectacle, exorcisme et magie, fait jaillir chez le spectateur les forces élémentaires du cosmos et de la vie.

1. *Voir p. 446.*

2 Genet (1910-1986) et la beauté du mal

Jean Genet fut canonisé par Sartre, dans son monumental *Saint Genet, comédien et martyr* (1952), pour avoir donné une sorte de pureté aux valeurs du mal, et fait œuvre d'art à partir du scandale de sa vie de voleur, de bagnard et d'homosexuel. L'ex-voyou s'exprima d'abord dans des romans comme *Notre-Dame des fleurs* (1944) ou *Querelle de Brest* (1947), où le style, d'une rare splendeur, mettait en valeur les fantasmes d'un monde aux principes inversés.

Son théâtre fut plus ambitieux. D'un satanisme assez baudelairien, puisqu' « une des fonctions de l'art est de substituer à la foi religieuse l'efficace de la beauté », et que « cette beauté doit avoir la puissance d'un poème, c'est-à-dire d'un crime », il met en scène dérision, sacrilège ou haine, dans une langue baroque.

Toutes ces pièces évoquent la dialectique du maître et de l'esclave, où ce dernier jouirait de son état, tout en désirant la mort de l'autre. ***Les Bonnes***[1] (1947) imitent dans leur chambre, dérisoirement, leur patronne et échangent les rôles ; ***Les Nègres*** (1959) jouent leur rôle de nègres ; dans ***Le Balcon*** (1956), somptueuse maison de rendez-vous, sont parodiés de façon sacrilège les rôles sociaux d'autorité, juges, archevêques, bourreaux, etc. ***Les Paravents*** (1966) firent scandale à l'Odéon en évoquant la guerre d'Algérie de manière provocante.

1. Les Bonnes *furent inspirées à l'auteur par l'histoire des sœurs Papin, célèbres dans les années 30 pour avoir assassiné leur patronne.*

Dans ses *Lettres à Roger Blin,* Genet a précisé ses intentions : maquillages, décors, costume, jeu, mise en scène, tout doit déranger, apparaître comme faux, comme le sont les rôles assumés sur la scène, sous le regard d'autrui.

M. Renaud jouant *Les Paravents,* en 1966.

3 Le sado-masochisme d'Arrabal (né en 1932)

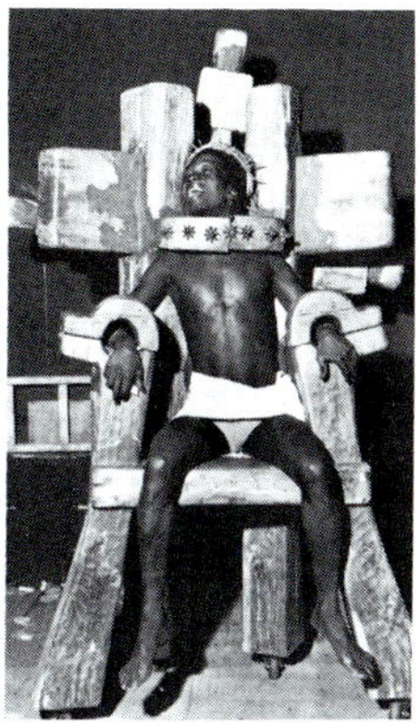

M. Lo jouant *Et ils passèrent les menottes aux fleurs* d'Arrabal, en 1969.

Cette esthétique du malaise et du clinquant se retrouve chez **Fernando Arrabal,** mais plus liée à l'histoire des luttes politiques et des passions antireligieuses de la guerre d'Espagne telles que les vécut l'auteur, déchiré jusque dans sa propre famille par son climat de haine.

Guerre, religion, mémoire des morts, relations humaines, rien ne résiste au verbe onirique de l'auteur, unique personnage de ses pièces, où se côtoient sainte Thérèse d'Avila et le Marquis de Sade. Les plus remarquées ont été *Le Cimetière des voitures, Guernica, L'Architecte et l'Empereur d'Assyrie,* etc.

Un précurseur : Gheldérode (1898-1962)

Dans un style un peu différent, nourri, à la manière des peintres flamands comme Breughel ou James Ensor, de démoniaque et de macabre, le Belge **Michel de Ghelderode** avait tenté de faire ressortir le mélange de cruauté et de bouffonnerie, qui animait les Flandres ou l'Espagne du Siècle d'or (*Hop Signor,* 1935 ; *Escurial,* 1927). Comme chez les surréalistes, personnages dédoublés, marionnettes, théâtre dans le théâtre, virtuosité verbale et langue exubérante, caractérisent sa dramaturgie, qui semble préfigurer certaines recherches d'aujourd'hui.

BIBLIOGRAPHIE

Éditions

ARTAUD, *Œuvres complètes* (21 vol.). Gallimard, 1974-1984. — *Le Théâtre et son double.* Gallimard (coll.« Idées »), 1972.

GENET, *Œuvres complètes.* Gallimard, 1968-1979.

ARRABAL, *Théâtre.* Bourgois, 1979-1982.

GHELDERODE, *Théâtre complet* (6 vol.). Gallimard, 1952-1982.

Études

Franco TONELLI, *L'Esthétique de la cruauté.* Nizet, 1972.

Alain et Odette VIRMAUX, *Antonin Artaud, qui êtes-vous ?* La Manufacture, 1986.

Jean-Paul SARTRE, *Saint Genet, comédien et martyr.* Gallimard, 1952.

Jean-Bernard MORALY, *Jean Genet, la vie écrite.* La Différence, 1988.

Jean FRANCIS, *L'Éternel Aujourd'hui de M. de Ghelderode.* Bruxelles, L. Musin, 1968.

5. Les disciples de Brecht en France

Si Artaud incarne pour la scène moderne la toute-puissance de l'inconscient et la fascination de l'Orient, l'Allemand Bertold Brecht (1891-1956), lui, a diffusé une vision épique du théâtre, mise sous le signe de la « distanciation », permettant au spectateur de percevoir la lutte des classes à l'œuvre dans les conflits historiques.

1 Brecht (1891-1956) et sa doctrine

Marqué par la Première Guerre et l'échec de la révolution spartakiste à Berlin[1], **Bertold Brecht** exprime sa causticité dans ses poèmes et ses premières pièces. Assistant de Max Reinhardt et d'Erwin Piscator, il se tourne vers un « théâtre politique », et écrit en 1928 le célèbre *Opéra de quat'sous* avec le musicien Kurt Weil. Devenu marxiste, il écrit des « pièces didactiques » en un acte, fonde une compagnie. En 1933, il s'exile en France, en Finlande, puis aux États-Unis. Revenu à Berlin en 1947, il fonde le Berliner Ensemble, et obtient une renommée européenne. Après sa mort, le « brechtisme » envahit tout le théâtre occidental.

Dans son livre *Petit Organon pour le théâtre* (1948), **Bertold Brecht** oppose ***théâtre dramatique*** et ***théâtre épique*** de la manière suivante :

Théâtre dramatique	Théâtre épique
La scène *incarne* l'action, *communique* au public des sentiments, *noie* le spectateur dans un drame concernant des personnages *immuables*, dans des pièces *construites* linéairement, où chaque scène concourt à un ensemble.	La scène *raconte* l'action, *s'interdit de communiquer* émotions et sentiments, veut faire *réfléchir* le spectateur sur un homme *changeant*, en situation évolutive, dans des pièces où les scènes, *discontinues*, valent pour elles-mêmes.

Pour obtenir l'effet de « distanciation » dans lequel on résume en général sa doctrine, Brecht propose tout un ensemble de procédés : récitant ou chœur, contrepoint de la musique et du cinéma, jeu « objectif ». Sans éliminer le plaisir théâtral, il s'agit d'alerter le spectateur sur les conflits de classe sous-jacents aux situations dramatiques.

Devenu rapidement un classique[2], Brecht est l'auteur d'un théâtre tonique et puissant, dont certaines figures sont devenues des mythes (*Mère Courage*, 1938 ; *Maître Puntila et son valet Matti*, 1941 ; *Arturo Ui*, 1941, etc.).

La pénétration du marxisme dans la culture contemporaine, l'urgence des conflits sociaux d'après-guerre, le succès même de l'auteur de *Mère Courage* (1941), ont été à l'origine d'une vision politique du théâtre qui s'est beaucoup développée pendant une vingtaine d'années, en particulier dans les Centres attachés aux Maisons de la Culture. Les metteurs en scène, surtout, se sont mis à étudier les classiques à travers les principes de la distanciation, avec des bonheurs divers.

1. La ligue Spartakus (du nom d'un chef d'esclaves révoltés contre Rome en 71 av. J.-C.), à l'origine du parti communiste allemand, organisa une insurrection en janvier 1919 à Berlin, qui fut réprimée par les socio-démocrates ; ses fondateurs Rosa Luxemburg et Karl Liebknecht furent assassinés.

2. Brecht est l'auteur le plus joué, avec Molière et Shakespeare, de 1947 à 1972, dans les théâtres de la décentralisation.

2

Les paris de Gatti (né en 1924)

Armand Gatti a voulu à la fois dénoncer des situations historiques précises, et cherché à faire éclater les repères dramatiques traditionnels.

Ses pièces, fortement engagées, ont dénoncé tour à tour le scandale des camps nazis (*L'Enfant-rat*, 1960 ; *La Deuxième Existence du camp de Tatenberg*, 1962), l'échec d'une grève (*La Vie imaginaire de l'éboueur Auguste G.*, 1962), le destin de Sacco et Vanzetti (*Chant public devant deux chaises électriques*, 1966), ou la vie d'un quartier de Paris (*Les Treize Soleils de la rue Saint-Blaise*, 1968). En même temps, Gatti a voulu annuler les limites entre rêve et réalité en brouillant temps et lieux, en mêlant robots et personnages, en pratiquant les actions simultanées, en variant les angles de vision d'une même situation, etc.

3

Le théâtre du quotidien

D'autres auteurs, moins ambitieux, se sont contentés de montrer des situations précises, proches du spectateur.

C'est ainsi que **Gabriel Cousin,** dans ses nombreuses pièces, de *L'Usine* au *Cycle du crabe*, a évoqué les travaux et les jours de l'humanité souffrante ; que **René Ehni** avec *Que ferez-vous en novembre ?* (1968), **Georges Michel** avec *Les Jouets* (1964) et *La Promenade du dimanche* (1966), **Philippe Adrien** avec *En passant par la Lorraine* (1966), **Guy Foissy** avec *En regardant tomber les murs* (1966), et bien d'autres, ont peint dans des pièces courtes, assez amères, sans préoccupation de style, les milieux ouvriers ou petit-bourgeois.

4

Le lyrisme du tiers monde

D. Mane jouant *La Tragédie du roi Christophe*, en 1965.

C'est sans doute des pays de la francophonie qu'est venu le souffle épique le plus intense, parce que nourri des traditions culturelles locales et animé d'un authentique désir révolutionnaire.

Les dramaturges les plus remarquables ont été les Antillais **Aimé Césaire** (né en 1912), avec *Une saison au Congo* (1967) et surtout *La Tragédie du roi Christophe* (1964), « tragédie de la démesure, au niveau des tragiques grecs ou de Shakespeare » (voir Auguste Viatte, *Histoire comparée des littératures francophones*) ; et **Édouard Glissant** (né en 1928), auteur d'un *Monsieur Toussaint* (1961), évocation prophétique du héros haïtien Toussaint-Louverture.
L'Algérien **Kateb Yacine** (né en 1929), dans *Le Cadavre encerclé* (1964) et *Les ancêtres redoublent de férocité* (1967), a donné des pièces violentes et tumultueuses, où la jeune Nedjma évoque à la fois un amour de jeunesse et la patrie algérienne.

Ce jeune théâtre, lyrique et engagé en même temps, semble curieusement allier l'analyse marxiste issue de Brecht, et la vitalité fondamentale de la cruauté exaltée par Artaud.

BIBLIOGRAPHIE

Éditions

BRECHT, *Théâtre complet* (12 vol.). L'Arche, 1955-1968.

GLISSANT, *Monsieur Toussaint* (nouvelle version). Le Seuil, 1986.

Études

Hans MAYER, *Brecht et la Tradition.* L'Arche, 1977.

Gérard GORLAN et Jean-Louis PAYS, *Gatti aujourd'hui.* Le Seuil, 1970.

Lilyan KESTELOOT, *Aimé Césaire, l'homme et l'œuvre.* Présence africaine, 1973.

6. Incertitudes et plaisirs du langage

Proclamer le monde absurde, ou le lire à travers Artaud et Brecht, constitue autant d'affirmations, même si le langage qui les exprime est lui-même en déliquescence. Mais le langage en liberté, en dehors de toute métaphysique, peut être au centre de la fascination théâtrale par son caractère elliptique ou poétique, délirant ou plaisant, suivant le degré d'exigence du dramaturge.

1

Théâtre et Nouveau Roman : Duras (née en 1914), Sarraute (née en 1920), Claude Mauriac (né en 1914) et Pinget (né en 1920)

Les incursions au théâtre de Marguerite Duras, de Nathalie Sarraute, de Claude Mauriac et de Robert Pinget ont transposé, souvent de façon heureuse, les subtilités de leur univers romanesque[1]. Le langage, chez tous ces écrivains, sert moins à communiquer qu'à révéler, à travers les lacunes d'une parole vaine, les obsessions de personnages falots ou à la dérive.

L'Amante anglaise (1967) de **Marguerite Duras,** par exemple, essaie, au cours d'un interrogatoire mi-policier mi-psychiatrique, de déterminer pourquoi une vieille femme a commis un crime affreux. Dans *Des journées entières dans les arbres* (1967), le décalage se situe entre une mère et un fils qui n'arrivent pas à se rejoindre.

Les mobiles véritables des êtres sont encore moins perceptibles dans les « prédialogues » de **Nathalie Sarraute,** où les intonations et les lapsus sont plus révélateurs que les mots eux-mêmes (*Les Mensonges,* 1966).

Dans *La Conversation* (1966) de **Claude Mauriac,** c'est le temps sous-jacent aux propos du présent qui affleure, tandis que les héros de **Robert Pinget** se débattent sans fin dans leurs rabâchages de vieillards (*Lettre morte,* 1960 ; *Ici ou ailleurs,* 1961).

1. *Voir p. 561.*

2

Le théâtre poétique : Schéhadé (né en 1907), Obaldia (né en 1917) et Weingarten (né en 1926)

Le goût du merveilleux, de la découverte et du voyage, semble commun aux conteurs que sont Georges Schéhadé, René de Obaldia, et Romain Weingarten.

Libanais d'expression française, **Georges Schéhadé** a écrit de délicieuses pièces où le rêve et l'enfance côtoient la réalité quotidienne. *Monsieur Bob'le* (1951) présente un curieux personnage qui lègue un livre de préceptes à une petite ville ; *La Soirée des proverbes* (1954) met en scène un petit monde libéré du temps et de l'espace. Plus ambitieuse, *L'Histoire de Vasco* (1956) se moque de la guerre atomique, tandis que *Le Voyage* (1961) et *L'Émigré de Brisbane* (1967) évoquent des personnages embarqués malgré eux dans des histoires criminelles, ou des familles prêtes à tout pour récupérer un héritage, en définitive illusoire.

Le théâtre de **René de Obaldia** opère dans un registre plus proche de l'absurde ; invention d'un pays ou d'une langue (*Génousie,* 1960), « procession des mots » à la télévision (*Le Satyre de la Villette,* 1963), pastiche du western et de la tragédie (*Du vent dans les branches de sassafras,* 1965) ; tous ces éléments font penser à Giraudoux et à Queneau.

Quant à l'art impalpable de **Romain Weingarten,** il peuple la scène d'animaux et d'enfants dans *L'Été* (1966), avec des dialogues d'une miraculeuse légèreté, qui n'exclut pas le mystère et l'inquiétude.

3 Le théâtre de divertissement : Audiberti, Marceau, Aymé, Roussin et Sagan

De Jacques Audiberti à Françoise Sagan, en passant par Marcel Aymé et André Roussin, le plaisir du théâtre s'éprouve à tous les niveaux du comique ou de la poésie, de la satire ou du théâtre de boulevard.

Audiberti (1899-1965)

C'est ainsi que **Jacques Audiberti** a créé à partir de la réalité « la plus épidermique, celle du mot », un « univers inquiétant, anarchique, monstrueux ». Récusant, au nom de l' « abhumanisme », la place éminente que s'accorde l'homme dans l'univers, le dramaturge, malgré des cadres pseudo-historiques, mélange Alfred Jarry et Marivaux dans des pièces où tout est illusion ; dans *Le mal court* (1947), les personnages ne sont pas ce que l'on croit qu'ils sont, ou n'existent pas vraiment ; *L'Effet Glapion,* (1958), qui transfigure la grisaille quotidienne d'une vie de jeune fille, pourrait être le symbole de ce théâtre.

F. Perier et Y. Printemps jouant *Bobosse,* en 1957.

Marceau (né en 1913) et Aymé (1902-1967)

Il y a plus de cynisme dans *L'Œuf* (1956) de **Félicien Marceau,** histoire d'un petit employé qui, pour réussir, comprend qu'il faut entrer dans l' « œuf », le monde dont il se sent exclu, où tous les moyens sont bons pour parvenir ; ainsi que dans les pièces de **Marcel Aymé,** où satire provinciale et fantaisie font bon ménage. Fascination d'une petite ville pour son boucher (*Lucienne et le boucher,* (1932), hobereau brutal devenu disciple de saint François (*Clérambard,* 1950), métamorphose d'un pensionnat en oiseaux (*Les Oiseaux de lune,* 1956), autant de thèmes d'une humeur joyeuse et d'un comique efficace.

Roussin (né en 1911)

Plus proche du boulevard, **André Roussin** est passé dans sa longue carrière du réalisme de *Lorsque l'enfant paraît* (1951) à la fantaisie de *Bobosse* (1949), puis à l'émotion de *La Voyante* ou de *La Locomotive* (1963), écrites pour Elvire Popesco.

Sagan (née en 1935)

Françoise Sagan, enfin, a transposé avec élégance et nonchalance l'univers mélancolique et futile de ses romans dans quelques pièces, qui ont connu un grand succès (*Un château en Suède,* 1960 ; *La Robe mauve de Valentine,* 1963 ; *Le Cheval évanoui,* 1966).

BIBLIOGRAPHIE

Éditions

DURAS, *Théâtre.* Gallimard, 1965-1984.

SARRAUTE, *Théâtre.* Gallimard, 1978.

PINGET, *Lettre morte.* Éd. de Minuit, 1960.

OBALDIA, *Théâtre.* Grasset, 1968-1981.

AUDIBERTI, *Théâtre* (5 vol.). Gallimard, 1956-1970.

MARCEAU, *Théâtre.* Gallimard, 1964-1965.

Études

Alain VIRCONDELET, *Marguerite Duras.* Seghers, 1972.

Jean PIERROT, *Marguerite Duras.* José Corti, 1986.

Jean-Yves GUÉRIN, *Le Théâtre d'Audiberti et le baroque.* Klincksieck, 1976.

CHRONOLOGIE DU THÉÂTRE*

Drame symbolique et mystique, Tragédie

1900 Rostand : *L'Aiglon*
1906 Claudel : *Partage de midi*
1908 Maeterlinck : *L'Oiseau bleu*
1911 Claudel : *L'Otage*
1912 Claudel : *L'Annonce faite à Marie*
1913 Milosz : *Miguel Manara*
1914 Milosz : *Méphiboseth*
1918 Claudel : *Le Pain dur*
1920 Claudel : *Le Père humilié*
1920 Romains : *Cromedeyre-le-vieil*
1920 Vildrac : *Le Paquebot Tenacity*
1925 Marcel : *Un homme de Dieu*
1928 Giraudoux : *Siegfried*
1929 Claudel : *Le Soulier de satin*
1933 Claudel : *Le Livre de Christophe Colomb*
1934 Cocteau : *La Machine infernale*
1935 Giraudoux : *La guerre de Troie n'aura pas lieu*
1936 Montherlant : *Pasiphaé*
1937 Salacrou : *La terre est ronde*
1937 Giraudoux : *Électre*
1937 Cocteau : *Les Chevaliers de la table ronde*
1938 Mauriac : *Asmodée*
1939 Giraudoux : *Ondine*
1942 Montherlant : *La Reine morte*
1943 Sartre : *Les Mouches*
1943 Giraudoux : *Sodome et Gomorrhe*
1944 Anouilh : *Antigone*
1945 Mauriac : *Les Mal Aimés*
1945 Giraudoux : *La Folle de Chaillot*
1945 Camus : *Caligula*

Esprit nouveau ; Surréalisme ; Théâtre de l'Absurde ; Théâtre engagé

1917 Apollinaire : *Les Mamelles de Tirésias*
1917 Albert-Birot : *Larountala*
1920 Cocteau : *Le Bœuf sur le toit*
1921 Ribemont-Dessaignes : *L'Empereur de Chine*
1921 Tzara : *Le Cœur à gaz*
1921 Satie : *Le Piège de Méduse*
1922 Roussel : *Locus solus*
1926 Cocteau : *Orphée*
1928 Vitrac : *Victor ou les Enfants au pouvoir*
1930 Neveux : *Juliette ou la Clef des songes*
1935 Artaud : *Les Cenci*
1944 Camus : *Le Malentendu*
1944 Sartre : *Huis clos*
1946 Sartre : *La Putain respectueuse*
1947 Genet : *Les Bonnes*
1947 Salacrou : *L'Archipel Lenoir*

Comédie ; Théâtre poétique

1900 Renard : *Poil de carotte*
1903 Courteline : *La Paix chez soi*
1905 Bernard : *Triplepatte*
1907 Feydeau : *La Puce à l'oreille*
1912 De Flers et Caillavet : *L'Habit vert*
1913 Martin du Gard : *Le Testament du père Leleu*
1914 Claudel : *Protée*
1920 Crommelynck : *Le Cocu magnifique*
1920 Guitry : *Mon père avait raison*
1921 Romains : *Monsieur Le Trouhadec saisi par la débauche*
1923 Romains : *Knock*
1926 Bourdet : *La Prisonnière*
1927 Bourdet : *Vient de paraître*
1928 Pagnol : *Topaze*
1929 Giraudoux : *Amphitryon 38*
1929 Pagnol : *Marius*
1929 Achard : *Jean de la lune*
1932-34 Pagnol : *Fanny* et *César*
1933 Giraudoux : *Intermezzo*
1934 Salacrou : *Une femme libre*
1934 Deval : *Tovaritch*
1934 Bourdet : *Les Temps difficiles*
1935 Salacrou : *L'Inconnue d'Arras*
1937 Anouilh : *Le Voyageur sans bagage*
1938 Anouilh : *Le Bal des voleurs*
1940 Anouilh : *Léocadia*
1941 Anouilh : *Le Rendez-vous de Senlis*

Étranger

1900 Strindberg : *La Danse de mort* (Suède)
1902 Gorki : *Les Bas-Fonds* (Russie)
1904 Tchékhov : *La Cerisaie* (Russie)
1907 Synge : *Le Baladin du monde occidental* (Irlande)
1911 Hofmannsthal : *Jedermann* (Autriche)
1912 Shaw : *Pygmalion* (Angleterre)
1917 Pirandello : *Chacun sa vérité* (Italie) ; *La Volupté de l'honneur* (Italie)
1918 Brecht : *Baal* (Allemagne)
1923 Shaw : *Sainte Jeanne* (Angleterre)
1926 O'Casey : *La Charrue et les étoiles* (Irlande)
1927 Brecht : *Mahagonny* (Allemagne)
1928 Brecht : *L'Opéra de quat'sous* (Allemagne)
1930 Pirandello : *Ce soir on improvise* (Italie)
1931 O'Neil : *Le deuil sied à Électre* (États-Unis)
1934 Lorca : *Yerma* (Espagne)
1935 Eliott : *Meurtre dans la cathédrale* (Angleterre)
1936 Lorca : *La Maison de Bernarda* (Espagne)
1938 Brecht : *Galileo Galilei ; Terreur et misère du IIIe Reich ; La Bonne Âme de Sé-Tchouan ;* (Scandinavie)
1940 Brecht : *Maître Puntila et son valet Matti* (Finlande)
1941 Brecht : *Arturo Ui* (Finlande)
1945 Brecht : *Le Cercle de craie caucasien* (États-Unis)

1948 Montherlant : *Le Maître de Santiago*
1951 Sartre : *Le Diable et le Bon Dieu*
1952 Bernanos : *Dialogues des Carmélites*
1953 Anouilh : *L'Alouette*
1953 Green : *Sud*
1953 Giraudoux : *Pour Lucrèce*
1954 Montherlant : *Port-Royal*
1959 Anouilh : *Becket*
1959 Sartre : *Les Séquestrés d'Altona*
1960 Ionesco : *Rhinocéros*
1961 Glissant : *Monsieur Toussaint*
1962 Ionesco : *Le roi se meurt*
1964 Césaire : *La Tragédie du roi Christophe*
1965 Montherlant : *La Guerre civile*
1966 Arrabal : *Le Cimetière des voitures*
1966 Genet : *Les Paravents*
1967 Arrabal : *L'Architecte et l'empereur d'Assyrie*
1967 Yacine : *Les ancêtres redoublent de férocité*
1970 Mnouchkine : *1789*
1972 Mnouchkine : *1793*
1972 Arrabal : *Bella ciao*
1977 Planchon : *Gilles de Rais*
1979 Arrabal : *La Tour de Babel*
1985 Koltès : *Quai ouest*
1986 Cixous : *Sihanouk*
1986 Koltès : *Dans la solitude des champs de coton*
1987 Cixous : *L'Indiade*
1988 Arrabal : *La Traversée de l'empire*

1948 Camus : *L'État de siège*
1948 Sartre : *Les Mains sales*
1949 Camus : *Les Justes*
1950 Ionesco : *La Cantatrice chauve*
1950 Vian : *L'Équarrissage pour tous*
1951 Cousin : *L'Usine*
1952 Ionesco : *Les Chaises*
1952 Vauthier : *Capitaine Bada*
1953 Beckett : *En attendant Godot*
1954 Ionesco : *Amédée*
1955 Adamov : *Ping-pong*
1956 Duras : *Le Square*
1956 Vinaver : *Les Coréens*
1957 Beckett : *Fin de partie*
1959 Genet : *Les Nègres*
1959 Vian : *Les Bâtisseurs d'empire*
1960 Genet : *Le Balcon*
1960 Pinget : *Lettre morte*
1961 Billetdoux : *Va donc chez Törpe*
1961 Salacrou : *Boulevard Durand*
1961 Adamov : *Printemps 71*
1961 Beckett : *Oh les beaux jours*
1966 Sarraute : *Les Mensonges*
1966 Ionesco : *La Soif et la Faim*
1966 Gatti : *Chant public devant deux chaises électriques*
1967 Duras : *L'Amante anglaise*
1968 Ehni : *Que ferez-vous en novembre ?*
1968 Copi : *La Journée d'une rêveuse*
1970 Yacine : *L'Homme aux sandales de caoutchouc*
1973 Duras : *India Song*
1977 Vinaver : *Iphigénie-Hôtel*
1980 Grimberg : *En r'venant de l'Expo*
1988 Copi : *Une visite inopportune*

1946 Audiberti : *Quoat-Quoat*
1947 Audiberti : *Le mal court*
1947 Anouilh : *L'Invitation au château*
1947 Pichette : *Les Épiphanies*
1949 Tardieu : *Qui est là ?*
1950 Anouilh : *La Répétition ou l'Amour puni*
1950 Aymé : *Clérambard*
1951 Roussin : *Bobosse*
1951 Schéhadé : *Monsieur Bob'le*
1952 Aymé : *La Tête des autres*
1952 Roussin : *Lorsque l'enfant paraît*
1955 Billetdoux : *À la nuit la nuit*
1955-65 Tardieu : *Théâtre de chambre*
1956 Anouilh : *Pauvre Bitos*
1956 Schéhadé : *Histoire de Vasco*
1956 Marceau : *L'Œuf*
1957 Achard : *Patate*
1958 Audiberti : *L'Effet Glapion*
1959 Billetdoux : *Tchin-tchin*
1960 Obaldia : *Génousie*
1960 Sagan : *Un château en Suède*
1961 Dubillard : *Naïves Hirondelles*
1961 Schéhadé : *Le Voyage*
1962 Dubillard : *La Maison d'os*
1965 Obaldia : *Du vent dans les branches de sassafras*
1966 Weingarten : *L'Été*
1966 Sagan : *Le Cheval évanoui*
1967 Schéhadé : *L'Émigré de Brisbane*
1969 Dubillard : *Le Jardin de betteraves*
1970 Weingarten : *Alice dans les jardins du Luxembourg*
1974 Billetdoux : *La Nostalgie, camarade*
1976 Vauthier : *Ton nom dans le feu des nuées, Élisabeth*
1976 Haïm : *Isaac et la Sage-femme*
1986 Réza : *Conversation après un enterrement*

1948 Miller : *Mort d'un commis voyageur* (États-Unis)
1949 O'Casey : *Coquin de coq* (Irlande)
1950 Betti : *L'Île des chèvres* (Italie)
1951 Williams : *La Rose tatouée* (États-Unis)
1953 Miller : *Les Sorcières de Salem* (États-Unis)
1955 Williams : *La Chatte sur un toit brûlant* (États-Unis)
1955 Miller : *Vu du pont* (États-Unis)
1956 Dürrenmatt : *La Visite de la vieille dame* (Suisse)
1957 Osborne : *La Paix du dimanche* (Angleterre)
1959 Wesker : *La Cuisine* (Angleterre)
1960 Albee : *Zoo Story* (États-Unis)
1961 Williams : *La Nuit de l'iguane* (États-Unis)
1962 Albee : *Qui a peur de Virginia Woolf ?* (États-Unis)
1962 Walser : *Chênes et lapins angora* (Allemagne)
1963 Hochuth : *Le Vicaire* (Allemagne)
1964 Weiss : *Marat-Sade* (Allemagne)
1965 Mishima : *Madame de Sade* (Japon)
1965 Mrozek : *Tango* (Pologne)
1971 Handke : *La Chevauchée sur le lac de Constance* (Allemagne)
1971 Fuentès : *Le borgne est roi* (Mexique)
1972 Pinter : *C'était hier* (Angleterre)
1986 Moravia : *L'Ange de l'information* (Italie)
1988 Lorca : *Le Public* (Espagne)

* Sauf précision contraire, les dates indiquées sont celles présumées de la création.

Sans doute, si le théâtre en tant qu'activité est plus vivant que jamais, l'époque n'est-elle pas favorable à l'écriture de grands textes. Le reflux des idéologies de toutes sortes prive la scène de ses débats d'idées. Le café-théâtre a usé et abusé de la démolition des structures théâtrales. Et la télévision, avec ses « dramatiques », nous a habitués à des textes calibrés, joués de façon stéréotypée. La culture contemporaine ressemble à un immense supermarché de formes et de thèmes, et les nobles interrogations des années 50 et 60 n'ont plus cours. Peut-être l'énergie collective nécessaire aux siècles d'or est-elle en train de se concentrer, en vue d'une nouvelle floraison de créateurs ? Signalons au moins ici le lyrisme prometteur de Jean-Marie Koltès et la dérision de Copi, trop tôt disparu.

L'Âge d'or, spectacle de Ariane Mnouchkine, joué par le Théâtre du Soleil, en 1975.

IVe partie

LES GENRES NARRATIFS

Le roman a sans doute fini par devenir, au cours du XXe *siècle, un genre aussi populaire — et aussi nécessaire au grand public — que le cinéma, la chanson ou les variétés télévisées. À cela plusieurs causes, extérieures tout d'abord : le développement de l'alphabétisation par la scolarisation de masse, les progrès de l'imprimerie et la diffusion, enfin l'essor des institutions paracommerciales comme les académies littéraires, le vedettariat des romanciers, ou encore l'acharnement publicitaire.*

Pendant tout le premier quart du XXe *siècle, bon nombre d'excellents romans doivent leur succès à l'application scrupuleuse du système romanesque implicitement codifié par d'illustres romanciers comme Balzac, Stendhal ou Flaubert. La technique du réalisme impartial imprègne jusqu'aux grandes sommes d'un Georges Duhamel ou d'un Roger Martin du Gard. La revendication d'un « réalisme expérimental » anime la série aragonienne du* Monde réel. *Qu'il donne le primat à l'analyse psychologique ou à l'étude des mœurs, à la description de l'espace ou à l'évocation du temps écoulé, le roman semble toujours destiné à raconter, avant tout, une histoire.*

Certes l'écriture évolue. L'influence des littératures étrangères, les bouleversements liés aux modes culturelles, le développement de techniques nouvelles comme le réalisme brut de la subjectivité, le behaviorisme, le monologue intérieur, ont permis de voir une véritable « révolution romanesque » s'opérer pendant les années 20. Mais plus encore qu'à la radicalisation des recherches stylistiques, c'est à la personnalité des deux maîtres de l'après-guerre, André Gide et Marcel Proust, que l'on devra le renouveau romanesque de la période contemporaine.

Modernité marquée par une grande variété de tempéraments : de Colette à André Malraux, de Louis-Ferdinand Céline à François Mauriac, de Henri de Montherlant à Jean-Paul Sartre, sans oublier Julien Green, Jean Giono, Antoine de Saint-Exupéry et, déjà, Albert Camus ; au point qu'on a pu parler pour cette *période féconde de l'entre-deux-guerres d'âge d'or du roman français. Mais de ce concert apparemment discordant auquel la Seconde Guerre mondiale viendra mettre un point d'orgue s'élèvent plusieurs idées directrices : la condamnation des valeurs traditionnelles, la recherche d'un nouvel humanisme et l'urgence accrue d'un engagement de chaque instant dans les luttes politiques et sociales. Le romancier semble avoir découvert, au tournant des années 30, que ce qu'il raconte, c'est l'**Histoire.***

Prompte à nier l'histoire et à dissiper la réalité derrière l'écran du langage, la révolution surréaliste paraît incompatible avec le sérieux que s'impose la fonction imitative du genre romanesque. Lorsque l'imagination prend le pouvoir, comme en mai 1968, c'est au théâtre qu'elle s'installe ou sur la poésie qu'elle déferle. Elle n'attente pas à la neutralité du roman dont la fantaisie se trouve ailleurs, aux confins du fantastique (cf. les nouvelles de Boris Vian), du conte ou de la science-fiction.

Seul entre tous, le courant lié au Nouveau Roman peut se vanter d'avoir réellement subverti le rituel de la narration classique et les artifices de l'illusion réaliste.

Plus abstrait sans doute, plus poétique qu'au moment de sa traversée bourgeoise d'un XIX*e siècle positiviste, le roman contemporain reste aussi multiforme et insaisissable qu'à ses origines ; ses contradictions mêmes témoignent de son dynamisme.*

F. Léger,
La Lecture,
1924.

I L'AUBE DU ROMAN MODERNE

1. Modernité du XXe siècle ?

Le changement de siècle n'est pas vécu sous la forme d'une psychose mais plutôt d'une fête. Sur le plan artistique triomphent les mouvements futuristes, cubistes, avant-gardistes. Contestataire comme ses aînés, l'artiste de la Belle Époque se veut résolument moderne, cosmopolite, universel. Qu'en est-il des romanciers ?

1 Une tradition solide

Le roman, jadis réservé à l'élite bourgeoise, reste traditionnel sinon conservateur, en un mot, « littéraire ». C'est le règne des mandarins. Les maîtres à penser officiels jouissent d'un grand prestige auprès du public. **Paul Bourget** (1852-1935) et son moralisme réactionnaire ; **Maurice Barrès** (1862-1923), chantre du nationalisme xénophobe ; **Anatole France** (1844-1924), hésitant entre le scepticisme et le socialisme utopique, le dernier de nos écrivains classiques en tout cas.

J. Blaise jouant *Le Grand Meaulnes*, film de J.G. Albicocco, en 1967.

Le rationalisme scientiste (jadis illustré par Hippolyte Taine et Ernest Renan) bat en retraite : le positivisme est contesté de l'intérieur même par les nouvelles découvertes scientifiques (théorie de la relativité formulée par Einstein en 1905) ; les courants irrationalistes se font jour : syncrétisme religieux d'**Édouard Schuré** (*Les Grands Initiés*, 1889) ; la souplesse de la philosophie bergsonienne puis la révolution freudienne vont bientôt bouleverser les valeurs morales patiemment élaborées au service de l'idéologie et de l'ordre bourgeois.

Le **néo-naturalisme** jette ses derniers feux avec **Octave Mirbeau, Charles-Louis Philippe, Marcel Prévost.** Si le roman d'analyse se porte bien, le roman de la société est illustré notamment par **René Boylesve, Édouard Estaunié, Louis Pergaud, Jules Renard, Paul Léautaud.** Avide d'intrigues romanesques et d'évasion exotique, le grand public se repaît de « romans poétiques » ; **Pierre Loti, Pierre Louÿs, Rémy de Gourmont, Claude Farrère** lui assurent une dose d'évasion régulière et sans surprises. **Joris-Karl Huysmans, Léon Bloy, Élémir Bourges** et **Rosny aîné** sont à la fois plus décadents et plus troublants. Mais leur notoriété sera tardive. Ils n'entament pas encore le conformisme général de leurs lecteurs. La seule grande révélation littéraire de ce début du siècle est **Alain-Fournier** (1886-1914) avec *Le Grand Meaulnes* (1913).

2 Une génération mutilée

Parmi les quatre cent cinquante écrivains qui sont « tombés au champ d'honneur », nombreux sont ceux dont l'œuvre n'était qu'amorcée. **Alain-Fournier,** les romanciers catholiques **Ernest Psichari** (1883-1914) et **André Lafon** (1885-1915), **Adrien Bertrand** (prix Goncourt 1914 pour *L'Appel du sol*), sont morts avant d'avoir pu réellement témoigner de leur talent littéraire.

Le spectre de la guerre hantera encore de nombreux romanciers (notamment Céline) ; mais dès les années 1914-1918, plusieurs livres se font l'écho de l'héroïsme, du sacrifice ou de l'indignation provoqués par les grandes tueries de la Première Guerre mondiale : *Les Croix de bois* de **Roland Dorgelès** (1918), *Le Feu* de **Henri Barbusse** (1916), *Sous Verdun* de **Maurice Genevoix** (1916).

Artillerie. Gravure de R. de La Fresnaye, 1911.

3 Les perspectives de renouveau

Il faudra donc attendre la fin de la guerre pour que s'expriment, grâce à l'influence novatrice de la N.R.F. notamment, à la prolifération des prix littéraires et à l'apport des romans étrangers, de **nouvelles tendances esthétiques.** Si l'héritage symboliste reste vivace et se manifeste jusque dans la confusion qui s'opère souvent entre le style proprement romanesque et l'écriture poétique, le roman, à la recherche de nouvelles dimensions — ou de son authentique pureté selon le vœu de Valéry — tend en fait à s'annexer diverses formes d'écriture empruntées au lyrisme traditionnel (portraits, paysages), au théâtre (fragments de scènes uniquement dialoguées), au journal intime ou au reportage (narration au présent).

Intrinsèquement marqué par le rationalisme positif de la grande époque du réalisme, il tente dans son ensemble de mettre un ordre apparent dans une société traumatisée, de réorganiser les valeurs morales suivant une hiérarchie traditionnelle, bref de transposer la réalité dans un univers littéraire plus sécurisant que l'avenir annoncé, sur le plan politique, par le Traité de Versailles.

4 Un précurseur contesté : Rolland (1866-1944)

Avec *Jean-Christophe*, **Romain Rolland** n'a pas été seulement l'initiateur de la métaphore du roman-fleuve, dans lequel la vie est présentée comme un lent cheminement vers la mer, symbole de l'Humanité qui reçoit l'individu accompli ; passionné de musique, il a aussis tenté de calquer ses livres sur le rythme même d'une symphonie, créant ainsi l'expression de « roman musical ». Il a par ailleurs écrit plusieurs biographies de destins hors pair tels ceux de Tolstoï, Ghandi et surtout *Beethoven* (1903).

Né en 1866 à Clamecy, **Romain Rolland,** normalien comme Charles Péguy, agrégé d'histoire, a consacré sa vie à l'enseignement et à la littérature. Intellectuel de gauche, idéaliste fervent, Rolland fut à la fois pacifiste et révolutionnaire ; mais cette double exigence a pu le faire apparaître tantôt comme traître à la patrie, tantôt comme propagandiste de l'idéologie stalinienne. D'où la semi-incompréhension dans laquelle une partie de son œuvre a fini par sombrer, bien à tort. Romain Rolland est mort le 30 décembre 1944.

1909 : *Théâtre de la Révolution* (publ. de ses œuvres dramatiques).

1904-1912 : *Jean-Christophe* (10 vol.).

1919 : *Colas Breugnon.*

1922-1933 : *L'Âme enchantée* (4 vol.).

En dix volumes échelonnés de 1904 à 1912, ***Jean-Christophe*** est le roman d'une destinée individuelle : *L'Aube* retrace l'enfance de Jean-Christophe Krafft, très tôt marqué par la vocation de la musique. Dans *Le Matin*, le jeune pianiste poursuit ses années d'apprentissage, ainsi que dans *L'Adolescent* où il rencontre les diverses tentations de l'amour. *La Révolte* est le livre des difficultés professionnelles alors que la personnalité du pianiste s'affirme. Il doit quitter l'Allemagne pour la France, mais il sera déçu par la vie parisienne *(La Foire sur la Place)*. Dans les trois volumes suivants se conjuguent intrigues sentimentales et dégradation du climat international : *Antoinette*, *Dans la maison*, *Les Amies*. L'activisme politique contraint le musicien, qui a conquis une gloire européenne, à se réfugier en Suisse *(Le Buisson ardent)*. Dans *La Nouvelle Journée*, au seuil de la vieillesse, Jean-Christophe découvre enfin la paix intérieure.

Dialogue spirituel entre la France et l'Allemagne, dirait-on de cette série originale, *Jean-Christophe* est aussi la somme romanesque qui annonce l'humanisme chaleureux d'un Georges Duhamel ou la réflexion sur le sens de la vie d'un Roger Martin du Gard. Bilan d'une existence, « Bildungsroman »[1], il n'est pas sans rapport non plus avec *Les Chemins de la liberté* de Jean-Paul Sartre ou les *Mémoires* autobiographiques de Simone de Beauvoir.

1. Ou « roman de formation », genre en honneur dans la littérature allemande.

BIBLIOGRAPHIE

Édition

ROLLAND, *L'Âme enchantée* et *Jean-Christophe*. Albin Michel, 1967 et 1978.

Études

Élisabeth FRASER, *Le Renouveau religieux d'après le roman français de 1886 à 1914*. Les Belles Lettres, 1934.

René CHEVAL, *Romain Rolland, l'Allemagne et la Guerre*. P.U.F., 1963.

Michel RAIMOND, *La Crise du roman, des lendemains du naturalisme aux années 20*. José Corti, 1966.

2. Deux maîtres du roman : Gide et Proust

1 La négation du romanesque

Gide (1869-1951)

L'émancipation que **André Gide** a prêchée par l'exemple rejaillit notamment sur sa conception, tout à fait novatrice, du roman.

André Gide est né à Paris le 22 novembre 1869. Après des études médiocres, il fit un premier voyage en Afrique du Nord (1893) dont les paysages et l'ambiance épicurienne seront idéalisés dans *Les Nourritures terrestres.* C'est là qu'il découvre la liberté, tant morale que sexuelle. Il épouse sa cousine germaine, Madeleine Rondeaux, à laquelle un amour fraternel le tenait attaché depuis son enfance. Mais le ménage ne tardera pas à se dégrader. Gide fait de nombreux voyages, traverse une crise religieuse (dont témoignera *Numquid et tu ?,* 1916), prend position contre le colonialisme (*Voyage au Congo,* 1927), puis se sent momentanément attiré par l'effort politique et social de l'U.R.S.S. (*Retour de l'U.R.S.S.,* 1936). Cofondateur de la N.R.F., il jouera un rôle important dans les milieux intellectuels à la veille de la Seconde Guerre mondiale. André Gide a reçu le Prix Nobel en 1947 et est mort à Paris le 19 février 1951.

1893 : *Le Voyage d'Urien.*

1895 : *Paludes.*

1897 : *Les Nourritures terrestres.*

1902 : *L'Immoraliste.*

1909 : *La Porte étroite.*

1911 : *Isabelle.*

1914 : *Les Caves du Vatican.*

1919 : *La Symphonie pastorale.*

1926 : *Les Faux-Monnayeurs.*

1929 : *L'École des femmes,* suivi de *Robert et Geneviève.*

1946 : *Thésée.*

Certains récits ne choquent cependant que par la modernité de leur contenu : *L'Immoraliste, La Porte étroite, La Symphonie pastorale* sont des romans d'analyse dans la tradition des écrivains les plus classiques. **La lucidité** s'y conjugue avec un goût prononcé pour **le narcissisme.** Seules la recherche absolue du bonheur égoïste, l'apologie de l'individualisme et la passion de la liberté ont quelque chose de provocant qu'affirmera encore le dernier récit : *Thésée* (1946).

Paul Valéry était, dès 1896, entré dans l'ère du roman non romanesque en donnant *La Soirée avec Monsieur Teste.* Il en va de même pour ***Les Caves du Vatican*** (1914), roman de politique-fiction avant la lettre, *sotie* selon le mot de Gide, ou récit caricatural et ironique faisant le procès de toute fiction future. Les aventures rocambolesques déclenchées par le comportement anarchique — ou dadaïste — de Lafcadio ne posent pas seulement le problème philosophique de la liberté absolue. Elles remettent en question du même coup, par leur caractère exagéré et insolite, les règles les plus couramment admises de l'univers romanesque et l'arbitraire des conventions narratives : toute tentative réaliste paraîtra désormais artificielle.

Le roman du roman

« J'écris *Paludes* » disait déjà le narrateur de... *Paludes. Les Faux-Monnayeurs* (1926), outre les très nombreux portraits de personnages divers qu'il propose, va systématiser le procédé de la « mise en abyme »[1], qui consiste à feindre que le roman soit écrit par un des personnages fictifs de l'intrigue. On peut alors considérer soit que l'auteur (réel) se confond avec un narrateur (imaginaire), soit que le narrateur (réel) se décrit en train de tenir le journal de son roman. Dans tous les cas, le roman apparaît comme un genre hybride, aussi éloigné de la fiction pure que de la réalité brute : *Les Faux-Monnayeurs* condamne définitivement les dogmes ingénus de l'objectivité et de l'impartialité chers à Balzac ou à Flaubert.

Couverture pour *Les Faux-Monnayeurs*, dans Folio.

Les Faux-Monnayeurs est construit à partir d'une vingtaine de personnages impliqués dans des intrigues différentes qui s'entrecroisent avec beaucoup de liberté, et illustre ce propos d'Albert Thibaudet : « Le génie du roman fait vivre le possible ; il ne fait pas revivre le réel. » Il y a d'abord Édouard qui tient à la fois son journal et écrit un livre qui s'appelle... *Les Faux-Monnayeurs* (Gide écrit de son côté un *Journal des Faux-Monnayeurs*). Ce roman n'a pas de sujet parce que le narrateur veut tout y faire entrer : « Ce que je vois, ce que je sais, tout ce que m'apprend la vie des autres et la mienne ». D'ailleurs, qu'est-ce que la fausse monnaie ? Un fait divers réel où des enfants sont impliqués et dont Gide a pu s'inspirer ? L'hypocrisie des adultes auxquels se trouvent confrontés les jeunes gens, idéalistes, excessifs dans leur intransigeance, ou cyniques ? L'illusion créatrice du romancier réaliste qui se prétend démiurge ? Autant de questions d'ordre moral, psychologique ou esthétique qui se trouvent posées par le récit.

Certes Diderot avait déjà, dans *Jacques le Fataliste*, porté un grave coup aux conventions de l'écriture romanesque. Avec l'hétérogénéité des matériaux mis en œuvre dans *Les Faux-Monnayeurs*, le roman n'est déjà plus, suivant le mot de Jean Ricardou, le récit d'une aventure, mais l'aventure d'un récit. Gide annonce le mélange des genres qui se fera jour dans le nouveau style romanesque d'un Montherlant *(Les Jeunes Filles)*, d'un Bernanos *(Sous le soleil de Satan)*; il devance les recherches de la littérature « de laboratoire » des années 50.

1. En terme d'héraldique, il s'agit d'un blason identique inscrit dans le premier, et ainsi de suite, théoriquement à l'infini.

BIBLIOGRAPHIE

Édition

GIDE, *Romans, récits et soties, Œuvres lyriques* (1 vol.). Gallimard (bibl. de la Pléiade), 1958.

Études

Germaine BRÉE, *André Gide, l'insaisissable Protée.* Les Belles Lettres, 1953.

Claude MARTIN, *Gide par lui-même.* Le Seuil, 1963.

Michel RAIMOND, *les Critiques de notre temps et Gide.* Garnier, 1971.

Auguste ANGLÈS , *André Gide et le premier groupe de la N.R.F.* Gallimard, 1978.

Bertrand FILLANDEAU, *L'Univers ludique d'André Gide.* José Corti, 1985.

Revue des sciences humaines, n° 199, 1985.

2

Proust (1881-1922)

L'univers de l'autobiographie proustienne

L'espace de *A la recherche du temps perdu* est le microcosme familier de l'enfance, c'est l'univers du jeune **Marcel Proust :** le village d'Illiers (devenu Combray), le Loir (la Vivonne), puis les plages normandes et Cabourg (Balbec), ressuscités **par la magie de la mémoire** et qui échappent ainsi à l'ouvrage destructeur du temps.

Né à Auteuil le 10 juillet 1881, **Marcel Proust** commence par collaborer à plusieurs revues littéraires. Issu d'un milieu aisé, il fut très tôt initié à la vaine comédie de la société mondaine de la Belle Époque, au déclin de l'aristocratie, à la vulgarité d'une bourgeoisie en pleine ascension, dont il ne manquera pas de faire la satire dans son œuvre de romancier. Refusé à la N.R.F. alors co-dirigée par Gide, Proust publie *Du côté de chez Swann* en 1913 chez Grasset, à compte d'auteur. Il obtient le prix Goncourt en 1919 pour *À l'ombre des jeunes filles en fleurs.*
Proust est mort à Paris le 8 novembre 1922, à l'issue d'une longue maladie au cours de laquelle il s'est lentement replié sur son passé, son enfance heureuse, les différents sentiments et les émotions constitutifs de sa personnalité. Plusieurs de ses œuvres, de critique notamment *(Contre Sainte-Beuve,* 1954), sont posthumes.

1896-1904 : *Jean Santeuil* (éd. posth., 1952).

1913 : *Du côté de chez Swann.*

1919 : *À l'ombre des jeunes filles en fleurs.*

1920 : *Le Côté de Guermantes.*

1921 : *Sodome et Gomorrhe.*

1923 : *La Prisonnière.*

1925 : *Albertine disparue* (ou : *La Fugitive).*

1927 : *Le Temps retrouvé.*

Les personnages qui peuplent cet univers sont eux aussi empruntés à la réalité. Issus de l'expérience personnelle du narrateur, ils deviennent, par la transposition généralisatrice des « mémoires », **de véritables types universels,** balzaciens : la tante Léonie ; Françoise ; Legrandin, snob ridicule ; le diplomate Norpois, verbeux et plat ; Charlus, la duchesse de Guermantes, Odette, Gilberte, etc... sont autant de portraits que Proust a pu côtoyer dans les salons et les cercles qu'il a fréquentés.

Univers dominé par l'amour, la jalousie, le vice, l'hypocrisie, encore plus souvent par la vanité, et la pusillanimité, **le monde proustien est,** sur le plan moral, aussi **pessimiste et désabusé** que chez les classiques qui l'ont inspiré : La Bruyère ou Saint-Simon. Conception statique, désabusée, ironique à la manière d'un La Rochefoucauld : Proust ne cherche pas à idéaliser l'homme, pas plus qu'il ne souhaite un éventuel progrès de l'humanité. Un seul univers compte pour lui, pressenti dès *Jean Santeuil* avec la rencontre d'un romancier célèbre, approfondi dans *La Recherche* avec Vinteuil ou Bergotte : celui de l'art.

Le triomphe du subjectivisme

Entièrement écrite au passé, *La Recherche* se détourne en effet de la réalité présente pour ne s'intéresser qu'à la seule réalité de la conscience, qu'il s'agisse des images fixées par le souvenir (le célèbre épisode de la madeleine n'est pas sans rapport avec la philosophie bergsonienne[1]) ou de celles que l'art transfigure (le « petit pan de mur jaune » dans le tableau de Vermeer, admiré par Bergotte, dans *La Prisonnière).* Le personnage d'Odette de Crécy, par exemple, n'existe guère que dans la conscience du narrateur.

1. BERGSON, admiré par Proust, venait de publier sa thèse sur Les Données immédiates de la conscience, *en 1889.*

Un amour de Swann (1913) se compose d'un diptyque : dans un premier temps on assiste à la naissance de l'amour de Swann pour Odette, puis à sa jalousie. Enfin, il se détache de celle qu'il a tant aimée et qui l'a tant fait souffrir. Il reconnaît alors « qu'elle ne lui plaisait pas, qu'elle n'était pas son genre ». Est-ce à dire que l'être même d'Odette ne dépendait que des fantasmes et des caprices du cœur de Swann ?

Au nom de la philosophie de Husserl et de l'intentionnalité (« Toute conscience est conscience de quelque chose »), Sartre a critiqué cet excès de subjectivité : « Si nous aimons une femme » écrivait-il dans *Une idée fondamentale de Husserl* (1939 ; *Situations I),* « c'est parce qu'elle est aimable. Nous voilà délivrés de Proust. Délivrés en même temps de la vie intérieure ». Proust, sans nier l'existence ontologique du monde extérieur, a su montrer avec finesse l'importance du regard, la partialité de la conscience, le rôle du sujet dans la détermination de l'autre, le génie consistant selon lui dans le pouvoir réfléchissant et non dans la qualité intrinsèque du spectacle reflété.

G. Boldini,
La Promenade au bois,
vers 1910.

Une nouvelle conception de la narrativité

Si *La Recherche* peut tout entière se réduire à une vision subjective, à la mémoire d'un narrateur — distinct cependant de l'auteur —, il va sans dire que le lecteur ne doit attendre aucune aventure, aucune intrigue. Il s'agit d'un récit, au sens propre du terme, excluant toute liberté, toute intervention événementielle : le roman se réduit à la découverte de soi à travers le langage qui réfracte la réalité d'une voix intérieure et les mille facettes du rêve ou de la rêverie, de la conscience diffuse ou de ce que les psychanalystes appelleront « l'attention flottante ». D'où l'importance donnée aux mots plus encore qu'aux choses dans cette anamnèse verbale.

Le récit proustien s'attache par ailleurs à étirer dans la durée et à éparpiller dans le présent ce qui est habituellement enchaîné de façon précipitée et significative : la narration chez Proust rend compte pour la première fois de la temporalité propre du moi, indépendamment de toute chronologie extérieure. Proust s'efforce ainsi de transposer l'écoulement du temps dans la plénitude éternelle que peut conférer la métamorphose de l'art. Pour opérer cette transmutation, le style, voire la rhétorique, jouent un rôle primordial : de longues phrases coupées d'incises traduisent le cheminement d'une pensée où les superpositions de la mémoire reconstituent de métaphore en métaphore la cohérence spécifique et la complexité du monde intérieur. Mais, par-delà le modernisme d'une écriture de la temporalité dont l'influence sera sensible sur l'évolution ultérieure du système romanesque, Proust se rattache au courant des moralistes classiques qui, tout en faisant le procès d'une société mondaine et frivole, saluent à travers l'ambition artistique la soif de transcendance qui interpelle l'homme dans les moments privilégiés de sa vie intérieure.

BIBLIOGRAPHIE

Étude

PROUST, *À la recherche du temps perdu,* Éd. Pierre CLARAC et Alain FERRÉ. Gallimard (bibl. de la Pléiade), 1954.

Études

Jean-Yves TADIÉ, *Proust et le roman.* Gallimard, 1971.

Jean-Pierre RICHARD, *Proust et le monde sensible.* Le Seuil, 1974.

II LE ROMAN DES ANNÉES 20

1. À la recherche de valeurs nouvelles

La Grande Guerre n'a pas seulement été un traumatisme moral ; elle a aussi été très meurtrière et nombre de romanciers ont disparu — comme Alain-Fournier — avant d'avoir pu écrire l'essentiel de leur œuvre. À ce bilan négatif la production romanesque fait écho de façon diverse et parfois contradictoire, tantôt en accentuant les aspects les plus noirs de la réalité, tantôt en cherchant refuge dans l'imaginaire.

Aussi se développe-t-il simultanément un courant critique et pessimiste qui accuse la barbarie du système social et une tendance irréalisante qui tourne le dos à la crise des valeurs ou cherche à la situer dans le seul domaine de la révolution esthétique : l'art non figuratif[1] ; les expérimentations romanesques largement inspirées par les écrivains étrangers (anglo-saxons notamment), le délire surréaliste, sont le reflet de ce mélange d'enthousiasme et de tourments qui caractérise le style ambigu des années dites « folles ».

1. « Plus ce monde est terrifiant (aujourd'hui par exemple) et plus l'art se fait abstrait, alors qu'un monde heureux susciterait un art immanent », note le peintre Paul Klee dans son journal de 1915.

1 Malaise dans la civilisation ?

Du simple désarroi intellectuel au nihilisme le plus radical qu'exprime la révolte de certains personnages de Gide en passant par l'inquiétude psychologique dans la tradition du roman d'analyse classique, les années 20 ont sans doute été marquées par un « mal du siècle » que reflètent des romans aussi divers que *L'Epithalame* de **Jacques Chardonne** (1921), *L'Ordre* de **Marcel Arland** (prix Goncourt, 1929) ou *Amour nuptial* de **Jacques de Lacretelle** (prix du roman de l'Académie française, 1930) : la lucidité de l'analyse y coïncide toujours avec une satire impitoyable des mœurs.

Cendrars (1887-1961)

Mais plus significative encore est l'œuvre d'un **Blaise Cendrars** (pseudonyme de Frédéric-Louis Sauser). Dionysiaque lorsqu'elle évoque à la manière de la plupart de ses contemporains les richesses de l'aventure, l'ivresse des voyages, le vertige de la vitesse, la voix de Cendrars se fait parfois beaucoup plus grave pour évoquer la souffrance, la pauvreté, la décrépitude qui accompagnent le tourbillon frénétique de la société moderne.

Dans *L'Or* par exemple (1925), Blaise Cendrars imagine la vie et les aventures de J.-A. Suter, un émigrant suisse qui tente d'échapper à la misère en s'embarquant pour le Nouveau Monde, au début du XIXe siècle. C'est précisément en 1848, au moment où, sa situation s'améliorant, sa famille va pouvoir le rejoindre, que la fièvre de l'or s'emparera des États-Unis. Victime de pillages, de la barbarie généralisée, il sombre alors dans un dénuement absolu qu'accompagne une sorte de folie à demi mystique dans laquelle il croit revivre l'Apocalypse.

Aventurier, éternel voyageur, poète de la pègre proche d'un Henry Miller dont les thèmes d'inspiration sont souvent voisins, Cendrars laisse en fait une œuvre ambiguë d'où les préoccupations mystiques ne sont pas exclues (*Moravagine,* 1926 ; *Les Confessions de Dan Yack,* 1929 ; *Rhum,* 1930).

2 Le rêve, l'aventure et l'exotisme : Benoît, Morand, Carco et Mac Orlan

À l'inverse de Cendrars, des romanciers comme Pierre Benoît, Francis Carco, Paul Morand ou Pierre Mac Orlan exploitent, consciemment ou non, le goût d'un large public pour la transposition poétique, l'évasion romanesque et les mystères d'une intrigue dépaysante ou fantastique en proposant des romans de consommation courante qui, s'ils furent souvent couronnés en leur temps, ne sont pas tous, tant s'en faut, passés à la postérité.

Benoît.
Dessin de J. Carzou.

Benoît (1866-1962), Morand (1888-1976) et Carco (1886-1958)

Produisant régulièrement à partir de *Koenigsmark* (1918) un roman par an, **Pierre Benoît** obtint le grand prix du roman de l'Académie française pour *L'Atlantide* (1919), et est encore considéré comme un des maîtres du roman d'évasion.

Paul Morand a laissé une œuvre à la fois réaliste et empreinte de cosmopolitisme et de mystère (*Ouvert la nuit,* 1922).

Pour **Francis Carco,** poète et romancier (*L'Homme traqué,* prix du roman de l'Académie française, 1922), la réalité quotidienne se transforme en un univers idéalisé où les multiples visages de Paris finissent par apparaître comme des lieux enchanteurs, insoupçonnés, exotiques. Ses romans empreints d'un lyrisme parfois désuet ont contribué à développer le mythe du « Paris des poètes », avec ses villages privilégiés (cf. *Montmartre à vingt ans,* 1938).

Morand.
Dessin de Pribyl.

Mac Orlan (1882-1970)

Pierre Mac Orlan (pseudonyme de Pierre Dumarchey) est assez représentatif de l'imaginaire des « années folles ». Plusieurs de ses romans inspireront d'ailleurs des films dont certains comptent parmi les chefs-d'œuvre du cinéma parlant : *Le Quai des Brumes* (1927), *La Bandera* (1931). À mi-chemin entre l'expressionnisme, le populisme et le surréalisme naissant, Mac Orlan crée des personnages symboliques au destin hors du commun. Le terme de « fantastique social » convient bien pour caractériser une œuvre où les mythes du monde moderne jouent un rôle prépondérant.

Carco.
Dessin de Abin.

Mac Orlan.
Dessin de M. Henry.

3 L'éclatement des conventions romanesques

Conscients depuis Valéry de l'artifice des conventions romanesques, les écrivains sont amenés à mettre en question les matériaux dont ils disposent. Le temps est loin où le romancier se prenait pour le simple « historien » ou « secrétaire » de la société ! Le sentiment de la relativité universelle, la crise que les mentalités ont subie dans le premier quart du siècle avec le gigantisme urbain, les bouleversements des structures familiales et sociales ont partiellement engendré une conception différente du monde et un nouveau système de représentation.

Larbaud.
Dessin de M. Henry.

Le cosmopolitisme littéraire dans les années 20

Au cours des années 20 paraissent à l'étranger plusieurs romans dont l'influence sera retentissante en France. Kafka et Musil (*L'Homme sans qualités,* 1930-1933) reprennent la veine pessimiste ou absurde annoncée par Dostoïevsky. Avec *Le Bruit et la Fureur* (1929) et *Gatsby le magnifique* (1925), Faulkner et Fitzgerald bouleversent, chacun à leur manière, les règles patiemment élaborées par la psycho-logique classique. Dos Passos (*Manhattan Transfer,* 1925) et Döblin (*Berlin Alexanderplatz,* 1929) tentent d'adapter une écriture expérimentale à la fragmentation du monde provoquée par les nouvelles conditions de vie dans les conurbations occidentales. Mais ce sont essentiellement de Joyce (*Ulysse,* 1922) et Virginia Woolf (*La Promenade au phare,* 1927) que se réclameront non seulement l'avant-garde littéraire des années 20 mais aussi les Nouveaux Romanciers réunis aux Éditions de Minuit dans les années 50.

Aussi une nouvelle esthétique du récit s'élaborera-t-elle, d'abord de façon expérimentale et parfois provocante pour un public habitué aux conventions du réalisme classique. La notion de personne et de personnage se trouvera diluée dans l'anonymat d'une foule dont le rôle sera souvent prédominant. La réflexion sur les points de vue aboutira à un rétrécissement de la « focalisation », limitée au champ de la conscience d'un personnage unique (contrairement à l'ubiquité du narrateur omniscient de type balzacien). Enfin se développera le récit au présent, proche du journal intime : le libre cours de l'inconscient commence, à partir de Freud, à être considéré comme plus **vrai** que la réalité extérieure.

4 Une expérience esthétique : le monologue intérieur et Larbaud (1881-1957)

C'est dans les années 20 que bon nombre de romanciers ont cédé à la tentation du « monologue intérieur », au point d'en abuser comme le fera ultérieurement remarquer Giraudoux. Dès le début du siècle, et même avant, avec Edouard Dujardin (voir le roman *Les lauriers sont coupés*, 1987), l'extension de l'omniscience du narrateur avait permis de rapporter les pensées intimes sinon de tous les personnages, du moins du personnage principal : « Un personnage exprime sa pensée la plus intime, la plus proche de l'inconscient, antérieurement à toute organisation logique, c'est-à-dire en son état naissant, par le moyen de phrases directes réduites au minimum syntaxial, de façon à donner l'impression du tout venant » (Édouard Dujardin, *Le Monologue intérieur*, 1931).

Valéry Larbaud, millionnaire, poète et polyglotte, a d'abord publié plusieurs recueils modernistes inspirés de Walt Whitman avant de participer à la traduction française de l'*Ulysse* de James Joyce (1929). Ses nouvelles *Enfantines* (1918) et le roman *Fermina Márquez* (1911) évoquent essentiellement la nostalgie du monde privilégié d'une enfance heureuse. Mais ce sont surtout dans les « contes sentimentaux » comme *Beauté, mon beau souci* ou *Amants, heureux amants...* (1923) que Valéry Larbaud est apparu le maître du monologue intérieur à la première personne, du « courant de conscience » impressionniste et poétique.

5 Une tentative sociale : le populisme, de Dabit (1918-1936) à Aymé (1902-1967)

L. Jouvet et Arletty jouant *Hôtel du Nord*, film de M. Carné, en 1937.

En 1929 paraissait le *Manifeste du roman populiste* que Léon Lemonnier dédiait au romancier André Thérive. Selon lui, il était urgent « d'en finir avec les personnages du beau monde, les pécores qui n'ont d'autre occupation que de mettre du rouge, les oisifs qui cherchent à pratiquer des vices prétendument élégants. Il faut peindre les petites gens, les gens médiocres qui sont la masse de la société, et dont la vie, elle aussi, compte des drames ».

Eugène Dabit, issu d'une humble famille montmartroise, est sans doute le meilleur représentant du militantisme populiste. Par son action politique, comme par sa pratique littéraire, il a su éviter l'engagement aveugle dans une voie où les bons sentiments l'emportent souvent sur la réussite artistique : *Hôtel du Nord*, prix Populiste 1929, se veut écrit dans un style simple et met en scène des personnages modestes aux prises avec les difficultés du monde moderne accrues par l'injustice du capitalisme[1].

Mais si le véritable populisme n'est qu'une mode, plus politique que littéraire d'ailleurs, liée sans doute au milieu social dont sont issus certains artistes pauvres des années 20, le désir d'écrire en faveur du peuple trop souvent opprimé et de dévoiler l'injustice qu'une société bourgeoise et égoïste cherche généralement à passer sous silence, se retrouvera chez de nombreux romanciers. Louis Aragon, Elsa Triolet, Roger Vailland, mais déjà, et d'une façon moins artificielle sans doute, Georges Duhamel se sont faits les porte-paroles de la misère et de la souffrance populaires. De son côté **Marcel Aymé,** qui avait obtenu le prix Populiste en 1930 pour *La Rue sans nom*, sera surtout connu pour la fantaisie et l'humour avec lesquels il décrit la vie politique d'une petite ville de province dans *La Jument verte* (1933).

1. Marcel Carné assurera le succès de ce roman en l'adaptant à l'écran en 1937.

BIBLIOGRAPHIE

Éditions

Chardonne, *Œuvres complètes.* Albin Michel, 1951.

Cendrars, *Œuvres* (8 vol.). Denoël, 1960-1965.

Mac Orlan, *Œuvres complètes.* Genève, Édito-service (25 vol.), 1968.

Larbaud, *Œuvres*, Éd. Georges Jean-Aubry et Robert Mallet. Gallimard (bibl. de la Pléiade), 1958.

Études

Ginette Guitard-Auviste, *Jacques Chardonne.* Orban, 1984.

Juan-Carlo Fluckiger, *Au cœur du texte. Essai sur Blaise Cendrars.* La Baconnière - Payot, 1977.

Stéphane Sarkany, *Paul Morand et le cosmopolitisme littéraire.* Klincksieck, 1968.

Frida Weisman, *L'Exotisme de Valéry Larbaud.* Nizet, 1966.

2. L'influence surréaliste

Le langage romanesque semble beaucoup moins apte que la poésie (ou même le cinéma et le théâtre) à mettre en scène le domaine surnaturel du rêve et de la folie. À l'exception de certains genres spécifiques : le fantastique, la science-fiction ou l'aventure policière, rares sont les romans qui, à la suite de Nerval, aient osé ouvrir leurs portes au monde de l'irrationnel et de l'imaginaire. Aucun romancier français — à l'exception toutefois du Boris Vian de *L'Arrache-Cœur* (1953) — ne s'en est pris de façon systématique à la logique du réel sinon ceux qui, écrivant à la belle époque du surréalisme militant, ont appliqué à la lettre le souhait de Salvador Dali voulant rendre à la pensée son « libre fonctionnement, c'est-à-dire l'incohérence même » (notes sur *Un chien andalou*, 1929).

1 Breton (1896-1966) et le roman surréaliste

L'auteur de Nadja

Si **André Breton**[1] abhorrait le genre romanesque au point de remplacer les descriptions par de simples photographies dans *Nadja* (1928), force est de reconnaître l'impact littéraire de ses textes en prose où s'accomplit la fusion du rêve et de la vie.

Dessin de Nadja, v. 1926.

Les Vases communicants (1932) expriment **cette perte de crédit de l'intelligence logique** qui s'est manifestée en Europe dès qu'eurent été propagées les idées maîtresses de Freud sur l'inconscient. Ils correspondent au manifeste poétique cosigné par Breton et Philippe Soupault dans *Les Champs magnétiques* (1919) : « Je souhaite qu'il ne passe (le surréalisme) pour avoir tenté rien de mieux que de jeter un fil conducteur entre les mondes par trop dissociés de la veille et du sommeil, de la réalité extérieure et intérieure, de la raison et de la folie. » *L'Amour fou* (1937) fait une apologie (marxiste et freudienne) du désir, mais tente simultanément de justifier l'amour unique en organisant l'inconscient par le recours aux « sciences » les plus occultes (alchimie, astrologie, spiritisme, etc.). Plus que jamais l'art se veut comme chez Desnos ou Prévert une synthèse hégélienne des contraires apparents : « La beauté convulsive sera érotique-voilée, explosante-fixe, magique-circonstancielle ou ne sera pas. »

Nadja, que Julien Gracq rapproche avec pertinence de l'aventure courtoise à la recherche du secret des secrets : la rencontre, est peut-être avant tout l'expression d'une nostalgie de la liberté, d'une volonté d'abolir tout ce qui pourrait s'opposer au désir le plus subjectif. La quête de l'autre s'y confond avec la quête du moi et répond avec égoïsme et détermination au cri lancé par Rimbaud : « Cultivez votre hystérie. »

Le narrateur, un jour de l'année 1926, croise une jeune femme énigmatique dont il ne pourra plus détacher sa pensée — ou son inconscient. Qui est cette inconnue ? « Je suis une âme errante », répond Nadja. Dès lors commence pour le narrateur une nouvelle vie (qui n'est pas sans rappeler *Aurélia,* de Nerval) où la veille et le rêve vont s'interpénétrer. La géographie parisienne semble désormais obéir à des intentions magiques, une réalité supranormale se substitue à l'univers des habitudes quotidiennes : Nadja, qui lui a révélé ce monde merveilleux, est-elle folle ou d'une extraordinaire lucidité ?

1. *Voir biographie, p. 437.*

Faut-il voir dans ce solipsisme exacerbé la cause et l'explication du déclin du surréalisme que l'on jugera dès l'avant-guerre comme désengagé, élitiste, inefficace et même « réactionnaire » ? Révolutionnaire à l'origine, le mouvement apparaît désormais bourgeois, et Aragon, par exemple, abandonnera l'inspiration surréaliste qui animait ses premiers romans : *Anicet ou le Panorama* (1921), *Le Paysan de Paris* (1926).

Couverture pour *Impressions d'Afrique*, dans Le Livre de poche.

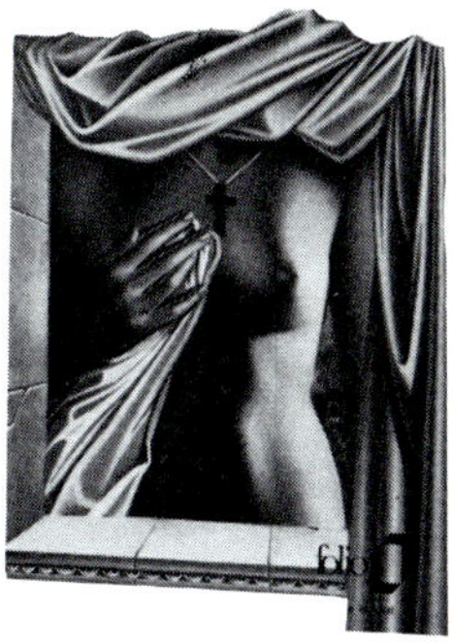

Couverture pour *Paulina 1880*, dans Folio.

Autres romanciers « surréalistes » : de Roussel (1877-1933) à Jouve (1887-1976)

Si, plus par snobisme sans doute que par réelle affection, les surréalistes se sont complus à réhabiliter des genres considérés comme mineurs (littérature érotique, feuilletons populaires, etc.), leur intérêt s'est aussi porté sur certains écrivains méconnus ou ignorés comme **Raymond Roussel,** l'auteur d'*Impressions d'Afrique* (1910).

Mais l'état d'esprit véritablement surréaliste et le goût pour l'image poétique sont surtout sensibles chez **Max Jacob** (1876-1944), **René Crevel** (1900-1935) et **Jules Supervielle** (1884-1960 ; voir p. 441). À l'inverse des précédents, violemment révoltés contre le monde, celui-ci exprime dans ses contes comme dans ses poèmes une sorte de sérénité ambiguë, une tristesse « infiniment plus triste et moins cruelle ». **Pierre-Jean Jouve,** dans *Paulina 1880* (1925) ou dans *Le Monde désert* (1927) utilise surtout les ressources du monologue intérieur pour accéder aux images les plus étranges qui peuplent le subconscient.

2 Cocteau (1889-1963)

Dramaturge, **Jean Cocteau** l'est dans l'âme, au point que la vie lui apparaît rarement autrement que sous la forme d'une comédie : c'est en tout cas ainsi qu'apparaît la guerre dans *Thomas l'imposteur* (1923). Aussi est-ce avec une totale innocence que les héros sont amenés à faire le mal, voire à provoquer la mort. Ils ne se plient qu'aux caprices de leur imagination et agissent avec une ingénuité perverse.

Jean Cocteau n'est pas seulement un polygraphe (voir aussi p. 441). C'est aussi « l'enfant gâté du siècle » (Pierre de Boisdeffre) qui a joué avec la vie et la mort et qui a monté plus d'un canular, depuis l'époque du *Bœuf sur le toit* jusqu'à l'Académie française. Lié avec les musiciens du groupe des Six[1], chorégraphe, librettiste (cf. le succès de scandale de *Parade,* 1917), Cocteau est-il plus connu comme poète, dramaturge, cinéaste ou romancier ?

1923 : *Thomas l'imposteur.*

1924 : *Le Potomak.*

1925 : *Les Enfants terribles.*

1940 : *La Fin du Potomak.*

1947 : *Deux Travestis.*

Cocteau traite ses personnages avec une légèreté qui peut surprendre. Dans ***Les Enfants terribles*** (1925) une boule de neige suffit à déclencher une grave maladie ; la mère meurt et ne laisse derrière elle qu'un souvenir fabuleux « au ciel des songes » ; le fiancé d'Élisabeth meurt à point nommé après la cérémonie mais avant la consommation du mariage. Dargelos (personnification de la mort ?) a une présence irréelle. Ange venu d'un autre monde, sa seule justification est liée au privilège de sa beauté.

1. Réunion de six jeunes compositeurs français autour de Satie (Auric, Durey, Honegger, Milhaud, Poulenc, Tailleferre).

Une telle insistance à refuser le réel, en substituant notamment la gratuité du conte à la logique des conventions romanesques, correspond cependant à une intention précise ; l'univers de Cocteau a ses propres règles : celles du merveilleux, dans une autre dimension temporelle : celle du rêve. La préciosité du langage permet au surréalisme de Cocteau de tout résoudre par les lazzi et de confondre le tragique par la poésie.

3 Radiguet (1903-1923)

Raymond Radiguet est né en 1903. Écrivain précoce, très tôt remarqué par Cocteau, il participe aux mouvements d'avant-garde littéraire et publie au lendemain de la guerre *Le Diable au corps* (1923), roman qui « éclate comme un dernier coup de canon dans le ciel de l'armistice ». Emporté par la typhoïde en 1923, Radiguet devait laisser un autre roman, non moins fascinant que le précédent : *Le Bal du comte d'Orgel* (1924).

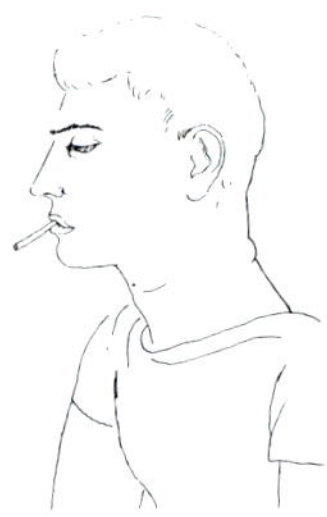

Radiguet.
Dessin de J. Cocteau.

Le Diable au corps[1] de **Raymond Radiguet,** où l'on voit un adolescent devenir l'amant d'une jeune femme dont le mari combat sur le front, est-il une œuvre frivole, d'une immoralité cynique, ou au contraire une satire impitoyable des bouleversements sociaux provoqués par l'inhumanité de la guerre ? Le ludisme qui s'y exprime, le charme d'une analyse psychologique empreinte de romantisme tout en restant lucide ne sont en tout cas pas gratuits : ils marquent le désarroi d'une génération pour laquelle l'évasion, dût-elle se trouver dans le libertinage irresponsable, est la seule façon de vivre. Raymond Radiguet affirmait lui-même : « On y voit la liberté, le désœuvrement dus à la guerre, façonner un jeune garçon et tuer une jeune femme. »

D'une élégance d'où la préciosité n'est pas absente, son second roman, *Le Bal du comte d'Orgel* rappelle à la fois la maîtrise classique dans l'analyse des passions d'une Madame de La Fayette (le livre reprend d'ailleurs l'intrigue de *La Princesse de Clèves* avec la célèbre scène de l'aveu) et l'ironie elliptique de Stendhal. Derrière le moraliste sans complaisance se cache aussi un rêveur à la recherche de l'amour idéal. C'est sans doute cet aspect de Radiguet que la postérité a retenu pour tisser autour de lui une légende que le cinéma continue à populariser.

1. *Film de Claude* *Autant-Lara* (1947).

BIBLIOGRAPHIE

Éditions

Breton, *Clair de Terre* et *Signe ascendant*, Éd. Alain Jouffroy. Gallimard (coll. « Poésie »), 1966 et 1968.

Aragon, *Œuvres romanesques croisées* (avec Elsa Triolet). Laffont, 1964-1974.

Études

Marguerite Bonnet, *André Breton, naissance de l'aventure surréaliste.* José Corti, 1975.

Paule Plouvier, *Poétique de l'amour chez André Breton.* José Corti, 1983.

Jacqueline Chénieux-Gendron, *Le Surréalisme et le roman.* L'Âge d'homme, 1983.

Yvette Gindine, *Aragon prosateur surréaliste.* Genève, Droz, 1966.

Francis Steegmuller, *Cocteau.* Buchet-Chastel, 1973.

Clément Borgal, *Raymond Radiguet.* Éd. Universitaires, 1969.

3. Le roman de la nature

1

Colette (1873-1954)

Colette et son chien, à Auteuil, v. 1925.

En collaboration avec Henry Gauthier-Villars (Willy), **Sidonie-Gabrielle Colette** a débuté en écrivant plusieurs romans marqués par la mode « Belle Époque » : la série des *Claudine*. Divorcée (1906), autonome et participant plus ou moins consciemment aux prémisses des mouvements de libération de la condition féminine, Colette passera ensuite pour la romancière de l'amour et du couple : mais les souvenirs d'enfance, de la terre et du cadre familial où ils prennent racine feront essentiellement de Colette la romancière d'une nature lyrique et de la saveur de la vie.

Les Claudine

Ayant su s'entourer de collaborateurs inconnus mais talentueux, **Willy** (1859-1931) avait obtenu un vif succès tant pour ses pièces de boulevard que pour les livres qu'il signait. La découverte d'une jeune provinciale — qu'il devait épouser en 1893 — lui permit d'exploiter le filon des « Claudine » (*Claudine à l'école*, 1900 ; *Claudine à Paris*, 1901 ; *Claudine en ménage*, 1902 ; *Claudine s'en va*, 1903) avant de passer à la série des « Minne ». Si **Colette** devait par la suite juger sévèrement ces œuvres de circonstance, son talent de conteur s'y affirme déjà. Il apparaîtra pleinement, à partir de 1906, dans les chefs-d'œuvre où se mêleront harmonieusement éléments autobiographiques, peintures de mœurs et évocations poétiques de la nature.

Le lyrisme de la nature

Si certaines œuvres s'intéressent essentiellement aux problèmes affectifs, notamment du couple, qu'elles soient directement inspirées par les événements vécus (*La Retraite sentimentale*, 1907 ; *La Maison de Claudine*, 1922), ou fictives (*Chéri*, 1920 ; *Le Blé en herbe*, 1923), les relations interpersonnelles y apparaissent dans toute la cruauté du rapport sado-masochiste et des conflits liés à la jalousie (cf. surtout *La Chatte*, 1933 ; *Duo*, 1934). La sérénité n'apparaîtra véritablement que dans les œuvres de la maturité où domine l'inspiration bucolique.

Avec *La Naissance du jour* (1928), et plus encore *Sido* (1929), Colette s'attache à ressusciter par la magie du langage le paradis de son enfance bourguignonne placée sous la protection d'une mère tendre et bienveillante, « Sido ». Le jardin de l'enfance est alors paré de toutes les séductions du souvenir et la nature, virgilienne, devient un lieu idyllique propice à la rêverie[1]. Cette idéalisation s'accompagne parfois d'un style pseudo-biblique dans la tradition des enthousiasmes néo-symbolistes. Mais le tempérament personnel de Colette, sa sensualité parfois violente ont su **donner à la description de la nature une saveur particulière** qui se situe bien au-delà de l'artifice littéraire ou des modes primitivistes.

1. Cette idéalisation de l'enfance resituée dans un paradis naturel annonce à la fois le ton d'un Marcel Pagnol *dans ses mémoires (*La Gloire de mon père, Le Château de ma mère, Le Temps des secrets, *1957-1960) et la nostalgie du passé suscitée par les modes écologiques. Voir notamment Suzanne* Prou, Le Cygne de Fanny *(1980) et Muriel* Cerf, Les Rois et les Voleurs *(1975), etc.*

2

Les régionalismes, avec Ramuz, Bosco et Genevoix

L'un des romans les plus célèbres du début du XXe siècle, *Maria Chapdelaine* (1916 au Canada ; édition française, 1921), est aussi un roman exaltant la nature sauvage et la rude vie des pionniers canadiens. L'humanisme rustique de **Louis Hémon** (1880-1913) ouvre la voie à une veine romanesque florissante qui, de Jean Giono (voir p. 537) à Georges Emmanuel Clancier (*Le Pain noir*, 1956) s'attache à ressusciter l'univers familier du pays natal et d'une enfance que le souvenir érige en âge d'or. L'angoisse suscitée par l'accélération des progrès techniques et des transformations du cadre de vie explique aussi en partie cet engouement pour un retour à la vie rurale très largement mythique.

Ramuz (1878-1947) et le pays vaudois

Charles-Ferdinand Ramuz, né à Lausanne, a écrit ses premières œuvres à Paris (*Aline,* 1905) ; aussi la nostalgie du « pays » y est-elle particulièrement sensible. Toutefois il ne s'agit encore que d'un récit réaliste dans un cadre « exotique ». La véritable originalité de Ramuz se révélera essentiellement dans les œuvres qui suivent le tournant marqué par le mysticisme de *Guérison des maladies* (1917).

Avec *Les Signes parmi nous* (1919), *Joie dans le ciel* (1925), *La Grande Peur dans la montagne* (1926), *Derborence* (1936), Ramuz combine l'observation de la vie montagnarde avec l'évocation d'une puissance mystérieuse aux influences tantôt bénéfiques tantôt maléfiques sur la communauté humaine : la nature est vécue, sinon comme une divinité, du moins comme une force magique à laquelle l'âme fruste des paysans a su rester sensible.

Th. Rousseau, *Sous-bois,* fin XIXe s.

Bosco (1888-1976) et le delta du Rhône

Si les paysages de Provence sont au centre de l'œuvre de **Henri Bosco,** rien n'est moins matérialiste que cette fascination pour la nature : celle-ci est toujours vue sous un angle métaphysique. C'est en fait le symbolisme des quatre éléments, le temps cyclique des saisons, un bestiaire sacré, une géographie magique, que met en scène le réalisme apparent de Giono.

La présence de forces occultes introduit le lecteur de *Hyacinthe* (1940), de *L'Âne Culotte* (1937) ou de la série des *Balesta* (1955) dans un monde fantastique. Mais au-delà de la simple étrangeté de l'univers, Bosco se plaît à susciter une angoisse cosmique face à la sauvagerie des éléments, aux sortilèges qui enchaînent le narrateur à sa demeure ancestrale dans *Malicroix* (1948).

L'existence d'un don secret, plus ou moins diabolique, est le sujet de plusieurs romans (cf. notamment *Sabinus,* 1957) ; les animaux eux-mêmes ont une signification ésotérique qui peut s'interpréter conformément à diverses gnoses — on a parlé entre autres de symbolisme rosicrucien.

Un tel syncrétisme peut rappeler l'œuvre de Nerval dont l'influence apparaît par exemple dans *Le Mas Théotime* (prix Renaudot 1945). Obéissant aux cheminements du rêve et aux pulsions du désir, l'univers de Bosco échappe partiellement à l'emprise de la réalité : la nature y prend un visage allégorique.

Genevoix (1890-1980) et les autres romanciers régionalistes

Si **Maurice Genevoix,** amoureux de sa Sologne natale, est désormais le plus connu des auteurs dont l'œuvre est essentiellement consacrée à la célébration d'une province de France (*Raboliot,* prix Goncourt

1925), la littérature régionale a par ailleurs largement été illustrée dès le début du siècle avec **Alphonse de Brédenbec de Châteaubriant** et l'évocation du pays nantais (*La Brière,* 1921), la geste auvergnate d'**Henri Pourrat** (*Gaspard des montagnes,* 1922-1931) et les romans cévenols d'**André Chamson** (*Roux le bandit,* 1925).

BIBLIOGRAPHIE

Éditions

COLETTE, *Œuvres complètes,* Éd. Maurice GOUDEKET. Flammarion, 1948-1950.

RAMUZ, *Œuvres complètes.* Lausanne, Éd. Rencontre, 1967.

Études

Paul VERNOIS, *Le Roman rustique, de George Sand à Ramuz.* Nizet, 1962.

Germaine BEAUMONT et André PARINAUD, *Colette par elle-même.* Le Seuil, 1951.

Marcelle BIOLLEY-GODINO, *L'Homme-objet chez Colette.* Klincksieck, 1972.

Bernard VOYENNE, *Charles-Ferdinand Ramuz et la sainteté de la terre.* Neuchâtel, À la Baconnière, 1967.

Michel DENTAN, *Charles-Ferdinand Ramuz. L'espace de la création.* Neuchâtel, À la Baconnière, 1974.

Jean-Paul GAUVIN, *Henri Bosco et la poétique du sacré.* Klincksieck, 1974.

4. Mauriac et l'inquiétude de la conscience

1 *L'analyse psychologique selon Mauriac*

Mauriac (1885-1970)

Les premiers romans de **François Mauriac** s'inscrivent dans le dialogue souvent conflictuel de la chair et de la morale, du désir et de la spiritualité.

François Mauriac est né à Bordeaux en 1885. Issu de la bourgeoisie aisée et catholique, il se fera dès ses premiers romans le porte-parole des angoisses métaphysiques ou morales de sa classe. Cette inquiétude, illustrée par d'autres romanciers contemporains, ne sera pas exempte de contradictions. Conservateur, Mauriac prendra cependant parti contre Franco pendant la guerre d'Espagne ; journaliste il sera d'abord éditorialiste au *Figaro* puis à *L'Express* qu'il quittera finalement par fidélité au général de Gaulle. Président de la société des gens de lettres, membre de l'Académie française (1933), prix Nobel 1952, François Mauriac s'est éteint à Paris en 1970.

1914 : *La Robe prétexte.*

1922 : *Le Baiser au lépreux.*

1923 : *Genitrix.*

1925 : *Le Désert de l'amour* (prix du roman de l'Académie française, 1926).

1927 : *Thérèse Desqueyroux.*

1932 : *Le Nœud de vipères.*

1933 : *Le Mystère Frontenac.*

1935 : *La Fin de la nuit.*

1941 : *La Pharisienne.*

1951 : *Le Sagouin.*

1952 : *Galigaï.*

1969 : *Un adolescent d'autrefois.*

Mais au lieu de traiter ce thème dans la perspective moraliste (ou amorale) d'un André Gide, Mauriac s'est davantage situé au niveau de l'intuition affective. Sa technique romanesque, profondément contestée par Sartre au nom du parti pris d'objectivité, a certainement profité des recherches anglo-saxonnes sur le « stream of consciousness »[1].

Ainsi, dans ***Thérèse Desqueyroux*** (1927), l'héroïne revit-elle pendant son retour au domaine familial d'Argelouse tout le passé, proche ou lointain, qui l'a conduite auprès des tribunaux (sa récente tentative de meurtre sur Bernard, un mari qu'elle exècre pour sa pusillanimité ; ses rêves de jeunesse avec son ami Azevedo ou avec Anne). Le lecteur épouse le point de vue de Thérèse, livré par son monologue intérieur. L'auteur lui-même décrit le personnage de l'intérieur. Il connaît toutes ses pensées intimes et ne lui laisse aucune liberté, contrairement à la technique *behavioriste*, qui consisterait à ne décrire que le comportement des personnages tel que, logiquement, il peut être perçu de l'extérieur.

Dans les romans de la maturité, *Le Mystère Frontenac* (1933), *La Fin de la nuit* (1935), *Un adolescent d'autrefois* (1969), le style mauriacien restera ambigu, propre à évoquer les indéterminations et les contradictions de la conscience ou de l'inconscient dans **l'univers grêle de la bourgeoisie parisienne** ou dans **la pesanteur paysanne des grandes familles bordelaises.** Si quelques figures s'en détachent, en quête de la gloire, marquées par un destin qui les dépasse, les personnages secondaires comme l'abbé Lacaze, l'intrigante Brigitte Pian, caricaturés avec vigueur, sont au nombre des plus grandes réussites littéraires.

Illustration pour *Le Démon de la connaissance* de Mauriac. Gravure sur bois de C. Serveau et J. Ferenczy, 1931.

« Un catholique qui écrit des romans »

Alors que des philosophes comme Jacques Maritain, Étienne Gilson, Gabriel Marcel, témoignaient du renouveau de la pensée chrétienne, tandis que la génération des romanciers étroitement catholiques reste conservatrice (**René Bazin :** *La Terre qui meurt,* 1899, et *Le Blé qui lève,* 1907 ; **Henry Bordeaux :** *La Résurrection de la chair,* 1920 ; **Émile Baumann :** *La Fosse aux lions,* 1911, et *Le Fer sur l'enclume,* 1920), Mauriac a su rendre vivante l'exigence évangélique, comme plus tard Bernanos[2].

Sa tendresse pour les faibles dévorés du feu de la passion (*Le Désert de l'amour,* 1925), sa pitié pour l'égarement de Thérèse, « folle amnistiée » comme disait Baudelaire de Madame Bovary, sa sensibilité aux victimes d'une société égoïste, conformiste et avide (*Préséances,* 1921 ; *Le Nœud de vipères,* 1932), font de Mauriac un romancier

1. Voir p. 518.
2. L'un et l'autre seront suspects aux intégristes et finiront par rompre avec la droite orthodoxe et le parti clérical.

tourmenté — malgré l'élégance parfois mondaine du style —, attentif aux accents romantiques des personnages qu'il met en scène. Si ses drames humains se déroulent dans un décor toujours chargé d'une intense émotion symbolique, c'est en fait « **l'aventure intérieure, la recherche de Dieu** » que Mauriac s'attache toujours à peindre.

2 Autres moralistes : de Maurois (1885-1967) à Giraudoux (1882-1944)

Dans un temps de désarroi et de transformations profondes de la société, l'immédiat après-guerre a vu proliférer les romans de l'inquiétude spirituelle. *La Vie inquiète de Jean Hermelin* (1920) de **Jacques de Lacretelle,** *L'Homme couvert de femmes* (1925) de **Pierre Drieu La Rochelle** et tous les personnages de Gide ne sont que quelques jalons dans une longue liste de romans ayant pour héros de prédilection un éternel adolescent, tourmenté et romantique[1].

André Maurois devait laisser une œuvre abondante et variée, depuis *Les Silences du colonel Bramble* (1918), orienté vers l'analyse psychologique, jusqu'au fantastique terrifiant de *La Machine à lire les pensées* (1936), en passant par le roman des difficultés familiales (*Climats,* 1928 ; *L'Instinct du bonheur,* 1932).

Edmond Jaloux (1878-1949), plus connu comme critique littéraire que comme romancier, a su cependant rivaliser avec ses contemporains dans l'évocation de l'amour et de ses problèmes. Ses titres sont eux-mêmes révélateurs et du style et du contenu, de *L'Agonie de l'amour* (1899) à *Ô toi que j'eusse aimée !* (1926).

On doit à **Marcel Jouhandeau** (1888-1979) une œuvre considérable (en quantité) dont la série consacrée aux combats extérieurs et intérieurs de la conscience déchirée, *Chaminadour* I, II, III (1934-1941), après le succès de scandale de *Les Pincengrain* (1924).

À cette liste, qui est loin d'être exhaustive, il convient d'ajouter le cas de Giraudoux romancier. **Jean Giraudoux** a mené de front une carrière de diplomate et de dramaturge (voir p. 474). Mais trois de ses romans, *Simon le pathétique* (1918), *Suzanne et le Pacifique* (1920), *Siegfried et le Limousin* (1922), ont fait voir en lui un écrivain en réaction contre le réalisme brutal aussi bien qu'un pourfendeur des artifices littéraires de l'avant-garde (cf. sa critique du monologue intérieur dans *Juliette au pays des hommes,* 1924). Fantaisiste, subtil, n'excluant pas une préciosité certaine, Giraudoux est un romancier qui a su mêler analyse psychologique et évasion poétique.

1. Plus près de nous, et sur un ton davantage autobiographique, Jean-René HUGUENIN (1936-1962) portera de même un témoignage sur les rêves, l'idéalisme et l'intransigeance amère des jeunes intellectuels des années 50-60. Huguenin, dans son unique roman, La Côte sauvage *(1960), comme dans son journal, laisse percevoir un malaise omniprésent. Est-ce le privilège de l'adolescence ?*

BIBLIOGRAPHIE

Éditions

MAURIAC, *Œuvres romanesques et théâtrales,* Éd. Jacques PETIT. Gallimard (bibl. de la Pléiade), 1979-1986 (actuellement, 4 vol.).

GIRAUDOUX, *Œuvre romanesque.* Grasset, 1955.

Études

Pierre-Henri SIMON, *Mauriac par lui-même.* Le Seuil, 1955.

Michel SUFFRAN, *François Mauriac.* Seghers, 1973.

Jean LACOUTURE, *Mauriac.* Le Seuil, 1980.

Jean TOUZOT, *La Planète Mauriac.* Klincksieck, 1985.

Claude-Edmonde MAGNY, *Précieux Giraudoux.* Le Seuil, 1945.

René MARILL ALBÉRÈS, *Esthétique et Morale chez Jean Giraudoux.* Nizet, 1957.

Jacques BODY, *Giraudoux et l'Allemagne.* Didier, 1975.

Giraudoux, numéro de la *Revue d'Histoire littéraire de la France,* sept./déc. 1983. A. Colin.

III LE FOISONNEMENT ROMANESQUE DES ANNÉES 30

1. Une pluralité de styles et de contenus

Comme dans le premier quart du XXe siècle, les années 30 voient se prolonger la tradition du roman classique : les cycles romanesques portent à leur apogée les techniques de l'histoire sociale chères à un Balzac ou à un Zola. La famille, les institutions bourgeoises, l'héritage culturel, les valeurs morales, sont encore les piliers d'un humanisme parfois critique mais le plus souvent idéaliste conformément à l'optimisme conventionnel. Cependant, dans cette seconde période de l'entre-deux-guerres, au délire des années folles, à l'imagination débridée du surréalisme, va succéder un sentiment nouveau : la prise de conscience de l'historicité humaine. Aussi **un nouveau réalisme** va-t-il se développer, avec des visages très divers. Le sens de l'histoire, le rôle de la politique et la volonté d'éviter un avenir périlleux sont les préoccupations essentielles d'une génération parvenue à la maturité au moment où la crise mondiale et la montée des fascismes en Europe interdisent désormais aux écrivains de se détourner du « monde réel ».

1 L'héritage du roman « bourgeois »

Simenon et sa collection de pipes, en 1963.

Alors que Gide revient au roman d'analyse, que s'affirme la notoriété de Colette, de Mauriac, de Drieu La Rochelle, mais aussi de Maurois, de Chardonne, Lacretelle, etc., on peut dire que l'ambiance bourgeoise ne se réduit pas à un décor et à une technique mais qu'elle transparaît essentiellement dans le choix des problèmes traités : **difficultés du couple, crises psychologiques, rivalités au sein de la famille, conflit de valeurs.** L'évasion exotique elle-même (Maurice Dekobra, Pierre Benoît, Jean de La Varende) ou poétique (Giraudoux, *Aventures de Jérôme Bardini*, 1930) ramène toujours à cette préoccupation essentielle : la morale bourgeoise. Peintre de sa propre classe, le romancier, même lorsqu'il la critique avec l'acidité d'un moraliste comme Montherlant, se complaît dans l'autoportrait.

Le phénomène Simenon illustre cet engouement de la bourgeoisie pour des héros à son image. Maigret, apparu en 1930, est à la fois un personnage de légende et un être comme tout le monde, reconnaissable à sa silhouette bonhomme, sa pipe, son chapeau, son intérieur anodin : autant de signes distinctifs... sans caractéristiques particulières. À mi-chemin entre l'analyse psychologique et le roman de mœurs (essentiellement provinciales), **Georges Simenon** (né en 1903) peintre d'une *Comédie humaine* moderne, situe ses intrigues policières dans une ambiance lourde et sclérosée qui n'est pas sans rappeler l'univers romanesque de Mauriac, Montherlant ou Bernanos.

La famille est sans doute sinon le sujet, du moins le lieu privilégié de l'imaginaire romanesque des année 30. Son intégrité est tantôt magnifiée par la victoire finale sur les crises surmontées par les individus (chez Georges Duhamel par exemple), tantôt ébranlée par la forte personnalité de jeunes révoltés contre l'injustice sociale (Roger Martin du Gard et Georges Bernanos), tantôt détruite par un accident : la guerre, chez Antoine de Saint-Exupéry. Dans tous les cas, le maintien et le progrès de la civilisation passent par une réflexion sur **le rôle de la famille** dans les rapports que l'individu entretient avec l'univers qu'il découvre, avec la tradition culturelle, avec la foi en un monde meilleur.

2 L'apogée de l'humanisme classique

Si le début du XXe siècle a pu marquer un tournant dans les mentalités, si le vertige de la Belle Époque a suscité l'image d'une ère nouvelle accompagnant l'explosion des progrès techniques et la magie du modernisme, les années 30 sont beaucoup moins enthousiastes. Traumatisée par la Grande Guerre, menacée par toutes sortes de périls, la nouvelle génération d'écrivains cherche surtout à préserver un idéal, à affirmer la solidité d'une morale laïque, à maintenir coûte que coûte les valeurs d'une société que l'on sent déjà prête à s'effondrer : avec son anéantissement, c'est la tradition de l'humanisme occidental que l'on verrait disparaître.

Le bonheur de l'homme moderne est en péril, mais tous les romanciers affirment à travers leur quête du Bien que **l'homme est fait pour le bonheur, que le monde peut s'harmoniser avec la nature humaine.** Au moment de l'occupation, la défaite ne sera qu'apparente, la mort temporaire. « Les vaincus doivent se taire », écrira Saint-Exupéry, « comme les graines ». Le sacrifice de l'individu est un don fait à une valeur supérieure : l'Humanité.

3 Le roman de l'histoire contemporaine et de l'aventure politique avec Aragon (1897-1982)

À cet humanisme, par définition universel et intemporel, volontiers idéaliste, la production romanesque des années 30 associe un sentiment nouveau : la conscience de l'histoire. Depuis la guerre de 1914, toute civilisation se sait plus que jamais mortelle (Paul Valéry). Aussi l'Occident est-il remis en question, dès la fin de la guerre, avec des ouvrages dont le titre ironique parle de lui-même : *Civilisation* (Georges Duhamel, prix Goncourt 1918), *La Main coupée* (Blaise Cendrars, 1946), *Le Grand Troupeau* (Jean Giono, 1931), *Voyage au bout de la nuit* (Louis-Ferdinand Céline, 1932). Georges Duhamel, Jules Romain, Roger Martin du Gard se font donc, dans une large mesure, les historiographes de la Grande Guerre dont ils dénoncent l'horreur en révélant les actes de barbarie auxquels les personnages de leurs vastes fresques se trouvent confrontés. Ce témoignage réaliste s'accompagne le plus souvent d'une mise en garde prophétique contre le risque d'autodestruction de l'Europe.

L'engagement politique apparaît alors nécessaire : Malraux participera à la guerre d'Espagne, Saint-Exupéry combattra contre les Allemands en tant que pilote. Indirectement, les intellectuels entrent dans la lutte soit en militant dans un parti (le parti communiste français est créé au congrès de Tours en 1920), soit en prenant position à gauche comme Nizan *(Les Chiens de garde,* 1932), hostile à l'impérialisme culturel de la bourgeoisie, ou à droite, comme Brasillach, Céline, ou Drieu La Rochelle (1893-1945). Celui-ci, favorable à l'idéologie aristocratique et élitiste du nazisme, s'orientera de plus en plus vers le fascisme. Directeur de la N.R.F., il collaborera pendant l'occupation et se donnera la mort en 1945, au moment de l'épuration.

Aragon et le « monde réel »

L'itinéraire de **Louis Aragon** tel qu'il apparaît dans son autobiographie poétique, *Le Roman inachevé* (1956), est révélateur de cette prise de conscience — marxiste — du sens de l'histoire. Attiré par l'imaginaire surréaliste, Aragon quittera peu à peu le groupe réuni autour d'André Breton pour ne plus se consacrer, à partir de la rencontre décisive d'Elsa Triolet, en 1928, qu'au « monde réel ». *Les Cloches de Bâle* (1934) soldent cette rupture, concrétisée par le retour au romanesque (les deux autres romans de la triologie paraîtront en 1936 et en 1942 : *Les Beaux Quartiers,* prix Renaudot, et *Les Voyageurs de l'impériale).*

Affiche de B. Lancy pour le film *L'Espoir* (tourné en 1938 par Malraux), 1945.

De Malraux à Bernanos

De même, **André Malraux** se fera le chantre de la grandeur humaine à travers des livres qui s'apparentent de plus en plus au reportage. Historiographe du présent, **Antoine de Saint-Exupéry** l'est aussi bien dans *Pilote de guerre* (1942), que Malraux dans *L'Espoir* (1936) ; **Georges Bernanos** écrira à son tour la *Nouvelle Histoire de Mouchette* sous l'influence des atrocités vécues pendant la guerre d'Espagne. Mais il donne à son personnage, en même temps que « cette dignité qu'ont les Espagnols dans la misère la plus atroce », le visage universel de l'humilité bafouée et de l'injustice tragique : l'histoire contemporaine est aussi l'image du drame éternel de l'humanité déchirée.

2. Les grands cycles romanesques

1 Duhamel (1884-1966) et la *Chronique des Pasquier*

Chronique des Pasquier (1933-1945), largement autobiographique, brosse le portrait d'une famille d'origine modeste dont l'histoire est suivie, de 1880 à 1930, à travers l'image du père, Raymond, de son épouse Lucie Éléonore, et de leurs cinq enfants. Le roman de mœurs, hérité du naturalisme, se double d'**une analyse psychologique :** l'ascension sociale d'individus voués aux études (Raymond et le narrateur Laurent) ou doués de talents artistiques exceptionnels (sa sœur Cécile).

Réalisme ou idéalisme ?

Georges Duhamel s'interroge essentiellement sur le bonheur de l'homme moderne. Quelles valeurs l'aideront à vivre ou, plus exactement, comment sera-t-il sauvé : par l'art ou par la science, par la foi ou par la raison ? Le pessimisme l'emporte dans la plupart de ses romans, qui s'assombrissent du reflet des grands conflits mondiaux qui s'annoncent.

Mais la révolte contre la cruauté du monde suscite toujours chez les personnages de Duhamel un effort de volonté pour rétablir le bien. La tentation de la sainteté (Salavin) ou de la pureté idéale (Laurent) est cependant limitée par la tolérance et la résignation à la médiocrité, qu'enseigne l'expérience.

Né à Paris en 1884, **Georges Duhamel** participa dans sa jeunesse à l'expérience de l'Abbaye de Créteil (voir p. 532). De cette époque datent plusieurs poèmes unanimistes. En 1920, Duhamel abandonne son métier de médecin pour se consacrer exclusivement à la littérature. Au cycle de Salavin (*Vie et aventures de Salavin,* 1920-1932), succéderont le roman-fleuve *Chronique des Pasquier* (1933-1945), puis de nombreux récits, livres de voyages, essais divers, tous marqués par **l'humanisme chaleureux** qui avait déjà fait le succès de *Civilisation* (1918). Duhamel reçut plusieurs distinctions pour son œuvre et mourut à Valmondois Val d'Oise) en 1966.

1920-1932 : *Vie et aventures de Salavin* (5 vol.)

1920 : *La Confession de minuit ;*

1924 : *Deux Hommes ;*

1927 : *Journal de Salavin ;*

1929 : *Le Club des Lyonnais ;*

1932 : *Tel qu'en lui-même.*

1933-1945 : *Chronique des Pasquier* (10 vol.)

1933 : *Le Notaire du Havre ;*

1934 : *Le Jardin des bêtes sauvages ;*

1934 : *Vue de la terre promise ;*

1935 : *La Nuit de la Saint-Jean ;*

1937 : *Le Désert de Bièvres ;*

1937 : *Les Maîtres ;*

1938 : *Cécile parmi nous ;*

1938 : *Le Combat contre les ombres ;*

1940 : *Suzanne et les jeunes hommes ;*

1941 : *La Passion de Joseph Pasquier.*

Le renouveau de l'analyse psychologique

Duhamel s'intéresse aussi aux zones d'ombre, **aux complexités de la conscience et de l'inconscient.** Ainsi Laurent Pasquier analyse-t-il sans complaisance ses propres faiblesses. Il reconnaît s'être identifié involontairement à son père au point de lui avoir reproché des aventures qu'il avait souhaité réaliser lui-même. Sur le plan romanesque, Duhamel reste d'**une lucidité classique** et fait le partage entre ce qui n'est que fantasme et ce qui appartient effectivement à la réalité.

Le poids de l'académisme

Le modernisme de l'analyse reste tempéré par la logique d'une écriture traditionnelle. Entré à l'Académie française en 1935, à l'Académie de Médecine en 1937, Georges Duhamel reste le plus souvent prisonnier du roman à la première personne. Il s'efforce cependant de varier les points de vue (journal de Justin Weill dans *Chronique des Pasquier* par exemple) et les modes de présentation du récit. Mais son style demeure toujours contenu.

BIBLIOGRAPHIE

Études

Georges Duhamel, numéro spécial du *Mercure de France,* 1967.

Pierre-Henri SIMON, *Georges Duhamel.* Éd. du Temps présent, 1947.

2

Romains
et *Les Hommes de bonne volonté* ;
Martin du Gard
et *Les Thibault*

Romains(1885-1972) : un idéal pacifiste et humaniste

Les Hommes de bonne volonté de **Jules Romains** brossent une vaste fresque de la vie sociale entre 1908 et 1933. Les problèmes économiques, voire de politique internationale, sont au centre de cette œuvre gigantesque qui s'intéresse autant à la vie collective qu'aux destins individuels. Aussi l'intrigue peut-elle sembler décousue, éparpillée entre divers personnages qui apparaissent et disparaissent tour à tour. L'ensemble s'organise cependant autour de deux figures principales, normaliens de la promotion de 1908, Jallez et Jerphanion dont l'idéal pacifiste et humaniste n'est pas sans parenté avec celui de l'auteur. *Le Fils de Jerphanion* permettra à Jules Romains de porter un jugement sur la crise morale qui suit la Seconde Guerre mondiale.

Né en 1885, **Jules Romains** (pseudonyme de Louis Farigoule) abandonnera dès 1919 l'enseignement pour la littérature, mais il garde de l'École Normale supérieure le goût pour le canular que l'on retrouve dans *Knock* (1923) et l'idéal classique d'une « confrérie d'honnêtes gens » qu'illustrent les XXVII volumes des *Hommes de bonne volonté.* Émigré aux États-Unis au moment de la défaite de 1940, Jules Romains rentre en France et est couronné par l'Académie en 1946. Il meurt à Paris en 1972.

1911 : *Mort de quelqu'un* (roman « unanimiste »).

1913 : *Les Copains.*

1932-1946 : *Les Hommes de bonne volonté* (27 vol.).

1956 : *Le Fils de Jerphanion.*

Unanimisme et simultanéisme

L'unanimisme est essentiellement un courant poétique du début du XXᵉ siècle. Un groupe d'écrivains, réunis autour de Georges Duhamel et de Jules Romains (cf. le manifeste : *La Vie unanime,* 1908), entend chanter l'enthousiasme suscité par l'admiration de la beauté spontanée du monde. Soumis à des influences diverses : le poète américain Walt Whitman, la religiosité néo-romantique, les progrès du socialisme internationaliste, l'unanimisme n'aura guère de répercussion littéraire directe. Mais il imprègne l'humanisme généreux des sommes romanesques de Duhamel ou de Romains.

La technique « simultanéiste » qui consiste à s'intéresser en même temps à plusieurs sujets ou à plusieurs personnages découle indirectement de la philosophie unanimiste davantage orientée vers la foule que vers les individus isolés. Elle influera notamment sur Cendrars dans *La Prose du Transsibérien et de la petite Jehanne de France* (1913), sur Gide précurseur du « Nouveau Roman », et sur le système narratif de Romains dans le premier tome des *Hommes de bonne volonté : Le Six Octobre* (1932) est assez comparable à *Manhattan Transfer* (1925) du romancier américain John Dos Passos.

Martin du Gard (1881-1958) et la technique romanesque du réalisme

Né en 1881, **Roger Martin du Gard** est tenté très tôt par la littérature, et notamment le théâtre ; mais son œuvre essentielle sera *Les Thibault,* conçue dans ses vastes lignes dès 1920. Cette somme romanesque, influencée par les grands romans de Tolstoï, laisse une place importante à l'histoire dont la marche inexorable vient contrecarrer l'idéal pacifiste de personnages épris de pureté et de justice. Martin du Gard obtint le prix Nobel de littérature en 1937 et mourut des suites d'une longue maladie en 1958.

1913 : *Jean Barois.*

1922-1940 : *Les Thibault* (9 vol.).

Les Thibault (1922-1940) peignent essentiellement une famille et la société du début du XXᵉ siècle à travers les aventures du fils, Jacques, jeune collégien révolté contre l'autorité paternelle *(Le Cahier gris)* puis délivré par son frère, médecin, Antoine *(Le Pénitencier). La Belle Saison* est consacrée au temps des amours. Jacques est partagé entre Jenny, une jeune fille protestante et Gise, une fillette de quinze ans ; puis il disparaît. Dans *La Consultation,* Antoine découvre que son père est atteint d'une maladie très grave ; dans *La Sorellina,* il retrouve son jeune frère, militant parmi des révolutionnaires cachés en Suisse. Celui-ci consent à rentrer à Paris pour assister, impuissant, à l'agonie de Monsieur Thibault *(La Mort du père).* Il retrouve Jenny, mais il doit la quitter au moment de la mobilisation *(L'Été 14).* Il meurt dès le début de la guerre. Quatre ans plus tard, on apprendra, au cours de *L'Épilogue,* qu'Antoine succombera lui aussi à ses blessures de guerre. Mais Jenny a eu un enfant de Jacques : Jean-Paul.

Si **Roger Martin du Gard** a caricaturé à travers Monsieur Thibault père le pharisaïsme d'une société bourgeoise et conservatrice (qui s'était déjà illustrée lors de l'affaire Dreyfus), les personnages de Jacques — hypersensible, idéaliste et révolté — et d'Antoine — à la fois plus mûr, rendu réaliste et moins intransigeant par son métier de médecin — se partagent la sympathie du lecteur. Martin du Gard a toujours su éviter un manichéisme sommaire : les problèmes familiaux sont vécus dans **toute la profondeur des conflits psychologiques ;** les positions politiques sont analysées avec leur charge d'ambiguïté.

Qu'ils soient centrés autour d'une destinée individuelle ou qu'ils retracent la « geste » d'une famille, voire d'une société entière, les « romans-fleuves », plus ou moins inspirés par les grands exemples français et étrangers du XIXᵉ siècle, forment un genre très florissant pendant toute la première moitié du XXᵉ siècle ; **Philippe Hériat, Henri Troyat** et d'autres romanciers populaires en maintiennent la tradition.

BIBLIOGRAPHIE

Éditions

ROMAINS, *Les Hommes de bonne volonté.* Flammarion, 1973 (4 vol.) et Librairie générale française, 1973-1977 (27 vol.).

MARTIN DU GARD, *Œuvres complètes.* Gallimard (bibl. de la Pléiade), 1955.

Études

André CUISENIER, *Jules Romains.* Flammarion, 1969.

René GARGUILO, *La Genèse des « Thibault ».* Klincksieck, 1974.

Roger Martin du Gard. Études sur son œuvre (présentation d'André DASPRE). Klincksieck, 1984.

3. L'engagement au seuil de la Seconde Guerre mondiale

1

Bernanos (1888-1948)

Un itinéraire spirituel fidèle à la pureté de l'enfance

Le constant vagabondage de **Georges Bernanos** rappelle l'inquiète errance du « vieux camarade » Rimbaud. Une quête perpétuelle anime la plupart des personnages de son œuvre romanesque, engagés sur les routes sauvages et solitaires du pays d'Artois. Réprouvés, bafoués, humiliés au niveau des valeurs habituelles de la société, ils sont incompris, voire incompréhensibles pour les profanes.

Georges Bernanos est né à Paris le 20 février 1888, mais une partie de son enfance se déroulera dans le Pas-de-Calais. Après des études de lettres et droit à Paris, Bernanos, qui a adhéré aux Camelots du Roi en 1908, dirige l'hebdomadaire monarchiste de Rouen, collabore à l'Action française et publie de nombreux articles. Marié en 1917, il abandonne le journalisme pour les assurances, puis revient définitivement à la littérature à partir de 1929. Toujours talonné par la précarité de sa situation matérielle, il séjournera successivement aux Baléares, puis en Amérique latine, en Tunisie et mourra à l'hôpital américain de Neuilly le 3 juillet 1948.

1926 : *Sous le soleil de Satan.*

1927 : *L'Imposture.*

1929 : *La Joie* (prix Fémina).

1935 : *Un crime.*

1936 : *Le Journal d'un curé de campagne.*

1937 : *Nouvelle Histoire de Mouchette.*

1946 : *Monsieur Ouine.*

Le sens de leur présence se situe dans un autre ordre : celui de la sainteté — ou de l'enfance. C'est une quête identique, sinon une même situation, qui conduit les deux Mouchette[1] au suicide, l'une par abandon à Satan, l'autre par désir inconscient de l'amour divin.

Dans la ***Nouvelle Histoire de Mouchette*** (1937), Mouchette, violée par un braconnier au sortir de l'école, retrouve chez elle sa mère mourante et doit s'occuper à sa place du dernier enfant. Sa mère expire ; son père et ses frères rentrent ivres. Elle s'enfuit et fait le tour du village désert en ce dimanche matin. Elle erre sans pouvoir confier à personne le secret dont son cœur est lourd, cependant qu'un doute finit par planer dans son esprit sur la réalité des sévices qu'elle a endurés et sur l'authenticité des propos que lui a tenus le braconnier qui est son bourreau, mais aussi celui qu'elle ne peut s'empêcher d'aimer : un être persécuté, comme elle, par la pusillanimité d'une société provinciale, hypocrite et méfiante. Accablée de solitude, Mouchette se laisse lentement glisser dans la mort tandis que sonne le joyeux appel des cloches de l'Église voisine[2].

La révolte contre le mal

La référence au Mal apparaît à plusieurs reprises dans l'œuvre de Bernanos[3] : la Grande Guerre, la guerre d'Espagne, le déclin des valeurs traditionnelles de l'Occident en sont les principales manifestations. Mais la médiocrité et le conformisme bourgeois, le pharisaïsme d'une société prête à trahir son idéal pour des intérêts matériels ou

1. Nom — symbolique de la pauvreté et du dénuement — donné à l'héroïne de deux romans différents : Sous le soleil de Satan *et* Nouvelle Histoire de Mouchette.
2. Film de Robert BRESSON *:* Mouchette *(1967).*
3. « Le Mal, pour Bernanos, n'a rien d'abstrait. Le Mal, c'est Satan présent parmi nous

et triomphant, qui transforme les êtres vivants en âmes mortes. Le héros du monde bernanosien est le prêtre, symbolisant l'homme chrétien, qui dans une lutte à mort contre Satan doit lui arracher les âmes et les amener au salut. » Germaine BRÉE, Le XXe Siècle, © *Arthaud, 1978.*

politiques (d'où la rupture finale entre Bernanos et la droite maurrassienne classique), sont aussi les cibles de prédilection du polémiste. Le mal existe encore sous une forme métaphysique, symbolisée par l'Enfer : c'est l'esprit satanique attaché à la séduction et à la destruction de l'homme. Dans la perspective manichéenne de Bernanos, le bien et le mal finissent cependant par se confondre. L'abandon à Satan peut être une forme de rébellion contre l'hypocrisie du monde adulte. C'est la réaction des opprimés auxquels tout espoir est matériellement interdit. Seule une intervention miraculeuse permet de sauver l'homme de sa fatalité tragique.

M. Chagall, *Crucifixion*, 1964.

Un romancier à la limite du romanesque

Bernanos est donc amené à parler le langage de l'ineffable. La présence du surnaturel, de l'invisible, imprègne son univers romanesque. Le rire de Satan perçu par le seul Donissan (*Sous le soleil de Satan*, 1926), le mysticisme de Chantal (*La Joie*, 1929), les hallucinations de Mouchette, appartiennent à l'indicible. Dans ces conditions, la technique narrative de Bernanos n'a rien de classique et s'apparente davantage au fantastique. Si au niveau de l'intrigue — souvent énigmatique ou même policière — il a pu apparaître comme le dernier romancier du XIXe siècle, dans la tradition de Balzac ou de Bloy, il a surtout fait éclater le dogme du réalisme positiviste en lui substituant la logique de l'irrationnel. Inversant les valeurs du romanesque traditionnel, Bernanos combine avec originalité un réalisme du surnaturel et une vision hallucinatoire de la réalité quotidienne.

BIBLIOGRAPHIE

Édition

BERNANOS, *Œuvres* (6 vol.). Plon, 1967-1982. — *Œuvres romanesques*, Éd. Albert BÉGUIN et Michel ESTÈVE. Gallimard (bibl. de la Pléiade), 1962.

Études

Albert BÉGUIN, *Bernanos par lui-même*. Le Seuil, 1954.

Philippe LE TOUZÉ, *Le Mystère du réel dans les romans de Bernanos*. Nizet, 1979.

Michel ESTÈVE, *Bernanos*. Hachette, 1981.

2 Céline (1894-1961)

Une descente aux enfers

La seule vérité, pour **Louis-Ferdinand Céline,** est sans doute la mort. Son omniprésence est la marque essentielle de la condition humaine. Aussi l'univers allégorique de Céline se rapproche-t-il, par son pessimisme, de certains contes philosophiques de Sade ou de Voltaire[1] : chaotique et absurde, le monde ne laisse aucun espoir aux personnages picaresques qui s'y débattent.

Né à Courbevoie en 1894, **Louis-Ferdinand Céline** (pseudonyme de Louis Destouches) quitte très tôt la banlieue parisienne pour diverses aventures en Europe, en Afrique et aux États-Unis. Mais il revient en 1930 à Clichy où il s'installe comme médecin des pauvres. L'expérience de la guerre, la misère de l'homme découverte au cours de ses nombreux voyages, la pratique de son métier, donnent à Céline une vision de l'humanité dominée par la mort et la destruction, atmosphère que l'on retrouvera dans le cynisme de ses romans et que justifie partiellement son engagement politique contre l'autosatisfaction des intellectuels de gauche. Ainsi Céline succombera-t-il à la tentation fasciste, en écrivant divers pamphlets antisémites. Considéré comme collaborateur, il est condamné en 1944, amnistié en 1951, mais meurt en paria en 1961 après plusieurs années d'errance à travers l'Europe.

1932 : *Voyage au bout de la nuit.*

1936 : *Mort à crédit.*

1952 : *Casse-pipe* (fragments, commencé en 1936).

1944 : *Guignol's band.*

1964 : *Le Pont de Londres* (posthume).

1952 : *Féerie pour une autre fois* (I).

1954 : *Normance.*

1957 : *D'un château l'autre.*

1960 : *Nord.*

1969 : *Rigodon* (posthume).

Aucune philosophie, aucune morale ne vient justifier leur présence, souvent malheureuse, sur terre : en ce sens, Céline se montre hostile à toutes les idéologies produites par les écrivains bourgeois. Son réalisme pessimiste est une façon de déjouer les mensonges, les mythes et les pièges que sécrètent, le plus souvent malgré eux, intellectuels et artistes.

Dans ***Mort à crédit*** (1936), le narrateur laisse libre cours à sa mémoire et raconte ses années d'enfance aussi bien que sa vie présente, sans souci de la chronologie. Plus classique, son premier roman, ***Voyage au bout de la nuit*** (1932), permet à Céline d'évoquer à travers la confession largement autobiographique de Bardamu, l'horreur des années de caserne, de la guerre, puis du colonialisme. Le rêve américain est démystifié et annonce la satire des banlieues ouvrières européennes que le narrateur retrouvera à son retour. Une seule échappatoire : la dimension mythique conférée à l'amour charnel.

Une écriture révoltée

Si dans le *Voyage* et dans la trilogie amorcée par *Mort à crédit,* la narration autobiographique fictive menée par Ferdinand Bardamu alterne avec le point de vue direct de l'auteur, le cycle de *Féerie* achève de dissoudre les conventions du romanesque traditionnel et s'oriente **vers une écriture subjective** où réalité extérieure et fantasmes, visions surréelles, s'interpénètrent. Dans ses « romans-chroniques », Céline embarque le lecteur avec lui, recrée à travers la violence du style et la multiplication des petites phrases saccadées le sentiment d'une voix

1. Ferdinand, héros ou anti-héros du monde moderne, ressemble par plus d'un trait à Candide, lui aussi ballotté par les événements et par leur démesure (la guerre notamment).

intérieure, parfois d'un discours délirant, qui trouve dans le paroxysme de l'érotisme l'exutoire nécessaire au dégoût provoqué par la perception cauchemardesque du mal et de l'injustice universels.

BIBLIOGRAPHIE

Édition

CÉLINE, *Romans*, Éd. Henri GODARD (2 vol.). Gallimard (bibl. de la Pléiade), 1979 et 1981.

Études

Jean-Pierre RICHARD, *Nausée de Céline*. Fata Morgana, 1973. — *Microlectures*. Le Seuil, 1979.

Henri GODARD, *Poétique de Céline*. Gallimard, 1985.

3 *Giono et le régionalisme*

Giono (1895-1970)

C'est le côtoiement de bergers (le plus vieux métier du monde comme **Jean Giono** se plaît à le rappeler), à l'occasion de vacances passées dans la solitude désertique de la Haute-Provence, qui devait décider de la vocation littéraire, d'abord poétique, du jeune Giono.

Jean Giono est né à Manosque en 1895. Il y fait des études qu'il doit rapidement abandonner à cause de la modestie des ressources de ses parents. Envoyé au front en 1916, démobilisé en 1919, il retourne à Manosque où il épouse Élise Maurin. D'abord employé de banque, il se consacrera exclusivement à la littérature à partir de 1929. Fixé en Haute-Provence, il y demeurera jusqu'à sa mort, en 1970.

1929 : *Colline.*
1930 : *Regain*[1].
1931 : *Le Serpent d'étoiles.*
1932 : *Jean le Bleu.*
1943 : *L'Eau vive.*
1948 : *Mort d'un personnage.*
1951 : *Le Hussard sur le toit.*
1957 : *Le Bonheur fou.*
1958 : *Angelo.*
1972 : *Les Récits de la demi-brigade.*
1968 : *Ennemonde.*
1970 : *L'Iris de Suse.*
1977 : *Faust au village* (posthume).

Inspiré par les mythes de la Bible, de l'Antiquité classique et des tragiques grecs, Giono redécouvre l'inquiétude panique qui est le propre de l'**homme vivant au contact de la nature.** Cette vision dionysiaque imprégnera surtout les premiers romans : *Colline* (1929), *Un de Baumugnes* (1929), *Regain* (1930). Dans cette « trilogie », Giono crée un univers pathétique, mais dépouillé, où l'analyse psychologique et l'évocation de la vie cosmique se fondent en un récit à la fois lumineux et inquiétant, témoin de la présence cruelle de Pan.

Rédigé de 1928 à 1930, ***Regain*** trouve son point de départ dans un fait précis : employé de banque, Giono a pu, en tant que démarcheur, rencontrer l'unique habitant de Redortiers, qui servira de modèle à Panturle. Mais le fantastique l'emporte vite sur la réalité, notamment avec le personnage de la Mamèche, symbole de l'éternité cosmique au-delà de

1. Marcel PAGNOL adaptera au cinéma plusieurs romans ou récits de GIONO.

Giono.
Dessin de M. Henry.

la mort humaine. Le message moral, voire la prédication sociale — le mythe du retour à la terre qui sera exploité par la propagande vichyssoise — apparaissent en même temps que cette vision allégorique d'une résurrection, grâce à l'amour suscité par le sacrifice rédempteur de la Mamèche. Le couple formé par Arsule et Panturle se dressera victorieux en face du destin qui semblait devoir l'anéantir. Un enfant — symbolique — naîtra de cette union. Giono échappe toujours au mélodrame en donnant des activités humaines une vision qui s'harmonise avec les grands rythmes de l'univers.

Giono maître à penser : le gionisme

Dans l'entre-deux-guerres Giono est rapidement apparu comme le pourfendeur d'un Occident en crise, le théoricien de l'échec d'une bourgeoisie qui rêvait de maîtriser la nature et le prophète d'une ère nouvelle dont *Les Vraies Richesses* (1936) sont le crédo. Par son culte païen d'un retour à la nature, Giono se retrouve **le chantre d'un paysannat utopique** où la droite puisera ses mythes, si bien que son « engagement » lui vaudra d'être emprisonné deux fois, en 1939 comme antimilitariste, puis en 1945, comme vichyssois.

Une œuvre romanesque multiforme

La prose lyrique de Giono, apparue dès *Colline* (1929), se dépouille dans les textes courts de *Solitude de la pitié* (1932), ou les nouvelles de *L'Eau vive* (1943). L'autobiographie est illustrée par *Jean le Bleu* (1932) et le récit à la première personne se retrouvera dans *Fragments d'un Paradis.* La vivacité du conte oral est la matière même de *Un de Baumugnes* (1929) ou de *Noé* (1948). Dans les romans du cycle du Hussard, l'analyse psychologique d'Angelo emprunte à Stendhal son détachement ironique.

Il y a donc loin, au niveau de l'écriture, du flux perpétuel des métaphores des premiers romans à la sécheresse allusive des chroniques où Giono multiplie les points de vue et décrit au style indirect les sentiments de ses personnages, puis à l'humour noir qui apparaît dans *Les Âmes fortes* (1950). Mais si le ton biblique s'estompe progressivement, le symbole, sinon la parabole, restent au cœur de la création littéraire chez Giono jusque dans *Le Hussard sur le toit* (1951). Une même **tristesse ontologique** relie les œuvres de la maturité à l'apparent rayonnement des romans du début, où la nature, omniprésente, était ressentie par l'homme comme radicalement autre, violente, énigmatique.

Si le sentiment universel du tragique domine l'œuvre de Giono, **cette angoisse n'exclut pas un profond courant vitaliste** dont l'optimiste fondamental transparaît précisément dans le bonheur de l'écriture.

BIBLIOGRAPHIE

Édition

GIONO, *Œuvres romanesques complètes,* Éd. Jean RICATTE et Robert CITRON (5 vol.). Gallimard (bibl. de la Pléiade), 1972-1980.

Études

Francine ANTONIETTO, *Le Mythe de la Provence dans les premiers romans de Giono.* Aix, La Pensée universitaire, 1961.

Pierre de BOISDEFFRE, *Giono.* Gallimard, 1965.

4

Saint-Exupéry (1900-1944)

Un romanesque spécifique : le « documentaire lyrique »

Très tôt entré dans la légende, **Antoine de Saint-Exupéry** a su conquérir un vaste public, comme en témoigne le succès universel du *Petit Prince*. Si ses premiers romans obéissent aux lois du genre (ainsi *Courrier Sud*, 1928, reportage sur l'époque héroïque des liaisons aériennes entre Toulon et Dakar, mais aussi intrigue sentimentale entre Geneviève et Bernis), Saint-Exupéry s'éloigne de plus en plus des conventions romanesques pour s'orienter, dès *Vol de nuit* (1931), vers la transposition philosophique et l'allégorie morale. Dans *Terre des hommes* (1939), la machine est ennoblie, les incidents vécus débouchent sur **une méditation métaphysique,** voire une quête de Dieu.

Antoine de Saint-Exupéry est né à Lyon en 1900. Après avoir vainement tenté plusieurs métiers, il est engagé comme pilote par Didier Daurat sur les lignes Latécoère, puis il devient directeur de l'Aeroposta Argentina à Buenos Aires. À la veille de la Seconde Guerre mondiale, Saint-Exupéry mène de front une carrière de pilote d'essais, d'ingénieur et d'homme de lettres : il subit plusieurs accidents graves, dépose une dizaine de brevets d'invention et voit ses succès littéraires couronnés par le grand Prix du roman de l'Académie française (1939). Pilote de guerre dès le début de la déclaration des hostilités, il se réfugie en Amérique au moment de la démobilisation, puis rejoint en Algérie le groupe de reconnaissance 2/33, reconstitué. Le 31 Juillet 1944, il disparaît en vol au cours d'une mission dans le Sud de la France.

1928 : *Courrier Sud.*

1931 : *Vol de nuit.*

1939 : *Terre des hommes.*

1942 : *Pilote de guerre.*

1943 : *Le Petit Prince.*

Saint-Exupéry aux commandes de son avion.

Avec ***Pilote de guerre*** (1942), l'auteur cherche — en vain semble-t-il — des prolongements spirituels à l'ordre de mission qui est donné aux trois soldats. L'avion, symbole de l'affranchissement, sert ici une cause perdue : en effet quel sens donner à la vie en pleine débâcle alors que la France est en train de subir un désastre ? La mission est sacrifiée d'avance. L'amertume du commentaire personnel l'emporte sur le récit des événements. Saint-Exupéry tente de reconstruire une sagesse moderne alors que les valeurs traditionnelles s'écroulent avec la défaite militaire. S'il reste un espoir, il faut le chercher au-delà de la mort, en pariant sur la résurrection humaine.

Un humanisme ambigu

Tournant de plus en plus le dos aux réalités sociales des problèmes qu'il aborde, Saint-Exupéry s'oriente vers les solutions généreuses mais abstraites. Aussi son engagement a-t-il pu paraître criticable : il refuse évidemment le fascisme, mais aussi le communisme, et il redoute la démocratie. De la planète nue du *Petit Prince* au désert biblique de *Citadelle* (posthume, 1948), Saint-Exupéry s'enfonce dans une solitude altière et rejoint une sorte de mysticisme, convaincant certes, mais peu opératoire. Les thèmes éternels de la simplicité et de la patience, de l'absurde vanité des adultes, de la recherche désintéressée d'une pureté idéale s'expriment alors avec un lyrisme indéniable qui est le propre de tout discours prophétique réussi.

5 *L'aventure*

Malraux (1901-1976)

Les voyages en Orient, puis la recherche du palais de la reine de Saba en plein désert témoignent chez **André Malraux** moins d'un goût surréaliste pour le canular que d'**une fascination romanesque pour l'imaginaire, le fantastique, le dépaysement.**

André Malraux est né à Paris en 1901, Orientaliste, autodidacte, discret sinon mystérieux sur ses années de jeunesse, il s'est trouvé en Chine de 1923 à 1927, puis en Arabie Saoudite. Il participe ensuite à la lutte contre les fascismes européens et s'engage en Espagne en 1936 aux côtés des républicains. Pendant la guerre il sera blessé, fait prisonnier, puis il rejoindra la Résistance et commandera enfin la brigade « Alsace-Lorraine ». Fidèle au général de Gaulle, il sera ministre de l'Information, de la Culture, dans les différents gouvernements gaullistes et se retirera avec le général en 1969. Homme public, Malraux a été amené à cesser d'écrire de 1951 à 1967, année où paraissent ses *Antimémoires.* Il est mort à Paris en 1976.

1921 : *Lunes en papier.*

1926 : *Royaume farfelu.*

1928 : *Les Conquérants* (prix Interallié).

1930 : *La Voie royale.*

1933 : *La Condition humaine* (prix Goncourt).

1937 : *L'Espoir.*

1943 : *Les Noyers de l'Altenburg* (seul fragment restant de *La Lutte avec l'ange).*

Le besoin d'héroïsme, l'émotion suscitée par le spectacle de la violence, l'érotisme, la participation active aux conflits politiques animent les premiers romans comme *Les Conquérants* (1928) ou *La Voie royale* (1930) où apparaissent déjà les caractéristiques essentielles du style malrucien : suite saccadée d'épisodes-choc, ton du reportage, brefs dialogues alternant avec des réflexions lyriques ou amères. L'acte terroriste, l'impulsion révolutionnaire, qu'ils soient individuels, anarchiques ou commandités par un parti, demeureront les sujets de prédilection des romans de Malraux.

Malraux, à son retour d'Arabie, en 1933.

L'histoire

Mais la révolte n'est pas seulement un acte spontané. C'est aussi une insertion personnelle dans l'histoire de la société. Aussi les faits accomplis permettent-ils à la fois d'échapper à la solitude, de découvrir le sens de la fraternité et de **participer au devenir du monde.** Ainsi orientée par une perspective politique, la vie arrache au néant sa part de destin et l'histoire peut se lire comme une légende, voire comme une épopée[1].

La Condition humaine (1928), comme *L'Espoir,* débouche sur un échec apparent. Au niveau événementiel, il s'agit de l'entrée de Tchang Kaï-chek à Shangaï en 1927, puis de la liquidation des groupes communistes qui l'avaient facilitée : leur destruction est obtenue grâce à l'alliance du nouveau gouvernement et des anciennes forces coloniales. Mais au niveau éthique, ce que les personnages découvrent, par-delà le militantisme et ses contradictions, c'est la dignité de l'homme, la grandeur du courage, la communion dans la souffrance et la mort. Le pragmatisme politique cède le pas à un humanisme plus généreux et, à la linéarité chronologique du récit, se superpose un temps cyclique qui aboutit à **une véritable mythologie de l'histoire.**

1. *« Le plus grand mystère, pour Berger, n'est pas que nous soyons jetés au hasard (sur la terre...) c'est que, dans cette prison, nous tirions de nous-mêmes des images assez puissantes pour nier notre néant »* (Les Noyers d'Altenburg).

Couverture pour
La Condition humaine,
dans Gallimard, 1946.

L'art

Tantôt d'un réalisme sobre, tantôt d'un lyrisme qui rappelle les accents néo-classiques d'un certain romantisme et notamment de Chateaubriand, autre mémorialiste, l'art de Malraux vise à traduire la beauté dans ce qu'elle a de tragique, le combat de l'homme contre le vide cosmique (et le silence de Dieu) dans ce qu'il a de pathétique — et peut-être de dérisoire.

La vie humaine, fondamentalement absurde et dominée par l'imminence de la mort, le sentiment de la souffrance et le poids de l'injustice, n'est que vaine poussière (« un misérable petit tas de secrets ») ; l'histoire, un drame privé de sens. **Face à ce double néant, seul l'art peut marquer la victoire de l'homme contre tout ce qui tend à l'asservir :** un même cri de révolte s'élève des bouches muettes des statues antiques et des visages torturés de Picasso. Partout l'art témoigne d'une aspiration à la transcendance, d'un besoin universel de spiritualité. Une telle conception pâtit de toutes les ambiguïtés propres aux systématisations universelles ; elle a du moins le mérite de souligner, dans un univers le plus souvent privé de références religieuses, la dimension a-temporelle et sacrée de l'art, l'irréductibilité de la culture à un mécanisme socio-historique et, finalement, le mystère de la création esthétique : « L'œuvre surgit dans son temps et de son temps, mais elle devient œuvre d'art par ce qui lui échappe[1] ».

1. La Métamorphose des dieux, *1957.*

BIBLIOGRAPHIE

Édition

MALRAUX, *Romans* et *Le Miroir des limbes*. Gallimard (bibl. de la Pléiade), 1984.

Études

Gaëtan PICON, *Malraux par lui-même*. Le Seuil, 1953.

Jean CARDUNER, *La Création romanesque chez Malraux*. Nizet, 1968.

Clara MALRAUX, *Le Bruit de nos pas*. Grasset, 1963-1979.

Jean LACOUTURE, *André Malraux, une vie dans le siècle*. Le Seuil, 1976.

Christiane MOATTI, *La Condition humaine, poétique du roman*. Minard, 1983.

4. La tradition du roman d'analyse psychologique : Montherlant et Green

1

Montherlant (1896-1972)

La part de l'**autobiographie** est sans doute toujours sensible dans l'œuvre de **Henry de Montherlant** (voir biographie, p. 484), qu'il s'agisse des souvenirs de guerre ou d'enfance dans les premières œuvres, du goût pour le sport et la tauromachie (*Les Bestiaires*, 1926), des « amitiés particulières » évoquées aussi bien sur la scène (*La Ville dont le prince est un enfant*, 1951) que dans les romans comme *Les Garçons* (1969) par exemple.

La carrière romanesque de **Henry de Montherlant** a débuté dès les années 20 ; son théâtre en 1942 (voir p. 484). Après une éclipse de plusieurs années, il est revenu au roman à partir de 1960 (année où il fut élu à l'Académie française).

1922 : *Le Songe* (*La Jeunesse d'Alban de Bricoule*, t. 3).

1924 : *Les Olympiques.*

1926 : *Les Bestiaires* (*La Jeunesse d'Alban de Bricoule*, t. 1).

1927 : *Aux fontaines du désir.*

1929 : *La Petite Infante de Castille.*

1934 : *Les Célibataires* (prix du roman de l'Académie française).

1936-1939 : *Les Jeunes Filles* (4 vol.)
1936 : *Les Jeunes Filles ;*
1936 : *Pitié pour les femmes ;*
1937 : *Le Démon du bien ;*
1939 : *Les Lépreuses.*

1954 : *La Rose de sable.*

1963 : *Le Chaos et la nuit.*

1969 : *Les Garçons* (*La Jeunesse d'Alban de Bricoule*, t. 2).

1971 : *Un assassin est mon maître.*

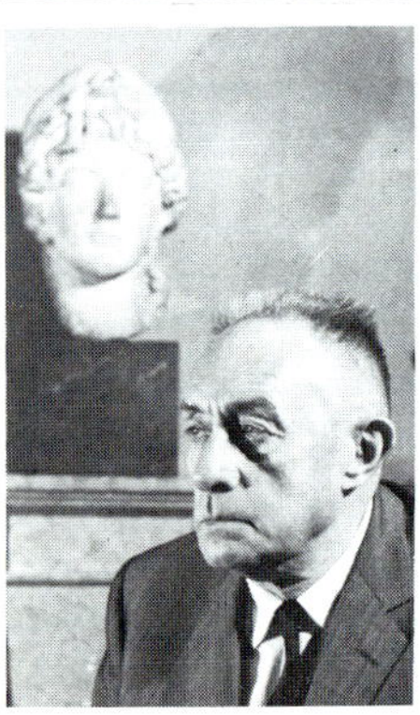

Aussi l'étude psychologique coïncide-t-elle parfois avec l'auto-analyse et se rapproche-t-elle de la psychanalyse dans cette descente aux enfers de l'inconscient qu'est *Un assassin est mon maître* (1971).

Cependant Montherlant s'est toujours défendu d'avoir voulu faire incarner à ses personnages des positions qui ne sont pas forcément les siennes[1]. En effet, il se situe avant tout comme **un moraliste impartial,** certes longtemps inspiré par l'idéalisme barrésien, mais aussi animé par un instinct satirique, sans pitié pour les mœurs de son temps ou l'anachronisme des idéaux périmés (cf. *Les Célibataires*, 1934) et qui le rapproche davantage d'un Balzac.

Tantôt épicurien, à la recherche du plaisir purement sensuel, tantôt fasciné par les contraintes du moralisme chrétien, toujours à l'écart des courants littéraires ou des modes idéologiques, Henry de Montherlant a su, dès les années 30, se partager avec François Mauriac et quelques autres romanciers « classiques » les faveurs d'un public bourgeois épris de conservatisme esthétique et d'analyse narcissique du « cœur humain ».

1. C'est ainsi que, pour une large fraction du public, la misogynie et le cynisme de Costals, le héros des Jeunes Filles, *sont identifiés à un mépris hautain de l'auteur lui-même.*

2

Green (né en 1900)

La mort prématurée de ses parents et de sa sœur, la rencontre d'un jeune Américain, l'impossible aveu de son amour pour celui-ci, peuvent expliquer en partie l'atmosphère sombre et l'impression de tristesse qui imprègnent les romans de **Julien Green** où le désir et l'aspiration à la liberté sont toujours condamnés à sombrer dans la solitude ou la folie.

Autre romancier catholique, **Julien Green** est né à Paris en 1900. D'origine anglo-saxonne, il fut élevé dans l'**atmosphère puritaine** du protestantisme qu'il abjura à l'âge de 16 ans. Ses romans sont généralement chargés d'angoisse, comme son journal et plusieurs souvenirs de jeunesse qui traduisent ses hantises d'écrivain tourmenté par le problème du mal et du sexe. Green a été élu à l'Académie française en 1972.

1926 : *Mont-Cinère.*

1927 : *Adrienne Mesurat.*

1929 : *Léviathan.*

1936 : *Minuit.*

1940 : *Varouna.*

1947 : *Si j'étais vous.*

1950 : *Moïra.*

1956 : *Le Malfaiteur.*

1960 : *Chaque homme dans sa nuit.*

1971 : *L'Autre.*

1974 : *Jeunesse.*

1977 : *Le Mauvais Lieu.*

1983 : *Paris.*

1985 : *Le Langage et son double.*

Green.
Dessin de J. Cocteau.

Mais la monotonie de l'existence quotidienne, l'ennui, la « prison » dans lesquels vivent la plupart de ses personnages : Adrienne, Guéret *(Léviathan)*, sont brusquement interrompus par le passage d'un étranger, être maléfique ou non, qui vient, pour un temps au moins, lever les interdits.

Ainsi dans ***Si j'étais vous*** (1947), Fabien, un jeune homme inquiet, obtient de Brittomart, « vieux monsieur satanique », le pouvoir de changer d'identité. À chacune de ses incarnations successives, il vole ce qu'il veut : beauté, intelligence, sagesse, grandeur d'âme, etc. Cependant Fabien reste poursuivi par le souvenir de sa propre personnalité. Pour redevenir lui-même, il lui faudra des efforts considérables dont il sortira brisé. La fin est énigmatique : est-ce la mort, le réveil définitif ou l'éternel recommencement de la recherche de soi-même ?

Dans un monde où dominent le matérialisme et les valeurs positivistes, Green, par-delà la peinture de l'ennui, de la médiocrité et de l'angoisse, a su rendre sensibles toutes les formes de spiritualité, d'aspiration au mysticisme, fût-il démoniaque, et **la présence du fantastique dans le monde quotidien.**

BIBLIOGRAPHIE

Éditions

MONTHERLANT, *Romans,* Éd. Michel RAIMOND (2 vol.). Gallimard (bibl. de la Pléiade), 1960-1982.

GREEN, *Œuvres complètes,* Éd. Jacques PETIT (5 vol.). Gallimard (bibl. de la Pléiade), 1972-1977.

Études

Pierre SIPRIOT, *Montherlant par lui-même.* Le Seuil, 1969. — *Montherlant sans masque.* Robert Laffont, 1982.

Jacques PETIT, *Julien Green, l'homme qui venait d'ailleurs.* Desclée de Brouwer, 1969.

IV LE MESSAGE ROMANESQUE À L'ÉPOQUE DE LA SECONDE GUERRE MONDIALE

1. Réflexion et autocritique

Au moment où la guerre éclate, divers écrivains comme Bernanos, Maurois, Green, Romains et plusieurs surréalistes émigrent en Amérique. D'autres sont contraints à la clandestinité et donc à un silence temporaire. Nizan meurt à Dunkerque, Saint-Exupéry meurt en plein ciel ; Jean Prévost, l'auteur du *Sel sur la plaie* (1934), tombe au Vercors. À la Libération, Drieu La Rochelle préférera se donner la mort ; Brasillach est exécuté. C'est alors que les revenants des camps de concentration rapporteront leur expérience tragique (David Rousset par exemple avec *L'Univers concentrationnaire*, 1946). L'heure est au pessimisme et à l'examen de conscience.

1 Une littérature militante : Triolet, Vailland et Gary

Depuis Munich, le roman ne cesse de combattre en faveur du prolétariat et — à travers lui — en faveur d'un mouvement pacifiste international. La thèse philosophique et politique envahit aussi bien *Les Chemins de la liberté* de Sartre que *Les Communistes* d'Aragon, d'où le vieillissement prématuré de ces romans par trop didactiques. Plus convaincante est Elsa Triolet.

Triolet (1896-1970)

Soucieuse de véhiculer un message et de s'engager, l'œuvre d'**Elsa Triolet,** malgré ses libertés au niveau de l'intrigue, n'échappe à aucun des pièges du néo-réalisme et de la prédication sociale. Cependant la sincérité avec laquelle se trouvent évoqués la déshumanisation provoquée par l'occupation, le cortège d'horreurs qui ont accompagné l'invasion nazie et, parallèlement, le courage des femmes face à la torture donne aux romans d'Elsa Triolet et plus particulièrement aux nouvelles du recueil *Le premier accroc coûte deux cents francs* (1944) un ton pathétique et poétique qui fait écho aux plus belles pages d'Aragon chantant le drame de l'amour déchiré.

Tandis que les années de guerre marquent une pause dans la parution de romans moins directement engagés dans l'actualité immédiate (par exemple ceux de Mauriac, Giono, Montherlant, etc.), d'autres romanciers au contraire conjuguent l'analyse psychologique avec l'étude sociologique d'une période riche en bouleversements : Roger Vailland, Romain Gary entre autres, s'inquiètent de l'avenir de l'Europe tout en manifestant un tempérament fougueux, relativement optimiste quant aux ressources de la nature humaine.

E. Triolet avec Aragon, chez eux, en 1954.

Vailland (1907-1965)

D'abord attiré par le surréalisme puis par le journalisme, **Roger Vailland** occupe dans la littérature contemporaine une place ambiguë : **politiquement engagé aux côtés du parti communiste,** Vailland semble soumettre sa pensée aux grandes lignes des revendications sociales dérivées du marxisme ; mais il affirme en même temps **un idéal individualiste** et un égotisme proches de la tradition aristocratique : *La Loi* (prix Goncourt 1957) est un reflet de ces contradictions[1]. Dans *325 000 francs* s'expriment les revendications sociales, la mise en garde contre les pièges du modernisme et les risques du capitalisme, propres au militantisme didactique des écrivains « révolutionnaires » de l'après-guerre.

Gary (1914-1980)

Ce sont de même les grands problèmes du monde contemporain qui intéressent essentiellement **Romain Gary.** Homme à l'échelle de la planète, Gary a écrit une œuvre au style rapide, discutable, mais séduisante pour le grand public du fait même de la simplicité de l'écriture et des thèmes abordés. On retiendra surtout l'image qu'il a donnée de la guerre (*Éducation européenne*, 1945), du racisme (*Chien blanc*, 1970), ou de sa propre vie avec une mère dont le personnage fantaisiste ne demandait qu'à entrer dans la légende (*La Promesse de l'aube*, 1960). Gary a obtenu le prix Goncourt en 1956 pour *Les Racines du ciel.*

On doit à **Émile Ajar** l'histoire peu banale d'un python qui a élu domicile dans la maison d'un solitaire non moins original : *Gros Câlin* (1974). *La Vie devant soi* (1975) met en scène avec humour et tendresse, à l'aide d'une langue célinienne, un jeune orphelin et la vieille tenancière de maison close qui l'a recueilli, dans le milieu misérable des quartiers juif et arabe de Belleville. Ce second roman obtint le prix Goncourt et remporta un vif succès (800 000 exemplaires vendus) amplifié par le

1. La Loi *a été portée à l'écran par Jules* DASSIN *avec Gina Lollobrigida, Melina Mercouri, Yves Montand et Marcello Mastroianni.*

mystère qui entourait l'énigmatique pseudonyme : Émile Ajar. En 1976 paraissait *Pseudo,* délire autobiographique d'un certain Paul Pavlovitch. Lorsque Gary se suicida, le 2 décembre 1980, le jour se fit sur le « phénomène Ajar » : un testament du très traditionnel auteur de *Chien blanc* révélait qu'Émile Ajar, Paul Pavlovitch et Romain Gary n'étaient qu'un seul et même personnage.

2 L'examen de conscience de la bourgeoisie

Le clivage entre, d'une part, un courant conservateur qui tend à reproduire en les confortant par l'exemple réaliste et l'analyse psychologique les préjugés et les systèmes de pensée traditionnels, et, d'autre part, un courant progressiste qui remet en question les principes idéalistes et spiritualistes dans lesquels baigne habituellement une littérature produite dans la plupart des cas par des intellectuels et des artistes indifférents ou à l'abri des problèmes matériels, explique en partie le fossé qui se creuse de plus en plus entre une littérature commerciale, souvent stéréotypée, et une **avant-garde littéraire** méprisée, sinon ignorée du grand public, même lorsque l'Université tente de l'introduire dans les programmes scolaires.

On en arrive même parfois jusqu'à distinguer une « infralittérature » par référence à la littérature proprement dite, celle de la classe dominante, c'est-à-dire, en Occident, de la bourgeoisie capitaliste et libérale. C'est ainsi que les ouvrages de Delly ou ceux d'Anne et Serge Golon, la série des « Angélique » amorcée par le roman pseudo-historique *Angélique, marquise des Anges,* sont parmi les plus lus et les plus populaires. Ils sont cependant passés sous silence dans toute discussion « culturelle ». Ces incohérences, révélatrices des contradictions de la bourgeoisie quant à la définition de l'art et des normes du goût, soulignent les problèmes sociologiques sous-jacents à toute appréciation prétendument esthétique du fait littéraire.

Auteur de best-seller comme *Mort, où est ta victoire ?* (1934) et « d'études historiques » à succès, académicien, jouissant d'une notoriété indéniable, **Daniel-Rops** (pseudonyme d'Henri Petiot, 1901-1955) mérite-t-il pour autant de figurer dans une *Histoire de la littérature ?* La même question se pose pour d'autres auteurs comme **Gilbert Cesbron** (1913-1979). Si c'est avec une tendresse et une sincérité évidentes qu'il s'est penché sur les grands problèmes du monde moderne comme la jeunesse délinquante (*Chiens perdus sans collier,* 1954), l'euthanasie, la violence, les prêtres-ouvriers (*Les saints vont en enfer,* 1952), ce romancier à succès n'a malheureusement su éviter ni les tentations du populisme et des bons sentiments, ni les coquetteries d'un style « littéraire ». Les structures mélodramatiques du XIXe siècle, pour fécondes qu'elles soient, ne sauraient tenir lieu d'une écriture spécifiquement romanesque.

2. Le roman « existentialiste »

1 Le dévoilement tragique de l'existence

Sartre (1905-1980)

S'il y a chez Aragon, Montherlant, Céline, une sorte de romantisme du désespoir, si le mythe de l'héroïsme restait vivace chez Saint-Exupéry ou Malraux, le roman existentialiste, lui, reprend la tradition réaliste de la morosité, le culte de l'anti-héros, et retrouve, par-delà les influences pessimistes des romanciers américains ou de Kafka, le scepticisme amer des moralistes classiques. La sexualité elle-même, symbole de la violence du vivant, est décrite sans joie.

1938 : *La Nausée.*

1939 : *Le Mur* (*Le Mur ; Érostrate ; La Chambre ; Intimité ; L'Enfance d'un chef* : nouvelles).

1945-1949 : *Les Chemins de la liberté* (3 inachevé ;)
1945 : *L'Âge de raison. Le Sursis.*
1949 : *La Mort dans l'âme.*

1964 : *Les Mots.*

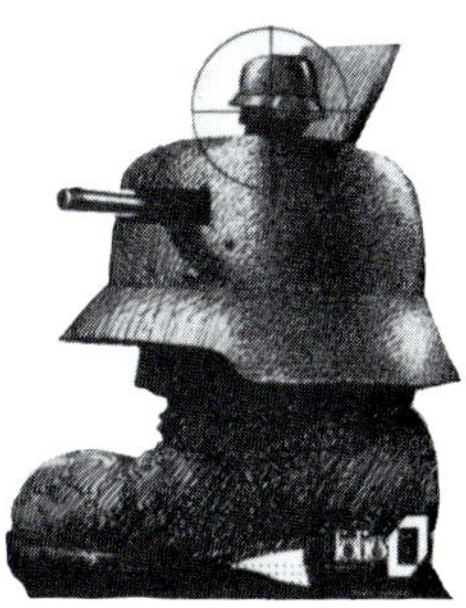

Couverture pour *Les Chemins de la liberté,* pour Folio.

Ainsi, dans *La Nausée* de **Jean-Paul Sartre**[1], sorte de journal métaphysique, l'existant apparaît-il au personnage principal, Roquentin, en parfaite coïncidence avec le titre du livre : monstrueux, insolite, pourri. « Ces arbres, ces grands corps gauches... à chaque instant, je m'attendais à voir les troncs se rider comme des verges lasses, se recroqueviller et choir sur le sol en tas noir et mou avec des plis. Ils n'avaient pas envie d'exister... Tout existant naît sans raison, se prolonge par faiblesse et meurt par rencontre. »

Le héros de ***La Nausée*** (1938), Roquentin, qui préparait une thèse d'histoire dans la tranquille bourgade de Bouville, prend soudain conscience de l'absurdité de la vie et de la contingence de l'existence : la contemplation d'une racine de marronnier se transforme en hallucination visuelle et fait progressivement perdre à Roquentin l'identité de son moi. Très éloigné du subjectivisme de Proust, le personnage sartrien s'arrête à la matérialité externe des choses — incompréhensible pour l'esprit humain — et au présent de la sensation. Toute tentative pour donner un sens moral à l'existence, pour justifier l'être même du monde s'apparente, comme dans les nouvelles du *Mur,* à une entreprise, consciente ou non, de « salaud ».

Si les perspectives morales et philosophiques dominent dans *La Nausée,* comme dans *Les Mots* où l'autobiographie permettra, avec le recul du temps, de critiquer encore les pièges de l'humanisme[2] bourgeois et classique, « cet idéalisme dont j'ai mis trente ans à me défaire », l'engagement politique est prépondérant et parfois un peu lourd dans la trilogie des ***Chemins de la liberté*** (1945-1949).

Deux jeunes personnages, Mathieu et Brunet, représent les tentations opposées de l'**intellectualisme** et du **militantisme** au sein d'un même idéal : le communisme. Comme dans plusieurs pièces de Sartre, Mathieu incarne l'étudiant aliéné par sa culture et ses principes bourgeois. Plus à l'aise dans l'angoisse métaphysique que dans l'action violente, il reste

1. Voir biographie, p. 373.
2. C'est dans cet esprit de révolte contre la bonne conscience de la morale spiritualiste que SARTRE fut amené à refuser le prix Nobel.

Gromaire, *La Guerre,* 1925.

condamné à la solitude et se trouve « récupéré » malgré lui par sa propre classe. Dans le contexte politique de la Seconde Guerre mondiale, son inutilité objective est lourde de conséquences.

La mort du récit

Ce que *La Nausée* révélait surtout, dès la fin des années 30[1], c'était une nouvelle définition du roman, annonciatrice des textes les plus modernes d'où le romanesque est absent. En des pages célèbres *(Situation I),* Sartre a opposé de façon théorique roman et récit. Cette opposition est mise en œuvre dans *La Nausée* avec l'emploi du « je » et d'un présent scénique qui deviendra un mode d'écriture romanesque de plus en plus courant à partir des années 50 et du Nouveau Roman.

Le refus du passé simple (temps du récit par excellence) n'est pas un simple problème de mode littéraire qui n'intéresserait que le style. C'est aussi une attitude philosophique[2], une nouvelle vision du monde, une affirmation de la liberté — ou une reconnaissance de l'absurde : « Le roman se déroule au présent comme la vie. Dans les romans, les jeux ne sont pas faits, car l'homme romanesque est libre. Ils se font sous nos yeux ; notre impatience, notre attente, notre ignorance sont les mêmes que celles du héros. »

Loin de succomber à la tentation de la littérature « à thèse », Sartre a su, par l'originalité de son écriture, renouveler les formes et les thèmes du roman contemporain. Il marque une étape essentielle dans la progression vers le Nouveau Roman.

1. De même, le livre de Nathalie SARRAUTE, Tropismes, *paru en 1939.*
2. Voir Roland BARTHES, Le Degré zéro de l'écriture. *Le Seuil, 1953.*

BIBLIOGRAPHIE

Édition

SARTRE, *Œuvres romanesques,* Éd. Michel CONTAT et Michel RYBALKA. Gallimard (bibl. de la Pléiade), 1981.

Études

Gérard PRINCE, *Métaphysique et technique dans l'œuvre romanesque de Sartre.* Droz, 1968.

Georges RAILLARD, *La Nausée de Jean-Paul Sartre.* Hachette, 1972.

Ingrid JOUBERT, *Aliénation et liberté dans « Les Chemins de la liberté ».* Didier, 1973.

Michel CONTAT et Michel RYBALKA, *Les Écrits de Sartre* (lettre-préface et textes retrouvés de J.-P. Sartre). Gallimard, 1970.

Annie COHEN-SOLAL, *Sartre.* Gallimard, 1985.

2

Beauvoir (1908-1986)

Une génération sous le signe de la désillusion

On retrouve au début des *Mandarins* (1954) le même pessimisme que chez Sartre ou les romanciers américains de la « génération perdue ». Dans un monde menacé ou traumatisé par la guerre, il est impossible d'être heureux, l'amour ne peut être qu'un ratage, une expérience faite sans enthousiasme pour tromper l'ennui.

1935-1937 : *Quand prime le spirituel* (éd. 1979).
1943 : *L'Invitée.*
1945 : *Le Sang des autres.*
1954 : *Les Mandarins* (prix Goncourt).
1966 : *Les Belles Images.*
1981 : *Cérémonie des adieux.*

Pourtant l'aspiration au bonheur est omniprésent dans les romans de **Simone de Beauvoir**[1], et les scènes érotiques, nombreuses et réalistes[2], témoignent d'une sensualité et d'une liberté que l'on chercherait en vain chez Sartre.

J. Gréco à Saint-Germain-des-Prés.

On a voulu voir dans ***Les Mandarins*** (1954), comme dans *Les Chemins de la liberté,* un roman à clefs. En fait, si l'un et l'autre sont un reflet de la jeunesse étudiante de Saint-Germain-des-Prés et des milieux intellectuels de gauche avant et après la Seconde Guerre mondiale, les drames qu'ils évoquent posent, au-delà de l'engagement révolutionnaire dans un contexte donné, le problème éternel de l'action directe — voire du terrorisme — et de la réflexion lucide, De longs dialogues permettent d'exposer des points de vue antagonistes, comme dans *Les Thibault ;* Mais il ne s'agit pas d'un débat d'idées : les rivalités individuelles (Henri Perron, Dubreuilh, Anne) se superposent à des oppositions politiques, parfois même au conflit entre générations. Très sensible aux problèmes affectifs propres au « troisième âge »[3] comme à ceux de l'adolescence, Simone de Beauvoir a su peindre à travers la narratrice le sentiment inquiet du vieillissement, et à travers Nadine l'intransigeance à la fois immorale et puritaine d'une jeunesse désespérée.

Sur les plans théorique, métaphysique et moral, les romans de Simone de Beauvoir apportent un témoignage précieux quant aux difficultés d'une génération désemparée par le déclin de l'humanisme classique, et trop jeune encore pour élaborer sa propre philosophie.

Individu et société

Simone de Beauvoir peut apparaître comme un romancier classique dans la mesure où le regard qu'elle porte sur la psychologie de ses personnages est d'une lucidité sans complaisance. Dans « Chantal » (second récit de *Quand prime le spirituel* [4]) elle reconnaît par exemple s'être amusée « à imaginer chez un adulte, la dégradation de la religiosité en chiennerie », un peu à la manière de Sartre décrivant dans « l'enfance d'un chef » la formation progressive d'un « salaud » à partir de la bonne conscience du conformisme bourgeois. Dans tous ses romans, et plus particulièrement dans le tardif *Les Belles Images* (1966), au titre encore ironique, mais évocateur, Beauvoir s'est attachée de surcroît à faire une satire du snobisme parisien, de l'ennui des cocktails mondains, de la vanité de l'homme en représentation sociale. Il y a toujours chez elle **une révolte spontanée contre l'hypocrisie du monde des adultes,** contre le sérieux des valeurs établies, bref contre tout pharisaïsme.

Dans ses mémoires autobiographiques, Beauvoir cherche moins à se confesser qu'à tenir le journal des faits sociologiques qui, année par année, ont pu déterminer sa propre personnalité. De même, dans ses romans, les techniques simultanéistes lui permettent à la fois de sauter d'une conscience à l'autre, de difracter une même réalité à travers divers points de vue, de passer sans transition des individus au macrocosme social. Goût pour un montage-choc, hérité sans doute de la volonté malrucienne d'intégrer l'homme dans l'histoire, phénomène de mode littéraire aussi[5], mais avant tout une conception résolument moderne d'un homme paradoxal, à la fois tributaire et, en retour, responsable de l'humanité entière.

1. *Voir biographie, p. 394.*
2. *Elles étaient en leur temps, sous la plume d'un écrivain féminin, un défi à la morale bourgeoise. Cet anticonformisme, propre notamment à* L'Invitée *(1943), rejoint le militantisme féministe du* Deuxième Sexe *(1949).*
3. *Voir le récit de l'agonie de sa mère dans* Une mort très douce *(1964), et l'essai sur* La Vieillesse.
4. *Le titre de cet ouvrage est ironiquement emprunté au philosophe catholique J. MARITAIN.*
5. *Voir p. 532, DOS PASSOS, Jules ROMAINS, etc.*

N. de Staël, *Composition*, 1942.

Dans *Les Mandarins,* la découverte de l'horreur d'Hiroshima (tragédie qui aura un large retentissement sur toute la mentalité de la seconde moitié du XXe siècle) se situe de façon significative au cours d'une randonnée à bicyclette dans un village du Sud de la France. Alors que les personnages, entrés « gaiement dans la petite ville dont les platanes annonçaient déjà la chaleur et les parties de boules du Midi », étaient prêts à se mêler à la fête villageoise commémorant la libération, ils repartiront saisis de vertige devant la perspective d'un avenir réduit au néant[1] : « Mais soudain ce silence lunaire l'épouvantait, il n'y aurait plus d'hommes ! En face de cette éternité sourde-muette, à quoi ça rimait d'aligner des mots, de tenir des meetings ? On n'avait qu'à attendre en silence le cataclysme universel, ou sa petite mort personnelle… »

1. Dans l'évolution des thèmes de la science-fiction, au relatif enthousiasme des romans du début du siècle, succédera de même l'angoisse devant les risques du progrès, les invasions planétaires, etc.

Simone de Beauvoir est aussi l'auteur d'essais et de mémoires : *Mémoires d'une jeune fille rangée* (1958), *La Force de l'âge* (1960), *La Force des choses* (1963), *Une mort très douce* (1964) et *Tout compte fait* (1972).

BIBLIOGRAPHIE

Édition

BEAUVOIR, *Œuvres romanesques.* Club de l'Honnête Homme, 1980-1981.

Études

Laurent GAGNEBIN, *Simone de Beauvoir ou le Refus de l'indifférence.* Fischbacher, 1968.

Claire CAYRON, *La Nature chez Simone de Beauvoir.* Gallimard, 1973.

3 En marge de l'existentialisme : Vian (1920-1959)

Le goût du canular

Plus proche du non-sens anglo-saxon que de la pesanteur philosophique de l'absurde français, l'œuvre de **Boris Vian,** comme celle de Jarry, est d'abord un refus violent du sérieux, du didactisme et du réalisme militant. Son univers est tantôt fantaisiste, tantôt fantastique, toujours évoqué avec une distanciation ironique et un comique verbal.

Boris Vian est né le 10 mars 1920 à Ville-d'Avray. Après une enfance heureuse dans la propriété familiale, des revers de fortune contraignent les Vian à se loger dans des appartements de plus en plus modestes (voir *Les Bâtisseurs d'empire).* Boris Vian, ingénieur à l'A.F.N.O.R., travaille simultanément la trompette et se passionne pour le jazz, qu'il popularise dans les caves du St-Germain-des-Prés de la Libération. En 1946, Boris Vian collabore entre autres aux *Temps modernes,* mais il se séparera ultérieurement de Sartre (voir le personnage de Jean-Sol Partre dans *L'Écume des jours). J'irai cracher sur vos tombes* (1946) rencontre un vif succès, mais déclenche un scandale. Au cours de diverses tournées en province, Boris Vian chante notamment « Le Déserteur », qui provoque des remous. Il meurt des suites d'un œdème pulmonaire le 23 juin 1959.

— Sous le nom de Vernon Sullivan :

1946 : *J'irai cracher sur vos tombes.*

1947 : *Les morts ont tous la même peau.*

1948 : *Elles se rendent pas compte.*

1948 : *Et on tuera tous les affreux.*

— Sous le nom de Boris Vian :

1946 : *Vercoquin et le plancton.*

1947 : *L'Écume des jours. L'Automne à Pékin.*

1949 : *Les Fourmis.*

1950 : *L'Herbe rouge.*

1953 : *L'Arrache-Cœur.*

1966 : *Troubles dans les Andains* (posth.).

Vian, au Gala des Artistes, en 1949.

Boris Vian démythifie certes les institutions culturelles les mieux établies (ses livres sont un perpétuel pastiche des conventions littéraires), mais il crée aussi un monde plein de fraîcheur et de tendresse pudiquement dissimulée derrière une agressivité caricaturale. Boris Vian, à la manière des dadaïstes, mais plus encore suivant la tradition des fabulistes, pour qui la fiction exotique et le recours à l'invraisemblable sont une façon de démasquer le non-sens et l'injustice de la société, porte sur les choses un regard naïf, proche de l'imagination enfantine et fait surgir les aspects surréels de l'univers quotidien.

Dans *L'Écume des jours* (1947) par exemple, Boris Vian met en scène un couple de jeunes amoureux, Chloé et Colin, à qui le bonheur devrait sourire : Colin est riche, Chloé est belle. Mais soudain celle-ci commence à tousser ; un nénuphar pousse en elle et ronge ses poumons. L'univers peu à peu s'écroule alors autour du couple maudit. L'argent (les « doublezons ») vient à manquer. L'appartement envahi par les fleurs subit une étrange métamorphose : il se rétrécit. Tous les personnages sont victimes d'un vieillissement prématuré. Le vide se fait autour de Colin devenu veuf. Seule lui demeure fidèle une petite souris grise. Devant la détresse de Colin, elle n'entrevoit plus qu'une solution : le suicide. Chose pour laquelle un chat voudra bien lui prêter son concours !

Une philosophie nihiliste ?

Vian semble se servir du langage moins pour communiquer que pour **le simple plaisir de jouer avec les mots** (par exemple « — Oh ! oh !

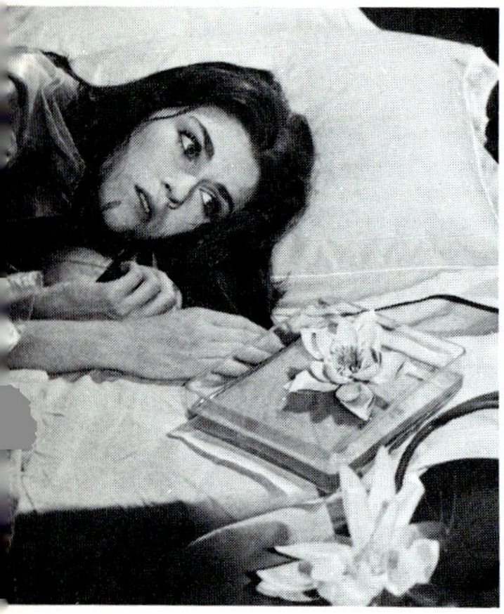

A. Buron jouant *L'Écume des jours,* film de Ch. Belmont, en 1968.

persifla Jacquemort. Vous me la baillez belle ! — Je ne baille personne, maréchala le ferrant »). Tantôt il invente toutes sortes de néologismes qui font songer aux inventaires de Prévert, tantôt, héritant en cela des traditions ubuesques, il utilise, à la manière de Queneau, les diverses ressources des niveaux de langue et de la transcription phonétique du langage oral. Cette désinvolture à l'égard du style académique et du ton sérieux que l'on attend de la littérature s'accompagne d'une vision du monde pessimiste, parfois même désespérée.

C'est la recherche d'une pureté idéale, l'interrogation sur le Bien et le Mal qui sont au centre des préoccupations morales de Boris Vian : **Dieu est sans cesse mis au banc des accusés.** L'originalité de Vian est de répondre à son absence non par un système métaphysique (encore que *L'Arrache-Cœur* par exemple s'apparente au conte philosophique voltairien), mais par **la dérision et l'absurde.** La vie a-t-elle un sens ? Contrairement à Sartre, Camus ou Beauvoir, qui, chacun à leur manière, tentent de répondre de façon affirmative, Vian est le premier écrivain à oser laisser entendre qu'il n'en est rien.

3. L'absurde

1 « L'énigme » du monde

Camus (1913-1960)

Dénoncer l'absurdité fondamentale du monde et de la société, voire l'absurdité ontologique de la condition humaine, est l'intention le plus couramment prêtée à la philosophie d'**Albert Camus** (voir biographie p. 376). Il est vrai que ce concept est au centre de ses préoccupations théoriques *(Le Mythe de Sisyphe,* 1942) ou littéraires *(Le Malentendu,* 1944 ; *La Chute,* 1956).

1937 : brouillons de *La Mort heureuse* (éd. 1971).

1942 : *L'Étranger* (adapté au cinéma en 1967 par Visconti).

1947 : *La Peste.*

1956 : *La Chute.*

1957 : *L'Exil et le Royaume* (récits).

Dans ***La Peste*** (1947), un fléau incompréhensible est imposé à l'homme par un hasard aveugle, ou même sécrété par l'homme lui-même. Les idéologies et les systèmes métaphysiques, fussent-ils religieux, ne parviennent pas à justifier l'existence du mal. La mort de l'enfant innocent[1], symbole de l'absurde dans ce qu'il a d'intolérable, est une accusation directement lancée contre la création. Face au Mal, le docteur Rieux sait qu'il est seulement possible de résister[2], en silence et sans grand espoir. Philosophie de la résignation ? Le sourire d'une mère attentive, la tendresse fervente de Grand, humble employé de bureau, la régression finale de l'épidémie montrent que le Bien peut encore triompher grâce à l'amour que l'homme porte en son cœur.

La pensée de Camus, héritière du pessimisme de Dostoïevsky, contemporaine de l'absurde de Dino Buzzati *(Le Désert des Tartares* est traduit en français en 1949 ; Camus a lui-même adapté une de ses pièces : *Un cas intéressant)* et de la philosophie désespérée des

1. Voir la mort de Chloé dans L'Écume des jours.
2. Sur les rapports entre La Peste *et l'interprétation allégorique de la Seconde Guerre mondiale, voir p. 556.*

existentialistes, a cependant toujours évolué **vers un humanisme laïque** qui tente de concilier l'angoisse métaphysique et la reconnaissance instinctive du bonheur.

Quelle est en définitive la position philosophique de Camus sur le problème du mal ? Il se sépare du nihilisme existentialiste : « Constater l'absurdité de la vie ne peut être une fin, mais seulement un commencement », écrit-il à propos du *Mur* de Sartre. Il adopte en face de l'existence une attitude de compromis, une éthique de l'acceptation vigilante, dans la grande tradition méditerranéenne de la philosophie apollinienne. **Idéal de l'équilibre et de la sérénité** dont certains n'ont pas manqué de critiquer l'aspect utopique et qui se trouve exprimé avec lyrisme dans les romans, avec lucidité dans *L'Homme révolté* (1951) : « Peut-on éternellement refuser l'injustice sans cesser de saluer la nature de l'homme et la beauté du monde ? Notre réponse est oui. Cette morale, en même temps insoumise et fidèle, est en tout cas la seule à éclairer le chemin d'une révolution vraiment réaliste. »

La Rencontre avec les Arabes.
Illustration pour *L'Étranger.*
Eau-forte de Mayo, 1946.

L'obsession de la justice

Camus s'est toujours attaché à mener de front une triple satire : des mœurs, avec les bureaucrates, la pusillanimité des fonctionnaires, avec des personnages secondaires aux manies insolites ; du caractère et des contradictions de la psyché humaine ; des institutions enfin : le conformisme et la bonne conscience — notamment celle des juges comme dans *La Chute* — sont les cibles de prédilection de l'ironie camusienne.

M. Mastroiani jouant *L'Étranger*, film de L. Visconti, en 1967.

Dans la première partie de *L'Étranger* (1942), Meursault répond spontanément aux sollicitations du monde : conventions sociales, loisirs, rapports avec les gens « normaux », le travail, le désir, le plaisir. Dans la seconde partie, Meursault est sommé de répondre aux questions que lui posent les hommes : tous ses gestes les plus naturels vont alors se retourner contre lui du fait de l'interprétation qu'en donnera la société. Son indifférence apparente, la naïveté avec laquelle il a imprudemment accordé son amitié à des marginaux, son amour même pour Marie, autant de faits banals, ou de qualités, pour lesquels il sera mis en accusation.

La critique du fonctionnement naturel des institutions, et plus particulièrement de la justice (la peine de mort était encore inscrite dans le code pénal français), débouche, chez Camus comme chez le Victor Hugo des *Misérables* ou du *Dernier Jour d'un condamné,* sur un plaidoyer en faveur des humbles exclus par leur dénuement de l'honorabilité bourgeoise et de la présomption d'innocence dont la société gratifie ceux qui savent faire semblant d'en respecter l'ordre.

Tantôt sec et incisif à la manière de ses maîtres, les moralistes classiques, tantôt dépouillé, aride et d'une monotonie mécanique comme dans le journal ingénu que tient Meursault, le style de Camus porte souvent la marque d'un lyrisme méditerranéen sachant décrire avec enthousiasme la beauté de la nature et l'accord de l'homme avec le monde. Mais c'est dans le pastiche que Camus se montre le plus talentueux, soit qu'il parodie comme dans *La Peste* (1947) l'inanité du formalisme administratif, la rhétorique surannée du langage judiciaire (*La Chute,* 1956), soit qu'il confonde dans une même pantomime ubuesque ceux qui s'agitent sans peur du ridicule autour de leur victime.

BIBLIOGRAPHIE

Édition

CAMUS, *Théâtre, récits, nouvelles et Essais,* Éd. Roger QUILLIOT. Gallimard (bibl. de la Pléiade), 1962 et 1966.

Études

Jean-Paul SARTRE, « Explication de *L'Étranger* », dans *Situations I.* Gallimard, 1947.

Jean GRENIER, *Albert Camus. Souvenirs.* Gallimard, 1968.

Roger QUILLIOT, *La Mer et les prisons, essai sur Albert Camus.* Gallimard, 1970.

Brian T. FITCH, *L'Étranger d'Albert Camus, un texte, ses lecteurs, leurs lectures.* Larousse, 1972.

Jean GASSIN, *L'Univers symbolique de Camus.* Minard, 1981.

Ruth REICHELBERG, *Albert Camus, une approche du sacré.* Nizet, 1983.

2 Les « enfants de l'absurde » : Laurent et Sagan

L'absurde semble être une prédisposition naturelle du XXe siècle, soit qu'il s'exprime dans le non-sens hérité du surréalisme et que l'on retrouve aussi bien chez Boris Vian, Raymond Queneau, Raymond Devos, San Antonio ou dans les films de Jacques Tati, soit qu'il apparaisse avec une lourdeur plus didactique chez les romanciers « sérieux » davantage marqués par la tradition française du réalisme pessimiste.

Laurent (né en 1919)

Jacques Laurent, polygraphe prolixe, s'est illustré aussi bien dans la littérature alimentaire (sous le nom de guerre de Cécil-Saint-Laurent) que dans le pamphlet (*Paul et Jean-Paul,* 1951), ou la critique littéraire, et s'il a obtenu en 1971 le prix Goncourt pour un roman d'aventures touffu, *Les Bêtises,* il reste surtout connu comme l'auteur de la somme romanesque *Les Corps tranquilles* (1948) suivi de *Le Petit Canard* (1954). La guerre est le cadre historique de prédilection pour Laurent. Ses héros sont les enfants de Thomas l'imposteur et s'abandonnent à la recherche de l'acte gratuit et du geste surréaliste. Ils opposent à la logique absurde des adultes leur propre jeu désespéré fait de **lucidité et de cynisme.** Le scepticisme de Laurent est en fait inséparable d'un besoin d'idéal et de romantisme.

Sagan (née en 1935)

Françoise Sagan est brusquement apparue, en 1954, avec *Bonjour tristesse,* comme la jeune romancière de la génération existentialiste. Dans un univers d'où les préoccupations matérielles sont exclues, qui ignore les problèmes historiques et politiques, Sagan met en scène des personnages aux contours évanescents et uniquement concentrés sur les problèmes du cœur, les chassés-croisés du couple et la douce amertume que laissent les souvenirs d'une vie sentimentale autour de laquelle s'ordonne l'intrigue de la plupart de ses livres. Depuis *Dans un mois, dans un an* (1957), jusqu'à *Le Lit défait* (1977), Sagan, qui a l'art du titre et qui a bénéficié d'un succès précoce, exploite toujours la même veine en adaptant son style à l'évolution des modes littéraires. L'image de l'existentialisme ne serait-elle, pour le grand public, que cette atmosphère néo-romantique d'ennui et de non-conformisme, de snobisme et de scandale dont se nourrit le mythe du Saint-Germain-des-Prés des années 50 ?

F. Sagan à Saint-Tropez, en 1956.

4. La Seconde Guerre mondiale comme fiction romanesque

Si certains romanciers se sont complus à ignorer la guerre en proposant un monde d'évasion où l'utopie sociale voisine avec l'idylle sentimentale, d'autres au contraire ont utilisé le décor de la guerre, porteur de mort, pour établir un contraste avec le désir de vivre et la soif de bonheur des personnages : *Hiroshima mon amour* de **Marguerite Duras** (1960) est sans doute la meilleure illustration de cette veine, abondamment exploitée par le cinéma contemporain. Mais plus nombreux encore sont les écrivains qui ont voulu étudier de façon synthétique les rapports de la guerre avec l'homme, la place de l'individu dans l'histoire collective et leurs liens réciproques.

1 Une structure narrative spécifique

La guerre avec ses différentes phases est à elle seule un roman si l'on entend par ce mot succession d'aventures exceptionnelles. Elle justifie d'autre part une réflexion métaphysique sur le sens de la vie et la nature profonde de l'homme. Les actes de barbarie auxquels elle donne lieu et, inversement, l'héroïsme qu'elle suscite permettent de s'interroger sur les contradictions fondamentales de la psychologie individuelle et collective, de redécouvrir la part de bestialité et de pureté spirituelle qui coexistent en l'homme mais qui se manifestent de façon beaucoup moins nette en temps de paix.

De l'état de siège proclamé au début du livre au recul de l'épidémie et à la paix retrouvée des dernières pages, il n'y a guère que *La Peste* de Camus qui soit une allégorie de l'ensemble du conflit franco-allemand, et encore la portée symbolique du roman dépasse-t-elle largement cette simple signification événementielle. La plupart des romanciers se sont attachés à retracer un épisode spécifique : la drôle de guerre avec *Un balcon en forêt* (1958) de **Julien Gracq,** la défaite de 1940 dans *Pilote de guerre* (1942) de **Antoine de Saint-Exupéry,** l'organisation des camps de concentration avec *La mort est mon métier* (1953) de **Robert Merle,** la collaboration dans *Au bon beurre* (1952) de **Jean Dutourd,** la résistance clandestine dans *Le premier accroc...* (1944) de **Elsa Triolet,** *Drôle de jeu* (1945) de **Roger Vailland.** Mais la grande tourmente ne cessera pas avec la Libération de 1944 : un film de **Marcel Ophüls,** *Le Chagrin et la Pitié,* ainsi que *Les Mandarins* de **Simone de Beauvoir** évoquent avec courage et objectivité les exactions commises au moment de « l'épuration ».

Affiche pour *La Grande Illusion,* film de J. Renoir, en 1937.

La guerre reflète donc, sur les plans social et historique, une des crises les plus profondes que l'Occident ait rencontrées. Elle illustre la précarité et la fragilité de la vie, la nécessité pour les sociétés et les institutions de respecter certaines valeurs fondamentales dont la transgression débouche sur la barbarie, tout en s'adaptant à l'évolution historique et aux conflits inhérents au progrès même de l'humanité.

2 Une autre morale

Dès la Première Guerre mondiale, il était apparu comme légitime de chercher une morale différente, d'autres modes de vie, une nouvelle façon de concevoir le couple. Le rôle attribué aux femmes par la force des choses alors que les soldats étaient au front a beaucoup fait pour

J. Moreau jouant *Jules et Jim*, film de F. Truffaut.

l'émancipation de celles-ci. Le roman d'**Henri-Pierre Roché**, *Jules et Jim* [1], est un témoignage précieux sur le bouleversement des mentalités et des structures sociales qui a coïncidé avec la Grande Guerre. Mais c'est surtout dans les années inquiètes qui ont précédé la Seconde Guerre mondiale et au cours de la Résistance que les intellectuels ont pris conscience du changement qui s'opérait dans les mœurs sous l'influence de circonstances historiques particulièrement dramatiques.

« Plus il y a de blessés, plus l'insurrection approche, plus on couche », avouait déjà May à son mari dans *La Condition humaine.* De leur côté, les personnages de la trilogie sartrienne, *Les Chemins de la liberté,* cherchaient à jeter les bases d'une nouvelle éthique opposée aux contraintes des générations bourgeoises qui les avaient précédés. Il en va de même pour les héroïnes des romans de Beauvoir, militant souvent en faveur d'une réelle égalité des sexes face aux stéréotypes culturels imposés par la tradition du conformisme social.

On peut avoir l'impression que coïncide ainsi avec la guerre le déclin des valeurs les mieux établies de la morale occidentale. En fait, c'est au nom d'un idéal de pureté et peut-être sous l'influence d'une intransigeance intellectuelle qui confine au fanatisme que les jeunes générations sont amenées à se révolter contre l'hypocrisie des adultes. Au lieu de se référer à des modèles antérieurs ou de reproduire les normes implicites du comportement social, elles cherchent à **découvrir et à légitimer de nouvelles valeurs,** souvent provocantes, rarement vécues avec aisance et toujours accompagnées d'un profond désarroi affectif.

1. Porté à l'écran avec beaucoup de succès par François TRUFFAUT en 1962.

3 Un hymne à la vie

Quel enseignement le roman des années 40 cherchera-t-il à tirer de la tragique histoire de la guerre ? Les récits de combat sont certes les plus nombreux. Apparentés au reportage, tous n'ont malheureusement pas la qualité de *La Vallée heureuse* (1946) de **Claude Roy,** ou *Week-end à Zuydcoote* (1949) de **Robert Merle.**

Plusieurs obtiendront le prix Goncourt : *Les Grandes Vacances,* de **Francis Ambrière** (1940, décerné en 1946) ; *Mon Village à l'heure allemande,* de **Jean-Louis Bory** (1945) ; *Les Forêts de la nuit,* de **Jean-Louis Curtis** (1947). Si la censure de Vichy n'a pas favorisé la production romanesque, **Vercors** (au pseudonyme explicite) a pu, dès 1942, exprimer l'opposition muette que rencontre un officier allemand en zone occupée *(Le Silence de la mer).* **Armand Lanoux** attendra beaucoup plus tard pour écrire une trilogie dans laquelle il analyse les épisodes de la guerre dans leurs rapports symboliques avec les grands bouleversements de l'homme moderne : *Le Commandant Watrin,* 1945 ; *Le Rendez-vous de Bruges,* 1958 ; *Quand la mer se retire,* 1963.

Certains romanciers, qui n'ont pas connu la guerre, écriront cependant des œuvres inspirées par celle-ci, comme **Patrick Modiano**[2] (né en 1945) avec *La Place de l'Étoile* (1968) notamment. L'époque de la collaboration, de la Résistance, le martyre des Juifs déportés, le sacrifice des héros restent les thèmes de prédilection du roman longtemps après la guerre. Pour certains écrivains, comme **André Schwartz-Bart,** la précision de la reconstitution l'emporte sur les préoccupations strictement narratives (*Le Dernier des justes,* 1959) ; pour d'autres, comme **Edmonde Charles-Roux,** le souci de l'intrigue sentimentale se conjugue avec la fidélité dans la description du drame historique (*Elle, Adrienne,* 1971).

2. Il a par ailleurs écrit avec Louis MALLE le scénario du film Lacombe Lucien *(1974).*

V LES ANNÉES 50 ; LE NOUVEAU ROMAN

Au cours des années 50, alors que les existentialistes s'affirment comme les maîtres à penser des jeunes intellectuels, on assiste à une double réaction contre l'engagement et le sérieux imposés par l'idéologie de gauche. Réunis autour de Nimier, les « hussards » exaltent la quête du bonheur individuel, la disponibilité, l'insolence ; grâce à Jérôme Lindon, leur nouveau directeur, les Éditions de Minuit permettent elles aussi aux « Nouveaux Romanciers » de faire passer leurs préoccupations esthétiques avant la souci de délivrer un message politique.

1. Le roman des années 50 : une production féconde et diversifiée

1 Une « nouvelle vague » réactionnaire : Nimier (1925-1962) et les « hussards »

C'est autour de deux revues, les *Cahiers de la table ronde* (fondés en 1944) et *La Parisienne* (lancée par Jacques Laurent[1] en 1953) qu'allaient s'illustrer, dans les années qui suivirent la Libération, l'insolence et le goût pour la provocation de jeunes écrivains que la presse baptisa les « hussards » en référence à la biographie et au livre de **Roger Nimier,** *Le Hussard bleu* (1950). S'il devint, avec ce roman, l'auteur à succès de sa génération, Nimier avait déjà, avec *Les Épées* (1948) et *Perfide* (1950), montré que la dérision, le scandale et l'immoralité soutenus par un style classique restaient parmi les meilleures recettes de la réussite littéraire...

Couverture pour *Le Hussard bleu*, dans Folio.

Dans ***Le Hussard bleu*** (1950), Nimier reprend, avec moins de poésie cependant, la distanciation ironique dont Cocteau ou Radiguet entouraient leur description des mœurs et de la société en temps de guerre. Plusieurs jeunes personnages, dont Sanders et Sainte-Anne, découvrent, à travers la vie de garnison en Allemagne (désormais occupée) dans les années 1945-1946, le jeu cruel et violent des campagnes militaires, de l'amour (d'une même femme, une Allemande riche et sensuelle) et la comédie de l'existence. Sainte-Anne mourra, des mains de sa maîtresse, qui se suicide ensuite. Sanders est renvoyé à sa propre solitude.

Parmi les maîtres de cette génération turbulente, les écrivains de droite, ou tout au moins ceux que l'épuration avaient condamnés, Céline notamment , ne faisaient pas mauvaise figure. Furent de même remis à la mode **Jacques Chardonne** (pseudonyme de Jacques Boutelleau, 1884-1968) et **André Fraigneau** (né en 1907). Une éducation sentimentale ironique et désabusée, mais qui n'exclut ni l'érotisme ni l'égoïsme, est le thème de plusieurs romans comme par exemple *L'Europe buissonnière* (1949) d'**Antoine Blondin** (né en 1922) ou les récits riches en aventures comme *La Princesse Manfred* (1949) de **Michel Déon** (né en 1919), entré à l'Académie française en 1978 après *Les Poneys sauvages* (1970), *Un taxi mauve* (1973), *Le Jeune Homme vert* (1975).

1. *Voir p. 555.*

Quant aux **écrivains communistes,** en ces temps de guerre froide et de polémiques autour des révélations sur le stalinisme, dénoncé par le rapport de Khrouchtchev au xxe Congrès (1956), leur production reste abondante avec des romans policiers (*Un tueur,* de **Pierre Daix**), régionalistes (cf. la trilogie des *Rebelles,* de **Jean-Pierre Chabrol,** né en 1925) ou didactiques, sinon dogmatiques, comme ceux de **Pierre Courtade** et **André Stil** (né en 1921).

2 La littérature de consommation courante

La littérature courante ne peut se définir que négativement par rapport à la culture qui est enseignée dans les classes et que l'on considère par conséquent comme « classique ». La littérature qui se lit plus qu'elle ne s'étudie est donc généralement exclue des histoires littéraires comme des programmes scolaires. Cependant c'est elle qui est la plus connue, la plus popularisée, la plus commercialisée. Commerciale, elle l'est d'abord en tant qu'objet de consommation : le livre est un objet qui se fabrique, se « lance » et se vend[1] au même titre que n'importe quel autre produit. À la rigueur l'aspect matériel du livre (reliure, choix du papier, illustration, etc.) peut être plus important que son contenu : il en va de même pour toutes les œuvres d'art dont la signification symbolique est parfois secondaire par rapport à la valeur marchande. Est-ce à dire que le livre a attendu le développement de la « société de consommation » pour évoluer dans le sens d'une réification[2] ?

Commerciale, la littérature de consommation courante l'est encore dans la mesure où elle a permis de transformer la vocation d'écrivain jadis réservée à une élite, fortunée, pensionnée ou entretenue par un mécène, en un métier, plus ou moins bien rétribué, mais qui permet à certains auteurs de vivre de leur plume. La soumission aux goûts du public et à la politique économique de l'éditeur sont alors des impératifs que les romanciers ne peuvent ignorer.

Nombreux sont en effet ceux qui, avec plus ou moins de talent, avec l'assurance ou non de passer à la postérité, exploitent des thèmes d'actualité ou une tradition littéraire qui leur garantiront des tirages élevés, voire des rééditions en livres de poche, et, dans le meilleur des cas, une adaptation cinématographique. C'est dans la chronique historique que **Maurice Druon** (né en 1918) a rencontré le succès avec le cycle romanesque d'inspiration naturaliste *Les Grandes Familles* (1948), *La Chute des corps* (1950) *Le Rendez-vous aux enfers* (1951) et la série de vulgarisation *Les Rois maudits* dont il assuma la paternité. **Hervé Bazin** (né en 1911) est apparu au contraire comme le jeune homme révolté et violent qui a fait le charme de *Vipère au poing* (1948), roman où se dessine le portrait sacrilège d'une marâtre devenue célèbre ; mais par la suite il se rapprochera de l'académisme de son oncle[3], voire de son idéologie conservatrice avec *Le Matrimoine* (1967) et *Madame Ex* (1974). **Bernard Clavel** (né en 1923) a atteint un large public avec les récits nourris de son enfance ouvrière (*Malataverne,* 1960), ainsi que **Robert Sabatier** (né en 1923) avec *Les Allumettes suédoises* (1969), **José Cabanis** (né en 1922) avec *La Bataille de Toulouse* (1966). **Roger Peyrefitte** (né en 1907) érigea pour sa part le scandale en principe de création avec *Les Amitiés particulières* (prix Renaudot 1945) par exemple. Quant à **Michel de Saint-Pierre** (né en 1916), catholique d'option intégriste, son nom se suffit à lui-même.

1. *Voir* Le Livre français, *un bilan établi sous la direction de Julien* CAIN, *Robert* ESCARPIT, *Henri-Jean* MARTIN ; *Imprimerie Nationale, 1972.*
2. *Ce terme désigne, pour les sociologues d'obédience marxiste, le processus par lequel une entité spirituelle ou symbolique tend à se transformer en objet purement matériel.*
3. *Voir p. 526.*

3 Ésotérisme et tradition

En dehors des modes et des influences littéraires, certains auteurs poursuivent une œuvre solitaire, parfois hermétique, souvent à contre-courant. **René Guénon** se fait le théoricien de la décadence occidentale dans des ouvrages comme *La Crise du monde moderne* (1927) ou *Le Règne de la quantité et les signes du temps* (1945). Les romans de **Marcel Brion** (né en 1895) ou de **Raymond Abellio** (né en 1907) illustrent entre autres cette tendance philosophique qui voit dans le symbolisme et le culte de diverses traditions initiatiques les seules sources d'une connaissance spirituelle authentique.

Critique d'art ou romancier, **Marcel Brion** s'intéresse essentiellement au fantastique. Ses livres se situent toujours à mi-chemin du réel et de l'imaginaire. Les aventures qu'ils déclenchent ouvrent en effet les portes d'un univers insolite où les choses ont valeur de signes, où les êtres sont doués d'un pouvoir inquiétant, où l'on devine la présence d'un savoir occulte. Mais le monde apparaît toujours comme une énigme et les personnages restent ambigus depuis *Un enfant de la terre et du ciel* (1943) jusqu'au récit autobiographique : *Le Journal d'un visiteur* (1980).

4 Vers le Nouveau Roman : de Queneau à Gracq

Queneau (1903-1976)

Plusieurs écrivains annoncent à plus d'un titre les bouleversements amenés par le Nouveau Roman dans l'écriture et même dans la façon de lire les romans traditionnels. **Raymond Queneau** est inclassable à plus d'un titre. À cause de l'originalité de sa propre personnalité tout d'abord, mais aussi par la variété de ses activités littéraires et paralittéraires. Surréaliste, Queneau s'inscrit dans la lignée de Jarry avec le Collège de Pataphysique (auquel il a initié Boris Vian). Poète, linguiste, il a fondé l'Oulipo[1] (voir p. 457) et créé la littérature expérimentale avec ses *Exercices de style*, quarante-sept variations, en niveaux de langue différents, sur le thème : une bagarre dans le bus de la ligne S. Scientifique, il a composé dix sonnets dont chaque vers peut se combiner avec n'importe lequel des autres poèmes, ce qui fait 10^{14}, soit, conformément au titre, *Cent Mille Milliards de poèmes* (1961) ou encore 190 258 751 années de lecture assurées. Romancier, il est surtout connu comme l'auteur de *Pierrot mon ami* (1942), *Le Dimanche de la vie* (1952), et comme l'heureux père de Zazie.

Dans ***Zazie dans le métro*** [2] (1959), Queneau a mis en scène un personnage turbulent et attachant, au franc-parler pittoresque : une jeune fille qui profite de son séjour à la capitale pour s'intéresser au plus beau monument de Paris, le métro — malheureusement fermé pour cause de grève. Son passage sera marqué par des catastrophes et des bouleversements parmi les malheureux adultes à qui sa mère l'a confiée pour être libre, le temps d'une liaison. De retour dans ses foyers, Zazie n'aura rien perdu de son cynisme ni de sa gouaille légendaire.

Cayrol (né en 1911)

Poète autant que romancier, **Jean Cayrol** lui, anticipe sur la démarche des nouveaux romanciers dans la mesure où ses œuvres — réduites le plus souvent à un patient monologue — sont une perpétuelle remise en question de la réalité à travers le questionnement métaphysique sur l'identité du narrateur. De fait le héros de la trilogie

1. Oulipo : *Ouvroir de littérature potentielle.*
2. *Adapté au cinéma par Louis* M*ALLE.*

La Seigneurie d'Orsenna. Illustration pour *Le Rivage des Syrtes.* Burin de C. Josso.

Je vivrai l'amour des autres (1943-1950) se rapproche de l'angoisse existentielle qu'expriment les personnages de Beckett. Le traumatisme de la guerre et surtout de la déportation expliquent en partie cette vision tragique sinon désespérée de la condition humaine.

Leiris (né en 1901) et Blanchot (né en 1907)

Dans un registre tout à fait différent, **Michel Leiris** tente, à travers une confession autobiographique proche de l'onirisme surréaliste, de « mettre à nu certaines obsessions d'ordre sentimental ou sexuel (...), d'introduire ne fût-ce que l'ombre d'une corne de taureau dans une œuvre littéraire » : *L'Âge d'homme* (1939), *Biffures* (1948), *Fourbis* (1955), *Fibrilles* (1966) et *Frêle Bruit* (1976). **Maurice Blanchot** supprime volontairement dans ses œuvres narratives, comme *Thomas l'obscur* (1941), *Aminadab* (1942) puis *Le Dernier Homme* (1957) et *L'Attente l'oubli* (1962), tous les éléments classiques tels que personnages, intrigues, événements. C'est avant tout une négation du réel auquel se substitue la fascination pour un langage lui-même questionné.

Gracq (né en 1910)

Avec *Le Château d'Argol* (1938), *Le Rivage des Syrtes* (1951), *Un balcon en forêt* (1958), **Julien Gracq** (pseudonyme de Louis Poirier) est apparu comme un romancier surréaliste accompli[1]. Mais faut-il voir en lui un romantique donnant au poème en prose la dimension d'une œuvre romanesque ou un écrivain fantastique nourri d'angoisse et de mythes irrationnels ? Novateur, Gracq l'est cependant autant par le contenu que par le style, lointain héritier du foisonnement baroque.

Par ailleurs, dans son pamphlet *La Littérature à l'estomac* (1950), Gracq a dénoncé les méfaits de la littérature engagée. Il solde ainsi la rupture définitive avec les écrivains existentialistes et annonce le renouveau parnassien des romanciers de la génération suivante.

1. Il obtint — mais refusa — le prix Goncourt pour Le Rivage des Syrtes *(1951).*

2. Le Nouveau Roman

1

Les précurseurs et Sarraute

Une longue tradition

On peut voir dans l'ironie des romanciers classiques vis-à-vis du récit, genre secondaire par rapport au prestige de l'épopée ou de la tragédie, les premières manifestations de la distanciation des modernes vis-à-vis de toute entreprise narrative. Les œuvres de Diderot (et plus particulièrement *Jacques le Fataliste*, réd. 1765-1773) ou déjà de Scarron (*Le Roman comique*, 1651-1657) contestent vigoureusement les conventions réalistes et le principe de l'illusion romanesque. Les romans de Flaubert annoncent d'une certaine manière la modernité romanesque.

Mais ce sont surtout les réflexions de Mallarmé sur les rapports de la littérature et du réel, de Valéry sur les problèmes du vraisemblable, puis la nouvelle conception romanesque de Gide et de Proust qui ont porté les derniers coups à la bonne conscience de la narration balzacienne (que les romanciers fidèles aux valeurs anciennes, vénérées du public, ne se priveront cependant pas de continuer à imiter).

Le terme générique de « nouveau roman » serait apparu sous la plume d'**Émile Henriot** rendant compte en 1957, dans une chronique du *Monde*, d'un roman de Robbe-Grillet, *La Jalousie*, et d'une réédition de *Tropismes* de Nathalie Sarraute. C'est en fait **Alain Robbe-Grillet** (qui n'avait jamais publié ailleurs qu'aux éditions de Minuit) qui fut l'initiateur du groupe des Nouveaux Romanciers dont il est apparu comme le théoricien grâce à de nombreux articles publiés notamment dans *L'Express*. Autour de lui se sont trouvés réunis ceux que l'on a appelés les « écrivains de minuit » ou encore, mais de façon partiellement impropre, « l'école du regard ».

Les influences immédiates

Raymond Roussel, lui-même marqué par le surréalisme, les romanciers anglo-saxons des années 20, mais aussi les courants modernistes comme le simultanéisme, illustré par exemple, dans *Mort de quelqu'un* (1911) de Jules Romains, par les conversations de différents personnages réunis autour du héros-absent : le défunt, sont enfin les initiateurs immédiats de ce que l'on appellera, à la fin des années 60, le Nouveau Roman.

Il ne s'agit plus de représenter la réalité, de la « copier » selon le vœu des romanciers classiques mais au contraire de créer un univers spécifique où les mots n'ont de signification qu'au sein d'un système clos : celui du langage. La révolution du Nouveau Roman rejoint donc la révolution opérée dans le domaine artistique par le passage de la peinture figurative à la peinture abstraite. Les mots ne renvoient plus aux choses, à cet univers ordonné dont le romancier balzacien se prétendait le secrétaire, mais au vide d'un langage où viennent agoniser réalité, personnages et fictions. En ce sens anti-roman et anti-théâtre se rejoignent comme dans l'œuvre de Beckett[1].

Sarraute (née en 1902) et la mort du personnage classique

Dès 1939, **Nathalie Sarraute** avait proposé une nouvelle conception de la psychologie romanesque avec *Tropismes*, ensemble de textes que ne liait aucune intrigue narrative mais qui tentaient de relater la vie intime de la conscience dans le surgissement brut de la « sous-conversation ». La notion de personnage, à plus forte raison de héros, au sens classique du terme se trouvait ainsi dissoute. Ses « romans » ultérieurs (*Portrait d'un inconnu*, 1949, préfacé par Sartre qui le qualifiait d' « anti-roman » ; *Martereau*, 1953 ; *Le Planétarium*, 1959 ; *Les Fruits d'or*, 1963 ; *Vous les entendez ?*, 1972) et ses pièces radiophoniques comme *Isma* (1970), s'efforceront, de même, de saisir les fluctuations de la pensée en formation. L'insignifiance des situations permet à la romancière de concentrer son attention sur **le jaillissement du langage à l'état pré-conscient** (l'influence de la psychanalyse est indéniable) tout en brossant un portrait acide des futilités bourgeoises et des préoccupations familiales. La technique du Nouveau Roman, la mort du personnage, se conjuguent chez Sarraute avec une vision satirique de la société moderne.

1. *Voir p. 493.*

2

Les maîtres du Nouveau Roman : Robbe-Grillet et Butor

Robbe-Grillet (né en 1922) et les images subjectives de l'univers intérieur

Alain Robbe-Grillet est d'abord un théoricien du roman. Son itinéraire a commencé par une remise en question des structures et des conventions qui donnaient son sens au roman classique, ce « sens » qu'il reproche précisément aux descriptions anthropomorphiques par exemple : « Il faut même ajouter, écrit-il dans « Nature, humanisme tragédie » (*Pour un nouveau roman,* 1963), que le surcroît de valeur descriptive n'est ici qu'un alibi : les vrais amateurs de métaphore ne visent qu'à imposer l'idée d'une communication. S'ils ne disposaient pas du verbe « se blottir » ils ne parleraient même pas de la position du village. La hauteur de la montagne ne serait rien pour eux, si elle n'offrait le spectacle moral de la majesté. »

Alain Robbe-Grillet, né en 1922, fit de longs séjours outre-mer en tant qu'ingénieur agronome. Ses premiers romans opérèrent une révolution de l'écriture dont l'importance ne fut aperçue que de quelques critiques comme Barthes. À partir de *L'Année dernière à Marienbad* (réalisé par Alain Resnais en 1961), il mènera une double carrière de cinéaste et de romancier.

1953 : *Les Gommes* (prix Fémina).
1955 : *Le Voyeur* (prix des critiques).
1957 : *La Jalousie.*
1959 : *Dans le labyrinthe.*
1965 : *La Maison de rendez-vous.*
1970 : *Projet pour une révolution à New York.*
1976 : *Topologie d'une cité fantôme.*
1978 : *Souvenirs du triangle d'or.*
1981 : *Djinn.*
1985 : *Le Miroir qui revient.*

Aussi un des mérites essentiels de Robbe-Grillet a-t-il été de proposer aux lecteurs de Balzac une nouvelle approche critique qui permette de mieux apprécier les mérites, mais aussi les limites de toute la tradition du roman réaliste et néo-réaliste, de Hugo à Troyat en passant par les maîtres de l'analyse psychologique.

Dans ses premiers romans, Robbe-Grillet est apparu, du fait de ses descriptions minutieuses, empruntant à l'arpentage du géomètre sa précision millimétrique, comme un écrivain purement objectif, au point que l'on a parlé à son propos « d'école du regard ». En fait, rien n'est plus subjectif que le type de narration propre à Robbe-Grillet. S'il s'agit bien d'un point de vue optique comme le laissent supposer des titres tels que *Le Voyeur* (1955) ou *La Jalousie* (1957), il n'est en fait question que du regard passionnel, des images mentales — à la limite, des fantasmes morbides — d'un personnage ainsi décrit de l'intérieur à travers ce qu'il voit. Les mots ne renvoient donc pas à une hypothétique réalité extérieure, objective, concrète, mais aux images subjectives de l'univers intérieur.
Avec *Les Gommes* (1953), l'énigme policière, les stéréotypes culturels qui façonnent les mythes (ici celui d'Œdipe — qui est aussi la marque des gommes, elles-mêmes symbole de l'effacement), les jeux sur le langage, tissent un univers purement abstrait, parodique du roman d'aventure traditionnel. Les mots fonctionnent alors uniquement comme des signes qui tirent leur cohérence du système contextuel, non du souci de représenter une réalité indépendante du langage qui la crée.

M. Ernst, *L'Œil du silence,* 1943-1944.

Robbe-Grillet, en décodant les clichés de l'illusion réaliste, aboutit ainsi à une écriture non figurative où les effets linguistiques (paronomases, homonymies, jeux de mots) tiennent une place prépondérante, mais où le trompe-l'œil et le maniérisme jouent aussi un rôle essentiel, comme dans les artifices de *Topologie d'une cité fantôme* (1976). Conformément au titre d'un de ses romans, le lecteur de Robbe-Grillet se sent dans un « labyrinthe », prisonnier ou fasciné par les sortilèges d'une écriture envoûtante dont l'hermétisme n'est pas sans rappeler parfois la gratuité surréaliste. Témoin de son temps, Robbe-Grillet ne décrit pas un monde, dont l'identité est douteuse, mais une image de celui-ci, elle-même trompeuse.

Butor (né en 1926) et la perception moderne de l'espace et du temps

Né en 1926, **Michel Butor** a fait de longs séjours dans les universités étrangères. La réforme de 1968 lui a permis d'enseigner quelque temps à Vincennes avant de se fixer à Genève. Butor est connu comme romancier et essayiste ; mais n'est-il pas essentiellement poète, dans des textes aussi variés et inclassables que *Votre Faust, fantaisie variable genre opéra* (en collaboration avec Henri Pousseur, 1962), *Portrait de l'artiste en jeune singe* (1967) ou *Matière de rêves* (1975-1976) ?

1954 : *Passage de Milan.*

1956 : *L'Emploi du temps* (prix Femina).

1957 : *La Modification* (prix Renaudot).

1960 : *Degrés.*

1969 : *Essais sur le roman.*

1960-1982 : *Répertoire. Études et conférences.*

Dans ses romans, **Michel Butor** semble d'abord s'attacher à établir une coupe synchronique à l'intérieur d'un univers clos, qu'il s'agisse d'un immeuble parisien avec la mise en parallèle des différents étages qui le composent (*Passage de Milan,* 1954) ou de la vie d'un lycée à une heure donnée (*Degrés,* 1960). L'écriture butorienne respecte alors la technique, somme toute classique, du simultanéisme prôné par les mouvements futuristes du début du siècle.

C'est au contraire l'espace tout entier d'une ville qu'explore le narrateur de *L'Emploi du temps* (1956). À cet inventaire géographique se joint un autre univers, celui de la conscience et de la mémoire, qui ne coïncide qu'imparfaitement avec le premier. Le rôle joué par le temps est alors essentiel pour tenter de reconstituer la « réalité » à partir d'un double puzzle, spatial : la ville anglaise de Bleston, et intérieur : les différents moments de la vie du héros, Jacques Revel. Le roman repose ainsi, comme l'a noté Ricardou[1], sur l'opposition entre **temps de la narration** (les cinq mois que le personnage consacre à écrire son journal) et **temps de la fiction** (les douze mois d'un passé qu'il tente de reconstituer dans un ordre affectif, non chronologique).

La stabilité du réel, comme référent originel et antérieur à toute narration, se trouve donc ainsi, une fois encore, remise en question : le Nouveau Roman, dont l'hermétisme apparent choque encore beaucoup de lecteurs porte, en fait, un témoignage concret sur la perception moderne de l'espace et du temps. Récit brisé, représentation diffractée, superposition de la culture et de l'imaginaire. Autant de paramètres qui nécessiteront l'éclatement du roman en de nouvelles techniques graphiques : montage, collages, constructions stéréographiques, etc., plus proches sans doute des capacités d'innovation de la poésie que de l'écriture narrative issue d'un ordonnancement cartésien de l'environnement humain.

1. Problèmes du Nouveau Roman, *1967.*

3 Simon (né en 1913), un grand baroque

Après quelques récits classiques comme *Le Tricheur* (1946 ; proche de *L'Étranger*, d'Albert Camus), **Claude Simon** a rejoint les techniques du Nouveau Roman, tout en restant en marge des polémiques et des intrigues dont celui-ci s'est rapidement entouré. Si ses romans profitent de l'écriture la plus moderne — parfois difficile à assimiler pour un lecteur non initié —, ils portent aussi la marque du récit proustien, baignant dans un climat de souvenirs que tentent de restituer les réseaux associatifs de la mémoire involontaire.

Né en 1913 à Tananarive (son père était officier de troupes coloniales), **Claude Simon** a vécu à Salses (Pyrénées-Orientales) et à Paris. Après ses études comme pensionnaire au collège Stanislas, il s'est essayé à la peinture, puis s'est engagé en 1936 auprès des républicains espagnols. Fait prisonnier en 1940, il réussit à s'évader et à regagner Perpignan. À partir de la Libération, Claude Simon s'est consacré à la littérature, principalement au roman. En 1985, il a reçu le prix Nobel pour l'ensemble de son œuvre.

1946 : *Le Tricheur.*

1947 : *La Corde raide.*

1954 : *Le Sacre du printemps.*

1957 : *Le Vent, tentative de reconstitution d'un retable baroque.*

1958 : *L'Herbe.*

1960 : *La Route des Flandres.*

1962 : *Le Palace.*

1967 : *Histoire* (prix Médicis).

1969 : *La Bataille de Pharsale.*

1970 : *Orion aveugle.*

1971 : *Les Corps conducteurs.*

1973 : *Triptyque.*

1976 : *Leçon de choses.*

1981 : *Les Géorgiques.*

1983 : *La Chevelure de Bérénice.*

Le roman le plus connu de Simon, ***La Route des Flandres*** (1960), met en scène un soldat (Georges, le narrateur) qui se trouve sous les ordres du capitaine de Reixach, un cousin de sa mère. En mai 1940, pendant la débâcle, le régiment est décimé, le capitaine tué. Les soldats (Blum, Iglésia, Georges lui-même) sont faits prisonniers. Durant leur captivité, comme auparavant dans les pluvieux cantonnements d'hiver, ils évoquent la figure de Reixach et de son épouse, la très jeune Corinne. C'est elle que Georges connaîtra à son tour ; mais le personnage réel peut-il avoir le charme de la personne légendaire, déformée par les multiples images de la rêverie ?

L'intrigue d'*Histoire* (1967) tient en une journée. Il s'agit des rencontres les plus banales que l'on peut faire dans l'univers quotidien. Mais le plus modeste emploi du temps **(l'histoire)** peut dévoiler une saga familiale aux prolongements insoupçonnés **(l'Histoire)**.

L'écriture du romancier se joue de la chronologie. Les paragraphes commencent sans majuscule, brutalement interrompus, parfois au milieu d'un mot. Les dialogues intégrés au texte sans marque typographique spécifique soulignent la continuité de la pensée. Simon abandonne définitivement les conventions de la fiction classique au profit d'un style résolument novateur, apparemment dépourvu d'intrigue, mais constellé d'images aux connotations multiples :

« Ce qui est souvent sans rapport immédiat dans le temps des horloges où l'espace mesurable peut se trouver rassemblé et ordonné au sein du langage dans une étroite contiguïté. Une épingle, un cortège, une ligne d'autobus, un complot, un clown, un État, un chapitre n'ont que (c'est-à-dire ont) ceci de commun : une tête. L'un après l'autre les mots éclatent comme autant de chandelles romaines, déployant leurs gerbes dans toutes les directions » (Préface d'*Orion aveugle*, 1970).

4 Dans le sillage du Nouveau Roman : Duras et Sollers

Si le Nouveau Roman risque de se condamner par son abus de recherche formelle[1], force est de reconnaître son apport à la littérature moderne, débarrassée des clichés du réalisme et des poncifs de la figuration, et l'enrichissement que lui doit le roman contemporain, tant sur le plan technique (depuis la rénovation de la typographie jusqu'aux systèmes symboliques de représentation) qu'au niveau de l'évolution des structures narratives.

Duras (née en 1914) : rendre l'indicible

Avec **Marguerite Duras** (pseudonyme de Marguerite Donnadieu), née au Sud-Viêt-nam (ancienne Cochinchine) en 1914, le roman « tchekhovien » du souvenir autobiographique encore imprégné de réalisme sentimental (*Les Impudents*, 1943 ; *La Vie tranquille*, 1944 ; *Un barrage contre le Pacifique*, 1950 ; *Le Marin de Gibraltar*, 1952) a évolué vers le roman poétique ou même le poème en prose. Si le crime passionnel est l'un des prétextes préférés de Duras à partir de *Moderato Cantabile* (1958), celle-ci s'attache surtout à rendre l'indicible et se détourne de l'action ou du récit pour ne plus s'intéresser qu'aux situations, voire aux silences révélateurs des mystères de la psychologie.

L'Amant, pour lequel Marguerite Duras obtint le prix Goncourt en 1984, marque au contraire un retour au romanesque lyrique et

1. *Certains critiques, comme Jacques* B*RENNER, iront jusqu'à considérer les Nouveaux Romanciers comme des « bricoleurs »* (Histoire de la littérature française de 1940 à nos jours).

rappelle la poésie et la violence du scénario qu'elle avait écrit pour le film d'Alain Resnais, *Hiroshima mon amour.*

Le théâtre[1] et le cinéma ont d'ailleurs largement contribué à faire connaître les œuvres de Duras, dont l'ésotérisme, de plus en plus prononcé (voir notamment *Détruire dit-elle,* 1969, et *Abahn Sabana David,* 1971), semble cependant très apprécié des critiques et commentateurs.

Claude Mauriac, fils aîné de François Mauriac, est né en 1914. Critique, romancier et mémorialiste, il est essentiellement connu pour la suite de *Le Dialogue intérieur* avec notamment *Le Dîner en ville* (1959), ensemble de dialogues et des monologues intérieurs d'une dizaine de personnages réunis à l'occasion d'un repas.

Jean-Pierre Faye (né en 1925) après avoir appartenu au groupe « Tel Quel », a fondé en 1968 la revue collective *Change.* Comme **Marcel Pleynet** (né en 1933) ou **Hélène Cixous** (née en 1937), il doit au Nouveau Roman l'héritage d'une écriture libérée du système de représentation traditionnel. Le brusque passage d'un point de vue à un autre, une volontaire incohérence dans le choix des pronoms, des temps du récit (?), le rejet de la typographie, voire de la syntaxe conventionnelle, l'amalgame de la narration, de la description et du monologue intérieur, rendent ces romans difficiles à lire. En dépit d'un lyrisme indéniable, cette écriture en quête d'un modernisme hypertrophié tourne parfois au procédé, voire à l'effet de mode[1].

1. Voir p. 502.
2. Piège auquel n'échappent pas les romanciers les plus classiques eux-mêmes. ARAGON au contraire renouvellera grâce au Nouveau Roman sa propre originalité de romancier, en donnant Blanche ou l'Oubli *(1967).*

Sollers (né en 1936) : un savant assemblage de mots

Pour **Philippe Sollers,** le parc est la métaphore du roman, conformément à la définition qu'il en donne au début du livre qui porte ce titre ; « **Parc :** c'est un composé de lieux très beaux et très pittoresques dont les aspects ont été choisis en différents pays, et dont tout paraît naturel excepté l'assemblage » ; mais celui-ci n'est-il pas d'abord et avant tout un savant assemblage de **mots** ? Telle semble être en définitive la leçon que l'on peut tirer de l'expérience du Nouveau Roman et c'est à Proust, comme le note **Roland Barthes,** que revient le mérite d'avoir déplacé « historiquement, le vieux problème du réalisme, qui ne se posait guère, jusqu'à lui, qu'en termes de référents : l'écrivain travaille, non sur le rapport de la chose et de sa forme (ce qu'on appelait, aux temps classiques, sa « peinture », et plus récemment, son « expression »), mais sur le rapport du signifié et du signifiant, c'est-à-dire sur un signe » (*Le Degré zéro de l'écriture,* 1953).

BIBLIOGRAPHIE

Études

Nathalie SARRAUTE, *L'Ère du soupçon.* Gallimard, 1956.

Actes du colloque de Strasbourg, *Le Roman contemporain.* Klincksieck, 1971.

René MARILL ALBÉRÈS, *Histoire du roman moderne.* Albin Michel, 1962.

Michel BUTOR, *Essais sur le roman.* Gallimard, 1969.

Jacques LAURENT, *Roman du roman.* Gallimard, 1977.

Maurice NADEAU, *Le Roman français depuis la guerre.* Gallimard, 1970.

Jean RICARDOU, *Pour une théorie du roman.* Le Seuil, 1971.

Alain ROBBE-GILLET, *Pour un nouveau roman.* Gallimard, 1968.

VI LE ROMAN AU PRÉSENT

La fin des années 50 fut dominée par la guerre froide, les événements d'Algérie — avec leur profond retentissement sur la vie politique de la métropole — et le retour du Général de Gaulle. Installée dans le système économique de la croissance et de la (sur)consommation, la France devait être confrontée à une grave crise des valeurs marquée par la révolution de mai 1968. Si bon nombre des romans de cette période reflètent les problèmes posés par l'histoire de la décolonisation ou témoignent des bouleversements opérés dans les mentalités et les mœurs par le choc des mouvements intellectuels et politiques de 1968, il semble que, face à la crise internationale, les romanciers préfèrent répondre par le recours à l'évasion onirique ou le retour à des valeurs classiques, par définition universelles et intemporelles.

1. Les principales tendances du roman contemporain

1 Le roman romanesque

Armand Lanoux annonçant le lauréat du prix Goncourt, en 1981.

Si l'on considère que le roman est avant tout, depuis Balzac, une étude des caractères jointe à la peinture, souvent critique, des mœurs et de la société, on peut remarquer que ce genre se porte encore bien de nos jours : traditionnels sont en effet les romans « historiques » d'un **Max Gallo** (né en 1932) comme *La Baie des Anges* (1975) ; la fresque intimiste : *Un malaise général*, de **François Nourissier** (né en 1927) ; ou les aventures picaresques des personnages d'**Albert Cohen** (né en 1895) dans *Belle du Seigneur* (1968) par exemple. Sans oublier les valeurs éprouvées comme **François Mauriac, Jean Giono, Henri de Montherlant,** qui ont poursuivi leur œuvre romanesque jusqu'à leur mort, ni ceux qui, comme **Jacques Laurent, Robert Merle** ou **Françoise Mallet-Joris** (née en 1930) font du maintien de la narration réaliste une arme de combat contre l'esthétique du Nouveau Roman. Pour nombre de littérateurs contemporains, écrire est un métier, sinon une routine. La publication régulière d'œuvres de fictions est devenue une habitude, le roman n'est plus comme pour Rousseau ou Stendhal le moyen d'expression privilégié d'une passion dévorante, mais une profession contractuelle, avec ses syndicats, ses lobbies, ses groupes de pression. Mais « l'artiste », s'il rêve parfois d'être salarié, échappe encore au système du fonctionnariat...

Les institutions, telles que l'Académie française, fondée en 1634, les divers jurys littéraires, la prolifération des jurés populaires (prix des lectrices de *Elle*), etc. établissent par la force des choses un compromis entre l'innovation et la tradition. En général les artifices de la modernité, comme la brusque rupture des points de vue qui fait l'originalité d'ouvrages d'inspiration par ailleurs classique comme *Creezy* de **Félicien Marceau** (prix Goncourt, 1969) ou *La Dentellière* de **Pascal Lainé** (prix Goncourt, 1974), n'altèrent pas la lisibilité de romans dont l'actualité du sujet se combine avec les goût du public.

M. Yourcenar reçue à l'Académie française, en 1980.

L'entrée sous la coupole de **Marguerite Yourcenar** (1903-1987) est un événement historique[1] : le 22 janvier 1981, l'Académie française ouvre pour la première fois ses portes aux femmes. Nombreux sont pourtant les institutions culturelles, les clubs de pensée tels que la franc-maçonnerie, qui redoutent encore la mixité. Écrivain de longue date, Marguerite Yourcenar a renouvelé le roman historique en recréant le genre des mémoires apocryphes. Empreints d'un humanisme chaleureux, ses livres les plus connus sont les plus récents : *Les Mémoires d'Hadrien* (1951) ou *L'Œuvre au noir* (1968). L'évocation d'un passé légendaire s'y conjugue en permanence avec une réflexion sur les problèmes contemporains et, plus généralement, sur le sens de la vie. Démarche classique s'il en fut, où l'autoportrait permet de rejoindre le cœur même de « l'humaine condition », comme les deux premiers volumes du *Labyrinthe du monde (Souvenirs pieux,* 1974 ; *Archives du Nord, 1977).*

La permanence du symbolique est une des données essentielles du roman contemporain. Dans un univers dominé par le culte des valeurs profanes, la mission du romancier, comme celle de l'artiste en général, semble être de redonner à la dispersion de la vie concrète une dimension spirituelle qui dépasse le cadre étroit des tâches quotidiennes et l'inscrive dans le cycle des rythmes cosmiques. Cette insertion de l'histoire individuelle dans le temps du mythe, très sensible déjà derrière la narration faussement réaliste de **Jean Giono**[2], apparaît aussi bien chez **Michel Tournier,** que sous la forme de la ritualisation sacrificielle dans *Pélagie la charrette* (prix Goncourt 1979), épopée acadienne d'**Antonine Maillet** (née en 1929), ou encore sous celle, plus intime, des correspondances entre le moi et la nature comme dans les livres de **Pierre Gascar** (pseudonyme de Pierre Fournier ; né en 1916): *Le Meilleur de la vie* (1964) et *Les Charmes* (1965). L'accession à l'âge adulte (*Le Grand Dadais,* de **Bertrand Poirot-Delpech,** 1958 ; *Les Petites Sirènes,* d'**Yves Dangerfield,** 1978) ou plus généralement toute crise psychologique (soudaine : *Les Choses de la vie,* de **Paul Guimard,** 1967 ; progressive : *Les Mots pour le dire,* de **Marie Cardinal,** 1975) sont généralement vécus comme une initiation ou rapprochés des cycles saisonniers et deviennent, involontairement peut-être, le reflet du mythe classique de la mort et de la résurrection : « une saison dans la vie de... »[3] est la meilleure illustration de cette transposition allégorique, parfois teintée d'un syncrétisme mystique, que le roman moderne impose à la perception brute de la réalité.

L'influence du Nouveau Roman a été bénéfique sur l'écriture romanesque en général, à qui elle a permis de se renouveler, et sur les habitudes culturelles des lecteurs qu'elle a remises en question.

C'est le résultat de ce double apport qu'illustre par exemple l'œuvre romanesque de **Georges Perec** (né en 1936). Dans *Les Choses* (1956) comme dans *La Vie mode d'emploi* (1978), il décrit un univers glacé, insensible, caractéristique de notre société de consommation. À cette veine réaliste, inspirée par les analyses sociologiques d'un Baudrillard, s'opposent une tendance onirique (*La Boutique obscure,* 1973, recueil de 124 rêves) et un goût très prononcé pour le jeu littéraire, le lipogramme d'inspiration surréaliste par exemple. Dans le roman *La Disparition* (1969) c'est, comme chez ses maîtres de l'Oulipo[4], une lettre, la voyelle *e,* que Georges Perec s'est amusé à supprimer.

1. Consacré par la publication des œuvres romanesques dans la « bibliothèque de la Pléiade » du vivant même de l'auteur.
2. Voir l'étude de Jean-Michel ADAM. Linguistique et Discours littéraire, *Larousse, 1976.*
3. Tel est le titre, significatif, d'un roman canadien de Marie-Claire BLAIS : Une saison dans la vie d'Emmanuel *(1965).*
4. Ouvroir de littérature potentielle, *imaginé par Raymond* QUENEAU ; *voir p. 457.*

2 Le récit d'actualité

La décolonisation, la guerre d'Algérie, les événements de mai 1968, voire certains scandales, affaires ou simples faits divers, trouvent leur reflet dans le genre romanesque. Toutefois, du fait même des délais imposés à sa conception, les préoccupations métaphysiques et le souci de garder à l'écriture une spécificité littéraire restent prédominants.

L'œuvre de **Pierre-Jean Rémy** (né en 1937) transpose les problèmes politiques dans l'univers magique de la rêverie intérieure et des souvenirs. Il se dégage de ses romans un sentiment d'amertume devant la vanité de l'agitation mondaine. La pompe d'un style parfois baroque amplifie cette impression, que l'on ressent aussi bien dans *Le Sac du palais d'Été* (prix Renaudot, 1971), les *Mémoires secrets pour servir à l'histoire de ce siècle* (1974) ou encore dans *Rêver la vie* (1975) qui relate la campagne électorale qui a suivi la mort de Pompidou.

Autre moraliste, **Jules Roy** (né en 1907) avait reçu le prix Renaudot pour un récit de guerre, *La Vallée heureuse* (1946), proche de la mystique de l'héroïsme caractéristique de Saint-Exupéry. Mais à partir de la série amorcée par *Les Chevaux du soleil* (1968), Jules Roy est surtout apparu comme chroniqueur de la guerre d'Algérie.

Affiche pour *Le Sucre,* film de J. Rouffio, en 1978.

L'actualité la plus brûlante peut fournir une mine de thèmes que les romanciers ne se font pas faute d'exploiter : scandales financiers (*Le Sucre,* de **Georges Conchon,** 1977), « bavures » judiciaires (*Le Pull-over rouge,* de **Gilles Perrault,** 1978), drames de la répression aveugle (*La Rivière nue,* de **Raymond Jean,** 1978 : transposition de « l'affaire » Gabrielle Russier). Mais outre que de tels sujets ne sont pas la seule source d'inspiration des écrivains précités, on peut noter que le roman tend par définition à donner une portée plus générale à la chronique événementielle. Ainsi **René-Victor Pilhes** nous met-il en garde contre l'univers kafkaïen que la société technocratique est en train de préparer (*L'Imprécateur,* 1974) ; **Rafaël Pividal** fait une critique radicale de toutes les formes d'impérialisme culturel (*Pays sages,* 1977) ; **Anne Philipe,** dans *Le Temps d'un soupir* (1963), ne se contente pas d'évoquer la mort d'un homme célèbre (son mari Gérard Philipe), elle amorce aussi une réflexion sur le sens de la condition humaine.

Les romans qui ont le plus de chance d'échapper aux engouements passagers pour une mode éphémère, ou pour des slogans politiques que décuplent les médias, sont donc ceux qui résistent aux pièges du manichéisme simplificateur et qui savent tirer d'une expérience conjoncturelle une leçon universelle. C'est ainsi que **Christiane Rochefort** (née en 1917) a pu faire entendre le cri de révolte spontanée contre toutes les formes d'oppression (scandale de *Le Repos du guerrier,* 1958) ou d'aliénation de l'individu (*Les Petits Enfants du siècle,* 1961 ; *Encore heureux qu'on va vers l'été,* 1975). **Roger Ikor** (né en 1912) a évoqué avec une émotion toujours actuelle le conflit des générations sous-jacent à la révolte de mai 68 : *Le Tourniquet des innocents* (1972). **Claire Etcherelli** (née en 1934) avec *Élise ou la Vraie Vie* (prix Fémina 1967), puis **Rachid Boudjedra** (né en 1941) avec *Topologie idéale pour une agression caractérisée* (1975), ont su exprimer grâce à la simplicité ou à la violence lyrique de leurs styles respectifs l'ampleur des tragédies suscitées par le racisme quotidien. D'autres auteurs au contraire, comme Jean-Edern Hallier (né en 1936) semblent compter sur l'effet publicitaire pour attirer l'attention, sinon sur leurs écrits, du moins sur leur personnalité (*Bréviaire pour une jeunesse déracinée,* 1982).

3 Le document humain

Une expérience hors du commun, une aventure exceptionnelle, tels sont les sujets de bien des romans contemporains qui peuvent facilement devenir les best-sellers d'un jour s'ils sont publiés assez vite, tant que le public s'intéresse encore à un thème mis à la mode par les médias et la publicité. Mais, si toute histoire passionnante peut donner lieu à un récit passionnant, il faut, pour qu'elle devienne un authentique roman, qu'elle soit sous-tendue par un style personnel et que son originalité n'exclue pas la possibilité d'incarner l'image du destin de toute créature humaine.

L'ascension politique d'une personnalité en vue ; les révélations sur le pouvoir, le « milieu », les sectes ; le témoignage vécu sur les sujets tabous : violence, sexe, drogue (si possible associés) ; autant de recettes qui semblent infaillibles pour s'assurer la commercialisation sinon la pérennité d'un roman. L'évasion (*Papillon* de **Jacques Charrière,** 1969), le trottoir (*La Dérobade* de **Jeanne Cordelier,** 1976), le handicap surmonté (*L'Homme qui marchait dans sa tête* de **Patrick Ségal,** 1977), les innombrables récits de voyages, tels sont les romans que l'on voit fleurir chaque année aux devantures des librairies (« à lire pour vos vacances ») ou aux émissions télévisées.

Affiche pour *L'Astragale,* film de G. Casaril, en 1968.

Alphonse Boudard (né en 1925) raconte dans ses livres une expérience particulièrement dure qu'il restitue dans une langue truculente aux accents céliniens. *La Cerise* (1963) relate ses années de prison ; *L'Hôpital* (1972) décrit le sanatorium et les cures qui ont suivi son incarcération. Dans *Les Combattants du petit bonheur* (1977), il dresse un tableau non conformiste par rapport à l'histoire officielle de l'occupation et de la Libération.

Violence dans le choix des situations, agressivité dans le style ou révolte perpétuelle contre l'ordre institutionnel, par définition féroce et répressif, tels sont les points communs aux romans d'**Albertine Sarrazin** (1937-1967) faisant avec sincérité et simplicité le récit d'une évasion, symbole de la force sauvage du désir de vivre[1] : *L'Astragale* (1965), *La Cavale* (1965), *La Traversière* (1966), et d'**Agnès Laury** (née en 1946) éclairant du sourire de la tendresse l'humour noir de sa trilogie autobiographique : *Chiendent* (1978), *La Malmère* (1980) et *Le Cri du corps* (1981).

1. Rôle magistralement interprété à l'écran par l'actrice Marlène Jobert.

4 Le roman érotique

Si la littérature pornographique se définit d'elle-même par la médiocrité de ses textes, souvent réécrits par des « nègres » anonymes *(rewriting),* par son prix généralement élevé, et par ses lieux et ses modes de diffusion (kiosques, sex-shops, vente par correspondance, etc.), il est par contre difficile de définir ce qu'est l'érotisme.

Tout roman peut comporter des scènes érotiques, la notion d'érotisme étant par ailleurs subjective, le plaisir libidinal que l'on éprouve devant tel ou tel passage varie donc d'un lecteur à l'autre. Les uns se satisferont d'une évocation de la réalité sexuelle, voire de la simple suggestion « poétique », d'autres préféreront au contraire une précision brutale accompagnée du vocabulaire le plus cru.

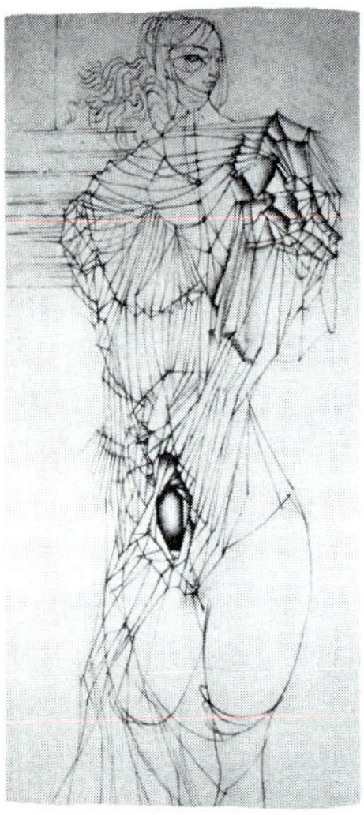

Madame Edwarda.
Gravure de H. Bellmer.

Les romans de **André Pieyre de Mandiargues** (né en 1909) illustrent la première tendance : comme son prédécesseur célèbre, D.H. Lawrence, avec *L'Amant de lady Chatterley* (1928), Pieyre de Mandiargues idéalise le sexe à qui il prête le rôle hypertrophié d'une divinité païenne : *La Motocyclette*, 1963 ; *La Marge*, prix Goncourt, 1967. Attribué à **Pauline Réage,** *Histoire d'O* (1954) a frappé les lecteurs par la qualité et la force de son écriture : la concentration exclusive sur l'asservissement sexuel y fonctionne comme le symbole de la passion amoureuse poussée à son paroxysme.

Georges Bataille (1897-1962), publié lui aussi de façon plus ou moins clandestine chez Jean-Jacques Pauvert, l'éditeur sans cesse persécuté par la censure (loi de 1947) et les tribunaux, a poursuivi l'expérience littéraire de Sade en combinant l'imaginaire érotique avec les différents registres de langage : *Ma mère* (1966) utilise un vocabulaire ordurier, ce qui donne à l'inceste un aspect encore plus provocateur ; *Histoire de l'œil* (1967) est au contraire écrit dans un style lyrique : le sexe y prend une dimension cosmique et rejoint les mythes les plus profonds de l'inconscient. *L'Abbé C.* (1950) se rapproche davantage du conte philosophique.

Conte philosphique au didactisme un peu lourd mais au succès indéniable[1] est encore *Emmanuelle, l'Antivierge* (1968) d'**Emmanuelle Arsan**. L'utopie soixante-huitarde d'une totale permissivité sexuelle y sert de prétexte à une succession de descriptions suaves[2].

Jean Genet (1910-1986), très tôt mis en prison et considéré par Sartre comme une victime de la répression bourgeoise, a indéniablement mêlé dans ses romans[3] la violence de la sexualité à une écriture au lyrisme naturellement romantique pour toucher un public plus vaste : *Notre-Dame des Fleurs* (1946) et *Miracle de la rose* (1947).

Il en va de même pour **Violette Leduc** (1907-1972), exprimant avec beaucoup d'emphase sa révolte contre le conformisme moral d'une société pharisienne. *Thérèse et Isabelle* (1966), détaché de sa longue suite autobiographique dont *La Bâtarde*, préfacé par Simone de Beauvoir (1964), est le tome le plus connu, vante les charmes et les tourments de l'homosexualité féminine.

Jeune Fille dans un fauteuil.
Dessin de Balthus.

Souvent anarchiste, parfois réellement libertaire, toujours individualiste, la littérature érotique n'a pas attendu mai 1968 pour apparaître. Elle touche néanmoins un public de plus en plus vaste au fur et à mesure que les tabous sur la sexualité déclinent ou sont remplacés par d'autres stéréotypes culturels. Aux narrations elliptiques de jadis ou aux points de suspension qui jetaient un voile pudique sur le comportement sexuel des personnages, la mode actuelle a donc substitué une inflation descriptive. Autobiographique ou non, le récit romanesque, à l'instar du cinéma, s'impose désormais sincérité et réalisme. D'où un déferlement de scènes érotiques dans des ouvrages aussi variés que *Les Valseuses* de **Bertrand Blier** (1972), *Maria Tiefenthaler* de **Muriel Cerf** (1982), *Alléluia pour une femme-jardin* de **René Depestre** (1981), etc. Cette fascination pour les réalités concrètes est-elle un signe du temps ? La rêverie, la suggestion fantasmatique sont certes laissées de côté. Les préoccupations matérielles l'emportent en tout cas sur la perception d'un au-delà spirituel, fût-il simplement sentimental.

1. Le cinéma a contribué à la popularisation de ces livres.
2. Particulièrement bien rendues par le graphisme de Guido CREPAX *dans la bande dessinée « pour adultes » qu'il en a tirée.*
3. Édités en Folio/Gallimard.

2. Deux écrivains représentatifs du roman contemporain : Tournier et Le Clézio

1

Tournier (né en 1924) : une tradition culturelle

Traditionnel, **Michel Tournier** l'est d'abord par son style qui a su d'emblée toucher le grand public : malgré la richesse exubérante du vocabulaire, Tournier est un conteur classique, qui use d'une langue et d'un système narratif clairs sans cesse imprégnés, sous leur apparente simplicité, d'un humour démystificateur. Si les intentions métaphysiques, si la magie, le fantastique, sont omniprésents dans les romans de Tournier, son écriture reste toujours naturaliste et ne devient poétique qu'à force de minutie.

Michel Tournier, né à Paris en 1924, a hérité de sa formation philosophique un goût pour le symbolisme traditionnel. Aussi réinterprète-t-il souvent l'histoire contemporaine, collective ou individuelle, en fonction de mythes cosmiques empruntés à l'Antiquité gréco-romaine. Il a obtenu le Grand Prix du roman de l'Académie française pour son premier roman écrit à un âge tardif, et siège à l'Académie Goncourt depuis 1972. Dans *Le Vent Paraclet* (1977), il a raconté l'histoire de sa formation intellectuelle et de ses livres.

1967 : *Vendredi ou les Limbes du Pacifique.*

1970 : *Le Roi des Aulnes* (prix Goncourt).

1975 : *Les Météores.*
Le Coq de bruyère (récits).

1980 : *Gaspard, Melchior et Balthazar.*

1983 : *Gilles et Jeanne.*

1985 : *La Goutte d'or.*

Mais la tradition, pour Tournier, c'est aussi tout un patrimoine culturel : mythe de Robinson Crusoé dans *Vendredi...* (1967) ; légende romantique du géant pervers dans *Le Roi des Aulnes* (1970) ; couple gémellaire des héros antiques dans *Les Météores* (1975) ; référence biblique enfin dans *Gaspard, Melchior et Balthazar* (1980). L'humble vie du naïf Robinson, de l'obscur garagiste de la place des Ternes, ogre pédophile du *Roi des Aulnes,* ou de l'oncle Alexandre, « dandy-des-gadoues », c'est-à-dire le collecteur d'ordures des *Météores,* prend ainsi une dimension mythique et les personnages — tout à fait ordinaires — des romans de Tournier deviennent, comme à leur insu, les héros de l'Histoire moderne.

Abel Tiffauges, dans ***Le Roi des Aulnes*** (1970), voit sa modeste carrière de garagiste boulimique épouser le destin de l'Europe bouleversée par la Seconde Guerre mondiale : écolier, il avait fait un vœu pour que son collège soit détruit par le feu. Il le fut. Alors qu'il est menacé d'un procès en assises, la mobilisation de 1939 lui vaudra un non-lieu. De coïncidences en coïncidences, Tiffauges en vient à noter dans son journal : « Tout est signe. Mais il faut une lumière ou un cri éclatants pour percer notre myopie ou notre surdité. » Ogre, mais aussi mage, ce personnage à la fois humain et monstrueux saura interpréter la symbolique nazie et, quoique fait prisonnier en 1940 en Prusse orientale, il participera peu à peu à la mythologie hitlérienne en collaborant à la sélection des jeunes garçons appelés à devenir la fine fleur du IIIe Reich...

R. Magritte, *Le Double Secret,* 1927.

Le fascisme est décrypté dans *Le Roi des Aulnes* selon une voie purement symbolique. De même *Les Météores* tente d'appliquer au roman d'aventures une « grille de déchiffrement » qui échappe à l'histoire et à la psychologie classiques pour leur substituer un système proche des cosmogonies antiques. Ce retour au mythe, pour contestable qu'il soit, a cependant le mérite de dénoncer les stéréotypes de l'histoire officielle et des modèles prétendument objectifs que le roman moderne emprunte aux sciences humaines. Il manifeste d'autre part le besoin de spiritualité et de sacralisation — fût-ce dans ce que René Guénon[1] appelle la « contre-initiation » — caractéristiques du lecteur contemporain.

1. *Voir p. 560.*

2 Le Clézio (né en 1940) : une avant-garde déjà classique

Jean-Marie G. Le Clézio, écrivain solitaire, géographiquement et intellectuellement éloigné des chapelles parisiennes, est l'homme des paradoxes. Le monde qu'il peint est celui qui nous entoure, avec ses grands ensembles, ses supermarchés monstreux (*Les Géants,* 1973), les hantises, la cruauté et la violence qu'il suscite (*La Ronde...,* 1982 ; *La Guerre,* 1970) ; mais cet univers est abstrait, intemporel, universel. La réflexion de Le Clézio, loin de déboucher sur une satire des mœurs et une critique de la société, se situe **au niveau d'une métaphysique de l'absurde et de l'angoisse** qui, si elle rappelle l'écriture syncopée d'un Beckett ou du Nouveau Roman, rejoint surtout la thématique du pessimisme classique. Méditation pascalienne sur la situation de l'homme dans le cosmos, mais aussi contemplation philosophique de la nature, tentative de symbiose avec la matière, proches de la pensée orientale.

Né à Nice en 1940, **Jean-Marie Le Clézio** est professeur de lettres. À l'âge de 23 ans, il remporte le prix Renaudot pour son premier roman, *Le Procès-Verbal.* De ses nombreux voyages, il garde une ouverture aux cultures étrangères qui imprègne la plupart de ses livres. Le Clézio, vivement admiré par une poignée de lecteurs pour l'originalité de son style en marge des tendances à la mode, critiqué par d'aucuns pour ce que l'on peut considérer comme artificiel dans son écriture, occupe de ce fait une place ambiguë dans l'histoire de la littérature contemporaine : s'il n'obtient pas, comme Tournier, un succès de masse, n'est-il pas pour autant assuré de passer à la postérité ?

1963 : *Le Procès-Verbal* (prix Renaudot).

1965 : *La Fièvre* (nouvelles).

1966 : *Le Déluge.*

1967 : *L'Extase matérielle* (essai).

1967 : *Terra amata.*

1969 : *Le Livre des fuites.*

1970 : *La Guerre.*

1973 : *Les Géants.*

1975 : *Voyage de l'autre côté.*

1978 : *L'Inconnu sur la terre* (essai).

1978 : *Mondo et autres histoires* (nouvelles).

1982 : *La Ronde et autres faits divers* (nouvelles).

1982 : *Désert.*

1985 : *Le Chercheur d'or.*

Le héros du ***Procès-verbal*** (1963) est d'abord une abstraction — au nom significatif : Adam Pollo. Symbole de la condition humaine en général, c'est aussi un personnage individualisé mais énigmatique. Ce solitaire qui vit isolé dans une maison qui domine la mer est-il un déserteur, un fou ou un mystique qui tente de se couper des vivants pour mieux rejoindre la création en s'incarnant tour à tour dans tous les objets de sa contemplation, qu'il s'agisse d'une plage, d'un chien ou même d'un rat à l'agonie ?

Marginal à coup sûr, peut-être le prophète d'une sagesse inaccessible aux préoccupations présentes de la « civilisation » occidentale, Adam Pollo, à l'instar du Meursault de *L'Étranger* de Camus, est en tout cas rejeté par la société. Acculé à la névrose, le personnage justifie alors les motifs de son internement : par ses balbutiements incohérents, son délire, le silence enfin auquel il est condamné. Une question reste posée : les collages, bribes de mots, inventaires disparates, les jeux typographiques dont le roman est fait sont-ils le reflet de la folie du personnage décrit — et alors l'illusion réaliste est poussée à l'extrême —, ou au contraire le style même de Le Clézio — et dans ce cas il s'agit d'une écriture abstraite, aux signes éclatés, indifférente à la tradition moribonde du vérisme figuratif.

Historien du monde contemporain, Le Clézio l'est comme le cinéaste Godard. Leurs paraboles, qui semblent se mouvoir dans le fantastique, ne tournent qu'en apparence le dos au réel et instruisent plus, par le biais du symbolique, sur les incohérences et les contradictions de notre société de consommation, que ne saurait le faire le regard objectif du sociologue. Si l'œuvre de Le Clézio oscille entre la tentation de l'auto-destruction (*Le Déluge*, 1966) et l'utopie de l'amour panthéiste (*Terra amata*, 1967), entre le désespoir et le lyrisme, si *Le Livre des fuites* (1969) où il n'y a aucune intrigue, est sous-titré « roman d'aventures », c'est que le langage romanesque, du fait même de son ambiguïté et de son hétérogénité, se meut ici aux confins du poème philosophique. Jamais le genre du roman ne s'est trouvé plus éloigné du souci de la **représentation** que chez Le Clézio ; ce que son écriture propose, c'est une **vision** du monde, au sens rimbaldien du terme.

CHRONOLOGIE DES GENRES NARRATIFS*

Sommes romanesques	Romans d'analyse	Récits ; Nouvelles	Étranger
	1900 Colette : *Claudine à l'école* **1902** Gide : *L'Immoraliste*		
1904-12 Rolland : *Jean-Christophe*			**1906** Musil : *Les Désarrois de l'élève Törless* (Autriche)
	1908 Colette : *Les Vrilles de la vigne* **1908** France : *L'Île des Pingouins* **1909** Gide : *La Porte étroite* **1912** France : *Les dieux ont soif* **1913** Alain-Fournier : *Le Grand Meaulnes*		
1913-27 Proust : *À la recherche du temps perdu*	**1913** Barrès : *La Colline inspirée* **1914** Gide : *Les Caves du Vatican* **1916** Barbusse : *Le Feu* **1919** Gide : *La Symphonie pastorale*		**1913** Mann : *La Mort à Venise* (Allemagne) **1916** Kafka : *La Métamorphose* (Tchécoslovaquie) **1916** Joyce : *Dédalus* (Irlande)
1920-32 Duhamel : *Vie et aventures de Salavin* **1922-40** Martin du Gard : *Les Thibault*	**1920** Colette : *Chéri* **1923** Cocteau : *Thomas l'Imposteur* **1923** Mauriac : *Genitrix* **1924** Radiguet : *Le Bal du comte d'Orgel*	**1920** Larbaud : *Amants, heureux amants*	**1922** Joyce : *Ulysse* (Irlande ; trad. : 1929) **1925** Fitzgerald : *Gatsby le Magnifique* (États-Unis ; trad. : 1926)
	1926 Gide : *Les Faux-Monnayeurs* **1926** Bernanos : *Sous le soleil de Satan* **1926** Montherlant : *Les Bestiaires* **1927** Green : *Adrienne Mesurat* **1927** Mauriac : *Thérèse Desqueyroux* **1928** Giono : *Colline*	**1926** Supervielle : *Le Voleur d'enfants*	**1925** Dos Passos : *Manhattan Transfer* (États-Unis) **1926** Kafka : *Le Château* (Tchécoslovaquie ; trad. : 1938) **1927** Woolf : *La Promenade au phare* (Angleterre) **1928** Lawrence : *L'Amant de lady Chatterley* (Angleterre ; trad. : 1932)
	1929 Cocteau : *Les Enfants terribles* **1930** Giono : *Regain* **1930** Malraux : *La Voie royale* **1931** Saint-Exupéry : *Vol de nuit*	**1929** Supervielle : *L'Enfant de la haute mer*	**1929** Faulkner : *Le Bruit et la Fureur* (États-Unis ; trad. : 1939) **1929** Hemingway : *L'Adieu aux armes* (États-Unis ; trad. : 1932)
1932-47 Romains : *Les Hommes de bonne volonté* **1933-45** Duhamel : *Chronique des Pasquier* **1934-42** Aragon : *Le Monde réel (Les Cloches de Bâle ; Les Beaux Quartiers ; Les Voyageurs de l'impériale)*	**1932** Céline : *Voyage au bout de la nuit* **1933** Malraux : *La Condition humaine* **1935** Mauriac : *Le Nœud de vipères* **1936-39** Montherlant : *Les Jeunes Filles* **1937** Malraux : *L'Espoir* **1937** Bernanos : *Nouvelle Histoire de Mouchette*	**1934** Aymé : *Les Contes du chat perché* **1937** Camus : *L'Envers et l'Endroit* **1937** Sartre : *Le Mur* **1938** Camus : *Noces*	**1930-33** Musil : *L'Homme sans qualités* (Autriche ; trad. : 1950) **1934** Fitzgerald : *Tendre est la nuit* (États-Unis ; trad. : 1951) **1939** Miller : *Tropique du Capricorne* (États-Unis ; trad. : 1946) **1940** Buzzati : *Le Désert des Tartares* (Italie ; trad. : 1949)

ARTS EN FRANCE ET À L'ÉTRANGER•

1900 Puccini• : *La Tosca*
Le style figuratif, avec le Douanier Rousseau, Dunoyer de Segonzac, Denis, Vuilliard et Bonnard
Début du cubisme analytique, qui sera illustré par Braque et Léger

1907 Picasso• : *Les Demoiselles d'Avignon*
Debussy, Fauré et Ravel
Mouvement fauviste, avec Matisse, Derain, Dufy, Vlaminck, Marquet et Rouault
Le maniérisme de Modigliani•. — Le futurisme, avec Marinetti•
En sculpture, Rodin et Maillol, puis Bourdelle et Brâncusi
1913 Stravinski• : *Le Sacre du printemps*
Les frères Perret, et le théâtre des Champs-Élysées. — Le cubisme analytique, avec Picasso et Gris•
1914 Début du Bauhaus, en Allemagne
Monet : *Nymphéas*
L'abstraction géométrique, avec Robert et Sonia Delaunay. — L'esprit Dada en peinture, avec Duchamp et Picabia
L'expressionnisme en peinture, avec Dix• et Grosz•, Kokoschka• et Schiele• ; au cinéma, avec Lang• et Pabst•
Le surréalisme en peinture, avec Arp•, Magritte, Dali•, Ernst•, Tanguy, Chirico• et Miro•
1918 Le groupe des Six : Satie avec Auric, Honneger•, Milhaud, Poulenc et Tailleferre
Le jazz classique, avec Armstrong•, Bechet•, Hawkins•
Les recherches picturales de Klee•
1923 Schönberg• : *Cinq Pièces pour piano* (système dodécaphonique)
L'univers pictural de Chagall•
Le style moderne, avec Gropius• et Breuer•
Au cinéma, Eisenstein• et Chaplin•
Le néo-plasticisme, avec Mondrian• et Malevitch•
1931 Matisse : *La Danse*
Ballets et œuvres instrumentales de Stravinski•. — Compositions pour piano de Bartók•
1937 Berg• : *Lulu*
Le cinéma français dominé par Clair, Renoir, Carné et Prévert
Le *middle-jazz* avec Basie•, Ellington•, Tatum•, Young•
1938 Prokofiev• : *Alexandre Newsky*
L'abstraction lyrique, avec Kandinsky
Le *be-bop,* avec Parker• et Davis•. — Le style modal, avec Jolivet. — La musique concrète avec Cage•. — Calder• et ses mobiles. — Sculptures de Giacometti•
Les « cités radieuses » de Le Corbusier
L'*action painting* de Pollock•. — La peinture allégorique, avec Léger
L'abstraction lyrique, avec Riopelle•, Hartung, Mathieu, Soulages et Excoffon
La peinture figurative, avec Buffet, Carzou, Brayer et Trémois

1954 Varèse• : *Déserts*
La musique sérielle, concrète, etc., avec Messiaen, puis Boulez, Henry, Schaeffer, Stockhausen• et Xenakis
Le cinéma des « géants », avec Ford•, Hitchcock•, Bunuel• et Welles•
Le *pop'art,* avec Rauschenberg• et Warhol•. — Le cinéma « nouvelle vague », avec Godard, Truffaut, Malle et Chabrol
La sculpture, avec César et Tinguely•
La *modern dance* avec Cunningham•, Béjart, Carlson• et Bausch•
L'art cinétique, avec Schöffer, Vasarely et Agam•
Le *free jazz* avec Coleman• et Shepp•
Le cinéma d' « auteurs », avec Visconti•, Fellini•, Antonioni•, Bergman•, Jancsó• et Wadja•
Dubuffet et les *peintures monumentées.* — Portraits de Bacon•
1964 Le plafond de l'Opéra peint par Chagall•
Développement de la *pop-music.* — Début du *minimal art* aux États-Unis
1967 Henry et Béjart : *Messe pour le temps présent*
Début des hyperréalistes américains
1972 Xenakis : *Polytope* de Cluny. — Picasso• : *Dernier Autoportrait*

1977 Inauguration du Centre Georges Pompidou, à Beaubourg
Le post-modernisme, avec Bofill• (quartier Antigone à Montpellier, ...)
Épanouissement du cinéma africain, noir et maghrébin
1982 À l'heure électronique (images synthétiques), avec *Tron*
Évolution architecturale de Paris (la Cité des Sciences, à la Villette ; la pyramide du Louvre ; l'Opéra de la Bastille ; l'aménagement des Halles...)
1986 Inauguration du musée d'Orsay
Phénomène des villes nouvelles

TEXTES ÉTRANGERS

1900 Tchekhov : *Les Trois Sœurs*
Strindberg : *La Danse de mort*
1903-07 Machado : *Solitudes*

1906 Musil : *Les Désarrois de l'élève Törless*
1908 Gorki : *La Mère*
Blasco-Ibanez : *Arènes sanglantes*
1911 D'Annunzio : *Le Martyre de saint Sébastien*
1912-23 Rilke : *Élégies de Duino*
1912 Shaw : *Pygmalion*
Unamuno : *Le Sentiment tragique de la vie*
1913 Maïakovski : *Poésies*
1914 Tagore : *L'Offrande lyrique*

1922 Joyce : *Ulysse*
Pirandello : *Henri IV*
1924 Mann : *La Montagne magique*
1925 Kafka : *Le Procès*
1926 Zweig : *La Confusion des sentiments*
1927 Hesse : *Le Loup des steppes*
1928 Woolf : *Orlando*
Lawrence : *L'Amant de lady Chatterley*
1930-33 Musil : *L'Homme sans qualités*
1930 Dos Passos : *42e Parallèle*
1931 Faulkner : *Sanctuaire*
1932 Huxley : *Le Meilleur des mondes*
1933 Lorca : *Noces de sang*
1934 Fitzgerald : *Tendre est la nuit*
1935 Eliot : *Meurtre dans la cathédrale*
1937 Bromfield : *La Mousson*
1938 Du Maurier : *Rébecca*
1939 Steinbeck : *Les Raisins de la colère*
1940 Buzzati : *Le Désert des Tartares*
1941 Brecht : *Mère courage*

1947 Lowry : *Au-dessous du volcan*
1948 Pound : *Cantos*
1949 Borges : *L'Aleph*
1949-60 Miller : *La Crucifixion en rose*
1949 Malaparte : *La Peau*
1950 Pavese : *Le Bel Été*
Green : *Le Troisième Homme*
Neruda : *Chant général*
1952 Hemingway : *Le Vieil Homme et la mer*
1954 Moravia : *Le Mépris*
Golding : *Sa majesté des mouches*

1957 Pasternak : *Le Docteur Jivago*
1958 Nabokov : *Lolita*
1961 Hikmet : *Paris, ma rose*
1962 Carpentier : *Le Siècle des lumières*
1963 Cortazar : *Les Armes secrètes*

1967 Marquez : *Cent Ans de solitude*
En littérature allemande, le « groupe 47 » avec Böll et Grass
1970 Mishima : *La Mer de la fertilité*
1972 Handke : *L'Angoisse du gardien de but au moment du penalty*
Pinter : *C'était hier*
1975-77 Fuentes : *Terra nostra*
1977 Canetti : *Histoire d'une jeunesse*
1979 Naipaul : *À la courbe du siècle*

1982 Eco : *Le Nom de la rose*
1983 Adonis : *Chants de Mihya le Damascène*

1987 Sa Carnero : *Poésies complètes* (posth.)

XXe

ÉVÉNEMENTS POLITIQUES ET SOCIAUX

1900 Exposition universelle, à Paris
1904-11 Crises marocaines
1905 Séparation des Églises et de l'État. — Première révolution russe
1909 Peary au Pôle Nord
1911 Révolution chinoise. — Amundsen au Pôle Sud
1912-13 Guerre dans les Balkans
1914 Première Guerre mondiale
Ouverture du canal de Panama
1916 Batailles de la Marne (Joffre) et de Verdun (Pétain)
1917 Révolution d'Octobre, en Russie
1918 Armistice
1919 Traité de Versailles
1922 Mussolini, « duce » d'Italie
1924 Mort de Lénine
1929 Staline au pouvoir. — Krach boursier de Wall Street. Récession américaine
1933 Hitler, chancelier du Reich
1935 Mussolini attaque l'Éthiopie
1936-39 Guerre civile d'Espagne
Front populaire en France et accords Matignon
1938 Anschluss. Entrevue de Munich
1939 Seconde Guerre mondiale
1940 Pétain au pouvoir
1941 Pearl Harbor. Les U.S.A. en guerre
1942 Déportation en masse
1944 Débarquements alliés en Normandie et en Provence
1945 Conférence de Yalta. — Hiroshima

1946-1958 : IVe République

Début de la guerre d'Indochine
1948 Proclamation de l'État d'Israël
1949 République populaire de Chine, proclamée par Mao Tsé-toung
1950-53 Guerre civile de Corée
1953 Mort de Staline
1954 Début de la guerre d'Algérie
Conférence de Genève
1956 Crise de Suez. — Écrasement de l'insurrection hongroise
1957 Traité de Rome (création de la C.E.E.)
1958 De Gaulle président

1958 : Constitution de la Ve République

1961 Début de la guerre du Viêtnam
1962 Accords d'Évian : fin de la guerre d'Algérie
1967 Guerre israélo-arabe
1968 Mouvement de mai. — « Printemps de Prague »
1969-74 Pompidou président. — Amstrong sur la lune
1973 Coup d'État du général Pinochet au Chili. — 1er choc pétrolier
1974-81 Giscard d'Estaing président. — La majorité à 18 ans. — Vote de la loi sur l'I.V.G.
1975 Fin de la guerre du Viêt-nam
1979 L'ayatollah Khomeiny en Iran. — 2e choc pétrolier
1980 Guerre du Golfe (Irak/Iran)
1981 La Gauche au pouvoir avec Mitterrand président
1986 Chute des dictatures en Haïti et aux Philippines
1988 Mitterrand président (2e mandat)

SCIENCES ET TECHNIQUES

1900 Zeppelin : premier dirigeable rigide. — Planck : théorie des quanta
Découverte des groupes sanguins
1903 Les frères Wright : 1er vol en aéroplane
Travaux de Lumière, de Fleming
1905 Travaux de Einstein et de Langevin (sur l'énergie, la relativité restreinte), de Rutherford et de Geiger (les familles radioactives)
1906 Vols en avion de Santos-Dumont
En astronomie, travaux de Hale, de Russel et de Jeans
1909 Blériot traverse la Manche en avion
1910 Premier moteur de Diesel ; premier hydravion
1911 Funk découvre les vitamines
1914 Invention du pilote automatique
1921 Synthèse industrielle des carburants. — Découverte de l'insuline
1925 Travaux de Broglie (la mécanique ondulatoire). — 1re station de T.S.F.
1927 Fleming découvre la pénicilline. — Lindbergh traverse l'Atlantique en avion
1928 Freyssinet et le béton précontraint. — Début du téléphone automatique
1930 Début de l'aéropostale, avec Costes et Bellonte
1933 Le caoutchouc synthétique
1934 F. et I. Joliot-Curie et la radioactivité artificielle
Fermi réalise la fission de l'atome
1935 La chimiothérapie par les sulfamides. — Réalisation du radar
1937 Mise au point du nylon
1938 Kendall prépare la cortisone
1939 1er vol d'un avion à réaction
1940 Production sur base industrielle de la pénicilline
1942 Fermi : 1er réacteur nucléaire
1945 1re bombe atomique, aux U.S.A.
1948 Invention du transistor
1950 Monod, Jacob et Lwoff : l'A.D.N. et la structure cellulaire
1952 1re explosion de la bombe à hydrogène. — Tranquillisants et neuroleptiques
1954 1er sous-marin atomique américain
1955 Début de la chirurgie à cœur ouvert
1957 La pilule anticonceptionnelle
1958 1er satellite artificiel (U.R.S.S.)
1959 1re greffe du rein
1960 Création du laser
1961 Le Soviétique Gagarine est le 1er cosmonaute
1963 Le microprocesseur. — Greffe du poumon
1967 1re transplantation cardiaque
1969 Les Américains Armstrong et Aldrin marchent sur la Lune. — L'avion supersonique Concorde
1975 Manipulations génétiques
1976 Quatre milliards d'habitants dans le monde. — Atterrissage d'un module sur Mars
1978 Premier bébé-éprouvette
Survol par les Américains de Jupiter (1973), de Saturne (1979) et d'Uranus (1986)
Développement des micro-ordinateurs, de l'automatique et de la télématique

GENRES NARRATIFS

1901	Colette : *Claudine à l'école*
1904-12	Rolland : *Jean-Christophe*
1909	Gide : *La Porte étroite*
1913	Alain-Fournier : *Le Grand Meaulnes*
1913-27	Proust : *À la recherche du temps perdu*
1916	Barbusse : *Le Feu*
1920	Larbaud : *Amants, heureux amants*
1920-32	Duhamel : *Vie et aventures de Salavin*
1922-40	Martin du Gard : *Les Thibault*
1923	Cocteau : *Thomas l'Imposteur*
1924	Radiguet : *Le Bal du comte d'Orgel*
1926	Gide : *Les Faux-Monnayeurs*
	Bernanos : *Sous le soleil de Satan*
1927	Mauriac : *Thérèse Desqueyroux*
1928	Giono : *Colline*
1929	Supervielle : *L'Enfant de la haute mer*
1930	Giono : *Regain*
1931	Saint-Exupéry : *Vol de nuit*
1932	Céline : *Voyage au bout de la nuit*
1932-47	Romains : *Les Hommes de bonne volonté*
1933-45	Duhamel : *Chronique des Pasquier*
1934	Aymé : *Les Contes du chat perché*
1936-39	Montherlant : *Les Jeunes Filles*
1937	Malraux : *L'Espoir*
1937	Sartre : *Le Mur*
1938	Gracq : *Au château d'Argol*
	Sartre : *La Nausée*
1942	Camus : *L'Étranger*
1943	Saint-Exupéry : *Le Petit Prince*
1945-49	Sartre : *Les Chemins de la liberté*
1947	Sarraute : *Portrait d'un inconnu*
1950	Nimier : *Le Hussard bleu*
	Vian : *L'Herbe rouge*
1951	Yourcenar : *Les Mémoires d'Hadrien*
1953	Beckett : *L'Innommable*
1954	Beauvoir : *Les Mandarins*
1957	Robbe-Grillet : *La Jalousie*
	Butor : *La Modification*
	Camus : *L'Exil et le Royaume*
1958	Duras : *Moderato Cantabile*
1961	Sollers : *Le Parc*
1963	Yourcenar : *Nouvelles orientales*
1964	Leduc : *La Bâtarde*
1967	Pieyre de Mandiargues : *La Marge*
1970	Tournier : *Le Roi des Aulnes*
1975	Ajar-Gary : *La Vie devant soi*
1978	Modiano : *Rue des boutiques obscures*
1981	Simon : *Les Géorgiques*
1984	Duras : *L'Amant*
1985	Le Clézio : *Le Chercheur d'or*

THÉÂTRE

1903	Courteline : *La Paix chez soi*
1906	Claudel : *Partage de midi*
1912	Claudel : *L'Annonce faite à Marie*
1913	Milosz : *Miguel Manara*
1917	Apollinaire : *Les Mamelles de Tirésias*
1920	Crommelynck : *Le Cocu magnifique*
	Guitry : *Mon père avait raison*
1923	Romains : *Knock*
1926	Cocteau : *Orphée*
1928	Vitrac : *Victor ou les Enfants au pouvoir*
	Pagnol : *Topaze*
1929	Giraudoux : *Amphitryon 38*
	Claudel : *Le Soulier de satin*
1935	Giraudoux : *La guerre de Troie n'aura pas lieu*
	Salacrou : *L'Inconnue d'Arras*
1938	Mauriac : *Asmodée*
	Anouilh : *Le Bal des voleurs*
1942	Montherlant : *La Reine morte*
1943	Sartre : *Les Mouches*
1944	Anouilh : *Antigone*
	Camus : *Le Malentendu*
	Sartre : *Huis clos*
1947	Salacrou : *L'Archipel Lenoir*
1951	Schéhadé : *Monsieur Bob'le*
1952	Bernanos : *Dialogues des Carmélites*
	Vauthier : *Capitaine Bada*
	Aymé : *La Tête des autres*
	Roussin : *Lorsque l'enfant paraît*
1953	Beckett : *En attendant Godot*
	Green : *Sud*
1954	Montherland : *Port-Royal*
1956	Marceau : *L'Œuf*
1958	Audiberti : *L'Effet Glapion*
1959	Vian : *Les Bâtisseurs d'empire*
1960	Ionesco : *Rhinocéros*
1961	Glissant : *Monsieur Toussaint*
	Billetdoux : *Va donc chez Törpe*
	Beckett : *Oh les beaux jours*
1962	Dubillard : *La Maison d'os*
1964	Césaire : *La Tragédie du roi Christophe*
1965	Obaldia : *Du vent dans les branches de sassafras*
1966	Genet : *Les Paravents*
	Gatti : *Chant public devant deux chaises électriques*
1967	Yacine : *Les ancêtres redoublent de férocité*
	Schéhadé : *L'Émigré de Brisbane*
1968	Ehni : *Que ferez-vous en novembre ?*
1970	Mnouchkine : *1789*
1980	Grimberg : *En r'venant de l'Expo*
1988	Arrabal : *La Traversée de l'empire*

LITTÉRATURE D'IDÉES

1900-14	Péguy : *Cahiers de la Quinzaine*
1904	Lafarge : *La Question de la femme*
1906-36	Alain : *Propos*
1908	Gide : *La N.R.F.* ; *Prétextes*
1915	Rolland : *Au-dessus de la mêlée*
1916	Saussure : *Cours de linguistique générale*
1927	Benda : *La Trahison des clercs*
1931	Nizan : *Aden-Arabie*
1932	Bergson : *Les Deux Sources de la morale et de la religion*
1933	Raymond : *De Baudelaire au surréalisme*
1934	Bachelard : *Le Nouvel Esprit scientifique*
1935	Montherlant : *Service inutile*
1936	Gide : *Retour de l'U.R.S.S.*
1937	Béguin : *L'Âme romantique et le rêve*
1938	Bernanos : *Les Grands Cimetières sous la lune*
1939	Caillois : *L'Homme et le sacré*
1940	Teilhard de Chardin : *Le Phénomène humain*
	Bachelard : *L'Eau et les rêves*
1941	Paulhan : *Les Fleurs de Tarbes*
1942	Camus : *Le Mythe de Sisyphe*
1943	Sartre : *L'Être et le Néant*
	Bataille : *L'Expérience intérieure*
1944	Bachelard : *L'Air et les songes*
1945	Valéry : *Regards sur le monde actuel*
1946	Sartre : *L'existentialisme est un humanisme*
1948	Sartre : *Qu'est-ce que la littérature ?*
1949	Beauvoir : *Le Deuxième Sexe*
	Blanchot : *La Part du feu*
1950	Gracq : *La Littérature à l'estomac*
1950-58	Camus : *Actuelles*
1952	Poulet : *La Distance intérieure*
1953	Barthes : *Le Degré zéro de l'écriture*
1955	Lévi-Strauss : *Tristes Tropiques*
1956	Sarraute : *L'Ère du soupçon*
1961	Foucault : *Histoire de la folie à l'âge classique*
1966	Lacan : *Écrits*
	Greimas : *Sémantique structurale*
1967	Etcherelli : *Élise ou la Vraie Vie*
1970	Monod : *Le Hasard et la Nécessité*
1973	Wittig : *Le Corps lesbien*
	Halimi : *La Cause des femmes*
	Kristéva : *La Révolution du langage poétique*
1975	Lejeune : *Le Pacte autobiographique*
1985	Hagège : *L'homme de parole*
1987	Finkielkraut : *La Défaite de la pensée*
	Cixous : *Entre l'écriture*

POÉSIE

1901	Noailles : *Le Cœur innombrable*
1908	Romains : *La Vie unanime*
1910	Claudel : *Cinq Grandes Odes*
	Péguy : *Le Mystère de la charité de Jeanne d'Arc*
	Saint-John Perse : *Éloges*
1913	Péguy : *Tapisseries* ; *Ève*
	Apollinaire : *Alcools*
	Cendrars : *Prose du Transsibérien et de la petite Jehanne de France*
1917	Valéry : *La Jeune Parque*
	Jacob : *Le Cornet à dés*
1918	Apollinaire : *Calligrammes*
1919	Breton et Soupault : *Les Champs magnétiques*
1922	Valéry : *Charmes*
1923	Vivien : *Poésies complètes*
	Cocteau : *Plain-chant*
1924	Breton : *Manifeste du surréalisme*
1925	Artaud : *L'Ombilic des limbes*
	Saint-John Perse : *Anabase*
1926	Éluard : *Capitale de la douleur*
1928	Péret : *Le Grand Jeu*
1929	Éluard : *L'Amour, la poésie*
1930	Supervielle : *Le Forçat innocent*
1933	Jouve : *Sueur de sang*
	La Tour du Pin : *La Quête de joie*
	Michaux : *Un barbare en Asie*
1934	Char : *Le Marteau sans maître*
1939	Bousquet : *Traduit du silence*
1941	Aragon : *Le Crève-cœur*
1942	Aragon : *Les Yeux d'Elsa*
	Ponge : *Le Parti pris des choses*
	Guillevic : *Terraqué*
1946	Char : *Feuillets d'Hypnos*
	Prévert : *Paroles*
1948	Césaire : *Soleil cou coupé*
1950	Queneau : *Petite Cosmogonie portative*
	Reverdy : *Main-d'œuvre*
1951	Cadou : *Hélène ou le Règne végétal*
1952	Pichette : *Nucléa*
1961	Senghor : *Nocturnes*
1963	Dupin : *Gravir*
1967	Jacottet : *Poésies*
1970	Emmanuel : *Jacob*
1971	Ponge : *Fabrique du pré*
1978	Norge : *Œuvres poétiques*
1983	La Tour du Pin : *Une somme de poésie* (éd. déf.)
1987	Jabès : *Le Livre du partage*
	Bibliothèque oulipienne
	Bonnefoy : *Ce qui fut sans lumière*
	Réda : *Châteaux des courants d'air*

	1938 Gracq : *Au château d'Argol* **1938** Sartre : *La Nausée* **1942** Saint-Exupéry : *Pilote de guerre* **1942** Camus : *L'Étranger*		
1945-49 Sartre : *Les Chemins de la liberté*	**1947** Camus : *La Peste* **1947** Vian : *L'Écume des jours* **1947** Sarraute : *Portrait d'un inconnu* **1950** Duras : *Un barrage contre le Pacifique* **1950** Nimier : *Le Hussard bleu*	**1943** Aymé : *Le Passe-Muraille* **1943** Saint-Exupéry : *Le Petit Prince* **1945** Triolet : *Les Amants d'Avignon* **1950** Vian : *L'Herbe rouge*	**1945** Wright : *Black Boy* (États-Unis ; trad. : 1947)
1951 Yourcenar : *Les Mémoires d'Hadrien*	**1953** Beckett : *L'Innommable* **1953** Robbe-Grillet : *Les Gommes* **1954** Beauvoir : *Les Mandarins* **1954** Sagan : *Bonjour tristesse* **1954** Butor : *L'Emploi du temps*		**1951** Salinger : *L'Attrape-Cœur* (États-Unis ; trad. : 1951) **1952** Hemingway : *Le Vieil Homme et la mer* (États-Unis ; trad. : 1958)
	1957 Vailland : *La Loi* **1957** Robbe-Grillet : *La Jalousie* **1957** Butor : *La Modification* **1958** Duras : *Moderato Cantabile* **1959** Queneau : *Zazie dans le métro* **1961** Sollers : *Le Parc* **1961** Ricardou : *L'Observatoire de Cannes* **1963** Le Clézio : *Le Procès-verbal* **1964** Leduc : *La Bâtarde* **1964** Faye : *L'Écluse* **1967** Pieyre de Mandiargues : *La Marge*	**1955** Beckett : *Nouvelles et Textes pour rien* **1956** Arland : *L'Eau et le Feu* **1957** Camus : *L'Exil et le Royaume* **1962** Robbe-Grillet : *Instantanés* **1963** Yourcenar : *Nouvelles orientales* **1965** Le Clézio : *La Fièvre*	**1962** Soljenytsine : *Une journée d'Ivan Denissovitch* (Russie ; trad. : 1963) **1965** Moravia : *L'Attention* (Italie) **1967** Marquez : *Cent Ans de solitude* (Colombie ; trad. : 1967) **1969** Nabokov : *Ada* (Russie)
	1970 Tournier : *Le Roi des Aulnes* **1971** Laurent : *Les Bêtises* **1974** Lainé : *La Dentellière* **1975** Ajar-Gary : *La Vie devant soi* **1978** Modiano : *Rue des boutiques obscures*		
	1981 Boudard : *Anne-Marie* **1982** Fernandez : *Dans la main de l'ange* **1984** Duras : *L'Amant* **1985** Le Clézio : *Le Chercheur d'or*		**1979** Carpentier : *La Harpe et l'Ombre* (Cuba) **1980** Marquez : *L'Automne du patriarche* (Colombie)

* Sauf précision contraire, les dates indiquées sont celles de l'édition.

Conclusion

Si l'on considère de nos jours **la « littérature d'idées »**, *on s'inquiète de la disparition des maîtres à penser, on s'interroge sur l'après-Sartre. Le courant nationaliste, jadis illustré par Barrès, Maurras, l'Action Française, s'est dissout dans une « nouvelle droite » d'où n'émerge aucun nom prestigieux. Le socialisme a cessé d'être une philosophie ambitieuse pour devenir un parti politique prépondérant avec les aléas que cela comporte. Le maoïsme, orgueilleusement dressé pendant les années 60 contre les tigres de papier de l'impérialisme capitaliste, a été abandonné en même temps que l'idéal de la révolution culturelle et permanente. La politique de survie entraînée par la crise ne semble pas favorable à l'éclosion des systèmes métaphysiques.*

Plus encore que le futurisme qui semble avoir davantage imprégné la peinture et le cinéma, le surréalisme a fortement influencé toute **la poésie** *moderne ; et par-delà les vicissitudes de la mode, l'esprit surréaliste est encore sensible dans la révolte des groupes rock ou des mouvements punk. Quant aux « clips » vidéo qui illustrent leurs chansons, les meilleurs, en France comme à l'étranger, sont tournés sous le signe de la dérision et du délire caractéristiques du dadaïsme. Refusant les séductions de l'imaginaire, la poésie engagée s'inspire davantage du style « populaire » développé par Prévert, Queneau, Aragon, mais cela n'exclut pas le retour à une nouvelle forme de préciosité sentie comme inséparable de la pureté du langage poétique.*

Au théâtre, *si Claudel demeure réservé à une « élite », Anouilh, Giraudoux, Sartre, Camus illustrent le retour au tragique, sensible dans les années inquiètes qui entouraient la Seconde Guerre mondiale. Avec Ionesco s'ouvre une ère radicalement nouvelle, celle de ce que l'on a appelé, d'abord par dérision, « l'anti-théâtre ». De nos jours Beckett, Arrabal, Genet, Obaldia, ont élargi l'espace scénique aux dimensions du rêve et de la poésie. Des troupes nouvelles comme le théâtre anarchiste du « Chêne noir » ou le violent Living Theater ont profité de cet apport et de l'influence brechtienne pour s'orienter vers un « théâtre total » où danse, lyrisme, procédés optiques et participation du public se conjuguent dans le vaste élan d'un cérémonial politique.*

Les genres narratifs *n'ont pas échappé à l'époque des contestations. Déjà très malmenée par Gide, la narration romanesque a fini par devenir suspecte au point d'être proscrite du Nouveau Roman des années 50. Cela n'a pas empêché la période de l'entre-*

deux-guerres et celle de l'après-guerre de voir fleurir une pléiade de romanciers aux noms devenus prestigieux et confirmer l'éclat que le roman avait conquis au cours du XIXe siècle. Le roman est à l'heure actuelle le genre littéraire le plus prisé.

« Littérature d'idées », poésie, théâtre, genres narratifs : l'étude de ces genres littéraires suffit-elle à rendre compte de la richesse artistique et intellectuelle du XXe siècle ? Ce serait ignorer que les frontières entre les genres sont très ténues : un scénario n'est-il pas une œuvre littéraire au même titre que le texte d'une pièce de théâtre ? Où classer les soties de Gide, les opéras de Cocteau, les collages de Butor, les spectacles du Magic Circus ? Comment nier le rôle de la chanson dans l'évolution des idées et l'impact des Beatles dès les années 60 sur les bouleversements sociaux et politiques qui secoueront les pays occidentaux à partir de 1967 ? Un fossé se creuse désormais et s'approfondit, non seulement entre les générations mais aussi entre la culture institutionnelle et les cultures authentiques qui façonnent l'opinion publique : la télévision, les médias, les « concentrations », les concerts prennent le relais de l'Université et des manuels scolaires.

Le déclin des valeurs établies est sensible à tous les niveaux. L'humanisme laïque a tenté, mais en vain semble-t-il, d'occuper la place laissée vacante par la régression des religions dans les pays européens. Le triomphe de la barbarie, de l'injustice, de l'égoïsme, le culte de l'argent et le développement de l'individualisme aveugle, accru par les inégalités de la société industrielle, laissent peu d'opportunité aux préoccupations spiritualistes. Le sens du sacré a pris d'autres formes. Il cède le pas soit à une angoisse profane devant les risques multiples du progrès technologique et scientifique, soit à un repli nostalgique dans les vertus supposées du passé. D'où le retour de courants primitivistes marqués par un engouement pour l'art nègre à l'époque surréaliste, par le développement des partis écologiques de nos jours, ainsi que la vogue des particularismes régionaux et des coutumes folkloriques. Les modèles culturels sont contestés, qu'il s'agisse des structures sociales comme la famille traditionnelle, ou du formalisme académique des maîtres. La littérature et l'art en général semblent envahis par le doute et l'autocritique : il s'agit moins de créer que de réfléchir sur les mécanismes mêmes de la création. Aussi le sentiment d'un éparpillement absurde, d'une perpétuelle mutation, de la multiplication des tentatives solitaires pour redonner un sens au mystère de la création, est-il dominant en ces années 80. Mais cette angoisse, sans laquelle l'art ne serait pas une mystique, est le germe même des grands traits d'une civilisation dont la cohérence et la signification n'apparaîtront qu'aux générations à venir.

D'un siècle à l'autre : le livre, l'écrivain, l'institution littéraire

par ALAIN-MARIE BASSY

Depuis les origines de l'imprimé, l'auteur seul reste démuni devant le producteur-diffuseur de livre : qu'il s'agisse du libraire-imprimeur jusqu'au XIXe siècle, ou de l'éditeur contemporain. D'un côté, un attachement aux valeurs idéologiques et esthétiques, de l'autre aux valeurs marchandes. D'une part la légitimité sociale de l'écriture, de l'autre celle du négoce et du profit. La publication d'une œuvre littéraire est toujours, pour l'écrivain, une manière de renoncement, d'abandon de sa propriété intellectuelle sur le texte. Celui-ci, pour être rendu « public », pour devenir accessible à un grand nombre de lecteurs, devra être « normalisé », dans son orthographe comme dans sa présentation, afin de se conformer à un modèle dès longtemps établi. De la diffusion et de la « consommation » de son œuvre publiée, l'écrivain n'est plus le maître. S'il s'est donné, en composant son œuvre, un public fictif, il ne peut ni choisir ni contrôler son public réel. Il abandonne son œuvre, devenue un objet, à toutes les lectures possibles, et donc à toutes les déformations imaginables.

L'écriture littéraire, qui triomphe des codes socio-linguistiques sans lesquels elle ne pourrait voir le jour, se heurte au système même qui fut mis en place pour la servir : le système de production et de diffusion des livres. L'œuvre échappée aux mains du créateur est toujours en devenir. Ou toujours en sursis.

1. Le livre

Apparition et développement du livre[1]

Le livre imprimé fait son apparition, à Mayence puis dans diverses villes d'Europe, vers 1455. **Cette révolution technique** n'a probablement pas frappé les lecteurs d'alors, familiers des manuscrits. Les standards de présentation des premiers livres imprimés étaient en effet identiques à ceux des copies calligraphiées, déjà produites en grand nombre dans des ateliers spécialisés : les « scriptoria ». Toutefois, l'invention nouvelle n'était pas sans conséquences :

— En premier lieu, la reproduction mécanique assurait la conformité de l'exemplaire au modèle ;

— Le procédé typographique permettait aussi la multiplication des exemplaires, à partir d'une matrice unique. Il ouvrait ainsi la voie à une diffusion plus large de l'écrit ;

— Enfin, la technique de l'imprimerie pouvait devenir une source de profits, et devait faire naître une catégorie sociale particulière : c'est, à mi-chemin entre l'artisan et le négociant, celle des imprimeurs-libraires.

1. Voir *Le Livre français, hier, aujourd'hui, demain*, sous la direction de Julien CAIN, Robert ESCARPIT, Henri-Jean MARTIN. Paris, Imprimerie nationale, 1972.

La nouvelle invention connut immédiatement un développement considérable. Déjà en 1500, on dénombre 256 villes où se trouve installé au moins un atelier d'imprimerie. En France, les premiers centres sont Paris et Lyon. Ces ateliers produisent des livres, généralement de grand format, d'inspiration religieuse (bibles, missels), scolaire ou universitaire (textes anciens) et parfois aussi historique ou romanesque : ces ouvrages produits jusqu'en 1500, véritables ancêtres du livre, portent le nom d' « *incunables* ».

L'apparition et le succès de l'imprimerie résultent de la conjonction, vers le milieu du XVe siècle, de conditions sociales, économiques et idéologiques favorables : l'existence d'une demande réelle de textes, liée au développement de certaines catégories sociales lettrées et au pouvoir des universités ; le bouleversement qu'apportent en cette fin de siècle dans les conceptions traditionnelles du monde les grandes découvertes ; enfin la maîtrise de techniques nouvelles, celle de la fabrication du papier de chiffon, importée d'Orient au début du XIVe siècle, et celle de l'imprimerie typographique, au moyen de lettres ou « types » mobiles, gravés séparément et assemblés dans un châssis pour composer la page.

Dans l'histoire du livre, d'autres mutations sont observables (vers 1820-1840, et à partir de 1960). Ces mutations résultent chaque fois d'une conjonction de phénomènes sociaux, économiques et techniques identiques à ceux qui ont commandé l'apparition du livre.

Jusqu'au début du XIXe siècle, les techniques de fabrication du papier et de l'imprimerie s'améliorent, mais sans changement notable. Durant toute cette période, le tirage moyen d'un livre est de 1 000 exemplaires, et les imprimeurs français publient environ mille titres par an. Le mouvement s'accélère à partir de 1750, et la production française peut être évaluée à 2 000 ou 3 000 titres annuels à la veille de la Révolution. Les formats, primitivement importants (in-folio, in-quarto) tendent à se réduire dès la fin du XVIIe siècle, sur le modèle de la collection créée par une dynastie d'imprimeurs de Leyde et d'Amsterdam, les Elzevier (in-12, in-18, voire in-32). Les illustrations, gravées à l'origine sur bois, s'installent au XVIIe siècle dans des frontispices ou des vignettes gravés sur cuivre, au burin. Au XVIIIe siècle, elles ornent en pleine page les éditions de luxe, et sont reproduites le plus souvent par le procédé de l'eau-forte (morsure du cuivre par un acide). La production de livres se diversifie : si le domaine religieux demeure important, en particulier pendant toute la période de la Contre-Réforme (théologie, controverse, apologétique, etc.), les belles-lettres, l'historiographie, et, surtout au XVIIIe siècle, les sciences et les techniques le concurrencent. En face de cette production lettrée se développe une production populaire : romans de chevalerie habillés au goût du jour, ouvrages pratiques, almanachs, recueils de faits divers ou extraordinaires, qui remplissaient la hotte des colporteurs (ainsi la célèbre *Bibliothèque bleue*, imprimée à Troyes).

L'économie moderne du livre

Les bouleversements socio-économiques créés par la Révolution, l'Empire et la restitution d'une monarchie « bourgeoise » génèrent les conditions d'**une seconde mutation de l'histoire du livre :**

— Le pouvoir économique a souvent changé de mains. Une nouvelle bourgeoisie apparaît qui aspire à se constituer une bibliothèque — considérée comme un signe social d'appartenance aux classes supérieures. Cette demande nouvelle est renforcée en outre par le développement de l'enseignement et sa généralisation dans la seconde moitié du XIXe siècle ;

— La société nouvelle, issue de l'Empire et de la monarchie restaurée, est une société de négoce et de profit : aussi s'efforce-t-elle de faire disparaître les entraves à la liberté économique, et obtient-elle quelques concessions à la liberté politique (apparition et développement des journaux) ;

— Enfin l'apparition de la presse mécanique, puis de la machine monotype à la fin du XIXe siècle, accroît considérablement les capacités techniques de production des ateliers.

Ces changements se traduisent par **une augmentation décisive des tirages et du nombre annuel de titres publiés :** à partir de 1820, celui-ci voisine 8 000 titres par an, et restera relativement stable jusqu'aux lendemains de la Seconde Guerre mondiale. Si le tirage moyen passe à 3 000 exemplaires environ, ce chiffre ne doit pas faire oublier quelques réussites exceptionnelles : l'alphabet Hachette, publié en 1833, atteint 500 000 exemplaires.

En outre, la pondération des disciplines dans la production totale de livres se trouve considérablement modifiée au profit de la culture profane. L'édition religieuse s'amenuise. La mode est aux « œuvres complètes », aux dictionnaires et aux encyclopédies, aux ouvrages scientifiques et techniques, aux livres de jeunesse, aux éditions scolaires. Tandis que le roman s'installe comme un genre autonome, on voit se développer une importante production à bon marché. L'image, gravée sur bois, s'empare, avec une insistance parfois excessive, du livre romantique : elle sort des cadres, s'insinue entre les lignes, éveille et fixe l'imagination du lecteur. Les illustrateurs romantiques, de Tony Johannot à Gustave Doré, vivront en étroite relation avec les milieux littéraires. Enfin les formats se stabilisent dans les dimensions maniables de l'in-octavo.

Orchestrant ces changements, un personnage nouveau apparaît, au moment même où se dessine par ailleurs la figure du directeur de presse : c'est **l'éditeur,** au sens contemporain du terme. Il réunit dans son activité trois fonctions essentielles : la fonction intellectuelle de prospection des talents, de choix des textes, de mise au point et de normalisation des œuvres ; la fonction technico-artistique (commande des illustrations, direction de la fabrication) en partie empruntée à l'imprimeur d'autrefois ; la fonction commerciale de diffusion, reprise à l'origine au libraire.

C'est au XIXe siècle que naissent les grandes maisons d'édition, dont certaines subsistent encore aujourd'hui (Hachette, Larousse, Fayard, Colin, Flammarion, Nathan...).

La première moitié du XXe siècle renouvellera l'attention portée au livre en tant qu'objet et témoignera d'un souci croissant de la mise en page. L'édition proprement littéraire connaît alors un prestigieux essor : la *Nouvelle Revue française* s'accompagne de la constitution des éditions Gallimard. Grasset, Buchet contribuent entre les deux guerres au rayonnement de la littérature française.

Toutefois, des ruines de la Seconde Guerre mondiale sortaient bientôt une idéologie, une société, une économie nouvelles. Les effets de ces bouleversements devaient aussitôt infléchir la trajectoire historique du livre. Au cours des vingt dernières années (1960-1980), la production s'accélère brutalement. Tous les indices (tirage moyen, nombre de titres, chiffre d'affaires de l'édition) se trouvent multipliés par 2,5. Le nombre de titres annuellement publiés passe de 11 000 en 1960 à plus de 26 000 en 1979. Le tirage moyen atteint, au cours de ces deux décennies, 14 000 exemplaires.

Cette accélération traduit, mathématiquement, **une évolution en profondeur du système de production et de diffusion du livre,** marquée par :

— Le progrès des techniques de composition (photocomposition) et d'impression (offset), qui permet des tirages élevés et rapides ;

— La nouvelle forme de marchandise que s'est acquise le livre, dans un circuit dominé par les préoccupations économiques (création du livre de poche, reprise des succès sous forme de livres de club, etc...) ;

— La prééminence des médias de masse (journaux, radio, télévision), qui génèrent un nouvel ordre social et, du même fait, un nouvel ordre éditorial (introduction de l'écriture de presse dans le livre, apparition d'une génération d'écrivains-journalistes, réalisation de « livres au magnétophone », création de « best-sellers » grâce aux émissions de télévision, etc...) ;

— Le poids pris dans le circuit — et souvent au sein des maisons d'édition — par la diffusion et la distribution des ouvrages. Le directeur commercial l'emporte sur le directeur littéraire.

Aux maisons d'édition « littéraires » nées de la Seconde Guerre mondiale (Le Seuil, Minuit) succède une génération d'éditeurs « mass-médiatiques » (Robert Laffont, Jean-Claude Lattès), qui cherchent moins à opposer le livre aux nouveaux médias qu'à trouver entre l'un et les autres une complémentarité, dans un souci de rentabilité économique.

La diffusion du livre

Fabriquer un livre n'est toutefois que la première étape d'un circuit qui implique, à terme, l'achat et la lecture de l'ouvrage par un public. La diffusion n'est rien d'autre que la conjonction entre l'activité de production éditoriale et l'activité de lecture. Elle varie selon trois facteurs : l'existence et l'ampleur d'une demande ; la souplesse ou la rigidité d'une législation ; la densité et le fonctionnement du réseau d'offre.

À l'origine, le livre s'adresse à un public élitiste d'ecclésiastiques ou d'universitaires parisiens. Il est lié au pouvoir des universités. La théologie y règne en maîtresse absolue. Très vite pourtant, à côté des clercs, les gens de justice et les officiers royaux se montrent gros consommateurs de livres : pour eux, les imprimeurs mettent sous presse textes littéraires et sommes juridiques. En province, à leur suite, les petits nobles, les hommes de lois, les négociants ou les marchands commencent, dès le XVIe siècle, à se constituer des bibliothèques mi-littéraires, mi-juridiques. Les ouvrages de piété y figurent également en bonne place.

L'éclosion de l'esprit humaniste, la diffusion des idées de la Réforme devaient bientôt élargir le public des lecteurs et créer une demande sans cesse croissante d'ouvrages religieux, de traductions de la Bible, de textes de polémique ou de controverse. L'imprimerie française est, en la matière, largement concurrencée par les presses allemandes, suisses, néerlandaises, dont la volumineuse production, introduite souvent en fraude, colporte les idées réformatrices.

Au XVIIe et surtout au XVIIIe siècle, au-delà du public noble et fortuné de Paris ou des grandes villes, **un public nouveau s'ouvre à la lecture :** les troupes de théâtre itinérantes, les libraires locaux, les cabinets de lecture et les académies provinciales contribuent à la circulation des idées, à la reconnaissance « sociale » des valeurs culturelles, et au développement de la lecture chez les bourgeois de province. En outre, la scolarité bourgeoise appelle l'édition de manuels adaptés à l'enseignement des lettres, des sciences et de la morale. Enfin, les publications populaires qui sortent des presses troyennes trouvent preneurs, grâce au réseau du colportage, chez les habitants des bourgs et des campagnes.

À la fin du XVIIIe siècle, la librairie peut désormais compter sur le public des femmes, et développer, à son intention, une production spécifique. Le XIXe siècle, lui, cherchera plutôt chez les enfants et les adolescents — catégorie jusqu'ici négligée — un élargissement de la clientèle du livre. Les efforts faits pour attirer vers le livre les classes populaires se heurtent au succès croissant des journaux, « canards » et gazettes plus propres à les séduire.

L'alphabétisation progressive des ruraux, la généralisation de l'enseignement obligatoire pouvaient laisser espérer aux éditeurs du XXe siècle que chaque Français deviendrait un acheteur et un lecteur de livres potentiel. Pourtant, récemment encore, près de 40 % de la population de la France déclaraient ne pas lire du tout, ou ne lire qu'un livre par an. Et si certaines catégories d'ouvrages (livres pratiques, policiers, bande dessinée) ont conduit à un élargissement de la clientèle, c'est au prix d'une mutation profonde des modes et des processus de lecture.

On mesure à ces modifications de l'impact du livre les changements que subit son statut. Le pouvoir royal, comme le pouvoir religieux de l'université, se défiait de lui : **la censure allait naître.** L'Église, la première, devait la mettre en pratique : la Papauté dresse régulièrement un index des ouvrages condamnables. Cette pression religieuse s'exerce sur le pouvoir politique. Celui-ci allait habilement mettre en place la censure préalable en la couplant avec la notion de « privilège ». Le privilège est un monopole accordé au libraire, pendant une durée déterminée, pour publier et exploiter un ouvrage encore inédit : par l'effet de ce privilège, tout contrefacteur de l'ouvrage peut être poursuivi par la justice royale. Aussi les libraires, soucieux de rentabilité dans la légalité, allaient-ils solliciter, pour tout ouvrage nouveau, un privilège du roi. Le privilège devait bientôt devenir une véritable permission d'imprimer. La création de cette censure préalable dissimulée en protection royale est consacrée par l'édit de Moulins, en 1566, et confirmée en 1629 par une ordonnance de Richelieu. Toute publication nouvelle doit désormais être soumise au chancelier qui délivre le permis d'imprimer et octroie le privilège dont il fixe lui-même la durée.

Dans la seconde moitié du XVIIe siècle, à un moment où, après la flambée humaniste, et sous le coup de l'envahissement des productions étrangères, la récession s'installe dans la librairie française, Colbert ne dédaigne pas d'utiliser cette arme : il limite le nombre des ateliers typographiques, il accorde systématiquement les privilèges aux libraires respectueux du pouvoir, et prolonge pour une telle durée ces privilèges que les libraires moins dociles, devant un domaine public amenuisé, sont conduits à la faillite.

Ces restrictions apportées au commerce du livre devaient mener à une situation paradoxale. En effet, les ouvrages refusés par la censure royale étaient imprimés à l'étranger, entraient en fraude dans le pays, et s'y vendaient, parfois à des milliers d'exemplaires comme le *Dictionnaire* de Bayle. En outre, les imprimeurs étrangers ne se privaient pas, en l'absence d'une législation internationale, de contrefaire les éditions françaises protégées par un privilège. Aussi, alors même qu'était installé un corps de soixante-quinze « censeurs royaux », le pouvoir royal, pour compenser le manque à gagner de la librairie française, imagina le système paradoxal des « permissions tacites » : dès lors, le directeur de la Librairie pouvait autoriser « tacitement » la publication d'une œuvre qu'il aurait dû interdire, à condition que l'imprimeur-éditeur apposât sur la page de titre, non sa véritable marque et son adresse, mais une marque fausse et une adresse étrangère, ou même totalement imaginaire. Ainsi vit-on imprimer à Paris des ouvrages portant l'adresse d'Amsterdam, de la Lune ou du Monomotapa.

Tantôt sévère, tantôt accommodante — sous l'influence de Malesherbes —, cette censure royale incitera les philosophes à se tourner plutôt vers les éditeurs étrangers. Rousseau imprimera à Amsterdam et Voltaire à Genève.

Si la Constituante inscrit, en 1789, la liberté de publier au nombre des droits de l'homme, l'Empire, puis la monarchie restaurée, rétabliront, sous des formes diverses, la censure préalable. C'est une restriction apportée par une ordonnance de Charles X à la liberté de la presse qui, en 1830, mettra le feu aux poudres. La charte du « roi bourgeois » devra, après la révolution, faire disparaître la censure préalable. Ce principe n'allait plus être remis en cause jusqu'à nos jours. Il reste cependant que les œuvres suspectes, immorales ou dangereuses, peuvent être poursuivies, après publication, devant les tribunaux. Si ceux-ci ont acquitté Flaubert pour *Madame Bovary,* ils ont condamné Baudelaire pour *Les Fleurs du mal.* De nos jours, depuis 1947, le ministère de l'Intérieur peut interdire la vente aux mineurs et l'exposition publique d'ouvrages à caractère licencieux, ou susceptibles d'inciter à la violence.

Ainsi la diffusion du livre se trouve-t-elle subordonnée, en amont, à la conjoncture économique et à l'autorité politique. En aval, elle demeure dépendante du réseau d'offre qui sert le livre au public. Le système d'offre le plus ancien et le plus traditionnel est sans doute la boutique du libraire.

Le XIXᵉ siècle voit s'affirmer la fonction de sociabilité de la librairie. En même temps, le réseau d'offre se diversifie et le commerce du livre se spécialise. Face à cette spécialisation, et pour remplacer le colportage, s'installent des librairies légères d'assortiment général, et le célèbre réseau des « bibliothèques de gare » dont Louis Hachette obtiendra la concession exclusive.

Au cours du XXᵉ siècle, et plus particulièrement depuis vingt ans, **le poids de la diffusion et de la distribution dans les circuits du livre s'est considérablement accru.** D'importantes sociétés de diffusion se sont créées, généralement à l'initiative des maisons d'édition (Nouvelles Messageries du livre, Centre de Diffusion de l'Édition, Sodis, Interforum, Flammarion-Union-Diffusion, etc.). Ces sociétés disposent d'un réseau de représentants qui assurent la promotion des ouvrages auprès des libraires. En outre, elles stockent les ouvrages, reçoivent les commandes, expédient et facturent les volumes demandés. Les coûts de la diffusion et de la vente en librairie (marge du libraire) représentent aujourd'hui plus de 50 % du prix de vente public d'un livre.

La librairie traditionnelle est en outre menacée par l'apparition de la vente en grande surface (réseau de la FNAC « livres ») et du discount pratiqué dans les rayons « livres » des supermarchés. La librairie s'oriente, en réaction, vers des domaines spécialisés, ou joint à la vente de livres des activités plus rémunératrices (librairie-papeterie ; librairie-journaux ; librairie-maroquinerie, etc.).

En outre, dès l'origine, s'est développé face à ce réseau de vente, un réseau d'emprunt et de consultation en bibliothèques : bibliothèques des universités ou des collèges, où, primitivement, pour éviter le vol, les livres étaient encagés ou enchaînés, et ne pouvaient qu'être consultés sur place ; bibliothèques des « grands », telle la bibliothèque de Fouquet ou celle de Mazarin, ouverte au public un jour, puis trois jours par semaine ; bibliothèque royale, devenue par la suite bibliothèque impériale, puis bibliothèque nationale ; cabinets de lecture provinciaux ; enfin, dans la seconde moitié du XIXᵉ siècle, bibliothèques municipales, dont certaines, dès le début du siècle suivant, commencent à expérimenter le « libre-accès » des lecteurs aux rayons. Plus récemment ont été mises en place, dans les départements, des « bibliothèques centrales de prêt », dont les « bibliobus », sillonnant les routes, permettent la lecture en zone rurale. En dépit de ces efforts, que complètent les bibliothèques d'entreprise, l'inscription dans une bibliothèque publique ne touche guère plus de 10 % de la population française âgée de plus de quinze ans.

C'est en considérant la diffusion du livre qu'on mesure plus exactement l'impact immédiat et le devenir d'une œuvre. Une histoire littéraire ne saurait se contenter d'être une histoire de la production écrite. Elle a pour tâche de révéler comment, en dépit des contraintes économiques, politiques, sociales, cette œuvre a trouvé et atteint son, ou ses publics.

2. Le statut de l'auteur

L'auteur et la loi : le droit d'auteur

Le droit d'auteur est d'acquisition récente. L'Antiquité et le Moyen Âge l'ignorent. Une œuvre est recopiée, au besoin remaniée, et diffusée dans le public sans que l'auteur, s'il est vivant, puisse se plaindre du préjudice subi et revendiquer le paiement de droits. Seul le propriétaire de l'œuvre possède, sur celle-ci, tous les droits. L'apparition du livre imprimé, la multiplication des exemplaires d'un même ouvrage, et par là, l'accroissement du profit qu'il peut engendrer, vont modifier profondément les règles du jeu. Le système du **privilège,** évoqué plus haut, se met progressivement en place au début du XVIᵉ siècle : Louis XII accorde successivement un privilège pour l'édition des *Épîtres* de saint Paul (1500) et des *Œuvres* de saint Bruno. L'édit de Moulins, en 1566, consacre le système du privilège, précisé ensuite par une ordonnance de Richelieu (1629). Toutefois, le bénéfice de ce privilège est acquis au libraire-imprimeur, non à l'auteur. Le privilège garantit l'éditeur contre la concurrence déloyale et la contrefaçon. Mais il n'affirme pas pour autant la propriété de l'auteur sur la chose écrite. Pendant la seconde moitié du XVIIIᵉ siècle, on admet, pour la première fois, de considérer les héritiers d'un auteur comme les seuls détenteurs du privilège d'imprimer, après la mort de l'écrivain. Les petites filles de La Fontaine furent les premières à hériter du privilège d'impression des œuvres de leur aïeul, en lieu et place des descendants de l'éditeur. Il fallut toutefois attendre la Révolution française pour que ce régime du privilège disparût avec tous les autres. La loi Le Chapelier, du 1er janvier 1791, proclame que « la plus sacrée et la plus personnelle de toutes les propriétés est l'ouvrage, fruit de la pensée d'un écrivain ». Cette loi devait être complétée, en 1793, par la loi dite de Lakanal, qui prévoit **une protection de la propriété littéraire pendant toute la durée de vie d'un auteur** et dix ans après sa mort. Cette durée posthume sera portée à 50 ans par la loi du 14 juillet 1866, durée définitivement retenue par la loi du 11 mars 1957 qui, en France, régit le droit d'auteur et assure la protection légale des écrivains. La convention de Berne (1886) et la Convention universelle du Droit d'auteur de l'UNESCO (1955) ont tenté d'organiser, dans l'espace des transactions internationales, la protection de la propriété littéraire. La convention de l'UNESCO prévoit un « copyright » (droit d'auteur) qui s'étend seulement vingt-cinq années après la mort de l'auteur.

Si la législation a tant tardé à reconnaître des droits aux écrivains, elle lui a très tôt reconnu des devoirs. Il est responsable pénalement de la teneur de ses écrits. Il est vrai toutefois qu'il partage cette responsabilité avec l'éditeur de son ouvrage. En effet, l'éditeur d'un livre ou le directeur d'une revue peuvent être assignés en justice, aux côtés de l'auteur, pour outrage à la morale publique ou atteinte à la sécurité de l'État : Poulet-Malassis, l'éditeur des *Fleurs du mal,* côtoie Baudelaire sur le banc des accusés, et Flaubert y voisine avec Pichat, le directeur de la *Revue de Paris* qui publia la première version de *Madame Bovary.* De la même façon, Vaughan et Clemenceau, directeur et rédacteur en chef de *L'Aurore,* seront entraînés dans le procès que valut à Émile Zola son célèbre article, *« J'Accuse ».*

Ainsi la loi précise-t-elle les droits et les devoirs de l'auteur. Elle ne prévoit pas, cependant, les modes de jouissance ou d'exploitation d'une œuvre. Jusqu'à une date récente (1957), les contrats passés entre l'éditeur et l'auteur relevaient seulement des usages de la profession. Le plus souvent, les libraires-éditeurs rémunéraient forfaitairement les écrivains pour l'exploitation d'un texte. Cette rémunération était fréquemment assez faible, voire inexistante. Il arrivait qu'un mécène subvînt aux frais de la publication ou que l'ouvrage fût édité « à compte d'auteur », telle la première édition, chez Grasset, de *Du côté de chez Swann* de Proust. Toutefois, dès le XIXe siècle, en raison de l'augmentation des chiffres de tirage, les auteurs commencèrent à obtenir **des droits proportionnels sur les ventes.** Ces droits qui, sauf dérogation, sont de règle aujourd'hui, varient entre 5 % et 15 % du prix de vente hors taxe au public, selon le type de l'ouvrage et la notoriété de l'auteur. L'octroi de ces droits proportionnels se trouve toutefois contourné par un système d'avance, couvrant une partie des ventes escomptées. Ainsi, aux termes de son contrat avec Hetzel, Paulin, Dubochet et Sauches, Balzac devait percevoir 50 centimes pour chacun des 20 volumes de *La Comédie humaine,* tirés à 3 000 exemplaires, soit 30 000 francs. Il en reçut 15 000 à titre d'à-valoir. La somme restante devait lui être versée si les ventes excédaient les 2/3 du tirage. On sait que Balzac dut se contenter de 15 000 francs...

Les auteurs — et, avec eux, les éditeurs — peuvent, selon la loi de 1957, trouver une autre source de revenus dans les droits dits « dérivés » : droits de traduction en langue étrangère, droits d'adaptation radiophonique, télévisuelle ou cinématographique. Ces droits sont, en général, partagés également entre l'auteur et l'éditeur.

Entre celui-ci et celui-là, les rapports sont souvent ambigus : rapports de force et rapports de séduction à la fois. Très tôt, cependant, les auteurs ont compris qu'ils devaient s'organiser pour être de taille à se mesurer avec leurs suzerains financiers : ainsi est née, en 1838, la Société des gens de lettres, puis le Pen Club, le Syndicat national des auteurs et compositeurs, et, plus récemment, le Syndicat des écrivains de langue française et l'Union des Écrivains. C'est grâce aux efforts conjugués de ces différents groupements que les écrivains doivent de bénéficier, depuis une date récente (1977), d'un régime propre d'affiliation à la Sécurité sociale.

Le statut d'écrivain n'en reste pas moins ce qu'il est depuis l'origine ; moins un état ou une profession qu'une condition, ou, pour reprendre le terme aux militaires, une « dignité ».

L'écrivain en situation

Cette condition de l'écrivain a varié au cours des siècles. La population des hommes de lettres voit se modifier, d'une époque à l'autre, sa composition démographique, ses origines géographiques, son appartenance sociale, ses conditions matérielles d'existence : aussi offre-t-elle un champ propice d'analyse à la sociologie historique. L'écrivain est en effet toujours « en situation », dans le temps, dans l'espace, dans le système social.

Il est en situation dans le temps, puisqu'il apparaît, qu'il fait carrière et qu'il vieillit pendant qu'une histoire se fait, qu'une société se transforme. La pyramide des âges de la population des auteurs doit être rapportée à celle de la population tout entière de la nation, et à un double déterminisme historique où se combinent des tendances générales et des évolutions historiques particulières. Tendances générales, puisque la carrière d'un écrivain suit, le plus souvent, une courbe ascendante jusqu'à la quarantième ou la quarante-cinquième année — date de la productivité maximale — pour décliner ensuite jusqu'à la disparition définitive. Évolutions historiques particulières, car le renouvellement du « personnel littéraire » correspond à des événements qui modifient profondément l'équilibre de la société : fins de règnes absolutistes, comme celui de Louis XIV ou celui de Napoléon Iᵉʳ, fins de périodes de guerre ou d'agitation, comme les guerres de religion ou les Frondes. Stabilité et autoritarisme politique contribuent au contraire au maintien, sur la scène littéraire, des équipes en place, dans la conformité au goût général qu'elles ont contribué à faire naître : génération de 1660, génération des Lumières, génération romantique.

Les auteurs se différencient toutefois par d'autres traits spécifiques comme **l'origine géographique ou l'origine sociale.** Toute étude de géographie littéraire doit cependant rester prudente. Le lieu de naissance importe peu s'il n'est, en même temps, le lieu où se déroule une enfance et s'épanouit une adolescence, le lieu primitif qui subsiste dans la mémoire ou l'imaginaire d'un écrivain. Qu'on écoute Rabelais évoquer la Touraine, Du Bellay, l'Anjou, ou plus près de nous Barrès la Lorraine, Giraudoux le Limousin... Mais la géographie littéraire résulte aussi de phénomènes socio-politiques : extension du domaine royal, unification linguistique, présence de la Cour à Paris ou en province, importance des mécènes locaux, développement des académies provinciales, rôle des universités, apparition d'une presse non parisienne... Aussi voit-on se succéder, au cours de l'histoire, comme l'a montré Robert Escarpit[2], des générations littéraires « provinciales » et des générations plus « parisiennes ». Si, au Moyen Âge, la littérature se développe autour des cours parisiennes et provinciales, véritable foyers de culture, l'hégémonie progressive des Valois sur le royaume de France conduit à donner, au XVIᵉ siècle, une place privilégiée aux écrivains des provinces du domaine royal : Val de Loire, Champagne, Normandie, et, au-delà, Saintonge et Périgord. Les écrivains nés sous les règnes de Henri IV (1589-1610) et de Louis XIII (1610-1643), qui iront grossir le personnel littéraire du Roi-Soleil, font plus aisément carrière s'ils sont dès l'origine parisiens (Boileau, Perrault, La Bruyère, Molière) que provinciaux. Ceux-ci, rouennais, comme Corneille, ou champenois, comme La Fontaine, se font plus rares. L'accession à la gloire littéraire suppose en effet préalablement l'accès aux salons mondains, qui régissent la mode et le goût, et forment autour de quelques figures de femmes « parisiennes » (la marquise de Rambouillet, Madeleine de Scudéry, Madame de La Sablière, Madame de La Fayette, Madame de Sévigné) de vivants foyers de sociabilité littéraire. Il faut attendre la fin du règne de Louis XIV pour que les provinciaux, nés entre 1650 et 1720, puissent à nouveau occuper le devant de la scène. Ils le doivent à une amélioration de la diffusion de la culture en province, au développement, autour des Parlements et dans les administrations régionales, d'une classe de notables cultivés, à la multiplication des libraires et des salons de lecture, enfin à la vitalité des Académies provinciales. Des régions jusqu'ici oubliées comme la Bretagne ou la Provence produisent des auteurs de renom (Lesage, Vauvenargues).

Cette provincialisation de la littérature française se trouvera confirmée au siècle suivant. Elle fera éclore, pour la première fois, une écriture « régionaliste », où les souvenirs d'enfance ou d'adolescence en province prendront une place capitale : qu'on songe à Chateaubriand et à la Bretagne, à Lamartine et au Mâconnais, à George Sand et au Berry, à Flaubert et à la Normandie, à Daudet et à la Provence. L'ensemble des provinces françaises s'éveille à la vie littéraire. Les colonies elles-mêmes produisent des auteurs (Leconte de Lisle). Les zones de fort peuplement, qui font preuve d'une intense activité socio-économique, manifestent alors une remarquable activité culturelle. À la fin du XIXᵉ siècle, on dénombre un écrivain parisien pour deux provinciaux d'après le *Catalogue général de la Librairie française* de Otto Lorenz. On remarque toutefois que si cette proportion s'accentue pour les genres populaires (trois romanciers provinciaux pour un parisien) ou peu rémunérateurs (quatre poètes provinciaux pour un parisien), elle s'inverse pour le théâtre (près de deux parisiens pour un provincial) : genre lucratif et prestigieux, le théâtre implique, dès l'origine, l'exercice d'une stratégie mondaine dans un champ littéraire spécifiquement parisien.

Le XXᵉ siècle affirme **la prépondérance des universitaires** dans la population des écrivains. Il n'y a donc pas lieu de s'étonner de voir paraître des écrivains issus des grandes villes universitaires : Lille, Bordeaux, Marseille et, bien entendu, Paris. L'importance de l'Université parisienne, la présence de l'École Normale supérieure où seront formés des provinciaux (Giraudoux, Romains) comme des parisiens (Sartre), redonnent à la capitale une place prééminente dans le monde des lettres, que confirme aujourd'hui la concentration à Paris de l'édition et des médias (journaux, télévision). À l'intérieur même de la ville, la population des auteurs se situe « topographiquement » en fonction des stratégies qu'elle applique dans un champ littéraire balisé par la présence de

2. Robert ESCARPIT, *Sociologie de la littérature*. P.U.F., 1958.

réseaux ou d'institutions de culture (salons littéraires, théâtres, universités, académies, sièges des maisons d'édition, sièges de la grande presse et des revues). Christophe Charle[3] a montré comment fonctionnait, à la fin du XIXe siècle, l'espace littéraire parisien : tandis que les « psychologues » (Bourget, Lemaître, France) investissent les arrondissements bourgeois de l'Ouest, où s'exerce la sociabilité mondaine (8e, 7e, 16e, 17e), l'avant-garde (naturalistes, symbolistes) demeure dans le Quartier latin, refuge des petites revues éphémères, avant de s'installer, en cas de réussite, comme Zola, dans le 9e arrondissement, quartier de la grande presse, ou d'être rejetée par la malchance dans la marginalité des arrondissements périphériques (20e, 18e, 14e).

Les revenus littéraires

La géographie littéraire recouvre donc, à brève échéance, la stratification sociale. Or l'écrivain est confronté à un problème majeur : la quasi-impossibilité de vivre des seules ressources de sa plume. Sous l'Ancien Régime, les espérances de vente restent trop limitées pour justifier des droits importants : les tirages dépassent rarement le millier d'exemplaires. Les auteurs dramatiques sont, en regard, plus chanceux. S'ils négocient bien auprès des troupes la cession de leurs pièces, s'ils travaillent beaucoup, comme Hardy, auteur de sept cents pièces, ou s'ils ont du succès, comme Molière, ils peuvent obtenir un revenu à peu près confortable de 2 000 à 4 000 livres par an. Soit quatre fois le revenu d'un petit bourgeois. Mais les risques sont gros. L'auteur qui n'est pas régulièrement attaché à une troupe doit accepter sans discussion les conditions financières parfois sévères que lui imposent les comédiens.

Le métier des lettres n'est donc pas un métier rémunérateur. Cinq solutions s'offrent à l'écrivain. Il peut vivre de ses revenus, du produit de ses terres ou de ses domaines, comme Montaigne au XVIe siècle et La Rochefoucauld au siècle suivant. Il peut bénéficier de la protection, et des finances, d'un mécène, tels le cardinal Jean du Bellay pour Rabelais, le duc de Guise pour Tristan L'Hermite, Nicolas Fouquet pour La Fontaine. Il peut acheter une charge d'officier (Corneille était avocat du roi au Parlement de Rouen) ou obtenir, comme tant d'abbés au XVIIIe siècle, et, au premier chef, l'abbé Prévost, une prébende ecclésiastique. Il peut exercer un second métier rémunérateur : scribe de chancellerie, page, précepteur, régent de collège, ou, comme Baudoin au XVIIe siècle, traducteur à la feuille. Il peut enfin, à partir de Richelieu, bénéficier du mécénat officiel : à la demande de Colbert, Chapelain établira une liste d'une centaine d'écrivains susceptibles de bénéficier des pensions royales. Il s'y ajoute des gratifications occasionnelles, ou des charges permanentes, comme celle d'historiographe du roi, occupée par Boileau et par Racine. Enfin les membres de l'Académie française perçoivent, lorsqu'ils assistent aux séances de la compagnie, des jetons de présence.

Au XVIIIe siècle, ce « profil de carrière » évolue. Le monde change. Sous l'influence anglo-saxonne, les préjugés tombent. Dans une société régie par la finance, gain et profit deviennent source de respectabilité. Les auteurs s'agitent, au besoin s'associent, pour défendre leurs droits et obtenir des contrats avantageux. Au terme d'une négociation difficile avec les libraires de l'*Encyclopédie,* Denis Diderot obtient comme maître d'œuvre, pour son propre compte, 2 500 livres par volume publié et 20 000 livres à la publication du dernier volume. Beaumarchais, lui, entre en lutte, et obtient gain de cause, contre les Comédiens-Français : il les accuse de fausser les comptes et de mal rémunérer les auteurs des pièces qu'ils interprètent. Il récupère ainsi 60 000 livres pour les cent premières représentations du *Mariage de Figaro.* Le même Beaumarchais se lance dans le commerce des armes, comme Voltaire arrondit sa fortune par d'audacieuses opérations financières industrielles ou commerciales. Le « second métier » pallie les défaillances du mécénat. Sur 400 noms figurant dans *La France littéraire* de 1758, l'appartenance socio-professionnelle se répartit selon les proportions suivantes :

Haute noblesse	6,8 %
Robins	8 %
Bas grades de l'armée et commis de ministères	8,2 %
Avocats	8 %
Ecclésiastiques	36,3 %
Médecins, chirurgiens, apothicaires	13,2 %
Professeurs	8 %
Négociants et bourgeois de métier	2,2 %
Savants, écrivains, artistes, Académiciens	9,1 %

Toute la gent écrivante est ici représentée — et pas seulement les écrivains littéraires. La tempête révolutionnaire devait toutefois modifier l'ordre des choses. La législation nouvelle définit le droit d'auteur. L'augmentation de la demande culturelle provoque l'accroissement, déjà amorcé à la fin du XVIIIe siècle, des chiffres de tirage, et donc des revenus des auteurs. Un roman moyen se négocie

3. Christophe CHARLE, *Situation sociale et position spatiale, essai de géographie sociale du champ littéraire à la fin du XIXe siècle,* dans *Actes de la recherche en sciences sociales,* n° 13, février 1977, p. 45-59.

à 1 500 francs. Mais Lamartine obtient jusqu'à 240 000 francs pour son *Histoire des Girondins,* Flaubert jusqu'à 30 000 francs pour *Salammbô.* En outre, la littérature de colportage et la grande presse offrent aux auteurs deux emplois fort rémunérateurs : les feuilletonnistes, Balzac, Dumas, Ponson du Terrail, Eugène Sue, font fortune en donnant à la presse la primeur de leurs romans. D'autres font carrière dans le journalisme, ou deviennent, comme Sainte-Beuve au *Constitutionnel,* le critique littéraire permanent d'un journal. En marge subsiste cependant une avant-garde payée à la feuille, qui, comme Verlaine ou Zola à ses débuts, doit son pain à l'exercice d'un métier de bureau.

La crise littéraire et éditoriale qui sévit à la fin du XIXe siècle vient quelque peu rafraîchir l'euphorie de la période romantique. Pendant toute la première moitié du XXe siècle, les tirages stagnent et ne permettent pas un accroissement des gains proportionnel à celui du coût de la vie. Si l'écrivain ne dispose pas d'une fortune personnelle, qui le délivre des contingences matérielles (Proust, Gide), le second métier devient une nécessité : c'est l'entrée en force des professeurs (Rolland), ou des diplomates (Claudel, Giraudoux) dans la littérature. Aujourd'hui le développement des médias accorde une place de choix aux journalistes. Mais alors qu'au XIXe siècle, les écrivains devenaient journalistes par bénéfice d'inventaire, aujourd'hui les journalistes deviennent écrivains par souci de prestige et de « dignité littéraire ». Nombre d'écrivains trouvent en outre à s'employer (ou se recrutent) parmi le personnel des maisons d'édition. De nos jours, six cents personnes seulement vivent en France de leur plume. Certains ne perçoivent annuellement, en droits, guère plus que le SMIC. Un roman tiré et vendu à 5 000 exemplaires, qui a exigé souvent plus d'une année de travail, ne rapporte pas plus de 20 à 25 000 francs à son auteur. Aussi, beaucoup d'écrivains ne doivent-ils leur subsistance qu'à des « piges » dans les journaux, des aides publiques — comme celles du Centre national des Lettres — ou le soutien financier d'un parent ou d'un conjoint.

La situation morale de l'auteur

La situation morale de l'homme de lettres est aussi ambiguë, aussi délicate que sa situation matérielle. Car ce personnage est à la fois écrivain (*scriba,* en latin) et auteur (*auctor*). Le scribe, copiste, secrétaire ou greffier, est soumis au joug de la dépendance. L'auteur, garant de la vérité, source unique de toute légitimité, paraît échapper aux contingences. Il revendique littérairement une liberté que le scribe qu'il est met en forme dans un discours social. Personnage à double face, il est tout et rien à la fois ; il est sans cesse en quête d'un impossible statut. L'histoire des lettres est celle de cette quête. C'est la tentative, sans doute illusoire, pour passer sans retour du règne du *scriba* à celui de l'*auctor.*

Au mythe de l'écrivain solitaire s'oppose avec force **la réalité d'un homme de lettres soumis à l'ensemble des pressions sociales.** Cette dépendance morale résulte, au premier chef, d'une dépendance économique : l'écrivain, jusqu'au XVIIIe siècle, ne peut vivre qu'en parasite d'une société de pouvoir où s'échangent symboliquement les biens matériels et les biens culturels. Cette logique marchande exclut la contestation, la marginalité, l'indépendance. Plus simplement, la diffusion de la littérature, le développement d'un marché du livre supposent l'existence d'une demande sociale. Une œuvre va à la rencontre d'un public, qui se reconnaît en elle et y retrouve sa propre idéologie. Elle ne fait qu'articuler, en les sublimant, des bribes de discours sociaux. Les comédies de Molière dénoncent des comportements qui mettent en cause l'ordre social. Quant à la littérature du XVIIIe siècle, si elle se fait plus critique, si elle substitue le général au particulier, et le système au hasard, c'est qu'elle reproduit le discours d'une classe qui prend conscience d'elle-même : la bourgeoisie.

Cette dépendance morale se trouve accrue **par le « professionnalisme » croissant de l'édition.** Écrire pour soi, c'est matérialiser de la pensée. Écrire pour autrui, publier son ouvrage, c'est toujours s'inscrire dans une « structure écrivante » dont l'auteur n'est guère le maître : micro-milieu littéraire ou salon mondain qui apprécie l'œuvre en première lecture, qui conseille l'auteur et infléchit l'écriture ; équipe de rédaction et directeur d'édition pour les œuvres collectives, comme l'*Encyclopédie,* ou l'*Histoire naturelle* de Buffon ; directeur de collection, aujourd'hui, qui révise le texte, le situe, l'habille, qui suggère des modifications ou des suppressions ; imprimeur qui normalise l'orthographe, l'accentuation, la ponctuation, la présentation ; diffuseur et libraires qui accordent à l'ouvrage une audience large ou restreinte ; critiques, cabales, censures, qui scellent le destin de l'œuvre produite et orientent l'œuvre à venir. Absorbé par cette « structure écrivante », l'auteur doit se soumettre au respect des usages sociaux. Les refuser, c'est entrer dans la marginalité, c'est, comme le font les tenants de la littérature « souterraine » d'aujourd'hui, cesser de revendiquer la qualité d'auteur. L'œuvre littéraire, pour entrer dans le système socio-économique du livre imprimé, doit changer radicalement de nature. Publiée, elle devient « publique ». Elle est la forme sublimée du compromis social.

Le langage même dont se sert l'écrivain vient ajouter à sa dépendance à l'égard de l'univers social. A chacun un langage dont la forme et les significations reproduisent celles d'un discours propre au groupe social au sein duquel il évolue ou auquel il souhaite s'adresser.

Ainsi s'affirme économiquement, sociologiquement, linguistiquement, **la dépendance morale de l'auteur.** Il semble que cette dépendance, malgré l'affirmation du droit d'auteur et la conquête progressive d'un statut, ne cesse de s'accentuer. À l'allégeance au mécène s'est substituée en quelques siècles une forme plus subtile mais non moins contraignante de dépendance sociale.

De cette double dépendance, matérielle et morale, résulte pour l'auteur une situation ambiguë. Sans doute sa voix se fait-elle l'écho sonore de la société, et son œuvre apporte-t-elle à une classe sociale le « maximum de conscience possible ». L'écrivain reste cependant, la plupart du temps, coupé de son véritable public. Rares sont ceux qui, comme les conteurs médiévaux, les jongleurs, les auteurs dramatiques-comédiens, peuvent mesurer immédiatement les effets de leur art. Le système du livre imprimé, à la différence des circuits de communication interpersonnelle, exclut tout réel « feed-back », c'est-à-dire tout retour, toute remontée d'information à la source. Plus le livre a du succès, plus la diffusion en est large et plus ce « feed-back » est difficilement appréhendable. Le chiffre de vente, la retombée financière sont parfois pour l'auteur les seuls indices de l'accueil réservé par le public à son œuvre.

Le jeu de l'institution

Privé d'un contact direct avec son public, l'auteur doit s'en remettre **aux instances de légitimation culturelle,** dont le pouvoir peu à peu s'est affirmé sur l'univers des lettres : critique littéraire, institutions culturelles, « establishment » mondain.

La critique est indispensable au système du livre imprimé. Mettant l'œuvre en cause, elle la fait « socialement » exister. Elle la « situe ». Elle définit sa valeur marchande. Elle est le moteur de la commercialisation. Dans tous les cas, elle provient d'un lieu de pouvoir : polémique religieuse ou idéologique, animée par les docteurs de la faculté de théologie ; coteries ou cabales mondaines entretenues par les salons littéraires ; jugements en bonne et due forme prononcés sous l'autorité de l'université ; éreintement ou billet de complaisance soutenu, à partir du XIXe siècle, par l'énorme puissance de la presse.

Dès leur apparition, les gazettes et **les revues** sont le véhicule privilégié de la critique. En 1665, *Le Journal des Savants* se fait l'écho de la querelle littéraire qui oppose les partisans de La Fontaine et ceux de Bouillon, auteurs l'un et l'autre d'une version du conte de *Joconde.* Plus tard *Le Mercure de France* et, au XIXe siècle, une floraison de revues littéraires portent sur les œuvres contemporaines la parole critique. Aujourd'hui, l'importance de l'audience des médias — journaux, radio, télévision — donne à ces moyens de communication un rôle décisif dans la destinée des œuvres littéraires. Ce pouvoir que s'acquiert le critique fascine l'écrivain. Nombre d'écrivains s'érigent en critiques, et forcent les portes étroites de l' « establishment » des lettres, où le cumul des fonctions — écrivain, journaliste, critique, directeur de collection — est devenu désormais pratique courante.

L'isolement social, la faiblesse morale de l'auteur trouvent ainsi à se renforcer par la participation aux institutions établies qui régissent, à chaque époque, la distribution des valeurs culturelles. **Ces lieux de pouvoirs,** auxquels l'auteur prétend accéder, ont varié au cours des siècles : pouvoir officiel qu'apporte au XVIIe siècle la fonction d'historiographe du roi ou, au XVIIIe siècle, celle de censeur royal ; pouvoir doctoral des universités, dont se prévalent au siècle dernier un Villemain, un Nisard et après eux un Lanson ; pouvoir éditorial du directeur de collection qui accueille ou refuse la nouveauté ; pouvoir intellectuel de la grande presse, de la radio, de la télévision sur les goûts du public ; pouvoir enfin que se sont acquis dès longtemps ces instruments de légitimation culturelle que sont les Académies provinciales et nationales. On ne s'étonne guère de retrouver, dans les grandes Académies — Académies des Inscriptions et Belles-Lettres, Académies des Sciences — au XVIIIe siècle, une hiérarchisation (de correspondant à pensionnaire et honoraire) qui souligne le principe d'autorité et les relations de pouvoir intellectuel. À cette hiérarchisation correspond un recrutement où s'affirme la prééminence des classes détentrices du pouvoir : noblesse et clergé en particulier parmi les membres honoraires. Plus près de nous, l'existence de l'Académie des Goncourt depuis 1896, et l'attribution par cette académie, depuis 1903, d'un prix littéraire ont contribué à l'installation d'un nouveau lieu de pouvoir dans les lettres françaises. Ainsi l'auteur doit-il, pour affirmer la force de son talent spirituel, composer avec les forces du pouvoir temporel...

3. La littérature, les arts, les médias

La lettre et l'image

D'un art à l'autre, l'échange est incessant. Si, en littérature, l' « ekphrasis » — la description d'art — est un genre institué puisant son modèle dans la célèbre description du bouclier d'Achille chez Homère, les arts rendent volontiers à la littérature ses emprunts : les thèmes, les motifs et les symboles littéraires se retrouvent dans la peinture, dans la musique, dans l'opéra. Les fables d'Ésope, puis de La Fontaine, servent inlassablement de prétexte à l'art décoratif — boiseries, rideaux, tapisseries, mobilier, porcelaines. Poésie et musique sont inséparables, depuis les troubadours et les trouvères du Moyen Âge jusqu'aux chanteurs d'aujourd'hui. Le drame de Maurice Maeterlinck, *Pelléas et Mélisande,* inspire à Debussy une de ses plus célèbres partitions.

C'est toutefois le livre illustré qui, du manuscrit enluminé au livre d'artiste d'aujourd'hui, est le lieu idéal pour l'observation de l'échange entre la lettre et l'image. L'image s'y donne pour fonction « officielle » de reproduire le texte. Certains auteurs, comme Rousseau pour sa *Nouvelle Héloïse,* vont jusqu'à prendre le soin de diriger le travail de l'illustrateur et de lui donner une description anticipée de l'image qu'il doit produire. Cependant **le « discours » de l'image** excède toujours le discours littéraire et y superpose son propre réseau de signes. Il le lui impose dans le genre emblématique, qui fait fortune au XVIe et au XVIIe siècle — Alciat, Haudent, Corrozet, etc. —, où la réflexion poétique ou morale se greffe sur une image préalablement donnée. Il le détourne dans le genre calligrammatique, rajeuni par Apollinaire au début de ce siècle, qui modèle le discours littéraire sur une structure graphique. Les poètes du XXe siècle, suivant le chemin tracé par Mallarmé *(Un coup de dé jamais n'abolira le hasard),* prêtent une attention renouvelée à la représentation graphique, à la mise en page, à la réalisation visuelle de leurs écrits, et aux effets poétiques qu'elles génèrent (Reverdy, Michaux, Butor).

Au message double (littéraire/graphique) du livre illustré traditionnel se substitue alors un message conjoint, d'une nature particulière : ce message associe deux modèles de « discours » et les combine de manière à produire un effet unique. Association analogue à celle de la musique et du livret dans l'opéra, ou celle du dialogue, de la mise en scène et du décor au théâtre : l'écriture dramatique de Giraudoux est malaisément séparable de la mise en scène de Louis Jouvet, de sa présence comme acteur, et de l'invention graphique des décors de Christian Bérard. Cette conjonction des « effets d'art » dans un spectacle total trouve sans doute au XVIIe siècle sa plus belle réalisation, quand, en mai 1664, Louis XVI offre à la cour la fête des *Plaisirs de l'Ile enchantée :* architecture, art des jardins, pyrotechnie, musique — de Lully —, ballet — *la Princesse d'Élide* —, théâtre — *Tartuffe* —, peinture décorative, et jusqu'aux gravures d'Israël Silvestre qui commémoreront l'événement, s'associent en une fête des sens et des arts pour délivrer un message unique d'hommage au tout-puissant souverain.

Le livre et les nouveaux médias

Dans ces associations des arts et de la littérature, l'écrit s'assure toujours une position triomphale. **Le livre demeure le véhicule essentiel de la communication culturelle.** Depuis un siècle, il rencontre progressivement la concurrence de nouveaux médias : sa fonction conservatoire de reproduction est partiellement assumée par la photographie, le disque, la bande magnétique, l'informatique ; sa fonction de communication est reprise, et massivement amplifiée, par le cinéma et la télévision. Substituts — comme le pensait la sociologue Marshall McLuhan — ou nécessaires compléments de l'écrit ? L'avenir du livre se joue à présent.

Premier en date de ces nouveaux médias, la photographie n'introduit à l'origine qu'une révolution modérée. Exigeant la pose, bien accordée au réalisme figuratif académique, elle fonctionne à l'instar de la peinture ou du dessin, et reprend sans trop de peine leurs conceptions esthétiques. Nadar, en dressant une galerie de portraits photographiques des principaux personnages de son temps — en particulier des auteurs littéraires —, prête toutefois à ce nouvel instrument plus qu'une fonction commémorative ou vestigiale : une réelle capacité d'investigation psychologique de chaque personnalité. Mais les écrivains qui s'intéressent à la photographie n'en font, la plupart du temps, qu'un usage documentaire — comme Du Camp — ou, plus simplement encore, un usage bourgeois : photographies de famille, instants heureux immobilisés par l'objectif d'un Zola. Il faut attendre la naissance d'un groupe pluridisciplinaire, celui des surréalistes, pour que la photographie, avec Man Ray en particulier, prenne sa place dans l'instrumentation culturelle d'une école littéraire. Elle permet alors de révéler, sous la réalité apparente, la face cachée des objets, leur usage insolite, détourné de ses significations naturelles, quand ces objets viennent poser « ready made » sous l'objectif de l'opérateur. Depuis lors, la photographie a fait son entrée en force dans le livre. Elle en anime la vie, elle sert au besoin de matière vive à la réflexion poétique, et s'intègre, chez Butor *(U.S.A. 76.Bicentenaire kit)*, dans le processus même de la lecture.

Dans le temps où ils découvraient la photographie, les surréalistes usaient des pouvoirs nouveaux **du cinéma :** restitution d'une continuité, capacité d'enchaînements automatiques, fonctionnement surréel. Au même titre que les écrits de Breton, *Un chien andalou* de Luis Bunuel s'affirme comme un manifeste surréaliste au cinéma. Le discours cinématographique mène à la rencontre des images enfouies dans les profondeurs de l'inconscient : descente aux enfers d'un Orphée, auquel Cocteau consacrera deux de ses films *(Orphée ; Le Testament d'Orphée).* Plus proche de nous, Robbe-Grillet applique à la séquence cinématographique *(Trans-Europ-Express ; Les Glissements progressifs du plaisir ; Le Jeu avec le feu ; La Belle Captive)* le jeu savamment calculateur de son regard de romancier *(Le Voyeur).* Aujourd'hui, nombre d'auteurs — telle Duras — manient avec autant de science la caméra que le stylo. Les pièces d'un Pagnol, les romans d'un Mauriac *(Thérèse Desqueyroux)* se prêtent avec facilité à l'écriture de scénario. En retour, certains films comme ceux de Jean Renoir, ou, plus près de nous, d'Éric Rohmer, méritent, par la finesse de la psychologie, la solidité des dialogues et la science de la mise en scène, d'entrer dans une anthologie littéraire. Le succès d'une œuvre se mesure aujourd'hui à son aptitude à se transformer, à resurgir sous d'autres apparences que celles du livre : *Les Trois Mousquetaires* de Dumas, *Notre-Dame de Paris* et *Les Misérables* de Hugo ont servi de prétexte à une suite innombrable de films, de représentations dramatiques, de spectacles télévisés.

Créant une relation plus intime que le cinéma entre le spectateur et le spectacle, **la télévision,** aux lendemains de la Seconde Guerre mondiale, s'est d'abord souciée de faire entrer la littérature dans les foyers français. Au départ, elle se contenta d'illustrer, de mettre en scène des grands textes — théâtre, roman. Elle trouve aujourd'hui son originalité en développant une écriture « télévisuelle », qui, en retour, marque profondément la littérature contemporaine. Dans le même temps, ses émissions de variété prennent le relais et élargissent l'audience de la radio. Radio et télévision assurent le succès populaire d'une nouvelle expression poétique : celle de la chanson, illustrée au cours des dernières décennies par un Georges Brassens, un Jacques Brel ou un Claude Nougaro.

Ainsi le métier des lettres exige-t-il aujourd'hui, plus que jamais, la maîtrise des mots, des images et des sons. La littérature ne joue pas son avenir contre les médias. Elle s'affirme au contraire dans le concert des médias. La qualité d'auteur devient sans cesse plus complexe, voire plus ambiguë. L'association chargée de l'affiliation des auteurs au régime de Sécurité sociale (A.G.E.S.S.A.) reconnaît la qualité d'auteur aux écrivains, bien entendu, mais aussi aux traducteurs, aux dramaturges, aux compositeurs, aux chorégraphes, aux cinéastes, aux réalisateurs d'audio-visuel, aux illustrateurs et aux photographes. Le livre est en devenir. L'auteur, homme-orchestre, passe successivement tous les masques. Le fait littéraire devient pluriel : il prend pleinement son sens de fait culturel.

Index des auteurs

A

B

C

D

E F

G

Index des œuvres

J K

L

M

N

O

P Q

R

S

T U

V

W Y Z

Genres, formes, thèmes...

Table des matières

LE XVIIIe SIÈCLE

LE XIXe SIÈCLE

LE XXe SIÈCLE

Crédit photographique

A.G.E. FOTO STOCK : **366** (Musée du Prado).

A.P.P.M./LOUIS MONIER : **380. 575.**

ARCHIVES NATHAN : **6. 19. 28** (Musée Pouchkine, Moscou). **38. 44. 48h. 62. 64bg et bd** (Musée Carnavalet). **67. 76. 81. 112h. 114. 117** (Bibliothèque des Arts décoratifs). **122** (Musée de Charlottenbourg, Berlin). **136b** (Bibliothèque de l'Arsenal). **164. 185b. 199** (Bibliothèque de l'Opéra). **205. 206. 215. 223. 227b. 230b. 235b. 237. 240. 247. 252. 263** (Musée Carnavalet). **269h. 280h. 280b** (Musée Carnavalet). **283** (Musée Carnavalet). **314h. 320. 328. 329. 330h. 330b. 332h. 337h. 339h. 341h. 348h. 353. 362. 365. 370h et b. 379. 391. 423. 437. 446. 488. 510. 511. 553. 561.**

ARCHIVES NATHAN/ARCHIVES PHOTOGRAPHIQUES : **17b** (Musée des Beaux-Arts, Aix-en-Provence). **73h** (Musée Carnavalet). **286b** (Musée du Louvre).

ARCHIVES NATHAN/ART INSTITUTE OF CHICAGO : **304.**

ARCHIVES NATHAN/ANDERSON-GIRAUDON : **23b** (Musée du Vatican). **470. 548** (Petit Palais). **564** (Washington University. Saint Louis Missouri).

ARCHIVES NATHAN/BERNAND : **352b. 499. 501. 503.**

ARCHIVES NATHAN/B.N. : **17h** (Collection particulière). **32. 47b. 48b. 57. 70. 73b. 74. 75. 78. 80b. 84. 88. 89. 90. 96. 98. 105. 116. 128. 129. 130. 134. 135. 136h. 151. 162. 168. 170h. 178. 191. 193. 204. 207b. 209. 217. 218. 231. 236. 255. 264. 268. 279h. 284h. 287. 288. 289. 292h. 292b. 294. 295h. 299b. 300b. 301. 308h. 314b. 318h. 318b. 335. 344. 429b.**

ARCHIVES NATHAN/BERNARD BIRADEN : **22** (Musée des Arts décoratifs, Bordeaux). **185h.**

ARCHIVES NATHAN/BRITISH MUSEUM : **242b.**

ARCHIVES NATHAN/BULLOZ : **23h** (Musée Carnavalet). **52** (Musée de Saint-Quentin). **68** (Comédie-Française). **71** (Musée du Louvre). **77. 82h. 123** (Schlösser und Gärten, Château de Charlottenbourg, Berlin). **124** (Musée Cognacq-Jay). **187** (Musée Carnavalet). **211** (Collection privée). **216b** (Musée Victor Hugo). **269b** (Musée du Louvre). **274. 305. 311** (Musée de Pau).

ARCHIVES NATHAN/CICCIONE-BULLOZ : **97** (B.N.).

ARCHIVES NATHAN/A. DANVERS : **160** (Musée des Beaux-Arts, Bordeaux).

ARCHIVES NATHAN/GIRAUDON : **12** (Musée du Louvre). **26** (Musée des Beaux-Arts, Tours). **31** (Musée Leblanc-Duvernoy, Auxerre). **37. 43** (Musée du Louvre). **45** (Musée Greuze, Tournus). **49b** (Musée Condé, Chantilly). **60hd** (Musée Lambinet, Versailles). **60hg. 87** (Musée Carnavalet). **101** (Musée de peinture, Alençon). **103** (Musée Calvet, Avignon). **113** (Bibliothèque de l'Opéra). **120** (Musée des Beaux-Arts, Moulins). **132. 133** (Bibliothèque de l'Arsenal). **158** (Musée du Louvre). **161** (Musée du Louvre). **166** (Bibliothèque des Beaux-Arts). **181. 184h. 184b. 186. 203** (Musée de Mâcon). **207h** (Musée de Malmaison). **225. 228** (Musée du Louvre). **233** (B.N.). **249** (Musée du Louvre). **262** (Musée du Louvre). **276-277** (Maison de Victor Hugo). **279** (Collection particulière). **307** (Musée du Louvre). **315b. 317. 319.**

ARCHIVES NATHAN/KEYSTONE : **385.**

ARCHIVES NATHAN/LOUIS MONIER : **567.**

ARCHIVES NATHAN/N.R.F. : **393. 456. 520.**

ARCHIVES NATHAN/ROGER-VIOLLET : **11h** (Musée Carnavalet). **39. 40. 47h. 56. 59. 66** (B.N.). **80h. 82b. 83. 92. 118. 119. 126. 138h. 145. 150. 170b. 182. 183** (B.N.). **189. 196. 214b. 224h. 227h. 234. 235h. 238. 242h. 243. 245. 251. 261. 281** (Musée du Prado, Madrid). **286h. 295b. 297. 299h. 303. 308b. 309. 321h. 321b. 322b. 323. 326** (Musée Carnavalet). **342. 351. 352h. 417. 426. 476. 487h. 526h. 533. 534. 540.**

ARCHIVES NATHAN/STUDIO JOSSE-LALANCE : **65. 142** (Musée du Louvre). **143** (Musée du Louvre). **149. 300h** (Musée du Louvre). **322h.**

ARCHIVES PONTIGNY CERISY : **407.**

B.N. : **95. 115h.**

BERNAND : **466h. 466b. 471. 472. 475b. 477. 479. 485h. 485b. 486. 489b. 490. 492h. 492b. 494. 496. 498h. 498b. 506.**

BULLOZ : **97** (École des Beaux-Arts, Paris). **167** (Musée du Petit Palais). **172** (Musée Carnavalet). **213** (Musée Victor Hugo). **214h** (Collection de la maison de Victor Hugo). **220. 224b** (Musée du Petit Palais). **230h** (B.N.). **232** (Collection privée). **250** (Collection privée). **253. 275b. 282h** (Musée Victor Hugo). **282b** (Musée du Petit Palais). **310** (Musée Carnavalet). **337b** (Munich). **250** (Bibliothèque Forney).

CAHIERS DU CINÉMA : **469. 509. 552.**

CAUBOUE : **385. 418. 462. 518.**

CHARMET : **34** (Musée Carnavalet). **36** (Musée Carnavalet). **49h** (Musée Carnavalet). **53** (Collection particulière). **99** (Bibliothèque des Arts décoratifs). **239. 313. 315h** (Bibliothèque des Arts décoratifs). **343. 346** (Bibliothèque des Arts décoratifs). **347. 348b. 349h. 349b** (Bibliothèque des Arts décoratifs). **369. 382. 383. 386. 441. 514.**

CHRISTOPHE L. : **519. 554. 557. 570. 571.**

ÉDIMÉDIA : **360** (Musée d'Art Moderne). **390. 398b** (Musée des Arts décoratifs). **515. 445.**

ÉDITIONS DE MINUIT : **563.**

FÉTY : **517** (Gallimard). **521** (Gallimard - J'ai lu). **547** (Gallimard). **558** (Gallimard). **559** (J'ai lu). **560** (Gallimard). **572.**

GISILE FREUND : **439. 442h. 450.**

GAMMA : **364. 381. 392. 396** (Guichard). **566** (Laurent Maous). **568** (Apesteguy). **569** (Lelièvre). **573.**

F.A. VIOLLET : **107** (B.N.).

GIRAUDON : **4** (Musée de Picardie, Amiens). **50** (B.N.). **54** (Musée Carnavalet). **55. 139. 147** (Musée Carnavalet). **179** (B.N.). **198** (B.N.). **201** (Musée de Montauban). **208** (Bibliothèque de l'école des Beaux-Arts). **216h** (Musée des Beaux-Arts, Reims). **246** (Musée du Louvre). **254** (Musée du Louvre). **267h** (B.N.). **270** (Collection particulière). **271. 384** (B.N.). **433. 438** (Galerie Maeght). **453** (Musée de Bâle). **454** (Collection particulière). **550** (Collection P. Béris).

LAUROS-GIRAUDON : **374** (Collection particulière). **416. 417b** (B.N. collection Anacréon). **420** (Musée du Louvre). **424** (Musée d'Angers). **426b** (Collection particulière). **427** (Musée Guimet). **434. 440** (Huston fondation). **442** (Collection particulière Paris). **452** (M.N.A.M.). **454b** (Huston. Collection particulière).

LEFRANC : **538.**

MAGNUM H./CARTIER-BRESSON : **376. 405. 443. 457.**

ÉRIC LESSING : **389.** JEAN GAUMY : **449.** D. SEYMOUR : **555.** MARTINE FRANC : **562.**
MUSÉE NATIONAL D'ART MODERNE : **508. 574.**
PALIX : **398. 402. 415. 432h. 432b. 435h. 444. 448. 497. 517. 522. 526b. 530. 541. 543. 556.**
PER : **414. 428. 429h. 431. 435b. 436.**
PERRIN : **468.**
PIC : **481. 493. 500.**
RAPHO/DOISNEAU : **489. 516.** BERRETTY : **542.** RONIS : **545.** DOISNEAU : **525.**
ROGER-VIOLLET : **11b** (Musée de la Malmaison). **29. 46** (B.N.). **85. 100** (B.N.). **106** (B.N.). **110. 115b. 121** (B.N.). **144** (B.N.). **154** (B.N.). **163** (B.N.). **221. 223. 241. 266** (B.N.). **267b** (B.N.). **272. 273h. 273b. 275h. 284b. 293. 296. 331b. 332b. 333** (B.N.). **334** (B.N.). **336. 338. 339b. 340. 341. 363. 372. 394. 397. 422. 464. 473. 475h. 480. 512. 523. 524. 528. 531. 532. 536. 539. 551. 567.**
SYGMA/SOPHIE BASSOULS : **396. 565.**

Dessinateurs des couvertures Folio :
André Verret, Henri Galeron, Gérard Failly, D'Avoine

Travail éditorial, coordination et chronologies générales : FRANÇOISE TIPHINE
Iconographie XVIII**e** **et** XIX**e** **s. :** NATHALIE PIQUART ;
XX**e** **s. :** ÉTIENNE COLLOMB, NICOLE LAGUIGNÉ
Maquette : CHRISTIAN BLANGEZ **Mise en page :** CHRISTINE CHENOT
Composition : COUPÉ **Photogravure :** REPORTPHOT

Aubin Imprimeur
LIGUGÉ, POITIERS

Achevé d'imprimer en mai 1989
N° d'édition K 50257 II (PF.VII) C / N° d'impression P 30553
Dépôt légal mai 1989 / Imprimé en France